D1702420

DIE STADT KAUFBEUREN
Monographie in Fortsetzungen

DIE STADT KAUFBEUREN

Band I
POLITISCHE GESCHICHTE UND
GEGENWART EINER STADT

Band II
KUNSTGESCHICHTE
BÜRGERKULTUR
UND RELIGIÖSES LEBEN

Band III
SOZIALGESCHICHTE
WIRTSCHAFTSENTWICKLUNG
UND BEVÖLKERUNGSSTRUKTUR

Die Stadt Kaufbeuren

Band II

Kunstgeschichte Bürgerkultur und religiöses Leben

Herausgegeben von
Jürgen Kraus und Stefan Dieter

Bauer-Verlag

Schutzumschlag, Vorderseite: Paul Kauzmann, Klosterkirche und Afraberg; Thomas Kuile (Bildnis von unbekannter Hand); Rudolf Michael Kuppelmayr, Der Landsknecht; Franz Xaver Wölfle, Selbstbildnis; Georg Alois Gaibler, Pfarrer Joseph Angerer; Emil Werz, Der Josefs-Seiler Schropp auf dem Wehrgang der Blasius-Stadtmauer; Wilhelm August Schütze, Vor dem Schulgang; Portrait der Crescentia Höß von unbekannter Hand.
Schutzumschlag Rückseite: Übergabe der Augsburger Konfession 1530 auf dem Reichstag in Augsburg an Kaiser Karl V., Hinterglasbild aus dem Kaufbeurer Stadtmuseum.
Frontispiz: Ansicht der Stadt Kaufbeuren von der Nord-Seite, bez. Filser, nach der Natur gezeichnet (David Ignatz Filser um 1827)

Herausgeber und Verlag danken der Stadtverwaltung Kaufbeuren für die finanzielle Unterstützung. Unser Dank gilt auch allen Bürgern und Institutionen der Stadt Kaufbeuren, die an dieser Edition Anteil genommen und sie in irgendeiner Form begünstigt haben. Aufgezählt, aber nicht hervorgehoben seien an dieser Stelle jene, die im Vorwort unerwähnt bleiben mußten:

Dionys Abele, Silvia Bernhard, Alexander Bernhard, Verena Bickel, Roswitha Boudik, Angelika Daniels, Dr. Willi Engelschalk, Lore Enzensberger, Egon Guggemos, Genoveva Hahn, Gottfried Hahn, Toni Heider, Adolf Heckelsmüller, Lorenze Heckelsmüller (†), Heimatverein Kaufbeuren, Heinz Hilpert, Kreis-und Stadtsparkasse Kaufbeuren, Leo Landvogt, Helmut Lausser, Anton Lebherz, Lokalredaktion der Allgäuer Zeitung, Manfred Pfefferle, Peter Morgenroth, Petra Pochmann, Markus Schindele, Rita Schmölz, Stadtbauamt der Stadt Kaufbeuren, Erwin Vogt, Marianne Werz und Traudel Wildung

Die Deutsche Bibliothek - CIP-Einheitsaufnahme

Die Stadt Kaufbeuren : [Monographie in Fortsetzungen] / hrsg. von
Jürgen Kraus und Stefan Dieter. -
Thalhofen : Bauer

Bd. 2. Kunstgeschichte, Bürgerkultur und religiöses Leben. - 2001
ISBN 3-930888-79-3

Schutzumschlag, Layout und Satz: Rudolf Kaßberg
Schrift: Palatino (Hermann Zapf)
Lithographie: Schwangart Verlags GmbH, Kaufbeuren
Herstellung: Memminger Verlagsdruckerei GmbH
ISBN 3-930888-79-3
© Bauer-Verlag, Gennachstraße 1, 87677 Thalhofen, 2001
Alle Rechte vorbehalten

INHALTSVERZEICHNIS

Jürgen Kraus und Stefan Dieter
EDITIONSGRUNDLAGEN DES ZWEITEN BANDES DER KAUFBEURER STADTGESCHICHTE — 8

Denis A. Chevalley
DIE ENTWICKLUNGSSTUFEN UND STÄDTEBAULICHEN QUALITÄTEN KAUFBEURENS IM SPIEGEL DER DENKMALLISTE — 10

Die Denkmalliste; Das Ensemble Kaufbeuren; Das Ensemble Bleichanger; Die Stadterweiterungen nach der Entfestigung und ihre Baudenkmäler

Tilman Breuer und Anton Brenner
DIE URBANE ÜBERLIEFERUNG — 20

Kaufbeurer Baudenkmale und ihre Besonderheiten

Kath. Stadtpfarrkirche St. Martin; Kath. Blasiuskapelle; Kath. Kongregationskirche St. Cosmas und Damian; Simultane Gefallenengedächtniskirche und ehemalige Spitalkirche St. Dominikus; Ev.-luth. Stadtpfarrkirche zur hl. Dreifaltigkeit; Franziskanerinnenkloster St. Franziskus; Ev.-luth. Friedhofskirche; Kath. Stadtpfarrkirche St. Ulrich; Ehemalige Kapelle St. Michael am Friedhof; Ehemalige Kapelle Unserer Lieben Frau; Ehemaliges Irseer Klosterhaus; Stadtbefestigung; Rathaus; Finanz- und Landratsamt [heute Amtsgericht]; Gefängnis; Heilig-Geist-Spital; Spitalgebäude; Ehem. Spitalschreiberhaus; Münzturm; Zollamt, Ludwigstrasse 2; Privathäuser; Weitere Baulichkeiten: Friedhof, Brunnen, Brücke, Flurdenkmäler; Großkemnat, Burgruine; Hirschzell, Kath. Pfarrkirche St. Thomas; Kleinkemnat, Kath. Pfarrkirche St. Stephan; Märzisried, Kath. Kapelle St. Agatha; Oberbeuren, Kath. Pfarrkirche St. Dionysius Areopagita

Glossar kunsthistorischer Fachbegriffe — 63

Anton Brenner
DAS SPÄTMITTELALTERLICHE KAUFBEURER BÜRGERHAUS IM GEFÜGE DER STADT — 64

Stadt der Staufer; Der öffentliche Raum: Straßen, Plätze und der Markt; Das Leben, Denken und Bauen in Gruppen; Das Maß und der Rhythmus; Giebelhaus und Traufhaus; Das Bürgerhaus; Haustypen; Baumaterialien; Das Fenster als Gestaltungsmittel; Bürgerhaus und Altstadt in den Problemen künftiger Stadtplanung

Marcus Simm
KAUFBEURER BÜRGERKULTUR IM SPIEGEL ARCHÄOLOGISCHER FUNDE — 72

Städter frieren nicht; Die Sorge ums Licht; Hinterm Ofen; Was die Küche bietet; An der Tafel; Im Vorratskeller; „haimlich Gemach" und „tüchel"; Schlußbetrachtung

Albrecht Miller
KUNSTGESCHICHTE DER STADT KAUFBEUREN IM MITTELALTER UND IN DER ZEIT DER RENAISSANCE — 80

Kunstwerke aus hochmittelalterlicher Zeit; Die Blüte der Bildhauerei im 15. Jahrhundert; Kaufbeurer Malkunst im ausgehenden Mittelalter; Die Bildhauerei am Ende des 15. Jahrhunderts; Der Bildhauer Jörg Lederer; Die Bildhauer Hans Kels d.Ä., Christoph Ler und der Meister des Hirschzeller Altars; Die Malerei in der ersten Hälfte des 16. Jahrhunderts; Das Kunsthandwerk der Spätgotik und der Frührenaissance; Die Kaufbeurer Kunst der Spätrenaissance

Petra Schulte-Strunk
MALEREI IN KAUFBEUREN VOM 18. JAHRHUNDERT
BIS ZUR MITTE DES 20. JAHRHUNDERTS   100

Der Spätbarock und sein Nachleben: Die Kaufbeurer Meister Walch und Gaibler; Josef Anton Walch (1712-1773); Georg Alois Gaibler (1751-1813); Jakob Franz Xaver Gaibler (1785-1867); Schütze und Kuppelmayr: Zwei Vertreter der Münchner Malerschule im 19. Jahrhundert; Wilhelm August Schütze (1840-1898); Rudolf Michael Kuppelmayr (1843-1918); Die Werke von Lindenschmit und Herterich im Kaufbeurer Rathaus; Wilhelm Lindenschmit (1829-1895); Ludwig Herterich (1856-1932); Absolventen Münchner Schulen im 1. Viertel des 20. Jahrhunderts: Werz, Wölfle, Wilm und Bosch; Emil Werz (1885-1957); Franz Xaver Wölfle (1887-1972); Hubert Wilm (1887-1953); Florian Bosch (1900-1972); Hilpert, Kauzmann, Wildung und Wondrak: Kaufbeurer Künstler im 20. Jahrhundert; Wilhelm Hilpert (1888-1967); Paul Kauzmann (1874-1951); Eduard Wildung (1901-1987); Die Bildhauerin Hanne Wondrak (1903-1992)

Anja Ballis und Stefan Dieter
DIE URBANE VIELFALT   120

Kaufbeurer Literaturgeschichte in ihrer städtischen Verbundenheit

Literatur in Stadt und Region - Das Beispiel Kaufbeuren; Die Anfänge - Literatur im Mittelalter: (13. bis 15. Jahrhundert); Gelehrsamkeit und Glaube - Literatur im Zeitalter von Humanismus und Reformation (16. Jahrhundert); Familiäre Ereignisse im Spiegel der Literatur - Kasualdichtung im Barockzeitalter (1600 bis 1730); „Ich bin ja ganz fröhlich im Unglück bestellt" - Das Leidenslied der Crescentia Höß (1682-1744); Aufklärung in der Provinz - Christian Jakob Wagenseil (1756-1839); Spaziergänge zur Bildung - Zum Werk Sophie La Roches (1730-1807); Im Dienst von Kirche, Monarchie und Nation - Gelegenheitsdichtung in der ersten Hälfte des 19. Jahrhunderts; Der beschwerliche Weg in die Moderne - Literatur seit der Mitte des 19. Jahrhunderts - Die Entdeckung der Mundart und der Heimat: Hyazinth Wäckerle (1836-1896), Ludwig Ganghofer (1855-1920), Richard Ledermann (1875-1972) und Schriftsteller aus Neugablonz; „Wie die Lieder, so befreit auch die Dichtung die Seele" - Fabien Lacombes „Kommando Kaufbeuren"; „Das Lesen sollte eine tägliche Beschäftigung sein" - Kaufbeurer Bibliotheken und Lesevereine; Urbane Literatur in ihrer Vielfalt - ein Resümee

Peter Pius Irl
DIE URBANE LEIDENSCHAFT   156

Die Geschichte des Kaufbeurer Theaters von den Anfängen bis zum 20. Jahrhundert

Prolog: Die Anfänge im Mittelalter; 1. Akt: Das Theater im konfessionellen Zeitalter; Intermezzo 1: Die Jesuiten; 2. Akt: Das Theater des Barock; 3. Akt: Die Comoedianten- und Agententafel; Intermezzo 2: Die Katholiken spielen wieder Theater; 4. Akt: Das Theater der Aufklärung; 5. Akt: Das Theater im 19. und 20. Jahrhundert; Epilog - oder Prolog für ein neues Kapitel Theatergeschichte?

Jürgen Kraus
VON PHILIPP JAKOB BAUDREXEL ZU LUDWIG HAHN   180

Kaufbeurer Komponisten und Anmerkungen zur städtischen Musikgeschichte

Ein musikalischer Neuerer stadtübergeifender Bedeutung - Philipp Jakob Baudrexel (1627-1691); Kirche und Theater - Kaufbeurer Musikpflege im 18. Jahrhundert; Die protestantische Kirchenmusik; Der Beginn bürgerlicher Musikkultur - Johann Georg Steudle und Christian Jakob Wagenseil; Ein unbestätigter romantischer Opernkomponist - Leonhard (Franz) Xaver Pentenrieder (1813-1867); Ein erfolgreicher Kaufbeurer Komponist der Spätromantik - Herman Hutter; Höhepunkte bürgerlicher Musikkultur - Der Kaufbeurer Liederkranz (1837-1937); Ein Lehrer und sein Lebenswerk - Hanns Frank (1892-1966) und die städtische Singschule; Musiker, Komponist und Musikpädagoge aus Leidenschaft - Ludwig Hahn (1905-1973)

Jürgen Kraus
DIE UNANTASTBARKEIT DER TRADITION   196

Das Kaufbeurer Tänzelfest

Der Ursprung des Festes als Streitfall der Lokalhistoriker; Die erste Erwähnung als Kinderfest; Das Tänzelfest im 18. Jahrhundert; Das Tänzelfest und der bayerische Verwaltungsstaat; Die Wolff-Affäre; Aufschwung und erneuter Niedergang des Festes; Der Erste Weltkrieg und die Reform des Tänzelfestes; Das Tänzelfest in den politischen Turbulenzen des Dritten Reiches und der Nachkriegszeit; Das Tänzelfest und seine thematische Neuordnung; Das Tänzelfest an der Schwelle zum dritten Jahrtausend

Stefan Dieter
DAS KIRCHENWESEN KAUFBEURENS IM MITTELALTER   214

Die Pfarrei St. Martin; Aspekte mittelalterlicher Frömmigkeit; Die klösterlichen Gemeinschaften; Das Kirchenwesen Kaufbeurens am Vorabend der Reformation

Karl Pörnbacher
DIE KATHOLISCHE GEMEINDE KAUFBEURENS VOM BEGINN DER NEUZEIT
BIS ZUR GEGENWART   228

Der Neubau von St. Martin; Die Zeit der Reformation; Die Bemühungen um die Wiederherstellung der ehemaligen Rechte (Restitution); Das Kloster im Maierhof; Crescentia Höß (1682-1744); Das Reichsstift Irsee und seine Beziehungen zu Kaufbeuren; Die Jesuitenresidenz; Die katholische Restauration im 18. und 19. Jahrhundert; Katholische Seelsorge im 20. Jahrhundert; Die Pfarrgemeinde Herz Jesu in Neugablonz; Die Pfarrgemeinde St. Ulrich; Die Pfarrgemeinde Heilige Familie; Die Pfarrgemeinde St. Peter und Paul; Pfarreien, die seit der Gebietsreform 1972 zu Kaufbeuren gehören: Hirschzell, Kleinkemnat, Oberbeuren

Thomas Pfundner
DIE EVANGELISCHE GEMEINDE KAUFBEURENS VON DER REFORMATIONSZEIT
BIS ZUR GEGENWART   272

Urteilen über den Glauben - das Jahr 1525; Fünf Bekenntnisse in einer Stadt - die Situation zwischen 1525 und 1555; Die evangelische Gemeinde in der ersten Hälfte des 17. Jahrhunderts; Kirchenorganisation und religiöses Leben im 17. und 18. Jahrhundert; „Kaufbeurer Kirchenfreude" - die evangelischen Gesangbücher; Diakonie und Fürsorge von der Reformation bis zum Ende der Reichsstadt; Besondere Gottesdienste und Jubiläen; Innergemeindliche Konfliktfelder; Die Salzburger Emigranten in den Jahren 1684 und 1731/32; Religiöses Leben außerhalb des kirchlichen Rahmens; Konfessionelle Konflikte und Lösungsversuche im 17. und 18. Jahrhundert; Religiöse Empfindungen und konfessionelle Sichtweisen; Kulturleistungen und Brauchtum; Die evangelische Gemeinde im Königreich Bayern (1803-1918); Die Zeit der Weimarer Republik und des Nationalsozialismus; Die evangelische Gemeinde in der zweiten Hälfte des 20. Jahrhunderts; Bildanhang: Kaufbeurer Konfirmanden im 20. Jahrhundert

ANHANG   323

ABKÜRZUNGSVERZEICHNIS   324

PERSONENVERZEICHNIS   325

SACHVERZEICHNIS   330

ORTSVERZEICHNIS   336

TAFELN   338

TAFEL I - VI	Kaufbeurer Kunstwerke der Spätgotik und Renaissance (Albrecht Miller)
TAFEL VII	Die Kaufbeurer Spätgotik: Michael Erhart (Albrecht Miller)
TAFEL VIII	Die Kaufbeurer Spätgotik: Hans Has (Albrecht Miller)
TAFEL IX	Der Kaufbeurer Barock: Hans Ulrich Franck
TAFEL X	St. Blasius: der Jörg-Lederer-Altar (Anke Rothe)
TAFEL XI	St. Blasius: der Jörg-Lederer-Altar (Anke Rothe)
TAFEL XII	Die Kirchen der Stadt Kaufbeuren: St. Martin
TAFEL XIII	Die Kirchen der Stadt Kaufbeuren: Dreifaltigkeitskirche
TAFEL XIV	Die Kirchen der Stadt Kaufbeuren: St. Cosmas und Damian (Petra Schulte-Strunk)
TAFEL XV	Die Kirchen der Stadt Kaufbeuren: St. Dominikus (Petra Schulte-Strunk)
TAFEL XVI	Zeugnisse katholischer Andacht aus dem Stadtmuseum Kaufbeuren (Astrid Pellengahr)
TAFEL XVII	Zeugnisse katholischer Andacht aus dem Stadtmuseum Kaufbeuren (Astrid Pellengahr)
TAFEL XVIII	Religiöse Volkskunst der evangelischen Bürger (Hannelore Kunz-Ott)
TAFEL XIX	Religiöse Volkskunst der evangelischen Bürger (Hannelore Kunz-Ott)
TAFEL XX	Kaufbeurer Bürgerkultur im Spiegel archäologischer Funde (Marcus Simm)
TAFEL XXI	Kaufbeurer Kunsthandwerk (Anton Brenner)
TAFEL XXII	Die bildende Kunst: Alois Gaibler (Petra Schulte-Strunk)
TAFEL XXIII	Die bildende Kunst: Rudolf Michael Kuppelmayr (Petra Schulte-Strunk)
TAFEL XXIV	Die bildende Kunst Kaufbeurens im 19. und 20. Jahrhundert (Petra Schulte-Strunk)
TAFEL XXV	Die bildende Kunst Kaufbeurens im 19. und 20. Jahrhundert (Petra Schulte-Strunk)
TAFEL XXVI	Die bildende Kunst Kaufbeurens im 19. und 20. Jahrhundert (Petra Schulte-Strunk)
TAFEL XXVII	Die bildende Kunst: Paul Kauzmann (Günther Simon)
TAFEL XXVIII	Die bildende Kunst Kaufbeurens im 20. Jahrhundert
TAFEL XXIX	Die Tafel der Kaufbeurer Agentengesellschaft A.C. (Peter Pius Irl)
TAFEL XXX	Die Gesellschaftshäuser im Tänzelhölzle (Jürgen Kraus)

Jürgen Kraus und Stefan Dieter
Editionsgrundlagen des zweiten Bandes der Kaufbeurer Stadtgeschichte

Mitunter läßt eine vernünftige Entscheidung eine Erklärungspflicht entstehen: Als der Entschluß gefaßt wurde, diese Monographie auf drei Bände zu erweitern, waren die Farbtafeln des ersten Bandes bereits fertig, also überarbeitet und angedruckt. Es gab keine Möglichkeit mehr, sie neu zu gliedern und jene Tafeln herauszunehmen, die thematisch den Folgebänden zugehören. Damit verbindet sich die Unbequemlichkeit, in Einzelfällen auf Abbildungen des ersten Bandes zu verweisen; ein vorübergehendes Problem, das begreiflicherweise bei dem Folgeband nicht entstehen wird.

Die drei thematischen Blöcke - Kunstgeschichte, Bürgerkultur und religiöses Leben - markieren die Geistes- und Kulturgeschichte der Stadt. Mit dieser Aussage verknüpft sich eine bedeutende Einschränkung. Bis auf einige begründete Ausnahmen erfahren nur jene Persönlichkeiten eine umfassende Würdigung, die in einer längeren Wechselbeziehung zur Stadt Kaufbeuren gestanden haben. Sophie la Roche oder Ludwig Ganghofer zum Beispiel werden marginal behandelt, weil sie ihre Geburtsstadt nur als Reminiszenz des Daseins empfinden konnten. Ihre Biographie und ihr Lebenswerk lassen sich über eine Fülle weiterführender Literatur erschließen. Diese Feststellung begründet gleichzeitig die Ausnahme. Obwohl für andere Persönlichkeiten ähnliches gilt, sind sie ausführlicher besprochen, wenn keine oder nur dürftige Sekundärliteratur verfügbar ist. Das sei jenen Lesern als Argument nahegelegt, die eine andere Gewichtung erwartet haben. Den Herausgebern bleibt in jedem Fall das gewohnte Unbehagen, nicht jedermanns Wünschen und Vorstellungen gerecht geworden zu sein. Aber aus Unentschlossenheit entsteht kein Buch.

Ein ähnlich entschiedener Grundsatz betrifft die Persönlichkeiten der Gegenwart. Wir überlassen ihre Würdigung der historischen Distanz. Wir geben also der vernünftigen Einsicht nach, daß in der Beurteilung von Zeitgenossen die Voraussetzungen für ein abwägendes Vorgehen fehlen.

Die Herausgeber folgten auch im zweiten Band der Stadtgeschichte der Ursprungsidee, dem Leser ein Handbuch anzubieten. Aus dieser Überlegung ergab sich der Entschluß, einen überarbeiteten Nachdruck des Kurzinventars von *Tilman Breuer* aus dem Jahr 1960 einzufügen. Der Band 6 der „Bayerischen Kunstdenkmale" ist längst vergriffen, und die Reihe wird nicht weitergeführt. Mit diesem aktualisierten Nachdruck lassen sich gleichzeitig die baulichen Veränderungen und das gewandelte Selbstverständnis des Denkmalschutzes in den letzten vierzig Jahren nachweisen. Deswegen wurde auch eine erweiterte Einführung vorangestellt, die *Dr. Chevalley* Gelegenheit gab, eine präzise Neubewertung vorzunehmen. Die aktuelle Version, formal dem Erstdruck verpflichtet, hat außerdem den Vorzug, daß sie die Gebietsreform vom Jahr 1972 berücksichtigt, also Kemnat, Oberbeuren und Hirschzell einschließt. Wir nutzen die Gelegenheit, uns an dieser Stelle bei *Dr. Tilman Breuer*, dem *Deutschen Kunstverlag* und dem *Landesamt für Denkmalspflege* für das freundliche Entgegenkommen und die vorzügliche Zusammenarbeit zu bedanken. Außerdem verdient der Kaufbeurer Stadtheimatpfleger *Anton Brenner* ein Sonderlob, weil er diese Überarbeitung mit außergewöhnlichem Aufwand vorgenommen hat.

Im Themenbereich der Kunstgeschichte wäre es wünschenswert gewesen, den graphischen Arbeiten Daniel Hopfers, Hanns Ulrich Francks und Georg Friedrich Hörmanns ein größeres Gewicht zu geben. Leider liegt keine erschließende Bearbeitung vor. Dieser Themenkreis sei also der kunsthistorischen Bearbeitung anempfohlen. Die Kaufbeurer Schriftenreihe bietet dafür eine nahezu ideale Publikationsmöglichkeit; besonders deswegen, weil sämtliche Blätter aus der graphischen Sammlung des Kaufbeurer Stadtmuseums bereits in der Druckvorstufe zur Verfügung stehen.

Aus einer Vielzahl von Gründen sind wir dankbar für die Gelegenheit, dem Problemkreis der Stadtarchäologie ein eigenes Kapitel zu widmen. Vielleicht kann auf diese

Weise etwas Betroffenheit entstehen, wie achtlos mit dieser bedeutenden Quelle städtischer Überlieferung gelegentlich umgegangen wird.

Der Themenblock „Religiöses Leben" führte nicht nur den Herausgebern, sondern auch den Bearbeitern eine Fülle von Bedenklichkeiten zu. Es galt, nur eine einzige Vorgabe zu rechtfertigen: im schwierigsten Thema der ehemals freien Reichsstadt eine gelassene Schlußfolgerung zu finden, die nicht mühelos, aber dann sehr logisch in der Ökumene endet. Nicht nur deswegen, weil sich in der Geschichte der freien Reichsstadt Kaufbeuren etliche ökumenische Ansätze finden lassen, sondern weil dieses Thema Anlässe bietet, in der Selbstbetroffenheit des Einzelnen das Absurde religiöser Vorurteile nachzuweisen.

Die Farbtafeln wurden, ähnlich wie im ersten Band, in eine didaktische Idee eingebunden. Sie sollen, in der engen Verbindung von Bild und Text, den Charakter der Eigenständigkeit entfalten. Wir sind vor allem drei Damen zu Dank verpflichtet, die sich dem Themenkreis einiger Tafeln sachkundig gewidmet haben: *Dr. Hannelore Kunz-Ott* (Volkskunst evangelischer Bürger), *Astrid Pellengahr* (Zeugnisse katholischer Andacht) und Diplom-Restauratorin *Anke Rothe*, die dem Kaufbeurer Jörg-Lederer-Altar in Zusammenhang mit seiner gegenwärtigen Restaurierung einen umfangreichen Begleittext zukommen ließ. So konnte der Band 2 in aktuelle Ereignisse eingebunden werden.

Alle Bände der Stadtgeschichte bleiben der alten Rechtschreibung verpflichtet, weil die Kontinuität zu Band 1 gewahrt werden mußte.

Die Herausgeber haben allen Grund, sich bei den Kaufbeurer Bürgern für eine ungewöhnliche Hilfsbereitschaft zu bedanken. Vor allem bei der Beschaffung des Bildmaterials erfuhren wir eine Aufgeschlossenheit und Großzügigkeit, die das Vorurteil des mangelhaften Gemeinsinnes geradezu beschämt. Dem Beispiel des ersten Bandes folgend sind die Namen der Helfer wiederum im Impressum vermerkt. Zu außergewöhnlichem Dank sind wir der *Stadtverwaltung* und dem *Stadtrat* Kaufbeurens verpflichtet. Die großzügige Förderung ermöglicht es, auch den 2. Band trotz ungleich größeren Umfanges und aufwendigerer Ausstattung zu dem versprochenen Verkaufspreis von 48 Mark anzubieten.

Wie alle Publikationen der letzten Jahre wäre auch dieser Folgeband ohne das beispiellose Entgegenkommen des Kaufbeurer Kulturamtes nicht denkbar. Herausgebern und Autoren wurden im Stadtarchiv ideale Arbeitsbedingungen gewährt; fachlicher Beistand gehörte zu den Selbstverständlichkeiten. Wir bedanken uns an dieser Stelle bei Kulturamtsleiter *Dr. Stefan Fischer* und Stadtarchivar *Günther Pietsch*.

Etliche Namen von Kaufbeurer Bürgern, deren Unterstützung den Begriff der Mitarbeit verdient, sind den Lesern bereits vertraut. Museumskustos *Wolfgang Sauter* erwies sich wieder einmal als das, was er ist: ein Fels im Strudel aller Themen. In der Art eines Magiers überraschte er die Herausgeber immer wieder mit originellen und außergewöhnlichen Bildvorschlägen. Auch die sanfte Fürsorge von *Katharina Hahn* ersparte uns in den Sammlungen des Kaufbeurer Stadtmuseums lästigen Aufwand. Die geradezu freizügige Art, mit der *Max Schiffmann* das Archiv des Tänzelfestvereins zur Verfügung stellte, ließ die Recherche zum Vergnügen werden. Trotz einigen Aufwandes dürfte *Katharina Pfundner* ein ähnliches Vergnügen empfunden haben, denn sie leistete im evangelischen Kirchenarchiv vor allem ihrem Sohn wesentliche Hilfsdienste. Wenn man *Jakob Espermüller* erwähnt, dann ist man versucht, von „Seiner Eminenz" zu reden. Wir verdanken ihm eine Fülle von Anregungen und sachlichen Hinweisen. Bei Layout-Problemen erneuerte *Norbert Noflaner* wieder einmal seine Unentbehrlichkeit. Ähnliches gilt für *Walter Eberle*, der wie immer umstandslos zustimmte, als er gebeten wurde, das Indizieren zahlreicher Manuskripte zu übernehmen. Die gewissenhafte Korrekturarbeit von *Kristina Rundt* ersparte uns Besorgnisse. Für vorbereitende Arbeiten zu einigen Themen sind wir *Adolf Heckelsmüller*, *Ludwig Egelhofer* und *Helmut Lausser* zu Dank verpflichtet.

Die entlastenden Folgen freundschaftlicher Verbundenheit zeigten sich in der Zusammenarbeit mit Verleger *Josef Bauer*, der die Wünsche der Herausgeber stets großzügig respektierte. Bei der Erwähnung der *Schwangart Verlags GmbH* muß auch bei dieser Gelegenheit an den Kaufbeurer Sonderfall publizistischer Möglichkeiten erinnert werden. Ohne die technische und fachliche Unterstützung der Brüder *Hans und Winfried Schwangart* wäre das Projekt Stadtgeschichte in dieser Form undenkbar gewesen. Dem Inhaber der Firma „page factory", *Franz Ammon*, sei für seine Großzügigkeit gedankt, diese gewachsenen Arbeitsgrundlagen verständnisvoll zu fördern.

Einen persönlichen Dank übereigne ich meiner geduldigen und liebevollen Frau, die immer wieder meine Leibhaftigkeit entbehren mußte und die mich nicht ein einziges Mal vor die unangenehme Entscheidung stellte: entweder die Stadt Kaufbeuren oder ich.

Zum Schluß bleibt den Herausgebern nur ein zufriedener Seufzer. Obgleich 18 Autoren zu betreuen waren, entstand zu keiner Zeit eine Störung. Damit wäre erwiesen, daß die kollektive Harmonie nicht zu den Sonderfällen des Daseins gehört.

Mit dieser angenehmen Schlußfolgerung sei der Band 2 der Kaufbeurer Stadtgeschichte dem Leser in die Hand gegeben.

Denis A. Chevalley
Die Entwicklungsstufen und städtebaulichen Qualitäten Kaufbeurens im Spiegel der Denkmalliste

Die Denkmalliste

Die Denkmalliste, die die Grundlage für den Vollzug des 1973 verabschiedeten Bayerischen Denkmalschutzgesetzes bildet, wurde in der ersten Hälfte der 1970er Jahre für ganz Bayern in ihren Grundzügen erarbeitet und danach fortlaufend ergänzt. Sie stellt ein Verzeichnis der Baudenkmäler dar, das nachrichtlichen Charakter besitzt und für Korrekturen und Fortschreibungen jederzeit offen bleibt. Neben ihrer grundsätzlichen Flexibilität, die es ihr erlaubt, auf Wandlungen des Denkmalbegriffs zu reagieren, zeichnet sich die Denkmalliste auch durch die große, die verschiedensten Denkmalgattungen deckende Bandbreite ihrer Erfassung aus. Ihr zeitlicher Rahmen reicht bis zur Nachkriegszeit - also bis zum Ende der 1960er Jahre -, die als die letzte abgeschlossene historische Epoche angesehen wird. Sie verzeichnet sowohl Einzeldenkmäler als auch Ensembles, unter denen man großflächigere Denkmalzusammenhänge zu verstehen hat. In diesen Merkmalen unterscheidet sich die Denkmalliste grundsätzlich von allen vorangegangenen Denkmal-Inventaren - im Falle Kaufbeurens also auch vom 1960 erschienenen sog. Kurzinventar von Tilmann Breuer -, die nur die „klassischen" Denkmäler behandelt und die umfangreichen Bereiche etwa des Städtebaus, des Wohn- und des Industriebaus der Zeit nach 1850 kaum berücksichtigt haben. Im Idealfall bietet die Denkmalliste also ein genaues Spiegelbild der städtebaulichen und architektonischen Entwicklung eines Ortes auf der Grundlage seines gegenwärtigen Zustandes.

Das Ensemble Kaufbeuren

Das Ensemble Kaufbeuren umfaßt das Gebiet der freien Reichsstadt im Umfang ihrer spätmittelalterlichen Befestigung, wobei die Begrenzungslinien des etwa trapezförmigen Stadtareals im Westen mit dem Höhenzug der Buchleuthe, im Süden mit der Schraderstraße, im Osten mit dem Straßenzug Am Graben und im Norden mit der Josef-Landes-Straße zusammenfallen. Dieser Altstadtbereich stellt ein städtebauliches Denkmal, ein Ensemble dar, wobei mit dem der französischen Sprache entnommenen Begriff „Ensemble" - den man mit „Zusammenspiel" übersetzen könnte - das Zusammenwachsen verschiedener Einzelteile zu einer Einheit höherer Ordnung gemeint ist, wie es für die Entstehung bedeutenderer historischer Komplexe meist den Regelfall darstellt. So auch für die freie Reichsstadt Kaufbeuren, die nicht aus einem Guß geschaffen worden ist, sondern sich vielmehr stufenweise im Laufe der Jahrhunderte entwickelt hat und deren Wachstumsringe auch ihre Physiognomie prägen. Insbesondere lassen sich, was die Struktur des Stadtgrundrisses angeht, drei Phasen der Stadtwerdung anschaulich herausschälen: eine frühmittelalterliche - die Anlage eines Königshofs und die Ausbildung einer sich daran anlehnenden Siedlung -, eine hochmittelalterliche - die planmäßige Anlage einer Neustadt im unmittelbaren Anschluß an den bereits bestehenden Altort in staufischer Zeit - und eine spätmittelalterliche - die Ausdehnung des Stadtgebiets auf seinen endgültigen Umfang durch Erweiterung und die Ummauerung des gesamten Stadtkörpers.

Doch war es zunächst eine topographische Konfiguration, die, in Verbindung mit frühen Zivilisationsstrukturen, die Ortsetzung begünstigte, in diesem Fall - wie in vielen anderen auch - die Lage am Fluß, das Vorhandensein einer hochwassersicheren Terrasse im Schutze einer Erhebung und die Kreuzung zweier Straßen, einer, die dem Flußlauf folgt und einer anderen, die ihn überquert. In Kaufbeuren wurde die Straße, die den Fluß überquert, für die Genese der Stadt von ausschlaggebender Bedeutung und dementsprechend hat sie auch die Ortsgestalt wesentlich geprägt: es handelt sich um eine im Zuge der Durchdringung Ostschwabens durch

Gesamtansicht der Stadt auf einem Luftbild des Jahres 1917

die Franken ausgebaute Verbindung zwischen Memmingen und Schongau, die, aus Richtung Kemnat im Westen kommend, die Wertach überquert und über Mauerstetten nach Osten weiterführt. Ihr Verlauf, der innerhalb des Stadtgebiets zunächst in einem Halbbogen dem konkaven, aus der Restform einer alten Flußschleife entstandenen Schwung des Terrassenrands folgt, dann in die Flußniederung hinuntersteigt, um den Fluß zu erreichen, ist heute durch die Züge der Schmiedgasse, des Salzmarkts, der Kaiser-Max-Straße in ihrem östlichen Abschnitt sowie des Rosentals markiert. Er bildet den Hauptdurchlauf der Stadt, der die ehemaligen Haupttore, nämlich das Kemnater (später Kempter) Tor im Nordwesten und das Spitaltor im Osten miteinander verband. In unmittelbarer Nähe des nördlichen Abschnitts dieses Straßenbogens wurde, in beherrschender Stellung nahe dem Flußübergang, erhöht am Terrassenrand über der alten Flußschleife und geschützt am Fuße der Buchleuthe, in karolingischer Zeit - im 8. Jahrhundert - ein Königshof, ein königlicher Gutshof mit administrativen Funktionen für das Umland, angelegt, und zwar an der Stelle, an der sich seit dem späteren Mittelalter das Franziskanerinnenkloster befindet. Entlang der Durchgangsstraße entwickelte sich im Anschluß daran eine

Straßensiedlung. Weder vom Königshof selbst, noch von der zugehörigen Siedlung können wir heute sagen, wie sie ausgesehen haben, da spätere Entwicklungen ihre ursprüngliche Gestalt überlagert haben, es läßt sich jedoch festhalten, daß der Bereich um Obstmarkt, Schmiedgasse und Salzmarkt den Urkern Kaufbeurens darstellt. Wahrscheinlich besaß bereits dieser Urkern eine dem fränkischen Staatsheiligen Martin geweihte Kirche, die mit Sicherheit schon in damaliger Zeit den Platz abseits der Durchgangsstraße besetzt haben muß, auf dem sie, eingekreist von einer Umbauung, deren Umrisse auf eine einstige Kirchhofumwehrung schließen lassen, heute noch steht. Schaut man sich den Stadtgrundriß an, so fällt gleich auf, daß die Baulinien und die Parzelleneinteilung an Schmiedgasse, Salzmarkt, Kirchplatz und Rosental sehr viel unregelmäßiger und kleinteiliger ausfallen, als in den nördlich und südlich anschließenden Bereichen, sodaß es naheliegt, diese Unregelmäßigkeiten als die Spuren des vorstaufischen Gemeinwesens zu deuten.

Nach dem Übergang Kaufbeurens an die Staufer 1191 begann dann ein ganz neues Kapitel in der Geschichte des Ortes, nämlich sein Ausbau zur Stadt. Zu Beginn des 13. Jahrhunderts wurde Kaufbeuren von der großen Urbanisationswelle erfaßt, die während des Hochmittelalters in mehreren Schüben über Europa brandete, wobei in einer Art Binnenkolonisation durch die planmäßige Anlage neuer Städte die europäische Landkarte in den großen Zügen das Aussehen erhielt, das uns heute noch geläufig ist. Neben der Kathedrale als geistlichem Entwurf ist nämlich die Stadt als ihr weltliches Gegenstück, die Stadt als Festung, als Zentrum der handwerklichen Produktion und des Handels, als eigenverwaltete, mit Sonderrechten begabte Einheit, als Machtfaktor und als übergreifende architektonische Form das auffälligste Phänomen im kulturellen Geschehen des 12. und des 13. Jahrhunderts. Das neue, in seinen Funktionen und seiner sozialen Stufung vielfältige, bürgerlich geprägte Gemeinwesen, das die mehr und mehr veraltende, feudale Burg verdrängte, wurde im Rahmen der Territorienbildung von den verschiedenen Landesherren nach politischen Gesichtspunkten als neue Machtgröße eingesetzt, wobei im Falle Kaufbeurens die Stadterhebung im Zusammenhang mit dem Ausbau des schwäbischen Territoriums der Staufer zu sehen ist. Die Anlage einer hochmittelalterlichen Neustadt erfolgte in einem rationalisierten Verfahren über streng geometrische Grundrißmuster mit genormten Parzellengrößen, wodurch sinnfällige Planfiguren entstanden, in denen dem Marktplatz eine zentrale Stellung zukam. Gründungsstädte wurden meist in Anlehnung an bereits bestehende Siedlungen angelegt, allerdings nicht selten ohne unmittelbare räumliche Verbindung mit ihnen, sodaß sich jeweils Gegensatzpaare Altort/Neustadt herausbildeten, die bis zum heutigen Tag in vielen Namensgebungen weiterleben. In Kaufbeuren hingegen wurden der Altort und die Neustadt miteinander verschmolzen. Als Terrain für die Neuanlage bot sich das sich südlich der bereits bestehenden Siedlung ausbreitende, ebene Gelände auf der hochwassersicheren Terrassenstufe an. Hier schob man einen langgestreckten, westöstlich ausgerichteten, breiten Straßenmarkt an die bereits bestehende Straßensiedlung so heran, daß er einen Teil ihrer Durchgangsstraße integrierte (Kaiser-Max-Straße) und schaltete ihm eine weniger breite „Hintere Gasse" parallel zu (Ludwigstraße). Diese Neustadt im Zwei-Parallelstraßen-System sticht im Stadtgrundriß, in dem sie einen rechteckigen Block bildet, durch ihre völlige Regelmäßigkeit heraus. Außer schmalen Durchlässen, die zwischen den beiden Parallelstraßen vermitteln, weist das System keine Querzüge auf, bis auf eine Ausnahme, den Ringweg, der am Ostende des Straßenmarkts rechtwinklig nach Süden abzweigt und - als Teil der flußparallelen Fernverbindung - ursprünglich zum dritten Stadttor, dem Rennweger Tor, führte. Diese Abzweigung nahm eine Weggabelung auf, die sich vermutlich immer schon am Südende des Salzmarkts befunden haben muß und paßte sie dem rechtwinkligen Grundrißschema der Neustadt an. Das Straßenkreuz, an dem Kaufbeuren entstand, weist nämlich innerhalb des Stadtgebiets einen gemeinsamen Verlauf beider Straßen - des flußparallel und des quer zum Fluß verlaufenden Fernweges - zwischen dem Kemnater (später Kempter) Tor und der östlichen Kaiser-Max-Straße auf, wobei die jeweiligen Wegegabelungen im Norden außerhalb der Stadt vor dem Kemnater Tor und im Süden am Ostende der Kaiser-Max-Straße liegen, wo sich das Rosental und der Ringweg verästeln. Von diesem Anteil des östlichen Abschnitts des Straßenmarkts an den Durchgangsstraßen abgesehen, ist die Neustadt jedoch grundsätzlich nicht nach dem Verlauf der Fernverbindungen, sondern davon unabhängig ausgerichtet, wobei der Straßenmarkt im Westen und die „Hintere Gasse" nach beiden Richtungen blind enden, ein an hochmittelalterlichen Straßenmarktanlagen häufig zu beobachtendes Phänomen.

Integrierender Bestandteil der Stadt war die Stadtmauer, die zwei Aufgaben zu erfüllen hatte: einmal das Gemeinwesen zu schützen, aus ihm also eine Festung zu machen, aber auch zwei verschiedene Rechtsgebiete voneinander zu trennen, da der Rechtsstatus des Stadtbürgertums ein ganz anderer, modernerer war, als derjenige der Landbevölkerung, der in den Bindungen des Feudalismus verharrte. Zusammen mit der Anlage der

Neustadt wurde also auch die Stadtbefestigung begonnen, die beide Ortsteile, den alten und den neuen, zusammenfaßte. Zwei Seiten des zu befestigenden Umfangs lagen von vornherein fest: im Westen der Höhenzug der Buchleuthe und im Süden der natürliche Abschluß der Neustadt in der Linie, die sich aus den rückwärtigen Grundstücksgrenzen der südlichen Anwesen der „Hinteren Gasse" zusammensetzte. Für die Ostseite ergab sich als Befestigungslinie - in Analogie zur Südseite - im Bereich der Neustadt zunächst die hintere Parzellenbegrenzung der Anwesen auf der Ostseite des Ringwegs. Unklar bleibt, wie sie nach Norden weiterverlief. Die natürliche, fortifikatorisch schlüssige Fortsetzung der Befestigungslinie im Bereich des Altorts hätte, um auf der Ebene der Terrasse zu bleiben, dem konkav gebogenen Rand der Hangstufe folgen müssen. Es wird jedoch angenommen, die Mauer sei geradeaus mit einem Sprung in die Niederung weitergeführt worden und habe sich in etwa rechtwinklig mit einem vom Kemnater (später Kempter) Tor ausgehenden Nordzug getroffen, sodaß der so definierte, quadratische Gesamtumriß auch die unterhalb der Hangstufe liegende Niederung miteinbezogen habe, sei es, weil sich dort bereits Siedlungsansätze befanden, oder weil man dem Gemeinwesen weitere Terrainreserven sichern wollte.

In diesem Stadtausbau des 13. Jahrhunderts spiegelt sich eine Periode ungeheuren Aufschwungs, die auch den romanischen Neubau der Pfarrkirche St. Martin und die Gründung des Heiliggeistspitals brachte, einer Einrichtung, die im Mittelalter geradezu als Nachweis für den städtischen Charakter einer Siedlung gelten kann. Das Spital wurde - auch dies beinahe eine Konstante mittelalterlicher Stadttopographie - in der Niederung außerhalb der Stadtmauer angesiedelt.

Seine große, eigentliche Blütezeit erlebte Kaufbeuren, dessen Wohlstand auf der Leinenweberei und der Waffenschmiede beruhte, allerdings erst im späteren Mittelalter und zu Beginn der frühen Neuzeit. In nachstaufischer Zeit wuchs die Stadt weiter, unterhalb der Hangstufe entstand in der Niederung in einer dritten Entwicklungsphase ein unterer Stadtteil, der eine eigene Topographie ausbildete. Diese erreicht in ihrem Grundrißkonzept zwar bei weitem nicht die Präzision der staufischen Neustadt, sie zeigt in manchen Zügen aber auch eine gewisse planmäßige Sauberkeit, vor allem in der Anlage der Neuen Gasse, die, in einem zwischen der oberen und der unteren Stadt vermittelnden Verlauf, zum alten Straßenzug der Schmiedgasse parallel geführt ist, oder auch im geradlinigen, nach Norden auf die Stadtmauer ausgerichteten Zug der Ledergasse. Die untere Stadt unterscheidet sich von der oberen durch eine sehr viel extensivere, vorstädtisch wirkende Bebauung, auf die auch die aussagekräftige Straßenbezeichnung „Baumgarten" Bezug nimmt. Durch sie hindurch ergibt sich ein weiterer, untergeordneter Stadtdurchlauf vom Kemnater (später Kempter) zum Spitaltor, der den Markt - die Kaiser-Max-Straße - nicht berührt, und zwar entweder über die Neue Gasse oder die Münzhalde zum Hafenmarkt und weiter durch die Pfarrgasse. Der unteren Stadt ist das seit dem 13. Jahrhundert bestehende Spital zuzurechnen, das ihren östlichen Teil einnimmt und von dem bekannt ist, daß es sich außerhalb der Umwehrung befand, während des 14. Jahrhunderts bei Belagerungen deshalb zweimal zerstört und erst im Rahmen einer Stadtmauerkorrektur im frühen 15. Jahrhundert eingegliedert worden ist. Dieser Vorgang könnte streng genommen auch auf die gesamte untere Stadt bezogen werden, da die genaue Entwicklungsgeschichte der Stadtmauer in ihren nördlichen Teilen nicht restlos geklärt ist.

Die gewerbliche und soziale Gliederung des Stadtgebiets läßt sich größtenteils heute noch am Stadtbild und an manchen Straßen- und Platznamen ablesen. Die Hauptgewerbezweige der Stadt, nämlich die Weber und die Waffenschmiede, saßen vorwiegend im alten Teil der Oberen Stadt, die Weber am Fuße der Buchleuthe, entlang der Straße Unter dem Berg, die Schmiede an der Schmiedgasse, während das übrige Handwerk in der unteren Stadt angesiedelt war, so etwa die Hafner am Hafenmarkt und die Lederer in der Ledergasse. Die Händler, aus denen sich das Stadtpatriziat rekrutierte, saßen in der Neustadt, die wohlhabendsten am Markt (der Kaiser-Max-Straße), der vornehmsten Straße der Stadt, die auch das Zentrum des Handels und der Stadtverwaltung war - zweier Dinge, die im Mittelalter sehr eng miteinander verwoben waren. Hier standen sich dementsprechend seit dem 15. Jahrhundert auch die kommunalen Repräsentationsbauten gegenüber: am Ostende, den Straßenprospekt abschließend - wo es sich heute noch befindet - das Rathaus und im Westen, in freier Stellung mitten im Straßenraum, die - heute nicht mehr bestehende - Schranne, deren herausgehobene Lage durchaus als charakteristischer Bestandteil der städtebaulichen Form des spätmittelalterlichen Straßenmarkts anzusprechen ist. Im 15. Jahrhundert erhielt Kaufbeuren sein endgültiges Gesicht: über dem nunmehr feststehenden Grundriß wurden in einer breiten Erneuerungswelle im wesentlichen die Bauten errichtet, die heute noch zum Teil den Kern der Altstadthäuser bilden, deren Großformen zumindest das uns geläufige Stadtgefüge prägen. Auch der Pfarrkirche St. Martin wurde damals in einem weitgehenden, erweiternden Neubau die beherrschende Physiognomie aufgeprägt, die wir kennen.

Die dicht gereihten Parzellen der Altstadthäuser variieren in der Breite im allgemeinen zwischen der Drei- und der Fünffachsigkeit; breitere Fronten, wie sie vor allem in der Kaiser-Max-Straße vorkommen, sind auf die Zusammenlegung zweier oder mehrerer Grundstücke zurückzuführen. Es herrscht ein Wechsel zwischen Giebel- und Traufständigkeit, wobei die Traufständigkeit im allgemeinen überwiegt und ab und an kleine Giebelhäuserinseln auftauchen, wie etwa in der Neuen Gasse, die durch versetzte Giebelstellungen ihr charakteristisches Aussehen erhält. Die meisten Fronten sind glatt verputzt, Gliederungen tauchen selten auf und wenn, dann stammen sie meist aus dem 19. Jahrhundert. Eine auffällige Ausnahme bildet darin das Patrizier-Doppelhaus der Familie Heinzelmann (Kaiser-Max-Straße 4/6),

Kaiser-Max-Straße mit den Häusern Nr. 4 und 6 im Jahr 1958

dessen langgezogene Fassade eine spätbarocke Stuckdekoration trägt. Die Glätte des Erscheinungsbilds der Stadt in seiner Gesamtheit ist allerdings nicht nur auf eine traditionell bedingte Schlichtheit der Außenarchitekturen zurückzuführen, sondern stellt – in nicht unerheblichem Maße - auch das Ergebnis von Erneuerungen aus der Zeit nach dem Zweiten Weltkrieg dar, als das Neubauideal auch auf die Altbausubstanz zurückschlug, der man ein möglichst zeitgemäßes Aussehen zu geben bemüht war. In den 1950er und 1960er Jahren, die für Kaufbeuren eine Periode großen Aufschwungs und bedeutender Expansion gewesen sind, wurden viele bereinigende Instandsetzungen und zahlreiche Totalauswechslungen vorgenommen, die, obwohl sie im allgemeinen auf die Großformen der Altstadtbebauung Rücksicht nahmen, dem Stadtbild eine nicht zu übersehende Trockenheit eingepflanzt haben. Auch dem von Georg von Hauberrisser 1879-1881 in aufwendigen Formen der Neurenaissance neu erbauten Rathaus, das den Ostabschluß der Kaiser-Max-Straße bildet, glaubte man nach einem Brand 1960 das Dachgeschoß mit den Ziergiebeln und Ecktürmen abnehmen zu müssen, um dem Zeitgeist gerecht zu werden. Von diesen Detailverlusten abgesehen, ist das Stadtgefüge in seiner Dreidimensionalität dennoch das der Reichsstadtzeit geblieben. Sogar große Teile der Stadtmauer mit ihren Türmen stehen noch, vor allem auf der Nord- und der Südseite sowie auf dem Höhenzug der Buchleuthe, denn die Abbrüche des frühen 19. Jahrhunderts haben vor allem den Stadttoren und den unmittelbar anschließenden Teilen der Befestigung gegolten.

Das Ensemble Bleichanger

So sehr die alte Stadt sich auch durch ihre Ummauerung von ihrer unmittelbaren Umgebung abzuschotten bestrebt war, so wenig kam sie allerdings ohne die Ausgrenzung einer Reihe von Funktionen aus, für die aus den verschiedensten Gründen innerhalb des Stadtkerns kein Raum war. Dazu gehörten - vom Isolieren ansteckend Kranker in Seuchenhäusern einmal abgesehen - auch Tätigkeitsbereiche, die für das Gewerbeleben unverzichtbar waren, aber entweder soviel Fläche beanspruchten - wie das Bleichen der Textilien, auf das der Name Bleichanger zurückgeht - oder so energieintensiv waren - wie die Mühlen und Hämmer - daß sie nur vor der Stadtmauer angesiedelt werden konnten. Die Mühlen und Hämmer, die auf die Wasserkraft angewiesen waren und deshalb in den Flußniederungen ihren Platz fanden, bildeten vor den Städten in der Regel von künstlichen Wasserläufen durchzogene, gewerbliche Vorzonen, aus denen sich im 2. Viertel des 19. Jahrhunderts nicht selten auch die Industriestandorte entwickelten. Die frühe Industrie war nämlich, besonders im Textilbereich, oft ein Kind des älteren Gewerbes und vor der

Einführung von Dampfkraft und Elektrizität, wie dieses von der Wasserkraft abhängig. Mit dem Übergang vom althergebrachten Wasserrad zur neu erfundenen Turbine konnte sie allerdings sehr viel intensiver genutzt werden. Für diese gewerblichen, später industriellen Vorzonen spielte das Wehr eine entscheidende Rolle, dem die Aufgabe zufiel, das Wasser aus dem natürlichen Flußlauf in die künstlich angelegten Kanäle einzuleiten, an denen die Wasserräder der Mühlen standen.

In der Kaufbeurer Stadttopographie läßt sich eine solche gewerblich-industrielle Konfiguration lückenlos ablesen. Wohl schon im 13. Jahrhundert wurde südöstlich des Stadtkörpers - am Ostende der heutigen Schelmenhofstraße - mit Hilfe eines Wehrs der Mühlbach aus der Wertach abgezweigt, auf die Stadt zugeleitet, entlang ihrer östlichen Flanke in einem Bogen geführt und durch ebenes Terrain nach Nordwesten zur Wertach zurückgelenkt. Dieser künstlich angelegte Bach, der, wie sein Name deutlich macht, dem Antrieb von Mühlen diente, ist noch heute in voller Länge vorhanden. Als Hauptenergieträger für den Zeitraum vieler Jahrhunderte stellt er eine hohe Zivilisationsleistung dar. Seine Bedeutung für die Stadttopographie muß man sich allerdings erst bewußt machen, denn das eher unscheinbare Gerinnsel zieht im heutigen Stadtbild nicht ohne weiteres die Aufmerksamkeit auf sich. Offen laufendes Wasser war im übrigen bis zum Beginn des Industriezeitalters ein für die Städte lebenswichtiger Faktor: Es hatte nicht nur den Antrieb von Maschinen, sondern auch das Abführen des Unrats zu gewährleisten. So liefen auch in Kaufbeuren innerhalb der Ummauerung offene Stadtbäche durch mehrere Straßen – durch die Kaiser-Max- und Ludwigstraße sowie durch die Straßenzüge Unter dem Berg - Am Breiten Bach, Kaisergäßchen und Ledergasse -, die sowohl dem Handwerk als auch der - in früherer Zeit bekanntermaßen relativen - Stadthygiene dienten. Von ihnen unterschied sich der außerhalb der Stadtbefestigung fließende Mühlbach in seinen Funktionen zwar nicht grundsätzlich, aber graduell, indem er die mechanischen Betriebe mit Energie zu speisen und auch die belastenderen Abfälle zu entsorgen hatte. So ist es, was die Entsorgungsfunktionen betrifft, kein Zufall, daß das Spital oder etwa Färbereien in seiner unmittelbaren Nähe angesiedelt waren.

Das Kaufbeurer Gewerbegebiet, das vom Mühlbach gespeist wurde, lag zur Hauptsache in der Niederung, die sich nördlich vor der Stadt ausbreitet. Hier standen die großen Mühlen in Abständen hintereinander: zunächst die Spitalmühle, dann eine Walkmühle, darauf die bedeutende Espachmühle - die gleichzeitig Getreide-, Öl-, Gips-, Lohmühle und Sägewerk war -, nachfolgend die ebenfalls bedeutende, aus einem Kupferhammer hervorgegangene Papiermühle und die Kollermühle. Diese Mühlen, die für das Wirtschaftsleben Kaufbeurens unverzichtbar waren, blieben bis ins 19. Jahrhundert hinein in Betrieb und bildeten die Grundlage für die Industrialisierung, die hier bereits relativ früh einsetzte. Das Kaufbeurer Textilhandwerk, das im Spätmittelalter und noch im 16. Jahrhundert eine Hochblüte erlebt hatte, befand sich seit dem Ende des Dreißigjährigen Kriegs in stetigem Niedergang. Gegen Ende des 18. Jahrhunderts erfolgte zudem, parallel zur Einführung mechanischer Herstellungstechniken, eine allgemeine Umstellung vom Flachs (Leinwand) auf die Baumwolle (Kattun), die das Gewerbe von Grund auf revolutionierte. Die im Textilhandel tätigen Kaufbeurer Patrizier versuchten deshalb bereits in der 2. Hälfte des 18. Jahrhunderts, durch die Aufnahme vorindustrieller Fertigungsformen die Krisensituation aufzufangen und einen Umschwung in der Produktion herbeizuführen. Der damit einhergehende Wandel von der handwerklichen Heimarbeit zum Fabrikbetrieb stellte allerdings eine epochale Strukturveränderung dar, die sich nicht ohne Schwierigkeiten vollziehen ließ. 1764 kauften Georg Bachschmid und die Gebrüder Georg Jakob und Johann Georg Heinzelmann die Kollermühle auf und machten daraus eine Kattunfabrik. Damit war die Umwandlung des Kaufbeurer Mühlenviertels in ein Industriegebiet eingeläutet, die allerdings erst im neuen Jahrhundert in vollem Umfang vollzogen wurde: 1839 gründeten verschiedene Kaufbeurer Kaufleute, unter denen die Familie Heinzelmann wieder vorherrschend vertreten war, die „Mechanische Baumwollspinnerei und -weberei Kaufbeuren", die für lange Zeit der wichtigste Arbeitgeber und der Gradmesser für die Wirtschaftskraft der Stadt werden sollte. Auf dem Gelände der alten Papiermühle wuchs bis 1840 ein neuartiges Fabrikgebäude empor, ein Spinnereihochbau nach englischem Vorbild, der, neben einem identischen Vorhaben in Augsburg („Mechanische Baumwollspinnerei und -weberei Augsburg"), zu den allerfrühesten großmaßstäblichen Industriebauten nicht nur Bayerisch-Schwabens, sondern Bayerns überhaupt gehört (Am Bleichanger 44, 50). Es handelt sich um einen viergeschossigen, langgestreckten, regelmäßig durchfensterten Walmdachbau ohne Schmuckformen, der geschoßweise geräumige, nur durch Zwischenstützen unterteilte Arbeitssäle zur Aufnahme der Maschinen enthält, wobei der Betrieb auf die Staffelung der Arbeitsvorgänge von oben nach unten angelegt war: Die Spinnmaschinen standen in den oberen Stockwerken, das Erdgeschoß nahm die Webstühle auf. Zum Antrieb diente neben der Wasserkraft aus dem Mühlkanal auch die Dampfkraft, für die der heimische Torf das Brennmaterial lieferte. Das Gebäude der alten Papiermühle blieb stehen und diente fortan als Materiallager. Die positive Entwicklung des Unternehmens machte bereits 1850 eine Erweiterung des Fabrikgebäudes notwendig und bewirkte nicht zuletzt auch - zur Verbesserung der Rohstoffeinfuhr und der Ausfuhr der Fertigprodukte - den Bau der 1847 mit einem provisorischen Bahnhof auf dem Ostufer der Wertach eröffneten Eisenbahnstrecke Augsburg-Kaufbeuren im Zuge des Ludwig-Nord-Süd-Bahn-Projekts. Der Aufschwung und der technische Fortschritt hatten ständige bauliche Expansionen und Verbesserungen zur Folge: So erhielt die Weberei 1858 einen weiter südlich am Mühlkanal liegenden Standort - ebenfalls im Anschluß an einen vorhandenen Mühlenbetrieb -, wo 1890 ein neues Fabrikationsgebäude errichtet wurde (Alte Weberei 3); 1887-1888 kam es zum Bau eines repräsentativen, schloßähnlichen Direktionsgebäudes in aufwendigen Neurenaissance-Formen (Am Bleichanger 33); 1907 fügte man eine Shedhalle hinzu. So wuchs - wie dies im Industriebau üblich ist - im Laufe der Zeit die Fabrik zu einem größeren, aus vielfältigen Bestandteilen zusammengesetzten, uneinheitlichen Komplex zusammen, der nach dem Zweiten Weltkrieg weiter ausgebaut und modernisiert worden ist. Der Grund, warum diese Anlage - anderen Entwicklung in anderen Industriebetrieben zahlreiche Parallelen besitzt - als Ensemble Eingang in die Denkmalliste gefunden hat, liegt in der vielschichtigen Anschaulichkeit ihrer Gesamtsituation: Neben dem Spinnereihochbau von 1840, der in einer geglätteten Redaktion (baulichen Zurückführung) aus der Nachkriegszeit noch besteht (die vergleichbaren Augsburger Bauten wurden im Zweiten Weltkrieg zerstört), sind der alte Mühlkanal und die Papiermühle, die die Voraussetzungen für seine Entstehung geschaffen haben, ebenso noch vorhanden wie das „Direktionsschloß", das vom späteren Aufschwung des Unternehmens kündet. In dieser Dichte läßt sich die Historizität eines Industrieareals selten nachvollziehen.

Große Industrieunternehmen traten in der Regel auch im Wohnbau als Bauherren auf, indem sie ihren Arbeitern und Angestellten Wohnraum zur Verfügung stellten. Auch die „Baumwollspinnerei und -weberei Kaufbeuren" ließ mehrere Arbeiterhäuser errichten, deren älteste Exemplare allerdings nicht mehr bestehen. Unter den historischen Bauten, die unter der Ägide der Fabrik entstanden sind, stechen heute das Arbeiterwohnhaus in Ecklage zwischen der Mindelheimer Straße und Am Webereck, ein reich gegliederter, dreigeschossiger Block in modern-historisierenden, der deutschen Neurenaissance nahestehenden Formen (Mindelheimer Straße 30/32 - Am Webereck 1) sowie die anschließende, stilistisch verwandte Direktorenvilla (Am Webereck 3) heraus. Beide Häuser, die 1908 von Leonhard Heydecker jr. (Kempten) errichtet wurden, sind im erweiterten Sinn ebenfalls dem Ensemble Am Bleichanger zuzuordnen.

Die Stadterweiterungen nach der Entfestigung und ihre Baudenkmäler

Brennpunkte für Siedlungserweiterungen außerhalb der ummauerten Stadtkerne waren zunächst immer die Torvorplätze und die daraus hervorgehenden Ausfallstraßen, an denen sich seit dem Spätmittelalter Vorstädte ausbildeten, die keiner geordneten Planung gehorchten und sich als „wilde" Straßenrandbebauungen darstellten. Solche Erweiterungen lassen sich in Kaufbeuren erwartungsgemäß auch außerhalb des Kempter Tors entlang der Kemptener Straße sowie außerhalb des Rennweger Tors und des Spitaltors feststellen.

Eine interessante Sonderstellung nahm dabei der zwischen Spitaltor und Wertachbrücke eingespannte Abschnitt der Ausfallstraße nach Augsburg ein, der heute die Bezeichnung Gutenbergstraße trägt. Hier entstand in spätbarocker Zeit eine sozial gehobene Gartenvorstadt, in der die Patrizierfamilien Landhäuser mit anschließenden Ziergärten unterhielten, in unmittelbarer Nachbarschaft zur Stadt, doch außerhalb der Ummauerung und in der landschaftlich reizvollen Niederung des Flusses. Diese Vorstadt mit ihrer Reihung herrschaftlicher Landhäuser muß einen hohen städtebaulichen Wert besessen haben, der heute allerdings nicht mehr nacherlebt werden kann, da der Bezirk seit dem späteren 19. Jahrhundert durch Gewerbe und Kleinindustrie überlagert worden ist. Nur noch das Haus Gutenbergstraße 15, ein vornehm proportionierter Walmdachbau mit Anbauten im maximilianischen Stil erinnert inmitten der modernen Bebauung an diesen einstigen Charakter der Straße. Im weiteren Verlauf der Ausfallstraße nach Augsburg jenseits der Wertachbrücke findet sich auf der Nordseite eine lange Reihe villenartiger Bauten des ausgehenden 19. Jahrhunderts, die jedoch, bis auf den Eckbau Augsburger Straße 1, der seine Formgebung der Neurenaissance behalten hat und einen reizvollen Auftakt bildet, heute durchweg modernisiert und geglättet erscheinen, sodaß sie kaum noch Aussagekraft besitzen. Ihnen gegenüber liegt der 1898-1899 vom Bauamtsassessor Wiedemann (Kempten) erbaute Stadtsaal, der der Stadt eine leicht barockisierende Hauptfront mit übergiebeltem Mittelrisalit zuwendet (Augsburger Straße 2).

Obwohl sich der Bau der Kreis-Heil- und Pflegeanstalt (des heutigen Bezirkskrankenhauses) 1872-1876 für Kaufbeuren mit einem Bedeutungszuwachs verband, ist die räumlich weit ausgreifende Anlage nicht zum Ausgangspunkt einer Stadterweiterung geworden. Dies liegt zunächst im geschlossenen Charakter der Institution selbst, dann in ihrer abseitigen Lage auf der Höhe über der Stadt in einem parkartigen Gelände begründet, die eine begleitende Urbanisierung kaum zuließen.

Für eine größere Stadterweiterung bot sich hingegen das Gelände an, das sich auf der ebenen Terrassenfläche vor der südlichen Stadtmauer ausbreitete, in einem Rechteck, das in der nordsüdlichen Erstreckung durch den Stadtgraben und den in einigem Abstand vor der Stadt gelegenen Friedhof, von Westen nach Osten durch die Ausfallstraßen der Buchleuthen- und der Ganghoferstraße eingegrenzt wird. Dieses Areal war als Gartenland genutzt. Nicht nur seine natürlich-topographischen Vorzüge, sondern auch die Anziehungskraft des 1854 südlich vor der Stadt eröffneten endgültigen Bahnhofs setzten fast zwangsläufig die Urbanisierung dieses Gebiets in Gang. Hier entstand zwischen 1870 und dem Ersten Weltkrieg die eigentliche Stadterweiterung Kaufbeurens nach der Entfestigung. Gleich zu Beginn der 1870er Jahre, also in den Kinderjahren des Kaiserreichs, wurde die südliche Grabenzone der Stadtbefestigung in eine Alleestraße - die Schraderstraße - umgewandelt, und 1873 mit zwei Schulhäusern in Formen der Neurenaissance bebaut: der ehemaligen Katholischen Knabenschule (Schraderschule, Schraderstraße 1) und der ehem. Gewerbe-, dann Realschule (Schraudolphschule, Schraderstraße 3), die Hans Oßwald errichtete. Zu diesen zwei Schulen gesellte sich 1898 eine dritte, die ehemalige Katholische Mädchenschule (Hörmannschule, Schraderstraße 5). Diese Maßnahme, so bescheiden ihr Maßstab auch sein mag, läßt sich zu unzähligen Vergleichsbeispielen aus der europäischen Stadtbaukunst in Parallele setzen: Wir haben es hier mit der Anlage einer Boulevardstraße im wörtlichen Sinne zu tun, nämlich einer Promenadenstraße über dem Gelände der aufgegebenen Stadtbefestigung („Boulevard" kommt von „Bollwerk"), zu deren Grundcharakter sowohl die Bebauung mit repräsentativen öffentlichen Bauten und vornehmen Villen als auch die Bestückung mit Denkmälern gehört. Die neue Straße, die keinerlei Durchgangsfunktion besaß und im Westen und Osten an der Buchleuthen- und der Ganghoferstraße sozusagen blind endete, erhielt dementsprechend, neben den Schulhäusern, auch zwei Denkmäler: das 1873 eingeweihte und 1911 mit dem „nackten Mann" des Münchner Bildhauers Mauritius Pfeiffer erneuerte Kriegerdenkmal sowie das 1874 errichtete Denkmal für Christoph Friedrich Schrader. Im südlich anschließenden, durch ein Kreuz von Feldwegen unterteilten Gelände war, zeitlich parallel zur Anlage der Schraderstraße, am westöstlich verlaufenden, Hadergasse genannten Querweg - der späteren Bismarckstraße - bereits 1872 das heute nicht mehr bestehende städtische Krankenhaus errichtet worden. Nach diesen Maßnahmen setzte dann eine Zeit der Stagnation ein, obwohl für das gesamte Areal in den 1870er und in den 1880er Jahren Baulinienpläne erarbeitet wurden. Das Baugeschehen belebte sich erst in der Zeit um 1900 wieder, als der westöstlich ausgerichtete Querweg zur Straße, die nun die Bezeichnung Bismarckstraße erhielt, ausgebaut wurde und man wenig später auch den nordsüdlich verlaufenden Längsweg, der die Altstadt mit dem Friedhof verband, verbreiterte und von Friedhofsweg in Heinzelmannstraße umbenannte. 1906 und 1907 kamen zwei neue Querstraßen zwischen Ganghofer- und Heinzelmannstraße hinzu, die Prinzregenten- und die Bürgermeister-Haffner-Straße, sodaß ein weitgehend rechtwinkliges Straßennetz entstand - wobei die ergänzende Friedenstraße erst nachträglich in den 1920er Jahren trassiert worden ist. Die Bautätigkeit blieb allerdings zögernd und konnte mit der Anlage der Straßen nicht ganz Schritt halten, es blieb bei schwerpunktmäßigen Baumaßnahmen. So entstanden auf der Nordseite des Westabschnitts der Bismarckstraße einige villenähnliche, heute meist geglättet erscheinende Wohnhäuser, während auf der Nordseite ihres östlichen Abschnitts neben dem - nicht mehr bestehenden - städtischen Krankenhaus ab 1902 durch den Baumeister und Bauunternehmer Hans Haag an einer neu angelegten Stichstraße - der heutigen Hauberrisserstraße - ein kleines Mietshäuserquartier hochgezogen wurde. Die von den Lindauer Architekten Schneider und Senf entworfenen Bauten zeigen eine in damaliger Zeit „altdeutscher Stil" genannte Formensprache, die zwischen der deutschen Neurenaissance und dem Jugendstil in etwa die Mitte hält (Hauberrisserstraße 2, 4, 6). Ihnen gegenüber baute sich Hans Haag sein eigenes, ansprechendes, dem Jugendstil stärker verpflichtetes Wohnhaus (Hauberrisserstraße 1). Da das Erweiterungsgebiet zwischen Schraderstraße und Friedhof nur unzureichend von seinen Rändern her - über den Ringweg und die Innere Buchleuthenstraße - mit der Altstadt verbunden war, wurde, um hier eine bessere Durchläßigkeit zu schaffen, 1898 in Verlängerung einer bereits bestehenden, zwischen Kaiser-Max- und Ludwigstraße vermittelnden Quergasse - der Metzggasse - der langgestreckte Baublock zwischen Ludwig- und Schraderstraße durchstoßen: es entstand die Sedanstraße, die die Schraderstraße - und damit das neue Quartier - mit dem Kern der Altstadt unmittelbar verbindet. Der neue Straßendurchbruch wurde mit dem Bau des Postamts an der Ecke zur Schraderstraße 1905 architektonisch hervorgehoben (Schraderstraße 8): Der durch Lisenen gegliederte Bau zeigt eine verfremdet-klassizisierende Putzdekoration, die ohne Zweifel den Schöpfungen des Münchner Architekten Emanuel von Seidl abgeschaut ist. Daneben entstand nach 1905 auch die neubarocke Villa der Brauersfamilie der Aktienbrauerei (Schraderstraße 4), sodaß nun auch die Nordseite der Schraderstraße, den Schulhäusern gegenüber, eigene architektonische Akzente erhielt. Das neue Quartier, das im ganzen als Villenviertel

Die Wiedemann- oder Lacher-Villa, Schraderstraße 4

mit offener Bebauung konzipiert war, erhielt nach und nach eine unzusammenhängende Bebauung aus Ein- und Mehrfamilienhäusern. Unter diesen Bauten, die entweder keinen überragenden architektonischen Wert besitzen oder in der Zeit nach dem Zweiten Weltkrieg vereinfacht worden sind und deshalb in den meisten Fällen keinen Eingang in die Denkmalliste gefunden haben, sticht die Villa Bismarckstraße 6 durch ihre Qualität hervor: Das zwischen 1905 und 1910 durch die Brauersfamilie der Schiffsbrauerei errichtete Haus mit dem Mansarddach und der - bei symmetrisch komponierter Straßenfront - malerischen Gesamtkomposition zeigt die fortschrittlichen Bauformen des reformerischen Heimatstils und könnte von einem Münchner Architekten stammen (leider lassen sich in Kaufbeuren durch den Verlust der älteren Bauakten solche Architekturen nicht näher einordnen). Das Viertel eignete sich aber auch zur Aufnahme öffentlicher Gebäude. An der Ganghoferstraße, der Ausfallstraße nach Süden, die das Areal im Osten abgrenzt, stand seit 1805 die Wagenseilsche Kattunfabrik, ein stattlicher Mansarddachbau in nachbarocken Formen, der 1839 seinen Charakter völlig veränderte, als er vom Industriebau zum Amtsgebäude umgenutzt und zur Aufnahme des Landgerichts und des Rentamts adaptiert wurde (Ganghoferstraße 9). Daneben errichtete man 1900 ein Pendant in neubarocken Formen mit übergiebeltem Mittelrisalit als Amtsgerichtsgebäude (Ganghoferstraße 11). Heute beherbergen beide Häuser, die durch einen Verbindungsgang miteinander verbunden sind, das Amtsgericht. An der neu angelegten Prinzregentenstraße entstand 1908-1909 das Progymnasium des Münchner Architekten Ernst Wichera, ein Gruppenbau in zurückhaltenden Formen reformerischer Architektur, der noch heute das Quartier und darin insbesondere die Einmündung der Prinzregentenstraße in die Ganghoferstraße beherrscht (Prinzregentenstraße 2): Der hohe, kubische Bau mit Zeltdach und Uhrtürmchen - 1931 nach Westen erweitert - ist durch einen Arkadengang mit der Turnhalle verbunden; den Pausenhof schließt eine aus Betonpfeilern und Holzgittern bestehende Einfriedung in Formen, wie sie in der Zeit des Jugendstils üblich waren. Trotz seiner klaren Grundstruktur wurde das Quartier um Heinzelmann- und Bismarckstraße vor dem Ersten Weltkrieg und in der Zwischenkriegszeit weder einheitlich, noch vollständig bebaut, sodaß es, verstärkt durch Auswechslungen und Neubauten der Zeit nach dem Zweiten Weltkrieg, heute eine etwas disparate Erscheinung darbietet. Dies ist auch der Grund, warum es kein Ensemble im Sinne des Denkmalschutzgesetzes bildet. Dennoch stellt es in der Urbanisierungsgeschichte Kaufbeurens eine wichtige Größe dar und enthält auch wichtige Einzeldenkmäler vor allem aus der Zeit unmittelbar nach 1870 und aus der Periode zwischen 1900 und dem Ersten Weltkrieg. Nach 1900 war weiter südlich jenseits des Bahnübergangs, zwischen der Bahnlinie und der Füssener Straße, ein weiteres Erweiterungsgebiet in Planung, von dem eine einzige Stichstraße - die heutige Schäferstraße - realisiert worden ist. Hier war es der Baumeister und Bauunternehmer Peter Dobler, der das kleine Wohngebiet erschloß und bebauen ließ. Der ab 1904 angelegte Straßenzug erhielt zwischen 1905 und dem Ersten Weltkrieg eine offene Bebauung aus Ein- und Mehrfamilienhäusern mit Vorgartenzone, wobei der Baufortschritt von der Füssener Straße ausging und allmählich nach Westen vordrang. Die ersten Häuser zeigen geschwungene Giebel im Sinne des Jugendstils - die vordersten wurden von den Münchner Architekten Hessemer und Schmidt errichtet - während die hinteren, die teilweise Dreiecksgiebel und Fachwerkdekorationen aufweisen, einem etwas härteren Heimatstil verpflichtet sind. Obwohl die Bauten heute größtenteils geglättet erscheinen, besitzt der Straßenzug in seiner Geschlossenheit malerische Werte, weshalb er als Ensemble in die Denkmalliste aufgenommen worden ist.

Das ehemalige Progymnasium in der Prinzregentenstraße; Aufnahme etwa aus dem Jahr 1926

Die Zwischenkriegszeit war - von der Anlage des Fliegerhorsts einmal abgesehen - für Kaufbeuren keine Periode nennenswerter Expansion, sodaß bauliche Zeugnisse aus diesem Zeitabschnitt nicht sehr zahlreich sind. Neue Wohnhäuser entstanden vor allem im Westen an der Konradinstraße und im Osten im Bereich des Hochstadtwegs sowie der Filserstraße. Allerdings findet sich in der Schelmenhofstraße auch eine Schöpfung der bayerischen Postbauschule der 1920er Jahre, die zunächst nicht besonders ins Auge sticht, bei näherem Hinsehen jedoch ihre architektonischen Qualitäten offenbart (Schelmenhofstraße 17-21): die 1929-30 von Georg Werner und Ernst Ott gebaute Kraftwagenhalle der Post, ein hufeisenförmiger Garagenbau mit seitlichen Verwaltungstrakten, der trotz der Vernachlässigung des Details in jüngerer Zeit noch die klaren Formen der Neuen Sachlichkeit erkennen läßt.

Großräumige Zuwächse erfolgten hingegen in der Zeit nach dem Zweiten Weltkrieg, als der von einem kräftigen wirtschaftlichen Aufbruch begleitete Zuzug die Bereitstellung von Wohnraum auf breiter Front notwendig machte und vor allem im Osten und Norden der Stadt sich neue Wohngebiete flächenhaft ausbreiteten. Unter diesen Erweiterungen stellt der Stadtteil Neugablonz einen Sonderfall dar: Hier sind in den Ruinen einer im Wald getarnten Munitionsfabrik und in den zugehörigen Zwangsarbeiterlagern aus der NS-Zeit unmittelbar nach Kriegsende Heimatvertriebene aus dem Sudetenland notdürftig angesiedelt worden, wobei sich die Industriebrache belasteten Andenkens in den Folgejahren nach und nach in ein Wohngebiet umwandelte. Die intensive Bautätigkeit der 1950er und der 1960er Jahre weist in ihrer Masse naturgemäß kaum Höhepunkte auf. Interesse kann allerdings in dieser Zeit der Kirchenbau beanspruchen als eine Bauaufgabe, die nach den katastrophalen Entgleisungen der vorangegangenen Ära neue Aktualität erhielt und der sich aufgrund der demographischen Bewegung auch ein umfangreiches Wirkungsfeld öffnete. Gerade in Neugablonz ist mit der 1955-1957 erbauten Herz-Jesu-Kirche von Thomas Wechs ein Werk entstanden, das die besondere Ästhetik der Nachkriegszeit auf qualitätvollem Niveau veranschaulicht und im - aufgrund seiner besonderen Entstehungsgeschichte - etwas formlos geratenen Stadtviertel auch einen architektonischen Schwerpunkt bildet. Der mächtige, durch schlanke Blendbögen gegliederte Kirchenkörper, dem eine Stufenterrasse vorgelegt ist, liegt mit seinem abgetrennten Campanile in erhöhter Lage, im Innern kontrastieren der weite, helle Laiensaal und die mystisch beleuchtete, enge Altarrotunde. Die Aufstellung des Rüdiger-Brunnens von Franz Metzner auf einem Platz neben der Kirche ist eine ausgesprochene Kuriosität: Das 1904 geschaffene Kunstwerk stellt das Fragment eines für Wien geplanten und nie zu Ende geführten Nibelungenbrunnens dar, das 1928 nach dem sudetendeutschen Gablonz verkauft und 1968 von dort als Erinnerungsmal für Neugablonz erworben wurde. Die eindrucksvolle Skulpturengruppe, die einer vor allem in der Architektur wirksamen Spielart des Jugendstils verpflichtet ist, für die man den Begriff „Teutonismus" geprägt hat - Metzner ist u. a. der Schöpfer der Bildhauerarbeiten am Völkerschlachtdenkmal in Leipzig - hat als ein Stück fremder Kunstgeschichte aufgrund der Kriegs- und Nachkriegswirren in Kaufbeuren eine Flüchtlingsheimat gefunden.

LITERATUR

FRANK, Chr., Der Königshof Kaufbeuren. In: Deutsche Gaue, Sonderheft 126, 1935; ZORN, W., Handels- und Industriegeschichte Bayerisch-Schwabens 1648-1870, Augsburg 1961; 150 JAHRE SPINNEREI UND WEBEREI MOMM AG KAUFBEUREN, Kaufbeuren 1989; STAMMEL, J., Vom Plärrer zu den Sieben Katzen. In: KGBl 12, 1992, S. 454ff., 516ff., 542ff.; VERWALTUNGSBERICHTE DER STADT KAUFBEUREN; REHLE, A., Führer durch Kaufbeuren und Umgegend, Kaufbeuren 1889.

Tilman Breuer und Anton Brenner
Die urbane Überlieferung

Kaufbeurer Baudenkmale und ihre Besonderheiten

Dieser Nachdruck aus Breuer, Tilman, Stadt und Landkreis Kaufbeuren (= Bayerische Kunstdenkmale Bd. 9), München 1960, den wir hier mit freundlicher Genehmigung des Deutschen Kunstverlages in München übernehmen, wurde von Anton Brenner vollständig aktualisiert. Seine Ergänzungen sind kursiv in eckiger Klammer formatiert.

Kirchen
Kath. Stadtpfarrkirche St. Martin

BAUGESCHICHTE: *Der ursprüngliche Bau der Kirche, von dem das Südportal und die Seitenschiffsmauern zu einem großen Teil erhalten sind, muß anläßlich der Stadtgründung um 1200 errichtet worden sein. Von der Pfarrkirche der älteren Siedlung - ehemals wahrscheinlich an der Stelle der späteren Blasiuskapelle - dürfte die neue Kirche Pfarrgerechtigkeit und Patrozinium übernommen haben. Der bestehende Turmbau wurde 1403 von* Ulrich Murer *und seinem Sohn* Leonhard *begonnen; der Turmbau zog sich lange hin. 1438-43 werden der Chor und die Sakristei neu errichtet, das Langhaus um ein von Ulrich Honold gestiftetes Joch verlängert, die Mittelschiffswände völlig erneuert und die Seitenschiffe gewölbt. Die südliche Vorhalle dürfte gleichzeitig entstanden sein. Der Emporeneinbau unter der Westempore, der Nonnenchor, stammt in seiner gegenwärtigen Form von einer Erneuerung 1684 und einer Erweiterung 1860. Bei der Barockisierung um 1700 wurden die Rippen des Chorgewölbes abgeschlagen und 1701 im Mittelschiff ein Scheingewölbe eingezogen. Fast die gesamte Barockausstattung mußte jedoch 1893-99 weichen, als die Kirche unter der Leitung von Johann Marggraf gotisierend restauriert wurde. Dabei erhielt der Chor neugotische Rippen; im Langhaus wurde durch eine flache Holzdecke der ursprüngliche Raumeindruck annähernd wiederhergestellt; gleichzeitig sind die Kapitelle der Langhausstützen mit Laubwerkreliefs versehen worden. Die letzte Innenrestauration fand 1954 statt* [*Bei der Innenrestauration 1977/81 wurde auch der Volksaltar (Bildhauer Reinhold Grübl, München) aufgestellt*].

BAUBESCHREIBUNG: Die Kirche ist in ihrer Lage einerseits bezogen auf den Straßenmarkt, der, durch eine Reihe von Hausstellen getrennt, südlich in gleicher Ost-West-Richtung angelegt ist, andererseits beherrscht sie den wesentlich niedriger gelegenen nördlichen Teil der Gründungsstadt. - Dreischiffige Basilika mit eingezogenem Chor, der Turm im südlichen Chorwinkel. - Chor zu drei Jochen und 5/8-Schluß, Gewölbe mit neugotischen Netzrippen auf Konsolen. Hohe spitzbogige Fenster mit neugotischen Maßwerken im Chorschluß und den beiden östlichen Abschnitten der Nordwand; ein weiteres spitzbogiges Fenster im oberen Teil des östlichen Abschnittes der Südwand. Außen schlichte Strebepfeiler, durch Kaffgesims und einen Wasserschlag geteilt; unter der Traufe Rundbogenfries. - Spitzer Chorbogen mit gestufter und gekehlter Kante. - Basilikales, dreischiffiges Langhaus zu sieben Arkaden, im Mittelschiff neugotische Flachdecke; in den Seitenschiffen reiche, sternförmige Netzgewölbe mit Scheibenschlußsteinen, lediglich im westlichen Joch des südlichen Seitenschiffes ein einfaches Kreuzrippengewölbe. - Die spitzbogigen Mittelschiffsarkaden auf kreuzförmigen Pfeilern, deren Kanten gekehlt und in deren Ecken Viertelsäulen eingestellt sind. Das Blüten- und Blattornament 1894 aus den Bossen gehauen. In den Archivolten ist der halbierte Pfeilerquerschnitt als Profil durchgeführt. - An den Wänden der Seitenschiffe Vorlagen in Form halbierter Mittelschiffspfeiler; die Profile der Schildbogen sind den Archivolten der Mittelschiffsarkaden analog gebildet. - Hohe Orgelempore im Westabschnitt des Mittelschiffes, auf drei spitzbogigen Arkaden. Darunter in Archivoltenhöhe eine Nonnenempore, die auch über die Seitenschiffe durchgeführt ist; die Brüstung mit neugotischen Maßwerkblenden. - Die Fenster sämtlich spitzbogig, die Maßwerke zum großen Teil mit Fischblasenformen, die der Hochwand original, die übrigen erneuert. - Außenbau des Langhauses: Die Traufgesimse der Seitenschiffe aus kräftigem, von zwei Kehlen begleitetem Wulst; die Mittelschiffshochwand durch Lisenen gegliedert, unter der Traufe Rundbogenfries und Kehlprofil. - Westfassade ungegliedert, an der Giebelschräge des Mittelschiffes gestaffelte Kleeblattbogenblenden. Im Mittelschiffsabschnitt hohes, spitzbogiges Fenster mit neu-

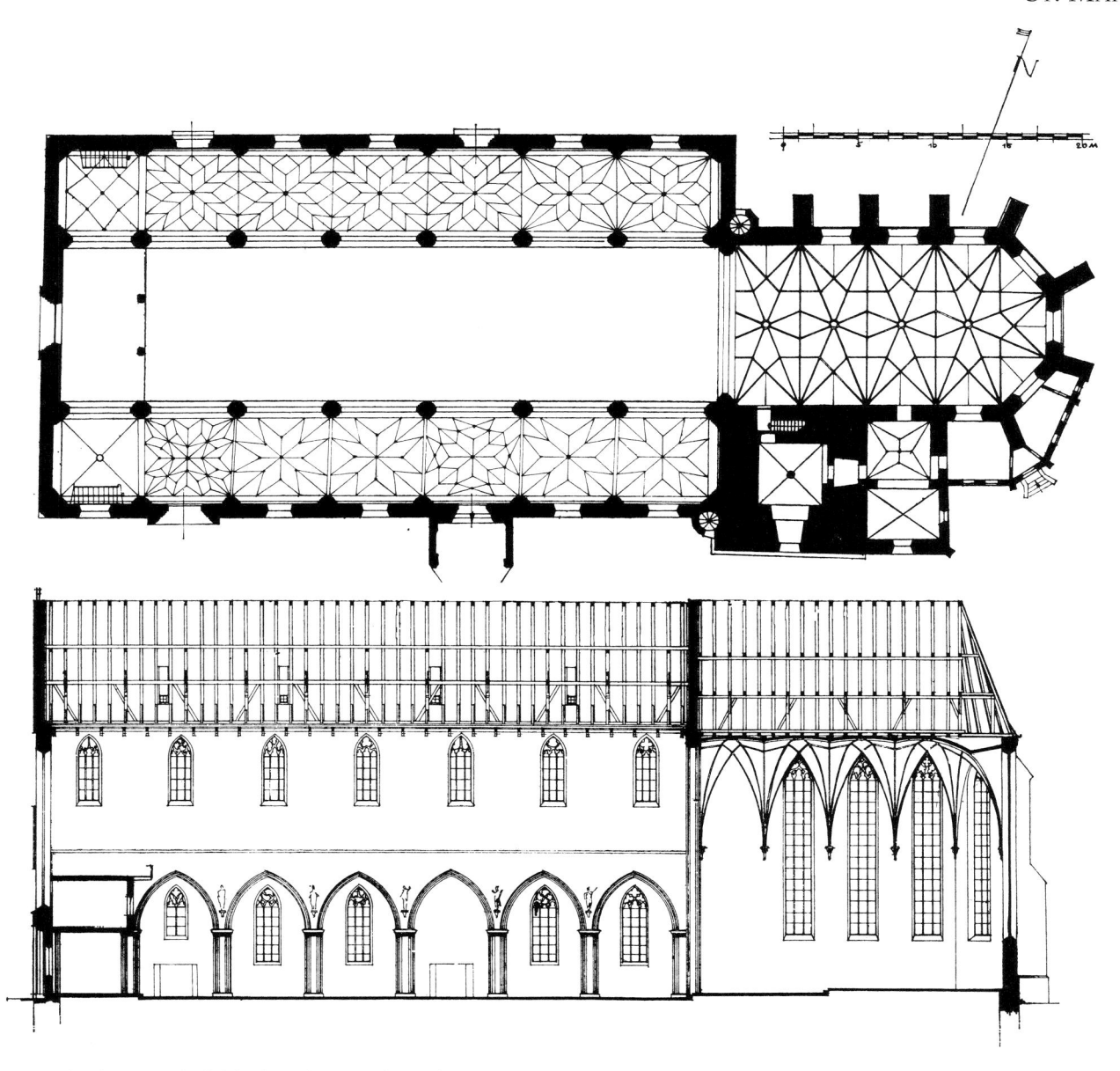

St. Martinskirche, Grundriß (oben) und Längsschnitt (unten)

gotischem Maßwerk, im nördlichen Seitenschiffsabschnitt kleines spitzbogiges Fenster mit schlichtem Maßwerk. – Portale: 1. In der Westfassade in einem Mauervorsprung, z.T. zugesetzt. Spitzbogig, das Gewände dreifach gestuft, die Kanten gekehlt, in den Ecken kräftige Rundstäbe. – 2. Im Westteil des südlichen Seitenschiffes, spitzbogig in kräftigem Mauervorsprung, das Gewände dreifach gestuft, die Kanten gekehlt, in den Ecken kräftige Wülste. – Türflügel aus Nadelholz mit gotisierender Knotenwerkschnitzerei, Anfang 19. Jh., an der Rahmung Blütengehänge. – Im rechten Zwickel über dem Portal Steinplatte mit Inschrift: *anno . dni . mccccxxxviii am . sechsten tag. aberelles hub. man. an . die kir-* *chen.* Darunter auf kleinerer Steintafel: *do galt ain metz rogg Ix da cunrat spengler pfleger.* – 3. Am fünften Joch des südlichen Seitenschiffes von Westen: in einer Tuffsteinrahmung Sandsteingewände um 1200: rundbogiges Stufenportal, die drei Stufen mit Halbsäulenvorlagen besetzt, an den Kapitellen vereinfachtes Flecht- und Blattwerk. Türflügel wie am zweiten Portal. – Zugehörige Vorhalle siehe unten. – An der nördlichen Seitenschiffswand: 4. Westlich: spitzbogig, Gewände dreifach gestuft, die Kanten gekehlt. – 5. Östlich: spitzbogig, Gewände mit Stufen, Kehlen und einem Wulst. Die Türflügel der beiden letzten Portale gleich denen des zweiten Portals. – Ölbergnische am südlichen Seitenschiff,

ST. MARTIN

15. Jh., unter Stichbogen auf zwei flach gestuften Konsolen. Ölbergrelief von *Karl Baur* 1921; an seiner Stelle befand sich ehemals eine Wandmalerei, Christus am Ölberg, Anfang 17. Jh.

Anton Brenner
Die St. Martins-Kirche und ihre Triangulatur
(Bearbeiteter Nachdruck aus KGBL Bd. 13, Nr. 6, Juni 1994, S. 208-211)

Am 6. April 1438 wurde mit dem Bau der heutigen Martinskirche begonnen. Während der Bauarbeiten ging das Geld aus, sodaß beschlossen werden mußte, die Kirche kürzer zu bauen „als dieselbe nach Gestalt des Chores sein und werden sollte". Einem Kaufbeurer Bürger war es dann schließlich zu verdanken, daß noch das westliche Joch des Langhauses errichtet werden konnte und die Kirche damit „ihre gehörige Länge" bekam. Der großzügige Spender war der ehemalige Heiligenpfleger Ulrich Honold, der ja bereits 1440 die Kosten der zwei vordersten Gewölbe des Seitenschiffes an „Unser Frauen- und Nicolai-Altar" übernommen hatte.

Zur Neueinweihung 1443 waren der gotische Hauptaltar und mindestens vier weitere Altäre - höchstwahrscheinlich unverändert von der Vorgängerkirche übernommen - eingebaut. Diese Altäre waren durch ihre Entfernung während der Bauzeit entweiht (exsecratio) und so mußte deshalb eine Neuweihe vorgenommen werden. Erst danach war an ihnen wieder das Messopfer möglich. Hier nun eine Hypothese: Normalerweise erfolgten Altarweihen im Zusammenhang mit der Kirchweihe. Um jedoch nun so bald wie möglich im Kirchenneubau (Fertigstellung evtl. wegen des westlichen Joches verzögert?) wieder Gottesdienste abhalten zu können, hat der Bischof am 23. Juni 1443 diese Altäre neu geweiht (konsekriert); vielleicht auch deshalb, „damit die Weihe dem Fortschreiten der Mauern diene und Gott schneller Ehre zuteil werde." Und erst im darauffolgenden Jahr erfolgte dann nach der Gesamtfertigstellung am 24. Mai 1444 die eigentliche feierliche Kirchweihe. Dabei konnte dann auch wie vorgeschrieben die Lustration und an den für die Apostelkreuze vorgesehenen Stellen die Salbung vorgenommen werden.

Die „Triangulation" der gotischen Martinskirche

Die Menschen der gotischen Zeit waren geprägt von der Idee der Ordnung. Auch die gotischen Kirchen geben uns davon Zeugnis. Sie wurden aus den einfachsten Formen - Dreieck, Kreis und Quadrat - heraus konstruiert. Diese Art, Bauwerke auf geometrischer Grundlage zu formen, hat sich durch die Jahrtausende fortgeerbt. Dahinter vermutet man nicht zu Unrecht Geheimnisse. Diese wurden in den Zünften, vom Vater auf den Sohn, weitergegeben. Dazu gehörte auch das Wissen um die Proportionen und die Maßgerechtigkeit. Dabei ist bemerkenswert, wie die verschiedenen Meister, trotz ähnlicher oder gleicher geometrischer Arbeitsweisen, künstlerisch sehr unterschiedliche Leistungen hervorbrachten.

Proportionsuntersuchungen haben ergeben, daß Triangulatur und Quadratur im römischen und germanischen Bauwesen wurzeln. Die Triangulatur, benutzt wurden ja einfache geometrische Figuren, ist gleichzeitig auch ein unkompliziertes Verfahren für die Absteckung an der Baustelle. Dies war für die Baumeister der damaligen Zeit von besonderer Wichtigkeit. Nur mit Maßlatte, Schnüren und Pflöcken mußte jeder Riß, ohne Strecken teilen zu müssen, absteckbar sein. Die Arbeitsweisen der Baumeister richteten sich nach traditionellem Herkommen. Schon im Alten Testament (Ezechiel, 40,3 - ca. 600 v. Chr.) ist zu lesen, daß mit „Leinenschnur und Meßrute" ausgemessen und abgesteckt wurde.

Es gibt Erkenntnisse, die dabei zu beachten sind. Rechtwinklige Bauten - wie unsere Martinskirche - wurden nach den äußeren Mauerfluchten des aufgehenden Mauerwerkes bemessen. Ein vorhandener Sockel ist meistens ohne Bedeutung. Die Breite des Langhauses war Grundlage für die Bemessung der Längen. Und diese Breiten dienten als Seiten von gleichseitigen Dreiecken oder Quadraten. Bei den Breitenmaßen wurde als Maßeinheit der „Fuß" benützt. Die Längen wurden dagegen geometrisch bestimmt.

Wenn man nun die Breite (Außenmaß) der Martinskirche als Dreieckseite wählt, ist die Länge des Kirchenschiffes durch die Höhe von drei gleichseitigen Dreiecken gegeben.

Ablauf der Triangulation bei St. Martin
Langhaus West (Langhaus Ost spiegelbildlich): Gemessen wird nur die Grundlinie AB (Außenwand zu Außenwand). Bogen um A und B mit dem Radius AB schneiden sich in C und D.10 Die Verbindung CD ist das Mittellot auf AB; die Strecke AE ist gleich EB.

Kreise mit AE um A und mit BE um B halbieren die Dreieckseiten in den Punkten F und G. Die Geraden AG und BF schneiden sich im Schwerpunkt des Umkreises und des einbeschriebenen Kreises in H. Kreise um H mit dem Radius HA (= HB) schneiden die Verlängerungen der Geraden AG und BF in 1 und K. Die Verbindung IK schneidet sich mit dem Mittellot in L. Kreis mit LE um L schneidet die Verlängerungen der Geraden AK und BI in M und N (Gebäudeecken).

Chor (Für zeichnerischen Aufriß; Absteckung vor Ort so nicht möglich, da ja der Turm schon stand):
Im Prinzip gleiche Vorgehensweise wie im Langhaus.

Ergänzender Hinweis zu Langhaus: Das Maßverhältnis von Seitenschiff (Maß von Kirchenaußenwand bis Pfeilmitte) und Mittelschiff (Maß von Mitte zu Mitte der Pfeiler) entspricht dem goldenen Schnitt.

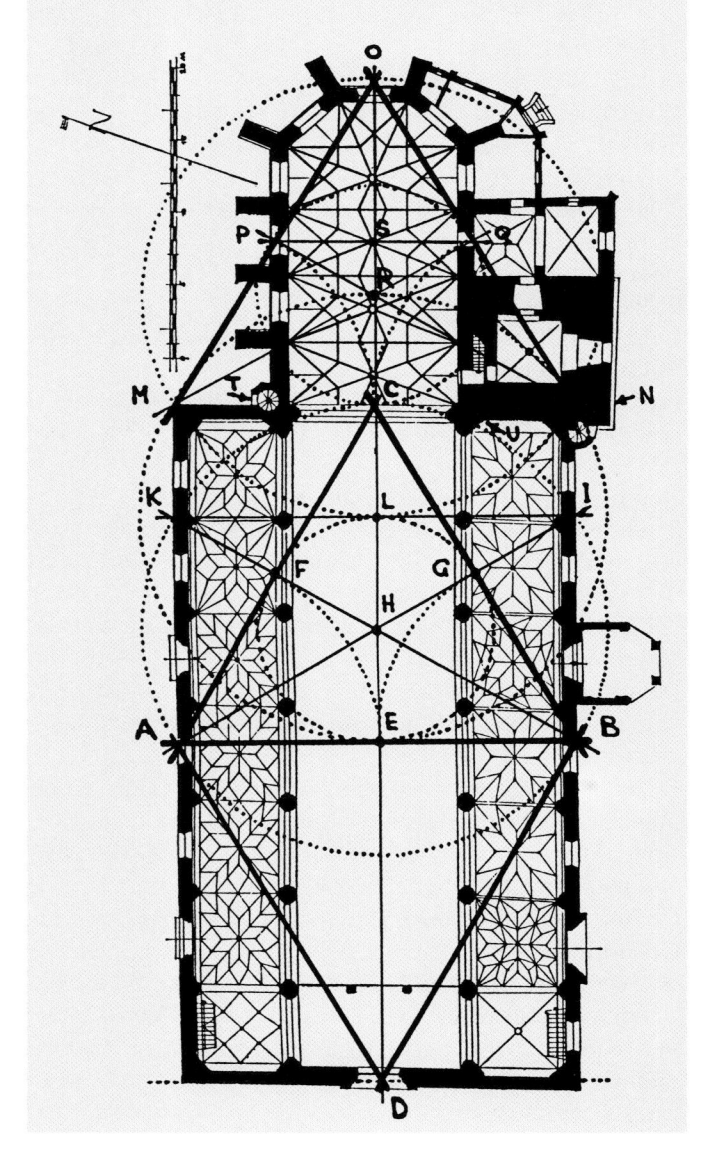

Hoher, vierseitiger Turm im südlichen Chorwinkel. Das Untergeschoß mit zinnenförmig geschlossener Verblendung, über einem rechteckigen Fenster mit Diagonalgitter verwitterte Sandsteintafel mit Inschrift *(anno . d)omini mcccc(iii . inceptum . istud . (fuit . opus)* [*Inschrifttafel abgegangen; im Stadtmuseum tw. Gipsabdruck*]. Die beiden nächsten Geschosse ungegliedert mit je einem Rundbogenfenster. Die übrigen sechs Geschosse mit Ecklisenen, Kleeblattbogenfriesen und kleinen Schlitzfenstern. Im siebten Geschoß gegen Süden zwei Rundbogenfenster, im obersten Geschoß dreiteilige, rundbogige Klangarkaden auf Säulen nach allen Seiten. – Steile Dreiecksgiebel mit spitzbogigen Blenden, z.T. mit Nasen, hoher, achtseitiger Helm mit Mönchnonnendeckung. Im Untergeschoß Kreuzrippengewölbe mit Rosettenschlußstein, im achten Geschoß Kreuzgewölbe mit Bandrippen. Vom ehemaligen Glockenstuhl werden im Heimatmuseum zwei Inschrifttafeln aufbewahrt, die eine davon ist bez. *DanieL Haag KaVffbeYrsC (her BaVM)eIster hat dissen Glockenstuell verferthiget 1768* (Ergänzung nach N. Lieb). – Runder Treppenturm im Winkel zwischen südlichem Seitenschiff und Turm. – Treppenturm im nördlichen Chorwinkel. – Sakristei: Zweigeschossiger Bau im Winkel zwischen Turm und Chor, an der Südostecke schlanker Strebepfeiler mit einem Wasserschlag, im oberen Teil dreikantig. – An der Ostseite im Untergeschoß stichbogiges Fenster mit Diagonalgitter, im Obergeschoß zwei spitzbogige Maßwerkblenden. An der Südseite im Untergeschoß rechteckige Fenster mit Diagonalgitter, im Obergeschoß spitzbogiges, bis über die Hälfte zugesetztes Fenster. Im Innern zwei durch spitzen Scheidbogen geteilte Räume, im nördlichen Raum Sternrippengewölbe mit Scheibenschlußsteinen, im südlichen Kreuzrippengewölbe mit Wappenschlußstein. – Vorhalle am fünften Joch des südlichen Seitenschiffes von Westen, über fünf Seiten des Achteckes errichtet. Stichkappengewölbe auf spitzbogigen Arkaden mit oktogonalen Pfeilern, die Westseite von geschlossener Wand gebildet, die östliche Arkade nachträglich zugesetzt, die beiden südlichen Pfeiler erneuert.

Obwohl der Umbau der Martinskirche im 15. Jh. einem Neubau gleichkam, scheint sowohl im Gesamtaufbau, in seiner Fügung aus schlichten Kuben, wie im Einzelglied, etwa an den Rundbogenfriesen, an der Bildung der Pfeiler und der Portalgewände etwas von der Haltung des Gründungsbaues weiterzuleben. Gerade in der Art jedoch, wie der lichte, gewölbte Chor dem flachgedeckten Langhaus gegenübergestellt wird, wie die Verhältnisse von Kirchenbau und Turm zu einer für das Stadtbild äußerst wirksamen Asymmetrie gesteigert werden, zeigt sich echt spätgotisches Empfinden. Damit kann die Kaufbeurer Stadtpfarrkirche als eines der besten Beispiele einer spezifisch oberschwäbischen Sondergruppe von Stadtkirchenbauten gelten.

Baumaterial: Der Chorbau auf einem Tuffsteinsockel, sonst zum größten Teil beidseitig verputzter Ziegelstein, jedoch in den Seitenschiffswänden Reste von Tuffsteinmauern, ferner wurden auch in der unverputzten [*nun geschlämmten*] Westfassade Tuffsteinquader des romanischen Baues wiederverwendet. – Das Turmuntergeschoß aus verputztem Tuffstein.

AUSSTATTUNG:

Wandmalereien: 1. in der Vorhalle über dem Portal Medaillon mit hl. Martin, um 1760, ein zweites Gemäldefeld im Vorhallengewölbe übertüncht. – Fragmente an der Außenwand des nördlichen Seitenschiffes: 2. wohl Anbetung der Hirten, 17./18. Jh. – 3. Kreuzabnahme, 17./18. Jh. – 4. Kreuzigung, um 1520, auf einer Schicht unter dem letztgenannten Fragment [*Wandmalereien 1., 2. und 3. übertüncht*].

Stuck von *Josef Schmuzer* 1701 verloren.

Hochaltar: Neugotischer Aufbau von dem *Johannes Marggraf* und dem Bildhauer *Petrus Sprenger* 1896 (Inschrift an der Chorstirnwand). Der ehemalige Hochaltar nach Entwurf von *Joseph [Jodokus] Almeder* von dem Kistler *Lorenz Witsch* in Türkheim.

Zwei *Seitenaltäre*, neugotische Aufbauten 1896 [*und 1898*].

Zwei *Nebenaltäre* in den Seitenschiffen, neugotische Aufbauten 1896 [*1895 und um 1898*], jedoch ist der Altar im nördlichen Seitenschiff mit folgenden, modern gefaßten Holzfiguren ausgestattet: als Antependium Relief Anbetung der Könige, um 1525, Umkreis des *Jörg Lederer* [*von Hans Kels d.Ä. um 1520*]; in einer Nische des oberen Aufbaues Vesperbild, gute Arbeit um 1500, flankiert von zwei Reliefs, Mariä Tempelgang und Vermählung [*Verlobung*] Mariä, gegen 1520, ostoberschwäbisch [*wahrscheinlich Schülerarbeiten aus der Werkstatt Jörg Lederers*].

Ein *Altar* von 1766 [*1709*] hat sich in der Pfarrkirche von Lengenfeld erhalten.

Kanzel: neugotischer Holzaufbau, bez. *J. Marggraff inv. et fecit Monacensis A.D. 1897.*

Taufbecken: kelchförmig, der obere Teil aus Sandstein, erste Hälfte 13. Jh., mit Palmettenornament in Flachrelief, der polygonale, geschweifte Fuß aus Terrakotta, erste Hälfte 15. Jh.

Chorgestühl: neugotisch, bez. *J. Marggraff Monacensis invenit et fecit 1894.*

Laiengestühl: Anfang 18. Jh., an den Eichenholzwangen Akanthusschnitzerei, an den Vorder- und Rückbrüstungen Vorlagen und Kröpfrahmen.

St. Martin

Gemälde: Im nördlichen Seitenschiff: 1. Verklärung *[Aufnahme in den Himmel]* des hl. Martin, von *Georges Desmarées*, 1744 angeschafft, ehemals Hochaltarblatt, am oberen Rande beschnitten. - 2. Hl. Caecilie, bez. *Alois Gaibler pinxit Ao 1791 [nun Haus St. Martin, Baudrexel-Zimmer]*. - An der Mittelschiffswestwand: 3. Hl. Ignatius von Loyola vor der Muttergottes, erste Hälfte 18. Jh., mit Ansicht von Kaufbeuren *[Hl. Franz Regis von Johann Georg Wolcker, Augsburg 1752]*. - 4. Hl. Aloysius und hl. Stanislaus Kostka, bez. *Andr. Brugger 1760*. - Im südlichen Seitenschiff: 5. Kreuzigungsgruppe in der Art des *Johann Heinrich Schönfeld*, um 1670/1680 *[von Andreas Brugger, Langenargen, 1772]*. - Im Pfarrhof: 6.-7. Flucht nach Ägypten und bethlehemitischer Kindermord, beide von der gleichen Hand auf Holz gemalt, um 1520. - 8. Immaculata, erste Hälfte 18. Jh. *[alter Pfarrhof]*.

Bauplastik: Vgl. Kaiser-Max-Straße 22.

Holzfiguren, gefaßt: Im Chorschluß 1.- 2. Hl. Konrad *[Hl. Martin]* und Ulrich, um 1500. An der Chornordwand: 3.- 4. Hl. Cosmas und Damian, *Michael Erhart* zugeschrieben (G. Otto) *[Es kann nach G. Otto und A. Miller als gesichert gelten, daß diese vier Figuren des ehemaligen spätgotischen Hochaltars (zwischen 1480 und 1545) von Michel Erhart aus Ulm stammen]*. - An der Chorsüdseite: 5.- 6. Hl. Nikolaus und Martin *[unbekannter Bischof, Michael Erhart zugeschrieben]*, um 1500. – 7.- 8. Hl. Petrus und Johannes *[Hl. Nikolaus, hl. Petrus und hl. Johannes, nach 1500, dem sog. Meister von Wald (bei Marktoberdorf) zugeschrieben]*, um 1490, *Ivo Strigel* zugeschrieben (G. Otto). - Im Chorbogen: 9. Kruzifixus, Anfang 17. Jh.

Grabdenkmäler: Epitaphgemälde auf Holz: 1. an der Chornordwand für Jacob Rembold, † 1595 und Daniel Erb genannt Franck, † 1624. Das Hauptbild zeigt Daniel in der Löwengrube, bez. *J. R. M. (= Jacob Remboldt Maler)*, darunter Porträt des Johannes Remboldt und seiner Geschwister. Im Aufsatzbild Gottvater. Rahmung durch Halbsäulen und Gesims mit zwei Putten *[die beiden Putten wurden bei der Übertragung des Epitaphs vom Pfarrhof in den Chor von St. Martin entfernt]*.

- Unten angebracht Familienporträt des Jacob Rembold, bez. *1624*, von anderer Hand als das Hauptbild.- Im Pfarrhof: 2. Ludwig Bonrieder, bez. *1599* mit der Geschichte von Jonas und dem Walfisch. - 3. Simon Langrawer, † 1568, Jeremias Walther, † 1581 und Frau Anna, † 1576, mit Darstellung im Tempel. - *Steindenkmäler:* Im nördlichen Seitenschiff: 1. Epitaph für Joseph Sylvester Ferdinand Mayrwieser, † 1844, neugotische Sandsteinplatte. - 2. Epitaph für Thomas Damian Kuile, † 1734, Solnhofer Platte. - Im südlichen Seitenschiff: 3. Epitaph für Ignaz Koenigmann, † 1784, Solnhofer Platte. - 4. Als Treppenstufe vor dem südwestlichen Portal verwendet: Fragment einer Grabplatte aus Grüntenstein, bez. MCCCIL. In der Vorhalle: 5. Grabplatte für Blasius Honold, um 1576, Sandstein, verwittert, mit Rollwerkkartuschen; Wappenrelief aus Bronze. - Am Außenbau *[Bei der Regotisierung (1893-1899) wurden alle Steindenkmäler aus der Kirche entfernt und an den Außenmauern angebracht. Bei der Fassadenrenovierung 1963 wurden viele der an Langhaus und Turm vorhandenen Denkmäler abgeschlagen. Die im Chorbereich verbliebenen sind meistenteils bis zur Unkenntlichkeit verwittert. Erhalten blieben die Denkmäler Nr. 15./16. und 17.; sie wurden zu dieser Zeit in die evang. Stadtpfarrkirche verbracht. Der Zerstörung fielen zum Opfer: Nr. 10./12./18./19./20./22.]*. - Chornordseite: 6. Sandsteinplatte, stark verwittert, Relief der stehenden Muttergottes mit zwei Stiftern, vielleicht Gedenkstein für eine Meßstiftung 1510. - Am Chorschluß: 7. Inschrifttafel aus Sandstein für Willibald Hartung, † 1799, und seine Frau Maria Theresia, † 1771, errichtet 1800. - 8. Epitaph für Maria Barbara Neth, † 1737, Solnhofer Platte mit Wappenrelief. - 9. Epitaph für Johann Georg Koenigmann, † 1767, Rotmarmorplatte. – 10. Epitaph für Johann Martin Ducoue (?), † 1706, verwitterte Solnhofer Platte mit Relief des jugendlichen Täufers – 11.-14. Verwitterte Grabplatten aus Sandstein, zur Hälfte im Boden versunken: 11. Pfarrer Udalric Rauh, † 1493. - 12. Wohl 16. Jh. - 13. Anfang 18. Jh. mit Relief des Erzengels Michael *[für Michael Kreitmann? † 1690]*. - 14. Jacob Fugger vom Reh, † 1518, Medaillonrelief mit Allianzwappen Fugger vom Reh - (Ursula) Rehm, von einem Totengerippe gehalten. - Am Turmuntergeschoß: 15. Sandsteinplatte mit Wappenrelief und Rollwerkkartusche, zweite Hälfte 16. Jh. - 16. Grabplatte für Johann Hermann (Hörmann), † 1525, und Frau Anna, † 1518, nach 1527 gesetzte Rotmarmorplatte mit Wappenrelief von *Christoph Ler*. - 17. Grabplatte für Elisabeth Klammer, † 1501, Sandstein mit Relief des Schmerzensmannes und Allianzwappen. - 18. Epitaph für Franz Ignaz Schalck von Reichenfeldt, † 1717, Solnhofer Platte mit Wappenrelief - 19. Verwitterte Sandsteinplatte mit Ritzzeichnung eines Ritters und seiner Frau, bez. *hie liget die herr(en) vo(n) hof stift(er) d(er) statt,* vermutlich 1443 angefertigt. - 20. Grabplatte für Conrad Scherrich, † 1499, Sandstein mit Wappenrelief. - Am südlichen Seitenschiff: 21. Epitaph für Johann Arbogast Streitfelder, † 1704, errichtet 1747. Alpenmarmor mit Wappenrelief. - Am nördlichen Seitenschiff: 22. Epitaph des 16. Jh. mit Wappenrelief, verwitterte Solnhofer Platte. - 23. Epitaph für Johann Peter Kollmann, † 1801. Ovale Inschriftplatte aus Solnhofer Stein in einer Marmorrahmung. - 24. Epitaph für Joseph Pfeiffer, † 1796, Solnhofer Platte. - 25. Epitaph für Johann Andreas Voegler, † 1749, Rotmarmorplatte. - An der Ostwand des nördlichen Seitenschiffes: 26. Johannes Zoller, verwitterte Sandsteinplatte, 1439 errichtet, im oberen

Teil Relief des Schmerzensmannes, im unteren Teil Ritzzeichnung eines Geistlichen. - *Totenschilde:* Im nördlichen Seitenschiff: 1. Jerg von Schwangau zu Hohenschwangau, † 1536. - Im südlichen Seitenschiff: 2. Jörg von Bernhausen, † 1575. - 3. Philipp Renner von Allmendingen, † 1606. Sämtlich Holzmedaillons mit Wappenreliefs *[Schild Nr. 1 nun im Pfarrhof].*

Gedenktafel für die Gefallenen 1805-18, grauer Alpenmarmor mit Trophäenrelief aus weißem Marmor, 1834 aufgestellt.

Sakristeischränke: 1. Eichenholz, bez. *MDCXXXI*, zweigeschossige zu drei Abteilungen, Gliederung durch Halbsäulen und Hermenpilaster, in den Türfüllungen Blendarkaturen, Bekrönung durch Giebelschenkel *[die untere Schubladenreihe ist abgegangen].* - 2. Nadelholz, Anfang 18. Jh., zweigeschossig mit Pilastergliederung *[abgegangen].* - 3. Im Turmuntergeschoß, aus Nadelholz, Anfang 18. Jh., zweitürig, braun in braun mit Akanthus, Putten und einem hl. Bischof (Martin) am Aufsatz bemalt. - Sakristeitruhe, Eichenholz, um 1630, mit Aufsatz an der Ost- und Südwand der Sakristei umlaufend, die Aufsätze durch Hermenpilaster gegliedert, an den Füllungen Kröpfrahmen *[nun Kirchenspeicher].*

Opferstock im südlichen Seitenschiff, mit Eisenbeschlägen, wohl 17. Jh.

Friedhofmauer: nördlich der Kirche ein Stück von etwa 10 m erhalten, unverputzter Ziegelstein, die Oberkante abgerundet; 15. Jh.

Kath. Blasiuskapelle

BAUGESCHICHTE: *Die Blasiuskapelle liegt unmittelbar oberhalb der Ursiedlung Kaufbeurens; ein ehemals zugehöriger Friedhof wird noch 1698 bezeugt. Aus diesen Tatsachen wird geschlossen, daß sich an ihrer Stelle die Pfarrkirche der frühmittelalterlichen Siedlung befand. Zwei im Mittelschiff der heutigen Kirche ergrabene, in Ost-West-Richtung verlaufende Tuffsteinmauerzüge mögen noch zu einer Anlage des 11./12. Jh. gehören. 3,30 m voneinander entfernt, weisen sie auf einen bescheidenen, einschiffigen Bau. Tuffsteinmauerreste in den Langhausseiten- und -ostwänden von etwa 2,75 m Höhe, die Giebelansätze in der Ost- und Westwand des Langhauses müssen wohl von einer Anlage des frühen 14. Jh. herrühren, jedenfalls wird 1319 die Blasiuskapelle zum ersten Male urkundlich genannt. Der Querschnitt dieser Anlage ist schwer zu rekonstruieren; die Höhe der Seitenschiffsmauern läßt an ein basilikales System denken, das Mittelschiff war gewölbt. Der Turm dürfte im Zusammenhang mit der Verstärkung der Stadtbefestigung um 1420 errichtet worden sein. 1436 entsteht ein neuer Chorbau, 1484/85 wird das Langhaus in eine gewölbte Halle umgewandelt [Renovierung 1971. -*

Kaufbeuren, St. Blasius, Ostansicht

Trockenlegung der Westwand und äußere Giebelverschalung (Holz) 1995].

BAUBESCHREIBUNG: Am Nordende des Höhenzuges, der das Altstadtgebiet nach Westen abschließt, und zugleich in der Nordwestecke der Stadtbefestigung beherrschend gelegen. Die Westfassade der Kirche sitzt auf der Stadtmauer auf, der Wehrgang ist in die Kirche einbezogen. Chor von Mittelschiffsbreite zu einem Joch und 5/8-Schluß. Die Wände sind durch Vorlagen mit gekehlten Kanten gegliedert. Sternrippengewölbe auf Diensten, die in Höhe der Fenstersohlbänke auf profilierten Pyramidenkonsolen endigen. Der Schlußstein des Chorschlusses bez. *ANNO . DNI . MCCCCXXXVI. Jos. Mair.* - Spitzbogige, teilweise erneuerte Maßwerkfenster. - Außen schlichte, dreikantige Strebepfeiler; die Strebepfeiler an der Chorstirnseite mit trapezförmigem Querschnitt. Unter der Traufe ein spitzbogiger Kleeblattfries. - In der Chorsüdwand ein zugesetztes, korbbogiges Portal, in der gleichen Wand eine giebelbogige Sakramentsnische. - Der Fußboden des Chores ist um eine Stufe, der des Chorschlusses um eine weitere Stufe erhöht.- Spitzer Chorbogen mit gekehlten Kanten, an der Langhausseite über dem Scheitel bez. *1484.* - Langhaus: Dreischiffige Halle zu drei Jochen, Kreuzrippengewölbe mit Scheibenschlußsteinen auf oktogonalen Pfeilern und profilierten Pyramidenkonsolen an den Seitenschiffswänden. Die innere

St. Blasius

Westwand ist durch ein kräftiges Gesims geteilt, darüber in den drei Schildwänden je eine stichbogige Öffnung, hinter denen der Wehrgang der Stadtmauer vorbeiläuft. - Die Seitenschiffostwände mit je einem spitzbogigen Maßwerkfenster, das Maßwerk des südlichen Fensters erneuert. In der Langhausnordseite ein zugesetztes spitzbogiges Fenster, in der Langhaussüdseite zwei spitzbogige Maßwerkfenster. An den Langhausaußenwänden Strebepfeiler mit einem Wasserschlag und dreikantiger Vorlage am oberen Teil, unter der Traufe spitzbogiger Maßwerkfries. Die Westfassade schlicht, im unteren Teil wie die anschließende Stadtmauer aus Tuffstein, mit drei kräftigen Ziegelsteinstreben, im Giebel Dachansatz eines älteren Baues zu erkennen. Der Ostgiebel des Langhauses durch Lisenen gegliedert, auf seiner Innenseite ein älterer Dachansatz und die verputzte östliche Schildwand eines älteren Mittelschiffes zu erkennen. - Vorzeichen mit Pultdach am westlichen Abschnitte der Langhaussüdseite, von Osten spitzbogiger Eingang, darüber offenbar nachträglich an diese Stelle versetzter Inschriftstein: *anno domini mccccxzzvi . do ward . volpracht . diser. kor. do. kaiser. sigmund. regiert.* Nach Süden stichbogige, im unteren Teil zugesetzte Öffnung. Innen Kreuzrippengewölbe mit Scheibenschlußstein. - Turm nordwestlich von der Kirche, im Nordwesteck der Stadtmauer, mit der Kirche durch einen kurzen, zweigeschossigen Übergang verbunden. Runder, unverputzter Ziegelsteinbau zu fünf Geschossen, mit kegelförmigem Dach. Die unteren Geschosse ungegliedert, unter dem Obergeschoß ein Rundbogenfries, im Obergeschoß rundbogige Fenster mit gestuften Gewänden und gegen Südosten eine Gruppe von drei stichbogigen Schallfenstern.

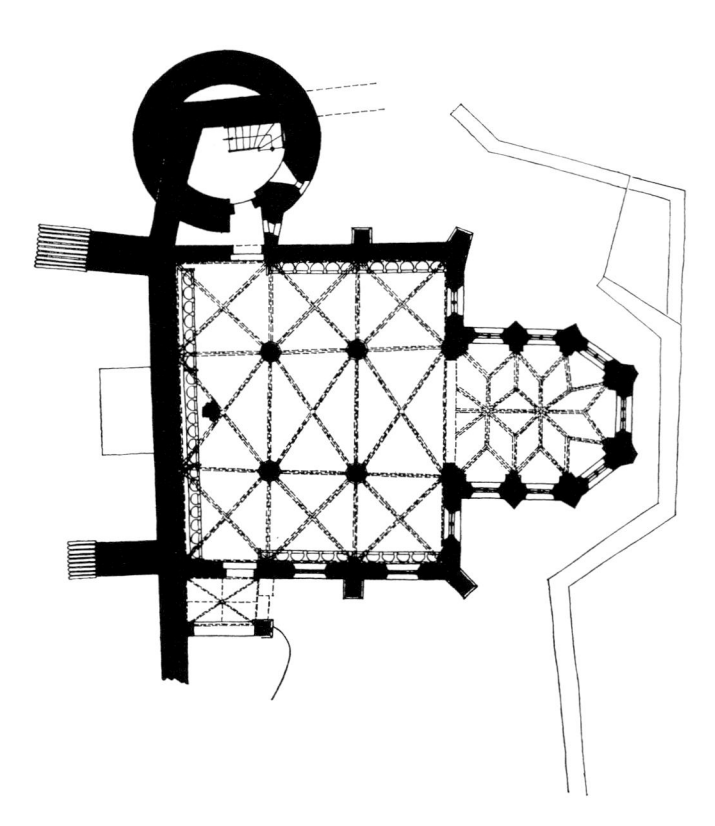

Kaufbeuren, St. Blasius, Grundriß

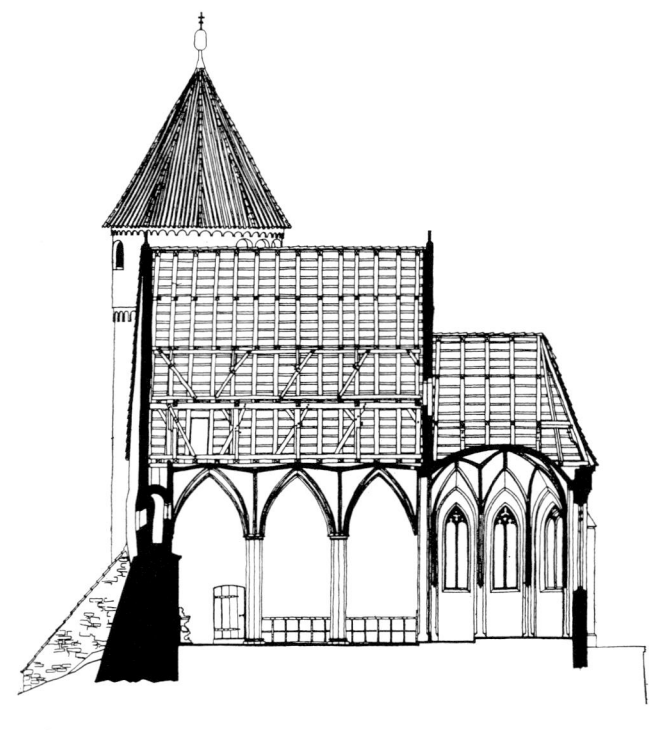

Kaufbeuren, St. Blasius, Längsschnitt

Wandmalereien: Bei einer Restauration 1894 wurden Reste von Wandmalereien aus der Legende des hl. Blasius, Antonius und anderer Heiligen entdeckt, angeblich aus der ersten Hälfte des 15. Jh. Darunter fand sich noch eine Schicht von Wandmalereien aus dem 14. Jh. Die Gemäldefragmente wurden jedoch wieder zugetüncht. - Gegenwärtig ist nur ein Fragment dekorativer Malerei des frühen 18. Jh. an der Langhausnordwand sichtbar.

Hochaltar von *Jörg Lederer* 1518, restauriert 1895/97 und 1954/55 *[und 1994 - 2000]*, Flügelaltar über modern verkleideter Mensa, blau und golden gefaßt, die Figuren teilweise farbig. Die dreiteilige Predella mit Malereien von *Jörg Mack:* im erhöhten Mittelteil Ausgießung des hl. Geistes, in den Seitenteilen links die hl. Katharina und Barbara, rechts die Hl. Margaretha und Dorothea. Darüber der Mittelschrein, in der Laubschnitzerei des Sockels, bez. *1518,* mit drei Baldachin-Nischen, in denen die von einem um 1436 entstandenen Altar stammenden Figuren der Hl. Ulrich, Blasius und Erasmus aufgestellt sind. Auf den beiden Zwischensäulchen Statuetten der Hl. Johannes Ev. und Lukas, die Statuetten auf den Säulchen der Schreinwand, die Hl. Matthäus und Markus, modern. – Oben ist der Schrein von verschränkten Kielbogen mit Laubwerkfüllungen abgeschlossen. – Neben dem Mittelschrein auf freistehenden Konsolen und unter Fialbaldachinen Figuren links Johannes des Täufers, rechts der hl. Anna Selbdritt, unmittelbar unter den Baldachinen Engelsfigürchen. – Die Altarflügel sind mit weitgespannten Angelverstrebungen so angebracht, daß der Blick auf die Flankenfiguren auch bei geöffneten Flügeln frei bleibt. Auf den Flügeln Malereien: innen links Geburt Christi und Flucht nach Ägypten, rechts Anbetung der Könige und bethlehemitischer Kindermord; außen Heilige in Zweiergruppen, nämlich links Stephan, Laurentius, Valentin und Castulus, rechts Martin, Nikolaus, Antonius Eremita und Magnus. Das Sprengwerk über dem Schrein besteht aus drei Fialbaldachinen mit Figuren der Muttergottes und der hl. Sebastian und Christophorus, dazwischen zwei moderne Engelsfigürchen. Die Rückseite des Altares ist bemalt. An der Predella die Kreuztragung Christi, bez. *I.M* (=*Jörg Mack*), dazwischen hinter Gitter und Glas eingefügt Urkunde über die Weihe der Kirche 1485. – An der Schreinrückwand große Kreuzigungsgruppe von anderer Hand, bez. die *taffel ist gesetztt worden an vnser lieben frawen abent als der engel den gruss bracht da man zaltt 1518 und ist pfleger gewesen burgermeister hans weser und blese honnold*.

Gestühl: An drei Seiten des Langhauses Stallengestühl aus Nadelholz, um 1500.

Gemälde, sämtlich auf Holz: 1. Triptychon an der Chornordwand, um 1470/80, die Aufstellung in Form eines Bildstockes modern. Im Mittelfeld Engelpieta, auf den Innenseiten der Flügel links Schmerzhafte Muttergottes, rechts hl. Johannes Evang. Im Rahmen des Mittelbildes Einlassungen für Reliquien. – 2.-5. [6.] Vier [*fünf*] Bilderfolgen, um 1485, dem *Meister des Kaufbeurer Sakristeischrankes* zugeschrieben (E. Buchner). 2. Aposteltafel an der Langhaussüdwand. Im großen dreiteiligen, von Kielbogen-Maßwerk bekrönten Mittelbild die Apostelteilung, in zwei seitlichen Bildern die Martyrien der hl. Petrus und Andreas, darunter in einem Streifen von zehn Bildern die Martyrien der übrigen Apostel. – 3. An der Langhausnordwand zwanzig Darstellungen aus der Legende des hl. Blasius, in zehn Doppeltafeln in zwei Reihen übereinander angeordnet: a. Der hl. Blasius wird zum Bischof geweiht. – b. Der Heilige wird von Diokletian zum Götzendienst gezwungen. – c. Der Heilige nächtigt in einer Steinhöhle. – d. Der Heilige von wilden Tieren und Vögeln umgeben. – e. Der Heilige von Häschern im Wald gefunden. – f. Der Heilige wird angezeigt. – g. Christus erscheint dem Heiligen. – h. Der Heilige geht den Häschern entgegen. – i. Der Heilige heilt ein krankes Kind. – k. Der Heilige läßt einen Wolf das gerissene Schwein wiederbringen. – l. Der Heilige vor dem Richter Agricola. – m. Der Heilige mit Keulen geschlagen. – n. Eine Frau versorgt den Heiligen mit Speise und Licht. – o. Das Blut des gestäupten Heiligen wird von sieben Frauen aufgefangen. – p. Die Frauen werden zum Götzendienst geführt. – q. Die Frauen bleiben im Feuer unversehrt. – r. Die Frauen werden enthauptet. – s. Der Heilige wird vom Wasser getragen, während die Heiden versinken. – t. Der Heilige wandelt über das Wasser. – u. Enthauptung des Heiligen. – 5. [4.] Ulrichsfolge an der Langhauswestwand: Brustbild des hl. Ulrich, darunter zehn Darstellungen aus seiner Legende: a. Der Heilige wird vom Abt in St. Gallen aufgenommen. – b. Priesterweihe des Heiligen. – c. Bischofswahl des Heiligen. – d. Armenspeisung. – e. Der Heilige treibt einen bösen Geist aus. – f. Die hl. Afra erscheint dem Heiligen. – g. Die hl. Afra offenbart dem Heiligen ihr Grab. – h. Engel gebieten dem Heiligen im Traum, die Messe zu lesen. – i. wunderbares Hochamt des Heiligen. – k. Tod des Heiligen. [5. *Erasmusfolge, ebenfalls an der Langhauswestwand: Brustbild des hl. Erasmus, darunter 10 Darstellungen aus seiner Legende: a. Der Heilige wird von einem Raben gespeist. – b. Anklage des Heiligen. – c. Der Heilige wird mit Kolben geschlagen. – d. Übergießung des Heiligen mit siedendem Öl und Pech. – e. Totenerweckung. – f. Der Heilige soll Jupiter anbeten. – g. Ein glühender Panzer wird dem Heiligen angetan. – h. Der Heilige wird in heißes Blei gesetzt. – i. Dem Heiligen wird das Eingeweide herausgehaspelt. – k. Tod des Heiligen*] – 6. Antoniusfolge, ebenfalls an der Langhauswestwand: Brustbild des hl. Antonius Eremita, darunter zehn Darstellungen aus seiner Legende: a. Der Heilige gibt sein Vermögen den Armen. – b. Der Heilige wird von einem Vogel gespeist. – c. Der Satan erscheint dem Heiligen in Frauengestalt. – d. Der Satan erscheint in Knabengestalt. – e. Der Heilige wird von drei Teufeln in die Lüfte erhoben. – f. Ein Bruder trägt den Heiligen zu den anderen Brüdern. – g. Der Heilige wird von Teufeln in Tiergestalt gepeinigt. – h. Christus erscheint dem Heiligen. – i. Bestattung des Heiligen. – k. Wilde Tiere scharren den Heiligen aus dem Grab. – 7. An der Langhaussüdwand: Schmerzensmann, um 1480.

Bildteppich: Der hl. Blasius mit Vögeln und wilden Tieren, um 1578, auffallend durch seine rein spätgotische Formgebung. Der Teppich trägt drei Wappen: Geizkofler oder Bock von Kempten, Seutter-Kempten, Spinner.

Holzfiguren, gefaßt: An der Langhausostwand 1. Johannes der Täufer, um 1490. – 2. Hl. Sebastian, um 1500, in der Art *Michel Erharts.* - An der Langhausnordwand: 3. Kruzifixus, etwa drittes Viertel 14. Jh., vielleicht aus St. Martin stammend. - 4. Sitzfigur des hl. Blasius an der Langhausnordwand, um 1484. - 6. Kruzifixus in der Vorhalle, um 1700.

In der Blasiuskapelle hat sich in selten reiner Weise ein Zeugnis der künstlerischen Kultur des Bürgertums in der Spätgotik erhalten. Der Raum, in dem der zierliche, allseitig durchlichtete Chor zu dem kurzen, geschlossen proportionierten Langhaus in wirkungsvolle Beziehung gesetzt ist, verbindet sich mit der wohlerhaltenen Ausstattung zu einer Einheit von einmaliger Stimmung. Die Lage an der Mauer über der Stadt hebt die Kapelle auch im Landschaftsbild hervor.

Kath. Kongregationskirche St. Cosmas und Damian (Pfarrei Oberbeuren)
[nun Pfarrei St. Martin, Kaufbeuren]

BAUGESCHICHTE: *Von dem 1494 [1495] geweihten Bau stammt der Chor, Kern des Langhauses und der Turmunterbau. 1627 [1629] wurden Kirche und Mesnerhaus [Neubau] wiederhergestellt, eine Neuweihe der Kirche fand 1631 statt. Beschädigungen im Dreißigjährigen Krieg. 1658 geht die Kirche durch Schenkung in den Besitz der Kaufbeurer Marianischen Kongregation über; darauf folgt eine Restauration außen und innen, bei der Langhaus und Chor erhöht worden sein müssen. In diesem Zusammenhang ist 1663 im Innern der Maler Georg Götti tätig, 1664 malt Christoph Franck eine [nicht mehr erhaltene] Sonnenuhr, 1668 werden neue Altäre angeschafft. Ebenfalls in der zweiten Hälfte des 17. Jh. dürfte das Obergeschoß des Turmes entstanden sein; jedenfalls hatte der Turm schon 1722 - wie auf dem Bild einer Votivkerze zu erkennen ist - eine Zwiebelkuppel, wenn auch mit Ziegeln gedeckt. Das Langhaus wird 1730 um eine Achse verlängert, gleichzeitig erfolgt der Sakristeibau. 1743 Stuckausstattung. 1767 werden die bis dahin spitzbogigen Chorfenster rundbogig gemacht [Renovierungen 1958/59, 1972-1974 und 1992].*

BAUBESCHREIBUNG: Gelegen etwa 1 km südwestlich der Stadt an der Straße nach Apfeltrang. Eingezogener Chor zu einer Achse und 5/8-Schluß mit Stichkappengewölbe, rundbogige Fenster - bis auf ein zugesetztes spitzbogiges Fenster in der Chorstirnwand -, darüber querovale Oberlichter. Korbbogige Türen zu Turmuntergeschoß und Sakristei. - Strebepfeiler mit einem geschweiften Wasserschlag, der obere Teil dreikantig. Darüber barocke, der toskanischen Ordnung angenäherte Pilaster und Gebälk. - Gedrückter Chorbogen. - Langhaus zu vier Achsen mit Flachtonne, rundbogige Fenster, in der westlichen Achse querovale Fenster. - Einfache Empore auf Stuckmarmorsäulen. - Das Langhaus hat ein Walmdach. An den Langhausaußenwänden eine spätgotische Lisenengliederung, die etwa 1,5 m unterhalb der Traufe endigt; die entsprechende Dachschräge ist an der Langhausostwand noch zu erkennen. In beiden Langhausseitenwänden ein zugesetztes spitzbogiges Portal *[Nordseite wieder geöffnet]*. - In der Westfassade ein querovales Fenster, darüber eine Krangaube. Die Vorhalle vor der Westfassade modern. - Turm im nördlichen Chorwinkel. Hoher, vierseitiger Unterbau, am Sockelgeschoß zinnenförmig geschlossene Verblendung, darüber an der Nord- und Ostseite hohe Maßwerkblenden, in der Mitte durch überschnittene Rundbogen geteilt. - Oktogonales, niedriges Turmobergeschoß mit Eckpilastern, rundbogigen Schallöffnungen und kräftig profiliertem Kranzgesims, die Zwiebelkuppel mit Schiefer *[nun Kupferblech]* beschlagen. - Sakristei: Niedriger Anbau mit Pultdach im südlichen Chorwinkel, auf der Ostseite ein, auf der Südseite zwei seitlich rund geschlossene Fenster. Innen flachgedeckt.

St. Cosmas und Damian, Ostansicht

Fragmente der farbigen *Fassung des Außenbaues* an den Seitenwänden des Langhauses: Pflaster und illusionistische, querovale Fenster im oberen Teil der Wand *[überstrichen]*.
Deckengemälde von *Joseph Anton Walch* 1743. Im Chor: 1. Maria mit den hl. Ignatius und Joseph. - Im Langhaus: 2. Hauptbild: Glorie der hl. Cosmas und Damian mit der Marianischen Kongregation, dem Rat der Stadt Kaufbeuren und Kranken, bez. *A. Walch Kauffburae Inv. Pinx. 1743*. - In den Nebenbildern Darstellungen aus den Legenden der hl. Cosmas und Damian: 3. Die Heiligen vor dem Tod des Ertrinkens gerettet. - 4. Die gegen die gekreuzigten Heiligen abgeschossenen Pfeile werden abgelenkt. - 5. Die Heiligen bleiben in den Flammen des Scheiterhaufens unversehrt. - 6. Enthauptung der Heiligen. - Über der Orgelempore: 7. Christina Waller, die die Kirche der Kongregation geschenkt hatte, mit der Kirche. - 8. Die Vorsteher der Marianischen Kongregation.
Malereien an der Brüstung der Empore, von *Joseph Anton Walch 1743*: 1. Übertragung der Reliquien der hl. Cosmas und Damian von der Hofkapelle in München nach St. Michael (1649), daneben 2.- 3. Heilungswunder.
Stuck: 1743. Das Chorgewölbe reich ausgestattet mit Gitter-, Blumen- und Muschelwerk, im Chorbogen Bandelwerk und Blumen, am Langhausgewölbe Gitter- und Bandelwerk mit Blütengirlanden. Der Stuck ist gelb, grün und grau *[und blau]* getönt.
Hochaltar [1722] aus marmoriertem Holz mit vergoldetem Dekor. Sarkophagförmige, geschwungene Mensa und Tabernakel, beide mit Rocailledekor, 1767 von dem Schreiner *Nikodemus Fröhlich* von Frankenried *[Die Mensa ist heute als „Versus-populum-Altar" in die Chormitte vorgezogen]*. Der Tabernakelaufbau konkav-konvex, die seitlichen Felder mit verglasten Reliquienschreinen; reich geschwungenes und aufgelöstes Gebälk, über dem Mittelteil zwei Putten und Taube des hl. Geistes. - Seitlich je eine Holztür mit Rocailledekor, ebenfalls 1767, von Pilastern und geschwungenen Gebälkstücken gerahmt und von Ziervasen bekrönt. - Der konkav angelegte, rückwärtige Aufbau von 1722. Das Altarbild, die hl. Cosmas und Damian, bez. HANS VLRICH FRANCK MAHLER VND ORGANIST IN KAUFBEUREN HAT DIES GEMAHLEN AN(N)0 1630 / Renovirt Ao 1801. Es wird vor Pilasterrücklagen von zwei Engelsfiguren frei gehalten, seitlich je zwei gestaffelte Freisäulen. Vor dem Gebälk zwei Putten mit Schwertern, Palmen und Krone, darauf Figuren Mariä und des hl. Ignatius von Loyola in Anbetung vor der Glorie des Namen Jesu, die im Aufzug erscheint. Dieser ist von Pilastern, Voluten und Segmentgiebel gerahmt.
Zwei *Seitenaltäre* von *Paul Seitz* 1745, als Maler *Eugen Angerer* beteiligt *[beide Kaufbeuren]*. Holz; die geschwungenen Mensen rot, die Aufbauten grün marmoriert, der Dekor vergoldet und versilbert. Die Sockelzone, in die die Kanontafeln eingelassen sind, mit Volutenvorlagen und geschwungenem Gesims, auf dem Muschelwerk darüber je zwei Putten. Die Altarblätter - links Schutzengel, bez. *Ao 1745*, rechts die hl. Ignatius von Loyola und Franz Xaver, von reichen Muschelwerkvoluten und Blütengirlanden flankiert, darüber seitlich je ein Putto. Als Aufzug Glorie des Namens Mariä links, des Josephsmonogramms links *[rechts]*, durchbrochene Schnitzerei mit Puttenköpfen und Gewölk.

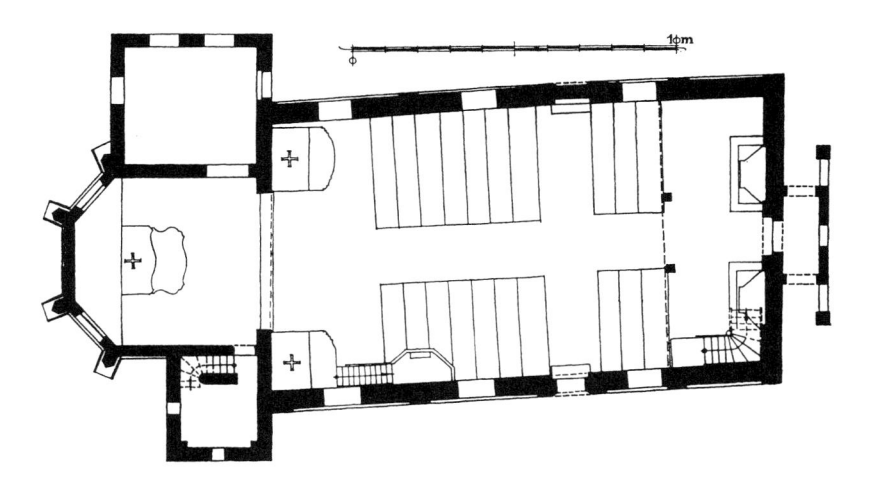

St. Cosmas und Damian, Grundriß

Kanzel: Im Kern wohl das 1668 angeschaffte Stück, jedoch mit Stuckdekor um 1743. Stuckierter Holzaufbau. Polygonaler Korb auf geschweiftem Unterteil, beides mit Bandelwerkstuck, an der Rückwand flache Stuckpilaster, der polygonale Schalldeckel mit Muschel- und Bandelwerkstuck *[in den 70er Jahren ausgebaut]*.
Orgel, um 1740: Kleiner dreiteiliger Prospekt aus marmoriertem Holz mit vergoldetem Bandel- und Laubwerkdekor. Der konvexe Mittelteil von Vollsäulen flankiert und von einem Putto bekrönt.
Laiengestühl, Modell 1733, von dem Gürtler *German Höss*, der vielleicht dann auch die Wangen geschnitzt hat. Zwei Reihen, an den geschwungenen Eichenholzwangen Schnitzerei mit Gitter- und Bandelwerk, Blüten und Blättern. Vorderbrüstungen mit Volutenvorlagen und Bändern in Einlegearbeit.
Zwei *Beichtstühle* an der Langhauswestwand, Nadelholz, wohl um 1730, dreiteilig mit Pilastergliederung und Gebälk *[ausgebaut; 1969 barocker Beichtstuhl aus Klosterlechfeld übernommen]*.

St. Cosmas und Damian - St. Dominikus

Gemälde: Im Chor: 1. Nachbildung eines byzantinischen Marienbildes, Mitte 18. Jh. - An der Langhaussüdwand: 2. hl. Familie, übermalt, Anfang 18. Jh., in Stuckrahmen mit Bandelwerk um 1740. - 3. hl. Aloysius, spätes 18. Jh. - 4. hl. Franz Xaver, um 1720 *[Die Gemälde 1./3./4./5. und 6., 1992 auf dem Kirchenspeicher aufgefunden, befinden sich nun im Pfarrhof St. Martin].* - An der Langhausnordwand 5. hl. Johann Nepomuk, Anfang 18. Jh. - 6. Innsbrucker Maria-Hilf-Bild, um 1720. - Außerdem an der Südwand noch je ein Votivbild von *1716, 1722, 1725* und eines an der Westwand von *1723 [Votivbilder 1992 restauriert und im Chor angebracht].*

St. Cosmas und Damian, Querschnitt

Holzfiguren, gefaßt: Im Chor: 1. - 2. hl. Rochus und Sebastian, erste Hälfte 18. Jh. - 3.-6. Die vier Evangelistensymbole, golden gefaßt, wohl von einer Kanzel der zweiten Hälfte des 17. Jh. - 7. Kruzifixus, um 1720/30 *[nun Langhausnordwand; 1992 rechts und links davon zwei der einst zwölf barocken Apostelleuchter aus Holz].* - Im Langhaus: 8. stehende Muttergottes, um 1720. - 9. hl. Joseph, erste Hälfte 18. Jh.

Relieftafel aus vergoldetem und versilbertem Kupferblech: hl. Ignatius von Loyola und die hl. Familie, mit Rocailleornament um 1760/70 *[nun in St. Martin].*

Sakristeischrank [nun Kirchenspeicher], dreiteilig, Nadelholz, um 1730, der Mittelteil von Truhe mit Aufsatz gebildet. Moderne Bemalung. Der Schrank enthält den *Reliquienschrein* der hl. Cosmas und Damian aus vergoldetem Kupferblech, der Mittelteil konvexer, durch gedrehte Säulen gegliederter Aufbau, 1733 von dem Gürtler *German Höss* geliefert, die Seitenteile mit Muschelwerkdekor gegen Mitte 18. Jh. *[Reliquienschrein nun hinter Glas in südlicher Chorwand].*

Sakristeitruhe: Nadelholz, um 1730, mit drei Aufsätzen; geschwungene Bekrönungen, die Bemalung modern. - Zwei schmale *Nadelholzschränke* auf der Empore, 18. Jh., mit ornamentaler Bemalung *[abgegangen].*

Acht *Votivkerzen* auf schmiedeeisernen Haltern, an vier Kerzen Blechschilder mit Votivinschriften von *1722* und *1724 [im Chor; nur noch sechs erhalten].*

Ehemaliges Mesnerhaus *[wohl Sitz der Wallfahrtspriester]* (Oberbeurer Weg 3). 1627 *[1629]* wird ein älterer Bau erneuert *[errichtet];* der bestehende Bau stammt von 1750 *[1740].* Zweigeschossiger Satteldachbau, mit fünf zu drei Obergeschoßfenstern, auf der nördlichen Traufseite rundbogige Toreinfahrt. - Treppengeländer mit balusterförmig gesägten Brettern; an der Decke des Treppenhauses Stuckglorie. - Im Südostzimmer des 1. Obergesch. Stuckdecke mit Rahmen und Bandelwerk; in den Muschelwerk-Eckkartuschen Vögel als Allegorien der vier Jahreszeiten. An einer weiteren Decke des gleichen Geschosses vierpaßförmige Stuckrahmen.

Simultane Gefallenengedächtniskirche und ehemalige Spitalkirche St. Dominikus

Baugeschichte: *Die von der chronikalischen Überlieferung berichtete Weihe von 1182 muß wohl auf einen Bau bezogen werden, von dem die Langhausmauern noch im Kern erhalten sind und der, wie Grabungen gezeigt haben, im Osten gerade geschlossen war. Das Dominikuspatrozinium dürfte die Kirche 1263 erhalten haben, als die Dominikaner die Kirche übernahmen, in deren Besitz sie bis um 1340 [1330] blieb. Der Chor wurde 1483 errichtet, wohl gleichzeitig der vierseitige Turmunterbau. 1709 wurde die Sakristei angebaut und das Innere der Kirche umgestaltet, im gleichen Jahr dürfte der Turmoberbau erneuert worden sein. Restauration und Einrichtung als Gefallenen-Gedenkstätte 1921, gleichzeitig An-*

St. Dominikus

bau des Vorzeichens [nach Sanierungsarbeiten 1964/65 umfassende Renovierung 1995-2000].

BAUBESCHREIBUNG: Ostwärts vor der Altstadt, jenseits der Wertach gelegen. Eingezogener Chor zu einem Joch und 5/8-Schluß mit Stichkappengewölbe, die spitzbogigen Fenster zum Teil ausgerundet; die Strebepfeiler mit einem Wasserschlag, am unteren Teil rundbogige Blende, am oberen Teil dreikantige Vorlage. - Runder, ehemals spitzer Chorbogen. - Langhaus zu drei Achsen mit flachem Tonnengewölbe und rundbogigen Fenstern. Hölzerne, einfache Westempore, die Brüstung durch Pilaster und Vollsäulen gegliedert, in den Feldern Malerei mit fünf Darstellungen aus der Legende des hl. Dominikus, um 1709: Blindenheilung, Teufelsaustreibung, Allegorie *Pudoris Lilium,* Zurückweisung des Weines, Krankenheilung. - Außenbau des Langhauses: Am Südteil der Ostwand rundbogige Blende mit Maßwerknasen. - Die Seitenwände ungegliedert mit je einem stichbogigem Portal. An der Südseite sind einige romanische Bauteile freigelegt: an der Westkante Tuffsteinmauerwerk, im Ostteil zwei Stellen mit Fischgrätenmauerwerk aus Kieselsteinen; außerdem im Westteil ein schmales, rundbogiges Fenster und der runde Bogen eines zugesetzten Fensters, ferner im Ostteil ein zugesetztes rundbogiges Portal und eine rundbogige Nische. Die Gewände dieser Bauteile aus Tuffstein *[1997 wurde ein neuer Außenputz aufgetragen; dabei wurden leider alle sichtbaren Bauteile aus Tuffstein überputzt].* - Turm an der Westseite des Langhauses: Vierseitiger Unterbau zu drei Geschossen; durch kräftige Gesimse geteilt, am ersten und zweiten Obergeschoß Pilaster. An den beiden Untergeschossen vierpaßförmige Fenster, am 2. Obergeschoß gegen Westen zwei rundbogige Schallöffnungen. Der obere Aufbau aus zwei hexagonalen Geschossen mit Lisenengliederung und mit rundbogigen Fenstern und Blenden. Zwiebelkuppel mit Schieferdeckung. *[Glocke „ave maria MCCCCXXIII"].* - Sakristei, an der Ostseite des Chores 1709 angebaut: Eingeschossiger Bau zu zwei Achsen mit rundem Schluß, außen durch Lisenen mit Gebälk gegliedert, drei korbbogige Fenster, stichbogiger Eingang vom Chor aus. Innen flaches Tonnengewölbe.

Deckengemälde in der Sakristei um 1709, Verkündigung an Maria. - Die Deckengemälde des Langhauses bez. *Florian Bosch 23* (= 1923).

Stuck: 1709 von *Franzesco Mazzari* [Francesco Marazzi]. Rahmung der Gemäldespiegel durch Girlanden; in den Stichkappen des Chorgewölbes, in der Chorbogenlaibung, am Fuß des Langhausgewölbes sowie an der westlichen Langhausschildwand Ranken und Zweige, über den Fensterbogen Muscheln. Dieser Stuck ist grün und rosa getönt. - Über dem Chorbogen eine Vorhangdraperie, von Putten gehalten, davor zwei Engel mit einem Medaillonbildnis des hl. Dominikus. - An der westlichen Schildwand die Bezeichnung DDDDD MDCCIX MDCCXLIX. - An der Sakristeidecke Muschel- und Rankenwerk, 1709, gelb und hellgrün getönt.

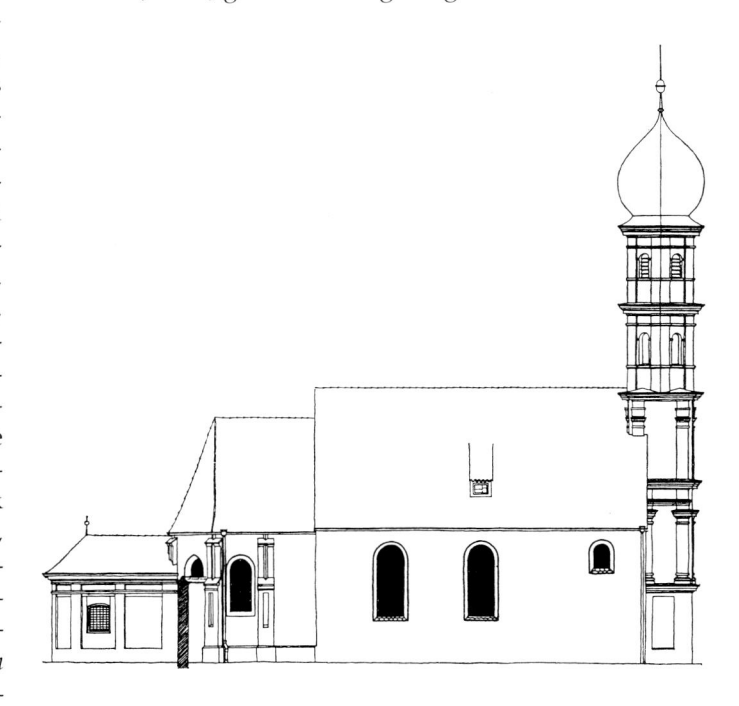

St. Dominikus, Nordansicht

Hochaltar: Zweisäuliger, braun marmorierter Holzaufbau mit vergoldetem Akanthus- und Palmettendekor, um 1709. Predellabild auf Holz gemalt: Marientod. Statt des Altarbildes moderner Kruzifixus, seitlich auf Konsolen Holzfiguren, zwei Heilige des Dominikanerinnenordens, mittleres 18. Jh. - Auf dem verkröpften Gebälk zwei Putten mit Posaunen. Das Aufzugsbild zeigt die Stigmatisation des hl. Franziskus, auf dem abschließenden Gesims zwei Putten.

Speisgitter mit marmorierten Holzbalustern, erste Hälfte 18. Jh. *[ausgebaut].*

Zwei *Chorstühle,* um 1709, zu je zwei Stallen, die Eichenholzbrüstungen mit Hermenpilastern und Blendbogen *[ausgebaut].*

Laiengestühl: Um 1709, zwei Reihen, an den Eichenholzwangen Akanthusschnitzerei, an den Vorderbrüstungen Hermenpilaster und Kröpfrahmen *[1999 Ausbau von zwei Gestühlreihen zur Vergrößerung des Bankabstandes].* - Auf der Empore schlichtes Nadelholzgestühl aus der gleichen Zeit mit geschwungenen Wangen.

Ev.-luth. Stadtpfarrkirche zur hl. Dreifaltigkeit

Gemälde: Sechs hochovale Medaillons mit Wappen Kaufbeurer Patriziergeschlechter, davon zwei über dem Chorbogen um 1709, die übrigen um 1749. Der Kreuzweg, gegen Mitte 18. Jh., befindet sich jetzt in der Pfarrkirche zu Bertoldshofen, Landkreis Marktoberdorf.
Holzfiguren, ohne [nun mit] Fassung: 1. Vesperbild, gegen Ende 17. Jh. - 2. Hl. Jakobus maior, zweite Hälfte 17. Jh.
Sakristeitruhe mit zwei seitlichen Aufsätzen, Eichenholz um 1709, durch gedrehte Halbsäulen gegliedert.

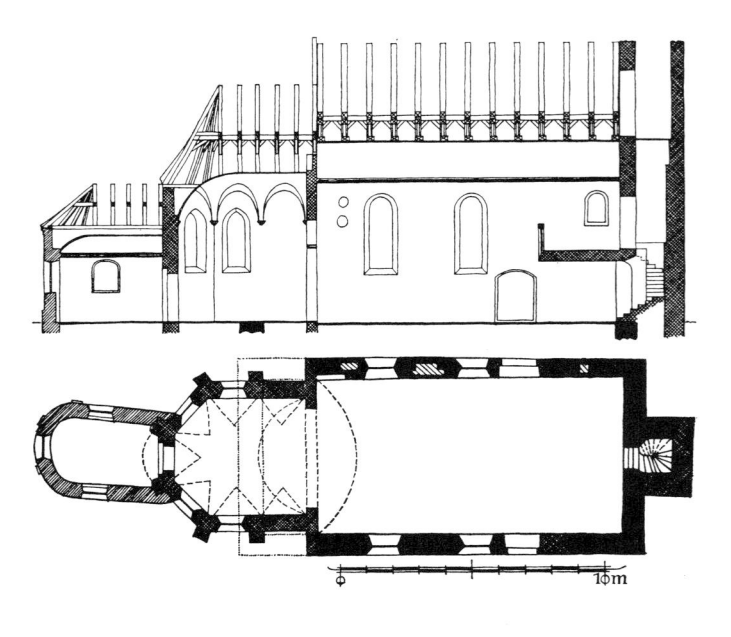

St. Dominikus, Längsschnitt und Grundriß,
Schwarz romanisch, Kreuzschraffur spätgotisch, Schraffur barock

Ehem. Spitalgebäude (Sondersiechenhaus), nordöstlich der Kirche gelegener zweigeschossiger Satteldachbau des späten Mittelalters, drei zu zehn Achsen, stichbogiges Portal auf der Südseite. Unter der Traufe an beiden Langseiten Rundbogenfries. - Die westliche Achse ist ein nachmittelalterlicher Anbau - wohl 18. Jh. und hatte im Untergeschoß ehemals stichbogige Fenster [jetzt dem Altersheim der Hospitalstiftung zugehörig].

Ev.-luth. Stadtpfarrkirche zur hl. Dreifaltigkeit

BAUGESCHICHTE: *1604 durch den Maurermeister Georg Harrer und den Zimmermeister Thomas Schweyer anstelle eines Wohngebäudes errichtet, das 1504 für Kaiser Maximilian I. aufgeführt worden war. Beim Umbau 1736/37 erhält die Kirche neue Emporen und die beiden querovalen Fenster der Südwand. Der Turm neben der Fassade entsteht 1820/21, gleichzeitig wird der Kirchenbau um etwa 2 m erhöht, das Gewölbe und der Dachstuhl neu hergestellt, 1822 finden diese Arbeiten ihren Abschluß. - Durchgreifende Erneuerung des Innenraumes 1901 - Architekt Albert Schmidt - und der Fassade 1911 - Architekt Otto Schulz. [Restaurierung 1979].*

BAUBESCHREIBUNG: Fassade und Turm bezeichnen in wirkungsvoller Weise etwa die Mitte in der südlichen Platzwand der Kaiser-Max-Straße. Gegen Süden gerichteter rechteckiger Saal zu fünf Achsen, die Breite entspricht drei Fensterachsen. Flaches Tonnengewölbe mit Stichkappen. Bis auf die beiden querovalen Fenster an der Südwand sind die Fenster spitzbogig, ihre Form geht noch auf den Bau von 1604 zurück. Zwei Emporen, im Kern von 1736/37, die Brüstungen modern verkleidet. Die untere Empore läuft an allen Seiten bis auf das Mittelstück der Westwand durch, an der Südwand eine obere Empore für die Orgel. - Fassade gegen die Kaiser-Max-Straße: Über einem Sockelgeschoß ein hohes Hauptgeschoß mit vier spitzbogigen Fenstern. Wandgliederung und Rahmung der Portale modern, jedoch sind die Empireschnitzereien der Türflügel aus der Zeit gegen 1822. Zweigeschossiger, geschweifter Giebel, modern verändert. Die westliche Längsfront der Kirche ungegliedert, die Tür des einen, schmucklosen Einganges mit schlichtem Empireornament gegen 1822 geschnitzt [Türe nun zugemauert]. - An der Südfront Lisenengliederung. - Turm, östlich an die Fassade anschließend. Über dem Sockelgeschoß zwei hohe, vierseitige Geschosse, am dritten Geschoß Lisenen und Rundbogenfries, das vierte, oberste Geschoß mit abgeschrägten Kanten und Vorlagengliederung. Geschwungene, mit Kupferblech beschlagene Turmkuppel.
Deckengemälde: drei Felder, das Hauptfeld bez. Kunz Meyer Monacensis pinxit *Anno Domini 1904.*
Altar modern [*Rotmarmorplatte des Altars bez. 1606; an der Vorderseite Stifterwappen Brengger/Haug*].
Kanzel: 1764, von dem Augsburger Schreiner Michael Gross; das Modell dazu im Stadtmuseum Kaufbeuren. Holzaufbau mit modernem, grauen Anstrich und vergoldetem Rocailledekor. An der Konsole Rocaillekartusche, der geschwungene Korb durch Balustervorlagen gegliedert, am Mittelfeld große Rocaillekartusche. An der Rückwand Volutenvorlagen. Schalldeckel mit geschwungenem Gebälk, darauf große Rocaillekartusche. Der kegelförmige Aufsatz durch kräftige Volutenvorlagen gegliedert, als Bekrönung Figur des Christkindes. - Kanzeltreppe mit Balustervorlagen, die Tür dazu mit von Pilastern besetzten Pfosten, über dem geschwungenen Sturz Volutenbekrönung mit Fruchtkorb.
Taufstein, *Orgel* und *Gestühl* modern.

Ev.-luth. Stadtpfarrkirche zur hl. Dreifaltigkeit, Nordansicht

Gemälde: 1.- 14. Folge von Christus, Moses und den zwölf Aposteln, 1659 von Hans Ulrich Franck. Im einzelnen sind bezeichnet: Moses: *F. 1659*, Thomas: *Franckk f.*, Petrus: *Ren. 1766*, Simon: *J. Vl. Franck. F.* Thaddäus: *J. Vl. Franck.* 15. Porträt Philipp Melanchthons, auf Holz, wohl noch 16. Jh. *[nun Pfarrarchiv: 1846 Geschenk von Jon. Dan. Hohbach, Kaffetier, Kaufbeuren].* - 16. Bildnis des Johann Matthias Lauber, bez. *1648.* - 17. Bildnis des Valentin Heider, bez. *1648 [Originale von 16. und 17. im Pfarramt].* - Außerdem in der Sakristei eine Folge von dreißig *[nun einunddreißig]* Pfarrerbildnissen vom späten 16. Jh. bis zur Gegenwart *[bis 1957].*

Grabplatte für Anna Elisabeth von Kaltenthal, † 1674, Marmorplatte mit Wappenrelief an der westlichen Außenfront *[Nun im Turmerdgeschoß, auch für ihre Mutter, † 1691; dazwischen Grabstein für Hans Hörmann, † 1525, von Christoph Ler. An der Turmsüdseite Grabstein für Barbara Heel, † 1585. In der Kirche Epitaph für Elisabeth Klamer, † 1501, mit Wappen und Relief des Erbärmdechristus (Ausbau 1999 zur Restaurierung) und für Johann Heinzelmann, † 1720].*

Gedenktafel für die Gefallenen 1805-15 an der inneren Nordwand, 1834 aufgestellt. Schwarze Marmorplatte mit Trophäenrelief aus weißem Marmor *[vorübergehend in St. Dominikus, nun wieder im Bereich der Kirche].*

Franziskanerinnenkloster St. Franziskus

BAUGESCHICHTE: *An der Stelle des Klosters muß sich der karolingische Maierhof befunden haben. Bereits 1261 wird eine „Sammlung der Schwestern vom Maierhof" genannt, die sich 1315 dem Franziskanerorden anschließt. 1432 wird der Altar in der Kapelle geweiht. 1471/72 Neubau der Klosterkirche, wohl gleichzeitig Neubau der Klostergebäude. Um 1500 dürfte der Konventbau erweitert worden sein. 1657 Erweiterung der Kirche, wohl durch den Ausbau der Seitenschiffe mit Emporen. 1658 Einbau einer Stube im Erdgeschoß des Konventbaues, vielleicht steht damit im Zusammenhang die Nachricht vom Abbruch eines Ganges; im gleichen Jahr Ausbau der Gästezimmer. Das dem Kloster gehörige Haus Obstmarkt 3 muß in der ersten Hälfte des 18. Jh. ausgebaut worden sein. Umbauten im Gästebau im späten 18. Jh. Auf Grund des Reichsdeputationshauptschlusses wird das Kloster 1803 dem Deutschen Orden unterstellt, fällt jedoch 1805 an Bayern und wird daraufhin säkularisiert. - Wiedererrichtung des Klosters 1831, neugotischer Umbau der Klosterkirche 1877. Die Stube im Erdgeschoß des Konventbaues wird 1897/98 wieder beseitigt und damit das Refektorium vergrößert; gleichzeitig größere Umbauten im östlichen Teil des Gästebaues und des anschließenden Hauses Obstmarkt 3. [1967 einschneidender Umbau der neugotischen Klosterkirche mit Vergrößerung; 1975 Errichtung der Crescentia-Gedenkstätte; 1994-1997 Außenrenovierung Klostergebäude].*

BAUBESCHREIBUNG: Dreiflügelige Gebäudegruppe im Westteil der Stadt, zwischen Obstmarkt und dem Breiten Bach gelegen. Der schmale Westtrakt springt in die Flucht der Gasse Am Breiten Bach vor und bietet dort, zusammen mit dem schlanken Turm der Kirche, ein sehr reizvolles Bild; der Giebel des Konventbaues, ehedem bemalt, wendet sich beherrschend gegen den Obstmarkt.

Westtrakt mit Kirche: Zweigeschossiges Traufhaus mit fünf Obergeschoßfenstern an der Traufseite zur Gasse, die sehr breite südliche Achse stumpf abgewinkelt, die schmale Giebelseite gegen Süden fensterlos. Das Kirchenportal spitzbogig mit gestuftem und gekehltem Gewände *[zugemauert; neue Kirchentüre nach Norden ver-*

Franziskanerinnenkloster St. Franziskus

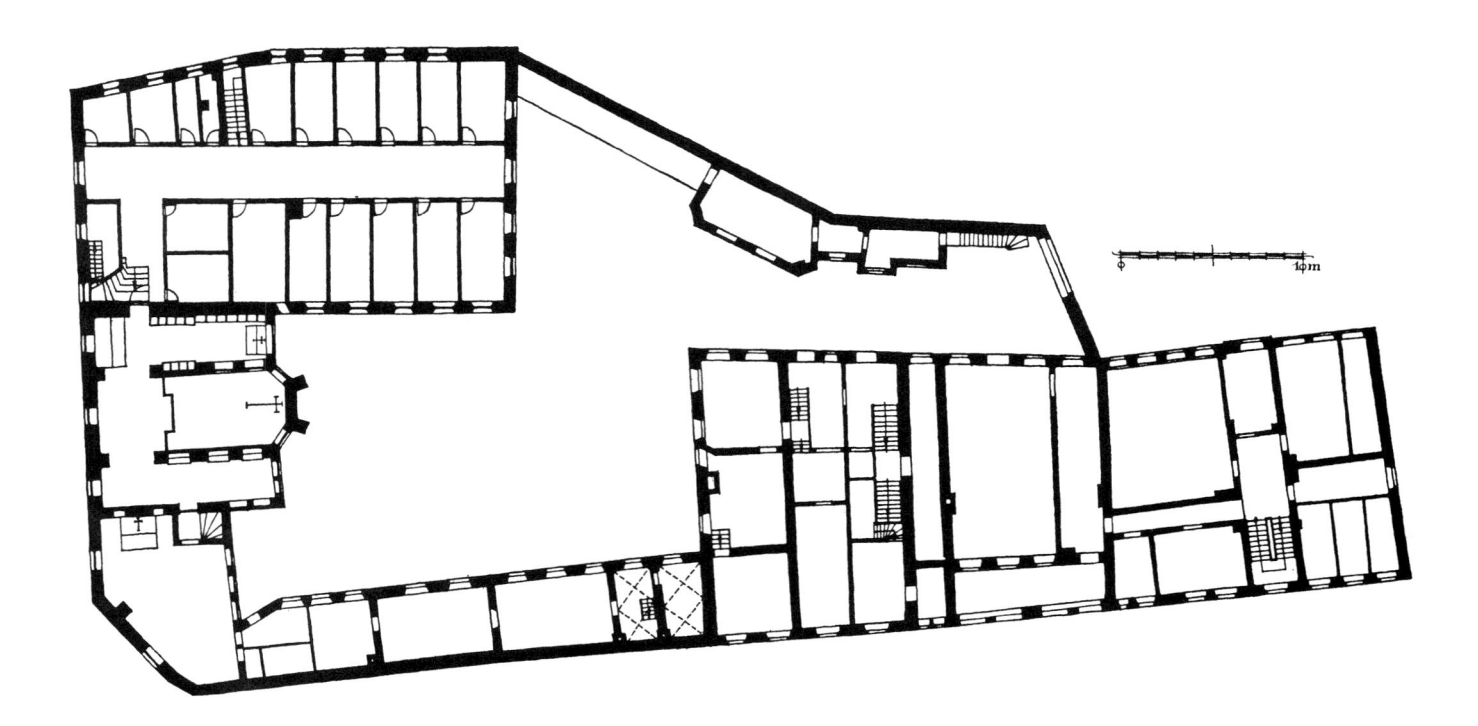

Franziskanerinnenkloster, erstes Obergeschoß

setzt], die Fenster rund *[nun zwei rechteckige Fenster]* bis auf das rundbogige Fenster im 1. Obergeschoß der mittleren Achse und die zwei rechteckigen Fenster im Obergeschoß des Südteiles. Über der mittleren Achse erhebt sich der Turm der Klosterkirche, über der Traufe vierseitig in vier Geschossen aufsteigend. Im ersten Geschoß über der Traufe Kielbogenblende, die drei Obergeschosse durch Ecklisenen, Kielbogen und Kleeblattbogenfriese gegliedert. Im obersten Geschoß nach drei Seiten spitzbogige Maßwerkfenster, gegen Osten jedoch zweiteilige Klangarkade. Darüber Giebel mit gestaffelten Kleeblattbögen. Achtseitiger, mit Ziegeln gedeckter Spitzhelm. - An der Hofseite dieses Traktes, also gegen Osten, springt der Chorschluß der Kapelle dreiseitig vor; die Strebepfeiler mit einem Wasserschlag, am oberen Teil dreikantige Vorlage. Spitzbogige Fenster, dasjenige der Chorstirnwand zugesetzt *[1967 geöffnet]*. - Inneres der *Kirche [vor umfassendem Umbau 1967]*: Chor zu einem Joch und 5/8-Schluß, mit Stichkappengewölbe, die Rippen erneuert. - Langhaus mit drei gleichhohen, flachgedeckten Schiffen zu zwei Arkaden, die Seitenschiffe wie der westliche Langhausabschnitt durch Empore geteilt, Bauformen neugotisch. - An den Schildwänden des Chores spitzbogige Fenster gegen die anliegenden Nonnenchöre. - Nonnenchor auf der Nordseite des Chores mit Stichkappentonne überwölbt, daran Quadraturstuck mit Jesusmonogramm und zwei Engelsköpfen, 1658 von Matthias Schmuzer d. J., außerdem stuckiert das Wappen des Irseer Abtes Maurus Keusslin. - *Einrichtung* der Kirche neugotisch bis auf das *Tabernakel* des Nonnenchores - dreiseitiger, leicht vorgezogener Holzaufbau mit Pilastergliederung, Anfang 18. Jh., Fassung modern *[Einrichtung im Speicher; Tabernakel abgegangen]* -, zwei Gemälde ebendort, Herz Jesu und Herz Mariä, mit geschnitztem Rocaillerahmen, um 1760, und einigen gefaßten *Holzfiguren*: 1. Auferstehungschristus, letztes Viertel 15. Jh. - 2. Kruzifixus, um 1700. - 3.- 4. Statuetten von Maria und Johannes, 17. Jh. - 5. hl. Ulrich, um 1770. - 6. Vesperbild, ehemals in der Stadtpfarrkirche St. Martin, 17. Jh., nach einem Vorbild des 15. Jh. *[1.- 4. und 6. nun an anderem Ort; 5. leihweise an St. Ulrich]* - Oratorium im Obergeschoß des Südteils dieses Traktes mit einem vierpaßförmigen Deckengemälde nach 1831, der Gute Hirte (Ölfarbe) *[1961 Umbau des Oratoriums; dabei Abgang durch Ausbau der Decke]*.

Konventbau (Nordtrakt): Zweigeschossiger Satteldachbau. Traufseite gegen Norden, die in stumpfem Winkel gebrochen ist; neun Obergeschoßfenster, unter der Traufe Maßwerkfries. An der westlichen Giebelseite drei *[nun zwei]*, an der östlichen Giebelseite vier Obergeschoßfenster. Der östliche Giebel trug Wandmalereien, um 1760, Ordensheilige und reichen Rocailledekor, eine

Zeichnung davon - vermutlich der Entwurf - im Besitz des Klosters. - An der Ostseite, im Winkel zur Klostermauer, kleine Vorhalle, um 1500, gegen Süden und Osten durch einen Stichbogen über einer Rundsäule geöffnet, Gratnetzgewölbe mit Scheibenschlußstein. - Türflügel des hier befindlichen Haupteingangs mit Schutzengelbild der zweiten Hälfte des 18. Jh. - Erdgeschoß: Refektorium im Südostteil, 1897 vergrößert. Die Holzdecke in den ursprünglichen Teilen aus dem zweiten Viertel des 18. Jh. mit Leinwandgemälden - Darstellungen aus dem Neuen Testament und der Heiligenlegende wechseln mit dekorativen Feldern (Bandel-, Gitter- und Laubwerk). An der Südseite Vorbau mit Kreuzgratgewölbe, stichbogig geöffnet. - An der Westwand Baldachinaufbau mit Segmentbogen über Rundsäulen - die nördliche eine Ergänzung von 1897 - und flachem Kreuzgewölbe, wohl um 1500. Darunter großer, grün glasierter Kachelofen der ersten Hälfte des 18. Jh. - An der Nordwand, ehemals an der weiter südlich gelegenen, 1658 eingezogenen Trennwand - Türstock, bez. *1658, 1897* erweitert, mit Pilastern und Gebälk. An bemerkenswerten Mobilien befinden sich im Refektorium eine Lesekanzel, 18. Jh., mit dreiseitigem gebauchten Korb, die Rückwand mit geschwungenen Seitenteilen, ein Gemälde: Abendmahl, erste Hälfte 17. Jh., und eine Folge von Heiligenbildern, vornehmlich 17./18. Jh. - Im rückwärtigen Teil des Erdgeschosses eine schlichte spätgotische Holzsäule *[abgegangen]*. - Treppengeländer mit gedrechselten Holzbalustern des 18. Jh. *[abgegangen]*, über dem oberen Treppenlauf Flachdecke mit schlichtem Quadraturstuck um 1658. - Obergeschoßgang, als Vertäfelung ein von Joseph Schwarz gemalter Kreuzweg zu fünfzehn Stationen, mit Chronogramm bez. *1743*. Die Silhouetten sind ausgesägt. Zum Kreuzweg gehört ferner ein ausgezeichneter Kruzifixus, erste Hälfte 18. Jh., Holz, gefaßt (Wunderkreuz der sel. Crescentia). An den Sockelvertäfelungen Sprüche. Der Kreuzweg wird ergänzt durch Darstellung der Muttergotteserscheinung der sel. Crescentia und durch die Gerichtsengel. - Die Türflügel zu den anschließenden Zellen von ausgesägten Palmbäumen flankiert und mit Gartenveduten bemalt. - Die hier befindliche Zelle der sel. Crescentia ist im ursprünglichen Zustand erhalten.
St. Floriansbau (Südtrakt, westlicher Teil): Dreigeschossiger, langgestreckter Satteldachbau des 15. Jh., auf der Hofseite zehn Obergeschoßfenster.
Gästebau [St. Clarasbau] (Südtrakt, östlicher Teil): Dreigeschossiges Satteldachhaus, ein älterer Bauteil wohl noch des 14. Jh., mit ursprünglich drei Achsen an der westlichen Giebelseite, wurde wahrscheinlich im 15. Jh. gegen Norden um zwei weitere Achsen erweitert. An der Traufseite gegen Norden neun Obergeschoßfenster, die vier östlichen Achsen dieser Seite jedoch 1897/98 erneuert. Spitzbogiger Eingang, die moderne Wandmalerei darüber - Kreuzigungsgruppe - anstelle eines wohl spätgotischen Wandgemäldes des gleichen Themas. *Klostermauer* an der Nordseite des Hofes, 15. Jh., außen durch Lisenen gegliedert, in den Feldern ehemals Wandmalereien mit den Kreuzwegstationen, auf der Hofseite Laubengang mit Holzbalustrade des 17. Jh.
Obstmarkt 3 [St. Josefsbau – 1996 umfassende Renovierung der Nordfassade]: Viergeschossiges Traufhaus mit abgewalmtem Dach, erste Hälfte 18. Jh., 1898 stark verändert, zu acht Achsen. Ehemals mit reicher Fassadendekoration und Wandmalerei. (Vgl. die Zunfttafel der Weber von *Georg Alois Gaibler* 1774 im Städtischen Museum).
Hofbrunnen: Auf neugotischem Sandsteinpfeiler Sandsteinfigur des hl. Franziskus, 18. Jh. *[Sandsteinfigur abgewittert und beschädigt; nun in St. Elisabeth]*.
In Klosterbesitz eine *Kunstsammlung*, davon bemerkenswert an Gemälden: Der Gekreuzigte mit Maria und Johannes, um 1480; Ecce Homo, bez. *Ant. Correggio* (?); beide Gemälde auf Holz. Ferner das ehem. Choraltarbild der Kirche, Stigmatisation des hl. Franziskus, von *P. Magnus Remy*, um 1720. - An gefaßten Holzfiguren: Erbärmdechristus - z. Zt. im Oratorium *[nun an anderem Ort]* - wohl noch 17. Jh.; Palmesel, um 1490; Anna Selbdritt um 1420/30. - Außerdem ein Votivgeschenk: Farbige Wachsfigur der von der Epilepsie geheilten Anna Bruggmayr, 1776.
Gartenhaus des 18. Jh., westlich der Kirche. Zweigeschossiger Bau mit Walmdach und hohem Sockelgeschoß, an den Seiten des Hauptgeschosses je ein Fenster, Eingang von Westen.

Ev.-luth. Friedhofskirche

Neugotischer Bau. 1859/60 nach Plänen des Oberbaurates *von Voit*, München, errichtet; die Bauleitung hatte Oberbaurat *Georg Freiherr von Stengel* und Bauassistent *Stuber*. *[Abbruch 1970. – Altar und Kanzel nun in Hechlingen/Franken]*.
Grabdenkmäler: 1. An der Nordseite des Turmes für Johann Heintzelmann, † 1720 (?), Sandsteinplatte mit origineller Inschrift und guter Bandelwerkrahmung *[nun am Turm der evg. Dreifaltigkeitskirche]*. - An der Südseite des Turmes: 2. Die Gemahlin des Achilles von Kaltenthal, † 1691, beschädigte Sandsteinplatte mit Wappenrelief *[nun im Turm der evg. Dreifaltigkeitskirche]* - 3. David von Heider, † 1708 (?), Sandsteinplatte mit zwei in Kupfer getriebenen Wappen *[abgegangen wegen Verwitterung]*. - Ferner ein Grabdenkmal aus der ersten Hälfte des 18. Jh. an der Chornordseite.

KATH. FRIEDHOFSKIRCHE - ST. ULRICH - EHEM. JESUITENRESIDENZ

Kath. Friedhofskirche zum Heiligen Kreuz

BAUGESCHICHTE: *Die Kirche wurde 1825 errichtet und im folgenden Jahr geweiht. Die neuromanische Innengliederung stammt von der Restauration 1879/81; der Turm wurde 1912 aufgeführt. [Renovierungen 1971 und 1988].*

BAUBESCHREIBUNG: Am Südrand des Friedhofes gelegen, gegen Südosten gerichtet. Wenig eingezogener Chor mit einem Joch und halbrundem Schluß, mit Tonne und Kalotte gewölbt, Innengliederung durch neuromanische Dreiviertelsäulen und Rippen. - Gedrückter Chorbogen. - Langhaus: Saal zu drei Achsen, die Ecken an der Chorseite ausgerundet, gedrücktes Tonnengewölbe mit neuromanischen Rippen auf Kapitellkonsolen. - Doppelte Westempore in neuromanischen Formen. - Sämtliche Fenster rundbogig bis auf ein querovales Fenster im Chorscheitel und zwei ebensolche Fenster in der Fassadenwand. Das Äußere schlicht; das kräftige Traufgesims ist auch über die Fassade hinweg geführt. Der geschweifte Fassadengiebel hat ein schmales Mittelrisalit und drei rundbogige Fenster *[mittleres Fenster nischenartig zugemauert; nach Neuverputz des Giebels in die Nische Auferstehungschristus (ehem. Bestand), 19. Jh., eingestellt].* Das rundbogige Fassadenportal von Pilastern und flachem Dreiecksgiebel gerahmt. Seitlich der Fassade je eine schräg gestellte Mauernische mit Grabdenkmälern.
Hochaltar: Neuromanischer Aufbau. Im Antependium gefaßtes Holzrelief, Beweinung Christi, Anfang 16. Jh. - Tabernakel, aus Thaining, Landkr. Landsberg. Dreiseitiger, marmorierter Holzaufbau um 1700, durch vergoldete, gedrehte Säulen gegliedert, auf dem geschweiften Aufsatz vergoldeter Pelikan. - Über dem Altar gefaßter Holzkruzifixus der ersten Hälfte 17. Jh., ehemals in der Vorhalle von St. Martin, die Assistenzfiguren modern, seitlich zwei Putten des 18. Jh. *[ausgebaut 1971; Beweinung Christi, Holzkruzifix und Assistenzfiguren sind nun Bestandteil des neuen Altars von 1988; Säulen und Pelikan alter Pfarrhof St. Martin].*
Zwei *Seitenaltäre*: Über den modernen Mensen reich mit Rocaillen geschnitzte Rahmen, links die barocke Nachbildung eines Mariengnadenbildes, rechts ein modernes Gemälde - hl. Joseph - enthaltend. Anstelle des hl. Joseph ehemals ein Herz-Jesu-Bild des 18. Jh., z. Zt. auf dem Kirchenboden aufbewahrt *[1971 ausgebaut; beide Bilder nun obere Sakristei St. Martin].*
Kartags-Tabernakel: Dreiseitiger Aufbau aus vergoldetem Holz, zweite Hälfte 17. Jh., mit Blendnischen *[nun obere Sakristei St. Martin].*
Laiengestühl, um 1825/26, die Nadelholzwangen mit strengem klassizistischen Ornament geschnitzt *[1971 ausgebaut; dafür lose Bestuhlung. 1998 Einbau des heutigen Laiengestühls; Nadelholzwangen nunmehr im Münzturm].*
Gemälde: 1. Herz-Jesu-Bild, zweite Hälfte 18. Jh., auf dem Kirchenboden. 2. Nachbildung eines byzantinischen Gnadenbildes, 18. Jh., in der Sakristei. – 3. Votivbild von *1838 [nun obere Sakristei].*
Holzfigur, gefaßt: hl. Sebastian, Anfang 17. Jh., handwerklich.
Grabdenkmäler: 1. Epitaph für Pfarrer Johann Damian Dopfer, † 1834, graue Marmorplatte mit Wappenrelief und Relief der Eucharistie aus weißem Marmor, an der inneren Nordwand. - 2. Epitaph für Honorius Grüninger, Abt von Irsee, † 1809, an der Fassade, aus verschiedenem Marmor mit Wappenrelief. - 3. Denkmal der Familiengruft Höfelmayr - ehemals für Franz Anton Mayr, † 1830 - links neben der Fassade. In einer vom Familienwappen bekrönten Nische Figur des Guten Hirten aus weißem Marmor, um 1720/30, Anton Sturm zuzuschreiben *[nun Sakristei St. Martin].* - 4. Johann Baptist Neumayr, † 1837, wie die ebengenannte Anlage, rechts neben der Fassade. In der Nische weiß gefaßte Holzfigur Johannes des Täufers, 18. Jh. *[nun Pfarrei St. Martin].*

Kath. Stadtpfarrkirche St. Ulrich

Im östlichen Teil der Stadt gelegener, 1955 von Anton Wenzl (Augsburg) errichteter Bau. In Nebenräumen der Kirche befinden sich einige Gemälde : 1. Hl. Dominikus und Schutzmantelmadonna. - 2. Tod des hl. Dominikus. - 3. Der hl. Dominikus erweckt einen Knaben. - 4. Der hl. Dominikus auf der Wanderschaft. - 5. Verbrennung von häretischen Schriften durch den hl. Dominikus. Die Bilder 1 - 5, sämtlich aus dem frühen 18. Jh., stammen aus der ehem. Spitalkirche St. Dominikus *[Diese Bilder wurden 1990 auf dem Kirchenspeicher zusammen mit Bild 7. und 8., die ebenfalls aus St. Dominikus stammen, aufgefunden. Die Bilder 1.- 4., 1998 restauriert, werden nach Abschluß der Renovierung von St. Dominikus im Jahr 2000 wieder im Chor und auf der Empore aufgehängt].* - 6. Tod des hl. Franz Xaver, mittleres 18. Jh. *[seit 1994 im Pfarrhof St. Martin].* - 7. Tod des hl. Joseph, Anfang 18. Jh. - 8. Bekehrung Pauli, Anfang 18. Jh. - 9. Maria als Stella maris, 18. Jh. *[nun in der Kirche].*

Ehem. Jesuitenresidenz, Pfarrgasse 18

BAUGESCHICHTE: *Die Füssener Jesuitenniederlassung wird 1627 nach Kaufbeuren verlegt, als Residenz wird 1630 das von Abraham Sailer von Pfersee erworbene Haus eingerichtet. Zum Ausbau der Residenz werden die Steine des 1629 abgebrochenen Schlosses in Linden verwendet. Weiterer Ausbau um 1700. [nach Umbau 1983/84 kath. Pfarramt und Pfarrhaus].*

BAUBESCHREIBUNG: Dreiflügelige Anlage. *Südflügel*: Dreigeschossiges Satteldachhaus mit drei zu zwölf Achsen, von denen jedoch die vier östlichen Achsen moderner Anbau sind. An der Westseite einachsiger Anbau zu drei Geschossen - im Obergeschoß die Kapelle, im Erdgeschoß das stichbogige Tor, dessen Flügel mit Pilastern, Gebälk und Segmentgiebel - um 1700 - geschnitzt sind *[abgegangen]*. - Im Erdgeschoß des Südflügels ein tonnengewölbter Durchgang und ein Zimmer mit Stuckdecke - Bandel-, Gitter- und Blattwerk, um 1730 *[nach E. Chr. Vollmer: von Franz Schmuzer]*. - Im Treppenhaus ein Türstock mit Fruchtdekor, um 1700; das Treppengeländer mit Holzbalustern aus der gleichen Zeit. In der ehemaligen Diele des 1. Obergeschosses kassettierte Holzdecke um 1700, durch moderne Zwischenwände zerteilt *[1983 Ausbau dieser Zwischenwände]*. Außerdem in diesem Geschoß eine Decke mit Rahmenstuck um 1700 *[abgegangen]*. - In der Diele des 2. Obergeschosses die ehemalige Bibliothek. Mit Rosetten bemalte Felderdecke; zwei Türstöcke mit Pilastern und geschwungenen Aufsätzen um 1700 *[Türstöcke abgegangen]*. Bibliothekseinrichtung: Sechs *[durch Nachbau nun acht]* zweitürige Bibliotheksschränke aus modern marmoriertem Nadelholz, um 1700, mit geschwungenen Aufsätzen, in den Füllungen Blattdekor in durchbrochener Arbeit. - Ein kleiner, zweitüriger Schrank aus marmoriertem Nadelholz, mittleres 17. Jh., mit Hermenpilastern, die Füllungen mit Masken bemalt (renoviert 1925) *[nun Diele EG]*. - Zwei Truhen *[nun eine]* aus marmoriertem Nadelholz, um 1700, mit Halbsäulengliederung; in den Füllungen Blattdekor in durchbrochener Arbeit. - Eine zweitürige Truhe, Nadelholz, zweite Hälfte 18. Jh., mit Rocailledekor bemalt *[nun Diele EG]*. - Kapelle im Westteil des 2. Obergeschosses: Kleiner, tonnengewölbter Raum. Deckengemälde, um 1740: Im Hauptfeld Glorie des Namens Mariä, in zwei weiteren Feldern Herz Jesu und Herz Mariä, ferner in vier Nebenkartuschen Marienallegorien. - Stuck: Bandel-, Muschel- und Blattwerk, um 1740 *[nach E. Chr. Vollmer: ca. 1742 von Matthias Willerotter]*. - Altar: Als Antependium ein Gemälde, der hl. Franz Xaver, umgeben von Blumenmalerei, Anfang 18. Jh. Der obere Aufbau aus marmoriertem Holz, um 1700, in der Sockelzone Reliquienschreine, darüber dreiteiliger Aufbau mit Vollsäulengliederung. Im vorspringenden Mittelteil gefaßte Holzfigur der sitzenden Muttergottes, der Oberteil gegen 1500, der untere Teil bei der Überführung in die Kapelle 1727 angefertigt. In den seitlichen Abschnitten Holzfiguren der Hl. Petrus und Paulus. - Außerdem in der Kapelle zwei Gemälde, beide mittleres 18. Jh., hl. Ignatius und hl. Canisius.

Außerdem im zweiten Obergeschoß eine Stuckdecke um 1700, mit Rahmen und Auge Gottes in der Glorie. Folgende *Gemälde* aus dem Besitz der Hilfspriesterstiftung werden in diesem Flügel aufbewahrt: 1. Porträt des Augsburger Fürstbischofs Heinrich von Knöringen, um 1640; der Rahmen mit Muschelwerk. - 2. Hl. Aloysius, um 1700. - 3. Erzengel Michael mit Ansicht der Anlage, bez. *MDCCIII*. - 4. Hl. Ignatius von Loyola, um 1700. - 5. Hl. Stanislaus Kostka, um 1700. - 6. Muttergottes, wohl italienisch, 16. Jh. - 7. Grablegung, um 1600. - 8. Anbetung des Kreuzes, um 1760.

Ostflügel: Dreigeschossiger *[nun viergeschossig]* Satteldachbau mit vier Achsen auf der Hofseite, vor den beiden mittleren Achsen dieser Seite moderner Anbau *[nach Abbruch neuer Anbau]*. Im 1. Obergeschoß sieben Türstöcke mit Pilastern und Gebälk um 1700 *[abgegangen]*.

Nordflügel: Zweigeschossiger Satteldachbau zu sieben *[nun fünf]* Achsen, am Erdgeschoß der Hofseite Blendarkaden, deren östlichste vom Ostflügel überschnitten ist. Die Nordwestecke dieses Gebäudes ist ebenso wie die Nordostecke abgerundet *[nun ohne Abrundung; in Flucht mit Anbau abgerundet]*; wahrscheinlich befanden sich an dieser Stelle ehemals Türme.

Profanierte kirchliche Gebäude
Ehemalige Kapelle St. Michael *[Kirchplatz 6]*

BAUGESCHICHTE: *Die Kirche wird bereits 1328 erwähnt, doch dürfte der bestehende Bau aus dem 15. Jh. stammen. Im 16. Jh. dient die Kirche der Armenpflege, 1817 ist sie in Privatbesitz, 1834 wird sie zum Wohnhaus ausgebaut [im EG Gaststätte].*

BAUBESCHREIBUNG: Unmittelbar nordöstlich der Martinskirche gelegene Doppelkapelle mit eingezogenem, zu 5/8 geschlossenem Chor, das Langhaus zu einem dreigeschossigen, traufseitigen Wohnhaus mit drei Achsen ausgebaut. Unterkirche, ehemals Ossuarium mit einem dem hl. Eustachius geweihten Altar: Chor mit Gratgewölbe, runder Chorbogen, im Langhaus Tonnengewölbe mit Stichkappen *[nun Kellerräume]*. - Oberkirche: Chor durch Zwischenboden geteilt, Rippengewölbe mit Scheibenschlußsteinen, Reste von drei spitzbogigen Fenstern. Chorbogen vermauert, jedoch noch als Spitzbogen zu erkennen *[nun Wohnbereich]*. Außen auf der Südseite des Langhauses ist noch ein spitzbogiges Fenster erkennbar, darüber Krangaube.

KAPELLE UNSERER LIEBEN FRAU - IRSEER KLOSTERHAUS - STADTBEFESTIGUNG

Ehemalige Kapelle Unserer Lieben Frau
[Am Breiten Bach 7]

BAUGESCHICHTE: *Die Kapelle wurde 1418 errichtet und noch im 15. Jh. gegen Westen verlängert. Im 16. und 17. Jh. wird sie bald den Protestanten, bald den Katholiken als Gotteshaus zugesprochen; 1677 ist sie baufällig und seitdem nicht mehr in kirchlichem Gebrauch. 1804 wird der Turm abgerissen und das Langhaus zur Getreideschranne umgebaut, 1876 erhält der Bau seine Verkleidung in Formen der Neurenaissance. Abbruch 1960.*

BAUBESCHREIBUNG: Der Bau bildet den westlichen Abschluß der Kaiser-Max-Straße; sein Turm muß ehemals den langgestreckten Marktplatz eindrucksvoll beherrscht haben. Erhalten ist ein eingeschossiger Satteldachbau von drei zu fünf Achsen, das ehemalige Langhaus. Zwei Bauteile sind zu unterscheiden: der ältere Ostteil mit einer Gliederung durch rundbogige, zugesetzte Blenden unter der Traufe, und der jüngere Westteil, an dessen Südwestecke sich ein diagonal gestellter Strebepfeiler erhalten hat. In der ungegliederten Westfassade sind drei zugesetzte, spitzbogige Fenster erkennbar, die spitzbogigen Fenster der Südwand sind in große Rechteckfenster umgewandelt. Das Innere hatte spitzbogige Kreuzgewölbe, deren Ansätze an der Nordwand noch sichtbar sind. Der vierseitige Turm mit hohem Zeltdach stand im Osten.

Ehemaliges Irseer Klosterhaus
[Kaiser-Max-Straße 39 – Am Breiten Bach 2 und 4 – Ludwigstraße 42]

BAUGESCHICHTE: *Bereits 1329 errichtet das Kloster Irsee ein Haus. Nach dem Ankauf von drei Nachbarhäusern findet ab 1496 der Umbau zu einem großen, fünf Gebäude umfassenden Klosterhof statt; 1501 wird die Errichtung der Annakapelle oberhirtlich genehmigt. Nach der Säkularisation wird 1804 der Bau an der Kaiser-Max-Straße als Gasthof „Zum Hirschen" eingerichtet - dessen Obergeschoß jedoch erst nach 1809 und jedenfalls vor 1847 seinen großen Saal erhält; in den übrigen Teilen der Anlage werden Wohnungen eingebaut. [nur noch eine Wohnung; sonst Hotelzimmer].*

BAUBESCHREIBUNG: Dreiflügelige Anlage, vom Westende der Kaiser-Max-Straße bis zum Westende der Ludwigstraße reichend.

KAISER-MAX-STRASSE 39: Dreigeschossiges Eckhaus mit Satteldach, fünf zu drei Achsen, über der obersten Fensterreihe querovale Ochsenaugen. Im Erdgeschoß ein Raum mit Tonnengewölbe. Im 1. Obergeschoß ein gußeiserner Ofen, zweigeschossig mit geschwungenem Aufsatz, mit mythologischem und allegorischem Relief, bez. *1786 [abgegangen]*. Im 2. Obergeschoß ein Saal, der die ganze Ausdehnung des Gebäudes einnimmt, mit flachem Tonnengewölbe mit Stichkappen und Pilastergliederung *[im Saal Einbau einer Zwischendecke und Unterteilung durch Zwischenwände für Hotelzimmer; nun ohne Pilastergliederung]*.

RÜCKGEBÄUDE zwischen Kaiser-Max-Straße und Ludwigstraße, ehemals wohl Wirtschaftsgebäude. Dreigeschossiges Traufhaus, wohl im 17./18. Jh. ausgebaut, stark erneuert *[Am Breiten Bach 4; 1989 teilweise Entkernung]*.

AM BREITEN BACH 2: Dreigeschossiges Eckhaus mit Satteldach, zwei zu drei Fenster im zweiten Obergeschoß, Stufengiebel. An der Südwestecke des 1. Obergeschosses diagonal gestellter Erker auf reich profilierter Konsole, an der Brüstung und als Bekrönung reliefierter Wappenfries (Bemalung nicht ursprünglich).

LUDWIGSTRASSE 42: Ehemalige *Annakapelle*. Viergeschossiges Giebelhaus zu drei Achsen, im Dachgeschoß Ansatz eines spitzbogigen Gewölbes erkennbar.

Irseer Hof (Am Breiten Bach 2)

Stadtbefestigung

BAUGESCHICHTE: *Die Stadtmauer ist um 1200 im Zusammenhang mit der Stadtgründung angelegt worden. Um 1420 wurde die Befestigung verstärkt; aus dieser Zeit dürften die erhaltenen Stadttürme stammen; wohl gleichzeitig wurden die Zinnen in Schießscharten verwandelt. Die Stadttore dürften ebenfalls im 14./15. Jh. ausgebaut worden sein. 1493 verhandelt die Stadt mit Hans Brander, Büchsenmeister von Ulm, über die Erneuerung der Befestigungen; wahrscheinlich wurden damals die Schießscharten abermals verkleinert, vielleicht wurden auch weitere Stadttürme errichtet. Nach dem Übergang der Stadt an Bayern 1803 wurde die Niederlegung der Stadtbefestigung angeordnet. Das Rennweger Tor und das Spitaltor sowie vier Stadttürme wurden abgebrochen; das Kempter Tor stürzte 1810 ein.*

BAUBESCHREIBUNG:
Kempter Tor - ehemals Kemnater Tor - am Nordende der Schmiedgasse. Erhalten ist nur der Stumpf des östlichen Eckturmes des Vortores, eingebaut in das Haus Kempter Tor 1, ein eingeschossiges Satteldach-Haus mit hohem Kellergeschoß und drei zu zwei Fenstern. Der halbrunde Turmstumpf bildet den Nordteil des Hauses; im Untergeschoß ist ein Kreuzgratgewölbe erhalten, ferner Schießscharten.

STADTTÜRME: 1. *Gerberturm*, im Nordzug der Stadtmauer zwischen Ledergasse und Schmiedgasse. Fünfgeschossiger, vierseitiger Turm mit Dreiecksgiebeln, der Ost- und Westgiebel gestuft. Rautendach mit Mönch-Nonnendeckung. - Schlitzfenster. - 2. *Sywollenturm*, an der Nordwestecke der Stadt beim Heilig-Geist-Spital. Rundturm zu sechs Geschossen, das Obergeschoß außen mit Quaderung wohl aus der zweiten Hälfte des 16. Jh., Kegeldach. – 3. *Hexenturm* - eigentlich Spießturm an der Südwestecke der Stadt, niedriger, vierseitiger Turmstumpf mit Zeltdach, ehemals um ein Geschoß höher. - 4. *Fünfknopfturm*, in beherrschender Stellung im Westzug der Stadtmauer. Hoher, vierseitiger Turm zu sechs Geschossen, das zweite bis vierte Geschoß auf der Stadtseite in einem großen Spitzbogen geöffnet. Zeltdach, an den Ecken polygonale Scharwachttürmchen mit Zeltdächern. Rundbogige Fenster gegen Norden, Süden und Westen, im Obergeschoß nach allen Seiten stichbogige Fenster. In der Türmerstube im Obergeschoß Balkendecke. - *Blasiusturm* siehe unter Blasiuskapelle.

STADTMAUER: Zinnenmauer aus Tuffstein, die Zinnen durch zweimalige Zusetzung mit Ziegelsteinen in schmale Schießscharten verwandelt. - *Nordzug*: Westlich des Gerberturmes auf ca. 30 m mit einem Rest des Wehr-

Fünfknopfturm

ganges hinter dem Haus Neue Gasse 28 erhalten. Zwischen dem Gerberturm und dem Sywollenturm besteht die Stadtmauer noch bis auf einen Durchbruch an der Ledergasse; auch der Wehrgang ist an diesem Mauerzug zum größten Teil erhalten. - *Ostzug*: Der Südteil ist erhalten, tritt jedoch nicht in Erscheinung, da auf ihm die Rückgebäude der Häuser am Ringweg und die Häuser des Rosentales aufsitzen. - *Südzug*: Der Teil zwischen Sedanstraße und Innerer Buchleuthenstraße ist bis auf einen Durchbruch beim Rückgebäude des Hauses Ludwigstraße 23 erhalten, jedoch stark verbaut und ohne Wehrgang. Lediglich unmittelbar an der Sedanstraße

Stadtbefestigung - Öffentliche Gebäude

Sywollenturm

besteht noch ein Stück des Wehrganges, allerdings - um für Gerbereizwecke verwendbar zu sein - umgekehrt, so daß die offene Seite jetzt nach Süden gewendet ist. *[Von diesem Teil des Südzuges besteht nur noch der westliche Teil in einer Länge von rd. 90 m und ist Häusern zugehörig].* Der Westteil des Südzuges zwischen Innerer Buchleuthenstraße und Hexenturm ist, wenn auch ohne Wehrgang, erhalten. - *Westzug:* Zwischen Fünfknopfturm und Blasiuskirche in voller Höhe mit Wehrgang erhalten, ein eindrucksvolles Stück hochmittelalterlicher, im späten Mittelalter nur wenig veränderter Stadtbefestigung.

Stadtgraben: Einen Rest bildet der sogenannte Schwanenweiher an der Ostseite der Altstadt, ferner hat sich der Graben in Resten zwischen der Inneren Buchleuthenstraße, dem Hexenturm und dem Fünfknopfturm erhalten.

Öffentliche Gebäude

RATHAUS
Das alte Rathaus stammte aus der Zeit um 1400 - jedenfalls wird 1418 *[1423]* erstmals ein Rathaus erwähnt. Als ein hoher Satteldachbau schloß es den Marktplatz wirkungsvoll gegen Osten ab. 1860 mußte es wegen Baufälligkeit abgebrochen werden; nur zwei Holzsäulen haben sich davon im Stadtmuseum erhalten. An seiner Stelle entstand 1879-81 ein aufwendiger Neubau aus unverputztem Ziegelstein mit Hausteinrahmungen in Formen der Neurenaissance. Architekt war *Georg Hauberrisser*. Die Wandmalereien des großen Saales stammen von *Wilhelm Lindenschmitt* 1888. *[1960 durch gelegten Brand schwere Schäden. Bei der Wiederinstandsetzung wurden für den Brandschutz zum neu errichteten Walmdach eine Betondecke eingezogen, die Bauteile aus Naturstein vereinfacht und das Sichtmauerwerk verputzt].*

FINANZ- UND LANDRATSAMT *[heute Amtsgericht - Nordbau]*, Ganghoferstraße 9 (ehemals Wagenseil'sche Kattunfabrik).
1805 mit Material der abgebrochenen Friedhofskirche St. Sebastian errichtet. Dreigeschossiges Gebäude mit Mansarddach, elf zu sechs Achsen, Eckquaderung. - An der verbreiterten Mittelachse der Straßenseite genutete Lisenen, darüber Zwerchhaus mit geschweiftem Giebel; ein entsprechendes Zwerchhaus auf der Gartenseite. - Das stichbogige Portal von Lisenen und Gebälk gerahmt. - Im Erdgeschoß eine Decke mit Stuckring, in den Gängen beider Obergeschosse ovale Stuckrahmen, ferner im 1. Obergeschoß drei Zimmer mit Stuckringen und ein Zimmer mit geschwungenem Rahmenstuck, im 2. Obergeschoß zwei Zimmer mit schlichten Stuckrahmen.

GEFÄNGNIS *[Als Gefängnis 1969 aufgelöst]*
1840/41 errichtet. Turmartiger Zellenbau mit zwei niedrigen Flügelbauten; an der Johannes-Haag-Straße, also südöstlich vor der Altstadt gelegen. *Zellenbau:* Hoher, vierseitiger Turm zu vier Geschossen, mit je drei Achsen. Das Erdgeschoß mit genutetem Verputz, sonst unverputzter Ziegelstein. Als oberer Abschluß Zinnenkranz über Rundbogenfries. - Rundbogiges Portal an der Südseite; sonst in den Mittelachsen der Nord- und Südseite Gruppen von je drei rundbogigen Fenstern, in allen übrigen Achsen halbkreisförmige Zellenfenster

ÖFFENTLICHE GEBÄUDE

[zur besseren Belichtung später vergrößert]. - In der Kapelle ein gußeiserner Ofen mit einem Relief: Herakles im Kampf mit den Amazonen, aus der Bauzeit; in den Zellen Torföfen *[Ofen und Torföfen abgegangen].*

Oberaufsicht von Andreas Prinzing. Die übrigen Gebäude wurden im frühen 19. Jh. abgebrochen, lediglich das Spitalschreiberhaus und der Spitalstadel - 1937 umgebaut - blieben erhalten.

Das ehemalige Gefängnis an der Johannes-Haag-Straße

Verwaltungsbauten: Seitlich je ein zweigeschossiges Gebäude mit Zeltdach, drei zu drei Achsen, die Geschosse durch Putzband geteilt. - Diese Verwaltungsbauten sind durch niedrige, dreiachsige Bauten mit dem Zellenbau verbunden *[westlicher Zwischenbau aufgestockt].*
Der eindrucksvolle Bau will schon durch sein festungsartiges Aussehen abschrecken - ein bezeichnendes Beispiel für die Wirkungsmöglichkeiten der Architektur in jener Zeit.

HEILIG-GEIST-SPITAL

BAUGESCHICHTE: *Das Spital wird 1249 erstmals genannt; angeblich ist es auch in diesem Jahr gegründet worden. Es wurde östlich vor den Toren der Stadt, im sogenannten Grieß angelegt; 1252 begann man den Kirchenbau. Nachdem 1315 und wahrscheinlich 1377 (jedenfalls vor 1379) Brände die Anlage zerstört hatten, verlegte man das Spital hinter die Stadtmauer in der Nordostecke der Stadt. [Es scheint, daß die Stadtmauer zu dieser Zeit gegen Osten hauptsächlich zu diesem Zweck erweitert wurde]. 1381 wurde dort bereits der Kirchenneubau geweiht. Ein Umbau der Kirche muß in der Mitte des 15. Jh. stattgefunden haben; der Chor der Kirche wurde 1452 neu geweiht. Eine Erweiterung wird 1472 berichtet. 1654 baute man den Archivturm, 1784 den Stadel. Die Kirche wurde 1807 auf Abbruch verkauft [1817 abgebrochen], an ihrer Stelle entstand 1818/19 das evangelische Schulhaus. Der Neubau des eigentlichen Spitalgebäudes war bereits 1824 projektiert; die Ausführung besorgten 1825/26 der Maurermeister Karl Jakob Stecher und der Zimmermeister Andreas Haag unter der*

BAUBESCHREIBUNG: Die Bautengruppe liegt im Winkel zwischen der Pfarrgasse und dem Graben *[ab 1984 Josef-Landes-Straße].*

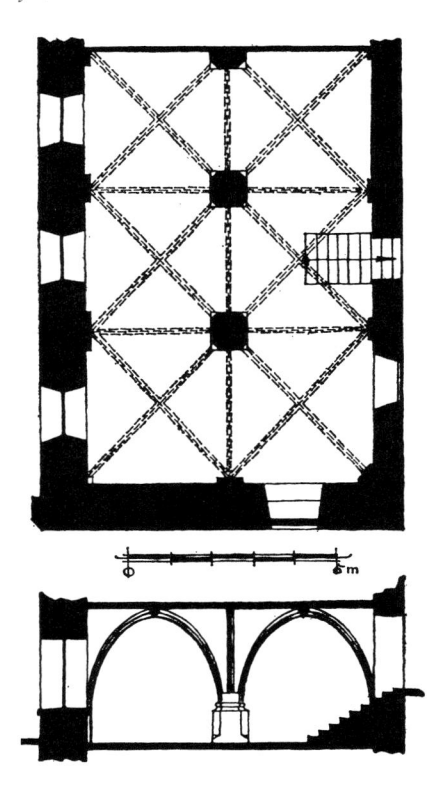

Heilig-Geist-Spital, spätgotische Halle

ÖFFENTLICHE GEBÄUDE

EVANGELISCHES SCHULHAUS (ehemalige Spitalkirche): Dreigeschossiger Bau, ehemals mit Halbwalmdach, seit dem späten 19. Jh. mit Walmdach. Sieben zu sieben Achsen. Von der ursprünglichen Anlage hat sich in der Südwestecke des Erdgeschosses ein bemerkenswerter Bauteil erhalten, nämlich eine zweischiffige Halle zu vier Jochen, von denen das nördliche Jochpaar durch eine spätere Zwischenwand abgetrennt ist. Kreuzrippengewölbe auf niedrigen Pfeilern mit abgefasten Kanten, an der Wand flache Rechtecksvorlagen. Rücksprünge an den Pfeilern und an einem Teil der Wandvorlagen zeigen, daß der Baubestand nicht einheitlich ist; wahrscheinlich wurde eine Anlage des späten 14. Jh. im mittleren 15. Jh. erneuert. Die ursprüngliche Bestimmung des Raumes ist nicht bekannt; daß es sich um einen Sakralraum handelt, ist äußerst unwahrscheinlich, zumal sich eine unmittelbare Verbindung mit der durch Abbildungen bekannten Spitalkirche kaum denken läßt. Vielleicht handelt es sich um eine Art Dürftigenstube, wie sie sich ähnlich in Memmingen erhalten hat. *[Beim Abbruch des evg. Schulhauses 1960 wurde das vierte, nördliche Joch der Halle abgebrochen. Die erhaltenen drei Joche wurden 1983 in den Neubau „Haus des Handwerks" einbezogen].*

SPITALGEBÄUDE *[Spitaltor 5]*: Dreigeschossiges Satteldachhaus mit drei zu dreizehn Achsen, nordwestlich der ehemaligen Kirche gelegen. Am Untergeschoß Eckquaderung, an den Obergeschossen Ecklisenen, Geschoßteilung durch Putzbänder. An beiden Langseiten je ein Zwerchhaus. - Rundbogiges Portal auf der Südseite, von Pilastern und Gebälk gerahmt. - Im Erdgeschoß ein Raum mit vier Kreuzgratgewölben auf einem Mittelpfeiler *[umfassender Umbau 1989].*

EHEM. SPITALSCHREIBERHAUS *(Spitaltor 3)*: Dreigeschossiges Eckhaus mit Satteldach, spätmittelalterlich, an der Traufseite vier Fensterachsen.

SPITALSTADEL *[Spitaltor 4]*: Langgestreckter Satteldachbau, zwei- bis dreigeschossig ausgebaut. *[Der Spitalstadel wurde 1991 abgebrochen; an gleicher Stelle und in gleichen Abmessungen 1992/93 das katholische Pfarrzentrum „Haus St. Martin" errichtet].*

MÜNZTURM
Zweigeschossiger, sechseckiger Turm mit Zeltdach unmittelbar nordwestlich der Martinskirche, ursprünglich zum Martinsfriedhof gehöriger Torbau - als solcher im 15. Jh. errichtet -, im 16. Jh. wohl als städtischer Schatzturm ausgebaut. Im Erdgeschoß ursprünglich Durchgang mit spitzen Torbögen, nachträglich zugesetzt *[1999 Durchgang wieder geöffnet; gemauerter Bachlauf aus dem Mittelalter freigelegt]*; innen sechsteiliges Kreuzrippengewölbe auf Pyramidenkonsolen mit Wappenschlußstein. Im Obergeschoß gegen Süden zwei Schlitzfenster, gegen Norden ein stichbogiges Fenster mit erneuertem Maßwerk, innen sechsteiliges Kreuzgratgewölbe. - An der Südwestseite runder Treppenturm. - Im Untergeschoß Epitaph für Johann Martin Mayr, † 1784, Solnhofer Platte in Holzrahmen *[nun in Kirche St. Martin].*

ZOLLAMT, LUDWIGSTRASSE 2
Im Kern spätmittelalterlicher Bau, 1822 innen und außen restauriert. Dreigeschossiges Eckhaus mit Satteldach, sechs zu vier Achsen, die Geschosse an der Traufseite durch Gesimse geteilt. Die Erdgeschoßfenster und die Toreinfahrt rundbogig *[Geburtshaus von Sophie La Roche, 1730-1807].*

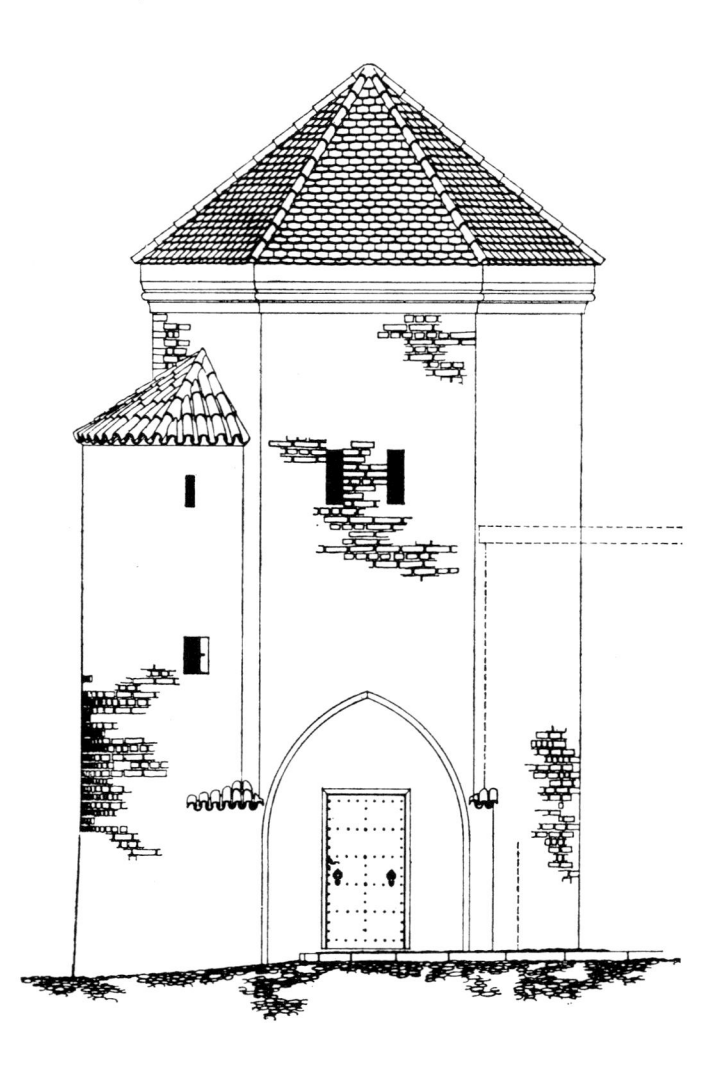

Münzturm

Privathäuser

ÄUSSERE BUCHLEUTHENSTRASSE 2: Ehemaliger Sommerkeller des Kronenwirtes, 1838 errichtet. Freistehendes Satteldachhaus mit vier zu fünf Obergeschoßfenstern, sämtliche Fenster rundbogig. Schwingung des Giebels neubarock.

ÄUSSERE BUCHLEUTHENSTRASSE 33: Ehemaliges Jonas Grafsches Gut, wohl um 1830/40, jedenfalls vor 1846 errichtet. Zweigeschossiges Gebäude mit Walmdach, fünf zu vier Achsen *[drei Achsen]*, die Fenster des hohen Erdgeschosses in rundbogigen Blenden *[Westfassade: in Mittelachse (EG und OG) nun kleines Fenster. Nord- und Südfassade einschneidend verändert]*. Zweigeschossiges Nebengebäude mit Walmdach *[am Nebengebäude weitgehende Veränderungen]*.

AFRABERG 5 *[jetzt: Hohe Buchleuthe 11]*: Zugehörig Sommerkeller *[ehemaliger Rosenwirtskeller, 1823 errichtet]*. Eingeschossiges Gebäude *[nun zweigeschossig]* von neun zu drei Achsen mit rundbogigen Fenstern, zweites Viertel 19. Jh., Walmdach. Die rückwärtigen Anbauten später.

AFRABERG 7: Ehemaliges Schützenhaus. Zweigeschossiges Satteldachhaus des 15. Jh., drei zu drei Achsen *[Mittelfenster Nordseite zugemauert]*. Ecklisenen, unter dem Giebel rundbogiger Maßwerkfries, im Giebel Lisenengliederung; an beiden Traufseiten stichbogige Blenden. - An der Westseite des Hauses ein Stück der Stadtmauer erhalten.

ALLEEWEG 19: Ehemaliger Lammkeller, 1826 errichtet. Eingeschossiges Gebäude von fünf zu vier Achsen mit Lisenengliederung *[nun mit ostseitigem Anbau]*; Mansarddach. Zwerchhaus mit geschwungenem Giebel. Großer, tonnengewölbter Keller.

AM BLEICHANGER 44: Fabrikgebäude der Baumwoll-Spinnerei- und -Weberei, Grundsteinlegung 1839, stattliches, erneuertes Fabrikgebäude zu vier Geschossen, 34 *[35]* zu drei Achsen, mit Walmdach, an der Südfront Eckquaderung. - Südlich anschließend Verbindungsgang mit sechs rundbogigen Fenstern.- Südliches Nebengebäude, zweigeschossig zu 15 Achsen, mit Walmdach, im Erdgeschoß rundbogige Fenster.

AM BREITEN BACH 1: Zweigeschossiges Eckhaus mit Satteldach, 15./16. Jh., mit drei zu fünf Obergeschoßfenstern; das Obergeschoß kragt weit vor.

AM BREITEN BACH 2 siehe unter Profanierte kirchliche Gebäude - Irseer Klosterhaus (S. 38).

AM BREITEN BACH 3: Zweigeschossiges Traufhaus, 15./16. Jh., mit sechs Fenstern im weit vorkragenden Obergeschoß.

AM BREITEN BACH 6: Viergeschossiges Giebelhaus, im Kern spätmittelalterlich, wohl im 18. Jh. ausgebaut, zu drei Achsen.

AM BREITEN BACH 14: Viergeschossiges Giebelhaus, im Kern spätmittelalterlich, im 17./18. Jh. ausgebaut, zu drei Achsen.

AM BREITEN BACH 23: Viergeschossiges Giebelhaus, die beiden Untergeschosse im Kern wohl spätmittelalterlich, Ausbau 1760 *[durch Joseph Pracht, Uhrmacher]*. Am zweiten Obergeschoß Nische mit gefaßter Holzfigur, stehende Muttergottes um 1500 *[Kopie, Original in Privatbesitz]*. - 1761-1774 Wohnhaus des Malers Joseph Anton Walch.

AM BREITEN BACH 27: Dreigeschossiges Giebelhaus, wohl 18. Jh., zu drei Achsen. Nische mit Blechdach, gefaßte Holzfigur, Immaculata um 1720, enthaltend *[z.T. Fenstervergrößerungen]*.

AM BREITEN BACH 29a: Zweigeschossiges Eckhaus mit Frackdach, im Kern spätmittelalterlich, Ladeneinbau in der Mitte des 19. Jh. Vier zu drei Obergeschoßfenster, an der Ostseite Ladenfenster und Tür mit neugotischer Schnitzerei, Mitte 19. Jh.

AM BREITEN BACH 29b: Zweigeschossiges Traufhaus, Kern spätmittelalterlich, wohl im 18. Jh. ausgebaut, zu drei Achsen, mit Zwerchhaus.

AM BREITEN BACH 31: Zweigeschossiges Traufhaus, im Kern wohl zwei spätmittelalterliche Häuser, zu acht Achsen, Krangaube *[zugehörig Sommerkeller, ehemaliger Sternkeller, 1806 errichtet]*.

AM BREITEN BACH 33: Zweigeschossiges erneuertes Traufhaus, im Kern spätmittelalterlich, mit vier *[jetzt 5]* Obergeschoßfenstern.

AM BREITEN BACH 37: Zweigeschossiges Traufhaus zu sechs Achsen, Kern spätmittelalterlich.

AM BREITEN BACH 39: Dreigeschossiges Eckhaus mit Pultdach, wohl spätmittelalterlich, mit einem zu vier *[fünf]* Obergeschoßfenstern.

AM GRABEN 24 *[jetzt: Neugablonzer Straße 1]*: Zweigeschossiges, freistehendes Gebäude mit auf der Ostseite

AM WEBERECK - GANGHOFERSTRASSE

abgewalmtem Satteldach, um 1800, fünf zu drei bzw. zwei Obergeschoßfenstern *[Abbruch 1982]*.

AM WEBERECK 11: Ehem. Papiermühle, angeblich schon 1312 genannt, Neubau 1807. Langgestrecktes Satteldach-Haus, zweigeschossig, dreizehn zu sechs Achsen.

BLASIUSBERG 1 *[ehem. Handwerkerhaus]*: Zweigeschossiges Traufhaus mit zwei Fensterachsen, spätmittelalterlich. Rundbogige Haustür *[ausgebaut]*, der Flügel aufgedoppelt.

BLASIUSBERG 3 *[Handwerkerhaus]*: Dreigeschossiges Giebelhaus zu vier Achsen, wohl 16. Jh.

BLASIUSBERG 5 *[ehem. Weberhaus]*: Wohl zwei spätmittelalterliche Häuser. Zweigeschossiges Traufhaus zu sieben Achsen mit hohem Kellergeschoß.

BLASIUSBERG 7 *[ehem. Weberhaus]*: Zweigeschossiges spätmittelalterliches Traufhaus zu zwei Achsen mit hohem Kellergeschoß.

BLASIUSBERG 11: Mesnerhaus der Blasiuskirche. Zweigeschossiges, freistehendes Satteldach-Haus, spätmittelalterlich, mit vier zu drei Obergeschoßfenstern *[Südgiebel: Mittelfenster nun mit kleinem Balkon]*. Geschoßteilung an der Ostseite durch Rundbogenfries, an der Nordostecke schlichter Strebepfeiler mit einem Wasserschlag *[jetzt Abdeckung mit Dachziegeln]*. - An der Ost- und Nordseite *[Nordost-Ecke]* je eine Nische mit einer gefaßten Holzfigur eines hl. Abtes um 1760/70 *[jetzt ohne Figuren]*.

CITRONENGÄSSCHEN 2 *[jetzt: Zitronengässchen]*: Dreigeschossiges Eckhaus mit Pultdach, wohl 16. Jh., mit vorkragenden Obergeschossen, vier zu einer Achse. An der Ostseite im ersten Obergeschoß Erker *[nun völlig modernisiert]*. - Aufgedoppelte Haustür mit schmiedeeisernem Klopfer des 18. Jh. *[ausgebaut]*.

ESPACHSTRASSE 6: Gartenhaus. Zweigeschossiger Bau mit Walmdach, wohl noch erste Hälfte 18. Jh., fünf zu drei Achsen, Geschoßteilung durch Gurtband, auf der Ostseite Zwerchhaus mit geschwungenem Giebel, auf der Westseite schlichtes Zwerchhaus *[Anfang der 60er Jahre weitgehend umgebaut; dabei Abbruch der Zwerchhäuser]*.

FORETTLE 5: Dreigeschossiges Gebäude, der Ostteil aus dem zweiten Viertel des 19. Jh., mit zu Färbereizwecken überstehendem Walmdach, das Obergeschoß des Ostteiles geöffnet *[nun verschalt. – Im Westen zweigeschossiger Anbau; im Süden Vorbau mit Terrasse]*.

FORETTLE 7: Dreigeschossiges, zweiflügeliges Eckhaus, wohl um 1800, mit Satteldächern, an der Südseite zu Färbereizwecken vorgezogen. Der Südteil mit fünf zu zwei Achsen, der Nordwestflügel zu einer Achse *[letztere nun zugemauert]*.

FORETTLE 9: Dreigeschossiges, ehemaliges Färberhaus mit vorgezogenem Mansarddach, zweite Hälfte 18. Jh., zwei zu acht Achsen *[nun eine zu sieben Achsen]*; der Flügel der korbbogigen Haustür aufgedoppelt. - Das Obergeschoß ehemals geöffnet, jetzt ausgebaut.

FORETTLE 29: Um 1730 errichtetes, ehemaliges Färbereigebäude. Dreigeschossig, mit Satteldach, drei zu sieben Achsen. Rückgebäude mit Walmdach und zu Färbereizwecken geöffnetem Obergeschoß.

GANGHOFERSTRASSE 2: Hasenfärbe *[alter Hausname: „Hasenfärber"]*, 1766 errichtet. Dreigeschossiges Satteldachhaus über schiefwinkeligem Grundriß, im Untergeschoß moderne Ladenfenster, im ersten Obergeschoß vier zu fünf Fenster. Das zweite Obergeschoß zu Färbereizwecken geöffnet, mit Holzbrüstung und hölzerner Hängevorrichtung. Weit überstehendes Dach *[1956 EG und 1. OG völlig neu erbaut mit Einzug von Betondecken]*.

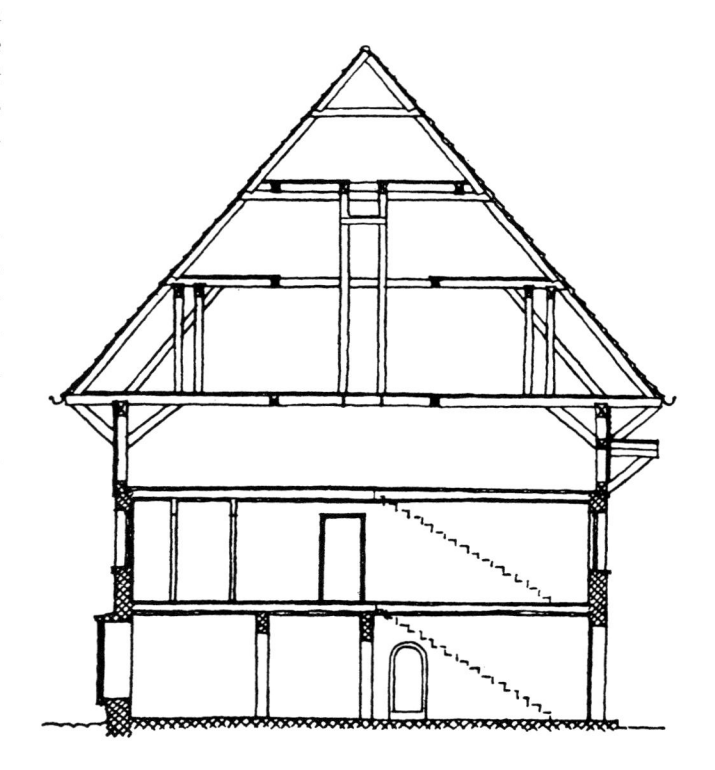

Ganghoferstraße 2, „Hasenfärbe", Schnitt

GANGHOFERSTRASSE 5: Dreigeschossiges, völlig erneuertes Gebäude der ersten Hälfte 19. Jh. *[1840]*, mit Walmdach, drei zu sieben Achsen.

GANGHOFERSTRASSE 9 siehe unter Finanz- und Landratsamt (S. 40).

GUTENBERGSTRASSE 4: Ehemaliges Bachschmid'sches Gartenhaus, um 1800. Zweigeschossiger Bau von zwei zu acht Achsen mit Walmdach, gegen Süden zwei kurze Seitenflügel. Walmdach, Gliederung durch toskanische Pilaster; das Portal auf der Nordseite von Pilastern und Gebälk gerahmt, daneben zwei querovale Fenster *[Abbruch 1965]*.

GUTENBERGSTRASSE 5: Ehemalige Stadtwaage, 1808 errichtet, Arkadeneinbau im Erdgeschoß 1950 *[1949]*. Zweigeschossiger Bau mit zwei zu zwei Obergeschoßfenstern, Walmdach *[Abbruch 1974]*.

GUTENBERGSTRASSE 6: Ehemaliges Mayrsches Gartenhaus (Rosenau). Zweigeschossiger Bau mit drei zu elf Achsen, davon die sieben westlichen Achsen Anfang 19. Jh., die östlichen Achsen modern. Walmdach, die drei Mittelachsen des Altbaues bilden gegen Norden leichtes Risalit *[Abbruch 1969; nun Bürogebäude Fa. Dobler]*.

GUTENBERGSTRASSE 7: Gasthof zum Stachus, ehemals Färberhaus, zweite Hälfte 18. Jh. Dreigeschossiger Bau von zwei zu fünf Achsen, das Obergeschoß Fachwerk, ehemals geöffnet; weit überstehendes Satteldach.

GUTENBERGSTRASSE 8: Ehemaliges Walch'sches Gartenhaus, Mittelbau 1805 errichtet, Seitenflügel um 1840 angefügt. Zweigeschossiges Gebäude von drei zu neun Achsen, die drei mittleren Achsen der beiden Längsseiten bilden flaches Risalit. Walmdach, an der Ostseite durch modernen Anbau verändert, an den Längsseiten je vier geschwungene Gauben. Im Westteil Treppengeländer mit Empiremuster *[Abbruch 1969; nun Bürogebäude Fa. Dobler]*.

HAFENMARKT 3 *[Handwerkerhaus]*: Zweigeschossiges Traufhaus, wohl 16. Jh., mit sechs Obergeschoßfenstern. Das Dach im Ostteil mit durchgehenden Luken *[nicht mehr vorhanden]* für die ehemalige Gerberei. - Östlich anschließend einachsiger Anbau zu vier Geschossen, mit Pultdach, 17./18. Jh.

HAFENMARKT 10 *[alter Hausname: „Backgerber"]*: Dreigeschossiges Giebelhaus zu vier Achsen, 17./18. Jh., am Giebel zwei offene Holzlauben unter vorgezogenem Dach, ehemals zu Gerbereizwecken *[Abbruch 1976]*.

HAFENMARKT 14 *[Bürgerhaus]*: Dreigeschossiges, stattliches Eckhaus mit Satteldach, wohl 16. Jh., fünf zu sechs Achsen, im Erdgeschoß Ladeneinbauten.

[IM] BAUMGARTEN 30: Zweigeschossiges, erneuertes Giebelhaus wohl des 18. Jh., auf dem Giebel eiserne Wetterfahne mit Doppelkreuz und Fortuna, 18. Jh. *[an Stelle dieses 1989 abgebrochenen Gebäudes steht nun der Westteil vom „Thomas-Kuile-Haus"]*.

INNERE BUCHLEUTHENSTRASSE 1: Ehemaliger städtischer Stadel, urkundlich bereits 1550 genannt, 1604 von der Reichsstadt verkauft, 1777 umgebaut. Viergeschossiges Satteldach-Haus mit zwei zu sechs Obergeschoßfenstern *[umfassende Instandsetzung und Fassadenrenovierung 1993 mit Freilegung der Sonnenuhr. Dabei wurde festgestellt, daß in den unteren Geschossen ganz oder teilweise die Zimmermanns-Konstruktion von 1550 erhalten ist]*.

INNERE BUCHLEUTHENSTRASSE 2: Ehemalige evangelische Knabenschule, im 16. Jh. schon bestehend, Umbauten wahrscheinlich im 18. Jh. - Zweigeschossiges Giebelhaus mit acht Obergeschoßfenstern, stichbogige Einfahrt mit aufgedoppelten Torflügeln *[nun Metallkonstruktion mit Glasfüllungen]*.

INNERE BUCHLEUTHENSTRASSE 6: Hirschkeller *[ehemaliger Sommerkeller]*, 1817 *[1816]* errichtet. Zweigeschossiges, langgestrecktes Satteldachhaus mit drei Achsen an der Giebelseite zur Straße.

JOHANNES-HAAG-STRASSE 6: Ehemaliges Scheidlinger Bad, jetzt Gasthaus zum Bad, um 1760/70 errichtet. Dreigeschossiges Gebäude mit neun zu drei Obergeschoßfenstern, das weit vorgezogene Satteldach auf der Westseite abgewalmt; verschieferte Krangaube.

JOHANNES-HAAG-STRASSE 13 *[ehem. Färberhaus]*: Dreigeschossiges Gebäude des 18. Jh., sechs zu zwei Achsen, das Satteldach an der Westseite abgewalmt, das Obergeschoß zu Färbereizwecken gegen Süden, Westen und Norden geöffnet *[nun holzverschalt]*. Im ersten Obergeschoß eine Decke mit Rahmenstuck und etwas Rocailleornament um 1770, an der Decke des Treppenhauses vierpaßförmiger Stuckrahmen. Rest eines Treppengeländers mit schlanken Holzbalustern.

JOHANNES-HAAG-STRASSE 22 *[„Alte Kaserne"]*: Fünfgeschossiges Gebäude von sechs zu vier Achsen, 1769 errichtet, mit hohem Walmdach. Der südwestliche Teil des Gebäudes aus verputztem Ziegelstein, sonst verputztes Fachwerk *[Abbruch 1962]*.

KAISERGÄSSCHEN - KAISER-MAX-STRASSE

KAISERGÄSSCHEN 2 *[Bürgerhaus]*: Zwei Häuser: 1. östlich: Dreigeschossiges Traufhaus zu vier Achsen, wohl 17. Jh. - 2. westlich: Dreigeschossiges Traufhaus, Kern spätmittelalterlich, wohl im 17. Jh. ausgebaut, zu drei Achsen, mit Krangaube und Erker aus dem späten 19. Jh. am 2. Obergeschoß.

KAISERGÄSSCHEN 6: Dreigeschossiges Giebelhaus zu drei Achsen, wohl 17. Jh., Erker ab erstem Obergeschoß, im Erdgeschoß Ladeneinbau und Garageneinfahrt *[bis 1559 Wohnhaus von Hans Kels d. Ä.]*.

KAISERGÄSSCHEN 12: Städtisches Heimatmuseum *[seit 1989 Stadtmuseum]*. Dreigeschossiges Traufhaus zu sieben Achsen, 1746 über einem wohl spätmittelalterlichen Kern fast völlig neu errichtet. Erdgeschoßgang mit sechs Kreuzgratgewölben, an den Graten Stuckgurte; im westlichen Erdgeschoßraum eine Folge von fünf, im östlichen eine Folge von zwei Kreuzgratgewölben. - *Treppenhaus*: Geländer mit schlanken Eichenholzbalustern, über den Läufen zwischen Erdgeschoß und 1. Obergeschoß schlichte Stuckrahmen. Im 1. und 2. Obergeschoß große Vorplätze, die mit den westlich anschließenden Räumen durch Arkaden auf korinthischen Säulen verbunden waren; diese Arkaden nachträglich zugesetzt und mit Türen versehen. Beide Vorplätze mit querovalen Fenstern gegen Osten, das des 1. Obergeschosses mit Gitter aus eingerollten, schmiedeeisernen Stäben. Der Vorplatz des 2. Obergeschosses ist in das Dachgeschoß hinauf geführt, an seiner Decke Rahmenstuck mit Bandel- und Blattwerk, im Mittelfeld stuckiert das Auge Gottes *[diese Stuckdecke ist 1960 heruntergebrochen]*. - Im Nordwestzimmer des 1. Obergeschosses Rahmenstuck mit Muschelwerk.
[Die Sammlungen des Stadtmuseums werden laufend erweitert oder ergänzt. Die Präsentation der Exponate, wie sie Tilman Breuer 1960 beschrieben hat, entspricht in vieler Hinsicht nicht dem aktuellen Zustand. Mit dem geplanten Um- und Erweiterungsbau werden sich die Verhältnisse erneut grundlegend ändern. Aus diesem Grund ist es vernünftig, hier auf eine umfassende Darstellung zu verzichten.]

KAISER-MAX-STRASSE 3A *[Patrizierhaus]*: Hörmannhaus, 1530-35 errichtet, Zimmermeister war *Baltas Honold*, als Steinmetz ein Meister *Dionisi* genannt. Dreigeschossiges Traufhaus zu vier *[fünf]* Achsen, im Erdgeschoß Ladeneinbauten. Portal mit Sandsteineinrahmung von *Christoph Ler*, bez. *MDXLII*; Pilaster mit Gebälk und Dreiecksgiebel, in den Zwickeln des stichbogigen Durchganges und im Giebel Wappenreliefs (Hörmann-Reyhing). Am 1. Obergeschoß Inschrifttafel mit drei Wappenreliefs (Hörmann, Reyhing und Fugger), Solnhofer Platte: bez. *MDXXXI*, *Christoph Ler* zugeschrieben (Th. Hampe). - Im Erdgeschoß ein Raum mit Tonnengewölbe *[nun durch Mauereinbauten unterteilt; im Eckbereich der Gaststätte Kreuzgratgewölbe mit weiterführendem Teil eines Tonnengewölbes]*, in der Durchfahrt flaches Tonnengewölbe. - Treppengeländer mit balusterförmig ausgesägten Brettern, zweite Hälfte 18. Jh. *[die Brettbalusterbrüstungen sind völlig erneuert (Kopien)]*. - Die Bemalung, die 1551 *Jörg Herzog* innen und außen anbrachte, ist nicht erhalten *[bei der Fassadenrestaurierung 1980 wurden bei einer Befundunsuchung Teile der Renaissance-Fassadenmalereien aufgefunden und dokumentiert; anschließend wieder übermalt]*.

Kaiser-Max-Straße 3a, „Hörmann-Haus", Portal

KAISER-MAX-STRASSE 3B *[Patrizierhaus]*: Dreigeschossiges Traufhaus zu vier Achsen, 16. Jh., im Erdgeschoß moderne Ladeneinbauten. Im Keller zweischiffige Halle zu vier Jochen mit Kreuzgrat- und Tonnengewölben auf quadratischen Pfeilern.

KAISER-MAX-STRASSE 4 *[Patrizierhaus]*: Dreigeschossiges Traufhaus zu sieben Achsen, Kern wohl zwei spätmittelalterliche Häuser, äußere Erscheinung um 1770/80. - Korbbogiges Portal, von Pilastern und reich profiliertem, geschwungenem Gesims gerahmt. Geohrte Fensterrahmungen und geschwungene Bekrönungen aus Stuck [Neustuckierung und Neuputz der Fassade (auch bei Kaiser-Max-Straße 6) 1976]. - Eckquaderung. Auf der Hofseite ein querovales Fenster mit schmiedeeisernem Gitter, Stäbe und Blattwerk, zweites Viertel 18. Jh. - Umlaufende Treppe, das Geländer in gotisierenden Formen Anfang 19. Jh. [im Erdgeschoß ausgebaut].

KAISER-MAX-STRASSE 5: Dreigeschossiges Traufhaus, im Kern spätmittelalterlich, äußere Erscheinung völlig modern. - Im Keller zwei Lichtnischen und eine Holzdecke auf Eichenholzständern, wohl 16. Jh. [Holzdecke und ein Eichenholzständer ausgebaut], ferner ein Tonnengewölbe. - Treppenhaus, 18. Jh.: Dreiseitig umlaufende Treppe, das Geländer ab erstem Obergeschoß mit balusterförmig ausgesägten Brettern. Gegen die Flure öffnet sich das Treppenhaus in je drei Arkaden.

KAISER-MAX-STRASSE 6 [Patrizierhaus]: Kern spätmittelalterlich, äußere Erscheinung um 1770/80. Dreigeschossiges Traufhaus zu fünf Achsen, im Erdgeschoß Ladeneinbau. Runder Torbogen, von Pilastern mit geschwungenen Gebälkstücken und Vasenaufsätzen flankiert. Die Fenster mit geohrten Stöcken und geschwungenen Bekrönungsgesimsen aus Stuck. - An der Hofseite Wappenstein der Familie Heinzelmann, mit Muschelwerk, Mitte 18. Jh. [sehr stark abgewittert]. - Dreiseitig umlaufende Treppe, das Geländer mit gerollten, schmiedeeisernen Stäben, bez. *J.G.H.L.* (ligiert, wohl Johann Georg Heinzelmann), drittes Viertel 18. Jh. [Das vor 1945 wegen Schadhaftigkeit übertünchte Deckengemälde im Treppenhaus wurde 1986 freigelegt und restauriert. – Das 1985 bei Abbrucharbeiten des Hinterhauses Kaiser-Max-Straße 4 aufgefundene Naturstein-Fragment mit dem Heinzelmann'schen Wappen wurde im Treppenhaus Kaiser-Max-Straße 6 angebracht].

KAISER-MAX-STRASSE 8: Dreigeschossiges Traufhaus zu drei Achsen, Kern spätmittelalterlich, Fensterrahmungen modern [Fensterrahmungen neubarock stuckiert zwischen 1900 und 1914; beim Umbau 1991 wurde die romanische Bachkugelmauer verputzt, die Decke über EG und 1. OG jeweils im Nordteil, sowie das Treppenhaus in Stahlbeton ausgeführt].

KAISER-MAX-STRASSE 10: Dreigeschossiges Traufhaus zu sieben Achsen, im Kern wohl spätmittelalterlich, ausgebaut im 16. Jh. und zwischen 1719 und 1745. Erdgeschoßdurchfahrt: Folge von drei Sterngewölben mit Stuckrippen und Scheibenschlußsteinen. - Fensterrahmungen modern. - Am Rückgebäude aufgedoppelte Haustür, darüber schmiedeeisernes Gitter um 1730 [ausgebaut].

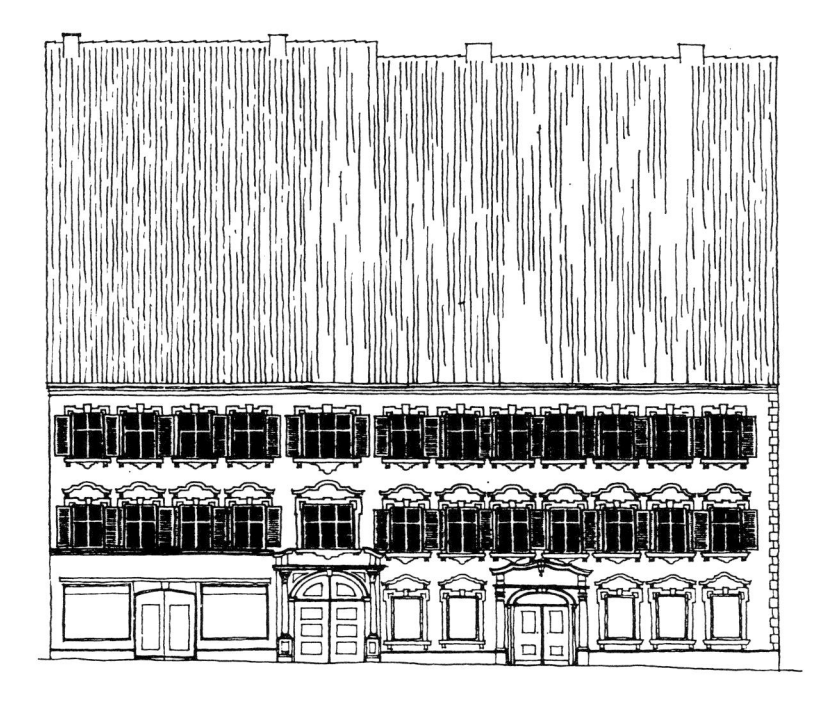

Kaiser-Max-Straße 4/6

KAISER-MAX-STRASSE 11: Ehemals drei spätmittelalterliche Häuser, wohl im 18. Jh. ausgebaut. Dreigeschossiges Traufhaus zu neun erneuerten Achsen, drei Dachgauben. - Umlaufende Treppe, das Geländer mit balusterförmig ausgesägten Brettern um 1760 [Abbruch 1962].

KAISER-MAX-STRASSE 12: Kern spätmittelalterlich, Ausbau wohl in der Mitte des 18. Jh., das Rückgebäude 1750 für Raymund Kohler errichtet. Dreigeschossiges Traufhaus zu vier Achsen. Kleines Zwerchhaus mit geschweiftem Giebel [Zwerchhaus abgebrochen]. - Am Rückgebäude aufgedoppelte Tür mit schmiedeeisernem Klopfer und Oberlichtgitter, Stab- und Blattwerk, um 1750, bez. *RAK* (= Raymund Kohler) [Tür Rückgebäude mit Oberlichtgitter ist nicht mehr vorhanden. Bei der denkmalsschutzgerechten Sanierung 1994 wurde auch die EG-Fassade wieder zurückgebaut und eine bemalte Holzdecke im Eingangsbereich freigelegt und restauriert].

KAISER-MAX-STRASSE 13: Apotheke. Kern spätmittelalterlich, 1729 ausgebaut und gegen Süden erweitert, die äußere Erscheinung neubarock [um 1884]. Dreigeschos-

KAISER-MAX-STRASSE

siges Traufhaus zu drei Achsen. Apothekeneinrichtung im Erdgeschoß mit schlichten Kirschbaumregalen um 1843. Treppengeländer mit Holzbalustern um 1729. Im Dachboden Kräuterkammer von 1729 mit Drogenregalen, am Dachgebälk ein in ornamentaler Form gesägtes Brett mit Spruch, Wappen und Bezeichnung *1729*.

KAISER-MAX-STRASSE 14: Dreigeschossiges Eckhaus mit Satteldach. Kern spätmittelalterlich, Dachgeschoß modern ausgebaut. An der Traufseite vier Achsen, im Treppenhaus Geländer mit schlanken Holzbalustern um 1730 *[nur noch ab 1. OG]* und Rest einer gleichzeitigen Stuckdecke mit Bandelwerk.

KAISER-MAX-STRASSE 15: Ehemalige Stadtkanzlei. Dreigeschossiges, völlig erneuertes Eckhaus, der Kern wohl spätmittelalterlich. - Rückgebäude an der Sedanstraße - ehemaliges Stadtarchiv - 1727 errichtet. Zweigeschossiges Gebäude mit Walmdach zu fünf Achsen. Das Untergeschoß in der äußeren Erscheinung geteilt: Hoher Sockel mit Putzquadern und modernen Fenstern, darüber mezzaninartiges Zwischenstück mit querovalen Fenstern in rechteckigen Rahmungen; in diesen Fenstern schmiedeeiserne Gitter mit Blattwerk. Das hohe Obergeschoß mit Eckquaderung und jonischer Pilastergliederung, die auf Konsolen im oberen Teil des Erdgeschosses fußt. Unter den Fenstern seitlich rund geschlossene Felder. Innen im Erdgeschoß ein Tonnengewölbe mit Stichkappen. Treppengeländer mit Eichenholzbalustern. Im Obergeschoß ein Türstock mit Pilastern, der zugehörige Türflügel mit Kröpfrahmen *[Treppengeländer und Türe 1972 ausgebaut]*. Ursprünglich in diesem Geschoß ein großer Saal, jetzt durch Zwischenwände zerteilt *[1996 bei Umbau Zwischenwände wieder ausgebaut]*.

KAISER-MAX-STRASSE 16: Dreigeschossiges Eckhaus, Kern spätmittelalterlich, Ausbau wohl 16./17. Jh., mit fünf Achsen an der Giebelseite *[umfassende Umbaumaßnahme 1999]*.

KAISER-MAX-STRASSE 17: Ehemals zwei spätmittelalterliche Häuser, vereinheitlichender Neubau Ende 17. Jh., jedenfalls nach 1687. In der äußeren Erscheinung Neurenaissance. Dreigeschossiges Eckhaus mit Satteldach, sechs zu fünf Achsen; im Keller zweischiffige Halle zu zwei Jochen, Kreuzrippengewölbe mit Scheibenschlußstein auf rundem Mittelpfeiler, 15. Jh. *[beim Umbau 1994 wurde das Haus Kaiser-Max-Straße 19 abgebrochen und dem Neubau Kaiser-Max-Straße 17 einverleibt]*.

KAISER-MAX-STRASSE 18: Im Kern drei spätmittelalterliche Häuser, Ausbau im 18. Jh., Umbau durch Georg Hauberrisser 1886, gute, vereinfachende Modernisierung 1951. Dreigeschossiges Traufhaus zu dreizehn Achsen. Treppenhaus gegen die Podeste in korbbogigen Arkaden geöffnet; dreiseitig umlaufende Treppe, im Boden der Treppenabsätze Sternmuster, Geländer mit schmiedeeisernem Gitter aus gerollten Stäben, zweite Hälfte 18. Jh.; ferner im obersten Geschoß zwei schmiedeeiserne Gitter, das eine bez. *1707*, das andere aus dem 17. Jh. Die Decken über den Treppenläufen mit schlichtem Rahmenstuck, ebensolcher Stuck in den Dielen beider Obergeschosse. - Im 1. Obergeschoß sehr reizvolle Stuckdecke mit Rocaillekartuschen, um 1760, jedenfalls nach 1753: In der Mittelkartusche Stuckrelief mit Joseph (Himmelsleiter) und Tobias, Anspielung auf den Bauherrn Joseph Tobias Wöhrl von Wöhrburg; in den Eckkartuschen Putten als Allegorien der vier Elemente *[durch Raumeinbau unterteilt]*. Die Sockelvertäfelung in demselben Zimmer aus Nußbaum *[Teilausbau]*. - Rückgebäude am Kirchplatz, im Kern spätmittelalterlich. Ausbau im 18. Jh. Dreigeschossiges Giebelhaus zu vier Achsen, der mehrfach geschwungene Giebel um 1760. - Korbbogiges Portal mit aufgedoppelten Flügeln und schmiedeeisernem Oberlichtgitter mit Blattwerk und Rocaillekartusche, um 1760; außerdem am Erdgeschoß ein korbförmiges Fenstergitter aus der gleichen Zeit mit etwas Rocaille- und Blumenwerk *[Rückgebäude Geburtshaus (1855) von Ludwig Ganghofer]*.

KAISER-MAX-STRASSE 20: Dreigeschossiges Eckhaus mit Satteldach, Kern spätmittelalterlich, äußere Erscheinung spätes 19. Jh., fünf zu vier Achsen. Im ersten Obergeschoß eine Decke mit Rahmen- und Rocaillestuck, Mitte 18. Jh., ferner drei Türen, deren Füllungen Veduten in Blaumalerei zeigen. - Westliches Rückgebäude: Dreigeschossiges Eckhaus mit Satteldach, im Kern wohl 16. Jh., vier zu sieben Achsen. Treppengeländer mit S-förmig geschwungenen Holzbalustern, drittes Viertel 18. Jh., im Flur des 1. Obergeschosses eine korinthische Holzsäule des mittleren 18. Jh., im gleichen Geschoß eine Stuckdecke aus der gleichen Zeit mit Rahmen, Zweigen und Muscheln. - Östliches Rückgebäude am Kirchplatz: Dreigeschossiges Giebelhaus zu drei Achsen, Kern spätmittelalterlich. Im Erdgeschoß zweischiffige, kreuzgratgewölbte Halle zu zwei Jochen mit moderner Zwischenwand.

KAISER-MAX-STRASSE 22: Weberhaus *[ehemalige Weberzunft, abgebrochen 1824]*. Der ursprüngliche Bau 1425 errichtet, völlig erneuert. An der Südostecke eingelassen ein Skulpturfragment aus Steingadener Sandstein, wohl von der Martinskirche, um 1200: hockende Karyatide, von zwei Löwen flankiert.

KAISER-MAX-STRASSE 23: Gasthaus zur *[Goldenen]* Traube. Im Kern spätmittelalterlich, Ausbau wohl im 16. Jh., der Zinnengiebel jedoch modern. Dreigeschossiges Eckhaus mit Satteldach, an der Giebelfront sechs Obergeschoßfenster. Am 1. Obergeschoß Erker auf mehrfach geschwungener Konsole.

KAISER-MAX-STRASSE 24: Ehemalige Brauerzunft. Viergeschossiges Traufhaus, im Kern spätmittelalterlich, jedoch völlig erneuert und in beiden Untergeschossen mit Schaufenstereinbauten versehen. Vier Achsen; Aufzugsgaube *[verändert]*.

KAISER-MAX-STRASSE 25: Dreigeschossiges Traufhaus zu sechs Achsen, im Kern wohl zwei mittelalterliche Häuser, zusammenfassender Ausbau wohl im 17./18. Jh., modernisierender Umbau 1959, bei dem zwei Wandbilder des späten 18. Jh. entfernt wurden.

KAISER-MAX-STRASSE 26: Werlin-Haus *[irrtümlich so bezeichnet; das Werlin-Haus ist der westliche Hausteil von Salzmarkt 1]*. Viergeschossiges Traufhaus zu vier Achsen, im Kern spätmittelalterlich, völlig modernisiert mit Schaufenstereinbauten in beiden Untergeschossen; eine Krangaube *[verändert]*.

KAISER-MAX-STRASSE 27: Gasthaus (Hotel) zur Sonne *[Hotel wurde 1970 aufgegeben]*. Im Kern drei spätmittelalterliche Häuser, zusammenfassender Umbau wohl im 18. Jh. *[19. Jh.]*, 1849 ausgebrannt. Dreigeschossiges Traufhaus zu fünfzehn *[vierzehn]* Achsen, an der Straßenfront ein Medaillonrelief mit Büste der Schmerzhaften Muttergottes, spätes 18. Jh., und ein schmiedeeiserner Ausleger mit Stab-, Blattwerk und Girlanden, Sonnenschild, um 1800.

KAISER-MAX-STRASSE 28: Dreigeschossiges Traufhaus mit neun Fenstern im zweiten Obergeschoß, im Kern wohl spätmittelalterlich, jedoch mit Ladeneinbau völlig erneuert *[1957]*. Erker im zweiten Obergeschoß, Krangaube verändert *[1992 durchgreifender Umbau; dabei „Rückbau" Erdgeschoß]*.

KAISER-MAX-STRASSE 29: Wörishofer Haus, im Kern spätmittelalterlich, 1523 vom Damenstift St. Stephan in Augsburg erworben, später dem Dominikanerinnenkloster Wörishofen überlassen. Viergeschossiges Traufhaus zu vier Achsen *[Abbruch 1977]*.

KAISER-MAX-STRASSE 31: Gasthaus zum Löwen *[alter Hausname: „Löwenwirt"]*. Dreigeschossiges Traufhaus zu vier *[fünf]* Achsen, Kern spätmittelalterlich. Schmiedeeiserner Ausleger mit Blatt- und Stabwerk, Ende 18. Jh.

KAISER-MAX-STRASSE 32: Kern spätmittelalterlich, ein durchgreifender Umbau muß zwischen 1549 und 1567 stattgefunden haben. Ehemals dreigeschossiges, jetzt viergeschossiges Traufhaus zu zwei Achsen *[Abbruch 1996. Vorherige bauhistorische Untersuchungen zeigten auf, daß Brandspuren an einigen Mauerteilen (z.B. Tuffsteinmauer der westl. Kommunwand) nahelegen, daß diese – aber auch der tonnengewölbte Keller – noch aus der Zeit vor dem großen Stadtbrand 1325 stammen. Kommunwand und Keller blieben erhalten, nicht jedoch eine qualitätvolle Ornamentmalerei in einem straßenseitigen Raum im 2. OG]*.

KAISER-MAX-STRASSE 33: Dreigeschossiges Traufhaus zu fünf Achsen, Kern spätmittelalterlich, Ausbau um 1750/60. Erker am 1. Obergeschoß, Treppengeländer mit schlanken Holzbalustern, um 1750/60 *[über Treppenläufen schlichter Rahmenstuck]*, im Erdgeschoß eine gleichzeitige Stuckdecke mit Rocaillen *[ausgebaut]*, im 2. Obergeschoß eine durch moderne Zwischenwand *[wieder ausgebaut]* geteilte Decke mit Rahmenstuck des 18. Jh. *[desgleichen eine Decke im 1. OG]*. - Im Erdgeschoß Ladeneinbau *[Umbau EG 1989]*.

KAISER-MAX-STRASSE 34: Dreigeschossiges Traufhaus zu fünf Achsen, wohl 16. Jh., im Erdgeschoß Ladeneinbau *[Rückbau 1994]*, im 1. Obergeschoß Erker. Umlaufende Treppe, Geländer mit balusterförmig gesägten Stäben, zweite Hälfte 18. Jh. *[durchgreifender Umbau 1994]*. - Rückgebäude am Kaisergäßchen: Zweigeschossiges Giebelhaus zu acht Achsen, 16./17. Jh., mit stichbogiger Einfahrt, deren aufgedoppelte Torflügel ausgebaut, jedoch noch erhalten sind *[Fassade völlig verändert]*.

KAISER-MAX-STRASSE 35: Dreigeschossiges Traufhaus zu fünf Achsen, wohl 16. Jh., korbbogige Haustür, das Oberlichtgitter mit Stabwerk und Urne um 1800. Im Keller zweischiffige, tonnengewölbte Halle zu zwei Jochen auf quadratischem Pfeiler. - Im Erdgeschoß gebrauchter Holzpfeiler, zweite Hälfte 16. Jh., und kreuzgratgewölbter Gang. - Im Flur des 2. Obergeschosses Holzdecke mit reich profilierten Leisten, zweite Hälfte 16. Jh. *[beim Umbau 1963 sind bis auf das Tonnengewölbe des Kellers sämtliche beschriebenen Bauteile entfernt worden]*.

KAISER-MAX-STRASSE 36: Dreigeschossiges Traufhaus zu fünf Achsen, im Kern spätmittelalterlich, jedoch völlig modernisiert, mit Ladeneinbau im Erdgeschoß. Im Hof Holzgalerie des 17./18. Jh. *[nicht mehr vorhanden; erdgeschossiger Vorbau für Ladenerweiterung]*.

KAISER-MAX-STRASSE - KIRCHPLATZ

KAISER-MAX-STRASSE 38: Ehemaliges Gasthaus zum Stern. Viergeschossiges Giebelhaus zu sechs Achsen, im Kern wohl spätmittelalterlich, im 18. Jh. ausgebaut, im Erdgeschoß moderne Ladeneinbauten. Der untere Teil des Giebels geschweift. Im Keller kreuzgratgewölbte Halle auf einem Mittelpfeiler. - Treppenhaus mit korbbogigen Arkaden gegen die Podeste geöffnet; Treppe dreiseitig umlaufend, das Geländer mit balusterförmig gesägten Brettern *[ab 1. OG]*, über den Läufen schlichte Stuckfelderung, alles noch erste Hälfte 18. Jh. - Im 1. Obergeschoß Felderdecke mit profilierten Leisten, 18. Jh. *[durch zwei Zwischenwände unterteilt]*. - Rückgebäude mit Front zum Kaisergäßchen: dreigeschossiges Giebelhaus zu acht Achsen, 16./17. Jh.

KAISER-MAX-STRASSE 40: Ehemalige Kramerzunft. Zweigeschossiges, erneuertes Traufhaus zu fünf Achsen, im Kern wohl 16. Jh. Am Untergeschoß Zunftstein der Kramer, bez. *1685*, Sandsteinplatte mit Relief des hl. Michael.

KAISER-MAX-STRASSE 41 siehe unter Profanierte kirchliche Gebäude - Irseer Klosterhaus (S. 38).

KAISER-MAX-STRASSE 42: Im Kern wohl spätmittelalterlich, jedoch zwischen 1723 und 1737 ausgebaut, modernisiert mit Ladeneinbau. Viergeschossiges *[fünfgeschossiges]* Giebelhaus zu drei Achsen.

KAISER-MAX-STRASSE 44: Viergeschossiges erneuertes Traufhaus zu fünf Achsen, im Kern wohl 16. Jh., mit Ladeneinbauten und Erker ab 1. Obergeschoß, im Erdgeschoßgang wie im westlich anschließenden Raum Folgen von Kreuzgratgewölben, Treppengeländer mit schlanken Holzbalustern Mitte 18. Jh. *[unter Treppenlauf zum 1. OG Stuck]*.

KAISER-MAX-STRASSE 46: Viergeschossiges Eckhaus mit Satteldach, sieben zu vier Achsen, 1763 erbaut, Fensterrahmungen aus dem späten 19. Jh., über der Tür Inschriftplatte aus Sandstein *[abgekommen]*, teilweise verwittert: *weIL nVn Von hVbertsbVrg Der frIed Vns angesagt so Lass ICh baVen aVf Das haVs ganz VnVerzagt I.I.W.* (= 1763).

KAPPENECK: Meist zwei- bis dreigeschossige Traufhäuser mit spätmittelalterlichem Kern.

KAPPENECK 1: Dreigeschossiges Eckhaus mit Satteldach, zwei zu zwei Achsen, im 18. Jh. ausgebaut. An einer Decke des Erdgeschosses Stuckring.

KAPPENECK 6: Zweigeschossiges Giebelhaus, im Kern wohl spätmittelalterlich, jedoch mit Mansarddach des 18. Jh. An beiden Giebelseiten drei Obergeschoßfenster *[Westgiebel durch Fenstervergrößerung gegenwärtig zwei Fenster]*.

KAPPENECK 7 *[wohl ehemaliges Weberhaus]*: Zweigeschossiges Eckhaus mit Satteldach und hohem Kellergeschoß, vier zu fünf Obergeschoßfenster, wohl im 16./17. Jh. aus mehreren älteren Häusern zusammengebaut.

KAPPENECK 25: Dreigeschossiges Giebelhaus zu zwei Achsen, wahrscheinlich im 18. Jh. über älterem Kern ausgebaut.

KEMPTER TOR 5 *[Kemptener Tor]*: Zweigeschossiges Gebäude des zweiten Viertels 19. Jh. *[klassizistisch]*, mit Walmdach, fünf zu drei Achsen, die Fenster des hohen Untergeschosses rundbogig, die Türflügel des ebenfalls rundbogigen Portales mit Empireornament geschnitzt. Im Erdgeschoß zwei Türbekrönungen *[ausgebaut]* aus Rocailleschnitzerei, um 1760, von anderer Stelle übertragen; das Treppengeländer mit schlanken Stäben aus der Erbauungszeit.

KEMPTER TOR 10 *[Kemptener Tor]*: Ehemaliges Färberhaus *[der 1. Hälfte]* des 18. Jh. Dreigeschossiges Gebäude mit weit vorstehendem Walmdach, an der Südseite sieben Achsen, an der Westseite zwei Erdgeschoßfenster. Korbbogige Haustür, der Flügel sternförmig aufgedoppelt mit Beschlägen um 1720/30 *[ausgebaut]*. Das Obergeschoß mit Fachwerk, geöffnet, ehemals zu Färbereizwecken *[nun vollständig geschlossen]*. - Dach mit Mönch und Nonne gedeckt *[nun Pfannendeckung]*. - Nördlich anschließend zweigeschossiges Rückgebäude der zweiten Hälfte des 18. Jh., mit Mansarddach und fünf Obergeschoßfenstern gegen Westen *[ein Fenster nun doppelt so breit mit aufgesetztem Rolladen]*. - Zugehörig zweigeschossiger Stadel mit Walmdach, um 1830/40 errichtet, verschalter Holzbau *[Nordseite verputztes Mauerwerk mit holzverschaltem Giebel; im südöstlichen Eckbereich erdgeschossiger massiver Einbau]*; das Obergeschoß gegen Norden, Osten und Süden zu Färbereizwecken geöffnet *[nur noch im Osten]*.

KIRCHPLATZ siehe unter Profanierte kirchliche Gebäude – Michaelskapelle (S.37).

KIRCHPLATZ 8: Ehemalige Lateinschule. Zweigeschossiges Traufhaus zu vier Achsen, im Kern spätmittelalterlich, mit Mansarddach des 18./19. Jh. - Im Keller zweischiffige, kreuzgratgewölbte Halle, zu zwei Jochen auf vierseitigem Mittelpfeiler, spitze Scheidbögen mit Gurten. - Auf der Nordseite im Kellergeschoß ein spitzbogiges Fenster.

LEDERGASSE: Meist dreigeschossige Giebelhäuser des 16./17. Jh.

LEDERGASSE 2 [alter Hausname: „Christianmetzger"]: Dreigeschossiges stattliches Eckhaus wohl des 16. Jh., im dritten Viertel des 18. Jh. ausgebaut. Satteldach, sechs zu vier Achsen [Abbruch nach Brand 1976].

LEDERGASSE 4: Dreigeschossiges Giebelhaus, zu drei Achsen, 16./17. Jh. [Abbruch mit Ledergasse 2].

LEDERGASSE 5: Zweigeschossiges Traufhaus zu sechs Achsen, wohl 17. Jh., erneuert, mit Krangaube [anstelle Krangaube nun Zwerchgiebel].

LEDERGASSE 6: Dreigeschossiges Giebelhaus zu drei Achsen, 16./17. Jh., Ladeneinbau im Erdgeschoß [Dachstuhl 18. Jh.; durchgreifende Umbaumaßnahmen 1990].

LEDERGASSE 7: Zweigeschossiges Traufhaus zu fünf Achsen, 16./17. Jh., am Obergeschoß Erker.

LEDERGASSE 10: Dreigeschossiges Giebelhaus zu drei Achsen, wohl 18. Jh., im Erdgeschoß stichbogige Fenster. [Ladeneinbau nun ohne stichbogige Fenster].

LEDERGASSE 12: Zweigeschossiges Eckhaus mit Satteldach, zwei zu zwei Achsen, wohl spätes 18. Jh., mit Zwerchgiebel. Erdgeschoß erneuert.

LEDERGASSE 17: Dreigeschossiges Giebelhaus, 16./17. Jh., zu vier Achsen. An die Stadtmauer angelehnt; das Dach ist über den Wehrgang herübergeschleppt. Am ersten Obergeschoß Erker mit Pultdach.

LEDERGASSE 18: Viergeschossiges Gebäude mit vorgezogenem Walmdach, 18. Jh., auf der Südseite drei Fensterachsen, an der Nordseite an die Stadtmauer angelehnt.

LEDERGASSE 28: Dreigeschossiges Giebelhaus zu vier Achsen, wohl 17. Jh., an die Stadtmauer angelehnt, über deren Wehrgang das Dach herübergeschleppt ist [Umbau 1995].

LUDWIGSTRASSE 1: Dreigeschossiges Eckhaus mit Satteldach, fünf zu vier [nun drei] Achsen, 16./17. Jh., äußere Erscheinung spätes 19. Jh.

LUDWIGSTRASSE 2 siehe unter öffentliche Gebäude - Zollamt (S. 42).

LUDWIGSTRASSE 4: Dreigeschossiges Traufhaus zu fünf Achsen, im Kern zwei spätmittelalterliche Häuser, im 16./17. Jh. ausgebaut. Krangaube. Im Erdgeschoß Laden- und Werkstatteinbau [Abbruch 1966; Neugestaltung EG 1996].

LUDWIGSTRASSE 7: Viergeschossiges Eckhaus mit Mansarddach, vier zu drei Achsen, im 18. Jh. ausgebaut [Ostfassade völlig verändert]. Im Erdgeschoß moderne Ladeneinbauten. Ab zweitem Obergeschoß polygonaler Eckerker. Die Fenster mit Putzrahmen in Formen des frühen 18. Jh.; über den Fenstern des 1. Obergeschosses gerade und giebelförmige Bekrönungen. Unter den Fenstern des 2. Obergeschosses geschwungene Felder, an deren Rahmungen Quader und schlanke Keilsteine in Putz vorgeblendet, darüber geschwungene und giebelförmige Bekrönungen. Die Fensterrahmungen des 3. Obergeschosses schlicht. - Treppenhaus ab erstem Obergeschoß mit rechtwinklig geführtem Lauf, Geländer mit Eichenholzbalustern des 18. Jh., an der Decke Stuckfelderung [alte Treppe komplett ausgebaut, nun Massivtreppe].

LUDWIGSTRASSE 8: Dreigeschossiges Traufhaus zu zwei Achsen, über älterem Kern im 17./18. Jh. ausgebaut, im Erdgeschoß große, stichbogige Toreinfahrt [anstelle Toreinfahrt nun moderne Schaufenster].

LUDWIGSTRASSE 9: Dreigeschossiges, stattliches Giebelhaus des 16./17. Jh., sechs Achsen, im Erdgeschoß moderne Ladeneinbauten.

LUDWIGSTRASSE 15: Dreigeschossiges [richtig: zweigeschossiges] Traufhaus zu sechs Obergeschoßfenstern, im Kern wohl spätmittelalterlich, mit Krangaube [verändert].

LUDWIGSTRASSE 19: Dreigeschossiges Eckhaus mit Satteldach, acht zu sechs Achsen, im Kern zwei spätmittelalterliche Häuser, Umbauten im zweiten Viertel des 18. Jh. und wohl auch im frühen 19. Jh., die äußere Erscheinung spätes 19. Jh. - Haustür mit klassizistischer Felderung und Rosettenschnitzerei, das Oberlichtgitter bez. *Cajetan Hochwind* (Besitzer ab 1830). - Im 1. Obergeschoß eine Decke mit schlichtem Stuckring, im 2. Obergeschoß eine Stuckdecke mit Rahmen- und Bandelwerk, in den Eckkartuschen Vögel als Allegorien der Jahreszeiten (Stuckreliefs), zweites Viertel 18. Jh.; außerdem noch eine Decke mit schlichtem Stuckring [Abbruch 1964].

LUDWIGSTRASSE 21: Dreigeschossiges Giebelhaus zu fünf Achsen, 17. Jh., Erker ab erstem Obergeschoß. Im zweiten Obergeschoß eine Stuckdecke mit Bandel-, Gitterwerk und Blütengirlanden, zweites Viertel 18. Jh.

LUDWIGSTRASSE - NEUE GASSE

LUDWIGSTRASSE 25: Zweigeschossiges Traufhaus zu vier Achsen, Kern wohl spätmittelalterlich, erneuert.

LUDWIGSTRASSE 27: Zweigeschossiges, erneuertes Giebelhaus zu fünf Achsen mit spätmittelalterlichem Kern, im Erdgeschoß gewölbter Raum.

LUDWIGSTRASSE 31: Zweigeschossiges Giebelhaus zu vier erneuerten Achsen, Kern wohl 16. Jh., Giebel erste Hälfte 19. Jh.

LUDWIGSTRASSE 33: Dreigeschossiges Giebelhaus zu fünf Achsen, über älterem Kern wohl in der zweiten Hälfte 18. Jh. ausgebaut. Mansarddach, im Erdgeschoß Ladeneinbauten.

LUDWIGSTRASSE 36: Dreigeschossiges Haus mit eingezogenem Giebel, wohl 16. Jh., im ersten Obergeschoß sechs Fenster. Stichbogige Toreinfahrt, darüber Steinrelief mit Wappen der Honold, frühes 16. Jh. *[Abbruch 1984; das Steinrelief wurde am Neubau wieder angebracht].*

LUDWIGSTRASSE 38: Zweigeschossiges Giebelhaus mit drei Obergeschoßfenstern, wohl 17. Jh., korbbogige Toreinfahrt *[nun gerader Sturz und Metalltor mit Glasfüllungen].*

LUDWIGSTRASSE 41 *[nun Ludwigstraße 39 und 41a; Umbau 1985]:* Zwei Häuser mit spätmittelalterlichem Kern. 1. Östlich: zweigeschossiges Traufhaus zu acht Obergeschoßfenstern, drei Gauben *[neu]*; die Haustür aufgedoppelt. Im Erdgeschoß ein Raum mit gedrücktem Tonnengewölbe *[Gewölbe abgebrochen].* - 2. Westlich: zweigeschossiges Traufhaus zu zwei Fensterachsen und mit hoher, stichbogiger Einfahrt wohl des 18. Jh.

LUDWIGSTRASSE 44 siehe unter profanierte kirchliche Gebäude - Irseer Klosterhaus (S. 38).

LUDWIGSTRASSE 51: Dreigeschossiges Eckhaus mit Satteldach, fünf zu vier Fenster im 2. Obergeschoß, wohl 16. Jh., jedoch stark erneuert mit Ladeneinbauten im Erdgeschoß. 1507-1550 Wohnhaus des Jörg Lederer.

MINDELHEIMER STRASSE 1: Ehemaliges Radersches Gartengut, um 1600 errichtet. Zweigeschossiges Satteldachhaus mit drei zu fünf Obergeschoßfenstern, an der östlichen Giebelseite Gesimse, an der Nordseite korbbogige Haustür *[Haustür modern].*

MÜNZHALDE 2 *[nun Münzhalde 4]:* Viergeschossiges Eckhaus mit Satteldach, 17./18. Jh., vier zu drei Achsen. Umlaufende Treppe, das Geländer mit balusterförmig ausgesägten Brettern, zweite Hälfte 18. Jh. *[nun neue Treppe; Fassade einschneidend verändert].*

MÜNZHALDE 3: Viergeschossiges Giebelhaus zu drei Achsen, 16./17. Jh., stark erneuert *[Umgestaltung EG 1995].*

MÜNZHALDE 5: Im Kern zwei wohl noch spätmittelalterliche Häuser, zusammenfassender Umbau im späten 18. Jh., jedenfalls nach 1772. Viergeschossiges Traufhaus mit Mansarddach, Zwerchhaus mit seitlichen Voluten. Acht Fensterachsen.

MÜNZHALDE 6: Dreigeschossiges Giebelhaus zu drei Achsen, wohl noch 15. Jh., das erste Obergeschoß weit vorkragend. Haustür ehemals spitzbogig, mit gefasten Kanten *[Haustüre abgekommen durch Einbau einer Passage].*

NEUE GASSE: Meist dreigeschossige Giebelhäuser des 16./17. Jh., die hohen Kellergeschosse dienten ehemals als Weberwerkstätten.

NEUE GASSE 6: Zweigeschossiges Giebelhaus zu vier Achsen, im Kern wohl 16./17. Jh., im 19. Jh. erneuert. Über der Haustür schlichtes Oberlichtgitter, bez. *GDA 1830 [Tür und Gitter abgekommen].*

NEUE GASSE 8: Gasthaus zum Adler. Dreigeschossiges Traufhaus zu 12 Achsen, wohl 17. Jh., stark erneuert. Kleines Zwerchhaus. Schmiedeeiserner Ausleger, Stabwerk und Doppeladlerschild, bez. *GFM 1841 [abgekommen].*

NEUE GASSE 9: Dreigeschossiges Giebelhaus mit je fünf Fenstern in den oberen Geschossen, 16./17. Jh., Nische mit gefaßter Holzfigur, Muttergottes, um 1720 *[Abbruch 1981; die Muttergottes befindet sich nun an der Südwestecke des Crescentiaklosters].*

NEUE GASSE 15: Zweigeschossiges Giebelhaus zu sechs Obergeschoßfenstern, wohl 17. Jh. *[Sparren noch 15. Jh.]*, mit hohem Kellergeschoß und stichbogiger Toreinfahrt. Geburtshaus der sel. Crescentia Höss *[einschneidender Umbau 1999].*

NEUE GASSE 21: Zweigeschossiges, wohl noch spätmittelalterliches Traufhaus mit vier Obergeschoßfenstern. Hohes Kellergeschoß; das Obergeschoß kragt weit vor. - Im Erdgeschoß ein tonnengewölbter Raum. - Die große Schleppgaube modern *[Abbruch 1965 für Kaufhaus].*

NEUE GASSE 24: Dreigeschossiges, wohl spätmittelalterliches Traufhaus mit je drei Obergeschoßfenstern und sehr hohem Dach.

NEUE GASSE 27: Zweigeschossiges Giebelhaus des 15. Jh., zu drei Achsen. Im Giebel gestaffelte Maßwerkblenden [Abbruch 1965 für Kaufhaus].

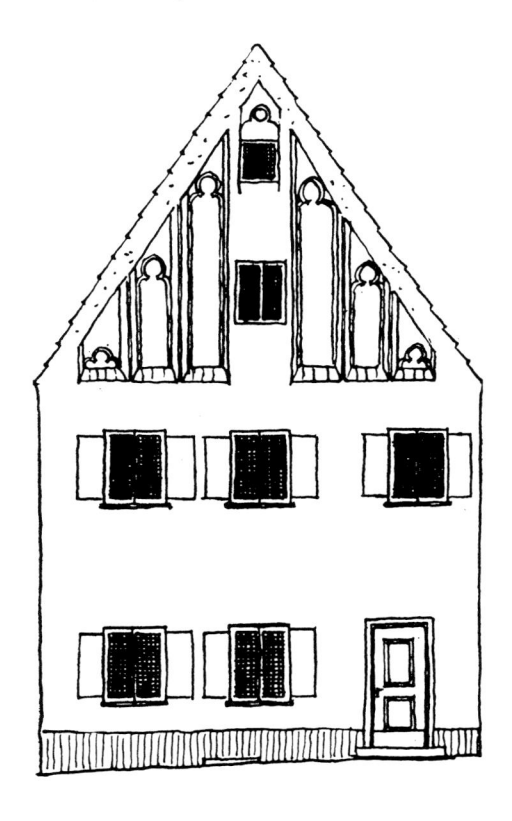

Neue Gasse 27

OBERBEURER WEG 3 siehe unter St. Cosmas und Damian - ehemaliges Mesnerhaus (S. 30).

OBSTMARKT 3 siehe unter Franziskanerinnenkloster (S. 33).

PFARRGASSE: Drei- bis viergeschossige Traufhäuser des 16./18. Jh.

PFARRGASSE 1: Dreigeschossiges Traufhaus zu vier Achsen, wohl 18. Jh., mit kleinem Zwerchhaus [abgebrochen]. Im Erdgeschoß Ladeneinbau.

PFARRGASSE 3: Dreigeschossiges Gebäude mit fünf [Fenster teilweise zugemauert] zu sieben Achsen, 18. Jh., Walmdach. Im Erdgeschoß Ladeneinbau.

PFARRGASSE 4: Dreigeschossiges Traufhaus zu drei Achsen, 17./18. Jh., mit kleinem Zwerchhaus.

PFARRGASSE 6: Dreigeschossiges Traufhaus zu vier Achsen, 17./18. Jh., im ersten Obergeschoß Felderdecke mit reich profilierten Leisten, durch moderne Zwischenwand zertrennt.

PFARRGASSE 8: Dreigeschossiges Traufhaus zu sieben Achsen, wohl 18. Jh., mit Krangaube. Im Erdgeschoß Ladeneinbau.

PFARRGASSE 10: Viergeschossiges Traufhaus zu drei Achsen, 18. Jh., mit Krangaube [abgebrochen]. Im Erdgeschoß Ladeneinbau.

PFARRGASSE 12: Viergeschossiges Traufhaus zu drei Achsen, 17./18. Jh., am 1. Obergeschoß Erker [abgebrochen], mit Krangaube [abgebrochen].

PFARRGASSE 18 siehe unter ehemalige Jesuitenresidenz (S. 36).

PFARRGASSE 21: Dreigeschossiges Traufhaus zu fünf Achsen, wohl 18. Jh., erneuert, mit Krangaube. - Im 1. Obergeschoß Felderdecke mit profilierten Leisten [ausgebaut].

RINGWEG 7: Dreigeschossiges Giebelhaus zu vier erneuerten Fensterachsen, über älterem Kern im 18. Jh. ausgebaut. Stichbogige Toreinfahrt, die Flügel aufgedoppelt [nun Gittertor]. - Treppengeländer mit balusterförmig ausgesägten Stäben, zweite Hälfte 18. Jh. [ausgebaut].

RINGWEG 9/11: Im Kern zwei spätmittelalterliche Häuser, zusammenfassender Ausbau im zweiten Viertel des 19. Jh. Viergeschossiges Gebäude mit Walmdach, neun Achsen zur Straße, im Erdgeschoß Ladeneinbauten. - Im südlichen Teil des Hauses Treppengeländer mit schlanken Holzbalustern des mittleren 18. Jh.; im ersten Obergeschoß eine Stuckdecke in neugotischen Formen, wohl noch aus der Mitte des 19. Jh. - Am Rückgebäude eine aufgedoppelte Sterntür.

ROSENTAL 1, 3 und 7: Zwei- bis dreigeschossige Traufhäuser mit spätmittelalterlichem Kern, stark erneuert.

ROSENTAL 2: Ehemaliges Färberhaus. Viergeschossiges Eckhaus mit Satteldach, im Kern wohl mehrere spätmittelalterliche Häuser, zusammenfassender Umbau wahrscheinlich im 18. Jh. Vier zu sechs Achsen, das Dachgeschoß an der östlichen Traufseite ausgebaut und ehemals offen [Abbruch 1969].

Rosental - Schmiedgasse

ROSENTAL 9: Gasthaus zur Glocke. Dreigeschossiges Haus mit Mansarddach, 18. Jh., zu sieben Achsen; die Ostseite springt um zwei Achsen aus der Straßenflucht vor. Stark erneuert.

ROSENTAL 14: Dreigeschossiges Traufhaus mit vier Fenstern im 1. Obergeschoß, Kern wohl noch spätmittelalterlich, Rest eines Rundbogenfrieses zwischen 1. und 2. Obergeschoß [Abbruch 1969].

ROSENTAL 16 [nun Rosental 8]: Ehemaliger Salzstadel, jetzt Stadttheater, im Kern wohl 15. Jh., 1805 zum Stadttheater umgebaut, völlig erneuert. Zweigeschossiges Traufhaus, jetzt zu zehn Achsen [Fenster zugemauert; Achsen durch Fassadenbemalung ablesbar gemacht. Anbau Südseite bei umfassendem Umbau 1971].

ROSENTAL 18 [nun Rosental 10]: 1811 errichtetes, zweigeschossiges Gebäude mit Walmdach und fünf zu drei Achsen.

ROSENTAL 23/25: Spätmittelalterlicher Getreidespeicher, 1497 im Besitz des Hochstiftes Augsburg, 1520 dem Diepold vom Stain gehörig, jetzt als Wohnhaus ausgebaut. Dreigeschossiges Eckhaus mit Satteldach, fünf [nun sieben] zu sechs Achsen, unter der Traufe Rundbogenfries, mit Krangaube.

SALZMARKT 1: Zwei Häuser, im Kern spätmittelalterlich, Ausbau 1756. 1. Südöstlicher Teil: viergeschossiges Traufhaus zu drei Achsen. - 2. Nordwestlicher Teil: viergeschossiges Giebelhaus zu vier Achsen. Beide Teile erneuert und mit Ladeneinbauten versehen. - Im Treppenhaus Decke mit Rahmen-, Muschel- und Blattwerkstuck, das Geländer mit schlanken Eichenholzbalustern. - Im 2. Obergeschoß eine Decke mit geschwungenem Stuckrahmen [auch im durchgehenden Flur vom 1. und 2. OG Deckenstuck; auch Stuckreste im Zugang EG].

SALZMARKT 3: Dreigeschossiges Traufhaus mit vier Fenstern im 1. Obergeschoß, über spätmittelalterlichem Kern wohl im 16. Jh. ausgebaut. Die Ostseite springt um eine Achse aus der Straßenflucht vor, am 2. Obergeschoß diagonal gestellter Eckerker. [Generalsanierung 1993; dabei Einzug einer Stahlbetondecke über dem EG und massive Treppe in neuer Lage].

SALZMARKT 5: Dreigeschossiges Traufhaus zu sechs Achsen, über spätmittelalterlichem Kern im 18. Jh. ausgebaut. Im Erdgeschoß Ladeneinbauten, Erker ab 1. Obergeschoß. - Treppengeländer mit kräftigen Eichenholzbalustern der ersten Hälfte des 18. Jh.

SALZMARKT 10: Stattliches, dreigeschossiges Eckhaus mit Satteldach, sieben zu fünf [nun vier] Achsen, ehemals zwei spätmittelalterliche Häuser, zusammenfassender Umbau wohl im 16. Jh.

SALZMARKT 13: Dreigeschossiges Traufhaus zu sechs Achsen [im 2. OG], im Kern wahrscheinlich zwei spätmittelalterliche Häuser, zusammenfassender Umbau wohl im 17. Jh., mit Krangaube [bei umfassenden Umbaumaßnahmen 1991 wurden mit Ausnahme der Decke zum Speicher alle Holzdecken, alle Zwischenwände und Treppen ausgebaut; neu situierte Decken und Treppe in Stahlbeton; Krangaube verändert].

SALZMARKT 15: Dreigeschossiges Giebelhaus zu drei Achsen, im Kern wohl spätmittelalterlich, äußere Erscheinung 17./18. Jh. - Im Erdgeschoß korbbogige Toreinfahrt mit aufgedoppelten Flügeln [ausgebaut; nun Ladeneinbau mit moderner Schaufensteranlage].

SALZMARKT 17: Obere Apotheke. Zweigeschossiges Eckhaus mit Satteldach, sechs zu drei Achsen, im Kern wohl spätmittelalterlich, Ausbau 18. Jh. An den Erdgeschoßfenstern Gitter des vorgeschrittenen 18. Jh. [ausgebaut; z.T. durch neue ersetzt] - Apothekenregale aus Kirschbaumholz, Mitte 19. Jh. [ausgebaut].

SALZMARKT 20: Dreigeschossiges Eckhaus mit Satteldach, im zweiten Obergeschoß drei zu vier Achsen, in der äußeren Erscheinung erste Hälfte 18. Jh., im Kern wohl noch spätmittelalterlich. Geschwungener Giebel. - An der Nordwestecke des 2. Obergeschosses Nische mit stehender Muttergottes, Holzfigur mit Resten der Fassung, um 1720, Ehrgott Bernhard Bendel nahestehend [nun Kopie; Original (Privatbesitz) als Dauerleihgabe im Stadtmuseum].

SCHLOSSERHALDE 4: Zweigeschossiges Traufhaus zu sieben Achsen, spätes 18. Jh., mit Krangaube [verändert]. An der Decke des Treppenhauses zwei [nur noch einer] schlichte Stuckrahmen.

SCHLOSSERHALDE 8: 1824 [klassizistisch] errichtetes, zweigeschossiges Gebäude mit Walmdach. Geschoßteilung durch Mauerbänder. Hohes Kellergeschoß, darin halbkreisförmige Fenster. Hohe, rundbogige Toreinfahrt. - Im Erdgeschoß der ehemalige Stall, ein Raum mit zwei Segelgewölben.

SCHMIEDGASSE 1: Gasthaus zur Rose. Im späten 18. Jh., jedenfalls nach 1774 aus mehreren, im Kern wohl noch spätmittelalterlichen Häusern zusammengebaut. Dreigeschossiges Eckhaus mit Walmdach, acht zu acht Achsen. - Ausleger mit Stabwerk, Rocaillen und Schild mit drei Rosen, wohl 1784. - Hausfigur: stehende Muttergottes, gefaßte Holzfigur des späten 18. Jh. – Im 1. Obergeschoß eine mit Empireornament geschnitzte Tür *[ausgebaut]*.

SCHMIEDGASSE 3: Gasthaus zum Engel. Im Kern drei spätmittelalterliche Gebäude, im 16./17. Jh. zusammenfassend umgebaut. Zweigeschossige Traufhäuser, der südliche Teil zu sieben Obergeschoßfenstern, die beiden nördlich anschließenden Häuser zu je drei Achsen. Schmiedeeiserner Ausleger mit Engelsschild aus dem frühen 19. Jh. Tordurchfahrt mit drei Kreuzgratgewölben; eine weitere Durchfahrt - jetzt Fenster - befand sich ehemals im nördlichen Teil. Im Erdgeschoß ein kreuzgratgewölbter Raum, im Obergeschoß eine große, durchgehende Holzdecke, an den Querverbindungen gebrochene Kielbogen, um 1500 *[Abbruch 1967 für Kaufhaus]*.

SCHMIEDGASSE 5 *[alter Hausname: „Fritzgerber"]*: Dreigeschossiges Giebelhaus zu fünf Achsen, wohl 18. Jh., im Erdgeschoß Ladeneinbau. Treppengeländer mit gedrehten und balusterförmig gesägten Stäben, 18. Jh. *[ausgebaut]*.

SCHMIEDGASSE 7: Viergeschossiges Giebelhaus zu drei Achsen, über spätmittelalterlichem Kern wohl im 17./18. Jh. ausgebaut, im Erdgeschoß entstellender Ladeneinbau.

SCHMIEDGASSE 9: Dreigeschossiges Giebelhaus zu fünf Achsen, im Kern wohl spätmittelalterlich, in der zweiten Hälfte des 17. Jh., wahrscheinlich zwischen 1663 und 1698 ausgebaut, im Erdgeschoß Ladeneinbau. Im 1. Obergeschoß eine Decke mit Rahmen-, Muschel- und Blattwerkstuck um 1720, ferner eine Decke mit Rahmenstuck, im 2. Obergeschoß zwei weitere Decken mit schlichtem Rahmenstuck *[Stuckdecken im 2. OG abgegangen]*.

SCHMIEDGASSE 10: Ehemaliges Kapitelhaus. Eine Erneuerung 1682 überliefert, wohl Ausbau eines spätmittelalterlichen Hauses. Dreigeschossiges Traufhaus zu drei Achsen, am 1. Obergeschoß Erker *[im EG Ladeneinbau]*.

SCHMIEDGASSE 14: Gasthaus zum Schwan. Dreigeschossiges Traufhaus zu fünf Achsen, Kern wohl spätmittelalterlich, Ausbau wahrscheinlich im 17. Jh., erneuert *[1986 Totalumbau, dabei vollständige Entkernung des EG]*. Schmiedeeiserner Ausleger, mit stilisierten Ranken um 1700, das Schwanenschild wahrscheinlich von 1868 *[Ausleger und Schild im Stadtmuseum]*.

SCHMIEDGASSE 16 *[alter Hausname: „Kronsattler"]*: Dreigeschossiges Traufhaus zu drei Achsen, Kern spätmittelalterlich, stark erneuert mit Ladeneinbauten.

SCHMIEDGASSE 17: Zweigeschossiges *[nun dreigeschossiges]* Eckhaus mit Satteldach, wohl spätes 15. Jh., zu zwei Achsen an der Traufseite. - Am Ostteil der Giebelseite spätgotischer Zahnschnitt und Lisenenstümpfe auf abgetreppten Konsolen *[modernisiert]*. Zwei Gauben *[durch Aufstockung entfallen]*, Ladeneinbau *[Eckerker in den Obergeschossen]*.

SCHMIEDGASSE 18: Dreigeschossiges Traufhaus zu vier Achsen, Kern spätmittelalterlich, stark erneuert mit Ladeneinbauten *[1999 vollständiges „Aufbrechen" im EG]*.

SCHMIEDGASSE 19: Dreigeschossiges *[nun viergeschossiges]* Traufhaus zu drei Achsen, spätmittelalterlich, erneuert.

SCHMIEDGASSE 22: Zweigeschossiges Traufhaus zu vier Achsen, über spätmittelalterlichem Kern wohl im 17./18. Jh. ausgebaut, im späten 19. Jh. stark erneuert. Korbbogige Toreinfahrt mit aufgedoppelten Flügeln *[ausgebaut bei vollständigem „Aufbrechen" des EG]*, Ladeneinbau.

SCHMIEDGASSE 23: Gasthaus zur Gais. Dreigeschossiges Eckhaus mit Satteldach, sieben zu fünf Achsen, 17./18. Jh. - Korbbogige Toreinfahrt mit aufgedoppelten Flügeln. - Schmiedeeiserner Ausleger mit Stabwerk und Rosetten, erste Hälfte 19. Jh. *[nun im Stadtmuseum]*.- Im 1. Obergeschoß eine Felderdecke mit profilierten Leisten, wohl um 1700, und ein Ofen mit Doppeladlerrelief, bez. *1709* am unteren, gußeisernen Teil *[Abbruch 1964]*.

SCHMIEDGASSE 24, 26, 28, 32, 34: Drei- bis viergeschossige Giebelhäuser, sämtlich wohl mit spätmittelalterlichem Kern und im 17./18. Jh. ausgebaut, jedoch erneuert und mit teilweise entstellenden Ladeneinbauten im Erdgeschoß *[1965 Abbruch der Häuser Nr. 26 und 28 für Kaufhaus]*.

SCHMIEDGASSE 40: Dreigeschossiges Eckhaus mit Satteldach, wohl 17. Jh., erneuert, sechs zu drei Achsen. Im Erdgeschoß Felderdecke mit profilierten Balken und Leisten, 17./18. Jh. *[bei Ladeneinbau (Entkernung EG) ausgebaut]*.

SCHRADERSTRASSE 9: Ehemals freistehendes, zweigeschossiges Giebelhaus des 18. Jh. mit drei Achsen auf der südlichen Giebelseite *[Abbruch 1978]*.

SPITALTOR - FRIEDHOF - BRUNNEN - BRÜCKE - FLURDENKMÄLER

SPITALTOR 3 siehe unter Heilig-Geist-Spital - ehemaliges Spitalschreiberhaus (S. 42).

UNTER DEM BERG: Meist zwei- bis dreigeschossige Giebelhäuser des 15./16. Jh.

UNTER DEM BERG 1: Zweigeschossiges Giebelhaus zu drei Achsen, spätmittelalterlich, auf der Südseite zweigeschossiger Anbau des mittleren 19. Jh., in dessen Erdgeschoß ein reizvoller, hölzerner Ladeneinbau mit neugotischer Maßwerk-Schnitzerei *[Abbruch 1989, Neubau 1994]*.

UNTER DEM BERG 3: Zweigeschossiges Traufhaus zu drei Obergeschoßfenstern, spätmittelalterlich die spitzbogige Haustür mit gestuftem Gewände. Krangaube *[nun abgebrochen]*. Im Erdgeschoß ein gewölbter Raum *[abgebrochen]*.

UNTER DEM BERG 7: Stattliches, viergeschossiges Giebelhaus zu vier Achsen, wohl im 17. Jh. über spätmittelalterlichem Kern ausgebaut.

UNTER DEM BERG 9: Stattliches, dreigeschossiges Giebelhaus zu sechs Achsen, im 17./18. Jh. aus zwei spätmittelalterlichen Häusern zusammengebaut. Im Giebel große Speicherluke. Das Kellergeschoß ehemals Weberei.

UNTER DEM BERG 11: Dreigeschossiges Traufhaus zu acht Obergeschoßfenstern, im 17./18. Jh. aus drei spätmittelalterlichen Häusern zusammengebaut. Das Kellergeschoß ehemals Weberei.

UNTER DEM BERG 13: Zweigeschossiges Giebelhaus, mit fünf Obergeschoßfenstern, Kern wohl spätmittelalterlich, das hohe Kellergeschoß - ehemals Weberei - mit eigenem Eingang *[Fenster teilwweise modernisiert]*.

UNTER DEM BERG 15: Dreigeschossiges Giebelhaus mit vier Obergeschoßfenstern *[ein Fenster zugemauert]*, wohl 16. Jh.

UNTER DEM BERG 19: Dreigeschossiges Giebelhaus zu drei Achsen, im Kern wohl noch spätmittelalterlich, das hohe Kellergeschoß mit eigenem Eingang.

UNTER DEM BERG 23: Ehemaliges Scharfrichterhaus. Dreigeschossiges Traufhaus zu fünf Achsen, Kern spätmittelalterlich. Krangaube *[abgebrochen]*. - Im Erdgeschoß des Rückgebäudes zwei kreuzgratgewölbte Räume *[ein Gewölbe durch Einbauten nur noch im Ansatz vorhanden]*. - An der Nordseite ein Rest der Stadtmauer aus Tuffstein *[Südgiebel Toreinbau]*.

Weitere Baulichkeiten

Friedhof

Während der Pestzeit 1482/84 wurde südlich vor der Stadt ein Friedhof angelegt; die zugehörige Kapelle St. Sebastian wurde 1484 erbaut und im folgenden Jahr geweiht. Diese Kirche jedoch 1805 abgerissen, der Friedhof selbst um ein Stück nach Westen verlegt. Die zum größten Teil noch bestehende Mauer 1822 errichtet.
Grabdenkmäler an der Friedhofmauer: An der Nordseite für Johann Georg Merzius, † 1719, Sandstein mit flachem, dekorativem Relief. Außerdem an der gleichen Seite zwei Grabdenkmäler der ersten Hälfte des 19. Jh.; ein weiteres Grabdenkmal aus derselben Zeit an der Südmauer, wo sich ferner noch ein Grabdenkmal des 18. Jh. befindet.

Brunnen

Neptunbrunnen: 1753 von dem Augsburger Stadtsteinmetzmeister *Johann Wolfgang Schindel* in der Mitte des Marktplatzes - der Kaiser-Max-Straße - vor der Dreifaltigkeitskirche errichtet. Kalkstein. Oktogonales Becken mit gebrauchter Brüstung. Pfeiler in Form eines vierseitigen Obelisken mit Volutenvorlagen und geschwungenem Bekrönungsgesims; darauf Figur des Neptun mit Kaufbeurer Stadtwappen. Der Brunnen ist als Nachbildung der Augsburger Monumentalbrunnen zu verstehen; ebenso wie diese steht er an wohlbedachter, repräsentativer Stelle, in ähnlicher Weise ist seine feine Silhouette auf die geschlossenen Platzwände bezogen.

Brücke

Eisenbahnbrücke: 1848 unter der Leitung des Bauingenieurs Schlosser von *Anton Beck* aus Mindelheim errichtet, 1904 erneuert. Zu vier Bogen aus verputztem Ziegelstein, Tuffstein und Nagelfluhquadern. Rustizierte Quaderung bzw. entsprechender Verputz.

Flurdenkmäler

Zwei Friedsäulen: beide aus Tuffstein 1337 gesetzt. 1. an der Straße nach Kleinkemnat bei der Institutskirche St. Maria; ein oben satteldachförmig abgeschlossener Pfei-

ler. - 2. An der Füssener Straße zwischen Haus Nr. 29 und 33; ein ausgewitterter Pfeiler.
Zwei Sühnekreuze: 1. Bei St. Cosmas und Damian, östlich des Chores an der Straße, Sandstein, spätmittelalterlich, griechisches Kreuz mit konischen Armen. - 2. An der Straße nach Leinau, etwa 2 km nördlich der Stadt, Tuffstein, spätmittelalterlich, mit konischen Vertikalarmen *[nun im Stadtmuseum]*.
Grenzstein, bez. *1598*: Hoher Tuffsteinquader, etwa 250 m südöstlich der Ölmühle (Gemeinde Kleinkemnat); der Stein bezeichnet die Grenze zwischen dem Gebiet des Hochstiftes Kempten und der Reichsstadt Kaufbeuren.

Großkemnat

BURGRUINE *[Beim Römerturm 13]*
GESCHICHTE: Um 1185 wurde die Burg, von der sich vor allem der Bergfried erhalten hat, von den Rittern von Apfeltrang errichtet, die sich seit 1188 nach Kemnat nennen (Volkmar von Kemnat). Mehrfacher Besitzerwechsel seit dem späten 13. Jh., seit 1377 sind die Herren von Benzenau im Besitz von Burg und Herrschaft; 1551 wird beides an das Hochstift Kempten verkauft, das dort bis 1802 ein Pflegamt unterhielt. Ausbau der Burg wahrscheinlich im Spätmittelalter und unter kemptischer Herrschaft. Abbruch der westlich an den Turm anschließenden Gebäude sowie der nordöstlich gelegenen Annakapelle um 1840. Erste Wiederherstellung des Bergfrieds 1851, Wiederherstellung mit einem Zinnenabschluß - 1884, 1925 und 1957.

BAUBESCHREIBUNG: Die Hauptburg liegt auf einer nach Nordosten gerichteten, durch tiefen Halsgraben gesicherten Bergspitze. An der Südostseite wie in der Nordseite sind Nagelfluh-Mauerreste erhalten - weitere Mauerreste bei den Häusern Nr. 21 und 22.

BERGFRIED - sog. Römerturm: Vierseitiger, viergeschossiger Turm aus Nagelfluh-Bossenquadern; die Südwestseite zum größten Teil in Ziegelstein erneuert. An der Nordostseite Ansatz der abgebrochenen Burgmauer erkennbar *[1984 Turmdach aufgesetzt]*.

ABGEBROCHENE BURGGEBÄUDE: Der fünfgeschossige Südflügel schloß sich an die Nordwestseite des Turmes an; die repräsentativen Räume befanden sich im zweiten Obergeschoß dieses Bauteiles. Der Nordwestflügel, der zum Südflügel etwa im rechten Winkel stand, war dreigeschossig. Nordöstlich war ein ebenfalls dreigeschossiger Bau über einem der Bergspitze entsprechenden, tra-

pezförmigen Grundriß angefügt; in seinem Erdgeschoß befand sich die Annakapelle.

EHEMALIGES AMTSHAUS *(Haus Nr. 22) [Beim Römerturm 15]*, an der Südecke der Hauptburg. Zweigeschossiges Satteldachhaus wohl noch des 16. Jh., an der Westseite zugesetzte korbbogige Einfahrt. Die Süd- und Ostseite des Gebäudes auf einem hohen Mauerrest aus Nagelfluhquadern *[Renovierung 1984]*.

EHEMALIGE BURGSCHENKE (Haus Nr. 21), an der Südwestecke der Hauptburg. Mitterstallbau, im Kern wohl 16. Jh., der Flügel der korbbogigen Haustür aufgedoppelt. Das Haus steht auf der Süd- und Westseite auf Mauerresten, im unteren Teil Nagelfluh, im oberen Teil der Westseite Tuffstein mit Schießschlitzen *[nach Teileinsturz Abbruch 1978]*.

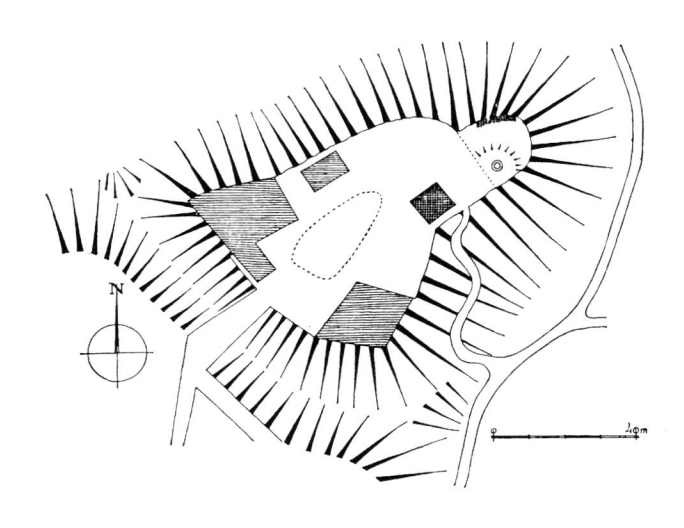

Großkemnat, Burgruine, Lageplan.
Kreuzschraffur: Bergfried. Schraffur: Amtsbau und Burgschenke

Privathäuser

HAUS NR. 25/26 *[Beim Römerturm 21 – alter Hausname „Mauser-Häusl"]*: Erneuerter Mittertennenbau des 18. Jh., an der Nordseite Wandmalerei, Schmerzhafte Muttergottes, 18. Jh.

HAUS NR. 28 *[Gutwillen 28 – alter Hausname „beim Abdecker", auch „beim Meister"]*: Völlig erneuertes Bauernhaus, an der Nordseite Nische mit gefaßter Holzfigur, Salvator, wohl zweite Hälfte 17. Jh. *[nun Aufbewahrung beim Hausbesitzer]*, darunter Wandmalerei, zwei Medaillons, hl. Anna mit Maria und Flucht nach Ägypten, wohl zweites Viertel 18. Jh. [nun modern übermalt].

WEGKAPELLE [Bei den Hoffeldern 53 zugehörig] des 18. Jh., etwa 800 m südlich des Ortes am Verbindungsweg zur Bundesstraße 12. Einheitlicher, flachgedeckter Raum mit nach Westen gerichtetem, dreiseitigem Schluß; die Seitenwände konvergieren gegen Osten. Satteldach, in der Stirnwand breiter, korbbogiger Eingang, darüber im Giebel flache, korbbogige Nische. - Altarbild: Hl. Johann Nepomuk, 18. Jh., stark übermalt [Altarbild entfernt. Nun seit 1990 Wandgemälde von Otto Kobel: Hl. Familie, Hl. Martinus, Sel. Crescentia].

Hirschzell

Kath. Pfarrkirche St. Thomas

BAUGESCHICHTE: *Der Ort wird bereits 839 genannt. Der Kernbau des Langhauses ist wohl noch hochmittelalterlich. Im 15. Jh. wurden der Turm, der Chor und das Vorzeichen errichtet sowie das Langhaus nach Westen verlängert. Empore im 18. Jh. eingefügt, Sakristei um 1900 neu errichtet. Restauration 1937 ff. [1985/1993].*

BAUBESCHREIBUNG: Im Westteil des Haufendorfes gelegener Bau mit eingezogenem Chor zu zwei fensterlosen Abschnitten und 5/8-Schluß, Rippengewölbe mit sternförmiger Netzfiguration, als Gewölbeanfänger gekappte Rundvorlagen. Im Chorschluß spitzbogige Fenster, dasjenige der Chorstirnwand zugesetzt. Außen am Chor schlichte Strebepfeiler mit einem Wasserschlag. - Spitzer Chorbogen. - Flachgedecktes Langhaus zu zwei Fensterachsen mit spitzbogigen Fenstern, auf der Südseite spitzbogiges Portal und eine kleine, kielbogige Nische, an der Nordwand eine spitzbogige Nische [abgegangen] mit Diagonalgitter [abgegangen]. - Einfache Westempore auf Holzsäule mit vorgeschwungener Brüstung. - In der Nordwand hat sich unter dem Putz Fischgrätenmauerwerk gefunden. - Langhaus außen ungegliedert, in der Südwand stichbogige Ölbergnische. - Turm mit Satteldach im nördlichen Chorwinkel, die beiden Untergeschosse ungegliedert, die vier oberen Geschosse, außer an der Westseite, mit Ecklisenen und Mauerbändern, im obersten Geschoß gegen Norden, Osten und Süden zweiteilige, rundbogige Klangarkaden auf Rundsäulen. - Vorhalle an der Südseite über fünf Seiten des Achtecks errichtet, mit geschwungenem, blechbeschlagenem Kuppeldach. Nach Süden in drei Spitzbogen auf oktogonalen Pfeilern geöffnet, im Innern Sterngewölbe.

Hochaltar: Predella von 1938/39, in der Mittelnische des neugotischen Aufbaues Muttergottes, Anfang 16. Jh., in den schmalen Seitennischen trauernde Maria und Johannes der Täufer, gleichzeitig, sämtlich gefaßte Holzfiguren [neuer Volksaltar 1996].
Zwei Seitenaltäre [ausgebaut]: Die ehemals neugotischen Aufbauten 1938/39 vereinfacht, sie enthalten gefaßte Holzfiguren, rechts hl. Lukas, links hl. Johannes Ev., Anfang 16. Jh. [nun auf Holzkonsolen an der Wand], mit der Muttergottes des Hochaltars zusammengehörig.
Kanzel und Chorstühle modern [1938].
Laiengestühl: Eichenholzwangen um 1710/20 mit schlichter Blattschnitzerei.
Holzfiguren, gefaßt: 1. Johannes der Evangelist, Statuette um 1300 mit Fassung des 19. Jh. - 2. Hl. Sebastian, um 1700. - 3. Hl. Rochus, um 1700. – 4.- 5. Hl. Rochus und Sebastian an der Emporenbrüstung, um 1720. - 6. Kruzifixus, gute Arbeit des frühen 17. Jh. - 7. Bekleidete Muttergottes, 18. Jh., in der Sakristei. - 8. Ölbergchristus, um 1480.
Epitaphien: In der Vorhalle: 1. Dorothea von Rehlinger, † 1540, Solnhofer Platte mit Wappenrelief. - 2. Barbara Schweickart, † 1527, Solnhofer Platte. - Im Fußboden vor dem Chor: 3. Rotmarmorplatte mit dem Wappen der Schweickart, erste Hälfte 16. Jh. [1993 Richtung Langhaus-Nordwand versetzt].
Wappenrelief der Dorothea von Rehlinger, bez. 1536, im Fußboden vor dem Chor. [1993 an die Langhaus-Nordwand versetzt].
Gedenktafel für die Gefallenen 1805-15, Solnhofer Platte, um 1830, in der Vorhalle.

GASTHAUS ZUR SONNE (Haus Nr. 18) [Bärenseestraße 47]: Stattlicher, zweigeschossiger Satteldachbau mit drei zu elf bzw. sieben Achsen, 18. Jh., in der Gaststube Täferdecke [ausgebaut]. 1959 völlig modernisiert.

Privathäuser

HAUS NR. 13 [Bärenseestraße 61 - alter Hausname „Bäuerle-Hof"]: Zugehörig zweigeschossiger Stadel mit Satteldach auf Kniestock, wohl um 1800, Untergeschoß massiv.

HAUS NR. 19 [Heriloring 23/25]: Mittertennenbau mit Flachdach und Hakenschopf, wohl 18. Jh., Wirtschaftsteil verschalt [Abbruch 1978].

FELDKAPELLE ST. MARIA, südlich vor dem Ort gelegener Bau des 18. Jh. - Rund geschlossener und flachgedeckter Chor mit beidseitig je einem Rundfenster, flachgedecktes Langhaus mit beidseitig je einem stichbogigen

Fenster und einer stichbogigen Tür nach Norden. Westfassade verschalt. - Einrichtung aus dem späten 19. Jh. *[Renovierung 1990].*

BURGSTALL: Schloßberg, wohl der Sitz des schon 1083 genannten und im 14. Jh. ausgestorbenen Ortsadels. An der Stelle dieses Burgstalles stand wahrscheinlich 1531-1535 das von Dorothea von Rehlinger gegründete Dominikanerinnenkloster auf einer Bergnase unmittelbar südwestlich oberhalb des Ortes. Die gegen Norden gerichtete Bergspitze durch Halsgraben mit Außenwall gesichert; an der Südseite der südöstlich vorgelagerten Vorburg sind Graben- und Wallreste erkennbar.

Kleinkemnat
Kath. Pfarrkirche St. Stephan

BAUGESCHICHTE: Aus dem 15. Jh. haben sich die Umfassungsmauern des Chores erhalten. Neubau von Langhaus und Sakristei 1726, gleichzeitig Abbruch und Neuaufrichtung des Chorgewölbes. Der Turm 1882 durch Blitzschlag schwer beschädigt; er wurde 1883 von Grund aus wiederaufgebaut. Restauration 1906 *[Renovierung 1979/80].*

BAUBESCHREIBUNG: Eingezogener Chor zu einer fensterlosen Achse und 5/8 - Schluß mit Klostergewölbe über kräftig profiliertem Gesims. In der Chorstirnwand die Sakristeitür mit Eichenholz-Stock, der Sturz stichbogig; darüber spitzbogige Blende. - Außen schlichte Strebepfeiler mit einem Wasserschlag. - Gedrückter Chorbogen auf kräftigen Vorlagen. Langhaus zu zwei Achsen mit Flachtonne über kräftig profiliertem Gesims. Doppelte Westempore. Sämtliche Fenster in Chor und Langhaus korbbogig. In der Langhaussüdwand korbbogiges Portal, die Flügel mit Beschlägen um 1726. Der Außenbau des Langhauses gegliedert, im Westgiebel drei rundbogige Fenster. - Turm von 1883 im südlichen Chorwinkel. - *Sakristei:* Eingeschossiger Anbau mit Walmdach an der Chorstirnseite, nach Süden und Osten Fenster mit eingezogenem Rundbogen, innen Flachdecke. Längsrechteckige Vorhalle auf der Südseite des Langhauses mit flachem Walmdach und großem, korbbogigem Eingang von Süden, im Innern Flachtonne mit Stichkappen.
Deckengemälde, wohl Mitte 18. Jh., im mittleren 19. Jh. sehr stark übermalt. Im Chor: 1. Im Hauptfeld Verklärung des hl. Stephan. – 2. Über dem Chorscheitel Bekehrung Pauli. - 3.- 6. In den seitlichen Kartuschen Allegorien: „Imbrem emittit in terram" [Imbrem Super Terram Effundit], „Caeci vident", „Claudi ambulant" und „Surdi audiunt". - Im Langhaus: 7. Im Hauptfeld Steinigung des hl. Stephanus. - 8.-11. In den vier Eckfeldern allegorische Figuren, Fides, Spes, Amor Dei und Fortitudo.
Wandmalereien: An der Brüstung der unteren Empore, Mitte 18. Jh.: 1. Im Mittelabschnitt der ungläubige Thomas. - 2. - 3. In den Seitenabschnitten Ecclesia und Synagoge. - An der Langhaussüdseite außen: 4. Sonnenuhr, 18. Jh., stark übermalt.

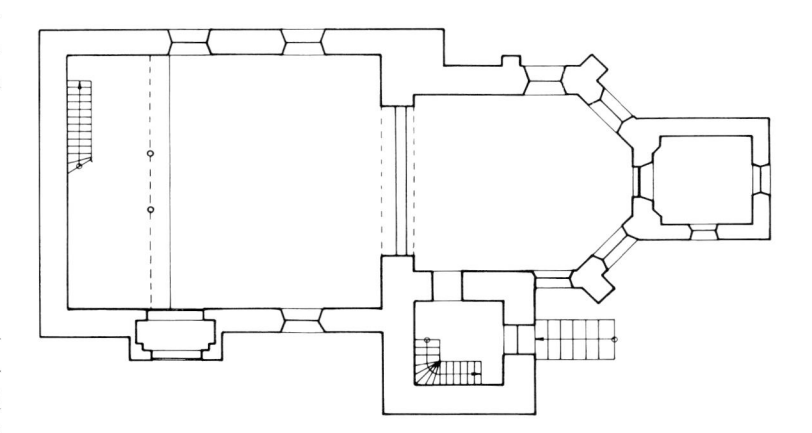

St. Stephan, Grundriß

Hochaltar: Marmorierter Holzaufbau. Die Mensaverkleidung aus der zweiten Hälfte 19. Jh. - Drehnischentabernakel um 1830, konkav-konvex vorgeschwungen, mit Vollsäulen, über den bekrönenden Voluten das Lamm Gottes, auf den Seitenteilen weiß und golden gefaßte Engelsfiguren als Allegorien von Amor Dei und Spes, um 1700 *[1971 ersetzt durch neuen Tabernakel von Otto Kobel].* - Der Aufbau mit vergoldetem Akanthusdekor um 1700. Das Altarblatt - Steinigung des hl. Stephanus, im mittleren 19. Jh. stark übermalt - von zwei gestaffelten Paaren gedrehter Vollsäulen flankiert, seitlich durchbrochene Akanthusschnitzerei. Geschwungene Giebelschenkel mit Engeln, Bekrönung mit Muschel und reicher Akanthusschnitzerei.
Seitenaltäre: Neubarocke Aufbauten wohl von 1883 mit weiß und golden gefaßten Holzfiguren des mittleren 18. Jh., links hl. Joseph, rechts Maria *[1974 ausgebaut; Holzfiguren nun in Nischen].*
Kommunionbank mit schlanken, marmorierten Holzbalustern, Mitte 18. Jh. *[1971 ausgebaut. – Die Holzbaluster wurden beim neuen Volksaltar und dem Lesepult verwendet; Gestaltung Otto Kobel].*
Taufbecken: Grau gestrichenes Holz, Anfang 16. Jh., in Form eines halbierten Kelches, in die Langhaussüdwand eingelassen. Am Becken Fischblasenornament. Auf dem Deckel gefaßte Figurengruppe der Taufe Christi, Mitte 18. Jh.

Kanzel: Marmorierter Holzaufbau mit vergoldetem Rocailledekor, Mitte 18. Jh., in der Art des *Felix Fröhlich* von Weicht. Geschweifter Unterteil. Der runde Korb durch Vorlagen mit Puttenköpfen gegliedert, die Rückwand von Voluten flankiert. Schalldeckel konkav-konvex vorgeschwungen, auf den Voluten des Aufsatzes Putten, als Bekrönung Figur des Erzengels Michael.

Zwei Chorstühle: Überstrichenes Nadelholz, Anfang 18. Jh., zu drei Stallen. An den Wangen Akanthusschnitzerei. Über den Dorsalien geschweifter Mittelaufsatz des mittleren 18. Jh. - An den Vorderbrüstungen geschuppte Vorlagen.

Beichtstuhl: Nadelholz, Mitte 18. Jh., zweiteilig, konkavkonvex geschwungen mit Vorlagengliederung, geschwungenen Gesimsstücken und Urnenbekrönung [*ausgebaut*].

Laiengestühl: Geschwungene Eichenholzwangen mit Akanthusschnitzerei, Anfang 18. Jh., die Vorder- und Rückbrüstungen mit schlichten Felderungen.

Gemälde: 1. - 2. Hl. Valentin und hl. Johann Nepomuk, um 1750. - 3.-17. Kreuzweg zu fünfzehn Stationen, handwerklich, wohl drittes Viertel 18. Jh. [*1802 von Michael Filser, Kaufbeuren, gemalt*].

Holzfiguren, gefaßt: 1.-2. Kruzifixus und Schmerzhafte Muttergottes, gegen Mitte 18. Jh. – 3. Vortragekreuz, erste Hälfte 18. Jh. - 4. Kruzifixus in der Vorhalle, handwerklich, erste Hälfte 19. Jh. [*nun im Pfarrhof*]. In der Sakristei 5.- 6. Hl. Sebastian und Rochus, weiß und golden gefaßt, mittleres 17. Jh. - Im Pfarrhof: 7. Hl. Stephanus, gegen 1500. [*5., 6. und 7. nun in der Kirche*]- 8. Immaculata, reizvolle Statuette um 1750/60 [*nun in der Sakristei*]. - 9. Sitzende Muttergottes, um 1500; drei Hände und Haarpartie der Muttergottes ergänzt [*nun über dem neuen Tabernakel*].

Prozessionsstange mit gefaßter Holzfigur, Muttergottes, frühes 17. Jh., umgeben von Rosenkranzbildern auf herzförmigen Blechtafeln, 18. Jh. [*1971 wurde der Aufsatz (Muttergottes mit Rosenkranzbildern) an der nördlichen Chorwand angebracht und dabei nicht zugehörige Engel zugeordnet*].

Grabdenkmäler: Im Chor: 1. Bernhard Blarer, † 1624, Sandstein mit Wappenrelief. - 2. Caspar von Berndorf zu Behl und Steinbach, † 1673, Sandstein mit Wappenrelief. - Am Chorbogen: 3. Benigna von Bientzenau, † 1525, Sandstein mit Wappenrelief. - 4. Franz Joseph Scholl, † 1718, Sandstein mit Wappenrelief. An der inneren Westwand: 5. Pfarrer Joseph Kautt, † 1762, Solnhofer Platte, überstrichen.
- An der Langhaussüdseite: 6. Pfarrer Joseph Schlecht, † 1659 (?), Sandsteinplatte.

Gedenktafel für die Gefallenen 1805 - 15, Solnhofer Platte in der Vorhalle, um 1830.

PFARRHOF [*Stefanstal 17*], 1803 neugebaut. Zweigeschossiger Walmdachbau mit fünf zu fünf Achsen. Die Zimmerdecken in beiden Geschossen mit schlichtem Rahmenstuck [*1992 umfassende Sanierung und Renovierung*].

HAUS NR. 9 [*Am Köhlberg 2 - alter Hausname „Kreuzer"*]: Mittertennenbau mit Flachdach auf Kniestock mit Andreaskreuzen, Anfang 19. Jh., Hakenschopf [*Abbruch 1966*].

Märzisried
Kath. Kapelle St. Agatha

(zur Pfarrei Kaufbeuren). Neubau von 1703. Im eingezogenen, querrechteckigen Chor Segelgewölbe mit Stichkappen, beidseitig je ein vierpaßförmiges Fenster. Runder Chorbogen. Langhaus zu zwei Achsen mit Felderdecke, rundbogigen Fenstern und neuromanischer Empore. - Außenbau ungegliedert. Das korbbogige Westportal von Pilastern und Gebälk gerahmt. - Über der Fassade ein Dachreiter aus vierseitigem Sockelgeschoß und oktogonalem Hauptgeschoß, darin nach fünf Seiten rechteckige Schallfenster und in der Gebälkzone darüber querovale Fenster. Zwiebelkuppel mit Laterne [*umfassende Sanierungs- und Renovierungsarbeiten 1990*]. *Altar, Chorschranke und Gestühl* neuromanisch.

Gemälde: hl. Agatha, bez. gemalet 1820 von F. X. Gaibler. [*Zwei kleine Figuren an der Chorwand (Madonna mit Kind, hl. Agatha) modern von 1991. – Langhaus (Südwand): Kruzifix, 2. Hälfte 16. Jh., früher Hauskreuz an der Heimenhoferstraße 2, seit 1998 als Dauerleihgabe*].

Oberbeuren
Kath. Pfarrkirche St. Dionysius Areopagita

BAUGESCHICHTE: *Der Turmunterbau dürfte noch spätmittelalterlich sein; die übrige Kirche ist ein Neubau von 1709/10, der Entwurf ist* Johann Jakob Herkomer *zuzuschreiben. Restauration 1878* [*Renovierung Raumschale 1976; Sicherung der Stuckdecke im Chor 1979; Außenrenovierung 1993*].

BAUBESCHREIBUNG: Im Ostteil des Dorfes gelegener Bau. Eingezogener Chor zu zwei Achsen und halbrundem Schluß mit Spiegelgewölbe. In den seitlichen Abschnitten des Chorschlusses und in der östlichen Chorachse rundbogige Fenster, in der westlichen Achse entsprechende Blenden, davor rechteckige Balkons auf

Volutenkonsolen mit Engelsatlanten, darunter die Türen zu Turm und Sakristei mit Sandsteinrahmungen. - Runder Chorbogen auf tiefen Wandzungen, darüber Bezeichnung *MDCCX* und das Wappen des Pfarrers Johann Biechele. - Langhaus zu drei Achsen mit Spiegelgewölbe mit rundbogigen Fenstern, darüber alternierend geschwungene und geschweifte Bekrönungen. In Langhaus und Chor Gliederung durch zweistufig gekröpfte Pilaster. An der Westseite des Langhauses halbrunder Anbau; im Untergeschoß Vorhalle mit Flachdecke über Hohlkehle, mit dem Kirchenschiff durch stichbogiges Portal verbunden, das Außenportal rundbogig, von zwei hochovalen Fenstern flankiert, in der Südwand tiefe Nische, wohl für Kerkerheiland. Das Obergeschoß des Vorbaues - mit Spiegelgewölbe und zwei rundbogigen Fenstern - öffnet sich in zwei Emporen mit geraden Brüstungen gegen das Langhaus. Die Brüstung der unteren Empore über vier Voluten mit Engelsatlanten, durch Vorlagen gegliedert; die Brüstung der oberen Empore durch Pilaster gegliedert. An der Nordseite eine Wendeltreppe als Emporenaufgang, daran oben ein Geländer aus schlanken Holzbalustern. - Außenbau ungegliedert, die Fenster mit Kämpfer- und Scheitelsteinen, in der Chorstirnwand eine den Fenstern entsprechende Blende, zwei ebensolche Blenden am westlichen Anbau. Das Langhaus-Dach ist nach Osten und Westen konvex abgewalmt. – Turm *[Sanierung 1981]* im nördlichen Chorwinkel, das Untergeschoß des vierseitigen Unterbaues ungegliedert, die vier oberen Geschosse mit großen Rechtecksblenden. Im fünften Geschoß nach allen Seiten rundbogige Schallfenster. Oktogonales Obergeschoß mit Ecklisenen und rundbogigen Blenden in den Diagonalseiten sowie gegen Norden und Süden. Leicht geschwungene Kuppelhaube, mit Kupferblech beschlagen. - Sakristei und Oratorium *[Erweiterung mit Umgestaltung 1988]*, zweigeschossiger Anbau mit Pultdach im südlichen Chorwinkel, auf der Ostseite in beiden Geschossen je zwei stichbogige, vergitterte Fenster. Sakristei und Oratorium flachgedeckt. Kanzeltreppe auf der Langhausnordseite: Halbrundes Türmchen mit einem hochovalen Fensterchen und mit Kupferblech beschlagene Kuppelhaube *[nun Kegelhaube]*.

Deckengemälde von *Oswald Völkel* und *Wilhelm Lessig* 1920 *[in Verbindung mit Innenrenovierung 1920-22]*.

Stuckreliefs, um 1712, vermutlich von *Matthias Lotter*. - In den Blenden der westlichen Chorachse: 1. Nördlich: wunderbare letzte Kommunion des hl. Dionysius. - 2. Südlich: Enthauptung des hl. Dionysius. - 3.-10. In der Volute des Chorgewölbes zwei, in der des Langhauses vier und in der des Emporengewölbes abermals zwei hochovale Medaillons mit Darstellungen aus der Legende des hl. Dionysius.

Dekorativer Stuck, 1712, *Matthias Lotter* zuzuschreiben. Über den Fenstern wechseln Muscheln mit Blumenvasen, die Medaillons dazwischen sind von Blattwedeln flankiert. - Um die Gemäldefelder in Chor und Langhaus Laubwerk und Gewölk mit Putten, im Langhaus außerdem Muscheln. In den Langhausecken Ziffern als Bezeichnung *1712*. - In der Vorhalle Rahmenstuck mit Blumenzweigen, in der Hohlkehle Puttenköpfe und Gewölk. - An der Sakristeidecke Ranken, im Mittelfeld Namen Jesu mit Putten.

Hoch- und Seitenaltäre neubarock *[ausgebaute Seitenaltäre wurden im Jahr 2000 wieder aufgestellt]*.

Altar in der Vorhalle, schwarz gestrichener Holzaufbau von 1703, 1808 aus der Kapelle von Märzisried nach Oberbeuren überführt. Das Altarblatt - hl. Agathe, im Anfang des 19. Jh. übermalt - von Freisäulen mit runden Giebelschenkeln flankiert, der Aufzug mit Vorlagen und Segmentgiebel bez. *MDCCIII* *[Altar 1976 abgegangen; Altarblatt nun in der Hauskapelle vom Pfarrhof]*.

Speisegitter, um 1710, mit kräftigen, marmorierten Holzbalustern *[ausgebaut vor 1970]*.

Taufbecken an der südlichen Langhauswand, Sandstein. Polygonaler, geschweifter Sockel mit Horizontalwulst, 15. Jh., am Becken Rankenrelief, gegen Mitte 13. Jh.

Kanzel, Nußbaumholz mit Intarsien, um 1720, aus der Seelenbergkapelle bei Eggenthal. Geschweifter Unterteil. Korb mit drei konvex vorgeschwungenen Seiten, gegliedert durch Gruppen von je drei Vollsäulen mit überaus reich verkröpftem Gebälk. Kanzeltür von je drei gestaffelten Vollsäulen flankiert. Schalldeckel, im Grundriß dem Korb entsprechend, mit einem Aufsatz in Form einer geschwungenen Kuppel, als bekrönende Figur der Gute Hirte. - Die Gemälde in den Feldern des Korbes modern.

Zwei Chorstühle, um 1710, marmoriertes Holz, je drei Stallen, die Vorderbrüstungen durch Vollsäulen gegliedert *[ausgebaut 1983; Teile davon in jetzigen Beichtstuhl eingefügt]*.

Vesperstuhl: Ehemals Abtstuhl des Augustiner-Chorherrenstiftes Rottenbuch, um 1745/50. Zwischen den geschwungenen Beinen, an Arm- und Rücklehne reiche, vergoldete Rocailleschnitzerei *[nun Hauskapelle im Pfarrhof]*.

Kredenztisch *[ausgebaut 1983; Teile davon im jetzigen Beichtstuhl eingefügt]*, zugleich Beichtstuhl, marmoriertes Holz, Anfang 19. Jh., an der Verkleidung Empireornament.

Laiengestühl: An den geschwungenen Eichenholzwangen Akanthusschnitzerei um 1715, Vorderbrüstungen mit Pilastern *[Vorderbrüstungen abgegangen]*.

Gemälde: 1.-14. Kreuzweg zu vierzehn Stationen, um 1745, angeblich aus dem Chorherrnstift Rottenbuch, im 19. Jh. stark übermalt und mit neubarocken Rahmen

OBERBEUREN

versehen. - Im Pfarrhof: 15. Christus und die Ehebrecherin, 17. Jh.

Holzfiguren, gefaßt: 1. Vesperbild auf dem Kredenztisch *[nun an anderem Ort in der Kirche]*, Mitte 18. Jh. – 2.-3. Hl. Rochus und Sebastian, zweites Viertel 18. Jh. - 4. Vesperbild, in der Vorhalle, erste Hälfte 18. Jh., nach älterem Vorbild. - 5. Kruzifixus in der Sakristei, 18. Jh. *[4. und 5. nun im Pfarrhof].*

Grabdenkmäler: Im Chor: 1. Caspar Herb, Anfang 18. Jh., Sandsteinplatte mit Akanthusdekor, daneben die zugehörige Bodenplatte aus Solnhofer Stein. - 2. Pfarrer Johann Biechele, † 1728, Sandsteinplatte mit allegorischem Relief. - 3. Simon Geiger, † 1774, Solnhofer Platte mit allegorischen Reliefs. - In der Vorhalle: 4. Johann Joseph Hofer, † 1799, graue Marmorplatte. - An der Langhaussüdseite außen: 5. Franz Xaver Batsch, † 1838, Solnhofer Platte in Sandsteinrahmung mit antikisierendem Giebel *[5. abgegangen].*

Gedenktafel für die Gefallenen 1805/15, Solnhofer Platte um 1830.

Ankleidekommode in der Sakristei, gestrichenes Nadelholz, um 1710/20, geschwungen, mit Volutenvorlagen, schlichter Aufsatz.

Sakristeischrank im Oratorium, Nadelholz, zweitürig, um 1720/30, die dekorative Bemalung überstrichen *[abgegangen wegen Verfall].*

PFARRHOF *[Hauptstraße 4]*: 1731/40 errichtet. *Joseph Schmuzer* machte einen Voranschlag, wahrscheinlich lieferte er auch den Plan. Die Stuckarbeiten sind von *Stephan Socher* aus Denklingen (Mitteilung von K. Kosel). Zweigeschossiger Satteldachbau mit fünf zu fünf Achsen. Die Haustür, Eichenholz, mit Zopfornament und gotisierenden Motiven geschnitzt, das schmiedeeiserne Oberlichtgitter bez. *1808 JDD* (= Pfarrer Johann Damian Dopfer). Im Erdgeschoßgang Rahmen- und Bandelwerkstuck; zwei Türstöcke und Türflügel mit Empireornament geschnitzt. - Im Treppenhaus Deckengemälde - Allegorie der kirchlich-päpstlichen Gewalt - stark erneuert; umgeben von reichem Bandel- und Laubwerkstuck; das Treppengeländer mit kräftigen Eichenholzbalustern. - Der Obergeschoßgang mit reich geschwungenem Rahmenstuck, im Mittelfeld Strahlenglorie. Im Südostzimmer des Obergeschosses Deckengemälde - Martyrium und Verherrlichung des hl. Johann Nepomuk - um 1740, in den Ecken der Decke Bandel-, Gitter- und Blattwerkstuck, über der Tür Gitterwerkbekrönung mit modernem Wappen *[1996 umfassende Renovierung mit Umbaumaßnahmen].*

PFARRSTADEL *[Renovierung 1985/86]*: Zweigeschossiger Flachdachbau, am Obergeschoß der Südseite Fachwerk, im Giebel bez. *HH [Hochwürdiger Herr] MDCC SC [Richtig SG = Simon Geiger] XXXI* (= 1731). An der Ostseite Verschalung und Holzgalerie; der Nordteil neuerdings verkürzt.

EHEM. SCHLOSS (Am Schlößle 4): 1576 als Landedelsitz für Timotheus Rehlinger errichtet, 1810 -1923 Schulhaus, jetzt in Privatbesitz. Der Dachstuhl an Stelle des alten Steildaches um 1900. - Zweigeschossiges Gebäude, ehemals mit runden Ecktürmen. Zwei tonnengewölbte Keller. Erdgeschoß: Südwestzimmer mit Holzdecke aus der Erbauungszeit *[ausgebaut 1977]*; im Nordwestzimmer Täferdecke und ein Tonnengewölbe mit Stichkappen *[ausgebaut]*, durch moderne Zwischenwand abgeteilt, vielleicht die ehemalige Kapelle. - Obergeschoß: Im Nordwestzimmer eine verschalte Holzdecke mit profilierten Balken, aus der Erbauungszeit *[durch untergehängte Decke verdeckt]*; an der Decke des Südwestzimmers geschwungener Rahmenstuck und sparsamer Muschelwerkdekor gegen Mitte 18. Jh. *[durch Zwischenwand geteilt].*

GASTHAUS ZUM ENGEL (Hauptstraße 10), um 1831 errichtet. Zweigeschossiges Gebäude von sieben zu fünf Achsen, mit Walmdach, der Zwerchgiebel *[bezeichnet M+M = Michael Martin]* modern. Schmiedeeiserner Ausleger mit Stab- und Blattwerk, bez. *1831*, Engelschild.

Privathäuser

AM SCHLÖSSLE 8 *[alter Hausname „Lukas-Hof"]*: Mitterstallbau mit Flachdach und Hakenschopf, über der Tenne bez. *MDCC IO+DO LXXXXVII [1797; 1968 bei umfassendem Umbau Firsterhöhung; bei Hausverlängerung Hakenschopf abgebrochen].*

APFELTRANGER STRASSE 2 *[nun Untere Gasse]*: Mitterstallbau mit aufgesteiltem Dach, im Kern wohl 18. Jh., an der Nordseite Wandmalerei, hl. Dionysius, 18. Jh. *[Abbruch 1987].*

HAUPTSTRASSE 3: Zweigeschossiger, lehmverkleibter Ständerbohlenbau mit Längstonne und Flachdach, 18. Jh. *[Abbruch 1969].*

HEIMENHOFER STRASSE 2: Modernes Gebäude mit handwerklichem Hauskruzifixus *[seit 1998 in Kapelle St. Agatha, Märzisried]*, Holz, gefaßt, wohl erste Hälfte 19. Jh. *[Abbruch 1985].*

SALZSTRASSE 10: Modernes Gebäude, an der Südseite gefaßte Holzfigur, hl. Joseph, bez. *1846*.

SALZSTRASSE 13: Ehemalige Papiermühle. 1490 bereits erwähnt, Wiederaufbau nach der Zerstörung im Dreißigjährigen Krieg 1671. Zweigeschossiges, völlig erneuertes Satteldachhaus von sieben zu sechs Achsen.

SALZSTRASSE 16: Mühle. 1472 bereits erwähnt, 1792 abgebrannt, danach Wiederaufbau. Zweigeschossiger Satteldachbau mit sieben zu vier Achsen, die Haustür sternförmig aufgedoppelt *[Anbau an der Westseite im Jahr 1970].*

BILDSTÖCKE: 1. Sandstein, bez. *MDCCLXVI*, an der Kreisgrenze an der Straße nach Friesenried. Querovaler Sockel, durch Vorlagen und Gesimse gegliedert, mit Wappenrelief des Hochstiftes Kempten; Figur der Schmerzhaften Muttergottes. - 2. Kleiner Nischenbau wohl des 18. Jh. *[1943 errichtet]*, etwa 500 m südlich des Ortsausganges an der Straße nach Märzisried, stark erneuert, mit Satteldach; enthält Kerkerheiland, eine gefaßte Holzfigur des 18. Jh. *[vom Besitzer wegen Gefährdung gegen eine Madonna (Gips) ausgetauscht].*

GLOSSAR *(Erklärung der kunsthistorischen Fachbegriffe)*

Altarschrein (Retabel) = der bild- und figurenreiche, feststehende Altaraufbau über Mensa oder Predella.
Antependium = Behang oder Vorsatztafel, die den → **Stipes** verhüllt.
Apsis = halbrunde Altarnische am äußersten Chorende.
Basilika = mehrschiffiger Kirchenbau, dabei Mittelschiff höher als die Seitenschiffe.
Basis = Säulen-, Pfeilerfuß.
Bosse = Ansichtseite von Quader-Mauerwerk.
Dienst = Viertel-, Halb- oder Dreiviertelsäule, die einem Pfeiler oder einer Mauer vorgebaut ist.
Dorsalien = Rückwände des Chorgestühls.
Engelpieta = Engel mit dem Leichnam Christi.
Fassung = farbige Bemalung bzw. Vergolden von Stein- und Holzplastiken.
Fialbaldachin = Ziertürmchen für Figur unter Baldachin im Aufsatz über dem Altarschrein.
Flügelaltar = feststehendem Altarschrein sind seitlich bewegliche Flügel angesetzt.
Gartenvedute = realistisch gemalte Landschaft, hier eingeschränkt auf einen Garten.
Gebälk = Bauglied zwischen → **Kapitell** und → **Kämpfer**.
Gurtbogen = Verstärkungsbogen bei Gewölben.
Hallenkirche = mehrschiffiger Kirchenbau, dabei Mittelschiff und Seitenschiffe gleich oder annähernd gleich hoch.
Herme = Bauplastik (Halbfigur) vor Pfeiler oder → **Pilaster**.
Hexagonal = sechseckig.
Joch = Gewölbeabschnitt, begrenzt durch Gurtbogen und Stützen.
Kämpfer = Zone zwischen Säule, Pfeiler und Mauer und Bogen oder Gewölbe.
Kaffgesims = abgeschrägtes Gesims; läuft unter den Fenstern hin, wird um Strebepfeiler herumgekröpft.
Kalotte = Kugelkappe, z.B. der gewölbte Teil der Apsis.
Kapitell = Kopf von Säulen, Pfeilern und Pilastern.
Kartusche = Zierrahmen.
Kielbogen = Rundbogen mit kleiner Aufspitzung im Scheitel.

Krangaube = kleiner Dachausbau in Hausflucht zum Aufzug von Gegenständen.
Lichtnische = kleine spitzbogenförmige Nische zum Aufstellen von Leuchten.
Lisene = senkrechter, pilasterähnlicher Mauerstreifen ohne Basis und Kapitell.
Maßwerk = gotisches Bauelement aus geometrischen Grundformen.
Mensa = Altarplatte.
Oktogonal = achteckig.
Orgelprospekt = Schauseite der Orgel.
Ossarium = Beinhaus (zum Aufbewahren der Gebeine Verstorbener).
Pilaster = Wandpfeiler, der nur wenig aus der Wand hervortritt.
Predella = in der Spätgotik Zwischenglied zwischen Mensa und Altarschrein.
Retabel = die mit Gemälden oder Skulpturen geschmückte Rückwand des Altarschreins.
Rocaille = muschelartiges Ornament des Spätbarock.
Scheidbogen = Bogen zwischen Mittel- und Seitenschiff.
Schildbogen = Bogen, der sich bei der Verschneidung von Gewölbe- und Wandfläche bildet; begrenzt das Joch seitlich.
Schildwand = Mauer unter dem Schildbogen.
Stalle = Einzelsitz des Chorgestühls.
Stipes = Altarunterbau, darüber die Mensa.
Triangulation = Teil der Proportionslehre (hier Verwendung des gleichseitigen Dreiecks), bei deren Beachtung die Verhältnisse untereinander als harmonisch gelten.
Vesperbild (Pieta) = Darstellung Mariä mit dem Leichnam Christi.
Vierpaß = Kreisteil des gotischen Maßwerks mit vier Kreisbögen.
Volute = Schmuckglied der Barockbaukunst.
Zwerchdach = Querdach (quer zum Hauptfirst).
Zwerchhaus = geschoßhohes Dachhäuschen in der Hausflucht und unter einem Zwerchdach.

Anton Brenner
Das spätmittelalterliche Kaufbeurer Bürgerhaus im Gefüge der Stadt

Stadt der Staufer

Den Stadtgründungen im 12. Jahrhundert lagen im wesentlichen wirtschaftliche Interessen zugrunde. Später stand die Vorstellung von der Stadt als Herrschaftsinstrument im Vordergrund, sei es für die Verwaltung, als militärischer Stützpunkt oder vorwiegend fiskalisch verstandener Mittelpunkt eines Territoriums. Die erste große Welle der Stadtgründungen setzte, begünstigt durch die Zunahme der Bevölkerung und einen allgemeinen wirtschaftlichen Aufschwung, in der Zeit der Staufer ein, brach jedoch in der zweiten Hälfte des 13. Jahrhunderts wieder ab. Auch in Ostschwaben legten vor allem die Staufer im Rahmen ihrer „Reichslandpolitik" die Grundlage für die Städtelandschaft. Gerade die Städte sollten neben den Burgen Stützpunkte staufischer Königsherrschaft in diesem Bereich sein. Unter diesem Gesichtspunkt ist auch die planmäßige Stadtgründung Kaufbeurens durch die Staufer zu Beginn des 13. Jahrhunderts (1240 bereits „*stat zu Bueron*") zu sehen. Dabei wurde die schon bestehende Siedlung um den fränkischen Königshof (heute Franziskanerinnenkloster) durch den langgestreckten Straßenmarkt (Kaiser-Max-Straße) samt einer vorgelagerten Gasse (Ludwigstraße) erweitert.

Eine mittelalterliche Stadt war auf wehrhafte Sicherheit und kommerziellen Nutzen angelegt. Unter diesem Gesichtspunkt galt es, siedlungswillige Bewohner anzuwerben. Die Gewährung von Rechten und Freiheiten - um die in anderen Städten oft jahrzehntelang gerungen wurde - konnte dabei Anreiz sein. Diese frühen Stadtbürger, zumeist vom Land kommend und in rechtlicher und sozialer Hinsicht gemischt, mußten Handwerk, Gewerbe und Handel gegenüber aufgeschlossen sein. In der Entwicklung der Stadtbevölkerung nahm das Handwerk eine besondere Stellung ein. Die Ausbildung der Geldwirtschaft führte schließlich zum Handelsgewerbe. Im Idealfall war eine mittelalterliche Stadt wirtschaftlich autark. Beim Bau eines Hauses wurde der zuziehende Bürger für die Überlassung von Grund und Boden, der im Besitz des Königs verblieb, zur Zahlung eines jährlich wiederkehrenden Grundzinses verpflichtet. Das darauf errichtete Haus war jedoch sein Eigentum.

Mittelalterliche Bürgerstädte sind nie aus einer zufällig gewachsenen Bebauung entstanden. Trotz der Vielfalt des Stadtbildes liegt ihnen ein planvolles Ordnungsprinzip zugrunde; stets verbanden sich städtebauliche Schöpfung und baukünstlerischer Willensakt. Grundlegende Elemente einer planmäßig neu angelegten Stadt sind die in Blöcken zusammengeschlossenen Hofstätten, als Zentrum der Markt und schließlich die eine Stadt begrenzende Stadtmauer. Allgemeine Richtlinien wurden solange beibehalten, wie es nach den sozialen und wirtschaftlichen Gegebenheiten vernünftig erschien. Immer baute man aber zur Ehre seiner Stadt, so wie man zuerst und vor allem Bürger seiner Stadt war.

Dem der Gotik eigenen geistigen Ordnungsgefüge und dem Formwillen auf das Ganze hin verdankt die mittelalterliche Stadt ihr harmonisches Stadtgebilde und ihre architektonische Geschlossenheit. Dazu tragen auch das Gewirr der leicht geschwungenen Straßen und Gassen bei, die mitschwingenden Hauswandungen, die vor- und rückspringenden Häuser (in Kaufbeuren etwa in der Neuen Gasse), sowie die unregelmäßigen Plätze. Die Vielzahl der eng angelegten Gassen ermöglicht es, den Umfang der Stadtmauer aus Gründen leichterer Verteidigung gering zu halten. Die Stadtmauer, oft in wenigen Jahren erbaut, sichtbarstes Zeugnis für einen autonomen Bereich der Bürgerschaft, diente dem Schutz der Einwohner und der Sicherheit des Markthandels. Die schützende Mauer und damit die Grundlage der Wehrhaftigkeit zu beseitigen, hieße der Stadt einen Teil ihres Wesens zu nehmen.

Um die Ernährung der Stadtbewohner zu sichern, wurde mit einer angemessenen Zahl von umliegenden Dörfern ein Wirtschaftsgebiet gebildet. Stadt und Land waren auf den Austausch ihrer Erzeugnisse angewiesen. Es gab aber auch in der Stadt selbst eine Reihe von Stadtbauern, die ausschließlich von der Landwirtschaft lebten, sowie Handwerker und Gewerbetreibende mit landwirtschaftlichem Nebenerwerb. Zur Aufbesserung ihres Lebensunterhaltes hielten sich jedoch fast alle Bewohner Geflügel und Kleinvieh.

Die spätere Zunahme der Stadtbevölkerung ist auch dem Lockruf „Stadtluft macht frei" zu verdanken, der aus dem eng gewordenen Raum der Bauern die zweiten und dritten Söhne und die entlaufenen Leibeigenen in die Stadt rief. Sie waren jedoch zunächst Leibeigene des Stadtherren. Erst seit dem 14. Jahrhundert erlangten sie *„nach Jahr und Tag"* Freiheit, wenn ihr alter Leib- und Grundherr sie nicht zurückforderte. Die bürgerliche Freiheit bestand dann in der Befreiung vom Heiratszwang, vom Verkaufszwang und vom fremden Gericht. Die Mehrheit der Bürger stand in der Regel an der Grenze zum Kleinbürgertum, oft sogar zur Armut. Reichtum konzentrierte sich in der nur schmalen Oberschicht.

Der öffentliche Raum: Straßen, Plätze und der Markt

Die Stadtfläche war durchgehend allgemeiner Grund. Aus diesem wurden dann die Parzellen für die Hofstätten herausgeschnitten. Der verbleibende Boden war nicht so wie heute vornehmlich Verkehrsraum, sondern ein mit Vitalität erfüllter Lebensraum. Man kann sich das Leben in den Straßen und Gassen durchaus so vorstellen, wie man es heute noch in orientalischen Altstädten findet. Die Straße vor den Häusern verstanden die Bürger bis zur Straßenmitte als eine Art von Eigentum, als Werkplatz oder Lager. Selbst Verhandlungen fanden auf der Gasse statt. Solches Treiben schränkten später Verordnungen ein.

Mit dem Markt verband sich die Lebensgrundlage einer mittelalterlichen Stadt. Entlang des mit einer geringen S-Kurve angelegten Straßenmarktes (in Kaufbeuren die heutige Kaiser-Max-Straße) wurden die größten und schönsten Häuser der Stadt errichtet. Die einmündenden Straßen und Gassen sind so angelegt, daß man von jedem Standpunkt aus den Eindruck eines vollkommen geschlossenen Platzes hat.

Für die Kaufbeurer Märkte läßt sich eine Rangordnung definieren: vom Markt, auch Brotmarkt genannt (untere Kaiser-Max-Straße), dem Kornmarkt (obere Kaiser-Max-Straße) samt dem dazwischenliegenden Holzmarkt hin zum Viktualienmarkt (Obstmarkt), dem Hafenmarkt und dem Saumarkt (östlich des alten Rathauses). Diese Rangordnung entschied, was und wie an diesen Plätzen gebaut wurde.

Mitten im oberen Straßenmarkt stand die erdgeschossig als Korn- und Kaufhaus genutzte Schranne. In deren Obergeschoß lag der über eine äußere Freitreppe zugängige große Saal, in dem auch Feste, Tanz und Theater stattfanden. Das Recht, einen Markt (Wochenmarkt, Jahrmarkt) abzuhalten, erteilte nur der König, wobei der Marktraum nicht allein architektonisch gestalteter Raum, sondern auch Hoheits- und Rechtsraum war.

Da Zunftgenossen der jeweiligen Gewerke oft nebeneinander bauten, bildeten sich für diese Gassen und Straßen im Laufe der Zeit feste Namen heraus (Schmiedgasse, Ledergasse). Handwerkerhäuser erwiesen sich als standorttreu. Zum Teil verbanden sich Handwerksgerechtigkeiten mit dem Anwesen, besonders dann, wenn wegen Feuergefahr umfangreiche Schutzvorkehrungen zu treffen waren, wie beispielsweise bei Schmieden oder Bäckern.

Das Leben, Denken und Bauen in Gruppen

Die Gestalt der mittelalterlichen Stadt ist eingebettet in den allgemeinen Lebensgrund. In besonderem Maße drückt sie die Gottesbeziehung des Menschen aus. Die poetische Feststellung: *„Die Stadt ist ein Bild der Seele"* geht auf die hl. Katharina zurück. Leben im Mittelalter war nur in Gruppen möglich, wobei Zwang akzeptiert wurde. Bei der Selbstdarstellung seines Hauses hielt man sich an den Kanon des Kollektivs, der nur einfühlsam variiert wurde, damit die Ästhetik der Gruppe erhalten bleibt.

Für die mittelalterliche Stadt galt nur eine einzige Form des Haus-Seins: der meist rechteckige Baukörper mit Steildach. Verwandelt wohl in der Zeit, doch immer verwandt geblieben und stets in der Vergangenheit wurzelnd. Die Stadt ergab sich so aus der Geschlossenheit der an den Straßen aufgereihten Häuser. Unter diesen Bedingungen trug letztlich jeder einzelne zur Entstehung harmonischer Straßenfronten und zur Gestaltung unverwechselbarer Plätze bei. Jede Generation baute daran weiter; allenfalls in Kleinigkeiten ändernd. Für das mittelalterliche Bauen hat es der Zeit gemäße Regeln gegeben: das Beharren, das Bauen nach dem Exemplum und das sehr langsame Verändern des Handwerksbrauches. Man suchte nicht im jeweils Neuesten Ruhm. Der bauende Bürger fand dann Erfüllung, wenn ein Haus im Sinne des Überlieferten, den Regeln gemäß, besonders gut gelungen war. Man kannte den Anspruch und den Rang des Ortes in der Stadt, an dem man baute. Und die Ratsbaumeister legten gemeinsam mit den Bauherren fest, wie zu bauen war. So beeinflußten Verordnungen, Beratung und Aufsicht gleichermaßen den Bau der Stadt. Entscheidend jedoch war die Stadtgestalt als Ganzes. Im 14. und 15. Jahrhundert hat die Stadt des Mittelalters in fast allen Fällen ihre endgültige Gestalt gefunden und dann nahezu unverändert bis ins 19. Jahrhundert und teilweise bis in die Gegenwart beibehalten.

Das Maß und der Rhythmus

Das Übermaß war der mittelalterlichen Stadt fremd. „Erfindung" war nicht gefragt; es galt das Übliche, das Gebräuchliche. Die orts- und bodengebundene Tradition des Handwerks mußte sich in Kaufbeuren mit dem Material des naheliegenden Steinbruches in Oberbeuren, dem Holz der umliegenden Wälder, dem Ton der außerhalb der Stadt liegenden Ziegeleien begnügen. Alles das trug zur Geschlossenheit des mittelalterlichen Stadtbildes bei. Wurde mehr Raum gebraucht, verlängerte man das Haus in den Hof hinein. Erst in späterer Zeit erreichten die Bauten eine größere Höhe, da die Stadtmauer eine Ausdehnung unmöglich machte. Diese Aufstockungen beeinträchtigten allerdings die Belichtung der Häuser in den engen Straßen.

Im Gegensatz zum Straßenbild in der antiken Stadt, wo das Fenster keine Bedeutung hatte, wird im feuchten und kalten Norden das Haus mit seinen Fenstern zur gestalteten Straßenwand. Das Fenster bildet ein maßstabgebendes und rhythmusbildendes Architekturglied. Die Fassadengliederungen selbst waren außerordentlich mannigfaltig. Häufig hatten die Fenster der einzelnen Stockwerke keine vertikale Bindung, sie waren gegeneinander verschoben. Unsere heutigen geschichteten Wohnungen lassen diese Gestaltung nicht mehr zu. Oft wurden die Teilungen der Fassaden in den oberen Stockwerken vielgliedriger und feiner. Einen wichtigen Faktor stellte in diesem Zusammenhang das stehende Format der einzelnen Fensterflügel dar, wie überhaupt die Vertikale als Bauprinzip der Gotik gelten kann. In der Schau der engen Straßen und Gassen wirken die Fenster deshalb überhöht.

Giebelhaus und Traufhaus

Eine wichtige Rolle als Träger maßstabgebender Gliederungen spielte der Giebel, dessen strenge Dreiecksform in sich wiederum architektonisch gegliedert und symmetrisch aufgeteilt war. An der zeichenhaften Form des Giebels wurde über Jahrhunderte hindurch festgehalten, ungeachtet der Tatsache, daß diese Dachstellung der gemeinsamen geraden Bauflucht und dem Ausgerichtetsein an der Schnur widersprach. Erst an der Wende zum 16. Jahrhundert ging man dazu über, den First um 90 Grad zu drehen und somit das eigentliche Zeichen des selbständigen Hauses, den gestalteten Giebel, aufzugeben. Wesentlich wurde diese Firstschwenkung durch strengere Feuerschutzverordnungen beeinflußt, die die Vorteile der gemauerten Giebelwände als Brandmauern nutzen wollten. Lediglich bedeutendere Gebäude beließ man noch in der alten - und repräsentativen - Dachstellung. Die Traufständigkeit kam insbesondere den Bürgern zugute, die im Laufe der Zeit aneinander grenzende Häuser aufgekauft hatten: Nun war es möglich, mehrere Giebelhäuser durch eine Traufe optisch zu einem Haus zusammenzufassen. Mit dieser Erweiterung ließ sich auch Wohlstand demonstrieren.

Das Bürgerhaus

Zum mittelalterlichen Haus gehörte auch der handwerkliche oder kaufmännische Erwerbsbetrieb. Wohn- und Arbeitsstätte waren nicht getrennt. Der umfassenden Hausgemeinschaft, die als das *„Ganze Haus"* bezeichnet wird, gehörten nicht nur die Familienangehörigen an, sondern zumeist auch nichtverwandtes und in der Regel unverheiratetes und kinderloses Gesinde sowie die unter der hausherrlichen Gewalt des Meisters stehenden Gesellen und Lehrlinge. Bereits im 14. Jahrhundert gab es jedoch erste Anzeichen für eine Auflösung des „Ganzen Hauses", und in der Folgezeit entstanden neue Nutzungsformen: das Mietshaus und die Mietwohnung.

Die ziemlich regelmäßig zugeschnittenen langgestreckten Parzellen des Bürgerhauses mit einer Breite von etwa 6-10 Metern verhinderten jede willkürliche räumliche Ausdehnung. Die Parzellen für die Hofstätten waren jedoch so groß, daß in den meisten Fällen ein Hintergebäude - bei landwirtschaftlich genutzten Häusern auch Ställe -, ein Hof, zumindest ein Höfchen, und ein kleiner Hausgarten ihren Platz fanden. Bei der Parzellierung hatte auch die ständische Eingliederung des jeweiligen Bauherrn einen bedeutenden Einfluß. Die Hofstätten wurden in doppelter bzw. einfacher Reihung in Blöcken zusammengefaßt (etwa Kaiser-Max-Straße zu Ludwigstraße oder Ludwigstraße Südseite).

Die Häuser waren gemäß dem Rang und dem Vermögen des Erbauers von wechselnder Größe, unterschieden sich aber erst im späteren Mittelalter in der inneren Einteilung. Handwerker des gleichen Gewerkes wohnten oft nachbarlich zusammen. So erhielten später die

Gassen die entsprechenden Namen wie Schmiedgasse oder Ledergasse. Sozial gering bewertete Gewerbe sind vielfach in der Peripherie anzutreffen, wie die Weber im Straßenzug „Unter dem Berg". Allgemein verband sich mit dem wirtschaftlichem Aufschwung das Bemühen, den Standort näher an oder gar in das Zentrum zu verlegen. Ursprünglich blieb dem „freien" Stadtbürger überlassen, wie hoch er die Stockwerke und die Traufe haben wollte. Das mittelalterliche Straßenbild besitzt keine durchgehende Horizontale. Der straßenseitige Giebel, das Lieblingskind der mittelalterlichen Baukunst, betonte die Stattlichkeit des Bürgerhauses. Die Häuser trennte eine ca. 50 Zentimeter breite Traufgasse, „enge Reihe" genannt, wodurch sie als selbständige Baukörper wirkten. Die giebelständig aufgereihten Häuser gaben der Stadt ihren „Rhythmus". In der „engen Reihe" konnte das Regenwasser des Daches abfließen; gelegentlich war hier auch die normalerweise im Hof liegende Fäkaliengrube vorzufinden. Die „enge Reihe" - vereinzelt ist sie in der Stadt noch zu sehen - entfiel durch die später übliche und kostengünstigere Kommunbauweise, bei der die Nachbarn eine gemeinsame Haustrennwand erhielten. Damit war eine optimale Nutzung des wertvollen Stadtgrundes möglich. In dieser gemeinsamen Haustrennwand wurden beidseitig sogenannte Kommunzeichen (kleine Mauernischen) als Rechtsnorm angebracht; die jeweilige Nischentiefe gab dann vor, in welchem Umfang die gemeinsame Wand bei evtl. Bauarbeiten eingebrochen werden durfte.

Haustypen

Die Bürgerhaustypen entstanden nicht aus Formen des Bauernhauses, die in der Stadt übernommen und dort verändert wurden. Vielmehr entwickelten sich die Typen in der Auseinandersetzung des vorstaufischen Handwerkerhauses mit den aus ganz anderen Voraussetzungen entstandenen Hausformen der Oberschicht. Ihre weitere Entwicklung zum uns geläufigen Bürgerhaustyp geschieht dann im 12. und 13. Jahrhundert. In dieser Zeit zeigen die Grundrißformen der neu angelegten Städte auch eine steigende Tendenz zur Schematisierung und Regularität auf. Es läßt sich feststellen, daß um die Mitte des 13. Jahrhunderts die Typenbildung der einzelnen Bauwerke weitgehend abgeschlossen ist. Die seit der zweiten Hälfte des 13. Jahrhunderts in unseren Städten zunehmenden Bauvorschriften zielen wohl ebenfalls auf eine Vereinheitlichung der Erscheinungsformen ab. Doch durch die Erwerbsverhältnisse der Handwerker und Kaufleute bedingt, formten sich später Bürgerhaustypen, die wohl im Laufe der Zeit wechselnden Ansprüchen und praktischen Bedürfnissen folgten, aber nur noch partiell differenziert wurden. Das schließt nicht aus, daß die einzelne Stadt ihren ortsüblichen Typ hatte, der dann die Form des Baukörpers, die Neigung des Daches und die Zahl der Stockwerke festlegte. Es entstanden aber auch spezialisierte Typen wie z.B. die der Gerberhäuser.

Über die Gestalt der ersten Hausformen in Kaufbeuren kann mangels genauer Zeugnisse nur Grundsätzliches gesagt werden. Bei der Erstbebauung dürfte das einfache Bürgerhaus ein-, seltener zweigeschoßig gewesen sein. Die Raumhöhe des Erdgeschosses war meist nur um ein geringes höher als das etwa zwei Meter hohe Obergeschoß. Größere Anwesen hatten meist auch höhere Stockwerke als die Kleinhäuser. In der Regel wurden zwei Nachbargebäude im Grundriß spiegelbildlich zueinander angelegt. Die ältesten Kaufbeurer Bürgerhäuser dürften zum Typus des kleinen spätmittelalterlichen Dreifensterhauses (z.B. Am Breiten Bach 17), vereinzelt auch des Zweifensterhauses, gehört haben, das von Böhmen bis in die Niederlande und von Lübeck bis nach Italien verbreitet war. Bei diesen Hausbreiten konnten quergespannte Balkenlagen noch ohne Stoß eingezogen werden. Bedingt durch die steile Dachneigung, ergab sich ein in Stockwerke gegliederter hoher Dachraum, Boden oder Bühne genannt, der hauptsächlich der Lagerung von Vorräten und Waren für Haus und Gewerbe diente. Beim Giebelhaus waren die einzelnen Stockwerke durch einen Seilaufzug leicht zu beschicken. Beim späteren Traufdach war die halbgiebelige, an einer Ecke des Hauses aufgesetzte Ladeluke, die sogenannte „Ohrwaschelgaube", notwendig. Zum bequemen Weitertransport in die darüberliegenden Dachebenen stand auch ein Innenaufzug zur Verfügung, wie kleinere Aufzugsluken beim Haus Unter dem Berg 11 erkennen lassen. Auf der ersten Dachbodenebene konnte man aber auch durch Verschläge abgetrennte Schlafstellen für Lehrlinge und Gesinde vorfinden. Der Keller, in früheren Zeiten meist oberirdischer Vorratsraum, wurde seit dem 12. Jahrhundert, bedingt durch die eingeschränkte Größe der Parzelle, unter dem Wohnhaus angelegt. Der Zugang erfolgte meist über eine Falltüre, die es so auch heute noch in etlichen Häusern der Kaufbeurer Altstadt gibt. Wurden in Geschäftshäusern Keller als Verkaufsstätten genutzt - denkbar z.B. bei dem zweischiffigen Kreuzrippengewölbe aus dem 15. Jahrhundert im Haus Kaiser-Max-Straße 17 - war natürlich ein direkter Zugang von der Straße her, ein sogenannter „Kellerhals", wünschenswert. Um den knappen Raum des Grundstücks ergiebiger nutzen zu können, wurde dieser Kellerhals in die Straße vorgebaut, was jedoch später, in verkehrsreicherer Zeit, nicht mehr gestattet war. Zur besseren Nutzung des Hausflurs und eines darunter liegenden Kellers baute man bei angehobenen Erdgeschossen die Zugangsstufen zur Haustüre in die Straße hinein (siehe Unter dem Berg). Im Erdgeschoß diente der ursprünglich den ganzen Raum einnehmende Hausflur den Handwerkern, aber auch dem Haushalt, denn hier stand mittig der Herd zum Kochen wie zum Wärmen. Das Bedürfnis des Handwerks und des Handels erforderte dann die Unterteilung in Einzelräume wie Werkstatt, Kaufladen, Lager und Kontor. Nun rückte der Herd weiter nach hinten an die Wand und wurde schließlich zum Mittelpunkt einer Küche. Als Durchgang zum Hof bildete sich der Hausgang aus. Bei großen Gewerkehäusern entstand neben der Haustüre noch ein größeres Tor. Auch das Obergeschoß enthielt anfänglich, abgesehen von geringen Absperrungen, nur einen Hauptraum, der wesentlich zum Schlafen der Familie und der Hausgenossen diente, da sich das Tagesleben, Arbeiten, Kochen und Essen auf das Erdgeschoß beschränkte.

Dies änderte sich erst mit der Entwicklung und Hebung des Bürgerstandes im 14./15. Jahrhundert: Nun wird das eigentliche Wohnen in den 1. Stock verlegt, wobei die Grenzlinie von Schlafen und Wohnen das gesamte spätere Mittelalter hindurch noch fließend war. Zur Straße hin finden wir beim einfachen Bürgerhaus über der Werkstatt bzw. dem Laden die zweiachsige beheizbare *Stube* als behaglichen Warmraum. Danebenliegend die einachsige *Stubenkammer*, die nur über die Türe in der aus dünnen Bohlen oder Brettern bestehenden Trennwand temperiert werden konnte, rückseitig die ursprünglich unbeheizte *Hofkammer*. Dazwischen lag die sogenannte *Schwarzküche* (auch Rauchküche) mit der Rauchhaube über der offenen Feuerstelle, die unbelichtet und unbelüftet blieb, wenn keine „enge Reihe" zum Nachbarhaus vorhanden war. Der offene Rauchabzug ließ Wände und Decken vollständig verrußen, daher der Name Schwarzküche. Stube und Küche konnten auch durch ein Fenster verbunden sein. Zwischen Küche und Hofkammer lag die zum Flur durch eine Holzwand abgeschlossene *Holzlege* oder *Abstellkammer*. Unklar ist, wann die Umfassungswände und die Einwölbung der Küchen durchweg gemauert wurden. Den meist an der Kommunwand angelehnten und über Dach geführten gemauerten Kamin dürfte es erst im 15. Jahrhundert gegeben haben. Eine *Badestube* findet sich nur in wenigen besseren Bürgerhäusern; ansonsten gab es die öffentlichen Badehäuser. Charakteristisch für den spätmittelalterlichen Hausgrundriß scheint die sogenannte „Himmelsleiter" gewesen zu sein, eine über mehrere Geschosse führende hintereinanderliegende geradläufige Treppe, die sich an eine der Kommunmauern lehnt.

Sie sind heute nur noch selten anzutreffen, z.B. im Haus Kaiser-Max-Straße 33, weil sie jüngeren Treppenanlagen weichen mußten. Im Hof, sofern vorhanden, finden sich leichter und schlichter gebaute Seitengebäude, teilweise auch Ställe und ein Hinterhaus. Nicht in jedem Haus gab es *Abtritte*. Statt dessen bediente man sich der Höfe oder schüttete die Fäkalien nachts auf die Straße. War ein Abtritt („heimliches Gemach") vorhanden, findet er sich teils im Haus, aber nicht selten auch in einem hölzernen Seitenanbau. Ein *Hausgarten* darf beim mittelalterlichen Bürgerhaus nicht als etwas Selbstverständliches vorausgesetzt werden; er konnte ohnehin nur kümmerlich sein, wenn die Hofstatt über ein Hintergebäude verfügte.

Baumaterialien

Der allgemeinen Baugewohnheit des Mittelalters entsprechend, dürften die ersten Bürgerhäuser überwiegend aus Holz erbaut worden sein. Nicht selten hat ein neuer Einwohner sein Haus, das er anderswo schon besaß, in Teile zerlegt mitgebracht, um es in der Stadt wieder aufzuschlagen. Auch die Kellerdecke war anfänglich eine Holzbalkendecke (so heute noch Kaiser-Max-Straße 20). Ein Keller, in unterschiedlicher Größe und meist feucht, war in Stein gemauert. Im 13. und 14. Jahrhundert dehnte sich die Kunst der Wölbung auch auf die Keller mit ziegelgemauerten Tonnengewölben aus. Schon Ende des 13. Jahrhunderts wird es vereinzelt Häuser aus Stein gegeben haben: Die beim Abbruch des Hauses Kaiser-Max-Straße 32 vorgefundene, sehr wahrscheinlich vom Stadtbrand 1325 großflächig angeschwärzte westliche Haustrennwand aus Tuffsteinen, dürfte aus dem 13. Jahrhundert stammen. Es ist anzunehmen, daß sich in Kaufbeuren nach 1325 das Bauen in Stein großflächig durchgesetzt hat, um zukünftig an Leib und Leben, Hab und Gut sicher zu sein. Auch der Druck der Obrigkeit dürfte maßgeblich zu dieser Entwicklung beigetragen haben. Dem Wiederaufbau kam zugute, daß gerade in der ersten Hälfte des 14. Jahrhunderts Kaufbeuren einen kräftigen Aufschwung, verbunden mit einem raschen Anwachsen der Bevölkerung, genommen hat. Es zogen aus den umliegenden Orten, ja selbst aus benachbarten Städten, zahlreiche Handwerker und Gewerbetreibende in die Stadt. Nebengebäude bestanden jedoch nach wie vor aus Holz. Die ersten ausführlichen, wenn auch noch sehr unvollständigen Bauordnungen wurden im 14. Jahrhundert erlassen, als die Besiedlung dichter wurde und die Grundstücke enger aneinanderrückten. Von Wichtigkeit war, Steinmaterial in unmittelbarer Nähe zu gewinnen, um Transportkosten zu sparen; ein Teil der Kaufbeurer

Häuser jener Zeit sowie die Stadtmauer sind deshalb aus Oberbeurer Tuffstein errichtet. Billiger waren jedoch Klaubsteine (sogenannte Bachkatzen) aus der Wertach oder den Äckern, die später auch lagenweise in Verbindung mit Ziegelsteinen vermauert wurden. Ein Sparverfahren bestand darin, nur die äußeren Schalen der Mauern mit Ziegeln aufzuführen. Der Mauerkern wurde mit Tuffbrocken, Kies und Klaubsteinen oder auch mit Bauschutt aufgefüllt und dann mit reichlich Kalkmörtel durchfestigt. Es ist bekannt, daß sich diese Mauertechnik im 14. Jahrhundert und zu Beginn des 15. Jahrhunderts in Städten findet. Vermutlich war dieses Mauerverfahren so lange üblich, bis eine ausreichende Ziegelproduktion

ner sehr dünnen Putzhaut überzogen. Erst in nachmittelalterlicher Zeit verputzte man einlagig, später dann auch zweilagig. Toniger Lehm, etwa zur Herstellung von billigen Lehmstampfböden in Keller- und Erdgeschoßräumen verwendet, isolierte gegen aufsteigende Bodenfeuchtigkeit.

Eine häufige Wandkonstruktion war die Lehmflechtwand. Blindböden von Balkendecken erhielten unter einer wärmedämmenden Schicht, beispielsweise Spreu, einen Lehmschlag. Diese Bauweise wurde noch bis Mitte des 20. Jahrhunderts, dann oft mit Schlacke als Füllmaterial, ausgeführt. Lehm war auch ideales Dichtungsmaterial für Brunnen und Latrinen.

Ensemble Kaufbeuren um 1858; Kaiser-Max-Straße (damals noch der „Markt"), im Hintergrund das 1860 abgerissene gotische Rathaus

vor Ort gewährleistet war. Ziegelbrennereien verbreiteten sich seit dem 14. Jahrhundert in ganz Deutschland. Augsburg hatte schon um 1160/70 einen sogenannten Ziegelstadel. Ab wann es eine Ziegelproduktion in Kaufbeuren gegeben hat, ist nicht bekannt. In späteren Zeiten gab es zwei, den oberen und unteren Ziegelstadel (an der Füssener Straße und an der Mindelheimer Straße, später das landwirtschaftliche Anwesen „Unterer Stadelbauer"), die im städtischen Eigentum von einem Pächter betrieben wurden. Die Kaufbeurer Ziegelherstellung wurde 1756 eingestellt. Das zumeist vollfugig errichtete Ziegelmauerwerk wurde häufig geschlämmt oder mit ei-

Als Material für die Dachdeckung diente, bedingt durch das Steildach, zunächst nur Stroh oder lange Brettschindeln. Doch seit dem 13. und 14. Jahrhundert wird vor allem aus Feuerschutzgründen immer mehr auf den schon seit dem 12./13. Jahrhundert dominierenden gebrannten Hohlziegel (Mönch und Nonne) hingewirkt. Die um 1300 nur für herausragende Bauten verwendeten Flachziegel (Biberschwänze) verdrängen dann in späterer Zeit die Hohlziegel fast vollständig. Doch das „harte Dach" kann während des ganzen Mittelalters weder durch Verbote noch durch städtische Beihilfen gänzlich durchgesetzt werden.

Das Fenster als Gestaltungsmittel

Das Fenster gehört zu den wichtigsten und entscheidendsten Gestaltungsmitteln der Fassaden und damit der Stadt. Das stehende, aufgerichtete Format war selbstverständlich. Zur Zeit der Stadtgründung und noch lange Zeit danach hatte das allgemeine Bürgerhaus nur wenige und kleine Fenster in der Breite eines Flügels, geschützt mit einem hölzernen Laden. Später wird für das ein- oder zweiflüglige Fenster beim sogenannten Stockfenster in die Maueröffnung ein hölzernes Gerüst eingestellt. Die daran befestigten, nach innen aufschlagenden Flügel waren bis ins 15. Jahrhundert mit Papier, feiner Leinwand, geöltem Pergament, dünngegerbter Haut, Tierblasen oder dünngeschabtem Horn (Hornblenden) bespannt. Für vornehme Bürgerhäuser ist für das 13. Jahrhundert schon Fensterverglasung bezeugt, wobei allerdings das Glas dick und durch seine grünliche Farbe wenig durchsichtig war.

Zweckmäßiger sind dann seit dem 16. Jahrhundert die in Blei gefassten Butzenscheiben. Die technische Neuerung der Verbleiung erlaubte auch die Verglasung größerer Flächen und führte damit zu einer Vergrößerung der Fenster. In den einfachen Bürgerhäusern hält das Fensterglas nur allmählich seinen Einzug. Erst um 1500 besitzt der Großteil der Bürgerstuben verglaste Fenster. Das sogenannte Kreuzstockfenster, ein Doppelfenster mit Oberlicht, war dann eine wesentliche Verbesserung. Das zweiflüglige Fenster kam erst in der Barockzeit auf. In nachmittelalterlicher Zeit vergrößerte man grundsätzlich Fenster von Wohnräumen und oft wohl auch der erdgeschoßigen Werkstätten und Läden. Nur vereinzelt wurde der Stube im 1. Obergeschoß ein Erker vorgehängt.

Bürgerhaus und Altstadt in den Problemen künftiger Stadtplanung

Auch in einer mittelalterlich geprägten Stadt muß man bauen. Mit dieser Herausforderung verbinden sich Chancen und Gefahren. Die Einbrüche in die Altbausubstanz durch Um- und Neubauten machen einfühlsame und behutsame Planung nötig. Oft genug widerspricht diese Bautätigkeit dem Wesen der Altstadt. Ein auf die Fassade reduziertes Stadtbild verkennt das Wesenhafte unserer Altstadt und vermittelt nur den Anschein bewahrter Überlieferung. In der Verkennung der gegebenen Stadtgestalt und ihrer charakteristischen Merkmale droht die Gefahr der Verfremdung und der nicht mehr umkehrbaren Veränderung. Wir sind auf dem Weg, alte Bauten zu vereinzeln und vom Gesamteindruck der Stadt zu isolieren. Einzelne Baudenkmale können das Stadtbild überhöhen. Doch nur im Zusammenspiel mit vergleichbaren Gebäuden, wohl verschieden, aber nicht ohne Gemeinsamkeiten, bildet sich Stadtstruktur als Gesamtkunstwerk. Das intakte Ensemble ist somit gefordert. Gegenwärtig steht leider oft nicht so sehr das Bauen am Gefüge einer alten Stadt im Vordergrund, sondern die Bewältigung eines augenblicklich dringenden, aber doch nur zeitbezogen verstandenen Problems.

LITERATUR

BORST, O., Alltagsleben im Mittelalter, Frankfurt a.M. 1983; BOSL, K., Die bayerische Stadt in Mittelalter und Neuzeit. Altbayern, Franken, Schwaben, Regensburg 1988; BREUER, T., Stadt und Landkreis Kaufbeuren. Bayerische Kunstdenkmale, hrsg. von Heinrich Kreise u. Adam Horn, IX, München 1960; DIETRICH, D., Landsberg am Lech, Bd. l, Einführung - Bauten in öffentlicher Hand; Die Kunstdenkmäler von Bayern, hrsg. von Michael Petzet u. Tilmann Breuer, München, Berlin 1995; DIETRICH, D., Landsberg am Lech, Bd. 3, Bürgerbauten der Altstadt. Die Kunstdenkmäler von Bayern, hrsg. von Michael Petzet, München, Berlin 1996; KIESSLING, R., Kleinstädte und Märkte als regionalpolitische Instrumente. Ostschwaben vom 14. bis zum 16. Jahrhundert. In: Städtelandschaften in Altbayern, Franken und Schwaben, hrsg. von Helmut Flachenecker u. Rolf Kießling, München 1999; GROTE, A., Der vollkommen Architectus. Baumeister und Baubetrieb bis zum Anfang der Neuzeit, München 1959; HERRMANN, B. (Hrsg.), Mensch und Umwelt im Mittelalter, Wiesbaden 1986; GRUBER, K., Die Gestalt der deutschen Stadt. Ihr Wandel aus der geistigen Ordnung der Zeiten, München 1977; HEYNE, M., Das deutsche Wohnungswesen. Von den ältesten geschichtlichen Zeiten bis zum 16. Jahrhundert. Nachdruck von 1899, Meerbusch 1985; ISENMANN, E., Die deutsche Stadt im Spätmittelalter 1250-1500. Stadtgestalt, Recht, Stadtregiment, Kirche, Gesellschaft, Wirtschaft, Stuttgart 1988; Landesdenkmalamt Baden-Württemberg und der STADT ZÜRICH (Hrsg.), Stadtluft, Hirsebrei und Bettelmönch. Die Stadt um 1300, Stuttgart 1992; MASCHKE, Erich, Die deutschen Städte der Stauferzeit. In: Die Zeit der Staufer, Geschichte - Kunst - Kultur, Bd. 3, Stuttgart 1977; MECKSEPER, C., Städtebau. In: dsgl., PETZ, W., Reichsstädte zur Blütezeit 1350 bis 1550. Alltag und Kultur im Allgäu und in Oberschwaben, Kempten 1989; PFAUD, R., Das Bürgerhaus in Augsburg, Tübingen 1985; PLANITZ, H., Die deutsche Stadt im Mittelalter. Von der Römerzeit bis zu den Zunftkämpfen, Wiesbaden 1997; SALM, H., Sozialhygienische Probleme der Stadt Kaufbeuren in früherer Zeit. In: KGBl 7, 1976, S. 154-165; SCHIRMACHER, E., Stadtvorstellungen. Die Gestalt der mittelalterlichen Städte - Erhaltung und planendes Handeln, Zürich, München 1988; SIMON, H., Das Herz unserer Städte, Bd. 2, Essen 1965; STREHLER, H., Historische Dachdeckungen in Bayern. In: Denkmalpflege Informationen, Bayerisches Landesamt für Denkmalpflege, München 1999; VOLKERT, W., Adel bis Zunft. Ein Lexikon des Mittelalters, München 1991; ZECH, R., Das Stadtrecht von Kaufbeuren, Kempten 1951; ERDMANN, W., Das mittelalterliche Stadthaus. In: Mensch und Umwelt im MA, hrsg. von Bernd Herrmann, Wiebaden 1996, S. 170-179; SCHÜTTE, S., Zur Architektur und Funktion des mittelalterlichen Bürgerhauses in Nordwestdeutschland. In: Mensch und Umwelt im MA, hrsg. von Bernd Herrmann, Wiesbaden 1996, S. 180-193.

Schmiedgasse 32

Typisches mittelalterliches Dreiachshaus mit Geschoßwohnungen; einzig die schräge Wand im Erdgeschoß ist atypisch.

(Zeichnung: A. Brenner)

Ansicht

Querschnitt

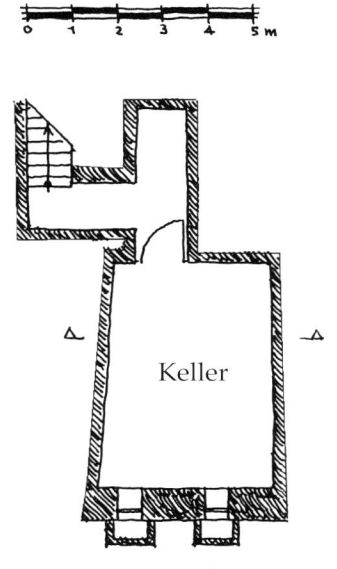

A	Abtritt
AK	Abstellkammer
HK	Hofkammer
Kü	Küche
L	Laube
StK	Stubenkammer

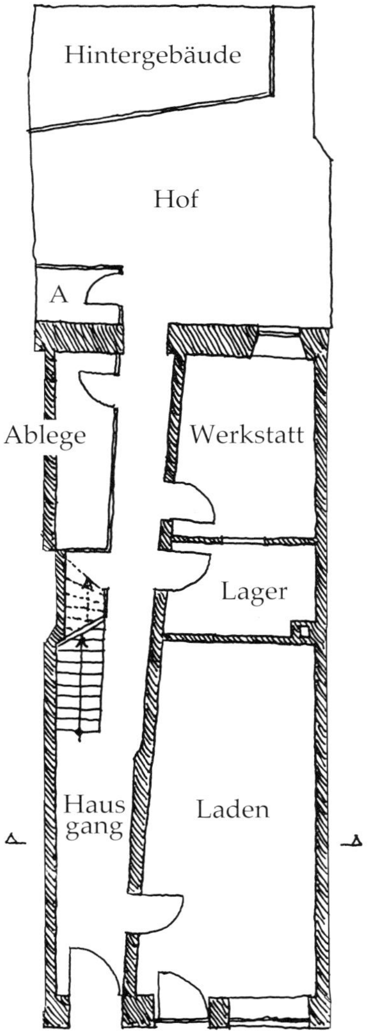

Kellergeschoß

Erdgeschoß

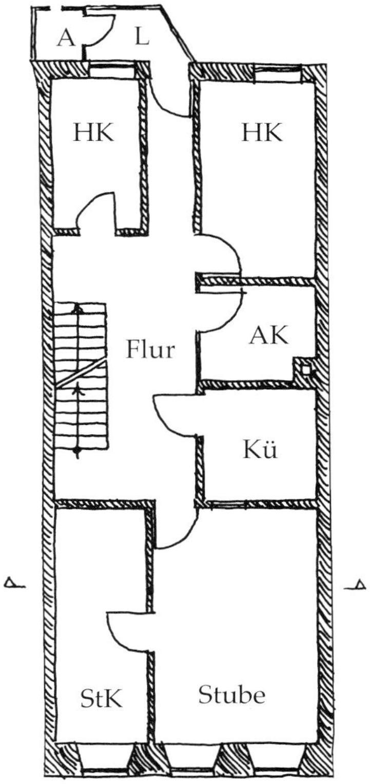

1. Obergeschoß

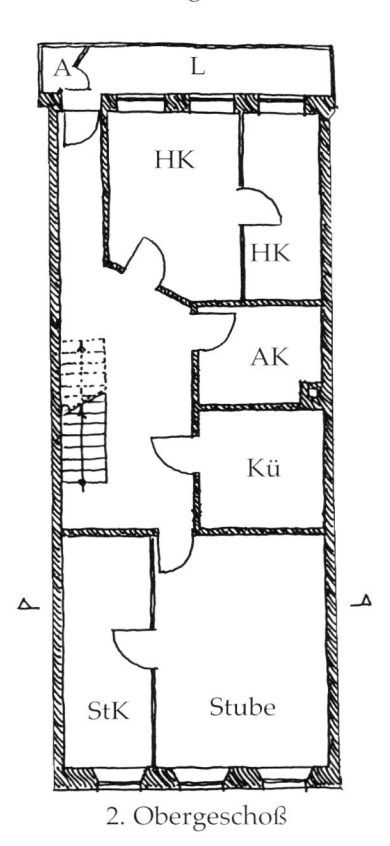

2. Obergeschoß

Marcus Simm
Kaufbeurer Bürgerkultur im Spiegel archäologischer Funde

Für die Rekonstruktion mittelalterlichen Alltagslebens stehen uns grundsätzlich schriftliche Zeugnisse und zeitgenössische Abbildungen zur Verfügung sowie materielle Hinterlassenschaften, die entweder in Sammlungen verwahrt auf uns gekommen sind, oder aber als archäologische Funde aus dem Erdboden unter alten Häusern, Straßenpflastern und Hinterhöfen wieder ans Tageslicht treten. Der folgende Versuch, das Leben im Kaufbeurer Bürgerhaus des späten Mittelalters und der frühen Neuzeit darzustellen, stützt sich primär auf eben solche Fundgegenstände, die im Stadtgebiet zu verschiedenen Gelegenheiten - meist bei Erdarbeiten - aufgelesen werden konnten, somit vor ihrer Zerstörung bewahrt blieben und von den einstmaligen Lebensbedingungen in unserer Stadt zeugen. Ergänzt durch Forschungsergebnisse, welche die Geschichtswissenschaft bis heute aus bildlichen, schriftlichen und archäologischen Quellen des deutschsprachigen Raumes gewonnen hat und deren Gültigkeit selbstverständlich auch für Kaufbeuren postuliert werden darf, bilden die Fundstücke gleichsam eine Art Reiseführer durch das reichsstädtische Stadthaus.

Mit einer urbanen Wohnkultur, wie sie im späten Mittelalter und bis weit in die Neuzeit hinein Bestand hatte und von den Städtern mit gehörigem Stolz gepflegt wurde, ist es bis zum Ende des Hochmittelalters nicht allzu weit her. Das Leben in solch frühen Bürgerhäusern ließe sich aus Sicht beispielsweise eines gut situierten Kaufbeurer Kaufmanns der Zeit um 1500 und viel mehr noch nach heutigen Begriffen allenfalls als gewöhnungsbedürftig bezeichnen: wie im zeitgleichen ländlichen Milieu hausten Mensch und Vieh zusammen unter einem Dach zu ebener Erde, als einzige Wärmequelle des gänzlich aus Holz gezimmerten Gebäudes bewirkte das offene Feuer auf gestampftem Lehmfußboden, daß dem Davorsitzenden die Wangen glühten, während sein Nacken starr vor Kälte blieb und beißender Rauch die Augen sowie den gesamten dunklen, karg möblierten Raum erfüllte, um sich durch eine Dachöffnung den Weg ins Freie zu suchen.[1]

Eine Verbesserung seiner Wohnqualität erfährt das Stadthaus ab dem 12. Jahrhundert durch Aufteilung der Raumfunktionen: ein zweites Stockwerk setzt sich durch - die Wohnstätte hat sich damit vom feuchten Erdboden gelöst - und Schlafgemach, Küche, Aufenthalts- und Arbeitsraum werden durch Zwischenwände voneinander getrennt.[2] Im Verlauf des 13. Jahrhunderts entsteht schließlich mit dem Aufkommen des Kachelofens im Obergeschoß die rauchfrei heizbare Stube als zentraler Wohnbereich, die mit ihrer holzgetäfelten Behaglichkeit gleichwohl zum Symbol des Bürgertums wird, hier spielt sich bald das gesamte gesellschaftliche Leben ab: es wird gegessen, gearbeitet, gefeiert, geliebt und gespielt, in der kalten Jahreszeit auch geschlafen, hier werden Verträge geschlossen, Geschäfte gemacht, man musiziert und liest erbauliche Literatur.[3]

Wenn wir nun ein Kaufbeurer Bürgerhaus des späten Mittelalters betreten und uns sogleich in den ersten Stock begeben, wo uns der Herr des Hauses in seiner Stube empfangen wird, so wird uns Besuchern bereits unmittelbar nach dem Anklopfen ebenso unmißverständlich wie stolz vor Augen geführt, wie grundlegend sich bürgerlicher Wohnstil von bäuerlichem Dasein unterscheidet: Haus- und Stubentüren besitzen nämlich nebst allerlei metallenen Beschlägen und Bändern kunstvoll gefertigte Schlösser aus Schmiedeeisen, an deren Stelle man sich auf dem Dorf bis in die Neuzeit hinein mit hölzernem Riegelwerk begnügte.[4] Im Innern der Stube bietet sich uns dann ein Bild, wie es ein Augsburger Holzschnitt aus den Jahren um 1476 überliefert (vgl. Abbildung auf der Folgeseite): ein Kaufmann sitzt geschäftig rechnend am Tisch - Schreibzeug, Rechenutensilien und ein Glas Wein vor sich, Gattin und Tochter widmen sich dem Spinnen, der Sohn liest in einem Buch, ein drittes Kind liegt friedlich schlummernd in der Wiege, daneben hat es sich ein kleiner Hund bequem gemacht. Für wohlige Wärme sorgt ein stattlicher Kachelofen, die Fenster sind mit Butzenscheiben verglast und von der Decke hängt ein von Wohlhabenheit zeugender Kerzenleuchter – alles in allem ein durchaus harmonisch anmutendes Stuben-Szenario.

Städter frieren nicht

Sehen wir uns zunächst den Ofen genauer an: entstanden in den Burgen des süddeutsch-alpinen Raumes, taucht diese Heizanlage bereits im 13. Jahrhundert in den Städten auf, zunächst in ihrer einfachen Ausführung als Vorderladerofen. Dieser brachte zwar mehr Wärme als das offene Feuer, nicht jedoch mehr Gemütlichkeit, da er sich nur direkt von der Stube aus durch eine entsprechende Öffnung im Feuerkasten beheizen ließ und man folglich noch immer mit lästigem Rauch im Raum zu kämpfen hatte. Abhilfe schuf erst der Hinterladerofen, dessen Feuer nun vom Flur oder von der benachbarten Küche aus geschürt werden konnte, womit Qualm und Asche erfolgreich aus dem Wohnraum verbannt waren. Die in der Ofenkuppel vermauerten Kacheln vergrößerten die wärmeabstrahlende Fläche und erlaubten es, das Feuer optimal zu nutzen, indem sie sich schnell erhitzten und für eine angenehme Raumtemperatur sorgten, während die dickere Ofenwand sich zwar langsamer erwärmte, die Hitze jedoch auch nach Erlöschen der Flammen länger speicherte.

Den ältesten Kacheltyp überhaupt stellen die Becherkacheln dar, die in Bruchstücken an mehreren Stellen in Kaufbeuren - z.B. im Baumgarten und in der Kaiser-Max-Straße - gefunden werden konnten; sie waren vom 12. bis ins 14. Jahrhundert gebräuchlich und kamen sowohl für die Vorderlader- als auch für die ersten Hinterladeröfen in Frage (Tafel XX). Hinweise auf das Aussehen der zugehörigen Heizanlagen geben zeitgenössische Abbildungen wie beispielsweise eine Freskomalerei der Zeit um 1320 im Haus „Zur Kunkel" in Konstanz (s. Abbildung) oder ein Ausgrabungsbefund vom Münsterhof in Zürich,

wo Reste eines Vorderladerofens des 13. Jahrhunderts zutage kamen, der aus einem rechteckigen, gemauerten Feuerkasten und einer durch ein breites Gesims abgesetzten Kuppel aus lehmverkleidetem Flechtwerk bestand. Die in die Kuppel eingesetzten Becherkacheln wiesen mit der Mündung nach außen, durch eine Öffnung im Feuerkasten konnte die Anlage beheizt werden.[5]

Im Verlauf ihrer weiteren Entwicklung gestalten sich Ofenkacheln zunehmend flacher und breiter: im 14. und besonders im 15. Jahrhundert sind die Napfkacheln geläufig, die von verschiedenen Kaufbeurer Fundstellen vorliegen und das Bestreben des spätmittelalterlichen Ofensetzers erkennen lassen, die rißgefährdete, dicke Lehmwand des Ofens zugunsten der Kacheln zu reduzieren (Tafel XX). Die zugleich üblich werdende, meist grüne Bleiglasur trug dabei nicht allein zur optischen Verschönerung der Heizanlage bei, sondern bot zudem einen praktischen Vorzug: glasierte Kacheln lassen sich leichter reinigen als unglasierte.[6] Mit dem Aufkommen der Modeltechnik im 15. Jahrhundert entsteht schließlich die Blattkachel, wie sie nahezu unverändert bis in die Gegenwart beim Ofenbau zum Einsatz kommt und

73

mit der sich der Kachelofen vollends als Schmuckträger und Prestigeobjekt der Bürgerfamilie etablierte, da sie sich mit aufwendigen Reliefs dekorieren ließ.[7]

Beliebt waren dabei zur Zeit der Renaissance neben christlichen Motiven auch Darstellungen aus der antiken Mythologie sowie Portraits bedeutender Zeitgenossen, namentlich Fürsten und Herrscherpersönlichkeiten.[8] Grünglasierte Kaufbeurer Reliefkacheln des 16. Jahrhunderts zeigen neben zeittypischer Renaissanceornamentik unter anderem die Allegorie der Hoffnung und eine unbekannte Dame im noblen Gewand; eine weitere Kachel trägt das Brustbildnis Kaiser Karls V. in der Tracht eines spanischen Edelmannes mit Barett, am Hals den Orden vom Goldenen Vlies (Tafel XX).

Die Sorge um's Licht

Die Fenster in der Stube wie am übrigen Bauwerk waren weder zahlreich noch groß. Es darf davon ausgegangen werden, daß man sie - sofern es die Witterung erlaubte - meist geöffnet hielt, um neben Sonnenlicht auch frische Luft herein zu lassen, oder im Sommer gelegentlich sogar ganz aushängte und bis zum Herbst auf dem Speicher lagerte. Selbst dort, wo Fensteröffnungen nicht mittels schlichter Holzläden, dünn gegerbter Tierhaut oder geölter Leinwand, sondern durch kostspielige Glasfenster geschlossen werden konnten, drang nur spärliches Tageslicht in die recht finsteren Räume, da das Glas der Butzenscheiben nicht farblos war, sondern grünlich und außerdem reichlich dick[9] (Tafel XX). Aus diesem Grund hatte man für künstliche Beleuchtung zu sorgen - nicht nur für die Zeit nach Sonnenuntergang, sondern gelegentlich auch tagsüber. Besonderer Beliebtheit erfreuten sich „Tranfunzeln" in Form kleiner tönerner Schälchen mit ausgezogener Schnauze für den Docht, wie sie in der Kaiser-Max-Straße und am Breiten Bach aus der Erde kamen (Tafel XX). Vom Baumgarten stammt ein etwa 30 Zentimeter hoher Leuchter aus Sandstein in Säulenform, der aufgrund der mitgefundenen Keramik wohl in das 13. Jahrhundert zu datieren ist (Tafel XX). Als Brennmaterial für derartiges Beleuchtungsgerät diente vorzugsweise aus tierischem Fett gewonnener Talg, aus dem auch Kerzen hergestellt wurden, während sich Wachskerzen nur die Vermögenderen leisten konnten.[10]

Hinter'm Ofen

Nicht nur an langen Winterabenden pflegte man am wärmenden Stubenofen allerlei Heimarbeit und Kurzweil: die Damenwelt beschäftigte sich gerne mit dem Spinnen, dem Erzeugen von Flachsfäden, was gerade in den Weberstädten gewisse Bedeutung besaß. Wichtigstes Utensil ist dabei neben der Spindel der Spinnwirtel, der zumeist aus gebranntem Ton besteht, die Form einer großen gelochten Perle hat und unter den Kaufbeurer Bodenfunden mehrfach vertreten ist (Tafel XX). Auf das untere Spindelende gesteckt, sorgte er für den nötigen Schwung, wenn mit der linken Hand gehechelter Flachs vom sogenannten Docken gezogen und auf die in der Rechten gehaltene Spindel gedreht wurde; zugleich verhinderte er, daß der fertig gesponnene Faden, der sich anschließend für das Weben weiterverwenden ließ, wieder von der Spindel rutschte.[11]

Galt das Spinnen ebenso wie Nähen, Sticken und dergleichen als reine Frauensache, so war der Hausherr selbstverständlich nicht untätig, sondern hatte - z.B. mit dem Bilanzieren der Geschäfte des vergangenen Tages - durchaus Arbeit zu erledigen (vgl. Abbildung S. 73): Seine mathematischen Probleme bewältigte er mit Hilfe von münzähnlichen Kupferplättchen, den sogenannten Rechenpfennigen, die er nach dem Prinzip eines Rechenschiebers auf einem mit bestimmten Linien versehenen Tuch oder einer entsprechend präparierten Tischplatte hin- und herschob (Tafel XX). Führend in der Herstellung dieser Rechenmünzen war im ausgehenden Mittelalter und der frühen Neuzeit die Stadt Nürnberg. Ein Exemplar dieser Provinienz aus dem 16. Jahrhundert gelangte im Kaufbeurer Baumgarten in die Erde.[12]

Wurde gerade einmal nicht fleißig gerechnet und gesponnen, saß man - sicher mindestens genauso gern - in fröhlicher Runde bei reichlich Trunk, Karten- und Würfelspiel beisammen, wobei der Spielleidenschaft im ausgehenden Mittelalter alle Stände und Altersgruppen beiderlei Geschlechts frönen und die Einsätze so hoch sind, daß nicht selten einer auf diesem Weg in der Armut endet. Vor allem dem Kegeln - freilich überwiegend im Freien ausgeübt - war eine außerordentlich große Anhängerschaft verfallen, an manchen Orten bildeten sich gar zunftartige Zusammenschlüsse der Kegelwütigen – „fratres kegelorum", Kegelbrüder genannt.[13] In Kaufbeuren läßt sich dieses Spiel durch den Fund einer hölzernen Kegelkugel in einem Haus am Breiten Bach belegen, die - der mitgefundenen Keramik nach zu urteilen - in das 14. Jahrhundert gehört.

Ein Kind wurde für erwachsen erklärt, sobald es sieben Jahre alt war; von nun an mußte also gerechnet und gesponnen werden. Nur die ganz Kleinen vermochten sich noch dem von unermüdlicher Arbeit geprägten Erwachsenen-Dasein erfolgreich zu entziehen und durften ihre ungeteilte Aufmerksamkeit den Spielsachen schenken.[14] Mittelalterliches Kinderspielzeug hat sich nur selten bis heute erhalten, da es - gerade bei den ärmeren Bevölkerungsschichten - zumeist aus organischem Material wie Holz, Leder und Stoffresten improvisiert wurde und so im Boden kaum überdauern konnte.[15] Häufiger finden sich dagegen kleine Püppchen aus gebranntem Ton, die als Edeldamen, Ritter und Pferdchen geformt sind und in der Mittelalterforschung als Teile eines „Turnierspiels" gelten. Bürgerkinder ahmten damit spielend das ritterliche Turnier nach, Szenen der höfischen Welt, wie sie uns durch zeitgenössische Abbildungen - z.B. aus der Manessischen Liederhandschrift - bekannt sind: dort erblickt man die tapferen Kämpfer, um den Preis des Siegers sowie um die Gunst ihrer Angebeteten turnierend. Die holden Damen ihrerseits verfolgen höchst gespannt und nicht weniger sorgenvoll von der Tribüne aus den Ausgang des dramatischen Wettstreits. Zu zwei Kaufbeurer Funden - ein Pferdchen und eine Edeldame mit über der Brust verschlossenem Mantel und langem, wallendem Haar - sind nahezu identische Stücke aus Konstanz bekannt, wo sie ins 14. Jahrhundert datiert werden[16] (Tafel XX). Daß im Kaufbeuren desselben Jahrhunderts auch das Murmelspiel beliebt war, läßt sich durch entsprechende Funde kleiner Tonkügelchen am Breiten Bach belegen (Tafel XX).

Was die Küche bietet

Aus der Stube in die Küche; von zahlreichen Kaufbeurer Fundstellen liegen Bruchstücke bauchiger Keramikkochtöpfe mit Henkel nebst zugehörigen konischen Topfdeckeln vor (Tafel XX). Metallene Küchengeräte dagegen, namentlich kupferne Kessel, eiserne Spieße, Haken, Glutschaufeln, Schürgabeln, Pfannen und dergleichen haben zwar in kaum einer Küche gefehlt, werden heute jedoch selten gefunden, da sie zumeist wegen ihres Materialwerts nicht in die Erde gelangten, sondern eingeschmolzen und möglichst wiederverwertet wurden.[17] Im Baumgarten kam als ausgesprochen seltener Fund eine eiserne Glutschaufel des 16. Jahrhunderts zutage, ebenso als Rarität ist der Mahlstein einer Handmühle aus der Kaiser-Max-Straße zu werten, mit welcher man im 14. Jahrhundert vermutlich weniger Getreide als vielmehr Nüsse und Samen von Mohn, Lein oder Hanf zerrieb, um daraus Öl zu gewinnen[18] (Tafel XX).
Mittelalterliche Küchenpraktiken unterscheiden sich von den heutigen in einigen Punkten ganz erheblich und muten mitunter geradezu exotisch an:[19] Gegessen wurde eigentlich alles, was nicht völlig ungenießbar war, besonders das heimische Angebot an tierischer und pflanzlicher Nahrung wurde in weitaus größerem Umfang genutzt als heute. Wichtigstes Nahrungsmittel stellte das Getreide dar, dazu kam ein breites Angebot an Obst und Gemüse. Fleisch lieferten in erster Linie Rind, Schaf, Ziege, Schwein und Huhn, aber auch Tauben und Singvögel endeten im Kochtopf, ebenso wie Igel, Hunde, Katzen und Frösche. Für Fastentage kamen neben einer Vielzahl heimischer Fische auch Otter und Biber in Frage; Wildbret bildet auf dem bürgerlichen Speisezettel die Ausnahme. Geschlachtete Tiere wurden prinzipiell vollständig verwertet; man schreckte also selbst vor dem Verzehr von Köpfen, Hühnerfüßen, Augen, Hoden oder Foeten nicht zurück - und was sich nicht verspeisen ließ, wurde auf andere Weise weiterverarbeitet: Aus Haut, Horn und Knochen erzeugte man beispielsweise Kämme, Schlittschuhe, Spielsteine, Messergriffe, Knöpfe bzw. Schuhe, Gürtel, Taschen und unzählige weitere Gegenstände des täglichen Gebrauchs.[20] Das Kochen fand ausschließlich am offenen Herdfeuer statt, welches entweder direkt auf dem Küchenboden brannte oder auf einem kniehohen, gemauerten Sockel.[21] Die gehenkelten Kochtöpfe plazierte man am Rand der Flammen - wobei ständig umgerührt werden mußte, um einseitiges Anbrennen der Speisen zu verhindern - oder auf einem eisernen Rost direkt über der Glut (s. Abbildung). In jedem Fall hatte die Position des Topfes am Feuer entscheidenden Einfluß auf den Erfolg der Kochbemühungen, und von einiger Bedeutung war

auch die Wahl des richtigen Gefäßes: In metallenen Töpfen wurde das Kochgut schnell heiß, brannte jedoch auch leicht an, weshalb man sie für dünnflüssige Suppen und sehr Fettes heranzog, während sich Keramiktöpfe mehr für dickflüssige Breispeisen eigneten, die langsam vor sich hinzuköcheln hatten.[22] Die einzelnen Nahrungsmittel veränderte die Köchin bzw. der Koch gern künstlich in Form, Farbe und vor allem im Geschmack: sämtliche Zutaten wurden zunächst bis zur Unkenntlichkeit zerkleinert, miteinander vermengt, anschließend in neuer Form wieder zusammengefügt, eventuell noch gefärbt und dann schließlich gekocht oder gebraten - etwa nach Art des heutigen Hackfleisches.[23]

Besonders beliebt war das „Überwürzen" von Speisen und Getränken, wobei in diesem Zusammenhang nicht außer Acht gelassen werden darf, daß reichlich verwendeten Gewürzen sowohl antiseptische als auch verdauungsfördernde Wirkung beizumessen ist.[24]

Als Getränke bevorzugte man Bier, Most, Met und - falls man es sich leisten konnte - Wein, ebenso spielten Milch und Fruchtsäfte eine gewisse Rolle. Wasser diente allenfalls zum Verdünnen, da es meist aus den Grundwasserbrunnen der Stadt stammte, von schlechter Qualität, ja nicht selten geradezu gesundheitsschädlich war und dementsprechend schmeckte. Ähnlich den festen Speisen genoß man den Wein - wohl auch wegen seines bescheidenen Wohlgeschmacks - gerne vermischt mit Honig und allerlei Kräutern und Gewürzen wie Nelken, Zimt, Salbei oder Minze.[25] Mit Sicherheit würde der Rebensaft des Mittelalters weder unvermischt noch gewürzt dem Gaumen des modernen Weintrinkers und Weingenießers schmeicheln, während man sich dagegen in der Stadt des Spätmittelalters - und nicht nur dort - seinem Genuß bei fast jeder sich bietenden Gelegenheit besonders leidenschaftlich hingab: Er wurde zu den Mahlzeiten getrunken, man trank in fröhlicher Runde, bei Verlobung, Heirat, Kauf oder Tausch, zur Stärkung bei Krankheit und Entbindung. Und man trank mit einer geradezu sprichwörtlichen Tüchtigkeit, welche insbesondere Reisende aus dem renaissancezeitlichen Italien in nicht immer bewunderndes Staunen versetzte und dem 15. und 16. Jahrhundert geradezu den Ruf eines „Saufzeitalters" einbrachte.[26] Schuld an diesem zweifelhaften Ruhm sind nicht zuletzt die „gebrannten Wasser": Branntwein gilt als Errungenschaft des Orients, kommt dort als Nebenprodukt der Arzneimittelherstellung auf und wird noch im 13. Jahrhundert ausschließlich zu Heilzwecken eingesetzt. Bald jedoch schätzt man ihn zunehmend auch als Genußmittel und stellt ihn in entsprechenden Mengen allerorten her.[27]

Aus einer Latrinengrube der Zeit vor 1486 im Baumgarten stammen zahlreiche Fruchtkerne von Kirschen und Zwetschgen, die als Reste der Schnapsherstellung in Betracht kommen. Eine am selben Fundort in Bruchstücken geborgene bauchige Glasflasche der Zeit um 1500 dürfte der Aufbewahrung von Destillaten, aber auch von Wein oder Öl gedient haben[28] (siehe Tafel XX).

An der Tafel

Um die Bürgerfamilie beim Mahl zu beobachten, müssen wir wieder zurück in die Stube, denn hier wird auch gegessen. Das Geschirr auf dem Tisch ist in erster Linie aus Holz geböttchert, gedrechselt oder geschnitzt, daneben gab es auch viel Glas und noch mehr Keramik. Zinngefäße erlangten erst im 15. Jahrhundert eine nennenswerte Verbreitung und blieben naturgemäß vermögenderen Bürgern vorbehalten. In Schüsseln, Schalen oder auf Platten brachte man die Speisen aus der Küche an die Tafel, wobei sich meist mehrere, oft sogar alle Mahlteilnehmer aus einem solchen Gefäß bedienten; ein großer, konischer Henkeltopf des 14. Jahrhunderts vom Breiten Bach kommt für diesen Zweck in Frage (Tafel XX). Jede Person am Tisch erhielt ihre Portion mittels Löffel, Messer oder Fingern in eine eigene kleine Schüssel - wie sie im Baumgarten gefunden wurde -, auf ein flaches Brettchen oder auf eine Scheibe Brot befördert; Teller im heutigen Sinn gab es nicht (Tafel XX). Das Eßbesteck zählt zum persönlichen Besitz, wird zum Mahl mitgebracht und beschränkt sich auf Messer und Löffel (Tafel XX). Die Gabel ist zwar bekannt, findet aber nur beim Zerlegen der Speisen Verwendung, nicht jedoch bei der Nahrungsaufnahme. Dagegen stellen die Finger ein bei allen Bevölkerungsschichten mit Vorliebe eingesetztes Eßwerkzeug dar.[29]

Getränke trägt man in Krügen, Kannen oder Flaschen auf (Tafel XX). Im Baumgarten konnten Reste eines Kuttrolfs geborgen werden, worunter eine für das ausgehende Mittelalter typische Glasflasche für Schankzwecke mit kugeligem Körper, langem, engem und geschwungenem Hals und weiter trichterförmiger Mündung zu verstehen ist[30] (Tafel XX). Als charakteristisches Trinkgefäß des Spätmittelalters gilt der Krautstrunk, ein Glasbecher von konischer Form, auf dessen Außenwandung kleine Glastropfen aufgeschmolzen sind (Tafel XX). Diese Noppen genügten den Ansprüchen des Schmuckempfindens ebenso wie praktischen Anforderungen: Da ja gerne mit den Fingern gegessen wurde, verhinderten sie, daß der Becher aus der fettigen Hand rutschte.[31] Für gewöhnlich genoß man aus den Gläsern mit ihrer für das späte Mittelalter typischen grünen Färbung Rotwein, wie Johann Mathesius 1562 belegt:[32] *„In disen landen (hat man) ge-*

meingklich zum weyn grüne gleser gemacht / darin ein rebe rechter plancke weyn / sehr schön und lieblich steht / und dem weyn ein lüstige farbe gibt."

Durch mindestens zwei Exemplare archäologisch belegt sind Aquamanilien aus Keramik (Tafel XX). Ursprünglich wurden diese Gießgefäße in Tier- oder Menschengestalt an der ritterlichen Tafel oder in der kirchlichen Liturgie zum Händewaschen benutzt und bestanden aus Bronze oder Silber. Gegen Ende des Mittelalters fanden sie zunehmend auch bei dem aufstrebenden Bürgertum Anklang, wo man höfischen Sitten und dem gehobenen Lebensstandard des Adels nacheiferte, die kostbaren Metalle jedoch ersetzte erschwinglicher Ton.[33] Bruchstücke ausgesprochen prunkvollen Tafelgeschirrs konnten in der Augsburger Straße aus einer Abfallschicht des 16. Jahrhunderts geborgen werden: Es handelt sich dabei um Scherben blau bemalten Steinzeugs, dessen Herstellungsort im belgischen Raeren oder im Westerwald zu suchen ist,[34] während Fragmente von Fayence-Gefäßen vom selben Fundort sogar Handelsbeziehungen nach Italien beweisen.[35]

Im Vorratskeller

Auf Nahrungsmittelvorräte stoßen wir im Keller und im Dachboden. Grundsätzlich war der Haushalt durch die regelmäßig stattfindenden Märkte, eigene Gartenwirtschaft und sogar Viehhaltung innerhalb der Stadtmauern gut mit frischen Nahrungsmitteln versorgt. Jahreszeitlich bedingte Schwankungen im Angebot blieben allerdings stets bestehen, sodaß die Notwendigkeit gegeben war, Vorräte anzulegen. Es wurden Lebensmittel für den späteren Verzehr z.B. durch Beizen, Einsalzen, Dörren oder Trocknen haltbar gemacht und entsprechend im kühlen, dunklen Keller oder im gut gelüfteten, trockenen Dachboden gelagert.[36] Trockene Nahrungsmittel wie Eier, Getreide, Dörrobst oder Hülsenfrüchte, die nur vor Schädlingen und Feuchtigkeit zu schützen waren, lagerte man gerne in großen bauchigen, unglasierten Tontöpfen, deren Bruchstücke von zahlreichen Fundstellen vorliegen (Tafel XX). Für flüssige Vorräte eignete sich unglasierte Keramik nur bedingt, da sie nicht völlig wasserdicht ist, eine Tatsache, die andererseits für die kurzzeitige Aufbewahrung bestimmter Flüssigkeiten wie Bier durchaus von Vorteil sein kann: durch eine ständige Verdunstung bleibt der Gefäßinhalt kühl. Keramik mit Bleiglasur dagegen ist zwar wasserdicht, essigsaurer Inhalt greift jedoch die Glasur an und löst gesundheitsschädliches Blei heraus,[37] weshalb sich für derartige Vorräte vor allem Holzgefäße anboten. Das Holzfaß beispielsweise kann geradezu als Universalverpackung des Mittelalters bezeichnet werden, es wurde in allen erdenklichen Größen hergestellt[38] (Tafel XX).

„haimlich Gemach"[39] und „tüchel"[40]

Zwei gänzlich unentbehrliche Anlagen haben ihren Platz im Hof hinter dem Haus: der Grundwasserbrunnen und die Latrine. Kanalisation gab es noch nicht, weshalb jeder Haushalt über eine eigene Latrine – „haimlich Gemach" oder auch „Schissgruob" genannt - verfügte oder zumindest sich die Benutzung einer solchen Anlage mit einem Nachbarn teilte. Von Zeit zu Zeit mußten die Sickergruben auf Kosten ihrer Benutzer geleert werden, ein wenig erbauliches und höchst anrüchiges Unterfangen, mit dem man entweder den Henker beauftragte oder aber Fachleute, die solche Aufgaben gewerblich betrieben und „Pappenheimer", „Goldgrübler" oder „Kotkönige" genannt wurden. Aus verständlichen Gründen war diese Arbeit nur zur kalten Jahreszeit und nachts erlaubt, die Fäkalien wurden vor die Stadt gekarrt und kurzerhand an eigens dafür vorgesehenen Stellen in die Wertach gekippt.[41] Bei Erdarbeiten sind in Kaufbeuren mittelalterliche Latrinen hin und wieder anzutreffen, wobei sich aber nur die unterirdisch angelegten, mit Holz ausgeschlagenen oder aus Bruch- bzw. Backstein gemauerten Schächte erhalten haben: in der Kaiser-Max-Straße stieß man etwa auf einen backsteingemauerten, runden Latrinenschacht des 16./17. Jahrhunderts von etwa einem Meter Durchmesser, seine Sohle war durch ein Rollsteinpflaster „abgedichtet". In der aus inzwischen vergangenen Fäkalien bestehenden dunklen Grubenfüllung waren mehrere Kalkschichten erkennbar, die wohl zur Geruchsdämmung eingebracht worden waren, außerdem fanden sich ein kleiner, formschöner Schankkrug mit tordiertem Henkel, das Skelett einer nicht gerade zierlichen Ratte sowie Scherben eines renaissancezeitlichen Nachttopfs aus Keramik mit grüner Innenglasur und breitem, seiner Bestimmung entsprechend stabilem Sitzrand. Da sich zu nächtlicher Stunde der Weg über dunkle Stiegen zur im stockfinsteren Hof gelegenen Latrine ebenso unbequem und langwierig wie gefährlich gestaltete, kam dem Nachttopf außerordentliche Bedeutung zu, eine bildlich dargestellte Szene aus den „Wickiana" der Zeit um 1564 vergegenwärtigt das in aller Deutlichkeit[42] (s. Abbildung Folgeseite): Wir sehen den Mönch Baschi Heger, wie er auf seinem nächtlichen Gang zum Plumpsklo kopfüber die unbeleuchtete Treppe hinunterstürzt. Die Abbildung informiert uns zudem über das obertägige Aussehen einer spätmittelalterlichen Latrine:

sie ist als „Zweisitzer" gestaltet und besitzt eine Rückwand aus Brettern, an der griffbereit ein kleines strohgefülltes Körbchen hängt.

Der Grundwasserbrunnen, aus dem sich der Haushalt mit Wasser versorgte, lag oft in verhängnisvoller Nähe zur Sickergrube. Wie im Fall der Latrinen haben sich davon bis heute fast ausschließlich die unterirdischen, mit Holz, Bruch- bzw. Rollsteinen oder mit Backsteinen ausgekleideten Brunnenschächte erhalten, ergänzend dazu hat man sich einen obertägigen Aufbau vorzustellen, bestehend aus Brunneneinfassung, Zugvorrichtung und einer kleinen Überdachung.[43] Das geschöpfte Trinkwasser brachte man in Keramikgefäßen, sog. Bügelkannen, ins Haus, auch kamen enghalsige Keramikflaschen zum Einsatz (Tafel XX). Neben zahlreichen privaten Brunnen gab es in Kaufbeuren solche an öffentlichen Plätzen, außerdem arbeitete man bereits mit hölzernen Wasserleitungen, den „tücheln" (oder Deicheln), die urkundlich belegt[44] und archäologisch an mehreren Stellen nachgewiesen sind.

Schlußbetrachtung

In ihren wesentlichen Eigenarten und einigen Einzelheiten blieb die reichsstädtische Wohnkultur des Spätmittelalters weitgehend unverändert bis in das 19. Jahrhundert hinein bestehen. Dann jedoch bringen revolutionäre, neue Technologien wie der elektrische Strom und nicht zuletzt ein gewandeltes Selbstverständnis des „modernen Menschen" und seiner Gesellschaft grundlegend das Gefüge der mittelalterlichen Stadt ins Wanken, ein Prozeß, der im Niederreißen der einstmals so lebensnotwendigen und stolzen Stadtmauern, Tore und Türme greifbaren Ausdruck findet. Die alten Sitten und Gebräuche, das Gesicht des Alltags, gingen bis auf spärliche Reste dem kollektiven Gedächtnis der urbanen Gemeinschaft verloren, fielen einem von Gleichgültigkeit genährten Vergessen anheim und werden erst in jüngster Zeit aus schriftlicher, bildlicher und archäologischer Überlieferung mühselig wieder ans Tageslicht gefördert. Dabei dürften vor allem die Schrift- und Bildquellen nicht ohne Vorbehalt Rückschlüsse auf die Lebensbedingungen in der Stadt des Spätmittelalters zulassen: Der Inhalt einer Urkunde unterlag in jedem Fall einer Selektion, es wurden also von vornherein nur solche rechtlichen Vorgänge und Verhältnisse schriftlich festgehalten und aufbewahrt, denen der Schreiber einige Bedeutung für seine Gegenwart und die Nachwelt beimaß. Es handelt sich mithin selten um ganz alltägliche Dinge. Und ein Maler des 15. Jahrhunderts bediente sich bei seinen Darstellungen einer gewissen Symbolsprache, die ebenfalls nicht unbedingt die tatsächlichen zeitgenössischen Verhältnisse widerspiegeln muß. Bodenfunde dagegen sind mehr oder weniger zufällig in der Erde erhalten gebliebene und entdeckte Dinge des alltäglichen Lebens, direkte, häufig noch allzu wenig beachtete Zeugen und gleichsam Momentaufnahmen bürgerlicher Kultur im Kaufbeuren des Spätmittelalters.

LITERATUR

ARIES, P., Geschichte der Kindheit, München 1977; ARNOLD, K., Die Einstellung zum Kind im Mittelalter. In: Herrmann, B. (Hrsg.), Mensch und Umwelt im Mittelalter, Frankfurt a.M. 1989, S. 53-64; BEDAL, K., „Stube". In: Lexikon des Mittelalters, Bd. 8, München, Zürich 1997, S. 249-251; BEHRE, K.E., Die Ernährung im Mittelalter. In: Herrmann, B. (Hrsg.), Mensch und Umwelt im Mittelalter, Frankfurt a.M. 1989, S. 74-87; BENNER, M., Küche und Speisezubereitung um 1600. In: Lutz, D. (Hrsg.), Vor dem großen Brand. Archäologie zu Füßen des Heidelberger Schlosses, Stuttgart 1992, S. 103-106; BENNER, M., Prohaska-Gross, Ch., ...so die Speise aufftragen (Max Rumpolt, 1581). In: Lutz, Vor dem großen Brand, S. 107-109; BINDING, G., „Beleuchtung". In: Lexikon des Mittelalters, Bd. 1, München, Zürich 1977, S. 1838-1839; BÖHME, H.W., Wohnbauten des Adels und der Bürger. In: Römisch-germanisches Zentralmuseum Mainz, BISCHÖFLICHES Dom- und Diözesanmuseum Mainz (Hrsg.), Das Reich der Salier 1024-1125, Sigmaringen 1992, S. 52-58; BORST, O., Alltagsleben im Mittelalter. Frankfurt a.M. 1983; BRANDORFF, H., Essen und Trinken im 16./17. Jahrhundert. In: S. Kruse, K.B. (Hrsg.), Küche, Keller, Kemenate. Alltagsleben auf dem Domhof um 1600. Ergebnisse der Grabungen an der Bernwardsmauer, Hildesheim 1990, S. 82-95; BRANDL, R., Essen und Trinken im spätmittelalterlichen Nürnberg. In: Kahsnitz, R., Brandl, R. (Hrsg.), Aus dem Wirtshaus zum Wilden Mann. Funde aus dem mittelalterlichen Nürnberg, Nürnberg 1984, S. 11-31; DIRLMEIER, U., Zu den Lebensbedingungen in der mittelalterlichen Stadt: Trinkwasserversorgung und Abfallbeseitigung. In: Herrmann, B. (Hrsg.), Mensch und Umwelt im Mittelalter, Frankfurt a.M. 1989, S. 150-159; DUMITRACHE, M., Heizanlagen im Bürgerhaus. In: Landesdenkmalamt Baden-Württemberg, Stadt Zürich, Stadtluft, Hirsebrei und Bettelmönch. Die Stadt um 1300, Stuttgart 1992, S. 280-287; HENKEL, M., Ofenkacheln in Hildesheim vom späten 13. bis zum 17. Jahrhundert. In: Kruse, Küche, Keller, Kemenate, S. 132 -153; HÖFLER, E., ILLI, M., Versorgung und Entsorgung der mittelalterlichen Stadt. Versorgung und Entsorgung im Spiegel der Schriftquellen. In: Landesdenkmalamt Baden-Württemberg, Stadt Zürich (Hrsg.), Stadtluft, Hirsebrei und Bettelmönch. Die Stadt um 1300, Stuttgart 1992, S. 351-364; HUNDSBICHLER, H., „Heizung". In: Lexikon des Mittelalters, Bd. 4, München, Zürich 1987, S. 2113-2114; HUNDSBICHLER, H., Wirtschaften - Essen - Trinken. In: Kühnel, H. (Hrsg.), Alltag im Spätmittelalter, S. 196-210; HUNDSBICHLER, H., Der gedeckte Tisch. In: Kühnel, Alltag im Spätmittelalter, S. 210-214; HUNDSBICHLER, H., Wohnen. In: Kühnel, Alltag im Spätmittelalter, Graz, Wien, Köln 1984, S. 254-269; JARITZ, G., Zu leben lernen. In: Kühnel, Alltag im Spätmittelalter, S. 165-178; KAHSNITZ, R., Formen mittelalterlicher Gläser. In: Kahsnitz, Brandl, Aus dem Wirtshaus zum Wilden Mann, S. 38-55; KASTEN, E., Tönerne figürliche Gießgefäße des Mittelalters in Mitteleuropa. Arbeits- und Forschungsberichte zur sächsischen Bodendenkmalpflege 20-21, 1976, S. 387-558; STADT KEMPTEN (Hrsg.), „Alles zu einem lauteren Steinhaufen gemacht". Auf der Suche nach dem mittelalterlichen Kloster in Kempten, Kempten 1998; KLIEMANN, T., Mittelalterliches Holzgerät und Holzhandwerk in Nürnberg. In: Kahsnitz, Brandl, Aus dem Wirtshaus zum Wilden Mann, S. 131-140; KOKABI, M., Die Fleischküche. In: Landesdenkmalamt Baden-Württemberg, Stadt Zürich, Stadtluft, Hirsebrei und Bettelmönch, S. 297-299; KOKABI, M., Das Rind. Das Rind als vielseitiger Rohstofflieferant. In: Landesdenkmalamt Baden-Württemberg, Stadt Zürich, Stadtluft, Hirsebrei und Bettelmönch, S. 413-414; KÜHNEL, H., Wasserversorgung. In: Kühnel, Alltag im Spätmittelalter, S. 49-54; KÜHNEL, H. Schutz der Brunnen und Gewässer. In: Kühnel, Alltag im Spätmittelalter, S. 54-58; Innenministerium Landesdenkmalamt Baden-Württemberg (Hrsg.), Unter dem Pflaster liegt Geschichte. Stadtarchäologie in Baden-Württemberg, Stuttgart 1989; LYMANT, B., „Butzenscheibe". In: Lexikon des Mittelalters, Bd. 2, München, Zürich 1981, S. 1163; OEXLE, J., Der Ulmer Münsterplatz im Spiegel archäologischer Quellen. Archäologische Informationen aus Baden-Württemberg 21, 1991; OEXLE, J., Minne en miniature - Kinderspiel im mittelalterlichen Konstanz. In: Landesdenkmalamt Baden-Württemberg, Stadt Zürich, Stadtluft, Hirsebrei und Bettelmönch, S. 392-395; OEXLE, J., Versorgung und Entsorgung nach dem archäologischen Befund. In: Landesdenkmalamt Baden-Württemberg, Stadt Zürich, Stadtluft, Hirsebrei und Bettelmönch, S. 364-374; PROHASKA-GROSS, Ch., Der Heidelberger Glasfund. In: Lutz, Vor dem großen Brand, S. 82-97; PROHASKA-GROSS, Ch., Soffner, A., Hohlglasformen des 13. und 14. Jahrhunderts in Südwestdeutschland und der nördlichen Schweiz. In: Landesdenkmalamt Baden-Württemberg, Stadt Zürich, Stadtluft, Hirsebrei und Bettelmönch, S. 299-310; REINEKING VON BOCK, G., Steinzeug, 3. Aufl., Köln 1986; RÖSCH, M., Die Situation in Deutschland. In: Landesdenkmalamt Baden-Württemberg, Stadt Zürich, Stadtluft, Hirsebrei und Bettelmönch, S. 295-297; ROSMANITZ, H., Die Ofenkacheln. In: Lutz, Vor dem großen Brand, S. 77-81; SCHNEID-HORN, I., Vom Leben in Kloster und Spital am Waisenhausplatz in Pforzheim. Archäologische Informationen aus Baden-Württemberg 16, 1991; SCHRÖTTER, F. „Rechenpfennig". In: Schrötter, F. (Hrsg.), Wörterbuch der Münzkunde, Berlin, Leipzig 1930, S. 551-553; SCHÜTTE, S., Spielen und Spielzeug in der Stadt des späten Mittelalters. In: Pohl-Weber, R. (Hrsg.): Aus dem Alltag der mittelalterlichen Stadt. Hefte des Focke Museums 62, Bremen 1982, S. 201-210; SILLMANN, M., Nahrungspflanzen aus der Latrine 10 in Freiburg, Gauchstraße. In: Landesdenkmalamt Baden-Württemberg, Stadt Zürich, Stadtluft, Hirsebrei und Bettelmönch, S. 293-295; STORZ-SCHUMM, H., Textilproduktion in der mittelalterlichen Stadt. In: Landesdenkmalamt Baden-Württemberg, Stadt Zürich, Stadtluft, Hirsebrei und Bettelmönch, S. 402-407; WATERSTADT, E., Kinderspielzeug im Mittelalter. In: Trier, B. (Hrsg.), Ausgrabungen in Minden. Bürgerliche Stadtkultur des Mittelalters und der Neuzeit, Münster 1987, S. 147-154; WEISS, G., Ullstein Fayencenbuch. Eine Kunst- und Technikgeschichte der Fayencen mit Markenverzeichnis, Frankfurt a.M. 1970.

ANMERKUNGEN

[1] Böhme, S. 57-58.
[2] Hundsbichler, S. 254.
[3] Henkel, S. 135; Borst, S. 254; Hundsbichler, Wohnen, S. 259-261; Bedal.
[4] Borst 1983, S. 235 und 253-254.
[5] Dumitrache; Henkel, S. 132-135; Rosmanitz; Hundsbichler, Heizung.
[6] Henkel, S. 136.
[7] Schneid-Horn, S. 21-22; Henkel, S. 137-139.
[8] Vgl. Funde aus Kempten: Kempten, S. 36; dazu Farbtafel 2, S. 22.
[9] Binding, Lymant; Borst, S. 244-246; Hundsbichler, Wohnen, S. 263; Schneid-Horn, S. 22-23.
[10] Hundsbichler, Wohnen, S. 262-263; Borst, S. 247-248.
[11] Storz-Schumm, S. 405.
[12] Schrötter.
[13] Borst, S. 296-298.
[14] Aries, S. 76; Arnold, S. 57-58.
[15] Schneid-Horn, S. 38; Rosmanitz; 76-77; Schütte; Waterstadt.
[16] Oexle, Minne; Jaritz, S. 167-168.
[17] Benner, S. 104.
[18] Rösch, S. 295; Sillmann, S. 294.
[19] Behre S. 81-84; Brandl 1984; Kokabi, Fleischküche; Rösch; Brandorff.
[20] Kokabi, Rind.
[21] Dumitrache, S. 282.
[22] Benner.
[23] Brandorff, S. 86-95.
[24] Benner, S. 103.
[25] Behre 1989, S. 85-86; Benner, Prohaska-Gross, S. 108; Brandorff 1990, S. 94-95.
[26] Borst, S. 323-324.
[27] Hundsbichler, Wirtschaften, S. 209-210.
[28] Prohaska-Gross, S. 95.
[29] Hundsbichler, Fisch; Benner, Prohaska-Gross, S. 107.
[30] Prohaska-Gross, S. 96.
[31] Prohaska-Gross, S. 87; Prohaska-Gross, Soffner; Kahsnitz.
[32] Prohaska-Gross, S. 88.
[33] Kasten.
[34] Reineking von Bock, S. 61-70.
[35] Weiß, S. 59-87.
[36] Brandorff, S. 84.
[37] Benner, S. 106.
[38] Kliemann.
[39] UK 849.
[40] UK 1065.
[41] Dirlmeier, S. 154-158; Kühnel, Schutz; Höfler, Illi; Oexle, Versorgung.
[42] Innenministerium. Landesdenkmalamt Baden-Württemberg, S. 18, Abb. 26.
[43] Kühnel, Wasserversorgung; Dirlmeier, S. 150-154.
[44] UK 1065.

Albrecht Miller
Kunstgeschichte der Stadt Kaufbeuren im Mittelalter und in der Zeit der Renaissance

Kunstwerke aus hochmittelalterlicher Zeit

Nach der endgültigen Niederwerfung des alemannischen Stammesherzogtums durch die Franken im mittleren 8. Jahrhundert entstand im Raum zwischen Iller und Lech eine Reihe von Stützpunkten, zu denen der Königshof Beuren zählte. Er befand sich im Bereich des Franziskanerinnenklosters, übertraf dessen Ausdehnung jedoch bei weitem. Vermutlich steht die Gründung der Kirche St. Martin im Zusammenhang mit dem Reichshof und wurde als Eigenkirche eines adeligen Reichsbeamten errichtet. Im Gegensatz zu den Nachbarstädten Füssen und Kempten kann die Gründungszeit jedoch durch keine archäologischen Funde belegt werden.

1978 durchgeführte Grabungen im Chor brachten Fundamente mehrerer Rundapsiden zutage, die Bauten der ottonischen und romanischen Zeit zuzuordnen sind. In der ersten Hälfte des 13. Jahrhunderts kam es zu einem Neubau, von dem das hohe, rundbogige, dreifach gestufte Sandsteinportal auf der Südseite erhalten blieb. Die Kapitellzone weist schlichte, künstlerisch anspruchslose Flechtwerk- und Blattfriese in Flachrelief auf. Aus dem stauferzeitlichen Bau der Martinskirche stammt sicher die heute in die Südostecke des ehemaligen Weberhauses eingemauerte skulpierte Säulenbasis aus Sandstein, die stark verwittert und durch eine moderne Restaurierung verfälscht worden ist. Man erkennt einen hockenden, den Pfeileransatz tragenden Mann, der von zwei sitzenden Löwen flankiert wird. Dieses Motiv weist auch der stilistisch verwandte Säulenfuß im Bayerischen Nationalmuseum[1] auf, der wahrscheinlich aus der dem heutigen Barockbau vorausgehenden romanischen Basilika in Marktoberdorf stammt.

Zur Ausstattung der staufischen Martinskirche gehört auch das auf einem spätgotischen Fuß stehende halbkugelförmige Taufbecken. Das in Sandstein gehauene Werk ist nur sparsam mit flachem Relief dekoriert. Den Rand begleitet ein Fries aus einfachen, gleichförmigen Ranken, die Wölbung gliedern sechs aus flachen Lisenenpaaren herauswachsende Palmetten.

Der einzige romanische Profanbau des Kaufbeurer Stadtbezirks, von dem noch Teile erhalten sind, ist die im 12. Jahrhundert erbaute Burg Kemnat. Die einst große, bedeutende Anlage wurde im 19. Jahrhundert weitgehend abgebrochen, doch blieb der aus Nagelfluhquadern gemauerte mächtige Bergfried erhalten. Er ist dem ebenfalls auf quadratischem Grundriß aus Buckelquadern errichteten Bergfried von Helmishofen zum Verwechseln ähnlich. Beide Türme stellen charakteristische Beispiele des stauferzeitlichen Burgenbaus dar, wie sie im Allgäu andernorts nicht mehr zu finden sind. Bauherr der Burg Kemnat könnte jener 1180 erstmals genannte Volkmar von Kemnat gewesen sein, dessen gleichnamiger Enkel sich als treuer Gefolgsmann der Staufer ausgezeichnet hat. In seiner Burg Arbon am Bodensee lebte 1265-1266 der junge Konradin von Hohenstaufen, dessen Erziehung Volkmar anvertraut war. 1268 begleitete Volkmars Sohn Marquard den jungen König auf seinem verhängnisvollen Zug nach Neapel.[2]

Beim großen Stadtbrand von 1325 dürfte die Martinskirche schweren Schaden davongetragen haben. Die daraufhin in gotischem Stil wiederhergestellte Kirche hatte noch nicht die Breite des heutigen Baus. Die stauferzeitliche Südmauer wurde beibehalten, sodaß die Mittelachse gegenüber dem heutigen Bau etwas nach Süden versetzt lag. Darüber hinaus wissen wir nur, daß der Chor polygonal geschlossen war. Zur Ausstattung dieser gotischen Kirche gehörte wahrscheinlich der heute in St. Blasius aufbewahrte, sehr gut erhaltene Astkruzifixus, dessen eminente Ausdruckskraft in der den Passionsbildwerken des 14. Jahrhunderts eigenen Verbindung von drastischem Realismus und abstrahierender Gestaltungsweise begründet liegt.

Die Blüte der Bildhauerei im 15. Jahrhundert

Das 15. Jahrhundert zählt zu den blühendsten in der Geschichte der Allgäuer Kunst. Mehr und mehr gewannen die Städte an Bedeutung, nicht allein als Zentren künstlerischer Produktion, sondern vielfach auch als Auftraggeber. Das Stadtbild Kaufbeurens wird noch heute geprägt von Bauten, die aus der ersten Hälfte des 15. Jahrhunderts stammen.

1403 begannen Ulrich Murer und sein Sohn Leonhard den Neubau des gedrungenen, auf einer Grundfläche von 10 x 10 Metern errichteten, 70 Meter hohen Martinsturms, der wegen seiner flächigen Ecklisenen und Kleeblattfriese sowie der rundbogigen Klangarkaden ungemein altertümlich wirkt. Um das Jahr 1420 wurde die Verstärkung der stauferzeitlichen Stadtmauer in Angriff genommen, womit die Neuanlage mehrerer Türme verbunden war, unter denen wiederum der Fünfknopfturm als Wahrzeichen der Stadt herausragte. 1438-1443 folgte der Umbau der Pfarrkirche St. Martin, die damals ihre heutige Gestalt erhielt. Chor und Sakristei wurden neu errichtet, das Langhaus um ein Joch verlängert, die Mittelschiffswände erneuert und die Seitenschiffe gewölbt. Sie stellt sich nun dar als eine 70 Meter lange, dreischiffige Basilika von sieben Jochen mit flachgedecktem Mittelschiff, gewölbten Seitenschiffen und einem polygonal geschlossenen, gewölbten, von Strebepfeilern umstellten Chor. Das Innere kann allerdings trotz der die Barockausstattung ablösenden Regotisierung von 1893-1899 keinen wirklichen Eindruck des spätgotischen Raumes mehr vermitteln. St. Martin gehört zu einer Gruppe oberschwäbischer Stadtkirchen, die durch ihr Festhalten am basilikalen Aufbau und gleichzeitigen Verzicht auf die Einwölbung des Mittelschiffs Elemente aus der Architektur der Bettelorden übernommen haben. Diesen für die allgäuische Sakralarchitektur bezeichnenden konservativen Bautypus vertreten unter anderem auch die Pfarrkirchen St. Martin und Unsere Liebe Frau in Memmingen sowie St. Mang in Kempten.

Die Erneuerung der alten Blasiuskapelle des 14. Jahrhunderts, von deren Gestalt kein klares Bild mehr zu gewinnen ist, erfolgte in zwei Etappen. 1436 errichtete man das zierliche, durch dreikantige Strebepfeiler und einen unter dem Dachansatz entlang laufenden Kleeblattfries gegliederte Chörlein. Über dem Kircheneingang befindet sich der nachträglich an diese Stelle versetzte Inschriftstein: *„anno domini MCCCCXXXVI do ward volpracht diser kor do kaiser sigmund regiert."* 1484 folgte der Neubau des Schiffs als eine etwa quadratische Halle, deren Kreuzrippengewölbe von vier schlanken, achtkantigen Pfeilern getragen wird. Der lichte, gut proportionierte Raum, der trotz des zeitlichen Abstandes zwischen Chor- und Schiffsarchitektur wie aus einem Guß wirkt, gehört nicht zuletzt auch wegen seiner reichen ursprünglichen Ausstattung zu den sehenswertesten Kunstwerken des Allgäus.

Zum Bestand der Kaufbeurer Blasiuskapelle von 1436 zählen die 1518 von Jörg Lederer in den neuen Choraltar übernommenen Standfiguren der hl. Bischöfe Blasius, Ulrich und Erasmus, die vordem wohl in einem kleineren, schlichteren Altarschrein standen. An ihnen ist die Handschrift eines Meisters zu erkennen, der auch andernorts Skulpturen hinterlassen hat und der aller Wahrscheinlichkeit nach um 1430-1440 in Kaufbeuren ansässig war.[3] Seine Werke sind der Formensprache des „Weichen Stils" der Zeit um 1400 verpflichtet, der, von der Prager Parlerkunst ausgehend, in den „Schönen Madonnen" des deutschen Ostens seine reinsten Ausprägungen erfuhr. Mit dem neuen, zu menschlicher Nähe und Unmittelbarkeit führenden Stil Hans Multschers war der Meister von St. Blasius noch nicht in Berührung gekommen. Die Dreiergruppe kennzeichnet ein strenger, symmetrischer Aufbau: Ulrich und Erasmus entsprechen sich hinsichtlich ihrer Bewegungsmotive und ihrer Kleidung, wogegen die mittlere Gestalt des Kir-

Meister des Fischener Versperbildes: Blasius, Ulrich und Erasmus im Choraltar der Blasiuskirche

chenpatrons in ruhiger Frontalität dasteht. Die Verbindlichkeit von Kompositionsschemata des weichen Stils mit ihren gerundeten Faltenkaskaden, pendelnden Gewandsäumen und Stand- und Spielbein unterscheidenden Körpermotiven bringt ein gewisses Maß an Bewegung mit sich. Dennoch eignet den Figuren eine merkwürdige hölzerne Steifheit, die auf der Verfestigung des Formenapparats beruht. Am klarsten tritt diese Tendenz beim Hl. Blasius in Erscheinung. Das ungemein dichte Faltenwerk wirkt bei ihm erstarrt und strähnig, dem Figurenblock korsettartig aufgelegt. Die Gesichter mit den betonten Backenknochen und den auffallend schmalen Augen erwecken in ihrer Stereotypie den Eindruck starrer Feierlichkeit.

Von den übrigen bislang diesem Meister zugeschriebenen Werken steht der um 1435 entstandene Grabstein des Konrad von Schwangau, gest. 1437, und seiner Gemahlin Margareta von Ellenhofen, gest. 1426, den Kaufbeurer Bischofsfiguren am nächsten. Das relativ flache Relieffeld weist eine nicht alltägliche Komposition auf. Unter einem Dreipass erscheint oben auf einer Wolke die Halbfigur des Schmerzensmannes, zu dem sich die auf Konsolen knienden Verstorbenen als Adoranten emporwenden. Darunter breitet sich das großflächig angelegte Allianzwappen des Paares aus. Das spröde, strähnige Faltenwerk des Mantels der verstorbenen Frau und die mit dem Kopf des Hl. Blasius übereinstimmenden Gesichtszüge des Schmerzensmannes verknüpfen das Werk eng mit den Schreinfiguren von St. Blasius.

Die Ausstattungsgeschichte des spätgotischen Neubaus der Martinskirche ist nur bruchstückhaft rekonstruierbar. Es sind acht Altäre überliefert:
Der Altar Unserer Lieben Frau (mit dem Hochaltar zu identifizieren)
Der Altar der Heiligen Johannes Baptista und Johannes Elemosynarius (der Almosengeber)
Der Altar des Hl. Vitus
Der Altar der Hl. Katharina
Der Altar des Hl. Leonhard
Der Altar des Hl. Jakobus
Der Altar des Hl. Nikolaus
Der Altar der Hl. Anna

In der Reformationszeit ging man in Kaufbeuren mit den kirchlichen Kunstschätzen zunächst vorsichtiger um, als dies in den vehementen Bilderstürmen der Reichsstädte Ulm, Biberach, Kempten und Memmingen geschah. Ein 1525 eingeholtes Gutachten ermahnte zur Zurückhaltung. Es gipfelt in dem Satz: *„Bilder schaden dem Gläubigen gar nicht, darum mag man sie jetzt auf kommende Zeit wohl gedulden; offene Laster aber sind zu keiner Zeit zu dulden."*[4] Nach und nach wurden die protestantischen Bürger Kaufbeurens zur bestimmenden Mehrheit, sodaß am 6. August 1545 sämtliche Altäre, Heiligenbilder und Figuren aus St. Martin entfernt und wohl vernichtet wurden. Es ist jedoch davon auszugehen, daß katholische Familien die von ihnen gestifteten Werke zuvor nach Hause geholt haben, wie es für Georg Hörmann von und zu Gutenberg belegt ist. Als St. Martin am 16. März 1549 der katholischen Gemeinde übergeben wurde, erwähnt der Visitationsbericht vier *„mit Tafeln wohl gezierte"* Altäre und ein neues, hübsches Sakramentshaus.

Wie viele von den heute in der Kirche befindlichen und bei der Regotisierung eingebrachten spätgotischen Bild-

Füssen - Annakapelle, Grabstein des Konrad von Schwangau

werken zur ursprünglichen Ausstattung gehört haben, ist nicht mehr feststellbar. Sicherheit besteht nur bei den Figuren des Hochaltars von Michel Erhart, über die noch zu sprechen sein wird.

Man kann davon ausgehen, daß der in der Mitte des 15. Jahrhunderts allem Anschein nach in Kaufbeuren tätige Meister des Fischener Vesperbilds an der Ausstattung der Kirche beteiligt war. Aus seiner Werkstatt ging eine Vielzahl von Bildwerken hervor, die sich vornehmlich in Ostallgäuer Kirchen und Kapellen erhalten haben, aber auch bis ins Oberallgäu ausstreuen. Eine dem namengebenden Fischener Vesperbild gleichwertige Marienklage aus Apfeltrang in Privatbesitz ist exemplarisch für das Schaffen des Meisters. Es gehört noch dem für den „Weichen Stil" um 1400 verbindlichen Typus an, bei dem der Leichnam des Sohnes fast waagrecht im Schoß der Mutter liegt, die Arme vor dem Leib gekreuzt, den Kopf im Tod nach hinten gesunken. Die in glatten Biegungen ausschwingenden Faltenmulden und röhrigen Gehänge sind jedoch verhärtet zu kantigen Gebilden, die in vielen winkeligen Brechungen zu Boden sinken. Die gleichen gratigen, für die Frühzeit des Meisters um 1450 charakteristischen Zickzackfalten finden wir in überreichem Maß an der zum heutigen Bestand von St. Martin zählenden Sebastiansfigur, die sich als Leihgabe im Stadtmuseum befindet (s. Tafel I).

Als weitere bemerkenswerte Figuren der Zeit um 1450-1460 seien hier genannt die Ölbergfiguren in Marktoberdorf, Hirschzell und Oberreuten, während das Vesperbild im Hochaltar von Oberostendorf, die Muttergottes in der Kapelle Maria Seelenberg in Eggenthal, die hl. Ottilie im Hochaltar der Wallfahrtskirche auf dem Ottilienberg bei Hörmanshofen, der hl. Sylvester in Burk bei Seeg und die hl. Barbara in Apfeltrang in die Zeit um 1460-1470 gehören, in der unter dem Einfluß des Meisters des Füssener Hochaltars eine Hinwendung zu etwas strafferen, klareren Kompositionen stattfand. Aus den Jahren um 1460 stammen auch die noch nicht als Werk des Meisters publizierten nahezu lebensgroßen Figuren der Muttergottes, die vor einigen Jahren für das Stadtmuseum erworben wurde und des hl. Christophorus, der sich 1970 im Wiener Kunsthandel befand [5] (s. Tafel I). Dem Werk des Meisters hinzuzufügen sind ferner der hl. Johannes Baptista auf dem Kanzeldeckel und die Johannesschüssel in der Pfarrkirche zu Willofs. Es ist erstaunlich, daß sich vom ehemaligen Choraltar der Martinskirche[5] im Gegensatz zu den sieben Nebenaltären ein großer Teil der Skulpturen an Ort und Stelle erhalten hat. Der mindestens vier Meter breite Schrein enthielt fünf lebensgroße Figuren, deren vier heute im Chor auf Konsolen stehen, während die Muttergottes in Oberbeurer Privathand kam und über die Sammlung Oertel ins Bayerische Nationalmuseum gelangte (s. Tafel III und ausführliche Beschreibung auf Farbtafel VII). Der Meister der Kaufbeurer Hochaltarskulpturen konnte auf stilkritischem Weg bestimmt werden. Es ist kein Geringerer als der in den Jahrzehnten nach Multschers Tod führende Ulmer Bildhauer Michel Erhart, der die oberschwäbische Kunst seiner Zeit weitgehend geprägt hat. Sein Blaubeurer Choraltar von 1490-1494, dessen Schrein gleichfalls fünf lebensgroße Standfiguren enthält, vermag eine ungefähre Vorstellung vom Aussehen des Kaufbeurer Retabels zu geben, doch dürfte die Schreinarchitektur altertümlicher, dem Riß des Ulmer Hochaltars Jörg Syrlins d.Ä. im Württembergischen Landesmuseum ähnlicher gewesen sein. Auch über die Gestalt der Predella, des Gesprenges und der Flügel ist nichts Konkretes mehr zu sagen. Immerhin hat sich aber in der Kaufbeurer Martinskirche eine schlank proportionierte, 131 Zentimeter hohe, vollrund gearbeitete Bischofsfigur erhalten, die mit größter Wahrscheinlichkeit ehemals unter einem der Maßwerkbaldachine im Gesprenge stand. Der im Körpermaß übereinstimmende hl. Sebastian in der Blasiuskapelle, der motivisch mit dem Stich B 59 von Martin Schongauer zusammenhängt, gehört zwar zu den Werken aus dem Umkreis oder der Werkstatt des Meisters, ist aber feiner gearbeitet und dürfte deshalb nicht zum Hochaltar, sondern zu einem anderen, um 1490 errichteten Retabel gehört haben.

Wegen der stilistischen Nähe der Schreinfiguren zu den Wangenfiguren des Chorgestühls des Ulmer Münsters, das 1469-1474 vom Schreiner Jörg Syrlin d.Ä. unter bildhauerischer Mitwirkung Michel Erharts geschaffen wurde, dürfen wir beim Kaufbeurer Altar von einer Entstehungszeit um 1475 ausgehen. Er muß schon zu seiner Zeit große Beachtung gefunden haben. Dies bezeugen Nachschöpfungen der Muttergottes in der St. Anna-Kapelle in Füssen um 1500 und im Altar der Schneckenkapelle bei St. Ulrich und Afra in Augsburg vom Enkel Michel Erharts, Paulus Mair, um 1570. Von Cosmas und Damian existieren kleine Nachbildungen des frühen 16. Jahrhunderts in der Kapelle zu Frankenhofen bei Schlingen.

Ursache für die Vergabe des Choraltars der Martinskirche an den berühmten Meister Michel Erhart in Ulm mag einerseits der hohe künstlerische Anspruch gewesen sein, den die Bürgerschaft erhob, andererseits aber auch die Tatsache, daß in Kaufbeuren um diese Zeit kein bedeutender Bildhauer ansässig gewesen zu sein scheint. Jedenfalls wird weder in den Quellen ein Bildhauer genannt, noch läßt sich aus den erhaltenen Denkmälern der Region ein entsprechendes Werk zusammenstellen.

Kaufbeurer Malkunst im ausgehenden Mittelalter

Anders verhält es sich mit den Malern, über die eine Reihe von Nachrichten existiert, ohne daß allerdings Verbindungen zu erhaltenen Kunstwerken hergestellt werden können. Es werden genannt Peter Hopfer (1443-ca. 1482), Jörg Leminger (1476-ca. 1500), Wendel Süberlin (1479-1492), Bartholomäus Hopfer (1479-1483), Bastian Badelkircher (1479- ca. 1504), Leonhard Hopfer (1497-vor 1501), Ambrosius Reinhart (1501), Georg Badelkircher (1503-1507). Bartholomäus Hopfer war der Vater des Daniel, der 1493 in Augsburg eingebürgert wurde und sich dort bis zu seinem Tod 1536 als Holzschneider, Waffenätzer und Radierer hervortat. Dessen Sohn Hieronymus ist bekannt als einer der produktivsten Radierer seiner Zeit, der zunächst in Augsburg arbeitete, 1536 aber in Nürnberg das Bürgerrecht erwarb. Von der künstlerischen Tätigkeit der beiden Maler Badelkircher wissen wir nur, daß Bastian 1493 für 78 fl. den nicht mehr existierenden Hochaltar für die Pfarrkirche Ebenhofen geliefert hat, doch sind von beiden Bildniszeichnungen aus dem Jahr 1503 erhalten.[7] Das Portrait des Bastian Badelkircher zeigt einen seltsamen alten Mann mit auf die Schultern niederfallendem Haar, abgezehrtem Gesicht, scharf blickenden Augen, weit vorspringender Nase und auffallend breitem, hohen Kinn. Jörg Badelkircher wird dagegen präsentiert als vornehmer junger Mann mit fein geschnittenem, von den Schwüngen schöner Locken umspieltem Gesicht (s. Tafel IV).

Von einem der genannten Meister stammt zweifellos das Hauptwerk der Kaufbeurer Malerei, die um 1485/1490 geschaffenen, 66 Bilder umfassenden Zyklen der Legenden des Kirchenpatrons St. Blasius, der Altarpatrone Ulrich und Erasmus, des Hl. Antonius Eremita und der Martyrien der Apostel in der Blasiuskapelle. Der Maler, dessen Schilderungskunst von erfrischender Naivität und Drastik geprägt wird, verfügt über beachtliche kompositorische Fähigkeiten und hebt sich aus dem Durchschnitt seiner Allgäuer Zeitgenossen deutlich heraus. Gemälde wie die Entführung des Einsiedlers Antonius durch Dämonen, deren Kompositionen überwiegend ornamentalen Gesetzen folgen, gehören zu den temperamentvollsten, besten Leistungen der Allgäuer Malerei der Spätgotik. In liebevoller Ausführlichkeit wird auf 20 Tafeln das Leben des Hl. Blasius erzählt. Die Landschaften sind durchweg aus flächig angelegten Hügeln mit dicht zusammengeballten Bäumchen gebildet. Im Vordergrund finden wir die großfigurigen Szenen, gelegentlich auch kulissenartige Architekturteile: So bei der Darstellung des Heiligen mit den Tieren des Waldes, bei der links wie ein Portikus der Eingang der Höhle erscheint, unter dem St. Blasius sitzt, während von rechts die im Bedeutungsmaßstab klein gehaltenen Tiere des Waldes auf ihn zustreben, oder bei der Schilderung der Geschichte des eingekerkerten Bischofs, dem eine Frau gebackenen Schweinskopf, Brot und eine Kerze zum Gitterfenster bringt. Die Figuren sind scharf gezeichnet, kräftig modelliert und kontrastieren lebhaft zum großflächigen Hintergrund (s. Band 1, Farbtafel VII). Alfred Stange hat den Maler nach Teilen eines Sakristeischranks im Bayerischen Nationalmuseum Meister des Kaufbeurer Sakristeischranks genannt,[8] dem er eine Gruppe weiterer Werke zugeschrieben hat.[9] Als wichtigste davon seien erwähnt vier Tafeln eines beachtlichen Marienaltars, dessen Schrein rund 250 Zentimeter hoch und 220 Zentimeter breit war. Drei dieser Tafeln befinden sich heute in der Staatsgalerie Füssen.

München, Bayerische Staatsgemäldesammlungen, Verkündigung Mariä

Das etwas ältere Reliquienaltärchen in St. Blasius hat andere stilistische Wurzeln (s. Tafel II). Die miniaturhaft fein gemalte Engelspieta des Hauptbildes und die Assistenzfiguren der trauernden Gestalten Marias und des Johannes auf den schmalen Flügeln zeigen eine mit graphischen Mitteln arbeitende Art der Modellierung. Die gezeichneten Rankenkonsolen und Maßwerkbaldachine wirken wie von einem Kupferstecher gefertigt. Die Vermutung, es handle sich um ein Werk des Bartholomäus Hopfer aus der Zeit um 1480, gewinnt an Wahrscheinlichkeit, wenn man bedenkt, daß Kupferstich und Radierung in der Malerfamilie Hopfer in den folgenden Generationen in hoher Blüte standen.

Nicht in Kaufbeuren entstand der um 1475 zu datierende Passionszyklus aus dem Franziskanerinnenkloster, der über die Sammlung Schwarz in Kaufbeuren in das Herzogliche Georgianum nach München gelangte.[10] Diese Tafeln stehen offenbar in Zusammenhang mit dem Neubau der Klosterkirche 1471/72. Jeder der neun etwa quadratischen Passionstafeln ist oberhalb ein niedriges querrechteckiges Bild zugeordnet. Die Reihe beginnt mit der Gefangennahme Christi und dem Abschied Christi von Maria. Die folgenden sieben Szenen, Christus vor Pilatus, Geißelung, Dornenkrönung, Kreuztragung, Kreuzannagelung, Kreuzabnahme und Grablegung, wurden ergänzt durch Darstellungen der sieben römischen Hauptkirchen mit ihren Patronen. Das letzte Gemäldepaar bilden die Auferstehung und die Mutter Anna Selbdritt. Die ikonographisch ungewöhnliche Bilderfolge stammt von jenem Meister, der 1463 die Flügelbilder des Füssener Hochaltars gemalt hat und der in der älteren Literatur als Meister des Riedener Altars bezeichnet wird. Er gehört nicht zu den Großen der schwäbischen Kunst. Seine Kompositionen sind etwas gleichförmig, die Figuren steif oder in ihren Bewegungen schwerfällig und im Ausdruck kaum differenziert (s. Band 1, S. 56).

Die Bildhauerei am Ende des 15. Jahrhunderts

Im letzten Jahrzehnt des 15. Jahrhunderts begegnen uns in den Kaufbeurer Archivalien zwei Bildhauernamen: Konrad Köppel (ca. 1490-1501) und Jakob Bentelin (1496). In diese Zeit fällt die Tätigkeit eines Meisters, welcher der Menge der erhaltenen Skulpturen nach einen größeren Werkstattbetrieb geleitet hat und den man nach einem seiner Hauptwerke Meister von Wald nennen könnte. Der Hochaltar der Pfarrkirche St. Nikolaus in Wald enthielt drei nahezu lebensgroße Figuren der Bischöfe Nikolaus, Wolfgang und Ulrich, deren kraftvolle Gestalten ohne das große Vorbild der Bischofsfiguren des Kaufbeurer Hochaltars von Michel Erhart kaum denkbar sind. An diese um 1500 entstandenen Bischöfe lassen sich als Werke der Kaufbeurer Gegend die einige Jahre älteren Figuren der Apostel Petrus und Johannes, der thronende Hl. Wolfgang und die Pietà anschließen, alle in der Kaufbeurer St. Martins-Kirche, die Muttergottes in der Pfarrkirche zu Lauchdorf und die sitzende Hl. Ottilie aus der Ottilienkapelle in Rott am Lech (s. Tafel I und II). Die qualitativ nachlassende späte Produktion der Werkstatt nach 1500 repräsentieren der stehende Hl. Nikolaus in St. Martin in Kaufbeuren und zwei Bischofsfiguren in Schlingen.

Unter den hier genannten Werken befinden sich mehrere, die als Arbeiten Ivo Strigels bisher allgemein anerkannt waren. In der Tat stellt diese Werkgruppe die Fortsetzung jener Reihe von Bildwerken dar, die sich um den von Ivo Strigel signierten Altar von Disentis gruppieren und die Gertrud Otto für den Meister selbst in Anspruch genommen hat. Tatsächlich besagt die Signatur „*completum est hoc opus per magistrum Yvonem Strigel de Memmingen 1489*" nur, daß er der verantwortliche Unternehmer des Werks war. Gegen die von Gertrud Otto angenommene bildhauerische Tätigkeit Ivo Strigels sprechen folgende Tatsachen: Ivo Strigel übernahm 1462 zweiunddreißigjährig die väterliche Werkstatt und starb 1516. Eines der frühesten Werke der Gruppe um den Disentiser Altar ist der 1486 datierte Schrein von Brigels. Aus den ersten beiden Jahrzehnten seines Schaffens als Bildschnitzer wäre demnach zufällig nichts erhalten. Die Konzentration von Werken der Stilgruppe Disentis im Ostallgäu und im besonderen in und um Kaufbeuren, das ja gegen 1500 selbst über Bildhauerwerkstätten verfügte, läßt sich mit der Autorschaft Ivo Strigels kaum in Einklang bringen. Allem Anschein nach war Ivo Strigel selbst Maler und Unternehmer. Die Skulpturen ließ er sich von Bildhauergesellen in der eigenen Werkstatt fertigen, oder er gab Aufträge dieser Art weiter an selbständige Bildhauermeister.[11] Daß es sich bei den Werken des zweifellos in Kaufbeuren tätigen Meisters von Wald und dem Schnitzer der Altäre von Brigels und Disentis um verschiedene Personen handelt, ist in Anbetracht der engen stilistischen Zusammenhänge wenig wahrscheinlich. Dies mag die Gegenüberstellung des Hl. Wolfgang in der Sakristei von St. Martin mit dem Hl. Wolfgang aus dem Strigelaltar in Brigels von 1486 demonstrieren. Es spricht alles dafür, daß der Meister von Wald in den 1480er Jahren als Geselle in der Memminger Strigelwerkstatt tätig war, bevor er sich in Kaufbeuren niederließ und das Meisterrecht erwarb. Möglicherweise war der junge Meister von Kaufbeuren aus noch einige Zeit als Zulieferer von Skulpturen für die Strigelwerkstatt tätig.

Der Bildhauer Jörg Lederer

Zu Beginn des 16. Jahrhunderts trat in der Kaufbeurer Kunst ein Generationswechsel ein. Das Schwergewicht lag nun eindeutig in der Skulptur, die überregionalen

Rang erlangte. Jörg Lederer war wohl der bedeutendste Künstler, der jemals in Kaufbeuren ansässig war (s. Tafel IV und V). Am 22. Juli 1499 erwarb er das Füssener Bürgerrecht, gab es aber bald wieder auf. Von 1507 an bis zu seinem Tod 1550 ist er als Bürger von Kaufbeuren bezeugt. Anlaß für seinen Aufenthalt in Füssen waren offenbar die Aufträge, die Fürstbischof Friedrich von Hohenzollern im Zusammenhang mit seinen Bauten zu vergeben hatte. Der junge Bildhauer schuf eine Reihe von 1503 datierten Sandsteinreliefs mit figürlichem und heraldischem Schmuck, die heute noch den Treppenturm im Hof des Hohen Schlosses, die Füssener Stadttore und das Nesselwanger Spitalgebäude zieren. Im Figürlichen muten die Reliefs zunächst konventionell an, lassen aber doch schon wesentliche Elemente des nach 1510 unverwechselbar gewordenen Lederer-Stils erkennen. Das Brüstungsrelief im Treppenturm dürfte einige Jahre später entstanden sein, da die Figuren der Heiligen Ulrich und Afra stilistisch unmittelbar zu den Predellenflügeln des Altars in Stuben von 1513 überleiten. Zu den frühen Hauptwerken zählt der Grabstein des 1510 verstorbenen bischöflich augsburgischen Vogts Hans Fierer an der Pfarrkirche Marktoberdorf. Das Dominieren der in einer straffen Dreieckskomposition angelegten Gestalt des Verstorbenen zeugt von einer renaissancehaften Auffassung der Persönlichkeit und bestätigt die engen Beziehungen des jungen Jörg Lederer zur Augsburger Kunst.[11]

Die Reihe der Holzbildwerke beginnt mit der gegen 1510 entstandenen Muttergottes von Huttenwang, an die sich die in der Staatsgalerie im Hohen Schloß zu Füssen stehenden lebensgroßen Figuren der Heiligen Johannes Baptista und Magdalena anschließen, die zu einem Altar von beachtlichen Ausmaßen gehört haben. Sollte es sich dabei um Reste des Johannesaltars der St. Martins-Kirche handeln? Ins Gesprenge eines Ledereraltars dieser Größenordnung gehörte ehemals der 83 Zentimeter hohe thronende Christus als Weltenrichter, der in die Kapelle von Oberzell gelangt ist.

Der Altar in der Kaufbeurer Blasiuskapelle (s. Farbtafel IV) ist 1518 datiert und zeigt erstmals den für die Hauptwerke Jörg Lederers charakteristischen Aufbau mit den an weit ausladenden Bändern befestigten Flügeln, die in geöffnetem Zustand so weit vom Schrein abgerückt sind, daß der Durchblick auf die Schreinwächter frei bleibt. Der Altar erhält dadurch eine Zierlichkeit und Durchsichtigkeit, die an gleichzeitige Monstranzen erinnert. Infolge der Adaptierung älterer Figuren bleibt die Schreinkomposition jedoch konventionell. Die für Lederers Schreinkompositionen charakteristische Tendenz zum bildhaften Zusammenschluß der Figuren und Gruppen finden wir am schönsten do-

Jörg Lederer, Christus als Weltenrichter, Oberzell, Kapelle

kumentiert im Hindelanger Altar, der heute seiner Flügel und seines Gesprenges beraubt in der Kirche von Bad Oberdorf steht, und der ehedem zweifellos zu den hervorragendsten süddeutschen Retabeln des frühen 16. Jahrhunderts gehört hat. Der etwa gleichzeitige, etwas kleinere und kompositionell nicht ganz so reiche Altar in der Spitalkirche in Latsch im Vintschgau zeichnet sich durch hervorragende Erhaltung aus und macht anschaulich, wie viele ehemals im Allgäu beheimatete Altäre der mittleren Schaffenszeit ausgesehen haben, von denen verschiedentlich Einzelfiguren erhalten geblieben sind.

Charakteristisch ist die Aufteilung des Schreins in drei Figurennischen, von denen die mittlere, breitere, durch einen Schreinauszug erhöht wird. Parallel dazu zeigt die hohe Predella einen ebensolchen in den Schrein greifenden Auszug. Auch bei kleinen Altären wie dem aus der dem Heiligen Nikolaus geweihten Kirche in Hinterkirch am Reschenpaß, im Museum der schönen Künste in Budapest, folgt Lederer diesem Schema. Obgleich keines seiner großen Meisterwerke, strahlt dieses in originaler Fassung erhaltene Altärchen sehr viel Charme aus. Die

Himmelfahrt der nur von prächtigem, knielangem Lockenhaar bekleideten Hl. Magdalena mit Hilfe von sechs emsig zupackenden und flatternden Engelchen, die kompositionell auf Dürers Holzschnitt B 121 zurückgeht, ist von ungewöhnlicher Natürlichkeit und Naivität.

Unter den erhaltenen Einzelfiguren der Zeit um 1520 ist hervorzuheben die lebensgroße Muttergottes in der St. Georgs-Kirche auf dem Auerberg (s. Abbildung). Wie bei der frühen Huttenwanger Marienfigur liegt beim Motiv des quer vor der Brust gehaltenen Kindes ein Rückgriff auf die Madonna des Füssener Hochaltares von 1463 vor. Der Bewegungsrhythmus der Figur wird bestimmt durch die Raffung des Mantels nach rechts oben, die einen großzügigen diagonal geschwungenen Faltenfluß erzeugt. Dieser wird nur unterbrochen durch das vorgeschobene rechte Knie, über dem sich dichte Knitterfalten stauen. Parallelen zwischen den Staufalten des um die rechte Hüfte geschlungenen Mantelsaums, der Kontur des Kinderkörpers und dem plissierten Kopftuch nehmen den Faltenduktus wieder auf und vereinheitlichen die Komposition. Zu einem Schreinaltar dieser Größe und Entstehungszeit muß als vollrund gearbeitete Gesprengfigur der qualitätvolle Hl. Apostel gehört haben, der 1986 für das Stadtmuseum Kaufbeuren erworben wurde. Eine etwas später vereinfachte Variation der Muttergottes vom Auerberg stellt eine 98 Zentimeter hohe, bislang unveröffentlichte Marienfigur in Privatbesitz dar. Durch das aufrechte Sitzen des Kindes und den diagonal über den Körper greifenden rechten Arm Marias entsteht hier ein zum Faltenduktus des Mantels kontrastierendes Oval.

Um 1525 erreicht die Schnitzkunst Lederers ihren Höhepunkt. Die Bewegungen der Figuren haben an Vehemenz zugenommen, die Falten sind aufgewühlt und zerknüllt. Den Weg dorthin kennzeichnet eine bisher noch nicht für Lederer in Anspruch genommene kleine Apostelgruppe aus einer Predella in der Walters Art Gallery in Baltimore. Die wildeste Stilphase demonstrie-

Jörg Lederer, Muttergottes in der St. Georgs-Kirche auf dem Auerberg

Jörg Lederer, Apostelgruppe, Baltimore, Walters Art Gallery

ren am eindrücklichsten die kleine Marienkrönung in der Berliner Skulpturensammlung, die wohl ursprünglich mit den beiden Bischöfen in Serfaus/Oberinntal in einem Altarschrein stand, der Kruzifixus in der Pfarrkirche von Serfaus und eine dreiteilige Predellengruppe des Marientods im Diözesanmuseum Köln.

Die Madonna im Stadtmuseum Füssen und der möglicherweise ursprünglich zugehörige Hl. Jakobus in der Pfarrkirche in Rieden bei Füssen repräsentieren den Stil Lederers der Zeit um 1530. Bei den voluminösen, breit angelegten Gestalten dominieren straffe, einem vehementen Bewegungsrhythmus folgende Faltenkompositionen. Gegenüber etwas älteren Werken ist eine Tendenz zur Klärung und zur Konzentration auf primäre Kompositionselemente und Bewegungsimpulse zu beobachten. Ansätze dazu lassen sich auch beim Vesperbild in Honsolgen und vor allem bei Johannes Bapt. in der Pfarrkirche von Waal feststellen. Diese vollrund gearbeitete, schlank proportionierte ehemalige Gesprengfigur wird beherrscht von einem wirbelnden Bewegungsrhythmus, der keine Anreicherungen durch dekorative Details mehr aufkommen läßt.

Die Tätigkeit Jörg Lederers in den letzten beiden Jahrzehnten seines Lebens zwischen 1530 und 1550 gehört nach wie vor zu den ungelösten Problemen der Allgäuer Kunstgeschichte. Einen Schritt weiter mag uns ein Altärchen von 108 Zentimeter Höhe und 175 Zentimeter Breite bringen, das 1901 mit den Kunstschätzen des Schlosses Mainberg bei Lepke in Berlin versteigert wurde und seitdem verschollen ist. Es zeigt auf den Flügelaußenseiten gemalte Passionsszenen, im Inneren Reliefs der Verkündigung, Geburt und Anbetung der Könige. Anhand der Abbildung ist feststellbar, daß es sich um ein vorzügliches Spätwerk Jörg Lederers handelt. Überraschend ist die Form des Schreins, der reine, schlichte Frührenaissanceformen aufweist und eine Datierung in das Jahrzehnt zwischen 1530 und 1540 nahelegt.

Die virtuose Schnitz- und Altarbaukunst Jörg Lederers erweckte weit über die Grenzen des Allgäus hinaus große Resonanz. Die Straße entlang des Lechs, über den Fernpaß, durch das Oberinntal, über den Reschenpaß und den Vintschgau abwärts bis Meran war die Verkehrsader, auf der die Altäre Lederers in beachtlicher Zahl verfrachtet wurden. Der Meister hatte eine Reihe von Schülern, von denen sich einige mit Werkgruppen feststellen lassen. Der am weitesten abgewanderte ist der Schnitzer des Annenaltärchens aus dem Aostatal im Museo Civico in Turin, von dessen Hand die Schreinfiguren der Muttergottes und der Heiligen Jakobus und Martin in der Pfarrkirche von Torgnon unweit Breuil, südlich des Matterhorns, stammen.

Die Bildhauer Hans Kels d.Ä., Christoph Ler und der Meister des Hirschzeller Altars

Gleichzeitig mit Jörg Lederer erscheint als weiterer bedeutender Kaufbeurer Bildschnitzer Hans Kels d.Ä. 1506 heiratete er die Kaufbeurerin Anna Müller und kaufte sich 1507 in die Kramerzunft ein. Im gleichen Jahr arbeitete er „ettlich Bild" für Kaiser Maximilian. 1513/14 und 1517/18 wird er für Aufträge des Klosters Füssen bezahlt. 1546, 1547 und 1550 taucht sein Name in den Kaufbeurer Stadt- und Landkanzleiprotokollen auf, 1559 war er nicht mehr am Leben, denn in diesem Jahr erfolgte der Verkauf seines Hauses. Die Söhne Hans d.J. und Veit waren ebenfalls Bildhauer und wanderten nach Augsburg ab, wo sie 1541 und 1546 eingebürgert wurden. Dem Zunftrecht zufolge durften sie jeweils vier Jahre zuvor dort ansässig geworden sein.

Den Einstieg ins Werk Hans Kels d.Ä. bietet das „*Hans Kels zu Kaufbeiren*" signierte, 1537 im Auftrag König Ferdinands I. geschaffene Ambraser Spielbrett, das heute im Kunsthistorischen Museum zu Wien aufbewahrt wird. Dieses kostbare Werk der deutschen Frührenaissance,[13] an dem wahrscheinlich die Söhne Hans d.J. und Veit beteiligt waren, besteht aus zwei mittels Scharnieren zusammenklappbaren quadratischen Holztafeln von 56 Zentimeter Seitenlänge, deren Außenseiten reichen Reliefschmuck tragen, während die beiden Innenseiten die intarsierten Trictracspielfelder aufweisen, die umrahmt sind von einem Rankenfries mit Tieren und Medaillons. Die Außenseiten weisen reichen genealogischen und heraldischen Schmuck auf. Das Zentrum nimmt jeweils ein großes Reliefmedaillon mit Reiterbildnissen Kaiser Karls V. und seines Bruders König Ferdinands I. ein, umgeben von jeweils vier Bildnismedaillons prominenter Ahnen. Bei Karl V. sind es König Albrecht II. (1397-1439), Kaiser Friedrich III. (1415-1433), Kaiser Maximilian I. (1459-1519) und König Philipp I. von Spanien (1478-1506). Bei Ferdinand I. sind es König Ferdinand V. von Spanien (1452-1516), Herzog Karl der Kühne von Burgund (1433-1477), König Ladislaus V. von Böhmen und Ungarn (1440-1457) und König Ludwig II. von Böhmen und Ungarn (1506-1526). Die Rahmungen füllen Rankenfriese mit den Wappen der Ländereien der Reiche. Zum Spielbrett gehören Brettsteine, auf denen, entsprechend der Funktion des Brettspiels als Spiel unter Liebesleuten, Liebesabenteuer antiker Götter sowie tugend- und heldenhafte Frauen des Altertums wiedergegeben sind. Erweitert wird dieses Programm durch eine Folge von „Weiberlisten", Darstellungen, welche die alle männliche Weisheit und Stärke bezwingende Macht der Frauen demonstrieren (siehe Band 1, Farbtafel VIII).

Der Reliefschmuck des Spielbretts und die Brettsteine zeigen die gleiche sorgfältige Ausführung. Kostüme, Waffen, Gerätschaften und Landschaftshintergründe sind minutiös beschrieben. Lineare Elemente wie Bodenfugen oder Graspolster sind präzise herausgearbeitet und kontrastieren mit den plastisch angelegten menschlichen Körpern. Es ist jedoch nicht zu übersehen, daß deren Darstellung, insbesondere der nackten Körper, nicht zu den Stärken des Meisters gehörten. Die Anatomie seiner Gestalten wirkt durchweg etwas unorganisch und unbeholfen, die Bewegung steif und puppenhaft. Der Charme der Figürchen beruht in ihrer gemütvollen Naivität und liebenswürdigen Behäbigkeit. Gleichzeitig mit dem Spielbrett entstand ein virtuos gearbeitetes mit vollem Namen signiertes Bildnismedaillon, darstellend die Herrscherpaare Kaiser Karl V. mit Kaiserin Isabella und König Ferdinand I. mit Königin Anna, die sich hinter einer Brüstung im Profil gegenüberstehen. Hier ist dieselbe Liebe zur präzisen Wiedergabe aller Schmuckformen, der Kostüme und heraldi-

Hamburg, Museum für Kunst und Gewerbe, Bildnismedaillon von Hans Kels d. Ä.

schen Details zu beobachten. Hans Kels d.Ä. erweist sich als ein Medailleur, dessen besondere Stärke im Ornamentalen lag.

Mit den weiblichen Aktfiguren auf den Brettsteinen steht in engem stilistischem Zusammenhang eine 55 Zentimeter hohe Lindenholzstatuette der Fortuna in der Skulpturensammlung der Staatlichen Museen Berlin, die dort als augsburgisch gilt.[14] Das dralle, voluminöse, bewegt konturierte Figürchen steht wohl ponderiert auf der rollenden Kugel. In zierlicher Pose hält sie das flatternde, in kreisendem Schwung über den Schoß gleitende Tuch, das mit den Armen zu einer ornamentalen Einheit verflochten erscheint. In den Motiven des Haltens der Brust und des den Leib enthüllenden Schleiertuchs darf man erotische Anspielungen auf das Liebesglück sehen. Die muskulöse, stämmige Körperbildung mit kräftigen Oberschenkeln, relativ kurzen Unterschenkeln, wohlgerundetem Bauch, prallen, halbkugeligen, auseinandergerückten Brüsten und das

Wien, Kunsthistorisches Museum, zwei Brettsteine des Spielbrettes von Hans Kels d. Ä. (1537)

89

kleine Köpfchen mit dem niedlichen, runden, stupsnasigen Gesichtchen sind engstens verwandt der Venus des Brettsteins von 1537. Hingegen erinnert das eng gefaltete, durch zahlreiche Querdellen strukturierte Schleiertuch an vergleichbare Details älterer Großplastiken des Meisters aus der Zeit um 1520, beispielsweise an das Kopftuch Marias am Relief der Anbetung der Könige in der St. Martins-Kirche. Wir dürfen davon ausgehen, daß die reizende Fortunastatuette von Hans Kels d.Ä. um 1525/30 geschaffen wurde.

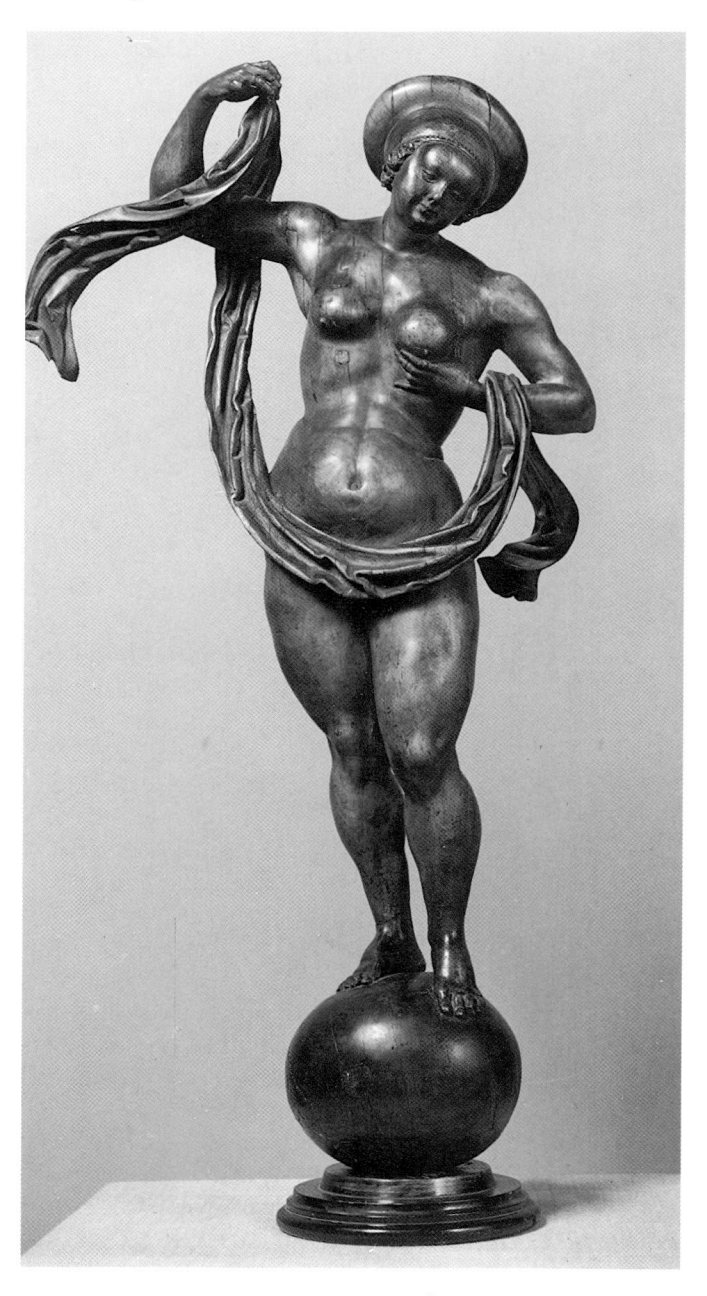

Berlin, Staatliche Museen, Hans Kels d. Ä., Lindenholzstatuette der Fortuna

Das Dreikönigsrelief und sein Gegenstück, eine fragmentierte Geburt Christi in den Sammlungen des Herzoglichen Georgianums in München, demonstrieren vorzüglich den für Hans Kels um 1520 charakteristischen Stil, Faltenstege durch dicht aneinandergereihte Dellen und Kerben zu modellieren. Diese Manier findet sich auch partiell noch bei einer Reihe der Brettsteine. Auch der schöne Hl. König, den das Kaufbeurer Stadtmuseum 1996 erwerben konnte, repräsentiert diese Stilstufe. Die in den Körpermotiven klar herausgearbeitete Gestalt wird überspült von Wellen und Schlingen geknitterter Falten, deren quirlender Reichtum unerschöpflich zu sein scheint. Etwa gleichzeitig dürfte die 1989 erworbene Beweinungsgruppe im Heimatmuseum entstanden sein. Das nur 52 Zentimeter hohe, qualitativ hochrangige Werk stand ursprünglich wohl in der Mitte der Predella eines Flügelaltars von beträchtlichen Ausmaßen. Der weich und fließend modellierte Körper Christi ist eingebettet in ein Netz unruhig bewegter, bizarrer Faltenformationen (s. Abbildung Folgeseite).

Die Skulpturen des Hochaltars in Maria Rain von 1519 stellen zweifellos das bedeutendste erhaltene Werk des Hans Kels aus seiner frühen Schaffenskunst dar. Der heute in den barocken Altar eingebaute Schrein von 385 Zentimeter Höhe und 310 Zentimeter Breite ist in seiner Innengliederung für das Allgäu ungewöhnlich. Er stellt eine Synthese dar zwischen dem ulmischen Retabeltypus des Michel Erhart in Blaubeuren und dem oberrheinischen Typus Niklas Hagnowers in Straßburg. Vom Blaubeurer Altar stammt das quadratische Schreinformat mit dem schmalen Auszug über der Mittelnische, dazu die überwölbten Kapellenräume für die flankierenden Standfiguren. Oberrheinischen Ursprungs ist dagegen das Motiv der Aufteilung des Schreins in zwei Geschosse, wobei die Ausgestaltung des Obergeschosses als Söller eine originelle, einmalige Lösung darstellt. Der ausgewogenen Bildkomposition des ebenfalls 1519 datierten Hindelanger Altars von Jörg Lederer gegenüber wirkt der Aufbau in Maria Rain außerordentlich altertümlich.

Altertümlich ist auch die Figurenauffassung: Die schmalschultrigen, steif und befangen dastehenden Gestalten sind in ihren Körpermotiven ganz an den Figurenblock gebunden. Bewegungsimpulse gehen ausschließlich von den Gewändern aus, welche die Körper mit einer Fülle aufgewühlter, wild strudelnder Falten überfluten. Besondere Beachtung verdient die Johannesfigur, deren emporgeraffter Mantel zu kompliziert verschlungenen Faltenwirbeln aufgebauscht ist. Sämtliche Figuren zeichnet ein quirlender Reichtum an phantasievollen, formschönen Einzelmotiven aus, die frei sind von jeglichem Schematismus. Alles wirkt wie aus einer spontanen Eingebung heraus geschaffen.

Hans Kels d. Ä., Beweinungsgruppe im Kaufbeurer Stadtmuseum

Im Kontrast zum Stil der etwas unterlebensgroßen Heiligen ist bei den Gesprengfiguren die vom Kaufbeurer Dreikönigsrelief her bekannte Manier der Zergliederung der Faltenröhren durch aneinandergereihte Dellen und Kerben zu beobachten. Es scheint, als gehörten die Hauptfiguren einer anderen Entwicklungsphase an und wären etwas früher entstanden.

Eine große thronende Muttergottesfigur, die den Hauptfiguren des Retabels von Maria Rain ebenbürtig ist und um 1515/20 enstanden sein muß, gehört zu den schmerzlichen Kriegsverlusten der Berliner Museen. Von ihr führt der Weg zu den Skulpturen des alten Altars der Wallfahrtskirche St. Koloman bei Schwangau, der 1510 vollendet gewesen sein dürfte. Diese liebenswürdigen Skulpturen lassen Anlehnungen an Frühwerke des etwas älteren und künstlerisch bedeutenderen Jörg Lederer erkennen, wenngleich der unverwechselbar persönliche Stil Hans Kels d. Ä. nahezu ausgereift erscheint. Der Kaufbeurer Chronist Wolfgang Ludwig Hörmann berichtet über seinen Vorfahren Georg Hörmann: *„Im Jahre 1528 ist der allhiesige Burger Georg Hermann, welcher eine Barbara Reihingen von Augsburg zur Ehe hatte, mit all seinen ehelichen Leibes Erben, dann derselben Erbes Erben, von Kayser Carlen dem fünften frey und unentgeltlich in den Reichs Adel Stand erhoben, und mit vielen andern herrlichen Freyheiten begabet worden. Er war gebohren Anno 1491 den 26. Februar von Hans Hermann dem Vierten und Anna Clammerin, er studierte zu Tübingen die freye Künste, legte sich aber hernach mehrers auf die Kauffmannschafft und kam in die Fuggerische Dienste, welches die Ursache war, daß er sich seine meiste Lebenszeit zu Schwatz in Tyrol aufhielte; er erbaute das große Hauß in Kauffbeuren von Grund auf, welches zuvor aus verschiedenen Häußern bestand; im Jahre 1536 machte ihn der Römische König Ferdinandus I. zu seinem Rath und Anno 1537 wie auch 1542 erkauffte er das freye Guth Guttenberg von Hans Wolfarth und denen Honolden vom Lux, welches er zu einem männlichen Familien Fidei Commisso verordnete; im Jahre 1534 stiftete er im allhiesigen Hospital ein ewig Allmosen, auf vier Persohnen, und war ein großer Beförderer der Gelehrten, mit denen er auch Briefe wechselte; sein Symbolum war eine brennende Kerze mit der Umschrift: inserviendo consumor; er starb endlich Anno 1552 den 10. Decembris allhier zu Kauffbeuren, von wannen aber der Cörper in seine neu erbaute Erb Begräbniß zu Gutenberg geführt wurde."*

Jörg (Georg) Hörmann (1491-1552), dessen Aussehen durch Bildnismedaillen, vor allem aber durch ein Portrait Christoph Ambergers in der Staatsgalerie Stuttgart[15] überliefert ist, war als großer Auftraggeber die zentrale Figur der Frührenaissance in Kaufbeuren. Aus den Akten des Hörmannschen Familienarchivs geht hervor, daß er zwischen 1533 und 1542 den Kaufbeurer Bildhauer Christoph Ler immer wieder mit Aufträgen bedacht hat.

Zu diesen gehören u.a. das 1542 datierte, leider stark verwitterte Portal des Hörmannhauses in der Kaiser-Max-Straße. Am 30. März 1542 erhielt *„Christoff Bildhauer"* für einen Stein mit zwei Wappen 4 fl. 30 kr. Dieser Wappenstein ist zweifellos identisch mit dem in der Gruftkapelle in Gutenberg eingemauerten, 1542 datierten, 74 x 99 Zentimeter messenden Gedenkstein. Zwischen zwei Balustersäulen erscheinen nebeneinander die Wappen des Georg Hörmann und seiner Frau Barbara Reihing, beide mit reicher Helmzier. Die laubartige Helmdecke des Hörmannwappens besteht aus vier symmetrisch angelegten, spiralig eingerollten, dünnwandigen, grazilen Blattranken, deren Enden als Quasten gebildet sind. Darauf sitzt die Adelskrone mit einem Spitzhut und zwei Flügeln mit gespreizten Federn. Dagegen besteht die Helmdecke des Reihingwappens aus einem gewundenen Tuch, das der bekrönende behaarte bärtige Mann mit Spitzhut um die Hüfte geschlungen hat. Die vier Enden des Tuchs flattern analog zu den Ranken des anderen Wappens volutenartig gebogen in vier Richtungen aus. Dieses vorzüglich gearbeitete heraldische Werk enthält eine Reihe stilistischer Anhaltspunkte und bildet somit den Schlüssel zur Erforschung der Künstlerpersönlichkeit des Christoph Ler.

Keinerlei Probleme bereitet demnach die Zuschreibung des Totenschildes des 1536 verstorbenen hochstiftisch augsburgischen Pflegers von Helmishofen, Georg von Schwangau zu Hohenschwangau, im Pfarrhof von St. Martin. Wir finden hier dieselben virtuos geschnittenen Blattranken mit dem ungewöhnlichen, skurrilen Motiv den quastenförmigen Blattspitzen (s. Tafel V).

Die wirbelnden Tuchzipfel des Reihingwappens zeigen neben engen Parallelfalten Faltenbäusche, die in ihrer weichen Modellierung genau dem Stil jenes Bildhauers entsprechen, dessen Werk vom Verfasser 1984 unter dem Namen „Meister des Klammerepitaphs" zusammengestellt wurde. Unmittelbar vergleichbar ist das geknotete Lendentuch des überlebensgroßen Kruzifixus im Hochaltar der Pfarrkirche Waal, einem beeindruckenden Werk von drastischem Realismus. Christus hängt straff gespannt am Kreuzholz. Unter den Muskeln und Sehnen treten an Brustkorb, Schultern und Armen die Knochen hart hervor. Das von frei in den Raum ausgreifenden Spirallocken gerahmte Haupt ist im Tod leicht nach vorne gesunken. Bei der Modellierung der Gesichtszüge beobachten wir schwellende Weichheit, die kontrastiert mit der kantigen Zeichnung der Augenlider. Der Mund scheint wie zum Sprechen geöffnet. Der Waaler Kruzifixus gehört zweifellos zu den bedeutendsten, ausdrucksstärksten Kaufbeurer Bildwerken des 16. Jahrhunderts. Er stellt eine allgäuische Parallele zu den großen Kruzifixen Hans Leinbergers dar.

Evident von gleicher Hand stammt die große Beweinung Christi in der Kaufbeurer Friedhofskirche, die erst Ende der 1870er Jahre aus Irseer Privatbesitz in die Kirche gestiftet worden war. Der ursprüngliche Standort dieser 156 Zentimeter langen, 66 Zentimeter hohen, 40 Zentimeter tiefen Gruppe ist ungewiß. Möglicherweise handelt es sich um den Rest eines Kreuzaltars der Klosterkirche Irsee. Jedenfalls befand sie sich ehemals in der Predella eines Schreinaltars von beachtlichen Ausmaßen. Um die vorgegebene Höhe der Predella nicht zu überschreiten, war Christoph Ler zu einer gedrängten Kompositionsweise gezwungen. Die in ihrer Gestik heftige Trauer ausdrückenden Figuren sind gebeugt in hockender oder knieender Haltung zu einem abwechslungsreichen Ganzen zusammengefügt. Im Detail läßt die Gruppe hohe schnitzerische Qualitäten erkennen, vor allem beim ungeheuer realistisch wiedergegebenen Christuskörper oder beim wunderbar gelockten Johanneskopf.

Eines der Hauptwerke des Meisters ist der lange Jahre an der Turmaußenseite der St. Martins-Kirche angebrachte und deshalb verwitterte Grabstein der 1501 verstorbenen Elisabeth Klammer, geb. Brandenburg, der sich neuerdings in der evangelischen Stadtpfarrkirche befindet. Er ist gekennzeichnet durch ornamentale Dichte der Komposition. In der oberen Hälfte sieht man eng zusammengedrängt auf einem Wolkenband den von zwei Engeln flankierten Kirchenraum mit Fächergewölbe. Die untere Hälfte nimmt das wild von Rankenwerk umwucherte Allianzwappen Klammer-Brandenburg von Biberach ein.

Schließlich bleiben zu erwähnen das durch die neue Fassung entstellte Vesperbild in der Kirche zu Weicht, das in Typik und Körperbildung mit der Kaufbeurer Beweinung unmittelbar zusammenhängt, und die zusammengehörigen Figuren der Heiligen Johannes Ev., Magnus und Theodul in der Kapelle von Heimen bei Hopferau (s. Tafel VI), die ebenfalls durch schlechte Fassungen gelitten haben. Sie zeigen etwas straffere Kompositionen, unter die sich beim hl. Johannes sogar ein recht altertümliches spätgotisches Mantelmotiv mischt.

Christoph Ler, Beweinungsgruppe in der Kaufbeurer Friedhofskirche

Die Erkenntnis, daß es sich bei den aufgeführten Skulpturen um Werke des Christoph Ler und seiner Werkstatt handelt, legt nahe, deren chronologische Abfolge erneut zu überdenken.

Christoph Ler muß kurz vor 1547 gestorben sein, denn zu diesem Zeitpunkt wird seine Frau Anna als Witwe bezeichnet. Der Wappenstein von 1542 in Gutenberg stellt demnach eines seiner letzten Werke dar. Der Totenschild des Georg von Schwangau ist 1536 datiert. Der Kruzifixus von Waal dürfte etwas früher, um 1530, entstanden sein. Die Kaufbeurer Beweinung scheint noch etwas älter zu sein, etwa um 1520/25 geschaffen. Das Epitaph der Elisabeth Klammer würde stilistisch am besten in die Zeit um 1520 passen, wenngleich das Werk dann von ihrem Mann erst rund 20 Jahre nach ihrem Tod in Auftrag gegeben worden wäre. Die Figuren in Heimen zeigen noch etwas von der blockhaften Gestaltungsweise der Jahrhundertwende. Sie sind demnach stilistisch etwas älter und gehören wohl ins Jahrzehnt zwischen 1510 und 1520. Leider geben die schriftlichen Quellen keinerlei Auskunft über die Frühzeit und Herkunft des Christoph Ler. Von seinem stark in der Spätgotik verwurzelten Werk ausgehend, halte ich es für unwahrscheinlich, daß sein Geburtsjahr nach 1490 gelegen hat.

Mit Jörg Lederer, Hans Kels d.Ä. und Christoph Ler ist die Kaufbeurer Bildnerei der ersten Hälfte des 16. Jahrhunderts noch immer nicht erschöpft. In der Pfarrkirche in Hirschzell haben sich die Skulpturen des Hochaltars aus dem Anfang des 16. Jahrhunderts erhalten. Die Mittelfigur, eine Muttergottes mit rundlichen, puppenhaften Gesichtszügen, ist durch Überarbeitung beeinträchtigt, wogegen die beiden flankierenden Schreinfiguren, der Kirchenpatron St. Thomas und Evangelist Lukas, qualitativ weit aus dem Durchschnitt der spätgotischen Bildwerke des Allgäus herausragen. Sie zeichnen sich aus durch Sicherheit im statuarischen Aufbau, individuelle Charakterisierung der Köpfe und phantasievolle Gestaltung von Faltengebilden (s. Abbildung).

Stilistisch unmittelbar anzuschließen sind die Muttergottes mit der Wurzel-Jesse-Darstellung im Auszug des Hochaltars der St. Ottilien-Kirche in Hörmanshofen, der Hl. Johannes Bapt. in der Kaufbeurer St. Blasius-Kapelle und die lebensgroße Hl. Anna Selbdritt in Stötten. In Anbetracht der Verbreitung der Werke läge der Schluß nahe, der Meister des Hirschzeller Altars habe in Kaufbeuren gearbeitet. Andererseits sind aber enge stilistische Beziehungen zu den an der Landsberger Stadtpfarrkirche befindlichen Epitaphen jenes Bildhauers zu beobachten, der als Meisterzeichen den Winkel und den Pfeil führt, so daß eine Landsberger Herkunft nicht ausgeschlossen werden kann. Die zuverlässige Beantwortung dieser Frage wird jedoch erst nach der bis heute noch nicht einmal versuchten Erforschung der Landsberger Plastik der Spätgotik möglich sein.

Die Schreinfiguren des Kirchenpatrones St. Thomas und des Evangelisten Lukas in der Hirschzeller Pfarrkirche

Die Malerei in der ersten Hälfte des 16. Jahrhunderts

Die Kaufbeurer Malerei der ersten Hälfte des 16. Jahrhunderts kann sich mit der hervorragenden Bildschnitzerei dieser Zeit in keiner Weise messen.

Der 1506-1530 nachweisbare Jörg Mack hat die gemalte Predella des Ledereraltars in St. Blasius von 1518 mit seinen Initialen I.M. versehen. Die Vorderseite zeigt das Pfingstfest, das flankiert wird von den Heiligenpaaren Margaretha und Donathea sowie Katharina und Barbara. Das Gemälde der Rückseite, in der Mitte von der Reliquiennische unterbrochen, zeigt die Kreuztragung mit einem Gewirr phantastisch ausgerüsteter Kriegsknechte. Jörg Mack erweist sich hier als Maler von geringen Fähigkeiten. Seine Figuren bestehen aus dicken Gewandmassen, aus denen mehr oder weniger grimassenhaft stilisierte Köpfe und unorganische Arme und Hände herausragen.

Die Flügelbilder und die Schreinrückseite des Altars von St. Blasius sind von anderer Hand bemalt und stehen künstlerisch weit über den Hervorbringungen des Jörg Mack. Leider sind die schönen Gemälde aus dem Marienleben, Geburt Christi, Anbetung der Könige, Flucht nach Ägypten und bethlehemischer Kindermord im Gegensatz zur Predella sehr schlecht erhalten, was die Zuschreibung erschwert. Es ist zu hoffen, daß nach Abschluß der derzeit laufenden Restaurierung die Meisterfrage einer Lösung näher gebracht werden kann. Von Peter Zech wissen wir, daß er 1513 im Auftrag Jörg Lederers einen für Schlanders im Vintschgau bestimmten Altar faßte, wofür er 43 fl. erhielt. Wahrscheinlich ist dieses Retabel mit dem Altar von Göflan bei Schlanders identisch. Leider sind die Passionsszenen auf den Flügelaußenseiten in der Barockzeit übermalt worden, sodaß kein Eindruck vom Stil zu gewinnen ist. Vermutlich handelt es sich um den Maler, der einige Jahre später am Ledereraltar in Latsch beteiligt war und dort die Passionsszenen Ölberg, Geißelung, Dornenkrönung, und Ecce Homo auf den Flügelaußenseiten, das Gemälde des Schmerzensmannes zwischen Maria und Johannes sowie die flankierenden Heiligen Rochus und Sebastian geschaffen hat. Dieser das künstlerische Niveau des Jörg Mack übertreffende Maler bevorzugt manieristisch gelängte Gestalten, die er versatzstückhaft zu möglichst interessanten bewegten Gruppen zusammenfügt. Gleichzeitig bemüht er sich in einer etwas unbeholfenen Weise um Raumperspektive. Von seiner Hand stammt das große, 88 x 162 Zentimeter messende Votivbild des Georg Hörmann und seiner Ehefrau Barbara Reihing mit der Darstellung des Fischzugs Petri, das sich heute im Germanischen Nationalmuseum befindet.[16] Dieses mehr durch seine liebevoll geschilderten Details als durch malerische Qualitäten ansprechende Werk fügt die biblische Szene ein in eine weite Gebirgs- und Seenlandschaft mit einer mächtigen Burganlage über einem Flußlauf. In den unteren Ecken erscheinen der Stifter mit Wappen und seinen sieben Söhnen, rechts seine Gemahlin mit Wappen.

Ebenfalls für Georg Hörmann war der Maler Hans Has tätig. Nach seiner Lehrzeit bei Jörg Breu in Augsburg war er zunächst von 1517 bis 1523 mit Aufträgen für das Kloster Wessobrunn beschäftigt. Im Memorabilienbuch des Klosters wird berichtet: 1518 *„hat abbt Caspar lassen malen ein ganez hubsche tafel in das Renfendt mit der creuczigung Cristi, gestat die arbeit on das Holcz 16 fl und dem Knecht ein graben rogk, ist essen und tranck nit angeschlagen, was der maler von Kofpeyren und hat sie hie zu Wessoprunnen im closter gemalt, Hans Haß genannt"*[17] (s. ausführliche Beschreibung auf Farbtafel VIII).

Für Georg Hörmann schuf Hans Has 1530 *„etliche geprend Scheiben mit Wappen"* gemäß der *„visierungen der weite und groß, wie die Scheiben sein sollen"*. Da der Meister mit dem ihm ausgezahlten Lohn nicht zufrieden war, vertröstete ihn Hörmann damit, daß er willens sei, noch viel dergleichen machen zu lassen, auch werde er ihm *„von andern allhie zu land"* Arbeit zuweisen zu lassen bestrebt sein. Es liegt deshalb nahe, die schöne Scheibe im Stadtmuseum, darstellend Georg Hörmann mit seinen sieben Söhnen und seinem Wappen, für ein Werk des Hans Has zu halten. Dies ist um so wahrscheinlicher, als sich beim Wessobrunner Kreuzigungsschild, bei dem gelb gekleideten Knappen unter dem Kreuz jene ausgefallene Gesichtstypik mit der kurzen Stupsnase wiederfindet, die auf der Glasscheibe in Variationen zu finden ist.

Von der Gesichtstypik und der Art der Faltenzeichnung her paßt die riesige, 351 Zentimeter breite, 155 Zentimeter hohe Votivtafel der Familie von Rotenstein in der Pfarrkirche zu Ruderatshofen ebenfalls gut ins Werk des Hans Has. Eine Erschwernis für die Zuschreibung bedeutet allerdings der ziemlich schlechte Erhaltungszustand des Werks, das an farblicher Leuchtkraft zu wünschen übrig läßt. Das Zentrum der Darstellung, die Beweinung Christi, hat der Maler ganz an den linken Rand gerückt. Vor dieser Gruppe knien in langer Reihe acht Ehepaare aus der Ebenhofener Linie der Rotensteiner nebst ihren Kindern, beginnend im späten 14. Jahrhundert mit Heinrich und Elisabeth von Rotenstein. Gegenüber dem singulären historischen Wert des Gemäldes bleibt die künstlerische Bedeutung etwas zurück. Die Vielzahl der Figuren ist dicht in die Fläche zusammengedrängt und reich mit heraldischem Beiwerk und Schriftbändern versehen. Für die Einzelpersonen bleibt kaum Freiraum, wodurch eine beinahe textile Wirkung erreicht wird. Hervorzuheben ist die gediegene Ausführung aller die Waffen und Kostüme betreffenden Details, die einen instruktiven Überblick über die ritterliche Kleidung des frühen 16. Jahrhunderts ermöglicht.

Von 1529 bis 1540 war der Maler Daniel Rembold immer wieder mit einfachen Arbeiten für Georg Hörmann tätig. Es ist die Frage, ob er identisch ist mit dem Maler Daniel Rembold, der von 1555 an mehrere öffentliche Ämter bekleidete und 1591 starb, oder ob er dessen Vater war.

Das Kunsthandwerk der Spätgotik und der Frührenaissance

Kunsthandwerkliche Erzeugnisse der Spätgotik und der frühen Renaissance sind in Kaufbeuren nur mehr ganz vereinzelt überliefert. Allerdings gehört zu den wenigen

Stücken eines von hervorragender Bedeutung, das gewirkte Antependium mit der Darstellung des Hl. Blasius unter den Tieren in der Kaufbeurer St. Blasius-Kapelle aus der Zeit um 1510/20. Die Gestalt des durch ein Schriftband als St. Blasius gekennzeichneten Bischofs in der Bildmitte repräsentiert einen spätgotischen Figurentypus. In der nahezu symmetrisch aufgebauten, stark ins Flächige stilisierten Hügellandschaft tummeln sich vielerlei Tiere in friedlichem Nebeneinander. Die wenigen Blumen, Sträucher und Bäume stehen wie die Tiere exemplarisch für ihre Gattung. Der Wirkteppich erinnert in seiner Naivität an gleichzeitige Paradiesdarstellungen. Das Stifterwappen in der Mitte bezieht sich auf ein Mitglied der Kaufbeurer Familie Spinner, das rechte auf die Kemptener Familie Seuter mit dem Eisenbolz, während das Wappen mit dem Steinbock bisher nicht eindeutig zu bestimmen war. Über den Entstehungsort können mangels erhaltenen Vergleichsmaterials nur Vermutungen angestellt werden. Ins Gespräch gebracht wurde Augsburg, doch ist die Entstehung in Kaufbeuren wahrscheinlicher, war doch die Stadt im späten Mittelalter eine Stadt des Weberhandwerks. Schon 1479 waren die Weber mit 158 Meistern die stärkste Zunft und stellten ein Viertel der steuerzahlenden Bürger.[17]

Das gewirkte Antependium in der Kaufbeurer Blasiuskirche

Während des 15. und der ersten Hälfte des 16. Jahrhunderts wurden in den Kaufbeurer Archivalien folgende Goldschmiede genannt: Hans Wychburger d.Ä. 1433-61, Hans Wychburger d.J. 1461-1479, Siegmund Wychburger 1479-1483, Claus Cramer 1468, Michael Hering 1489-1496, Hans Öpfenhauser 1501, Sebold Feuchter 1513-1517, Hans Heyprecht 1529-1551. Man kann davon ausgehen, daß so manche beachtliche Arbeit aus diesen Werkstätten hervorgegangen ist. Das einzige weit und breit im Kaufbeurer Raum erhalten gebliebene Werk scheint die prächtige spätgotische Monstranz in der Pfarrkirche von Stötten zu sein. Eine Zuschreibung ist jedoch nicht möglich. Michael Hering war der Vater des Loy Hering, der nach seiner Ausbildung bei Hans Beierlein in Augsburg Bürger in Eichstätt wurde und sich dort einen Namen als Bildhauer von Epitaphen machte. In Kaufbeuren ist er jedoch künstlerisch nicht in Erscheinung getreten.

Daß in Kaufbeuren auch das Schreinerhandwerk florierte, belegen die im Stadtmuseum aufbewahrten spätgotischen Holzsäulen aus dem alten Rathaus mit geschnitztem Kapitell und gedrehtem oktagonalem Schaft sowie mit quaderförmigem Kopf, dekoriert mit Masken, Maßwerk und Wappenreliefs. Bei der Herstellung von Flügelaltären hatte neben dem Maler und dem Bildhauer der Kistler erheblichen Anteil. Ein Dokument von 1513 beschreibt den Auftrag, den Jörg Lederer seinem Zulieferer, dem Schreiner Leonhard Widenmann erteilte: *„Anno dni XIII uff suntag post Francisci, do hat maister Jerg Lederer, zunftmaister der bildhawer, dem Lenhart Widenman, dem kistler, ain tafel uff nachfolge mainung zu machen recht und redlich verdingt: nämlich des ersten so sol der sarch unden lang sein V werck schuch und VIIII zoll und je III schuch hoch sein: und sol das corpus weit sein VI schuch und X zoll, und sol hoch sein (Lücke hier). Item der sarch, das corpus und der ußzug sol alles hoch sein XXX schuch, und sol in sarch machen die V kerlen von ganzem holtz, und den winperg sol er machen an das corpus, wie maister Jerg im in uffreist oder angeit; und sol sunst die arbait fleißig und gut machen, und sol das corpus, der sarch und fligel geschlossen werden uff pfingsten nächst kunftig. Und darnach sol er das geschnitten ding, was in sarch und in das corpus und in die fligel gehört, mitsampt seiner zugeherd uff sant Jacobstag darnach auch gemacht werden; und der ußzugk und die plindfligl sol gemacht werden mitsampt seiner zugehört uff Michaelis nächst darnach. Und sol die arbait nach inhalt ainer visierung, daruff er baider handtgeschrift stat, machen."* Wir erfahren, daß sich die Arbeit des Schreiners nicht auf das Zusammenfügen des Schreins (corpus) und der Predella (sarch) beschränkte, sondern daß er auch das Maßwerk (winperg) an den Schrein und das Rankenwerk (geschnitten Ding) im Schrein, Predella und an den Flügeln nach dem Riß (visierung) Jörg Lederers zu liefern hatte. Der stattliche Gesamtpreis von 32 fl. war in drei Raten zu bezahlen. Für Georg Hörmann waren Endres Bachmann, Hans Mack, vielleicht ein Bruder des Jörg Mack, und „Klaus Tischmacher" wiederholt tätig.

Die Kaufbeurer Kunst der Spätrenaissance

In der zweiten Hälfte des 16. Jahrhunderts ließen die künstlerischen Bedürfnisse und Tätigkeiten der Kauf-

95

beurer mehr und mehr nach. Die Bildhauer der Stadt, Jörg Lederer, Hans Kels d.Ä. und Christoph Ler, waren nicht mehr am Leben. Franz Ler war kein ruhmreicher Sohn seines Vaters Christoph Ler. Er wurde 1555 wegen Falschmünzerei der Stadt verwiesen, durfte aber von 1561 an wie ein Fremder in der Stadt leben. Doch wurde ihm und seiner Familie das Bürgerrecht verweigert. Seine bildhauerischen Fähigkeiten waren gering: Das aus Rotmarmor gehauene Epitaph Georg Hörmanns in der Pfarrkirche zu Gutenberg, für das die Söhne des Verstorbenen im Dezember 1554 35 fl., 2 Taler und ein Trinkgeld bezahlten, ist im Entwurf schematisch und in der Ausführung nicht sonderlich sorgfältig geraten. Weitere von ihm monogrammierte Grabdenkmäler in der Pfarrkirche von Ebersbach aus den Jahren 1556 und 1561 erreichen ebenfalls kaum mehr als handwerkliches Niveau.

Offensichtlich war für die Errichtung eines neuen Brunnens auf dem Marktplatz kein geeigneter ortsansässiger Bildhauer zu finden, denn 1568 *„ist von meister Paul Reichlin, burger von Schongau, aus alten grabsteinen ein steinerner bronnen auf den markplatz verfertiget, die bronnen saul mit 4 wappen ausgeziert und ihme dafür 156 fl bezahlt worden."* Der Brunnen fand großen Anklang, denn 1571 wird berichtet: *„Wir burgermaister und rate des h. rö. reichs statt Kaufbeuren bekennen offenlich, als wir dann verganger zwai jaren dem ersamen maister Paulsen Reichlin, burgern zu Schongaw, weißern diss briefs, ainen gantz stainen rören pronnen oder kasten mit seiner saul und aller nodtwendigen zugehordt zu machen verdingt gehabt, das demnach ehegedachter maister Pauls Reichlin uns sollichen ror pronnen oder kasten mit sampt der waßer saul und gantzer seiner zugehörd nit allain zierlich, vleißig und lustig, sonder auch der maßen gevertigt und gemacht, das er des nechst vergangenen windters wol bestanden und gute uffrichtige werschaft gehalten, also das wir auch ab sollicher werck und seiner arbeit ain ssonders wolgefallen, und haben ine derwegen auch zu seinem guten benuegen dankbarlich abgevertigt."* Paul Reichlin war offenbar ein tüchtiger, für uns mit Werken aber nur noch bruchstückhaft faßbarer Meister. Voller Glanz fällt auf seinen berühmten Sohn Hans, der mit seinen monumentalen Bronzegruppen, dem Kreuzaltar in St. Ulrich und Afra und der Michaelsgruppe am Zeughaus zu Augsburg Werke europäischen Ranges geschaffen hat.

Aus dem Ende des 16. Jahrhunderts haben sich mehrere Totenschilde und Epitaphe erhalten. Beachtliche Qualität besitzt der Totenschild des 1586 verstorbenen Christoph Hörmann, ehemals in der Pfarrkirche zu Gutenberg, heute im Stadtmuseum. Das Werk zeichnet sich aus durch seine breit angelegte, fein profilierte fließend bewegte Akanthusornamentik. Das Bronzeepitaph des Ludwig Hörmann, gestorben 1588, und seiner Gemahlin

Totenschild Christoph Hörmanns im Kaufbeurer Stadtmuseum

Regina, geborene Haug, gestorben 1587, ehemals ebenfalls in Gutenberg, heute im Stadtmuseum, besteht aus zwei Teilen. Das Hauptfeld mit einem Kruzifixus in der Mitte, zwei ovalen Wappenmedaillons und Schrifttafeln mit Rollwerkrahmen ist ordentlich symmetrisch komponiert und von einem gefälligen Rahmen aus geflügelten Engelsköpfen, Rollwerk und Fruchtbüscheln eingefaßt. Offensichtlich wurde ein Jahr später die an den Tod des Mannes erinnernde Schrifttafel aufgesetzt, deren Rahmenelemente aus filigran gearbeitetem Akanthuslaub bestehen.

Auch für die Kaufbeurer Maler waren große Aufträge die Ausnahme. Der 1559-1584 nachweisbare Stephan Mair malte um 1570 im Auftrag das Abtes Hieronymus Alber (1567-1573) für das Benediktinerstift Füssen eine Folge von fünf Tafeln, darstellend die Legende des hl. Magnus.[19] Der Zyklus beginnt mit einem Stifterbild, das eine interessante Vedute der mittelalterlichen Stadt Füssen zeigt, die flankiert wird vom Hl. Magnus und König Pipin d.J. Unten rechts erscheint kniend der Abt mit seinem Wappen, im Himmel aber, von zwei Engeln getragen, ein übergroßes, aus den Wappen der Wohltäter und Förderer des Klosters zusammengesetztes Wappenschild. Es folgen vier quadratische Tafeln, die jeweils vier Legendenszenen zusammenfassen. Stephan Mair hat mit großem Aufwand und Liebe zum Detail gearbeitet. Um alles verständlich zu machen, wurden bei der Darstellung der Drachentötung die in der Landschaft stehenden Kirchen sogar beschriftet. Wir finden „ROSHABTE, EBFACH, WALTEHOFE", außerdem sind deutlich zu erkennen die Burgen Hohenschwangau und Hinterhohenschwangau (heute Neuschwanstein). Der Maler arbeitet additiv unter Benützung von Architekturteilen des Mittelalters und der Renaissance, die er versatzstückhaft einbringt und mit den szenischen Figurengruppen kombiniert. Es entsteht der Eindruck eines abwechslungsreichen Bilderbuchs, das den Lebenslauf des großen Heiligen lückenlos veranschaulicht. Er hat damit zwar keine große Malerei geschaffen, den Sinn des Auftrags aber sicher voll erfüllt.

Füssen, Hohes Schloß, Staatsgalerie, Stifterbild von Stephan Mair

Außer dem Todesdatum 1595 sind von Jakob Rembold, wohl einem Sohn des alten Daniel Rembold, keine Lebensdaten bekannt. Von seiner Hand stammt das Epitaph seiner Familie im Chor von St. Martin. Das insgesamt vier Meter hohe Werk ist in der Art eines Altars aufgebaut. Das oben abgerundete, von zwei schlanken Säulchen flankierte, J.R.M (Jakob Rembold Maler) monogrammierte Hauptbild zeigt den Propheten Daniel in der Löwengrube, der gespeist wird durch den Propheten Habakuk, welcher von einem Engel am Schopf herangetragen wird (Dan. 14, 31-37). Daniel, eine manieristisch schlanke Gestalt mit besonders kleinem Kopf, sitzt betend in einem tiefen Felsschlund, mit geflammt strukturiertem Gewand, inmitten der sich als zahme Hündlein gebärdenden sieben Löwen, wobei drolligerweise von einem gerade noch das Hinterteil zu sehen ist. Den von Knochen übersäten Boden des Zwingers bevölkern Schlangen, Kröten und Schnecken. Die Felsabstürze beleben Schmetterlinge und mehrere Arten von Singvögeln. Die von Bäumen bewachsene Oberwelt gipfelt in einer phantastischen Burg. Im Himmel schweben der Engel und Habakuk, der in seiner Tasche Brot und einen bauchigen Tonkrug mitführt. Das auch vom Format 175 x 116 Zentimeter her beachtliche Bild hat viel malerischen Charme. Der originelle, lebendige Aufbau der Felsenkluft, die klare harmonische Farbigkeit und die nahezu unerschöpfliche Vielfalt an liebevoll geschilderten Details macht die Betrachtung der Tafel zu einem Vergnügen. Der Auszug mit gesprengtem Giebel enthält ein vergleichsweise konventionelles Gemälde des segnenden Gottvaters mit der Weltkugel. Den Sockel bildet das querformatige Bild der Geschwister Rembold, unter denen sich Jakob als Zweitältester an zweiter Stelle links eingereiht hat. Die Todesdaten sind teilweise nachgetragen, teilweise jedoch nicht. Wie viele Jahre vor seinem Tod 1595 Jakob Rembold das Epitaph gemalt hat, ist derzeit nicht zu beantworten. Es scheint, als sei es noch vor 1587 gewesen, denn das Sterbedatum der ältesten Schwester scheint bereits nachgetragen zu sein. Die schmale Tafel darunter stammt von anderer, schwächerer Hand und wurde 1624 hinzugefügt. Sie ist historisch von Bedeutung, weil hier der zweite Mann der Witwe Jakob Rembolds, der Maler und Stadtbaumeister Daniel Erb, gen. Franckh (gest. 1624) auftaucht (siehe Band 1, Farbtafel IX).

Auch im fortgeschrittenen 16. Jahrhundert wurde die Glasmalerei noch gepflegt. Im Stadtmuseum befindet sich eine Rundscheibe mit der Darstellung des Evangelisten Markus, der mit übergeschlagenen Beinen schreibend auf einer Wolke sitzt, umrahmt von einem Wolkenkranz mit drolligen Engelsköpfchen. Der vor ihm liegende geflügelte Löwe hält in seinen Tatzen ein Täfelchen mit dem Monogramm LS und der Jahreszahl 1577 (s. Tafel VI). Das locker und gekonnt hingeworfene Bildchen beschränkt sich auf die Farben Gelb, Weiß und Schwarz. Die Signatur bezieht sich auf den Glasmaler Ludwig Seibrandt, der 1597 dem Rat für die Ratsstube ein schön geschmelztes Glasgemälde verehrt hat und der noch 1609 einen Auftrag für das Kloster Füssen ausführte. Er war offensichtlich ein sehr lange in Kaufbeuren tätiger, überaus fähiger Künstler. Ob die schöne, 1568 datierte Rundscheibe mit dem äußerst präzise gemalten Hörmannswappen auch von Seibrandt stammt, ist zu bezweifeln, da die Handschrift konträr verschieden ist.

In der Folge des Augsburger Religionsfriedens 1555 kam es ab 1557 zur Simultannutzung der St. Martins-Kirche durch beide Konfessionen, was in den folgenden Jahrzehnten zu permanentem Unfrieden führte. Die Auseinandersetzungen endeten erst, als die evangelische Gemeinde 1604 jenes Haus erwarb, das seit 1504 Kaiser Maximilian als Herberge während seiner Besuche in Kaufbeuren gedient hatte. An dieser Stelle errichteten der Maurermeister Georg Harrer und der Zimmermann Thomas Schweyer die evangelisch lutherische Pfarrkirche zur Hl. Dreifaltigkeit. Nach der Verlegung der Jesuitenresidenz von Füssen nach Kaufbeuren 1627 und erneuten Querelen kam es am 3. April 1629 zur Verwüstung und Profanierung der Kirche durch die Katholiken. Erst 1632/33 wurde die Kirche wieder hergestellt und neu geweiht. 1736/37, 1820/21 und 1901 folgten Umbauten und Erneuerungen, so daß der ursprüngliche Bau nur mehr wenig erkennbar ist.

Die ältesten Ausstattungsstücke der Kirche sind die Apostelbilder des 1603 als Sohn des Malers und Stadtbaumeisters Daniel Franck in Kaufbeuren geborenen Hans Ulrich Franck, der 1638 nach Augsburg übersiedelte. Dort hat er 1659 die ganzfigurigen Gemälde Christi, des Moses und der zwölf Apostel geschaffen. Bei ihm ist wie bei den berühmten, zwischen 1643 und 1656 entstandenen Radierungen mit grausamen Kampfszenen, Raufereien und Raubüberfällen aus dem Dreißigjährigen Krieg der Schritt in den Barock vollzogen. Ein altertümlich wirkendes Frühwerk von 1630 besitzen wir im Hochaltarblatt der Kirche St. Cosmas und Damian in Oberbeuren, darstellend die beiden Kirchenpatrone, bei denen Reminiszenzen an die Skulpturen Michel Erharts in St. Martin unübersehbar sind.

Die Portraitmalerei der Spätrenaissance ist nur durch wenige erhaltene Werke dokumentiert. Das qualitätsvollste davon dürfte das kleine, 1610 datierte Täfelchen im Stadtmuseum sein, darstellend Martha Hörmann (1560-1625), geb. Reichlin von Meldegg, Gattin des Tobias Hörmann, die in festlicher Kleidung dargestellt ist (s. Tafel VI). Sie erscheint in einer puppenhaft steifen Pose mit quer über dem Leib ruhenden Unterarmen und übereinander gelegten Händen. Der große Kopf mit dem reich gestickten Häubchen bildet mit der breiten Spitzenhalskrause eine optische Einheit, die in keinem organischen Zusammenhang mit dem Oberkörper zu stehen scheint. Das strenge Gesicht der fünfundvierzigjährigen Frau ist unbestechlich realistisch charakterisiert.

Vom alten Inventar der Jesuitenresidenz sind erhalten geblieben die Figuren der Apostel Petrus und Paulus in der Hauskapelle. Die beiden kraftvollen Männer in ihrem scharfkantig gefalteten Mänteln, mit ihren energiegeladenen, tief zerfurchten, von fein gekringeltem Haupt- und Barthaar umrahmten Gesichtern entsprechen ganz dem kämpferischen Geist der von den Jesuiten getragenen Gegenreformation. Stilistisch sind die Bildwerke in den Weilheimer Kunstkreis einzuordnen, der die Grenzen Oberbayerns weit überschritten hat.[20] Vermutlich sind die beiden Kaufbeurer Apostel Hauptwerke des Steinle-Schülers Hans Stelzer, der in Schongau tätig war und der 1528 die große Krippe in St. Mang zu Füssen geschaffen hat. Aus seiner Hand stammen wohl auch die 1627 datierte Pieta in der Pfarrkirche Pforzen und die 1629 datierten, etwas schwächeren Figuren der Heiligen Rochus und Sebastian in der Kapelle von Hausen bei Bertholdshofen.[21]

Ebenfalls weilheimerischen Ursprungs ist die nur 23,5 Zentimeter hohe Statuette des Hl. Sebastian im Franziskanerinnenkloster. Das zierliche, elegant harmonische Figürchen gehört zur Gattung der kleinen Andachtsbilder, die seit der frühen Gotik vor allem in Frauenklöstern der religiösen Erbauung dienten.

Um 1600 scheint das Goldschmiedehandwerk aufgeblüht zu sein, denn wir erfahren eine Reihe von Meisternamen:[22] Balthasar Strauss 1593,

Die Figuren der Apostel Petrus und Paulus in der Kapelle der ehemaligen Jesuitenresidenz

Christoph Wörnhör 1593, Leonhard Kurz 1605, Melchior Spiess 1605, Paul Weber 1606-1622. Arbeiten von ihrer Hand sind leider nicht mehr nachweisbar. Wahrscheinlich hat kaum eines der Stücke den 30jährigen Krieg überdauert.

Den Abschluß der Kaufbeurer Kunst am Vorabend der furchtbaren Verwüstungen des Dreißgjährigen Krieges bildet der prächtige, zweigeschossige Eichenholzschrank in der Sakristei von St. Martin. In Anpassung an die Proportionen des gewölbten Raums ist das Mittelteil des Obergeschosses erhöht und durch zwei Türen hervorgehoben. Leider ist der schadhafte Sockel bei einer Reparatur vor einigen Jahren nicht wieder hergestellt oder wenigstens in der alten Form erneuert worden. Das durch reichere Ornamentik ausgezeichnete obere Geschoß trägt die Jahreszahl 1631 und die Namen der drei Stifter, des Bürgermeisters Johann Sebastian Reiter, des Pfarrers Jakob Gsell und des Kirchenpflegers Hans Gaudi. Die Buchstaben TM an den Verkröpfungen des Gebälks bezeichnen den Schrank als Werk des Kistlers Thomas Mack, von dessen Leben wir nur wissen, daß er 1632 eine Heiratsbewilligung erhielt.

Der Eichenholzschrank in der Sakristei von St. Martin

LITERATUR

HAMPE, TH., Allgäuer Studien zur Kunst und Kultur der Renaissance, Festschrift für Gustav von Bezold, 1918 = Mitteilungen aus dem Germanischen Nationalmuseum Nürnberg, 1918/19, S. 9-41; ROTT, H., Quellen und Forschungen zur Kunstgeschichte im 15. und 16. Jahrhundert, Band II, Alt-Schwaben und die Reichsstädte, Stuttgart 1934; BREUER, T., Stadt und Landkreis Kaufbeuren, Bayerische Kunstdenkmale IX, München 1960; MILLER, A., Allgäuer Bildschnitzer, Kempten 1969; MILLER, A., Mittelalter – Renaissance. In: Ostallgäu – Einst und jetzt, Kempten 1984, S. 295-368; LAUSSER, H., St. Martin in Kaufbeuren, Kaufbeuren 1994.

ANMERKUNGEN

[1] Ausstellungskatalog Suevia Sacra, Augsburg 1973, Nr. 47.
[2] Toni Nessler, Burgen im Allgäu, Bd. 2, S. 178-197.
[3] Albrecht Miller, Ein Kaufbeurer Bildhauer des ausgehenden Weichen Stils. In: Weltkunst 1982, S. 1872-1874.
[4] Karl Alt, Reformation und Gegenreformation in der freien Reichsstadt Kaufbeuren, München 1932, S. 29.
[5] Dorotheum, 590. Auktion, 1.-4. Dezember 1970, Nr. 808. Lindenholz, Rückseite gehöhlt, H: 140 cm.
[6] Albrecht Miller, Der Kaufbeurer Altar des Michel Erhart. In: Münchner Jahrbuch der bildenden Kunst, 3. Folge, Bd. 22, 1971, S. 46-62.
[7] Friedrich Winkler, Augsburger Malerbildnisse der Dürerzeit, Berlin 1948, S. 10, Tafeln 4 und 7.
[8] Alfred Stange, Deutsche Malerei der Gotik, Bd. 8, München 1957, S. 124-126.
[9] Alfred Stange, Die deutschen Tafelbilder vor Dürer, Bd. 2, München 1970, Nr. 836-841.
[10] Reiner Kaczynski, Kirche, Kunstsammlung und Bibliothek des Herzoglichen Georgianums, Regensburg 1994, S. 30-37, Kat. 380-382.
[11] Albrecht Miller, War Ivo Strigel wirklich Bildhauer? In: Jahrbuch des Vereins für Christliche Kunst in München e.V., Bd. XVI, 1987, S. 62-72.
[12] P. Hildebrand Dussler, Jörg Lederer, Kempten 1963 – Albrecht Miller, Nachträge zum Werk des Jörg Lederer. In: „Der Schlern" 49, 1975, S. 270-279.
[13] Veronika von Mengden, Das Ambraser Spielbrett von 1537, Diss. München 1973.
[14] Christian Theuerkauff, Eine augsburgische „Fortuna-Abundantia". In: The Burlington Magazin 124, 1982, S. 424-429.
[15] Kurt Löcher, Christoph Amberger, Bildnis Georg Hörmann. In: Jahrbuch der Staatlichen Kunstsammlungen in Baden-Württemberg, Bd. 7, 1970, S. 149-151.
[16] Germanisches Nationalmuseum, Die Gemälde des 16. Jahrhunderts, bearbeitet von Kurt Löcher, Stuttgart 1997, S. 17-19.
[17] Robert Fischer, Studien zur Kunstgeschichte, Stuttgart 1880, S. 259.
[18] Fritz Junginger, Geschichte der Reichsstadt Kaufbeuren im 17. und 18. Jahrhundert, Neustadt a.d. Aisch 1965, S. 103.
[19] Gisela Goldberg, Staatsgalerie Füssen, München 1987, S. 7-9, 48-54, 63.
[20] Wilhelm Zohner, Bartholomäus Steinle, Weißenhorn 1993.
[21] Albrecht Miller. In: Marktoberdorfer Geschichtsbuch, Kempten 1992, S. 148-150.
[22] Wolfgang Scheffler, Goldschmiede des Ostallgäus, Hannover 1981, S. 9.

Petra Schulte-Strunk
Malerei in Kaufbeuren vom 18. Jahrhundert bis zur Mitte des 20. Jahrhunderts

Drei Beiträge sind von den hier genannten Bearbeitern zur Verfügung gestellt worden:
Günther Simon (Paul Kauzmann), *Marianne Ziegler* (Eduard Wildung) und *Eva Maria Simon* (Hanne Wondrak)

Der Spätbarock und sein Nachleben
Die Kaufbeurer Meister Walch und Gaibler

Die künstlerische Schöpferkraft des süddeutschen Barock im 18. Jahrhundert hat der Region zwischen Lech und Iller, Ries und Bodensee ihr unverwechselbares Gepräge gegeben und dieses Gebiet zu einer der anziehendsten Kulturlandschaften im deutschsprachigen Raum gemacht.[1] Die Bevölkerung im katholischen Schwaben hatte ihren religiösen Mittelpunkt und den Bezugspunkt ihres Gefühlslebens in der Kirche. Die innige Volksfrömmigkeit war mit der Bildersprache der barocken Freskenmalerei eng verbunden. In der Wunderwelt des Deckenbildes öffneten sich den Gläubigen der Himmel und die übersinnlichen Sphären.[2] Eine schier unerschöpfliche Zahl tüchtiger Maler, Freskanten und Stukkatoren scharte sich um die Zentren bedeutender Malkunst, zu denen im schwäbischen Raum vor allem Augsburg gehörte. Dort konnten Malergenerationen lernen, was zum Rüstzeug eines Meisters gehörte, was auf der großen Bühne der Kunst als aktuell galt. Ein Glücksfall für die Geschichte dieser Stadt war vor allem die Niederlassung des Malers, Zeichners und Freskanten Johann Georg Bergmüller (1688-1762), der hier zu einer herausragenden Künstlerpersönlichkeit heranreifte. Während der mehr als 30jährigen Amtszeit Bergmüllers, der 1730 zum Akademieprofessor ernannt worden war, wurden in Augsburg annähernd 60 Malergerechtigkeiten erteilt und all diese Maler und noch viele mehr schwärmten aus, um den vielfältigen Aufgaben in Kirchen, Klöstern und Residenzen gerecht zu werden.[3] Kaufbeuren war an sich keine Malerstadt und hatte im 18. Jahrhundert schon längst einiges von seinem alten Glanz als Reichsstadt eingebüßt. Doch die allgemeine Strömung, die Nähe Augsburgs und das Hinaustragen der augsburgischen Fresko- und Malkunst in die Region hatten auch den beiden talentiertesten Kaufbeurer Meistern, dem älteren Josef Anton Walch und dem jüngeren Georg Alois Gaibler, hinreichend Gelegenheit zur Entfaltung gegeben.

Josef Anton Walch (1712-1773)

Josef Anton Walch (andere Schreibweise: Walck) oder Anton Josef Walch, wie er seine Arbeiten signierte, wurde am 22. Februar 1712 in Wangen geboren.[4] Dorthin war sein aus Schröcken (Vorarlberg) stammender Vater Johann Adam Walch, ein Maurermeister, wohl durch Heirat 1711 zugezogen. 1734 heiratete J. A. Walch in Kaufbeuren Maria Johanna Höss. Er war Vater von neun Töchtern und zwei Söhnen, alle zwischen 1735 bis 1747 geboren, die ihre Vornamen oftmals von dem Patron der Kirche erhielten, an der Walch gerade arbeitete.[5] Nach dem Tod seiner ersten Frau heiratete Walch im Jahre 1768 Maria Magdalena Clara Scholz. Einen Monat nach seiner zweiten Frau starb er am 20. März 1773 in Kaufbeuren als angesehener Bürger der Stadt. Er hatte das Amt des Stadtbaumeisters bekleidet, er war Ratsherr, Gerichtsassessor, Obmann der Kramerzunft, der die Maler damals angehörten, Pfleger der St. Martins-Kirche und Kornmeister.[6] Noch heute vermeldet eine Wandtafel Am Breiten Bach Nr. 23, Josef Anton Walch habe in diesem Haus von 1761 bis 1773 gelebt.

Nicht nachweisbar ist, wo und bei wem Josef Anton Walch die Malerei erlernte. Spuren führen zu Matthäus Günther (1705-1788), der 1731 die Malergerechtigkeit in Augsburg erhalten hatte und Bergmüller 1762 als Direktor der Kunstakademie nachfolgte.[7] Die Freskanten, Stukkateure und Maler, die damals die Kirchen im Allgäu-Schwaben ausschmückten, hat Walch sicherlich gekannt. So dürfte er auch Verbindungen zu der Malerschule Irsee-Eggenthal gehabt haben und Johann Baader, genannt Lechhansel (1717-1780), einem Bergmüller-Schüler, begegnet sein, der ungefähr zur selben Zeit in Osterzell und Fuchstal malte.[8]

Bereits der Umfang seiner Werkliste verdeutlicht, daß Josef Anton Walch ein ungemein produktiver und gefragter Meister seiner Zeit war.[9] Zu seinen bekanntesten Werken zählen das Fassadenfresko der 1748/49 neu errichteten Spitalkirche Hl. Geist in Füssen und die dortigen Gemälde im Inneren der Kirche. Baumeister war Franz Karl Fischer, der sich hier die von seinem Vater Johann Georg Fischer 1735/36 in Dillingen an der Donau erbaute Klosterkirche der Franziskanerinnen zum Vorbild nahm.[10] Die reiche (stark erneuerte) Fassadenmalerei von „volkstümlichem Charakter" (Dehio) zeigt im Feld des lebhaft eingeschweiften Volutengiebels mit Gottvater, Gottsohn und Heiligem Geist das Thema der Heiliggeistkirche. Darunter, über dem eleganten, muschelförmigen Fenster, erscheint das Wappen des Augsburger Fürstbischofs Joseph, Landgraf von Hessen-Darmstadt, unter dessen Ägide der Neubau entstand. Rechts und links des Fensters, zwischen den Kolossalpilastern, werden in leuchtenden kräftigen Farben überlebensgroß der Hl. Christophorus und der Hl. Florian ins Bild gesetzt. Kurz vor der Lechbrücke nimmt sich der Flößerheilige an dieser Stelle sehr gut aus, und auch den Hl. Florian konnte man als Helfer gegen Feuersbrünste für die Kirche gut gebrauchen, deren 1467 bis 1469 errichtete Vorgängerin 1733 abgebrannt war.[11] Alle Details der Gemälde des in seiner strahlenden frischen Farbigkeit so reich ausgestatteten Inneren der Spitalkirche lassen sich gar nicht aufzählen. Das kreisförmige Deckenbild im einschiffigen Langhaus, das Walch ebenfalls 1749 ausführte, enthält die Darstellung der sieben Gaben des Heiligen Geistes, die als Karyatiden einen illusionistisch gemalten Arkadenring tragen, dazwischen Szenen, die die sieben Sakramente als Geschenk des Hl. Geistes versinnbildlichen, vermittelt durch die auf den Wolken thronende Ecclesia. Die Fresken im Chor zeigen in Scheinarchitektur den Hl. Geist mit Personifikationen von Fides, Clementia und Caritas, auf den Pendentifs Maria als Braut des Hl. Geistes, Verkündigung, Taufe Christi und Pfingstfest.[12] Das Altarbild des Hochaltars mit der Ausgießung des Hl. Geistes geht wahrscheinlich auch auf Josef Anton Walch zurück.

Walch bewies seine Tüchtigkeit bei einer Vielzahl von Werken, die vorwiegend in den Kirchen des Ostallgäus und der umliegenden Landkreise zu bewundern sind. Während beim Fassadenfresko der Spitalkirche der kräftige, tief braunrote Grundton den Reiz dieses Baues ausmacht, hat er seine Deckengemälde im Gegensatz dazu meist in luftigen Farben angelegt. Exemplarisch hierfür sind seine 1761 „mit leichter Hand hingesetzten" Fresken in der Filialkirche St. Nikolaus in Immenhofen (Gemeinde Ruderatshofen).[13] Sie zeigen den gleichnamigen Heiligen als Patron der Seeleute und als Befreier der drei unschuldig verurteilten Feldherren Kaiser Konstantins. Eine Vorliebe scheint Walch für ein „intensives Blau" gehabt zu haben,[14] wie z.B. bei der Schutzmantelmadonna von 1745 im Chor der Kapelle St. Christophorus in Frankenhofen (Bad Wörishofen). Hier hat er - wie Heckelsmüller meint - vermutlich auch die Selige Crescentia von Kaufbeuren ins Bild gesetzt.[15] Für seine „Kühnheit und Freiheit" stehen die Fresken in Engetried (Markt Rettenbach, Unterallgäu) von 1757, in denen Walch Szenen aus dem Leben des Hl. Blasius dargestellt hat: Offene Landschaft mit Tieren wechselt mit luftig gemalter Stadt in der Ferne, der Heilige als Arzt und Apotheker geht über in die Marterszene, eine Jagdgruppe bewegt sich auf Scheinarchitekturen, in denen der Blasiussegen gespendet wird, alles durchquillt eine ockerfarbene, braun getönte Wolke.[16]

Die Deckengemälde der Kongregations- und Wallfahrtskirche St. Cosmas und Damian in Oberbeuren hat Walch 1743 ausgearbeitet. Der ursprünglich spätgotische, 1494 geweihte Bau war 1627 und 1658 nach Übergang in den Besitz der Kaufbeurer Marianischen Kongregation wie-

Die Kongregationskirche St. Cosmas und Damian

derhergestellt worden, zuletzt wohl mit Erhöhung des Langhauses und des Chores.[17] Das Hauptbild gilt den heiligen Ärztebrüdern Cosmas und Damian (s. Farbtafel IX). Unter den beiden Titelheiligen in der himmlischen Glorie tragen drei Putten, gleichsam als Votivgabe, ein Bild der Stadt Kaufbeuren. Auf einer Brückenarchitektur, die als perspektivisches Kunststückchen gemeint ist, huldigen den Heiligen links Rat und Bürger der freien Reichsstadt, rechts die Vertreter der Marianischen Kongregation. Aus der Tiefe schicken die hoffenden und geheilten Kranken ihr Gebet zu den Heiligen. Unter der Rampe findet sich die Signatur: *„A. Walch Kauffburae Inv. Pinx. 1743"*. In den Nebenbildern sind die Martyrien dargestellt: Die Heiligen vor dem Tod des Ertrinkens gerettet, die gegen die gekreuzigten Heiligen abgeschossenen Pfeile werden abgelenkt, die Heiligen bleiben in den Flammen des Scheiterhaufens unversehrt, Enthauptung der Heiligen. Über der Orgelempore sieht man Christina Waller, die der Kongregation die Kirche schenkt. Die Malereien an der Brüstung der Empore zeigen die Reliquienübertragung und Heilungswunder, im Chor Maria mit den Hl. Ignatius und Joseph.

Walchs Kunst kannte die Mittel der großen Freskenmalerei, aber sie verwendete sie unbekümmert. Vor allem kam es ihr darauf an, die Innigkeit der Verehrung, die dargebracht wurde, in einer leicht verständlichen Bildersprache ohne Schnörkel und überflüssige Zutaten wiedererkennen zu lassen. Eingeschlossen ist hier auch das Kleine, Bekannte, Alltägliche, in das sich der Maler mit Liebe versenkt. Diese Eigenart hat offenbar große Resonanz gefunden, jedenfalls erklärt sich so die weite Verbreitung seiner Werke.

Georg Alois Gaibler (1751-1813)

Georg Alois Gaibler wurde am 19. März 1751 als neuntes von zwölf Kindern aus der Ehe des Bartholomäus Gaibler, einem Kaufbeurer Bürger und Weber, und seiner Frau Catharina, geb. Guggemos, in St. Martin getauft.[18] Über seine Lehr- und Gesellenzeit sind keine Nachweise auffindbar. Sehr wahrscheinlich war Gaibler ein Schüler von Walch, da ein anderer Kaufbeurer Freskenmaler in jener Zeit nicht genannt wird. In den Kaufbeurer Ratsprotokollen ist unter dem 11. April 1778 erstmals von ihm die Rede. An diesem Tage stellte für ihn der Procurator Reisach *„nomine des Ehrenhaften und Kunstreichen Junggesellen Georg Aloysi Gaibler"* den Antrag auf Bewilligung der Heirat mit Maria Agatha Steinhauser und Einbürgerung der Braut.[19] Aus dieser Ehe, die 1794 durch den Tod der Ehefrau endete, gingen sechs Kinder hervor. 1795 schloß Gaibler die Ehe mit Barbara Agatha Berkmiller, die 1802 in Kaufbeuren verstarb. Noch im selben Jahr heiratete er Maria Johanna Pracht. Gaibler starb am 6. September 1813, sieben Tage nach dem Tod seiner dritten Frau. Von seinen elf Kindern erreichten nur zwei, sein Sohn Jakob Franz Xaver und die Tochter Anna Jakobe, beide aus der ersten Ehe, das Erwachsenenalter. Der Sohn übernahm 1814 das väterliche Haus im I. Viertel Nr. 16 (Pfarrgasse 15) *„von den Gaiblerschen Alois Relikten um 950 fl."*[20]

Aus Gaiblers Schaffen überliefert sind die Fresken an der Chordecke und im Schiff der Pfarrkirche St. Veit in Weicht (Gemeinde Jengen, Kreis Ostallgäu), die 1882 übertüncht und bei der Freilegung 1922 teilweise erneuert wurden. Die mit *„G. Aloysius Gaibler Kauffbure, inve. et pinx. 1782"* signierten Gemälde zeigen im Chor die Tempelreinigung, in den Nebenfeldern Petrus, Paulus und die vier Evangelisten, im Langhaus den Bekennermut des Hl. Vitus und die Heilige Dreifaltigkeit, in den vier Seitenfeldern in Dreier- und Zweiergruppen neun Apostel.[21] Nicht mehr erhalten sind seine Deckenfresken in der ehemaligen Pfarrkirche zu Beuerberg (Wolfratshausen). Nach einer zeitgenössischen Quelle stellte das eine Gemälde die Enthauptung des Hl. Johannes, das andere die Hl. Notburga dar.[22] Als Freskant arbeitete Gaibler auch in Jachenau (Tölz). Seine beiden Gemälde, Segen des Hl. Nikolaus (Chor) und Szenen aus der Legende von Petrus und Paulus (Schiff), sind mit *„Alois Gaibler, Kaufbeuren 1787"* signiert. Wie der Künstler zu diesem Auftrag fern der Heimat kam, läßt sich noch nicht einmal vermuten.[23] 1791 schuf der Kaufbeurer Meister in der Pfarrkirche St. Margareta in Gutenberg (Gemeinde Oberostendorf) das Hochaltarbild mit der Verherrlichung der Hl. Margareta und die Deckenfresken. Die Chordecke schildert die Geburt Christi und die Anbetung der Hirten, seitlich in den Gewölbezwickeln Szenen aus dem Marienleben. Die Decke des Langhauses zeigt die Kreuzigung, in den Zwickeln die vier Evangelisten.[24]

Gaibler war auch in der Ölmalerei geübt. Im Besitz des Kaufbeurer Stadtmuseums befinden sich seine Bildnisse des Pfarrers Josef Angerer und seiner Mutter Anastasia (s. Farbtafel XXII).[25] Die mit leichter Hand gemalten Portraits zeigen den Pfarrherrn in jugendlicher Frische, die Mutter etwa in den fünfziger Jahren. Beide gleichen einander *„wie aus dem Gesicht geschnitten"*.[26] Die „Angerin" ist als eine Bürgersfrau der gehobenen Stände ihrer Zeit dargestellt. Sie trägt ein Brokathäubchen mit Schleife und Spitzen, ihr Kleid ist aus hellblauem Seidendamast. Der Halsausschnitt und die Ärmel sind mit zartem Spitzeneinsatz geziert. Um die Schultern trägt sie ein Seidentuch, an den Händen, am Zeigefinger, einen in Gold gefaßten Rubin.[27] Das Bild des Sohnes zeigt in der rechten Ecke ein schwarz-gelbes Wappen, als dessen Helmzier ein schwarzer Bock mit roten Hörnern aufsteigt, der über drei Grashügel springt.[28]

Weitere Werke von Gaiblerscher Hand im Stadtmuseum sind die Zunfttafel der Weber (1774), sein Aquarell „Der Markt" aus dem Jahr 1780 (s. Farbtafel XXII), auf dem die Marktstraße (heute: Kaiser-Max-Straße) mit dem alten Rathaus dargestellt ist, eine Zeichnung des angeblichen Grabsteins der Herren von Hof, den Stiftern der Stadt Kaufbeuren, und ein farbiges Wappen der Stadt in einem Lorbeerkranz mit Schleife und darüber eine Mauerkrone.[29] Von 1791 ist sein signiertes Gemälde der Hl. Caecilie in der Stadtpfarrkirche St. Martin. Für die katholische Friedhofskirche zum Heiligen Kreuz erworben wurde sein Bild des Hl. Joseph: Christus, der seinen bereits vom Tode gezeichneten Pflegevater fürsorglich in den Arm genommen hat, weist auf den Himmel als Ziel des Lebens hin. Dort erwarten Gottvater und der Heilige Geist, dargestellt in Gestalt einer Taube, die Seele des Heiligen. Liebevoll berührt Maria die gefalteten Hände des Sterbenden. Ein Putto zu Füßen des Totenbettes weist auf eine Bibelstelle aus der Offenbarung des Johannes: Beati mortui qui in Domino moriunt.[30]

Georg Alois Gaibler gehörte nicht zu den großen, erfolgreichen, in seiner Zeit in „Mode" gekommenen Malern. Während in den Jahren seiner Geburt die Hauptwerke des Rokoko gerade im Entstehen waren und in seinen Mannesjahren mit der Französischen Revolution eine Epoche zu Ende ging, kehrten in seinem Todesjahr 1813 die geschlagenen Truppen Napoleons aus dem Osten zurück. Über alle diese Umbrüche hinweg hatte sich Gaibler in seiner Malkunst etwas von barocker Volksfrömmigkeit und unbekümmerter Zierfreude erhalten. Weder dachte er daran, Fresken wie an die Decke gemalte Tafelbilder zu behandeln, noch suchte er nach einem Kompromiß zwischen perspektivisch eindrucksvollem Deckenbild und natürlicher Darstellung, wie die bedeutenderen der süddeutschen Freskenmaler. So konnte bei ihm die barocke Deckenmalerei ein volkstümliches Nachleben führen.

Jakob Franz Xaver Gaibler (1785-1867)

Der am 26. Juli 1785 geborene Sohn Jakob Franz Xaver Gaibler war ebenfalls Bürger und Maler in Kaufbeuren. Es kann davon ausgegangen werden, daß er das Malerhandwerk bei seinem Vater erlernte und ebenfalls Kirchen- und Portraitaufträge ausführte. Von 1820 datiert sein signiertes Gemälde der Hl. Agatha in der gleichnamigen Kapelle in Märzisried. Fünf Jahre früher entstand sein Portrait des Malers und Zeichenlehrers David Ignatz Filser, dem Vater des Gründers des Kaufbeurer Altertumsvereins, Willibald Filser.[31] Jakob Franz Xaver Gaibler starb am 22. März 1867, im Alter von über 81 Jahren, in Kaufbeuren.

Jakob Franz Xaver Gaibler, Bildnis des Zeichenlehrers David Ignatz Filser (1787-1831) im Kaufbeurer Stadtmuseum

Schütze und Kuppelmayr
Zwei Vertreter der Münchner Malerschule im 19. Jahrhundert

Während die Geschichte der schwäbischen Freskomalerei im 18. Jahrhundert untrennbar mit den Vorgängen in Augsburg verbunden war, übernahm im 19. Jahrhundert München eine akademisch-öffentliche Führungsrolle. Die Pflege von Wissenschaft und Literatur, Bauunternehmungen großen Stils und die Förderung der 1808 gegründeten Kunstakademie verhalfen der königlichen Residenz unter Ludwig I. und Maximilian II. zum Aufstieg zur führenden Kunstmetropole in Deutschland. Als nach dem Sieg über Napoleon richtungsweisende Taten als Beweis für die Leistungsfähigkeit der deutschen Malerei erwartet wurden, besaß Ludwig I. genügend Ehrgeiz und Vertrauen in die neuen Strömungen, um ambitionierte Pläne zu verwirklichen.[32] 1819 konnte er Peter Cornelius (1783-1863), den kühnsten und bedeutendsten der nazarenischen Maler, verpflichten. Mit Cornelius, der 1824 zum Akademiedirektor ernannt wurde, kamen zahlreiche Maler nach München, um unter ihm zu studieren und an den zu erwartenden Aufträgen teilzuhaben.³³ Mit Julius Schnorr von Carolsfeld (1794-1872) und Heinrich Maria Heß (1798-1863) folgten weitere bedeutende Monumentalmaler nach, die eigene Malerkreise um sich sammelten. In seiner „Geschichte der neueren deutschen Kunst" verzeichnete Graf Athanasius Raczynski 1840 in München 63 Historienmaler, 74 Landschafts- und 45 Genremaler, 22 Bildnismaler, 18 Architektur-, acht Schlachten- und Pferdemaler und sechs Maler von Seestücken, Stilleben und Blumenmotiven, insgesamt also 236 Künstler. Damit hatte sich die Zahl der in München lebenden Maler seit 1810 verfünffacht.³⁴

Zur Anziehungskraft Münchens trug der mit Wilhelm von Kaulbach (1805-1874) einsetzende Künstlerkult bei. Der Corneliusschüler, zugleich dessen künstlerischer „Nachlaßverwalter", war 1849 Direktor der Akademie geworden. Einen fast noch stärkeren Einfluß übte seit Mitte der 50er Jahre der als „Maler pathetischer Auftritte" bewunderte Carl Theodor Piloty (1824-1886) aus, der 1856 im Alter von 29 Jahren zum Akademieprofessor berufen wurde. 1874 übernahm er als Nachfolger Kaulbachs das Direktorat der nun führenden Kunstakademie Deutschlands.³⁵ Reiche Früchte hat Pilotys Lehre in Makart, Lenbach, Defregger, Grützner, Gabriel Max, Habermann und Gysis gefunden. Andere, wie Wilhelm Diez (1839-1907) und Wilhelm Lindenschmit (1829-1895), „gleichzeitig Genossen und ernstliche Gegner" Pilotys, gründeten ihre eigenen Schulen.³⁶

Der Ruhm der Münchner Akademie zog selbstverständlich die jungen Allgäuer unwiderstehlich an.³⁷ Dort studierten auch die beiden Kaufbeurer Maler Wilhelm August Schütze und Rudolf Michael Kuppelmayr. Schütze begann nach seiner Lithographenlehre 1859 ein Studium an der Akademie und erhielt hier 1861 die Matrikel. Sein wichtigster Lehrer wurde ihm Alexander Wagner (1838-1919), ein Schüler Pilotys.³⁸ Kuppelmayr, der zunächst bei Piloty Unterricht genommen hatte, war acht Jahre Schüler von Wilhelm von Kaulbach.³⁹

Wilhelm August Schütze (1840-1898)

Wilhelm August Schütze wurde am 19. Juli 1840 als Sohn eines Zeugschmiedemeisters in Kaufbeuren geboren. Im elterlichen Haus im Rosental 25 verbrachte er Kindheit und Jugendzeit. In der Steindruckerei des Ferdinand Hobach, Kaiser-Max-Straße, hat er vermutlich seine Berufsausbildung als Lithograph erhalten.⁴⁰ Über welch hervorragendes Zeichentalent er verfügte, lassen frühe Bleistiftzeichnungen aus dem Besitz des Kaufbeurer Stadtmuseums erkennen, die er bereits als 14jähriger fertigte.⁴¹ Nach Abschluß seines Studiums an der Münchner Akademie ließ er sich in München nieder, mit seiner Vaterstadt blieb er aber stets eng verbunden.⁴² Am 13. Mai 1898 starb Schütze nach langem Leiden im Alter von 58 Jahren in München.

Wilhelm August Schütze, Selbstbildnis

Wilhelm August Schütze, Ansicht der St. Blasius-Kapelle von Nordosten; Bleistiftzeichnung (um 1856/60) im Kaufbeurer Stadtmuseum

Schütze, der zu den „besten Vertretern" der Münchner Malerschule gehörte,⁴³ hat eine Vielzahl meisterlicher Tierstücke und Genrebilder geschaffen. Sein idyllhafter, beinahe naiv-verharmlosender Malstil⁴⁴ läßt die „gute alte Zeit" des Biedermeier wiederaufleben und verrät vielleicht auch einen unbewußten Widerstand gegen den aufkeimenden Materialismus im letzten Drittel des 19. Jahrhunderts. Meisterhaft verstand er es, unbeschwerte, heitere Kinderszenen darzustellen, stets versehen mit den typischen Attributen dieser kleinen Welt, Spielzeug, Schulsachen, häuslichen Utensilien, vor allem aber mit Tieren aller Art.[45] Warme, leuchtende Farben und weiche Zeichnung verleihen diesen Bildern ein herzliches, gefühlsbetontes Kolorit. Bei einer Reihe von Bildern, die sich auf das Alter der frühen Schulzeit beziehen, fühlt sich der Betrachter gleichsam dazu aufgerufen, den Kindern ein tröstendes, mahnendes oder schlichtendes Wort zuzurufen:[46] Im Kindergarten (1872) - Zoologisches im Kindergarten (1871) - Die Schule - Kinderschule - Marine in der Dorfschule - Ein schlechter Sänger - Die zerbrochene Flasche (1885) - Bestrafte Rauchlust (1887) - Vor dem Schulgang[47] (s. Farbtafel XXIV).

In verschiedenen Varianten beschäftigt sich Schütze mit Kätzchen und ihrer wohlmeinenden Pflege, während die Kinder derweil allerlei Schabernack treiben, wie sie ihre Katze aufputzen oder die „Exekution" eines gefangenen Mäusleins vorbereiten.[48] In ihrer Possierlichkeit heiter stimmen die Tieridylle „Zutritt verboten", den Kinder zur Wohnstube ihrer Katzenmutter verwehren, der „unerwartete Besuch einer jungen Geiß bei der Katzenmama", die „Kaffeekätzchen", „Katze auf der Lauer", die „Geduldprobe" mit Spitz und Katze und „Tierliebe" zu einem Kätzchen, dem von der jungen Bäuerin die Pfote verbunden wird.[49] Bei aller Liebenswürdigkeit seiner Schilderungen glitt Schütze nie in eine salonhafte Süßigkeit ab; die realistische Natürlichkeit seiner Darstellungen verrät vielmehr Humor, Mitgefühl und eine optimistische Sicht des Lebens.[50] Den Charakteren der agierenden Personen verleiht er durch Mimik, Gebärden und sorgfältige Zeichnung der Köpfe vollendeten Ausdruck, jede Figur ist ein „psychologischer Glanzpunkt".[51] Seine Gestalten sind zu natürlich, individuell und profiliert, um sie in die Reihe der kauzigen oder gar absonderlichen Personentypen eines Carl Spitzweg (1808-1885) einordnen zu können; ebensowenig lassen sie sich mit den märchenhaften, idealisierten Kindergestalten seines Zeitgenossen Ludwig Richter (1803-1884) vergleichen.[52]

Der hohe Preis, den man für seine Bilder bezahlt hat, zeigt, daß Schütze bereits zu seiner Zeit ein gefragter Maler war. Seine Werke wurden oftmals ausgestellt, so beispielsweise im Münchner Glaspalast, dort hing 1876 seine „Wirtshausszene", oder in New York 1899, 1909, 1911 und in Paris 1911.[53] Eine Vielzahl seiner Ölbilder ist als Holzschnitt oder Photographie vervielfältigt worden.[54]

Rudolf Michael Kuppelmayr (1843-1918)

Der am 13. September 1843 in Kaufbeuren geborene Rudolf Michael Kuppelmayr war einer von drei Söhnen des aus München zugezogenen Baumeisters Maximilian Kuppelmayr. Der Grund für die Übersiedlung der Eltern lag vermutlich darin, daß der Vater hier günstige Arbeitsmöglichkeiten gefunden hatte. Wohnung und Geschäft befanden sich im IV. Stadtviertel, Haus Nr. 395 (Ledergasse 9).[55] Nach Beendigung seiner Berufstätigkeit zog Maximilian Kuppelmayr mit der Familie wieder in seine frühere Heimatstadt München zurück. Während dort Rudolf Michael an der Kunstakademie studierte, verbrachte Maximilian Kuppelmayr nun seinen Lebensabend als Privatier. Der Vater hatte bereits frühzeitig das künstlerische Talent seines Sohnes gefördert und ihn von Jugend an für den Beruf des Kunstmalers bestimmt. Eine Ausstellung seiner Bilder wollte er aber dennoch nicht dulden, damit der Ruf der Familie nicht durch herabsetzende Kritiken in Mißkredit gerate.[56]

Sein Studium an der Münchner Akademie schloß der Schüler Kaulbachs mit der Auszeichnung „Bronzene Ehrenmünze" ab. Von 1867 bis 1869 studierte Rudolf Kuppelmayr bei August von Kreling (1818-1876) in Nürnberg. Bildungsreisen führten ihn nach Belgien und Paris. Drei Jahre, von 1869 bis 1872, verbrachte er in Venedig, wo er sich mit der Kunst der venezianischen Koloristen befaßte.[57] Danach bezog er wieder Wohnung in München an der Schellingstraße. 1896 heiratete Rudolf Kuppelmayr, nachdem zwei frühere Ehen geschieden worden waren, die Witwe Maria Probst. Am 15. Mai 1918 verstarb er, 75jährig, an einem Krebsleiden.[58] In einem Brief vom 7. November 1924 an den Kaufbeurer Bürgermeister Dr. Georg Volkhardt schrieb seine Frau Maria über ihn: *„Rudolf war als Mensch der beste, idealste Mann, der nie vergaß, für seinen armen Mitmenschen Gutes zu tun, er hatte immer eine offene Hand, ging von dem Gedanken, die linke Hand soll nicht wissen, was die rechte gibt, aus."*[59]

Die Werke Kuppelmayrs fanden in den Kunstmetropolen Europas große Beachtung, so z.B. in München, Berlin und Wien, und erhielten Medaillen in Kunstausstellungen, 1873 in Wien und 1874 in London. Entsprechend der Vorliebe seiner Zeit malte Kuppelmayr figurenreiche Kostümbilder mit historischem Hintergrund. Bekannt geworden sind seine Prachtgemälde „Italienisches Konzert" (1873), „Nach dem Bade" (1876) und „Abschied Herzog Albrechts IV. von Baiern", das sich im Besitz der städtischen Gemäldegalerie befindet.[60] Das große Ölgemälde (s. Farbtafel XXIV), signiert *„Rud. Kuppelmayr 1874"*, zeigt den Abschied des Herzogs von seiner Gemahlin Kunigunde von Österreich, einer Schwester Kaiser Maximilians, mit der er sich 1487 in Innsbruck vermählt hatte. Albrecht bricht nach Landshut auf, um dort in den Erbfolgekrieg (1503-1505) einzugreifen. Das junge Fürstenpaar mit seinem weinenden Kind ist umgeben von Rittern, Knappen und Dienern, ein Mönch spricht den sich umarmenden Eheleuten Trost zu, während ein Fähnrich die Wappenstandarte über dem Paar schwingt. Mit der Abbildung der Adelswappen an der das Gewölbe tragenden Säule bekundete Kuppelmayr seine Verbundenheit mit den Häusern Wittelsbach und Habsburg.[61] Im Besitz der Stadt Kaufbeuren befinden sich auch seine Gemälde „Kopf eines Landsknechts" (s. Farbtafel XXIV), (Selbstbildnis?)[62] und „Künstlerwappen" (1883). Von der Kunstwelt besonders geschätzt werden die im Stadtmuseum München (Maillinger-Sammlung) aufbewahrten vier Federzeichnungen „Landsknechte", die eine frappierende Ähnlichkeit mit den berühmten spätmittelalterlichen Landsknechtdarstellungen des in Kaufbeuren geborenen Daniel Hopfer (1470-1536) aufweisen.

Ein weiteres Blatt „Frau in Renaissance-Tracht" ist nur als Entwurf ausgeführt, erweist aber wiederum die Genialität Kuppelmayrs als Stilist und Zeichner.[63]
Später wandte sich Kuppelmayr der Genre- und Portraitmalerei zu. Viele seiner Gemälde zeigen seine Vorliebe für bestimmte Sujets: Stilleben mit Ritterrüstungen, Wappen, Blumen, Trachten verschiedener Zeiten und Landschaften, historische Szenen, z.B. „Geigenspielender Bauernknecht", „Reiche Frau in der Renaissance", „Reicher Mann in Patriziertracht", Portraits, Selbstbildnisse oder Verwandtenportraits, etwa seiner Eltern.[64] Die meist im Auftrag erstellten Bilder dürften sein Auskommen gesichert und in den Privathäusern der Auftraggeber ihren Platz gefunden haben, so daß davon heute nur noch wenige öffentlich bekannt sind.[65]
Rudolf Michael Kuppelmayr war nicht nur künstlerisch tätig, sondern er setzte auch die von seinem Vater Maximilian begründete Kunst- und Antiquitätensammlung fort, die er sach- und kunstverständig ergänzte und bereicherte.[66] Dieser hatte in einem im mittelalterlichen Stil erbauten Haus mit Zinnen, Kreuzgang und Türmchen ein Privatmuseum eingerichtet, das mit historischen, künstlerischen und kunstgewerblichen Objekten aller Art angefüllt war. Zuletzt beherbergte dieses Museum die älteste und bekannteste Privatsammlung Münchens, die alles für einen Historiensammler Wünschenswerte enthielt: Antikes, Prähistorisches, mittelalterliche Töpfereien, Fayencen, Gläser, Möbel, Waffen vom 15. Jahrhundert an, Textilien, Gobelins, Bücher, historische und künstlerische Geräte, kostbare Uhren, astronomische Werkzeuge, Bilder der holländischen, schwäbischen und Tiroler Schule.[67] Nach dem Tode Rudolf Kuppelmayrs wurde die Sammlung 1919 in Köln, der Rest 1920 in München versteigert. Für die Stadt Kaufbeuren erwarb Bürgermeister Dr. Volkhardt 1923 ein „Selbstbildnis". So zerstreute sich die nach zeitgenössischer Ansicht „seit fünf Dezennien größte und wertvollste Privatsammlung Deutschlands" in alle Winde.[68]

Die Werke von Lindenschmit und Herterich im Kaufbeurer Rathaus

Die Verbreitung der Münchner Malkunst auch in der „Provinz" war erklärtes Ziel eines 1872 errichteten Staatsfonds zur Pflege und Förderung der Kunst in Bayern. Für die Ausstattung der beiden Sitzungssäle im Rathausneubau „mit Erzeugnissen der Kunst" hatte der Kaufbeurer Stadtrat 1879 und 1880 um staatliche Fördermittel ersucht.[69] Mit den 1881 bewilligten Staatsgeldern konnte die Ausschmückung des Saals der Gemeindebevollmächtigten (heute: alter Sitzungssaal) mit der nach Ansicht eines Zeitgenossen bis dahin „bedeutendsten" Arbeit[70] eines der erfolgreichsten Vertreter der Münchner Schule, Wilhelm Lindenschmit, dem Spezialisten für das Fach Historienmalerei in Bayern, finanziert werden. Für die Ausführung der Wandbilder hatte der Stadtrat zunächst Wilhelm Schütze favorisiert, da der Künstler ein geborener Kaufbeurer sei und es *„ein besonderes Interesse bieten würde, eine solche Aufgabe durch einen Gemeindeangehörigen gelöst zu wissen."*[71] Mit Ludwig Herterich wurde für die Dekoration des Magistratssaals (heute: Trauungssaal) ein weiterer führender Repräsentant der Münchner Akademie verpflichtet.

Wilhelm Lindenschmit (1829-1895)

Der Historienmaler und Akademieprofessor Wilhelm Lindenschmit der Jüngere wurde am 20. Juni 1829 als ältester Sohn des gleichnamigen Malers Wilhelm Lindenschmit der Ältere (1806-1848) in München geboren. Während der Zeit von 1839 bis 1842, in der sich sein Vater aufgrund beruflicher Verpflichtungen in Meiningen (Thüringen) aufhielt, wurde er von seinen in Mainz lebenden Großeltern in Obhut genommen. Seinen ersten Zeichenunterricht erhielt er von seinem Onkel Ludwig Lindenschmit (1809-1893), der als Maler, Zeichenlehrer und Museumsdirektor tätig war und nach dem Tode des Vaters 1848 die Sorge für die Familie übernahm. Wilhelm Lindenschmit setzte seine Ausbildung am Städelschen Kunstinstitut in Frankfurt fort. Seine Lehrer waren dort Jakob Becker (1810-1872), ein Genre- und Landschaftsmaler, und der Historienmaler Edward von Steinle (1810-1886). Bereits 1849 wechselte Lindenschmit an die Antwerpener Kunstakademie, an der mit Louis Gallait und Edouard de Bièfve zwei Hauptvertreter der belgischen Historienmalerei lehrten. Es schloß sich ab 1851 ein zweijähriger Aufenthalt in Paris an. 1855 heiratete Lindenschmit in Frankfurt Maria Katherina Jost.[72] Seinen ersten größeren Erfolg erzielte Wilhelm Lindenschmit 1858 auf der Münchner Kunstausstellung mit seinem Historiengemälde „Gefangennahme Franz I. in der Schlacht von Pavia 1525". Innerhalb seiner Historiendarstellungen bevorzugte der mittlerweile zum Protestantismus konvertierte Lindenschmit Themen aus der Zeit der Reformation.[73] 1863 übersiedelte er mit seiner Familie nach München. Dort übernahm er 1869 die Leitung einer Kunstschule für Mädchen. 1875 wurde er auf den Lehrstuhl für Historienmalerei an der Münchner Akademie berufen.[74] Die restlichen Lebensjahre verbrachte Wilhelm Lindenschmit in München. Seit 1880 besaß er ein Atelier in Rom nahe San Pietro in Vincoli.[75] 1894, ein Jahr vor seinem Tod am 8. Juni 1895, erhielt er durch Prinzregent Luitpold den persönlichen Adel.[76] Während der Münchner Zeit erwarb Lindenschmit vor allem durch seine „effektvollen" Historienbilder Anerkennung, aber auch als Genremaler galt er als einer der „kultiviertesten Koloristen und taktvollsten Erzähler." Als Portraitmaler wurde seine Art zu malen als „etwas völlig Verblüffendes und Neues" angesehen.[77]

Im Mai 1882 erhielt Wilhelm Lindenschmit nach einem „Konkurrenzausschreiben" den Auftrag zur künstlerischen Ausgestaltung des Kaufbeurer Rathaussaals mit einem Historiengemälde und allegorischen Darstellungen. Die Ausführung der Gemälde erfolgte mit Keim'schen Mineralfarben, deren Wirkung der eines Freskos glich. Bereits 1908 mußte der Münchner Kunstmaler Anton Ranzinger Restaurierungsarbeiten an den Gemälden ausführen. Weitere Restaurierungen fanden 1960 nach dem Brand im Dach des Rathauses und 1993 statt.[78]

Im Mittelpunkt der Gemäldeausstattung des Rathaussaals steht eine Episode, von der man im 19. Jahrhundert der Ansicht war, daß sie den Anlaß für die Stiftung des Tänzelfestes gegeben habe (s. Abbildung). Während des 30jährigen Krieges wurde die Stadt Kaufbeuren von den Schweden belagert und sollte geplündert werden. In der Stunde der höchsten Not habe der Stadtrat die Kaufbeurer Kinder als Bittsteller vor die Tore der bedrängten Stadt geschickt, um den schwedischen Feldherrn um

107

Schonung zu bitten. Das Historienbild von der Sage der Gesandtschaft der Bürgerkinder umfaßt die gesamte Ostseite des Saales. Als Hintergrund der Szene zeigt die Stadtkulisse im Bildteil rechts neben der Eingangstür die Martinskirche und das 1810 eingestürzte Kemnater Tor. Davor nähern sich die Stadträte mit gesenktem Haupt, ihnen voraus schreitet der Bürgermeister. Die Vaterlandsliebe, personifiziert durch eine Frauengestalt, führt die Kinder vor den Heerführer, der durch Großmut und Güte bewogen, ebenfalls versinnbildlicht durch allegorische Frauendarstellungen, der Stadt Schonung gewährt. Die Kindergruppe führt eine Girlande und ein Schriftband mit der Aufschrift „Bittschrift für Kaufbeuren" mit sich. Die Gesichtszüge, die zurückgekämmten Haare und der Spitzbart des schwedischen Befehlshabers weisen auf Darstellungen des Schwedenkönigs Gustav Adolf II. hin. Zwei Wappenschilder am unteren Bildrand mit Rautenmuster und goldenem Löwen werden durch ein Schriftband mit der Aufschrift umrahmt: *„Ans Vaterland ans teure schliess dich an - Das halte fest mit deinem ganzen Herzen"* (Wilhelm Tell). Auf dem Bildteil links neben der Eingangstür halten zwei Putten das Kaufbeurer Stadtwappen empor, dahinter erscheint eine Stadtansicht mit Blasiuskirche, Fünfknopfturm, Hexen- und Pulverturm und dem Turm des Franziskanerinnen-Klosters. Ein weiterer Putto präsentiert ein Schriftband mit einem Vers, der zugleich die Erklärung der anderen Gemälde beinhaltet: *„Die Tugenden könnt hier ihr sehen - Worauf der Städte Mauern stehn - Der Bürger Weisheit Rat und Tat - Schon oft ein' Stadt gerettet hat - Das starke Recht die milde Hand - Floriren lassen Stadt und Land - Die häuslich Zucht und Mannsarbeit - Der Stadt bringt Glück zu jederzeit - Gemalt hab' ich's mit grossem Fleiss - Und Wilhelm Lindenschmit ich heiß, 1883."*

Die Bürgertugenden umrahmen als allegorische Darstellungen an den Schmalwänden des Sitzungssaals das Historienbild vom Bittgang der Kinder. Auf der rechten Seite erscheint als Personifizierung der Gerechtigkeit die Gestalt der Justitia, die das Schwert mit dem linken Arm umfaßt und mit der rechten Hand die Waage emporhält. Die Waage neigt sich zugunsten eines ärmlich gekleideten Waisenkindes in Begleitung eines Mädchens, das einen Zettel mit der Aufschrift *„gutes Recht"* in die Waagschale legt. In der zweiten Waagschale befindet sich ein gefüllter Geldsack. Ein Spruchband unter der Gestalt der Justitia enthält die Aufschrift: *„Erst gerecht dann woltätig."* Umschrieben wird diese Szene mit einer Sentenz im oberen rechten Bildteil über dem heute zugemauerten Fenster: *„Du sollst das recht gelichen dem armen als dem richen."* An dieses Bild schließt sich die Darstellung der Caritas an, die mit ihrer Rechten zwei kranke Kinder mit ihrem Mantel schützt, während sie mit der Linken zwei weitere Kinder mit Nahrung versorgt. Ein Schriftband lautet: *„Woltun ist bald tun."* Ein zweites Transparent am linken oberen Bildrand besagt: *„Lass deine linke nicht wissen was deine rechte tut."* Die Allegorie der Häuslichkeit schmückt die nördliche Schmalwand des Sitzungssaals. Das Spruchband trägt die Aufschrift: *„Hausehre ligt am Wibe nit am Mann."* Rechts daneben erscheint die allegorische Gestalt der Arbeitsamkeit mit Handel und Gewerbe, mit dem Bienenkorb und der Spindel und einer den Leinwandhandel und das Weberhandwerk bezeichnenden Kindergruppe. Die Maxime lautet hier: *„Arbeit hat bittere Wurzel und süße Frucht."* Das über der Verbindungstür an der nördlichen Schmalwand ausgeführte Portrait Ludwigs II. fügte Lindenschmit 1885 hinzu. Es zeigt den Regenten in der Zeremonialtracht des Wittelsbacher Hausordens mit Ordenskette und Ordenskreuz.[79]

An der Fensterwand des Sitzungssaales reihen sich drei weitere allegorische Darstellungen, die sich durch die ihnen zugeordneten Sentenzen erschließen: Eine geharnischte Personengestalt, die sowohl als Hl. Georg als auch als Hl. Michael bezeichnet wird,[80] versinnbildlicht die „Rasche Tat". Die Allegorie wird durch den Satz erläutert: *„Ein schneck im raten ein held im taten."* Die Weisheit ist durch eine Frauengestalt personifiziert, die in der linken Hand ein aufgeschlagenes Buch und in der rechten einen Spiegel hält. Umrahmt wird die Gestalt durch zwei Spruchbanderolen mit der Aufschrift: *„Weisheit ruft auf allen gassen, doch niemand will sich weisen lassen."* Der „Gute Rat" erscheint in Gestalt eines greisen Gelehrten, der einen auf einem Steckenpferd reitenden Knaben zurechtweist. Begleitet wird diese Darstellung von dem Spruch: *„Gott dem weisen sorg hat geben, dazu dem dummen sanftes leben."*

Die Wandbilder im Saal der Gemeindebevollmächtigten stehen ganz in der Tradition der Münchner Malerei des ausgehenden 19. Jahrhunderts. Zeitgenössischen Rathausdekorationen mit ihren Anleihen aus der Zeit der Renaissance entspricht Lindenschmit mit den Tugenddarstellungen und Spruchbändern. Dadurch bilden die Gemälde eine gewollte Einheit mit der Renaissance-Architektur des Rathausneubaus.[81] Ebenso fällt die „effektvolle Inszenierung" ins Auge: Die starke Untersicht, die Nahsichtigkeit der Personen und die Suggestivkraft der Malerei verleihen der Darstellung ein fast theaterhaftes Arrangement und lassen die Zielsetzung des Künstlers erkennen, an die Räte und die Kaufbeurer Bürgerschaft zu appellieren, sich die Tugendallegorien und Sinnsprüche als Vorbilder zu nehmen.[82] Von den Bürgern jedenfalls wurde die Ausschmückung des Sitzungssaals als die Bereicherung um „eine Zierde" angesehen, „wie sie wenige Städte in der Größe Kaufbeurens, ja selbst größere nicht ausgenommen, aufzuweisen haben."[83]

Ludwig Herterich (1856-1932)

Ludwig Herterich, ein Figuren-, Portrait- und Monumentalmaler mit „ausgesprochen dekorativer Begabung" (Thieme-Becker) wurde am 13. Oktober 1856 in Ansbach geboren. Technische Geschicklichkeit im Malen und Modellieren erwarb er im Atelier seines Vaters Franz Herterich (1798-1876), der als Bildhauer und Vergolder tätig war. Seinen ersten Unterricht erhielt Ludwig bei seinem Bruder Johann Caspar (1843-1905) in München.[84] Nach kurzem Studium in der Zeichenschule der Münchner Kunstakademie kam er in das Atelier von Wilhelm von Diez. Von 1888 bis 1896 war Ludwig Herterich Hilfslehrer an der Münchner Akademie, anschließend lehrte er an der Stuttgarter Kunstschule; 1898 erhielt er die Berufung zum Professor an der Münchner Akademie. 1908 wurde ihm der Maximiliansorden mit dem persönlichen Adel verliehen.[85] Sein künstlerisches Ziel sah Herterich in der Verbindung realistischer Naturanschauung mit einfacher monumentaler Formbehandlung. Den nach seinen eigenen Worten romantisierenden, mittelalterlichen Inhalt seiner Werke entkleidete er durch die „gewollte Bravour" seiner Malerei der romantischen Stimmung.[86] Vor allem seine späteren Gemälde zeichneten sich durch „großzügige Einfachheit und barocke Kraft" aus.[87] Am 25. Dezember 1932 starb Ludwig Herterich in Etzenhausen.

1891 erhielt Ludwig Herterich den Auftrag zur Ausschmückung des Magistratssaals im Kaufbeurer Rathaus (heute: Trauungssaal) mit zwei Gemälden. Beide Bilder wurden nach ihrer Ausstellung im Münchner Kunstverein 1893 feierlich enthüllt. Das eine Ölgemälde zeigt Kaiser Maximilian I. bei einem ihm zu Ehren gegebenen Armbrustschießen auf der Buchleuthe über der Stadt. Die Kaufbeurer Schützen bringen dem Kaiser die Scheibe, auf die er zuvor geschossen und ins Schwarze getroffen hat. Dahinter gruppieren sich drei Musikanten. Im Hintergrund erscheint die Ansicht der Martinskirche. Das zweite Bild hat die Privilegienerneuerung 1330 durch Kaiser Ludwig den Baiern zum Gegenstand. Ein kaiserlicher Herold verkündet den Kaufbeurer Bürgern das Stadtrecht mit den Freiheiten der Stadt Memmingen. Beide Werke wurden bei ihrer Ausstellung in München von der zeitgenössischen Kritik böse mitgenommen. In der Augsburger Abendzeitung hieß es: „Die Bilder sind in dem Bestreben, altdeutsche Naivität nachzuahmen und modernste Malerkunst anzuwenden, zu unfreiwilligen Karikaturen nach beiden Richtungen geworden. Man glaubt, die Dekoration zu einer karnevalistischen Künstlerkneipe vor sich zu haben." Ähnlich lautete der Kommentar im „Fremdenblatt": „Was sind das für Gestalten, welche zum großen Teil mehr Trotteln als ehrsamen Bürgern der guten alten Zeit gleichen. Man wird sofort an die Darwin'sche Lehre denken müssen."[88] Vermutlich galt diese herbe Kritik mehr dem „hartgesottenen Secessionisten" als der Qualität des malerischen Geschicks des Künstlers. Zwar erhob auch der Zeitgenosse und Augenzeuge Hermann Uhde-Bernays gegen Herterich und die Münchner Maler kurz vor 1900 den „prinzipiellen Einwand", sie opferten das „wichtigste Erfordernis des Bildes, die edle Bildmäßigkeit, einer gesteigerten Absichtlichkeit der technischen Ausführung."[89] Andererseits sah er aber Herterich sogar im Vergleich zu dem berühmteren Franz Stuck (1863-1928) durch „Empfindsamkeit des Geschmacks und wählerische Behandlung seiner Stoffe" als „überlegen" an.[90]

Ebenfalls 1893 entstanden zwei Portraitgemälde, mit denen Herterich auftragsgemäß die Ausstattung des Magistratssaals ergänzte. Das eine Gemälde zeigt den 1888 verstorbenen deutschen Kaiser Wilhelm I., das andere Prinzregent Luitpold von Bayern. Beide Bilder können als charakteristisch für die breit im Strich, stark monumental gefaßten Werke Herterichs während dieser Schaffensperiode angesehen werden.

Absolventen Münchner Schulen im 1. Viertel des 20. Jahrhunderts: Werz, Wölfle, Wilm und Bosch

Anfang des 20. Jahrhunderts hatte München nichts von seinem Ruf als Kunstmetropole eingebüßt. Während sich nach 1871 Berlin explosionsartig zum Zentrum der politischen Macht in Deutschland entwickelt hatte, baute München seine Führungsrolle insbesondere auf dem Gebiet der Malerei aus.[91] Neben den traditionsbewußten Akademieprofessoren, an ihrer Spitze die „Malerfürsten" Lenbach und Stuck, wirkten die Künstler der Sezession und des Jugendstils, später des „Blauen Reiters" und die ersten Abstrakten. Auch die 1885 und 1887 in Kaufbeuren geborenen Emil Werz und Franz Xaver Wölfle, beide u.a. Schüler von Herterich, studierten an der Münchner Akademie. Hubert Wilm, Jahrgang 1887, ebenfalls gebürtiger Kaufbeurer, war in München als Graphiker und Maler tätig. Der Münchner Florian Bosch schließlich, mehr als 30 Jahre Mitglied in der Jury der Sezession, gestaltete die Deckengemälde der St. Dominikuskirche und malte in Kaufbeuren auch die Kapelle des Martinsheimes und die ehemalige Schiffwirtschaft aus.

Emil Werz (1885-1957)

Der Kunstmaler Emil Werz wurde am 16. März 1885 als drittes von fünf Kindern des Kaufmannsehepaares Hans und Rosa Werz in Kaufbeuren geboren. Wegen des frühen Todes des Vaters lag die Sorge für die Familie bei der Mutter, die das Modegeschäft in der Kaiser-Max-Straße 2 bis zur späteren Übernahme durch den ältesten Sohn weiterführte. Nach einer Lehre als Glasmaler in der Zeichenabteilung der Mayer'schen kgl. Hofkunstanstalt für kirchliche Arbeiten in München, die er 1901 begonnen hatte, absolvierte Emil Werz von 1905 bis 1911 ein Studium an der Akademie der Bildenden Künste. Dort war er Schüler von Herterich und „Lieblingsschüler" von Angelo Jank (1868-1940).[92] Studienreisen führten ihn nach Italien und Spanien. Über die erste

Emil Werz, Aufnahme aus dem Jahr 1916

große Ausstellung seiner Werke im September 1912 in München berichtete die Kaufbeurer Zeitung und Tageblatt: *„Der Saal III bringt zweifellos vom Besten und Reifsten. Er enthält Kopien alter spanischer Meister [...] Wir schauen hier Arbeiten, die des reifsten Künstlers würdig sind."*[93] Emil Werz, der sich seit seiner Lehrzeit in München niedergelassen hatte, heiratete 1917 Elisabeth Freund. Der 1920 geborene Sohn fiel 1944 in Rußland.[94] Immer wieder zog es Emil Werz nach seiner Vaterstadt Kaufbeuren und ins Allgäu. Hier portraitierte er und hielt die romantischen Stadtwinkel und Landschaftsszenen in Öl, als Aquarell oder Radierung fest.[95] Seine teils kolorierten Radierungen und Gemälde mit Ansichten der Blasiuskirche, des Fünfknopfturms, Hexenturms und der Stadtmauer (s. Farbtafel XXVI) oder anderer Motive hängen in vielen Kaufbeurer Wohnungen. In Ausstellungsverzeichnissen von 1912 und 1917 sind als Allgäuer Landschaftsansichten erwähnt: „Vorfrühling an der Wertach", „Schwaltenweiher" und „An den Ruinen Freiberg-Eisenberg".[96] Zwei Portraits aus der Galerie der Kaufbeurer evangelischen Pfarrer stammen von ihm, auch den rechtskundigen Bürgermeister Stumpf hat er portraitiert. Drei monumentale Bildnisse der Könige Ludwig I. und Ludwig II. und der Kaiserin Elisabeth von Österreich malte er für das Seehotel in Starnberg.[97] Sein Bild „Kunz von der Rosen" wurde von der Stadt angekauft und durch Oberbürgermeister Dr. Wiebel anläßlich eines Jubiläums dem Fliegerhorst geschenkt.[98]

Im „Hochvogel", der Wochenschrift zur Kaufbeurer Volkszeitung, würdigte Theodor Immler 1925 den Künstler anläßlich seines 40. Geburtstages mit den Worten: *„So können wir heute Emil Werz stolz mit den Besten der Allgäuer Maler nennen. Das Prädikat ‚Allgäuer Maler' sei ihm zu Ehren zuerkannt, nicht nur deswegen, weil im grünen Allgäu seine Wiege stand, sondern vielmehr aus dem tieferen Grunde, weil die Liebe zur Heimat es war, die den jungen Maler den Pinsel führen ließ zu ihrem höchsten Lobe."* Auf den Allgäuer „Heimatmaler" darf man Werz freilich nicht reduzieren. Viele Motive hat er aus der Chiemseelandschaft gemalt, die für ihn neben Kaufbeuren ein Lieblingsaufenthalt war. Ebenso zahlreich sind seine Werke, die von den Auslandsreisen herrühren. Ausdruck der Vielseitigkeit seines künstlerischen Schaffens sind auch die Blumenstücke, Interieurs, Stilleben und graphische Arbeiten, die vor allem in einer Fülle von Ex libris erhalten sind.[99]

In der Beschäftigung mit der Heraldik fand Emil Werz ein „zweites künstlerisches Standbein", das ihm in schwierigen Zeiten seine wirtschaftliche Existenz sicherte.[100] Bei seinen Ferienaufenthalten hatte er Interesse an dem an alten Wappensteinen reichen Chiemgau, Kreuzgängen der Klöster und Wappen der Schlösser gefunden. In der Auseinandersetzung mit den Schöpfungen aus der gotischen Blütezeit des Wappenwesens fand Werz zu seinem eigenen heraldischen Stil.[101] Für mehr als 200 bayerische Gemeinden schuf er die Wappen. Insgesamt 14 Wappen aus dem Altlandkreis Kaufbeuren stammen aus seiner Hand, darunter Kleinkemnat, Pforzen, Obergermaringen sowie Pfronten, Roßhaupten, Lechbruck und Kraftisried aus dem übrigen Landkreis Ostallgäu.[102]

Der mit Emil Werz langjährig verbundene Josef Klemens Stadler schrieb zum 70. Geburtstag seines Freundes: *„Über dem Künstler darf man aber nicht die menschliche*

Persönlichkeit übersehen [...] Er hat immer genau gewußt was er wollte, und konsequent gehandelt. In Grundsatzfragen seiner Kunst und seines Lebens kennt er keine Kompromisse."[103] Als Emil Werz zwei Jahre später, am 27. Juli 1957 in München starb, hinterließ er, der nie zu den sogenannten modernen Malern gehörte, ein reiches Lebenswerk.[104]

Emil Werz an der Staffelei (1907) und sein Lieblingsmotiv, der Fünfknopfturm

Franz Xaver Wölfle (1887-1972)

Franz Xaver Wölfle (s. Selbstbildnis Farbtafel XXV) wurde am 15. Februar 1887 als 13. Kind des Schneidermeisters Xaver Wölfle und seiner Ehefrau Josefa geboren. Sein Elternhaus befand sich an der Hinteren Gasse (heute Ludwigstraße 40). Nach einer Lehre bei der Kaufbeurer Lithographischen Kunstanstalt setzte er seine Ausbildung an der Keramischen Fachschule der Königl. Bayerischen Porzellanmanufaktur in München-Nymphenburg fort. Ab 1911 arbeitete er in London als „glänzend bezahlter" Graphiker in einer Reproduktionsanstalt.[105] Das Studium an der Kunstakademie in München begann er nach dem Ersten Weltkrieg. Neben Herterich gehörten Becker-Gundahl (1856-1925) und Hengeler (1863-1927) zu seinen Lehrern. 1925 heiratete er die Münchnerin Maria Kraus.[106]

Wölfle entwickelte schon früh seine eigene Maltechnik und seinen eigenen, dem damaligen Modernismus widersprechenden Malstil, an dem er sein Leben lang „*unbeirrt*" festhielt.[107] Seine in meisterhafter Lasurtechnik gearbeiteten klein- und großformatigen Ölgemälde fanden einen festen Käuferkreis, der ihm die Mittel für seine Existenz als freischaffender Künstler sicherte. In der Kunstausstellung im Münchner Glaspalast von 1925 wurde als erstes Gemälde ein „Wölfle" verkauft.[108] Bereits bei der Kaufbeurer Gewerbeschau von 1924 hatten alle dort ausgestellten Bilder des Künstlers *„sehr rasch"* Käufer gefunden.[109] 1932 bezog Wölfle ein Haus mit Atelier in Zankenhausen, einem zwischen Fürstenfeldbruck und dem Ammersee gelegenen Dorf.

In der bäuerlichen Umwelt boten sich Wölfle die Motive, die seine künstlerische Begabung herausforderten und die ihm die Bezeichnung „Bauernmaler" einbrachten.[110] Die Modelle fand er an Wirtshaustischen, in Bauernhöfen, auf Feld und Acker. Den mit größter Sorgfalt und Genauigkeit gestalteten Bildnissen von Bauernköpfen und bodenständigen Gestalten verlieh er eine Ausdruckskraft, die ein eindringliches Zeugnis von der Arbeit und Mühsal des Bauernalltags ablegte, aber auch von pfiffiger Schläue und hintersinnigem Humor erzählte.[111] Die Vorliebe des Malers für das Urtümliche und Originale ging so weit, daß er die zum Portrait erschienenen Einheimischen bisweilen mit alten, abgenutzten Kleidungsstücken versah, die er gesammelt oder gar von Vogelscheuchen abgenommen hatte. Welchen Wert er auf das „Zubehör" und die richtige Ausstattung der abgebildeten Personen legte, läßt sich daran ersehen, daß Wölfle seine Bilder selbst häufig nach auffälligen „Beigaben" benannte: Die rote Joppe, (s. Farbtafel XXV), Der blaue Janker, Bäuerin mit Gebetbuch, Bauer mit Steinkrug und Glas, Bauer mit Kerze, Bauer mit Stock usw.[112]

Wölfles Werk umfaßt außer den Bildnissen auch Blumenbilder, Stilleben und Landschaften, meist aus seiner näheren Umgebung. Mehrere Selbstportraits zeigen ihn als wohlhabenden Bauern oder Bürger.[113]

In Zankenhausen lebte Wölfle 40 Jahre lang bis zu seinem Tod am 26. Dezember 1972 zurückgezogen im

Kreise seiner Familie und der Malerfreunde des „Amperkreises". Mit seiner Geburtsstadt Kaufbeuren, die er öfter besuchte, fühlte er sich stets verbunden.[114]

Hubert Wilm (1887-1953)

Hubert Wilm, einer der bedeutendsten Graphiker des Jugendstils, wurde am 17. November 1887 im Haus Ringweg 1 (Gasthaus „Lamm") geboren. Die im altbairischen Raum beheimatete Familie war nach Kaufbeuren zugezogen, sein Vater hatte dort die Weinwirtschaften De Crignis und Frommlet gepachtet.[115] Die mittlerweile in Kempten ansässige Familie übersiedelte nach dem Tode des Vaters nach München. Dort besuchte Wilm von 1905 bis 1908 die Kunstgewerbeschule. Zu seinen Lehrern gehörten Maximilian Dasio, der als

Hubert Wilm, Aufnahme aus dem Jahr 1910

Illustrator, Radierer und in der dekorativen Malerei tätig war, und Julius Diez, ein gefragter Exlibris-Graphiker und Mitarbeiter der Zeitschrift „Jugend".[116] Schon bald hatte Wilm große Erfolge als Graphiker. Es entstanden zahlreiche Studien, Zeichnungen, die Radierzyklen „Ein Lebenslied" (1911), „Passion" (1912), „Der Sieg" (1917) und „Vom Fenster aus" (1917), Einzelblätter, so z.B. „Blumenwiese" (1914) und „Ewiger Friede" (1917), Buchschmuck, Exlibris, Initialen, Klein- und Gebrauchsgraphik, wie z.B. Besuchskarten, Weinetiketten oder Markenzeichen, darunter das Firmensignet der Münchner Löwenbrauerei.[117] Meisterhaft gelang ihm in seinen graphischen Arbeiten die Umdeutung von Naturformen zu dekorativer Ornamentik.[118] In einem 1919 erschienenen Buch über sein graphisches Werk waren bereits 280 Radierungen und Lithographien katalogisiert.[119] Eine Besonderheit in seinem künstlerischen Wirken waren Miniaturmalereien auf Elfenbeinplättchen, die in silberne Perlstabrähmchen gefaßt wurden und als Broschen oder Schmuckanhänger dienten.[120]

Der Ölmalerei wandte sich Wilm ab 1909 zu. Die bevorzugten Themen waren Landschaften und Blumenstücke. Die Malereien zeigen unterschiedliche Einflüsse: Der Pinselstrich verrät die Nähe zum Impressionismus, auf dem Gemälde „Blick in den Apfelbaum" (1926) (s. Farbtafel XXVI) setzt er eine „in der Malweise der Gotik begründet liegende" Technik ein, die das Bild „wie krakeliert" erscheinen läßt.[121] Daneben entstanden auch Aquarelle, wie z.B. „Windmühle in Holland" (1912), „Landschaft bei St. Moritz" (1927) oder „Cote d'Azur - Ile St. Honorat" (1924).[122]

In den Jahren um den Ersten Weltkrieg hatte sich dem Sammlergeist des Künstlers ein neues Gebiet eröffnet: die mittelalterliche Plastik. Seine Kunstsammlung, Treffpunkt der Münchner Kulturszene der 20er Jahre, erweiterte Wilm später um die Barockplastik. 1929 erschien sein auch heute noch als Standardwerk geltendes Buch „Gotische Tonplastik in Deutschland", mit der er nach einem Studium der Kunstgeschichte in Bonn bei Paul Clemen promoviert wurde.[123] Als Künstler hatte Wilm ein besonders inniges Verhältnis zur Dinghaftigkeit der Kunstwerke, er wollte sie nicht nur besitzen, sondern wenigstens im Geiste nachschaffen. 1952 ließ Wilm seine Kunstsammlung, wohl aus Enttäuschung über das zögerliche Verhalten von Staat und Stadt München, bei Lempertz in Köln versteigern.[124]

Hubert Wilm, drei Exlibris, die dem Jugendstil verpflichtet sind

Der von ihm selbst bearbeitete Auktionskatalog beschrieb in 372 Nummern antike Kleinkunst, Stein-, Ton-,

Holzplastiken und figürliche Bronzen von 1150 bis 1800, Kunstgewerbe des 13. bis 18. Jahrhunderts, Graphik des 16. bis 20. Jahrhunderts.[125] Der Schlußsatz in seinem unmittelbar nach der Auktion erschienenen letzten Buch lautete: „Immer wieder wird alles, was der Wille des Menschen im Lauf langer Jahre liebend um sich versammelt hat, nach seinem Tode in alle Winde zerstreut werden. Und von den meisten Kunstsammlungen wird nicht mehr übrig bleiben als ein dicker Auktionskatalog."[126] Bald darauf, am 27. April 1953, starb Hubert Wilm in München.

Florian Bosch (1900-1972)

Der als Maler und Freskant tätige Florian Bosch, geboren am 13. Oktober 1900 in Sauerlach bei München, schuf hauptsächlich Bildnisse und weiträumige Landschaften,[127] darunter auch eine großformatige Ansicht der Stadt Kaufbeuren von der Wertach aus gesehen.[128] 1917 wurde er nach unentgeltlichem Privatunterricht bei Becker-Gundahl in dessen Zeichenklasse an der Münchner Akademie aufgenommen. Bereits kurze Zeit später folgten die Einberufung zum Militär und der Einsatz als Frontsoldat bei einer Pioniereinheit in Frankreich.

1919 kehrte Bosch an die Kunstakademie zurück und gründete mit anderen Künstlern der Becker-Gundahl-Schule die Gruppe „Junge Münchner". 1920 gewann er für seine Entwürfe zur Ausgestaltung der Kaufbeurer St. Dominikus-Kirche den von der Gesellschaft für Christliche Kunst ausgeschriebenen Akademiepreis. In den folgenden Jahren entstanden seine figürlichen Gemälde, die meist Personen aus seiner Familie wiedergeben. 1925 wurde Bosch in die Münchner Sezession aufgenommen, die ihn 1934 in ihre Jury wählte.[129] 1929 erhielt er den Sir-Edward-Mond-Preis der Münchner Akademie, 1934 den Dürerpreis der Stadt Nürnberg. Ebenfalls 1934 nahm er eine Lehrtätigkeit als Aktmaler an der Münchner Kunstgewerbeschule auf, die er bis 1968 ausübte. Im Verlauf von mehr als vier Jahrzehnten nahm Bosch regelmäßig an allen bedeutenden Münchner Kunstausstellungen teil: 1928 war er im Glaspalast mit sechs, ein Jahr später mit sieben Exponaten vertreten. 1931 verlor Bosch beim Brand des Glaspalastes seine dort ausgestellten fünf Gemälde. 1932 beteiligte er sich an der Münchner Kunstausstellung, 1933 an der Staatlichen Kunstausstellung München, 1934 an der Großen Münchner Kunstausstellung. 1935 stellte Bosch im Münchner Kunstverein, 1936 („Fünfzig Jahre Münchner Landschaftsmalerei") und 1937 („Figur und Komposition im Bild und an der Wand") in der Neuen Pinakothek aus.[130]

1938 wurde Bosch eingezogen und während des Zweiten Weltkrieges in denselben Gegenden Belgiens und Frankreichs eingesetzt, in denen er bereits als 17jähriger in der Endphase des Ersten Weltkrieges zu kämpfen hatte. 1946 organisierte er eine Ausstellung Münchner Künstler in Kaufbeuren. An der ersten Ausstellung der wiedergegründeten Münchner Sezession 1948 beteiligte er sich mit elf Exponaten. Die Sommermonate in der Zeit bis zu seinem Tode verbrachte Bosch regelmäßig in Bainders bei Wolfegg. Dort entstanden Gemälde mit Motiven aus dem Oberschwäbischen Raum, darunter die beiden Waldsee-Ansichten, die Kornernte in Oberschwaben und die „Grüne Landschaft".[131] Am 14. Februar 1972 starb Florian Bosch in München. Seinem Gedächtnis war die Ausstellung bei der Sezession während der Großen Münchner Kunstausstellung 1973 gewidmet.

Florian Bosch, Selbstbildnis (städtische Kunstsammlung)

Für seine Kriegs- und Friedensbilder in der St. Dominikuskirche nahm Florian Bosch auf Anregung des Schiffwirts und Kunstmäzens Johann Peter Wahl Kaufbeurer Kinder und Persönlichkeiten als Vorbilder. Das Gemälde über der Empore zeigt als Selbstbildnis den Künstler auf dem Pferd, daneben Johann Peter Wahl als alten Landwehrmann mit einem Kind auf dem Arm. Nach Thomas Pfundner handelt es sich bei den Kaufbeurer Mädchen um Anni Zendath, mit einem gefallenen Krieger im Arm,[132] auf dem mittleren Bild um Minni Haag, auf dem Gemälde vor dem Chorraum mit dem pflügenden Bauern um Anni Hampp, mit Feldfrüchten in der Schürze.[133] Dieses Bild trägt die Signatur „*Florian Bosch 23*" (s. Farbtafel XV).

Florian Bosch, Bildnis des Schiffwirts und Kunstmäzens Johann Peter Wahl, dessen Gästebuch zahlreiche Gelegenheitsarbeiten Florian Boschs enthält (städtische Kunstsammlung)

Hilpert, Kauzmann, Wildung und Wondrak Kaufbeurer Künstler im 20. Jahrhundert[134]

Wilhelm Hilpert (1888-1967)

Der Kunsterzieher, Zeichenlehrer und Maler Wilhelm Hilpert wurde am 12. Juni 1888 nahe Eichstätt (Altmühltal) geboren. Der spätere Kaufbeurer Künstler hatte die Kunstgewerbeschule in Nürnberg besucht und sich anschließend in Aachen im Kunst- und Entwurfszeichnen für Möbelfertigung weitergebildet.[135] Hilpert entwickelte seine eigene Malweise und eigene Farb- und Formvorstellungen. Er wählte die Aquarelltechnik, gleichzeitig beherrschte er virtuos die Kunst des Zeichnens: Besonders seine zahlreichen Zeichnungen *„machten auf eindrucksvolle und unverwechselbare Weise Sensibilität und Souveränität deutlich."*[136] An sich selbst richtete der Künstler die Forderung: *„Ich muß sehen können, was es ist, und erkennen, was dann auf dem Blatt dargestellt ist."*[137]
Die Städte und die Ausschnitte daraus, die Hilpert als „Schauender" und Maler „realistisch bis romantisch verklärt" aufnahm, waren Reichsstädte und Residenzorte, wie z.B. Rothenburg, Dinkelsbühl, Nördlingen, Heidelberg, Kaufbeuren mit seinen malerischen Winkeln, das fürstbischöfliche Würzburg, Eichstätt, Speyer und das königliche und kaiserliche Regensburg.[138] Auch die Landschaft des Allgäus ging in sein Werk ein. Ausgerüstet mit Zeichenblock, Farbkasten, Pinselsortiment und Klappstuhl malte Hilpert „vor Ort" und gestaltete seine „Freilandaufnahmen" nur selten im Hausatelier nach.[139] Er liebte die verträumten Malerwinkel, stillen Plätze, kleinen Gassen, Parklandschaften, die er teils in morgendliches Licht, flimmernde Mittagsglut oder abendliches Dämmerlicht tauchte. Er „schwelgte" in lebendigen Farben von Ocker bis Rot, setzte das Grün für die leichtbewegte Szene ein und lüftete das Blau im Wasser, am Himmel oder Horizont hin bis ins verschwimmende Weiß.[140]

In seinen späteren Jahren wandelte sich Hilperts Malkunst. Seine Kompositionen verraten einen seherhaften Blick in die Zukunft, lassen Visionen der Endsicht und des Alles-Anders-Werdens durch den Sündenfall erkennen: Die Spinne, die ihr Netz über die Menschheit zieht, der Sensenmann in seiner Federzeichnung „Das Furchtbare" oder die unheimlichen „Feuerteufel".[141] Andererseits zieht auch die romantische Bilderwelt der Kindheit und des Märchens im häuslichen Atelier ein: der suchende Prinz aus der „Märchenwelt" auf seinem abenteuerlichen Weg.[142]

Neun Jahre nach dem Tod seiner Frau starb Studienprofessor Wilhelm Hilpert am 27. November 1967 in Kaufbeuren. Anläßlich der Ausstellung seiner Werke zu seinem 100. Geburtstag im Studio Dobler würdigte ihn Erwin Birnmeyer, selbst Schüler Hilperts, mit den Worten: *„Seine Arbeiten sind Beispiele für Exaktheit, aber auch für Treue zum Objekt. Sein ausgeprägter künstlerischer Instinkt versetzte ihn in die Lage, die tiefe Wahrheit der Dinge in die Realität seiner Bilder einzubeziehen."*[143]

Wilhelm Hilpert nach einer Bleistiftzeichnung von Arthur Birnmeyer (1940, Privatbesitz)

Paul Kauzmann (1874-1951)

In vielen Kaufbeurer Wohnungen hängen streng gehütete Geheimnisse, die eigentlich nur für den Besitzer eine große Freude sind. Gemeint sind Bilder von Paul Kauzmann, der als Maler von 1925 bis zu seinem Tod 1951 in Oberbeuren gelebt hat.

Paul Kauzmann, Zeichnung von Eduard Wildung (Dezember 1944)

Paul Kauzmann wurde am 31. Januar 1874 in Geislingen an der Steige geboren. Sein Vater, sein Großvater und sein Urgroßvater hatten mit der Anfertigung von Bein- und Elfenbeinschnitzereien zu tun, die damals als Gebrauchs- und Ziergegenstände guten Absatz fanden. Der mütterliche Großvater war Juwelier in Oberstein, das für seine Achatschleifereien weltbekannt war. Hier mag wohl von den beiden Elternseiten die Urquelle für seine Begabung zu vermuten sein. Nach dem Abschluß der Oberrealschule in Ulm begann er ein Ingenieur-Studium an der Hochschule in Stuttgart. Bald spezialisierte er sich aber auf Mathematik und Naturwissenschaften für das Lehrfach und setzte an der Münchner Hochschule sein Studium fort.

Obwohl ihm in der Münchner Zeit seine künstlerische Neigung bedeutungsvoll bewußt wurde, schloß er etwa um 1900 sein Studium ab und wurde Lehrer an der Schule in Böblingen, später Mathematik-Professor an der Oberrealschule in Reutlingen. 1903 ließ sich Paul Kauzmann für ein Jahr beurlauben, um größere Reisen zu unternehmen. Bei einem Maler in England erlernte er die Anfangsgründe der Ölmalerei. Später reiste er zu Verwandten in die Vereinigten Staaten und nach Kanada und kehrte nach Monaten über Italien zurück. Hier malte er zunächst bei Camaglio und Portofino und besuchte dann den Maler August Wolf, den Vater seines Freundes Wolf-Ferrari, in Venedig, zeigte seine ersten Ölbilder und bekam als Beurteilung zu hören: *„Ich rate Ihnen nicht, Maler zu werden, aber ich prophezeihe Ihnen, daß Sie es werden."*

Nach seiner Rückkehr nahm er den Lehrberuf wieder auf, aber in den Ferien widmete er sich ausschließlich der künstlerischen Ausbildung, vor allem in der Malschule von Professor Buttersack in Haimhausen bei Dachau. Noch drei Jahre dauerte es, bis er sich 1907 entschloß, seiner Berufung nachzugeben. Er verzichtete auf seine gesicherte Existenz, besuchte die Akademie in Stuttgart, in München die Malschule von Schildknecht und setzte sein Studium bei Professor Buttersack in Haimhausen fort. 1912 schloß er seine Ausbildung ab und widmete sich jetzt auschließlich der Malerei.

Am 4. Januar 1919 heiratete er Sofie Paula Frohnmeyer, Tochter eines Baseler Missionars. Das Ehepaar zog von Geislingen nach Leipheim. Dort wurde Ende 1919 der erste Sohn Ulrich geboren. 1921 kam der zweite Sohn Harald zur Welt, der sich später der Musik zuwandte.

1925 zog die Familie nach Oberbeuren bei Kaufbeuren. Paul Kauzmann hatte ein altes Bauernhaus erworben und ließ es nach seinen Vorstellungen herrichten. Der Paul-Kauzmann-Winkel an der Tiroler Straße erinnert heute an die Stelle, wo einmal sein Haus stand. Leider waren es nicht nur schaffensfrohe Jahre, die er und seine Familie hier erlebten.

Seine Freundschaft mit dem Kaufbeurer Maler Eduard Wildung, der ihn mehrfach portraitiert hat, war ihm besonders nach dem Tod seiner Frau 1941 eine bedeutende menschliche Stütze.

Vor seinem Tod am 29. August 1951 war er jahrelang krank und für Monate ans Bett gefesselt. Sein Grab befindet sich auf der Nordseite des Friedhofes bei der Oberbeurer Kirche.

Während seiner Ausbildungszeit wurde Paul Kauzmann von seinen Lehrern, hier vor allem von Professor Bernhard Buttersack, sowie von den Impressionisten und von den Landschaftsmalern der Münchner Schule angeregt. Später entstanden Kopien nach Bildern von Böcklin, Schleich d. J. und Willroider.

In seinen Bildern spielt das Licht, auch in den Schattenflächen, die bei ihm immer farbig sind, die entscheidende Rolle, gleichgültig, ob sie im Innenraum oder in der freien Natur gemalt wurden. Paul Kauzmann fand sehr schnell zu seinem eigenen unverwechselbaren Stil, dem er ein Leben lang treu geblieben ist.

Obwohl Paul Kauzmann kein eigentliches Werkverzeichnis hinterlassen hat, existiert eine handschriftliche

Aufstellung *Meine Bilder und ihre Käufer"* aus den Jahren 1912 bis 1946. Dieses Verzeichnis listet etwa 580 Bilder auf, dazu kommt ein Bestand von ungefähr 100 Bildern aus dem Jahr 1946, sowie schätzungsweise 100 Bilder, die in der Aufstellung nicht erfaßt sind. Damit läßt sich auf ein Gesamtwerk von mehr als 800 Arbeiten schließen.

Sein Werk umfaßt Landschaften, Innenraum- und Fensterbilder aus der gesamten Schaffensperiode, dazu Architekturbilder vor allem aus den Jahren bis 1935, sowie Blumenstücke ab etwa 1926. Seine Sujets suchte er sich in unmittelbarer Umgebung seiner Wohnsitze oder in der schwäbischen und bayerischen Heimat. Diese Bodenständigkeit erklärt auch seine Vorliebe für Interieur- und Fensterbilder. Gelegentlich sind in seiner Aufstellung Bilder mit dem Vermerk versehen: „2., 3., oder 4. Fassung". Da die einzelnen Fassungen oft durch längere Zeiträume getrennt sind, ist es verwunderlich, daß sich von ihm keine Skizzenbücher erhalten haben.

Kauzmann hat auf etwa 21 Gemeinschafts-Ausstellungen (von 1912 bis 1926 auch im Münchner Glaspalast) und mindestens neun Einzel-Ausstellungen seine Bilder gezeigt. Außerdem waren im Lauf der Jahre sechs Kunsthändler für ihn tätig. Trotz dieser Anstrengungen wurde auf diesen Wegen aber nur etwa der achte Teil seiner Bilder verkauft. Unendlich viel Eigeninitiative und die Pflege aller seiner Verbindungen waren nötig, um seine wirtschaftliche Existenz zu sichern.

Die Zahl der Verkäufe schwanken zwischen fünf im Kriegsjahr 1944 und 31 im Inflationsjahr 1922. Manches Bild hat wohl auch als Gegenwert für Naturalien oder als private Abfindung sein Atelier verlassen.

Vermutlich fiel Paul Kauzmann der Verkauf mancher seiner Bilder recht schwer. Das belegen Schilderungen von Besuchen in Kaufbeurer Familien, bei denen er seine Bilder wiedersehen wollte. Auch Anmerkungen in seiner Aufstellung wie „verbrannt" (z. B. im Zweiten Weltkrieg) weisen darauf hin, daß er auch später dem Verbleib seiner Bilder nachgegangen ist.

Die Abbildungen auf der Farbtafel XXVII zeigen einige charakteristische Bilder von Paul Kauzmann, die erst in neuerer Zeit eine ungleich höhere Bewertung erfahren haben.

Eduard Wildung (1901-1987)

Der am 12. Mai 1901 in Kaufbeuren geborene Kunstmaler Eduard Wildung war das siebte Kind des Schneidermeisters Heinrich Wildung aus Fallingbostel und seiner Ehefrau Maria, geb. Heck, aus Kaufbeuren. Nach Schulabschluß am hiesigen Progymnasium und Ausbildung zum Lithographen an der Kaufbeurer Kunstanstalt erwarb er sich im Selbststudium die Voraussetzungen für die Aufnahme an der Kunstakademie Stuttgart. Dort studierte er sieben Semester bei den Professoren Waldschmidt und Eckener. Studienreisen führten ihn durch

Eduard Wildung im Jahr 1984 (Foto: Dieter Schmidt)

Süddeutschland und Oberitalien bis nach Rom. Darüber berichten mehrere seiner Reisebeschreibungen mit liebevollen Skizzen. 1935 wurde Wildung als Stadtmaler beim Bauamt der Stadt Kaufbeuren angestellt. Eine lebenslange Freundschaft verband ihn mit dem Maler Paul Kauzmann, in dessen Haus er mit seiner Familie wohnte. Auch der Komponist Erman Wolf-Ferrari und der Bildschnitzer Gallmetzer standen ihm nahe. Nach dem Zweiten Weltkrieg war Wildung als freischaffender Künstler tätig. Viele seiner Zeichnungen, Aquarelle und Ölgemälde fanden damals den Weg bis in die USA. 1953 wurde er erneut Stadtmaler. Bis zu seinem Ruhestand 1966 schuf er über 750 Zeichnungen und Aquarelle der Altstadtfassaden. Sie bilden heute eine wertvolle Gestaltungshilfe bei der Sanierung der Altbauten und befinden sich im Besitz des Stadtplanungsamtes. Neben seinen maßstabsgetreuen Arbeiten für das Stadtbauamt malte Wildung in seiner freien Zeit unermüdlich: Bilder seiner Heimatstadt, ihre Stadttore, malerischen Winkel und Allgäuer Landschaften. Er schuf Bilder- und Märchenbücher für seine Kinder, zahlreiche Exlibris. Es entstanden 35 Skizzenbücher, ein Kaufbeurer Kalender und das Bilderbuch zur Stadtgeschichte. An seine Ägyptenreise unter Leitung seines Sohnes Dr. Dietrich Wildung erinnern kostbare, reife Aquarelle. Eine seiner Kunstmappen liegt in der Bayerischen Staatsbibliothek auf. Ausstellungen seiner Werke fanden im Schätzlerpalais (Augsburg), in München und Kempten statt. Die Stadt Kaufbeuren ehrte Wildung zu seinem 80. und 85. Geburtstag mit Sonderausstellungen. Am 9. Februar 1987 starb Eduard Wildung in Kaufbeuren.

Eduard Wildung war ein Künstler, der in der wechselvollen Zeit des 20. Jahrhunderts den Menschen Sinn für das Schöne, Liebe zur Heimat und die Sehnsucht nach Frieden und Freude bewahrt hat. Der Schwerpunkt seines Schaffens lag in Zeichnungen und Aquarellen. Seine Tätigkeit als Lithograph beeinflußte seine künstlerische Entwicklung. Sie kam seiner Veranlagung entgegen, Bilder gewissenhaft bis ins Detail auszuarbeiten. Sein Stil kann nicht eng eingeordnet werden, jedoch ist die Nähe zur Spätromantik, zum Naturalismus und Realismus erkennbar. Ein Teil seiner Zeichnungen, Kunstmappen und Aquarelle blieb im Besitz seiner beiden Söhne.

Die Bildhauerin Hanne Wondrak (1903-1992)

Für den aufmerksamen Beobachter und Kunstinteressierten kann ein Spaziergang durch Neugablonz zu einer intensiven Begegnung mit der Bildhauerin Hanne Wondrak werden. Ihre Werke, mit denen sie in Neugablonz künstlerische Akzente setzte, zeugen von tiefer Einfühlsamkeit und Religiosität, ihre Skulpturen sprechen eine verhaltene und doch sehr anrührende Sprache, die keiner Erklärung mehr bedarf.

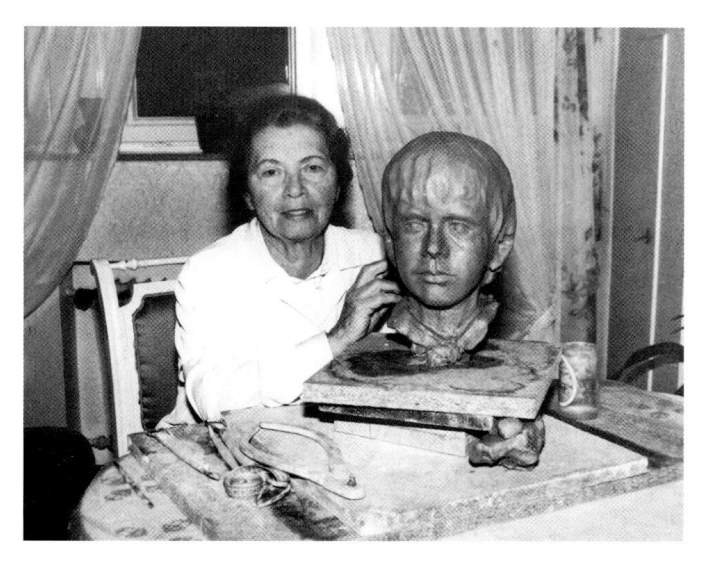

Hanne Wondrak

„Man sieht nur mit dem Herzen gut." - diese Worte von Antoine de Saint-Exupery treffen auf jedes ihrer Werke zu, ob sie sich nun der großen Aufgabe des Portraits in Öl oder Bronze zuwendet, eine Statue oder eine Figurengruppe gestaltet oder Tierplastiken formt wie den Entenbrunnen an der Adalbert-Stifter-Schule oder die Eselsgruppe für den Kindergarten an der Proschwitzer Straße.

Geboren wurde Hanne Wondrak am 3. Mai 1909 in Gablonz a. d. N. als Tochter des Exporteurs Rudolf Wänke und seiner Ehefrau Marie, geborene Zasche. Bereits im Alter von zwölf Jahren wurde sie von ihrem Wiener Lehrer Dominik Brosick, Professor an der Gablonzer Staatsfachschule, entdeckt und gefördert. Das ersehnte Studium an der Kunstakademie war aus finanziellen Gründen nicht möglich, da die Familie nach dem Ende des Ersten Weltkrieges in bescheidenen Verhältnissen leben mußte. Ihre Begabung kam jedoch erst später zum Tragen.

Als sie 1930 Oswald Wondrak, den späteren Bürgermeister von Gablonz a. N. und Kaufbeuren heiratete, erwartete sie ein bewegtes Leben: 1935 wurde ihre Tochter Eva Maria geboren und von 1938 bis zum Ende des Zweiten Weltkrieges 1945 teilte sie die Höhen und Tiefen eines Lebens im Blickpunkt der Öffentlichkeit.

1945 wurde ihr Mann für ungewisse Zeit in russische Straflager verschleppt, und im Januar 1946 begann die Vertreibung aus der Heimat und der Überlebenskampf für die Familie im Allgäu. Ihr künstlerisches Talent sicherte der Familie eine bescheidene Existenz.

1950 kehrte ihr Mann aus russischer Gefangenschaft zurück und in den folgenden harten Jahren des Aufbaus in Neugablonz bahnte sich ihre schöpferische Begabung allmählich den Weg: in einer Reihe von Aquarellen (Isermoor 1947, Klein-Iser 1948, Blattneiteich 1948) und Ölgemälden (Klein-Iser 1948, Blick von der Königshöhe, Winter in Klein-Iser 1949) hielt sie den Zauber dieser mystischen Landschaft, die weichen Linien ihrer Höhenzüge und die verhaltene Schönheit ihrer Farben fest.

Zutiefst geprägt durch den Verlust der Heimat und das Erlebnis der Vertreibung, begann Hanne Wondrak nun diese Eindrücke festzuhalten, das erste Modell des späteren Vertriebenen-Mahnmals entstand. Es sollte zu einem Wahrzeichen von Neugablonz werden. Der Neugablonzer Anpflanzungs- und Verschönerungsverein hatte es sich zum Ziel gesetzt, jüngste Geschichte in Form eines Kunstwerkes Gestalt werden zu lassen. Am 1. September 1963 wurde diese beeindruckende Skulptur in Neugablonz vor der Herz-Jesu-Kirche im Beisein von Oberbürgermeister Dr. Karl Wiebel der Öffentlichkeit übergeben: Für die lebensgroße Figurengruppe, in Bronze gegossen, wurde sie mit dem Landschaftspreis „Polzen-Neiße-Niederland" im Jahre 1966 ausgezeichnet. Ebenfalls im Jahre 1963 wurde Hanne Wondrak beauftragt, für die Gustav-

117

Leutelt-Schule eine Figurengruppe zu schaffen. So entstand das „Geheimnis", in Beton gegossen: zwei Buben, einander flüsternd zugeneigt.

Das Thema der Vertreibung blieb ein Mittelpunkt ihres künstlerischen Schaffens. Eine Reihe von Kleinplastiken, meist in Bronze gegossen, geben Eindrücke ihres schweren Schicksalsweges wieder: „Flüchtlingstreck", „Rast auf der Flucht", „Verlassene Kinder", „Mutter und Kind auf der Flucht".

Inzwischen war Hanne Wondrak Mitglied der Esslinger Künstlergilde und des Künstlerverbandes Schwaben-Süd geworden, und es erfolgten regelmäßige Einladungen zu Ausstellungen. Im Jahre 1970 erwarb die Elly-Heuss-Jugendbücherei in Berlin die Bronze-Plastik „Lesende Kinder" und die Bronzetafel mit dem „Flüchtlingszug" wurde von privater Seite in der Schweiz gekauft.

Zum Höhepunkt ihres künstlerischen Schaffens jedoch gehören die in Beton gegossene Krippe (1975-1991) in der Herz-Jesu-Kirche in Neugablonz, die bis heute einzigartig ist, und die Christusstatue in Bronze.

Eine ihrer letzten Arbeiten, der „Entenbrunnen" an der Adalbert-Stifter-Schule in Neugablonz, wurde am 1. Juni 1991 offiziell an die Stadt Kaufbeuren übergeben.

Dank ihrer künstlerischen Tätigkeit und ihres kulturellen und sozialen Engagements vermochte sie auf ihrem Lebensweg eine Spur der Menschlichkeit zu ziehen: Hanne Wondrak gründete im Jahre 1970 das Ökumenische Altenwerk Neugablonz und leitete es 22 Jahre; 1954 war sie Gründungsmitglied des Ortsbildungsausschusses Neugablonz, dessen Leitung sie sieben Jahre innehatte. Am 14. Mai 1992 endete Hanne Wondraks schaffensreiches Leben.

LITERATUR

BACHMEISTER, W., Paul Kauzmann zum 60. Geburtstag, Württembergische Monatsschrift im Dienste von Volk und Heimat, 6 (1934), S. 52-58; BIRNMEYER, E., Der Maler Paul Kauzmann (1874-1951), Faltblatt zur Ausstellung des Kulturringes Kaufbeuren, 1985; BIRNMEYER, E., Paul Kauzmann (1874-1951), ein Maler in Kaufbeuren, KGBl 11 (1987/89), S. 283-294; BÖRSCH-SUPAN, H., Die deutsche Malerei von Anton Graff bis Hans von Marées, München 1988; BREUER, T., Stadt und Landkreis Kaufbeuren, München 1960; DEHIO, G., Handbuch der Deutschen Kunstdenkmäler, Bayern III: Schwaben, München 1989; DEWIEL, L., Das Allgäu, Köln 1985; EGELHOFER, L., Rudolf Michael Kuppelmayr. In: KGBl. 13 (1993/95), S. 286ff.; EGELHOFER, L., Zum 150. Geburtstag des Kaufbeurer Kunstmalers Wilhelm Schütze. In: KGBl. 13 (1993/95), S. 2ff.; EGELHOFER, L., Zum 100. Geburtstag des Kunstmalers Franz Xaver Wölfle. In: KGBl. 11 (1987/89), S. 328ff.; FLEISCHHAUER, W., BAUM, J., KOBELL, St., Die schwäbische Kunst im 19. und 20. Jahrhundert, Stuttgart 1952; FUCHS, A., Georg Alois Gaibler. In: KGBl. 2 (1955/58), S. 126ff.; HECKELSMÜLLER, L., Josef Anton Walch (1712-1773), KGBl. Sonderheft 1 (1986); HECKELSMÜLLER, L., Josef Anton Walch (1712-1773). In: KGBl. 10 (1984/86), S. 62ff.; MEGGLE, M., Die Wandgemälde im Kaufbeurer Rathaussaal, Magisterarbeit, Universität Augsburg, 1994; MÜLLER, U., Hubert Wilm, KGBl. Sonderheft 2 (1987); NEUNZERT, H., Hubert Wilm. Kunstgeschichtliches aus Landsberg am Lech, Ausstellungskatalog 1987; PAULA, G., Zur Geschichte der barocken Deckenmalerei in Bayerisch-Schwaben. In: Herbst des Barock, hrsg. von Tacke, Andreas, München u.a. 1998, S. 25ff.; STADLER, J. Kl., Emil Werz 70 Jahre alt. In: Blätter des Bayerischen Landesvereins für Familienkunde 2 (1955), S. 3ff.; STAMMEL, J., Wilhelm Hilpert - Lehrer und Maler in Kaufbeuren. In: KGBl. 11 (1987/89), S. 422ff.; THIEME, U., BECKER, F., Allgemeines Lexikon der bildenden Künstler von der Antike bis zur Gegenwart, Leipzig 1907-50; UHDE-BERNAYS, H., Die Münchner Malerei im 19. Jahrhundert, neu hrsg. von Ruhmer, Eberhard, München 1983; WAPPENSCHMIDT, H.-T., Studien zur Ausstattung des deutschen Rathaussaales in der 2. Hälfte des 19. Jahrhunderts bis 1918. Dissertation, Universität Bonn, 1981; WERZ, W., Emil Werz. In: KGBl. 11 (1987/89), S. 26ff.; THIERER, P., Ausstellungsbeiblatt, Stadt Geislingen, 1986; WENDLING, E., Der schwäbische Maler Paul Kauzmann, Schwäbisches Heimatbuch, 15 (1929), S. 24-31.

ANMERKUNGEN

[1] Paula, S. 25.
[2] Fleischhauer, S. 59.
[3] Paula, S. 30f.
[4] Diese Schreibweise findet sich z.B. in Immenhofen (Filialkirche St. Nikolaus).
[5] Heckelsmüller, Sonderheft, S. 3f.
[6] Ebd.
[7] Paula, S. 30.
[8] Heckelsmüller, Sonderheft, S. 6.
[9] Werkkatalog bei Heckelsmüller, Sonderheft, S. 10.
[10] Dehio, S. 352.
[11] Dewiel, S. 287.
[12] Dehio, S. 352.
[13] Heckelsmüller, Sonderheft, S. 7.
[14] Ebd.
[15] Ebd.
[16] Ebd.
[17] Baubeschreibung bei Breuer, S. 17ff.
[18] Fuchs, S. 126.
[19] Ebd., S. 127.
[20] Ebd., S. 127.
[21] Breuer, S. 204.
[22] Fuchs, S. 128.
[23] Ebd., S. 128f.
[24] Dehio, S. 404; Breuer, S. 107.
[25] Signaturen und Datierungen auf der Rückseite.
[26] Fuchs, S. 129.
[27] Ebd.
[28] Das Bild des Hans Ulrich Angerer, der 1627 Bürgermeister in Kaufbeuren war, zeigt das gleiche Wappen wie das Bild des Pfarrers, vgl. Fuchs, S. 130.
[29] Beide Arbeiten von 1793, vgl. Fuchs, S. 129.
[30] Vgl. Kirchenführer: Die katholische Gottesackerkirche zum Hl. Kreuz.
[31] Rückseitig: *„David Ignaz Filser Maler und Zeichnungslehrer gemalt von X. Gaibler 1815".*
[32] Börsch-Supan, S. 56.

33 Ebd.
34 Ebd., S. 59f.
35 Ebd., S. 62f., 451.
36 Uhde-Bernays, S. 88.
37 Baum, S. 122.
38 Egelhofer, Ludwig, Wilhelm Schütze, S. 2.
39 Thieme-Becker, Bd. 22, S. 128.
40 Egelhofer, Wilhelm Schütze, S. 2.
41 Ebd.
42 Kaufbeurer Tagblatt Nr. 124/1898.
43 Ludwig, Horst, Münchner Maler im 19. Jahrh., München 1981, S. 118.
44 Egelhofer, Wilhelm Schütze, S. 5.
45 Ebd., S. 3.
46 Ebd., S. 4.
47 Dieses Ölgemälde befindet sich im Besitz der städtischen Gemäldegalerie.
48 Kaufbeurer Tagblatt Nr. 124/1898.
49 Im Besitz der städtischen Gemäldegalerie.
50 Egelhofer, Wilhelm Schütze, S. 5.
51 Ebd.
52 Ebd.
53 Ebd.
54 Kaufbeurer Tagblatt Nr. 124/1898.
55 Egelhofer, Rudolf Michael Kuppelmayr, S. 286.
56 Ebd., S. 287.
57 Thieme-Becker, Bd. 22, S. 128.
58 Egelhofer, Rudolf Michael Kuppelmayr, S. 287.
59 zit. nach Ebd., S. 292.
60 Ebd., S. 288.
61 Ebd., S. 288.
62 Ebd., S. 288f.
63 Ebd., S. 290.
64 Ebd., S. 288.
65 Ebd., S. 288.
66 Ebd., S. 290.
67 Ebd., S. 2 90.
68 Ebd., S. 291f.
69 StadtA KF, MR, A 1213, Bd. III, Abschrift des Gesuchs vom 27. Mai 1879.
70 Von Reber, Franz, Geschichte der neueren deutschen Kunst, Bd. 3, Leipzig 1884, S. 249.
71 StadtA KF, Meggle, S. 3, 11f.
72 Ausführlich mit zahlr. Nachweisen: Meggle, S. 25f.
73 Ebd., S. 26f.
74 Ebd., S. 27.
75 Lindenschmit, Wilhelm, Leben und Wirken des Historien- und Genremalers Wilhelm Lindenschmit, o.O. 1895, S. 11.
76 Wolf, Rudolf, Geschichte der Familie Lindenschmit. In: Mittelrheinisches Jahrbuch für Archäologie, Kunst, Geschichte, 1984/85, S. 38-54.
77 Börsch-Supan, S. 63; Uhde-Bernays, S. 123.
78 Meggle, S. 39f.
79 Ebd., S. 35.
80 Ebd., S. 34; Wappenschmidt, S. 164.
81 Meggle, S. 49.
82 Ebd., S. 51ff., 55f., 62f.
83 Kaufbeurer Anzeigeblatt, 1883, S. 117.
84 Thieme-Becker, Bd. 16, S. 556.
85 Thieme-Becker, Bd. 16, S. 557.
86 Uhde-Bernays, S. 288.
87 Thieme-Becker, Bd. 16, S. 556, 557.
88 Stadtarchiv Kaufbeuren, B 112, ohne Seitenzahlen.
89 Uhde-Bernays, S. 288.
90 Ebd.
91 Börsch-Supan, S. 64.
92 Werz, S. 26f.
93 Zitiert nach Werz, S. 27.
94 Werz, S. 28.
95 Aus: Der Allgäuer, 1959, Nrn. 274 und 276.
96 Werz, S. 28.
97 Immler, Theodor. In: Hochvogel, Wochenschrift zur Kaufbeurer Volkszeitung, vom 22.5.1925, Nr. 20.
98 Werz, S. 31f.
99 Ebd., S. 29.
100 Ebd., S. 30.
101 Stadler, S. 3f.
102 Werz, S. 30.
103 Stadler, S. 4.
104 Werz, S. 3.
105 Egelhofer, Franz Xaver Wölfle, S. 328; Immler, Theodor, F. Xaver Wölfle. In: Hochvogel, Beilage zur Kaufbeurer Volkszeitung vom 24.9.1925, S. 298.
106 Egelhofer, S. 328f.
107 Kleinknecht, Wolfgang, Unbeirrt an der Tradition festgehalten. In: Fürstenfeldbrucker Tagblatt vom 26.6.1987.
108 „Mann mit Licht", vgl. Immler, S. 297.
109 Ebd.
110 Egelhofer, Franz Xaver Wölfle, S. 330.
111 Ebd.
112 Ebd.
113 Ebd., S. 331.
114 Ebd., S. 332.
115 Müller, S. 6.
116 Ebd., S. 8.
117 Thieme-Becker, Bd. 36, S. 39; Müller, S. 10ff.
118 Neunzert, S. 10.
119 Ebd.
120 Müller, S. 12.
121 Neunzert, S. 19.
122 Abbildungen bei Neunzert, S. 16, 22, 23.
123 Müller, S. 30.
124 Ebd., S. 36.
125 Ebd., S. 37.
126 Wilm, Hubert, Madonnen, Engel, Sterne. Erinnerungen eines Kunstsammlers, Wien u.a., 1952.
127 Vollmer, Hans, Allgemeines Lexikon der bildenden Künstler des 20. Jahrhunderts, Leipzig 1953, Bd. 1, S. 273.
128 Signiert „Fl. Bosch 1925". Das Gemälde befindet sich im Besitz der städt. Gemäldesammlung.
129 Brenner, Anton, Florian Bosch, Lebensdaten, Ausstellungen, Preise, unveröffentlichtes Manuskript, S. 1ff.
130 Ebd., S. 2f.
131 Ebd., S. 5.
132 Der getötete Soldat in ihrem Arm ist vermutlich der erste Kaufbeurer Gefallene.
133 Pfundner, Thomas, 800 Jahre St. Dominikus, in: KGBl. 9 (1981/83), S. 216.
134 Dieser Teil wurde von mehreren Autoren verfaßt. Die Namen befinden sich unter dem jeweiligen Beitrag.
135 Stammel, S. 422-424.
136 Aus der Würdigung des künstlerischen Werkes Hilperts anläßlich der Ausstellung zum 100. Geburtstag durch Erwin Birnmeyer, zit. nach Allgäuer Zeitung vom 28.6.1988.
137 Stammel, S. 422f.
138 Ebd., S. 423.
139 Ebd.
140 Ebd., S. 426.
141 Ebd., S. 426f.
142 Ebd., S. 426.
143 Zitiert nach Allgäuer Zeitung vom 28.6.1988.

Anja Ballis und Stefan Dieter
Die urbane Vielfalt - Kaufbeurer Literaturgeschichte in ihrer städtischen Verbundenheit

Literatur in Stadt und Region
Das Beispiel Kaufbeuren

Regionalität ist ein charakteristisches Merkmal von Literatur, wie die Begriffe Schlesische Dichterschule, Nürnberger Dichterkreis, Weimarer Klassik sowie Jenaer, Heidelberger und Berliner Romantik signalisieren. Mit diesen Orten verbindet sich das Wirken namhafter Autoren, die - wie etwa Goethe und Schiller - maßgeblich die deutsche Literatur geprägt haben. Während ihre Werke vielfach im Mittelpunkt von Untersuchungen stehen, soll im folgenden ein Versuch unternommen werden, das literarische Leben in einer bisher von der Forschung nur selten gestreiften Region zu beleuchten. Dabei wird Literatur als ein Phänomen des kulturellen Lebens verstanden, das in ein soziales Ganzes eingebettet ist und nicht nur historische Realitäten widerspiegelt, sondern ihnen eine eigene geistige Originalität zuführen will. Als ihre unmittelbare Bezugsgröße sind nicht allgemeine ästhetische Maßstäbe von Bedeutung. Im Mittelpunkt steht die Stadt Kaufbeuren in ihrer historischen Entwicklung. Folgerichtig werden nicht große Werke in ihrer epochalen Bedeutung gewürdigt. Der thematische Ansatz folgt einer einzigen Überlegung: das literarische Leben Kaufbeurens in seiner Vielfalt und oft auch in seiner beziehungsreichen Trivialität darzustellen. Daher erscheinen Namen, die in der deutschen Literaturgeschichte kaum oder gar nicht gewürdigt werden, zuweilen in großer Ausführlichkeit, während allgemein anerkannte Dichtergrößen sich mit wenigen Sätzen, auch aus ungewohnter Sicht, zu begnügen haben. Der Reiz einer solchen Betrachtungsweise besteht darin, eine Literaturgeschichte „jenseits" überlieferter oder gewohnter wissenschaftlicher Ansätze sichtbar zu machen. Im vorliegenden Falle kann nur ein erster Überblick gegeben werden. Einige namhafte Autoren - etwa Victorin Strigel oder Jakob Brucker- fehlen, weil sich ihre theologischen oder philosophischen Fragestellungen dem Literaturbegriff entziehen. Auch Zeitgenossen bleiben unerwähnt. Ihre Würdigung kann, wie im Vorwort dieses 2. Bandes der Kaufbeurer Stadtgeschichte angedeutet, nur der distanzierten Betrachtung anempfohlen sein. Dennoch soll dieser Überblick einen Eindruck von der Vielgestaltigkeit des literarischen Lebens in Kaufbeuren vermitteln.

Die Anfänge - Literatur im Mittelalter (13. bis 15. Jahrhundert)

Die Überlieferung literarischer Zeugnisse im Raum Kaufbeuren beginnt - soweit sie sich nachweisen läßt - in der staufischen Zeit an der Wende vom 12. zum 13. Jahrhundert. Dabei war jedoch nicht die Stadt selbst Ort der Dichtung, sondern die Burgen und Adelssitze ihrer Umgebung. Hier förderten Angehörige des Ritterstandes als die kulturtragende Schicht jener Zeit die Literaturproduktion - teils indem sie selbst schrieben, teils indem sie Autoren angemessene materielle Rahmenbedingungen boten. Diese adeligen Mäzene werden häufig in den Werken der Literaten bezeugt, so beispielsweise Volkmar von Kemnat (1200/10-1283),[1] bei dem die Spruchdichter Rumelant von Schwaben und Kelin in der Mitte des 13. Jahrhunderts Aufnahme fanden. Aufgrund der Überschaubarkeit ihrer Texte - bei Spruchdichtung handelt es sich um eine literarische Kleinform - waren sie nicht auf Schreiber und Pergament angewiesen und konnten daher ihre Kunst auch an kleineren Höfen ausüben, die noch ohne Schriftlichkeit auskamen - wie an dem von Kemnat. Rumelant feiert Volkmar: *„Swelich rîcher ist an êren wunt, / der denke an den von Rîfenberk, / unde an den edelen helt von Kemenaten: / und ist er siech, er wirt gesundt"*; sein Zeitgenosse Kelin singt folgendes Loblied auf Volkmar: *„Wil ieman hin gegen Swaben, / der sol den edelen sagen, / daz ich mit kranken gaben / mich vil lüzzel kan betragen; / man sol in sagen, / man se mich selten* *rîten, / Volkmare von Kemenaten / dem sage er miniu leit, / der manigen hat beraten. / in hochgelobeter wirdikeit, / die ie erstreit / vil lobes bî sînen zîten. / sît daz ich von dem edelen schiet, / der mich und manigen gernden da mit gaben voll beriet, / sît sang ich ime in zwei landen driu lobeliet: / zu Wensberk einez, zwei dort ûf dem sande, / diu ich mit willen bringe vür; / des ist Volkmar von Kemenaten ein ûfgetane tür: / sît ich ir keines milte vür die sîne spür, / so hat er lob und rîcheit âne schande."*[2]

Die Dichtung jener Zeit versuchte sowohl formal als auch inhaltlich neue Wege zu gehen: Die Autoren schrieben nach strengen Regeln der Komposition und der Metrik, ihre Themen waren nun nicht mehr in erster Linie religiös, sondern entstammten antiken, keltischen und germanischen Sagen (Epik) sowie dem Bereich der Minne (Lyrik). Beeinflußt wurde diese Entwicklung insbesondere durch die französische Literatur und Kultur, die über den lothringischen Raum ins deutsche Sprachgebiet vermittelt wurde. Die literarischen Werke des hohen Mittelalters waren getragen von ritterlichen Lebensidealen und Tugendvorstellungen, die in den Begriffen der „zuht", „mâze" und „staete" (Selbstbeherrschung, Maßhaltenkönnen und Beständigkeit) gipfelten. Zentrum dieser Dichtung war in erster Linie der oberdeutsche Raum, die politische und kulturelle Kernzone des Hl. Römischen Reiches der staufischen Epoche. Die hier gesprochene Sprache war stilbildend, die mittel- und niederdeutschen Autoren paßten sich ihr an: Albrecht von Halberstadt etwa entschuldigte sich um 1190 dafür, daß er *„weder Swâp noch Beier / weder Dürinc noch Franke"*, sondern ein Sachse sei.[3]

Zu Beginn des 13. Jahrhunderts treten als Autoren des Kaufbeurer Raumes Heinrich von Leinau und Albrecht von Kemenaten hervor; allerdings ist nur von Heinrich gesichert, daß er tatsächlich aus dieser Gegend stammt. Von ihm, einem Abkommen eines gleichnamigen Dienstmannengeschlechts der Markgrafen von Ronsberg, ist kein Werk mehr vorhanden, bekannt ist er lediglich durch den zwischen 1215 und 1254 dichtenden Rudolf von Ems. Dieser bekennt in seinem „Alexander" (V. 3254-56): *„her Heinrich von Lînouwe / hât ouch vil süez arbeit / an den Wallaere geleit"*; in seinem „Willehalm von Orlens" (V. 2226-29) nennt er nochmals den *„von Linouwe, / Der Ekkennes manhait / Hat getihtet und gesait, / Das ist der Wallare"*.[4] Über den Inhalt des „Wallaere" ist nichts Näheres bekannt.

Albrechts von Kemenaten örtliche Zuordnung ist nicht zweifelsfrei geklärt: Möglich scheinen mehrere der vielen Kemnat- oder Kemenat-Orte des südwestdeutschen und tirolischen Raumes, wahrscheinlich ist jedoch die Verortung Albrechts nach (Groß-)Kemnat bei Kaufbeuren.[5] Dadurch ließe sich ein verwandtschaftliches Verhältnis zu dem Literaturmäzen Volkmar von Kemnat herstellen. Für die zeitliche Einordnung Albrechts bilden - wie schon bei Heinrich von Leinau - die „Literaturkataloge" in Rudolfs von Ems „Alexander" (V. 3252f.: *„von Kemenât her Albreht / des kunst gert wîter schouwe"*) und „Willehalm von Orlens" (V. 2243-46: *„Ouch hetti ûch mit wishait / Her Albreht bas denne ich gesait, / Von Keminat der wise man, / Der maisterliche tihten kan"*) Anhaltspunkte, die ein Wirken um 1230/40 wahrscheinlich machen.

Das von Albrecht stammende Werk „Goldemar", ein strophisches Epos aus dem Kreis der Aventiurenerzählungen um den jungen Dietrich von Bern, ist nur bruchstückhaft überliefert: Neun Strophen und der Beginn der zehnten haben sich in einer Handschrift des 14. Jahrhunderts erhalten; über den weiteren Inhalt berichten eine Anspielung im „Reinfried von Braunschweig" und der Anhang des „Straßburger Heldenbuches".[6] Der „Goldemar" handelt davon, wie Dietrich von Bern von der Minne bezwungen wird, obwohl er vorher *„nie gewan gên vrouwen hôhen muot"* (V. 2,5): Dietrich gelangt eines Tages zu einer Zwergenschar, die vor ihm vergeblich ein Mädchen zu verbergen sucht. Ihr Anblick erweckt in ihm übergroße Liebe und so verlangt Dietrich von dem Zwergenkönig Goldemar nähere Auskunft über die junge Frau. Er erfährt, daß es sich bei dem Mädchen um die portugiesische Königstochter Hertelîn handelt, die von Goldemar geraubt worden ist. In einem Kampf, bei dem auf beiden Seiten Fabelwesen beteiligt sind, erringt Dietrich den Sieg und heiratet schließlich die Prinzessin. Die literarhistorische Bedeutung des Epos-Fragments liegt darin, daß Albrecht das Dietrich-Bild in der Literatur vor „Goldemar", das einen nicht über sein Tun reflektierenden Haudegen zeichnet, kritisiert und es abändert in das eines höfischen Ritters von vorbildlicher Haltung: In dem Moment, *„unz [= als] er ein vrouwen wol getân gesach"* (V. 2,9f.), *„dô betwanc"* (V. 2,12) Hertelîn den Sinn des Helden und bewirkte bei ihm eine Veränderung zu einem *„hovelîch(en) man"* (V. 2,7). Damit leitet Albrechts „Goldemar" in die spätere Heldenepik über, die sich mit den Inhalten und Darstellungsformen der vorangegangenen höfischen Literatur kritisch auseinandersetzt.[7]

Stark umstritten ist, ob Heinrich von Pforzen, der Verfasser des Schwankes „Der Pfaffe in der Reuse" (erste Hälfte des 14. Jahrhunderts), aus dem bei Kaufbeuren gelegenen Ort Pforzen oder aus dem badischen Pforzheim stammt: Während der Hauptteil der Dichtung aufgrund sprachlicher Merkmale im niederalemannischen Raum entstanden sein dürfte, verweisen Zusatzverse in Richtung Ostschwaben.[8] Der Schwank, in dem ein ehebrecherischer Kaplan in einer Fischreuse gefangen wird, diente Hans Sachs im 16. Jahrhundert als Quelle für sein Werk „Die drei Fischreusen".

Gegen Ende des Mittelalters, im 15. Jahrhundert, rückt allmählich die Stadt Kaufbeuren ins literarhistorische Blickfeld; zunächst jedoch weniger als Ort der Literaturproduktion - das im Jahr 1422 *„per Johannem Ammunsun studentem in Kof-Büren"* verfaßte Wörterbuch „Vocabularius ex quo" und die wenig später von dem Priester Johannes Ballof geschriebenen theologischen Werke (darunter ein Breviarium) sind wenige der nachweisbaren Zeugnisse schriftstellerischer Tätigkeit in Kaufbeuren in jener Zeit.[9] Die Reichsstadt erscheint vielmehr als ein Ort der Literaturrezeption. Begünstigt wurde diese durch zwei Faktoren: Zum einen stieg aufgrund der Bildungsanstrengungen des Stadtbürgertums die Lesefähigkeit bürgerlicher Schichten an. Diese Bemühungen waren insbesondere durch die neuen Wirtschaftsformen wie Fernhandel und Schriftverkehr erforderlich geworden. Demzufolge ist eine städtische Lateinschule für Kaufbeuren spätestens seit etwa 1330 anzunehmen, die erste Nachricht von einer deutschen Schule fällt ins Jahr 1499, wobei jedoch davon auszugehen ist, daß sie schon längere Zeit vorher bestand.[10] Zum anderen wurde die Buchproduktion durch die Verbreitung der Papierherstellung verbilligt. In diesem Kontext ist die Kaufbeurer Papiermühle zu nennen, die vermutlich seit Beginn des 14. Jahrhunderts existierte: Ihr wirtschaftlicher Bezugspunkt war Augsburg,[11] und es ist nicht unwahrscheinlich, daß den ökonomischen auch literarische Kontakte folgten. Auf jeden Fall wurde lesefähigen Laien in zunehmendem Maße privater Buchbesitz ermöglicht, der früher zum Luxus gezählt hatte: So ist von dem Kaufbeurer Bürger Völk Landsberger, der sich von 1455 bis 1462 in Augsburger Urkunden nachweisen läßt, bekannt, daß er ein Passional aus dem Jahre 1461, die „Reisen" des Johann von Montevilla, eine „Dreikönigslegende" sowie Guidos „Historia Trojana" besaß; daneben hat er selbst Handschriften abgeschrieben, etwa eine Historienbibel, Johann Hartliebs „Alexander" oder den „Spiegel menschlichen Heils".[12] Im Jahr 1497 gaben der Bürger Lorenz Honold und seine Frau Barbara etliche Bücher in den Pfarrhof, nämlich *„ain lateinisch bergameni biblin, item zway lateinisch decret ains für den pfarrer, item decretales sext und Clementin instituta, alle lateinisch bucher der gaystlichen recht, item drey tayl Thome de Aquino, auch gedruckt, darunter ain bergameni."*[13] Durch diese Schenkung erweisen sich ihre Besitzer als ebenso wohlhabend - mindestens zwei der Bücher bestanden aus dem überaus wertvollen Beschreibstoff Pergament - wie gebildet.

Neben dem aufstrebenden Bürgertum gehörte der Klerus zur bildungstragenden und damit auch zur literaturrezipierenden Schicht. Einige Geistliche, die über eine höhere Ausbildung verfügten, sammelten selbst Bücher oder trugen dafür Sorge, daß kirchliche Einrichtungen mit Büchereien ausgestattet wurden, die der Predigtvorbereitung oder liturgischen Bedürfnissen dienten. Einer dieser Kleriker war der Baisweiler Pfarrer Johannes Baisweiler, der 1495 alle seine 127 Bücher der „*lieberey*" der St. Martins-Kirche in Kaufbeuren schenkte, wo sie Priestern und Gelehrten zur Verfügung stehen sollten.[14] Den Schenkungen Honolds und Baisweilers ist zu entnehmen, daß die reichsstädtische Stadtpfarrkirche St. Martin über eine Bibliothek verfügt haben mußte - über ihren Umfang, ihre Bestände und ihren Verbleib ist allerdings nichts bekannt. Jedoch scheint sie mit den bedeutenden Predigerbibliotheken in Kempten[15] und Isny nicht vergleichbar gewesen zu sein.

Gelehrsamkeit und Glaube - Literatur im Zeitalter von Humanismus und Reformation (16. Jahrhundert)

Das ausgehende 15. und beginnende 16. Jahrhundert kennzeichnen vielfältige politische, soziale, wirtschaftliche und kulturelle Umbrüche: Die zunehmende Erstarkung der Territorien gegenüber dem Kaiser und den Reichsstädten, die Ausdifferenzierung der städtischen Gesellschaft in ein „Oben" und „Unten", neue Fertigungs- und Vertriebstechniken sowie die heliozentrische Lehre des Nikolaus Kopernikus verunsicherten breite Bevölkerungskreise nachhaltig. Dazu kam das schwankende Werte- und Ordnungssystem der spätmittelalterlichen Kirche, die aufgrund ihrer zunehmenden Verweltlichung immer weniger Orientierungshilfe zu geben vermochte. Dies alles verlangte von den Menschen ein Bemühen um Neuorientierung und ließ sie das jenseitige Heil ebenso ersehnen wie sie sich zunehmend den diesseitigen Herausforderungen stellen mußten. Antworten auf die drängenden Fragen der Zeit und Lösungen für die vielfältigen Herausforderungen aufzuzeigen, bemühten sich die Humanisten und die Reformatoren. Dabei griffen die Humanisten vorwiegend auf antike Formen und Inhalte sowohl heidnischen als auch christlichen Ursprungs zurück und setzten eine rege Literaturproduktion in Gang. Die Reformation machte sich die medialen Neuerungen der Zeit - zu denken ist in diesem Zusammenhang an den Buchdruck - für ihre Ziele zunutze, um die Menschen für ihr theologisches Programm einzunehmen. Literatur zu Beginn der frühen Neuzeit umschließt dementsprechend nicht nur Dichterisches im engeren Sinne, sondern auch Didaktik, Geschichtsschreibung und Topographie, Biographisches und Briefdichtung, Fach-, Gebrauchs- und Traktatliteratur sowie Übersetzungen vorwiegend antiker Autoren. Doch ist nicht nur ein breit angelegtes Schrifttum für diese Zeit charakteristisch, sondern auch die Förderung von Literaten und Künstlern durch das städtische Patriziat, das sich vielfach bemühte, selbst humanistische Bildung zu erwerben und sie durch eigene Arbeiten zu befördern.[16] Zu diesen Mäzenen zählte der Kaufbeurer Patrizier Georg Hörmann (1491-1552). Nach Studienjahren in Tübingen, während derer er sich unter anderem in lateinischen Gedichten versuchte, trat er 1520 in die Dienste Jakob Fuggers - zunächst in Antwerpen, später in Schwaz/Tirol als Verwalter des Fuggerschen Berg- und Schmelzhandels -, bis er 1550 in seine Geburtsstadt zurückkehrte.[17] Zeit seines Lebens stand Georg Hörmann mit vielen Gelehrten in engem Kontakt: Der oberdeutsche Reformator Johannes Oecolampadius widmete ihm eine Predigt, der Arzt Gabriel Hummelberger ein medizinisches Werk; mit Erasmus von Rotterdam, Philipp Melanchthon und Konrad Peutinger, der 1513 zum Kaufbeurer Stadtadvokaten bestellt wurde, stand er in brieflichem Austausch.[18] Als Georg Hörmann im Juli 1550 seinen dauerhaften Wohnsitz in Kaufbeuren nahm, wurde er von der italienischen Humanistin Olympia Fulvia Morata (1526-1555) und deren Mann, dem Schweinfurter Gelehrten und Arzt Andreas Grundler, begleitet. Olympia Fulvia Morata war eine der bekanntesten Gelehrten ihrer Zeit: Sie fertigte Übersetzungen aus Boccaccios „Decamerone" an, hielt Vorlesungen über Ciceros philosophische Schrift „Paradoxa Stoicorum" und verfaßte lateinische und griechische Abhandlungen, Gedichte und literarische Dialoge. Durch ihren Vater, den Gelehrten und Pädagogen Fulvius Peregrinus Moratus, kam sie früh in Berührung mit dem reformatorischen Gedankengut, welches sie durch die Beschäftigung mit der Hl. Schrift und reformatorischen Werken sowie die eigenständige Übersetzung von Psalmen ins Griechische zu vertiefen suchte - so auch während ihres dreimonatigen Aufenthaltes in Kaufbeu-

Georg „Jörg" Hörmann (1491-1552)
Stadtmuseum Kaufbeuren

ren, über den sie schrieb, sie verfüge „*über die schönste Freizeit, so daß ich mich möglichst oft wieder religiösen Studien zuwende.*" Die Verbindung zu Georg Hörmann blieb auch bestehen, als die Humanistin und ihr Mann in Schweinfurt eine Heimat fanden.[19] Diese gelehrte Verbundenheit weit über den regionalen Bereich hinaus kann als typisch für die Vertreterinnen und Vertreter des Humanismus gelten.

Der kurze Aufenthalt Olympias in Kaufbeuren fällt zeitlich mit der Anwesenheit des Schriftstellers und Gelehrten Georg Fröhlich, genannt Letus, zusammen. Fröhlich (um 1500 - um 1554) war seit 1536 Augsburger Stadtschreiber und verfolgte eine streng evangelische Politik, mußte aber nach der Niederlage der Protestanten im Schmalkaldischen Krieg die Stadt verlassen. In Kaufbeuren erwarb er im Juni 1549 ein Haus am Markt (heute Kaiser-Max-Straße). Dort betätigte Fröhlich sich bis zu seiner Rückkehr nach Augsburg im Jahre 1552 als Privatgelehrter und übertrug die Anthologie des Johannes Stobäus, eine Sammlung von Auszügen aus rund 500 griechischen Dichtern und Prosaikern, ins Deutsche. Wie den meisten Übersetzern seiner Zeit kam es Fröhlich nicht auf eine wörtliche, sondern auf eine verständliche Wiedergabe des Inhalts an, so daß er für einige Sprüche des Stobäus synonyme deutsche Redensarten benutzte; dieser Umstand macht das Werk in sprachgeschichtlicher Hinsicht interessant.[20]

Waren die Folgen des kaiserlichen Sieges im Schmalkaldischen Krieg 1548 die Ursache von Fröhlichs Aufenthalt in Kaufbeuren, so beendeten sie die dortige Tätigkeit seines Freundes Thomas Kirchmair, mit dem er durch gemeinsames literarisches Schaffen eng verbunden war. Kirchmair, genannt Naogeorgus (um 1508-1563), war von 1546 bis 1548 evangelischer Pfarrer in Kaufbeuren und betätigte sich dort auch als Schriftsteller. Da er sich als evangelischer Theologe nicht dem Augsburger Interim anschloß, konnte ihn der zu dessen Einführung verpflichtete Rat der Stadt nicht halten.[21] In Naogeorgus' Werk gehen Humanismus und Reformation eine enge Verbindung ein, was sich anhand seiner drei in Kaufbeuren entstandenen Schriften zeigen läßt:[22] Das auf den Januar 1548 datierte Werk „De bello

Thomas Kirchmair (um 1508-1563)

123

Germanico"[23] ist eine kirchengeschichtlich orientierte Erwiderung auf eine gleichnamige Schrift von Johannes Pedionaeus, ein Schmähgedicht auf die im Schmalkaldischen Krieg unterlegenen Protestanten. Für seine Arbeit verfaßte Naogeorgus eine Widmungsvorrede, womit er sich in eine humanistische Tradition einordnete, die sich im deutschsprachigen Raum im 16. Jahrhundert entwickelt hatte: In den Vorreden zeigten die Herausgeber oder Verfasser den Zweck ihrer Veröffentlichung an, erhofften sich, wenn sie ihr Werk bekannten Persönlichkeiten widmeten, dessen Ansehen zu steigern und erwarteten schließlich Gunstbeweise oder eine Verehrung als Gegengabe für die rühmende Erwähnung.[24] Bezeichnenderweise eignete Naogeorgus sein Werk Johann Jakob Fugger von Kirchberg und Weißenhorn zu, einem Förderer der Künste und Wissenschaften.

Naogeorgus' zweites Kaufbeurer Werk hat eine kompliziertere Vorgeschichte, die jedoch die für die damalige Zeit typische enge Zusammenarbeit zwischen humanistischen Gelehrten, auch über größere räumliche Distanzen hinweg, deutlich macht: Im Jahr 1548 erschien die Übersetzung eines Werkes des antiken Schriftstellers Isokrates mit dem Titel *Isocratis de regno liber incomparabilis ad Nicoclem Cypri regem tam imperatoriae quam regiae ro. maiestatibus dedicatus*". Zwar wurde sie von Georg Fröhlich herausgegeben, jedoch war er gemeinsam mit Naogeorgus auf diese Schrift gestoßen. Naogeorgus übersetzte sie ins Lateinische und erlaubte Fröhlich, sie zu veröffentlichen. Bei Naogeorgus' Isokrates-Übersetzung wird ein weiterer Zusammenhang zwischen Reformation und Humanismus offenbar: Wie er anläßlich späterer Übersetzungen griechischer Autoren ausführte, galten Naogeorgus die antiken Texte als Argumentationsmodelle für seine didaktischen und seelsorgerlichen Bemühungen, einer christlichen - und das heißt für ihn: einer an Zwingli und Calvin orientierten - Ethik zum Durchbruch zu verhelfen.

Das dritte der in Naogeorgus' Kaufbeurer Zeit entstandenen Werke gehört zu seinen Unterweisungsbüchern und trägt den Titel „Epitome ecclestasticorum dogmatum in usum studiosae iuventutis conscripta"; unter dem Datum 1. April 1548 ist das Werk Georg Fröhlich gewidmet, die Drucklegung erfolgte jedoch erst 1549, als sich Naogeorgus bereits in Kempten aufhielt. Die „Epitome" ist eine Zusammenstellung von Glaubenslehren für Schüler, deren poetische Form - die einzelnen Lehrstücke sind in jeweils zehn Hexametern behandelt - das Erlernen erleichtern sollte. In seiner Widmungsvorrede führt Naogeorgus aus, daß die Schüler nicht nur Cato und Aesop lesen dürften, sondern daß ihnen zu ihrer religiösen Orientierung auch ein Katechismus an die Hand gegeben werden sollte. In theologischer Hinsicht, insbesondere was die Äußerungen zur Prädestinationslehre und zu den Sakramenten angeht, ist die „Epitome" zwinglianisch orientiert.[25] Da Naogeorgus diesen Katechismus in lateinischer Sprache verfaßte, setzte er für den Rezipientenkreis der „Epitome" offenbar eine umfassende humanistische Schulbildung als selbstverständlich voraus. Doch entsprach die Tatsache, daß er seine literarischen Arbeiten auf Lateinisch verfaßte, auch den Gepflogenheiten der damaligen humanistischen Gelehrtenwelt und deren Vorstellungen von der Exklusivität der Literatur und des Schriftstellers.

Im Gegensatz dazu suchte die volkstümliche literarische Reformationsbewegung ein breites Publikum zu erreichen: Zu ihr gehörten neben dem Luthertum, dem Zwinglianismus und der sogenannten oberdeutschen Richtung der Reformation unter anderem auch die Täufer. Letztere lassen sich in Kaufbeuren zwischen 1528 und 1597 nachweisen; ihre Gemeindebildung erreichte Mitte des 16. Jahrhunderts mit einem prozentualen Anteil an der Gesamtbevölkerung der Reichsstadt zwischen 1,5% und 3,8% eine beachtliche Größe.[26] Wie die anderen Zweige der volkstümlichen Reformationsbewegung produzierten auch die Täufer eine Fülle von Veröffentlichungen in deutscher Sprache, um die breiten Massen mit ihren Gedanken und Programmen vertraut zu machen. Eine der literarischen Formen, derer sie sich dabei bedienten, war die Lieddichtung.[27] Ihre Entstehung erklärt sich aus den permanenten Unterdrückungen und Verfolgungen, denen die Täufer ausgesetzt waren und die auf diese Weise aufgearbeitet wurden; darüber hinaus waren sie angesichts ihrer durch Analphabetismus gekennzeichneten Gemeinden in besonderer Weise auf die Mündlichkeit bei der Lehr- und Traditionsbildung angewiesen. Neben Lehr- und Bekenntnisliedern kam dabei vor allem den Märtyrerliedern eine identitätsstiftende Funktion zu.

Von dem Kaufbeurer Täufer Hans Staudach sind insgesamt drei solcher Dichtungen überliefert.[28] Staudach, von Beruf Bäcker, schloß sich etwa 1528 der Kaufbeurer Täufergemeinde an und bekleidete dort spätestens seit Anfang der 1540er Jahre eine führende Postition. Im Mai 1545 verweigerte er aufgrund seiner religiösen Überzeugungen dem Rat den Huldigungseid, so daß er der Stadt verwiesen wurde; daraufhin begab er sich zur Täufergemeinde nach Augsburg, wohin ihm seine Frau Ursula mit den beiden Kindern folgte. Die Familie schloß sich einer Gruppe von etwa 16 weiteren Täufern an, um zur hutterischen Gemeinde ins mährische Schackwitz auszuwandern, wurde aber bei Grafenwörth in Niederösterreich verhaftet. Am 29. November 1546 wurde Hans Staudach in Wien hingerichtet.[29]

In seinem Lehr- und Bekenntnislied „*Hilf Gott, daß uns gelinge*" zählt Hans Staudach „*die Alten all*" (V. 3,2) auf, die „*wahre Zeugnis erlanget nun, / daß sie Gott haben gefallen / durch Christum seinen Sohn*" (V. 3,5-7): Zu ihnen rechnet er Abel, Enoch und Noah ebenso wie die Urväter, Sara, Lot, Mose, Daniel und David; als Glaubensvorbilder der urchristlichen Zeit nennt er Johannes den Täufer sowie die Apostel Petrus und Johannes. In der letzten der insgesamt 18 Strophen fordert der Autor die Rezipienten des Liedes auf, sich um ihrer eigenen Seligkeit willen in diese Reihe zu stellen: „*Kannst du in dem gelauben, / so wirst du recht aufstahn / wohl in dem Herren Jesu Christ*" (V. 18,3-5). Hans Staudach schlägt einen heilsgeschichtlichen Bogen von der Schöpfung der Welt über die Geschichte Israels und der Urchristenheit in die eigene Gegenwart, „*daß wir verharren in deim Wort, / dasselbig zu bekennen, / steif bis in unsern Tod*" (V. 1,5-7), und spielt damit auf die Situation der Täufer an, die ständig mit dem Tod durch ihre Verfolger rechnen mußten und deshalb in besonderem Maße der Vorbilder im treuen Glauben an Gott bedurften. Auch das Lied „O Christe rein, du bist allein ein Rosen ohne Dornen" zählt zu den Lehr- und Bekenntnisliedern: In den sechs Strophen setzt Hans Staudach Christus einer Rose ohne Dornen, einem Schild, einem Weinstock, einem Hirten und einem Eckstein gleich. Mit Hilfe dieser Analogien entfaltet der Dichter das heilvolle Wirken Christi für die (täuferische) Gemeinde auf biblischer Grundlage, da sich - außer der Rose - alle Vergleiche im Alten und Neuen Testament finden. Daraus legitimiert sich auch Staudachs Empfehlung an seine Glaubensgeschwister, sie sollten „*sich sein [an Christus] halten eben(so)*" (V. 6,7) - nur auf diese Weise könnten sie vor Christus bestehen „*wenn der letzte Tag wird kommen*" (V. 6,10).

„Ich frei mich dein, o vatter mein" in einer Handschrift der Zeit

In dem Lied „*Ich frei mich dein, o vatter mein*", das Hans Staudach vermutlich vor seiner Hinrichtung 1546 in Wien im Gefängnis gedichtet hat, heißt es: „*Sterckh mich o got in meiner not / tröst mich in meinen banden / dz ich far fort in deinem wort / nit acht all pein und schanden*" (V. 2,1-4). Diese Passage legt Zeugnis ab von der Leidensbereitschaft, mit der die Täufer ihren Glauben bekannten. Sie resultierte aus der neutestamentlichen Vorstellung, daß das Bekenntnis zu Christus und das Leiden für Christus untrennbar zusammengehören (vgl. etwa Joh. 15,20). So erhielten die Verfolgungen, Folterungen und Vertreibungen, denen die Täufer überall ausgesetzt waren, für sie eine tiefere theologische Bedeutung. Viele der in Gefangenschaft geschriebenen Märtyrerlieder, zu dem auch das von Hans Staudach zählt, verarbeiteten diese Thematik: „*wer dir vertrawt, nit weiter schawt, / wird wol beston, ob schon es sich anders aigen thuot / dein volckh ist verschmecht on alles recht / man würgt geschwindt Herr deine kinndt*" (V. 1,5-9). Dabei bezieht sich die Forderung nach Vertrauen auf Gott sowohl auf den inhaftierten Verfasser selbst, der sich auf seinen Märtyrertod vorbereitet, als auch auf die Gemeindeglieder „draußen", deren Lebensschicksal noch im Dunkeln liegt. Daß diese vom vorbildlichen Verhalten der Gefangenen im Kerker und ihren Ermahnungen erfuhren, dafür sorgte die gute Organisation der Gemeinden, die häufig geheime Kontakte zu den Gefangenen herzustellen wußten.

Familiäre Ereignisse im Spiegel der Literatur - Kasualdichtung im Barockzeitalter (1600 bis 1730)

Das literarische Leben in den oberdeutschen Reichsstädten des 17. Jahrhunderts und bis ins 18. Jahrhundert hinein wurde entscheidend durch die zum Teil katastrophalen Folgen des Dreißigjährigen Krieges bestimmt: In besonders starkem Maße wurde die Reichsstadt Kaufbeuren von den militärischen Auseinandersetzungen in Mitleidenschaft gezogen, die zu einem Bevölkerungsverlust von etwa 50% führten. In der zweiten Hälfte des 17. Jahrhunderts stieg die Einwohnerschaft der Stadt lediglich auf etwa zwei Drittel des Vorkriegswertes an; zu einem Ausgleich der Verluste kam es erst im Laufe des 18. Jahrhunderts.[30] Diese Entwicklungen, die in den übrigen Reichsstädten des Raumes nur unwesentlich günstiger verliefen, bewirkten einen wirtschaftlichen Niedergang der Kommunen, der nicht ohne Rückwirkung auf das kulturelle Leben blieb; so gingen ab dem 17. Jahrhundert von den Reichsstädten auch im Bereich der Literatur immer weniger eigenständige Initiativen aus. Demgegenüber vollzog sich in dieser Zeit der Aufstieg der höfischen Residenzen zu kulturellen Zentren, die in Fragen der Literatur und des Theaters, der Malerei und der Musik, der Mode und der Architektur geschmacksbildend wurden:[31] Was in ihrem Kontext „in-

haltlich und formal verfügbar war, galt auch den Städtern als entweder direkter Gegenstand des Interesses oder aber als Muster für unselbständige Ableitungen."[32]

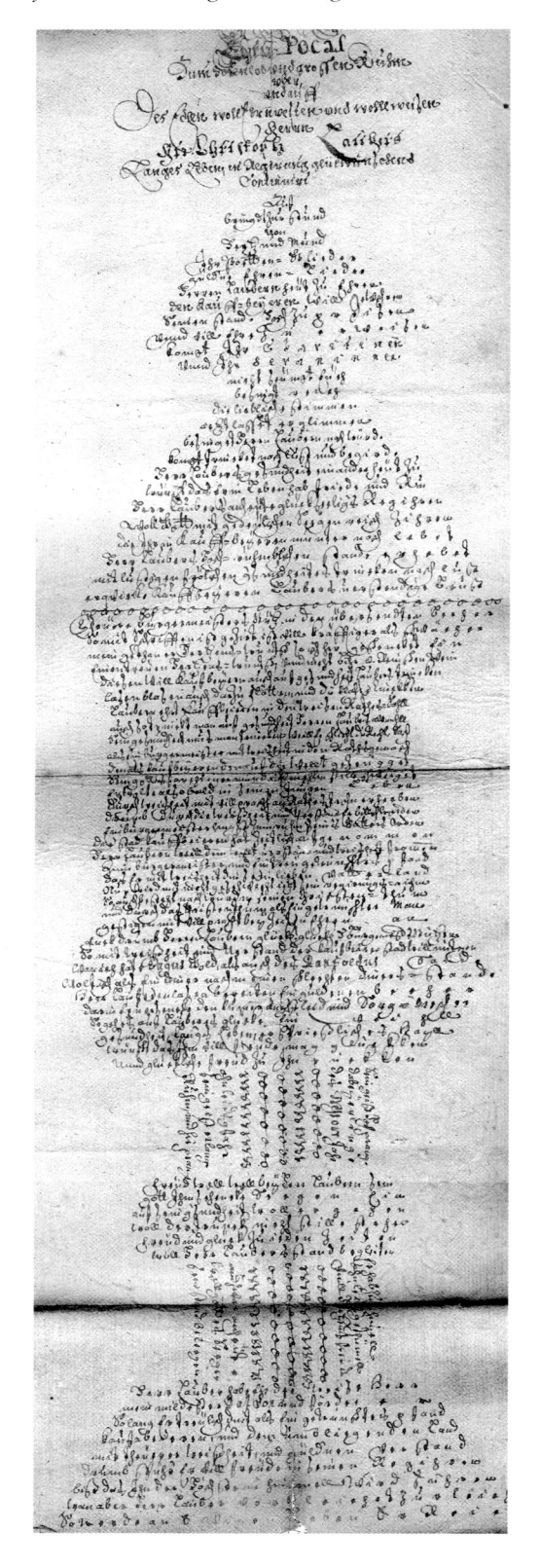

Dementsprechend wurde die städtische Literaturszene im Barockzeitalter von der aus den repräsentativen Bedürfnissen der Höfe erwachsenen sogenannten Kasualdichtung (Gelegenheitsdichtung) erfaßt und geprägt. Ihren Rahmen bildeten insbesondere die bürgerlichen Lebensanlässe Geburt, Hochzeit und Tod; aber auch besondere Ereignisse im Jahreslauf, wie beispielsweise Neujahr, oder berufliche Veränderungen boten Anlaß zur Anfertigung von Gedichten. Diese Gebrauchspoesie, die häufig gedruckt wurde und auf diesem Wege eine größere Verbreitung erfuhr, erfüllte einen doppelten Zweck: Die Autoren fanden in ihr eine Möglichkeit, ihre literarischen Werke zu präsentieren und dem Publikum durch das poetische Spiel mit Inhalten und Formen ihre Bildung zu demonstrieren. Die Auftraggeber nutzten die oft kunstvoll ausgeschmückten und mehrere Seiten umfassenden Druckwerke dazu, ihr Ansehen zu steigern und ihre gesellschaftliche Stellung zu unterstreichen. Dieses Zusammenspiel unterschiedlicher Interessen fand ein besonders geeignetes Forum in den Leichenpredigten,[33] da bei ihnen zu den genannten Faktoren noch das Moment der Religion trat, das Gelegenheit bot, die eigene Frömmigkeit darzustellen; daneben wurde den Gedichten eine Predigt vorangestellt, die den Umfang der Druckwerke zusätzlich vergrößerte.

Obwohl bereits in der Antike als Grabrede und im Mittelalter als Predigt in der Kirche existent, beförderte insbesondere Martin Luther mit seiner Schrift *„Eyn Sermon von der bereytung zum sterben"* (1519) und der Vorrede zu *„Zwo Predigt uber der Leiche des Kurfürsten Hertzog Johans zu Sachsen"* (1532) eine form- und frömmigkeitsgeschichtliche Neuakzentuierung der Leichenpredigt; gleichzeitig schuf er damit die theologischen Voraussetzungen für diese im Zeitraum zwischen 1550 und 1750 hauptsächlich im Bereich des Luthertums verbreitete Gattung. Besondere Bedeutung erlangten in diesem Zusammenhang auch die stilbildende Rede Melanchthons bei Luthers Begräbnis 1546 und das allmählich in den Vordergrund rückende Motiv des „seligen Todes"; letzteres war lange Zeit Thema der kontroverstheologischen Auseinandersetzung, da katholischerseits den Protestanten ein „gottseliges Sterben" abgesprochen wurde. Ab der Mitte des 17. Jahrhunderts nahm der Umfang

Abbildung linke Spalte: Gedicht in Pokalform für Christoph Lauber (1559-1629). Derartige Figurengedichte wurden bereits in der Antike angefertigt und erfuhren nach ihrer „Wiederentdeckung" durch die Humanisten in ganz Europa weite Verbreitung, da sie dem horazischen Ideal des „ut pictura poesis" („wie die Bilder, so die Dichtkunst") optimal entsprachen. Das abgebildete Gedicht, bei dem die äußere Form - der Pokal - in spielerischer Beziehung zum Inhalt - Glückwünsche zum Geburtstag - steht, kann als typisch für die Gattung gelten (StadtA KF, B 143, fol. 43).

der Leichenpredigten mehr und mehr zu, da sie nun auch der Selbstdarstellung der Familie des Verstorbenen dienten - infolgedessen beschränkte sich der Kreis derer, die sich dies leisten konnten, auf die höheren Schichten. Als frühes Kaufbeurer Beispiel kann die Leichenpredigt für Euphrosyna Bonrieder aus dem Jahre 1605 gelten, die in der kurz zuvor fertiggestellten Dreifaltigkeitskirche von Pfarrer Johann Baptist Lißmann gehalten wurde;[34] sie enthält bereits alle für die formale Gestaltung nötigen Elemente: Auf ein detailliertes Titelblatt (s. Abbildung) folgt eine Widmungsvorrede, die sich an den Sohn und die Schwiegersöhne der Verstorbenen richtet; im modernen Sinne ist diese die Imprimatur des Verfassers für den Druck. Der Predigtteil mit dem Schriftwort schließt sich an; er gliedert sich in einen exegetischen Abschnitt und einen Lebenslauf der Hingeschiedenen. Die Auslegung des Predigttextes macht über die Hälfte des gesamten Druckwerks aus und beschäftigt sich nicht mit der Toten und ihrem Seelenheil, sondern richtet sich - ganz im Sinne Luthers - an die Gemeinde und soll ihr laut Überschrift zu *„Vermahnung, Warnung, Trost und Lehr"* dienen. Der Personalteil der Predigt beschreibt die christliche Lebensführung und den ruhigen Tod der Verstorbenen und folgt damit einem konventionellen Muster; eingewoben sind ein Bekehrungserlebnis des katholisch erzogenen Mädchens Euphrosyna, Schilderungen ihrer Wohltätigkeit und genealogische Ausführungen. Eingehend wird die Sterbeszene geschildert, da diese dem Verfasser nochmals Gelegenheit bietet, nicht nur die Frömmigkeit der Hingeschiedenen, sondern auch die christliche Sterbekultur der lutherischen Kirche darzustellen: Konstitutive Elemente dabei sind die Tröstung durch das Wort Gottes, das explizite Bekenntnis der Sterbenden zu ihrer Religion sowie der Topos, sie sei *„so sanfft vnnd still vnnd so seliglich in Christo Iesu entschlaffen"*. Abgeschlossen wird die Leichenpredigt von drei Gedichten in lateinischer Sprache, sogenannten Epicedien, die nochmals den Tod Euphrosyna Bonrieders thematisieren; sie folgen dem von dem antiken Autor Papinius Statius (40-90 n. Chr.) vorgegebenen Schema für Grabgedichte (Lob des Toten - Klage über den Tod - Trost der Hinterbliebenen), das auch für Epicedien verbindlich wurde.

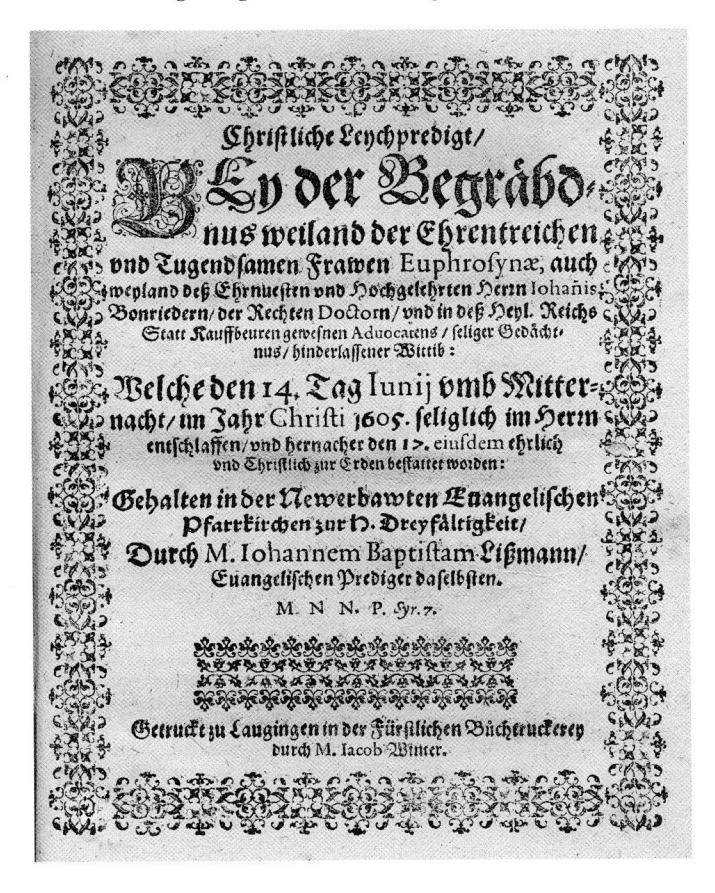

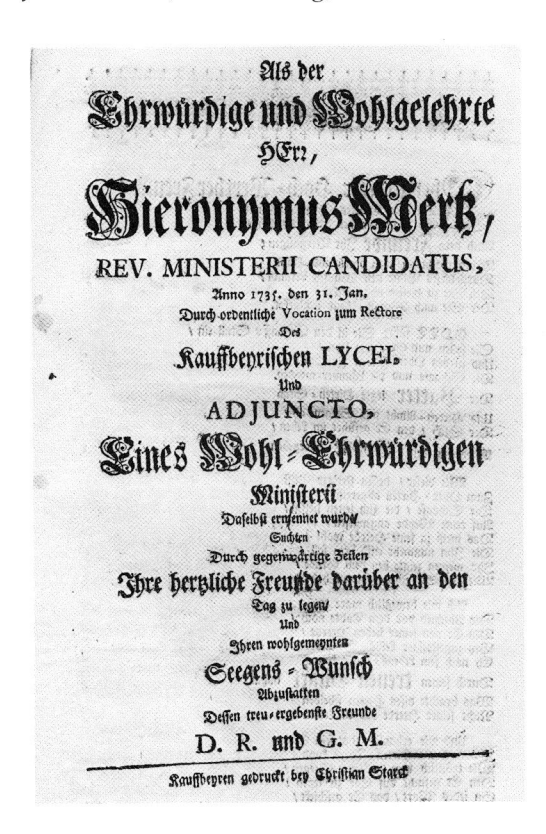

Die Formen barocker Glückwunschgedichte orientierten sich ebenfalls eng an Statius, der dafür den dreiteiligen Aufbau Gratulation, Lob des Adressaten und Wunsch für die Zukunft festlegte. Diesem Gliederungsschema folgt etwa das von Freunden angefertigte Glückwunschgedicht aus Anlaß der Berufung des Hieronymus Merz zum Rektor der evangelischen Lateinschule in Kaufbeuren im Jahr 1735[35] (s. Abbildung). Nach den Glückwünschen wird darauf Bezug genommen, daß der Vater des Geehrten Pfarrer war. Dieser Umstand liefert die Begründung für die Hirten-Metaphorik, die im Mittelteil des Gedichts immer wieder variiert dargeboten und lobend auf den Adressaten bezogen wird: Gott ist der Ober-Hirte, der Tod des Vaters wird als Ablegen des Hirtenstabes beschrieben, der Bedichtete ist zum Hirtenamt berufen, seine Schüler sind Schafe und Lämmer. Den Beschluß bilden konventionell gehaltene Wünsche für das berufliche Leben sowie ein Lob auf die Freundschaft zwischen dem Adressaten und den Autoren der Gedichte. Neben Statius besaßen die in der antiken Literatur verwendeten Strophenformen für die barocke Kasuallyrik Vorbildcharakter: Der Rückgriff auf eine anerkannte Größe legitimierte gewissermaßen die eigene Dichtung. Dabei gehörten zu den besonders beliebten Formen Sonett, Madrigal und Epigramm. Diese dominieren auch die Sammlung von Hochzeitsgedichten zur Heirat des Nürnberger Stadtadvokaten Balthasar Schmid (s. Abbildung links) mit der Kaufbeurerin Barbara Hedwig Schmid, die im Jahre 1674 in Kaufbeuren gefeiert wurde.[36] Der Einfluß der Antike erstreckte sich aber auch auf den Inhalt der Gedichte: Motive aus der griechischen und römischen Geschichte und Mythologie fanden vielfach Verwendung. Daß damit christliche Gehalte nicht ausgeschlossen sein mußten, beweisen folgende Verse anläßlich der Schmid'schen Hochzeit: *„Dichter, ihr habt viel gedichtet vom Vulcan, der Götter Schmid / Von dem Mann der Göttin Venus. Gott hier hat geschmidet mit."*

Auch die Hochzeit Dr. Georg Friedrich Gutermanns und seiner Frau Regina Barbara, geb. Unold, der Eltern Sophie la Roches, wurde mit einer Kasualdichtung bereichert (Abbildung rechts)

Die Vielzahl der in der barocken Kasuallyrik verwendeten Bilder, Motive und Formen, die heute zum größten Teil auf Unverständnis stoßen und das Gefühl einer starr an Regeln und Traditionen haftenden „Dichterei" vermitteln, erfolgte nach einer heute ebenfalls weithin unbekannten universalen Ordnung tradierter Kenntnisse: Den Autoren jener Zeit kam es nicht auf Individualität und Originalität an, sondern darauf, ihr Kulturwissen demonstrieren zu können - daher verbot es sich ihnen, Wissenselemente frei miteinander zu kombinieren. Die strengen formalen und inhaltlichen Vorgaben boten den Autoren und Zuhörern bzw. Lesern vielmehr eine sichere Orientierung, in welchem Stadium der Entfaltung sich ein Text an einer bestimmten Stelle befand. In diesem Sinne bewirkte die Gelegenheitsdichtung, daß aus einer Festgemeinde ein homogener Rezipientenkreis entstehen konnte.[37]

„Ich bin ja ganz fröhlich im Unglück bestellt"
Das Leidenslied der Crescentia Höß (1682-1744)

Im Jahr 1703 trat die Webertochter Crescentia Höß ins Kaufbeurer Franziskanerinnenkloster ein, um ein vollkommen gottgeweihtes Leben zu führen. In diesem Streben, wie es sich in ihrem Leben und in ihren Schriften dokumentiert, bewegte sie sich zwischen den Polen inniger Gotteserfahrung und massiver Anfechtung, ob der von ihr gewählte Weg der richtige sei. Zuversicht und Sicherheit scheint ihr im Jahr 1721 eine Begegnung mit Anna Maria Lindenmayr, einer Ordensfrau aus dem Karmel der unbeschuhten Karmelitinnen in München, gegeben zu haben: Nicht nur in ihren Visionen und ihrem mystischen Lebenswandel hat Crescentia vermutlich eine Bestärkung erfahren, sondern auch in der Begründung und Rechtfertigung ihres Leidens.[38] Aus dieser Zeit stammt ihr Leidenslied, von dem jedoch nicht eindeutig geklärt ist, ob sie selbst es verfaßt hat. In diesem Kontext ist lediglich der Umstand relevant, daß - gemäß der Tradition - das Lied im Kaufbeurer Konvent als Crescentias bevorzugtes Lied gilt.[39] Daneben entstanden ein Totenlied und ein Kreuzweglied, in dem biographische und spirituelle Elemente in ähnlicher Weise wie im Leidenslied verflochten werden.

In den 21 Strophen des Leidensliedes wird variantenreich Crescentias Gottesbegegnung thematisiert. Dieser tritt ihr u.a. in Gestalt eines Gärtners, Jägers, Fischers, Musikanten, Handwerkers und Bauern entgegen. Gemeinsam sind all diesen Zusammentreffen die ihr dadurch verursachten Leiden: *„Ich muß zwar bekennen, Gott hoblet mich sehr, / Er brennt mich, er haut mich, doch fallt's mir nicht schwer, / So ich mir einbilde und halte dafür / Gott* *schnizlete einen Engel aus mir."*⁴⁰ Jedoch erfüllen solche Leiden im heilsgeschichtlichen Kontext eine wichtige Funktion, da sie als Garant eines himmlischen Lebens gedeutet werden: *„Ich bin ja ganz frölich im unglück bestellt, / Es rupft mich der teuffl, es zupft mich die Welt; / Ist besser im unglück, drum schüb ich mich drein, / So komm ich viel leichter in Himmel hinein."*⁴¹ Überdies erleichtert eine solche Einstellung, etwaige Anfechtungen und Zweifel zu überwinden: *„Offt, wan ich hart geschlagen, gedancken mir mach, / All Plagen zu tragen sey ich viel zu schwach, / Denck endlich an d'glogg, wie stärcker mans leydt, / Je helle, und weiter der Klang sich ausbreith."*⁴² Ausgehend von Crescentias Erfahrungen wird in diesem Lied die gegensätzliche Struktur der Gottesbeziehungen offenkundig: Der Wechsel zwischen Gottnähe und Gottferne, zwischen der empfundenen Liebe Gottes und den durchlittenen Qualen machen das Lied zu einem Zeugnis der Mystik in der ersten Hälfte des 18. Jahrhunderts. Rezeptionsgeschichtlich bedeutsam ist der Umstand, daß das Leidenslied in die von Ludwig Achim von Arnim und Clemens Brentano zusammengetragene Anthologie „Des Knaben Wunderhorn. Alte deutsche Lieder" (1805/1808) aufgenommen wurde.

„Des Knaben Wunderhorn" - Titelblatt und Frontispiz der Erstausgabe

Mit ihrer Sammlung beabsichtigten die Herausgeber, *„das Gewebe langer Zeit und mächtiger Kräfte, den Glauben und das Wissen des Volkes, was sie begleite in Lust und Tod: Lieder, Sagen, Kunden, Sprüche, Geschichten, Prophezeiungen und Melodien"* darzustellen.⁴³ Daher fanden Lieder bekannter und unbekannter Autoren des 16. und 17. Jahrhunderts ebenso Aufnahme wie die Texte zeitgenössischer Dichter. Trotz ihrer in den Vorreden zum Ausdruck gebrachten Wertschätzung der Poesie des Volkes griffen die Herausgeber nachhaltig in den Textkorpus der Lieder ein und adaptierten überdies einen Großteil der Vorlagen für eigene Dichtungen. Exemplarisch kann diese dem Verständnis der Romantik verhaftete Arbeitsweise auch an Crescentias Leidenslied festgemacht werden: Von den ursprünglich 21 Strophen wurden lediglich vier unter dem Titel „Letzter Zweck aller Krüppeley. (Altes Manuskript)" abgedruckt. Zudem wurde die Orthographie modernisiert und die Form metrisch ausgeglichen.⁴⁴ Einer besonderen Wertschätzung erfreute sich das Lied bei Arnim, den die *„menschliche Verbindung zu Glück und Unglück"* faszinierte.⁴⁵ Auch wenn sich der Zusammenhang zwischen der Person Crescentias und dem Liedtext gelöst hatte, erklärt sich seine Wertschätzung im romantischen Streben nach dem Unsichtbaren und Unerreichten: Der Dichter vermag die *„höhere Welt hinter den Erscheinungen"* - so Arnim - zu erblicken, verläßt den Künstler aber der Sinn für das Göttliche der Kunst, so kann er als gefährdete Existenz sehr leicht ins Dämonisch-Fratzenhafte, ja ins Verbrecherische abgleiten.⁴⁶ Einer solchen Spannung ist auch das der Mystik verhaftete Leidenslied der Crescentia verpflichtet. Jedoch schloß die romantische Anerkennung älterer Epochen und ihrer Literatur nicht eine Adaption für eigene Zwecke aus: Am Ende seines Lustspiels „Der Stralauer Fischzug" greift Arnim Crescentias Leidenslied in parodistischer Form auf: Nachdem eine Auseinandersetzung zwischen den Stralauer Bürgermeistern Reich und Arm zugunsten des ersteren vom Kurfürsten geschlichtet worden ist, fordert der Herrscher den Unterlegenen zum Rollentausch mit seiner Frau auf: Arm solle sich um Haus und Hof kümmern, während seine Frau zu den Waffen greifen solle. Zur Bekräftigung dieses „Befehls" hat Arm das Lied „O süße Hand Gottes" zu singen, das mit folgender Strophe das Drama beschließt: *„Ich muß es bekennen, / Gott hobelt mich sehr, / Er schneidt mich, er haut mich, / Doch fällts mir nicht schwer, / Willst wissen warum? / Ich halte dafür / Gott wollt ja gern schnitzeln / Ein Weibchen aus mir."*⁴⁷

Aufklärung in der Provinz
Christian Jakob Wagenseil (1756-1839)

In der zweiten Hälfte des 18. Jahrhunderts erfuhr das literarische Leben in Deutschland eine tiefgreifende Umgestaltung: Buchhandel, Schriftstellertum und Lesepublikum veränderten ihr Erscheinungsbild in ständiger Wechselwirkung. Der verstärkte Wunsch des Publikums nach belletristischer Literatur führte zu einer Welle von Neuerscheinungen auf dem Buch- und Zeitschriftensektor, für deren Nachschub eine stetig wachsende Anzahl von Schriftstellern zu sorgen hatte. Weist

Johann Georg Meusels Schriftstellerlexikon „Das Gelehrte Teutschland" um 1766 noch keine 3.000 Autoren nach, so war ihre Zahl im Jahr 1806 auf 11.000 angestiegen. Glaubt man dieser großzügigen Namensliste, hätte sich in vierzig Jahren die Zahl der Autoren vervierfacht, wobei ein Viertel von ihnen der Schriftstellerei hauptberuflich nachgegangen war. Ein Zeitgenosse kommentierte diesen Wandel süffisant: *„Wir leben überhaupt in einer Zeit, da [...] fast alle Menschen von der Autor-Sucht angestecket sind. Vom Throne bis zur Schäfer-Hütte, wer nur die Feder halten kann, der schreibt Bücher."*[48] Jedoch dürfte diese Kritik die Schreibenden kaum irritiert haben, da sie sich als die wesentlichen Träger der Aufklärungsbewegung verstanden und mit ihren Schriften die „Erziehung des Menschengeschlechts" vorantrieben. Nicht selten stand eine solche Überzeugung im Kontrast zu ihrer materiellen Lage und sozialen Position im gesellschaftlichen Gefüge, da die Veröffentlichungen der Aufbesserung des Lebensunterhaltes dienten.[49]

Christian Jakob Wagenseil (1756-1839)

Als Christian Jakob Wagenseil nach Studienjahren in Göttingen und Gotha im Oktober 1779 in seine Heimatstadt Kaufbeuren zurückkehrte, da entwickelte er eine rege publizistische Tätigkeit, um seinen Unterhalt bis zu seiner Aufnahme in städtische Dienste im Jahr 1782 zu sichern.[50] Bereits kurz nach seiner Ankunft drängte er mit gelehrten Abhandlungen, Zeitschriften sowie literarischen und geistlichen Dichtungen auf den Markt der Reichsstadt. Im Jahr 1782 erschien die von ihm besorgte „Auswahl geistlicher Gesänge zur Erbauung und Andacht", deren Herausgabe er in der Vorrede wie folgt begründete: *„Wir haben freylich hier eine grosse Menge geistlicher Lieder, allein der Geschmak an Dichtkunst und Beredsamkeit hat sich seit vorigen Zeiten um vieles geändert. Es war bey unseren Alten kein Fehler, es war nicht anstößig, sich so oder so auszudrücken; aber nachdem man unsere Muttersprache zu einer solchen Vollkommenheit gebracht hat, müssen wir aufhören am Alten zu hängen, blos weil es alt ist, und das Neue ohne Prüfungen verwerfen, blos weil es neu ist."*[51] Aufgrund dieser Vorgabe finden sich in der „Auswahl" mehrheitlich Texte von Christian Fürchtegott Gellert (1715-1769) und Abdrucke aus dem neu erschienenen „Gesangbuch zum gottesdienstlichen Gebrauch in den Königlich Preußischen Landen" (Berlin 1781), da diese - nach Dafürhalten Wagenseils - den gewandelten sprachlichen und theologischen Bedürfnissen der Zeit besser gerecht werden. Zwischen den Jahren 1767 und 1811 wurden für zahlreiche Städte und Territorien neue Gesangbücher konzipiert, die von der Aufklärung beeinflußt waren und neben religiöser Belehrung auf moralische Erziehung abzielten. Stilbildend wirkte dabei hauptsächlich das bereits erwähnte, von Samuel Diterich, Johann J. Spalding und Wilhelm A. Teller erarbeitete Berliner Gesangbuch aus dem Jahr 1781. Konsequenterweise sollte das Kirchenlied von didaktischer Klarheit und Rationalismus bestimmt sein, so daß man unverständliche Ausdrücke und obskure biblische Formulierungen strich.[52] Dabei machte man auch vor den Liedschöpfungen Martin Luthers und Paul Gerhardts nicht halt, deren mystische Sprache nicht mehr zeitgemäß erschien. Demgegenüber eigneten sich die Dichtungen des Leipziger Rhetorikprofessors und Erfolgsschriftstellers Gellert, um *„den Verstand auf angenehme Weise zu beschäftigen"* und *„das Herz in Bewegung zu setzen"*.[53] Indem nun Wagenseil seiner Lieddichtung die „Geistlichen Oden und Lieder" Gellerts inkorporierte sowie Schöpfungen des von führenden Berliner Theologen besorgten Gesangbuchs zugrunde legte, suchte er den Anschluß an aufklärerische Strömungen, wie sie im norddeutsch-protestantischen Raum gepflegt wurden. Daß man in Kaufbeuren und im süddeutschen Raum diese Bemühungen honorierte, belegt das Subskriptionsverzeichnis, in dem die Besteller von 346 Exemplaren - zumeist aus Kaufbeuren, Memmingen, Augsburg und Nördlingen - aufgeführt sind.[54] Ein weiteres Mal wird Wagenseils Interesse an den Vorgängen im nördlichen Deutschland im Briefwechsel mit dem Berliner Verleger und Schriftsteller Friedrich Nicolai (1733-1811) offenkundig. Am Beginn der zwischen 1784 und 1802 geführten Korrespondenz steht ein Schreiben Wagenseils, in dem er dem Berliner Verleger einen Brief ihres gemeinsamen Freundes Andreas Zaupser (1748-1795)

zukommen läßt. Der Münchner Jurist und Aufklärer war 1780 schlagartig berühmt geworden, als seine „Ode auf die Inquisition" (1780) vom bairischen Kurfürsten verboten und konfisziert worden war.[55] Daß Kurbaiern fortan den außerbairischen Aufklärern als Zentrum der „Reaktion" galt, belegt auch das Schreiben Wagenseils: *„Ich vermute, der ehrliche Mann seufzt wieder unter dem Druck der Pfaffen Verfolgung, und das ist doch die Sache aufs höchste getrieben, wenn man nicht mehr offen an seine Freunde schreiben darf."*[56] Nach dieser ersten Annäherung bestand der Kontakt zwischen Berlin und Kaufbeuren weiter und dokumentiert das Interesse Wagenseils an der von Nicolai besorgten „Allgemeinen Deutschen Bibliothek" (ADB). Die ADB war in den ersten Jahren ihres Erscheinens ein von den deutschen Gelehrten geschätztes Rezensionsorgan der Spätaufklärung. In den 41 Jahren ihres Erscheinens waren über 400 Mitarbeiter aller Fachrichtungen für Nicolais Zeitschrift tätig, indem sie Neuerscheinungen kritisch beurteilten und wissenschaftliche Diskurse mit Kollegen pflegen konnten. Somit nimmt die ADB eine wichtige Stellung als Informationsmedium der deutschen Gelehrtenrepublik des 18. Jahrhunderts ein, so daß die Auseinandersetzung mit aufklärerischem Gedankengut auch in der „Provinz" erfolgen konnte und nicht auf die großen Zentren Berlin, Hamburg und Leipzig beschränkt bleiben mußte.[57] Da die meisten Rezensionen anonym abgedruckt wurden, um Unparteilichkeit zu gewährleisten, ist Wagenseil als Kritiker nicht faßbar. Nachweislich hat er Nicolai jedoch ersucht, seiner Schrift *„in der allgemeinen deutschen Bibl. ein Plätzchen zu gönnen und sich für mein Unternehmen bey Ihren Bekannten gütigst zu interessieren."*[58] Überdies nahm Wagenseil - wie aus der Korrespondenz ersichtlich ist - an der von Friedrich Gedike (1754-1803) und Erich Biester (1749-1816) besorgten „Berlinischen Monatsschrift" regen Anteil.[59] Wie in vielen Zeitschriften des ausgehenden 18. Jahrhunderts wurden in diesem Periodikum eine Fülle von Artikeln veröffentlicht, in denen man sich mit der vernunftgeleiteten Reform unterschiedlicher Lebenssphären befaßte. Dabei reichte das Spektrum von der Armenfürsorge über medizinische Fragen bis hin zu Entwürfen einer neuen Pädagogik. Was die „Berlinische Monatsschrift" gegenüber anderen zeitgenössischen Organen auszeichnete, war der von ihren Autoren geführte Diskurs über Aufklärung.[60] Aber auch mit dem Fortschritt der Aufklärung im süddeutschen Raum befaßte sich das Organ etwa in dem von Erich Biester publizierten Artikel über „Die neueste Heilige in Schwaben".[61] Darin berichtet er über Crescentias geplante Heiligsprechung in Rom sowie ihre Verehrung in Schwaben. Biester, der sich nach eigenen Angaben auf Akten und Auskunft Kaufbeurer Gewährsleute stützt, monierte in besonderem Maße,

daß auch *„der gelehrte, vortrefliche und tolerante Fürst Abt Gerbert von St. Blasi [...] glaubte, den Vorurtheilen seiner Kirche gemäß, an die Wunderwerke einer einfältigen Nonne; er macht in seiner Reisebeschreibung den Ungläubigen den Vorwurf der Freigeisterei und will sogar die Warheit der katholischen Religion auf diese Legende gründen."*[62] Wenn auch Biester polemisch und unerbittlich für die Aufklärung stritt und sich dadurch dem Vorwurf der Einseitigkeit aussetzte, trifft er sich mit Wagenseil in grundsätzlichen Bemühungen um eine vernunftgeleitete Toleranz gegenüber Andersgläubigen und Andersdenkenden.[63]

Durch Wagenseils Biographie und Schrifttum ziehen sich leitmotivisch Bemühungen, die Existenz der Freimaurer als „nützlichen Teil" des gesellschaftlichen Lebens zu rechtfertigen. Während seiner Göttinger Studienjahre kam er in Berührung mit einer solchen Vereinigung und wurde in die dortige „Loge zum goldenen Zirkel" aufgenommen.[64] Seit Beginn des 18. Jahrhunderts breitete sich die Freimaurerei - ausgehend von London - in Europa rasch aus; die älteste deutsche Loge wurde in Hamburg im Jahr 1737 gegründet und in kurzer Zeit entstanden eine Vielzahl von regional vernetzten Logen, deren Mitglieder sich wöchentlich zu einer geschlossenen Sitzung trafen. Ziel dieser Vereinigungen war - ganz im Sinne der Aufklärung - die Vervollkommnung des Einzelnen unabhängig von seiner religiösen, politischen und gesellschaftlichen Herkunft. Aufgrund dieser Zusammenkünfte, über die in der Öffentlichkeit kaum gesprochen wurde, hatten sich die Freimaurer zahlreicher Anfeindungen zu erwehren.[65] Diese Vorurteile gegenüber dieser Vereinigung abzubauen, bemühte sich Wagenseil bereits in seinen frühen Schriften. Im Roman „Schildheim. Eine deutsche Geschichte" (1779) erfährt der Protagonist nach fürchterlichen Schicksalsschlägen wieder Lebensmut, nachdem er u.a. Mitglied einer solchen Vereinigung geworden ist.[66] Nach seiner Ankunft in Kaufbeuren trug sich Wagenseil mit dem Wunsch, *„daß in meiner Vater-*

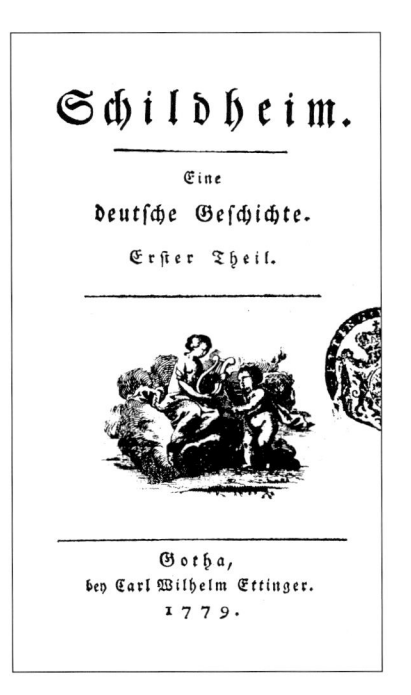

131

stadt der Freymaurer-Orden ein Tempel gebaut werden möchte [...]; aber in sechs Jahren (1779-85) wollte sich nicht die geringste Möglichkeit dazu zeigen."⁶⁷

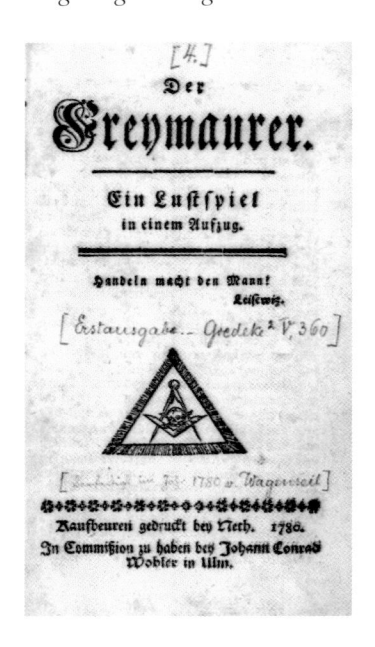

Auch sein im Jahr 1780 veröffentlichtes Lustspiel „Der Freymaurer" war diesem Vorhaben nicht förderlich, obwohl er hoffte, „einige, die Vorurtheile haben, besser vom Freymaurer-Orden zu denken bewogen werden, als etwa vorher gedacht haben."⁶⁸ Daß schließlich im Jahr 1786 die Loge „Charlotte zu den drei Sternen" gegründet werden konnte, ermöglichte das harte Vorgehen der kurbairischen Regierung gegen Illuminaten, Logen und Geheimgesellschaften ab 1784/85: „Die Verfolgung unserer Brüder in dem benachbarten Bayern gab den ersten Anlaß zur Stiftung unserer guten Loge."⁶⁹

Grund genug für den Publizisten, die Neugründung mit einer Reihe von Schriften zu begleiten: „Freymaurer-Lieder, zum Gebrauch für die Mitglieder der gerechten und gesetzmäßigen Loge Charlotte zu den drey Sternen" (1786) erschien ebenso wie eine Abhandlung „Über Freimaurerei. Zur Beruhigung und Belehrung der Unkundigen" (1786). Gerade letztere Veröffentlichung schien notwendig zu sein, „da es nicht [fehlte], an allerley losem Geschwäz und wenn es möglich gewesen wäre, Disharmonie unter sie [die Logenbrüder] zu bringen, so würde man nicht ermangelt haben, es zu thun. Indessen ließen sie sich nicht in dem einmal begonnenen Gang stören und arbeiteten mutig, einträchtig und unverdrossen fort."⁷⁰ Neben den gemeinschaftlichen Zusammenkünften und der Feier von familiären Festen übte man sich in Wohltätigkeit zur Unterstützung Bedürftiger sowie in der Verbreitung aufklärerischer Ideen im Volk: So verschenkte die Loge den Bestseller der Aufklärungspädagogik, Rudolf Zacharias Beckers „Noth- und Hilfsbüchlein für Bauersleute"; desweiteren ließ sie zum Besten der Armen Wagenseils Geschichte „Jakob Sohle, oder der selbstdenkende Schuster" (1788) drucken und verkaufen.⁷¹ In der Nachschrift nennt Wagenseil sowohl die Adressaten und die Zielsetzungen seiner Schrift, die unter dem Begriff der Volksaufklärung subsumiert werden können, als er auch die Vorbehalte der Autoritäten gegenüber einer verbesserten Bildung breiter Bevölkerungsschichten zu entkräften sucht: „Diese Leute soll Jakob Sohle belehren, daß auch für den gemeinen Mann und Bauern keine Gefahr dabey sey, sondern, daß er sich besser stehe, wenn er aufgeklärt, das heißt, von Jugend auf gewöhnt wird, seinen Verstand zu gebrauchen und selbst zu denken, als wenn er blindlings annimmt und nachthut, was ihm andere vorsagen und vorthun, in der Religion sowohl, als in weltlichen Geschäften."⁷² Trotz dieser sozialen Aktivitäten konnte sich die Loge nicht dauerhaft in Kaufbeuren etablieren: Als im Jahr 1789 die Beförderung Wagenseils zum Stadtsyndikus erfolgen sollte, wurde ihm vom Magistrat zur Auflage gemacht, die Loge zu verlassen.⁷³ Obwohl er diese Bedingung erfüllte, war es ihm ein Bedürfnis, literarisch seine Verbundenheit zur Organisation der Freimaurer zu bekunden. Im Vorbericht seiner „Gedichte und Schauspiele" (1794) erwähnt er: „Die wenigen Maurergedichte machte ich zu einer Zeit, wo es meine Verhältnisse noch erlaubten, für die gute Sache thätig zu seyn. - Sie ist dahin! - Aber ich bezeuge es vor Gott, daß mich jene Thätigkeit nicht gereut."⁷⁴ Dennoch kann diese Äußerung nicht darüber hinwegtäuschen, daß in Kaufbeuren die realpolitischen Gegebenheiten der Umsetzung von aufklärerischen Ideen teilweise entgegenstanden, die daher - wie Leben und Werk Wagenseils belegen - nicht selten auf das Reich der Publizistik beschränkt bleiben mußten.

Dort konnte über die kritische Infragestellung gelehrter, religiöser oder anderer Autoritäten - die nicht ihre prinzipielle Verwerfung bedeuten mußte -, über Emanzipation zum Selbstdenken, über den Willen zur Wirksamkeit in der Welt und zur Reform wie auch über die Bereitschaft zur Veröffentlichung von Kenntnissen und Erkenntnissen für immer breitere Kreise reflektiert werden. Dieser Prozeß der Zugänglichmachung und Popularisierung von Ideen beruhte auch auf materiellen Erscheinungen und deren Bedingungen.⁷⁵ Eine besondere Bedeutung kam dabei den Zeitschriften zu, die als ein zentrales Medium der Aufklärung während des 18. Jahrhunderts nicht von dieser geistigen Bewegung zu trennen sind.⁷⁶ Insbesondere die Jahrzehnte nach 1770 brachten eine ungeheure Expansion des Zeitschriftenmarktes, die als Ausdruck der Breitenwirksamkeit gelten kann, die die Aufklärung im letzten Drittel des 18. Jahrhunderts entfaltete. In besonderem Maße war das Medium der Zeitungen und Zeitschriften dazu geeignet, für einen Gedankenaustausch zu sorgen und dabei zugleich den Kreis der Autoren und Rezipienten von Literatur zu erweitern.⁷⁷ Gleichzeitig schuf sich die wachsende Anzahl von Schriftstellern ein Kommunikationsmedium, in dem sie sich und ihren Freunden Möglichkeiten der Publikation eröffneten.

Auch Wagenseils Mitarbeit an und Herausgabe von Zeitungsprojekten bildet seinen Freundes- und Bekanntenkreis im nördlichen und südlichen Deutschland und dessen spezifische Interessen ab. Dabei konnte er wiederholt an seine während der Göttinger Studienzeit geschlossenen Bekanntschaften anknüpfen: Er wurde mit Matthias Claudius persönlich bekannt und fand Zugang zur literarischen Vereinigung des „Göttinger Hainbundes", der sich als ständeübergreifende Gemeinschaft von Gleichen verstand. Zu seinen Mitgliedern zählten unter anderem Johann Heinrich Voß, Christian und Friedrich Leopold von Stolberg, Christian Friedrich Hölty und Johann Martin Miller; während Gottfried August Bürger die Rolle des eigenständigen Weggefährten beanspruchte, war als Mentor der ältere Heinrich Christian Boie anerkannt, dessen „Deutsches Museum" den Jungen ein Forum bot, wenngleich ihr eigentliches Organ der „Göttinger Musenalmanach" war.[78] In diesem Blatt wurden - auf Vermittlung Bürgers - Gedichte Wagenseils aufgenommen.[79] Vermutlich rührt aus dieser Zeit seine Bekanntschaft mit Johann Martin Abele (1753-1805), der ab 1779 in Kempten als Syndikus tätig sein sollte und noch von Göttingen aus ein „Magazin für Kirchenrecht und Kirchengeschichte" besorgte, für das auch Wagenseil einen Artikel lieferte.[80] Desweiteren war Wagenseil Beiträger des von Johann Michael Armbruster initiierten „Schwäbischen Museums" (1785/86), dessen Mitarbeiter ausschließlich aus Schwaben stammten und Beiträge zur Kultur, Literatur und Bildung der Region lieferten.[81] Hinzu kam sein oben skizziertes Interesse für Nicolais Verlagsprodukte, wobei in der ADB Wagenseils Kaufbeurer Zeitungsprojekt - die Herausgabe eines „Gemeinnüzigen Wochenblattes für Bürger, ohne Unterschied des Standes und der Religion" - beworben wurde.[82]

Gemeinnüziges Wochenblatt für Bürger ohne Unterschied des Standes und der Religion, besonders in Schwaben.

Erstes Vierteljahr.

Junius, Julius, August.
1780

Kaufbeuren gedruckt bey J. B. Neth.

Diese in den Jahren 1780 bis 1786 wöchentlich erscheinende Zeitschrift sollte folgende Ziele befördern: *„Aufklärung des Verstandes, und Veredlung des Herzens sind zwey der wichtigsten Angelegenheiten des Menschen. Durch jene werden wir brauchbare Mitglieder desjenigen Staates, in dem wir gebohren, und welchem wir vor allen andern unsere Kräfte zu weihen schuldig sind."*[83] Folgerichtig und dem Geschmack der Zeit folgend enthält die Wochenschrift wissenschaftlich gefärbte Abhandlungen, kurze und sachliche Berichte über eine Erfindung aus der Natur oder dem praktischen Leben, moralische Erörterungen, Anekdoten, literarische Beiträge in Form von Fabeln, Gedichten oder Auszügen sowie Anzeigen neuer Bücher. Gespeist wurde das wöchentliche Blatt mit verschiedenen Nachdrucken aus Zeitschriften und Büchern sowie Beiträgen Wagenseils und seiner Freunde und Bekannten. Die in der Wochenschrift publizierten Gedichte stammten nicht selten von Mitgliedern des Hainbundes;[84] der Herausgeber selbst steuerte neben lyrischen Beiträgen auch Abhandlungen bei, etwa zur Geschichte Kaufbeurens. Daneben suchte er die Bedürfnisse von Kindern und Frauen zu berücksichtigen, die am Ende des 18. Jahrhunderts als neue Rezipientenschicht gezielt erschlossen wurden, indem er Literaturempfehlungen aussprach.[85] Dies war - nach Sicht der Aufklärer - insofern notwendig geworden, als bis dahin der weibliche Lektürekanon nahezu ausschließlich auf erbaulich-religiöse Schriften beschränkt war. Mit der steigenden Produktion und Lektüre von belletristischer Literatur befürchteten die Kulturkritiker negative Folgen dieser „Lesewut" für die gesamte Gesellschaft, da der Konsum von empfindsamen Romanen - so der Tenor der zeitgenössischen Kritik - neue widernatürliche Empfindungen hervorriefe, die das Verhältnis zur Realität beeinträchtigten.[86] Auch im „Wochenblatt" wurde die Frage aufgeworfen „Dürfen junge Frauenzimmer Romane lesen" und von Wagenseil beantwortet: *„Wenn ich Töchter hätte, so sollten sie zwar lesen, um ihren Verstand aufzuklären, ihr Herz zu veredlen, und nützliche Kenntnisse von ihren mannigfaltigen Lebenspflichten einzusammlen; aber - ohne deswegen das geringste in der Wirtschaft zu versäumen. Sie sollten wenige auserlesene Bücher lesen, aber mit Verstand und Nachdenken, und dann wollt' ich bey jedem vorkommenden Fall eine Prüfung anstellen, ob sie das gelesene auch auf sich selbst anwenden können."* Zu diesem Zweck - so der Autor - eigneten sich Campes „Robinson Crusoe", Millers moralische Geschichte und insbesondere Gellerts Gesamtwerk.[87] Somit zeigt sich, daß auch von Wagenseil die gesellschaftsverändernde Wirkung von Lektüre nur solange bejaht wurde, als sie soziabel blieb und sich auf geordnete und kontrollierte Weise vollzog. Das Veränderungspotential einer anonymen, individuell-unkalkulierten weiblichen und auch jugendlichen Lektüre wurde von den Aufklärern und Gegenaufklärern mit gleichem Argwohn betrachtet, weil sie zum „*Umsturz der sittlichen Ordnungen und aller Regierungsform*" führe.[88] Zeigten sich fortschrittliche und konservative Kräfte bezüglich der Kontrolle von Literatur einig, so prangerten die Aufklärer vehement die Zensur von ihnen geeignet und nützlich erscheinenden Büchern an. Wiederholt nutzte Wagenseil seine periodische Schrift, um den in Baiern anhaltenden Einfluß der Jesuiten und der katholischen Kirche zu brandmarken, die nach seinem Dafürhalten den Fortschritt behinderten: „*Es begann licht und helle zu werden, aber siehe die Sonne der gesunden Vernunft und Weisheit neigt sich in Wolken und Egyptische Finsternis droht dem Lande Bayern.*"[89] Daher hielt er es für geboten, seinem in Kurbaiern von der Zensur verfolgten Freund Andreas Zaupser nicht nur ein Forum für seine Publikationen zu geben und dessen Schicksal publik zu machen, sondern bot dessen Schriften in der von ihm besorgten Lesebibliothek an.[90] Kurze Zeit nach der Gründung des Journals finden sich „Nachrichten, die Lesebibliothek betreffend" (Juni 1780) eingerückt: Der Kaufbeurer Buchhändler Johann Baptist Neth setzte die Leser von seinem Vorhaben in Kenntnis und erläuterte die Bedingungen für den Bezug von Büchern. Beraten wurde er von Wagenseil, der durch Anzeigen der Einrichtung zur Popularität verhalf und auch die Auswahl der Bücher besorgte.[91] Zusätzlich wies Wagenseil seine Leserinnen und Leser auf literarische Neuerscheinungen hin, worunter nicht selten seine eigenen Werke zu finden waren. Damit konnte der Publizist sich und seinen Freunden eine weitere Plattform für die Verbreitung ihrer Schriften schaffen, so daß das „Gemeinnüzige Wochenblatt" maßgeblichen Einfluß auf die in Kaufbeuren vertriebene und gelesene Literatur zu nehmen suchte. Ihr Ende fand die Zeitschrift im Jahr 1786, als Wagenseil sich nicht länger im Stande sah, ohne Mitarbeiter seine Arbeit fortzusetzen.[92] Im folgenden Jahr kehrte er jedoch mit dem „Reichsstadt Kaufbeurischen Intelligenzblatt" auf den Markt zurück (s. Abbildung rechts). Im Gegensatz zum Wochenblatt finden sich darin nun verstärkt Anzeigen, die Aufschluß über das wirtschaftliche und gesellschaftliche Leben der Stadt geben. Wagenseils Mitarbeit an diesem Blatt währte ein Jahr, ehe es von Johann Christoph von Zabuesnig als reines Anzeigenblatt bis 1789 fortgeführt wurde.

In seiner noch verbleibenden Kaufbeurer Zeit widmete sich Wagenseil den Schönen Künsten, indem er weiterhin Theaterstücke, Lyrik und gelehrte Abhandlungen verfaßte.[93] Sein hier exemplarisch dargestelltes Oeuvre belegt, daß er das durch die Umstrukturierung des literarischen Marktes sich ergebende Instrumentarium zu nutzen suchte: Er bediente sich des Medienverbundes von Zeitschriften, Lesebibliotheken und Einzelveröffentlichungen, um der Aufklärung in der Provinz zum Durchbruch zu verhelfen. Thematisch orientierte er sich an den Inhalten, die er während seiner Studienjahre erfahren hatte und auf vielfältige Weise adaptierte. Neueren Strömungen in der Literatur, wie Sturm und Drang oder Klassik, brachte er ein solches Interesse nicht entgegen. Vielmehr pflegte er im Austausch mit Freunden in Nord- und Süddeutschland gelehrte Geselligkeit und schuf damit der Spätaufklärung ein Forum in Kaufbeuren.

Spaziergänge zur Bildung
Zum Werk Sophie La Roches (1730-1807)

Das 18. Jahrhundert wird übereinstimmend als „Jahrhundert des Briefes" bezeichnet, da sich das Medium in dieser Zeit durch die Emanzipation des Selbstgefühls sowie die Neigung zur Beobachtung eigener Empfindungen und Gedanken neue Funktionszusammenhänge erschließen konnte. Sowohl in Form von eigenständigen Publikationen als auch in Form von Kritiken und Reden gewannen Briefe an literarischem Anspruch, der seinen ästhetischen Höhepunkt im Briefroman des 18. Jahrhunderts erreichte. Diese Gattung, die wesentlich von englischen Vorbildern beeinflußt wurde, ermöglichte dem

Erzähler eine neue Intensität der Selbstdarstellung und -aussprache und schaffte damit ein neuartiges Identifikationsangebot für die Lesenden.[94] Ein Beispiel eines Briefromans ist Sophie La Roches „Geschichte des Fräulein von Sternheim" (1771), der zum Zeitpunkt seines Erscheinens glänzende Aufnahme in Deutschland fand und die in Kaufbeuren geborene Autorin zu einer literarischen Berühmtheit machte.[95] Am 6. Dezember 1730 wurde sie als älteste Tochter des Kaufbeurer Stadtphysikus und Gelehrten Georg Friedrich Gutermann und seiner Frau Regina Barbara, geb. Unold, in Kaufbeuren geboren. Bereits 1737 übersiedelte die Familie nach Lindau und von dort nach Augsburg, wo ihr Vater seit 1740 das Amt des Dekans der medizinischen Fakultät ausübte. Da Sophies Vater weit gereist war und vielfältige Interessen pflegte, wurde sein Haus ein beliebter Treffpunkt von Gelehrten, die auch der Tochter des Hauses zu Bildungsanstößen verhelfen wollten: *„Mit 13 wollte der große Brucker meine Erziehung und Bildung meines Geistes besorgen. Ich bat meinen Vater auf Knieen um die Einwilligung, aber er wollte nicht."*[96] Jahre später sollte sie ihr Verlobter Gian Lodovico Bianconi - Leibarzt des Bischofs von Augsburg - in Italienisch, Kunstgeschichte, Gesang und Mathematik unterweisen. Allerdings kam diese Verbindung nicht zustande, da sich der streng protestantische Vater Gutermann und der ebenso streng katholische Bianconi nicht über die Religionsklausel einig wurden: Der Vater bestand auf einer protestantischen Erziehung der Töchter, der Verlobte auf der katholischen aller Kinder. Um der neunzehnjährigen Sophie zu Zerstreuung und Ab-

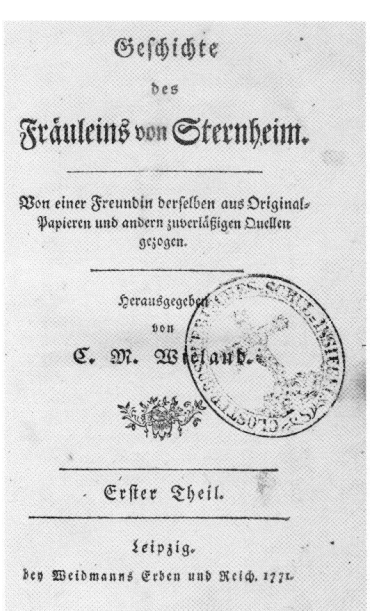

lenkung zu verhelfen, wurde sie nach Biberach in das Pfarrhaus Wieland zum Vetter des Vaters geschickt, wo sie auch Christoph Martin Wieland kennenlernte. Die beiden schlossen eine „Seelenfreundschaft", die im Jahr 1749 zur Verlobung führte. Allerdings kam auch diese Bindung nicht zustande, da Sophie, um ihre Versorgung zu sichern, das Verlöbnis löste und im Jahr 1753 den katholischen Hofrat Georg Michael Frank von La Roche heiratete. Durch ihre Tochter Maximiliane, die spätere Brentano, wurde sie die Großmutter der Romantiker Clemens Brentano und Bettina von Arnim, die sich ihrer in „Die Günderode" (1840) erinnerte. Die Familie lebte in Mainz und Speyer, ehe sie 1786 nach Offenbach übersiedelte, wo La Roche ein Haus gekauft hatte, das sie bis zu ihrem Tode bewohnten. Auf ausgedehnten Reisen erneuerte Sophie La Roche alte Bekanntschaften, lernte Zeitgenossen kennen und legte ihre Eindrücke und Erfahrungen - etwa in den „Briefen über Mannheim" (1791) oder in der „Reise von Offenbach nach Weimar und Schönbeck im Jahr 1799" (1800) - literarisch nieder.[97]

Kaufbeuren streifte sie auf diesen Reisen nicht, kam jedoch gerne der Bitte Wagenseils nach, für das „Gemeinnüzige Wochenblatt" einen Beitrag zu liefern: Im Frühjahr 1782 erschien das „Schreiben an mich von Madame de la Roche, geb. Gutermann", das neben dem Rückblick der Autorin auf ihre Kindheit zugleich einen Einblick in ihr schriftstellerisches Arbeiten gewährt: In einem ersten Abschnitt schildert sie, wie und warum Kaufbeuren ihr am 15. März 1782 in den Sinn gekommen ist: *„Dieser heutige Morgen war sehr heiter; das Geschwirre der wiederkommenden Vögel und ihr freudiges Hin- und Herflattern ermunterte auch mich zu frühem Aufstehen. Der Gedanke des nahen Frühlings [...] wirkte auf mich, und erweckte die selige Gewohnheit, welche ich seit Jahren habe, immer bey dem Eintritt eines Zeitwechsels einen Gesang aus Thomsons Jahreszeiten zu lesen."*[98] Die Lektüre des englischen Autors James Thomson, dessen Epos „Die Jahreszeiten" einen innigen Zusammenhang zwischen Naturschilderungen und den menschlichen Schicksalen konstruiert, führt La Roche zur Erinnerung *„an den Frühling meines Lebens"*. Solchermaßen in Kaufbeuren angekommen, spaziert sie durch die Stadt ihrer Kindheit, besucht die Wiese, auf der ihr *„Kinderherz Gott und die Wunder der Schöpfung"* lieben lernte, und das Tänzelhölzle, nach dessen Bestehen sie sich erkundigt. Interessiert zeigt sie sich an der Garderobe der Kaufbeurer Frauen und hofft, daß *„die phantastische Mode auch an dem Fusse der Allgäuer Berge die rührende Einfalt der Sitten und Kleider"* nicht verdrängt habe. Gerne würde sie in dieser Angelegenheit ihren Sohn *„meinen geliebten Landsmänninen erzälen [lassen], wie wenig ihm und andern* *die gepuzten Puppen in Paris gefielen."*[99] Ihr Schreiben schließt mit der Hoffnung, daß Wagenseil einst die Freude beschieden sein werde, *"unsrer lieben Vaterstadt durch ihre Wochenschrift genüzt zu haben."*[100] Mit Hilfe von Literatur und Natur überwindet Sophie von La Roche die Distanz von Gegenwart und Vergangenheit und nützt das Medium des Briefes, ihr Leben zu ästhetisieren und ihre Leserinnen und Leser zu moralisieren.

Die hier exemplifizierte Vorgehensweise und Wirkungsabsicht manifestiert sich auch in der Konzeption der von ihr herausgegebenen Zeitschrift „Pomona für Teutschlands Töchter" (1783/1784), die nachweislich in Kaufbeuren rezipiert wurde.

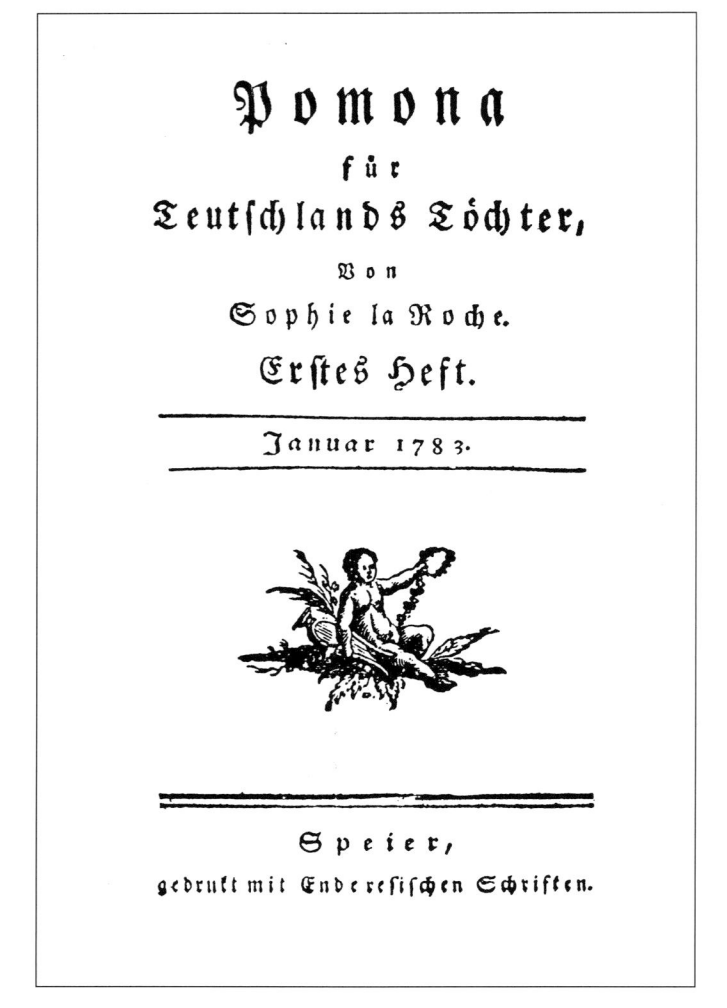

In der „Veranlassung der Pomona" erklärt sie nach bekanntem Muster Namen und Entstehung: *„Mein Büchelgen soll ‚Pomona' heißen, diese ist die Göttin des Herbst. Ich bin in dem Herbst meines Lebens, und der Entwurf dazu entstund in dem Herbst"*.[101] Den Plan zu diesem Vorhaben faßte sie eigenen Angaben zufolge nach einem Spaziergang, auf dem sie sich intensiv mit einem Freund über Natur- und Lebensbetrachtung sowie literarische Werke ausgetauscht habe. Eine Freundin riet ihr - so La Roche -, auch anderen Frauen zu solchen Bildungserlebnissen zu verhelfen.[102] Inhaltlich war die erste von einer Frau besorgte deutschsprachige Zeitschrift an den Interessen einer bürgerlichen Leserinnenschicht orientiert: Jedes der monatlich erscheinenden Hefte sollte einen „Brief an Lina" enthalten, der in Fortsetzungen von der Vorbereitung eines Mädchens aus dem unbegüterten Bürgertum auf die Ehe mit einem gebildeten Mann berichtete. Überdies wollte sie eigene moralische Erzählungen einrücken und die Leserinnen mit James Thomsons Jahreszeiten-Epos sowie naturkundlichen, kulturgeschichtlichen und literarischen Betrachtungen vertraut machen. Dezidiert forderte sie ihre Leserinnen auf, Themenwünsche vorzubringen, aus denen schließlich eine eigene „Rubrik" erwuchs, die offenbar wesentlich zur Popularität dieser Zeitschrift beitrug. Mit ihrem Journal verfolgte die Herausgeberin pädagogische und didaktische Ziele, wobei der Spaziergang der Entstehungsgeschichte das Motto ihres Bildungsprogrammes wurde: Gleichsam im Vorübergehen sollten die Leserinnen Informationen, Wissen und Ideen wie Blumen aufsammeln, mit offenen Augen weiterschreiten, nirgends lange verweilen, aber alles zum Anlaß nehmen, eigene Überlegungen anzustellen. Demzufolge wurde ein spezifisch weibliches Interesse an Wissenschaften und Künsten zugunsten eines funktionalen und oberflächlichen Wissens abgelehnt, das primär dazu diente, die Leistungen männlicher Gelehrter zu würdigen und ihnen somit teilnehmende Gesprächspartnerinnen und akzeptable Gastgeberinnen sein zu können.[103] Ähnlich gestaltete sich auch die Arbeitsweise der Autorin: *„Aus ihrer aktuellen Lektüre, Gehörtem und Gesehenem montierte sie ihre Texte assoziativ zusammen, häkelte sie Artikel an Artikel. Die wenigsten Beiträge zeigen ein klares Konzept oder eine stringente Argumentation, vielmehr präsentierte Sophie von La Roche ‚zufällige Gedanken'."*[104] Leben und Werk der Sophie von La Roche machen deutlich, daß sie den ihr in der Aufklärung zugebilligten Raum nutzen konnte, ohne ihn allerdings überschreiten zu wollen: Die Literarisierung ihres Erlebens verlief nach ästhetisch und gesellschaftlich akzeptierten Mustern. Das Publikum dankte ihr solche Schriften, und auch in Kaufbeuren ermunterte Wagenseil die Frauen zur Lektüre der „Pomona", da viel „*Nuzbares*" von einer moralisch integeren Frau vermittelt wurde: *„Und um viel schäzbarer ist erst all dieser Unterricht, wenn man hinzu denkt, daß er von einer Frau kommt, die eben so gerne die Nadel als die Feder fürt, in der Küche das Mittagessen ordnet, im Hauswesen nachsieht und erst in Freystunden für Deutschlands Töchter Lehren der Weisheit niederschreibt."*[105]

Im Dienst von Kirche, Monarchie und Nation
Gelegenheitsdichtung in der ersten Hälfte des 19. Jahrhunderts

Die Kasuallyrik, die für den literarischen Kanon des Barockzeitalters von zentraler Bedeutung war, fand bis weit ins 19. Jahrhundert hinein einen Markt. Zwar war es in der zweiten Hälfte des 18. Jahrhunderts zu einer Trennung von anlaßgebundener und „wahrer" bzw. erlebnisgebundener Lyrik gekommen, und demzufolge konnte die traditionelle Gelegenheitsdichtung den veränderten Vorstellungen von Originalität immer weniger entsprechen - jedoch waren „*die Grenzen zwischen den Produkten liebenswürdigen Dilettierens, sei es mit dem Wort oder dem Pinsel, und professioneller Leistung [...] fließend. Die Gelegenheitsdichtung blühte, und im Malen, wie Radieren versuchte sich, wer nur einigermaßen Talent in sich fühlte.*"[106] Urbane Geselligkeitsformen und -anlässe, wie Freundschaftskreise oder öffentliche Festlichkeiten, begünstigten die Entstehung solcher Dichtung und wiesen insbesondere der Lyrik eine tragende Rolle in der literarischen Kommunikation zu.

Wie stark Literatur in das öffentliche Leben der Stadt Kaufbeuren integriert war, zeigt sich etwa beim Empfang der Erstlinge des Feldsegens am 11. August 1817:[107]

Die Erstlinge des Feldsegens, Guache von Andreas Schropp aus dem Jahr 1829 (StadtA KF, B 105)

Nachdem schwere Hungersnöte und Teuerungen in den vorangegangenen Jahren die Bevölkerung heimgesucht hatten, wurde dieser Tag besonders feierlich und in ökumenischer Dankbarkeit begangen. Die Straßen entlang des Festzuges, der seinen Ausgang von der Wertachbrücke nahm, das Spitaltor passierte und durch die Stadt auf den Markt (heute Kaiser-Max-Straße) führte, waren mit Bäumen, Blumen und Kränzen geschmückt; am Spitaltor waren als Chronologika die Inschriften „*DVLCIa Dona DeI frVges VeLate Corona!*" und „*ConCVssæ Vbertas Instat aD aVCta faMI*" angebracht („*Zieret mit Kränzen das Korn, die köstliche Gabe des Himmels!*" bzw. „*Teuerung wankt, gedrängt von Überfülle des Segens*"); addiert man jeweils die lateinische Zahlen darstellenden Großbuchstaben, ergibt sich die Jahreszahl 1817. Am Zug selbst beteiligten sich die Geistlichkeit, die Beamtenschaft, das Militär, der Magistrat, die Lehrerschaft mit den Schulkindern sowie fünf mit Getreide beladene Erntewägen, die mit Sinnsprüchen, Gedichten und Bibelzitaten geschmückt waren. Unter ihnen fiel das besonders prächtig gestaltete Probst'sche Fuder auf: Zwei Schulkinder saßen, als Schnitter und Schnitterin verkleidet und mit einer weiß-blauen Fahne ausgestattet, vorne auf dem Wagen, über ihnen war der Text „*Lobet Den aLLMæChtIgen, seIne hVLfe erfreVet Vns*" angebracht; hinten hingen unter einem Erntekranz die Aufschrift „*Danket aLLe VnD sInget LIeDer fVr erhaLtene frVChte*" und das Gedicht „*Nach des Hungers harter Plage / Sendest, bester Vater!, Du / Uns an diesem Freudentage / Deines Segens Tröstung zu. / Wie du Fruchtbarkeit der Erde / Gabst: so mach, daß der Gewinn / Uns nicht vorenthalten werde / Von des Wuchers hartem Sinn: / Daß sich alle ganz erfreun, / Flöße allen Liebe ein!*" Seitlich waren Psalmsprüche angebracht: „*Aller Augen harren auf dich, o Herr! du giebst ihnen Speise zu rechter Zeit*" bzw. „*Du öffnest deine Hand, und füllest alles was Odem hat, mit Segen*" (Ps. 145, 15f.). Auf dem Wagen des Gastwirtes Johann Georg Wiedemann war zu lesen: „*Gegrüßt seyd mir zu Tausendmal / Bewohner von Kaufbeuren! / Holt eilig meine Brüderschaar / Herein in eure Scheuern; / Damit der Hunger wird gestillt, / Und jeder Wille wird erfüllt. / Nun preist den Herrn, und lobet Gott, / Der immer hilft bey großer Noth!*" Nachdem vor der Dreifaltigkeitskirche das Landwehrbataillon aufgespielt und die Schulkinder dem Anlaß entsprechende Lieder gesungen hatten, feierten die Gemeinden in ihren Pfarrkirchen Dankgottesdienste; das Fest endete mit einer Schul- und Armenspeisung. Die Funktion der Literatur in diesem Feierzusammenhang ist evident: Die Sinnsprüche, Gedichte und Bibelzitate forderten die gesamte Stadtgemeinde zu Dank und Freude auf und bündelten beides gleichzeitig. Auf diese Weise sprach die Bevölkerung gleichsam mit einer Stimme: Aus der durch Standes-, Konfessions- und Altersunterschiede geprägten Bevölkerung wurde eine einheitliche Festgesellschaft - die Erntefeier wurde zum Gemeinschaftserlebnis.

Daß literarische Produkte als Bestandteil solcher Feiern jedoch auch - freilich unbeabsichtigte - Widersprüche zwischen intendierter und tatsächlicher Wirkung aufdecken konnten, verdeutlichen die Feierlichkeiten zum 25jährigen Regierungsjubiläum des bayerischen Königs Max I. Joseph (1799-1825) am 16. Februar 1824 in Kaufbeuren:[108] Sie wurden bereits am Vortag des eigentlichen Festtages mit einem Gedicht im Wochenblatt, mit Salutschüssen und Glockengeläut sowie einer Theateraufführung - gegeben wurde „Eduard von Schottland" - eröffnet. Am Morgen des Jubiläumstages ertönten abermals Böller und Glocken, woraufhin beide Konfessionen von 8 bis 11 Uhr Gottesdienst feierten; im Anschluß an eine Nachmittagsandacht in der evangelischen Dreifaltigkeitskirche trafen sich die Honoratioren der Stadt zu einem Festmahl im Gasthaus Sonne, während gleichzeitig - in bescheidenerem Rahmen - die Armen und Waisen verpflegt wurden. Am Abend des Festtages wurden die Kaiser-Max-Straße sowie die beiden Pfarrkirchen, alle öffentlichen und einige Privathäuser illuminiert, die schaulustige Bevölkerung wurde zudem durch an den Gebäuden angebrachte *„passende Transparente und Inschriften auf die angenehmste und lehrreichste Art überrascht"*: So war zwischen den beiden Portalen der Dreifaltigkeitskirche ein Transparent gespannt, das eine weibliche Figur in betender Stellung kniend vor einem Altar mit brennender Opferflamme und aufgeschlagener Bibel zeigte; darüber trug ein Genius die Worte *„Für Glaubens-Freyheit, Recht und Licht ist viel durch Max geschehen, Drum lehrt uns hier des Dankes Pflicht zum Himmel flehen"*. Dieses Gedicht spielte auf die Religionsedikte von 1803, 1809 und 1818 an, die den Protestanten in Bayern Glaubensfreiheit garantierten.[109] Am Rathaus prangte ein Bild des Monarchen mit der Umschrift *„Der Vater des Vaterlandes"* und darunter stand zu lesen: *„Dem Wiederbeleber der Gemeinde Körper"*, womit die Rückgabe eines begrenzten Selbstverwaltungsrechtes an die Kommunen im Jahre 1818 gemeint war. Über dem Portal der Schranne war das hier zitierte Chronologikon zu lesen: „FreVet eVch BVrger KaVfbeVrens Der heVtig fVnf VnD zWanzIg IæhrIgen RegIerVng IVbeL Feier Vnsers aLLergnæ-DIgsten KönIgs". Der Inhaber des Gasthauses „Zum weißen Hirsch" hatte gedichtet *„Wo Weisheit einen Thron nur schmückt, / Da ist der Unterthan beglückt; / Max Joseph ist dies schöne Bild! / Den Bösen streng, den Guten mild"* und schmückte damit die Fassade seines Hauses. Mit Militärmusik, einem Ball für die Honoratioren und zahlreichen Feiern in den Gasthäusern klang das Fest aus. Am folgenden Tag erhielten die Schulkinder nach einem Gottesdienst Andenken an die Feierlichkeiten; die zwölf ärmsten unter ihnen wurden neu eingekleidet. Zur Erinnerung an den Tag wurden weitere Gedichte verfaßt, die veröffentlicht wurden, darunter eine lateinische „Sekular Lob-Ode".

Abstrahiert man die für die Konzeption einer derartigen Feier nötigen Elemente, so werden sowohl die Wirkungsabsicht als auch die Widersprüche des „Gesamtkunstwerks" „Feiern zum Regierungsjubiläum" deutlich: Die Erinnerung an die Wohltaten, die die Bevölkerung ihrem König zu verdanken hatte, sollte die Legitimität seiner Herrschaft unterstreichen - allerdings bewegte man sich dabei auf unsicherem Boden: War doch Kaufbeuren im Jahre 1824 noch nicht allzu lange Zeit bayrisch, die gepriesene kommunale Selbstverwaltung und die freie Religionsausübung für die Protestanten waren für einen Großteil der Bevölkerung, der die reichsstädtische Zeit noch erlebt hatte, keine neuen Errungenschaften, sondern Selbstverständlichkeiten. Bezeichnend ist auch das vollständige Fehlen der historischen Begründung der Herrschaft Max I. Josephs über die Stadt: es gab sie nämlich nicht. Diese Unstimmigkeiten konnte auch die Vielzahl der Gedichte und Sinnsprüche, Herrscherbilder und allegorischen Darstellungen, Illuminationen und Salutschüsse nur notdürftig verdecken - obwohl sie als literarische, visuelle und akustische Bausteine dienten, mit denen die Stadt in eine Art Festsaal im Freien umfunktioniert wurde und die bei der Bevölkerung patriotische Gefühle hervorrufen sollten.[110]

Im historischen Kontext des 19. Jahrhunderts bestand die politische Dichtung jedoch nicht nur aus Herrscherlob, sondern sie befaßte sich auch mit den aktuellen Ereignissen ihrer Zeit.[111] Auf diese Weise ergab sich eine enge Verzahnung von politischem Anlaß und lyrischem Produkt. Auch in Kaufbeuren wurde derartige Literatur angefertigt, für die das Gedicht „Für Schleswig-Holstein" von dem Gastwirt Gabriel Schweyer beispielhaft ist.[112] Schweyer verfaßte das sechsstrophige Gedicht unter dem Eindruck des im Juli 1850 geschlossenen preußisch-dänischen Friedens, bei dem Preußen trotz militärischer Erfolge und einer ganz Deutschland erfassenden Schleswig-Holstein-Begeisterung auf die beiden Herzogtümer verzichtete.

Noch im späten 18. Jahrhundert wurde antagonistisch zwischen Subjekt und Gesellschaft unterschieden; dies änderte sich im Zuge der politischen Bewegungen der Befreiungskriege, des Vormärz und der Revolution von 1848/49: Subjekt und Gesellschaft konnten zur Nation verschmelzen, der nun das Fremde und/oder das der Nation feindlich Gesonnene gegenübergestellt wurde. Der daraus resultierende Gegensatz wurde grundlegend für die politisch-patriotische Lyrik jener Zeit, in der Nation als Zusammenschluß von Gleichen empfunden wurde: *„Wer mit uns spricht die Sprache, die wir spre-*

chen, / Gehört trotz Rhein und Belt zu Einem Reich. / Wer mit uns bricht die Ketten, die wir brachen, / Der ist trotz Berg und Strom uns brüdergleich" (V. 6,1-4), schrieb Gabriel Schweyer. In seinem Gedicht kämpft die Nation für „*Schleswig-Holsteins gutes Recht*" (V. 2,2), das gleichzeitig ihr Recht ist - die Feinde, die „*Dänen-Horden*" (V. 2,3), erweisen sich dagegen in der Mißachtung dieses Rechtes als Vertreter einer bereits verschwunden geglaubten Epoche, die der Autor als „*der Vorurtheile Nacht*" (V. 1,4) charakterisiert. Damit wird der politische Antagonismus deutsche Nation - fremde Nation gleichzeitig auf eine moralische Ebene gehoben: Deutsche Treue und Gerechtigkeitsliebe stehen auf gegen dänische Finsternis und dänischen Imperialismus. Unterdrückung geht aber nicht nur von den Dänen aus: „*Daß Freiheit nicht dem Volke wurde, / Beschloß der Fürsten hoher weiser Rat*" (V. 3,1f.); zu diesen Fürsten gehört insbesondere „*der Preußen König*" (V. 3,5), der „*den Frieden / Den bittern, Schleswig-Holstein dir beschieden. // Den traurigen Frieden, der dich ewig knechtet, / Verkauft dich hat ans stolze Dänen-Land*" (V. 3,5-4,2). Auf diese Weise kämpft die Nation an zwei Fronten: gegen die fremden und die eigenen Unterdrücker. Angesichts dessen überrascht es nicht, daß dieses Gedicht - wie viele vergleichbare jener Zeit auch - die Notwendigkeit der Tat suggeriert: „*Drum Deutscher! gürte dich mit deinem Schwerte! / Bedrängten Brüdern sollst zu Hülfe ziehn. / Wenn auch der Feind von Nord und Ost sich mehrte, / Die deutsche Brust entblöße vor ihm kühn!*" (V. 5,1-4). Das Recht zu einem solchen Aufruf steht indessen keinem einzelnen Subjekt und keinem lyrischen Ich mehr zu; in Schweyers Gedicht spricht die Nation selbst, die ihr Recht einklagt und am Ende das erwartete Ziel präsentiert: „*Drum werde nie vom deutschen Vaterlande / Getrennt das Bruderland, das stammverwandte!!!*" (V. 6,5f.)

Der beschwerliche Weg in die Moderne: Literatur seit der Mitte des 19. Jahrhunderts

Die Entdeckung der Mundart und der Heimat - Hyazinth Wäckerle (1836-1896), Ludwig Ganghofer (1855-1920), Richard Ledermann (1875-1972) und Schriftsteller aus Neugablonz

Als eine Gegenbewegung zu der im Laufe des 19. Jahrhunderts zunehmend in Stadt und Großstadt übersiedelnden Literatur entstand schon früh das Bedürfnis einer auf ländliche Heimat zurückgreifenden Literatur. Ihre Autoren erhofften sich aus den „unverbrauchten", „unerschöpflichen" Kräften des vermeintlich authentischen Landlebens eine erneuernde und bewahrende Wirkung in einer Zeit des sich durch Industrialisierung und Politisierung verändernden gesellschaftlichen Lebens. Die „Alemannischen Gedichte" (1803) des Karlsruher Theologen Johann Peter Hebel (1760-1826) in südbadischem Idiom wirkten wie eine Initialzündung auf andere Autoren, die in der Folgezeit in zahlreichen deutschen Landschaften mit Mundartliteratur an die Öffentlichkeit traten. Einen gewissen Höhepunkt erreichte diese Literatur um die Mitte des 19. Jahrhunderts mit dem Werk der beiden Schriftsteller Fritz Reuter (1810-1874) und Klaus Groth (1819-1899), die dem Niederdeutschen - wie Hebel dem Ober- und Mitteldeutschen - zu einer überregionalen Wirkung und Wertschätzung verhalfen. Im späten 19. Jahrhundert hatte die Mundartliteratur in allen deutschen Landschaften ihre Vertreter gefunden, die sich neben dem Verfassen von Geschichten und Gedichten auch mit dem ästhetischen Niveau ihrer Werke befaßten.[113] Der 1836 in Ziemetshausen geborene Josef Fischer (1836-1896), der u.a. die Pseudonyme Hyazinth Wäckerle und Quintus Fixlein II. für seine Publikationen wählte, zählt zu den bekannteren schwäbischen Mundartautoren dieser Zeit. Nach einer Lehrerausbildung an der Seminarschule in Lauingen führte ihn seine berufliche Tätigkeit im Jahr 1865 auch nach Kaufbeuren, wo er die Stelle eines Lehrers und Chorregenten bei St. Martin bekleidete. Sein dortiger, bis 1872 währender Aufenthalt - im gleichen Jahr wurde er zum Seminarlehrer in Lauingen berufen - zählt zu einer glücklichen Phase seines Lebens, nicht zuletzt aufgrund der dort geschlossenen und harmonisch verlaufenden Ehe mit der Wirtstochter Anna Philomena Schmid.[114] Sein schriftstellerisches Wirken erschließt sich anhand seiner Pseudonyme: So ergriff er mitunter auf die von Jean Paul geschaffene Figur Quintus Fixlein zurück, wenn er sich zu pädagogischen Fragestellungen äußerte; unter dem schwäbischen Namen Hyazinth Wäckerle ließ er in den Jahren zwischen 1875 und 1881 seine drei Mundartbände erscheinen.[115] Charakteristisch für seine Dichtungen ist der überwiegend dem dörflichen bzw. kleinstädtischen Leben verhaftete Themenkreis: Feste, Brauchtum, Verhaltensweisen von Menschen, Städtebilder, Erinnerungen an seine Kindheit sowie schwäbische Legenden und Geschichten stehen im Mittelpunkt;[116] nur selten finden sich sozialkritische oder die Neuerungen der Zeit anprangernde Töne.[117] Vereinzelt stößt man in seinen Anthologien auf Texte, die Kaufbeuren und seine Bewohner streifen. Überschwenglich schildert er in „O guldigs Kaufbeura!" die Stadt: „*O guldigs Kaufbeura, wia nett siehst du aus, / so zuckrig, wia grad aus 'm Schächtele raus! / Du traist a gar nobels und schöafarbigs G'wand, / so saubere Städtla geits's wenig im Land.*"[118] Ein weiteres Mal findet sich in den schwäbischen Legenden Kaufbeuren und die Nonne Crescentia: „*Z'Kaufbeura ist von alter / A Klösterle. Es wis-*

set d' Leut, / Die fromm Kresenze ist döt g'west, / Von Kloesterfraua schier die Best."[119] Nachdem er die Verehrung Crescentias geschildert hat, greift er die aktuellen Bemühungen einer Kommission um ihre Seligsprechung auf, die - so Wäckerle - der Ordensgemeinschaft beinahe den finanziellen Ruin gebracht hätte. Die Legende beschließt er mit den mahnenden Worten der Oberin an den Konvent: *„O liebe Schwestra, passet auf! / Und betat recht zum Himmel 'nauf, / Sind ja recht brav und ja recht still, / Wie's unser Ordensregel will! / I hätt jetzt nu die einzig Bitt: / Probieret's Heiligwerda it, / Denn sonst hand mir koi guete Stund / Und unser Klösterle gat z'Grund."*[120]

Als Hyazinth Wäckerle mit der Abfassung von Gedichten in schwäbischer Sprache begann, konnte er auf keine nennenswerten Vorbilder zurückgreifen, so daß er ein eigenes Repertoire an Verschriftlichung entwickeln mußte. Jedoch steht solche Literatur in gewissem Widerspruch zur Mundart, die auf mündliche Realisierung bedacht ist und in der Regel nur gesprochen wird. Diese gelangt am besten im mündlichen Vortrag sowie lautem oder halblautem Lesen zur Wirkung. Demgegenüber ist die Verschriftlichung nur ein die mündlichen Lautungen andeutender Ersatz, der von den Mundartkundigen beim Lesen in die reale Mundart umgesetzt werden muß.[121] Wäckerles schriftliche Fixierung des Schwäbischen stieß bei seinem Zeitgenossen Franz Keller, ebenfalls schwäbischer Mundartautor, auf Kritik, da in diesen Texten - so Keller - sowohl die Schreibung einzelner Wörter variierte als auch zu viele hochdeutsche Ausdrücke enthalten seien.[122] Auf diese Vorwürfe reagierte Wäckerle in seinem dritten Mundartbuch „Nägelastrauß" (1881), indem er der Unmöglichkeit der Verschriftlichung des Schwäbischen Ausdruck verlieh und gegenüber seinem Kritiker versöhnliche Töne anschlug: *„Was nutzt es au, die ,e' und ,a' / So ause'nander klauba? / Der Franzl und der Hyanzinth / Sind doch zwei guete Schwauba."*[123] In seinen Bemühungen um eine schwäbische Mundartliteratur mußte sich Wäckerle sowohl spezifische Themen als auch eine kennzeichnende Sprache erschließen. War zu seiner Zeit die passende Umsetzung des Dialektes noch umstritten, so wird heute in Kaufbeuren sein „O guldigs Kaufbeura" - neben dem von Georg Volkhardt verfaßten „Buron am Wertachstrand" - als Inbegriff des Heimatliedes verstanden.[124]

Gegen Ende des 19. Jahrhunderts wurde die Mundartdichtung von zwei literarischen Strömungen nachhaltig beeinflußt: So nutzte zum einen der Naturalismus, insbesondere Gerhart Hauptmann in seinen frühen Dramen, die Mundart als wichtiges Sprachmedium; zum anderen nahm die sogenannte Heimatkunstbewegung Einfluß auf die Mundartliteratur, die der ländlichen Welt und ihren Menschen eine besondere Geltung zu verschaffen suchte. Sie stieß bei den Dialekt-Autoren auf große Resonanz, da hier das Heimatthema zu den bevorzugten Stoffen gehörte und es in wachsendem Maße auch bleiben sollte.[125] Damit sind die Rahmenbedingungen und Einflußfaktoren skizziert, die für Ludwig Ganghofers (1855-1920) literarisches Wirken bestim-

Ludwig Ganghofer, etwa in den Jahren 1875 und 1905

mend waren und zu dessen Erfolg beitragen sollten: Die Erzählwelt des in Kaufbeuren geborenen Schriftstellers ist geprägt von ländlicher Natur, dörflicher Gegend und alpinem Hochwald, wohingegen die Großstadt nur als Negativ-Projektion vorkommt. Infolge der Gleichsetzung von Stadt mit Morbidität und Dekadenz, die sich auch in den Charakteren widerspiegelt, erscheint die ländliche Lebenswelt als intakter, eine natürliche Ordnung repräsentierender Raum.[126] Überdies verlieh das Gemisch aus hochdeutschen, oberdeutschen, österreichischen, schwäbischen, bayerischen und fränkischen Idiomen seinen Romanen volkstümliches Kolorit.[127] Allerdings steht hier weniger das Wirken dieses erfolgreichen Unterhaltungsschriftstellers im Mittelpunkt, als vielmehr seine Rezeption in Kaufbeuren. Da Ganghofer infolge der beruflichen Tätigkeit seines Vaters die Stadt bereits im Alter von vier Jahren verlassen hatte, hatte er nur eingeschränkte Erinnerungen an seine in Kaufbeuren verlebten Kinderjahre. Allerdings war die Stadt auch Jahre später im Bewußtsein der Familie präsent, wie er in seiner Biographie schildert: *„Ein Vierteljahrhundert später, als Vater und Mutter in München noch beisammen waren, plauderten sie noch immer gerne von Kaufbeuren [...] - und wenn sie nachdenklich schwiegen,*

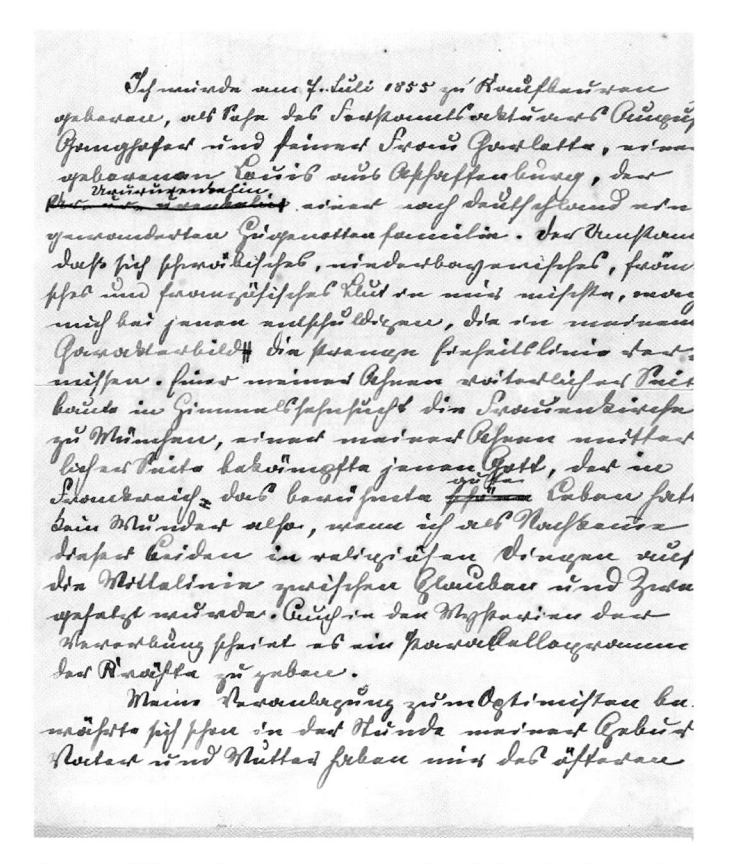

Handschriftlicher Entwurf von Ludwig Ganghofers Autobiographie: „Ich wurde am 7. Juli 1855 zu Kaufbeuren geboren..." (Original im Stadtmuseum Kaufbeuren)

Totenmaske Ganghofers im Stadtmuseum Kaufbeuren

pflegte die Mutter nach einer Weile mit leisem Seufzer zu sagen: ‚Ach Gottele! Die schöne Zeit! Die kommt halt nimmer wieder.'"[128] Zu seinen Lebzeiten kehrte er ein einziges Mal in seine Heimatstadt zurück, als 1905 anläßlich seines 50. Geburtstags eine Gedächtnistafel an seinem Geburtshaus enthüllt wurde. Zu einer Annäherung Kaufbeurens an Ganghofer sollte es erst nach seinem Tod - im Jahr 1920 - kommen: Die Initiative des Chemnitzers Bernhard Rost zur Gründung einer Ganghofer-Vereinigung und eines Ganghofer-Zimmers scheiterte jedoch an mangelndem Interesse der Kaufbeurer Bürger. Allerdings ließ sich der Ganghofer-Verehrer Rost nicht entmutigen, und im Juli 1928 konnten die von ihm zusammengetragenen Exponate - Ganghofers Schreibtisch und Zither, Aquarelle usw. - in Anwesenheit der Witwe Ganghofers dem Kaufbeurer Heimatmuseum übergeben werden. Daß sich die Werke des Erfolgsschriftstellers auch in seiner Geburtsstadt großer Beliebtheit erfreuten, belegen die Ausleihlisten der hiesigen Volksbücherei: In den Jahren zwischen 1922 und 1928 wurden die 20 in der Stadtbücherei vorhandenen Schriften insgesamt 585mal entliehen.[129] Nach der „Machter-

greifung" Hitlers erfuhr auch das kulturelle Leben eine tiefgreifende Veränderung. Im Jahr 1936 wurde der Bürgermeister der Stadt Kaufbeuren ersucht, die Werke von als literarisch „minderwertig" oder „verdächtig" klassifizierten Autoren auszuscheiden. Überdies wurde er aufgefordert, von *„Ganghofer [...] nur die besten, höchstens 5 Bände in der Bibliothek zu belassen."*[130] Diesem Anliegen leistete die Stadt jedoch nur bedingt Folge: *„Auch die Werke von [...] Ganghofer [...] haben wir nicht ausgeschieden; besonders die Werke Ganghofers werden sehr viel gelesen. Im Übrigen ist Dr. L. Ganghofer in Kaufbeuren geboren und im hiesigen Museum ist ein Ganghoferzimmer seit dem Jahre 1928 errichtet."*[131] Aufgrund dieser Argumentation scheinen seine Werke in der Bibliothek verblieben zu sein. Nach dem Zweiten Weltkrieg erreichte die Ehrung Ganghofers im Jahr 1955 zum hundertsten Geburtstag des Dichters einen gewissen Höhepunkt: In Kaufbeuren fand im Rathaus eine öffentliche Feier statt; zur gleichen Zeit wurde in Berchtesgaden unter der Ägide des Filmproduzenten Peter Ostermayr die erste Deutsche Ganghofer-Gesellschaft (1955-1967) gegründet, die jedoch keine engere Beziehung zu Kaufbeuren entwickeln konnte. Neben der Beschäftigung mit dem Schriftsteller in Schule, Volkshochschule und Heimatverein wurden in den 1980er Jahren verstärkt Bemühungen unternommen, Ludwig Ganghofer im kulturellen Gedächtnis der

Feierliche Übergabe des Ganghofer-Nachlasses am 7. Juli 1928 - Gruppenfoto im Garten des Kaufbeurer Stadtmuseums
Sitzend von links nach rechts: Richard Wenglein, Bertha Mantel (Schwester Ganghofers), Ex. von Treutler (München), Lolo Horstmann (Tochter Ganghofers), Kathinka Ganghofer (Ganghofers Frau), „Frau Diplomingenieur" Ganghofer (München), Sofie Thörl (Tochter Ganghofers), Frl. Horstmann (Enkelin Ganghofers), Frl. Thörl (Enkelin Ganghofers)
Stehend von links nach rechts: Gewerbelehrer Karl Wind (Kaufbeuren), 2. Bürgermeister Thomas Mayer (Kaufbeuren), Prof. Dr. Steinkopf (Dresden), Schriftleiter Hans Maier (München), Kitty Hanfstaengel (Uffing), Dr. Christian Frank (Kaufbeuren), August Ganghofer (Sohn Ganghofers), preuß. Gesandter von Treutler, Dr. Wilhelm Horstmann (Schwiegersohn Ganghofers), Bürgermeister Dr. Otto Mainer (München), Frl. von Treutler (Nr. 1), Bürgermeister Dr. Georg Volkhardt (Kaufbeuren), Frl. von Treutler (Nr. 2), Schriftsteller Hermann Roth (München) und Stadtrat Karl Petrich (Kaufbeuren)

Stadt präsent zu halten.[132] Maßgeblich hat dazu die zweite Gründung der Deutschen Ganghofer-Gesellschaft im Juli 1986 in Kaufbeuren beigetragen, die sich insbesondere der Erforschung seiner Biographie widmet sowie eine Kooperation zwischen allen Lebens- und Werkorten des Schriftstellers anstrebt.[133] Demzufolge konzentrieren sich die Bemühungen dieser literarischen Vereinigung unter ihrem Präsidenten Karl Ilgenfritz um eine Einbettung Ganghofers in das Tourismus-Konzept der Stadt Kaufbeuren wie auch um eine Zusammenarbeit mit den Stätten im Berchtesgadener Land und Leutasch in Tirol. Im Gegensatz zu der breiten Rezipientenschicht der Werke Ganghofers in den 1920er und 1930er Jahren und trotz der Bemühungen der Deutschen Ganghofer-Gesellschaft finden die Werke des damaligen Erfolgsschriftstellers kaum mehr ein Publikum. Daher werden *„wohl im wesentlichen nicht-literarische Motive Ganghofer in Kaufbeuren überleben lassen: historische Redlichkeit sowie ein bescheidener touristischer und pädagogischer Nutzen."*[134]

Ähnliches, wenn auch in engerer Verbindung zur Stadt, gilt für die Arbeiten Dr. Richard Ledermanns (1875-1972), die sachbezogene historische Tätigkeit und literarische

Richard Ledermann 1965

Ambition verbinden. Als jüngstes von vier Kindern war er zunächst für die Übernahme des elterlichen Geschäftes in Kaufbeuren vorgesehen, aber seinen geistigen Anlagen konnte nur die akademische Laufbahn gerecht werden. Seine Gymnasialzeit verbrachte er in Dillingen und schrieb sich 1896 an der Universität München für das Lehramt an Gymnasien in den Studienfächern Deutsch, Geschichte und Erdkunde ein. 1900 promovierte er in Heidelberg zum Dr. phil. Mit diesem Lebensabschnitt war ein geistiger Entfaltungsraum vorgezeichnet, den er in seinen Erinnerungen als *„wissenschaftlich-literarische Doppelprägung"*[135] beschrieb. Sein Lehrberuf führte ihn nach Zweibrücken (1903-1910), Augsburg (1910-1917) und Nürnberg. Kurzzeitig wirkte er als Referent für das Realgymnasialwesen am Kultusministerium. Seine Lehrtätigkeit endete 1938 als Konrektor der Oberrealschule in Ludwigshafen. Der Pensionist lebte bis 1954 in Bad Faulenbach und zog nach dem Tod seiner Schwester Therese in das Elternhaus am Weiherweg in Kaufbeuren. Therese Ledermann (1866-1954) dürfte es zu verdanken sein, daß Ledermanns Enkel Hans Magnus Enzensberger 1929 in Kaufbeuren geboren wurde. Es war Eleonore Enzensbergers Wunsch, ihr erstes Kind nicht in Nürnberg, sondern unter der Fürsorge ihrer Lieblingstante zur Welt zu bringen.

Richard Ledermann blieb dem Genre des „Heimatspiels" verpflichtet. Mit der Dramatisierung lokalgeschichtlicher Stoffe verband er auch die pädagogische Überlegung, auf die repräsentativen Eigenarten städtischer Überlieferung hinzuweisen. Seine Würzburger „Kilianslegende" (1924) hatte nicht nur beträchtlichen Publikumserfolg, sondern führte ihm den Würzburger Literaturpreis zu. Das Diözesanspiel „Ulrichslegende" erlebte 1925 seine Uraufführung am Stadttheater Augsburg und blieb an weiteren sieben Abenden auf dem Spielplan. Seinem Kaufbeurer Tänzelfestspiel „Das Adlerschießen" (1927) waren allerdings nur zwei Freilichtaufführungen in Schwäbisch Hall beschieden (1929). 1936 erschien sein poetisches Tagebuch „Die Batschkareise".

Der junge Ledermann wies sich auch als humoriger Autor aus. Er schrieb das Libretto zur Operette „Achilles", die 1905 im Stadttheater Kaiserslautern ihre Erstaufführung erlebte. Seine Komödie „König Bauer" konnte schon am 1. September 1909 im Kaufbeurer Stadttheater dem Publikum als Weltneuheit vorgestellt werden. „Die Reise ins Schlaraffenland" (s. Abbildung), eine vielgespielte Kinderkomödie mit Musik, die auch in einer französischen und tschechischen Fassung veröffentlicht wurde, stand zum Beispiel 1907 auf dem Spielplan des Kaufbeurer Stadttheaters. Mit der „Füssener Schelmenchronik" (1950), einer Sammlung heiterer Balladen, ließ er ein Alterswerk folgen und widmete sich in seinen letzten Kaufbeurer Lebensjahren ausschließlich der Geschichte des Kaufbeurer Tänzelfestes; ein Thema, das den heimatverbundenen Richard Ledermann über 59 Jahre seines Lebens begleitet hat.

Ein weiteres Mal wird das Thema Heimat, wenn auch mit veränderter inhaltlicher Akzentuierung, für die in Kaufbeuren produzierte und rezipierte Literatur nach 1945 bedeutungsvoll: Mit der Literatur der Heimatvertriebenen, die seit 1946 im Stadtteil Neugablonz angesiedelt wurden, wird ein noch weitgehend unerforschtes Kapitel der deutschen Nachkriegsliteratur aufgeschlagen. Auch wenn die bekannt gewordenen Autoren, die nach Flucht und Vertreibung in das Gebiet der späteren Bundesrepublik kamen, nachhaltig Literatur und literarisches Leben prägten, werden Heinz Piontek, Horst Bienek, Günter Grass, Peter Härtling, Otfried Preußler und Janosch nur bedingt als „Vertreibungsautoren" wahrgenommen und bezeichnet. Demgegenüber sind weniger prominente Texte von Vertriebenen immer wieder und immer noch mit dem propagandistischen Vorurteil konfrontiert, daß es sich dabei um eine verkitschte und triviale Heimatliteratur handle, die nicht selten im Dienste von Revanchismus und Revisionismus mit Vertriebenenorganisationen und -verbänden in Verbindung stehe und mit ihrer Trauerarbeit einer Versöhnung entgegenstünde. Solche Urteile werden durch den nur allzu oft begrenzten Zirkel der Autoren begünstigt, die überwiegend innerhalb der Vertriebenen und ihrer Organe gelesen und rezensiert werden.[136] Wenn in diesem Zusammenhang auch nicht geklärt werden kann, wo die Grenze zwischen trivialer und ästhetisch hochwertiger Vertriebenenliteratur zu ziehen ist, so soll die Situation in Neugablonz als Beispiel für die Funktion von Literatur bei der Bewältigung von historischer Erfahrung dienen. Der dortige Wiederaufbau der Glas- und Schmuckwarenindustrie übte eine große Anziehungskraft auf die ehemals in Gablonz arbeitenden Fachkräfte aus, so daß die Einwohnerzahl - insbesondere in den 1950er Jahren - kontinuierlich anstieg und sich der Stadtteil zur zahlenmäßig größten geschlossenen Ansiedlung von Heimatvertriebenen entwickelte.[137] Diese Umstände wirkten sich günstig auf die Pflege der paurischen Mundart aus: Im Jahr 1953 richtete Richard Zasche (1918-1990) unter dem Titel „Nej su wos" eine Mundartspalte im „Allgäuer" ein, in der zu aktuellen Themen Stellung genommen wurde; der Schriftsteller Rudolf Tamm (1902-1972) steuerte dazu zahlreiche Beiträge bei. Überdies

Rudolf Tamm (1902-1972)   *Richard Zasche (1918-1990)*

trat er als Organisator von Mundartabenden in Erscheinung und besorgte die Herausgabe von Mundartbänden. Seine schriftstellerische Tätigkeit ist einerseits geprägt von der Mundartliteratur, die das Leben in Gablonz zum Gegenstand hatte; andererseits bediente er sich auch der hochdeutschen Sprache, um sich etwa an die Zeit seiner russischen Kriegsgefangenschaft zu erinnern.[138] Ebenfalls im Dialekt fand Walter J. Beer das Medium, um „vu drhejme" zu berichten. Auch wenn er beteuert, „De Zeit bliebt ne stihn! ... noch '45", handelt die Mehrzahl seiner Texte von vergangenen Tagen in Gablonz.[139] Besonderer Beliebtheit erfreuten sich die Schriften von Heinz Kleinert, dessen gesammelte Werke von der Leutelt-Gesellschaft herausgegeben wurden. Darüber hinaus setzte sich Kleinert für die Pflege der Mundart ein, indem er u.a. den im April 1978 stattfindenden Mundartwettbewerb für Jugendliche „Wer pauert om besten?" anregte. In Anerkennung seiner Verdienste *„um die Erhaltung heimatlichen Brauchtums und um die Pflege der heimatlichen sudetendeutsch-gablonzeri-*

schen Mundart" erhielt er im Jahr 1983 den Kulturpreis der Stadt Kaufbeuren.[140] Neben diesem der paurischen Mundart verpflichteten Schrifttum konnten sich die in hochdeutscher Sprache abgefaßten Märchen von Elsa Preißler ein Publikum erobern. Als erste Lehrerin in Kaufbeuren-Hart unterrichtete sie bereits im Jahr 1947 unter widrigsten Umständen Kinder und Jugendliche. Für dieses Engagement und vor allem für ihren Beitrag zur Kinderbuchliteratur wurde ihr im

Elsa Preißler (1892-1983)

Jahr 1974 das Bundesverdienstkreuz am Bande verliehen.[141] Das lyrische Schaffen Richard Zasches spart - im Gegensatz zu den Mundartautoren - die Erlebnisse der Kriegszeit nicht aus. Vielmehr finden sich in dem mit Gertrud Zasche besorgten Band „Zwiegesang" aus allen Lebensstationen Gedichte. Besonders eindringlich beschreibt der seit 1951 in Neugablonz praktizierende Arzt „Im Herbst", wie ihn die Erinnerung an das Erlebte - Krieg und Verlust von Heimat - überkommt: *„Manchmal im Traum / geh' ich zu Haus durch die Gassen. / Die Stadt ist leer und die Häuser verlassen. / Seltsam die Schritte hallten. / Mein Freund, der im Osten gefallen, / geht nebenher, // und erzählt mir, wie er mit vielen / in die verlassene Heimat gekommen."*[142]

Die Literatur der Heimatvertriebenen in Neugablonz dokumentiert, daß in der Regel die Bewältigung des erlittenen Verlustes mit Hilfe der Mundartdichtung geleistet wurde. Bezeichnenderweise wird dabei das Leben in der verlorenen Heimat liebenswürdig gezeichnet und thematisch auf das „rein Menschliche" beschränkt. Politische und historische Ereignisse finden in solchen Dichtungen keinen Niederschlag, sondern bleiben einzelnen Autoren in hochdeutscher Sprache vorbehalten. Zweifellos waren für die Heimatvertriebenen Literatur und Kunst, die gemeinsame Sprache ein erster Ort, an dem man in der neuen Heimat heimisch werden konnte.[143] Zwar war der Gebrauch des Paurischen dazu geeignet, Erinnerungen wachzuhalten, jedoch war er der Integration in ihre neue Umgebung wenig dienlich: Bis in die jüngste Gegenwart präsentierte sich Kaufbeuren/Neugablonz als Doppelstadt mit zwei räumlich klar voneinander getrennten Ortsteilen und zwei deutlich voneinander geschiedenen Bevölkerungsgruppen.[144]

„Wie die Lieder, so befreit auch die Dichtung die Seele"
Fabien Lacombes „Kommando Kaufbeuren"

In der gegenwärtigen Literaturwissenschaft nehmen Überlebensberichte ehemaliger KZ-Häftlinge insofern eine Sonderstellung ein, als sie sich den üblichen Gattungen nur schwer zuordnen lassen. Inhaltlich dokumentieren sie eindringlich die existentielle Bedeutung von Literatur im Kampf um das Überleben in der Ausnahmesituation der Konzentrationslager.[145] Der von Fabien Lacombe zusammengetragene Band „Kommando Kaufbeuren" thematisiert aus der Perspektive französischer Häftlinge die Vorgänge im Kaufbeurer Außenkommando des Konzentrationslagers Dachau, das im Mai 1944 in der Mechanischen Baumwollspinnerei und Weberei zur Herstellung von Holzpreßteilen für Militärflugzeuge eingerichtet worden war und bis April 1945 Bestand hatte.[146]

Lacombes Erinnerungen, die diesen Zeitraum umfassen, sind ein seltenes Zeugnis eines solchen Berichts, dem damals entstandene Gedichte beigegeben sind und der die enge Verflechtung des Vergangenen mit der Gegenwart dokumentiert. Lacombe, der ein Studium der Philosophie absolviert hatte, das ihn in den Jahren 1936 bis 1938 nach Deutschland geführt hatte, wurde aufgrund seines Engagements in der Résistance 1942 von der Gestapo verhaftet und nach Dachau deportiert, von wo er nach Kaufbeuren gelangte.[147] Sein chronologisch strukturierter Bericht beginnt mit der Verlegung nach Kaufbeuren und endet mit der Befreiung der von dort nach Allach verlegten Häftlinge; der Mittelteil legt nach einer topographischen Übersicht einzelne thematische Aspekte gerafft dar, wobei Lacombe sich explizit dem psychischen Zustand der Häftlinge widmet. Daneben stellt er die zentrale Bedeutung der Sprache für das Überleben der Inhaftierten heraus: Sie bedeutete das einzige relativ sichere Bezugssystem, da sich in ihr sowohl ihre Beziehung zu den Unterdrückern als auch zu den Leidensgenossen manifestierte. Neulinge erkannten bald, daß ihr Überleben nicht zuletzt davon abhing, ob sie die Befehle der SS verstehen konnten; die Verständigung mit den Mithäftlingen konnte ebenfalls lebensentscheidend sein.[148] Auch Lacombe war die Kenntnis der deutschen Sprache von Nutzen: *„Die Physikerin fragt Lacombe nach seiner beruflichen Tätigkeit in Frankreich. Er antwortet aufrichtig, daß er Philosophiestudent sei und zitiert ganz nebenbei lächelnd Emmanuel [!] Kant, der die Metaphysiker als Träumer bezeichnet habe. Die Physikerin lächelt ihrerseits und gibt Lacombe sogar ein Stück von dem großen belegten Brot, das sie in der Hand hält."*[149] Therapeutische und identitätsstiftende Funktion besaßen Gesang und Lieder, da sie den Häftlingen besonders gute Ablenkung boten: Als im Februar 1945 einige der Franzosen der Verzweiflung nahe waren, wurde zu ihrer Unterhaltung der „Klub der Fußhaken" gegründet: *„So organisieren Malzac und Lacombe an einem Sonntag eine kleine, größtenteils improvisierte Theatervorstellung. Man spielte Gerichtsverhandlung."*[150] Daß unter solchen Bedingungen Literatur nicht nur rezipiert wurde, sondern auch entstehen konnte, erklärt Lacombe damit, daß die Inhaftierten „um der Vulgarität und Trivialität der brutalen Lagersprache zu entfliehen, den poetischen Ausdruck suchten und fanden, der besser als alles andere die Sensibilität und den Rest an Humanität, den sich die Häftlinge zu bewahren suchten, wiederzugeben vermochte."[151] Trotz der damit verbundenen Gefahr wurden in den meisten Konzentrations- und Straflagern von ihnen Tagebücher geführt, Aufzeichnungen angefertigt und heimlich Gedichte geschrieben. Dabei hing es von einigen günstigen Umständen ab, ob Literatur verfaßt werden konnte. Über die Entstehung seines Gedichtes „Die Woche" berichtet Lacombe: *„Die Überwachung der Posten war an Weihnachten weniger streng [...] Ich schrieb während der Nacht auf Papier oder auf das Holz meiner Lagerstatt in Kaufbeuren mit einem Bleistift, den ich einem ‚Meister' entwendet hatte."*[152] Jedem Tag der „Woche" ordnet er spezifische Leiden zu. Trotz all dieser von „außen" zugefügten Pein ist das Verlangen nach Liebe noch nicht abgestorben, dem er am Ende des Gedichtes - am Sonntag - Ausdruck verleiht: *„Wir haben sie nicht gezählt, die Wünsche nach Küssen / von all jenen, die lebend zurückkehren werden, / noch ihr zu ungestümes Drängen nach Liebe, / denn unsere schmerzenden, trunkenen Körper / leben in Ekstase von Hunger und Durst."*[153] Als im März 1945 eine geplante Verlegung der Häftlinge nach Dachau ihr Leben ernstlich bedrohte, trug Lacombe Freunden dieses Gedicht als sein Testament vor, denn „[w]ie die Lieder, so befreit auch die Dichtung die Seele".[154]

„Das Lesen sollte eine tägliche Beschäftigung sein"
Kaufbeurer Bibliotheken und Lesevereine

Die literarischen Interessen und wissenschaftlichen Bestrebungen vergangener Jahrhunderte treten nicht nur in der Literaturproduktion, sondern auch in der Sammlung und Pflege von Büchern in Erscheinung. Nicht selten sind aus solchen Bemühungen Bibliotheken und Lesevereine hervorgegangen, die entweder die Bedürfnisse der Öffentlichkeit oder spezieller Bevölkerungsgruppen bedienten und bedienen. In jedem Falle aber kommt Bibliotheken und Lesevereinen für die Verbreitung von Literatur eine große Bedeutung zu, die es gerechtfertigt erscheinen läßt, sie im Rahmen der Literaturgeschichte einer Stadt näher zu beleuchten.

Im Mittelalter konnten angesichts der damit verbundenen hohen Kosten nur wohlhabende Einzelpersonen oder kirchliche und öffentliche Einrichtungen Büchersammlungen anlegen und sie zu Bibliotheken ausbauen. Für Kaufbeuren reichen die ältesten entsprechenden Nachrichten ins ausgehende Mittelalter zurück und betreffen die Bibliothek der St. Martins-Kirche (vgl. Seite 122). Von ihrem Verbleib ist allerdings nichts bekannt; offenbar wurde sie ein Opfer der Religionswirren des konfessionellen Zeitalters. Ein ähnliches Schicksal dürfte auch die Bibliothek der Honoldischen Prädikatur ereilt haben, die die Familie der Honold zu unbekannter Zeit stiftete. Von ihr hat sich allerdings ein Bestandsverzeichnis aus dem Jahre 1533 erhalten, das die Sammlung als theologische Handbibliothek für Predigtzwecke ausweist:[155] Das Verzeichnis umfaßt 21 Bände, darunter eine gedruckte lateinische Bibel, die Werke Tertullians, zwei Bände Werke des Cyrill, die Kirchengeschichte des Eusebius, die Kommentare des Theophylakt zu den Evangelien und den Paulusbriefen, das 1488 im Druck erschienene Werk „Sacri canonis expositio resolutissima literalis et mystica" des Gabriel Biel sowie die Psalmenübersetzung Johannes Bugenhagens von 1524.

Im konfessionellen Zeitalter entstanden in Kaufbeuren die Bibliotheken der evangelischen Dreifaltigkeitskirche und der Jesuitenresidenz: Die Anfänge der erstgenannten[156] gehen auf Stiftungen Kaufbeurer Familien und Pfarrer zurück, worauf zahlreiche Besitzeinträge in den Büchern schließen lassen. Die Entwicklung des Bestandes wurde im Dreißigjährigen Krieg unterbrochen, als sich die Bibliothek im Vollzug des Restitutionsediktes zwischen 1629 und 1632 im Besitz der Jesuiten befand. In dieser Zeit fielen mehrere Werke der Vernichtung anheim, so daß nach der Rückgabe des Bestandes 122 Folianten, 188 Quart- und 358 Oktavbände übrig waren. Nach dem Dreißigjährigen Krieg wurde die Sammlung wieder aufgebaut und bis zum Jahr 1810 weitergeführt. Die Bibliothek enthält neben mehreren Inkunabeln, darunter eine Schedelsche Weltchronik aus dem Jahr 1493, zahlreiche theologische Werke - insbesondere von Luther, Melanchthon, Brenz und Schwenckfeld - sowie Klassiker der lateinischen Literatur, philosophische, naturwissenschaftliche, historische und juristische Bücher. Unter ihnen kommt der Dissertationensammlung von Kaufbeurer Bürgersöhnen aus dem 18. Jahrhundert eine besondere Bedeutung zu. Komplettiert werden die Bestände von einer Gesangbuchsammlung mit mehreren Kaufbeurer Ausgaben sowie von zahlreichen Zeitungsbänden, unter ihnen vorwiegend solche Kaufbeurer Provenienz. Die breit angelegte Sammlung von Literatur der verschiedensten Fachbereiche hat ihre Ursache nicht nur darin, daß im 17. und 18. Jahrhundert Zustiftungen und Nachlässe die Bestände anwachsen ließen, sondern auch in der Bikonfessionalität der Reichsstadt: Um in theologischen, politischen und juristischen Auseinandersetzungen mit den Katholiken bestehen zu können, fühlte sich die evangelische Gemeinde verpflichtet, rasch auf einschlägige Literatur zurückgreifen zu können.

Hauptsächlich von den Zielen ihres Ordens bestimmt ist dagegen der Aufbau der Bibliothek der Jesuiten:[157] Sie war zusammen mit der Verlegung der Füssener Jesuitenresidenz im Herbst 1627 nach Kaufbeuren überführt worden; zusätzlich schenkte der Augsburger Bischof den Jesuiten rund 150 Bücher, so daß der Gesamtbestand zunächst etwa 500 Bände umfaßte. Nach dem Ende des Dreißigjährigen Krieges und der kurzzeitigen Aufhebung der Jesuitenniederlassung zwischen 1649 und 1652 widmeten sich die Angehörigen des Ordens der Seelsorge und ab 1712 der Erziehung der katholischen Jugend in einem eigenen Gymnasium - daher machen theologische Werke den Hauptbestand der Bibliothek aus: Es finden sich die Kirchenväter ebenso wie exegetische Einzelschriften, Bibelkommentare, scholastische und dogmatische Schriften, Predigtbücher (das älteste aus dem Jahr 1499), asketisches Schrifttum und moraltheologische Gesamtdarstellungen. Entsprechend dem gegenreformatorischen Impetus der Jesuiten nimmt auch die polemische Literatur gegen die aus der Reformation hervorgegangenen Kirchen breiten Raum ein. Daneben finden sich pädagogische Werke, Katechismen und Schulbücher in größerer Zahl sowie Bücher zum kirchlichen und weltlichen Recht; Philosophie, Geschichte sowie insbesondere Belletristik und Naturwissenschaften sind dagegen weniger stark bis nur spärlich vertreten. Die Sammlung, die im 18. Jahrhundert durch Schenkungen, Nachlässe und finanzielle Stiftungen wesentlich wuchs und erweitert werden konnte, wurde um 1735 nach den bei den Jesuiten üblichen Sachgebieten Dogmatik, Moraltheologie, Exegese, kirchliche Rechtsfragen, Asketik, Sprachen und Historie in der Jesuitenresidenz aufgestellt. Auch nach der Aufhebung des Ordens durch Papst Clemens XIV. im Jahre 1774 verblieb die Bibliothek am Ort, da die Kaufbeurer Jesuiten als Hilfspriester ihre ehemalige Residenz nicht verließen und an der Lateinschule Unterricht erteilten.

Neben den kirchlichen Institutionen unterhielt auch die Reichsstadt eine Bibliothek für den laufenden Amts- und Kanzleibetrieb. Nach einem kurz nach der Mediatisierung vom ehemaligen reichsstädtischen Kanzleidirektor Christian Jakob Wagenseil angefertigten „Verzeichnis der zur Churfürstlich Pfalz Baierschen Stadt Kaufbeuren gehörigen Bücher-Sammlung"[158] enthielt diese 72 Folianten, 82 Quart- und 252 Oktavbände, davon etwa ein Drittel Spezialliteratur zu Verwaltung und Archivwesen. In der Bibliothek befanden sich unter anderem Sebastian Münsters „Cosmographey" aus dem Jahre 1588, Rainhard Wegelins dreibändiger „Thesaurus Rerum Suevicarum" und Lünigs „Deutsches Reichs und Staats Archiv" in 24 Bänden. In der Hauptsache stammen die im Verzeichnis genannten Werke aus der Zeit zwischen 1760 und 1790, was darauf schließen läßt, daß die Sammlung in diesen Jahren von den um Kaufbeuren in vielerlei Hinsicht verdienten Kanzleidirektoren Wolfgang Ludwig Hörmann von und zu Gutenberg (1713-1796) und Christian Jakob Wagenseil (1756-1839) angelegt und gepflegt wurde. Nach dem Übergang der Stadt an Bayern erfuhr sie ein ähnliches Schicksal wie das reichsstädtische Archiv: *„Da verkaufte man das Kanzley- und Archivgebäude, zerstreute Dokumente und Akten hierhin und dorthin wie Spreu in alle vier Winde, warf sie im Spital in einen Turm und ließ sie stehlen und als Makulatur verkaufen"*, wie Wagenseil betroffen feststellen mußte.[159] So erkärt es sich, daß sich der Buchbestand der reichsstädtischen Ratsbibliothek nur zu einem Teil erhalten hat.

Das ausgehende 18. Jahrhundert war für das literarische Leben eine Zeit des tiefgreifenden Wandels: Das Leseverhalten wurde immer weniger von der intensiven Wiederholungslektüre eines eng umrissenen Kanons geprägt, sondern von der Suche nach Abwechslung in Form neuer Texte und Autoren, die in der Regel nicht mehr öfter gelesen wurden. Diese sich verändernden Bedürfnisse begünstigten die Entstehung von Leihbibliotheken und Lesegesellschaften, die die allgemeinen Rezeptionsgewohnheiten wiederum nachhaltig beeinflußten.[160] Die Gründung der ältesten Kaufbeurer Leihbibliothek erfolgte im Juni 1780 durch den Buchdrucker Johann Baptist Neth, hinter dem inspirierend und beratend Christian Jakob Wagenseil stand.[161] Den Grundstock der Leihbibliothek bildeten zwölf Werke, darunter Zeitschriften wie „Der deutsche Merkur", „Ephemeriden der Menschheit", gelehrte Abhandlungen wie Millers „Beobachtungen zur Aufklärung des Verstandes und Besserung des Herzens" sowie Romane wie Wezels „Herrmann und Ulricke" und Wagenseils „Schildheim, eine deutsche Geschichte". Mit dieser Auswahl sollte spätaufklärerischen Forderungen, wonach Literatur zur Bildung, Belehrung und Besserung ihrer Leser beizutragen habe, entsprochen werden. Um zum einen breite Bevölkerungskreise in den Genuß von Literatur kommen zu lassen und zum anderen dem extensiven Leseverhalten entgegenzukommen, waren die Leihgebühren verhältnismäßig gering. Die Entwicklung der Leihbibliothek nahm einen günstigen Verlauf, bis nach eineinhalb Jahren der Tod Neths dem Unternehmen ein Ende setzte. Doch bereits drei Monate später gründete der Prokurator Gabriel Lankmayr *„aus seinem Büchervorrat eine Lesebibliothek für diesen Ort"*, wie Wagenseil im „Gemeinnüzigen Wochenblatt" annoncierte. Ende des Jahres 1785 umfaßte deren Bestand rund 1.000 Nummern, die bis zum Jahr 1812, in dem die Leihbibliothek aus unbekannten Gründen ihr Ende fand, auf ungefähr 3.000 Bände anwuchsen. Neben einem großen Anteil an Empfindsamkeitsliteratur, Abenteuerromanen und Schauspielen, die aufgrund ihrer Popularität typisch für den Bestand einer Leihbibliothek jener Zeit waren, fanden sich darunter belehrende Schriften zu Geschichte, Geographie und zum praktischen Nutzen; daneben waren moralische Geschichten, die zur Nachahmung anregen sollten, und Werke zu religiösen, philosophischen und politischen Fragen vertreten. Insbesondere bei letzterer Gruppe ist der Einfluß der Aufklärung - Lankmayr war Mitglied in der von Wagenseil gegründeten Kaufbeurer Freimaurerloge[162] - auf die Leihbibliothek auszumachen: Neben den meisten Schriften des bairischen Aufklärers Zaupser (vgl. Seite 130f) konnten die „Apologie der Illuminaten (Geschichte der Verfolgung der Illumination in Baiern)" oder der „Aufklärungsalmanach für Äbte und Vorsteher katholischer Klöster" entliehen werden.

Gleichzeitig kam es in Kaufbeuren - auf Wagenseils Anregung hin - zur Gründung einer Lesegesellschaft, in deren Rahmen sich mehrere Personen auf das gemeinschaftliche und damit kostengünstigere Abonnement bestimmter Schriften verständigten.[163] Dabei handelte es sich um eine große Zahl von Journalen und Wochenschriften, die die unterschiedlichsten Leserwünsche befriedigten: Politische Zeitungen (beispielsweise Grossings „Staatenjournal") zählten dazu ebenso wie literarische (etwa Wielands „Teutscher Merkur") oder dezidiert aufklärerische Zeitschriften (so die „Berlinische Monatsschrift"). Spezielle Frauenzeitschriften, wie etwa das „Journal des Luxus und der Moden", ergänzten das Angebot und machen deutlich, daß die Frau als Leserin im öffentlichen Bewußtsein des ausgehenden 18. Jahrhunderts auch in der Provinz präsent war. Daneben führte man Zeitungen aus der Region (etwa die „Augsburger Zeitung" oder die „Kemptische Zeitung") und aus anderen Teilen des deutschen Sprachraumes, wie beispielsweise die „Erlanger Zeitung", die „Frankfurter Zeitung" und die „Hamburger Intelligenzblätter". Blieben die kommerziellen und von Privatleuten betriebenen Leihbibliotheken[164] bis auf die üblichen zensuralen Eingriffe von den politischen Entwicklungen zu Beginn des 19. Jahrhunderts im wesentlichen verschont, gerieten demgegenüber die Lesegesellschaften in deren Sog: Mit dem weitgehenden Scheitern der nationalen und liberalen Ziele des deutschen Bürgertums durch den Wiener Kongreß 1814/15 und der Unterdrückung politischer Betätigung im Gefolge der Restauration traten ihre ursprünglichen, der Aufklärung verpflichteten Bildungsziele zugunsten der geselligen Unterhaltung in Form von Vorträgen und Konzerten zurück. Auch hinsichtlich der Zusammensetzung dieser Vereinigungen kam es zu Änderungen: Sie differenzierten sich nun nach sozialen Schichten und/oder nach Konfession.[165] Diese Entwicklungen sind auch an den Kaufbeurer Lesegesellschaften abzulesen: 1820 kam es zur Gründung der evangelischen „Lesegesellschaft Zur blauen Ente", und zwei Jahre später konstituierte sich die „Pavillon-Gesellschaft" als Leseverein der Oberschicht; mit Verzögerung folgte im Jahre 1851 der allen Bürgern offenstehende „Leseverein In der Rose". Für das katholische Publikum wurde 1904/05 schließlich die dem Katholischen Preßverein angeschlossene „Jugend- und Volksbibliothek" eingerichtet.

Nach den Statuten der 1820 unter dem Namen „Lesegesellschaft Zur blauen Ente"[166] gegründeten und 1837 in „Bürgerverein" umbenannten ältesten dieser Vereinigungen sollten nur wissenschaftliche, gemeinnützige, politische und belehrende Werke angeschafft werden; der Erwerb von Unterhaltungsliteratur war nicht vorgesehen. Gemäß den damaligen Zensurbestimmungen mußten die Bücherverzeichnisse dem Landgericht zur Genehmigung vorgelegt werden. Laut Katalog erwarb der Bürgerverein bis 1866 über 3.700 Bände; diese Zahl konnte er bis 1934 etwa konstant halten. Gleichzeitig besaß der Bürgerverein seit 1821 ein als Sommerlokal genutztes eigenes „Gesellschaftshaus" im Tänzelhölzle.[167] Seine Blütezeit fand er im Kaiserreich und in der Weimarer Republik, als seine Mitgliederzahl auf 254 anwuchs und er ein reges gesellschaftliches Leben entfaltete. Bald schon nachdem die Nationalsozialisten an die Macht gelangt waren, begann sich das Ende der Lesegesellschaft abzuzeichnen - zunächst durch politische Einflußnahme: Im Januar 1934 vermerkte das Protokoll der 1140. Mitgliederversammlung, durch *„die politische Umstellung bedingt wurden alle Bücher, die im Verdacht standen, undeutsch, jüdisch oder marxistisch zu sein, ausgeschieden. Es kamen davon nur 4 Werke in Betracht, darunter auch das bekannte Remarque-Buch 'Im Westen nichts Neues'. Es muss zur Ehre des Vereins gesagt werden, dass kommunistische oder religionsfeindliche Bücher überhaupt nicht in der Bücherei des Vereins zu finden waren. [...] Auch den nationalsozialistischen Werken wurde ein grosser Platz eingeräumt."*[168] Mit der Errichtung des Fliegerhorstes auf dem Gelände des Tänzelhölzles im Jahre 1937 mußte das Ge-

Das 1821 erbaute „Gesellschaftshaus" im Tänzelhölzle, heute „Haus 34" der Kaufbeurer Bundeswehr; nach 1945 genutzt als Leichenhalle und Kantine; nun ein Verwaltungsgebäude des Fliegerhorstes

sellschaftshaus geräumt werden;[169] ein letztes Mitgliederverzeichnis stammt aus dem Jahre 1940.

Die Pavillon-Gesellschaft wurde 1821/22 als Leseverein der gesellschaftlichen Oberschicht gegründet; die konfessionelle Zugehörigkeit der Mitglieder hatte keine Bedeutung.[170] Bereits im Laufe der 1870er Jahre legte der Verein jedoch den Charakter einer Lesegesellschaft ab und widmete sich ausschließlich der geselligen Unterhaltung. 1851 war die Gründung des „Lesevereins in der Rose" erfolgt,[171] dem alle Bürger, ungeachtet ihrer sozialen Stellung oder Konfessionszugehörigkeit, beitreten konnten. Laut Satzung wurde der Zweck verfolgt, *„durch Haltung von Tagesliteraturen, Zeitschriften, Anschaffung von Werken der Literatur in reich wissenschaftlichen und belletristischen Inhaltes den Mitgliedern die Gelegenheit zu geben, sowohl die Zeitereignisse zu verfolgen, als sich stets weiter auszubilden."*[172] Der Bücher- und Zeitschriftenbestand wuchs in den ersten zehn Jahren auf 549 Nummern an und erhöhte sich bis 1896 auf 1.625 Bände. Seit 1904/05 schließlich bestand in Kaufbeuren die katholische „Jugend- und Volksbücherei" im Kolleggebäude, die dem Katholischen Preßverein angeschlossen war; 1933 verfügte sie über 2.715 Bände, deren Inhalte katholischen Literatur- und Bildungsvorstellungen entsprachen.[173]

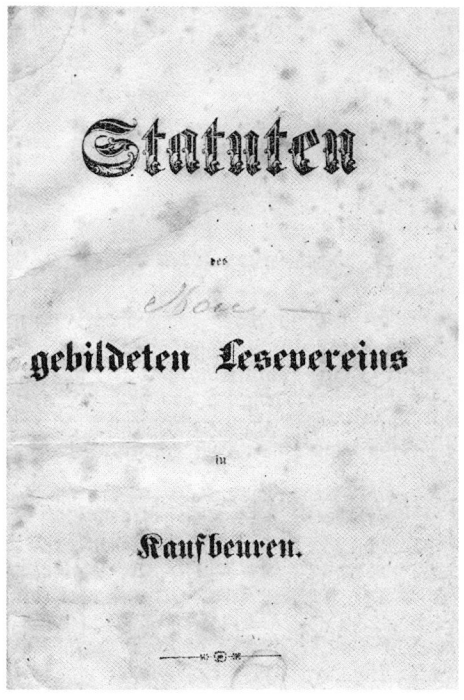

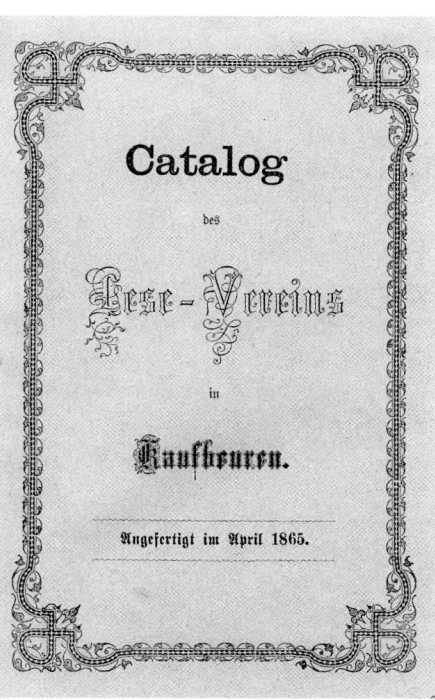

Nach dem Ersten Weltkrieg trugen sich die Mitglieder des „Lesevereins in der Rose" mit dem Gedanken, ihre Gesellschaft aufzulösen und ihre Bücherei der Stadt Kaufbeuren zur Errichtung einer öffentlichen Bibliothek zur Verfügung zu stellen. Der Vorstand des Vereins, Hauptlehrer Hans Wagner, trug diesen Vorschlag auf einer Sitzung der Stadtschulkommission vor, die sich im November 1918 mit der Frage beschäftigte, *„in welcher Weise nach dem Kriege auf dem Gebiete der Jugendpflege Gutes erzielt werde"*, und die Gründung einer öffentlichen Bücherei anregte.[174] Sie stieß damit bei Bürgermeister Volkhardt auf Interesse - zumal man auch davon ausging, *„dass sich die Soldaten draussen im Felde sehr an das Lesen gewöhnt haben und dass bei diesen auch nach dem Kriege ein grösseres Lesebedürfnis bestehen dürfte."* Die Gründung der „Städtischen Volksbücherei", deren Grundstock die Bibliothek des „Lesevereins In der Rose" bildete, zog sich noch bis zum Jahre 1921 hin, bis sie im folgenden Jahr im Hospitalgebäude eröffnet wurde. Ein Katalog aus dem Jahr 1922 verzeichnet 919 Bücher und 448 Zeitschriftenbände. Angesichts der schlechten Finanzlage der Stadt und der hohen Benutzerzahlen stockte der Stadtrat 1924 diese Bestände durch 100 Bände aus dem Fundus der Beratungsstelle für Volksbüchereien an der Bayerischen Staatsbibliothek auf - gewünscht wurde *„in der Hauptsache [...] unterhaltende Literatur [...]; wir lehnen jedoch einige allgemeinverständliche belehrende Werke nicht ab."* Mitte der 1920er Jahre setzte sich die Benutzerschaft zum überwiegenden Teil aus *„den unteren Ständen mit wenig entwickeltem literarischen Geschmack"* zusammen; bevorzugt wurden *„im allgemeinen leichtere Romane, historische Romane werden nur teilweise begehrt; wenig begehrt werden dramatische und lyrische Werke, Biographien."* Im Jahr 1929 wurde die Stadtbücherei zusammen mit dem Stadtarchiv im Rathaus untergebracht, zwei Jahre später zog sie in das Gebäude der evangelischen Volksschule am Spitaltor um.

Mit dem Machtantritt der Nationalsozialisten ging eine grundlegende Neuorientierung der staatlichen Literaturpolitik[175] einher, die nicht nur die öffentlichen, sondern auch die kirchlichen und die Vereinsbibliotheken, wie etwa die des Bürgervereins, erfaßte: Bereits im April 1933 wurden die bayerischen Kommunen aufgefordert, sämtliche in den Beständen ihrer Büchereien befindlichen *„Bücher und Zeitschriften, die ausgesprochen bolschewistische, marxistische, internationale, pazifistische oder* *atheistische Tendenzen aufweisen, [...] sofort für den öffentlichen Ausleihverkehr zu sperren"*. Im Zuge der Umsetzung dieses Erlasses wurden aus der Städtischen Volksbücherei Kaufbeuren 21 Werke ausgeschieden, darunter „Die häßliche Herzogin" von Lion Feuchtwanger oder Thomas Manns „Buddenbrooks"; im Zuge ähnlicher Erlasse in den folgenden Jahren kam es zu weiteren Aussonderungen. Angeschafft wurde dagegen seit 1933 das nationalsozialistische Lesegut der Zeit, etwa Adolf Hitlers „Mein Kampf", „Mit Hitler zur Macht" oder Werke von Will Vesper und Inge Wessel, aber auch Bauern- und Landschaftsromane. Im Jahr 1935 belief sich der Bestand auf 1.060 Bände und sank bis 1937 auf rund 700 Bücher, was auf umfangreiche Aussonderungen, sowohl aus politischen Gründen als auch aufgrund des Alters einzelner Bücher, zurückzuführen ist; die seit 1933 zu verzeichnenden Erwerbungen konnten diesen Schwund nicht aufhalten. Daher appellierte Bürgermeister Hans Wildung im Juni 1937 an die Bevölkerung, einer zehnmonatigen „Buchgemeinschaft" beizutreten, mit deren Erlös Zukäufe getätigt werden sollten. Im Jahr des Kriegsausbruchs, die Städtische Volksbücherei befand sich inzwischen in einem Ladenlokal des Hotels „Hirsch" in der Kaiser-Max-Straße, umfaßte der Bestand 1.442 Bände; bis zum Kriegsende wuchs er unter der Leitung von Fritz Schmitt und Hans Seibold weiter an. Parallel zur Volksbücherei errichtete der seit 1934 für den Aufbau und die Koordination des städtischen Bibliothekswesens zuständige Notariatsinspektor Georg Kopp eine Stadtbücherei, deren Schwerpunkt die Sammlung wissenschaftlichen Schrifttums war. Den Grundstock dafür bildete der Bestand des Heimatmuseums an Büchern und Druckschriften sowie die 1936 übernommenen Sammlungen der Dramatischen Liebhaber-Gesellschaft und der ersten Leihbibliothek der Stadt.

Im Dezember 1933 hatte das Bayerische Staatsministerium für Unterricht und Kultus die Erwartung ausgesprochen, daß die kirchlichen Büchereien *„ihren Bestand an unterhaltenden und belehrenden Büchern national erzieherischen Wertes unter Wahrung des Eigentums in die gemeindliche öffentliche Volksbücherei einlegen"*.[176] Die in Bayern vom „St. Michaelsbund" und vom „Katholischen Preßverein" getragenen katholischen Büchereien entzogen sich dem jedoch, indem sie sich auf Anweisung der kirchlichen Oberbehörden der Verwaltung der Pfarrämter unterstellten. Der Staat reagierte prompt: Ab Mai 1934 kam der weltliche Bestand der konfessionellen Büchereien unter seine Aufsicht, regelmäßig waren den Kommunen Kataloglisten vorzulegen; lediglich das kirchliche Schrifttum blieb von dieser Regelung unberührt. Ab Juli 1935 mußten auf Anordnung des Reichserziehungsministeriums die konfessionellen Büchereien Bezeichnungen führen, die *„den kirchlich konfessionellen Charakter klar belegen"*. In Kaufbeuren war von diesen Maßnahmen die 1904/05 gegründete katholische „Jugend- und Volksbibliothek" betroffen, deren Bestände bereits seit Februar 1934 als „Pfarrbücherei St. Martin" unter der Verantwortung von Dekan Fink geführt wurden. Nach einem Bericht der Stadt an die bayerische Regierung war sie die am meisten in Anspruch genommene Bücherei in Kaufbeuren: 1934 wurden die rund 3.000 Bände etwa 6.800 mal entliehen; auch Nichtkatholiken gehörten zu den Benutzern.[177] Diese auch andernorts festzustellenden Verhältnisse waren für die staatlichen Stellen nicht hinzunehmen, machten sie doch die Defizite des öffentlichen Büchereiwesens deutlich: Die Beliebtheit der kirchlichen Bibliotheken beruhte offenbar auf deren den nationalsozialistischen Intentionen zuwiderlaufenden Bestandspolitik, die die vom Regime geförderte Literatur nur in geringem Maße berücksichtigte und sich auf diese Weise eine nonkonforme Nische im deutschen Büchereiwesen schuf. Aufgrund dessen verordnete das Bayerische Kultusministerium im April 1936 bezüglich der katholischen Bibliotheken mit der Begründung, sie gehörten dem St. Michaelsbund an, *„daß der Ausleihverkehr nur auf die Mitglieder des St. Michaelsbundes beschränkt wird"* - eine Maßnahme, die auf die Zerschlagung des katholischen Büchereiwesens hinauslief und die auch die Pfarrbücherei St. Martin in Kaufbeuren betraf.

Neben dem Ausbau der öffentlichen und der Ausschaltung der kirchlichen Bibliotheken bemühte sich der NS-Staat auch um die Errichtung von Partei- und Werkbüchereien, die als nationalsozialistische Musterbibliotheken gelten sollten.[178] Als Einrichtungen dieser Art existierten in Kaufbeuren seit 1935 die „Bibliothek der Deutschen Arbeitsfront (DAF)" und seit 1936 die „Politische Kreisbücherei der NSDAP"; zu beiden haben sich die Archivalien jedoch nur fragmentarisch erhalten. Auf Schwierigkeiten stieß offenbar die Einrichtung der Bibliothek der DAF in der Mechanischen Baumwollspinnerei und Weberei: Die Stadtverwaltung schlug vor, die Bestände der DAF unter Wahrung des Eigentumsrechtes in die Städtische Volksbücherei einzugliedern - *„dann ist bestimmt eine bessere Benützung auch unserer Bücherei zu erwarten"*; dem schloß sich die Werksleitung an, die das Unternehmen bezuschussen sollte. Der Kreisamtsleiter der DAF bestand jedoch auf der Gründung einer eigenen Bücherei, indem er argumentierte, *„daß bei einer Einreihung der Literatur der Arbeitsfront in eine Bücherei der Zweck, nämlich die Unterrichtung der arbeitenden Bevölkerung über Ziel, Zweck und Einrichtungen der DAF sowie die Erziehung im nationalsozialistischen Ge-*

dankengut, nicht erreicht würde, da die Arbeiter zum größten Teil doch in keine Bücherei gingen, während die Geschäftsstelle der Arbeitsfront die Möglichkeit hat, die Bücher den zur Geschäftsstelle kommenden Arbeitern ohne Entgelt auszuleihen." Damit war die Angelegenheit offenbar im Sinne der DAF entschieden. Anders gestalteten sich die Verhältnisse für die parteieigene Kreisbücherei, die im September 1936 in der städtischen Berufsschule eingerichtet und im darauffolgenden Monat anläßlich einer Tagung der NS-Ortsgruppenschulungsleiter eröffnet wurde. Nach einem Bestandsverzeichnis waren insgesamt 231 Bände vorhanden, die nach elf Sachgruppen geordnet waren; Schwerpunkte waren Literatur zur NS-Weltanschauung und zur Partei- und allgemeinen Geschichte sowie Jugendbücher.[179] Damit entsprachen Gliederung und Bestände der vom „Amt Schrifttumspflege beim Beauftragten für die gesamte geistige und weltanschauliche Erziehung der NSDAP" festgesetzten Richtlinien.

Nach dem Zweiten Weltkrieg wurde aus den Beständen der städtischen Bibliotheken die NS-Literatur ausgesondert, so daß Volks- und Stadtbücherei nun insgesamt rund 2.900 Bände umfaßten.[180] Zwei Jahre nach Kriegsende wurde die Volksbücherei in der Hörmann-Schule wiedereröffnet, von wo aus sie im folgenden Jahr in den Baumgarten verlegt wurde. 1949 wurde Georg Kopp erneut ehrenamtlicher Leiter der Stadt- und der Volksbücherei. Um dem Lesebedürfnis der Heimatvertriebenen entgegenzukommen, gründete Oberbürgermeister Wiebel 1952 mit der Übergabe von etwa 600 Bänden im späteren Neugablonz eine Außenstelle der Städtischen Volksbücherei, die zunächst in der Schulbaracke am Erlenweg und ab 1957 in der Leutelt-Schule untergebracht war. In diesem Jahr wurde dem öffentlichen Bibliothekswesen Kaufbeurens ein besonderer Glücksfall zuteil: Der mit Georg Kopp befreundete Bauer Johann Spies (1883-1965) aus Lindenberg bei Buchloe, der seit seinem 20. Lebensjahr Literatur zu Schwaben und zur Landwirtschaft sammelte, überließ seine umfangreiche Sammlung von rund 10.000 Bänden der Stadt Kaufbeuren. Durch weitere Nachlässe, Übernahmen, Zukäufe und Schenkungen - Georg Kopp etwa überließ der Stadt 1958 seine eigene Bibliothek mit 22.000 Bänden, einer Archivkartei mit 200.000 Karten und einer Kaufbeuren-Kartei mit 50.000 Karten - wuchs der Bestand kontinuierlich an. 1968 wurden vom Stadtrat die Volks- und die Stadtbücherei unter dem Namen „Stadtbücherei" zusammengefaßt. Damit war der Grundstein für eine öffentliche Bücherei moderner Prägung gelegt mit den Bereichen Kinder- und Jugendabteilung, Romanabteilung und Sachbuchbereich. Die historischen Bestände blieben räumlich getrennt und wurden aufgrund ihres speziellen Charakters organisatorisch dem Archiv zugeordnet. 1970 erwarb die Stadt das vormalige Kaufhaus „Kell", um es unter dem Namen Schraderhaus für Zwecke des Archivs und der Bücherei zu nutzen. 1972 waren beide Einrichtungen in diesem Haus untergebracht; wenig später, im Jahr 1977, zog die Neugablonzer Zweigstelle der Stadtbücherei in das neuerrichtete Gablonzer Haus ein. Heute umfaßt die Stadtbücherei rund 57.000 Medien, neben Büchern wurden auch CD-ROMs, CDs, Kassetten und Spiele in das aktuelle Angebot aufgenommen. Der wissenschaftliche Buchbestand des Archivs stellt indes eine Fachbibliothek für Geschichts-, Gesellschafts- und Kulturwissenschaften dar, in der sich auch ca. 10.000 Bände finden, die vor dem Jahr 1900 erschienen sind.

Neben diesen beiden städtischen Organisationen existieren in Kaufbeuren weitere kirchliche Büchereien und Spezialsammlungen, zum Beispiel die Bibliothek der „Riehl-Frank'schen Gedächtnisstiftung" mit etwa 80.000 Büchern und Broschüren, die aus der heimatforscherischen Tätigkeit von Christian Frank - Initiator der Zeitschrift „Deutsche Gaue" - entstanden ist. Die Bibliothek des Neugablonzer Archiv- und Museums-Vereins umfaßt ca. 5.000 Bände zur Geschichte und Kultur des Sudetenlandes.

Urbane Literatur in ihrer Vielfalt - ein Resümee

Wer sich bei der Beschäftigung mit der Kaufbeurer Literaturgeschichte Kunst von hohem Rang, womöglich vom Rang der Weltliteratur, erwartet hat, wird nur selten fündig. Stattdessen bietet die geographisch überschaubare Einheit der Stadt die Gelegenheit, ohne vorausgehende ästhetische Wertung die Vielfalt des literarischen Lebens zu beobachten und zu beschreiben. Dabei wird offenkundig, welche Kräfte bestimmend für die dort entstandene und verbreitete Literatur waren: Konfession, politische Ereignisse und vereinzelt literarische Strömungen wirkten speziell in der frühen Neuzeit auf Produktion, Rezeption und Distribution. In welchem Maße Literatur ein grundlegender Bestandteil des festgefügten Werte- und Weltsystems war und damit auch gesellschaftliche Bedeutung besaß, kann exemplarisch an der Kasualdichtung verdeutlicht werden. Freilich wird man den Schriftstellern nicht gerecht, wenn man ihre Werke an dem heutigen, auf Individualität und Subjektivität abzielenden Literaturbegriff mißt. Erst um 1800 nimmt die Tendenz zu, daß Texte nicht mehr unmittelbar auf Wirklichkeit, Zwecke und Handlungszusammenhänge bezogen werden. Trotzdem gibt es -

wie auch das Kaufbeurer Beispiel illustriert - weiterhin Leser, die Literatur auf Realität und praktische Zwecke stützen, sowie Autoren, die didaktische Texte verfassen. In Kaufbeuren widmete man sich im 19. und 20. Jahrhundert dem Thema Heimat und ging dabei konkret auf die Nöte der durch gesellschaftliche Veränderungen und Krieg verunsicherten und erschütterten Menschen ein. Speziell der Zweite Weltkrieg und seine Begleitumstände schlugen sich in bisher von der Forschung nur selten berücksichtigten Gattungen - der Literatur der Heimatvertriebenen und Lagerberichten - nieder, so daß Texten durchaus therapeutische Funktion zugestanden werden darf. Es scheint damit ein Spezifikum der Literatur in der Provinz zu sein, daß die dort produzierten und rezipierten Texte eine stärkere gesellschaftliche Wirkung entfalten konnten, wodurch sie die Bandbreite der tradierten Literaturgeschichtsschreibung sinnvoll ergänzen.

LITERATUR

ASBROCK, M., Das Zeitschriftenwesen der Städte Amberg, Ingolstadt, Kaufbeuren, Kempten, Lindau und Regensburg. Ein Beitrag zur Zeitschriftenkunde Bayerns im 18. Jahrhundert, Dortmund 1942; BALLIS, A., Literatur in Ansbach. Eine literarhistorische Untersuchung von der Reformation bis zum Ende des Ancien Régime. Mittelfränkische Studien 14, Ansbach 2001; BARBIAN, J.-P., Literaturpolitik im „Dritten Reich". Institutionen, Kompetenzen, Betätigungsfelder, Frankfurt a.M. 1993; BUMKE, J., Höfische Kultur. Literatur und Gesellschaft im hohen Mittelalter, München ^{8}1997; Comité International de Dachau [Hrsg.], Mein Schatten in Dachau. Gedichte und Biographien der Überlebenden und Toten des Konzentrationslagers, München 1993; DE BOOR, H., Albrecht von Kemnaten. In: Ders., Kleine Schriften. Bd. 1: Mittelhochdeutsche Literatur, Berlin 1964, S. 198-208; DIETER, St., Die Reichsstadt Kaufbeuren in der frühen Neuzeit. Studien zur Wirtschafts-, Sozial-, Kirchen- und Bevölkerungsgeschichte, KSR 2, Thalhofen 2000; FISCHER, St., Die historischen Buchbestände des Stadtarchivs Kaufbeuren. In: Bibliotheksforum Bayern 25 (1997), S. 142-147; FRIEDRICH, W., Thomas Kirchmair, genannt Naogeorgus. Lebensbild eines bedeutenden Straubingers mit einem Literaturverzeichnis zu Biographie und Werk. In: Jahresbericht des Historischen Vereins für Straubing und Umgebung 89 (1987), S. 83-140; GLÄSER, R., Die selige Crescentia von Kaufbeuren. Leben, Worte, Schriften und Lehre, Sankt Ottilien 1984; Handbuch der historischen Buchbestände in Deutschland, hrsg. von Eberhard Dünninger, Bd. 12: Bayern, I - R, Hildesheim u.a. 1996; Hansers Sozialgeschichte der deutschen Literatur vom 16. Jahrhundert bis zur Gegenwart, hrsg. von Rolf Grimminger, Bände 1-12, München u.a. 1979ff.; HEIMATVEREIN KAUFBEUREN e.V. [Hrsg.], Ludwig Ganghofer 1855-1920. KGBl Sonderheft 8 (1996); HERRMANN, B., Überlegungen zum literaturgeschichtlichen Ort der Vertreibungsliteratur in der Nachkriegsliteratur. In: Peter Fassl und ders., Trauer und Zuversicht. Literatur der Heimatvertriebenen in Bayern, Augsburg 1995, S. 19-25; ILGENFRITZ, K., Die Deutsche Ganghofer-Gesellschaft e.V. In: Emil K. Braito, Ludwig Ganghofer im Wettersteingebirge bei Leutasch und Mittenwald, Innsbruck 1999, S. 175-193; KEMPER, H.-G., Deutsche Lyrik der frühen Neuzeit, Bd. 1: Epochen- und Gattungsprobleme, Reformationszeit, Tübingen 1987; KILLY, W. [Hrsg.], Literatur Lexikon. Autoren und Werke deutscher Sprache, Bände 1-16, Gütersloh u.a. 1988ff.; KLEINSCHMIDT, E., Die literarische Stadtkultur Oberdeutschlands im 17. Jahrhundert. Ein Überblick. In: Stadt und Literatur im deutschen Sprachraum der Frühen Neuzeit, hrsg. von Klaus Garber, Bd. 1, Tübingen 1998, S. 281-292; KRAUS, J. [Hrsg.], Die Christa-Chronik 1801-1875, KSR 1, Thalhofen 1999; KRAUS, J. u.a. [Hrsg.], Die Stadt Kaufbeuren. Bd. 1: Politische Geschichte und Gegenwart, Thalhofen 1999; LACOMBE, F. und die Ehemaligen von Kaufbeuren, Kommando Kaufbeuren. Außenlager von Dachau 1944-45. Ein Memorial, Blöcktach 1995; MADER, E. T., Literarische Landschaft bayerisches Allgäu, Blöcktach 1994; PETZ, W., Zweimal Kempten. Geschichte einer Doppelstadt (1694-1836), München 1998; PFUNDNER, Th., Ein Gang durch die Bibliothek im Evangelischen Kirchenarchiv. In: KGBl 10 (1984/86), S. 372-375; PÖRNBACHER, H., Zur Literaturgeschichte. In: Aegidius Kolb u.a. [Hrsg.], Ostallgäu. Einst und jetzt, Bd. 1, Kempten 1984, S. 429-469; REITER, A., „Auf daß sie entsteigen der Dunkelheit." Die literarische Bewältigung von KZ-Erfahrung, Wien 1995; RUH, K. u.a. [Hrsg.], Die deutsche Literatur des Mittelalters. Verfasserlexikon, Berlin ^{2}1981, Bände 1 und 3; RUPPICH, H., Die deutsche Literatur vom späten Mittelalter bis zum Barock, Teil 1: Das ausgehende Mittelalter, Humanismus und Renaissance 1370-1520, Teil 2: Das Zeitalter der Reformation 1520-1570, München 1970/73; SCHMAUCH, H.-P., Die Kaufbeurer Jesuitenbibliothek im Pfarramt St. Martin. In: KGBl 10 (1984/86), S. 238-241; SCHMIDT-KÜNSEMÜLLER, Fr.-A., Ein unbekannter xylographischer Donat. In: Gutenberg-Jahrbuch 1958, S. 78-83; SCHMID, H., Chr. J. Wagenseil 1756-1839. Ein Beitrag zur Literatur- und Geistesgeschichte Süddeutschlands, Kempten 1959; SCHNEIDERS, W. [Hrsg.], Lexikon der Aufklärung. Deutschland und Europa, München 1995; SETTELE, W. u.a. [Hrsg.], Hyazinth Wäckerle, Joseph Fischer. Poet, Musikus und Lehrer aus Bayerisch-Schwaben. 1836-1896, Augsburg 1996; SIEBER, J., Beiträge zur Schulgeschichte des Landkapitels und der Reichsstadt Kaufbeuren bis zum Jahre 1803, Kaufbeuren 1921; SOWINSKI, B., Lexikon deutschsprachiger Mundartautoren, Hildesheim u.a. 1997; STEICHELE, A. von, SCHRÖDER, A., Das Landkapitel Kaufbeuren. Das Bistum Augsburg, historisch und statistisch, Bd. 6, Augsburg 1896/1904; WÄCKERLE, H., Hei, grüeß' di Gott, Ländle. Mundartgedichte, Weißenhorn 1975; WECKEL, U., Zwischen Häuslichkeit und Öffentlichkeit. Die ersten deutschen Frauenzeitschriften im späten 18. Jahrhundert und ihr Publikum, Tübingen 1998; WEISS, G., Jörg Hörmann (1491-1552) - ein Kaufbeurer Bürger, Schwager der Fugger und Gastgeber der italienischen Humanistin Olympia Morata. In: KGBl 10 (1984/86), S. 266-269 und 310-314; WEISSFLOCH, L., Die Freimaurerloge „Charlotte zu den 3 Sternen" von 1786-1792 in der Reichsstadt Kaufbeuren. In: KGBl 8 (1978/80), S. 330-348; WEISSFLOCH, L., Das Hölzle und die drei Gesellschaftshäuser, einst ein Paradies der Erholung vor den Toren der Stadt. In: KGBl 7 (1975/77), S. 125-134, 166-174 und 199-208; WITTMANN, R., Geschichte des deutschen Buchhandels, München 1991; ZASCHE, G., Neugablonz - kulturelles Kraftfeld der Isergebirgler. In: Neugablonz. Stadtteil der ehemals Freien Reichsstadt Kaufbeuren. Entstehung und Entwicklung, hrsg. von der Leutelt-Gesellschaft, Schwäbisch Gmünd 1986, S. 440-449; ZASCHE, G. u.a., Zwiegesang. Gedichte eines Lebens, Stuttgart 1993.

ANMERKUNGEN

[1] Zu Volkmar von Kemnat vgl. Eduard Gebele, Volkmar der Weise von Kemnat. In: Götz Frhr. von Polnitz (Hrsg.), Lebensbilder aus dem Bayerischen Schwaben, Bd. 1, München 1952, S. 89-112.

[2] Die Texte stammen aus: Joachim Bumke, Mäzene im Mittelalter. Die Gönner und Auftraggeber der höfischen Literatur in Deutschland 1150-1300, München 1979, S. 597 und 609.

[3] Vgl. dazu Bumke, Höfische Kultur, S. 120ff., 416ff. und 595ff.

[4] Rudolf von Ems, Alexander, hrsg. von Victor Junk, Teil 1, Leipzig 1928; Rudolf von Ems, Willehalm von Orlens, hrsg. von Victor Junk, Dublin u.a. ²1967.

[5] Vgl. dazu: Edward Schröder, Rudolf von Ems und sein Literaturkreis. In: ZfdA 67 (1930), S. 209-251, bes. S. 233f. Schröder macht insbesondere darauf aufmerksam, daß in Rudolfs von Ems „*Alexander* [...] *'von Kemenât her Alrecht' unmittelbar vor 'hern Heinrich von Lînowe' erscheint und in (einer) ronsbergischen dienstmannenliste die geschlechter von Kemnat und von Leinau auftreten*" (S. 234).

[6] Der Text befindet sich im Germanischen Nationalmuseum Nürnberg (cod. 80, 6ᵛ-8ᵛ [früher 127ᵛ-129ᵛ]); ediert wurde das Fragment von Julius Zupitza, Deutsches Heldenbuch, Bd. 5, Berlin 1870, S. 203f.

[7] de Boor, S. 206-208.

[8] Vgl. Art. „Heinrich von Pforzen" in: Ruh, Bd. 3; ferner Mader, Literarische Landschaft, S. 100.

[9] Pörnbacher, Zur Literaturgeschichte, S. 454; Joseph Sieber, Die Benefiziaten und Kapläne in Kaufbeuren, Kaufbeuren o.J., S. 11.

[10] Sieber, Beiträge zur Schulgeschichte, S. 97f.

[11] Dieter, Reichsstadt Kaufbeuren, S. 26f.

[12] Werner Fechter, Das Publikum der mittelhochdeutschen Dichtung, Darmstadt ²1972, S. 99.

[13] UK 1572.

[14] UK 1544.

[15] Um das Jahr 1450 schenkte der Kaufbeurer Priester Jos Hägelin die von ihm eigenhändig abgeschriebene „Historia scolastica" des Petrus Comestor, ein wichtiges theologisches Lehrbuch, an die Bibliothek der Kemptener St. Mang-Kirche (Norbert Hörberg, Geistige Entwicklung in Stift und Stadt. In: Volker Dotterweich [Hrsg.], Geschichte der Stadt Kempten, Kempten 1989, S. 139-149, hier: S. 147f.).

[16] Ruppich, Deutsche Literatur 1, S. 459 und 501.

[17] Zur Biographie Georg Hörmanns vgl.: Weiß, Hörmann sowie Theodor Hampe, Allgäuer Studien zur Kunst und Kultur der Renaissance. In: Festschrift für Gustav von Bezold. Mitteilungen aus dem Germanischen Nationalmuseum 1918/19, Nürnberg 1918, S. 12f.

[18] UK II 281; Weiß, Hörmann, S. 267; Mader, Literarische Landschaft, S. 104.

[19] Rainer Kößling (Hrsg.), Olympia Fulvia Morata. Briefe, Leipzig 1991, S. 54. Dort finden sich auch ein biographischer Abriß (S. 9-18), ein weiterer Brief aus den Kaufbeurer Tagen (S. 53) sowie Briefe an Georg Hörmann aus Würzburg und Schweinfurt (S. 58 bzw. 75). Zum Problem der genauen Datierung des Kaufbeurer Aufenthaltes Olympias s. Weiß, Hörmann, S. 313.

[20] Johannes Stobäus' Werk war die letzte heidnische Anthologie dieser Art. Fröhlich übertrug die lateinische Ausgabe Konrad Geßners ins Deutsche: Joannis Stobaei Scharpffsinnige Sprüche, Basel 1551; die Vorrede ist unterzeichnet mit „Geben zu Kauffbeüren. 14 tag Maii 1550". Zur Biographie Fröhlichs vgl. ADB 8 (1878), S. 136f.; Alt, Reformation, S. 83f.; UK II 1871 (Hauskauf in Kaufbeuren).

[21] Zur Lebensgeschichte des Naogeorgus vgl.: Friedrich, Thomas Kirchmair.

[22] Vgl. zum folgenden: Hans-Gert Roloff, Thomas Naogeorg und das Problem von Humanismus und Reformation. In: L'Humanisme Allemand (1480-1540). Humanistische Bibliothek, Reihe 1, Bd. 38, o.O. 1979, S. 455-475, hier: S. 464f.

[23] Thomas Naogeorgus, De bello Germanico, in laudem Joannis Pedionaei eiusdem belli scriptoris carmen iambicum trimetrum scazon, o.O. 1548.

[24] Ballis, Literatur in Ansbach, S. 28.

[25] Naogeorgus geht von der doppelten Prädestination aus, die Sakramente sind für ihn lediglich Symbole (vgl. Leonhard Theobald, Das Leben und das Wirken des Tendenzdramatikers der Reformationszeit Thomas Naogeorgus seit seiner Flucht aus Sachsen, Teil 1, Leipzig 1908, S. 17f.).

[26] Vgl. zur Geschichte der Kaufbeurer Täufergemeinde Dieter, Reichsstadt Kaufbeuren, S. 57-86.

[27] Vgl. dazu Kemper, Deutsche Lyrik 1, S. 227-245.

[28] Es handelt sich um folgende Lieder: „Hilf Gott, daß uns gelinge", 18 Strophen (Hutterische Brüder in Kanada, Die Lieder der Hutterischen Brüder, Cayley/Alberta 1962, S. 128-130); „O Christe rein, du bist allein", 6 Strophen (ebd., S. 130f.); „Ich freu' mich dein, o Vater mein", 3 Strophen (Bibliothek des Domkapitels Pressburg: Codex 236, fol. 29f.).

[29] Dieter, Reichsstadt Kaufbeuren, S. 136f.; dort weitere Quellen und Literatur zu Hans Staudach.

[30] Ebd., S. 110-114.

[31] Vgl. zum Ganzen: Kleinschmidt, Literarische Stadtkultur.

[32] Ebd., S. 286.

[33] Vgl. zum folgenden: Ballis, Literatur in Ansbach, S. 36-63.

[34] StadtA KF, B 143.

[35] Ebd.

[36] Ebd.

[37] Rainer Baasner: Lyrik. In: Die Literatur des 17. Jahrhunderts, hrsg. von Albert Meier. Hansers Sozialgeschichte der deutschen Literatur vom 16. Jahrhundert bis zur Gegenwart, hrsg. von Rolf Grimminger, Bd. 2, München u.a. 1999, S. 517-538, hier: S. 524-527.

[38] Vgl. Gläser, Crescentia, S. 38-48.

[39] Ebd. S. 81. Grundlage dieser Abhandlung bildet die älteste bekannte Abschrift aus dem Jahr 1744 (ebd., S. 198-201). Zur Urheberschaft vgl. Des Knaben Wunderhorn. Alte deutsche Lieder. Gesammelt von Ludwig Achim v. Arnim und Clemens Brentano. Teil 2, Lesarten und Erläuterungen, hrsg. von Heinz Rölleke, Stuttgart u.a. 1977, S. 20.

[40] Gläser, Crescentia, S. 198.

[41] Ebd., S. 198.

[42] Ebd., S. 200.

[43] Arnim, S. 886.

[44] Des Knaben Wunderhorn, Teil 2, Lesarten und Erläuterungen, S. 19: Brentano besaß eine Handschrift über „Das heilig und wundervolle Leben [...] Maria Crescentia Hessin [...] zu Kauffbayrn". Es ist - so Rölleke - zu vermuten, daß auch in der handschriftlichen Biographie zumindest auf das Lied hingewiesen wurde.

[45] Achim von Arnim und Clemens Brentano, Freundschaftsbriefe II. 1807 bis 1829. Vollständige kritische Edition von Hartwig Schultz, Frankfurt a.M. 1998, S. 503: Brief Arnims an Brentano vom 18. Februar 1808 (Heidelberg).

[46] Killy, Bd. 14, S. 319.

[47] Ludwig Achim von Arnim, Der Stralauer Fischzug. In: Ders., Schaubühne, 4. Theil, Berlin 1857, S. 263-312, hier: S. 312.

[48] Wittmann, Buchhandel, S. 147.

[49] Ebd., S. 147.

[50] Schmid, Chr. J. Wagenseil, S. 10.

[51] Christian Jakob Wagenseil (Hrsg.), Auswahl geistlicher Gesänge zur Erbauung und Andacht, Kaufbeuren 1782, S. IVf.

[52] Catherine Maurer, Aufgeklärte Gesangbücher und „gemeine Leute": Äußerungen und Inhalte der Gesangbuchstreite des ausgehenden 18. Jahrhunderts im protestantischen Deutschland. In: Le Livre Religieux et Ses Pratiques. Etudes sur l'histoire du livre religieux en Allemagne et en France à l'époque moderne. Der Umgang mit dem religiösen Buch. Studien zur Geschichte des religiösen Buches in Deutschland und Frankreich in der frühen Neuzeit, hrsg. von Hans E. Bödeker, Gérald Chaix und Patrice Veit, Göttingen 1991, S. 269-288.

[53] Christian Fürchtegott Gellert, Vorrede zu den Geistlichen Oden und Liedern. In: Gedichte, Geistliche Oden und Lieder, hrsg. von Heidi John, Carina Lehnen und Bernd Witte, Berlin u.a. 1997 (= Gesammelte Schriften, Bd. 2), S. 105.

[54] Schmid, Chr. J. Wagenseil, S. 146.

[55] Killy, Bd. 12, S. 468f.

[56] Staatsbibliothek Preußischer Kulturbesitz Berlin (= StB PK), Nachlaß Nicolai, Bd. 78, fol. 1, Brief vom 14. März 1784 (Kaufbeuren).

[57] Ute Schneider, Friedrich Nicolais Allgemeine Deutsche Bibliothek als Integrationsmedium der Gelehrtenrepublik, Wiesbaden 1995, S. 8.

[58] StB PK, Nachlaß Nicolai, Bd. 78, fol. 2, Brief vom 28. November 1784 (Kaufbeuren).
[59] Ebd., Brief vom 28. November 1784 (Kaufbeuren); ebd., Brief vom 20. April 1801 (Kaufbeuren).
[60] Eckhart Hellmuth, Berlinische Monatsschrift. In: Lexikon der Aufklärung, S. 63.
[61] Erich Biester, Die neueste Heilige in Schwaben. In: Berlinische Monatsschrift 2 (1787), S. 523. Vgl. Abb. S. 245. Wagenseil lernte Biester auf seiner Reise nach Berlin kennen, vgl. Reichsstadt Kaufbeurisches Intelligenzblatt auf das Jahr 1787, S. 94.
[62] Biester, Die neueste Heilige, S. 533.
[63] Daß Wagenseil von Biester vermutlich besucht wurde, legen Hinweise aus dem Briefwechsel mit Nicolai nahe: Seit 1787 bestellt er über den Verleger Grüße an Biester (vgl. StB PK, Nachlaß Nicolai, Bd. 78, fol. 5, Brief vom 23. Mai 1784 [Kaufbeuren]).
[64] Schmid, Chr. J. Wagenseil, S. 9.
[65] Winfried Dotzauer, Freimaurer. In: Lexikon der Aufklärung, S. 137f.
[66] Schmid, Chr. J. Wagenseil, S. 111.
[67] Weißfloch, Freimaurerloge, S. 337.
[68] Christian Jakob Wagenseil, Der Freymaurer. Ein Lustspiel in einem Aufzug, Kaufbeuren 1780, unpaginiert.
[69] Weißfloch, Freimaurerloge, S. 337. Zum Zusammenhang zwischen Kaufbeurer und Kemptener Loge vgl. Petz, Kempten, S. 443f.
[70] Weißfloch, Freimaurerloge, S. 340.
[71] Ebd., S. 343.
[72] Christian Jakob Wagenseil, Jakob Sohle, oder der selbstdenkende Schuster. Eine sehr unterhaltende und nüzliche Geschichte, Kempten 1788, S. 14f.
[73] Schmid, Chr. J. Wagenseil, S. 52f.: Nach seinem Ausscheiden existierte die Loge noch drei weitere Jahre.
[74] Christian Jakob Wagenseil, Gedichte und Schauspiele, herausgegeben zum Besten der durch die Belagerung unglücklich Gewordenen in Maynz, Kempten 1794, S. VIIIf. Vgl. auch seinen handschriftlichen Nachtrag in den „Freymaurer-Liedern" (Freymaurer-Lieder, zum Gebrauch für die Mitglieder der gerechten und gesetzmäßigen Loge Charlotte zu den drey Sternen, gedruckt im Jahr 5786 [1786]) des Exemplars der Stadt- und Staatsbibliothek Augsburg (LD 7250-12): Wagenseil kleidet sein Erlebnis in eine Fabel.
[75] Peter Pütz, Die deutsche Aufklärung, Darmstadt ⁴1991, S. 133.
[76] Horst Möller, Vernunft und Kritik. Deutsche Aufklärung im 17. und 18. Jahrhundert, Frankfurt a.M. 1986, S. 277.
[77] Ebd., S. 280: Natürlich können nicht alle Zeitschriften als aufklärerisch bezeichnet werden, doch ist die periodische Publizistik als ein wichtiger Bestandteil für die Ausbreitung von Öffentlichkeit zu betrachten.
[78] Killy, Bd. 13, S. 176.
[79] Schmid, Chr. J. Wagenseil, S. 9.
[80] Petz, Kempten, S. 434. Ebd. S. 443: Die im Jahr 1787 im Kempten gegründete Freimaurerloge „Zur aufgehenden Sonne" zeigt das Fortbestehen der Kontakte zwischen Abele und Wagenseil auf, da die Anfänge der Kemptener Loge in engem Zusammenhang zu Wagenseils Bemühungen in Kaufbeuren stehen.
[81] Asbrock, Zeitschriftenwesen, S. 77f. Petz, Kempten, S. 436f.
[82] Asbrock, Zeitschriftenwesen, S. 42.
[83] Christian Jakob Wagenseil, Nachricht. In: Gemeinnüziges Wochenblatt für Bürger ohne Unterschiede des Standes und der Religion, besonders in Schwaben 1780, unpaginiert.
[84] Schmid, Chr. J. Wagenseil, S. 38.
[85] Vgl. z.B.: Gemeinnüziges Wochenblatt 1782, S. 265.
[86] Ballis, Literatur in Ansbach, S. 279.
[87] Christian Jakob Wagenseil, Versuch einer Beantwortung der Frage „Dürfen junge Frauenzimmer Romane lesen". In: Gemeinnüziges Wochenblatt, 1780, S. 195.
[88] Wittmann, Buchhandel, S. 147.
[89] Nachtrag zur Geschichte der Aufklärung in Bayern. In: Gemeinnüziges Wochenblatt 1782, S. 244.
[90] Asbrock, Das Zeitschriftenwesen, S. 36f. und 42.
[91] Schmid, Chr. J. Wagenseil, S. 30f.: Auch wenn diese Lesebibliothek nach eineinhalb Jahren mit Neths Tod ihr Ende fand und Wagenseils Anteil an der nachfolgenden Lanckmayr'schen Bibliothek nicht genau ausgemacht werden kann, finden sich Inserate und Hinweise im Wochenblatt und im nachfolgenden Intelligenzblatt.
[92] Gemeinnüziges Wochenblatt 1786, S. 399.
[93] Einen Überblick über sein gesamtes schriftstellerisches Schaffen liefert Schmid, Chr. J. Wagenseil, S. 135-139.
[94] Killy, Bd. 13, S. 132.
[95] Barbara Becker-Cantarino, Vorwort. In: Sophie von La Roche, Geschichte des Fräulein von Sternheim, Stuttgart 1997, S. 399.
[96] Maurer, Aufgeklärte Gesangbücher, S. 155.
[97] Becker-Cantarino, Vorwort, S. 382-390.
[98] Christian Jakob Wagenseil, Schreiben an mich von Madame de la Roche, geb. Gutermann. In: Gemeinnüziges Wochenblatt 1782, S. 348.
[99] Ebd., S. 348-350.
[100] Ebd., S. 351.
[101] Veranlassung der Pomona. In: Pomona 1 (1783), S. 14.
[102] Ebd., S. 5-13.
[103] Weckel, Zwischen Häuslichkeit und Öffentlichkeit, S. 88f.
[104] Ebd., S. 86.
[105] Christian Jakob Wagenseil, Litteratur. In: Gemeinnüziges Wochenblatt 1783, S. 340.
[106] Bernhard Zeller, Literatur und Geselligkeit. Zur bürgerlichen Kultur und Geselligkeit in Stuttgart von 1800. In: Literatur im deutschen Südwesten, hrsg. von Bernhard Zeller u.a., Stuttgart 1987, S. 142f.
[107] StadtA KF, B 109, zwischen fol. 134 und 135.
[108] Eine gedruckte „Gedrängte Darstellung des am 16ten Februar 1824 als dem 25jährigen Regierungs-Jubiläum unsers allergnädigsten Königs, in der Stadt Kaufbeuren stattgehabten Feierlichkeiten" findet sich in StadtA KF, B 116, Nr. 265. Vgl. auch Christa-Chronik, S. 95f.
[109] Gerhard Hirschmann, Die evangelische Kirche seit 1800. In: HDBG 4, S. 883-913, hier: S. 884-886.
[110] Vgl. Ballis, Literatur in Ansbach, S. 203.
[111] Vgl. zum folgenden: Jürgen Fohrmann, Lyrik. In: Bürgerlicher Realismus und Gründerzeit 1848-1890, hrsg. von Edward McInnes u.a., Hansers Sozialgeschichte der deutschen Literatur vom 16. Jahrhundert bis zur Gegenwart, hrsg. von Rolf Grimminger, Bd. 6, München u.a. 1996, S. 394-461, hier: S. 394-402.
[112] StadtA KF, B 116, Nr. 622. Vgl. zur Schleswig-Holstein-Begeisterung jener Zeit in Kaufbeuren: Christa-Chronik, S. 225-228.
[113] Sowinski, Lexikon deutschsprachiger Mundartautoren, S. XIf.
[114] Hans-Jürgen Schindele, Josef Fischer alias Hyazinth Wäckerle alias Quintus Fixlein II. als Lehrerbildner und pädagogischer Schriftsteller. In: Settele, Hyazinth Wäckerle, S. 16-64, hier: S. 29f.
[115] Eine Übersicht über Wäckerles Schriften findet sich in Settele, Hyazinth Wäckerle, S. 124-128.
[116] Karl Borromäus Thoma, Josef Fischer - der Mundartdichter. In: Settele, Hyazinth Wäckerle, S. 65-102, hier: S. 73f. und 86: Vaterländische Gedichte enthält lediglich der erste von Wäckerle publizierte Band.
[117] Wäckerle, Hei, grüeß' di Gott, Ländle. Mundartgedichte, S. 184: Im Gedicht „U'glückli" schildert er die Nöte einer ledigen Mutter.
[118] Ebd., S. 13.
[119] Ebd., S. 71.
[120] Ebd., S. 76.
[121] Sowinski, Lexikon deutschsprachiger Mundartautoren, S. VII.
[122] Thoma, Josef Fischer, S. 93-95.
[123] Ebd., S. 93.
[124] Vgl. Andrea Stammel, Zwei Kaufbeurer Heimatlieder von Hyazinth Wäckerle und Georg Volkhardt. In: KGBl 14 (1996/98), S. 46-60.
[125] Sowinski, Lexikon deutschsprachiger Mundartautoren, S. XIII.
[126] Thomas Kraft, Ludwig Ganghofer - Politische Dimension eines Bestsellerautors. In: Heimatverein Kaufbeuren, Ludwig Ganghofer, S. 39-48, hier: S. 43.

[127] Karl Pörnbacher, Das Leben eines Optimisten. In: Heimatverein Kaufbeuren, Ludwig Ganghofer, S. 7-27, hier: S. 12f.

[128] Ludwig Ganghofer, Lebenslauf eines Optimisten. Neubearbeitete Ausgabe, München u.a. 1966, S. 25.

[129] StadtA KF, A 585/1.

[130] StadtA KF, A 174: Schreiben der Bayerischen Staatsbibliothek an den Bürgermeister vom 20. März 1936.

[131] Ebd.: Schreiben des Bürgermeisters an die Bayerische Staatsbibliothek vom 7. Mai 1936.

[132] Mader, Literarische Landschaft, S. 263-265.

[133] Ilgenfritz, Ganghofer-Gesellschaft, S. 186.

[134] Mader, Literarische Landschaft, S. 280.

[135] Chronik der Familie Ledermann, Privatbesitz.

[136] Herrmann, Überlegungen, S. 19.

[137] Manfred Heerdegen, Der kommunale Aufbruch. Die Entwicklung der Doppelstadt Kaufbeuren/Neugablonz (1948 bis 1972). In: Kraus, Stadt Kaufbeuren, S. 186-195, hier: S. 187.

[138] Rudolf Tamm (1902-1972), hrsg. von Gertrud Zasche, Schwäbisch Gmünd 1993, S. 8ff.

[139] Walther J. Beer, Beer Walter drzehlt vo drhejme ... Geschichten in der Mundart der Isergebirgler aus Gablonz und Umgebung, Schwäbisch Gmünd 1983.

[140] Zasche, Neugablonz, S. 441f.

[141] Ebd., S. 445.

[142] Zasche, Zwiegesang, S. 85.

[143] Herrmann, Überlegungen, S. 21.

[144] Heerdegen, Der kommunale Aufbruch, S. 194.

[145] Reiter, „Auf daß sie entsteigen der Dunkelheit", S. 259.

[146] Barbara Distel, Einleitung. In: Lacombe, Kommando Kaufbeuren, S. 11-13; Anton Brenner, Vorwort zur deutschen Ausgabe. In: Lacombe, Kommando Kaufbeuren, S. 7f.

[147] Comité International, Mein Schatten in Dachau, S. 179.

[148] Reiter, „Auf daß sie entsteigen der Dunkelheit", S. 110f.

[149] Ebd., S. 52.

[150] Ebd., S. 72.

[151] Dorothea Heiser, Die Lyrik des Konzentrationslagers - eine Begegnung mit dem Einzelschicksal. In: Comité International, Mein Schatten in Dachau, S. 25: Brief Lacombes an Heiser aus dem Jahr 1989.

[152] Ebd., S. 31f.: Brief Lacombes an Heiser aus dem Jahr 1989.

[153] Lacombe, Kommando Kaufbeuren, S. 101.

[154] Ebd., S. 78.

[155] PfA, K 316; BA-Schr 6, S. 355, Anm. 309. Daß mit der Einrichtung von Prädikaturen, die dem verstärkten Wunsch der Bevölkerung nach Predigt nachkamen, in der Regel die Stiftung von Bibliotheken einherging, um den Prädikanten die Arbeitsmittel an die Hand zu geben, zeigt auch die Entstehungsgeschichte der Bibliothek der evang.-luth. Nikolai-Kirche in Isny (Ulrich Weible u.a., Bibliothek der Nikolaikirche Isny, München ²1992, S. 2-5).

[156] Vgl. zur Bibliothek der Dreifaltigkeitskirche: Th. Pfundner, Gang durch die Bibliothek; ferner K. Pfundner, in: Handbuch der historischen Buchbestände in Deutschland 12, S. 34-36.

[157] Vgl. zur Jesuitenbibliothek: Schmauch, Jesuitenbibliothek; ferner ders., in: Handbuch der historischen Buchbestände in Deutschland 12, S. 36-38.

[158] StadtA KF, B 1/IV; das Verzeichnis ist auf den 21. Dezember 1803 datiert. Vgl. zur Ratsbibliothek: Fischer, Historische Buchbestände; ferner ders., Heinz Kaluza, in: Handbuch der historischen Buchbestände in Deutschland 12, S. 26-34, bes. S. 27.

[159] Fischer, Historische Buchbestände, S. 144.

[160] Siehe dazu: Ballis, Literatur in Ansbach, S. 299-316.

[161] Gemeinnütziges Wochenblatt vom 10. Juni 1780; Schmid, Chr. J. Wagenseil, S. 29-34.

[162] Petz, Kempten, S. 443.

[163] Schmid, Chr. J. Wagenseil, S. 33f. Bei der in der Christa-Chronik (S. 29) genannten Lesegesellschaft, die im Dezember 1804 gegründet wurde und deren Statuten sich erhalten haben (StadtA KF, B 116, Nr. 53), handelt es sich um eine andere Vereinigung.

[164] In Kaufbeuren gab es beispielsweise die „Leihbücherei Johannes Einsiedler" (vgl. Gemeinnütziges Wochenblatt 1815, S. 184 und Kaufbeurer Anzeigeblatt vom 27. November 1861) oder die „Leihbibliothek Georg Mayr" (vgl. Kaufbeurer Anzeigeblatt vom 16. Oktober 1868).

[165] Ulrich Schmid, Buchmarkt und Literaturvermittlung. In: Zwischen Restauration und Revolution 1815-1848, hrsg. von Gert Sautermeister und Ulrich Schmid. Hansers Sozialgeschichte der deutschen Literatur vom 16. Jahrhundert bis zur Gegenwart, hrsg. von Rolf Grimminger, Bd. 5, München u.a. 1998, S. 60-93, hier: S. 87f.

[166] Der Name leitet sich von dem Vereinslokal ab. Vgl. zum folgenden: Weißfloch, Hölzle, S. 199-205; ders., Nochmals: Gesellschaftshaus und Pavillon im ehemaligen Tänzelhölzchen. In: KGBl 9 (1981/83), S. 26-29; Fischer, Kaluza, in: Handbuch der historischen Buchbestände, S. 27; Archivalien zum Bürgerverein: StadtA KF, FB 15 (Bücherkatalog 1821-1866), StadtA KF, FB 16 (Mitgliederverzeichnis 1820-1868), StadtA KF, A 2741 (enthält Mitgliederverzeichnisse, Statuten, Kataloge und Protokolle von Mitgliederversammlungen 19. und 20. Jhd.), StadtA KF, A 4018 (Chronik des Bürgervereins 1830-1920).

[167] Laut Christa-Chronik, S. 86. Weißfloch, Hölzle, S. 200 nennt das Jahr 1826 als Erbauungsjahr des „Gesellschaftshauses".

[168] StadtA KF, B 2741, Protokoll der 1140. Mitgliederversammlung vom 24. Januar 1934.

[169] Im Gebäude des Gesellschaftshauses ist heute ein Verwaltungsgebäude des Fliegerhorstes untergebracht.

[170] Vgl. zum folgenden: Weißfloch, Hölzle, S. 170-174, Fischer, Kaluza, in: Handbuch der historischen Buchbestände, S. 27f.

[171] Vereinslokal war zunächst die „Sonne", ab 1873 das Gasthaus „Rose", nach dem sich der Verein schließlich benannte. Vgl. zum folgenden: Fischer, Kaluza, in: Handbuch der historischen Buchbestände, S. 28; Archivalien: StadtA KF, A 1574 (Bücherverzeichnis 1896), StadtA KF, B 247 (Statuten und Kataloge 19. Jhd.).

[172] StadtA KF, B 247 (Statuten 1851).

[173] Fischer, Kaluza, in: Handbuch der historischen Buchbestände, S. 28; StadtA KF, A 2741.

[174] Vgl. zum folgenden: Fischer, Kaluza, in: Handbuch der historischen Buchbestände, S. 28, Fischer, Historische Buchbestände, S. 145. Archivalien: StadtA KF, A 1574 (diverses Material bezüglich der Städtischen Volksbücherei 1918ff.); hieraus auch die folgenden Zitate.

[175] Vgl. zum folgenden: Barbian, Literaturpolitik, S. 319-363, bezüglich der öffentlichen Büchereien bes. S. 319-326; Fischer, Kaluza, in: Handbuch der historischen Buchbestände, S. 28, Fischer, Historische Buchbestände, S. 145. Archivalien: StadtA KF, A 1574; hieraus auch die folgenden Zitate.

[176] Vgl. zum folgenden: Barbian, S. 359-363. Archivalien: StadtA KF, A 1574; PfA, P 374; hieraus auch die folgenden Zitate.

[177] Den 1.060 Bänden der Städtischen Volksbücherei standen im Jahr 1935 nur 600 Entleihungen gegenüber.

[178] Vgl. zum folgenden: Barbian, S. 354-359. Archivalien: StadtA KF, A 1574 (Bibliothek der DAF) und StadtA KF, FA 50 (Politische Kreisbücherei der NSDAP); hieraus auch die folgenden Zitate.

[179] Die detaillierte Einteilung: „Grundlegendes über national-sozialistische Weltanschauung" (30 Werke), „Geschichte der NSDAP" (24), „Vererbung, Rassenkunde, Bevölkerungspolitik" (20), „Geschichte" (41), „Vorgeschichte" (6), „Erdkunde, Geopolitik, Auslanddeutschtum, Kolonien" (8), „Wirtschafts-, Sozial- und Kulturpolitik" (30), „Sport, Wehr und Wehrverbände" (11), „Weltgeschichte, Außenpolitik" (12), „Erzählende Schriften von nat. pol. Bedeutung" (18), „Nationale Jugendschriften" (31) (StadtA KF, FA 50).

[180] Vgl. zum folgenden: Fischer, Kaluza, in: Handbuch der historischen Buchbestände, S. 28-32, Fischer, Historische Buchbestände, S. 146f.

Peter Pius Irl
Die urbane Leidenschaft

Die Geschichte des Kaufbeurer Theaters von den Anfängen bis zum 20. Jahrhundert

Theaterspiel eine urbane Leidenschaft? Im wahrsten Sinne des Wortes läßt sich dies von Kaufbeuren sagen: Bürger einer Stadt spielen für ihre Mitbürger und zur eigenen Freude und sie betreiben diese Kunst mit Leidenschaft. Rund 500 Jahre Theatergeschichte sind ein Beleg für diese Passion. Ein Spiegel des gesellschaftlichen Lebens, des Glaubens, der Politik, von Reichsstadtherrlichkeit und Elend, menschlicher Größe wie auch menschlicher Eitelkeit und spießbürgerlichem Geist. Kurz, das Kaufbeurer Theaterleben spiegelt in tausend Facetten die Zeitläufte der Geschichte.

Prolog
Die Anfänge im Mittelalter

Plötzlich, um die Mitte des 16. Jahrhunderts, spielte man in Kaufbeuren große, personenreiche Theaterstücke mit bis zu 246 Sprechrollen, Stücke, die auch vom technischen Apparat einen ungeheuren Aufwand erforderten. Sollte das wirklich der Anfang gewesen sein? Bisher ließen sich keine früheren Aufführungen urkundlich belegen. Es ist aber kaum anzunehmen, daß sich die Kaufbeurer aus dem Nichts heraus und ohne Erfahrung an derartig schwere Aufgaben gewagt haben sollten. Begeisterung und Mut zu großen Taten auf dem Theater brauchen Erfahrung - und die muß ihre Wurzeln haben. Mitten in der Stadt steht die St. Martins-Kirche, in der die gesamte mittelalterliche Stadtbevölkerung Platz finden konnte. Ein derartig großer Raum brauchte eine Liturgie, die ihm angemessen war. Bereits die räumliche Entfernung zwischen Priester und Volk verlangte nach sinnenfällig gestaltetem Gottesdienst. Die Feier der Messe, aber auch die im Mittelalter sehr beliebten Prozessionen mußten viel üppiger gestaltet werden und erforderten geradezu ein „theatrum sacrum", ein heiliges Theater! Sichtbarmachung des Unsichtbaren, der Versuch, das Unbegreifliche faßbar werden zu lassen, nichts anderes ist Liturgie. Der Priester am Altar war in fast allen seinen Handlungen Gott zugewandt und vollzog das Mysterium unsichtbar; er war aber auch der Vermittler, der sich immer wieder den Gläubigen zuwandte, das geheimnisvolle Geschehen in Zeichen und Worten offenbarte und deutete.

Im Kirchenjahr liegt der liturgische Höhepunkt in der Zeit um Karfreitag und Ostern. Das biblische Geschehen um Leiden, Tod und Auferstehung Christi bietet sich geradezu an, dramatisch dargestellt zu werden. Die vielen Dialoge in den Evangelien dieser Festtage wurden zunächst von verschiedenen Sprechern vorgetragen. Priester und Diakone erreichten durch eine solche Gestaltung bei ihren Zuhörern größere Aufmerksamkeit und eine Eindringlichkeit, die das bildhafte Erleben dieser Texte enorm steigern konnte. Von hier war es nur noch ein kleiner Schritt zur schauspielerischen Darstellung der biblischen Ereignisse. Dazu finden sich auch die ersten schriftlichen Zeugnisse und Dokumente zur Theatergeschichte des Mittelalters im europäischen Raum.[1] Allerdings steht hier am Anfang szenischer Darstellung zunächst nicht die Leidensgeschichte des Herrn, sondern das sogenannte Osterspiel, also die Geschichten um die Auferstehung Jesu. Der Grund dafür war, daß die Passionsgeschichte viel zu personenreich ist und auch vom technischen Aufwand (viele wechselnde Orte und eine Vielzahl von Requisiten) Anforderungen stellte, die von einigen Priestern und ihren Diakonen allein nicht erbracht werden konnten. Anders dagegen in den Klostergemeinschaften des Mittelalters, und so entwickelten sich dort neben den mit wenigen Darstellern zu besetzenden Osterspielen bald auch selbständige Passions- und Mysterienspiele mit vielen Mitwirkenden.

In der Hauskapelle des Georgianum in München hängen neun Tafelbilder aus der Zeit von 1470/80 mit Szenen der Passionsgeschichte, die ursprünglich für das Franziskanerinnenkloster in Kaufbeuren gemalt worden waren. Vermutlich war die meditative Betrachtung dieser Bilder mit einem Ablaß versehen, da über den großen Tafeln kleine Darstellungen der sieben Hauptkirchen Roms und ihrer Patrone angebracht sind. Die Kaufbeurer Tafeln zeigen: Die Gefangennahme Jesu; Jesus vor Pilatus; Jesus an der Geißelsäule; die Dornenkrönung; die Kreuztragung; Jesus sitzend auf dem am Boden liegenden Kreuz, welches für die Kreuzigung hergerichtet wird; die Kreuzabnahme; die Grablegung; die Auferstehung.

Auf den ersten Blick könnte man glauben, es handle sich hier um einen Kreuzweg, wie er in vielen schwäbischen und bairischen Kirchen zu finden ist und im religiösen Brauchtum, in Andachten und Prozessionen durch die Jahrhunderte verehrt wurde.[2] Der zweite Blick aber offenbart bedeutende Unterschiede: Die übliche Reihenfolge der Kreuzwegdarstellungen beginnt in der Regel mit der Verurteilung Jesu und führt über verschiedene Stationen des Weges Jesu - meist sind es zwölf Bilder - bis zu seinem Tod am Kreuz bzw. zur Grablegung, obwohl diese im Grunde genommen schon nicht mehr zum Kreuzweg zählt. Der Kaufbeurer Bilderzyklus entspricht zwar in den dargestellten Personen und Ereignissen weitgehend dem, was in den Evangelien überliefert wird, jedoch fallen auch einige Dinge aus dem biblischen Rahmen der Evangelienberichte: Beim Bild der Kreuzabnahme (Tafel 7, s. Abbildung unten links) ist rechts unter dem Kreuz und gegenüber von Maria und Johannes eine männliche Person zu erkennen. Diese ist nicht, wie angenommen wurde, als Nikodemus, sondern als Pontius Pilatus zu identifizieren. Ein Vergleich mit dem sitzenden Pilatus in der Verurteilung (Tafel 2, s. Abbildung unten rechts) ergibt, daß Gesicht, Bart und Kopfhaltung völlig identisch sind. Der Hut hat die gleiche Form und das Übergewand ist vom gleichen Schnitt, die Ärmel haben die gleiche gelbe Farbe. Zwar kommt Pilatus in den Evangelien bei der Kreuzabnahme nicht vor, er tritt aber häufig bei mittelalterlichen Passionsspielen an dieser Stelle auf. Um die Zeit, die die Abnahme Jesu vom Kreuz dauerte, zu überbrücken, schickte man Pilatus und andere Figuren gewissermaßen als „Pausenfüller" auf die Szene. Einen Bühnenvorhang, den man darüber hätte schließen können, gab es damals noch nicht.

Könnte es sich bei den Tafelbildern aus dem Kaufbeurer Frauenkloster vielleicht um Szenenbilder von örtlichen Passionsspielen handeln? Es existieren Handschriften eines Osterspiels und eines Passionsspiels, welche nachweislich 1562 in Kaufbeuren gespielt wurden. Der Vergleich zwischen dem Spieltext und den „Kreuzwegtafeln" in München führt zu einem erstaunlichen Ergebnis: alle gemalten Szenen finden sich im Passionsspieltext von 1562 wieder - und zwar nicht nur in den selbstverständlichen Übereinstimmungen mit den in den Evangelien berichteten Ereignissen: Parallel zur Darstellung auf Tafel 6 (Jesus sitzt entkleidet auf dem am Boden liegenden Kreuz, während die Knechte die Kreuzigung vorbereiten) lautet beispielsweise die Regieanweisung im Text: „*CHRISTUS sitzt auffs creutz*".[3] Auf Tafel 7 (Kreuzabnahme) steht, wie erwähnt, Pontius Pilatus unter dem Kreuz; im Text von 1562 tritt, nach Jesu Tod, neben anderen biblischen Gestalten Pilatus auf die Szene und fragt den Hauptmann, welcher die Seite Jesu mit seiner Lanze durchstochen hat: „*Wies gangen sey, schnel zaig mir an. / Ist Christus todt, der creutzget man*". Danach gibt Pilatus Joseph von Arimathäa die Erlaubnis, Jesus vom Kreuz abzunehmen. Dieser wendet sich an die umstehenden Knechte und spricht: „*Darumb, ir knecht, das will ich han: / Die laiteren eins wegs stellen an / und secht, das man in las herab / und erlich lege in das grab.*" Es folgt ein kurzer Dialog, der mit der Regiebemerkung schließt: „*Jetzt nemendt sie Jhesum herab und begraben in.*"[4] Die dazu benötigte Leiter findet sich gemalt auf Tafel 7. Es gibt noch weitere Hinweise, daß es sich bei den Tafelbildern um Szenendarstellungen einer Theateraufführung handelt, so etwa bei den beiden letzten Bildern der Reihe, der Grablegung und der Auferstehung (s. Abbildung unten): Erst steht der Sarkophag auf einem grau gestrichenen Podest. In der Osterszene

157

daneben ist dieser nach hinten weggeschoben und vor dem nun freien Podest, das der Maler völlig zusammenhanglos mitten in eine Landschaft stellt, agieren die handelnden Figuren.

Daß der Tafelbildzyklus aus dem Kaufbeurer Kloster in für einen Kreuzweg völlig untypischer Weise mit der Auferstehung abschließt, ist denn auch der folgerichtige Hinweis auf die Kernszene des auf die Passion folgenden Osterspiels. Auch zu diesem Bild gibt es einen Querverweis im Spieltext: *„In dem geschicht ein großer erdbidem [Erdbeben]. Kumpt der engel Gabriel und weltzet den stain vom grab."*[5] Der Engel im Hintergrund des Auferstehungsbildes hat diese Regieanweisung gerade vollzogen, er hält noch das Leichentuch in Händen; dabei schwebt er jedoch nicht über dem Boden, sondern steht wie ein Schauspieler mit beiden Füßen am Boden.

Damit gibt es eine Fülle von Indizien, die für eine Kaufbeurer Theateraufführung vor oder um 1470 sprechen, wovon einzelne Spielszenen durch den Maler dieser Tafelbilder auf uns gekommen sind. Bleibt noch die Frage, ob es möglich ist, daß der erst 1562 aufgeschriebene Text schon damals gespielt wurde. Vermutlich wurden die vorliegenden Handschriften erst nach einer Aufführung in der Mitte des 16. Jahrhunderts niedergeschrieben.[6] Es besteht also die Möglichkeit, daß die beiden Stücke schon lange vorher existierten, in Kaufbeuren auch gespielt, ein rundes Jahrhundert später nochmals zur Aufführung gebracht und zur bleibenden Erinnerung nachträglich aufgeschrieben wurden. Solch große Spiele haben Mitte des 15. Jahrhunderts bei den Ausführenden wie bei den Zuschauern tiefe Eindrücke hinterlassen und das religiöse Leben der Stadt nachhaltig geprägt. Die große Anzahl der Rollen konnte dabei jedoch nicht mit Klerikern allein besetzt werden. Daher mußten Laien mitspielen und das waren Bürger, Handwerker und auch Künstler. Ist es verwunderlich, wenn danach ein Maler[7] die Eindrücke eines solchen Ereignisses in Bildern festzuhalten suchte, vielleicht sogar im Auftrag des Frauenklosters? Neun Tafelbilder, fast könnte man sagen „Szenenfotos", stehen somit am Beginn der urbanen Leidenschaft „Theater", einer „Passion", die in Kaufbeuren bis in die Gegenwart gepflegt wird.

1. Akt
Das Theater im konfessionellen Zeitalter

1541 erschien zu Augsburg im Druck ein Stück des Kaufbeurers Matthias Brodbeyel mit dem Titel *„Eyn künstliches kurtzweyligs spil von abbyldung der unzüchtigen leichtsinnigen weibern"*.[8] Um 1527 war Brodbeyel noch Schulmeister in der Stadt; bald nach 1530 wurde er Lateinschulrektor und Poet in München. Ein zweiter Kaufbeurer Dichter schrieb sich mit bürgerlichem Namen Thomas Kirchmair (um 1508-1563), war gebürtig aus Straubing und kam 1546 nach kurzem Aufenthalt in Augsburg auf die evangelische Pfarrstelle zu Kaufbeuren. Als Reformationsdramatiker war er damals schon bekannt und hatte sich den Humanistennamen Naogeorgus zugelegt. Sechs große Dramen sind von ihm bekannt, zwei davon behandeln biblische Themen, die übrigen sind Tendenzstücke gegen das Papsttum.[9] Naogeorgus ist ein Dichter von mitreißender Eloquenz, er schreibt im Unterschied zu vielen seiner Standesgenossen ein exzellentes Latein, streitbar und ohne Kompromisse wendet er sich damit gegen Rom. Etwas von diesem ungebärdigen Geist steckt auch in seinen Theaterstücken: Immer wieder finden sich Szenen von derber, satirischer Ausgelassenheit. Sehr bald werden seine Stücke ins Deutsche übersetzt und finden damit großes Interesse beim Publikum. Leider ist von beiden Dichtern unbekannt, ob sie für das Kaufbeurer Theater fruchtbar waren, da schriftliche Zeugnisse fehlen.

Der erste schriftliche Hinweis auf theatralische Aktivitäten in der Reichsstadt Kaufbeuren findet sich im Ratsprotokoll vom 19. März 1557.[10] Dort heißt es: *„Comedi: Lateinischen Schulmaister unnd Augustein Brauneysin dem Eleten Ist von einem E. Rath auff nechst kunfftige Ostern die Comediam und Historj des Armen Mans und Reijchen Lazari zuhaltenn vergunt, bewilliget unnd zugelassenn, abgeschlagen unnd Jnen hinter sich zesehen gesagt unnd geboten."* Dieser Eintrag, der einen zensuralen Eingriff in das Theaterleben dokumentiert, belegt, daß es bereits vor 1557 Theatererfahrungen gegeben haben muß. Nur weil sich in den Ratsprotokollen jener Jahre kein weiterer Hinweis zu Aufführungen findet, läßt das nicht den Schluß zu, daß kein Theater in der Stadt gespielt wurde. Es gibt in den Protokollen auch keinen Vermerk über die großen Passions- und Osterspiele im Jahr 1562, deren Aufführungen durch zwei Handschriften belegt sind. Mehrere Gründe kommen in Betracht, warum das Theater in den Akten jener Jahre keine weitere Erwähnung fand: Vermutlich hatte sich noch keine feste Spielgruppe etabliert, sondern man spielte nur zu besonderen Festtagen oder zum Schulabschluß. Auch hatte der Rat, der sich in jenen Tagen viel mit der „wahren" Lehre des Glaubens herumplagte, offenbar kein besonderes Interesse am Theaterspiel. Nur wenn er dabei Unbotmäßigkeit witterte, übte er Zensur.

Dennoch gibt es 1562 eine Aufführung von Passions- und Osterspielen, zu der sich nicht nur der handschriftlich überlieferte Text, sondern auch eine Besetzungsliste mit den Namen der Darsteller erhalten hat.[11] Nicht weniger als 126 Personen, vom Schuljungen bis zum angesehenen Bürger, werden in diesem Schauspielerkatalog genannt. Für derartige personenreiche Stücke kommen als Aufführungsort nur die St. Martins-Kirche oder eine Freilichtbühne in Frage. Eine Simultanbühne muß es in jedem Fall gewesen sein - anders wäre der ständige Wechsel der Spielorte nicht möglich gewesen. Ob auch das Publikum aktiv in das Geschehen mit eingebunden wurde, ist aus dem Text nicht ersichtlich, einzig die Hinweise darin, daß mehrmals während der Szenen gemeinsam Lieder gesungen werden sollten, spricht dafür, daß die Zuschauer auch als Volk ins Spiel mit einbezogen wurden.

Als das eigentliche Gründungsjahr einer regelmäßig spielenden Theatergruppe in Kaufbeuren gilt das Jahr 1570. Es haben sich drei „Gedenkbücher" der Agentengesellschaft erhalten,[12] in denen zu lesen steht: „*Anno 1570, wurde von der evangelischen bürgerschafft die comödie von erschaffung der welt auf dem sogenanten tanzhauß auf obrigkeitlichen befehl und verordnung aufgeführt und wurden zu obmänner und vorgsezten erwählt, 2 h(erren) geistliche, h(err) Thomas Dillmann und h(err) Michael Lucius, 2 des raths, h(err) Simon Leüthner und h(err) Daniel Schilling und 2 des gerichts, h(err) Lucas Kohler und h(err) Jacob Vetterler und wurde zu bezeügung dero vergnügen eine ergözlichkeit bey wein, der gesellschafft in der agenten stuben gegeben worden.*" Interessant ist, daß die in der Notiz vermerkten Namen sich bereits in der Schauspielerliste zum Passions- und Osterspiel finden: Thomas Dillmann (Tilmann) und Michael Lucius waren 1562 von der Stadt als Leiter dieser Spiele eingesetzt, ebenso Simon Leüthner, Rektor der Kaufbeurer Lateinschule zwischen 1554 und 1568. Daniel Schilling, der Christusdarsteller, bekleidete hohe städtische Ämter und war 1591 sogar Bürgermeister. Lucas Kohler spielte einen Tempelpriester, Jacob Vetterler stellte Jacobus den Älteren dar. Sie alle waren hochgeachtete Bürger, über Jahre hinweg Obmänner und damit Spielleiter auf dem Theater der Stadt. Ein Spielleiter beschränkte sich im Unterschied zum heutigen Regisseur darauf, seinen Darstellern zu sagen, wo sie aufzutreten und abzugehen hatten. Diese hatten in ihren Rollen einen bestimmten Typus zu verkörpern und nicht ein psychologisches Figurenbild zu zeichnen. Der Schauspieler deklamierte seinen Text und wenn er dabei noch eine bestimmte Körperhaltung, Gestik und Mimik einnahm, galt er als Könner. Noch gab es keine Guckkastenbühne, meist blieben die Spieler neben der Spielfläche vor und nach ihren Auftritten sichtbar.

Die 1570 aufgeführte Comoedia „*Von Erschaffung der Welt*" stammte aus der Feder des Johannes Brummer, genannt Hoy, Advokat, kaiserlicher und apostolischer Notar, Spitalschreiber und evangelischer Lateinschulmeister von 1574 bis 1593. Er kann mit Fug und Recht der Spiritus Rektor der evangelischen Agenten genannt werden. Neben seinen arbeitsreichen Berufen muß er sich Tag und Nacht der Dichtkunst und den Aufführungen seiner Stücke gewidmet haben, die für die Jahre 1570, 1586 und 1592 urkundlich belegt sind. Die Agenten spielten aber auch Stücke auswärtiger Autoren: Daniel Holzmann zum Beispiel, ein Augsburger Meistersinger, verfaßte 1575 eine „*Comoedie von den Wunderwerken Christi so er auf Erden von der Taufe des Johannes an bis zu seinem Leiden und Sterben verrichtet*". Holzmann widmete sein Werk dem Rat der Stadt, der es durch die Agenten zweimal aufführen ließ. Im heutigen Sprachgebrauch versteht man unter der Bezeichnung Komödie ein lustiges, unterhaltsames Theaterstück. Damals bezeichnete man jedes Werk, das für die Bühne geschrieben wurde, als Comoedie. Wenn also die „Bürgerliche Comoedianten- und Agentenzunft Augsburgischer Confession" am Ostermontag des Jahres 1586 eine „*Comoediam passionis*" von Johannes Brummer spielte, war das eine ernsthafte Sache und stand im Einklang mit der evangelischen Glaubenslehre.

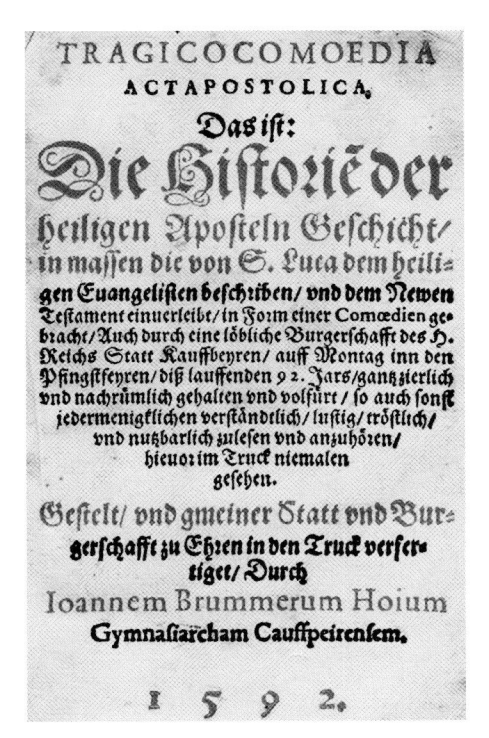

TRAGICOCOMOEDIA
ACTAPOSTOLICA,
Das ist:
Die Historie der heiligen Aposteln Geschicht/ in massen die von S. Luca dem heiligen Euangelisten beschriben/ vnd dem Newen Testament einuerleibt/ in Form einer Comoedien gebracht/ Auch durch eine löbliche Burgerschafft des H. Reichs Statt Kauffbeyren/ auff Montag inn den Pfingstfeyren/ diß lauffenden 92. Jars/gantz zierlich vnd nachrümlich gehalten vnd volfürt / so auch sonst jedermenigklichen verständlich/ lustig/ tröstlich/ vnd nutzbarlich zulesen vnd anzuhören/ hieuor im Truck niemalen gesehen.

Gestelt/ vnd gmeiner Statt vnd Burgerschafft zu Ehren in den Truck verfertiget/ Durch
Ioannem Brummerum Hoium
Gymnasiarcham Cauffpeirensem.

1 5 9 2.

Erstaunlich ist der Personenreichtum fast aller Spiele in der zweiten Hälfte des 16. Jahrhunderts. Der Höhepunkt war sicherlich Brummers „Apostelspiel" im Jahre 1592 mit nicht weniger als 246 Sprechrollen (Titelblatt s. Abbildung). Die Aufführung muß viele Stunden gedauert haben, wenn nicht sogar über einige Tage verteilt gespielt wurde. Bereits in der ersten Szene standen zugleich elf Apostel, 72 Jünger, Maria und andere Frauen sowie viel Volk auf der Bühne. Da dabei noch Pferde und Wagen zum Einsatz kamen, ist auch hier von einer Freilichtaufführung auszugehen. Als Spielort bot sich dafür der Platz vor dem ehemaligen Tanzhaus der Stadt am westlichen Ende des Marktes an (heute obere Kaiser-Max-Straße). Die Agentengesellschaft hatte in der Bürgerstube im ersten Stock des Tanzhauses ihre Saalbühne aufgeschlagen, daher war es kein großes Problem, personenreiche Stücke vor dem Haus im Freien zu spielen. Das Tanzhaus lag in der Mitte der Straße, und seitlich gab es zwei schmale Gäßchen für Auftrittsmöglichkeiten. Im Untergeschoß des Tanzhauses befand sich die Schranne (Markthalle) mit mehreren Toreinfahrten von den Seitengassen und von vorne. Zwei Treppen führten im Freien beidseitig an der Fassade zu einer kleinen Loggia hinauf zum ersten Stock, dem Eingang der Bürgerstube. Diese Örtlichkeit war eine ideale Spielfläche für Freilichttheater und wie gemacht für das Apostelspiel von Brummer. In den Spielanweisungen seines Stückes, das er 1593 drucken ließ, verlangt er beispielsweise im 4. Akt, Szene 12: *„Paulus / nachdem es still geworden / tritt auf die Staffel"* - gemeint ist die Treppe am Tanzhaus. Auf der Straße vor dem Gebäude fand eine große Zuschauermenge Platz. Ob für sie eine Sitztribüne errichtet wurde oder ob das Publikum stehend das Spiel verfolgte, ist unbekannt.

Die Obrigkeit war sich einig, daß das Theaterspiel der Festigung des evangelischen Glaubens zu dienen hatte,

Das 1804 abgebrochene Korn-, Tanz-, Schwör- und Komödienhaus (nach einer Guache von Andreas Schropp, Nr. 233)

daher wollten Geistlichkeit und Rat die Sache im Auge behalten und setzten den Comoedianten zwei lutherische Prediger vor, welche die Spiele in ihrem Sinne überwachen sollten. Als Spielleiter fungierten die Schulmeister der Stadt; die Schauspieler waren Handwerker und Bürger. Frauen war das Theaterspiel untersagt, denn eine Frau, welche sich öffentlich zur Schau stellte, galt als unzüchtig. Aber da man auf Frauenrollen nicht verzichten konnte, wurden dafür Knaben oder junge, bartlose und ledige Gesellen herangezogen. Dabei galten die Knaben in der Zunft nicht als Vollmitglieder.[13]

Der Rat der Stadt hatte den Comoedianten seine Bürgerstube im ersten Stock des Tanzhauses als Spielstätte überlassen. Leider ist nichts über die Bühne in diesem Raum bekannt. Da die Bürgerstube nicht heizbar war, waren Theatervorstellungen nur in den Sommermonaten möglich. In den Ratsprotokollen der Stadt findet sich im Jahr 1581 ein Hinweis auf die Kostüme der Schauspieler: Am 17. März dieses Jahres beklagte sich der katholische Pfarrer beim Rat der Stadt, daß die Pfleger der St. Martins-Kirche einigen Bürgern zu der Comoedie „Vita Christi" von Daniel Holzmann Kirchenkleider geliehen hätten. Die Katholiken nähmen daran Anstoß, daß *„ungeweihte Leute, die der katholischen Lehre zuwider seien, diese Kleider anrührten."* 1583 und 1584 klagte der Pfarrherr sein Leid sogar dem Augsburger Generalvikar, denn die Schauspieler hätten ihm zwei Levitenröcke weggenommen. Es half nichts - der Rat ließ wissen, die Kleider seien zu ehrlichen, christlichen und gottseligen Sachen da, und es würde der gemeinen Bürgerschaft nicht abgeschlagen, solche auf dem Theater zu tragen.[14]

In der ersten Hälfte des 17. Jahrhunderts neigte sich eine Epoche ihrem Ende zu. Die Schatten des Dreißigjährigen Krieges (1618-1648) verdunkelten auch die Kaufbeurer Theatergeschichte. In diesen grauenvollen Zeiten, in denen die Stadt mehr als die Hälfte ihrer Bürger verlor, stand keinem mehr der Sinn nach Theater. Die evangelische Agentenzunft verschwand für einige Zeit von der Bühne.

Intermezzo 1
Die Jesuiten

1628 begann in Kaufbeuren die Gegenreformation. Bischof Heinrich V. von Augsburg hatte im Vorjahr die Füssener Jesuitenniederlassung hierher verlegt. Im Zuge der Erprobung des Restitutionsedikts erlaubte der Rat der Stadt 1628 im Baumgarten die Errichtung eines Kollegs und einer Lateinschule. Die Art, wie hier gelehrt wurde, und nicht zuletzt die für die Jesuiten typische Einbeziehung des Theaters in den Unterricht hatten solchen Erfolg, daß sogar evangelische Bürger ihre Kinder in die Obhut der Patres gaben. Die Gesellschaft Jesu wußte genau um die Wirkung des Theaters: Im Spiel konnten die Schüler frei werden, souverän im Umgang mit Sprache, selbstsicher im Auftreten - und schließlich war das sinnliche Erleben katholischer Heilslehren über die Bühne ein beliebtes Mittel der Missionierung im Geiste der Gegenreformation. Schüler, die sich durch besonderen Fleiß ausgezeichnet hatten, bekamen zur Belohnung eine tragende Rolle in einem Bühnenstück. Noch hatte man kein eigenes Theater und mußte deshalb in der Liebfrauen-Kapelle hinter dem Tanzhaus am oberen Markt spielen.[15] Bekriegten sich die religiösen Parteien auch auf gesellschaftlichem Parkett, so fand doch auf den Brettern des Theaters eine zaghafte Annäherung statt: 1636 liehen die Protestanten den Jesuiten Teppiche und Kostüme für eine Aufführung des Stücks „*Der Knabe Jesu in seinen Arbeiten*".

Der Dreißigjährige Krieg ließ aber auch das Jesuitentheater nicht ungeschoren: Durch schwedische Siege verarmten die Patres so sehr, daß sie ihren Schulunterricht von 1637 bis 1642 weitgehend einstellen mußten. Als der Westfälische Friede von 1648 den politischen Zustand des Jahres 1624 wiederherstellte, mußte die Ordensgemeinschaft, die erst nach diesem Termin nach Kaufbeuren gekommen war, die Stadt wieder verlassen. Zwar gelang es ihr, nach drei Jahren nach Kaufbeuren zurückzukehren, jedoch trat sie auf dem Theater vorerst nicht in Erscheinung.

2. Akt
Das Theater des Barock

Der Westfälische Friede hatte der Reichsstadt keinen Frieden gebracht; die religiösen Zänkereien gingen weiter. Aber ungeachtet dessen war nach den Kriegszeiten der Appetit auf Theater zurückgekehrt. Die „Bürgerliche Comoedianten und Agentenzunft" nannte sich jetzt immer öfter „Agentengesellschaft Augsburgischer Confession (A.C.)" und versuchte langsam von der Bevormundung durch Rat und Geistlichkeit frei zu werden. Noch standen auf dem Spielplan vorwiegend geistliche Stücke, aber schon schlichen sich in den Zwischenakten die unterhaltsamen Zwischen- und Nachspiele ein - zur Freude des Publikums, das ausgiebig über alle Dummheiten und Übel der Stände und der Welt lachte, aber zum Leidwesen der Obrigkeit, die es nicht dulden wollte, wenn ihre Standesvertreter der Lächerlichkeit preisgegeben wurden. So bewilligte man zwar 1654 die Aufführung der Comoedie vom Patriarchen Jakob, verbot aber die kurzweiligen Nachspiele. Nochmals wurde den Schauspielern zur Überwachung ein „Inspektor" zugeordnet, aber die Schauspieler wollten selbst entscheiden, welche Stücke sie spielten. Daher versuchten sie, möglichst viele Mitglieder des Rates in ihre Gesellschaft einzureihen und wählten sogar den Bürgermeister zu ihrem Vorstand. Die evangelische und die katholische Geistlichkeit beobachteten das mit großem Mißtrauen, doch gab es keinen Anlaß zu lauter Klage, denn die Stücke behielten nach wie vor ihren frommen Charakter. Besorgt war man nur wegen der Zwischenspiele. Da sie meist ohne festgelegten Text dargeboten wurden, waren sie schwerlich im voraus zu zensieren. Und was da geboten wurde, war schon sehr deftige Kost, derb, obszön und oft auch unzüchtig.

1655 spielten die Agenten erstmals ein rein weltliches Stück, „*Die Comoedie vom englischen Kaufmann*". Ein Aufschrei der Entrüstung ging durch die Reihen der Hüter von Sitte und Moral, der Rat warf das Theater aus der Bürgerstube hinaus. In dieser Situation machten sich die vereinsinternen Beziehungen der Schauspieler bezahlt: Ohne zu murren, räumten sie das Lokal und zogen um, nur ein Stockwerk höher. Hier konnten sie ein richtiges Theater ausbauen, denn dieser Raum gehörte ihnen ganz allein. Er mußte nicht mehr für städtische Veranstaltungen geräumt werden und hatte noch einen Vorteil im Gegensatz zur Bürgerstube: er war heizbar! Das ermöglichte ab sofort auch eine Winterspielzeit. Schon Weihnachten 1655 spielte man die „*Comoedie von der Geburt Christi*".

Wie die neue Bühne aussah und welche technischen Einrichtungen sie besaß, ist nicht bekannt. Die jetzt gespielten Stücke verlangten aber wechselnde Dekorationen und eine Guckkastenbühne, die durch einen Vorhang geschlossen werden konnte. Saal wie Bühne wurden durch Kerzenlicht illuminiert, was der Gesellschaft erneute Schwierigkeiten brachte: Zunächst gab es nur die Ermahnung, fleißig auf die Lichter und das Feuer im Ofen achtzugeben; schließlich wurden Aufführungen bei Nacht grundsätzlich verboten. Man mußte also auf den Nachmittag ausweichen. Als 1666 die Komödianten argumentierten, daß sie Abendvorstellungen spielen müßten, um Mehreinnahmen für neue Kostüme zu erwirtschaften, wurde die Erlaubnis dafür nur unter der Auflage erteilt, daß eigens ein Mann zur Feuerwache aufgestellt wurde. Nach beendigter Vorstellung hatte dieser noch bis Mitternacht im Hause zu bleiben und alles zu kontrollieren. Nächtliche Proben wurden ebenfalls wegen der Feuersgefahr untersagt.

Der neue Theatersaal besaß auf der Südseite mehrere Fenster, deren Lichteinfall für die Bühnenbeleuchtung ausreichen mußte. Zwar hatte das nicht den Zauber eines mit Kerzen erhellten Raumes, war aber die einzige Möglichkeit, das Beleuchtungsproblem zu lösen. Jedoch war die Zeit der frühen Sonntagnachmittagsstunden, in denen die Theateraufführungen stattfanden, im 17. und 18. Jahrhundert auch die Zeit der Predigt in den Kirchen. Es war damals nicht üblich, die Predigt während des vormittäglichen Gottesdienstes zu halten, denn die

Glaubensunterweisungen der Geistlichkeit beider Konfessionen zogen sich oft über Stunden hin. 1676 erregte sich Pfarrer Zeidler in heftigen Worten darüber, daß die Leute statt in die Kirche lieber ins Komödienhaus liefen, und forderte, daß ab sofort nur am Montagnachmittag gespielt werde. Dagegen argumentierten die Agenten, zu dieser Zeit käme niemand ins Theater; deshalb und auch angesichts ihrer Schulden baten sie den Rat, sie bei der alten Gewohnheit zu belassen. Dieser entschied, künftig über die Uhrzeit jeder Vorstellung gesondert zu verhandeln.

Dennoch blieb alles beim Alten: 1690 beschwerte sich die katholische Seite, die Aufführungen fänden noch immer zur Predigtzeit statt. Vor allem die weltlichen Bühnenstücke wurden kritisiert, aber auch die *„unzüchtigen Nachspiele"*, die *„bei Vermeidung ernster Straff"* verboten werden sollten. Alle Texte mußten daher der Geistlichkeit zur Begutachtung vorgelegt werden. War von dieser Seite der Zensurschein unterschrieben, mußte auch noch der Bürgermeister zustimmen, erst dann gab es die Spielerlaubnis. Ist es ein Wunder, daß die Agenten alles versuchten, diese Zensur zu umgehen? Sie legten Texte vor, die im Spiel auf der Bühne einen ganz anderen Wortlaut hatten und entschuldigten sich danach mit der Gedächtnisschwäche der Schauspieler. Als aber die Unterschrift auf einem Zensurschein gefälscht wurde, konnte sich die Agentengesellschaft nur noch retten, indem sie 1679 eine neue Ordnung aufstellte. Diese *„Ordnungen und Artikel einer löblichen Gesellschaft der Komödianten und Agenten"*[16] sollten die Probleme mit dem Rat und der Geistlichkeit ausräumen und einen unbeschwerten Spielbetrieb ermöglichen.

In 16 Artikeln wurde festgelegt, welche Pflichten und Aufgaben die Vorstände und Mitglieder hatten und welche Strafe sie gewärtigen mußten, wenn sie die Ordnung nicht einhielten. Die Strafen: Bei versäumten Proben oder nicht präzise gelerntem Text waren 10 Kreuzer zu entrichten, *„ungebärdige"* und *„feindselige"* Schauspieler sollten *„alsobald aus der Companie geschafft werden."* Genaue Instruktionen gab es für das Verhalten gegenüber der zensierenden Obrigkeit: *„daß keiner seine Person [gemeint ist die Rolle] oder Vers ohne Vorwissen des Herrn Obmanns und der Vorgesetzten verwechseln, vertauschen oder in andere Weg verändern solle bei Straf 15 Kreuzer [...] widrigens er zu agieren abgehalten werden solle."* Aus den Gedenkbüchern ist jedoch zu erfahren, daß die Geldstrafen nur zur Abschreckung dienten, spendierte der Schuldige eine Runde Bier oder Wein, enthob ihn das jeder weiteren Bestrafung.

Allzu große Wirkung hatten diese Statuten allerdings nicht. Die Aufmüpfigkeit der Theatergruppe war nicht mehr zu übersehen: Selbst der 1686 neugewählte Obmann Heinle, der sogar Bürgermeister war, wurde in seiner Eigenschaft als Theaterleiter vom Rat erst im Jahre 1688 bestätigt. Die Agenten spielten inzwischen trotzdem weiter und hatten Erfolg. Um den Ratsherren etwas schneller auf die Sprünge zu helfen, setzten sie am 6. April 1687 ein Stück mit dem Titel: *„Vom geduldigen Hiob"* auf ihr Programm, wodurch sich der neue Vorstand geschmeichelt fühlte und seinen Komödianten ein Geldpräsent verehrte.

Angesichts der Leistungen während einer nunmehr 100jährigen Vereinsgeschichte hatten die Mitglieder ein stabiles Selbstbewußtsein gefunden und konnten sich selbst und anderen Rechenschaft über ihre Geschichte geben: Man verfaßte das *„Gedenkbuch einer Löblichen Gesellschaft der Comoedianten und Agenten allhier zu Kauffbeyren. In welchem sich befindet: Erstlich die Nahmen, der Stand und Beruff des Herrn Obmanns, der Vorgesetzten und sambtlicher Agenten, welche das Einschreibgeld würcklich erlegt und richtig gemacht haben. Zum andern die Articul, Satz- und Ordnungen, nach welchen Sich die Comoedianten und Agenten zu verhalten haben. Drittens der Vergleich und abhandlung entzwischen Einer Löbl. Gesellschafft und dem Herbergsvattern. Viertens die Specification der Bücher, Comoedien, Tragoedien, u.a. Actiones auch einiger Possen Spihl, die würcklich vorhanden sein und zum Fünfften die vorhandene Klaider, Geräth und alle Theatralische Sachen. Auffgerichtet worden Anno 1687."* Die Gesellschaft zählte zu dieser Zeit 19 Comoedianten und Agenten, neun junge Gesellen und 13 Knaben. Die Rollen sollten nicht mehr nach *„Stand, Alter, Gunst und Ansehen oder um Freundschaft, Schmiralien und ander Dings willen sondern nach Qualität und Geschicklichkeit ausgeteilt werden"* - was gewiß gut gemeint war, aber vermutlich nicht ganz der geübten Praxis entsprach. Besonderer Erwähnung wert ist, daß sich in dieser neuen Ordnung auch die erste feuerpolizeiliche Vorschrift der deutschen Theatergeschichte findet: *„Es ist auch für [...] hochnützlich, notwendig und ratsam befunden worden, daß wie schon eine ziemliche Zeithero geschehen, also inskünftig und noch weiter nicht allein ein großes*

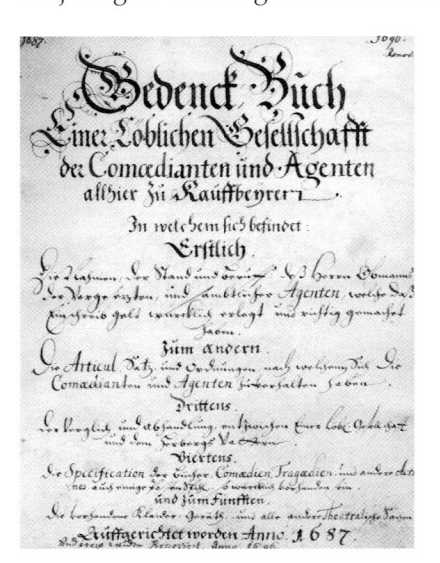

Faß voll Wasser in Bereitschaft stehen, damit man sich dessen alles ohnerhofften Notfalls alsobald bedienen könne, sondern auch sooft eine Comoedie gehalten wird, nach Vollendung derselben ein oder zwei Mal wegen Feuers und der Lichter zu Vorkomm- und Verhütung alles Unheils und Schadens jedes Mal durch einen Vorgesetzten umwechslungsweis ordentlich und fleißig visitiert, derjenige aber, von dem es unterlassen wird, zur gebührenden Straf gezogen werden soll."* Im letzten Artikel wird festgelegt, daß jedes Mitglied der Gesellschaft *„zu seiner Zeit erfolgenden seligen Abschied"* von den *„hinterlassenen Mitgliedern [...] zu seinem Ruhebettlein getragen, [...] ihme hinaus- und bei dem Grabe gesungen"* werde. Das Verzeichnis der vorhandenen Textbücher enthält 128 Titel mit dem Vermerk, wann diese zur Aufführung kamen. Im Register der vielgeliebten lustigen Zwischen- und Nachspiele finden sich Titel wie: *„Peter Schwindelhirn", „Von Sauhansen und Schmotzursel"* oder *„Vom Michel, dem schwangeren Bauern".* Leider sind diese Texte nicht mehr erhalten.

3. Akt
Die Comoedianten- und Agententafel

In den Jahren 1688 bis 1692 gab es in der Stadt 54 Aufführungen der Agentengesellschaft - angesichts der Tatsache, daß alle Mitwirkenden einen bürgerlichen Beruf ausübten, eine beachtliche Anzahl. Das Theater war nicht mehr wegzudenken aus dem Kulturleben der Reichsstadt. Gespielt wurden religiöse und profane Stücke, wobei die weltliche Thematik jetzt immer mehr in den Vordergrund trat.
Der Erfolg stärkte das Selbstbewußtsein der Agenten. Ihre Leidenschaft für das Theater verband sie über die Aufführungen hinaus und führte zu häufigen Treffen neben den Proben und Vorstellungen in ihrer Herberge, dem „Schwarzen Hahn". Dort richteten sie mit Erinnerungsstücken einen Raum ein, dessen Mittelpunkt ein Schrein war, ähnlich einem Hausaltar. Auf seiner Außenseite zeigt er zwei jugendliche Helden in barockem Theaterkostüm; beide tragen das Kaufbeurer Stadtwappen, einmal mit, einmal ohne den Reichsadler. Über den prunkvoll mit Brustpanzer und Helm herausgeputzten Männern steht zu lesen: *„Bürgerliche Comoedianten und Agenten Tahfel Ao. 1691".* Nur an besonderen Festtagen öffnete man die Flügeltüren: Dann waren 34 Miniaturbilder zu sehen, auf jeder Türe sechzehn, gruppiert um ein größeres Bild. Sie stellen Phantasiewappen der Darsteller und Szenenbilder von Stücken dar, in welchen sie besonders erfolgreich waren (s. ausführliche Beschreibung auf Farbtafel XXIX).

Intermezzo 2
Die Katholiken spielen wieder Theater

Eintrag im Gedenkbuch der evangelischen Agenten: *„1706 hat uns Wilhelm Mörz, Proc. In Augsburg, die schöne Aktion von der Auferstehung Jesu Christi verfertigt, welche wir 5 mal agiert haben. Dabei war der Magistrat, die adelige Herrschaft von Oberdorf, dessen Dechant, nebst vielen Dorfpfarrern und Jesuiten zu Zuschauern, was vorher noch nie geschah."* Die Jesuiten waren bereits seit 1652 wieder in der Stadt, nahmen jedoch vorerst nur passiv am Theaterleben teil. Die Jahre zuvor hatten katholische Handwerker mehrmals versucht, selbst Theaterstücke zu inszenieren. Da sie selbst keinen geeigneten Aufführungsort hatten, wollten sie die Bühne des Tanzhauses mitbenutzen und den Agenten im eigenen Haus Konkurrenz machen. Mehrmals schickten sie Bittgesuche an den Rat und erreichten schließlich, daß sie gegen Mietzahlung von einem Gulden pro Tag drei Vorstellungen spielen durften. Die Comoedianten sahen das mit wenig Freude: Zu Recht hegten sie die Befürchtung, daß aus einem einmaligen Gastspiel ein Dauerzustand werden könnte. Jedoch hatten die Aufführungen der Gäste beim Publikum keinen Erfolg.

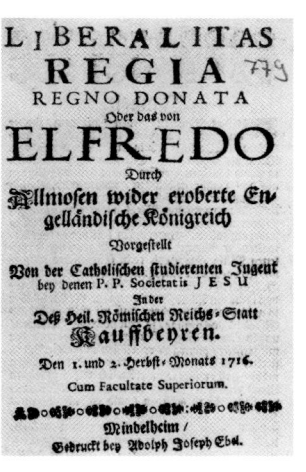

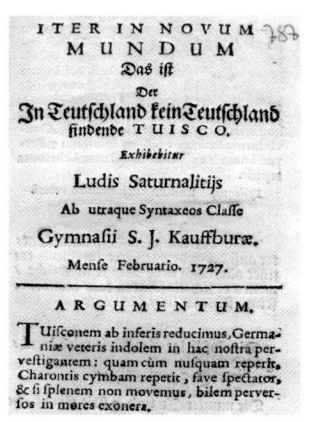

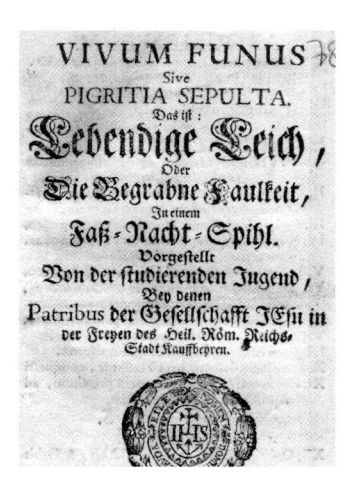

Im Stadtarchiv Kaufbeuren sind 3.005 (!) Theaterzettel überliefert, die nicht nur die Theatergeschichte der Stadt repräsentieren, sondern auch für die Kulturgeschichte des Theaters bedeutsam werden könnten.
Die Zettel des Jesuitentheaters gehören zum ältesten Bestand. Einzelne Exemplare sind aus dem 17. Jahrhundert vorhanden.
Die Zettel der Agentengesellschaft A.C. gehen erst auf die 2. Hälfte des 18. Jahrhunderts zurück.

Anders die Jesuiten: 1715 inszenierten sie, ausgerechnet in der Herberge der Agenten, dem Gasthaus „Zum schwarzen Hahn", unter der Leitung von Pater Faber SJ mit Erfolg das Fastnachtsspiel *„Von einem gottseligen Jüngling"*. Dazu verwendeten sie auch die in der Agentenstube vorhandenen Requisiten für ihre Zwecke, worauf die Evangelischen in ihrem Gedenkbuch voller Zorn vermerkten: *„Dabei haben sie auch mit Pritschinellen [Marionetten], einem Pickelshering und anderen Larven einen Tanz gemacht, ohne aber darum gefragt oder angehalten zu haben."* Doch glätteten sich die Wogen rasch wieder, so daß noch im September des gleichen Jahres der Orden für 3 Gulden Miete pro Tag auf dem Tanzhaus zwei Vorstellungen geben durfte. Im Gegensatz zu den Bürgerlichen Comoedianten, die längst nur noch auf ihr eigenes Theater fixiert waren, suchten die Patres nach verschiedenen Spielmöglichkeiten: So griffen sie alte Traditionen wieder auf und spielten in Kirchen und auf öffentlichen Plätzen;[18] darüber hinaus mieteten sie den größten Saal in der Stadt im sogenannten Irseer Haus hinter dem Tanzhaus für ihre Aufführungen. Schließlich errichteten sie im Jahre 1733 im Jesuitenkolleg ihr eigenes Theater.

Konkurrenz belebt das Geschäft - auch im Theater. Freilich bedeutet das auch eine ständig neue Auseinandersetzung mit der Materie. Theater muß mit jeder Vorstellung neu geschaffen werden; das, was gestern erfolgreich gewesen ist, ist heute Vergangenheit. Die Bürgerlichen Comoedianten und Agenten A.C. konnten inzwischen auf eine lange, weit über 100jährige Geschichte zurückblicken, sie pflegten noch immer das barocke Agieren, diesen mittlerweile in die Jahre gekommenen, gestelzten und gespreizten Theaterstil, der durch die bühnentechnischen Einrichtungen der Tanzhausbühne noch befördert wurde. Den Jesuiten fiel es weniger schwer, alte Zöpfe abzuschneiden, denn ihr neu eingerichtetes Theater war ein hufeisenförmiger Mehrzweckraum, dessen Sitzreihen nach oben hin anstiegen. Der Bühnenraum war verhältnismäßig tief. Welche technischen Möglichkeiten hier vorhanden waren, ist unbekannt, da der Saal aber gleichzeitig als Aula für Schulfeiern und Preisverleihungen an die Studenten diente, war die Einrichtung sicher variabel. Außerdem waren die Schüler, die hier Theater spielten, junge Leute, welche, angeleitet von ihren Lehrern, ein Ziel vor Augen hatten: Missionierung im katholischen Sinne; dementsprechend gestaltete sich ihr Spielplan. Alle ihre gespielten Stücke, auch die Fasnachtsspiele, hatten daher einen moralischen Endzweck. Statt *„Schmotz-Ursels Kunkelhaus"* gaben sie *„Die lebendige Leiche oder die begrabene Faulheit"* und wiesen die Besucher bei dieser Gelegenheit darauf hin, daß *„in das Grab, so wir auf unserer Schaubühne eröffnen, [...] wir nicht gesinnt [sind], die zur Fastnachtszeit anständige Lustbarkeit, wohl aber die Faulheit, welche soviel Unheil in der Welt angestiftet, zu verscharren."* Besonders beliebt waren bei den Jesuiten Stücke mit deutlich gegenreformatorischem Impetus, etwa solche, deren Titelfigur ein heiliger Märtyrer war oder in denen es um die Rettung einer dem Glauben verlorenen Seele ging. Daneben standen auch geschichtliche Stoffe auf dem Programm. Das wirklich Neue auf dem Kaufbeurer Jesuitentheater war aber die Musik. Fast in jedem dieser Stücke wurde gesungen und musiziert. In den Zwischenakten traten Chöre auf, wenn nicht sogar das Ganze als Singspiel konzipiert war. Die musikalische Betreuung und Einstudierung lag in Händen der Chorregenten der St. Martins-Kirche. Gute Beziehungen hatten die Patres auch zum Benediktiner Reichsstift Irsee, wohin sie beispielsweise im Jahr 1746 eingeladen wurden, um in der Klosterkirche anläßlich der Translation der Reliquien des Heiligen Vitus eine Kirchenoper aufzuführen: *„Vitus Martyr Tragoedia oder Vitus glorreicher Blutzeuge"*. Das Orchester stellte dabei die Abtei. Da es in süddeutschen Benediktinerklöstern üblich war, einen Novizen zur ewigen Profeß nur zuzulassen, wenn er drei verschiedene Musikinstrumente spielen konnte, waren Opernaufführungen für diese Gemeinschaften kein Problem. Natürlich wußten die katholischen Theaterleute, daß ihr Publikum genauso wie das der Evangelischen auf dem Theater auch deftige Kost konsumieren wollte. Diesem Ansinnen kamen sie insofern entgegen, als sie in ihre frommen Geschichten komische oder parodistische Einlagen einfügten.

Was konnten die Agenten im Tanzhaus dem entgegensetzen? Die im Jesuitentheater gespielte Musik und der dort gezeigte Tanz lockten das Publikum in Scharen an. Daher ließen sie sich etwas ganz Besonderes einfallen: 1721 ließen die Agenten erstmals eine echte Frau auf ihre Bühne, genauer gesagt des evangelischen Kantors *„Mägden"*, also Mädchen. Diese durften in der *„Komödie von der Aufopferung Isaacs"* mitspielen - doch die erwartete Sensation war ein Reinfall. Erfolgreicher waren die Agenten mit der Renovierung des Theaters und der Anfertigung neuer Kulissen, wie etwa einem *„neue[n] Meer und Himmelswolken [...], was alles viel gekostet hat!"*, wie im Gedenkbuch zu lesen steht. Das ausgegebene Geld war jedoch gut angelegt: Die Aufführung von *„Titus und Tomyris"* mit dem Nachspiel *„Vom Kaminkehrer"* wurde ein Erfolg. Besonders stark hatten sich die Jesuiten über die Unsittlichkeit entrüstet, Frauen auf die Bühne zu stellen. Doch wenige Jahre später, als etwas Gras über den Skandal gewachsen war, probierten auch sie es aus: In der Karwoche 1736 schickten sie in dem Stück *„Glorreiche Marter des hl. Nepomuc"* *„des Klausmeyers Hütten-*

knechts Töchter" auf die Bühne - mit dem gleichen Ergebnis wie die Agenten. Erst 50 Jahre später, im Jahr 1781, wagten letztere einen erneuten Versuch in dieser Richtung.

Unangenehm waren Angriffe auf das bürgerliche Theater, mit welchen es sich 1714 auseinanderzusetzen hatte. Im Gedenkbuch bezeichnet der Chronist ihre Urheber als *„pietistische Grillenfänger"* und bemerkt dazu: *„Gerade diese [...] Fantasten tappen oft in die größten Sünden. Allerdings darf das Theaterspielen nicht durch plebejische oder umherschweifende Personen, sondern entweder durch ehrliche Bürger oder Schuljugend ausgeübt werden. Und zwar solche Stücke, die durch berühmte und hochgelehrte autores aus allen Fakultäten komponiert werden. Theaterspielen ist schon sehr alt und berühmte Menschen haben mit Recht die gelehrte Welt einem Theater, die Menschen mit den Agenten und Gott mit dem Direktor verglichen, der bis ans Ende der Welt seine Tragödien und Comödien spielt, wie bei Prov. 9 und 31 zu lesen ist: 'Ich spielte auf dem Erdboden und meine Lust ist bei den Menschenkindern'."* Gleichzeitig verteidigt er die geistlichen Spiele: *„Warum soll man geistliche Stoffe nicht auch durch lebendige Personen darstellen? [...] Comödien sind ein lebendes Gemälde!"* Darüber hinaus hebt er die lehrreiche Wirkung des Theaterspiels hervor. Betont wird allerdings der Unterschied zu den herumziehenden Schauspielern und Gauklern, die außerhalb der ständischen Gesellschaftsordnung standen und damit als „unehrlich" galten. Solche Theater- und Puppenspieltruppen kamen häufig in die Stadt, um Vorstellungen zu geben. Bunt wie das Völkchen war auch das dargebotene Programm: Da es für diese Künstler in erster Linie um Einnahmen ging, spielten sie hauptsächlich Stücke nach dem Geschmack des bäuerlichen und kleinbürgerlichen Publikums. Über derartige Gastspiele berichten die Gedenkbücher der Agenten wenig. Nur zwischendurch findet sich eine spitze Bemerkung: *„Vom 16. bis 23. September 1751 präsentierten fremde ausländische Agenten oder Komödianten von Gernbronn aus dem Ansbachischen teils mit Marionetten, teils selbst in Person auf erhaltene Erlaubnis vom hiesigen Bürgermeisteramt auf dem Schwörfohler*[19] *einige Comoedien und haben auch vornehme Personen zu Zuschauern gehabt, ohngeachtet ihre theatralischen Vorstellungen von schlechter Annehmlichkeit waren."*

Derartige Ereignisse spielten jedoch am Rande. Bis zur Mitte des 18. Jahrhunderts führten die evangelische und die katholische Theatergruppe ihre konfessionellen Zänkereien weiter. Über die katholischen Ratsmitglieder versuchten die Jesuiten, den Comoedianten ihre Bühne im Tanzhaus wegzunehmen: Sie beriefen sich darauf, daß das Tanzhaus ein öffentliches Gebäude sei, das allen Bürgern gehöre, und verlangten deshalb dort ebenfalls Spiel- und Benutzungsrechte. Außerdem beschwerten sie sich, daß die Agenten mit ihren Vorstellungen begonnen hätten, bevor der katholische Gottesdienst beendet gewesen sei. Resultat dieser Angriffe war, daß den evangelischen Komödianten in den Jahren 1719 und 1720 *„wegen des großen, geistlichen, fast nie erhörten Streites"* jegliche Aufführung im Tanzhaus verboten wurde. Problematisch war auch die unterschiedliche Berechnung des Osterfestes durch die beiden Konfessionen: 1724 feierten die Katholiken Ostern acht Tage später als die Protestanten, deren Theatergruppe just an den katholischen Feiertagen eine Aufführung plante. Angesichts dessen klingt der Satz im Gedenkbuch, *„am 25. März [1730] haben wir die 'Eviana' agiert; von Seiten der Papisten ist uns diesmal nichts Widriges widerfahren"* wie ein Seufzer der Erleichterung.

Allmählich besann sich der Rat darauf, den konfessionellen Frieden auch auf dem Theater herzustellen und fällte die salomonische Entscheidung, den theologischen Zündstoff zu eliminieren. Den Agenten gab man 1744 die Erlaubnis, zu Ostern die Komödie *„Vom gefallenen Menschen"* zu spielen, allerdings mit der Auflage, *„daß sie inskünftige keine dergleichen geistliche, sondern nur weltliche oder moralische Komödien aufführen sollen, indem theologische Praesentationes oft mehr ein Ärgernis als Erbauung haben!"* Dies war zwar gut gemeint, letztendlich aber zwecklos: Beide Theatergruppen wollten nicht auf die Glaubensverkündigung über die Kanzel des Theaters verzichten. Daneben gingen die Auseinandersetzungen um die Benutzungsrechte des Tanzhauses weiter: Die Agenten beriefen sich darauf, daß sie das Theater in dem Gebäude auf ihre eigenen Kosten errichtet hätten und damit „unkündbar" seien, wohingegen die Jesuiten versuchten, die darunter liegende Bürgerstube (Schwörfohler) in ihren Besitz zu bringen. Dieses Vorhaben erschien jedoch beiden Ratsparteien zu konfliktträchtig, weswegen im Jahr 1750 endgültig beschlossen wurde, die Tanzhausbühne der Bürgerlichen Comoedianten und Agentengesellschaft A.C. zu überlassen; ohne deren Zustimmung sollte außerdem fortan auch keiner anderen Truppe mehr die Benutzung der Bühne gestattet sein.

Zwar änderte sich die Situation im Jahr 1773 insofern, als Papst Clemens XIV. den Jesuitenorden aufhob und infolgedessen auch die Kaufbeurer Sozietät aufgelöst wurde. Infolgedessen stellten die nunmehrigen Exjesuiten, die in ihrer Residenz am Baumgarten blieben und dort ihre Schüler weiter unterrichteten, ihre theatralischen Aktivitäten ein, da diese als seelsorgerliche Handlungen galten, zu denen sie nicht mehr befugt waren. Jedoch versuchen katholische Bürger 1777, unabhängig von den Patres eine „Catholische Bürgerliche Agentencompanie" ins Leben zu rufen. Da die Exjesuiten ihre

Glaubensbrüder nicht auf ihrem Theater spielen ließen - sie beriefen sich auf den Bischof von Augsburg, welcher sie angewiesen habe, niemanden auf ihrem Theater spielen zu lassen, da der geistliche Charakter ihres Hauses gewahrt werden solle -, wandten sich die Katholiken 1781 an den Rat mit der Forderung, die ehemalige Jesuitenbühne benutzen zu dürfen. Die bischöfliche Anweisung betrachtete der Rat als Einmischung in die weltlichen Angelegenheiten der freien Reichsstadt und gab daher dem Ansinnen der katholischen Schauspieler unter den Bedingungen statt, sich des Theaters mit der gebührenden Bescheidenheit zu bedienen und vor dem Spiel dem Rat einen Zensurschein vorzulegen. Dennoch war es für die „Catholischen Agenten" nicht einfach zu spielen: Argwöhnisch wurde von den ehemaligen Jesuiten beobachtet, ob sie auch dem geistlichen Anspruch ihres Spielortes genügten, weshalb sie sich gezwungen sahen, auf jedem ihrer Theaterzettel eine Erklärung ihres Stückes voranzustellen: *„Wir sind zwar nicht gewohnt, den Inhalt unserer Komödien zu erzählen, weil wir sicher glaubten, ein unbekanntes Spiel sei reizender für den Zuhörer, wenn er durch die vielen Verwicklungen neugierig sich mit Aufmerksamkeit nach dem Ausgang sehnt. Diesmal wollen wir aber unsere Gedanken aus billigen Absichten ändern und das Lehrreiche unseres Dramas in Kürze erklären [es folgt eine Inhaltsangabe]. Nützlicher und lehrreicher Stoff genug für gutdenkende Christen und vernünftige Menschen, die wir mit aller Höflichkeit einladen und unsere kleinen etwa vorkommenden Fehler nachzusehen bitten. NB. Das Kammermädchen könnte allenfalls dem geschwätzigen und vorwitzigen Frauenzimmer zu einer Warnung dienen."*[20]

4. Akt
Das Theater der Aufklärung

1770 feierte die Bürgerliche Comoedianten und Agentengesellschaft A.C. ihr 200jähriges Gründungsjubiläum - ein Fest für die ganze Stadt! Schon 1769 begannen die Vorbereitungen, ungeachtet dessen, daß in diesem Jahr der langjährige Herbergsvater David Widemann sein Wirtshaus „Zum schwarzen Hahn" verkaufte und die Agenten in den „Goldenen Engel" umziehen mußten. In dem Bestreben, etwas Außerordentliches zur Aufführung zu bringen, fiel die Wahl des Stückes auf *„Die piemontessische Markgräfin oder gewesenes Bauernmädchen Griseldis"* mit insgesamt sechs Zwischenspielen aus der guten alten Zeit; Aufführungstermin war der 30. April 1770. Eröffnet wurde die Jubiläumsvorstellung in der prächtig illuminierten Agentenstube des Tanzhauses mit einem musikalischen Prolog, der von dem Kaufbeurer Notar Vetteler verfaßt worden war, gefolgt von einer Szene der Komödie *„Von Erschaffung der Welt"* aus dem Gründungsjahr 1570. Nach dem 1. Akt von *„Griseldis"* war ein biblisches Zwischenspiel vom Traum des Pharaos und seiner Deutung durch Joseph zu sehen, danach kamen weitere Akte von *„Griseldis"*. Das letzte Intermezzo war eine Szene aus *„Hiob"*. Abschließend wurde von allen Mitgliedern ein extra zum Fest komponiertes Lied zum besten gegeben. Das Publikum war so begeistert, daß zur nächsten Vorstellung der Saal bereits eine Stunde vor Spielbeginn überfüllt war. Diesmal wurden drei andere Zwischenspiele geboten, die ebenfalls aus früheren Zeiten stammten. Nach den Vorstellungen servierten die Agenten im Tanzhaus ein festliches Mahl. Ein weiterer Höhepunkt der Festlichkeiten war ein großer Festzug durch die Stadt unter Beteiligung der ganzen Einwohnerschaft.

Diese Festivitäten beflügelten die Begeisterung für das Theaterspiel bei Publikum und Mitgliedern gewaltig. In den Jahren danach wagte man sich daher an immer größere Unternehmungen, so etwa an die Aufführung der von Christoph Martin Wieland übersetzten Stücke Shakespeares oder an Goethes *„Götz von Berlichingen"* - *„obwohl verständige Leute davon abgeraten hatten."* Tatsächlich standen 1776 der *„Götz"*, 1779 *„Hamlet"* und 1780 *„Othello"* auf dem Programm. Man wollte nicht wahrhaben, daß diese Stücke einen anderen als den bisher geübten Schauspielstil verlangten. Auf den großen Bühnen der Zeit hatte sich dagegen längst ein Wandel vollzogen: 1750 hatte Francesco Riccoboni in Paris ein grundlegendes Werk über die Schauspielkunst herausgebracht, in dem er drei für die Fortentwicklung des Theaters wegweisende Grundsätze aufstellte: Erstens müsse man allezeit die Natur nachahmen; zweitens habe sich die Stimme des Schauspielers dem Charakter seiner Rolle anzupassen; und drittens solle die Kostümierung des Schauspielers nicht persönliche Eitelkeit zeigen, sondern der dargestellten Rolle angemessen sein.[21] Die Kaufbeurer Komödianten hatten von diesen neuen Regeln noch nichts vernommen und spielten, deklamierten und grimassierten wie bisher. Als Könner galt ihnen, wer seine

Rollen auswendig hersagen konnte. Im Gedenkbuch ist dazu vermerkt: „[D]ie alten Theatermitglieder waren noch der Meinung, um eine Rolle mit Beifall zu spielen, bedürfe es weiter nichts, als sie gut auswendig zu wissen und dann mit großem Geschrei herauszupoltern. Sprechen muß man, so hieß die Theorie dieser Leute, laut und gegen die Leute hinaus! Aus ihren alten Lohensteinischen und Hoffmannswaldauischen Tragödien waren sie Blitz, Donner, Hagel, Flammen und anderen Bombast oder der ambraduftenden Süßigkeiten usw. zu gewohnt, als daß ihnen ein Lessingscher Dialog für das Theater echt erschienen wäre."

Der Mann, der solche Dinge ins Gedenkbuch der Bürgerlichen Comoedianten und Agenten schrieb, war der 1756 in Kaufbeuren geborene Christian Jakob Wagenseil (1756 bis 1839), der bereits als Knabe Mitglied der Gesellschaft war.[22] Schon von seinen Kameraden bekam er den Spitznamen „Theaterdirektor". Während seiner Ulmer Gymnasialzeit befreundete er sich mit Christian Daniel Schubart, welcher seine ersten literarischen Versuche förderte.[23] Auf dem Weg an die Universität Göttingen erlebte Wagenseil im Jahr 1775 in Frankfurt am Main erstmals die Aufführung einer französischen Operette mit professionellen Schauspielern auf einer großen Bühne - ein Erlebnis, das einen bleibenden Eindruck bei ihm hinterließ. In Göttingen studierte Wagenseil Rechtswissenschaft, versuchte sich aber gleichzeitig auch als Komponist. Dabei war er immerhin so erfolgreich, daß einige seiner Werke in den Göttinger Musenalmanach aufgenommen wurden. 1778 ergab sich eine Reise nach Hamburg, wo Wagenseil Klopstock und den Komponisten Benda kennenlernte, dessen Oper „Romeo und Julie" ihn anregte, sich selbst in der dramatischen Kunst zu versuchen; „Ehrlichkeit und Liebe" lautete der Titel seines Erstlingswerks, zu dem später der Weimarer Kapellmeister Wolf die Musik lieferte. Nach seinen Studienjahren zog Wagenseil die Aussicht auf ein höheres Amt im Dienste seiner Vaterstadt zurück nach Kaufbeuren. Er reiste über Gotha und sah dort im Hoftheater erstmals Lessings „Minna von Barnhelm" in Spitzenbesetzung mit den Schauspielern August Wilhelm Iffland und Conrad Ekhof.[24] Von dieser Art des Theaterspiels war er hingerissen und entschloß sich, einige Zeit zu bleiben. Bald wurde er mit Iffland und Ekhof bekannt, die dafür sorgten, daß sein in Hamburg geschriebenes Singspiel am Hoftheater zur Aufführung kam. Der Erfolg, den er damit hatte, bewirkte, daß er vorerst in Gotha blieb, dort als Dramaturg arbeitete und eine „Unparteiische Geschichte des Gothaischen Hoftheaters" verfaßte. Seine Liebe zu der Sängerin Minna Brandes führte ihn von Gotha aus für kurze Zeit nach Mannheim und zu dessen berühmtem Nationaltheater, bevor er im Oktober 1779 endgültig in Kaufbeuren eintraf.

Noch im Jahr seiner Rückkehr begann Wagenseil mit der Reform der Agentengesellschaft: Zunächst krempelte er den bisherigen Spielplan um. Statt der Haupt- und Staatsaktionen, der Bibel- und Heiligenspiele ließ er zeitgenössische Dichter aufführen, Goethe und Schiller, aber auch Möller, Nesselrode, Großmann, Brandes und Iffland. Vor allem aber wurden die Werke des damaligen Erfolgsautoren August von Kotzebue gegeben, Unterhaltungsstücke im „schönen Ton des geselligen Lebens".

Anonymes Faltblatt, das mit Sicherheit Christian Jakob Wagenseil zum Verfasser hat. In einem dreiseitigen satirischen Gedicht macht er den Erfolg seiner Theaterreform bekannt: im Sinne Lessings und der Caroline Neubert die rohen Hanswurst-Szenen von der Kaufbeurer Bühne verbannt zu haben (Original: Staatsbibliothek Augsburg)

Begeistert war das Kaufbeurer Publikum auch von seinem eigenen Singspiel „*Ehrlichkeit und Liebe*". Im Zuge der Wagenseilschen Modernisierungen blieb es nicht aus, daß die technischen Einrichtungen der Bühne des Tanzhauses nicht mehr den Anforderungen des neuen Theaterstils entsprachen. Daher entwickelte Wagenseil den Plan, hinter dem Tanzhaus, an der Stelle der unbenutzten Liebfrauen-Kapelle, einen neuen Theaterbau zu errichten. Doch der Rat lehnte dies mit der Begründung ab, daß dann auch die katholischen Agenten nicht mehr mit der Bühne in der ehemaligen Jesuitenresidenz zufrieden wären und einen Neubau auf Stadtkosten fordern würden. Also mußte notgedrungen die Tanzhausbühne umgebaut werden, was die Gesellschaft zwar viel kostete, ihr aber außer Schulden wenig brachte. Mehr Erfolg hatte Wagenseil bei seinen Bemühungen um die Sprech- und Schauspielausbildung der Agenten; außerdem versuchte er durch die Gründung einer musikalischen Akademie das Musikwesen in der Stadt zu heben. Doch trotz all seines Eifers, für die von ihm als richtig erkannten Grundsätze zu wirken, blieben Spannungen zu den altgedienten Mitgliedern der Schauspieltruppe, die am Althergebrachten hingen und denen die Änderungen zu radikal waren, nicht aus. Insbesondere die konsequente Besetzung der weiblichen Rollen mit Frauen seit 1781 und die damit verbundene „*Dimittierung*" der Männer, die bisher in diesem Fach agierten, ließ den Unmut der Agenten wachsen. Doch vorerst gab der Erfolg Wagenseil recht: Besonders gut spielten die „*Frauenzimmer von der gehobenen Volksklasse*", was den zusätzlichen Vorteil für das Theater hatte, daß diese Darstellerinnen auch eine entsprechende Garderobe besaßen und einbringen konnten. So ist im Gedenkbuch festgehalten: „*[W]ir hatten mehrere Frauenzimmer und junge Herren zu Akteurs, die, um dem Auge des Zuschauers zu entsprechen, sehr vielen Aufwand an Kleidern machten. Auch in Bezug auf die Dekorationen wurde dies beachtet, mit besonderer Mühe des Obmanns. Leute reisten aus der Umgegend herbei, um sich das Stück anzusehen.*"[25] Ganz beseitigt hat Wagenseil - trotz aller Neuerungen - die barocke Theatertechnik in seinen Inszenierungen übrigens nicht: Theoretisch lehnte er zwar diese Spektakel ab, doch in der Praxis verwendete er noch im Jahr 1801 in seinem Stück „*Bürgerfreude*" Wolkenwagen, Blitz und Donner.

Trotz mancher äußeren Erfolge waren Wagenseils Reformen lediglich übergestülpt worden, ohne geistig fundiert zu sein. Es war ein Fehler, in Kaufbeuren Maßstäbe des Theaters von Hamburg, Gotha oder Mannheim anlegen zu wollen - die Kaufbeurer Schauspieler waren Dilettanten, keine Ifflands und Ekhofs. Ein Bericht über die Aufführung der Oper „*Die Jagd*" im Jahr 1781 macht dies deutlich: „*Es haben sich die singenden Personen recht gut gehalten, da vier unmusikalische dabei waren, welche es nur nach dem Gehör haben lernen müssen, wobei Herrn cand. Wagenseil anzurühmen ist, daß er sich alle mögliche Mühe gegeben hat die Leute abzurichten.*" Die alten Agenten stellten an ihn ganz offen die Frage, „*ob das noch agieren sei?*" Problematisch war auch die soziale Zusammensetzung der Truppe und das daraus resultierende unterschiedliche Kunstverständnis: Die „Modernisten" aus der Oberschicht sprachen den „Konservativen", die sich aus Handwerkern und Kleinbürgern zusammensetzten, Können und Kunst ab; jenen wiederum war der neue Konversationston auf der Bühne „Stubengeschwätz". Im Gedenkbuch notierte man zu den gespielten Stücken oft divergierende Beurteilungen. Schon 1781 finden sich zwei Urteile über das Stück „*Elfriede*": Urteilt die eine Seite, es „*ist ein gutes Stück und rühmlich agiert worden*", vermerkt die andere: „*Über alle Beschreibung elend!*" Angesichts dieser Spannungen blieb es nicht aus, daß es mitunter getrennte Aufführungen gab. Der Schuldige an der Misere war bald ausgemacht: Christian Jakob Wagenseil. Auch die jüngeren und neu dazugekommenen Mitglieder stellten bald fest, daß Wagenseil zwar ein überzeugter Aufklärer, aber weder eine starke Persönlichkeit war noch als Komponist und Dichter herausragende Qualitäten hatte. Man brauchte ihn zwar, um überhaupt noch Aufführungen zustande zu bringen, doch die Gesellschaft war längst instabil geworden - kleinliche Intrigen und Streitereien lähmten immer stärker die Aktivitäten, worüber bald alle Mitglieder der Bürgerlichen Agentengesellschaft die Lust am Theaterspiel verloren.

Diese Tendenzen der Auflösung verstärkten die populären durchreisenden Theatertruppen: Immer häufiger wurde die Tanzhausbühne an sie vermietet, „*da man das dafür bezahlte Geld wohl mitnehmen könne!*" Es drückten die Schulden des Umbaus, außerdem war es angesichts der Streitigkeiten in der Kaufbeurer Agentengesellschaft bequemer, Vorstellungen von Berufsbühnen anzusehen. Im Jahr 1783 beispielsweise spielte der K.K. priviligierte Theaterdirektor Felix Berner mit seiner Truppe elf ausverkaufte Vorstellungen: Jeden Tag wechselte das Programm zwischen Lustspielen, Trauerspielen und Operetten; bei jeder Vorstellung gab es ein Ballett und prächtige Kostüme zu sehen. Auch die politischen Ereignisse der Zeit um 1800 beschleunigten die Auflösung der Gesellschaft, deren einziger Zusammenhalt im Grunde nur noch die Tanzhausbühne war: Als im Jahr 1800 im Verlauf des Krieges gegen Napoleon französische Soldaten in Kaufbeuren im Zunfthaus der Weber einquartiert wurden, benötigte die Weberzunft neue Räumlichkeiten zur Beschau ihrer Waren. Der Rat wies ihr den kaum mehr benutzten Theatersaal im zweiten Stock des Tanzhauses zu. Die Agenten versuchten daraufhin, ihre Bühne zu schützen, und vernagelten sie mit Brettern. Eine ahnungsvolle Vision der Zukunft?

1801 konnte die Agentengesellschaft ihr 231jähriges Jubiläum feiern: Wieder gab es einen großen Festzug durch die Stadt, bei welchem letztmals die Agententafel, die alten Erinnerungsstücke und auch die Gedenkbücher seit dem Gründungsjahr 1570 mitgetragen wurden. Wagenseil schrieb ein Stück mit dem Titel „Bürgerfreude", welches sich in einigen Szenen mit der eigenen Geschichte auseinandersetzt. Die vielen Schwächen des Stückes zeigen, daß guter Wille und Begeisterung nicht ausreichen, um auf dem Theater wirklich Neues zu schaffen. Es war schließlich ein kleiner Anlaß, der Wagenseil stürzte: Er hatte wegen einer Gastspielverhandlung mit einem auswärtigen Theaterdirektor eine geheime Sitzung des Vorstands anberaumt. Dieses Vorgehen ließen sich die Mitglieder nicht bieten und griffen Wagenseil öffentlich an. Daraufhin erklärte er seinen Austritt aus der Gesellschaft, nicht ohne vorher jedoch eine umfangreiche Verteidigungsschrift verfaßt zu haben. Gerichtet ist sie „*An eine löbl. Agentencompanie A.C. Verantwortung meiner, Kanzleidirektor C.J. Wagenseil (Vorsteher), mehrerer gegen mich vorgebrachten ungerechten Klagen betreffend. Vorgelesen bei der Herbstauflage am 4. Oktober 1801.*" Zunächst zählt Wagenseil die von ihm durchgeführten Neuerungen auf, und fragt dann: „*Und was war mein Lohn? - Schon damals waren mir Leute, die auch etwas zu sein glaubten, um den Beifall der Stücke neidig und daß der neue Ton besser gefiel als der alte; man machte mir öffentlich Grobheiten und ruhte nicht, bis ich die Assistentenstelle freiwillig niederlegte. [...] Dann bat man mich wieder um Mitwirkung; man beschuldigte mich eines despotischen und eigenmächtigen Verfahrens.*" Gegen den heftigen Widerstand namhafter Mitglieder der Truppe - so Wagenseil - habe er die Umbaumaßnahmen der Tanzhausbühne zu verhindern versucht - erfolglos in der Sache, aber mit weitreichenden Konsequenzen: „*Von 1792 bis 1797 war keines der erwähnten Mitglieder mehr zu bereden mitzuspielen. Selbst das mit ihrem Verständnis gewählte und bis zur Hauptprobe fortgeführte Stück 'Das Kind der Liebe' mußte zurückgelegt und konnte bis auf diesen Tag nicht mehr gespielt werden. [...] Ich hatte lange gewünscht, einmal das Lustspiel 'Jeanette' aufs Theater zu bringen. Es kam zustande, aber unter hundert Widersprüchen und Verdruß. Leute, die nicht die ersten Anfangsgründe der schönen Wissenschaften und theatralischen Dichtkunst verstehen, die den größten Dichter Frankreichs (Voltaire) und eins der ersten deutschen dramatischen Genies (Gotter) tadeln wollten, nannten es 'Stubengeschwätz, trocken, langweilig' und hatten nicht bedacht, daß sie nicht nur sich, sondern auch der Gesellschaft schadeten, wenn ihr fades Geschwätz Eingang gefunden hätte.*

Aber die Einnahme betrug auf zweimal 12 Gulden - Spektakelstücke sind nicht meine Lieblingsstücke. [...] Ich habe von 1797 bis 1801 fünf Rollen gespielt und der Gesellschaft keine Schande damit gemacht. Ist das zuviel in fünf Jahren? Und spielte nicht mancher, der kaum die Zähne voneinander bringt, beinahe in einem Jahre so viele? Selbst dies unschuldige, sparsam genossene Vergnügen, daß ich, sobald ich will, so gut als jeder andere zu genießen berechtigt bin, macht man mir zum Vorwurf. Sonst war immer die Klage, man bringe keine jungen Leute mehr aufs Theater, sie lernten nichts usw. - aber seitdem meine Kinder neben anderen ihren zuweilen mitspielen, weiß man sich nicht genug darüber aufzuhalten. - Kanzleidirektor Wagenseil, frei resignierter Vorsteher."

In den beiden folgenden Jahren geriet die Agentengesellschaft vollends in den Strudel der politischen Ereignisse: Nachdem die Stadt seit 1802/03 an das Kurfürstentum Bayern geschlagen worden war, wurde 1804 das Tanzhaus auf Abbruch verkauft; der Käufer wurde verpflichtet, nach dem Abriß den leer gewordenen Platz auf seine Kosten pflastern zu lassen. Spurlos verschwand damit die jahrhundertelange Theaterspielstätte aus dem Bild der Stadt. Die Agentengesellschaft löste sich auf, Textbücher, Kostüme und Requisiten wurden verramscht.

5. Akt
Das Theater im 19. und 20. Jahrhundert

Der Reichsdeputationshauptschluß vom 25. Februar 1803 hatte die Reichsstadt dem Kurfürstentum Bayern zugeschlagen, und mit den neuen Herren ergaben sich Änderungen auf nahezu allen Gebieten des öffentlichen Lebens. Dazu kamen die persönlichen und finanziellen Belastungen der napoleonischen Kriege, die die Einwohner Kaufbeurens in ökonomischer Hinsicht bis an die Grenzen ihrer Belastbarkeit führten. Keine gute Zeit, um ans Theaterspiel zu denken - so möchte man glauben. Aber den Bürgern schien doch etwas gefehlt zu haben, seit ihr traditionsreiches Tanzhaustheater dem Erdboden gleichgemacht worden war. Wagenseil, der Mann, an dessen neuem Stil sich die Meinungen erhitzt hatten, war inzwischen von den bayerischen Behörden aus Kaufbeuren wegversetzt worden; und die Streitereien, welche zum Zusammenbruch der „Bürgerlichen Agentengesellschaft A.C." geführt hatten, gerieten langsam in Vergessenheit. 1804 wagten etwa 30 theaterbegeisterte Bürger mit der Gründung der „*Dramatischen Liebhabergesellschaft*" einen Neuanfang. Mitglieder waren Männer, welche ihr Geld zum Großteil im Handel verdienten, wie Johann Melchior Elch, Georg und Christoph Friedrich Heinzelmann, Christoph Daniel Walch,

Johann David Schäfer, Georg Jakob Wagenseil und nicht zuletzt Jakob Hörmann von und zu Gutenberg. Sie und andere erwarben am 18. Januar 1805 für die Summe von 1.100 Gulden das ehemalige reichsstädtische Gerätehaus im Rosental und gingen daran, das alte Gemäuer in ein Theater umzubauen. Trotz vieler Eigenleistungen kosteten die Maßnahmen die horrende Summe von 8.000 Gulden. Bereits am 26. Dezember 1805 konnte die Eröffnungsvorstellung stattfinden: *„Mit Genehmigung Kurfürstl. Polizey-Direktion wird Donnerstag den 26. und Sonntags den 29. December 1805 auf dem Theater der dramatischen Liebhaber-Gesellschaft in Kaufbeuren aufgeführt Johanna von Montfaucon, ein romantisches Gemählde, aus dem vierzehnten Jahrhundert, in fünf Akten von August von Kotzebue."* Und weiter: *„Da diese Vorstellung die erste auf unserem neuerbauten Theater ist, so wird Madam Meyer zur Feierlichkeit die Bühne mit einem passenden Prolog eröffnen."*

Eine Stunde vor Vorstellungsbeginn war Einlaß für die Gäste - schließlich wollte man alles bewundern und bestaunen! Der hufeisenförmige Zuschauerraum für rund 250 Personen machte mit seinen roten Wänden und den zwei säulengetragenen Rängen auf das Publikum einen günstigen Eindruck. Wie in alten Hoftheatern waren die Logen des ersten Ranges der gehobenen Schicht vorbehalten und kosteten - wie auch der erste Platz im Parterre - 30 Kreuzer. Der zweite Platz wurde für 18 Kreuzer, die Vorderreihe der Galerie zu 12 Kreuzern und die rückwärtige Bankreihe zu 6 Kreuzern angeboten. Der Saal war mit Kerzenlicht erleuchtet. Prunkstück des Theaters war der gemalte Bühnenvorhang, der noch heute an Ort und Stelle zu sehen ist und als der älteste noch benutzte Bühnenvorhang Deutschlands gilt: Er ist in der Art eines gewebten Bildteppichs von dem Münchner Hoftheatermaler Joseph Hungermüller (1777-1820) gestaltet (s. Abbildung rechts). Inmitten der Szene thront Pallas Athene, die Göttin der Weisheit, die auf ihrem Kopf den gleichen Helm trägt, der auch auf den Außenseiten der Flügel an der alten Agententafel die beiden Männer ziert. Ihre Kleidung weist eine auffallende Ähnlichkeit mit dem Kostüm der „Timoclea" auf der Agententafel auf - eine Reminiszenz an die lange Theatertradition Kaufbeurens. Auf dem Bühnenvorhang nähert sich der Göttin über eine Wolkenstufe eine junge Frau in einem Trägerkleid im Geschmack der Zeit um 1800, deren linker Fuß eine Maske zertritt - die Jugend steigt über das Alte hinweg. Zur Linken der über den Insignien der Künste - Palette (Malerei), Papier (Dichtkunst) und Posaune (Musik) - schwebenden Weisheitsgöttin kauert eine zweite Frau. Das Haupt auf ihre rechte Hand gestützt, wendet sie sich von der Mittelszene ab. Ihre Linke hält eine Krone über den angedeuteten Kopf eines gehörnten Fabelwesens, der ein Teil des Wolkenthrons ist. Vor ihr liegen zwei geschlossene Bücher - Symbol für eine abgeschlossene Vergangenheit oder Gedächtnis an die nunmehr geschlossenen Gedächtnisbücher der reichsstädtischen Agentengesellschaft? Im linken Bereich des Vordergrunds sind zwei bocksfüßige Faune dargestellt, von denen einer ein Gefäß voller Geld hält. Dahinter sieht man einen Tempel, und rechts erhebt sich vom mythologischen Berg Helikon das geflügelte Musenpferd Pegasus, das durch seinen Hufschlag die Quelle Hippokrene hervorgebracht hat, aus deren Gewässer ein Naturgeist flieht. Ist diese Figur, die auf ihrer Flucht noch ein Flammenbündel in Richtung der Göttin schleudert, Oberon oder der Naturalist Wagenseil? Die Summe all dieser Details läßt jedenfalls den Schluß zu, daß dieser Theatervorhang die eigene Theatergeschichte mit humorvollem Augenzwinkern schildert.

Als sich nach Madame Meyers Prolog - *„Seid uns Verehrteste, seid uns willkommen / Zum Erstenmale hier, im neuen Musenhain / Den wir, zwar in der Kunst noch immer unvollkommen / Jedoch, als treue Schüler heut, Thalien weyhen"*[26] - der Vorhang zur ersten Vorstellung hob, sahen die Zuschauer eine nach hinten ansteigende Bühne, wie man sie vom alten Barocktheater kannte: Um den Eindruck einer möglichst großen Raumtiefe zu erreichen und die perspektivisch gemalten Kulissen dafür optimal einzusetzen, war damals dieser Trick eingesetzt worden; da die Bühne des neuen Kaufbeurer Theaters nicht besonders groß war, blieb die Gesellschaft beim Altbewährten. Auch gab es eine Versenkung durch eine Klappe im Fußboden seitlich des Souffleurkastens, mit deren Hilfe Schauspieler effektvoll verschwinden und wieder auftauchen konnten, sowie unter dem Dach einen Schnürboden, zu welchem man nicht nur den Vorhang, sondern auch einzelne Kulissenteile hochziehen konnte. Außerdem drang - wie beim alten Tanzhaus - auf der linken Bühnenseite durch große, heute vermauerte Fenster genügend Helligkeit in den Innenraum, die es ermöglichte, auch bei Tageslicht zu spielen. Ansonsten wurde die Bühne mit Öllampen und Kerzen beleuchtet, wobei während der Vorstellung die Lichter im Zuschauerraum nicht gelöscht werden konnten. Auch ein richtiger Orchestergraben war vorhanden, der, tief abgesenkt und unter die Bühne hineingezogen, Platz für etwa 30 Musiker bot.

Die Dramatische Liebhaber-Gesellschaft brachte, beflügelt durch das neue Haus, bis zum Jahre 1826 nicht weniger als 181 verschiedene Theaterstücke auf die Bühne. Das bedeutet, daß pro Jahr etwa neun Stücke neu einstudiert wurden - eine beachtliche Zahl für Laienspieler! Der meistgespielte Autor dieser Jahre war auch in Kaufbeuren August von Kotzebue, ein Autor, der leichte Kost servierte; daneben erfreuten sich die Stücke von August Wilhelm Iffland beim Publikum großer Beliebtheit. Anspruchsvolleres Theater stand beispielsweise im Jahr 1808 auf dem Programm, als Lessings „*Emilia Galotti*" (s. Abbildung rechts) gegeben wurde. Im musikalischen Bereich waren insbesondere Lust- und Singspiele gefragt, wie etwa die „*Entführung aus dem Serail*" - allerdings nicht in der Version Mozarts, sondern in der damals beliebteren Fassung des Musikdirektors Knecht aus Biberach.

Nachdem in der Mitte des 19. Jahrhunderts in der Leitung der Dramatischen Liebhaber-Gesellschaft ein Generationenwechsel stattgefunden hatte, bot im Jahre 1847 Christoph Daniel Walch namens der Gesellschaft der Stadt das Theater zum Kauf an. Verbunden wurde diese Offerte mit einem ausgesprochen günstigen Preis, nämlich der Ablöse der Passiva in Höhe von 1.943 Gulden, obwohl das Gebäude einen weit höheren Wert hatte. Trotz Interesse seitens der Stadt versagte die königliche Kreisregierung als Aufsichtsbehörde ihre Genehmigung. Daraufhin argumentierte der Magistrat: *„Wie andere Städte gleichen Ranges und sogar noch kleinere Städte Theater besitzen, so wird auch der Fortbestand des hiesigen Theaters nicht nur des allgemeinen Vergnügens wegen allgemein gewünscht, sondern es ist die Erhaltung desselben sogar unerläßlich für öffentliche Feierlichkeiten, da hier ein öffentliches Gebäude zu solchen Zwecken, namentlich zu öffentlichen Preisverleihungen, nicht vorhanden ist."*[27] Doch die Regierung witterte statt der Preisverleihungen die Gefahr politischer Agitation über die Bühne - man schrieb das Revolutionsjahr 1848! - und lehnte den Ankauf des Theaters erneut ab.

Die Aktivitäten der Dramatischen Liebhaber-Gesellschaft gingen immer mehr zurück. Im Winter stand das Haus meist leer, da es mit keiner Heizung ausgestattet war; in den Sommermonaten konnte es dagegen für längere Zeit an auswärtige Theatertruppen vermietet werden. Oft bestanden diese nur aus dem Direktor, seiner Frau und der Schar der dazugehörenden Kinder. Glanz

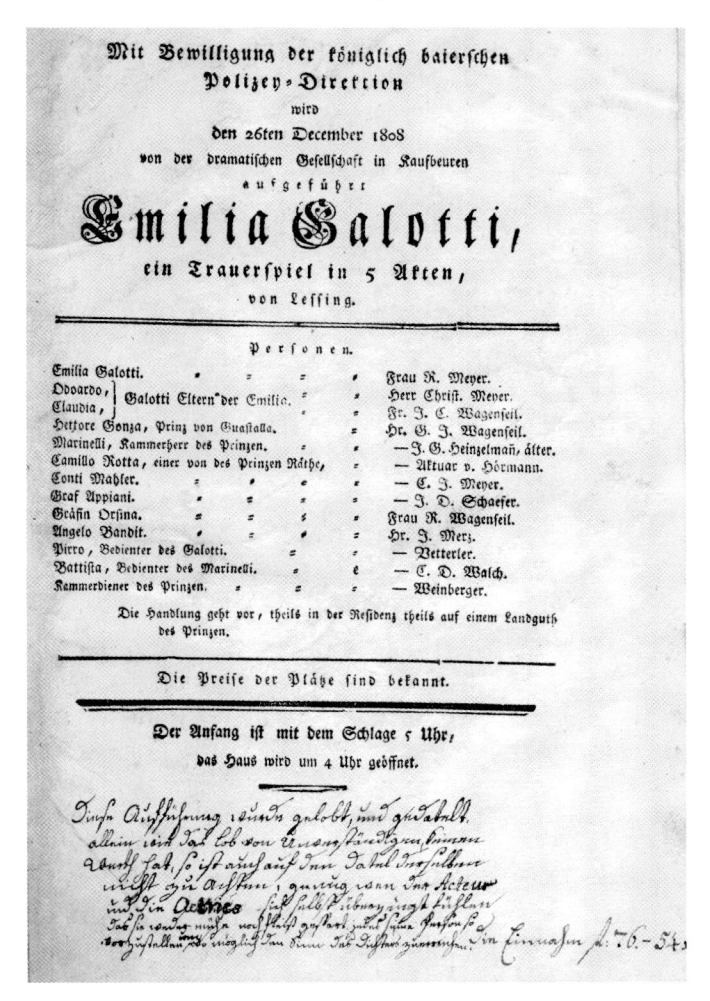

Die handschriftlichen Zusätze der Mitglieder der Agentengesellschaft verkünden ausschließlich erfolgreiche Aufführungen. Auf dem Zettel, der die Inszenierung von Lessings „Emilia Galotti" ankündigt, ist auch die Dialektik des Erfolges vermerkt: „Diese Aufführung wurde gelobt, und gedatelt - allein wie das Lob von Unverständigen keinen Werth hat, so ist auch auf den Datel derselben nicht zu achten, genug wenn der Acteur und die Actries (die Agierenden) sich selbst überzeugt fühlen, das sie weder Mühe noch Fleiß gespart, jedes seine Person so vorzustellen, um womöglich den Sinn des Dichters zu erreichen. Die Einnahme fl 76 - 54 kr." (StadtA KF, B 138)

Unter diesen Umständen bleibt, damals wie heute, nur die bescheidene Frage: Warum braucht man ein Publikum?

und Glimmer gab es nur auf der Bühne, dahinter steckte häufig erschreckende Not, Hunger und Elend; unbezahlte Rechnungen, Diebstahl und unsittlicher Lebenswandel gehörten ebenfalls oft genug zu dieser Welt, die die ehrbaren Bürger gleichermaßen erschreckte wie anlockte. Konnten da die Worte, mit denen sich im Oktober 1826 der neu angekommene Theaterdirektor Lorenz Eberts anläßlich der ersten Vorstellung seiner „königlich privilegierten Schauspieler-Gesellschaft" den Bürgern Kaufbeurens zu empfehlen versuchte, Glauben finden? *„Hohe! Gnädige! Verehrungswürdige! Der Ehre, hier mit meiner Gesellschaft Vorstellungen geben zu dürfen, weiß ich mich nicht würdiger zu machen, als daß ich durch eine gute Wahl und Ausführung in meinen Vorstellungen, durch gutes moralisches Benehmen, auch hier die Zufriedenheit eines verehrten Publikums zu erhalten strebe, die man mir allenthalben so gerne als willig geschenkt hat."*28 Die Mitglieder einer solchen Theatertruppe hatten ein enormes Arbeitspensum zu leisten: Alle zwei bis drei Tage spielte man ein neues Stück. Bereits beim Antritt ihres Engagements mußten sie daher möglichst viele Rollen des zeitgenössischen Repertoires auswendig gelernt und einstudiert haben; die Beherrschung der „großen Stücke" der Literatur wurde als selbstverständlich vorausgesetzt. Die Kostüme hatte jeder selbst zu stellen, und wer hier Entsprechendes zu bieten hatte, wurde oft schon allein aus diesem Grunde engagiert. Die Gagen bewegten sich auf äußerst niedrigem Niveau und wurden häufig überhaupt nicht oder nur in Naturalien ausbezahlt. Doch diejenigen Akteure, die Hauptrollen spielten, bekamen einmal in der Saison eine sogenannte Benefizvorstellung, deren Einnahmen dann ihnen gehörten - das Alter der Ensemblemitglieder spielte dabei offenbar keine Rolle, wie ein Beispiel aus dem Jahr 1830 zeigt: Am 1. Januar agierte im Kaufbeurer Theater die Schauspieler- und Tänzergesellschaft von Wilhelm Borkmann *„und zwar zum Vortheil der Leonore Borkmann"*, der siebenjährigen Tochter des Prinzipals. Das Publikum wurde auf dem Programmzettel entsprechend informiert: *„Hohes, verehrungswürdiges Publikum! Da diese Einnahme mir von meinem Vater zum Neuen Jahre theils zur Anschaffung einiger Winterbedürfnisse sowie zur Aufmunterung meiner Fortschritte in der dramatischen Kunst überlassen wurde, so mache ich meine ergebenste kindliche Einladung und bitte um geneigte zahlreiche Gegenwart, wofür ich mich immer mit der größten Freude und innigstem Danke an die edlen Bewohner Kaufbeurens erinnern werde. Verbleibe mit kindlicher Hochachtung Leonore Borkmann."*29

Eines der ärmsten Geschöpfe am Theater war die Souffleuse, häufig eine ältere Schauspielerin, Tänzerin oder Sängerin, die auf der Bühne nicht mehr einzusetzen war. Arm war sie deshalb, weil sie unsichtbar in einem engen Kasten saß und damit für das Publikum nicht existent war. Diese Situation machte eine Souffleuse erfinderisch und ließ sie anläßlich einer Vorstellung in Kaufbeuren einen eigenen Theaterzettel drucken, auf dem es hieß: *„Was das Blättchen soll bedeuten,/ Das wißt ihr schon aus alten Zeiten, / Das Leben ist der Güter höchstes nicht,/ Doch ohne Geld zu leben, fürchterlich!"* Weiter ist zu lesen: *„Theater. Außerordendliche Vorstellung. (Abonnement suspendu) Zum Benefiz der Gedächtnißstützerin. - Die Souffleuse als Börsenspekulantin oder Kleinmuth und Großmuth. Komische Tragödie in mehreren Kreuz-, Quer-, und Geldbeutel-Aufzügen von Geld. Musik von Silberklang. / Personen: Die großmüthigen Gönner / Die Souffleuse / Ort der Handlung: Kaufbeuren. Zeit: Gegenwart."* Es folgt ein Gedicht, das einen interessanten Einblick hinter die Kulissen des damaligen Theaterbetriebs bietet: 30

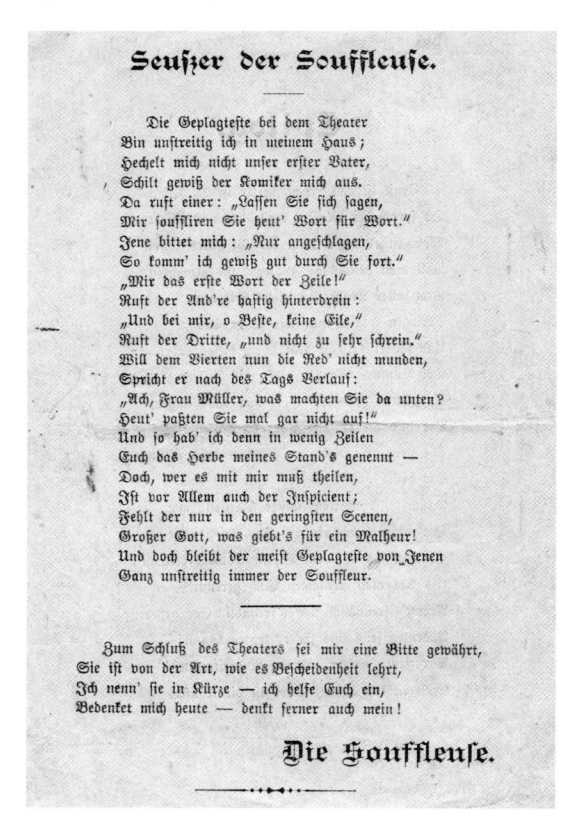

Seufzer der Souffleuse.

Die Geplagteste bei dem Theater
Bin unstreitig ich in meinem Haus;
Hechelt mich nicht unser erster Vater,
Schilt gewiß der Komiker mich aus.
Da ruft einer: „Lassen Sie sich sagen,
Mir souffliren Sie heut' Wort für Wort."
Jene bittet mich: „Nur angeschlagen,
So komm' ich gewiß gut durch Sie fort."
„Mir das erste Wort der Zeile!"
Ruft der And're hastig hinterdrein:
„Und bei mir, o Beste, keine Eile,"
Ruft der Dritte, „und nicht zu sehr schrein."
Will dem Vierten nun die Red' nicht munden,
Spricht er nach des Tags Verlauf:
„Ach, Frau Müller, was machten Sie da unten?
Heut' paßten Sie mal gar nicht auf!"
Und so hab' ich denn in wenig Zeilen
Euch das Herbe meines Stand's genennt —
Doch, wer es mit mir muß theilen,
Ist vor Allem auch der Inspicient;
Fehlt der nur in den geringsten Scenen,
Großer Gott, was giebt's für ein Malheur!
Und doch bleibt der meist Geplagteste von Jenen
Ganz unstreitig immer der Souffleur.

Zum Schluß des Theaters sei mir eine Bitte gewährt,
Sie ist von der Art, wie es Bescheidenheit lehrt,
Ich nenn' sie in Kürze — ich helfe Euch ein,
Bedenket mich heute — denkt ferner auch mein!

Die Souffleuse.

Im Jahre 1862 machten die Städte Memmingen, Kempten und Lindau den Vorschlag, ob man nicht im Hinblick auf die vielen qualitativ fragwürdigen Theatergruppen, die durch die Lande zogen, den gemeinsamen Versuch machen sollte, einer Gesellschaft mit Qualität und Renommee für längere Zeit die kommunalen Theatergebäude kostenfrei zur Verfügung zu stellen. In Kaufbeuren zeigte man sich zwar angetan von der Idee, doch noch immer gehörte die hiesige Spielstätte nicht der Stadt, sondern einer Theateraktiengemeinschaft, die sie 1853 von den

Gründererben erworben hatte und nun vermietete. Nach längeren Verhandlungen mit der königlichen Kreisregierung konnte sich der Magistrat schließlich durchsetzen und das Gebäude am 14. Oktober 1862 für 1.800 Gulden erwerben. Als Gegenleistung für diesen äußerst günstigen Preis stimmte die Stadt der Bedingung zu, daß *„das Gebäude, solange die hiesige Stadtkommune nicht allenfalls ein anderes Theatergebäude hergestellt haben wird, fortwährend als städtisches Theater beibehalten werden muß."*

Um die Dramatische Liebhabergesellschaft war es in den vergangenen Jahrzehnten immer stiller geworden. Den Vorsatz, jedes Jahr mindestens zwölf Eigenproduktionen herauszubringen, konnte angesichts des Aufwandes, der dafür von den ehrenamtlichen Mitgliedern zu erbringen gewesen wäre, nicht in die Tat umgesetzt werden. Außerdem wurde durch die Vermietung des Theatergebäudes Bühnenkunst frei Haus geliefert. 1855 feierte die Gesellschaft das 50jährige Jubiläum der Eröffnung des Theaters mit dem Schauspiel *„Die Kreuzfahrer"* von August von Kotzebue, doch im Jahr darauf waren die Mitgliederzahlen so sehr zurückgegangen, daß an eigene Einstudierungen nicht mehr zu denken war. Die Leidenschaft für das Theaterspiel war offenbar erloschen. In dieser Situation war der Erwerb des Gebäudes durch die Stadt willkommen, machte man sich doch Hoffnung, daß im Zusammenschluß mit den Nachbarstädten gutes Theater nach Kaufbeuren kommen würde. Doch die von den Städten verpflichtete Truppe konnte die Ansprüche der Kaufbeurer nicht befriedigen: Zwar hatte deren Direktor Lindner namhafte Schauspieler und Novitäten versprochen, zu sehen bekam man nichts anderes als die Jahre zuvor. Daher trennte sich Kaufbeuren von dem kommunalen Verbund und vergab sein Theater wieder nach eigenem Gutdünken.

Gegen Ende des 19. Jahrhunderts wurden die Ensembles und ihre Aufführungen wieder besser, die Unternehmen waren seriöser, Sänger, Schauspieler und Tänzer waren besser ausgebildet. Von 1883 bis 1908 gelang es, für die Frühjahrs- und Herbstmonate den Direktor des Hohenzollernschen Hoftheaters Sigmaringen-Tübingen, Julius Heydecker, mit seinem Ensemble nach Kaufbeuren zu verpflichten.

Sein Spielplan war eine bunte Mischung aus Unterhaltungs-, Sing- und Lustspielen, wie etwa *„Der Raub der Sabinerinnen"*. Doch spielte Heydecker auch anspruchsvollere Stücke wie Heinrich von Kleists *„Käthchen von Heilbronn"* oder William Shakespeares *„Der Widerspenstigen Zähmung"*. Ein Höhepunkt war sicherlich die Aufführung von Johann Wolfgang von Goethes *„Faust I"* im Jahre 1899. Bei diesen Gelegenheiten konnten die aufmerksamen Zuschauer beobachten, daß der Spielleiter früherer Zeiten, der den Schauspielern lediglich sagte,

Gesellschaft Heydecker, 1896

wo sie aufzutreten und abzugehen hätten, dem Regisseur gewichen war, der die Darsteller führte und versuchte, Bezüge zwischen den Figuren herzustellen und damit eine Einheit von Werk, Figuren und Bühnenbild zu arrangieren.

Julius Heydecker hatte aber auch einen „Riecher" für junge Talente: 1895 engagierte er eine junge Schauspielerin namens Hermine Stader aus Wiesbaden, die zusammen mit ihrer Mutter nach Kaufbeuren kam. Was weiter geschah, berichtet Olga Heydecker, die Tochter des Direktors und zu dieser Zeit noch Elevin, in ihren Lebenserinnerungen: *„Kaum hatte ich hineingerochen in den heißerkämpften Kulissenzauber und saß nun selbst in der Damengarderobe vor einem Mordstrumm Schminkschatulle, da fraß mich auch schon der Rollenneid. Da war noch jemand engagiert, der mir verdächtig genug erschien, mir ins Gehege zu kommen. Ein ganz junges, harmloses Fräulein Hermine Stader, [...] bei ihrem ersten Auftreten in 'Madeleine' Sensation machte. Sie raste auf der Bühne herum mit einem Organ und tizianroten Haaren und einem Temperament, daß sogar ich, trotz meines gekränkten Ehrgeizes, widerwillig eingeste-*

hen musste, 'die hat's in sich'. Wer wollte es da unserem jugendlichen Komiker, dem ehemaligen österreichischen Leutnant Ferry Körner verdenken, daß er in das rothaarige Luderchen rettungslos verschossen war [...] So wurde aus der unbekannten Hermine Stader die berühmte 'Hermine Körner', deren Stern in dem winzigen Kaufbeuren zu leuchten begann."
Hermine Körner sollte eine der bekanntesten deutschen Schauspielerinnen des 20. Jahrhunderts werden. Bis ins hohe Alter blieben ihre „Markenzeichen" das tizianrote Haar und ihre dunkle, mit sinnlichem Timbre klingende Stimme.

Zwischen 1904 und 1906 blieb das Kaufbeurer Theater wegen Umbauten geschlossen, über denen das 100jährige Jubiläum verging - 1907 wurde es allerdings mit einer großen Festinszenierung von Johann Wolfgang von Goethes „Egmont" mit der Musik von Ludwig van Beethoven nachgeholt. Bei dieser Aufführung wirkten mehrere Kaufbeurer theaterbegeisterte Bürger als Laienschauspieler mit; auch die Chorleiter der beiden Kirchen mit ihren Musikern und Sängern trugen dazu das Ihre bei. Diese Zusammenarbeit zwischen professionellen Künstlern und begeisterten Laien wurde in Kaufbeuren lange gepflegt und brachte noch öfter ausgezeichnete Ergebnisse zutage. Die Stimmung eines Theaterabends jener Zeit in Kaufbeuren beschreibt Olga Heydecker in ihrer Autobiographie: *„Wenn am Abend die dicke Laterne beim Kasseneingang mittels langer Stange umständlich angezündet war, der Zuschauerraum im Glanze des Gaskandelabers hellicht funkelte, Theatermeister Schmidt die Bühne mit allen Schikanen aufgebaut hatte, aus allen Gassen das Publikum strömte, mit wichtigen Opernguckern, oder rosa und himmelblauen Theaterschals über dem Arm, der kleine Billeteur Schönleitner vor dem Herrn Bürgermeister, der Frau Brauereibesitzer Wahl, dem Herrn Kaufmann Probst und sonstiger Hautevole sein ehrfürchtiges Buckerl machte und die Stadtkapelle den ersten Marsch schmetterte, dann war das Kaufbeurer Stadttheater wirklich ein Schmuckkästchen aus der guten alten Zeit. Nach der Vorstellung ging's dann hinüber in die Kneipe des 'Kreuzmetzgers', [...] oder ins 'Hohbach' zu einem Tässle Kaffee! Oder - ganz nobel - ins 'de Crignis' zu einem Schöpple Tiroler Spezial. Da wurde dann die Vorstellung in alle Details zerzupft - und alle waren sich einig: 'Die Spieler hents heut wieder wunderbar markiert!'"*

Nach dem Ersten Weltkrieg paßte man mit umfangreichen Umbau- und Renovierungsmaßnahmen das Haus technisch seiner Zeit an: Ab 1924 wärmte eine Dampfheizung die Besucher, und die unbequemen Holzbänke machten komfortableren Klappsesseln Platz. Auf der Bühne wurden Scheinwerfer installiert, die die Möglichkeit boten, die Helligkeit des Lichtes stufenlos zu verändern; auch der Kronleuchter im Zuschauerraum konnte nun zum Vorstellungsbeginn ausgeblendet werden. Der alte Bühnenvorhang wurde hochgezogen und im Bühnenhimmel des Schnürbodens für Jahre vergessen - auf diese Weise blieb er bis heute erhalten. Statt dessen wurde ein roter Samtvorhang eingebaut.

1921 schloß sich die Stadt der neugegründeten „Bayerischen Landesbühne" als Gesellschafterin an; damit verbunden wurde erstmals eine Theatergemeinde gegründet, die aus 200 Mitgliedern bestand. Infolgedessen kamen in der Folgezeit verschiedene auswärtige Gastspielbühnen ins Theater, etwa die „Isar-Athen-Gesellschaft" aus München mit Klassikeraufführungen oder Bühnen aus Tegernsee und Schliersee mit Bauern- und Heimatstücken. Das eigene Ensemble wagte sich unter der Leitung von Hauptlehrer Pius Hurler an Mozarts Oper „Bastian und Bastienne" mit den Geschwistern Barbarino in den Titelrollen und - ermuntert von dem durchschlagenden Erfolg - im Jahr 1925 an Mozarts *„Entführung aus dem Serail"*. Für die Rollen, die man nicht selbst besetzen konnte, engagierte Hurler Solisten des Münchner Nationaltheaters. Auch dieses Stück war sehr erfolgreich, so daß infolge der einsetzenden Opernbegeisterung in Kaufbeuren bereits im folgenden Jahr *„Cosi fan tutte"* und bald danach Giuseppe Verdis *„La Traviata"* in Eigenproduktionen einstudiert und aufgeführt wurden. Am 28. September 1930 feierte die Stadt das 125jährige Bestehen des Theaters, zu dessen Anlaß Beethovens Oper *„Fidelio"* ge-

Sonntag, den 28. September 1930
abends 5½ Uhr

Gastspiel

der

„Münchner Opern-Bühne"

Süddeutsche Wanderoper des
Bayer. Volksbildungsverbandes

FIDELIO

Oper

in 2 Aufzügen von L. van Beethoven

Musikalische Leitung:
Musikdirektor Anton Schlosser-München

Spielleitung und Bühnenbilder:
Regisseur Dr. Walter Storz, Staatsoper München

Orchester:
Münchner Künstler mit Konzertmeister Birkigt,
1. Konzertmeister des Staatsopern-Orchesters

geben wurde. Der Mitgliederstand der Theatergemeinde war bis 1932 auf 270 angestiegen; 21 verschiedene Stücke wurden in diesem Jahre angeboten - Opern, Schauspiele und Operetten, Gastspiele der Bayerischen Landesbühne und des Stadttheaters Augsburg.

Die anbrechende Zeit des Nationalsozialismus brachte Kaufbeuren einschneidende Veränderungen im Kulturbetrieb. Die NS-Organisation „Kraft durch Freude" erhielt nun weite Befugnisse hinsichtlich der Spielplangestaltung: Stücke jüdischer Autoren und Komponisten wurden abgesetzt, die „erlaubten" Werke der herrschenden Kunstauffassung angeglichen. Aus Berlin kam die „Reichs-Wanderoper" und gastierte unter anderem mit „Rigoletto" und „Fidelio", dem „Wildschütz" und der „Fledermaus". 1934 wurde das Ballett „Coppelia" mit erstklassigen Solisten in extra dafür angefertigten Kulissen aufgeführt, wobei sich allerdings der Bühnenraum als viel zu klein erwies - eine Tänzerin berichtete später: *„Ich machte einen winzigen Sprung in die Arme meines Partners und landete auf der Straße!"* Im Jahr darauf gastierten die Münchner Kammerspiele mit den Schauspielern Heli Finkenzeller und Ferdinand Marian und dem Stück *„Der Mann mit den grauen Schläfen"*. In dieser Zeit ist in Kaufbeuren erstmals ein Hang zum Startheater festzustellen: Durch Film und Funk bekannte Künstler schienen häufig wichtiger als die gespielten Stücke.

```
Stadt-Theater Kaufbeuren
                        Deutsche Bühne e. V.
                        Ortsgruppe Kaufbeuren

Samstag, den 25. November 1933 abends 8 Uhr

              NONNY
         Ein Spiel in 3 Akten von Rudolf Eger
         Regie: Karl Heinz Klubertanz

    Personen:
Nonny . . . . . . . . . . . . . . . . . . . Lil Dagover
Peter . . . . . . . . . . . . . . . . . . . Bert von Kersten
Hugo  . . . . . . . . . . . . . . . . . . . Karl Heinz Klubertanz
Ein fremder Herr . . . . . . . . . . . . .  Nemo Keiner

Anfang 8 Uhr    Größere Pause nach dem 2. Akt    Ende 10 Uhr

Voranzeige:
    Sonntag, den 17. Dezember 1933 abends 8 Uhr
         Gastspiel der Bayerischen Landesbühne
         „Die Heimkehr des Mathias Bruck"
```

Eigene Produktionen kamen dagegen nur mehr selten zustande - Vereine, insbesondere der katholische Gesellenverein, spielten hie und da in den Sälen der Gaststätten „Rosenau" und „Stachus" Bauerntheater und Schwänke. Die Jahre von 1939 bis 1945 setzten allem ein Ende: Das Haus mußte kriegsbedingt seinen Betrieb einstellen.

In den Nachkriegsjahren war das Kaufbeurer Theater eines der ersten Häuser Deutschlands, das seinen Betrieb wieder aufnahm: Otto Gühl bekam von der alliierten Militärverwaltung die erste Genehmigung zur Eröffnung einer Opern- und Operettenbühne unter dem Namen *„Schwäbische Landesbühne"*; als ihr Kapellmeister fungierte August Peter Waldenmeier, der - selbst ein ausgezeichneter Komponist - um sich damals bekannte und beliebte Musiker und Sänger sammelte, wie Hertha Assmann, Gritt Moll oder Hellmuth Kreitlein. Die Landesbühne probte und spielte ihre Premieren in Kaufbeuren und begab sich dann auf Tournee in andere Städte Schwabens. Das Ensemble und das Orchester - immerhin 35 Personen - fuhren dabei im Omnibus zu den Gastspielorten und nach der Vorstellung wieder zurück nach Kaufbeuren; die Kulissen wurden im Möbelwagen transportiert. Aufgrund des allgegenwärtigen Mangels an Brennmaterial wurden Garderoben und Theatersäle häufig nicht beheizt, so daß die Musiker im Mantel im Orchestergraben saßen und mit Handschuhen, denen man die Finger abgeschnitten hatte, spielten, während die Sänger und Tänzer blaugefroren auf der Bühne agierten. In Kaufbeuren gab es damals Vorstellungen, zu denen das Publikum nur gegen Abgabe von Briketts, Eiern oder Speck Eintritt erhielt. Grundsätzlich brachte jeder Besucher auch ein paar Scheite Holz mit zur Vorstellung, mit denen der Zuschauerraum beheizt wurde. Glücklich die Künstlerinnen, welche eine persönliche Beziehung zu den amerikanischen Besatzern oder den wenigen Wohlhabenden anknüpfen konnten: Sie verfügten dann über Zigaretten, Kaffee, Schokolade, Kaugummi oder Nylonstrümpfe als Tauschobjekte. Die als „Komische Alte" verpflichtete Gretel Margreither zum Beispiel, die ihre Jugend bereits hinter sich hatte, fand in Kaufbeuren als Verehrer einen Nudelfabrikanten, der ihr jeden Abend statt Blumen eine Tüte mit Nudeln hinter die Bühne brachte. Der Inspizient verständigte die Künstlerin jedesmal: *„Gretel, der Nudelsepp ist wieder da!"* Trotz oder gerade wegen der Armut waren die Vorstellungen ausverkauft, ob nun *„Das Land des Lächelns"*, *„Hänsel und Gretel"* oder *„Der Graf von Luxemburg"* auf dem Programm standen.

Im Jahr der Währungsreform, 1949, verschwand der Intendant mitsamt der Kasse aus Kaufbeuren und ward nicht mehr gesehen - über Nacht stand damit das ganze Ensemble auf der Straße, da keine Gagen mehr ausbezahlt werden konnten. In dieser Situation versuchten sich die Musiker in Tanzlokalen und bei den amerikanischen Soldaten im Fliegerhorst durchzuschlagen; die meisten Künstler verließen jedoch die Stadt und suchten andernorts Engagements: Hertha Assmann beispielsweise lieh ihre Sopranstimme der Schauspielerin Lilli

176

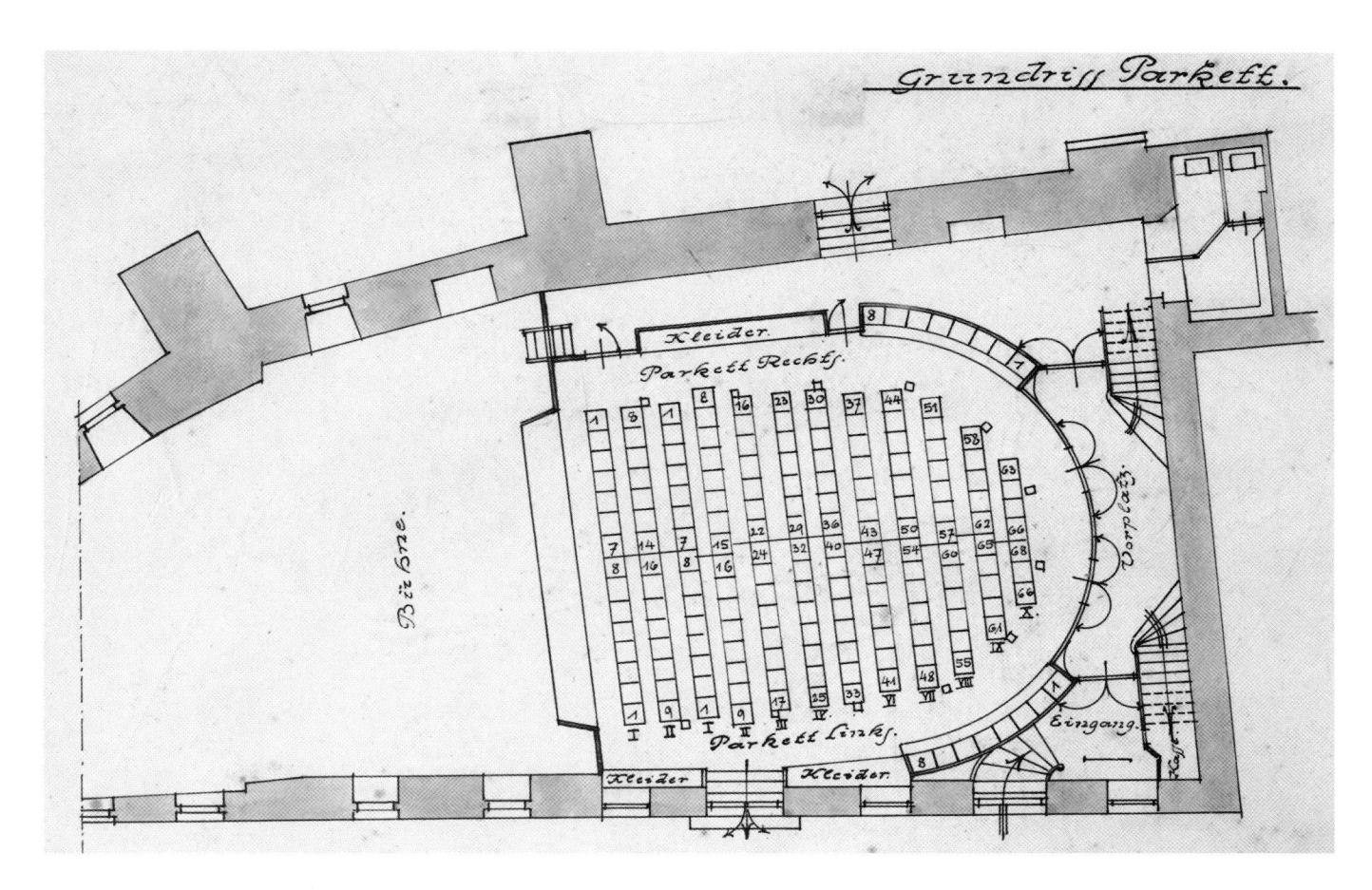

Das Kaufbeurer Stadttheater
Linke Seite: zwei Aufnahmen etwa aus dem Jahr 1922. Oben der Innenraum, in dem eine der beiden Zugangstreppen zu den Rängen sichtbar ist; unten die Frontansicht vom Rosenthal.
Der Grundriß (oben) von 1922 verzeichnet noch die beiden Innentreppen und das winzige Foyer. Auch die Bauverhältnisse des ehemaligen Gerätehauses, das in die östliche Stadtmauer eingebunden war, lassen sich ablesen. Durch die abknickende Außenmauer entstand ein sehr beengter Bühnenraum.
Bis 1971 (Foto unten links aus dem Jahr 1968) blieb der Bauzustand von 1930 erhalten. Mit dem Rathausanbau erhielt das Stadttheater zum ersten Male ein Foyer und eine Außentreppe zu den Rängen. Dabei wurde es über eine Verbindungsbrücke mit dem Rathaus verbunden (unten rechts eine Ansicht vom Rosenthal aus dem Jahr 1998).

Palmer in der Verfilmung von „*Feuerwerk*", sang „*Oh, mein Papa*" und wurde damit einem breiten Publikum bekannt. Hellmuth Kreitlein, der noch 1949 die Hexe in „*Hänsel und Gretel*" gespielt und gesungen hatte, ging als Tenorbuffo in die USA und machte dort Karriere. In Kaufbeuren gingen im Stadttheater die Lichter aus, die Zeiten des professionellen Theaterbetriebs waren zu Ende. Im selben Jahr 1949 wurde allerdings auch die „Theatergemeinde" in Kaufbeuren neu begründet, deren erster Vorsitzender Carl Ellroth wurde - bereits im „Dritten Reich" hatte er als „Kulturwart" eine ähnliche Position bekleidet. Die Aufführungen wurden vom „Schwäbischen Landesschauspiel" aus Memmingen unter seinem Intendanten Erich Schmidt bestritten; das qualitativ hervorragende Theater, das das Ensemble zu bieten hatte, entsprach jedoch nicht dem Geschmack des Kaufbeurer Publikums, das dem Startheater oder Häusern in Augsburg und München den Vorzug gab.

Versuche, am Städtischen Gymnasium eine Schulspielgruppe aufzubauen, führten zu ebenso wenig Erfolg wie einzelne Initiativen kirchlicherseits. Im Gegensatz dazu förderte der Lehrer Alois Raab in seinen Puppenspielen junge Talente - weswegen er als „Kasperlesspieler" von vielen verspottet wurde. Als erster wagte es der Heimatvertriebene Rudi Böhm in Neugablonz, Ende der 1950er Jahre eine Jugend-Laienspielgruppe aufzubauen. Als „Katholische Spielgruppe" trat sie auf der Bühne im Pfarrsaal der neugebauten Herz-Jesu-Kirche auf; unter dem Namen „Theater im Turm" spielt diese Gruppe bis heute. Claus Moerstedt, Leiter der Kaufbeurer Volkshochschule und selbst in jungen Jahren Schauspielschüler bei Luise Dumont in Düsseldorf, versuchte 1959 im Stadttheater die Tradition des Laienspiels wieder zu beleben: Zusammen mit einigen Theaterenthusiasten gründete er die Spielgruppe der Volkshochschule, die sich als erstes Stück das anspruchsvolle „*Salzburger große Welttheater*" von Hugo von Hofmannsthal auswählte. Nach monatelangen Proben konnte sich im Stadttheater am 29. März 1960 der Vorhang zur Premiere öffnen. Das Publikum war begeistert, das Haus mehrere Male ausverkauft. Im Jahr darauf inszenierte Claus Moerstedt das zeitgenössische Stück „*Ein Inspektor kommt*". Doch der vielversprechende Anlauf war nur von kurzer Dauer: Der Versuch, „*Ismene*", ein Stück aus eigener Feder, auf die Bühne zu bringen, scheiterte an Besetzungsschwierigkeiten und nicht zuletzt auch am Desinteresse seitens der Stadträte - die gerade erst geborene Spielgruppe der Volkshochschule löste sich wieder auf.

Nach dem Rathausbrand im Jahre 1960 entschloß sich die Stadtverwaltung zu einem Neu- und Erweiterungsbau ihrer Amtsräume, bei dem das ganze Häuserviertel hinter dem Rathaus bis hinunter zum Stadttheater im Rosental der Spitzhacke zum Opfer fiel. Auch das Stadttheater war in die Abriß-Überlegungen einbezogen worden und sollte einer modernen Mehrzweckhalle weichen. Doch die Denkmalschutzbehörde vereitelte diese Pläne und stellte stattdessen zusammen mit der Regierung von Schwaben beträchtliche Zuschüsse zu einer umfassenden Renovierung in Aussicht. In den folgenden Jahren wurde ein neues Treppenhaus mit Foyer angebaut, das einen Durchgang zum neuen Rathaus hatte. Weniger glücklich war die Renovierung des Bühnenraumes: Der Schnürboden wurde aufgegeben und mit einer Holzdecke geschlossen; den schrägen Bühnenboden flachte man ab, und die Rampenbeleuchtung mit ihrem weichen, fließenden Licht wurde durch Scheinwerfer, die von hinten und von der Seite hartes Licht auf die Bühne strahlten, ersetzt. Durch den Orchestergraben wurde ein Heizungsschacht aus Blech geführt, der eine Nutzung für musikalische Aufführungen unmöglich machte. Immerhin wurde der alte Vorhang, den man seit Jahren am Schnürboden vergessen hatte, wiederentdeckt und restauriert. Es stellte sich heraus, daß er der älteste figürlich bemalte Theatervorhang in Deutschland ist, der noch benutzt wird.

Epilog - oder Prolog für ein neues Kapitel Theatergeschichte?

In den vergangenen 30 Jahren blühte wieder viel Neues im Kaufbeurer Theaterleben auf. Ein Beleg dafür, daß in den Bürgern dieser Stadt noch immer etwas von der alten Leidenschaft brennt. Es entstanden mehrere sehr aktive Laienspielgruppen mit den unterschiedlichsten Schwerpunkten und Interessen in ihrer Spielplangestaltung: Ob nun das „Theater Kaufbeuren", die Gruppe „Spot", die „Kulturwerkstatt" mit ihren verschiedenen Untergruppen, den „Burgspielverein Kemnat" oder die Schulbühnen der Marienschulen und des Jakob-Brucker-Gymnasiums - sie alle präsentieren in unregelmäßigen Abständen ihre Inszenierungen auf den verschiedensten Spielstätten ihrem Publikum. Besonders erfreulich ist, daß durch die „Kulturwerkstatt" die Jugend für das Theaterspiel begeistert wird und mit Kreativität und Frische eine breite Palette von Stücken inszeniert, die vom improvisierten Kinderspiel über anspruchsvolles Jugendtheater und Musicals bis hin zu Shakespeare und Brecht reicht. Der alten „Bürgerlichen Agentengesellschaft" in Mitgliederzahl und ihren Freilichtaufführungen vergleichbar sind die im Kaufbeurer Stadtteil Kemnat 1987 gegründeten „Burgspiele", denen es erstmals in Kaufbeuren gelungen ist, mit ihren Freilichtstücken nach mittelalterlichen Vorbildern viele Tausende von Zuschauern anzulocken und für das Theater zu begeistern. Am Ende dieses Kapitels muß also kein Epilog, sondern kann eher ein Prolog stehen: Die jahrhundertealte urbane Leidenschaft lebt in Kaufbeuren immer noch und wieder neu in der Freude und Liebe zum Theater!

LITERATUR

Neben den im Stadtarchiv Kaufbeuren nahezu lückenlos vorhandenen Theaterzetteln vom Ende des 18. Jahrhunderts bis zu Beginn des 20. Jahrhunderts wurde hauptsächlich benutzt: BRETT-EVANS, D., Von Hrotsvit bis Rolz und Gengenbach. Eine Geschichte des mittelalterlichen deutschen Dramas, Band 1, o.O. 1975; HEYDECKER, O., Lebensreise im Komödiantenwagen, München o.J.; KACZYNSKI, R., Kirche, Kunstsammlung und Bibliothek des Herzoglichen Georgianums, München 1994; KNUDSEN, H., Deutsche Theatergeschichte, Stuttgart 1959; MEGGLE, M., Anmerkungen zu den Jesuiten und ihrem Theater von 1716 bis 1773 anhand der Kaufbeurer Periochensammlung, Kaufbeuren 1987; MEGGLE, M., Das Kaufbeurer Jesuitentheater. In: KGBl 12 (1990/92), S. 55-64; METZLER, A., Kaufbeurer Passionsspiel 1562, Kaufbeurer Osterspiel. Textausgabe mit Einleitung und Spielerbiographien, Augsburg 1994; MEZGER, W., Narrenidee und Fastnachtsbrauch. Studien zum Fortleben des Mittelalters in der europäischen Festkultur, Konstanz 1991; MICHAEL, FR., Geschichte des deutschen Theaters, Frankfurt a.M. 1989; RAAB, A., Das Kaufbeurer Puppentheater in Vergangenheit und Gegenwart. In: KGBl 11 (1987/89), S. 239-246; RING, T., Das Theaterleben in der Reichsstadt Kaufbeuren vom 16. Jahrhundert bis 1805. In: KGBl 13 (1993/95), S. 330-337 und S. 401-412; SCHMID, HANSH., Christian Jakob Wagenseil 1756-1839. Ein Beitrag zur Literatur- und Geistesgeschichte Süddeutschlands, Kempten 1959; VASTERLING, H., Das Theater der freien Reichsstadt Kaufbeuren, Braunschweig 1934; WEIKMANN, M., Kaufbeuren und sein Theater, Kaufbeuren 1971.

ANMERKUNGEN

[1] Vgl. Brett-Evans, Mittelalterliches deutsches Drama.
[2] Vgl. Kaczynski, Kirche.
[3] Metzler, Passionsspiel, S. 148.
[4] Ebd., S. 169; 171f.
[5] Ebd., S. 188.
[6] Ebd., S. 9-11.
[7] Der Name des Künstlers ist unbekannt; in der kunstgeschichtlichen Literatur wird er „Meister des Riedener Altars" nach seinem bekanntesten Werk, das für die Kirche in Rieden bei Füssen angefertigt wurde, genannt. Daß die Tafelbilder für das Franziskanerinnen-Kloster Kaufbeuren gemalt wurden, gilt als sicher.
[8] Bayerische Hauptstaatsbibliothek München, L. eleg. m. 736/1.
[9] Die Titel dieser Dramen lauten (in Klammern ihr Entstehungsjahr): Pamachius (1538), Mercator (1540), Hamanus (1543), Hieremias (1551), Judas Iscarotes (1552).
[10] Zitate aus den Ratsprotokollen (StadtA KF, B 4/...) werden im folgenden nicht eigens nachgewiesen.
[11] Edition: Metzler, Passionsspiel. Die Originalhandschriften befinden sich in der Württembergischen Landesbibliothek Stuttgart (Sign.: Cod. poet. et. phil. 4 133) und in der Universitätsbibliothek Augsburg (Sign.: Cod. III. 2. 4 5).
[12] Die Gedenkbücher befinden sich im Stadtarchiv Kaufbeuren; mit ihrer Niederschrift wurde im Jahr 1687 begonnen, sie berichten aber über die Aktivitäten der Agentengesellschaft vor diesem Jahr im Rückblick. Zitate aus den Gedenkbüchern werden im folgenden nicht eigens nachgewiesen.
[13] Eine Ausnahme gab es im Jahr 1699: „*David Bachschmid, Ottmar Bachschmids des Zinngießers und Vorgesetzten Söhnchen, agierte im 7ten Jahr seines Alters mit allgemeiner Verwunderung in etlichen Comoedien ungemein, weswegen er aus besonderer Gunst der Gesellschaft einverleibt wurde.*" (Gedenkbuch)
[14] Vgl. Josef Sieber, Die Pfarrer von St. Martin in Kaufbeuren, Kaufbeuren 1930, S. 11f.
[15] So geschehen Weihnachten 1631 und Lichtmeß 1642. Wolfgang Ludwig Hörmann von und zu Gutenberg schreibt in seiner „Sammlung der merkwürdigsten Geschichten das Kirchen- und Religionswesen in der H.R. Reichsfreyen Statt Kauffbeuren betreffend" (EKA, Anlage 133), daß die Jesuiten in jener Zeit auch im evangelischen Predigthaus Aufführungen dargeboten hätten; dafür gibt es sonst jedoch keine Belege.
[16] Die „Ordnungen und Artikel" sind im vollen Wortlaut abgedruckt bei Vasterling, Theater; das Original befindet sich im Stadtarchiv Kaufbeuren (StadtA KF, B 20/948). Die Zitate aus den „Ordnungen und Artikeln" werden im folgenden nicht eigens nachgewiesen.
[17] Ein Telaro (von ital. tela = Leinwand) ist ein Prismapfeiler, dessen drei Seiten die Möglichkeit bieten, sie unterschiedlich zu bemalen oder zu behängen. Stellte man links und rechts der Bühne mehrere Telarisäulen auf, konnte man, wenn man auch den hinteren Abschlußprospekt dazu aufrollte, durch Drehung das Bühnenbild in wenigen Augenblicken verwandeln. Diese Technik kam in Italien kurz vor 1600 in Gebrauch.
[18] Im Jahr 1722 führten sie etwa das Stück „Die trostvolle Zufluchtsburg" in der St. Cosmas und Damian-Kapelle auf.
[19] Der Schwörfohler ist die Bürgerstube im 1. Stock des Tanzhauses, also der ursprüngliche Spielort der Comoedianten.
[20] So anläßlich der Aufführung des Stückes „Die Kriegsgefangenen oder große Begebenheiten aus kleinen Ursachen" am 23. und 25. Januar 1778.
[21] Francesco Riccoboni, L'Art du thèatre, Paris 1750; das Werk wurde von Gotthold Ephraim Lessing ins Deutsche übersetzt.
[22] Wagenseil schrieb selbst zwölf Dramen, drei Singspiele, neun Gedichtbände und einen Roman; daneben verfaßte er auch theaterpädagogische Schriften und gab ein evangelisches Gesangbuch für die Reichsstadt Kaufbeuren heraus. Vgl. Schmid, Wagenseil, sowie die Ausführungen über Wagenseil in den Kapiteln Literatur-, Musik- und evangelische Kirchengeschichte.
[23] Der Schriftsteller und Publizist Schubart (1739-1791) war von 1777 bis 1787 aufgrund seiner freiheitlichen, gegen das Ancién Regime gerichteten schriftlichen Äußerungen auf der Veste Hohenasperg in Württemberg inhaftiert.
[24] Der Schauspieler und Theaterdirektor Ekhof (1720-1778) bemühte sich um die Reform des deutschen Theaterwesens in aufklärerischem Sinne. Sein Schüler Iffland (1759-1814) vertrat einen rationalen, psychologische Details herausarbeitenden Darstellungsstil und verfaßte rund 60 Theaterstücke.
[25] Anläßlich der Aufführung von August von Kotzebues Stück „Sonnenjungfrau".
[26] Prolog, gehalten bey der Eröffnung des neuen Theaters der dramatischen Liebhaber-Gesellschaft in Kaufbeuren, gehalten von Frau A. R. Meyer; abgedruckt bei Weikmann, Theater.
[27] Vgl. Weikmann, Theater.
[28] Abgedruckt auf dem Theaterzettel zu „Die eifersüchtige Frau oder Der Wunderdoktor in Schlesien" vom 22. Oktober 1826 (in Privatbesitz).
[29] Auf einem Theaterzettel vom 1. Januar 1830 (in Privatbesitz).
[30] Das Original befindet sich in Privatbesitz.

Jürgen Kraus
Von Philipp Jakob Baudrexel zu Ludwig Hahn

Kaufbeurer Komponisten und Anmerkungen zur städtischen Musikgeschichte

Eine Kaufbeurer Musikgeschichte ist bisher nur ansatzweise vorhanden. Es ist Arthur Groß zu verdanken, daß mit seiner Zulassungsarbeit aus dem Jahr 1961 eine erste erschließende Bearbeitung vorliegt. Aber das ist nicht der einzige Grund, warum diesem Thema der Kaufbeurer Stadtgeschichte eine eher anregende Bedeutung zukommt. Es ergab sich ganz einfach die Notwendigkeit eines zusammenfassenden Überblickes, der den Leser nicht mit musikwissenschaftlichen Einzelheiten und musiktheoretischer Vielfalt belastet. Folgerichtig steht also die biographische Würdigung jener in Kaufbeuren geborenen oder tätigen Komponisten im Vordergrund, deren Werke überliefert sind. Ähnliches gilt für die bürgerliche Musikkultur der Stadt: Auf ihre Erscheinungsformen kann nur in exemplarischer Weise hingewiesen werden.

In vielfacher Hinsicht ist die Musikkultur der freien Reichsstadt mit der Kaufbeurer Theatertradition verknüpft. Sie fand besonders in der Pflege des religiösen Singspiels durch die Jesuiten einen vielseitigen Entfaltungsraum. Aber der bedeutendste frühe Höhepunkt Kaufbeurer Musikpflege ist einem Glücksfall zu verdanken, der die Stadt beizeiten sehr eng in eine der folgenreichsten Perioden der Musikgeschichte eingebunden hat. Den Zeitgenossen, vor allem des protestantischen Bekenntnisses, konnten die Konsequenzen dieser Entwicklung im anteilnehmenden Erleben begreiflicherweise nur andeutungsweise bewußt werden.

Zu Beginn des 17. Jahrhunderts setzte in Italien eine Entwicklung ein, die der Kirchenmusik weltliche Stilformen zuführte. Sie löste sich vom liturgischen Dienst, nutzte musikdramatische Gestaltungsmittel und schuf mit den Gattungen des Oratoriums und der Kantate theatralische Musikformen belehrender Inhalte. Renaissance-Polyphonie und Gregorianik traten hinter diesen „stile moderno" oder „stile concertato" zurück, der vor allem von betonten Rhythmen und effektvollen Harmoniewechseln bestimmt wurde.[1]

Die Jesuiten erkannten den propagandistischen Wert dieser konzertanten Musik, die besonders den Hörgewohnheiten der jüngeren Generation entgegenkam. Die melodische Eindringlichkeit und dramatische Kraft des „stile moderno" stellte der traditionellen Kirchenmusik eine wirkungsvolle Alternative entgegen. In Kaufbeuren erlebte diese neue Stilform, die im ausgehenden 17. Jahrhundert für die europäischen Komponisten - auch Händel und Bach - vorbildlich blieb, eine erste Blütezeit nördlich der Alpen.

Ein musikalischer Neuerer stadtübergreifender Bedeutung: Philipp Jakob Baudrexel

Philipp Jakob Baudrexel, 1627 als Sohn eines Schulmeisters in Füssen geboren, besuchte die dortige Klosterschule und erhielt hier auch frühen musikalischen Unterricht. Seine außergewöhnliche Begabung wurde beizeiten auffällig. Johann Rudolf von Rechberg, Dekan des Domstifts Eichstätt und Augsburger Domherr, förderte den jungen Mann, entsandte ihn zu einem Studienaufenthalt nach Rom und sorgte 1644 für seine Aufnahme in das Alumnat des Collegium Germanicum. Neben dem Theologiestudium nahm er Kompositionsunterricht und schloß 1651 seine Studienzeit als geweihter Priester und Doktor der Theologie ab.

Baudrexel hatte das Glück, am Collegium einen vorzüglichen Musiklehrer vorzufinden: Giacomo Carissimi (1605-1674) übernahm 1630 das Kapellmeisteramt an der Kirche San Apollinare, die zum Collegium Germanicum gehörte. Seine liturgische Musik ist nahezu vergessen, aber seine Oratorien und Kantaten zählen unter die bedeutendsten italienischen Werke seiner Zeit. Sie sind alle dem „stile moderno" verpflichtet, verzichten jedoch auf instrumentale Effekte.[2] Carissimis Kompositionsstil blieb für Baudrexel lebenslang die Grundlage des eigenen Schaffens. Mit anderen ausländischen

Schülern Carissimis wie Johann Kaspar Kerll (1627-1693) oder Marc-Antoine Charpentier (1636-1704) überschritt diese zeitgenössische Kirchenmusik zum ersten Male die Grenzen Italiens.

Sein Gönner Rechberg, Domprobst in Augsburg, berief Baudrexel 1651 unter die Gruppe der „Vierherrn" des Domstifts. Am 18. September 1654 bewarb sich Philipp Jakob Baudrexel um die vakante Pfarrstelle der Kaufbeurer St. Martins-Kirche. Seine dortige Tätigkeit ist untrennbar mit den konfessionellen, sozialen und politischen Verhältnissen in der freien Reichsstadt nach dem Westfälischen Frieden verknüpft: Mit der Rückkehr der Jesuiten nach Kaufbeuren am 17. Februar 1652 verschärfte sich der konfessionelle Gegensatz. Dr. Ulrich Wall, seit 1633 Pfarrer von St. Martin, verhielt sich ihnen gegenüber distanziert. Er starb 1654, und Baudrexel bewarb sich um die Nachfolge. Der Kaufbeurer Rat, evangelisch dominiert, stand dieser Bewerbung mit etlichen Vorbehalten gegenüber. Er fürchtete jesuitischen Einfluß und damit folgenreiche Störungen des Religionsfriedens. Die Sorge war berechtigt: Nach Baudrexels Amtseintritt am 24. November 1654 folgten Jahre ständiger konfessioneller Konfrontation.

Der 27jährige ließ nicht selten geistige Umsicht vermissen. Im September 1655 ängstigte er den 17jährigen Kaspar Schradt mit den Worten: *„Ob Er, wann seine kheinnüzige [nichtsnutzige, weil evangelische] Mutter wolle zum teufel fahren, daß auch thun wolle."*[3] Auf diese Weise beunruhigte er auch die katholischen Räte, die einstimmig der Meinung waren, *„es sey nit werth, daß man wegen dieser 2 Buoben [Kaspar und sein 12jähriger Bruder] das maul auff tue, der Herr Dr. soll deßwegen zufrieden sein und soll man nicht gedenkhen, daß deßentwegen zwischen ihnen und Evangelischen einige Uneinigkeit entstehen solle."*[4] Es gibt also Anzeichen, daß Baudrexel nicht zurückschreckte, einen provozierenden gegenreformatorischen Eifer zu entfalten, der gelegentlich bei den eigenen Gemeindemitgliedern auf Unverständnis stieß.

Bleibende Verdienste erwarb sich Baudrexel dagegen in der Organisation der Kirchenmusik zu St. Martin. In dieser Hinsicht fand er bescheidene Verhältnisse vor, und es dürfte ihm nicht leicht gefallen sein, unter seinen 600 Gemeindemitgliedern einen Kirchenchor heranzubilden, der den Ansprüchen des Carissimi-Schülers gerecht werden konnte. Auch seine instrumentalen Anforderungen waren zunächst gewöhnungsbedürftig. Der Einsatz von Trompeten und Posaunen in der Kirche dürfte manchem Gläubigen als Gotteslästerung erschienen sein. Aber der „stile moderno", in seiner feierlichen, geradezu monumentalen Prachtentfaltung, wurde mit dem Chor von St. Martin über die Grenzen der Stadt hinausgetragen.

Diese erfolgreiche Kirchenmusikpflege ließ wohl in Baudrexel den Entschluß reifen, eine Sammlung seiner Kompositionen herauszugeben. Sie erschien unter dem Titel „Primitiae (Erstlinge) Deo et Agno coelestis hierarchiae cantatae" 1664 im Selbstverlag in Innsbruck. Insgesamt umfaßt diese Ausgabe 22 Titel, darunter zwei Messen, zwei Totenmessen und zwei Te Deum.[5] In der Kompositionstechnik folgte Baudrexel dem Vorbild seines Lehrers. Das „Te Deum C-Dur" für zwei vierstimmige Chöre - jeder mit eigenem continuo - und zwei Streicherstimmen ist ein Musterbeispiel für den klaren, homophonen Aufbau mit kühn fortschreitender Harmonik, der den „stile moderno" charakterisiert.

Das Titelblatt der „Primitiae"

Vier Jahre später gab er mit Unterstützung des Fürststifts Kempten die „Psalmi Vespertini" für den Gottesdienst am Nachmittag heraus; sie bilden mit den „Primitiae" die einzigen überlieferten Zeugnisse von Baudrexels Komponistentätigkeit. Neben der Kirchenmusik wurde er auch für das Jesuitentheater als Komponist tätig. In den Diarien der Kaufbeurer Jesuiten sind einige Aufführungen musikdramatischer Werke nach 1661 vermerkt.[6]

Auffällig in Baudrexels Kaufbeurer Zeit ist seine geradezu hektische Unrast des Reisens, die der Einschätzung eines gemeindeverbundenen Seelsorgers durchaus widerspricht. Die verwaiste St. Martins-Kirche überließ der Dekan während seiner Abwesenheit den Jesuiten. Die Vermutung liegt nahe, daß der ehrgeizige Priester und Chorregent neue Anknüpfungspunkte für seine Karriere suchte. Baudrexel brachte aus Rom sicherlich eine andere Lebensidee mit als die, Pfarrer einer Provinzgemeinde zu sein. 1672 gab er schließlich seine Pfarrstelle in Kaufbeuren auf. Die Gründe sind unklar, dürften aber auf das eben Erwähnte sowie auf etliche Schwierigkeiten mit der eigenen Gemeinde zurückgehen. Er folgte einem Ruf des Fürstabtes nach Fulda, war dort bis 1678 als Hofkaplan und Leiter der Hofmusik tätig und wurde schließlich an den Hof des Kurfürsten Heinrich von Metternich in Mainz empfohlen. Dort erreichte er als Hof- und Domkapellmeister seinen beruflichen Höhepunkt. 1691 endete das Leben des unbequemen Philipp Jakob Baudrexel, der vermutlich darunter zu leiden hatte, daß es ihm nie mehr gelang, an die schöpferischen Erfolge seiner Kaufbeurer Zeit anzuknüpfen.

Von einem Zeitgenossen Baudrexels, der als Komponist ehrenvoll erwähnt wird, sind leider keine Werke erhalten. Das rechtfertigt die Entscheidung, Joseph Magg (1630-1705) nur eine kurze biografische Zusammenfassung zu widmen.[7] Joseph Magg, 1630 in Kaufbeuren geboren und in den Schrecknissen des Dreißigjährigen Krieges aufgewachsen, erhielt seine erste musikalische Ausbildung als Singknabe von St. Martin. Am 10. Juni 1656 wurde er in Ottobeuren zum Priester geweiht und wirkte zwischen 1662 und 1668 als Pfarrer in Niederrieden. Von 1678 bis zu seinem Tod bekleidete er das Amt eines Chorregenten des Klosters Ottobeuren. Schylz bezeichnet ihn in seiner Ottobeurer Chronik als *„Musicae quasi alter fundator"* - gleichsam zweiter Gründer der Musik. Mit diesem Ehrentitel ist Magg als musikalischer Neuerer ausgewiesen, der die Impulse des italienischen Musikdramas aufnahm. Er komponierte für Ottobeuren die erste Figuralmesse, eine moderne Gattung liturgischer Festlichkeit, die in ihrer bewegten Melodik und ungewöhnlichen Instrumentierung manchen Kirchenbesucher etwa so irritierte, wie es im 20. Jahrhundert mit der Einführung der Jazz-Harmonik, des Saxophons und des Schlagzeugs geschah.

Gegen Ende des 17. Jahrhunderts wandelten sich auch in den Klöstern die musikalischen Traditionen. Chor und Orchester wurden zunehmend in die dramatischen Tendenzstücke belehrenden Inhaltes eingebunden. In Ottobeuren förderte vor allem der Abt Gordian Scherrich (1688-1710) die neuen Gattungen des Singspieles, der Kantate und des Melodrams. Sein Chorregent Joseph Magg dürfte etliche dieser Theaterkompositionen geschrieben haben, obgleich nur der Titel eines einzigen Stückes überliefert ist. Der aus Kaufbeuren gebürtige Joseph Magg starb nach 49 Priesterjahren am 4. Januar 1705 in Ottobeuren.

Kirche und Theater: Musikpflege in St. Martin in der ersten Hälfte des 18. Jahrhunderts

Gemessen an der dürftigen Quellenlage, die der Bearbeiter vorfindet, kann der Kirchenmusikpflege in der St. Martins-Kirche für die erste Hälfte des 18. Jahrhunderts kein sonderlich gutes Zeugnis ausgestellt werden. Unter den Chorregenten der Kirche ist bis auf eine Ausnahme keine Persönlichkeit zu finden, die das Mittelmaß der Brauchbarkeit überschreitet. Immerhin erlangte ein Schüler des Chorregenten Johann Michael Biber (von 1675 bis 1723 tätig) als Komponist einige Bedeutung: Ignatius Josephus Höß, am 2. Oktober 1695 in Kaufbeuren geboren, erhielt nach seiner Profeß in Irsee ein Lehramt an der Freisinger Benediktinerabtei. Er wird als *„Physices Professor und Komponist einer Schuloper"* erwähnt.[8] Erste Anregungen zur Komposition von Singspielen dürfte er bei den Kaufbeurer Jesuiten erfahren haben. 1721 komponierte er für das Schauspiel *„Herrlicher Sig der Jungfrau und Martyrin wider die Lieb und Tyrannei"* einige *„Modulos Musicos"*, also Einlagenstücke. Pater Rupert Höß - so sein Ordensname -, der als *„natus musicus, organista und componista"* gewürdigt wurde, war kein langes Leben vergönnt. Er starb am 23. Oktober 1733 als Professor der Benediktiner-Hochschule in Salzburg.

Eine ungewöhnliche Erscheinung im Musikleben von St. Martin und des Jesuitentheaters war Hans Ulrich Pfleger (1674-1753). Der gelernte Bortenmacher und deutsche Schulmeister besorgte zwischen 1700 und 1717 den Organistendienst in St. Martin, avancierte 1717 zum Ratsherren, 1721 zum Stadtbaumeister und komponierte zwischen 1716 und 1733 zahlreiche Vorspiele, Zwischenmusiken, Chöre und Lieder zu mindestens elf Schulspielen.[9] Über das Ausmaß seiner musikalischen Begabung schweigen sich die Quellen jedoch leider aus. Genaueres - wenn auch Unerfreuliches - ist dagegen von dem Chorregenten Joseph Baumeister (von 1728 bis 1749 im Dienst) bekannt: Er scheint die Kirchenmusik in St. Martin geradezu ruiniert zu haben. In einer Eingabe an die katholischen Ratsmitglieder vom 5. Mai 1749 weisen 31 Bürger darauf hin, *„wie klein und schlecht nicht hier selbst die Music floriert"*.[10] Sie setzten sich für die Anstellung des deutschen Schulmeisters Nicolaus Viola ein, unter anderem mit der Begründung, daß viele katholische Eltern ihre Kinder zur musikalischen Erziehung „*in die frembde*" schicken müssen. Der sich daraus ergebende Steitfall um die Nachfolge Baumeisters nahm geradezu groteske Züge an: Baumeister heiratete am 29. April 1749 in dritter Ehe Franziska Wankmüller und starb drei Tage später. Am 2. Mai, seinem Todestag, bewarb sich Viola um die Stelle. Am Nachmittag des gleichen Tages forderte Baumeisters Witwe das Recht, auf die Stelle zu heiraten. Sie präsentierte auch sofort ein heiratswilliges Subjekt, den Kammerdiener des Prälaten von Irsee, Carl Schindele, der mit einem Empfehlungsschreiben seines Dienstherren erschien.[11] Für das Amt eines Organisten in St. Martin stand in dieser Zeit also nicht die berufliche Qualifikation im Vordergrund, sondern männliche Geistesgegenwart, die Versorgungsansprüche einer Witwe zu befriedigen. Ähnliches widerfuhr Georg Friedrich Händel 1703 und Johann Sebastian Bach 1705, die nur dann in den Genuß der Lübecker Organistenstelle gekommen wären, wenn sie es übers Herz gebracht hätten, die zehn Jahre ältere Tochter des Kantors Buxtehude zu heiraten. In dem über Dutzende von Seiten protokollierten Kaufbeurer Streitfall konnten sich schließlich die Bürger zugunsten Violas durchsetzen.

Viola gelang es nach 1749, die Kirchenmusik in St. Martin zu reorganisieren, und bis 1767 übernahm er zusammen mit seinem Organisten Andreas Huber die musikalische Betreuung des Jesuitentheaters, das seit 1733 über ein eigenes Spiellokal verfügte. Von ihrem kompositorischen Werk ist allerdings nichts erhalten geblieben.

Die protestantische Kirchenmusik

Das Archiv der Dreifaltigkeitskirche verfügt gegenwärtig über eine bedeutende Sammlung handschriftlicher Musikalien aus der ersten Hälfte des 18. Jahrhunderts, die, wie sich nachweisen läßt, vor dem Kirchenumbau 1820/22 noch wesentlich umfangreicher war. Sie wurde von zwei Organisten zusammengetragen, die zwischen 1732 und 1789 das Musikleben der evangelischen Gemeinde geprägt haben: Matthäus und Martin Schweyer. Matthäus Schweyer (1686-1743), ein vielseitig talentierter deutscher Schulmeister, erhielt als Schüler des Oberpfälzer Organisten Speth eine vorzügliche musikalische Ausbildung. 1732 ernannte ihn der Rat zum Stadtmusikanten, 1735 übernahm er das Amt des Musikdirektors der Kirche. Er bemühte sich sofort, die Orgel Daniel Hayls aus dem Jahr 1605 durch einen Neubau zu ersetzen, den der Kaufbeurer Orgelbauer Baptist Cronthaler vornahm. Mit der neuen Orgel, deren Kosten sich auf 1.000 Gulden beliefen, stand Schweyer ein „*schön und artig Werk*" zur Verfügung, das auch für das Ensemblespiel mit Blasinstrumenten geeignet war. Für die „Jubelfeste" der evangelischen Gemeinde 1717 (Thesenanschlag)[12] und 1730 (200. Gedenktag der Confessio Augustana) komponierte Schweyer die Festkantaten. Zwischen 1737 und 1741 sind etliche seiner Kompositionen - darunter fünf Kantaten - in einem Katalog seines Sohnes überliefert. Bisher steht eine intensive musikwissenschaftliche Bearbeitung des Bestands im evangelischen Kirchenarchiv noch aus.

Matthäus Schweyer starb 1743. Sein 17jähriger Sohn, zu diesem Zeitpunkt in Augsburg mit seiner pädagogischen und musikalischen Ausbildung beschäftigt, war bereits für seine Nachfolge vorgesehen. Martin Schweyer (1726-1789) übernahm die Leitung der Kirchenmusik bereits am 18. März 1745. 1748 besorgte er eine „Vorstellung" und einen Druck der Passionsandachten des norddeutschen Dichters Heinrich Brockes (1680-1747) „*in Composition Telemanns*", desweiteren Bittgebete (1749, 1753, 1755), auch Arien zu Hochzeiten.[13] 1751 legte er dem Konsistorium eine Bestandsaufnahme vor, der er den Titel gab: „*Catalogus aller Gedruckten und Geschriebenen Musicalien wie auch aller Instrumenten so der Evangel. Kirche zur H. Dreyfaltigkeit gehören. Auf Befehl meiner Hochgebietenden Herren und Obern deutlich beschrieben von Martin Schweyer D.C.M. [Director Choris et Musici] Anno 1751 d. 23. Jan.*"[14] In eigenwilliger Systematik gibt er einen Überblick über den Notenfundus der Dreifaltigkeitskirche. Seine Kommentare lassen die Werturteile eines protestantischen Organisten im Jahr 1751 erkennen: „*1. Gedruckte Musicalia - Sind gar alte Stücke, und werden solche bey jezigen Zeiten sich schwerlich dörffen hören laßen. 2. Gedruckte Lateinische Musicalia [u.a. Rathgeber, Spieß, Pez, Fischer, Buttstett] NB: Alle diese Lateinische[n] Stücke sind schon bei 13 Jahren her nicht produciret worden, Theils wegen der lat. Sprache und schlechter Erbauung. Theils aber wegen schlechter und einfältiger Komposition. 3. Geschriebene gute Musicalien [u.a. Fasch, Telemann, Stölzel] Durch diese gute und wohlausgearbeitete Stücke ist meinen Musicis erst ein helles Licht aufgegangen, sonsten sie wohl noch in der alten und dicken musicalischen Finsternuß stecken würden.*" Dem jungen Schweyer ist diese moderne protestantische Kirchenmusik wohl in Augsburg vertraut geworden. Ein konzertanter Satz, der sich an weltlichen Vorbildern orientierte, war der Kaufbeurer Gemeinde ungewohnt. Seine Aufzählung erwähnt auch fünf Kantaten von Johann Sebastian Bach, allerdings meist „*in Partitur*".[15] Sie dienten wohl Studienzwecken, denn es dürfte zweifelhaft sein, ob seine Musiker den darin enthaltenen technischen Schwierigkeiten gewachsen waren. Es ist allerdings bemerkenswert, wie umfangreich die Instrumentensammlung der Kirche war. Neben etlichen „*guten*" und „*schlechten*" Streichinstrumenten umfaßte sie *„2 Oboen, 2 Oboen d'amour, 2 Flauti dolci, welche aber nicht accurat zur Orgel stimmen, 2 Fagotti, Ein Paar Trompeten, so aber gar schlecht und könnten fast nicht miserabler seyn, 2 Corni, Ein Paar Pauken, welche aber so elend, daß man solche fast nicht mehr hören lassen darf."* Martin Schweyer starb 1789 nach 44 Dienstjahren. Als einzige seiner Kompositionen blieb eine Kantate erhalten: *„Die [Kantate zum Tag] S. Jacobi à 2 Oboes o Flauti dolci, 2 Violini, Viola, 4 Voces con Organo et Violoncello di Schweyer composee Anno 1752"*. Dieses vortreffliche kleine Werk verdiente es, entdeckt zu werden.

[Notenbeispiel: Die [zum Tag] S. Jacobi à 2 Oboes o Flauti dolci, 2 Violini, Viola, 4 Voces con Organo et Violoncello di Schweyer composee Anno 1752. Nach einem Original im Evangelischen Kirchenarchiv notiert und bearbeitet von J. Kraus (EKA Musikaliensammlung Karton 4)]

Der Beginn bürgerlicher Musikkultur am Ende der Reichsstadtzeit: Christian Jakob Wagenseil und Johann Georg Steudle

In der zweiten Hälfte des 18. Jahrhunderts gewann das deutsche Singspiel zunehmend an Bedeutung. Es stellte dem kunstvollen Aufbau der italienischen opera seria einfache Formen entgegen: das strophige Lied anstelle der da-capo-Arie, dramatische Handlungsrahmen aus dem bürgerlichen Leben und den gesprochenen Text anstelle des Recitativs. Diese Schauspiele mit Gesang, auch Operetten genannt, bestimmten zunehmend das Repertoire der deutschen Schauspielergesellschaften.

Nach dem Wegzug der Jesuiten 1777 begann in Kaufbeuren auch die Agentengesellschaft A.C. mit der Pflege dieser Stilform. Am 21. Oktober 1781 wurde „Die Jagd" von Johann Adam Hiller (1728-1804) aufgeführt, ein Singspiel, das seit seiner Uraufführung 1770 in Weimar als Vorbild für diese Stilform galt.[16] Diese Erweiterung des Repertoires stand in engem Zusammenhang mit der Theaterreform Christian Jakob Wagenseils. Der spätere Kaufbeurer Kanzleidirektor förderte nicht nur das Musiktheater, sondern überraschte seine Zeitgenossen auch mit kompositorischen Fähigkeiten.

Musikalisches Talent ist in der Familie Wagenseil nicht selten. Rudolph Matthias Wagenseil, der Vater von Georg Christoph Wagenseil (1715-1777), der als bedeutendster Vertreter der Wiener Vorklassik bezeichnet wird und eine nahezu unüberschaubare Anzahl von Werken hinterließ, wurde 1678 in Kaufbeuren geboren. Zwischen dem gefeierten Wiener Komponisten und Christian Jakob Wagenseil liegen zwar mehrere Generationen getrennter Ahnenfolge, aber die verwandtschaftliche Beziehung ist nachweisbar.[17]

Von Christian Jakob Wagenseil sind im Kaufbeurer Stadtarchiv zwei Singspiele überliefert, die mit großem Erfolg auf der Kaufbeurer Bühne ihre Uraufführung erlebten: „Die belohnte Rechtschaffenheit" (1784) und „Der beschämte Geizhals" (1787). Von einem weiteren Schauspiel mit Musik mit dem Titel „Die Hausfreude" ist nur ein Theaterzettel des Jahres 1807 erhalten, dürfte aber mit Sicherheit in Wagenseils Kaufbeurer Zeit entstanden sein. Der ehrgeizige, vielseitig talentierte Kanzleidirektor drängte auch in der Musik zu öffentlicher Wirksamkeit; aber seine Hoffnung, mit seinen Singspielen ein größeres Publikum zu erreichen, erfüllte sich nicht - die „Gombart'sche Musik-Handlung & Notenstecherey" in Augsburg teilte ihm am 24. Februar 1795 mit: *„Wir würden uns ein volles Vergnügen daraus gemacht haben, Ihre Opern zu stechen. Allein wir erfahren sehr wohl, daß ein Verleger wenig Nutzen von solchen Volk[s]stücken im Musikfache habe. Wir sehen uns daher genöthigt, denselben das Manuskript [vermutlich das Singspiel „Der beschämte Geizhals"] wieder ganz und unverletzt zurückezuschicken."*[18]
Der behutsam eingeflochtene Hinweis, daß sich mit *„etwas mehr aber immer ungekünstelter Manichfaltigkeit der Wendungen und leichten Harmonie"* die Qualität der Komposition steigern ließe, dürfte Wagenseil enttäuscht haben. Er hielt sich künftig vom Komponieren fern.

Sehr viel prägender für das Kaufbeurer Musikleben des ausgehenden 18. Jahrhunderts war seine Zusammenarbeit mit dem Lehrer und Musikdirektor Johann Georg Steudle. Steudle, 1762 als Sohn eines Webers in Kaufbeuren geboren, blieb zunächst das finanzielle Elend eines Schulmeisters nicht erspart. Mit der Hilfslehrer-Stelle an der evangelischen Mädchenschule, die ihm 1785 übertragen wurde, waren ihm erste dauerhafte Einkünfte gesichert. Aber erst seine Nebentätigkeiten als Torwächter und Privatlehrer öffneten ihm einen Weg aus der Armut. 1789 trat er die Nachfolge Martin Schweyers als Organist der Dreifaltigkeitskirche an und erhielt schließlich den Titel eines *„Music-Directors"*. 1805 verfaßte er auf Anordnung des Stadtkommissars Michael von Weber die erste überlieferte Beschreibung des Tänzelfestes.

Das Zusammenwirken von Steudle und Wagenseil setzte schon 1790 ein. Nach einem Libretto Wagenseils komponierte Steudle die Musik zu dem Singspiel „Die Liebe für den Kaiser". Im gleichen Jahr vertonte Steudle zwei große Huldigungs-Kantaten Wagenseils: „Traur Music auf den Tod Ihro Kaiserlichen Majestät Josephi des Zweyten" und „Cantate zur Feyer wegen beglückter Kaiserwahl Leopold II." (Aufführung: 24. Oktober 1790).[19] Obgleich Steudles Kompositionen melodisch einfach und harmonisch eher bescheiden sind - mitunter wohl auch aus Rücksicht auf die technischen Fähigkeiten seiner Instrumentalisten - verdiente besonders die zweite Kantate ihre musikalische Wiederbelebung. 1792 stand das Singspiel „Der Ährenkranz" auf dem Programm. Auch der erneute Thronwechsel in Wien im gleichen Jahr wurde musikalisch-festlich gewürdigt: Einer Trauermusik auf den Tod Leopolds II. folgte die Kantate „Zur Feyer des obrigkeitlich verordneten Krönungsfestes seiner Majestät Kaiser Franz II." (aufgeführt am 19. August 1792).

Wagenseil bediente sich der musikalischen Form auch in programmatischer Absicht. Er nahm den Ausbruch des deutsch-französischen Krieges 1794 zum Anlaß, die Kantate „Der Krieg" zu schreiben; eine leidenschaftliche Anklage der Gewalt, die künftige Schrecknisse vorahnend darstellt. Steudle komponierte diese Kantate kraftvoll und dramatisch. Leider ist sie nur im Klavierauszug erhalten.

Auch das letzte Gemeinschaftswerk von Wagenseil und Steudle geht auf die politischen Ereignisse der Zeit zurück: Das Singspiel „Die Bürgerfreude" (aufgeführt am 29. Juni und 2. Juli 1801) feierte das Kriegsende und den am 9. Februar 1801 zwischen dem Reich und Frankreich geschlossenen Frieden von Lunéville.

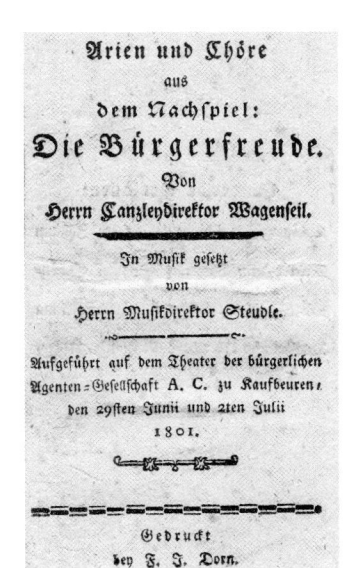

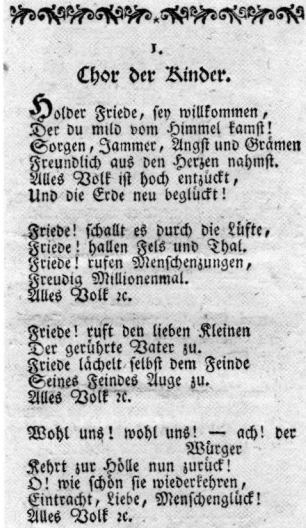

Von Johann Georg Steudle sind in den Folgejahren nur noch zwei Kompositionen bekannt: 1813 entstand ein Singspiel „Nachbar Schmidt" (aufgeführt am 5. Oktober 1813),[20] und 1817 vertonte er eine „Cantate auf das 3. Säcular Reformationsfest" (aufgeführt am 31. Oktober 1817). Dieses Werk widmete er der bayerischen Königin Karoline, die ihm neben einem Dankschreiben auch den bemerkenswerten Geldbetrag von 10 Dukaten zukommen ließ.[21]

Steudle schlug ungewöhnliche Wege ein, um das Kaufbeurer Musikleben zu bereichern. Bereits 1806/07 veranstaltete er gemeinsam mit dem Chorregenten von St. Martin, Johann Georg Löffler (1769-1824), regelmäßig Musikabende im Gasthaus „Zu den drei Königen", die 1809 über die Wintermonate als Abonnements-Konzerte angeboten wurden. Für 16 Konzerte zahlte der Abonnent 4 Gulden. Nach 1816 übernahm diese Konzerttätigkeit ein *Musicalischer Verein*, dessen Einnahme-Überschüsse dem Armenfonds zugute kamen.[22]

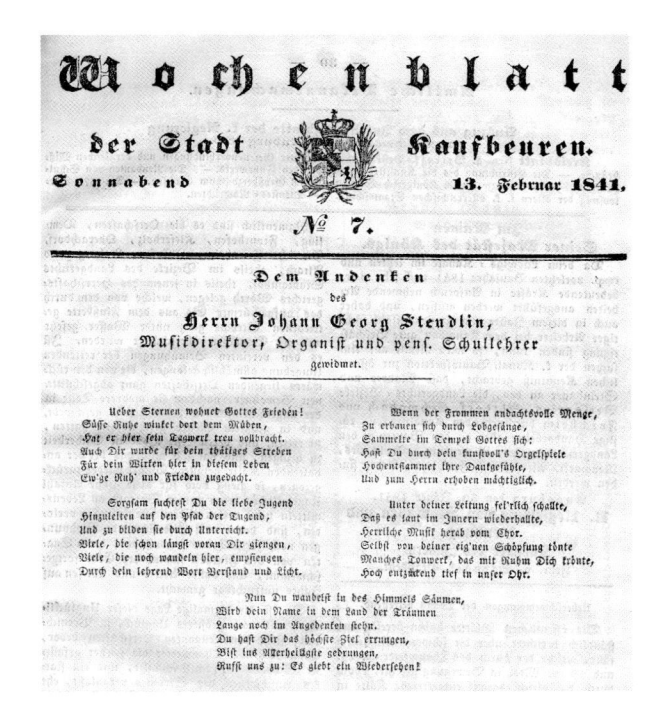

Als Steudle 1841 starb, wurde er auf ungewöhnliche Art gewürdigt. Mit dem „Ludwigsorden" (1836) hatte er zuvor schon eine für die Provinz seltene Auszeichnung erhalten. Aber seine Verdienste um das Musikleben Kaufbeurens sind auch in anderer Hinsicht bedeutsam: Es war ihm gelungen, im kleinen Rahmen seiner Heimatstadt ein neues Bürgerbewußtsein zu schaffen. Der umfassende Erlebnis- und Begegnungsraum der Musik beseitigte zunehmend die religiösen und sozialen Vorurteile. In einer politisch schwierigen Zeit entstand ein gemeinsames Wollen, das sich - mit dem später erwähnten „Liederkranz" - eine dauerhafte Ebene Kaufbeurer Bürgerkultur geschaffen hat.

Ein romantischer Opernkomponist: Franz Xaver Pentenrieder (1813-1867)

Die grobe Recherche bestätigt den Verdacht, daß für Franz Xaver Pentenrieder keinerlei monographische Sekundärliteratur verfügbar ist; sie bestätigt aber die Vermutung, daß es an Primärquellen nicht mangelt. Alfred Goldmann[23] hat zum ersten Mal auf Pentenrieder hingewiesen. Er übernahm im wesentlichen die Angaben aus Hugo Riemanns Musiklexikon, Berlin 1929. In den Folgeauflagen dieses Standardwerkes bleibt Pentenrieder jedoch unerwähnt.

Leonhard Xaver Pentenrieder, der später wohl aus praktischen Erwägungen einen Vornamen tilgte und sich Franz Xaver nannte, wurde am 6. Februar 1813 in Kaufbeuren geboren. Es bleibt unklar, welche Umstände den 1777 in München geborenen Vater Michael Pentenrieder veranlaßten, sich in Kaufbeuren niederzulassen. Auch seine Ehefrau Maria Anna Victoria Schreiber (geboren 1787) entstammt keiner Kaufbeurer Familie. Außer Leonhard Xaver sind keine in Kaufbeuren geborenen Geschwister nachweisbar. Im Jahr 1812 betrieb Michael Pentenrieder in Kaufbeuren eine Gärtnerei und einen Laden „unter dem Weberhaus", in dem er „alle Morgen" Milch verkaufte.[24] 1819 erklärte er sich für insolvent. Sein Anwesen, bestehend aus einem „durchaus gemauerten Wohnhaus, einem Garten von 2 Jauchert und einem Krautluß von 1/10 Jauchert" wurde versteigert.[25]

Es dürfte naheliegend sein, daß die Familie nach diesem geschäftlichen Mißerfolg wieder nach München zurückkehrte, denn Franz Xaver Pentenrieder ist als Singknabe an der Domkirche nachweisbar.[26] Seine musikalische Begabung scheint also frühzeitig entdeckt und gefördert worden zu sein. Anspruchsvollen musikalischen Unterricht erhielt er von dem Musiklehrer Karl Ludwig Drobisch (1803-1854) und dem Komponisten und Chordirektor der Münchner Oper Josef Hartmann Stuntz (1790-1859). Im Alter von zwanzig Jahren wurde Pentenrieder bereits als Hoforganist angestellt, und spätestens ab 1839 ist er als Repetitor der Münchner Oper unter Kapellmeister Franz Lachner nachweisbar;[27] 1844 erhielt er das Kapellmeisteramt an der Ludwigskirche. Als 1853 die Stelle des 2. Kapellmeisters am Hof- und Nationaltheater zur Disposition stand, dürfte sich Pentenrieder Hoffnung auf dieses Amt gemacht haben. Aber ihm wurde Friedrich Wilhelm Meyer vorgezogen.[28]

Neben der Arbeit am Opernhaus blieb Pentenrieder der Kirchenmusik verpflichtet. Zwischen 1835 und 1853 komponierte er zahlreiche Motetten, Messen, Offertorien und Antiphonen. 1864 wurde er schließlich zum Kapellmeister an der Oper ernannt, erscheint aber weiterhin in der Personalübersicht als Repetitor.[29] 1866 hatte er das Unglück, von einer Kutsche überfahren zu werden - ein Unfall, der seine Einlieferung in die Irrenanstalt zur Folge hatte. 1867 wird Pentenrieder in der Personalübersicht nicht mehr erwähnt. Am 18. Juli 1867 starb er in einer Münchner Nervenheilanstalt.

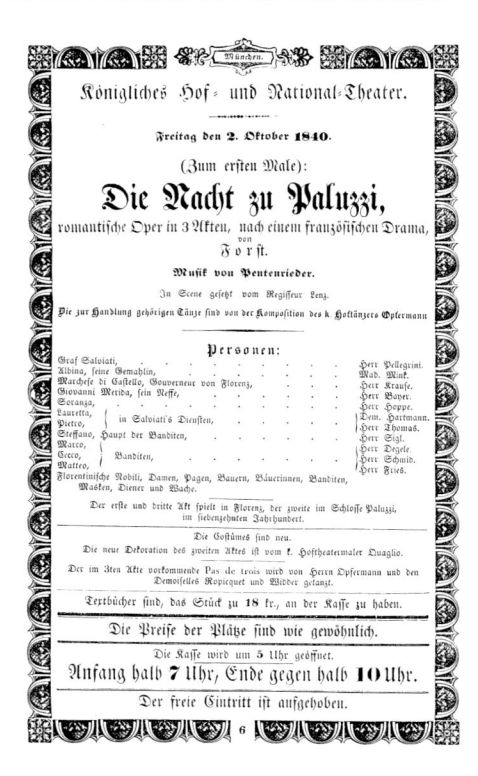

Franz Xaver Pentenrieder stand in dem Ruf, ein talentvoller Musiker, aber auch auch ein seltsamer Kauz zu sein.[30] Erste Erfolge als Bühnen-Komponist sind bereits für das Jahr 1835 bezeugt. Er schrieb die Musik zu dem Ballett „Die reisende Balettgesellschaft".[31] Auch als Einlagen-Komponist trat er ab 1837 mit Liedern, Arien und Quodlibets in Erscheinung. Von seinem Singspiel „Rotkäppchen", ein Märchen nach Tieck, war kein Aufführungsdatum zu ermitteln.[32] Am 2. Oktober 1840 debütierte er als Opernkomponist mit der romantischen Oper „Die Nacht zu Paluzzi", deren Libretto auf ein Melodram „Die Schreckensnacht im Schloß Paluzzi" zurückgeht, das 1826 in Berlin aufgeführt wurde. Die Oper fand begeisterte Aufnahme; in der Allgemeinen Theater-Chronik[33] war zu lesen: „Freitag den 2. October ging zum ersten Male die neue Oper: „Die Nacht zu Paluzzi", das erste dramatische Werk unseres einheimischen Tonsetzers Pentenrieder [...] über die Bühne. Die Musik [...] erwirkte dieser neuen Oper mit wohlverdientem Rechte die beifälligste und vortheilhafteste Aufnahme, welche sich in stürmischen Hervorrufen des Compositeurs nach jedem Acte und am Schlusse der Vorstellung äußerte."

Es ist rätselhaft, warum es Pentenrieder später nie gelang, an den Erfolg dieser Oper anzuknüpfen. Sie war bald im Klavierauszug erhältlich, und ihre Ouvertüre gab der Musikverleger Joseph Aibl orchestergerecht im Druck heraus. Ausgewählte Arien oder der „Banditenchor" erschienen in Einzelausgaben. Das „Trinklied" gehörte zu den „*Münchener Lieblingsstücken der neuesten Zeit*". Seine Oper wurde nicht nur im Nationaltheater etliche Male wiederholt, sondern fand auch in das Repertoire anderer Bühnen Eingang. Die Erwartungen des Publikums an den jungen Komponisten müssen recht hoch gewesen sein. Aber erst sieben Jahre später, am 4. März 1847, ließ er ein Singspiel folgen: „Das Haus ist zu verkaufen". Der „Bayerische Landbote" gewährte ihm eine glänzende Rezension: *„In dieser seiner neuesten Schöpfung hat sich der bereits rühmlichst bekannte, unter uns weilende Komponist abermals als Meister bewährt, um so mehr als er hier sich zuerst der komischen Tondichtung zuwandte und uns in jeder Nummer seine Fertigkeit im Schaffen leichter, ansprechender, melodienreicher Musikstücke bewies."*[34]

Nach einer Wiederholung verschwand dieses Singspiel jedoch vom Spielplan des Theaters. Es wurde trotz allen Wohlwollens kein Erfolg. Pentenrieder trat daraufhin als Bühnenkomponist nicht mehr in Erscheinung, sondern wandte sich wieder der Kirchenmusik zu. Er komponierte für die bürgerliche Musikkultur nur noch konzertante Ouvertüren und zahlreiche Lieder, von denen die meisten im Druck erschienen sind und weite Verbreitung gefunden haben.[35] Es bleibt die Mutmaßung, daß Franz Xaver Pentenrieder den hohen Anforderungen der musikdramatischen Komposition dauerhaft nicht gewachsen war und sich in den letzten zwanzig Jahren seines Lebens daher wieder den Kleinformen der Musik zuwandte, in denen er Vorzügliches geleistet hat.

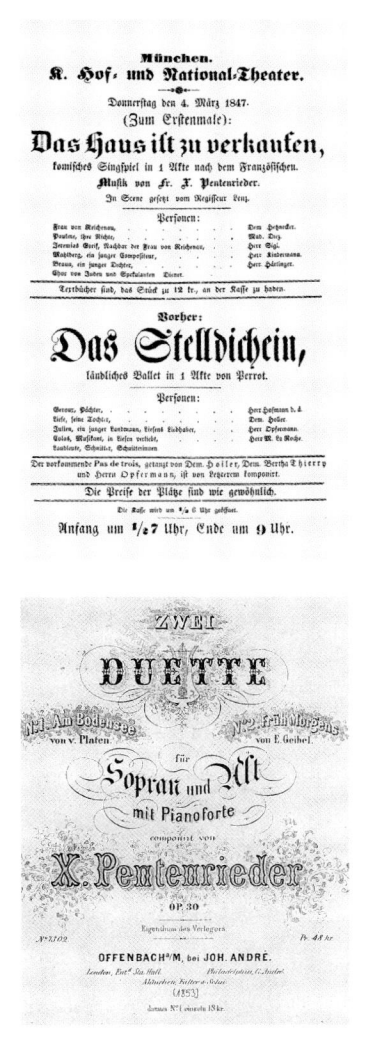

Ein erfolgreicher Kaufbeurer Komponist der Spätromantik: Herman Hutter (1848-1926)

Herman Hutter und Franz Xaver Pentenrieder trennt zwar ein Generationswechsel musikalischer Entwicklung, aber in ihrer konventionellen Zuordnung verbinden sie zwei bedeutende musikalische Stilformen des 19. Jahrhunderts: Romantik und Spätromantik. Im Gegensatz zu Pentenrieder blieb allerdings die Lebensgeschichte Hermann Emil Hutters[36] vom Mißverhältnis zwischen Beruf und Neigung geprägt. Der Erstgeborene des Lehrers und Chordirigenten von St. Martin, Johann Georg Hutter, kam am 22. Dezember 1848 in Kaufbeuren zur Welt und verbrachte seine Jugend in eher unerfreulichen Umständen. Geprägt von einem dominanten Vater, der, selbst ein anspruchsvoller Klavierspieler und Cellist, auch seine musikalische Erziehung übernahm, war er frühzeitig in das Musikleben der Stadt eingebunden. Als Singknabe in St. Martin und Mitwirkender bei Produktionen des Kaufbeurer „Liederkranzes" hatte er schon als Vierzehnjähriger anspruchsvolle solistische Aufgaben zu bewältigen.[37] Seine Heimatstadt Kaufbeuren prägte ihn auf vielfältige Weise. In seinen Lebenserinnerungen setzt er seiner Jugend in Kaufbeuren ein unverklärtes, aber liebevolles Denkmal.[38]

Herman Hutter (1848-1926)

Das Jahr 1863 wurde für Hutter zum Schicksalsjahr: Innerhalb kurzer Zeit starben seine Eltern, und mit dieser tragischen Entwicklung löste sich auch die Verbindung zu seiner Geburtsstadt. Ein kleines Erbe, das sein Vormund für ihn verwaltete, setzte ihn in die Lage, seine Ausbildung am Gymnasium St. Stephan in Augsburg fortzusetzen. Auch dort blieb er der Musik verpflichtet. Nach der Reifeprüfung 1869 leistete er sein „philosophisches Jahr" für die Studiumsvorbereitung ab und immatrikulierte sich 1870 an der Universität München. Die Entscheidung, ein Jurastudium aufzunehmen, dürfte für ihn eher eine Notlösung gewesen sein. Seine Leidenschaft gehörte der Musik und der Pflege seines kompositorischen Talentes. Als Zweiundzwanzigjähriger erhielt der cand. phil. Herman Hutter die erste öffentliche Bestätigung seiner künstlerischen Ambitionen. Er erreichte mit einem Männerquartett unter den „*Concurrenz-Compositionen*" der Augsburger Liedertafel den ersten Platz.[39]

Mit dem Ausbruch des Deutsch-Französischen Krieges 1870 setzte die zweite Neuordnung seines Lebens ein. Er meldete sich als Kriegsfreiwilliger und gab schließlich dem Drängen seiner Vorgesetzten nach, die Laufbahn eines Berufsoffiziers einzuschlagen. Aber er verzichtete auf eine konsequente Pflege seiner Offizierskarriere und beendete 1897 das ungeliebte berufliche Dasein. Im Range eines Majors nahm er seinen Abschied, um von nun an das zu tun, was er bisher im Notbehelf einer Liebhaberei betreiben mußte: zu komponieren.

Eine Augenkrankheit, die vorübergehend zu völliger Erblindung führte, behinderte nach 1907 seine kompositorische Arbeit. Aber in der davor liegenden außergewöhnlich ertragreichen Schaffensperiode waren bereits nahezu 60 Werke von ihm im Druck erschienen. 1912 zog er mit seiner Frau nach Rosenheim, später nach Bad Aibling. Während der Zeit nach dem Ersten Weltkrieg verlor er zunehmend die innere Anteilnahme an den Geschehnissen der Gegenwart. Zurückgezogen und vereinsamt verbrachte Hutter die letzten Lebensjahre, bis er am 30. Januar 1926 in Bad Aibling an den Folgen eines Schlaganfalles starb.

Dem Drängen von Freunden nachgebend, ließ Hutter 1892 eine Auswahl seiner Lieder im Druck erscheinen. Seine Lieder für Singstimme (Bariton) und Klavier waren überaus beliebt, schnell verbreitet und gehörten zum Repertoire der bedeutendsten Wagner-Sänger der Zeit. Hutters a cappella-Chorsätze, zumeist vertonte Balladen zeitgenössischer Lyriker, waren geradezu Pflichtstücke großer Männergesangvereine in Deutschland, Österreich und der Schweiz. Von 1895 an gab Hutter seine Vokalwerke für Soli, Chor und großes Orchester heraus: „Im Lager der Bauern" (op. 8, 1895), „Der Tänzer unsrer lieben Frau" (op. 17, 1899), „Lanzelot" (op. 13, 1898), „Coriolan" (op. 35, 1903). Die beiden letzten nannte er „Dramatische Gedichte", aber es sind weltliche Oratorien, bei denen die Zeitgenossen besonders die polyphone Geschlossenheit der handlungsaktiven Chöre hervorheben.

Weniger Glück hatte Hutter mit seiner „Bismarck-Symphonie", deren umfangreiches Autograph sich heute im Kaufbeurer Stadtarchiv befindet. Ihre Uraufführung erfolgte am 13. November 1901 in Nürnberg, aber die Kritik konnte an der programmatischen Anlage und epischen Breite des Werkes keinen Gefallen finden. 1912 folgte ein letztes größeres Werk, die komische Oper in drei Aufzügen „Der Herrscher im Parnaß" (op. 46).

Das kompositorische Lebenswerk Herman Hutters ist im Stadtarchiv Kaufbeuren nahezu lückenlos überliefert. Er ist der einzige aus Kaufbeuren stammende Komponist, dessen Werke eine Vielzahl von Verlegern gefunden haben.

Höhepunkte bürgerlicher Musikkultur: Der Kaufbeurer Liederkranz (1837-1937)

Johann Jakob Rederer (1781-1853), ein gebürtiger Kaufbeurer, verkörperte den Typus des vielseitigen und tatkräftigen Schulmeisters in der ersten Hälfte des 19. Jahrhunderts auf nahezu ideale Weise: Er war 1820 Begründer der Lesegesellschaft „Zur blauen Ente", schrieb eine Stadtchronik, die den Zeitraum zwischen 1809 und 1846 abdeckt, erhielt 1831 eine Belobigung wegen seiner Förderung der Obstbaumzucht und wurde am 27. Oktober 1837 zum Initiator des „Kaufbeurer Liederkranzes".

Die Chormusik in Deutschland hatte nach den Befreiungskriegen ihre kirchliche und gesellschaftliche Bindung verloren. Mit den Männergesangvereinen erwuchs ihr ein neuer Entfaltungsrahmen, in dem neben der Musik auch Geselligkeit und vaterländische Begeisterung gepflegt wurden. Nach dem Vorbild der Berliner „Liedertafel" (1809) entstanden in der ersten Hälfte des 19. Jahrhunderts eine Vielzahl lokaler Gesangvereine. Als der Memminger „Liederverein" am 29. Juni 1837 die Kaufbeurer Musikfreunde zu einem Sängerfest einlud, mußte abgesagt werden, weil in Kaufbeuren keine Sängervereinigung existierte. Das dürfte für Rederer der Anlaß gewesen sein, energisch tätig zu werden. Das Gründungsprotokoll des „Liederkranzes" vom November 1837[40] beschreibt den Vereinscharakter kurz und bündig: Unterschieden wird zwischen ordentlichen (monatlicher Mitgliedsbeitrag 15 kr) und außerordentlichen Mitgliedern (monatlich 12 kr). Die musikaktiven Mitglieder proben wöchentlich zwei Stunden im Gasthof „Zur Wies" und veranstalten monatlich eine „Production", also ein Konzert für das Publikum der außerordentlichen Mitglieder. Zum Vorstand gehört ein „Musikdirektor", der das Programm festlegt und das Notenmaterial besorgt. Es zeigte sich bereits im Folgejahr, daß der Verein diesen Konzertbelastungen nicht gewachsen war. Es kam zu einer Satzungsänderung, in der auch die Ursprungsidee des Gesangvereins eine - in diesem Fall zukunftsweisende - Erweiterung erfuhr: Es wurde beschlossen, „durch Solovorträge von Frauenzimmern oder deren anderweitige Mitwirkung, durch talentvolle Dilettanten sowie durch Instrumentalmusik den Productionen die möglichste Mannigfaltigkeit zu geben." Der „Liederkranz" wandelte sich damit vom Gesangverein zur Konzertgesellschaft. Als bürgerliches Zentrum der Kaufbeurer Musikpflege kam ihm auch eine bemerkenswerte soziale Bedeutung zu, da er bis zu seinem Ende eine überkonfessionelle und klassenlose Vereinigung blieb, die nur in den lebhaften kofessionellen Streitjahren 1851 bis 1855 an ihrer Entfaltung gehindert war.

Die „Productionen", seit 1838 unregelmäßig, aber, von den großen Oratorien abgesehen, mindestens dreimal jährlich dem Publikum vorgestellt, zeigten einheitliche Programmfolgen. Sie wurden von einer Ouvertüre für großes Orchester eingeleitet; der musikalischen Kleinform folgten Instrumentalstücke, Gesangsquartette, Chorsätze und Streichquartette, seltener auch Solokonzerte für Violine, Waldhorn oder Klarinette mit Orchester. 1845 wagte man sich an die erste Mozart-Sinfonie (Nr. 4) und ein Jahr darauf an die anspruchsvolle Ouvertüre zu „Figaros Hochzeit". Die Ausführenden waren ausnahmslos Kaufbeurer Schulmeister und Musikliebhaber.

1857 nahm der Untersuchungsrichter Kaspar Meyer seine Tätigkeit in Kaufbeuren auf. Dieser leidenschaftliche Musikliebhaber, Pianist und Sänger stellte in den sechs Jahren seiner Tätigkeit den Liederkranz vor ungewöhnliche Herausforderungen: In schneller Folge standen einige Oratorien Mendelssohns auf dem Programm: „Antigone" (11. Januar 1858), „Ödipus in Colonnos" (21. März 1858), „Paulus" (2. April 1860) und „Athalia" (30. März 1862). Ein konzertanter Höhepunkt wurde dem Kaufbeurer Publikum am 16. Februar 1860 mit Beethovens Sinfonie c-moll (Nr. 5) geboten. Es bleibt ein Rätsel, wie sich Orchester, Chor und Publikum im Saale des Hotels „Goldener Hirsch", der noch heute wenigstens teilweise erhalten ist, unterbringen ließen. Der erwähnte Herman Hutter hat in seinen Lebenserinnerungen dieses Liederkranz-Orchester vorgestellt, wobei leider nicht mitteilbar ist, was das Publikum für seine 30 Kreuzer Eintritt zu hören bekam. Es seien hier kurze Aus-

Die erste „Production" des Liederkranzes am 29. Dezember 1837

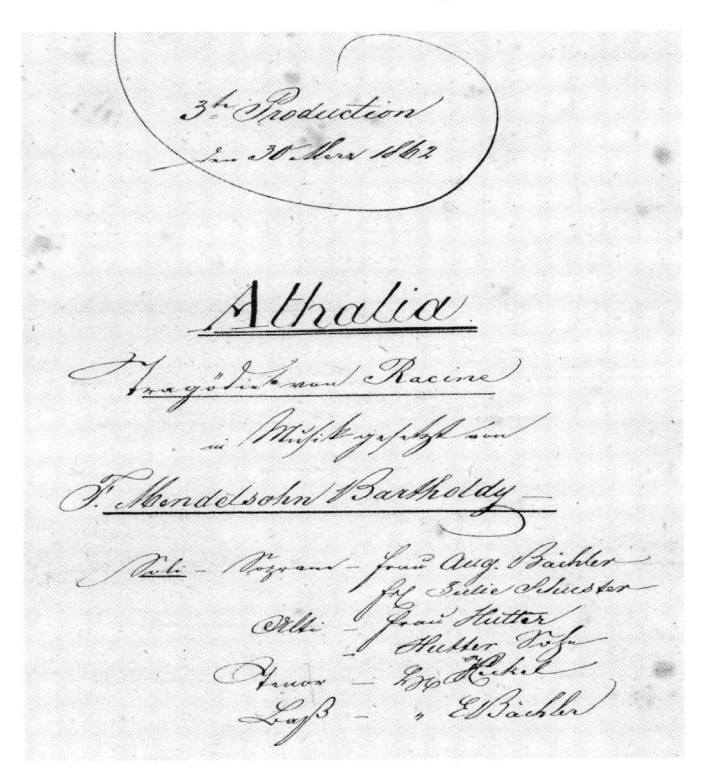

Aufführungsnachweis des Oratoriums „Athalia" - unter den Mitwirkenden auch Herman Hutter („Hutter Sohn") und seine Mutter („Frau Hutter")

züge zitiert:[41] „Hervorheben möchte ich, daß mit Ausnahme des Stadt-Kantors Bächler senior die Mitwirkenden durch die Bank 'Musik-Amateure' waren, 'Nicht-Zünftige', aber Dilettanten im besten Sinne des Wortes, die ihre zum Teil sehr erheblichen musikalischen Kenntnisse und Fertigkeiten freiwillig in den Dienst der schönen Sache stellten, ohne für ihre Mühewaltung irgend welche Entschädigung zu erhalten oder zu beanspruchen. Da war, um einige Herrn flüchtig zu zeichnen, der Notar Kuchenbauer, der 1te Flötist, der ein ebenholzschwarzes Instrument mit vielen silbernen Klappen benützte, während sein Pult-Collega sich noch mit dem gelben Blasrohr aus Birnbaumholz begnügte. Da war der Pfarrmeßner Schedel, dem das Wasser, wenn er blies, in seinem Waldhorn zusammenlief, das er, den Trichter nach unter gekehrt, wieder und wieder entleerte, eine Art von 'Nagelprobe', die der trinkfeste sparsame Mann auch mit dem Bierkrug vorzunehmen pflegte. Da war der Schuhmacher Riedlinger, der je nach Bedarf den Kontrabaß strich oder die Posaune meisterte. Fast eine Pferdelänge stand er von seinem Pult entfernt; er brauchte kein Glas, so gut sah er. Hatte er, was gelegentlich vorkam, etwas zu tief ins Glas geschaut, dann sah er doppelt. Ein sonderbarer Kauz unter den Kontrabaß-Fiedlern war der alte 'Schmiedle' von der 'Neuen Gasse'. Er roch nach Schnaps, trug Winter und Sommer einen 'Pilger-Mantel', auf dem Kopf eine verfilzte Naturperücke, die weißgrau schimmerte wie die Kolophoniums-Schicht auf dem Bauch seiner Geige. Die Cellisten oder wie der alte Lehrer und Chorregent Mayer sie nannte, die 'Bassette-Spieler', unter welchen ich bei besonderen Gelegenheiten auch den Anstaltsarzt Dr. Julius aus Irrsee [!] bemerkte, hielten das Instrument mittelst der vorgestemmten Knie über dem Boden; der bequeme eiserne Nagel war damals noch nicht gebräuchlich. Der Friseur Suter - das 'Sutterle', der kleine bewegliche Tausendsassa - machte sich dadurch verdient, daß er, solange die Pauke 'tacet' hatte, bei der 'Viola' hospitierte. Die Violinspieler dagegen waren zahlreich vertreten. Ich erwähne u.a. den schon genannten Stadttürmer Bächler mit seinen Schülern; den talentvollen Bergmüller, den Mann der 'katholischen' Hebamme beim Guckerbrunnen; den Walkmeister Marz mit dem blutleeren gelben Gesicht; den hochgewachsenen Rechtsrat Kneußl mit der goldenen Brille und der rotlackierten Geige [...]. Da waren die 'horologischen' Nebenbuhler, der Uhrmacher Maier vom 'Obern Bach' und der Uhrmacher Pracht vom Marktplatz, die einander, wie mir schien, nicht die geringste Beachtung schenkten." Vielseitigkeit im verdächtigen Sinne des Wortes - aber, und das ist das Erstaunliche, es wurde offenbar Musik daraus.

Im Gegensatz zur Kaufbeurer „Gesellschaft Harmonie", einem 1855 gegründeten Männergesangverein, der nicht eigenständig öffentlich auftrat und letztlich bedeutungslos blieb, entfaltete der „Liederkranz" auch weiterhin eine vielseitige Konzerttätigkeit, wobei jedoch große

Chorregent Joseph Mayer (links) und Othmar Sutor sen., das erwähnte „Sutterle"

Chorwerke seltener auf dem Programm standen. Erst unter der Leitung von Chorregent Ludwig Brenner („Schöpfung" 1901, „Elias" 1902, „Die vier Jahreszeiten" 1906, „Paulus" 1907) wurden dem Kaufbeurer Publikum im neuen Stadtsaal wieder „Productionen" der bedeutenden Art vorstellt. Allerdings verpflichtete der Verein zunehmend auswärtige Orchester und Solisten.

Aufführung des Mendelssohn-Oratoriums „Elias" im Jahr 1902 durch den Chor des Kaufbeurer Liederkranzes im Stadtsaal; Leitung: Ludwig Brenner

Mit der Ausrichtung des „Schwäbisch-bayerischen Sängerbundfestes" vom 15. bis 17. Juli 1905, für das eine 4 000 Personen fassende Sängerhalle im Tänzelhölzle errichtet wurde, erlebte der „Liederkranz" einen Höhepunkt seiner Vereinstätigkeit.

Nach dem Ersten Weltkrieg leitete der Vorsitzende Dr. A. Fuchs eine zweite Periode lebhafter Konzerttätigkeit ein. Die Planung, jedes Frühjahr ein großes Chorwerk aufzuführen, ließ sich etliche Jahre verwirklichen (Schubert „Messe As-Dur" 1920, Loewe „Sühneopfer" 1921,

Die Sängerhalle im Tänzelhölzle 1905

Jonas Daniel Bächler (1807-1866) (links) und sein Sohn Karl Eduard Bächler (1830-1885)

„Schöpfung" 1922, „Elias" 1923, „Messias" 1924).[42] Der *„Kaufbeurer Oratoriumschor"* des „Liederkranzes" erfuhr auch in der auswärtigen Presse große Beachtung, während die Orchestermusiker, in der Regel Militärkapellen, trotz wohlwollender Kritiken manche Präzision vermissen ließen.

Die Beseitigung bürgerlicher Traditionen nach der Machtübernahme der Nationalsozialisten besiegelte auch das Schicksal des „Liederkranzes": Er ging zusammen mit der „Harmonie" und dem „Sängerbund" in einem Chor- und Orchesterverein auf, dessen Liquidation 1937 die hundertjährige Tradition des „Liederkranzes" beendete.

Nach 1945 übernahmen neue Gruppierungen die Konzertveranstaltungen. Zunächst etablierte sich der „Konzertring", der im Oktober 1966 von dem neugegründeten „Kulturring" abgelöst wurde. Er setzte auch die Tätigkeit der 1949 gegründeten „Theatergemeinde" fort. Ein Konzert der Bamberger Symphoniker am 14. Dezember 1966 war bereits Anlaß genug, den Kaufbeurer Musikliebhabern wieder bleibende Höhepunkte zu sichern.

Ein Lehrer und sein Lebenswerk: Hanns Frank und die städtische Singschule

Eine aus öffentlichen Geldern unterstützte Singschule, die sich auch dem Instrumentalunterricht zuwandte, besaß Kaufbeuren schon seit 1832. Dieses Jahr läßt sich allerdings nur aus einem Brief des Lehrers und Musikdirektors Jonas Daniel Bächler erschließen, der 1862 dem Magistrat mitteilte, daß er *„seit vollen 30 Jahren"* einer Singschule für protestantische Schüler vorstehe.[43] Bis 1919 wurde diese Einrichtung von drei Generationen der Lehrerfamilie Bächler weitergeführt.

Der musikbegeisterte Lehrer Hanns Frank machte 1919 Bürgermeister Georg Volkhardt den Vorschlag, eine paritätische Singschule einzurichten. Volkhardt, der in seiner Freizeit auch auf der Violine Brauchbares leistete, unterstützte diese Idee sehr energisch. Mit dem Stadtratsbeschluß vom 16. April 1920, *„einen Unterkurs für Anfänger und Oberkurs für Fortgeschrittene"* einzurichten, dürfte das Gründungsdatum der neuen paritätischen Kaufbeurer Singschule ausgewiesen sein. 1921 wurde Frank zum Leiter der städtischen Singschule ernannt, konnte aber seine Tätigkeit als 2. Dirigent des „Liederkranzes" weiterhin ausüben. Mit der Inflationszeit entstanden der Neugründung bereits die ersten Probleme. Die Geldentwertung führte am 26. Oktober 1923 zu einem kuriosen Stadtratsbeschluß: *„Das Schulgeld und die Musikalienbenutzungsgebühr betragen für das laufende Schuljahr [..] zusammen den Wert von 2 Semmeln. Zugrunde gelegt wird der Semmelpreis vom 1. jeden Monats."*[44] Im September des gleichen Jahres legte Bürgermeister Volkhardt Hanns Frank eines sei-

Hanns Frank (1892-1966)

191

ner Gedichte vor, das als „Kaufbeurer Heimatlied" von einem gewissen Dr. Paukner vertont worden war. Franks Zweifel an der Singbarkeit der Vorlage führten schließlich dazu, daß er den Text selbst vertonte. Auf diese Weise entstand das „Buronlied".

Auch ein Zeitgenosse Franks, der Lehrer Pius Hurler (1867-1943), komponierte den Volkhardt-Text. Hurler, von dem einige Gelegenheits-Kompositionen erhalten sind, hat sich im Kaufbeurer Musikleben der Zwanziger Jahre etliche Verdienste erworben.

Der Knabenchor der Singschule wirkte schon 1926 zusammen mit dem gemischten Chor des „Liederkranzes" bei Händels Oratorium „Judas Maccabäus" mit, und 1927 kam es zur Personalunion: Hanns Frank löste Ludwig Brenner als ersten Dirigenten des „Liederkranzes" ab.

Der rastlose Frank erweiterte das Unterrichtsangebot mit Instrumentalkursen, erkämpfte sich einen Raum im Haus Kaisergäßchen 12 und konnte mit Stolz darauf verweisen, daß 1929 die Schule von 164 Schülern besucht wurde. An seinen „Schlußaufführungen" im Stadtsaal nahmen mitunter - so im Jahr 1924 - 1 100 Zuhörer teil.

Am 21. August 1931 traf Frank ein empfindlicher Schlag städtischer Heimtücke: Er erfuhr aus der Zeitung, daß die Stadt wegen „Geldknappheit" den Betrieb der Schule zum 1. September einstellen wollte.[45] Unter Verzicht auf seine bisherige Bezahlung führte der tief gekränkte Frank die Schule weiter. Als Raum stand ihm nurmehr das eigene Klassenzimmer zur Verfügung. Es blieb seiner Hartnäckigkeit sowie der Entschlossenheit der Eltern zu verdanken, daß die Kaufbeurer Musikschule nicht schon beizeiten in der öffentlichen Sparsamkeit versank.

Seit 1932 wirkte auch Ludwig Hahn, der mit Hanns Frank frühzeitig freundschaftlich verbunden war, bei den öffentlichen Konzerten mit. Im Februar 1934 provozierte Bürgermeister Hans Wildung einen Stadtratsbeschluß, mit dem die Singschule wieder den Charakter einer kommunalen Einrichtung erhielt. 1937 entfielen die Unterrichtsgebühren. Die Kaufbeurer Singschule gehörte damit zu den wenigen Instituten Deutschlands, die kostenfreien Unterricht erteilten.[46] Im Kriegsjahr 1941 wurde die Schule aufgelöst.

Nach Kriegsende rief Ludwig Hahn eine „Pfarrsingschule" ins Leben. Parallel dazu ergriff der Lehrer Ludwig Egelhofer erste Initiativen und erreichte am 30. Juni 1953 die Gründung der „Singschule Neugablonz", nach deren Vorbild aus Ludwig Hahns „Martinsfinken" am 1. September 1954 die „Städtische Singschule Altstadt" erwuchs.[47] Ludwig Hahn war es damit vergönnt, eine Tradition fortzusetzen, die gegenwärtig als „Städtische Musikschule" in ihrer pädagogischen Arbeit Vorbildliches leistet.

Das Kaufbeurer Heimatlied 1924 in der von Bürgermeister Volkhardt über die Kaufbeurer Kunstanstalt besorgten Erstausgabe und die nahezu unbekannte Vertonung von Pius Hurler (unten)

Musiker, Komponist und Musikpädagoge aus Leidenschaft: Ludwig Hahn (1905-1973)

Wenn Ludwig Hahn 1929 geahnt hätte, wie die Stadt beschaffen war, für deren Chorregentenstelle er sich bewarb - er hätte es nicht trotzdem, sondern umso nachdrücklicher getan. Sein Anreiz war nicht das, was er vorfand, sondern das, was er bewegen konnte. Für ihn blieb Musik bis an das Lebensende ein Kulturereignis, das nicht vom Ort bestimmt, sondern von der Leidenschaft gelenkt wird.

Ludwig Hahn stammt aus der Oberpfalz, wo er am 26. Januar 1905 in Neumarkt geboren wurde.[48] Erste musikalische Anregungen erhielt er von seinem Vater Kaspar Hahn, der als Finanzbeamter auch in vielseitiger Weise als Sänger in Erscheinung trat. Bei den Benediktinern in Plankstetten, in deren Choralschola er mitwirkte, ließ sich der junge Ludwig Hahn bereits früh für die Kirchenmusik begeistern. Während seiner Gymnasialzeit in Eichstätt kam es zur lebensprägenden Begegnung mit dem Domkapellmeister Dr. Wilhelm Widmann. Nach der 6. Klasse trat er in dessen Chorregentenschule ein, aber die damit verbundenen beruflichen Möglichkeiten ließen keine gesicherte Existenz zu.

1923 schrieb er sich am Konservatorium in Würzburg ein, übernahm schon als Studierender die Chorregenten- und Organistenstelle im Stift Haug und schloß die Ausbildung mit einem vorzüglichen Zeugnis ab. Zwischen 1926 und 1929 übernahm er in Würzburg vielfältige musikalische Tätigkeiten.

Eichstätt um 1928 – von links: Kaspar Hahn, Maria und Mimi (Philomena) Falkenstörfer (Hahns erste Frau), Dr. Wilhelm Widmann und Ludwig Hahn

Am 9. März 1929 bewarb er sich um die Chorregentenstelle bei der Kaufbeurer St. Martins-Kirche. In seinem Begleitschreiben teilte er bereits seine Vision mit: *„Deshalb sehe ich mich nach einer Stelle um, an der ich ein ganzer Chorregent sein und auch das gesamte Musikleben der Stadt [...] in meinen Beruf einbeziehen kann."*[49] Zwei energische Empfehlungsschreiben Dr. Widmanns und des Würzburger Domkapellmeisters Pfeuffer dürften dazu beigetragen haben, daß Ludwig Hahn unter 39 Bewerbern das Kaufbeurer Chorregentenamt erhielt.

Die Kaufbeurer Chor- und Orchestermusiker hatten sich sofort an einen neuen Arbeitsstil und eine veränderte Werkauswahl zu gewöhnen. Ludwig Hahn lehrte und forderte Stimmbildung. Bereits 1931 stellte er die Arbeitsgemeinschaft der Kaufbeurer Gesangvereine mit Händels Oratorium „Israel in Ägypten" (25. und 26. April) und Beethovens 9. Sinfonie (23. Oktober) vor bedeutende Herausforderungen. Es folgten, in der Zusammenarbeit mit Hanns Frank und der Kaufbeurer Singschule, zahlreiche Oratorien und Orchestermessen. Mit dem Chor- und Orchesterverein verfügte Hahn nach 1934 über eine große Anzahl musikbegeisterter Menschen, die er formen und denen er anspruchsvolle Werke zumuten konnte.

1931: Chor und Orchester nach der Aufführung des Oratoriums „Israel in Ägypten" auf der Empore der Dreifaltigkeitskirche

1939 hatte er zwei schwere Schicksalsschläge hinzunehmen: den Tod seiner Frau Mimi, einer vorzüglichen Sopranistin, die nahezu alle Solopartien seiner Aufführungen gesungen hatte, und den Kriegsbeginn, der seine Aufbauarbeit zerstörte. Im November 1940 heiratete Ludwig Hahn in zweiter Ehe Genoveva Eiband. Wenig später wurde er zur Wehrmacht eingezogen.

Nach Kriegsende nahm er sofort seine musikpädagogische Arbeit wieder auf. Aus der Pfarrsingschule, die er zusammen mit Josef Lautenbacher begründet hatte, entstand 1950 ein gemischter Chor, der, in einer Parodierung des Namens von Stadtpfarrer Hermann Fink, die Bezeichnung „Kaufbeurer Martinsfinken" erhielt. Mit diesem Chor hat Ludwig Hahn einen Klangkörper geschaffen, der zum Inbegriff Kaufbeurer Musikpflege geworden ist und noch gegenwärtig, unter Leitung seines Sohnes Gottfried Hahn, in seiner Gesangskultur Beispielhaftes leistet.[50]

In den 45 Jahren seiner Kaufbeurer Tätigkeit war ihm kein finanziell sorgloses Leben vergönnt. Aber der Vater von zwölf Kindern fühlte sich in dem von ihm geschaffenen musikalischen Entfaltungsraum geborgen. Aus-

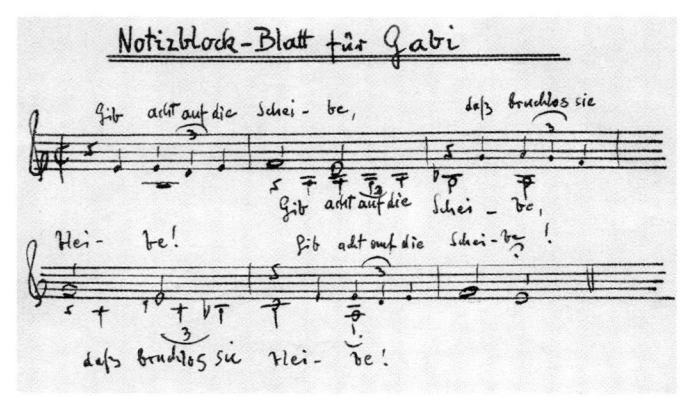

Ludwig Hahn verstand es meisterhaft, Musik humorvoll auszudrücken. So deutete er Telephonnummern als Intervalle und verarbeitete sie thematisch (oben „Monikas Telephonnummer") oder komponierte Anweisungen für seine Kinder (unten „Gib acht auf die Scheibe...")

zeichnungen, Beweise der Anerkennung und verlockende auswärtige Berufsangebote empfand er nur als Bestätigung, einer Lebensidee gefolgt zu sein, die stets vom Glücksgefühl des künstlerischen Selbstbeweises begleitet war.

Das kompositorische Werk Ludwig Hahns entzieht sich einer summarischen Übersicht. Allein die Fülle der Gelegenheitskompositionen, die seinem Freundes- und Bekanntenkreis zugedacht waren, läßt sich nur bruchstückhaft ermitteln. Ein erste Zusammenstellung seiner Werke verzeichnet 273 Chorsätze a cappella und Kanons, 128 Sätze für Kinderchor mit Instrumentalbegleitung, 29 große Chorwerke mit Instrumentalbegleitung, 187 Instrumentalwerke, 9 Lieder für Sologesang und Instrumentalbegleitung.[51]

Die Martinsfinken etwa im Jahr 1950 und 1960 und die letzte Aufnahme von Ludwig Hahn, August 1973

Unermüdlich tatkräftig machte sich Ludwig Hahn 1947 auch an den Neuaufbau der Tänzelfest-Knabenkapelle, komponierte den „Großen Zapfenstreich" und seit 1966 regelmäßig die „Tänzelfest-Fanfare" - eine Tradition, die gegenwärtig von seiner Tochter Mimi Gnedel-Hahn weitergeführt wird. Ludwig Hahn starb nach längerer Krankheit am 3. Dezember 1973.

Mit Ludwig Hahn endet auch eine Epoche Kaufbeurer Musikgeschichte, die sich am Leitbild der Persönlichkeit orientieren konnte und damit dem musikalischen Leben dieser Stadt immer wieder ein Zentrum geschaffen hat.

Quellen und Literatur

ALLGEMEINE THEATER-CHRONIK, Organ für das Gesammtinteresse der deutschen Bühnen und ihrer Mitglieder (1835, 1840, 1847, 1867); ALMANACH für Freunde der Schauspielkunst auf das Jahr 1839; BESTANDSKATALOG Musiksammlung der Bayerischen Staatsbibliothek; BLUME, FR. [Hrsg.], Die Musik in Geschichte und Gegenwart, Kassel/Basel 1949-1951; DERS., Kassel u.a. 1965, Bd. 12; DEUTSCHER BÜHNENALMANACH 1865, Berlin 1866; BRENNER, A., Dr. Philipp Jakob Baudrexel (1627-1691). Vom Kaufbeurer Stadtpfarrer zum Mainzer Hofkapellmeister. In: KGBl 12 (1990/92), S. 279-291 und 318-330; FENDT. L., Übertragung der „Primitiae" in Partitur, Biessenhofen 1993 (Man. im StadtA KF); GMEINWIESER, S., Deutsches Theatermuseum, München, Theaterzettel des Hof- und Nationaltheaters; Die Musikhandschriften in der Theatinerkirche St. Kajetan in München, München 1979 (Kataloge bayerischer Musiksammlungen, Bd. 4); GOLDMANN, A., Franz Xaver Pentenrieder. Ein vergessener Kaufbeurer Musikus. In: KGBl 1, S. 60f.; GRÖTZNER, Ch., Johann Georg Steudle (1762-1841) - Leben und Werk des Kaufbeurer Kirchenmusikers und Schulmannes. In: KGBl 15 (1999), S. 3-12; GROSS, A., Musik und Musiker in und um die freye Reichsstadt Kaufbeuren von 1600 bis ca. 1800, 1961 (Man. im StadtA KF); HELL, H. u.a., Die Musikhandschriften aus dem Dom zu Unserer Lieben Frau in München, München 1987 (Kataloge bayerischer Musiksammlungen, Bd. 8); Hugo Riemanns Musiklexikon, Berlin 1929; Handlexikon der Tonkunst, hrsg. von Oscar Paul, Bd. 1, Leipzig 1873; KAUFBEURER LIEDERKRANZ, Inhalts-Verzeichniß der Gesang- und Musikstücke bei den Productionen, handschriftl. Aufführungsnachweis, StadtA KF (Nachlaß Liederkranz); KRAUS, J. [Hrsg.], Geborgen ruht die Stadt im Zauber des Erinnerns. Der Kaufbeurer Komponist Herman Hutter und sein autobiographisches Vermächtnis (= Schriftenreihe von Stadtarchiv und Stadtmuseum Kaufbeuren, Bd. 3), Kempten 1996; MLAKAR, P. und P., Unsterblicher Theatertanz. 300 Jahre Ballettgeschichte der Oper in München, Bd. 1, Wilhelmshaven 1992; PELKER, B., Die deutsche Konzertouvertüre (1825-1865). Teil 2; ROBERTSON, A. und STEVENS, D., Geschichte der Musik, München 1964; SIEBER, J., Die katholischen Schullehrer der ehemaligen Reichsstadt Kaufbeuren, Kaufbeuren 1937; SIEBER, J., Die evangelisch-lutherischen Schullehrer der ehemaligen Reichsstadt Kaufbeuren, Kaufbeuren 1939; SIEBER, J., Die Pfarrer von St. Martin in Kaufbeuren. Beiträge zu ihrer Lebensgeschichte, o.O. 1930; SUTOR, S., Ludwig Hahn - musikpädagogisches Wirken und kompositorisches Werk, Zulassungsarbeit für das Lehramt an Realschulen, o.O. 1986 (Man. im StadtA KF); WAGNER, H., Münchner Theaterchronik 1750-1950, München 1958; WILSS, L., Zur Geschichte der Musik an den oberschwäbischen Klöstern im 18. Jahrhundert, Stuttgart 1925; ZENGER, M., Geschichte der Münchener Oper [Hrsg. von Theordar Kroyer], München 1923.

Anmerkungen

[1] Robertson/Stevens, Bd. 3, S. 260f.
[2] Ebd., S. 270.
[3] RP vom 22. September 1655, fol. 195 (im Register fehlerhaft: 197).
[4] RP vom 3. November 1655.
[5] Die Übertragung der in Paris lagernden Stimmbücher in moderne Notation und Partitur ist Leopold Fendt in Biessenhofen zu verdanken (StadtA KF).
[6] Brenner, S. 323f.
[7] S. a. Groß, S. 21ff. Groß beruft sich vor allem auf P. Theodori Schylz, Chronicum Ottoburanum divisum in duas partes, verzichtet jedoch auf nähere Angaben und Seitenzahlen.
[8] Zu Höß s. Groß, S. 26f.
[9] Groß, S. 28; KPA P 401, Memorabilien des Geheimen Rates Neth.
[10] KPA, K 23.
[11] KPA, K 23 und Sieber, Katholische Schulmeister, S. 26f.
[12] „Jubel Arie" 1717, Druck in HÖK.
[13] Hofmann, Klaus (Hrsg.), Telemann, Georg Philipp, Biblische Sprüche. Erste Folge Motetten. In: Telemann Archiv - Stuttgarter Ausgabe, Stuttgart 1972; EKA, A 240, A 288-290; s.a. Hermann, Fritz, Kirchenmusikalisches Leben in drei Jahrhunderten. In: Die neue Orgel in der Dreifaltigkeitskirche zu Kaufbeuren, Kaufbeuren 1964, S. 25f.
[14] EKA, ohne Signatur.
[15] Vgl. auch: Hofmann, Klaus, Ein süddeutsches Bach-Dokument aus dem Jahr 1751. In: Bach-Jahrbuch 1986, S. 109-112.
[16] Im Kaufbeurer Theater wurden zwischen 1781 und 1935 insgesamt 198 Singspiele aufgeführt.
[17] Wagenseil, L., Beiträge zur Geschichte der Familie Wagenseil, Berlin 1965 (StadtA KF, B 249).
[18] StadtA KF, B 144/19.
[19] EKA, Mappe Steudle.
[20] Bei Grötzner, S. 9, irrtümlich 1818.
[21] Die Christa-Chronik 1801-1875, hrsg. v. J. Kraus, KSR 1, Thalhofen 1999, S. 73.
[22] Intelligenzblatt 4. April 1807, S. 216f., 8. November 1809, S. 36, 15. November 1817, S. 186.
[23] Goldmann, S. 60f.
[24] Intelligenzblatt der königlich baierischen Stadt Kaufbeuren, Nr. 28, 11. Juli 1812, S. 111.
[25] Intelligenzblatt Nr. 12, 20. März 1819, S. 45.
[26] Handlexikon der Tonkunst, hrsg. von Oscar Paul, Bd. 1, Leipzig 1873. Wie zuverlässig die Angaben sind, läßt sich nicht feststellen. Als Geburtsjahr Pentenrieders wird 1806 angegeben.
[27] Almanach für Freunde der Schauspielkunst auf das Jahr 1839, S. 338.
[28] Zenger, S. 383.
[29] Deutscher Bühnenalmanach 1864.
[30] Zenger, S. 253.
[31] Mlakar, S. 227.
[32] Bestandskatalog Musiksammlung der Bayerischen Staatsbibliothek, St.th. 519 (Partitur).
[33] Nr. 130, 26. Oktober 1840.
[34] Zenger, S. 320.
[35] Eine umfassende Werkübersicht bieten: Die Musikhandschriften aus dem Dom zu Unserer Lieben Frau in München, München 1987 (Kataloge bayerischer Musiksammlungen, Bd. 8) und der Bestandskatalog Musiksammlung der Bayerischen Staatsbibliothek.
[36] Als Komponist wählte Hutter die wohl vornehmer wirkende Schreibweise Herman, die auch so im Textbeitrag übernommen wurde.
[37] Zum Beispiel in Mendelssohns Oratorium „Athalia" (30. März 1862). [Kaufbeurer Liederkranz, Inhalts-Verzeichniß der Gesang- und Musikstücke bei den Productionen, handschriftl. Aufführungsnachweis, StadtA KF].
[38] Vgl. Kraus, Geborgen.
[39] Augsburger Tagblatt, 8. April 1870; „Sängers Lohn", Gedicht von A. Pletzer, Musik von H. Hutter, cand. phil.
[40] Alle Protokoll-Hinweise und Zitate in: StadtA KF, A 651.
[41] Kraus, Geborgen, S. 73ff.
[42] StadtA KF, MR A 2820.
[43] StadtA KF, MR A 2382.
[44] Sitzungsprotokolle des Stadtrates 1923.
[45] Sitzungsprotokolle des Stadtrates 1931.
[46] Zufallsfund; neue Signatur: StadtA KF, MR A 1082.
[47] Zufallsfund; neue Signatur: StadtA KF, MR A 1085 und 1086.
[48] Vgl. vor allem Sutor und Schlierf, H., In memoriam Ludwig Hahn, Festvortrag vom 19. Juli 1974 zur Eröffnung des Tänzelfestes (ATV).
[49] KPA, K 23.
[50] Zur Konzerttätigkeit der „Martinsfinken" s. Sutor, S. 20ff.
[51] Sutor, S. 75ff.

Jürgen Kraus
Die Unantastbarkeit der Tradition

Das Kaufbeurer Tänzelfest

Tradition bestätigt sich durch ihre Pflege, aber sie pflegt nicht ihre Bestätigung. Aus diesem Grunde verbirgt sich hinter der Frage nach dem Ursprung des Kaufbeurer Kinderfestes nichts weiter als ein akademisches Problem. In der Vielfalt der Erklärungsversuche mag es gelegentlich wünschenswert erscheinen, eindeutige Hinweise auf Anlaß oder Ursache einer Tradition zu finden, die über Jahrhunderte bewahrt wurde. Aber wie andere soziale Selbstverständlichkeiten sind auch überlieferte Bürgerfeste kein Gegenstand gewissenhafter Dokumentation gewesen. Ungleich aufschlußreicher als der Ursprung wäre beim Kaufbeurer Tänzelfest eine Übersicht seiner historischen Entwicklung. Doch leider sind bis zum Jahr 1805 nur eine Vielzahl von Erwähnungen, aber keine Beschreibungen nachweisbar. Es bleibt unklar, welches Wechselspiel historischer Bedingungen die Eigenart dieses Festes gestaltet hat, das uns erstmals 1805 in einer umfassenden Schilderung durch den Lehrer Johann Georg Steudle überliefert ist.

In dieser Stadtgeschichte muß auf eine gründliche Quelleninterpretation verzichtet werden. Vordringlich ist es, diesem Thema eindeutige Voraussetzungen zuzuführen, damit einer künftigen monographischen Bearbeitung präzise Ansatzpunkte zur Verfügung stehen. Vor allem die Entstehungsgeschichte des Festes verliert sich in lokalhistorischen Abenteuern. Hier ist einiges behutsam zu klären.

Der Ursprung des Festes als Streitfall der Lokalhistoriker

Die Kaufbeurer Ratsprotokolle, seit 1543 mit einer Lücke zwischen 1551 und 1554 vorhanden, sind unanfechtbare Dokumente. Uwe Hauptig[1] und Richard Dertsch[2] haben sie im Hinblick auf das Tänzelfest ausgewertet. In diesen Protokollen wird ein Kaufbeurer Tänzeltag erstmals am 6. November 1557 erwähnt:

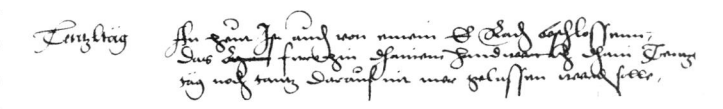

„An heut ist auch von einem ersamen rat beschlossen, daß fürohin khainem handwerk khain tenzeltäg noch tantz darauf nit mer [zu]gelassen werden soll." Im Jahr 1558 findet man zwei Hinweise: *„Aller handwerk und zunften tenzeltag seind anheut dato von neuen dingen uff anhalten der schmiedgesellen von einem ersamen rat abermals abgeschafft und nit mer halten zulassen beschlossen worden"* (20. Juni 1558).

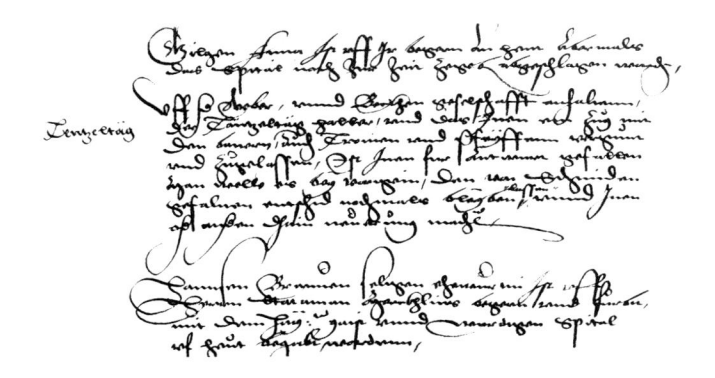

„Uff der weber und becken [Bäcker] geselschaft anhalten der tänzeltäg halber und das inen ein zug mit den ban[n]ern, auch trom[m]e[l]n und pfeyffen, vergunt und zugelassen: ist inen fur antwurt gefallen, man welle es bei vorzein [A.d.V.: bei Berufung auf] den von schmiden gefallnen entschid nachmals bleyben lassen und inen oder anderen kain neuerung machen" (s. Faksimile-Text, 1. Juli 1558).

Spätere Fundstellen enthalten nicht selten den Zusatz *„wie es von alter gehalten worden"* (2. Juli 1566) oder *„inmaßen hie vor von altem auch gebreuchig gewesen"* (1. Juli 1567). Hinweise dieser Art lassen den Schluß zu, daß der Kaufbeurer Tänzeltag bereits um die Mitte des 16. Jahrhunderts zu den Traditionen gehörte, deren Alter das

Zeitgedächtnis der lebenden Generation nicht mehr erfassen konnte. Diese häufigen Erwähnungen im Zusammenhang mit Verbotsanordnungen gehen auf das Jahr 1551 zurück. Mit dem Verschwinden der Zunftverfassungen in den Reichsstädten setzte eine puritanische Entwicklung ein, die in zahlreichen Vergnügungen eine unchristliche Lebensart entdeckte.

Dem Chronisten Wolfgang Ludwig Hörmann von und zu Gutenberg (1713-1795) stand noch das Frevelbuch der Gefangenen zur Verfügung. Unter Berufung auf diese Quelle notiert er für das Jahr 1567: *„Daß der hier übliche Tänzeltag derer Schulkinder schon eine alte Gewohnheit seye, kann daraus abgenommen werden, weilen in diesem Jahr den 1. Aug. der lateinische Schulmeister Simon Leutner in die Gefängniß kommen, um willen er den Tänzeltag nicht 1, 2 oder 3, sondern in die 10 Tag getrieben, und dabey sonsten sich noch ungehzogen erwiesen hat."* [3] Für Hörmann war es eine naheliegende Schlußfolgerung, daß damit nur der *„Tänzeltag derer Schulkinder"* gemeint sein kann. Es gab für ihn keinen Grund, das für ihn nebensächliche Thema durch eine vergleichende Untersuchung der Ratsprotokolle zu vertiefen.

Somit liefern die einzigen zuverlässigen Quellen für das 16. Jahrhundert nur zwei Feststellungen: Der Kaufbeurer Tänzeltag geht auf die Zeit vor 1557 zurück, war - wie in etlichen anderen süddeutschen Städten - ein Fest der Zünfte und - vielleicht - auch mit den Schulen verbunden.[4] Besonderheiten eines Kinderfestes bleiben im 16. Jahrhundert unerwähnt. Auch ein Zusammenhang mit dem Kaufbeurer Schützenwesen läßt sich nicht nachweisen.

Die Kaufbeurer Heimatforschung stieß im 19. Jahrhundert auf ein sonderbares Phänomen. Nahezu alle Stadtchroniken des späten 18. und frühen 19. Jahrhunderts nennen als Ursprung des Tänzelfestes das Jahr 1497. Keiner der Chronisten erwähnt die Quelle seiner Mitteilung. Aber es war für die Lokalhistoriker nur folgerichtig, dieser Jahreszahl nachzugehen. Richard Ledermann (1875-1972) berief sich auf eine Fundstelle in der Wiedemann-Chronik[5] und veröffentlichte 1905 die erste Untersuchung zur Herkunft des Kaufbeurer Tänzelfestes.[6] Der betreffende Textabschnitt der Wiedemann-Chronik ist so verführerisch, daß er für den erwartungsvollen Lokalhistoriker den Charakter einer Offenbarung annehmen kann: *„1497 kam Maximilian wiederum hieher [...] und [wurde] zu encouragierung der Jugend der sogenannte Täntzeltag angeordnet."*

Es dürfte zweifelhaft sein, ob in dieser historisch beseelten Zeit andere Kaufbeurer Heimatforscher einer solchen Versuchung widerstanden hätten: Die Stiftung des Kaufbeurer Tänzelfestes durch Kaiser Maximilian I. ließ sich nicht nur heimatkundlich attraktiv vermuten, sondern auch quellenmäßig belegen. Erschütternd ist allerdings, daß dem phantasievollen Menschen Richard Ledermann diese These zum tragischen Schicksal seines Lebens wurde. 1956 kehrte er von Bad Faulenbach nach Kaufbeuren zurück, widmete sich dem ungepflegten evangelischen Kirchenarchiv und seinem Lieblingsthema, dem Kaufbeurer Tänzelfest. 1964 erschien als Sonderveröffentlichung des Historischen Vereins für Schwaben seine Abschlußarbeit zu diesem Thema: *Das Kaufbeurer Tänzelfest im Wandel der Jahrhunderte*. In rastloser Arbeit hatte Richard Ledermann versucht, seine heftig umstrittene These zu stärken. Er fand 1956 in den Annales Kaufburanae[7] den von Johann Jakob Wiedemann wörtlich zitierten Ursprungstext, dessen Jahreszahl später von allen Chronisten des 19. Jahrhunderts übernommen wurde:

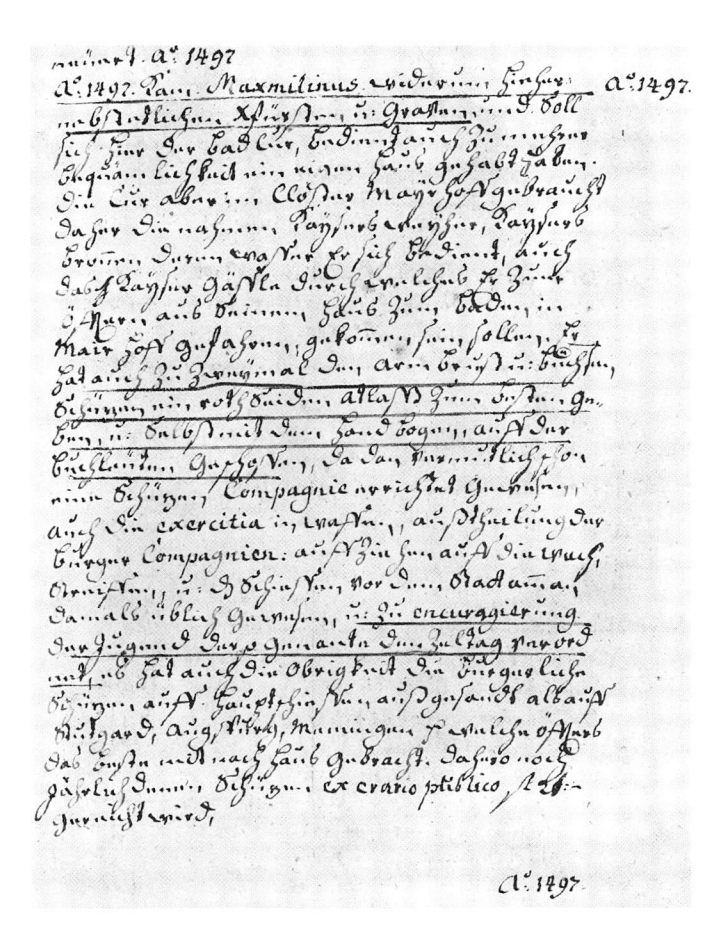

„Anno 1497 Kam Maxmilinus [!] widerum hieher nebst etlichen Fürsten und Grafen und soll sich hier der Bade Cur bedient, auch zu mehrer Bequemlichkeit sein eigen Haus gehabt haben. Die Cur aber [habe er] im Kloster Mayerhof gebraucht; daher die nahmen Kaysers-Wayher, Kaysers-Bronnen, deren Wassers Er sich bedient, auch das Kayser-Gässle, durch wel-

ches zum öftern aus Seinem Haus zum Baden in Mair Hof gefahren, gekommen sein solle. Er hat auch zweymal denen Arm Brust- und Büchsen Schüzen einen roth Seiden Atlaß zum Besten geben, und selbst mit dem Handbogen auff der Buchleuten geschossen, da dann vermutlich schon eine Schützen Compagnie errichtet gewesen, auch die exercitia in Waffen, Außtheilung der Bürger Companien, Aufziehen auf die Wach, Streiffen und das Schießen vor dem Stadtammann damals üblich gewesen, und zu encouragierung der Jugend [wurde] der sogenannte Denzeltag verordnet." [8]

Leider hat Richard Ledermann versäumt, der Diktion und der Handschrift des Textes die nötige Aufmerksamkeit zu widmen. Als Verfasser kommt nicht der mit historischen Quellen vertraute und auch quellenkritisch sehr anspruchsvolle Kaufbeurer Chronist Wolfgang Ludwig Hörmann (1713-1795) in Frage, sondern sein Vater Ernst Tobias Hörmann (1683-1761).[9] Dieses Versehen zerstört Richard Ledermanns Theorie sehr nachhaltig, weil die Zuverlässigkeit W. L. Hörmanns eine ihrer wichtigsten Argumentationshilfen ist.[10] W. L. Hörmann waren diese Aufzeichnungen wohl vertraut, aber es zeugt von seiner Quellentreue und Gewissenhaftigkeit, daß er die Verbindung von Kaiserbesuch und Tänzelfest unter die Legenden zählte. In seiner Chronik jedenfalls beginnt die dokumentierte Geschichte des Tänzeltages mit dem Jahr 1567.

In einer öffentlichen „*Redeübung*" Kaufbeurer Lateinschüler vom 9. November 1741[11] wurde dieses Thema angesprochen. Auf die Frage nach den Waffenübungen der Kaufbeurer Bürger antwortet der Knabe Johann Martin Steudle: *„Hieher ziehe ich die Einrichtung der Bürgerschafft in ordentliche Compagnien, das oftmalige aufziehen und exerciren derselben, daß fleißige Wachhalten, Streiffen und dergleichen, ja ich vermuthe, das der noch heutiges Tags übliche Tänzeltag von unßrer Väter Bemühung, der Jugend bey Zeiten einen Kriegerischen Muth einzuflößen, und sie gleich von Kindheit auf zur Kriegszucht und Ordnung anzugewöhnen, ihren Ursprung haben, welches ehmal wohl gut gewesen, aber jezo von keinem Nutzen ist."* Auch der Geschichtsunterricht Kaufbeurer Schüler wurde also 1741 nur von Spekulationen über den Ursprung des Tänzelfestes begleitet.

Andere Belege, die Richard Ledermann zur Stützung seiner Theorie anführte, stimmen nachdenklich. 1957[12] berichtete er von einem Reisetagebuch Marx Treitz-Sauerweins, das er 1940 im Wiener Reichsarchiv gefunden habe. Der Geheimsekretär Maximilians I. begleitete seinen hohen Herren auf vielen seiner Reisen. Obwohl das Archiv schon am 5. Mai 1965 dem Kaufbeurer Tänzelfestverein mitteilte,[13] daß ein solches Tagebuch unbekannt sei,[14] hat sich der Verfasser dieses Kapitels 1997 noch einmal bemüht, in den Wiener Beständen danach zu suchen. Autographen dieser Art genießen höchste Aufmerksamkeit, aber selbst in Repertorien des 19. Jahrhunderts war kein Hinweis zu finden.

Richard Ledermanns Verdienste um die Geschichte des Kaufbeurer Tänzelfestes sollen damit nur geordnet, nicht geschmälert werden. Sein Tänzelfest-Buch bleibt die erste umfassende Darstellung des ältesten Kinderfestes in Bayern; auch dann, wenn der romantische Ansatz künftig einer nüchternen Betrachtung weichen muß. Die Stiftung als Kinderfest durch Kaiser Maximilian I. ist nicht nur unwahrscheinlich. Sie ist abwegig. Diese Formulierung ist gerechtfertigt, denn die Tradition des Kaufbeurer Tänzelfestes blieb über Jahrhunderte erhalten, weil sie immer wieder *ihren Weg* gefunden hat. Eine unsaubere akademische Begleitung führt ihr nur Probleme zu.

Die erste Erwähnung als Kinderfest

Auch die Ratsprotokolle des frühen 17. Jahrhunderts lassen jeden Hinweis auf ein Kinderfest vermissen. Erst 1658 wird der Tänzeltag eindeutig mit einem Kinderfest in Zusammenhang gebracht. Diese Quelle fand Richard Ledermann vor 1905 in den Konsistorialprotokollen des evangelischen Kirchenarchivs, wobei unerklärlich bleibt, warum er sie 1964 dem Stadtarchiv zuordnet und auf dramatische Weise verschwinden läßt: *„Die nachfolgenden Urkunden (1658/59) sind inzwischen durch feuchte Lagerung und Würmerfraß völligem Verderben anheimgefallen, so daß sie bei der Neuordnung des Stadtarchivs durch das Kgl. Reichsarchiv (1930) ausgemerzt werden mußten und dem Forscher heute nicht mehr zur Verfügung stehen."*[15] Diese Protokolle sind sehr wohl vorhanden und in einwandfreiem Zustand.[16] Richard Ledermann, der ein Kinderfest als selbstverständlich voraussetzte, nutzte sie nur als Beleg, daß der Tänzeltag nach dem Dreißigjährigen Krieg in den konfessionellen Konflikt geriet. Aber hinter dem „kath. Bürger namens Braunmüller",[17] den er als Zielperson der protokollierten Beschwerde nennt, verbirgt sich der evangelisch-deutsche Schullehrer Johannes Bronnenmüller.[18] Von einer konfessionellen Auseinandersetzung kann keine Rede sein.

„Actum freytags den 27 ten July 1658 in Consistorio pleno. Bronnmüller wegen des Tänzltags betreffend. Referirt der Hr. Pfarherr, daß derselbe so importun gewesen undt vor den Knaben und Khindern zur nicht geringen despect gesaget, der Herr Pfarherr habe nichts mit dem Tänzltag zu thun, es gehe ihn nichts an; Item die Bronnmüllerin hette gleichsfalls sich so importun mit Red in dis[em] Paß vernehmen laß[e]n; Ja gar unter ander[em] s. v. [sub voce = unter dem Wort, A.d.V.] sie ehette [unklarer ordinärer Ausdruck] in d[ie] H[erren] Syndici.

Hierauff saget Herr Syndicus, Er halte die Bronnmüllerin so lang für ein 20 [kleine Münze, A.d.V] biß sie erweise, daß Er nicht macht habe alß ein Scholarch, ihr[e]m Mann ein oder anders zu untersagen. Conclusium. Soll dem Bronnmüller dises ernstlich verwiesen werden, und der Tänzltag denen Kindern auff die eigehende Woch verwilligt sein, Jedoch die Khind sich modeste erzeugen, guete inspection zu haben; So durch mich Stschbr [Stadtschreiber] dem Bronnenmüller angezeiget worden."

Wir verdanken dieses Dokument also einer Kraftprobe zwischen einem als streitsüchtig bekannten Schullehrer und dem Scholarchat. Bemerkenswert ist, daß die evangelische Schulkommission das Tänzelfest nur zu dulden scheint und es nicht aktiv unterstützt. Jedenfalls wird damit die Vermutung nicht begünstigt, daß das Tänzelfest seinen Ursprung in einem Schulfest habe.

Die Bestätigung des Kinderfestes findet sich ein Jahr später: *"Actum donnerstags den 7. August 1659 coro Finis Scholarchis. Item seye nunmehr die Zeith vorhanden zu dem Tänzeltag; Alß seye auch davon zu reden ob unnd was gestalt denen Schuelkhinder der Tänzltag und umbzug möchte zu verwilligen sein. Conclusium: Der Tänzltag aber diß Jahrs wegen dermahlig gefährlicher Zeiten halber eingestellt, herentgegen sollen den Schuelen 2 tag vacanz gelaßen werden."*

Die Unterscheidung zwischen „Tänzltag" und „umbzug" gibt Anlaß zu spekulativem Nachdenken. Der „Zug" der Zünfte mit *„fliegend Fahnen und Trommeln und Pfeiffen"* [19] an ihren Jahrestagen wird durch die Ratsprotokolle belegt. Es wäre denkbar, daß die Kaufbeurer Schulkinder diesen Zunftbrauch übernommen haben. Mit dem Begriff „Tänzeltag" dürften in diesem Zusammenhang mindestens zwei schulfreie Tage verbunden sein. Die Annahme ist gerechtfertigt, daß der Vergnügungsort der Kinder jener Platz auf der Buchleuthe war, der 1689 zum ersten Mal als „Tänzelhölzle" erwähnt wurde.[20]

Auch der militärische Charakter des Kinderfestes, bis 1914 mit Abwandlungen, aber in Gestaltung und Ablauf unverändert gepflegt, läßt sich auf Eigenarten der Zunftfeste zurückführen. Birlingers[21] Beschreibung der Augsburger Tänzelwoche (1760) und des Umzuges an Laurenzi (10. August) sind nur zwei Beispiele für die Vergleichbarkeit zünftiger Überlieferung und der Kaufbeurer Tradition. Bei Uwe Hauptig[22] finden sich vielversprechende Hinweise, die für die Kaufbeurer Besonderheit, das Fest in der Jakobiwoche zu feiern, eine Reihe von Denkansätzen liefern. Aufschlußreiche Einsichten könnten in vergleichenden Untersuchungen mit der Stadt Geislingen zu erwarten sein. Nach der Geislinger Chronik ist für das Jahr 1679 ein jährlicher „Tanz der Schulkinder in den Steingruben" bezeugt, der ebenfalls in die Jakobiwoche fiel und zwei Tage währte. Allerdings bietet dieses Kapitel der Stadtgeschichte nicht genügend Raum, die Diskussion zu vertiefen.

Die vorhandenen Quellen geben also keinerlei Aufschluß, zu welchem Zeitpunkt das Kaufbeurer Kinderfest in Zusammenhang mit den Tänzeltagen der Zünfte eine eigene Tradition entwickelte.

Das Tänzelfest im 18. Jahrhundert

Das früheste Dokument einer Beschreibung des Festablaufes verdanken wir dem Lehrer und Komponisten Johann Georg Steudle (1763-1841).[23] Wie so oft in der Geschichte erwies sich auch hier der amtliche Nachdruck als Geburtshelfer einer historischen Quelle, denn Steudle verfaßte diesen Bericht 1805 auf Veranlassung des Kaufbeurer Stadtkommissars Michael von Weber. Es dürften kaum Zweifel bestehen, daß Steudles Beschreibung den Verlauf des Tänzelfestes so zusammenfaßt, wie er in den Grundzügen während des gesamten 18. Jahrhunderts üblich war. Deshalb wird sie hier auch im Wortlaut wiedergegeben:

„Das Fest fängt den Montag nach Jacobi, im Fall das Wetter günstig ist, damit an, daß die Singknaben - welche gewöhnlich die Pfeiffer und Tambours vorstellen - am ersten Tag Morgens um 3 Uhr, den Schullehrern, Fähnrich und Vice Fähnrich mit Trommel und Pfeiffen eine Art türkische Music vor ihrem Logis machen.

Um halb 8 Uhr trommeln und pfeiffen die 4 Singknaben militärisch gekleidet in der Stadt herum, zum Zeichen daß das Fest gehalten werde, und gehen zuerst zum Fähnrich, bey welchem Sie Kaffee zum Frühstück bekommen, von da dann weg zum Vice Fähnrich gehen, welcher Ihnen mit fliegender Fahne zu Ersterm folgt, nach dem vorher die zwey vornehmsten Officiere abgeholt worden sind.

Zwischen 8 und 9 Uhr versammlen sich die Kinder nach und nach in der Mägdlein Schule, wo Ihnen das aus dem Spithal bewilligte Brod ausgetheilt wird, und die Lehrer der Schulen von einigen Kindern freywillige kleine Geschenke an Geld für die Anordnung erhalten.

Wenn dann alles beysammen ist, so wird der Zug angestellt, und zwar auf folgende Art: 1. Läuffer 2. Feldmusik 3. Feldzimmerleute 4. Jägerchor mit Officieren 5. Fahne mit Fahnenofficier, 6. Tambours und Pfeiffer. Auf diese folgen die übrigen Knaben, theils in militärischer theils bürgerlicher Kleidung.

Den Schluß machen die Mädchen, welche theils in ihren Feyertagskleidern, theils als Schwarzwälderinnen, Bäuerinnen u.s.w. erscheinen.

Sind die Kinder dergestalt geordnet, so geht der Zug von der Schule aus, durch folgende Straßen der Stadt: Hintere Gaße, Markt, Salzmarkt, Schmidt- Neue- und Pfarrer-Gaße ins Spithal. [...] in das so genannte Tänzelhölzle, wo dem Fähnrich eine besondere Huld bereitet ist. Hier beginnt erst für die Jugend der Zweck des Festes: reine, ungestörte Freude, in Erfüllung zu gehen.

Allerley Tänze nach der Trommel, und andere jugendliche Spiele wechseln mit einander ab. So geht es 3 Tage, nur daß am 3ten Tag schon Vormittags ins Tänzelhölzle gezogen und bis Mittag wieder hereinmarschirt wird, wo dann die erwähnte Mahlzeit gehalten, und nach derselben wieder wie an den zwey ersten Tagen verfahren wird. War daher einen Tag das Wetter nicht sehr günstig oder wollte man die angefangene Freude noch etwas länger genießen, so war man in der Vorzeit gewiß, auf Anhalten bey dem amtierenden Bürgermeister die Erlaubnis zu erhalten, auch noch den 4ten Tag auf eben die Art wie die 3 vorausgegangenen zu bringen zu dürfen. Dieses ist auch für den arbeitsamen Theil der Bürgerschaft ganz unschädlich, da sich an diesem Tage nur noch Leute im Tänzelhölzle einfinden, die ohnehin nicht arbeiten und dann ihren Spaziergang statt nach andern Plätzen, dorthin nehmen und für die Kinder, da die ganze Woche ohnehin Schulvacanz ist, ist es immer am besten dort im Freyen sich vor langer Weile schützen zu können.

Die Zeit, wie lange der Jugend Abends im Tänzelhölzle zu bleiben erlaubt ist, war sonst den Lehrern überlassen, nie wurde aber 10 Uhr überschritten, wo sich auf ein mit der Trommel abgegebenes Zeichen, die Jugend bei der Fähnrichs Hütte einfand, um im Zuge mit fliegender Fahne und klingendem Spiel in die Stadt zu gehen. Hiebei bemerkt man ehrerbietigst: daß der Fähnrich jedesmal es unter dem Thore, bey welchem er Nachts hereinpaßieren wollte, anzeigen mußte, welches dann so lange bis der Zug mit der Trommel hereinpaßiert war, für jedermann unentgeldlich geöffnet blieb, dagegen zahlte der Fähnrich der Wache ein kleines Douceuer [richtig: Douceur = Trinkgeld].

In das Tänzelhölzle selbst schafte der protestantische Kirchenfond während der ganzen Dauer des Festes einige Fäßchen weißes Bier, welches der Knabenaufseher jedem Kinde, das es verlangt, unentgeldlich zu trinken giebt."

Fähnrichshütte im Tänzelhölzle, Bleistiftzeichnung (etwa 1830) von David Ignatz Filser (1787-1831) im Kaufbeurer Stadtmuseum

Das Tänzelfest und der bayerische Verwaltungsstaat

Am 11. September 1804 übernahm der gebürtige Kaufbeurer Michael von Weber[24] das städtische Kommissariat. Das Tänzelfest war ihm aus der Jugend vertraut, aber es verband sich bei ihm mit konfessionellen Vorbehalten. Obgleich er das Fest des Jahres 1804 nicht miterlebte, nutzte er sofort seinen amtlichen Einfluß, es auf drei Tage zu beschränken. Den dienstlichen Vorwand bot ihm die eben zitierte Beschreibung des Tänzelfestes, die auf seine Veranlassung durch den Lehrer Johann Georg Steudle angefertigt wurde.[25] Als das Fest 1805 nicht zu seiner Zufriedenheit verlief, richtete er am 1. August 1805 ein Schreiben an die Landesdirektion in Ulm, das an konfessioneller Feindseligkeit nichts zu wünschen übrig ließ:[26]

„Dann mußte erst vor wenigen Tägen die unangenehme Bemerkung gemacht werden, daß man sich von obenherab zu Kaufbeuren bestrebe, allem zu widersezen, was von der katholischen Ortspolizey-Behörde [sic!] verbothen wird; der Vorfall, welcher dieses berührt, ist folgender: Alle Jahre im Monat Juli feüern die Protestanten zu Kaufbeuren ein Kinder-Fest genannt Tänzeltag. 8 volle Täge ist noch im abgewichenen Jahre 1804 von der ganzen evangelischen gewerbführenden BürgerKlasse unaufhörlich in einem nahe bei der Stadt liegenden Hölzchen Tag und Nacht getrunken, gespielt, geschwälgt worden; - diese in jeder Art zwekwidrige Kinderfeüerlichkeit sollte nach gesunden Polizeygrundsäzen ganz abgeschafft werden; der Unterzogene hat aber heüer Jahr blos auf 3 Täge beschränkt, um nicht als leidenschaftlicher Gegner den Protestanten verschryen zu werden; aber auch diese mäßige bescheidene Beschränkung ist von den protestantischen Bürgern so übel aufgenommen worden, daß man sich mit Gewalt dem Verboth widersezte. Die Kaufleüte fuhren an diesem 4ten Tag nochmal im Hölzchen auf, ihre Mägde, Kutscher mußten sich festtäglich kleiden, und eine Horde protestantischer Bürger lärmten und jauchzten den ganzen Tag über unter beständigem übermäßigen die Würde des Menschen herabsezenden Essen und Trinken bis nachts 9 Uhr - an diesem holtronischen [?] Anblik weideten sich der Kurfürstliche Landrichter zu Kaufbeuren am Abende, und der Bürgermeister, dann aber sogenannte Honoratioren."

Weber nutzte also die Gelegenheit, auch den Landrichter Anton Wilhelm Metz zu denunzieren, der für die hysterischen Verbotsorgien des Kaufbeurer Polizeidirektors kein Verständnis zeigte. Dem kämpferischen Katholiken Weber blieb nur ein dienstlicher Seufzer: *„Der ehemalige Reichstädter schmiegt sich ohnehin immer schwerer den für ihn lästigen Polizeygesezen; sieht dann jener diese noch von Kurfürstlichen Beamten am Zechtische verächtlich machen, so findet der Untergeordnete sich gar leicht durch das populäre Betragen solcher Beamten geschmeichelt."*

Aber auch der Landesdirektion in Ulm waren Webers *„gesunde Polizeygrundsäze"* nicht sonderlich sympathisch. Sie gestattete die Ausdehnung auf vier Tage. Allerdings mit der Auflage, daß künftig das Fest paritätisch zu feiern sei.

Es läßt sich keine vernünftige Erklärung für die Tatsache finden, daß der Regierungswille erst fünf Jahre später zu einem Ergebnis führte. Der zuverlässige Kaufbeurer Chronist Emanuel Christa zeigt nur für das Jahr 1810 ein paritätisches Fest an: *„Auf Anregung der Behörden wurde heuer das Tänzelfest in der Jakobi-Woche von der Schuljugend beider Confessionen gefeiert. Die katholischen Schulkinder nahmen gleichen Antheil an dem öffentlichen Umzug, kostümierten sich militärisch oder in anderer Weise, und waren auch auf dem Festplatz im Tänzelhölzchen gleich freudig betheiligt."*[27]

Mit der Neugestaltung (1820-1832) und dem Bau der Bürgerhäuser (1821) waren dem Tänzelhölzchen neue Nutzungsmöglichkeiten zugefallen. Das Tänzelfest der Kinder lief Gefahr, hinter anderen Formen bürgerlicher Betriebsamkeit zurückzutreten. Ein umfangreicher Artikel im Wochenblatt der Stadt Kaufbeuren vom 2. August 1845 geht auf diese bedrohliche Entwicklung ein: *„Wer diesen Tänzeltag in neuester Zeit und seit mehreren Jahren betrachtet, wird sich nicht genau sagen können: ob es ein Kinderfest, oder ob es ein Volksfest, oder ob es beides zugleich darstellen solle? Für ein Kinderfest kann es nicht wohl erklärt werden; die Kinder nehmen oder erhalten vielmehr den wenigsten Antheil daran und mit jedem Jahre wird selbst die Zahl der theilnehmenden Kinder geringer."* Der anonyme Verfasser beklagt die Unfähigkeit der Lehrer, *„karakteristische und für die Kinder geeignete Darstellungen zu veranstalten"*, und bestreitet auch, daß *„die vielen an allen Enden zerstreuten Trink- und Spielbuden den Anschein eines Volksfestes geben."* Der Magistrat und die evangelische Lehrerschaft waren also gefordert, für das Tänzelfest ein neues Selbstverständnis zu suchen. Die Stadt hatte sich ohnehin mit einem sozialen Problem auseinanderzusetzen: dem ständigen Zuwachs katholischer Kinder. Ihre Einbindung in die städtische Tradition mußte schon deshalb als wünschenswert erscheinen, weil sich die Anzeichen sozialer Zerklüftung häuften. Dem Tänzelfest als protestantische Besonderheit drohte das Schicksal, in seiner Exklusivität zu verkümmern.

Der um 1848 eingerichtete „Wunderkreis" im Tänzelhölzchen; hier in einer Aufnahme aus dem Jahr 1897

Die Wolff-Affäre

Am 12. Juli 1850 richtete der Magistrat ein Schreiben an die katholische Lokalschulinspektion.[28] In diesem Brief erläutert der Magistrat ausführlich, daß keinerlei Verbindung von Tänzelfest und Reformation bekannt sei und „*diese Scheidung der Kinder aus konfessionellen Rücksichten den Keim der Intoleranz in sich trägt.*" Bürgermeister Heinzelmann schließt den Brief mit den Worten: „*Man beehrt sich daher, an den Herrn Addressaten die freundschaftliche Einladung ergehen zu lassen [...] die unter seiner Leitung stehenden Schulkinder und beziehungsweise deren Aeltern zur gemeinschaftlichen Feier des nahen Tänzelfestes aufzumuntern.*" Schon einen Tag später liegt das Antwortschreiben des Rektors Fuchs vor. In unbekümmerter Dialektik stellt er fest, daß „*ungeachtet vielfacher Erkundung*" keinerlei Urkunden vorliegen, die den protestantischen Ursprung des Festes widerlegen. Er scheut sich allerdings nicht, eben das zu fordern: „*Es wird das freundschaftliche Ansuchen gestellt, entschiedene Urkunden über den Ursprung und die Bedeutung dieser Tänzelfestlichkeiten gefälligst anher gelangen zu lassen, um, so schnell als möglich, die betreffenden königlichen und kirchlichen Behörden darüber um Entscheidung ehrfurchtsvoll bitten zu können.*" Mit dieser unerfüllbaren Zumutung ließ er den Vorstoß des Magistrats geschickt ins Leere laufen. Am 12. Juli 1851 wird die katholische Lokal-Schulinspektion vom Magistrat erneut angeschrieben und um die Beteiligung katholischer Kinder ersucht. Stadtpfarrer Cosmas Damian Dopfer zeigt sich aufgeschlossener als sein Vorgänger, sieht aber kurzfristig keine Möglichkeit, eine Teilnahme der katholischen Kinder anzuregen.[29] Am 10. Juni 1852 wiederholt der Magistrat seine Bitte, katholischen Kindern die Mitwirkung zu gestatten. Anlaß dieses Briefes ist wieder einmal die Teilnahmslosigkeit der evangelischen Schüler. Der Lehrer Theobald Meyer weist am 12. Juli 1852 darauf hin, „*daß sich im heurigen Jahre eine so geringe Theilnahme der Knaben an diesem Feste [...] zeigt, daß nach der heute vorgenommenen Recherche kaum ein Zug gebildet werden kann.*"[30] Das Antwortschreiben Dopfers auf den Brief Bürgermeister Heinzelmanns ist bisher nicht auffindbar. Warum diese Bemühungen des Magistrats, ein paritätisches Tänzelfest herbeizuführen, ein Jahr später dramatische Entwicklungen entstehen ließen, gehört zu den Rätseln konfessioneller Zwietracht. Am 18. Juli 1853, also mit Vorbedacht eine Woche vor Beginn des Festes, eröffnet der Stadtkommissar Franz Seraph Wolff in einem betont unfreundlichen Brief dem Magistrat seine Sicht der Dinge:[31] „*Feste der Art, wie sie in den jüngst umflossenen Jahren in der Tänzelwoche zu Kaufbeuren begangen zu werden pflegten, hieß man sonst Bachanalien; - Feste, wo Bachus und Venus sich die Hände reichen, sollen im aufgeklärten 19. Jahrhunderte unter gesitteten Völkern nimmermehr stattfinden, solche Festivitäten führen nur zum Verderben, entsittlichen und entnerven, sind traurige Beispiele für die theilnehmende Jugend, und Pflicht der Obrigkeit ist es daher, hier ihr Veto einzulegen, und das fragliche Fest auf das zurückzuführen, was es ursprünglich gewesen.*" In einem zweiten Brief (21. Juli 1853) teilt er zwar in einem Nebensatz mit, daß er auf eine Anzeige mehrerer Bürger reagiere, läßt jedoch keinen Zweifel an seiner dienstlichen Sturheit: „*dem Magistrate aber will er [der Stadtkommissär] andurch einstweilen notifizieren, daß er die bisher gepflogene Correspondenz Königl. Regierungs-Praesidium ehrerbietigst vorgelegt, und um weitere Verhaltungsbefehle gebeten habe, weil ihm nicht gleichgültig sein kann, aus dem magistratischen Schreiben nur von Verläumdungen der Stadtgemeinde vernommen zu haben.*"

Wolff war von seiner Argumentation hinsichtlich der unsoliden Kaufbeurer Bürger nicht sonderlich überzeugt. In seiner Dienstbeschwerde an die Regierung gesteht er ein, was er dem Magistrat geflissentlich verschwiegen hatte: daß die „*die Stadt umgebenden Landgemeinden der Vorwurf der Exzesse treffen muß, denen wenigstens durch das Stadtfest die Gelegenheit zum Nachtschwärmen gegeben ist.*"[32] Die Regierung des Oberdonaukreises in Augsburg entschied in ungewöhnlicher Eile (23. Juli 1853). Neben anderen drastischen Einschränkungen wurde angeordnet: „*Öffentliche maskierte Aufzüge von Kindern sind zu verbieten.*" Damit erhielt Wolff den erwünschten „Verhaltungsbefehl", mit dem er das Tänzelfest beseitigen konnte. Er unterschätzte allerdings die Entrüstung der protestantischen Bürger und die Entschlossenheit des Magistrats, energischen Widerstand zu leisten. Bürgermeister Christoph Friedrich Heinzelmann[33] entschied sich sofort für einen umfangreichen Briefwechsel. Nach einem Schreiben an die Regierung (26. Juli 1853), das wirkungslos blieb, folgten am 28. Juli 1853 eine Petition an den bayerischen König, Briefe an das Staatsministerium des Inneren und an die Stadtverwaltungen Kempten, Lindau, Landsberg, Dinkelsbühl und Hof. Die Städte wurden um Bestätigung gebeten, daß ihre ähnlichen Bürgerfeste von restriktiven Verwaltungseingriffen verschont geblieben seien. Diese wirkungsvolle Aktion hatte ein Regierungsschreiben vom 29. Juli zur Folge, in dem die Feier des Festes am 30. Juli gestattet wurde.

Am 21. Oktober 1853 erhielt die Regierung umfassende Vorschläge des Magistrats zur Neuordnung des Tänzelfestes. Man wolle „*das Fest darauf zurückführen, was es ursprünglich gewesen ist, nämlich auf ein paritätisches, von beiden Konfessionen gefeiertes Kinderfest.*" Es soll drei Tage dauern, dem bisherigen Ablauf entsprechen und von der Neuerung begleitet sein, daß die Fähnriche „*abwechslungsweise aus den Knaben katholischer und evangelischer Konfession gewählt werden.*" Nachdem diese Vorschläge am 21. Januar 1854 von der Regierung bestätigt wurden, blieb auch der katholischen Lokalschulkom-

mission nichts anderes übrig, als Willfährigkeit zu zeigen. Aber das Hemmnis konfessioneller Vorurteile widerstand auch dem Regierungswillen. Anstatt die Kinder und Eltern zu ermuntern, überließ Stadtpfarrer Dopfer in einer halbherzigen Umfrage alles dem Zufall. Sein Brief an den Adjunktur-Verweser Johann Jakob Zech vom 11. Juli 1854[34] klingt durchaus erleichtert: *„Leider sind die Erklärungen der Eltern fast alle verneinend ausgefallen [...] und es wird also wohl kein Anschluß unserer Kinder stattfinden können."*
Nach 1810 war also ein zweiter Versuch gescheitert, das Tänzelfest paritätisch zu gestalten.

Aufschwung und erneuter Niedergang des Festes

Mitunter kann sich bürokratischer Nachdruck als heilsam erweisen. Die evangelische Lehrerschaft wurde daran erinnert, daß Tradition im Stillstand des Denkens ihre Berechtigung verliert. Sie braucht für ihre Pflege nicht die Gewohnheit, sondern den Gestaltungswillen. Der erwähnte Johann Jakob Zech äußerte sich öffentlich und machte im Wertach-Boten vom 20. Juli 1858 etliche, schon ein Jahr später umgesetzte Reformvorschläge, die vor allem der patriotischen Versammlung dienen sollten: Die Uniformen der Knaben wurden dem bayerischen Waffenrock angepaßt. Aus dieser „Garde" formte sich später eine militärische Hierarchie, die mit Generalstab, Oberst und Fähnrichen heute noch vorhanden, aber bedeutungslos geworden ist.

David Ignatz Walch führte 1867 dem Tänzelfest einen besonderen Glücksfall zu: die Knabenkapelle. Er hatte in Aichach schon eine ähnliche Formation begründet und wurde von Bürgermeister Carl Haffner unterstützt: *„2.8.1868. Es erscheint Herr Musik Director Ignaz Walch und bringt an: Vergangenes Jahr wurden mir von Herrn Bürgermeister Haffner 1 B Zugposaune mit mechanischer Quart und 1 F Trompete mit drei Ventile mit dem Bemerken übergeben, solche für die Musik Schüler beider Confessionen zu verwenden. Seitdem habe ich aus den Erträgnissen einer Production am Pfingst Sonntag im Gasthofe zur Sonne ferner angeschafft 2 B Clarinetten, 1 Althorn und erkläre hiermit, daß diese sämtlichen Instrumente nicht mein Eigenthum, sondern dasjenige der sogenannten Tänzelfest Musik sind."*[35]

Es gelang ihm, innerhalb von zwölf Jahren eine dreißig Knaben umfassende Blaskapelle zu schaffen. Wie nötig eine vernünftige Begleitmusik war, läßt sich aus den Lebenserinnerungen des Kaufbeurer Komponisten Herman Hutter entnehmen. Er bezieht sich etwa auf das Jahr 1862: *„Eine militärische ‚Knaben-Kapelle' – heute [1922], wie ich höre, der Glanzpunkt des Festzugs - gab es da-* *mals noch nicht; an deren Stelle bemühte sich ein halbes Dutzend erwachsener Gelegenheits-Musiker, das „Fahnenschwingen" mit einer Blech-Musik zu begleiten, deren monotone Weise an jene der Schwegel- [Querpfeifer] und Dudelsackpfeifer gemahnte, die dem Tanzbären aufspielten."*[36]

Die Tänzelfest-Knabenkapelle 1868, ein Jahr nach ihrer Gründung

In den Folgejahren wurden dem Tänzelfest keine neuen Impulse zugeführt. Es verflachte zum Gewohnheits-Ereignis, das immer wieder unter der mangelhaften Beteiligung der Kinder zu leiden hatte. In den Divergenzen des Bismarckschen „Kulturkampfes" war ohnehin nicht an Initiativen zu denken, mit denen eine Entwicklung zum paritätischen Kinderfest eingeleitet werden konnte. Erst mit der Amtszeit des Bürgermeisters Carl Stumpf (1889) setzte ein Prozeß der Neubesinnung ein. Die Gründung eines „Tänzelfestkomités" 1890 dürfte auf eine Anregung dieses energischen, der Stadt bald verbundenen Mannes zurückgehen. Zum ersten Mal in seiner Geschichte erhielt das Tänzelfest den Rückhalt planvoller Organisation. Mit dem „Tänzelfest der Alten" (1894) entstand eine bis heute gepflegte Gewohnheit, und den Umzug bereicherte ein „Landsknecht-Fähnlein". Das 1896 von der Kurverwaltung Interlaken gekaufte „Pferderennspiel" blieb nahezu 60 Jahre eine Attraktion des Tänzelhölzchens.

Historisch bedeutsam wurde das „Komité" durch das Ereignis seiner Selbstaufgabe: Am 28. Februar 1898 begründeten die Mitglieder den „Verein zur Hebung des Tänzelfestes".[37] Wie so oft im deutschen Vereinsleben dauerte es etliche Jahre, bis sich der Prozeß kollektiver Selbstfindung einstellte. Die Demonstration geistiger Lebhaftigkeit beschränkte sich zunächst auf die Pflege störender Diskussionsbeiträge. Einzig der Vorschlag von Bürgermeister Stumpf, das Tänzelfest mit einem Festspiel zu verbinden, vereinigte die Mitglieder in der Ablehnung. Als Richard Ledermann 1903 den Entwurf zu einem Festspiel „Die Schwedennot" vorlegte, entschied die Versammlung einstimmig, „*daß der Verein zur Hebung des Tänzelfestes dieses Fest in bisheriger Weise erhalten und nicht durch ein Festspiel beeinträchtigt oder verdrängt wissen will.*"[38] Von nun an begleitete der Festspielgedanke die Vereinsgeschichte in der Art einer ewigen Versuchung.

Man kam aber Ledermann in anderer Weise entgegen und finanzierte 1905 ein Broschüre, in der er neben einer Festbeschreibung als zweite ewige Versuchung auch die Maximilians-These anbot.[39]

Bis 1914, als das letzte Fest vor dem Krieg gefeiert wurde, blieb der Beharrungsgedanke vorherrschend.

Noch streng nach Geschlechtern getrennt: Tänzelfest-Umzug 1895

Ein schriftlicher Seufzer des Protokollführers Emil Bächler vom 16. August 1900 läßt die Herkunft dieser Trägheit erkennen: *"Und nun zu so und so vieltem Male beginnt die Besprechung der stereotypen Bude [neue Behausung für das „Pferderennspiel"]. Unterzeichneter hat schon geahnt, daß es wieder zu keiner endgültigen Beschlußfassung kommen werde. Es möge ihm erspart bleiben, die schon so oft gehörten Gründe ‚Für' und ‚Wider' hier wiederzugeben."*

Der Erste Weltkrieg und die Reform des Tänzelfestes

Der dramatische Verlust geistiger Orientierung am Ende des Ersten Weltkrieges erfaßte das gesamte bürgerliche Leben. Auch für das Kaufbeurer Tänzelfest, vormals unanfechtbar in der Ordnung des Kaiserreiches stehend, mußte im Bewußtsein des Wandels ein neues Selbstverständnis gefunden werden. Unsicherheit und Ratlosigkeit beherrschten die erste Vereinssitzung nach Kriegsende am 25. Juni 1919. Das Fest ruhte seit fünf Jahren. Es zeigte sich auch, wie mühsam es ist, einer Tradition neue Energien zuzuführen, wenn ihr eine Periode des Stillstandes vorausging. Über *eine* Vorgabe waren sich die 27 Kaufbeurer Bürger dieser ersten Sitzung einig: Das Fest muß seinen konfessionellen Charakter verlieren.[40]

Bereits am 2. Oktober 1919 setzte man sich mit Vertretern der katholischen Gemeinde zusammen. Hauptlehrer Brem wurde gebeten, sich zu den katholischen Vorbehalten gegen das Fest zu äußern. Er berief sich auf die mangelhafte finanzielle Leistungsfähigkeit der katholischen Familien und den zweifelhaften pädagogischen Wert des Festes. Das schlechte Beispiel der Erwachsenen verderbe die kindlichen Gemüter. Außerdem könne man katholischen Kindern die Ausbildung in der Knabenkapelle nicht empfehlen, weil die jugendlichen Lungen Schaden nehmen. Brem scheint nicht bekannt gewesen zu sein, daß zum Beispiel im Jahr 1904 die Knabenkapelle aus 8 protestantischen und 16 (!) katholischen Schülern bestand.[41]

Diese unbeholfene Argumentation gab Bürgermeister Georg Volkhardt genügend Gründe, in einer virtuosen Entgegnung ihre Unbrauchbarkeit nachzuweisen. Seine Vorschläge zur Neugestaltung des Tänzelfestes, von anderen Versammlungsmitgliedern ergänzt, hatten bereits zukunftsweisende Bedeutung: Das Tänzelfest soll paritätisch sein, einen Teil seines militärischen Charakters verlieren, eine von Bürgern getragene Veranstaltung bleiben und durch ein Festspiel bereichert werden. Als Autoren des Festspieles kamen Ludwig Ganghofer und Richard Ledermann in Betracht. Mit dieser Empfehlung wurde dem Fest wieder jenes lästige Thema zugeführt, das über die nächsten Jahrzehnte unerfreuliche Auseinandersetzungen und wenig dauerhafte Lösungen mit sich brachte.[42]

Die erste paritätische Vereinssitzung am 11. November 1920 führte zu Ergebnissen, die für eine Neubelebung des Festes beste Bedingungen versprachen. Mit der Wahl von Rudolf Werz (1883-1968) zum 1. Vorsitzenden

Rudolf Werz 1914; hier in einer Parodie mit Jakob Espermüller

schuf sich der Tänzelfestverein einen außerordentlichen Glücksfall. Diesem ebenso energischen wie phantasievollen Kaufmann war beizeiten bewußt, daß sich Tradition nur dann bewahren läßt, wenn ihr die behutsame, aber konsequente Anknüpfung an die Gegenwart gelingt. Für ihn standen drei Überlegungen im Vordergrund: die kommerzielle Absicherung des Festes, die Entlastung der Eltern durch Bereitstellung der Kindergewandung und die thematische Neugestaltung des Festzuges. Am 22. März 1921 wurde mit dem Vorschlag, ein Festabzeichen (Preis: eine Mark) einzuführen, die bis heute genutzte Einnahmequelle geschaffen. Das erste Nachkriegsfest 1921 bestätigte mit einem Überschuß von 13.000 Mark den Erfolg des neuen Konzeptes.

Rudolf Werz arbeitete unermüdlich an der thematischen Erweiterung des Festzuges: Landsknechte, Marketenderwagen, Biedermeier-Gruppe und der berittene Generalstab (1923), Zünfte (1924), Konradingruppe (1925),

Buronia, Buroniawagen und Schmiede-Wagen (1926), Neuformierung der Knabenkapelle (1927), „Guldigs Kaufbeuren" (1928).

Auch ungewöhnlichen Werbemaßnahmen war er aufgeschlossen. Mit einer Postkarte des Jahres 1922: *„Der Tänzeltag – urkundlich seit 1497"* betrat er zwar unsichere Gefilde, aber es dürfte unstreitig sein, daß die hier abgebildete Flugzeugwerbung zu einem kaum glaublichen Besucherstrom beigetragen hat: 1923 wurden von auswärts 28.000 Fahrkarten nach Kaufbeuren gelöst, obwohl das Festabzeichen wegen der Inflationszeit 5.000 Mark kostete.[43]

Besuchet Kaufbeuren und sein historisches Tänzelfest 22. bis 25. Juli 1923.

Solche Zettel wurden am Sonntag, den 1. Juli 1923 von einem aus München – Schleissheim nach Kaufbeuren (Tänzelhölzchen) fahrenden Flugzeug als Reklame abgeworfen.
Kaufbeuren, den 10. Juli 1923.
Stadtrat:

Das leidige Festspielthema sorgte zunehmend für Unruhe. Richard Ledermann, lebhaft für seine Maximilians-These werbend, legte 1925 einen Plan zur „Reform des Tänzelfestes" vor. Der Einzug Kaiser Maximilians, von ihm in einem Festspiel „Das Adlerschießen" konzipiert, sollte zum Mittelpunkt des Festgeschehens werden.[44] Kurat Christian Frank (1867-1942), seit 1924 Mitglied des Vereins, favorisierte dagegen die Einbindung der Konradin-Gruppe. Rudolf Werz und die Vereinsmehrheit folgten dieser Überlegung vor allem deswegen, weil Ledermanns Historienstück erwachsene Schauspieler forderte und damit dem Gedanken des Kinderfestes widersprach. Die erste deklamatorische Bereicherung des Tänzelfestes setzte also 1926 mit der Begrüßung Konradins durch Buronia ein. Den Text schrieb Christian Frank.

Anläßlich der Vereinssitzung am 28. November 1927 verzichteten Rudolf Werz und Ferdinand Erdt auf ihre Vorstandsposten. Die Gründe sind wohl in einer unbeeinflußbaren Verärgerung zu suchen, mit der Rudolf

Konradin-Gruppe 1926 und die Begrüßungsszene: Buronia empfängt Konradin an der Rathaustreppe

Werz auf unerfreuliche Vorgänge während des vergangenen Festes reagierte. Der neue Vorsitzende, Fritz Wiedemann, trat sein Amt unter schwierigen Bedingungen an. Das Tänzelfest 1928 wurde zum Mißerfolg, weil es von den Folgen der Wirtschaftskrise nicht verschont blieb. Nur das Festspiel-Dauerthema trotzte dem politischen Wechselspiel der Zeit: Richard Ledermann präsentierte es erneut auf einer außerordentlichen Generalversammlung am 15. April 1929. Mit 45 gegen 25 Stimmen wurde beschlossen, die Vorarbeiten für die Aufführung des „Adlerschießens" in Gang zu setzen. Aber ein Jahr später zeigte sich, daß sowohl Idee als auch die dramaturgischen Probleme des Stückes die Bedenken rechtfertigten. Außerdem taktierte Ledermann ungeschickt. Die Aufführung seines Festspiels in Schwäbisch-Hall (9. und 29. Juni 1929) wirkte sich auf die bestehenden Vorbehalte nicht sonderlich günstig aus.

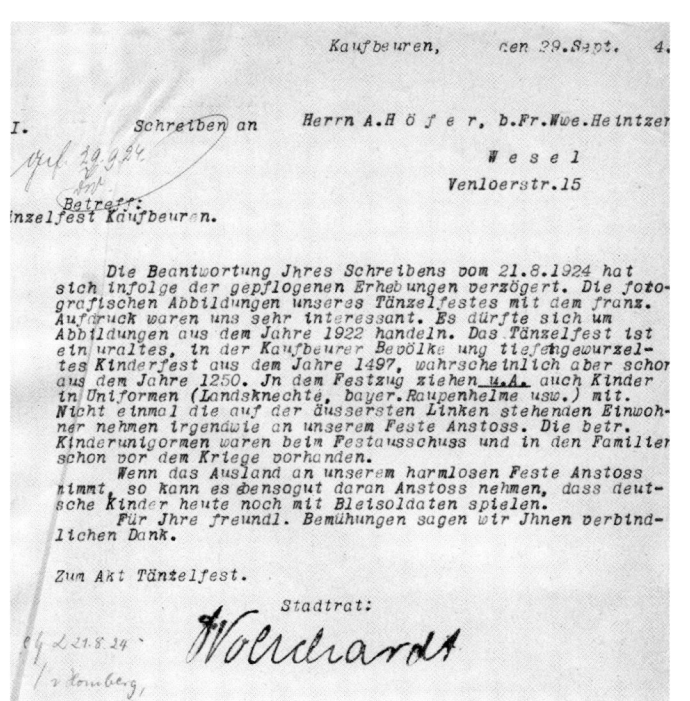

Das Kaufbeurer Tänzelfest in den Krallen der Propaganda. Schon im Jahr 1924 waren die uniformierten Knaben ein willkommener Vorwand, den deutschen „Militarismus" anzuprangern (oben).
Auch für die Kommunisten, in ihren Jugendorganisationen die Gewaltbereitschaft liebevoll pflegend, bot das Tänzelfest am 15.8.1928 willkommene Ablenkung (rechts oben).
Die Pariser Zeitung „Le Matin" brachte am 25.7.1935 ein Bild mit dem Kommentar: „Kindheit unter Waffen. Beim jährlichen Tänzelfest in Kaufbeuren (Bayern) sieht man einen Kinderumzug in den Uniformen der kaiserlichen Armee von 1914."(unten).
1951 verbreitete die Agentur „Keystone" etliche Klischees, darunter auch ein Bild der Tänzelfest-Infanterie (rechts unten), und weltweit griffen es die Zeitungen mit giftigen antideutschen Kommentaren be-

geistert auf. Es interessierte zunächst niemanden, daß hier bewußte Zeitverfälschung betrieben wurde. Das Bild stammt aus dem Jahr 1936. Bürgermeister Karl Wiebel reagierte sofort und konnte auch französische Zeitungen veranlassen, eine Richtigstellung zu veröffentlichen. Die Redaktion der Zeitung „Foyer Rural" entschuldigte sich in einem Brief vom 5.10.1951, der auch die Hintergründe der Kampagne deutlich macht, bei Bürgermeister Wiebel. Deutsche Zeitungen konnten sich nur in Einzelfällen dazu entschließen. Die Bildunterschrift in der „Münchner Illustrierten" vom 7. Juli 1951 gehört zu den sehr harmlosen Formen des anzüglichen Kommentars. Der zweite Knabe von links heißt übrigens Walter Eberle. Er kam mit 16 Jahren in französische Kriegsgefangenschaft, blieb seither dem französischen Kulturkreis eng verbunden und wurde ein hartnäckiger Pazifist.

Ersatzweise beschloß der Verein, die sogenannten „Konradinspiele" zu etablieren. Die handelnden Personen waren ausschließlich Kinder; Idee und Text gingen auf Christian Frank zurück: Raubritterspiel (1929), Der Mondwolf (1930), Der Wasservogel (1931), Johannis- und Sonnwendfeier (1932), Die Kreuzritter (1933), Die Schilderhebung des neuen Reiches (1934), Das Kufenstechen (Baudrexl, 1935).

Das Tänzelfest in den politischen Turbulenzen des Dritten Reiches und der Nachkriegszeit

Wie alle totalitären Gebilde, die neben der politischen Machtentfaltung vor allem die kollektive geistige Orientierung zu erzwingen suchen, waren auch die Nationalsozialisten bestrebt, bürgerliche Traditionen zu beseitigen. Die Kaufbeurer Parteigenossen setzten zwar Bürgermeister Dr. Georg Volkhardt 1933 mit einer unflätigen politischen Kampagne ab, aber sie fanden in seinem Nachfolger Hans Wildung keinen Fanatiker. Wildungs Amtsverständnis wurde weit mehr von der Sorge um die städtische Selbstbehauptung als von der Parteidisziplin geprägt. Für ihn gehörte das Tänzelfest zu den unantastbaren Ereignissen bürgerlicher Überlieferung. Auffällig ist eher die intellektuelle Anbiederung an den Zeitgeist. An unverlangten Apotheosen der „neuen Zeit" seitens der Kaufbeurer Lehrer mangelte es keineswegs. Auch der Eifer Christian Franks, seine Konradinspiele mit einer „Schilderhebung des neues Reiches" zu thematisieren (1934), wird wohl dauerhaft der Barmherzigkeit der Nachwelt anempfohlen sein. Einzig mit der politischen Groteske bei dem Umzug 1934, als „acht Krieger aus der Zeit Karls des Großen" erschienen, die auf ihren Schildern Hakenkreuze führten, setzte sich der Opportunismus ein kurzlebiges Denkmal.
Bleibende Erschütterung erfuhr das Tänzelfest im Jahr 1937. Mit dem Entschluß der Stadtverwaltung, das Tänzelhölzle einem Flugplatz und einer Fliegerschule zu opfern, endete die historische Verbindung von Tänzelfest und Tänzelhölzle. Beide Begriffe waren im Kaufbeurer Bürgerbewußtsein so untrennbar verwurzelt, daß sie ein sachliches Abwägen ausschlossen. In der letzten Sitzung des „Vereins zur Hebung des Tänzelfestes" (1937) machte Bürgermeister Hans Wildung zwar den Versuch einer Rechtfertigung, aber die schreckhafte Erstarrung der Mitglieder wird selbst im Protokoll von Ludwig Reinhard spürbar.[45] Trotz etlicher Vorschläge für einen künftigen Festplatz (Stadtverwaltung: Gelände beim Osterried-Anwesen; Vorsitzender Wiedemann: Neuanlage beim Engelkeller; Espermüller: Platz westlich der Stadtmauer; Metz: Platz in den Hindenburg- [Jordan-] Anlagen) war an eine befriedigende Fortsetzung des Festes 1938 nicht zu denken. Der Zweite Weltkrieg ein Jahr später ließ ein planvolles Vorgehen in der Frage des Festplatzes ohnehin nicht mehr zu.

Die Wiederbelebung des Tänzelfestes nach dem Zweiten Weltkrieg ist einem einzigen Mann zu verdanken: Bürgermeister Dr. Georg Volkhardt. Mit großem Geschick nutzte er 1946 die sogenannten „Gesprächsforen" – Begegnungs-Veranstaltungen von Kaufbeurer Bürgern und der amerikanischen Besatzungsmacht -, um der Militärregierung die Harmlosigkeit des Kaufbeurer Kinderfestes vor Augen zu führen. Bei diesen Anlässen gewöhnte er die mißtrauischen Besatzer an den Anblick historischer Kindertracht. Im Mai 1947 versammelte er die bewährten Organisatoren des Festes im Rathaus, darunter auch den Ehrenvorsitzenden Rudolf Werz, dem aus politischen Gründen ein öffentliches Auftreten untersagt war. Mit dem bescheidenen Tänzelfest 1947 erreichte Volkhardt sein Ziel, den Überlebenswillen einer Tradition nachzuweisen, obgleich ihr der organisatorische Hintergrund fehlte. Auf seine Initiative konstituierte sich am 12. November 1947 der „Tänzelfestverein". Sein Vorgänger, der „Verein zur Hebung des Tänzelfestes", war mittlerweile erloschen.

Das Tänzelfest und seine thematische Neuordnung

In vielerlei Hinsicht bedurfte das Tänzelfest eines neuen Selbstverständnisses. Die geistige Befangenheit nach der Katastrophe 1945 forderte die Überprüfung der überlieferten Gewichtung, die Kinder der vertriebenen Neubürger in Kaufbeuren-Hart mußten eingegliedert und das Provisorium des Festplatzes gelöst werden.
Aber der Tänzelfestverein, mit einem tatkräftig wirkenden Rudolf Werz im Hintergrund, hatte vorerst andere Sorgen, als zukunftsweisenden Konzepten nachzugehen. Zunächst mußte der äußere Rahmen einen gewissen Glanz erhalten. Das gelang im Jahr 1949: Mit einem Festzelt, der Gruppe der Brauer und Gerber und den vom Bayerischen Verein für Landespflege gekauften Postkutschen ließ sich bereits ein augenscheinlicher Zugewinn nachweisen. Der Festplatz im Parkstadion blieb jedoch eine unbefriedigende Notlösung.
Der Versuchung, den Ursprung des Festes mit dem Jahr 1497 zu verbinden, konnte nicht dauerhaft widerstanden werden. Es war also nur folgerichtig, daß sich der Tänzelfestverein trotz einiger Widerstände entschloß, den Aufbau des Maximilian-Zuges einzuleiten. Auch Walter Werz (1916-1997), der am 11. Dezember 1952 den Ver-

einsvorsitz übernahm, ließ sich von diesem Gedanken faszinieren, obwohl er in den Folgejahren schwierige Entscheidungen zu treffen hatte. In einem Brief vom 28. März 1955 äußerte der schwäbische Heimatpfleger Dr. Alfred Weitnauer große Bedenken gegen Ledermanns Quellentreue in Zusammenhang mit der Maximilians-These.[47] Aber da ließen die Umstände keine Umkehr mehr zu. Der prachtvolle Maximilians-Zug, 1959 fertiggestellt, repräsentiert durchaus ein feierliches Ereignis der Stadtgeschichte. Die faszinierende Legende der Tänzelfest-Stiftung nach Texten von Arthur Maximilian Miller bleibt eine liebenswürdige poetische Verklärung. Ein kleinlicher Historiker würde freilich auf das Widersprüchliche hinweisen: Wäre der Besuch im Jahr 1497 gemeint, dann zöge nicht der Kaiser, sondern der König Maximilian ein. Den Kaisertitel legte er sich erst 1508 zu.

Mit seinem Onkel Rudolf verbanden Walter Werz vergleichbare Wesenszüge: unbeirrte Zielstrebigkeit und phantasievolle Tatkraft. In den 30 Jahren seiner Amtszeit gelang es dem Verein, dem Tänzelfest jene dramaturgische Beschwingtheit zuzuführen, die frühere Kritiker als Mangel beklagt, aber in der Umsetzung einer Idee nicht gefunden haben. Die Vision von Rudolf Werz, das Bild einer Stadt in ihrem Kinderfest zu spiegeln, hat Walter Werz mit seinen Helfern tatkräftig vollendet.

Beschwernisse verbanden sich vor allem mit dem Festplatz. 1954 konnte das Gelände am Parkstadion zum letzten Mal genutzt werden. Das Fest 1955 mußte aus Platzmangel unterbleiben, und bis zum Jahr 1960, als der Bau des Festplatzes an der Wertachschleife abgeschlossen war, diente das Eisstadion als Notbehelf für die Tanzveranstaltungen der Kinder.

wachsende Zahl der Kinder mußten vielfältigere Möglichkeiten geschaffen werden, ihre Mitwirkung zu sichern. Aber die neuen Gruppen und Veranstaltungsideen fügten sich organisch in das Vorhandene ein: Der Jagdzug und die Gruppe der Fahnenschwinger (1952), Trommler und Pfeifer für die Armbrustschützen und die Bürgerbuben (1953), Einkleidung der Knabenkapelle in die Uniformen der Kaufbeurer Bürgerwehr (1956), Bauern in Sonntags- und Werktagstrachten (1957), Maximilianszug und feierliche Festeröffnung (1959), „Großer Zapfenstreich" (1960), Neueinkleidung der Bürgerwehr und die Gruppe „Frühzeit der Stadt" (1962), Bäcker und Metzger (1963), Hochzeitsgruppe aus dem Rokoko und Bürgerwehr-Artillerie (1966), General von Horn (1967), Die Königlich-Bayerische Eisenbahn (1970), Salzburger Exulanten und Daniel-Hopfer-Gruppe (1972), Kaufbeurer Markt und Kaufbeurer Münzrecht (1975), Patrizier, Landsknechte, kaiserliche Fußtruppen (1982).

Festplatz im Parkstadion 1955 und die Tänze im Eisstadion (oben rechts)

Zunächst waren es nüchterne Gründe, die Walter Werz veranlaßten, den Festzug ständig zu erweitern: Für die

Walter Werz bei der Begegnung mit dem bayerischen Ministerpräsidenten Edmund Stoiber anläßlich des Tänzelfestes im Jahr 1995; von links: Max Schiffmann, Edmund Stoiber, Landtagsabgeordneter Erwin Seitz, Walter Werz und der Kaufbeurer Oberbürgermeister Andreas Knie

Es liegt nahe, daß auch Walter Werz von dem Dauerthema „Festspiel" nicht verschont blieb. Am 14. Februar 1948 erschien im „Allgäuer" ein Aufruf Bürgermeister Volkhardts an die schwäbischen Heimatdichter, ein Festspiel für Kaufbeuren zu entwerfen. Richard Ledermann warb in einem Vortrag am 19. Juli 1948 nachdrücklich um die Beachtung seiner Forschungsarbeit und seines Festspieles „Das Adlerschießen".

Inzwischen hatte sich auch der Schriftsteller Arthur Maximilian Miller als Autor angeboten, der den Entwurf für ein Festspiel „Guldigs Kaufbeuren" vorlegte.[48] Ledermanns Entrüstung war grenzenlos, als er erfuhr, daß der Verein 1957 Millers Text und nicht dem „Adlerschießen" den Vorzug gab. Sein vorwurfsvolles Schreiben vom 8. August 1958 an Walter Werz[49] führte merkwürdigerweise nicht zur dauerhaften Entfremdung der beiden Männer. Für Walter Werz bedeutete das Tänzelfest auch Lebenswerk, und Richard Ledermann wußte, daß darin das Verbindende zu finden ist.

Miller zog sein Festspiel am 19. April 1959 zurück. Die Unentschlossenheit des Tänzelfestvereins zehrte an seiner Geduld. Außerdem war zu diesem Zeitpunkt kein Platz zu finden, der seinem Festspiel-Entwurf die geplante Großzügigkeit gestattete. Millers Konzept sah drei Bühnen vor, auf denen Kunz von der Rosen als „Stadtgeschichtsführer" die Gruppen des Umzuges vorstellte: *„Kinder spielen die Geschichte ihrer Stadt."* Er ließ sich jedoch bewegen, die Texte für die Einzugs- und Huldigungsszene Maximilians (1959/60) zu schreiben. Aber erst 1962 entschloß sich Walter Werz, den Festspielgedanken endgültig aufzugeben.

Das Tänzelfest an der Schwelle zum dritten Jahrtausend

Wohlgeordnete und erfolgreiche Vereine haben stets eine Zukunft, wenn sie ihrem Instinkt vertrauen. Ihre Stärke liegt dann in der Fähigkeit, zur rechten Zeit den richtigen Vorsitzenden zu wählen.

Der Kaufbeurer Tänzelfestverein, dem Dauerhaften verpflichtet und damit das Dauerhafte suchend, ließ sich beizeiten von dem Gedanken leiten, daß mit dem Vereinsvorsitz auch Lebenswerk verbunden ist. Nicht von ungefähr hatte er in den mehr als hundert Jahren seines Bestehens, von krankheitsbedingten Ausfällen abgesehen, nur fünf Vorsitzende.

Unter der Vereinsleitung von Walter Werz erfuhr das Kaufbeurer Tänzelfest die bedeutendste Umgestaltung seiner Geschichte. Das betrifft auch den Entschluß im Jahr 1963, den Festbeginn von der Jakobiwoche zu lösen. Damit wurde nicht nur Tradition bestätigt, sondern neu begründet. Sie nahm eine Gestalt an, die über historische Zeiträume denkbar ist und benötigt also nicht mehr den planvollen Neuerer, sondern den leidenschaftlichen Organisator.

1982 übernahm Max Schiffmann den Vorsitz des Tänzelfestvereins. Walter Werz hatte am eigenen Leib erfahren, daß mit diesem Amt lebensfeindliche Belastungen verbunden sind. Die Fortführung seines Lebenswerkes war also nur einem furchtlosen Menschen anzuvertrauen, der gelegentlich bereit ist, seine Liebenswürdigkeit der Konsequenz zu opfern.

Konsequenz bedeutete in diesem Zusammenhang vor allem, eine bewährte Gestaltungsidee zu schützen, aber auch ihren repräsentativen Rahmen zu erweitern. Die Einführung der hölzernen Abzeichen (1983), eines umfangreichen Programmheftes (1987) oder die Errichtung symbolischer Stadttore (1990) und die Verlegung der Eröffnungsveranstaltung in den Stadtsaal (1992) sind einige Beispiele bedeutsamer Veränderung. Einen Zuwachs neuer Kindergruppen erfuhr das Tänzelfest durch das Schwedenlager (1984) und die beständige Erweiterung des Handwerksbetriebes am Hafenmarkt: Münzstätte (1985), Häfelesmarkt (1986), Bäckerei (1987), Metzgerei (1988), Brauer (1989), Weber (1996) und Schmiede (1997).

Der Vorstand des Tänzelfestvereins 1995 mit dem bayerischen Ministerpräsidenten Stoiber; von links: Wolfgang Demel, Karin Stoiber, Max Schiffmann, Edmund Stoiber, Winfried Schwangart

Max Schiffmann gelang es vor allem, die Raumprobleme des Vereines zu lösen. Mit dem Bau eines Geräte-Stadels auf der Hohen Buchleuthe (1997) wurde die schonende Unterbringung der Fahrzeuge gesichert. Der Umzug der Geschäftsstelle in das Spitalgebäude (1988) ließ zum ersten Male in der Geschichte des Vereines für die Unterbringung der 1.400 wertvollen Kindergewänder ideale Bedingungen entstehen.

Ein bedeutendes Ereignis entstand 1990 mit dem Entschluß, dem Tänzelfest ein „Lagerleben" anzugliedern. Man könnte versucht sein, in diesem historisierenden Treiben eine Wiederbelebung der zünftigen „Freinächte" zu entdecken, die in Bayern erst 1834 endgültig beseitigt wurden. Jedenfalls hat sich damit ein Volksfest der originellen und erfolgreichen Art herausgebildet, das 25.000 Menschen in der Altstadt versammelt. Aber mitunter dürfte ein Kaufbeurer Bürger auch Gründe finden, die bedrohlichen Worte des Stadtkommissars Franz Seraph Wolff aus dem Jahr 1853 nachzulesen.

Das Tänzelfest in seiner modernen Form vermittelt nicht nur die enge Verknüpfung von Stadtgeschichte und Stadtkultur. Es zeugt auch vom Beharrungsvermögen des Stadtbürgertums, die Autorität einer Idee zu wahren und damit der Gegenwart eine dauerhafte geistige Zuordnung zu sichern. Denn das Kaufbeurer Tänzelfest läßt sich in jede Gegenwart einbinden. Es lebt schließlich nicht nur von der Tradition, also von der Würde des Dauerhaften in der Flüchtigkeit der Zeit, sondern von der Idee, also von der Würde des Gedankens in der Flüchtigkeit des Daseins.

Die Tänzelfest-Knabenkapelle und die Vielfalt ihrer Erscheinungsformen

1868

1901

1911

1913

1921

1924

1925

1947

1928

1948

1981

QUELLEN

(MR = Magistratsregistratur StadtA KF; ATV = Archiv des Tänzelfestvereins)
MR A 1687, Act, das dienstwidrige Benehmen des protestantischen Lehrpersonals gegen die Local-Schul Commission betreffend (1825); MR A 2373, Das Tänzelfest in Kaufbeuren: Sammelakt (1828-1900); MR A 1880, Die jährliche Feier des Tänzelfestes (1836-1894); MR A 1640, Das Tänzelfest in Kaufbeuren (1896-1924); MR A 2819, Tänzelfestverein (1898-1953); MR A 2003, Tänzelfest in Kaufbeuren: Feier 1921 (1921); StA A, Regierung, Akten, Nr. 10684 (Das Tänzelfest in Kaufbeuren 1853); StA A, Regierung, Akten, Nr. 10679; DIE GESCHICHTE der des Heil. Röm. Reichsfreyen Statt Kauffbeuren in einer Red=Übung, So von einigen Schülern der Öffentlichen Lateinischen Schule zu Kauffbeuren den 9ten Novembr.

Anno 1741 gehalten worden. entworffen von Hr. M. Hieronimus Merz Der Schule Rectorn. Abgeschrieben von Joh. Jac. Rumpelt Anno 1745, StA KF B 97 (a); Consistorial-Protocoll vom 13/23 May 1657 biß 4. Febr. 1669 incl., EKA , S/118 (= ehem. Schublade I, II); Hörmann von und zu Gutenberg, W.L., Sammlung derer fürnehmsten Merckwürdigkeiten und Geschichten der H.R. Reichsfreyen Statt Kauffbeuren. I. Teil 842-1599, II. Teil 1600-1699, III. Teil 1700-1798 und Ergänzungen, EKA, Anlage 128-130; Wiedemann, J., Kauffbeurische Chronica, welche alles dasjenige in kurtzem verfaßt, enthält, was von Anfang der Stadt, de A[nno]: 842 sich in selbiger begeben, und bis auf gegenwärtige Zeit merckwürdiges zugetragen; zusammengetragen, und aus denen bewährtsten Urkunden und Documenten heraus gezogen und colligirt von Johann Widemann. Not. Cas. Publico und freywillig Resionirten G[eri]chts Actuario und Cantzley Substitutio, auch Bürgern und der Zeit Spitalschreiber allhier [1796], StadtA KF, B 108; Annales Kaufburanae, StadtA KF, B 103 III, S. 55; Briefwechsel Ledermann, ATV; Sitzungsprotokolle des Tänzelfestvereins (Bd.1 und 2), ATV; Tänzelfest-Archiv-Material 1923-1936 und 1947-1949, ATV; KPA KF, Abt. K, 525.

LITERATUR

Ledermann, R., Das Tänzelfest zu Kaufbeuren, Kaufbeuren 1905; Ledermann, R., Der historische Ursprung des Kaufbeurer Tänzeltages. Sonderdruck aus Bd. 59/60 der Zeitschr. d. hist. Vereins f. Schwaben, Augsburg o.J.; Ledermann, R., Das Kaufbeurer Tänzelfest im Wandel der Jahrhunderte, Augsburg 1964; Hauptig, U., Das Kaufbeurer Tänzelfest. Zulassungsarbeit zur 1. Lehramtsprüfung 1964/I, München 1964; Bier, A., Das Tänzelfest in Kaufbeuren. Schriftliche Hausarbeit zur Ersten Staatsprüfung für das Lehramt an Grundschulen, Augsburg 1993; Dertsch, R., Das Kaufbeurer Tänzelfest. Eine Richtigstellung. Sonderdruck aus „Allgäuer Geschichtsfreund", Nr. 80, S. 32-41, Kempten 1980.

ANMERKUNGEN

[1] Hauptig, Uwe, Das Kaufbeurer Tänzelfest. Zulassungsarbeit zur 1. Lehramtsprüfung 1964/I, München 1964.
[2] Dertsch, Richard, Das Kaufbeurer Tänzelfest. Eine Richtigstellung. Sonderdruck aus „Allgäuer Geschichtsfreund", Nr. 80, S. 32-41, Kempten 1980.
[3] Hörmann von und zu Gutenberg, W.L., Sammlung derer fürnehmsten Merckwürdigkeiten und Geschichten der H.R. Reichsfreyen Statt Kauffbeuren. I. Teil 842-1599, EKA, Anlage 128 (in der Folge zitiert: HörmChr).
[4] Der Begriff des „Dinzeltages" als Fest der Handwerker ist auch für Augsburg, Blonhofen und Dirlewang nachweisbar.
[5] Wiedemann, J., Kauffbeurische Chronica, welche alles dasjenige in kurtzem verfaßt, enthält, was von Anfang der Stadt, de A[nno]: 842 sich in selbiger begeben, und bis auf gegenwärtige Zeit merckwürdiges zugetragen; zusammengetragen, und aus denen bewährtsten Urkunden und Documenten heraus gezogen und colligirt von Johann Widemann. Not. Cas. Publico und freywillig Resionirten G[eri]chts Actuario und Cantzley Substitutio, auch Bürgern und der Zeit Spitalschreiber allhier. [1796]. Gebundenes Autograph. StadtA KF, B 108.
[6] Ledermann, R., Das Tänzelfest zu Kaufbeuren, Kaufbeuren 1905.
[7] StadtA KF, B 103 III, S. 55.
[8] Ledermann, R., Das Kaufbeurer Tänzelfest im Wandel der Jahrhunderte, Augsburg 1964, S. 6.
[9] Dertsch, S. 32. Die Divergenz der Handschriften ist bereits dem ehemaligen Heimatpfleger Fritz Schmitt (1888-1966) aufgefallen.
[10] Ledermann, S. 6f.
[11] Die Geschichte der des Heil. Röm. Reichsfreyen Statt Kauffbeuren in einer Red=Übung, So von einigen Schülern der Öffentlichen Lateinischen Schule zu Kauffbeuren den 9ten Novembr. Anno 1741 gehalten worden. entworffen von Hr. M. Hieronimus Merz Der Schule Rectorn. Abgeschrieben von Joh. Jac. Rumpelt Anno 1745, StA KF B 97 (a), S. 24.
[12] Ledermann, R., Der historische Ursprung des Kaufbeurer Tänzeltages, Augsburg o.J.
[13] ATV(= Archiv des Tänzelfestvereins), Schriftwechsel Ledermann.
[14] ATV, Schriftwechsel Ledermann. Das Haus-, Hof- und Staatsarchiv konnte außerdem im Benutzerakt nachweisen, daß Ledermann eine Quelle dieser Art nicht vorgelegt wurde.
[15] Ledermann 1964, S. 29, Anm. 26.
[16] Consistorial-Protocoll vom 13/23 May 1657 biß 4. Febr. 1669 incl., EKA S/118 (= ehem. Schublade I, II). Ich verdanke den Hinweis Thomas Pfundner, der im Frühjahr 1999 bei eigenen Recherchen auf diese Quelle stieß.

[17] Ledermann 1964, S. 29.
[18] Sieber, Die evangelisch-lutherischen Schullehrer der ehem. Reichsstadt Kaufbeuren, Kaufbeuren 1939, S. 41.
[19] RP vom 15. Juli 1661.
[20] RP 1689, f. 58.
[21] Birlinger, A., Schwäbisch-Augsburgisches Wörterbuch, München 1864, S. 110f.
[22] Hauptig, S. 36ff.
[23] StadtA KF, MR A 1880.
[24] Ein Bäckerssohn, im Haus des Hafner-Tonibäcks am Kirchhof geboren.
[25] StadtA KF, MR A 1880.
[26] StAA, Bezirksamt, Abgabe 1931, Nr. 341.
[27] Christa, Emanuel, Die Christa-Chronik, hrsg. von J. Kraus (= Kaufbeurer Schriftenreihe Bd. 1), Thalhofen 1999, S. 53.
[28] KPA, K, 525.
[29] KPA, K, 525.
[30] MR, A 2373.
[31] StadtA KF, MR A 1880.
[32] StAA, Regierung, Akten, Nr. 10684 (Das Tänzelfest in Kaufbeuren 1853).
[33] Bei Ledermann (1964, S. 54) irrtümlich der 1847 verstorbene Landstand Christoph Friedrich Heinzelmann.
[34] StadtA KF, MR A 2373.
[35] MR, A 1880.
[36] Geborgen ruht die Stadt im Zauber des Erinnerns. Der Kaufbeurer Komponist Herman Hutter und sein autobiographisches Vermächtnis, hrsg. von J. Kraus, Kempten 1996, S. 137.
[37] ATV, Vorhandener Schriftwechsel 1891-1920.
[38] ATV, Protokoll vom 25.6.1903.
[39] R. Ledermann, Das Tänzelfest zu Kaufbeuren, hrsg. vom Verein zur Hebung und Förderung des Tänzelfestes, Kaufbeuren 1905.
[40] ATV, Protokoll vom 25.6.1919.
[41] ATV, Protokoll vom 16.6.1904.
[42] ATV, Protokoll vom 2.10.1919.
[43] ATV, Protokoll vom 30.8.1923; Bild Kopp-Sammlung Tänzelfest 1921-1925.
[44] ATV, Protokoll Vorstandssitzung vom 8. 4. 1925.
[45] ATV, undatierter „Bericht 1937".
[46] StadtA KF, MR 3002, Personalakte Volkhardt.
[47] ATV, Briefwechsel Weitnauer.
[48] ATV, Briefwechsel Miller.
[49] ATV, Briefwechsel Ledermann.

Stefan Dieter
Das Kirchenwesen Kaufbeurens im Mittelalter

Ihrem Selbstverständnis nach war die mittelalterliche Stadt nicht nur ein Ort des Handwerks, des Handels und der Politik, sondern auch eine sakrale Gemeinschaft. Das geistliche Zentrum der Stadt bildete in der Regel die Pfarrkirche, die in Kaufbeuren dem Hl. Martin geweiht worden war, mit ihren Geistlichen. Daneben traten für die religiöse Versorgung der Bevölkerung im Laufe des Zeit weitere Gotteshäuser sowie Bruderschaften und klösterliche Gemeinschaften. Diese breite Vielfalt der mittelalterlichen Kirche, in deren Rahmen sie ihre Gnadenschätze verteilte, fand auch in Kaufbeuren ihren Niederschlag. Doch die Idealvorstellung von der Stadt als Sakralgemeinschaft wich von der Realität mitunter stark ab: So ist in den Reichsstädten die bürgerliche Kirchenpolitik jener Zeit von der Tendenz gekennzeichnet, die geistlichen Personen und Einrichtungen, die der weltlichen Gerichtsbarkeit und Abgabenhoheit entzogen waren, der eigenen Jurisdiktion und Verfügungsgewalt soweit als möglich zu unterwerfen. Diesem Streben der städtischen Obrigkeit nach vollständiger Autonomie im eigenen Herrschaftsbereich widersetzte sich die Kirche jedoch nachhaltig, so daß Konflikte nicht ausblieben. In diesem Koordinatensystem bewegt sich die Kirchengeschichte der Reichsstadt Kaufbeuren im hohen und späten Mittelalter und fügt sich damit in das Bild ein, das sich auch von anderen oberschwäbischen Reichsstädten ergibt.

Die Pfarrei St. Martin

Die Entstehung der Pfarrei St. Martin kann mangels schriftlicher und archäologischer Quellen nur schwerlich rekonstruiert werden. Ungeachtet dessen wird in der Kaufbeurer stadtgeschichtlichen Literatur die Entstehung der Pfarrei und Pfarrkirche St. Martin häufig auf die 2. Hälfte des 8. Jahrhunderts datiert:[1] Auf die Zeit der Karolinger verweise das Patrozinium der Kirche - der Hl. Martin gilt als Hauspatron der Dynastie - sowie die Gründung der später sich zur Reichsstadt entwickelnden Siedlung als administrativer Stützpunkt im Zusammenhang mit der Sicherung und herrschaftlichen Durchdringung des Raumes zwischen Iller und Lech durch das Frankenreich. Die relativ große Entfernung von der nächstgelegenen Pfarrkirche in Oberbeuren dürfte - so die entsprechenden Überlegungen - die Königshofverwalter zur Gründung einer eigenen Pfarrei für sich und ihre Bediensteten veranlaßt haben. Diesen Annahmen stehen jedoch Bedenken gegenüber, die geltend machen, daß eine Pfarreiorganisation im süddeutschen Raum zu diesem frühen Zeitpunkt nicht zweifelsfrei belegt werden könne.

Auf methodisch und sachlich gesichertem Boden befindet sich die Forschung erst an der Wende vom 10. zum 11. Jahrhundert: In diese Zeit reichen die ältesten archäologischen Quellen zurück, mittels derer sich Vorgängerbauten der heutigen St. Martins-Kirche nachweisen lassen; die erste urkundliche Erwähnung der Kirche fällt in das Jahr 1308.[2] Diese Eckdaten lassen es gerechtfertigt erscheinen, die zwischen 1240 und 1313 genannten Kleriker namens *Hermann der Phaffe* (genannt 1240), *Hainrich der Liutpriester von Burun* (genannt 1299) und *Wernher der Zeringer* (genannt 1313) als Pfarrer von St. Martin anzunehmen.[3] In jener Zeit gingen die Verfügungsgewalt und das Patronatsrecht über die Kirche von den Staufern an das Reich über. Im Jahre 1350 übertrug Kaiser Karl IV. (1347-1378) die Kirche mit allen ihren Besitzungen und Rechten dem Augsburger Bischof Marquard von Randegg - offiziell als Ersatz für die Schäden, die der Bischof durch seine Dienste für den Kaiser erlitten hatte; ein ebenso wichtiger Grund dürfte jedoch auch im Bestreben des Kaisers zu suchen sein, im Rahmen seiner Hausmachtpolitik, die ihren Schwerpunkt im böhmischen Bereich hatte, die Sonderstellung der Reichsstädte einzuschränken und die Kirche als Bündnispartner zu gewinnen - so verschenkte Karl IV.

z.B. auch das Patronatsrecht über die St. Martins-Kirche der Reichsstadt Leutkirch dem Kloster Stams in Tirol.[4] Bischof Marquard übergab seine neuen Rechte bereits 1358 dem mit ihm verwandten Walter von Hochschlitz, damals Domherr und später Bischof zu Augsburg, welcher sie im darauffolgenden Jahr an die Kapelle der Hl. Agnes im Augsburger Dom, wo die von Randegg und von Hochschlitz ihr Familienbegräbnis hatten, zur Errichtung einer zweiten Vikarie inkorporieren ließ.[5] Die Kaufbeurer Stadtpfarrei wurde nun bis zur Reformation vom Inhaber dieser Vikarie betreut, der dem Domkapitel unterstand.

Das Einkommen der Pfarrherren von St. Martin war - wie auch das anderer reichsstädtischer Pfarreien - nicht unbedeutend: Nach einem Urbar von 1482 gehörten zur Pfarrpfründe das Widemgut mit 29fi Jauchert Ackerland und 15 Tagwerk Mahd; der Großzehnt (Zehnt auf Halmfrüchte) von den Fluren vor dem Rennweger und dem Kemnater Tor sowie ursprünglich auch von dem nordwestlich von Kaufbeuren gelegenen Breitenberg, bis dieser zur Allmende geschlagen wurde; Hofstattzinsen, 37fi Tagwerk Wiedmahd und 7 Jauchert Acker in der näheren und weiteren Umgebung, die der Rat im Jahre 1427 zur Pfründe zustiftete, um einen zweiten Kaplan halten zu können; schließlich Zinsen aus der Mühlstatt und dem Mühlweiher vor dem Rennweger Tor sowie aus einem Grundstück in den unteren Hofängern und aus mehreren Häusern und Hofstätten in Kaufbeuren selbst in Gesamthöhe von über 9 fl.[6] Dazu kamen noch Reichnisse aus Stiftungen und Schenkungen. Von diesen Einkünften hatte der Pfarrer spätestens seit 1371 dem Inhaber der zweiten Vikarie der Agnes-Kapelle im Dom zu Augsburg 30 Pfund Augsburger und 15 Pfund Würzburger Heller (später 20 fl.) zu entrichten; zwei Drittel davon mußte dieser an das Domkapitel weiterleiten.[7] Da die auf die Pfarrei Kaufbeuren präsentierten Kleriker aufgrund der damals üblichen Ämterhäufungen oft über noch besser ausgestattete Stellungen andernorts verfügten,[8] verwalteten sie ihre Pfründe häufig von auswärts aus und übertrugen den priesterlichen und seelsorgerlichen Dienst Vertretern, die von ihnen oft nur gering entlohnt wurden.

Die mit der Pfründe verbundenen Verpflichtungen bestanden in der Verrichtung von Messen und Gebeten sowie der Spendung der Sakramente. Daneben traten auch andere Obliegenheiten: Bereits im 13. Jahrhundert hatte der Pfarrer einen Hilfsgeistlichen zur Seite, dem er aus seinen Einkünften 3 Pfund Heller bezahlen und im Pfarrhof wohnen lassen mußte.[9] Wie es scheint, konnten dem Pfarrer von St. Martin auch die Unterhaltungskosten für den Pfarrhof aufgebürdet werden: 1462 bestätigt Andreas Röner im Revers seiner Bestallungsurkunde, daß er das Pfarrhaus auf eigene Kosten baulich herrichten und unterhalten werde.[10]

Bis zum späten Mittelalter war die Zahl der Geistlichen in Kaufbeuren nur knapp bemessen: Für die Seelsorge der Pfarrei waren der Pfarrer von St. Martin und sein Gehilfe zuständig; das Heilig-Geist-Spital verfügte über einen eigenen Kaplan für seine Bewohner. Diese Situation änderte sich zu Beginn des 15. Jahrhunderts, als einzelne Bürger, Bruderschaften und der Rat in der St. Martins-Kirche zahlreiche Meßstiftungen mit eigenen Altaristen errichteten. Dieses Engagement ist auf mehrere Gründe zurückzuführen, wobei zweifelsohne die aufblühende Frömmigkeit und das dadurch zum Ausdruck gebrachte Heilsverlangen besonders wichtige Faktoren waren: Die Angst vor Hölle und Fegefeuer sowie das Bestreben, durch fromme Stiftungen für sich selbst und verstorbene Angehörige im Jenseits 'anrechenbare' Verdienste zu erwerben, führte - Kaufbeuren bildet in diesem Zusammenhang keine Ausnahme - ebenso zur Errichtung dieser Benefizien wie das Bedürfnis berufsständischer Vereinigungen, ihre Gemeinschaft auch mit religiösem Leben zu erfüllen; deshalb stiftete beispielsweise die Bruderschaft der Beckenknechte im Jahr 1500 eine Ewigmesse zu Ehren des Hl. Nikolaus, ihres Schutzpatrons. In welch hohem Maße sich auch der Rat als 'christliche Obrigkeit' für das geistliche Wohl der Bürgerschaft verantwortlich fühlte, beweist die 1427 getätigte Stiftung einer zweiten Pfarrhelferstelle durch den Rat „wegen der merklichen Mehrung der Stadtbevölkerung".[11] Mit diesen religiösen Gründen waren solche eher profaner Natur eng verzahnt: Das durch die heimische Metall- und Textilwarenproduktion sowie durch den Fernhandel zu Wohlstand und Einfluß gelangte Stadtbürgertum war bestrebt, durch großzügige Stiftungen seine Stellung nach außen darzustellen - besonders wenn damit auch für das jenseitige Leben anrechenbare Verdienste erworben werden konnten.

Zu Beginn des 16. Jahrhunderts existierten schließlich allein in der St. Martins-Kirche neun Meßpfründestiftungen. Zusammen mit den sechs Kaplaneien in den anderen Gotteshäusern gab es damit in Kaufbeuren im ausgehenden Mittelalter insgesamt 15 Benefizien, dazu kamen noch der Stadtpfarrer, sein Gehilfe sowie der Spitalkaplan, so daß 18 Geistliche für die Seelsorge der damals etwa 2.500 Einwohner zuständig waren. Zusammen mit den Schwestern des Maierhof-Klosters betrug der Anteil der Geistlichkeit (ohne ihre Dienstleute) im spätmittelalterlichen Kaufbeuren etwa 1,1% bis 1,6% der Bevölkerung - im Vergleich zu anderen Städten war dies eher gering.[12]

Die Einkommen der Meßkapläne sanken gegen Ende des Mittelalters bedenklich ab, als ein allgemeiner Zinsverfall

Übersicht über die Meßstiftungen in der Kaufbeurer St. Martins-Kirche:[13]

Meßstiftung	Stiftungsjahr	Stifter
Liebfrauenaltar	1409	Völk Honold
Altar der Hll. Johannes Bapt. und Evang.	vor 1421	Familie Abel
zweite Pfarrhelferstelle	1427	Stadt Kaufbeuren
St. Katharina-Altar	1432	Konrad und Anna Welsch
St. Leonhard-Altar	1480	Kapitelsbruderschaft
St. Anna-Altar	1481	Hans und Anna Wagner
St. Jakobs-Altar	1481	Konrad u. Margaretha Scherrich
Liebfrauen-Altar (2. Kaplanei)	1499	Konrad Scherrich
St. Nikolaus-Altar	1500	Beckenknechtbruderschaft

die Stiftungsvermögen schrumpfen ließ. Einen Ausgleich versuchte man u.a. durch Pfründehäufungen zu schaffen: Johannes Wanner beispielsweise besaß die Pfründen der beiden Kaplaneien des Liebfrauen-Altars in der St. Martins-Kirche und war gleichzeitig Inhaber der Honoldischen Prädikatur, bevor er 1521 als Domprediger nach Konstanz ging, dort wesentlich an der Einführung der Reformation beteiligt war und 1526 als evangelischer Pfarrer in Memmingen Dienst tat.[14] Aus der schlechten Einkommenssituation des niederen Klerus läßt sich auch die wirtschaftliche Nebentätigkeit Kaufbeurer Kapläne erklären, die ihren Lebensunterhalt durch Mitarbeit in Handwerksbetrieben zu sichern versuchten.[15] Daß viele Kleriker ihre geistlichen Pflichten deswegen vernachlässigten, war eine logische Folge. Daneben trat häufig noch mangelnde persönliche Eignung der Pfründeinhaber für den geistlichen Stand und eine fehlende adäquate Ausbildung. Kaufbeuren ist ein signifikantes Beispiel für die Verhältnisse, wie sie sich fast überall darstellten: Im Jahre 1509 etwa wurde dem Bürger Hans Mack die Stadt verboten, da er einem Kaplan *"eine Frauensperson zu unehrlichen Dingen gehauset, gehofet und gekuppelt"* hatte; 1534 legitimierte Kaiser Karl V. die drei Kinder des Kaplans Lorenz Kun, *"die er mit einer ledigen Frau gezeugt hat"*.[16] Insgesamt sahen sich Bürgermeister und Rat zwischen 1519 und 1535, als sie noch eine reformationsfeindliche Politik verfolgten, nicht weniger als sieben Mal gezwungen, vor dem Augsburger Bischof Klage über ihre Geistlichkeit zu führen. Anlaß boten mangelhafte Pflichterfüllung, häufiges Fehlen bei Gottesdiensten, ungebührliches Verhalten, unangemessener Lebenswandel sowie auswärtiges Messelesen, das offenbar einen willkommenen Zusatzverdienst darstellte.[17]

Die wirtschaftliche Prosperität der Stadt bildete auch die Grundlage für eine spätestens ab dem beginnenden 14. Jahrhundert einsetzende Stiftungs- und Schenkungstätigkeit der Bürgerschaft an ihre Pfarrkirche: Aufgrund der überlieferten Urkunden lassen sich zwischen 1308 und 1537 insgesamt 30 Jahrtage belegen - wobei die tatsächliche Zahl um ein Vielfaches höher gelegen sein dürfte, wie der Vergleich mit anderen Reichsstädten zeigt.[18] Mit den Stiftungen waren finanzielle Zuwendungen an das Gotteshaus und die in ihm tätigen Geistlichen in unterschiedlicher Höhe sowie oft auch die Übertragung von Immobilien verbunden, die den Besitz der Pfarrkirche ständig mehrten. Als Gegenleistung hatten die Kleriker eine im Stiftungsbrief festgelegte Zahl von Gottesdiensten zum Gedenken des Stifters für dessen Seelenheil und meist auch für verstorbene Angehörige zu verrichten. Die Jahrtagsstiftung des Kaufbeurer Patriziers Lorenz Honold und seiner Frau Barbara aus dem Jahre 1497 verdeutlicht dies: Für insgesamt 3 fl. Zins aus einem Anger zu Frankenried sollte der Jahrtag in der zweiten Fastenwoche begangen werden, wobei abends eine Vigil gesungen und nach der Vesper am Grab der Stifter ein Gebet (Placebo) gesprochen werden sollte; am Morgen hatten ein gesungenes Seelamt und weitere gesprochene Messen zu folgen, daneben sollten von der Kanzel die Namen der Stifter und ihrer Vorfahren beiderlei Geschlechts verkündet werden. Der Zins sollte nach einem festgelegten Schlüssel zwischen der St. Martins-Kirche, dem Pfarrer, seinen beiden Helfern, dem Spitalseelsorger, den Kaufbeurer Kaplänen, dem Schulmeister, dem Kantor und dem Mesner aufgeteilt werden; daneben waren aus der Summe noch verschiedene Wein- und Geldopfer sowie das Kerzenwachs für die Gottesdienste zu bestreiten. Festgelegt wurde auch, daß die Gelder nur den tatsächlich anwesenden Personen auszuzahlen seien - eine Sorge, die, wie die Beschwerden des Rates zu Beginn des 16. Jahrhunderts belegen, nicht unberechtigt war - sowie eine Strafgebühr für den Nachkommen der Stifter, falls der

Jahrtag nicht abgehalten wurde. Darüber hinaus schenkten die Stifter dem Pfarrhof etliche Bücher, die von ihrer Belesenheit zeugen, wofür der Pfarrer vierteljährlich den Schulmeister und dessen Schüler ein Amt zum Lobe Mariens singen lassen sollte.[19]

Der Besitz der St. Martins-Kirche wurde daneben durch Schenkungen von Geld- bzw. Naturalzinsen oder Grundstücken vermehrt;[20] oft wurde dabei auch der Armen gedacht, denen aus den Reichnissen oder Erträgen Lebensmittel zukommen sollten. Die Immobilien lagen nicht in der Reichsstadt, sondern in den Dörfern ringsum, da das im Jahre 1286 Kaufbeuren verliehene Rudolfinische Privileg bestimmte, daß kirchliche Personen und Institutionen gekauften oder geschenkten Immobilienbesitz innerhalb der Stadt binnen Jahresfrist zu verkaufen hatten; bei Versäumnis dieser Pflicht hatte das Gut an die Verkäufer bzw. Geber zurückzufallen.[21] Diese Bestimmung, die die Kirche in wirtschaftlicher Hinsicht erheblich einschränkte, war für die Reichsstadt von großer Bedeutung: Da geistliche Institutionen und Personen als 'tote Hand' von der Steuerpflicht befreit waren, verminderte Immobilienbesitz innerhalb der Stadt das kommunale Steueraufkommen.

Einträglich waren auch die Rentengeschäfte, die die Kirche in der Zeit des Übergangs vom späten Mittelalter zur frühen Neuzeit verstärkt abschloß. Dabei nahm ein Schuldner eine gewisse Summe Geldes für eine jährlich zu zahlende, ablösbare Rente auf, die er dem Verkäufer auf bestimmte Güter anwies. Die den Kaufpreis übersteigenden Rentenzahlungen konnte der Käufer als Gewinn verbuchen. Auch wenn diese Rente Zins genannt wurde, galt sie nicht als solcher, so daß kirchlicherseits keine Verletzung des kanonischen Zinsverbotes vorlag. An der Wende vom Mittelalter zur frühen Neuzeit gehörten in Kaufbeuren vier kirchliche Institutionen zu den zehn größten Rentenkäufern: Die St. Martins-Kirche, die St. Blasius-Kirche, das Franziskanerinnen-Kloster und der Pfarrhof. Dies resultiert insbesondere daraus, daß die Kirche - im Gegensatz zu Privatpersonen - als Kapitalanbieter stets verfügbar war und über ein beständig großes Vermögen verfügte. Auf der anderen Seite bot der Rentenmarkt den kirchlichen Einrichtungen eine relativ sichere Möglichkeit zur Vermehrung ihres eigenen Vermögens. Damit fügt sich die Situation in Kaufbeuren in das Gesamtbild des Kapitalmarktes an der Wende vom späten Mittelalter zur frühen Neuzeit ein.[22]

Angesichts der sich günstig entwickelnden Vermögenslage der Pfarrkirche versuchte die Bürgergemeinde bereits zu einem relativ frühen Zeitpunkt, Einfluß auf die Verwaltung der nicht unbeträchtlichen Stiftungs- und Schenkungsgüter sowie des Vermögens von St. Martin überhaupt zu erhalten. Bereits ab dem beginnenden 14. Jahrhundert sind sogenannte Zechmeister genannt, die den Geistlichen als laikale Treuhänder zur Seite gestellt wurden und damit einen Teil des Pfarrkirchenvermögens verwalteten.[23] In der Folgezeit gewannen die Zechmeister und Kirchenpfleger immer mehr an Einfluß und versuchten, Prioritäten und Ziele der bürgerlich-städtischen Kirchenpolitik im Rahmen des von ihnen zu verwaltenden weltlich-finanziellen Aufgabenbereichs der Pfarrei umzusetzen. Dies dürfte ihnen häufig auch gelungen sein, da die Zechmeister und Kirchenpfleger meistens aus der städtischen Oberschicht stammten, die auch die politischen Geschicke der Reichsstadt leitete.[24] Diese Entwicklung ist aus dem historischen Kontext heraus verständlich: Zum einen steht sie in engem Zusammenhang mit dem Bestreben der Bürgergemeinde, auch bei anderen Einrichtungen, wie beispielsweise dem Heilig-Geist-Spital, ihren Einfluß zu verstärken, um ihre Autonomie auszubauen und konkurrierende Herrschaftsansprüche auszuschalten. Zum anderen war die Überzeugung damals selbstverständlich, wonach die einzelnen Organe der Bürgerschaft, aber auch jedes Einzelglied für sich, unmittelbare geistlich-kirchliche Verantwortung für die gesamte Stadtgemeinde trügen. Die Tatsache, daß die Kirche zum Ausgang des Mittelalters aus den verschiedensten Gründen immer mehr an Achtung und Vertrauen verlor, beförderte dabei nur noch die Betonung des laikalen Elements. Diese Ursachen dürften auch den Anstoß dafür gegeben haben, daß bei den Kaufbeurer Kaplaneien seit dem ausgehenden 14. Jahrhundert die Patronats- und Präsentationsrechte der Altaristen in den Händen der Stifter blieben und bei deren bzw. deren Nachkommen Ableben zumeist an den Rat - und eben nicht an die Kirche - übergehen sollten.[25] Zu einem Ende gelangte diese Entwicklung erst im Jahre 1545, als es der Stadt im Zuge der reformatorischen Ereignisse gelang, das Präsentationsrecht über die Pfarrkirche St. Martin vom Augsburger Domkapitel zu erwerben - fortan bestellte der Kaufbeurer Rat die Pfarrer der Kirche.[26]

Zu Beginn des 15. Jahrhunderts war die Betonung des laikalen Elements bereits weit fortgeschritten, was ein Blick auf die Baugeschichte der St. Martins-Kirche bestätigt: Fehlen für die vier Vorgängerbauten detaillierte Nachrichten, bessert sich die Quellenlage für das um 1404 begonnene, heute noch stehende Gebäude.[27] Der Neubau war notwendig geworden, da die städtische Bevölkerung in dieser Zeit zunahm. Daneben spielte das bereits erwähnte Bedürfnis nach Repräsentation eine gewisse Rolle, was sich in einer regen Bautätigkeit auch im weltlichen Bereich niederschlug.[28] Einen Anhaltspunkt dafür bieten die Ausmaße der neu errichteten St. Martins-Kirche: Die nur wenig früher errichtete St. Martins-

217

Kirche in Memmingen ist nicht wesentlich größer als das gleichnamige Gotteshaus in Kaufbeuren, obwohl Memmingen damals nahezu doppelt so viele Einwohner zählte.[29]

Der Baubeginn an der Kaufbeurer St. Martins-Kirche erfolgte um 1404, als der Turm errichtet wurde; zwischen 1438 und 1444 wurden auf Beschluß von Rat und Bürgerschaft Langhaus und Chor gebaut, wobei von den Vorgängerkirchen lediglich Teile der südlichen Außenmauer übernommen wurden. Während der Baumaßnahmen stellte sich heraus, daß die vorgesehenen finanziellen Mittel zu knapp bemessen waren, um dem Chor ein in seinen Proportionen harmonisches Langhaus hinzufügen zu können. In dieser Situation ließ der wohlhabende Patrizier Ulrich Honold auf eigene Kosten ein weiteres Langhaus-Joch errichten - ein eindrückliches Beispiel spätmittelalterlichen Stiftergeistes. In das neue Gotteshaus wurden aus dem Vorgängerbau mindestens vier Altäre übernommen, denen im Laufe der Zeit weitere hinzugefügt wurden, so daß bei der Einführung der Reformation insgesamt acht Seiten- und Nebenaltäre in der Kirche standen.

Im Zuge der Einführung der Reformation ließ der Rat am 6. August 1545 alle Einrichtungsgegenstände aus der Kirche entfernen und nur noch einen Tisch für das Abendmahl und einen für die Taufen zurück. Schon vorher hatten einzelne Bürger die von ihren Vorfahren gestifteten Tafelbilder aus dem Gotteshaus vorsichtshalber entfernen lassen, so beispielsweise Georg Hörmann von und zu Gutenberg. Im Inneren der Kaufbeurer St. Martins-Kirche herrschte damit jene evangelisch-geistliche Nüchternheit, die für die Reformation oberdeutscher Prägung typisch war.

Aspekte mittelalterlicher Frömmigkeit

Neben der Hauptkirche St. Martin gab es in Kaufbeuren am Ende des Mittelalters noch zwölf weitere Gotteshäuser, wovon sich fünf außerhalb und sieben innerhalb der Stadtmauern befanden. Diese Zahl scheint für eine Stadt mit damals etwa 2.500 Einwohnern recht groß, fällt jedoch durchaus nicht aus dem Rahmen: So zählten die Reichsstadt Rothenburg ob der Tauber in jener Zeit 14 und die Reichsstadt Schwäbisch Hall 15 Kirchen und Kapellen. Die Hälfte der Kaufbeurer Sakralbauten war mit einer eigenen Kaplanei ausgestattet. Dazu traten mehrere Bruderschaften, denen Laien und Kleriker angehörten, sowie die Ablaßregelungen für einzelne Gotteshäuser. Vervollständigt wird das Bild durch die sogenannte Honoldische Prädikatur, die im Zusammenhang mit dem zunehmenden Verlangen der Bevölkerung nach Predigt steht. Ihre Entstehung verdanken diese Einrichtungen den vielschichtigen religiösen Bedürfnissen einer Zeit, in der sowohl der Rat als auch die genossenschaftlichen Zusammenschlüsse sowie jeder einzelne einen Beitrag für das irdische Wohlergehen und das ewige Heil zu leisten hatte.

Ein wichtiges Merkmal mittelalterlicher Frömmigkeit ist die tiefe Verehrung Jesu Christi, wofür eine große Fülle von kirchlichen Stiftungen zu Ehren einer Begebenheit aus seinem Leben kennzeichnend ist. In diesem Zusammenhang steht auch die Errichtung der St. Salvator und Afra-Kapelle im Jahre 1462, die der Verklärung Christi auf dem Berg Tabor geweiht war - dem entsprach ihre Lage auf dem Buchleuthenberg. Das Afra-Patrozinium erklärt sich daraus, daß sich an ihrem Standort zuvor ein Gebäude befand, worin *„der Unreinigkeit gepflogen worden als in einem offenen Haus"*: Die Hl. Afra war die Patronin der reumütigen Prostituierten.[30]

Die St. Salvator und Afra-Kapelle rechts am Hang hinter der Liebfrauen-Kapelle; links oben der Hexenturm (kolorierte Replik der Sichelbein-Zeichnung durch Tobias Hörmann; Hörmann-Chronik Bd. 1)

Unter den zahllosen Heiligen, die im Mittelalter verehrt wurden, ragt die Hl. Anna, die Mutter Mariens und Patronin der Ehe, Mütter und Witwen, heraus: 1481 wurde ihr zu Ehren ein Altar in der St. Martins-Kirche aufgestellt; das Kloster Irsee, in dessen Besitz sich ein zum Klosterhof umgebauter Gebäudekomplex am Breiten Bach befand, erhielt im Jahre 1501 die bischöfliche Erlaubnis, darin eine Anna-Kapelle zu errichten.[31] Einer noch größeren Beliebtheit erfreute sich die Gottesmutter Maria: Wurde sie im hohen Mittelalter hauptsächlich in Ordenskreisen verehrt, verbreitete sich ihr Kult im 14. und 15. Jahrhundert auch im Volk: In Kaufbeuren wurde ihr zu Ehren 1418 eine Kapelle am westlichen Ende des Marktes (heute Kaiser-Max-Straße) errichtet; die im Jahre 1432 erfolgte Ausstattung des Baus mit einem eigenen Benefizium durch Bürgermeister und Rat darf als Zeichen dafür gelten, daß sich die Marienverehrung auch der obrigkeitlichen Wertschätzung erfreute.[32] Doch blieb dies nicht die einzige Kaplaneistiftung ihr zu Ehren: Der Marienaltar in der St. Martins-Kirche erhielt im Laufe des 15. Jahrhunderts - 1409 und 1499 - sogar zwei Kaplaneien. Weite Verbreitung erfuhr auch das sog. Salve-Regina-Singen am Samstagabend: Für Kaufbeuren ist eine entsprechende Stiftung für das Jahr 1502 belegt. Als weiterer Ausdruck der Marienfrömmigkeit hat die Liebfrauenbruderschaft zu gelten, die 1481 in Kaufbeuren zum ersten Mal erwähnt wird.[33]

Anna-Kapelle (links, am Eingang der Hinteren Gasse) und Liebfrauenkirche - Ausschnitt einer lavierten Federzeichnung Tobias Hörmanns aus dem Jahr 1699

Das Bruderschaftswesen erlangte seit Mitte des 15. Jahrhunderts eine große Popularität. Zweck dieser Vereinigungen war neben der Übung der christlichen Caritas die Pflege eines gemeinschaftlichen religiösen Lebens von Klerikern und Laien. Insbesondere finanziell schlechtergestellten Bevölkerungsschichten, die sich die Errichtung eigener Meßstiftungen nicht leisten konnten, eröffneten die religiösen Übungen der Bruderschaften die Möglichkeit, zur Sicherung ihres Seelenheils beizutragen: Die Laienmitglieder der Liebfrauenbruderschaft beispielsweise mußten allwöchentlich zu Ehren Gottes und Mariens sowie für die lebenden und die toten Mitglieder fünf Paternoster und 50 Ave Maria und vierteljährlich für jeden verstorbenen Bruderschaftsangehörigen 27 Paternoster und Ave Maria beten; beim Tod eines Mitglieds war ein Rosenkranzgebet zu verrichten. Die klerikalen Mitglieder hatten darüber hinaus noch die Verpflichtung, bei besonderen Anlässen (z.B. Tod und Jahrtag eines Bruderschaftsangehörigen) Messen zu lesen.[34] Neben der bereits vor 1481 bestehenden Liebfrauenbruderschaft, die grundsätzlich allen christlichen Bevölkerungsschichten offenstand, existierten in Kaufbeuren noch die geographisch auf das Kapitel Kaufbeuren begrenzte Kapitelsbruderschaft und die berufsständisch orientierte Beckenknechtbruderschaft.[35] Letztere stiftete im Jahre 1500 zu Ehren des Patrons der Bäcker, des Hl. Nikolaus, eine Kaplanei auf dessen Altar in der St. Martins-Kirche. Auch die beiden anderen Bruderschaften verfügten über eigene Kaplaneistiftungen: Die Kapitelsbruderschaft seit 1480 am St. Leonhards-Altar in der St. Martins-Kirche und die Liebfrauenbruderschaft seit 1491 am St. Eustachius-Altar in der St. Michaels-Kapelle am Friedhof.[36]

Die Stiftung einer eigenen Kaplanei an diesem Altar - der Hl. Eustachius gilt als Schutzpatron der Trauernden - sowie die intensiven religiösen Übungen zugunsten der Verstorbenen, wie sie in den Satzungen der Liebfrauenbruderschaft deutlich werden, entspricht einem weiteren, für die damalige Frömmigkeit typischen Grundzug: Der Angst vor den Höllen- und Fegefeuerstrafen, die Christus am Jüngsten Tage in Ausübung strenger Gerechtigkeit über jeden einzelnen verhängt. Diesem Urteil gehe - so die damalige Vorstellung - eine unnachsichtige Prüfung voran, wer seinen Gnadenbesitz durch gute Werke fruchtbar gemacht und sich auf diese Weise Verdienste erworben habe. Mit der ewigen Höllenstrafe müsse dabei derjenige rechnen, in dessen Leben die guten Werke bei der Prüfung im Endgericht kein Übergewicht hätten; die zeitlich begrenzte und reinigende Fegefeuerstrafe müsse im Grunde jeder Gläubige für seine Seele nach dem Tode gewärtigen. Die Kirche konnte ihm aber nach den damaligen theologischen Vorstellungen durch Meßopfer, Gebets-, Fasten- und Almosenopfer zu Hilfe kommen. Daher nimmt es nicht weiter wunder, wenn die Menschen in tiefer Sorge waren um das, was sich nach dem irdischen Leben abspielen sollte. Nicht zufällig scheint sich deshalb die Liebfrauenbruderschaft besonders diesen Fragen gewidmet zu haben. In diesen Zusammenhang ordnet sich ein, daß sie ihre Kaplanei nicht auf einem Altar in der St. Martins-Kirche, sondern auf dem Altar des Hl. Eustachius errichtete: Dieser stand in der Gruft der als Doppelkapelle angelegten St. Michaels-Kapelle, welche ursprünglich die Friedhofs- und Totenkapelle des einst um die St. Martins-Kirche gelegenen Begräbnisplatzes war. Darauf weist auch ihr Patrozinium hin: Der Erzengel Michael gilt als der Beschützer der Seelen der Verstorbenen.[37]

St. Michaels-Kapelle; Bleistiftzeichnung von David Ignatz Filser um 1810

Die Angst vor dem Tod wurde noch gesteigert durch die vielen Krankheiten und Seuchen, denen die Menschen zumeist hilflos ausgeliefert waren. Als zwischen 1482 und 1484 eine pestartige Krankheit in Kaufbeuren wütete, forderte sie so viele Opfer,[38] daß der Begräbnisplatz um die St. Martins-Kirche nicht mehr ausreichte. Daher legte die Stadt im Jahre 1484 vor dem Rennweger Tor einen neuen Friedhof an (heute alter städtischer Friedhof) und ließ darauf eine Kapelle zu Ehren des Pestheiligen St. Sebastian und zu Ehren Marias errichten. Seit dem 16. Jahrhundert benutzten beide Konfessionen die Kapelle. Im Zusammenhang mit dieser pestartigen Krankheit dürfte auch die Errichtung der Kapelle zu Ehren der Hl. Cosmas und Damian nahe Oberbeuren im Jahre 1494 stehen, da die beiden Kirchenpatrone als himmlische Helfer gegen Seuchen und Epidemien verehrt wurden.[39]

St. Sebastian; Guache von Andreas Schropp (um 1820) im Kaufbeurer Stadtmuseum

Im Kontext mit dem großen Heilsverlangen sowie der Furcht vor Hölle und Fegefeuer spielte im Frömmigkeitsleben des Mittelalters das Ablaßwesen eine dominierende Rolle. Seine Entstehung verdankt es theologischen Überlegungen, die die Zusammenhänge zwischen Reue, Vergebung und Buße betreffen und die von der geistigen Gemeinschaft der lebenden und der verstorbenen Christen ausgehen. Mit Ablaß ist der Nachlaß von Sündenstrafen gemeint, die auf Erden oder im Fegefeuer abzugelten sind, obwohl die Sündenschuld im Bußsakrament bereits vergeben wurde. In der Regel profitierten karitative und kirchliche Einrichtungen von der Befreiung von der Bußleistung: In Kaufbeuren konnte man den größten Nachlaß von zeitlichen Sündenstrafen im Gotteshaus des Heilig-Geist-Spitals erwerben, die Hälfte der Kirchen und Kapellen in der Stadt konnte ebenfalls Ablässe vorweisen. Um in deren Genuß zu gelangen, mußten die Gläubigen die in den entsprechenden Urkunden genannten Bedingungen erfüllen, wozu in der Regel der Besuch der betreffenden Kirche an näher bestimmten Tagen nötig war; häufig wurden auch Reue, Beichte und ein Beitrag zum Unterhalt gefordert. In der St. Blasius-Kirche konnte man beispielsweise 40 Tage Ablaß erhalten, wenn man die dortige Messe und Predigt hörte, den naheliegenden Friedhof aufsuchte, beim Geläut oder der Ausschmückung der Kirche behilflich war, dem Altarsakrament oder dem heiligen Öl, wenn es zu Kranken getragen wurde, folgte, auf dem Sterbebett dem Gotteshaus etwas vermachte oder beim Ertönen seiner Glocke drei Ave Maria betete.[40] Die Höhe des gewährten Ablasses schwankt in den Kaufbeurer Urkunden zwischen zehn und 100 Tagen; große Schwierigkeiten bereitet die Berechnung, wieviel Ablaß man in den jeweiligen Gotteshäusern im Höchstfalle erwerben konnte. Vollkommene Ablässe konnte man jedoch in keiner Kaufbeurer Kirche erlangen - sie wurden nur Privatpersonen oder klösterlichen Gemeinschaften verliehen: So erhielten die Franziskanerinnen des Maierhof-Klosters im Jahre 1518 einen vollkommenen Ablaß *„wegen ihres geleisteten Beitrags zum Bau der St. Peters-Kirche zu Rom"*.[41] Stellt man für jede Kaufbeurer Kirche bzw. Kapelle die Tage zusammen, an denen die Gläubigen in den Genuß eines Ablasses kommen konnten, ergibt sich folgendes Bild:[42]

Gotteshaus	Ablaßtage
St. Blasius-Kirche	248
St. Martins-Kirche	74
St. Salvator und Afra-Kapelle	19
Liebfrauen-Kapelle	17
Spitalkirche	13
Klosterkapelle	13
St. Leonhards-Kapelle[45]	6

Im späten Mittelalter begannen vermögende Bürger in vielen Städten Predigerstellen ins Leben zu rufen, die der Wortverkündigung für die Gläubigen dienen sollten. In Kaufbeuren richtete im Jahre 1453 der Patrizier Ulrich Honold, der seine Freigebigkeit bereits beim Bau der St. Martins-Kirche unter Beweis gestellt hatte, die nach seiner Familie benannte Honoldische Prädikatur ein, deren Inhaber u.a. *„an allen Sonntagen und an den Apostelfesten nachmittags, im Advent an den Montagen, Mittwochen und Freitagen, in der Fastenzeit an den Dienstagen, Donnerstagen und Samstagen vormittags [...] öffentlich und frei dem Volk das Wort Gottes zu verkünden"* hatten.[44] Honold vereinigte die Predigerstelle mit einer von ihm bereits früher gestifteten Messe im Spital, weswegen die Prädikanten gleichzeitig Priester waren - im Unterschied zu vielen Prädikanten in anderen Städten, die zumeist über keinerlei Weihe verfügten, weil sie auch nicht für die Spendung der Sakramente zuständig waren. Man geht sicher nicht fehl, wenn man die Einrichtung von Predigerstellen anstatt von Meßpfründen als Zeichen dafür deutet, daß die überkommenen Elemente der kirchlichen Frömmigkeitspraxis die religiösen Bedürfnisse der spätmittelalterlichen Menschen immer weniger ansprachen. Verlangt wurde nicht mehr nur die sakramentale Vermittlung des Heils, sondern auch eine umfassende Lebens- und Weltorientierung auf Grundlage der Hl. Schrift. Diesem Bedürfnis konnte aber nur durch vermehrte biblische Unterweisung durch Prädikanten mit einer guten theologischen Ausbildung nachgekommen werden. Seit etwa 1520 trugen diese Prediger von den Universitäten die Lehren Luthers in die Städte, die dort großen Anklang fanden. Auch in Kaufbeuren bildete die Honoldische Prädikatur einen Ansatzpunkt für die Verbreitung der reformatorischen Ideen: Der bereits erwähnte Johannes Wanner, der später in Konstanz und Memmingen in reformatorischem Sinne tätig war, bekleidete zuvor das Amt eines Prädikanten in Kaufbeuren. Und als zu Beginn des Jahres 1525 im Kaufbeurer Rathaus ein Religionsgespräch abgehalten wurde, vertrat Wanners Nachfolger Jakob Lutzenberger die reformatorische Sache mit von ihm selbst formulierten Thesen.[45]

Doch nicht alle kirchlichen Einrichtungen hängen mit der ausgeprägten Frömmigkeit des Mittelalters zusammen: Die Entstehung der heute nicht mehr existierenden Kirche St. Michael im Feld, die sich nördlich von Kaufbeuren im rechten Uferbereich der Wertach befand, ist auf die Siedlungsgeschichte des Kaufbeurer Raumes zurückzuführen. Das Gotteshaus war die Pfarrkirche des um die Wende des 14. zum 15. Jahrhunderts abge-

St. Michael im Feld, nach einer Guache von Andreas Schropp (Replik aus dem Jahr 1846)

gangenen Dorfes Tabratshofen.[46] Im hohen Mittelalter konkurrierten das Augsburger Stift St. Ulrich und Afra und das Kaufbeurer Heilig-Geist-Spital um die Grundherrschaft des Ortes. Obwohl bereits im September 1252 Bischof Hartmann von Augsburg die Tabratshofer St. Michaels-Kirche dem Kaufbeurer Spital inkorporiert hatte und es dem Spital gelungen war, von Herzogin Elisabeth deren Patronatsrecht über die Kirche und von Papst Alexander IV. eine Bestätigung der Inkorporation zu erhalten,[47] konnte es seine Rechte gegenüber St. Ulrich und Afra endgültig erst im Jahre 1350 durchsetzen;

bald darauf wurde die Pfarrei Tabratshofen jedoch aufgelassen und die Seelsorge der Bewohner dem Spitalkaplan übertragen.[48] Dies deutet darauf hin, daß die Bevölkerungszahl des Ortes in jener Zeit bereits im Schwinden begriffen war, wofür auch eine Urkunde aus dem Jahre 1381 spricht, nach der es in Tabratshofen mehrere unbebaute Hofstätten gab. Spätestens zu Beginn des 15. Jahrhunderts war der Ort endgültig aufgelassen,[49] bestehen blieb das nur noch von Wiesen und Äckern umgebene Gotteshaus, nun St. Michael im Feld genannt. Im 18. Jahrhundert wurde es von einem Eremiten betreut; sein Abriß erfolgte im Jahre 1813.

Quellenmäßig nicht faßbar sind die Gründe, die zum Bau der St. Blasius-Kirche geführt haben. Im Laufe der Zeit wurden zwar immer wieder Theorien über die Ursprünge des Gotteshauses aufgestellt, jedoch ließen sie sich nicht erhärten: Alfred Schröder deutete Ende des 19. Jahrhunderts unter Bezugnahme auf die mündliche Überlieferung an, daß das Gotteshaus auf die Burgkapelle der Herren von Beuren zurückgehen könnte, deren Sitz sich auf dem nordwestlich der Kaufbeurer Altstadt gelegenen Terrassensporn befunden haben soll.[50] Diese Theorie ist jedoch weder archäologisch zu belegen noch gibt es dafür historische Grundlagen. Im Jahr 1954 stellte Fritz Schmitt die Vermutung auf, daß es sich bei der St. Blasius-Kirche um die erste Pfarrkirche Kaufbeurens gehandelt haben könnte. Er stützte seine Überlegungen auf die Erwähnung eines Friedhofes unterhalb des Blasiusberges in einer Urkunde aus dem Jahre 1319 und führte an, daß Friedhöfe in früheren Zeiten fast immer um die Pfarrkirche angelegt worden seien.[51] Erst gegen Ende des 13. Jahrhunderts, als die Anlage der inzwischen stark angewachsenen Bevölkerung Kaufbeurens nicht mehr genügend Platz geboten habe, sei die Kirche unter Mitnahme des Martins-Patroziniums an ihren heutigen Standort verlegt geworden. Gegen diese Theorie sprechen jedoch die Grabungsbefunde, nach denen die St. Martins-Kirche mindestens seit der Wende vom 10. zum 11. Jahrhundert an der jetzigen Stelle steht. Das Patrozinium des Hl. Blasius liefert ebenfalls keinen Aufschluß über die Entstehungszeit der Kirche: Sollte sie bereits im 12. Jahrhundert entstanden sein, wofür es allerdings keine archäologischen Zeugnisse gibt, ist denkbar, daß es im Zusammenhang mit den Welfen steht, in deren Besitz sich Kaufbeuren in jenem Jahrhundert zeitweilig befand und als deren Patron der Heilige galt.[52] Sollten die Anfänge der St. Blasius-Kirche dagegen ins 13. Jahrhundert fallen, könnte das Patrozinium auf die Staufer zurückgehen, die seit dem Beginn des 13. Jahrhunderts die Vogtei über die Benediktinerabtei St. Blasien im Schwarzwald innehatten und deren Patron mit nach Kaufbeuren brachten.

Die erste gesicherte Erwähnung der Kirche fällt jedenfalls in das Jahr 1319, als sie - in der bereits im Zusammenhang mit der Theorie von Fritz Schmitt genannten Urkunde - von mehreren Bischöfen mit Ablässen versehen wurde. Im Jahre 1383 errichtete die Stadt in ihr eine Kaplanei,[53] deren Stiftungsvermögen in der Folgezeit mehrmals zum Teil beträchtlich vermehrt wurde, so daß sich St. Blasius allmählich zu einer der am besten ausgestatteten Pfründen Kaufbeurens entwickelte: Das Gotteshaus war in der ersten Hälfte des 16. Jahrhunderts der drittgrößte Darlehensgeber in der Reichsstadt und spielte damit eine wichtige ökonomische Rolle. Dies dürfte auch der Grund dafür sein, daß besonders viele Söhne von angesehenen Familien in der St. Blasius-Kirche als Kapläne ihren Dienst versahen.[54] Im Zuge der verstärkten Bautätigkeit in Kaufbeuren im ausgehenden Mittelalter wurde die St. Blasius-Kirche zwischen 1435 (Chor) und 1485 (Vollendung des Langhauses) neu errichtet und in den darauffolgenden Jahren im spätgotischen Stil ausgestattet, in welchem sich das Gotteshaus noch heute präsentiert.

Die klösterlichen Gemeinschaften

Die Darstellung der mittelalterlichen Kirchengeschichte einer Stadt wäre nicht vollständig, wenn nicht auch ihre klösterlichen Gemeinschaften Berücksichtigung fänden. Gab es zunächst neben dem Kloster der Franziskaner-Tertiarinnen im Maierhof noch die Augustiner-Chorherren im Spital, die Dominikaner beim Siechenhaus und die Schwesternschaft im Seelhaus, existierte am Vorabend der Reformation nur noch das Franziskanerinnen-Kloster.

Diese Einrichtung geht auf eine von mehreren im 13. Jahrhundert bestehenden frommen Frauengemeinschaften zurück: Im Jahrzeitbuch des Spitals werden um 1315 insgesamt sieben dieser Vereinigungen genannt, von denen die im Maierhof wohl die größte und älteste war, da sie an erster Stelle steht.[55] Bereits im Jahr 1261 wird die Sammlung als *„sorores que dicuntur in curia villici"*, Schwestern im Maierhof, zum ersten Male urkundlich erwähnt.[56] Ob sie - wie Richard Dertsch 1959 vermutete[57] - aus der Frauenabteilung des fränkischen Reichshofs hervorging und damit in ihren Wurzeln bis ins 8. oder 9. Jahrhundert zurückreicht, ist wohl eher zu bezweifeln. Wahrscheinlicher ist, daß sich in der ersten Hälfte des 13. Jahrhunderts in den Gebäuden des ehemaligen Maierhofes einem Zug der Zeit entsprechend eine Gruppe frommer Frauen zusammenfand, in deren Besitz der Komplex schließlich überging. Die Kommunität im Maierhof war, wie auch die anderen genannten

Frauengemeinschaften, zunächst wohl eine beginenähnliche Vereinigung. Beginen waren Frauen, die nach selbst aufgestellten Satzungen in geistlichen Gemeinschaften lebten und arbeiteten; meist ernährten sie sich von Handarbeiten oder widmeten sich der Krankenpflege. Da die Beginen über keine approbierten Regeln verfügten und dadurch weitgehend unabhängig von der Aufsicht der kirchlichen Jurisdiktion waren, empfand sie die Amtskirche als Gefahr, weswegen sie auf dem Konzil von Vienne im Jahre 1312 verboten wurden. Nach diesem Verbot wollten viele Beginenvereinigungen ihre Gemeinschaften aufrecht erhalten, weswegen sie die Tertiarenregel der Franziskaner annahmen, die eigentlich für Personen bestimmt war, die 'Weltleute' bleiben, sich jedoch zu bestimmten religiösen Grundsätzen verpflichten wollten. In Kaufbeuren schloß sich - wohl um 1315 - nur die Kommunität im Maierhof den Franziskanern an, die übrigen gingen ein.

Das Kloster der Franziskanerinnen

Das nunmehrige Kloster vom Dritten Orden des Hl. Franziskus wirtschaftete zunächst auf einer schmalen ökonomischen Basis: Drei zwischen 1295 und 1303 erworbene Höfe in Apfeltrang, Schwäbishofen und Märzisried bildeten dafür die Grundlage; bis 1429 sind keine weiteren Käufe bekannt.[58] Die Gemeinschaft war damals offenbar nicht besonders wohlhabend, denn nach dem Stadtbrand von 1325 dauerte es zehn Jahre, bis an der Stelle des abgebrannten Klosters ein Neubau errichtet werden konnte. Ein Aufschwung setzte erst im zweiten Drittel des 15. Jahrhunderts ein, der an der Wende zum 16. Jahrhundert seinen Höhepunkt erreichte - offenbar eine Folge der zunehmenden Frömmigkeit der Zeit, die für geistliche Institutionen nicht ohne finanzielle Folgen blieb. Abzulesen ist dies an den stetig zunehmenden Grundstückserwerbungen, die das Kloster in diesem Zeitraum tätigte: Im Jahre 1501 kaufte es beispielsweise vier Höfe und drei Hofstätten zu Untergermaringen für 1.320 fl.[59] Außerdem gelangten die Schwestern in jener Zeit in den Genuß zahlreicher Stiftungen,[60] unter denen die des Kaufbeurer Bürgers Konrad Welsch aus dem Jahre 1449 aufgrund ihrer hohen Dotation auffällt: Sie umfaßte das halbe Vogteirecht zu Weicht, einen 3/4 Hof zu Ketterschwang mit 8 Tagwerk Mahd, dazu insgesamt 24 Tagwerk Mahd, die verstreut zwischen Görisried und Beckstetten lagen, einen Anger bei Görisried, Zinsen aus einem Gut zu Oblatsried und einen Garten vor der Stadt.[61] Die erworbenen Immobilien und Besitzansprüche befanden sich bis zu 20 Kilometer nördlich und südlich Kaufbeurens, weswegen sich das Kloster gezwungen sah, eine gezielte Erwerbspolitik zur Arrondierung bereits vorhandenen Besitzes zu betreiben: Die Tatsache, daß klösterlicher Grund und Boden benachbart war, fand in mehreren Kaufverträgen Erwähnung.[62] Der geringe Besitz des Klosters in Kaufbeuren selbst hängt mit dem Rudolfinischen Privileg zusammen, auf dessen Durchsetzung der Rat großen Wert legte, um eine Verminderung der kommunalen Steuereinnahmen zu verhindern. Zum Wirtschaftsgebaren des Klosters zählten auch seine Darlehens- und Rentengeschäfte. Zwar stellten sie unter den Voraussetzungen des spätmittelalterlichen Finanzmarktes keine Besonderheit dar, doch waren Quantität und Umfang der entsprechenden Geschäfte angesichts der eher geringen Größe des Klosters durchaus beachtlich: Die Franziskanerinnen befanden sich immerhin an neunter Stelle der zehn meistgenannten Geldgeber Kaufbeurens in jener Zeit.[63] Insbesondere zwei Vorgänge sind in diesem Kontext erwähnenswert: In den Jahren 1520 und 1523 schloß das Kloster mit der Reichsstadt Kaufbeuren zwei Kreditgeschäfte über jeweils 1.000 fl. Höhe bei einer Verzinsung von 4% ab. Offenbar besteht hier ein Zusammenhang mit dem Kauf des Dorfes Oberbeuren durch die Stadt im Jahre 1519 für insgesamt 4.000 fl.[64]

Die wirtschaftlichen Aktivitäten des Klosters hatten, als es an der Wende vom 14. zum 15. Jahrhundert innerhalb des Franziskanerordens zu Auseinandersetzungen um die Armutsfrage gekommen war, keine Einschränkungen erfahren. Aus den diesbezüglichen Diskussionen entstand die sogenannte Observantenbewegung, in der sich jene Mitglieder des Ordens sammelten, die das ursprüngliche Ideal der Besitzlosigkeit ohne Abstriche zu verwirklichen suchten. Seit 1462 unterhielten auch die Kaufbeurer Franziskanerinnen Verbindungen zu dieser Strömung; im Jahre 1487 erteilte der Provinzialvisitator des Ordens dem Kloster eine neue Ordnung, die dem Geist der Observantenbewegung entsprach.[65] Jedoch schloß man sich nicht den Grundsätzen an, die Gemeinschaftsbesitz verboten; unerlaubt war lediglich Eigenbesitz der Einzelmitglieder.

Die wirtschaftliche Blüte nutzte das Kloster 1471/72 zur Errichtung eines Neubaus und der dem Hl. Franziskus geweihten Kapelle.[66] Im Jahre 1478 wurde das Gotteshaus mit einer eigenen Kaplanei ausgestattet, deren Dotation aus dem Besitz des Klosters erfolgte.[67] Die Frömmigkeit und der stetig steigende Wohlstand der Gemeinschaft blieben auch auf die innere Entwicklung des Konvents nicht ohne Auswirkung. Abzulesen ist dies beispielsweise an der Zahl der Klosterbewohnerinnen: Die älteste Quelle aus dem Jahr 1462 nennt zwölf Schwestern; ihre Zahl wuchs bis zum Jahre 1518 auf 26.[68] Bis zur Reformation war die örtliche Verbundenheit des Klosters mit Kaufbeuren sehr groß: Unter den Namen der Schwestern sind viele Bürgerfamilien der Stadt vertreten.[69] Trotz dieser engen familiären Bindungen versuchte der Rat im Zuge des Ausbaus der kommunalen Autonomie, auch das Kloster unter seine Aufsicht zu stellen. Aus einem Vertrag zwischen beiden Seiten aus dem Jahre 1490 geht hervor, daß ihm dies in weltlicher Hinsicht weitgehend gelungen war: Das Kloster sollte „wie bisher in der Stadt Schutz und Schirm" bleiben.[70] Dabei fungierten als Vertreter der Stadt zwei Pfleger, die das Kloster nach außen repräsentierten, in seinem Namen Käufe und Verträge vollzogen sowie an der Schwestern statt Belehnungen mit Lehensgütern annahmen, da dies Frauen verboten war. Die Pfleger wurden vom Rat bestimmt und entstammten auch meist seinen Reihen, vermutlich besaß das Kloster jedoch ein Vorschlagsrecht. Im Jahre 1526 schließlich konnte der damals noch reformationsfeindlich eingestellte Rat gegenüber den Franziskanerinnen sogar Steuererhebungen „wie von allen anderen Bürgern" durchsetzen - ein wichtiger Erfolg seiner Autonomiepolitik.[71]

Wie fast alle Reichsstädte besaß auch Kaufbeuren ein Heilig-Geist-Spital; seine Gründung war wohl im Jahre 1249 erfolgt.[72] Zwar war es als weltlich-bürgerliche Stiftung entstanden, doch lag seine Leitung beim Bischof von Augsburg als dem Vorsteher der Armenpflege in seinem Bistum.[73] Im Jahre 1261 verlieh Bischof Hartmann dem Spitalmeister und den im Spital tätigen Brüdern und Schwestern die Regeln der Augustiner-Chorherren,[74] da dieser Orden damals zahlreiche Spitäler und Hospizen betreute. Zudem verfügte Bischof Hartmann,

daß das Spital sich klösterlich organisieren, einen Laienbruder zum Spitalmeister wählen und sich einen aus dem Orden stammenden oder einen geeigneten weltlichen Geistlichen suchen sollte, der für die Seelsorge des Konvents und der Spitaliten zuständig war. Dieser Kleriker fungierte auch in der erstmals im Jahre 1255 urkundlich erwähnten Spitalkirche als Geistlicher.[75] Für die nächsten rund 100 Jahre wurde das Kaufbeurer Heilig-Geist-Spital wie eine kirchliche Institution betrieben. Der letzte Meister aus dem Augustiner-Chorherren-Orden dürfte der um 1370 verstorbene Konrad Strölin gewesen sein; seine letzte Erwähnung findet der Konvent in einer Urkunde aus dem Jahre 1382.[76] Sein Erlöschen dürfte damit zusammenhängen, daß der Rat das Spital, das im Laufe der Zeit ein zunehmendes Gewicht nicht nur als Wirtschaftsbetrieb, sondern auch als Herrschaftsträger mit Gerichts-, Leib- und Obrigkeitsrechten gewonnen hatte, unter seine Kontrolle zu bringen versuchte und entsprechenden Druck auf die Einrichtung und den Orden ausübte. Der Verlauf dieser Entwicklung, der die meisten reichsstädtischen Spitäler betraf, ist im einzelnen schwer nachvollziehbar. Mit dem Ende des Konvents im ausgehenden 14. Jahrhundert ging die Leitung der Einrichtung jedoch endgültig an den Rat der Stadt über.

Die Kaufbeurer Spitalkirche, kurz vor ihrem Abbruch 1817

Die kurze Anwesenheit des Dominikanerordens in Kaufbeuren ist eng mit dem Sondersiechenhaus und seiner St. Dominikus-Kapelle verknüpft:[77] Mit der Zunahme der Lepra zu Beginn des 11. Jahrhunderts

224

brachte man die an ansteckenden Krankheiten Leidenden vor den Toren der Stadt unter. Nahe der Wertach und der Straße in Richtung Augsburg, was die Wasserversorgung und die Möglichkeit zum Bettel sicherte, fanden die Leprosen östlich von Kaufbeuren eine Unterkunft. Ihre Versorgung dürfte wohl von Anfang an den Dominikanern anvertraut gewesen sein, da die Predigermönche auch an anderen Orten in enger Verbindung mit der Krankenpflege standen; dies würde auch den Traditionen des Ordens entsprechen, nach denen Bischof Hartmann von Augsburg den Dominikanern im Jahre 1263 erlaubte, sich in Kaufbeuren anzusiedeln.[78] Doch im 14. Jahrhundert mußte der Orden wohl dem Druck des Rates weichen und die Verwaltung der Einrichtung ging an das Spital über.

Eine Seelhausschwesternschaft, die drei bis vier Schwestern umfaßte, bestand in Kaufbeuren bis ins 15. Jahr-

St. Dominikus (links) und St. Leonhards-Kapelle (rechts) auf einer Guache von Andreas Schropp

hundert. Sie scheint klosterähnlich organisiert gewesen zu sein, denn als sie im Jahre 1478 durch eine Stiftung des Kaplans Johannes Ried wiedergegründet wurde, wurden die ehemaligen Schwestern als „erber[...] jungkfrawen oder beginen" bezeichnet. Über die Ordnung des Zusammenlebens der Seelhausschwestern ist nichts bekannt; im Laufe des 16. Jahrhunderts verlor die Gemeinschaft jedoch den Charakter einer Schwesternschaft.[79]

Das Kirchenwesen Kaufbeurens am Vorabend der Reformation

Die kirchlichen und religiösen Verhältnisse in Kaufbeuren am Ende des Mittelalters bieten ein vielschichtiges Bild, das in ähnlicher Weise auch für die anderen Reichsstädte des Heiligen Römischen Reiches gilt. Von den ideellen und materiellen Rahmenbedingungen schienen die Voraussetzungen für ein gut funktionierendes Kirchenwesen in der Stadt gegeben: Die Zahl der Geistlichen erreichte an der Wende zum 16. Jahrhundert mit einem Pfarrer und 17 Kaplänen einen Höchststand; die Wirtschaftslage der Pfarrei St. Martin befand sich auf einem soliden Fundament, und auch das Franziskanerinnen-Kloster im Maierhof erlebte eine ökonomische Blüte. Die größte Zahl der Gotteshäuser - unter ihnen insbesondere die Pfarrkirche St. Martin - wurde in jener Zeit einer grundlegenden Erweiterung unterzogen oder überhaupt erst errichtet. Darüber hinaus tätigten die Einwohnerschaft, berufliche Genossenschaften und der Rat der Stadt großzügige Spenden und stifteten zahlreiche Pfründen, womit sie ihren kirchlichen und religiösen Sinn bewiesen. Doch durchkreuzen dieses Bild von der sakralen Einheit von Stadt und Kirche mehrere Bruchlinien: Ein Großteil der Pfarrer von St. Martin war nicht vor Ort präsent, sondern ließ sich durch oft nur gering besoldete Kleriker vertreten; viele Kapläne waren schlecht ausgebildet und versahen, wie die zu Beginn des 16. Jahrhunderts sich häufenden Beschwerden des Rates zeigen, ihre Pflichten nur unzureichend; das Realeinkommen der zahlreichen Pfründen sank gegen Ende des Mittelalters bedenklich ab, so daß deren Inhaber sich durch Kumulationen oder handwerkliche Tätigkeiten zu behelfen suchen mußten. Unter diesen Bedingungen litten die seelsorgerlichen Zustände sehr stark, was wiederum der priesterlichen Autorität großen Schaden zufügte. Daneben vermochten die traditionellen Frömmigkeitsformen das Bedürfnis der Menschen nach geistlicher Erbauung und Unterweisung nicht mehr zu befriedigen, wie beispielsweise die Errichtung der Honoldischen Prädikatur zeigt. Immer öfter griff auch der Rat in seinem Streben nach kommunaler Autonomie in eigentlich kirchliche Belange ein - diesem Kommunalisierungsdruck vermochten die Konvente der Augustiner-Chorherren im Spital und der Dominikaner im Siechenhaus auf Dauer nicht zu widerstehen. Eine Integration dieser differenzierten und häufig divergierenden Strukturen schien kaum mehr möglich. Ein dynamisches Element stellte in dieser Situation das Bürgertum der Reichsstädte dar: An religiösen Fragen interessiert, ökonomisch erstarkt und politisch selbstbewußt, drängte es darauf, das traditionelle Gefüge einer Revision zu unterziehen - und erhob damit auch in der freien Reichsstadt Kaufbeuren die Forderung nach einer „Reformation der Kirche an Haupt und Gliedern".

Literatur

ANGENENDT, A., Geschichte der Religiosität im Mittelalter, Darmstadt 1997; BORGOLTE, M., Die mittelalterliche Kirche. Enzyklopädie deutscher Geschichte, Bd. 17, München 1992; DERTSCH, R. [Bearb.], Die Urkunden der Stadt Kaufbeuren 1240-1500. Stadt, Spital, Pfarrei, Kloster, Augsburg 1955; DERTSCH, R. [Bearb.], Stadt- und Landkreis Kaufbeuren. Historisches Ortsnamenbuch von Bayern, hrsg. von der Bayerischen Akademie der Wissenschaften, Teil Schwaben, Bd. 3, München 1960; DERTSCH, R., Das Franziskanerinnenkloster in Kaufbeuren. Sonderdruck aus dem 5. Band der Bavaria Franciscana Antiqua, Landshut 1959; DIETER, St., Die Reichsstadt Kaufbeuren in der frühen Neuzeit. Studien zur Wirtschafts-, Sozial-, Kirchen- und Bevölkerungsgeschichte. Kaufbeurer Schriftenreihe, Bd. 2, Thalhofen 2000; DIETER, St., PIETSCH, G. [Hrsg.], Die Urkunden der Stadt Kaufbeuren 1501-1551. Stadt, Spital, Kirchengemeinden, Kloster, Bd. 1 und 2, Thalhofen 1999; DIETER, St., Die wirtschaftlichen Aktivitäten des Kaufbeurer Franziskanerinnenklosters von seinen Anfängen bis zum Beginn der Reformation. In: ZHVS 90, 1997, S. 83-102; DOTTERWEICH, V. u.a. [Hrsg.], Geschichte der Stadt Kempten, Kempten 1989; FISCHER, St., Das Heilig-Geist-Hospital der Stadt Kaufbeuren von seiner Gründung bis zum Jahre 1963. Ein historischer Überblick. In: „... geben zuo iren ewgenn Selenheil ..." 750 Jahre Hospitalstiftung zum Heiligen Geist in Kaufbeuren 1249-1999, hrsg. von der Stadt Kaufbeuren, Thalhofen 1999; GOTTLIEB, G. u.a. [Hrsg.], Geschichte der Stadt Augsburg. 2000 Jahre von der Römerzeit bis zur Gegenwart, Stuttgart ²1985; HOEYNCK, A., Geschichte des Frauenklosters in Kaufbeuren, Kaufbeuren 1881; HÖRMANN VON UND ZU GUTENBERG, W. L., Sammlung der vornehmsten Merckwürdigkeiten und Geschichten der des H.R.R. freyen Stadt Kaufbeuren. Erster Theil vom Jahr 842 biß auf das Jahr 1599, Kaufbeuren 1766, Abschrift von Christian Jakob Wagenseil 1793 (StadtA KF, B 102/I); ISENMANN, E., Die deutsche Stadt im Spätmittelalter. 1250-1500, Stuttgart 1988; JAHN, J. u.a. [Hrsg.], Die Geschichte der Stadt Memmingen, Bd. 1, Stuttgart 1997; KRAUS, J., FISCHER, St., DIETER, St. [Hrsg.], Die Stadt Kaufbeuren. Bd. 1: Politische Geschichte und Gegenwart, Thalhofen 1999; LAUSSER, H., St. Martin in Kaufbeuren. Zur Geschichte einer reichsstädtischen Pfarrkirche. KGBl Sonderheft 6, Kaufbeuren 1994; LEUSCHNER, J., Deutschland im späten Mittelalter, Göttingen ²1983; MANSELLI, R., Art. Beg(h)inen. In: Lexikon des Mittelalters, Bd. 1, München u.a. 1980, Sp. 1799f.; MOELLER, B., Reichsstadt und Reformation. Bearbeitete Neuausgabe, Berlin 1987; PETZ, W., Reichsstädte zur Blütezeit, Kempten 1989; PÖTZL, W., Ablaßwesen im mittelalterlichen Kaufbeuren. In: KGBl 5, 1966/70, S. 81-86; RABE, H., Reich und Glaubensspaltung. Deutschland 1500-1600. Neue deutsche Geschichte, Bd. 4, München 1989; SCHMITT, F., 700 Jahre Hospital zum hlg. Geist in Kaufbeuren 1249-1949, Kempten 1949; SIEBER, J., Die Benefiziaten und Kapläne in Kaufbeuren, Kaufbeuren o.J.; SIEBER, J., Die Pfarrer von St. Martin. Beiträge zu ihrer Lebensgeschichte. Sonderdruck aus den Glocken von St. Martin, o.O. 1930; STEICHELE, A. von, SCHRÖDER, A., Das Landkapitel Kaufbeuren. Das Bistum Augsburg, historisch und statistisch, Bd. 6, Augsburg 1896/1904.

Anmerkungen

[1] Vgl. beispielsweise BA-Schr 6, S. 326 und Lausser, St. Martin, S. 6f.

[2] Lausser, St. Martin, S. 4; UK 45.

[3] Hermann der Phaffe: UK 1; Hainrich der Liutpriester von Burun: StAA, Kloster St. Moritz/Augsburg U 47; Wernher der Zeringer: UK 53.

[4] UK 181; Artur Angst: Die Reichspfarrei Leutkirch, Kaiser Karl IV. und das Zisterzienserstift Stams in Tirol. In: In und um Leutkirch. Bilder aus zwölf Jahrhunderten. Beiträge zum Stadtjubiläum 1993, S. 175-186, hier: S. 177f.; zum Ganzen vgl. Leuschner, S. 172-185.

[5] UK 212 und 214.

[6] Nach einem Verzeichnis aus dem Jahre 1591 lieferte das Widemgut 7 Scheffel Vesen (Dinkel), 7 Scheffel Hafer, 17 Pfund Heller (entspricht 10 fl.) Grasgeld und beim Wechsel des Beständers 25 fl. Erschatz (Sieber, Pfarrer, S. 61); zum Ganzen: Sieber, Pfarrer, S. 61f.

[7] Karl Alt, Reformation und Gegenreformation in der freien Reichsstadt Kaufbeuren, München 1932, S. 10, Anm. 6; Sieber, Pfarrer, S. 5.

[8] Vgl. die Kurzbiographien bei Sieber, Pfarrer, S. 3-10.

[9] StAA, Kloster St. Moritz/Augsburg U 47; UK 619.

[10] UK 974.

[11] UK 588.

[12] An der Wende vom 15. zum 16. Jahrhundert hatte Kaufbeuren etwa 2.500 Einwohner (Stefan Dieter, Die urbane Prägung. Kaufbeuren im späten Mittelalter (1315 bis 1525). In: Die Stadt Kaufbeuren, Bd. 1, S. 42-63, hier: S. 49); in der Pfarrkirche St. Martin und den übrigen Gotteshäusern der Stadt waren insgesamt 18 Geistliche tätig, im Franziskanerinnenkloster lebten zwischen 14 (1479) und 21 (1503) Schwestern (vgl. Anm. 70). Daten zu anderen Städten bei Borgolte, S. 56f. - In den benachbarten Reichsstädten stellten sich die Verhältnisse ähnlich wie in Kaufbeuren dar: In Memmingen waren bei rund 4.500 Einwohnern (Petz, S. 39) allein in der St. Martins-Kirche 25 Meßstiftungen vorhanden (Adalbert Mischlewski, Klöster und Spitäler in der Stadt [Die Antoniter, das Schottenkloster]. In: Jahn u.a. [Hrsg.], S. 247-291, hier: S. 271f.); in Kempten gab es bei etwa 3.500 Einwohnern (Petz, S. 39) 20 Kaplaneien und zwei Pfarreien (Rolf Kießling, Bürgertum, Kirche und Sozialentwicklung. In: Dotterweich u.a. [Hrsg.], S. 113-123, hier: S. 113f.); in Isny versahen ein Pfarrer, 14 Kapläne und ein Prädikant (Petz, S. 177) für ca. 2.500 Einwohner (Petz, S. 39) ihren Dienst.

[13] Ausführliche Darstellung: BA-Schr 6, 352ff. und Lausser, St. Martin, S. 18ff.

[14] Sieber, Pfarrer, S. 23f. und 37, UK 1588, UK II 723.

[15] Dies wird für das Jahr 1627 berichtet. Vgl. zum Ganzen: Isenmann, S. 218.

[16] Petz, S. 183; UK II 1160.

[17] Vgl. UK II 657, 670, 718, 803, 1164, 1167, 1173.

[18] Vgl. UK 45, 53, 75, 152, 157, 252, 350, 439, 619, 780, 791, 835, 840, 946, 976, 1123, 1171, 1292, 1465, 1469, 1544, 1560, 1572; UK II 27, 180, 198, 207, 1188, 1200; Sieber, Pfarrer, S. 52. - In der St. Mang-Kirche zu Kempten waren es am Ende des Mittelalters um 125 (Kießling, S. 115), in der St. Martins-Kirche zu Memmingen sogar 238 (Mischlewski, S. 272)!

[19] Vgl. UK 1572.

[20] Eine Zusammenstellung findet sich bei Sieber, Pfarrer, S. 52f.

[21] UK 17.

[22] Vgl. zum Ganzen: Dieter, Reichsstadt Kaufbeuren, S. 27ff.

[23] Erste Nennung eines Zechmeisters von St. Martin: UK 53 (31. Mai 1313), erste Nennung eines Kirchenpflegers von St. Martin: UK 196 (24. März 1351). In der Kemptner St. Mang-Kirche tauchen Zechmeister erst ab 1381 auf (StadtA KE, Urk. 1381 August 3).

[24] Vgl. die Namen der Kirchenpfleger, Zechmeister und Ratsmitglieder im Namenweiser bei UK.

[25] Dies galt für die zweite Pfarrhelferstelle (errichtet 1427), die Liebfrauen-Kapelle (1432), die Honoldische Prädikatur (1453), die St. Salvator und Afra-Kapelle (1473), die Kapitelsbruderschaft zum Hl. Leonhard (1480), den St. Anna-Altar (1481), den St. Jakobs-Altar (1481), die St. Michaels-Kapelle am Friedhof (1491), die 2. Kaplanei auf dem Liebfrauen-Altar (1499) sowie für den St. Nikolaus-Altar (1500).

[26] UK II 1349.

[27] Zur Baugeschichte der Kirche insgesamt vgl. Lausser, St. Martin, S. 13ff.

[28] Die Errichtung des Rathauses, des später als Kornhaus genutzten Kaufhauses und des Weberzunfthauses sowie vieler großzügig angelegter Patrizierhäuser fällt in diese Zeit (vgl. Dieter, Urbane Prägung, S. 59).
[29] Vgl. die Maßangaben für Memmingen bei Günther Bayer, St. Martin und Kinderlehrkirche Memmingen, Memmingen ⁴1997, S. 10, und für Kaufbeuren bei Lausser, St. Martin, S. 15f. Zu den Einwohnerzahlen s. Anm. 13.
[30] UK 975. Der Bau befand sich vermutlich im Schnittpunkt einer gedachten Verlängerung der Kaiser-Max-Straße mit dem Fußweg des Afraberges. Vgl. zum Ganzen: Stefan Fischer, Die Kapelle St. Afra in Kaufbeuren. In: KGBl 11, 1987/89, S. 490-492. - Zitat aus UK 1130; aus der Urkunde geht auch hervor, daß im Jahre 1473 in der Kapelle eine Kaplanei errichtet wurde.
[31] Altäre in der St. Martins-Kirche: UK 1231 und 1253; bischöfliche Erlaubnis für das Irseer Haus: UK II 15.
[32] Das Jahr 1418 nennt Hörmann in seiner Chronik; die erste urkundliche Erwähnung fällt in das Jahr 1422 (UK 518). Benefizium in der Kapelle: UK 651.
[33] Kaplaneistiftungen am Marienaltar der St. Martins-Kirche: UK 400 und 1588; Stiftung des Salve-Regina-Singens: UK II 27; erste Erwähnung der Liebfrauenbruderschaft: UK 1254.
[34] UK 1485.
[35] Liebfrauenbruderschaft: erste urkundliche Erwähnung: 1481 (UK 1254), Satzung: 1491 (UK 1485); Kapitelsbruderschaft: entstanden um die Mitte des 15. Jahrhunderts (BA-Schr 6, S. 20), Satzung: 1475 (UK 1166); Beckenknechtbruderschaft: erste urkundliche Erwähnung: 1485 (UK 1348), eigene Meßstiftung: 1500 (UK 1599).
[36] Beckenknechtbruderschaft: UK 1599; Kapitelsbruderschaft: UK 1237; Liebfrauenbruderschaft: UK 1484.
[37] Die erste urkundliche Erwähnung der St. Michaels-Kapelle am Friedhof fällt in das Jahr 1328 (UK 87).
[38] Hörmann gibt in seiner Chronik die Zahl der Opfer mit 800 an (HörmChr, Bd. 1 [StadtA KF, B 102/I], S. 265), was einem Drittel der Stadtbevölkerung entsprochen hätte und mit Sicherheit zu hoch gegriffen ist. Skepsis gegenüber der Angabe von 800 Opfern ist auch deshalb angebracht, weil Hörmann die gleiche Zahl im Zusammenhang mit den Opfern einer pestartigen Krankheit nennt, die im Jahre 1592 in Kaufbeuren gewütet hat (HörmChr, Bd. 2 [StadtA KF, B 102/I], S. 667).
[39] Vgl. dazu: Anton Brenner, St. Cosmas und Damian. Zum 500. Gedächtnistag der Weihe. In: KGBl 13, 1993/95, S. 338-343 und 382-388.
[40] UK 64.
[41] UK II 592.
[42] Pötzl, S. 86.
[43] Die Kapelle befand sich südwestlich der St. Dominikus-Kapelle und wurde im Jahre 1415 geweiht (UK 459). Aufgrund ihres Patroziniums dürfte sie insbesondere der Andacht der Hirten gedient haben. Zu Beginn des 19. Jahrhunderts wurde sie abgebrochen.
[44] UK 872; vgl. auch UK 870.
[45] Stefan Dieter, Die urbane Herausforderung. Von den Ereignissen der Reformation bis zum Dreißigjährigen Krieg (1520 bis 1618). In: Die Stadt Kaufbeuren, Bd. 1, S. 64-71, hier: S. 65f.
[46] Der Ort, der bereits im 11. Jahrhundert bestanden haben dürfte, wird erstmals um das Jahr 1130 erwähnt (BA-Schr 6, S. 483).
[47] UK 4, 7 und 8; die Inkorporation wurde 1255 vollzogen (UK 5).
[48] UK 185-189. Der letzte selbständige Pfarrer Tabratshofens wird 1396 genannt (HONB Bd. 3, S. 77).
[49] UK 288; archäologische Befunde lassen die These plausibel erscheinen, wonach der Ort bei der Belagerung Kaufbeurens durch die Baiern im Jahre 1388 zerstört wurde (so Marcus Simm u.a., Neues zu Tabratshofen. Bericht über mittelalterliche Funde. In: KGBl 11, 1987/89, S. 341-346, hier: S. 345). Nichtsdestotrotz dürfte Tabratshofen schon vorher im Auflassen begriffen gewesen sein.
[50] BA-Schr 6, S. 338.
[51] UK 64. Vgl. zum Ganzen: Fritz Schmitt, Die Blasiuskirche und die Entwicklung der Stadt Kaufbeuren. In: KGBl 1, 1952/54, S. 86-90.
[52] Seit dem 12. Jahrhundert hatte der Hl. Blasius die bisherigen Welfenpatrone, die Apostel Peter und Paul, verdrängt.
[53] UK 295.
[54] Dieter, Reichsstadt Kaufbeuren, S. 30. Vgl. die Namen der Kapläne bei Sieber, Benefiziaten, S. 44f.
[55] StadtA KF, Bs 3, S. 68 c. Die anderen Gemeinschaften lebten in den Häusern der Pischoffin, der Haslacherin, der Himmeltruwi, der Tritminerin, der Minderbrüder und der Eckolerin. Vgl. Dertsch, Franziskanerinnenkloster, S. 12 und 14.
[56] UK 9.
[57] Dertsch, Franziskanerinnenkloster, S. 9.
[58] Vgl. zum Ganzen: Dieter, Franziskanerinnenkloster; dort auch detaillierte Quellenangaben. UK 24, 32 und 38.
[59] UK II 8. Zum Vergleich: Im Steuerbuch der Stadt Kaufbeuren aus dem Jahre 1483 wurde der Besitz des reichsten Bürgers mit 3.400 lb h veranschlagt (etwa 2.300 fl.) (UK, S. 515).
[60] Ein Überblick über die zeitliche Verteilung der Stiftungen zeigt, daß sie gegen die Wende vom 15. zum 16. Jahrhundert deutlich zunehmen: 14. Jhd., 1430, vor oder im Jahre 1443, 1449, 1463, 1473, im Jahre 1479 oder danach, 1490, ca. 1490, 1497, 1498, 1510, 1512 und 1537 (Nachweise bei: Dieter, Franziskanerinnenkloster).
[61] Hoeynck, Frauenkloster, S. 69f.
[62] Vgl. beispielsweise UK II 48 und 404.
[63] Dieter, Reichsstadt Kaufbeuren, S. 30.
[64] Darlehen des Klosters an die Stadt: UK II 684 und 736. Der übliche Zinsfuß lag bei 5%. Offenbar räumte das Kloster der Stadt aufgrund der Höhe der Summe einen günstigeren Satz ein; auch könnte politische Rücksichtnahme der Stadt gegenüber eine Rolle gespielt haben. Kauf Oberbeurens durch die Stadt: UK II 659.
[65] Dertsch, Franziskanerinnenkloster, S. 31f.
[66] UK 1114. Bereits 1432 ist eine Klosterkapelle erstmals urkundlich erwähnt (UK 644).
[67] UK 1204. Die Kaplanei hatte bis 1692 Bestand.
[68] Die Zahlen im einzelnen: 1462: 12 Schwestern, 1471: 13, 1479: 14, 1503: 21, 1513: 17 und 1518: 26 (vgl. Dieter, Franziskanerinnenkloster, S. 89).
[69] Vgl. die Aufstellung bei Dertsch, Franziskanerinnenkloster, S. 38, Anm. 1.
[70] UK 1443.
[71] UK II 774.
[72] Vgl. zur Geschichte des Spitals bis 1963: Fischer, Heilig-Geist-Hospital.
[73] Im Jahre 1256 taucht der Bischof von Augsburg als Lehnsherr des Kaufbeurer Heilig-Geist-Spitals auf (UK 6).
[74] UK 10.
[75] UK 5.
[76] UK 249 bzw. UK 292.
[77] Das Siechenhaus ist erstmals für das Jahr 1316 bezeugt (UK 56), die St. Dominikus-Kapelle für das Jahr 1328 (UK 87). Der Chronist Hörmann setzt die Erbauung der Kapelle auf das Jahr 1182 an.
[78] BA-Schr 6, S. 475.
[79] BA-Schr 6, S. 438, Anm. 486. Für letzteren Punkt spricht, daß im Jahre 1584 eine verheiratete Frau als Seelfrau angenommen wurde (Adolf Fuchs, Geschichte des Gesundheitswesens der freien Reichsstadt Kaufbeuren, Kempten 1955, S. 171) und die Pfründegüter der Seelhausstiftung der Siebenkaplaneien-Stiftung unterstanden.

Karl Pörnbacher
DIE KATHOLISCHE GEMEINDE KAUFBEURENS VOM BEGINN DER NEUZEIT BIS ZUR GEGENWART

Der Neubau von St. Martin

Der Neubau von St. Martin im 15. Jahrhundert ist Ausdruck eines gewandelten, selbstbewußten Bürgerbewußtseins und zugleich Symbol für den Beginn der Neuzeit. Bereits Anfang des Jahrhunderts gab die Stadtgemeinde mit ihren rund 2000 Einwohnern durch den Bau des imposanten Turmes die entsprechenden Größenmaße vor. Eine nicht mehr vorhandene Inschrifttafel nannte den Baubeginn: *„anno domini mccccciiii inceptum istud fuit opus"* - *„Im Jahre des Herrn 1404 ist dieses Werk begonnen worden."*[1] Aus einem Urfehdebrief, den der Baumeister Ulrich Murer und sein Sohn Lenhart am 23. Oktober 1403 vor dem Rat der Stadt zu schwören hatten, ergibt sich, daß die Arbeiten schon vorher begonnen hatten.

Das viereckige Fundament nimmt 100 Quadratmeter ein. Die Außenmauern des untersten Geschosses sind drei Meter dick. Kräftige Ecklisenen ziehen den Bau nach oben bis zum achteckigen Spitzhelm. Kleeblattbogenfriese gliedern die sechs Geschosse. Die dreiteiligen Rundbogen-Klangarkaden und die spitzbogigen Blenden darüber lassen das gewaltige Bauwerk geradezu elegant erscheinen.

Selbstverständlich wußten die Baumeister, daß sich ein genau parallelwandiger Baukörper nach oben scheinbar verdickt. Um der optischen Täuschung entgegenzuwirken, verjüngten sie den Turm ab der Höhe von etwa zehn Metern bis zum Ansatz des Daches um 47 Zentimeter; auch die Lisenen werden schmäler, im Westen um 15, an der Ostseite um 25 Zentimeter. Die Turmhöhe beträgt 68,24 Meter, beziehungsweise 70,75 Meter mit dem Turmkreuz.[2]

Dem Turm mit seinen gewaltigen Maßen mußte der Kirchenbau angeglichen werden, den die Bürger zwischen 1438 und 1444 errichteten.

Natürlich steckt hinter diesem Bauvorhaben auch der Wunsch, wirtschaftliche Erfolge und den Wohlstand der Reichsstadt nach außen hin sichtbar zu machen. Den benachbarten Orten und zumal den anderen schwäbischen Städten wollte man durchaus zeigen, was man zu leisten imstande war. Vorherrschend aber war jedoch der Gedanke, das Gotteshaus zum schönsten und mächtigsten Bau der Stadt und zugleich zu ihrem beherrschenden optischen Mittelpunkt werden zu lassen.

An den Beginn des Kirchenbaus erinnern zwei Gedenktafeln im rechten Zwickel über dem Nebeneingang der südlichen Langhausseite. Auf ihnen steht: *„anno domini*

mcccexxxviii am sechsten tag aberelles hub man an die kirchen - do galt ain metz rogg 1x dn cunrat spengler pfleger" - „Im Jahre des Herrn 1438 am 6. April fing man an, die Kirche zu bauen. Ein Metzen Roggen kostete 60 Denar [Pfennige]. Konrad Spengler war Pfleger."[3]

Zunächst wurde der Chor errichtet. Dabei entstand ein heller Bau mit hohen Fenstern, die bis hinauf in den Gewölbescheitel reichen. Das prachtvolle sternförmige Netzgewölbe, das außen durch einen Kranz von Strebepfeilern abgestützt wird, bildet einen spannungsreichen Kontrast zur schlichten Holzdecke des Langhauses.

Man muß den Chorraum durchschreiten, um die Großzügigkeit dieser Anlage zu spüren: sie ist elfeinhalb Meter breit, 21 Meter lang und umfaßt eine Fläche von nahezu 250 Quadratmetern.

Die Sakristei befand sich zunächst im Untergeschoß des Turmes. Vermutlich wurde erst zu Beginn des 16. Jahrhunderts im Osten des Turmes ein Anbau errichtet.

Auch das Langhaus mußte völlig neu geplant werden. Als man beim Bau merkte, daß die Proportionen zwischen Chor und Langhaus nicht mehr stimmten, die vorgesehenen Geldmittel aber bereits aufgebraucht waren, soll der wohlhabende Kaufmann und Bürgermeister Ulrich Honold die Verlängerung der Kirche um ein Joch nach Westen bezahlt haben.[4] Die von mächtigen Pfeilerbündeln getragenen Mittelschiffarkaden gliedern das 26,5 Meter breite und 44 Meter lange Kirchenschiff. Am 24. Juni 1444 weihte der Augsburger Diözesanbischof Kardinal Peter von Schaumburg die neue Kirche.[5]

Natürlich hatte man für den stattlichen Kirchenbau auch eine entsprechende Ausstattung geplant, doch ließ man sich dafür aus künstlerischen Erwägungen und sicherlich auch aus finanziellen Gründen Zeit. Den Auftrag für die Figuren des neuen Hochaltars erhielt einer der bedeutendsten schwäbischen Bildhauer dieser Zeit, Michael Erhart aus Ulm. Den Mittelpunkt des über zwölf Meter hohen Schreinaltars bildete eine überlebensgroße Muttergottes, die heute zu den Kostbarkeiten des Bayerischen Nationalmuseums zählt. (Eine Nachbildung durch den Bildhauer Otto Kobel steht seit 1986 am nördlichen Chorbogen.) Von den Altarfiguren haben sich der Kirchenpatron St. Martin und der Diözesanpatron St. Ulrich sowie die heiligen Ärzte und Brüder Cosmas und Damian und ein nicht zu identifizierender Bischof erhalten. Diese großartigen Arbeiten prägen durch ihre beeindruckende Aussagekraft bis heute den Chorraum der Kirche. Die Figuren des Hl. Nikolaus und der beiden Apostel Petrus und Johannes werden dem Meister von Wald bei Marktoberdorf zugeschrieben, der um 1500 in Kaufbeuren gearbeitet hat.

Aufträge für weitere Altäre erhielten die Kaufbeurer Bildhauer Jörg Lederer und Hans Kels. Aus der Werkstatt Lederers stammen wohl Reliefs um 1520 mit einer Darstellung der Verlobung Mariens und ihres Tempelgangs, heute im „Altar des Marienlebens" im linken Seitenschiff. Hans Kels schnitzte als Antependium die liebenswürdige Dreikönigsdarstellung, in der er das Jesuskind mit offensichtlichem Vergnügen in dem Kästchen mit Goldmünzen wühlen läßt, das König Balthasar

Hans Kels, Dreikönigs-Relief

überreicht. Die Pieta (um 1500) stammt von einem unbekannten Meister.

Nach den schlimmen Pestjahren von 1482 bis 1484, als etwa 800 Menschen gestorben sein sollen, immerhin etwa ein Drittel der Einwohner, beschlossen Rat und Bürgerschaft, auf dem Friedhof vor der Stadtmauer eine Kirche zu Ehren des Hl. Sebastian, des Patrons gegen die Pest, zu bauen. Am 8. Juli 1485 fand die feierliche Weihe statt.

Neun Jahre später, im Oktober 1494, beschloß man den Bau einer Kirche weit außerhalb der Stadtmauer an der Straße nach Apfeltrang zu Ehren der Hl. Cosmas und Damian. Die heiligen Zwillingsbrüder und Ärzte wurden als Patrone der Apotheker und Ärzte, vor allem der Chirurgen und ebenfalls als hilfreiche Patrone für Pestkranke verehrt. Vermutlich wurde die kleine Kirche 1495 geweiht.

Die Zeit der Reformation

So schön die Pfarrkirche dank der reichen Stiftungen durch das Bürgertum ausgestattet werden konnte, so betrüblich war es um die Seelsorge bestellt. Eine wesentliche Ursache dafür lag in dem weit verbreiteten Pfründewesen. Geistliche Ämter, zumal wenn sie gut dotiert waren, wurden gerne übernommen, aber dann jungen, schlecht bezahlten und mangelhaft ausgebildeten Hilfsgeistlichen übertragen, denen der Volksmund den bezeichnenden und doppeldeutigen Namen „Mietlinge" gegeben hatte. Zur Sicherung ihres Lebensunterhalts mußten sie häufig Taglöhnerarbeiten annehmen, die Zeit und Kräfte beanspruchten. Erhebungen im Auftrag des Bischofs ergaben einen erschreckend niederen Bildungsstand beim einfachen Klerus. Nicht wenige Geistliche wußten nicht einmal die gängigen Gebete und Segensformeln. Dazu kam nicht selten eine Großzügigkeit im sittlichen Verhalten, die den Gläubigen ein schlechtes Beispiel gab. Diese Mißstände veranlaßten Kardinal Otto Truchseß von Waldburg, den Augsburger Diözesanbischof, 1549 in seiner Residenz in Dillingen/Donau ein Priesterseminar und eine Philosophisch-Theologische Hochschule zu gründen. Viele vorzügliche Pfarrer, die später in Kaufbeuren wirkten, erhielten ihre Ausbildung durch die Jesuiten in Dillingen.

In Kaufbeuren wurde 1487 Dr. Augustin Luttenwang Pfarrer. Ein Aktenstück aus dem Jahre 1497 bezeichnet ihn als Dekan des Kapitels Kaufbeuren und zugleich des Kapitels St. Peter in Basel. Er starb vermutlich im Oktober 1519.

Als Nachfolger von Dr. Luttenwang übernahm der Augsburger Domherr Johannes von Wirsberg im Februar 1520 die Pfarrstelle bei St. Martin, ließ sie jedoch ausschließlich durch schlecht bezahlte Vikare versorgen. Einer von ihnen, Peter Algäu, hielt offensichtlich wenig von kirchlichen Zeremonien und versuchte sogar, den Augsburger Weihbischof am 20. August 1520 an der Einweihung des Gottesackers beim Spitaltor zu hindern. Der Bürgermeister Jörg Rößlin und der Stadtschreiber Hans Ruf hatten tatkräftig für Ordnung zu sorgen.

Die ungünstigen Auswirkungen auf die Gläubigen zeigten sich bald. Schon am 5. März 1521 mußte der Kaufbeurer Rat bei schwerer Strafe verbieten, „*Gott den Allmächtigen, die reine Jungfrau Maria und die lieben Heiligen mit ungeschickten Worten zu beleidigen.*"[6] Die Anweisung richtete sich besonders an die Anhänger Martin Luthers. Nachfolger des Domherrn von Wirsberg als Kaufbeurer Pfarrer wurde Hans Haas aus Dillingen, dessen Anliegen es war, die Stolgebühren, die bei geistlichen Verrichtungen und bei der Spendung der Sakramente anfielen, genau festzulegen.

Der Kaufbeurer Rat achtete vor allem auf die Ruhe innerhalb der Stadtmauern und erließ am 1. Juni 1523 unter Bürgermeister Mathias Klammer eine Verordnung gegen alle aufhetzenden Schmähreden über Glaubenslehren und Geistliche. Außerdem verbot er alle Zusammenrottungen in der Stadt.

Trotzdem eskalierten die Gegensätze zwischen den Anhängern und Gegnern der Reformation. Erstere traten offen gegen die bisherigen Lehren und Bräuche auf. Vermutlich seit 1523 übernahm Georg Sigk (oder Sick) die Pfarrstelle bei St. Martin. Er lehnte die Reformation ab, und zwischen ihm und dem Spitalkaplan Jakob Lutzenberger, Inhaber der Honoldschen Predigerstelle, kam es zu öffentlichen Auseinandersetzungen in St. Martin. Sie beschuldigten sich gegenseitig der Irrlehre und der falschen Auslegung des Evangeliums.

Lutzenberger forderte die Widerlegung seiner Predigten durch die Heilige Schrift. Sigk beendete eine Predigt über strittige Fragen wie Heiligenverehrung, Fegfeuer und Totenmesse mit der auf Luther anspielenden Feststellung: „*Das will ich verantworten und beweisen, wo man will, ob es gleich für [vor] den gelehrtesten Doktor dieser Welt wäre.*" Als Lutzenberger ihm vorwarf, er predige „*verführerische, ketzerische Lehre*", entgegnete Sigk: „*Du bist nicht mein Bischof, hast nicht über mich zu richten, und ich habe nicht not, mich vor dir zu rechtfertigen.*"[7]

Die Streitigkeiten übertrugen sich rasch auf die Bevölkerung. Der Kannengießer Ulrich Winkler unterbrach Sigks Gottesdienste mehrmals durch Zwischenrufe. Als zum Beispiel Sigk am 8. September 1524, am Fest Mariä Namen also, die Mutter Gottes „*hochgelopt und briesen [gepriesen], mehr als er schuldig war*", rief Winkler zur Kanzel hinauf: „*Pfaff, du luigst!*"[8]

Pfarrer Sigk wurde überdies wiederholt auch tätlich bedrängt und wandte sich um Hilfe an den Augsburger Bischof Christoph von Stadion. Dieser bat den Kaufbeurer Rat darum, die Bürger zu veranlassen, *„daß sie angeregten Pfarrer samt seinen Helfern in Vollziehung ihrer Actus in der Kirchen mit Schmach oder Übertrang unbelästiget lassen."* Der Bischof schloß sein Schreiben versöhnlich mit dem Hinweis auf seinen *„gnädigen nachpeurlichen Willen".*[9]

Blasius Honold, seit 1. Mai 1524 Bürgermeister, stand auf seiten der reformatorischen Bewegung und war deshalb wenig geneigt, zugunsten Sigks einzutreten. Aber auch ihm lag natürlich am Frieden in der Stadt, und er versuchte Streitereien zu unterbinden. Am 8. Januar 1525 kam es wieder zu Ausschreitungen. Der Kannengießer Winkler rief während einer Predigt Jakob Lutzenbergers: *„Herr Jakob, höret auf, ihr habt genug gepredigt, der pfaff, so heute morgen gepredigt und da stiende, sagte, es wäre verlogen."*[10] Dieser „Pfaff", ein Kaplan, stand eben neben ihm. Er packte ihn und ließ ihn nicht mehr los. Wildes Lärmen erfüllte die Kirche, und eine allgemeine Rauferei begann.

Da bestieg Blasius Honold die Kanzel und rief: *„Ihr Herren von der Gemeinde, Ihr wißt, wie Ihr mir als Bürgermeister geschworen, weshalb ich Euch und jedermann in [der] Stadt hier bei derselben geschworenen Pflicht erinnern und bitten tue, sich stillen zu lassen, keinen Aufruhr anzuheben, damit Größeres vermieden würde."*[11]

Die Kirche leerte sich. Pfarrer Sigk floh zu seinem Bruder Wolfgang Sigk, Pfarrer in Geisenried. Am Sonntag und Montag gab es keine Gottesdienste. Eine Bürgerabordnung zog Montag früh zum Rathaus und verlangte die Abhaltung einer öffentlichen Disputation über die umstrittenen religiösen Fragen. Dem Sieger in der Disputation wolle man folgen.

Der Rat beriet lange und verkündete dann, daß man den Vorschlag der Bürger annehmen wolle. In drei Wochen sollten die streitenden Parteien ihre Behauptungen aus der Heiligen Schrift beweisen. Die Bürger waren begeistert. Wiederum kam eine Abordnung zum Rathaus. Diesmal drückte sie ihren Dank aus und versicherte ihren Gehorsam.

Beide Parteien bereiteten sich vor. Die reformatorische Seite berief den Konstanzer Prediger Magister Johannes Wanner, einen gebürtigen Kaufbeurer, und erbat den Rat der Nachbarstadt Kempten. Von dort kam der dringende Hinweis, Kaufbeuren möge schon im Hinblick auf den Kaiser vor allem dafür sorgen, daß keine weiteren Unruhen entstünden. Pfarrer und Prediger seien nachdrücklich zum Frieden zu ermahnen.

Bischof Christoph von Stadion schrieb am 27. Januar an die Stadt, daß er darum bitte, von der beabsichtigten Disputation abzusehen, die alten Bräuche einzuhalten und den Mandaten des Kaisers zu gehorchen, bis alles durch ein Konzil entschieden sei. Begründete Klagen werde er berücksichtigen und Mißstände abschaffen.

Eine Absage des zugesagten Religionsgesprächs war jedoch gar nicht mehr möglich. Bereits am 18. Januar hatte man den Termin auf den 30. Januar 7 Uhr früh festgelegt. Bedingung war, es mußte ein freundschaftliches Gespräch sein, öffentlich, in deutscher Sprache und nur auf Grundlage der Heiligen Schrift.

Am Montag war der Rathaussaal bis auf den letzten Platz gefüllt. Lutzenberger war mit Magister Wanner erschienen. Außerdem kamen die Kapläne, nur Pfarrer Sigk fehlte. Deshalb verschob der Rat die Disputation auf den folgenden Tag.

Am 31. Januar wurde das Gespräch unter den gleichen Bedingungen eröffnet. Der Bürgermeister wies darauf hin, daß alle Beteiligten doch den gleichen Gott verehrten, dem gleichen Glauben folgten, die gleiche Taufe und den gleichen Seligmacher, den Heiligen Geist, hätten. Also gebühre es sich, das Gespräch in christlicher Eintracht zu führen. Die Leitung des Gesprächs hatten zwei Anhänger Luthers, der Jurist Dr. Sebastian von Fuchssteiner und der Stadtarzt Dr. Ivo Strigel.

Zunächst bestritt die Partei um Pfarrer Sigk das Recht der Stadt, ein Religionsgespräch führen und dabei über den rechten Glauben debattieren zu lassen. Die Auseinandersetzung zwischen Sigk und Lutzenberger könne nur vom Bischof in Augsburg entschieden werden.

Die Diskussion verlief eher sachlich. Lebhafter wurde sie erst im Zusammenhang mit der Bilder- und Figurenfrage. Lutzenberger verwarf die *„Götzen"*, wie er sie nannte, während ein Kaplan die bildliche Darstellung als *„der Laien Bücher"*[12] bezeichnete, als Illustration der Heiligen Schrift, die für das einfache Volk besonders hilfreich sei.

Das Gespräch brachte keine Annäherung der unterschiedlichen Standpunkte. Entscheidende Ergebnisse waren aus dieser gutgemeinten, aber doch eher dilettantischen Disputation auch nicht zu erwarten gewesen. Pfarrer Sigk, der mit Magister Nicolaus Schweikhler, Pfarrer von Aitrang, gekommen war, hatte die Disputation mit dem Hinweis auf das Verbot des Bischofs lange vor ihrem Ende verlassen.

Der Konstanzer Prediger Johann Wanner riet seiner Heimatstadt zu Mäßigung und Zurückhaltung. Man solle sich auch am Vorgehen der benachbarten Reichsstädte orientieren und Entscheidungen wie den Besuch der Messe oder von Andachten dem Gewissen des einzelnen überlassen. Damit entsprach er auch der Stimmung des Rates, der sich Sorgen machte wegen möglicher Schwierigkeiten im Zusammenhang mit dem Bauernaufstand. Durch das militärische Einschreiten des Schwäbischen Bundes war der Aufstand, den man auch dem Einfluß Luthers zuschrieb, zum Scheitern verurteilt.

Unter dem Vorsitz Honolds hatte der Rat vorsichtig zurückhaltende Beschlüsse gefaßt, die weder Kaiser noch Bischof stören konnten:

1. „Es soll nichts anderes als das klare heilige Evangelium, das mit der göttlichen und biblischen Schrift approbiert, verkündigt werden. Was zur Empörung, Schmach oder Verletzung dient, soll der Kanzel fern bleiben.

2. Auch unter- und gegeneinander sollen die Priester aller ungebührenden Schmachreden sich enthalten und sich in brüderlicher Liebe miteinander vertragen, denn wo einer oder mehrere das nicht einhalten, dieselben würden allhier zu wohnen nit guten Platz haben.

3. Wegen der menschlichen Zeremonien wolle man eine feste Ordnung machen, aber zuvor von auswärts Rat einholen in der ungezweifelten Hoffnung, daß dadurch der allmächtige Gott geehrt, die brüderliche Liebe gemehrt und das Evangelium lauter und rein gepredigt werden möge.

4. Messe und andere Zeremonien, die man bisher gehalten habe, sind weder von Gott eingesetzt noch in der Bibel begründet. Man wolle darum das Gewissen der Priester nicht beschweren und es ihnen überlassen, ob sie Messe, Vigilien und dergleichen halten wollen oder nicht. Bis auf Grund eingeholter Gutachten die neue Ordnung aufgestellt sei, wolle man von seiten des Rates keine Änderung einführen, damit Rat und Stadt nicht von ihren Mißgönnern angezeigt werden mögen."[13]

Der am 1. Mai 1525 gewählte Bürgermeister Mathias Klammer war Gegner der reformatorischen Richtung. Ein Grund, weshalb man ihn gewählt hatte, im übrigen schon zum achten Mal, lag vermutlich in der Tatsache, daß sowohl der Schwäbische Bund als auch der Herzog im benachbarten Baiern die reformatorischen Bestrebungen in Kaufbeuren äußerst skeptisch betrachteten. Kaufbeuren gehörte außerdem zu den Gründungsmitgliedern des Schwäbischen Bundes, zu dem sich 1488 Fürsten, Ritter und Städte Schwabens zusammengeschlossen hatten. Den Rat machte es immerhin nachdenklich, daß man im Schwäbischen Bund die Ansicht vertrat, daß „alle schwebende Irrung und Empörung von den Predigern herfließe" und außerdem damit drohte, diesbezüglich „eine Strafe anzulegen, darob die Prediger einen Spiegel empfangen".[14]

Bürgermeister Klammer äußerte am 2. Mai 1525 in einer Erklärung an die Zünfte, daß die Kaufbeurer Disputation „von hochgele[h]rten leuten genzlich verspot[tet] und verachtet worden ist, aus ursach, das den predigern sölliches als ungele[h]rten und unverstendigen [Leuten] nit gepüre, auch des nit gewalt noch macht gehapt haben, dann sy der hailigen geschrift als [so gründlich als] derselben doctores nit erfa[h]ren."[15]

Klammer und der Rat konnten ihre Grundsätze leicht durchsetzen, weil sie Rückhalt bei den Benediktinern in Irsee fanden, die am 6. Mai innerhalb der Mauern der Reichsstadt Schutz suchten, nachdem die aufständischen Bauern ihr Kloster überfallen hatten. Außerdem legte der Schwäbische Bund ein Fähnlein Fußknechte unter Führung des Hauptmanns Hans Schnitzer in die Stadt. Die Bürger waren darüber allerdings nicht erfreut, und der Rat mußte eigens die freundliche Aufnahme der Söldner befehlen.

An die Familie Klammer erinnert nur das Epitaph an der Dreifaltigkeitskirche: „Anno Domini tausend finfhundert und im ersten iar am errichtag von unser her auffart (= 18. Mai) starb die ersam frau Elisabeth Klammerin der sel got gnädig sey." (Aufnahme aus dem Jahr 1943)

Als es am 15. Juni, dem Fronleichnamstag, zu Schwierigkeiten kam, weil Dr. Sebastian Fuchssteiner zu predigen versuchte, wurden alle Prediger aus der Stadt verwiesen. Klammers Nachfolger, Georg Rößler, der das Bürgermeisteramt 1526/27 und 1528/29 innehatte, erwies sich wie Mathias Klammer als Garant der überkommenen Lehre, und Kaufbeuren erwarb dadurch den Ruf einer streng katholischen Reichsstadt, auch wenn wichtige Männer in der Stadt der Reformation durchaus positiv gegenüberstanden. Der Rat wagte es wegen der Anweisungen Kaiser Karls V. jedoch nicht, die reformatorische Bewegung offiziell zu unterstützen. Außerdem war er nicht daran interessiert, eventuelle sektiererische Bewegungen in die Stadt zu bekommen.

Die evangelische Bewegung in Kaufbeuren blieb allerdings lebendig und breitete sich weiter aus. Schon 1543 bestimmten die Anhänger Schwenckfelds die Zusammensetzung des Rates. Der katholisch eingestellte, einflußreiche Stadtschreiber Hans Ruf wurde mit einer Zahlung von 100 fl. verabschiedet und an seiner Stelle der evangelisch gesinnte Schulmeister Leonhard Merz berufen.

Pfarrer Adam Wesser, vermutlich ein gebürtiger Kaufbeurer, der seit etwa 1535 die Pfarrei versah, erklärte am 14. Oktober 1544 dem Rat, er habe *„spüren und merken müssen, daß ein kleines Vertrauen bei ihm und seine Messe vielen ein Gräuel sei"*.[16] Er verließ deshalb die Stadt, von der er eine gute finanzielle „Vertröstung" erhielt und übernahm die Pfarrstelle in Stötten am Auerberg. Seine Stelle in Kaufbeuren versah zunächst der Kaplan Joachim Kilwanger. Ihm verbot man jedoch schon am 2. Februar 1545, Gottesdienste zu halten. Es gab einen förmlichen Bildersturm, bei dem man *„die lieben Heiligen alle aus der Kirchen gethan und hat die übrigen Kirchen versperrt, daß niemand darein kommen"*.[17] In der Kirche gab es nur noch zwei Tische, einen zur Spendung der Taufe, einen zur Austeilung des Abendmahls. Kilwanger verließ daraufhin ebenfalls Kaufbeuren.

Die Besetzung der Kaufbeurer Pfarrstelle stand bis dahin dem Augsburger Domkapitel zu, das dafür jährlich 20 fl. erhielt. In der Sorge, es könne durch die völlige Reformierung der Stadt dieses Einkommen ersatzlos verlieren, bot das Domkapitel Anfang 1545 dem Kaufbeurer Rat den Verkauf des Patronatsrechts an. Dieser hat verständlicherweise *„solches Anerbieten sogleich mit beiden Händen ergriffen"*.[18] Bereits im März wurde ein Vertrag geschlossen, in dem die Stadt dem Domkapitel den alljährlichen Bezug von 20 fl. zusicherte und die Verpflichtung übernahm, auf die Pfarrei einen *„geschickten, tauganlichen priester vermüg der rechten [Rechte]"*[19] zu präsentieren. Von einer bestimmten religiösen Einstellung war nicht die Rede.

Am 31. August 1545 bestätigte der Bischof diese Abmachung, und seit dieser Zeit besitzt der Stadtrat in Kaufbeuren das Recht, die Pfarrstelle bei St. Martin zu vergeben. 1561 wurde die alljährliche Abgabe durch die einmalige Zahlung von 400 fl. abgelöst.

Nach dem Interim vom 30. Mai 1548 zwang Karl V. die Stadt, den Gottesdienst in Form der Messe wieder zu erlauben. Deshalb bestellte der Rat am 24. Juli 1548 den Irseer Mönch Magnus Fend zum katholischen Pfarrer in St. Martin. P. Magnus starb jedoch bereits am 18. Juli 1549. Ein Gedenkstein am Haupteingang von St. Martin rühmt seine Verdienste und bezeichnet ihn zusammenfassend als den Mann, *„qui Kaufbeurensem introduxit rursus in urbem Religionem"* - *„der in der Stadt Kaufbeuren die Religion wieder einführte."*[20]

Auch die Bestimmungen der Religionsfriedensschlüsse von Passau (1552) und Augsburg (1555) führten in Kaufbeuren nicht zum Frieden oder wenigstens zum Ausgleich zwischen den Konfessionen. Nach dem Tod von P. Magnus übernahm Adam Wesser nochmals als Pfarrverweser die kleine katholische Gemeinde. Er mußte jedoch auf Anweisung des Rates den Schwenckfeldischen Prediger Mathias Espenmüller in St. Martin dulden und im voraus versprechen, daß er mit allen weiteren Vorschriften einverstanden sein werde. 1554 resignierte er vor dem Ansturm der Neuerer und zog sich ins Spital zurück, wo er 1562 gestorben sein soll.

Nachfolger wurde noch im gleichen Jahr der 31jährige Magister Albert Schorer, der sich gegen den Prediger Thomas Tillman durchzusetzen hoffte. Als er diesem die Predigt in St. Martin nicht mehr erlaubte, konnte er sich nur noch durch Flucht über den Hinterausgang und den Pfarrhofgarten retten. In Irsee suchte er Schutz, bis in Kaufbeuren wieder Ruhe eingekehrt war. Er tat seine Pflicht unter gefahrvollen Umständen, der Bischof bezeichnete ihn als *„katholischen treuen Pfarrer"*,[21] und der kaiserliche Rat Illsung nannte ihn einen *„würdigen, gelehrten Mann"*.[22] Das Alleinrecht auf die Kirche für die Katholiken konnte er nicht bewahren. Pfarrer Schorer starb am 24. Juli 1577. Wenige Tage vor seinem Tod vermachte er sein Vermögen von 700 fl., das er überwiegend geerbt hatte, einer Stiftung. Die Zinsen aus dieser „Schorerschen Stiftung" fielen jeweils alternierend sechs Jahre lang als Aussteuer an eine arme, ehrliche Bürgerstochter, dann sechs Jahre hindurch an einen armen Studenten, wobei zunächst Mitglieder der Schorerschen Verwandtschaft berücksichtigt werden sollten.

Nach ihm wurde der Obergünzburger Pfarrer Deusdedit Heinz berufen. Der Rat machte ihm zur Auflage, sich katholisch, christlich, friedlich und gegen jedermann freundlich zu verhalten, *„insonderheit aber sich der jesuiterischen sekt gänzlich zu entschlagen"*.[23] Pfarrer Heinz beschwerte sich, daß man ihm einen lutherischen Mesner aufgezwungen habe, während der Rat ihn beim Bischof wegen seines *„hochmütigen Gemütes und der Vernachlässigung seines Gottesdienstes"* anklagte und die Ablösung des *„unexemplarischen und ungefälligen Pfarrers"*[24] verlangte. Offensichtlich gab die persönliche Lebensführung des Pfarrers Anlaß zu berechtigten Beschwerden, denn der Bischof enthob ihn am 24. Oktober 1588 seines Amtes. Sein Verhalten war wohl auch die Ursache dafür, daß sich die Zahl der Katholiken von einem Fünftel auf ein Zehntel halbierte.

Immerhin erreichte Pfarrer Heinz durch wiederholte Hinweise und Denkschriften, daß die völlige Rückgabe von St. Martin an die Katholiken wieder in Erwägung gezogen wurde. Die Benützung der Kirche durch die verschiedenen Konfessionen gab verständlicherweise Anlaß zu unendlichen und unnötigen Streitereien. Alle Teilungsvorschläge, zum Beispiel Vergabe des Chorraums an die Katholiken und des Langhauses an die Evangelischen oder die Aufteilung der Gottesdienstzeiten (der evangelische Gottesdienst sollte im Sommer bis 8.00 Uhr früh, im Winter bis 8.30 Uhr, nachmittags von 12.00 bis 13.00 Uhr stattfinden) ließen sich bei dem im Überfluß vorhandenen bösen Willen leicht unterlaufen. Gegenseitige kleinere und größere Schikanen und Gehässigkeiten verdarben auf lange Zeit das Klima zwischen den Konfessionen.

Zu diesen Streitereien kamen auch noch die Auseinandersetzungen um den Kalender: Papst Gregor XIII. hatte eine Kommission zur Kalenderreform eingesetzt, da die Zählung längst nicht mehr mit den astronomischen Berechnungen übereinstimmte. Schon im 15. Jahrhundert hatten Pierre d'Ailly und Nikolaus Cusanus geraten, durch Weglassung einiger Tage den Kalender wieder in Ordnung zu bringen. Im Jahre 1582 folgte nun auf den 4. Oktober bereits der 15. Oktober. Die Katholiken nahmen die Gregorianische Kalenderreform an, die Evangelischen weigerten sich, jedoch nicht aus sachlichen Erwägungen, sondern weil die Regelung vom Papst ausging. Dadurch fielen die christlichen Feiertage auf verschiedene Daten, so daß sich in Kaufbeuren wiederum die Möglichkeit zu gegenseitigen Streitereien und Bosheiten ergab. In Kaufbeuren wurde der „Verbesserte Kalender" unter dem Druck des Kaisers im Jahre 1604 für die gesamte Stadt eingeführt. Erst 1700 übernahmen dann auch die evangelischen Stände auf Reichsebene die Gregorianische Reform und zählten nach dem 18. Februar gleich den 1. März.

Im August 1588, noch während der Amtszeit von Pfarrer Heinz, verhandelte der Rat mit Pfarrer Johannes Schenk in Aufkirch, den Kaufbeurens Katholiken nach seiner Probepredigt *„wainend gebetten, jr Pfarrer zu werden"*.[25] Die Berufung zerschlug sich, nicht zuletzt auch weil Pfarrei und Rat in Kaufbeuren als sehr schwierig galten. Von letzterem meinte der Generalvikar in Augsburg, *„es seyn zum theil sehr grobe köpf"*.[26] Schenk wählte lieber die Pfarrei in Bertoldshofen.

Nach langen Verhandlungen übernahm Magister Martin Betz die Pfarrei St. Martin, blieb aber nur bis zum 31. Januar 1595 und wechselte dann auf die Pfarrei in Westendorf. Auf ihn folgte Dr. Johann Georg Sachs, der wegen seines Doktorats ab 1597 jährlich eine Zulage von einem Sack Korn und sechs Klafter Holz erhielt. Ebenso wie sein Vorgänger suchte er jedem Konflikt mit dem Rat der Stadt aus dem Weg zu gehen, verzichtete auf die ihm zustehenden Rechte und nahm lieber Nachteile auf sich, vor allem die völlig unzureichende Besoldung. Sachs hatte bald beträchtliche Schulden. Er resignierte am 8. Oktober 1599 und verließ am 12. Oktober heimlich die Stadt. Weil er sich wenig für die Rechte seiner Pfarrei und seiner Pfarrkinder eingesetzt hatte, vermißte man ihn nicht. Die Katholiken wurden zunehmend aus der Verwaltung der Kultur- und Wohltätigkeitsstiftungen gedrängt und erhielten dadurch auch kaum entsprechende Zuwendungen. Im Rat saßen höchstens noch zwei Katholiken. Außerdem gab es die Absicht, das Bürgerrecht nur noch an Evangelische zu verleihen. Als Nachfolger präsentierte der Rat bereits am 25. November 1599 Magister Johannes Schenk aus Bertoldshofen, der sich im Unterschied zu seinen Vorgängern um die Rechte der Katholiken kümmerte und deshalb mit dem Rat und den evangelischen Predigern bald in Konflikte geriet. Daraufhin wandte er sich an Bischof Heinrich V. von Knöringen, an Herzog Wilhelm V. von Baiern sowie an den Kaiser und bat um Überprüfung der Zustände in der Reichsstadt.

Den Erfolg seiner Bemühungen erlebte er allerdings nicht mehr in Kaufbeuren, weil er 1601 die Stadt verließ, zermürbt von den Auseinandersetzungen, und die Pfarrei Obergünzburg übernahm. Die Kaufbeurer Pfarrei versorgten zunächst Vikare: ab 10. Februar Michael Heidelberger, ab 16. Juni Hans Jörg Baumeister. Am 19. Oktober folgte Magister Rudolf Zettel als Pfarrer von St. Martin.

Bereits am 12. Februar 1602 fand man nach 14tägigen Verhandlungen in Kaufbeuren einen Kompromiß, der neben Gehaltsaufbesserungen auch vorsah, daß der Chor von St. Martin ausschließlich den Katholiken vorbehalten blieb und die evangelische Gemeinde sich genau an bestimmte Zeiten zu halten hatte. Der neue Kalender sollte zwar nicht in Kaufbeuren selbst, sondern nur im Landbezirk gelten, doch durfte an Christi Himmelfahrt und am Fronleichnamstag kein Wochenmarkt abgehalten werden.

Die evangelische Bevölkerung protestierte heftig gegen diese Vereinbarung. Der Rat folgte ihren Wünschen bereitwillig und hob die Alleinbenützung des Chores in St. Martin durch die Katholiken wieder auf. Daraufhin erließ der Kaiser am 21. Dezember 1602 ein Mandat, dessen Bestimmungen im März 1604 in Kaufbeuren vollzogen wurden. Jetzt mußte sich der Rat zur vollständigen Rückgabe der St. Martins-Kirche bis zum 11. April 1604, dem Palmsonntag, verpflichten. Ausgenommen blieb der Zugang zum Turm wegen der Wache und des Sturmläutens. Für die evangelische Gemeinde wurde 1604 in 39 Wochen das ehemalige Haus des Kaisers Maximilian I. zur Kirche umgebaut.

Der alte Bauzustand der Dreifaltigkeitskirche im Jahr 1817 (nach einer Guache von Andreas Schropp, Replik aus dem Jahr 1847)

Damit hatte sich die Lage der Katholiken entscheidend verbessert. Ihre Zahl unter den etwa 700 Vollbürgern betrug nach Schätzung der katholischen Gemeinde nur noch 60, der Rat sprach gar nur von 40. Von den zwölf Ratssitzen gingen vier, ein Drittel also, an die Katholiken.

Die Bemühungen um die Wiederherstellung der ehemaligen Rechte (Restitution)

Trotz aller Verbesserungen in einzelnen Bereichen waren die Katholiken in Kaufbeuren nach wie vor benachteiligt. Die vier katholischen Ratsherren blieben von allen wichtigen Ämtern ausgeschlossen und wurden von der Zwei-Drittel-Mehrheit der acht evangelischen Ratsherren nicht nur in religiösen Fragen überstimmt. Die Katholiken waren auch darüber verärgert, daß die kirchlichen katholischen Stiftungen von evangelischen Räten verwaltet und Nebenkirchen wie die Spital- und Frauenkirche den Katholiken völlig entzogen wurden.

Vor allem bemängelten sie, daß der Rat die Stadt nicht neutral verwaltete.

Auf der anderen Seite war das Selbstbewußtsein der katholischen Pfarrer und ihrer Gemeinde gewachsen. Alle Pfarrer, die seit 1602 in Kaufbeuren tätig waren, hatten an der 1549 gegründeten Jesuitenuniversität in Dillingen/Donau studiert und dort eine vorzügliche philosophisch-theologische und pastorale Ausbildung erhalten. Magister Rudolph Zettel setzte sich tatkräftig für die Rückgewinnung der Rechte der Katholiken ein. Allerdings gelang es auch ihm nicht, die katholischen Stiftungen wieder zu erhalten.

Aus nicht bekannten Gründen mußte er die Stadt zum 1. Januar 1609 verlassen. Der Nachfolger, Veit Haas, gewann die Gläubigen wegen *„seiner lehr, Geschicklichkeit und [seines] Leben[s] halber"*[27], doch starb er bereits am 17. Mai 1610.

Nach einer ausgezeichneten Probepredigt am 27. Juni 1610 wurde der erst 27jährige Michael Spalt berufen, der in Dillingen/Donau studiert hatte und sich als tüchtiger und vorbildlicher Seelsorger erwies. Er blieb aber nur bis 1615 in Kaufbeuren. Der Grund dafür lag wohl in der geringen Besoldung von 300 fl. jährlich. Die katholischen Stiftungen erbrachten zwar rund 1.000 fl. im Jahr, doch diese Summe wurde für die katholischen und evangelischen Kirchen- und Schuldiener verwendet, wobei man auch noch ziemlich viel für die Verwalter abzweigte.

Noch in jungen Jahren wurde Magister Michael Eisenbarth ab 1615 Stadtpfarrer in Kaufbeuren und erwies sich als fähiger und eifriger Seelsorger. Er predigte häufig, an den Fastensonntagen zweimal, manche Woche dreimal, doch störte ihn sehr, daß er wegen der komplizierten konfessionellen Verhältnisse so vorsichtig formulieren mußte, *„alle wort gleichsam auf die wag zue legen und mit großer fürsichtigkeit in allem fürbringen und reden versehen sein solle und mueß."*[28]

Unzufrieden war er außerdem mit dem Bauzustand der Kirche. In einem Bericht vom Jahre 1616 heißt es: Die Heiligenpfleger *„lassen nichts machen in keiner kirchen, die gleich den merdergrueben anzusechen wegen abgang einiger [jeglicher] zier, dises allzeit fürwendend, es sey kein gelt verhanden, und damit man i[h]nen destome[h]r glauben gebe, das i[h]m also sey, so lassen sie alle zeit etliche schulden lange zeit anstehn [...], allein darumb, wan man kompt, man solle etwas laßen machen, damit sie könden antworten und sich ausreden, das alte sey noch nicht bezahlt."*[29]

Auch Stadtpfarrer Eisenbarth sah keine Möglichkeit, mit dem geringen Gehalt auszukommen, ebensowenig wie Magister Michael Mayer, der 1617 folgte und bereits zwei Jahre später die Pfarrei in Dirlewang bevorzugte. Daraufhin präsentierte der Rat den bisherigen Kloster-

235

kaplan Johannes Flechslin, der weder das Geschick noch die Diplomatie seiner Vorgänger besaß und *„wegen einer sehr ärgerlichen, hochsträflichen Predigt"*[30] beim Ordinariat angezeigt wurde. Visitationen und Untersuchungen ergaben, daß er zwar einen ehrbaren Wandel führte, bei Predigten aber tatsächlich oft unüberlegt und allzu heftig formulierte. Schon 1623 verließ er Kaufbeuren und übernahm die Pfarrei in Bobingen. An seiner Stelle kam Pfarrer Jakob Gsöll, der vorher 14 Jahre lang in Leeder tätig gewesen war.

Die politische Konstellation hatte sich mittlerweile entscheidend gewandelt: Ferdinand II., seit 1619 römisch-deutscher Kaiser, Fürstbischof Heinrich von Knöringen in Augsburg und Kurfürst Maximilian von Baiern wollten ihre Restitutionspläne verwirklichen und befahlen, daß alle katholischen Kirchengüter, die seit dem Passauer Vertrag von 1552 an die Evangelischen gekommen waren, zurückgegeben werden mußten. Dazu rechneten sie irrtümlicherweise auch sämtliche Kultusstiftungen in Kaufbeuren.

Der Kaiser verlangte im Sommer einen Bericht über die Verhältnisse in Kaufbeuren. Daraufhin veranlaßte der Rat die katholischen Stadträte, ihre Zufriedenheit mit den derzeitigen Verhältnissen auszudrücken, erhielt jedoch statt dessen am 16. September 1625 die Beschwerden *„einer gesamten katholischen Gemeinde"*.[31]

1627 mußte der Rat die kaiserlichen Forderungen befolgen und alle aus der vorreformatorischen Zeit herrührenden Kultusstiftungen zurückgeben. Der Rat wurde neu besetzt, und zwar so, daß die Katholiken die Mehrheit erhielten. Die evangelische Gemeinde sollte auch auf die Frauen-, Spital- und Siechenkirche verzichten. Vorbehaltlich der kaiserlichen Zustimmung beschloß der Rat allerdings, die Stiftungsgüter der Frauenkirche und der Predigerstelle bei der evangelischen Gemeinde zu belassen.

Seit dem Beginn der Reformation hatte die Bedeutung der Wallfahrt zu den Heiligen Cosmas und Damian an Bedeutung verloren und das Kirchlein verfiel. Als aber 1627 neuerdings die Pest ausbrach, der etwa 2000 Menschen zum Opfer fielen, erinnerten sich die Kaufbeurer wieder an die Wallfahrt. Ein Gelübde führte zur Wiederherstellung der Kirche: Der frühere Spitalpfleger Johannes Waller gelobte die Schenkung eines damastenen Meßgewands an die Wallfahrtskirche, wenn er Frau Christina Schlechtin, Witwe des 1628 an der Pest gestorbenen Bürgermeisters und kaiserlichen Notars Johann Jakob Schlecht, zur Ehefrau gewinnen und er selbst zum katholischen Glauben finden würde. Beides trat ein. Johannes Waller und seine Frau Christina erwarben die Patronatsrechte für die Kirche und ließen diese bis 1631 renovieren.

St. Cosmas und Damian um 1922

Am 1. Februar 1658 schenkte die inzwischen wieder verwitwete Christina Waller die Kirche der Marianischen Kongregation in Kaufbeuren. Unter der Obhut der Jesuiten nahm die Wallfahrt einen bedeutenden Aufschwung, zumal es Abt Maurus von Irsee gelungen war, Reliquien der heiligen Brüder zu bekommen. Hanns Ulrich Frank malte 1630 das Hochaltarblatt und signierte als *„Mahler und Organist in Kaufbeuren"*.

Bischof Heinrich von Knöringen kümmerte sich auch um die innere Erneuerung der katholischen Gemeinde und wollte zunächst dem Seelsorgermangel abhelfen. Deshalb verlegte er im Herbst 1627 die Füssener Jesuitenniederlassung nach Kaufbeuren. In Füssen gab es immerhin bereits das Benediktinerkloster bei St. Mang. Zur Vorbereitung dieser Maßnahme hatte Kurfürst Maximilian den Kaufbeurer Rat am 27. Juni 1627 aufgefordert, den Jesuitenpatres Schutz und Förderung zuteil werden zu lassen. Dem Rat versicherte er, daß die Stadtkasse durch den Unterhalt für die Patres *„nicht beschwert"*[32] werden solle.

Zunächst kamen nur zwei Patres mit einem Bruder Ökonom, doch plante Bischof Heinrich von Anfang an die Errichtung eines Kollegs und stattete die Niederlassung mit einer vernünftigen Dotation aus, wobei er außerdem durch *„starkes Zureden der commissariorum"*[33] den Rat im Mai 1628 dazu bewegen konnte, acht bei der Frauenkirche gelegene Häuser überwiegend mit städtischen Mitteln zum Bau eines Kollegiums und einer Schule zu erwerben und das Vermögen der Frauenkirche sowie der Predigerstelle zur Verfügung zu stellen. Die Jesuiten kauften jedoch am 16. April 1630 ein Anwesen mit Garten in der Pfarrgasse und bauten es zu ihrer Niederlassung um.

Gestützt auf die militärischen Erfolge der Liga sahen Bischof Heinrich und Kurfürst Maximilian von Baiern 1628 eine Möglichkeit, in Kaufbeuren die Alleinausübung der katholischen Religion durchzusetzen und die Augsburger Konfession mit Gewalt zu unterdrücken. Ihr Vorgehen in Kaufbeuren macht den Eindruck, als wollten sie in der kleinen Reichsstadt eine Regelung ausprobieren, die dann im folgenden Jahr durch das unkluge und kompromißlose Restitutions-Edikt allgemein angeordnet wurde. Diese Maßnahme war nicht zuletzt auch Ursache für die Fortführung des Dreißigjährigen Krieges. Für die evangelischen Bürger in Kaufbeuren bedeutete es keine Hilfe, daß man ihnen zur „*Vertröstung*" mitteilte, daß es „*bei hiesiger Stadt nicht allein verbleiben, sondern auch noch andere als Ulm, Memmingen und Überlingen mitbetreffen werde*".[34]

Unter militärischem Schutz wurde die evangelische Kirche geschlossen, die evangelischen Geistlichen mußten die Stadt verlassen, alle Stellen im Rat und bei den Behörden wurden mit Katholiken besetzt, und die Bürgerschaft erhielt die Anweisung, fleißig den katholischen Gottesdienst zu besuchen, wobei jedoch niemand genötigt werden sollte. Die Insassen des Spitals erhielten vier Wochen Zeit, um zum katholischen Glauben überzutreten. Taten sie das nicht, mußten sie ihre Pfründen aufgeben.

Die bedrängten evangelischen Bürger protestierten, aber Bischof Heinrich wies sie an, die Entscheidung des Kaisers über den Bericht der Kommissäre abzuwarten. Die Entschließung Ferdinands bestätigte nicht nur die Veränderungen, sondern erteilte zusätzlich die Vollmacht, die Bürger zur Annahme des katholischen Glaubens zu zwingen oder ihre Auswanderung zu veranlassen.

Am 3. April 1629 wurden die Bürger aufgefordert, sich durch Predigtbesuch über den katholischen Glauben zu informieren und bis Pfingsten zu konvertieren oder bis Jakobi (25. Juli) die Stadt zu verlassen, wobei die Emigration zusätzlich durch eine hohe Steuer erschwert wurde. 32 überwiegend vermögende Familien, insgesamt etwa 200 Personen, verließen die Stadt. Schließlich mußte das Stiftungsvermögen der protestantischen Kirchen, 3.400 fl., an die Jesuiten abgeliefert werden.

Schon drei Jahre später, am 8. Juni 1632, wurden alle Verfügungen der kaiserlichen Kommission durch Graf Georg Friedrich zu Hohenlohe, den Oberkommandierenden der schwedischen Truppen, wieder aufgehoben. Der Rat rief die Emigranten zurück, und da die Dreifaltigkeitskirche zerstört war, hielt die evangelische Gemeinde ihre Gottesdienste von Ende Juni 1632 bis Weihnachten 1633 in St. Martin. Pfarrer Jakob Gsöll wechselte Ende 1633 nach Gutenberg, weil er in Kaufbeuren nichts mehr für seinen Lebensunterhalt besaß. Am 6. Juni 1634 starb er dort so arm, wie er gelebt hatte. Er hinterließ nicht einen Gulden.

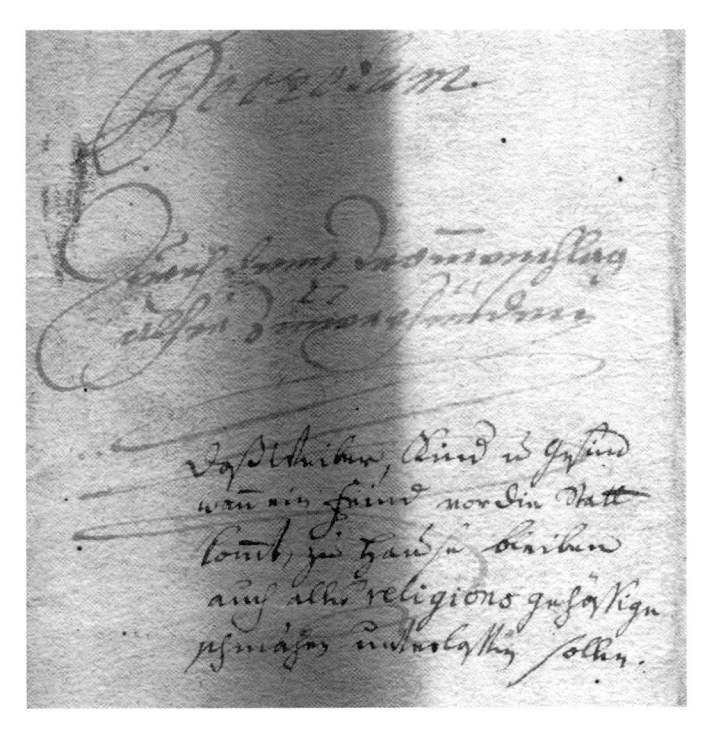

Rohentwurf eines öffentlichen Anschlages des Kaufbeurer Rates vom 2. September 1632: „Decretum, durch denen Tromm(el)anschlag allhie zu verkhünden - daß Weiber, Kind und Gesind, wenn ein Feind vor die Statt kommt, zu Hause bleiben, auch alles religions gehässige schmähen unterlassen sollen" (StadtA KF)

Von den Konvertiten wechselten nun die meisten wieder zur evangelischen Konfession. Am 16. März 1636 berichtete Generalvikar Kaspar Zeiler dem Bischof Heinrich von Knöringen: „*Es berichtet mich der pfarrer und Dechant zu Kaufbeuren, das alda die cath. religion eben in großen abgang komme und den uncatholischen zu ihrem uffnemen all thür und thor eröffnet.*"[35] Pfarrer in Kaufbeuren war seit 23. September 1633 Dr. Ulrich Wall, der dem Ordinariat immer wieder berichten mußte, wie schlimm es um seine Pfarrei stehe, „*ohnangesehen die Kriegspressuren, hunger und khumer*".[36] An Kurfürst Maximilian in München schrieb er am 4. Mai 1635: „*Die Noth und armuth ist sehr groß in der Stadt und kann nit wol größer seyn, es verschmachten die leuth vor hunger und khummer, daß sy ihnen nit gleich sehen.*"[37] Als Wall im Oktober 1638 zum Ordinariat nach Augsburg reisen sollte, war ihm dies aus Geldmangel nicht möglich. Er besaß keinen Heller, keine Zehrung und weder Stiefel noch Sporn zum Reiten. Der Rat war seit geraumer Zeit nicht in der Lage gewesen, ihm sein Gehalt zu bezahlen und schuldete ihm über 500 fl. Niemand konnte Geld ausleihen.

In bewundernswerter Weise setzte sich der Pfarrer für seine Pfarrkinder ein. Damit diese die von den Schweden geforderten Lösegelder aufbringen konnten und nicht aus der Stadt vertrieben wurden, opferte er aus dem Kirchenschatz vier Monstranzen, zwei Kelche, Rauchfässer, zwei Kreuze und weitere Kostbarkeiten im Wert von 500 fl.

Die größte Sorge machte ihm die Verwahrlosung der Menschen durch den Krieg, vor allem der Jugendlichen, die ohne äußere und religiöse Ordnung aufwuchsen: *„Man khann weder schuel noch nichts halten, es verdirbt die Jugend allhie im Grund, man laßts lauffen, als wären sie nit zum Himmel berufen."*[38] Aus eigenen Mitteln bezahlte er Kirchendiener und Schulmeister.

Nach dem Frieden von 1648 mußte in Kaufbeuren der Zustand von 1624 wiederhergestellt werden. Die Verfügungen wurden am 10. April in Kaufbeuren bekanntgegeben. Unter anderem kam die Stadt dadurch wieder in den Besitz der Pfründestiftungen und mußte dafür Geistlichkeit und Lehrer bezahlen. Spital- und Siechenkirche sollten von beiden Konfessionen benützt, über den Besitz der Frauenkirche ein Kompromiß erzielt werden.

Die Jesuiten wurden aus der Stadt verwiesen, doch erreichte der Kaufbeurer Bürger Karl Andreas von Schlecht durch zahlreiche Gesuche und Bittschriften beim Kaiser, daß die Jesuiten am 17. Februar 1652 trotz protestantischer Proteste wieder ihre Residenz in Kaufbeuren beziehen konnten. Vorübergehend hatte man sogar erwogen, die Pfarrei St. Martin den Jesuiten zu übertragen. Pfarrer Ulrich Wall war damit allerdings nicht einverstanden, zumal er seine Pfarrei mit außerordentlichem Eifer betreute und zum Beispiel allein im Sommer 1651 über 1000 Kommunikanten gehabt hatte. Viele Stunden war er im Beichtstuhl gewesen, oft von morgens um 5.00 Uhr bis mittags um 12.00 oder 14.00 Uhr. Auch aus den Dörfern der Umgebung kamen nämlich viele Leute zu Beichte und Kommunion in die St. Martins-Kirche. Zurecht und selbstbewußt stellte er fest: *„Ich laß mir das predigen dermaßen angelegen sein, ut vitia constringam et virtutes plantem [damit ich das Böse eindämme und die Tugenden einpflanze], daß ich mit gutem Gewissen sagen kann, daß kein hernachkommender prediger besserer intention und besseren willen haben wird und sags gott zu ehren, wann andere nachkommende prediger nit minder frucht schaffen, als durch mich beschehen, werden sie gott zu danken haben."*[39]

Als der Pfarrer am 30. Juni 1654 starb, rühmten ihn die Jesuiten *„als einen Mann von lauterstem Charakter und größter Gewissenhaftigkeit"*.[40] Während ihrer Abwesenheit hatte er auch für das Weiterbestehen der Marianischen Kongregation gesorgt.

Die Situation der etwa 700 Katholiken in Kaufbeuren hatte sich durch die Regelung von 1648 wiederum entscheidend verschlechtert: Dreißig von achtunddreißig Stellen im Stadtregiment und in den wichtigen Ämtern waren mit evangelischen Mitbürgern besetzt, und dieses Verhältnis blieb auch so, als die Zahl der katholischen Bürger wuchs. 1645 hatte der katholische Teil nur ein Viertel der Bevölkerung betragen, 1687 bereits ein Drittel. Zur Begründung verwies der Rat darauf, daß die Katholiken wegen ihrer geringeren Zahl und der überwiegenden Zugehörigkeit zu den einfachen Bevölkerungsschichten über zu wenige geeignete Kandidaten verfügten.

Mit Dr. Philipp Jakob Baudrexel erhielt die Pfarrei St. Martin am 24. November 1654 wieder einen vorzüglichen Seelsorger. Als Sohn eines Lehrers an der klösterlichen Lateinschule in Füssen wurde er am 2. Mai 1627 geboren. Sein Theologiestudium schloß er 1651 in Rom mit dem Doktor der Theologie ab. Nebenbei hatte er bei dem Oratorienkomponisten Giacomo Carissimi (1605-1674) Kompositionslehre studiert.

Von Anfang an setzte er sich gegen die vielfältigen Schikanen des Rates selbstbewußt und erfolgreich zur Wehr. 1655 wurde er wegen seiner Fähigkeiten als gerade 28jähriger zum Dekan gewählt. Zusammen mit Karl Andreas von Schlecht und dem katholischen Ratsherrn Schraudolph kämpfte er unermüdlich um die Rechte der katholischen Pfarrgemeinde. Er reiste zu Reichstagen nach Frankfurt und Regensburg, besprach sich wiederholt mit Kurfürst Maximilian in München, mit dem Abt in Irsee, dem Fürstabt in Kempten und mit dem Generalvikar Kaspar Zeiler in Augsburg, der sich die Kaufbeurer Anliegen angelegen sein ließ *„wie seine eigene Seligkeit"*.[41] Die Pfarrgemeinde war von Baudrexel begeistert und unterstützte seine Aktivitäten durch eifrige Teilnahme am Gemeindeleben und durch große finanzielle Opfer. Kritisch äußerte sich Baudrexel über katholische Ratsherren, die von evangelischen Kollegen durch Vergünstigungen gewonnen wurden, damit sie die Interessen der evangelischen Partei vertraten. Sie *„wollen mit Gewalt arm und schlecht sein, sie vergniegen sich, daß sie dermahlen im Rat und den Ämtern sitzen [...], tun vor sich selbst nit einen tritt."*[42]

Trotz der aufwendigen kirchenpolitischen Bemühungen fand Baudrexel noch Zeit für die Musik, vor allem für das Komponieren. Während seiner Tätigkeit in Kaufbeuren schrieb er über 80 Vokalwerke, Messen, Hymnen, Motetten, die er 1664 und 1668 in Sammelwerken veröffentlichte. Außerdem komponierte er die Musik für Theateraufführungen im Jesuitengymnasium. In St. Martin dirigierte er oft den Chor. Wiederholt wurde er auch in andere Orte zur Aufführung großer Messen gerufen. Dies war ihm möglich, weil die Jesuiten dann die Pfarrei versorgten, ohne freilich derartige Reisen des Pfarrers zu schätzen.

Zu Auseinandersetzungen mit einem Teil der Pfarrgemeinde führte ausgerechnet Baudrexels Tätigkeit als Klosterbeichtvater. Die Franziskanerinnen hatten ihn darum gebeten, für sie unter der Orgelempore ein Oratorium einzubauen, damit sie auch in der Pfarrkirche Gottesdienste und Predigten besuchen konnten. Einige Gemeindemitglieder waren dagegen und beschwerten sich beim Bischof. Baudrexel führte sein Vorhaben trotzdem durch, aber der Konflikt enttäuschte ihn und könnte ein Anlaß gewesen sein, im September 1672 als Hofkaplan und Hofkapellmeister nach Fulda zu gehen. Von 1678 bis zu seinem Tod im Jahre 1691 war er als Hof- und Domkapellmeister in Mainz tätig.

Baudrexels Bemühungen um die Rechte der Katholiken führte Dr. Philipp Jakob Gäch fort, der am 16. Oktober 1672 die Pfarrei St. Martin übernahm. Er setzte sich für die Renovierung der ziemlich verwahrlosten Pfarrkirche ein und ließ sie zunächst 1681 *„mit gehänktem Dachzeug"*[43] ausstatten, das heißt, anstelle der vorhandenen Flachdecke wurde unter dem Dachstuhl ein hölzernes Scheingewölbe aufgehängt. Zugleich kümmerte er sich um die Wiederherstellung der Inneneinrichtung, um seinen Pfarrkindern durch die schöne Ausstattung mehr Freude an ihrer Kirche zu vermitteln. Am 29. Januar 1683 lieferte der Türkheimer Kistler Lorenz Witsch eine neue Kanzel, die 100 fl. kostete. Außerdem vereinbarte Gäch die Herstellung eines neuen Choraltars für 260 fl. Dr. Gäch taufte vermutlich am 21. Oktober 1682 Anna Höß, eine Tochter der Webersehleute Mathias und Luzia Höß, die 1703 als Schwester M. Crescentia ins Franziskanerinnenkloster eintrat.

Als er am 10. Juni 1690 starb, hinterließ er in *„einem kleinen eisernen, viereggigen Pixl"*[44] ein Barvermögen von 1020 fl. und Sachwerte über 840 fl., darunter *„eine schöne Bibliothek"*, Silberbesteck und Zinngeschirr. Im Testament hatte Gäch für St. Martin 100 fl. bestimmt, für die Jesuiten 25 fl. und für das Frauenkloster 12 fl. Sein mittlerweile verschollener Grabstein rühmte ihn als Seelsorger, *„der die gefährdete Sache seines Kapitels, seiner Kirche, seiner Mitbürger, der Waisen nicht selten erhalten und wiederhergestellt hat, der beliebt war in der Kirche und in der Öffentlichkeit, dessen unermüdlichem Eifer erst der Tod ein Ziel setzte."*[45]

Am 11. Juli 1690 präsentierte der Rat den *„hochedlen Herrn"* Dr. Leo Haim von Haimenhofen als neuen Stadtpfarrer. Er war vorher Hofkaplan des Fürstabts in Kempten und anschließend Pfarrer in Ottobeuren gewesen. Die Pfarrgemeinde erwartete von ihm, daß er in die Fußstapfen seines Vorgängers trete, die katholischen Bürger mit guten Ratschlägen unterstütze und den Gegnern *„mit unerschrockenem Gemüt, durch Keckheit und Klugheit"*[46] begegne. Überdies wollten sie auch, daß er wie Stadtpfarrer Gäch zum Dekan gewählt werde. Die Pfarrer des Dekanats gaben ihre Stimme allerdings dem 33jährigen Pfarrer von Oberostendorf, Dr. Thomas Damian Kuile.

Bei einer Visitation wurden nur die ziemlich moderne Kleidung des Dr. Haim und sein allzu freier Verkehr beanstandet. Als er die Pfarrei am 28. Mai 1694 verließ, bestätigte ihm der Stadtrat, daß er diese bestens versorgt habe und höchstes Lob von der gesamten Stadt verdiene.

Am 28. Mai 1694 wurde Dr. Georg Engelstorfer, gebürtig aus Frankenried, zum Nachfolger gewählt. Er hatte vermutlich zunächst das Jesuitengymnasium in Kaufbeuren besucht und anschließend an der Jesuitenuniversität in Dillingen/Donau studiert. Vor seiner Bewerbung in Kaufbeuren war er Pfarrer und Dekan in Marktoberdorf gewesen.

In Kaufbeuren stellte er wie schon seine Vorgänger fest, daß der Rat sämtliche katholische Stiftungen an sich gezogen hatte und den katholischen Schulmeistern weniger bezahlte als den evangelischen. Als der Stadtbote, der die Gehälter austrug, einmal die Tüten verwechselte, merkte Engelstorfer, daß auch er weniger erhielt als sein evangelischer Amtsbruder.

Weil sich solche Fälle der Ungleichbehandlung und Benachteiligung sowie die Beschwerden häuften, hielt eine kaiserliche Kommission zwischen 1694 und 1699 sechs Versammlungen in Kaufbeuren ab. Als der Stadt dafür dann eine Rechnung über 18 500 fl. präsentiert wurde, sah der Rat die Situation von da an erheblich sachlicher und neutraler, und in der Folgezeit ging die Zahl der kleinlichen und oft peinlichen Auseinandersetzungen tatsächlich spürbar zurück.

Die politische und gesellschaftliche Zurücksetzung der katholischen Bürgerschaft endete dem Gesetz nach jedoch erst mit der Aufhebung der reichsstädtischen Verfassung durch die Mediatisierung in den Jahren 1802/03.

Das Kloster im Maierhof

Frühe, der Sage zugehörige Überlieferungen wollen wissen, daß Anna vom Hof, die Stifterin des Klosters, eine Tochter des letzten Herrn eines (Maier-)Hofs gewesen ist, den die Franken um die Mitte des 8. Jahrhunderts angelegt hatten. Als die Staufer dann zu Beginn des 13. Jahrhunderts hier eine Stadt gründeten, verlor der Maierhof seine Bedeutung als Verwaltungszentrum. Deshalb überließ man ihn frommen Frauen, die zunächst ein beginenartiges Leben in Zurückgezogenheit und Nächstenliebe führten. Am 10. Mai 1261 wurde die klösterliche Gemeinschaft erstmals im Zusammenhang mit einem Grundstückserwerb urkundlich erwähnt.

Anfang des 14. Jahrhunderts wünschte die Kirche für die freien Schwesternzusammenschlüsse, die es damals in vielen Städten gab, eine straffere Organisation. Das Konzil von Vienne (1312) verbot sogar ausdrücklich die Lebensweise der Beginen. 1315 gab der Augsburger Bischof Friedrich I. Spät von Faimingen der Schwesterngemeinschaft Maria Stern in Augsburg Regeln für ein klösterliches Leben in der Nachfolge des hl. Franziskus, die auch von Beginen in anderen schwäbischen Städten übernommen wurden. In Kaufbeuren nannten sie sich jetzt *„Schwestern des regulierten Drittens Ordens des hl. Franziskus vom Maierhof Kaufbeuren"*.[47]

Beim großen Stadtbrand von 1325 *„verpran auch diese stiftung deß Gottshauß"*,[48] und erst zehn Jahre später konnte das Kloster wieder aufgebaut werden, den beschränkten finanziellen Möglichkeiten entsprechend überaus bescheiden. Es handelte sich zunächst nur um einen Notbehelf. Gut 130 Jahre später, unter der Meisterin [= Oberin] Anna Scherrich, einer Kaufbeurer Bürgerstochter, die dem Konvent von 1452 bis 1480 vorstand, errichteten die Schwestern einen Neubau, auf den die heutige Klosteranlage zurückgeht. *„Da haben die Schwestern, als man zelt [gezählt] hat 1470 sich bedächt und leib und guet nit gespart [...] und haben daß alte gottshauß ganz lassen nider werfen und alle gemechlein abpröchen lassen und von grund new gepauen und geweitert alß vil sy statt haben mochten mit der neuen Capel, dormitori usw. damit ir nachkhomen Gott desto fleißiglicher und riebiglicher dieneten."*[49]

Zur gleichen Zeit gab es auch einen religiösen Neubeginn: Frater Johannes Alphart, Provinzial und Visitator der Oberdeutschen Provinz des Dritten Ordens, gab dem Kloster 1487 Statuten, *„da mit die ungewarnot unwisenhait nit sy [die ungeordnete Unwissenheit nicht sei]"*.[50] Darin legte er die Stellung der Meisterin und die Pflichten der Schwesternschaft ebenso fest wie die Grundsätze für das geistliche Leben.

In der Amtszeit der Meisterin Anna Scherrich erwarb das Kloster auch einen großartigen Kreuzweg mit neun Stationen, der vermutlich vom *„Meister des Riedener Altars"* zwischen 1470 und 1480 gemalt worden war. Die wertvollen Tafeln wurden nach der Säkularisation verschleudert und kamen 1889 in den Besitz des Georgianums in München. Aus dieser Zeit blieben dem Kloster wenigstens eine schöne Kreuzigungsdarstellung und ein Palmesel erhalten. Vermutlich um 1500 konnte auch der Konventbau vergrößert werden, so daß sich die Zahl der Schwesternplätze von etwa 14 auf knapp 20 erweitern ließ.

Unter dem Einfluß der beginnenden Reformation änderte sich auch das Verhältnis zwischen dem Kloster und der Stadt. Wegen Beschwerden der Weberzunft durften die Schwestern nur noch für den eigenen Bedarf weben, damit den Handwerkern keine Konkurrenz erwuchs. Ferner mußte das Kloster eine jährliche Steuerpauschale von 20 fl. bezahlen, die in Notzeiten wie bei den anderen Bürgern verdoppelt werden konnte.

Im Jahre 1545 verbot der überwiegend evangelische Rat dem Konvent die Feier der Messe und die Aufnahme von Novizinnen. Der Klosterkaplan mußte wegziehen, da ihm seine Pfründe von der Stadt entzogen wurde. Versuche, die Schwestern zur Annahme der evangelischen Lehre sowie zum Austritt aus dem Kloster und zur Heirat zu überreden, scheiterten. Zwang wurde jedoch nicht ausgeübt. Andererseits durften die Schwestern mit Erlaubnis der Meisterin evangelische Predigten in St. Martin besuchen, doch wollte keine hingehen. Vertreter beider Konfessionen trafen sich zu Gesprächen

Das Kaufbeurer Franziskanerinnen-Kloster

gerne im Kloster, weil sie sich hier gewissermaßen auf neutralem Boden fühlten.

Im Zusammenhang mit dem Augsburger Interim wurden 1549 alle Beschränkungen, welche die evangelische Stadtverwaltung erlassen hatte, aufgehoben. Das Kaufbeurer Kloster galt wegen seiner Kirchentreue und der gewissenhaften Befolgung der klösterlichen Ordnung als vorbildlich. 1573 schickte zum Beispiel das Augsburger Kloster Maria Stern Schwestern nach Kaufbeuren, damit sie dort klösterliche Ordnung erlernten.

Die Schwestern lebten von ihrer kleinen Landwirtschaft, von Paramentenstickerei, von der Pflege der Kirchenwäsche für die benachbarten Pfarreien und von der Hostienbäckerei, die von den Pfarreien seit 1664 bezahlt werden mußten. Von den großen kosteten 100 Stück 12 Kreuzer, von den kleinen 4 Kreuzer. Nach Protesten der Pfarrer wurden diese Beträge 1669 halbiert.[51] Die Hostien für St. Martin, das Jesuitenkolleg und Kloster Irsee gaben die Schwestern umsonst; dafür wurden sie seelsorgerlich betreut. *"Denn man ist uns auch gutthätig, haben auch unser Begräbniß in der Pfarrkirche."*[52]

Der Dreißigjährige Krieg brachte mit den Schwedeneinfällen in den Jahren 1632 bis 1634 Unruhen und erhebliche Gefahren für das Kloster. Die Bürger und selbst evangelische Prediger baten die schwedischen Offiziere um Schonung für das Kloster. Dies geschah nicht immer ganz uneigennützig, denn die Klosterräume wurden auch für evangelische Frauen zum begehrten Asyl, und mancher Bürger bat die Schwestern, seine Wertsachen zu verstecken. Unter der Meisterin M. Sophia Neth, einer Tochter des Kaufbeurer Ratsherrn und Klosterpflegers Johann Neth, die dem Konvent von 1658 bis 1686 vorstand, erlebte das Kloster eine geistliche und wirtschaftliche Konsolidierung. Das Schwesternbuch bezeichnet sie als *"sehr sorgfältige und das Kloster zu verbessern emsige würdige Mutter"*.[53] Gleich nach ihrem Amtsantritt ließ sie die Klosterkirche durch schmale Seitenschiffe erweitern. Mathias Schmuzer d.J. schuf den Quadraturstuck am nördlichen Gewölbe mit Jesusmonogramm, Engelsköpfchen und dem Wappen des Irseer Abtes Maurus Keuslin (1627-1664). Dies verweist auf die enge Verbindung zwischen den Kaufbeurer Franziskanerinnen und den Benediktinern in Irsee und läßt vermuten, daß der Abt nicht nur beraten, sondern wohl zumindest einen Teil der Kosten übernommen hat.

Auch ihre Nachfolgerin, M. Cäzilia Jele, Tochter des Stadtammans und Ratsherrn Johann Jele, die das Kloster von 1686 bis 1698 leitete, war eine umsichtige Frau. In ihrer Amtszeit stifteten der kaiserliche Rat und Reichspostmeister in Ulm, Bernardin von Bichelmayr, und seine Frau Maria Katharina mit einem Kapital von 3.000 fl. für das Kloster eine Kaplansstelle, die von den Jesuiten besetzt wurde. Damit war für die Zukunft die tägliche Messe in der Klosterkirche gesichert.

Ihre Nachfolgerin, M. Theresia Schmid, eine Tochter des kurfürstlichen Leibmedikus in München, war für diese Aufgabe nicht geeignet. Die Schwestern hatten sie bereits als 28jährige zur Meisterin gewählt, vermutlich weil man sich durch ihre Wahl gute Kontakte zum kurfürstlichen Hof in München erhoffte. Bald stellte sich heraus, daß M. Theresia unfähig war, den Konvent in geistlichen und wirtschaftlichen Belangen zu führen. Sie wurde wohl schon 1702 vorübergehend und 1707 endgültig abgesetzt.

Das Kloster, in dem etwa 17 Schwestern Unterkunft und Verpflegung fanden, stand damals wirtschaftlich schlecht und war für seine Existenz dringend auf die Mitgift von neu eintretenden Schwestern angewiesen. Dafür gab es eine genau festgelegte Aussteuer, bestehend aus zwei vollständigen Gewändern, Stoffen, Geschirr und anderem Bedarf des täglichen Lebens. Besonders erwünscht waren verständlicherweise Bargeld, Immobilien oder Grundbesitz. Es ist naheliegend, daß eine Oberin bei der Auswahl unter mehreren Bewerberinnen auch die jeweiligen Vermögensverhältnisse berücksichtigte und bisweilen eher deren Höhe und weniger die charakterliche und geistige Eignung der jeweiligen Kandidatin bedachte.

Crescentia Höß (1682-1744)

Unter der Oberin M. Theresia Schmid konnte die Kaufbeurer Weberstochter Anna Höß am 16. Juni 1703 auf Weisung des damaligen Provinzials, P. Roderich Schnabl, als Novizin in das Kaufbeurer Franziskanerinnenkloster eintreten. Sie erhielt den Namen Crescentia, das heißt die Wachsende.

Am 20. Oktober 1682 war sie als sechstes von acht Kindern eines Woll- und Leinenweberehepaares in Kaufbeuren geboren worden. Der Vater, Mathias Höß, war klug, redegewandt und wußte so überzeugend aufzutreten, daß die Weber ihn zu ihrem Sprecher wählten. Mutig und geschickt vertrat er vor dem Rat die Interessen seiner Zunft und verlangte von den Kaufleuten bei der Einfuhr von Tuchen auch die Berücksichtigung der Interessen der Weber. Von ihm übernahm Crescentia wohl das ausgeprägte Rechtsempfinden und ihre Zivilcourage gegenüber hohen Herren.

Auch die Jesuiten schätzten Mathias Höß und übertrugen ihm 1681 das wichtige Amt des Präfekten der Marianischen Kongregation. Durch den Vater wurde Anna mit der Ignatianischen Frömmigkeit vertraut, die sie in ihrem ganzen Leben maßgebend beeinflußte.

Seine Frömmigkeit prägte auch Anna, die schon als Kind gerne in die Pfarrkirche St. Martin ging und mit intensiver Aufmerksamkeit die Altäre, Bilder und Figuren betrachtete. Diese Eindrücke sowie die frommen Geschichten, die sie von ihren Eltern, den Geistlichen und Lehrern hörte, führten zu inneren Erlebnissen, die sich ihr zu Visionen verdichteten, bei denen sie nicht unterscheiden konnte, ob ihr das Geschaute von Gott mitgeteilt wurde oder ob es sich um das Umsetzen ihrer Gefühle und Wünsche im Inneren handelte. Später nannte sie solche Zustände, die sie oft schon überkamen, wenn sie nur über die göttlichen Personen oder über Maria sprach, ein Schauen mit den Augen der Seele.

Crescentias Mutter Luzia war die Tochter eines Füssener Baders und Chirurgen, die seit ihrem 14. Lebensjahr in Stellung bei dem Kaufbeurer Bader Bartholome Bonraus stand. Sie hatte eine sogenannte „heilende Hand", war geschickt im Umgang mit Kranken, verstand sich auf die Herstellung von Salben und Tees und auf das Einrenken von Brüchen. Crescentia begleitete sie bei Krankenbesuchen und lernte viel von ihr.

Mathias Höß schickte seine Töchter wenigstens einige Jahre zur Schule. Hier fiel Anna auf durch ihre Klugheit, ihre rasche Auffassungsgabe, ihre Musikalität und ihre schöne Stimme sowie durch ihr hervorragendes Gedächtnis und ihre überlegene Urteilsfähigkeit.

Anna wurde bald am Webstuhl zur hilfreichen Unterstützung für die Eltern. Die Erfüllung ihres Lebens vermochte sie in dieser Tätigkeit allerdings nicht zu sehen. Sie wünschte den Eintritt in das Kaufbeurer Franziskanerinnenkloster, doch bestand dafür kaum Aussicht, weil der Vater die notwendige Mitgift nicht bezahlen konnte, nachdem er die älteste Tochter Maria 1698 für den Eintritt in das Kloster der Franziskanerinnen in Hagenau ausgestattet hatte. Denkbar ist auch, daß Mathias Höß den Eintritt seiner Tochter in ein Kloster unter Führung der damaligen Oberin, ganz abgesehen von seinen finanziellen Möglichkeiten, nicht wünschte.

Es ist eine eigenartige Fügung, daß ausgerechnet der evangelische Bürgermeister Andreas Wörle von Wörburg dazu verhalf, daß die 21jährige Anna Höß in das Kloster eintreten konnte. Er schätzte sie sehr, nicht nur wegen ihrer guten Stimme, sondern auch wegen ihres Charakters und wollte ihr helfen. 1699 hatte er dem Kloster den Erwerb der benachbarten Gastwirtschaft „Zur Blauen Ente" ermöglicht, deren Lärm die Schwestern sehr störte. Das war bemerkenswert, weil das Kloster innerhalb der Stadtmauern keine Immobilien erwerben durfte. Allerdings hatten die Schwestern gleichzeitig der Stadt ein Darlehen über 300 fl. gewährt. Zum Ausgleich dafür verlangte der Bürgermeister jetzt die Aufnahme von Anna Höß.

Die Oberin M. Theresia Schmid vermutete hinter Annas Eintritt den Wunsch nach guter Versorgung und sozialem Aufstieg zur angesehenen Klosterfrau. Deshalb suchte sie die junge Schwester durch Strenge und Schikanen aus dem Kloster zu drängen. Sie hielt Crescentias Frömmigkeit für pure Heuchelei, die es zu entlarven galt. Die Mehrheit der Mitschwestern aber bewunderte die junge Novizin, die alle Schikanen geduldig, ja fröhlich ertrug, und stimmte für ihre endgültige Aufnahme ins Kloster.

Am 18. Juni 1704 legte Crescentia die Gelübde der Armut, des Gehorsams und der Jungfräulichkeit ab. In der Intensität dieses Erlebens fühlte sie sich wie von Engeln vor den Thron Gottes geleitet, wo Christus ihr einen Ring ansteckte, während die himmlischen Musikanten spielten. - Wieder ein Beispiel für ihre Fähigkeit, sich völlig in die Betrachtung Gottes und in das Gebet zu versenken und sich ausschließlich dem zu widmen, was sie im Augenblick betraf. Vielleicht liegt darin auch eine Erklärung für ihre Fähigkeiten und ihre charismatische Wirkung auf andere Menschen.

Die Probleme waren mit dem endgültigen Eintritt ins Kloster nicht beseitigt. Crescentia fühlte sich von dämonischen Kräften bedrängt, die ihr immer wieder einzureden suchten, daß sie für das Kloster nicht würdig genug sei und daß sich ein gottgefälliges Leben weit besser in den Nöten des Alltags verwirklichen lasse als in der Geborgenheit der Klostergemeinschaft. Sie litt unter der Vorstellung, daß der Vater ihre Hilfe am Webstuhl dringend benötigte, während sie hier ein Leben nach ihrem Wunsch führen konnte.

Die Anfechtungen steigerten sich zu physischer Gewalt. Für die Mitschwestern und den Provinzial stellte sich in erschreckender und für Crescentia überdies in lebensgefährlicher Direktheit die Frage, ob Crescentia nicht vielleicht sogar „ein hechs" sei. Nach langen und belastenden Befragungen gelangte man schließlich zu dem Ergebnis, daß an dieser jungen Klosterfrau nichts Böses sei.

Crescentia fand Hilfe in beständigem Gebet und in der Tatsache, daß sie in allem den Willen Gottes zu sehen vermochte. *„Meine liebe Frau Schwester"*, schrieb sie 1727 einer Franziskanerin in Dillingen/Donau, *„lassen Sie sich nur das befohlen sein, daß Sie allezeit mit dem göttlichen Willen zufrieden sind. Dieses ist es, was uns das Leben allezeit ganz fröhlich und vergnügt machen kann. Es kann nichts geschehen ohne den Willen Gottes."*[54] Kurz darauf wiederholte sie: *„Wir müssen Gott mit uns machen lassen, was sein heiliger Wille ist. Er macht alles gut und recht."*[55]

Immer wieder erfuhr sie Zustände mystischer Entrücktheit. Mit unendlichem Glücksgefühl erlebte sie die Geburt Christi und die Vorstellung, daß Maria ihr das gött-

Crescentia Höß auf zwei Portraits (vermutlich 2. Hälfte des 18. Jahrhunderts), die auf frühere Vorbilder zurückgehen. Das linke Bild zeigt sie „im 54. Jahr" (1737), im rechten Bild ist sie als Oberin dargestellt

liche Kind in die Arme legte. In der Fastenzeit, besonders in der Karwoche, litt sie in der Nachfolge des Leidens Christi unter heftigen Schmerzen. Sie sprach davon jedoch nur gegenüber der Oberin oder dem Beichtvater. Die Oberen im Kloster und der Provinzial waren vorsichtig und legten Crescentia zur Prüfung ihrer Vollkommenheit Prüfungen auf, die der menschlichen Vernunft widersprachen. Crescentia erfüllte sie trotzdem, weil sie in diesem Zusammenhang nicht überlegte, was sinnvoll oder unsinnig war, sondern weil sie sich darum bemühte, ihr Gelübde des Gehorsams zu befolgen und in den Befehlen Gottes Willen zu sehen. Wiederholt äußerte sie, daß sie den Anweisungen auch dann gehorchen müsse, wenn die Vorgesetzten persönliche Schwächen aufwiesen oder dumm seien, weil sie in ihren Befehlen den Willen Gottes weitergäben. Es komme nicht darauf an, gewaltige Frömmigkeitsübungen zu leisten, betonte sie immer wieder, sondern den Alltag richtig zu leben und hier selbst in Kleinigkeiten seine Pflicht zu tun. Die Oberin erklärte, Crescentia habe niemals den geringsten Ungehorsam oder Ungeduld gezeigt, sondern sie habe alles fröhlich und vergnügt ausgeführt.

Berühmt wurde das sogenannte Siebwunder: Ausgerechnet der absurde Befehl, Wasser mit einem Sieb zu schöpfen, wurde zu einem Triumph ihres Gehorsams. Zum staunenden Erschrecken der zuschauenden Schwestern brachte Crescentia das Sieb gefüllt zur Oberin. Durch das Aufquellen des Weidengeflechts sowie das Zusammenspiel der Gesetze des Luftdrucks (das Sieb war nahezu luftdicht mit dem damals üblichen Lederbezug abgedeckt), der Oberflächenspannung und der Adhäsion war das Wassertragen im Sieb möglich geworden. *„Gott kann auch mit dem Natürlichen seinen Gesetzen gemäß ‚Wunder' wirken und tut es oft genug."*[56]

Einen Eindruck von Crescentias Persönlichkeit vermitteln auch die Porträts, die zu ihren Lebzeiten angefertigt wurden. Sie zeigen eine energische Frau mit kritisch-prüfendem Blick. Es ist ein Gesicht, das in einer zeitgenössischen Beschreibung als geistreich, heiter und fröhlich, dabei voll Ernst und Würde charakterisiert wurde.

Dem entsprachen ihre Klugheit und Beharrlichkeit sowie ihr klares, kritisches Urteilsvermögen. Kein Wunder, daß die Mitschwestern in ihr weniger die lebensabgewandte Mystikerin sahen, als vielmehr eine Persönlichkeit, die besser als alle anderen dazu geeignet war, wichtige Aufgaben zu übernehmen. Zudem besaß sie ein Charisma im Umgang mit anderen, das erklärt, weshalb so viele Menschen nach Kaufbeuren kamen und hier bisweilen lange warten mußten, bis sich die Gelegenheit zu einem Gespräch mit Crescentia ergab. Schon 1710 erhielt sie das Amt der Klosterpförtnerin. Damit prägte sie das Erscheinungsbild des Klosters nach außen. Besucher, die zur Pforte kamen, spürten, welche Freude es ihr machte, Menschen zu helfen und Gutes zu tun. Weil sie mit anderen so gut umgehen konnte, übertrug ihr die Oberin auch die Krankenpflege, eine Tätigkeit, die sie in Erinnerung an ihre Mutter besonders gerne übernahm. 1717, vielleicht auch schon 1714, betrauten sie Oberin und Konvent mit einer der wichtigsten Aufgaben, die zu vergeben war: Zweieinhalb Jahrzehnte lang formte sie als Novizenmeisterin die jungen Schwestern für das Klosterleben und prägte dadurch zugleich den Geist des Konvents. Viele Zeugnisse berichten davon, wie sehr ihre Tätigkeit vom Verantwortungsgefühl gegenüber ihrer Aufgabe, noch mehr aber von der Liebe zu ihren Anbefohlenen geprägt war. Bezeichnend ist auch, daß sie nie auf den Gedanken gekommen wäre, von den Novizinnen auch nur annähernd solche Gehorsamsübungen zu verlangen, wie man sie ihr auferlegt hatte. Vielmehr suchte sie die jungen Frauen mit Freude an Gott und der Liebe zum klösterlichen Beruf zu erfüllen.

Wo es um Grundsätzliches ging, da blieb sie unerbittlich. Aber hinter ihren Anweisungen waren stets sachliche Berechtigung, Sympathie, Zuneigung und humorvolle Freundlichkeit zu spüren. 1741 wählte der Konvent sie zur Oberin. Zwar bedurfte es erst des Befehls durch den Beichtvater, ehe die bescheidene Frau die Wahl annahm, doch dann führte sie den Konvent mit bewundernswertem Geschick und war in vorbildlicher Weise um die Schwestern besorgt. Sie, die völlig bedürfnislos und asketisch lebte, sorgte dafür, daß die Schwestern ein besseres Essen und größere Portionen erhielten. Stets war sie darauf bedacht, den einzelnen weder zu viele noch zu schwierige Aufgaben zu übertragen und warnte vor einem Übermaß an religiösen Übungen. Andererseits achtete sie auf die genaue Einhaltung der Ordensregel und der Hausordnung. Die höchsten Forderungen stellte sie jedoch an sich selbst und an ihre Vollkommenheit, denn, betonte sie, ohne diese könne sie ihren Untergebenen nichts nützen.

Wichtiger als alle Vorschriften war ihr der gegenseitige verständnisvolle Umgang. Mindestens einmal in der Woche führte sie mit jeder Schwester ein Gespräch und kümmerte sich besonders um solche, die Sorgen und Kummer hatten oder denen sie etwas verweigern mußte. Im Kloster sollten Freude und Fröhlichkeit herrschen und nicht Traurigkeit.

Die realistisch denkende Handwerkstochter wirtschaftete so umsichtig, daß sie die materielle Existenz des Klosters für die folgenden Jahrzehnte sichern und die Gelder für Spenden an Arme und Notleidende mehr als verdoppeln konnte.

Das Bild von Crescentias Persönlichkeit bliebe unvollständig ohne den Hinweis auf ihre Freude an allem Schönen und ihren Sinn für Kunst und Musik. Sie erwarb kostbare kirchliche Geräte und Paramente. Für den Gebrauch beim Gottesdienst erschien ihr das Beste gerade gut genug. Sie, die selbst gut sang und das sogenannte Trumscheit spielte, sorgte unter Mithilfe des Klosters Irsee und seines bedeutenden Komponisten Pater Meinrad Spieß für schön gestaltete, feierliche Gottesdienste.

Crescentia dichtete geistliche Lieder, darunter die Vierzeiler zu den Stationen des Kreuzwegs im Schlafhausgang der Schwestern, den sie 1743 von Joseph Schwarz aus Eggental malen ließ, und das sogenannte *„Leidenslied"* mit dem Titel *„Von der süßen Hand Gottes"*. In 22 Strophen beschrieb sie, wie Gott die menschliche Seele durch Leid und Schmerz zur Vollkommenheit führt. 1808 nahm Clemens Brentano die Strophen eins, zwei, drei und fünf in den zweiten Band seiner Sammlung „Des Knaben Wunderhorn" auf und gab ihnen den Titel *„Letzter Zweck aller Krüppelei. Altes Manuskript."* Kennengelernt hatte er den Text durch seine Großmutter, die 1731 in Kaufbeuren geborene Sophie von La Roche.

Neben den persönlichen Gesprächen entfaltete Crescentia ein Briefapostolat, dessen Bedeutung kaum zu überschätzen ist. *„Von allen Orten schreibt man der Schwester Crescentia, alle befehlen ihr Kreuz und Anliegen in ihr Gebet"*, schrieb die Oberin am 10. Juli 1737 dem Karmelitinnenkloster in München, und stellte fest: *„die Briefe mehren sich sehr."*[57] Allein von Januar bis Juni 1737 wurden über 800 Schreiben an das Kloster gerichtet und beantwortet.

Unter den Absendern waren viele Klosterleute, Weltpriester, etwa 70 hochadelige Persönlichkeiten, darunter die Kaiserinnen Wilhelmine Amalie und Maria Theresia von Österreich, die Kurfürstin und spätere Kaiserin Maria Amalia von Baiern, König August von Sachsen, der Fürstabt von Kempten und Kurfürst Clemens August von Köln, dazu zahlreiche Frauen und Männer jeglichen Standes. Sie alle erhofften in ihren seelischen, körperlichen und materiellen Sorgen Rat und Hilfe.

Die Briefe spiegeln eine gescheite, lebenskluge Frau mit gesundem Menschenverstand, welche die Fähigkeit besaß, Probleme rasch zu erkennen und sie zweckmäßig und vernünftig zu lösen. Dabei war sie immer bereit, sich mit Schwierigkeiten auseinanderzusetzen und stets für Recht und Gerechtigkeit einzutreten: *„Das Gute muß allezeit erstritten werden"*,[58] lautete einer ihrer Grundsätze.

Natürlich war sie eine fromme Klosterfrau, wurde vielfach mystischer Schauungen gewürdigt, doch Frömmigkeit bestand für sie immer und wesentlich im Dienst am Nächsten, in dem sie Christus sah. Sie war weniger die schwächliche, ewig leidende und kränkelnde Frau, wie sie oft fälschlich dargestellt wurde, sondern eine Persönlichkeit, die genau wußte, was sie wollte, und dies auch durchzusetzen verstand.

Alle Briefe wurden zwar mit „M. Crescentia Hössin" unterzeichnet, aber Crescentia hat kaum Briefe eigenhändig geschrieben. Manchmal hat sie in ihren Briefen selbst auf diese Tatsache hingewiesen. Selbstverständlich konnte sie schreiben, doch wurden ihre Finger durch schwere körperliche Arbeit und frühzeitige Gicht zunehmend ungelenker.

Wie damals in den Klöstern üblich, gab es auch im Kaufbeurer Konvent eine Klosterschreiberin, die alle anfallenden Korrespondenzen für sämtliche Schwestern erledigte und nach Klosterbrauch die Briefe mit dem Namen der jeweiligen Absenderin unterzeichnete. In Kaufbeuren hatte Schwester M. Anna Neth diese Aufgabe. Sie besaß das Vertrauen Crescentias und die nötigen Fähigkeiten. Allerdings mußten wegen der großen Zahl von Briefen auch noch andere Schwestern beim Schreiben helfen.

Die Briefe entstanden wohl nach Anweisungen und Diktat Crescentias. Diese las, wie entsprechende Korrekturen vermuten lassen, die fertigen Schreiben durch. Selbstverständlich wird sie bei vielen Antworten aus Zeitgründen nur den jeweiligen Inhalt, nicht aber die genaue Formulierung angegeben haben.

Crescentias Briefapostolat ist ein Zeichen dafür, wie sehr sich Leben und Arbeit im Kaufbeurer Konvent um Crescentia gedreht haben. Sie wurde bei allen Fragen und Schwierigkeiten gefragt und wußte dann klar zu entscheiden.

Briefe, die ans Kloster geschickt wurden, ließ Crescentia nach ihrer Erledigung aus Gründen der Diskretion vernichten. Alle Schreiben an sie, die nach ihrem Tod noch vorhanden waren, immerhin über 800, wurden ebenfalls verbrannt.

Die Briefe sind eine gute Grundlage zur Annäherung an Crescentias Persönlichkeit. Dabei fällt auf, wie genau diese Klosterfrau, die nur eine geringe Schulbildung besaß, auch in rechtlichen, wirtschaftlichen und politischen Fragen Auskunft geben konnte und dadurch zur einflußreichen politischen Beraterin wurde.

Sie vermittelte zum Beispiel im langwierigen und kostspieligen Nachfolgestreit zwischen dem Kemptner Fürstabt Rupert II. von Bodman und seinem Konvent, der den Freiherrn von Reichlin-Meldegg als Nachfolger wünschte.

---

(523)

4.
Die neueste Heilige in Schwaben.

Kostniß, d. 10ten August 1787

Ich weiß nicht, lieber Gedike, ob Sie Sich erinnern, daß in diesem Frühling die Zeitungen, und auch die unsern*), einer neuen Heiligsprechung erwähnten. Ich wenigstens zeichnete es mir auf, um auf meiner Reise etwas Näheres davon zu erfahren. Denn mich interessirte, wie ich gestehe, dieser neue Beweis, daß die katholische Kirche sich noch immer gleich bleibt; und da ich einst unsern Lesern die Geschichte des verworfenen Labre und seines Beatifikationsprozesses erzählte (1785, März, S. 277), so wünschte ich auch, von unsrer Landsmännin, einer Deutschen, Nachricht geben zu können, die itzt in Rom sogar mehr als selig, die heilig — von Menschen, heilig! — gesprochen werden soll. Zwar brachte mich mein Weg nicht nach Kaufbeuren selbst, und auch nicht nach Augspurg; indeß habe ich im übrigen Schwaben genug von der Sache erfahren, um Ihnen itzt, aus dieser Ekke Deutschlands, darüber schreiben zu können. Meine Quellen sind

Ll 4 theils

*) Man f. die Vossische Zeitung, Nr. 43, vom 10ten April 1787. Darin steht: „Rom, d. 14. März. In „der hier am 12ten dieses gehaltenen Versammlung „ward auch die Heiligsprechung der frommen Schwe„ster Krescentia Hessin aus Kaufbeuren genehmigt"

Crescentia Höß im Spiegel der protestantischen und katholischen Aufklärung. Der 13 Seiten umfassende Aufsatz in der „Berlinischen Monatsschrift" vom Dezember 1787 betrachtet die Kaufbeurer Ereignisse vor allem unter Gesichtspunkten, die sich kritisch dem Einfluß der Jesuiten widmen. Auch die Prozesse der Heiligsprechung blieben zu dieser Zeit ein Dauerthema nicht nur der protestantischen Intellektuellen. Der Autor, Johann Erich Biester (1749-1816), reiste 1787 mit dem Bankier Lewy durch Deutschland. Seit 1783 gab er zusammen mit Friedrich Gedike (1754-1803) die „Berlinische Monatsschrift" heraus. Biester hatte eine Neigung zu provozierender Diktion: „Und wie hat sich itzt diese Jesuitenkomödie geendigt, itzt in dem letzten Viertheil des sogenannten aufgeklärten Jahrhunderts? - Leider auf folgende Art. Vor einiger Zeit untersuchte aufs neue eine bischöfliche Kommission, unter Vorsitz des Statthalters und Weihbischofs Freiherrn von Ungelter, die Sache; und fand man - alles, was jener denkene Italiäner [Bassi 1744] längst als Fabeln verworfen hatte, gegründet und wahr! Darauf ward eine päpstliche Kommission ernannt, um die letzte Untersuchung, oder Revision der Akten, vorzunehmen. Sie bestand aus den sechs Prälaten von Yrsee, Ottobeuren, Dürhaupten, Weißenbronn, St. Ulrich in Augsburg, und Fueßen, und aus einigen Rechtsgelehrten. Sie hat von 1784 bis 1787 gearbeitet, und wie man glaubwürdig sagt, über 100.000 Bogen Papier verschrieben. Itzt hat sie ihr Gutachten nach Rom gesandt; und der päpstliche Hof hat hierauf - die Heiligsprechung genehmigt! Nächstens wird also Pius VI. gegen Erlag einer beträchtlichen Summe, die Beatifikationsceremonie vornehmen, und seinen Vatikan für 100.000 Scudi erleuchten lassen.
Das einfältige Volk, vorzüglich aus dem benachbarten Baiern, läuft nicht nur haufenweise zu der Wunderthäterin Krescentia; sondern manche recht eifrig Andächtige kriechen auf allen Vieren, eine beträchtliche Strekke Weges, dahin."

Die baierische Kurfürstin Maria Amalia schrieb zahlreiche Briefe an Crescentia und reiste zwischen 1731 und 1737 viermal zu ihr nach Kaufbeuren. Anlaß dafür waren nicht Eheprobleme, die es sicherlich auch gegeben hat, sondern die komplizierte politische Konstellation, das schwierige Verhältnis zwischen Österreich und Baiern in der Erbfolge: Kurfürst Karl Albrecht hatte trotz seiner Verzichterklärung bei der Heirat mit Maria Amalia, einer Tochter Kaiser Josephs I., die Zustimmung zur Pragmatischen Sanktion verweigert, die Maria Theresia im Falle des Aussterbens der männlichen Erben zur Nachfolge berechtigte.

Crescentias Anliegen war auch hier die Forderung nach Gerechtigkeit, vor allem im Umgang mit den Untertanen. Sie vertrat die Ansicht, daß sich der Kurfürst an sein früheres Versprechen halten müsse und schon im Hinblick auf das Wohlergehen seiner Untertanen die Kaiserwürde nicht anstreben dürfe.

Das eindrucksvollste und überzeugendste Beispiel für Crescentias politischen Einfluß bietet ihre Korrespondenz mit Kurfürst Clemens August von Köln, von der sich zwischen 1732 und 1743 einundzwanzig ihrer Briefe erhalten haben.

Vermutlich hörte Clemens August durch die Münchner Kurfürstin von Crescentia. Zum Jahreswechsel von 1731 auf 1732 fuhr er, wohl von München aus, zum ersten Mal zu ihr. Es gibt keine Aufzeichnung über dieses Gespräch, aber immerhin eine Äußerung Clemens Augusts gegenüber seinem Bruder, daß Crescentia die Wahrheit besser sagen könne als ein Beichtvater. Crescentia war dem unsicheren jungen Kurfürsten an Lebenserfahrung und Vernunft weit überlegen, doch viel zu klug, als daß sie ihn das hätte spüren lassen. Vielmehr verstand sie es, ihn verständnisvoll und behutsam zu beeinflussen und mit sicherem psychologischem Gespür zu führen.

Von nun an wurde sie für den 31jährigen einflußreichen und mächtigen Kirchenfürsten zur Seelenführerin und geistlichen Beraterin, ebenso aber auch zur Hilfe bei persönlichen und politischen Problemen. Realistisch teilte sie ihm gleich zu Beginn mit, daß hohe Herren mit bedeutenden irdischen Ämtern und Aufgaben auch gegen Gott dereinst die entsprechende Verantwortung tragen müßten. Kompromißlos formulierte sie die Forderung nach Gerechtigkeit und verlangte in einem Brief vom 2. April 1735, daß *„die Untertanen nach aller Gerechtigkeit geführt und regiert werden"*.[59] Immer wieder drängte sie auf Gerechtigkeit gegenüber den Untertanen: *„Daß Sie aber der Gerechtigkeit freien Lauf lassen, so handeln Euer kurfürstliche Durchlaucht hierin höchst löblich; denn die Gerechtigkeit ist Gott lieb und angenehm."*[60]

Die Sorge um das Wohl der Untertanen hielt sie für die oberste und vornehmste Pflicht eines Landesherrn. Clemens August habe sich um das seelische und materielle Wohl seiner Untertanen zu kümmern. Deshalb ermahnte sie ihn wiederholt, nicht zu viel auf Reisen zu gehen, sondern im eigenen Land nach dem Rechten zu sehen.

Als im Herbst 1733 im Zusammenhang mit dem Polnischen Thronfolgestreit ein Krieg drohte, erteilte Crescentia dem Kurfürsten auf seine Anfrage eine eindeutige, klare Auskunft: *„Daß Eure Durchlaucht nicht zu einem Krieg beihelfen sollen, darum bitte ich noch einmal. Gewiß hat Gott keine Freude am Kriege; denn er ist ein Liebhaber des Friedens und besonders unter christlichen Fürsten. Gott kann alles andere ersetzen und geben."*[61] - Tatsächlich blieb den kurfürstlichen Untertanen ein Krieg erspart.

Am 5. April 1744, am Ostersonntag, starb Crescentia Höß und wurde unter großer Anteilnahme der katholischen und der evangelischen Bevölkerung in der Klosterkirche begraben. Auch nach ihrem Tod blieb sie die bedeutende Förderin des Klosters und der Stadt, denn nun kamen zahlreiche Wallfahrer nach Kaufbeuren. Noch im Jahre 1744 waren es an die 30 000 Menschen, bisweilen drei- oder viertausend an einem Tag, die oft lange anstehen mußten, bevor sie in der kleinen Klosterkirche wenigstens kurz am Grab beten konnten. In manchen Jahren kamen bis zu 70 000 Pilger, und Kaufbeuren entwickelte sich zu einem Mittelpunkt des religiösen Lebens in Schwaben und weit darüber hinaus. Zurecht stellte der (evangelische) Karlsruher Gymnasialprofessor Heinrich Sander 1779 bei einem Besuch in Kaufbeuren fest: *„In der Stadt herrscht viel Wohlleben. Zu allen Zeiten am Tage präsentiert man Kaffee, Schokolade, Wein, Liqueurs: 3-4 mal nimmts mancher in einem Tage. [...] Die Stadt [...] hat auch viel Nahrung von den Wallfahrten zum Grabe der Heil. [!] Crescentia."*[62]

Zu den Verehrern zählten zum Beispiel das baierische kurfürstliche Haus, Kaiserin Maria Theresia oder die Familie Mozart. Auch in der Zeit der Aufklärung ging die Wallfahrt kaum zurück, und noch zu Beginn des 19. Jahrhunderts schätzte man die Zahl der Pilger auf gut über 10 000 im Jahr. Diese waren für die Stadt eine so wichtige Einnahmequelle, daß angesehene Bürger Kaufbeurens am 21. Juli 1805 wegen der drohenden Säkularisation des Franziskanerinnenklosters ein Gesuch an die bayerische Landesregierung in Schwaben richteten, man möge die Schwestern wenigstens nicht aus dem Kloster vertreiben. Nachdem *„der ehemalige Flor Kaufbeurens durch die Drangsale des Krieges und den Verfall der Weberfabriken und Abnahme aller Gewerbe ziemlich tief heruntergesunken"* sei, hielten sie es für besonders wichtig, wenigstens die Wallfahrt zu belassen. Sie bringe immer noch viele Menschen nach Kaufbeuren, darunter *„nicht* *wenige von Stand, Ansehen und Vermögen"*, so daß dadurch *„für einen großen Teil der Bürger eine gute Erwerbsquelle"* gegeben sei, deren Versiegen sich für die Stadt ungünstig auswirken würde. Zusätzlich wurde darauf hingewiesen, daß *„so mancher Arme, so mancher Kranke seine reichliche Spende aus der Hand dieses kleinen Convents"* erhalten habe.[63]

Als die Schwestern 1823 ein Gesuch um Wiederherstellung des Klosters einreichten, unterstützte sie der Magistrat der Stadt mit dem Hinweis auf die Tatsache, daß die Bevölkerung Kaufbeurens *„ihre Gewerbsamkeit und Nahrungsquelle [...] zum Teil nur"* Crescentia zu verdanken habe.[64]

Zur Neugründung kam es erst 1831. Die Wiederzulassung erfolgte unter der Bedingung, daß die Schwestern den Unterricht für die weibliche Schuljugend übernahmen. Aus dem beschaulichen Orden war ein Schulorden geworden, der sich mit Engagement und großen materiellen Opfern (die säkularisierten Güter waren nicht zurückgegeben worden) seiner neuen Aufgabe widmete. Es gab weit mehr Bewerberinnen für die Aufnahme ins Kloster als untergebracht und versorgt werden konnten.

1858 übernahmen die Schwestern die Betreuung des ersten Wohnheims[65] für Fabrikarbeiterinnen in Deutschland, das in der Ledergasse gebaut worden war. 1908 verlegten sie das „Marienheim" in die Kemnaterstraße und 1917 an den Obstmarkt. 1952 errichtete das Kloster ein Wohnheim für Mädchen im Mühlbach-Wertach-Dreieck. Die Schwestern planten trotz der schwierigen materiellen Lage des Klosters großzügig für die Zukunft; sie wollten nicht nur Mädchen unterrichten, sondern auch zukünftige Lehrerinnen und Erzieherinnen ausbilden. Deshalb gründeten sie schon 1858 eine Lehrerinnenbildungsanstalt. Sie führten Kindergärten und errichteten 1903 eine dreiklassige Fortbildungsschule für Mädchen, die 1913 zur sechsklassigen Mädchenmittelschule ausgebaut wurde.

Da die Konventsgebäude in der Stadt nicht mehr erweitert werden konnten, erwarb das Kloster um 1900 auf der Anhöhe im Westen der Stadt Grundstücke und errichtete dort ein Wohnheim für berufstätige junge Frauen. 1910 gliederten die Schwestern eine Haushaltsschule an, dann 1923 ein Kindergärtnerinnenseminar, dazu eine sechsklassige Höhere Schule, die nach 1945 zur Vollanstalt ausgebaut wurde, sowie eine Realschule. Außerdem wurde im Westen der Schulgebäude ein Bauernhof,[66] St. Anton, errichtet, der am 13. August 1901 mit zwei Pferden, zwei Schweinen und dreizehn Kühen bezogen wurde und den das Kloster bis 1992 betrieb.

Mit der Neugründung des Klosters erlebte auch die Wallfahrt zu Crescentia einen starken Aufschwung.

1884 wurde in Rom der bereits im 18. Jahrhundert begonnene Seligsprechungsprozeß wieder aufgenommen. Er endete mit der Seligsprechung am 7. Oktober 1900 durch Papst Leo XIII. Seit 1922 nennt sich das Franziskanerinnenkloster Crescentiakloster.

Nach dem Zweiten Weltkrieg schrieben viele Menschen die Bewahrung der Stadt der Fürsprache Crescentias zu. Bis heute kommen zahlreiche Beter aus Kaufbeuren und von auswärts an das Grab der Seligen und erbitten ihre Hilfe in vielfältigen Nöten.

Am 10. Juni 1998 eröffnete der Augsburger Diözesanbischof Dr. Viktor Josef Dammertz einen kanonischen Prozeß für die Heiligsprechung, der in der Zeit vom 24. Juni bis zum 20. Juli 1998 im Crescentiakloster durchgeführt wurde. Am 11. Januar 2000 erkannte eine unabhängige Ärztekommission in Rom eine Heilung vom Jahre 1986 als Wunder an.

Der Sargschrein von Crescentia Höß im heutigen Crescentiakloster

Das Reichsstift Irsee und seine Beziehungen zu Kaufbeuren

Zu den schönen Gebäudegruppen der Kaufbeurer Altstadt gehört das ehemalige Irseer Klosterhaus. Schon im Jahre 1329 hatte das Benediktinerstift Irsee in der benachbarten Reichsstadt ein Haus erworben. In den folgenden Jahren kaufte es noch weitere Anwesen hinzu, und Abt Othmar Binder ließ dann 1496 den fünf Gebäude umfassenden, dreiflügeligen Klosterhof am westlichen Ende der heutigen Kaiser-Max-Straße und der Ludwigstraße errichten. In der Kaiser-Max-Straße steht noch das noble, dreigeschossige Eckhaus mit Satteldach. Den Abschluß der Ludwigstraße bildet ein stattliches, ebenfalls dreigeschossiges Eckhaus mit Satteldach und hohem Stufengiebel. An der Südwestecke des ersten Obergeschosses wurde ein über Eck gestellter Erker ausgebaut, mit reich profilierten Konsolen an beiden Seiten. Unterhalb des Fensters und als Bekrönung befinden sich reliefierte Wappenfriese.

Nach Süden errichtete Abt Othmar 1501 mit Genehmigung des Augsburger Bischofs Friedrich II. Graf von Zollern vom 20. September 1501 eine kleine Kapelle zu Ehren der Hl. Anna mit einem zweiten Giebel als optischem Gegenstück zum Westgiebel. Zwischen den beiden Marktstraßen, „Am Breiten Bach", befanden sich die Wirtschaftsgebäude des Irseer Hauses.

Schon ein halbes Jahrhundert früher, gegen 1447, hatte Abt Heinrich V. Esseler für den gesamten Irseer Konvent das Bürgerrecht in der Reichsstadt Kaufbeuren gekauft, eine weitsichtige Maßnahme, die sich bereits zu Beginn des 16. Jahrhunderts bewährte. Als im Frühjahr 1525 der Bauernaufstand ausbrach, schickte Abt Peter Fend die jüngeren Mönche in baierische Klöster. Er selbst blieb mit den übrigen in Irsee, bis die aufständischen Bauern Anfang Mai das Kloster plünderten, und flüchtete dann nach Kaufbeuren. Dort verwehrte man zunächst den Mönchen den Zugang zur Stadt, weil man die Rache der Bauern fürchtete. Da sie jedoch das Bürgerrecht besaßen, hatten sie das Recht auf Einlaß. Die Lutheraner verspotteten sie zunächst wegen ihrer Flucht vor den Bauern, doch bald gewannen die Mönche die Sympathie der Bevölkerung. Für die Katholiken hingegen bedeutete ihre Anwesenheit Hilfe und moralische Unterstützung. Später ließ man auch zwei Kisten mit Wertgegenständen und Urkunden in die Stadt bringen, die man zunächst in Irsee vergraben hatte. Am 18. Mai brannten die Bauern Kirche und Konventgebäude in Irsee nieder, so daß sich der Abt mit seinen Mönchen auf einen längeren Aufenthalt in der Stadt einrichten mußte. Allerdings begann unmittelbar nach dem Abzug der Bauern der Wiederaufbau, und täglich kam der Abt nach Irsee, um den Bau zu überwachen.

In Kaufbeuren feierte der kleine Konvent die Messe entweder in der eigenen Annakapelle oder im nahen Franziskanerinnenkloster. Abt Peter nützte die Zeit in Kaufbeuren auch, um wenigstens einen Grundstock für die niedergebrannte Klosterbibliothek zu erwerben. Zum Beispiel kaufte er am Samstag vor dem ersten Fastensonntag um 20 Kreuzer von Sigmund Espenmüller eine Papierhandschrift aus dem 15. Jahrhundert mit dem Titel „*Expositio super regula S. Benedictina*". Ihr Verfasser war Stephanus Parisius, Rektor der Pariser Universität.

Die Beziehungen zwischen der benachbarten Reichsstadt und dem Benediktinerstift blieben trotz der reformatorischen Bestrebungen in Kaufbeuren vernünftig, und beide Seiten pflegten das gedeihliche Miteinander. So gab es zum Beispiel keine Probleme, als Abt Paulus Necker 1538 die hohe und niedere Gerichtsbarkeit in Untergermaringen von Kaufbeuren gegen dieselben Rechte in Rieden und Frankenhofen eintauschte.

Die katholische Minderheit in Kaufbeuren schätzte den religiösen Rückhalt durch das nahe Benediktinerkloster, und auch die evangelischen Bürger der Stadt profitierten in vielfältiger Weise auf kulturellem und wissenschaftlichem Gebiet von den Mönchen.

Natürlich fehlte es nicht an gelegentlichen mehr oder weniger ernst gemeinten Hinweisen auf die verschiedenen Konfessionen, etwa von Seiten des Klosters im Zusammenhang mit seinen Reliquien. 1668 waren bereits Reliquien des Hl. Eugenius in die Klosterkirche gekommen. Am 21. Oktober 1725 fand die feierliche Übertragung der Reliquien der heiligen Märtyrer Faustus und Candidus in die Klosterkirche in „*gröster Solennität und Herrlichkeit*" statt. Die Festpredigt hielt P. Kaspar Mändl, der Obere des Jesuitenkollegs in Kaufbeuren. Natürlich versäumte er nicht den Hinweis darauf, daß die Katholiken dieses Fest begeistert mitgefeiert hätten, während andere leider den Reliquien „*die gebührende Ehr*" abgesprochen hätten, „*welches wohl zu bedauren*".

Im Hinblick auf die Nichtkatholiken erläuterte der Prediger den Sinn der Reliquienverehrung: Die Darstellung der Knochen der Heiligen solle nicht nur auf die Vergänglichkeit des irdischen Lebens hinweisen, sondern vor allem ein Beispiel für die Gläubigen sein, die ebenfalls zur Heiligkeit berufen sind. Deutlich werden soll weiterhin die geistige Gemeinschaft zwischen Lebenden und Verstorbenen und die ununterbrochene Tradition des Glaubens seit den Tagen der frühchristlichen Kirche. Die heiligen Märtyrer, meinte P. Mändl, seien wohl besonders gerne nach Irsee gekommen, „*weil solches Orth in seiner Nachbarschafft vil Irr-Glaubige an der Seiten hat* [womit natürlich die evangelische Bevölkerung in Kaufbeuren gemeint war] *welche auff die Heil. Reliquias vermög ihres Irrthumbs nichts halten/ damit sie also sehen kunten die heilige /uralte/ mit Wunder-Zeichen bestättigte Catholische Warheit von der Verehrung der Heil[igen]. Reliquien und Andacht zu den Heil[igen] Gottes.*"[67]

Immer wieder traten junge Männer aus Kaufbeuren in das Irseer Kloster ein, wie 1681 der Kaufmannssohn P. Maurus Völk, 1713 P. Anton Bez, der Sohn eines Orgelbauers, und der Weberssohn P. Rupert Höß. P. Rupert, vermutlich ein Vetter der Franziskanerin Crescentia Höß, wurde Professor für Philosophie, Theologie und Kirchenrecht, war aber auch ein hochgerühmter Musiker, Organist und Komponist, der zum Beispiel 1721 die Musik zum Schulspiel der Jesuiten in Kaufbeuren schrieb. 1742 trat Joachim Heinritz, Weberssohn und Neffe der Oberin Crescentia Höß in Irsee ein, fühlte sich aber dort nicht am rechten Platz und verließ das Kloster zum großen Kummer seiner Tante Crescentia bald wieder.

Am 12. November 1701 trat Matthäus Spieß, jüngstes von acht Kindern des Webers und Metzgers Thomas Spieß[68], geboren am 24. August 1683 in Honsolgen bei Buchloe,[69] in Irsee ein und erhielt den Klosternamen Meinrad. Das Kloster ermöglichte dem hochbegabten jungen Mönch nach der Priesterweihe ein dreijähriges Musikstudium bei dem kurfürstlichen Hofkapellmeister Giuseppe Antonio Bernabei. Mit 29 Jahren kam er ins Kloster zurück. Hier gestaltete und förderte er das musikalische Leben in Irsee und Umgebung. Er war ein Meister der praktischen Gebrauchsmusik. Seine Kompositionen wurden gerne aufgeführt und wegen ihrer *„feierlichen Pracht und würdigen Andacht"*[70] gerühmt. Ab 1743 war er Mitglied der *„Correspondierenden Societät der musikalischen Wissenschaften in Deutschland"*, deren Zahl auf 20 begrenzt war. Zu den Mitgliedern gehörten Bach, Händel und Telemann. Durch P. Meinrad lernte man Johann Sebastian Bachs Kompositionen rasch und umfassend auch im Allgäu kennen. Kloster Irsee besaß zum Beispiel die Erstausgabe des „Musikalischen Opfers" von 1747.

P. Meinrad Spieß hatte gute Kontakte zum Franziskanerinnenkloster, vor allem zu Crescentia Höß, die ihn an hohen Festtagen gerne als „Amt-Singer" und zum anschließenden Mittagessen ins Kloster einlud, ihn wegen seiner Frömmigkeit und seiner Klugheit schätzte und gerne mit ihm korrespondierte.

Von 1745 bis 1774 wirkten Schüler und Studenten der Irseer Klosterschule bei Aufführungen der Jesuiten im Kaufbeurer Kolleg als „Personae Musicae" mit. Offensichtlich übertrug man anspruchsvolle Gesangs- und Instrumentalpartien gerne den vorzüglich ausgebildeten Irseer Musikern.

Weit über das Kloster hinaus wirkte auch P. Magnus Remy, der 1699 mit 25 Jahren als begabter Maler in den Konvent aufgenommen wurde. Er war Schüler des kurfürstlichen Hofmalers Johann Andreas Wolff in München und hatte sich mehrere Jahre lang in Rom und Venedig aufgehalten.

Für die Franziskanerinnen in Kaufbeuren malte Remy um 1720 eine „Stigmatisierung des Hl. Franziskus", außerdem einige Jahre später nach Angaben der seligen Crescentia Höß einen Kerkerchristus mit der Schulterwunde sowie eine Muttergottes unter dem Kreuz. Beide Bilder wurden 1743 in den Kreuzweg im ersten Stock des Klausurtrakts integriert. Die Darstellung des Schulterwundenheilands im Kerker fand rasch eine erstaunliche Verbreitung in ganz Süddeutschland und in den angrenzenden Gebieten.

Das Benediktinerkloster schätzte selbstverständlich auch die Anregungen, die Kaufbeuren zum Beispiel durch seine Buchhandlungen und Druckereien sowie

Der „Kerkerchristus" von P. Magnus Remy (um 1720) im Kaufbeurer Crescentiakloster

durch seine kulturellen Möglichkeiten bot. Wie schon gezeigt, profitierten Stadt und Kloster in vielfältiger Weise gegenseitig voneinander. *„Irsee ist das erste Kloster in unsern Gegenden, wo die gründliche Gelehrsamkeit zu blühen angefangen,"*[71] schrieb Johann Georg von Lori, der Begründer der *„Churbaierischen Akademie der Wissenschaften"* in München am 4. Oktober 1759 an P. Candidus Werle. Tatsächlich erreichte das kleine schwäbische Kloster in der 2. Hälfte des 18. Jahrhunderts eine außerordentliche wissenschaftliche Bedeutung.

P. Ulrich Weiß, 1713 in Augsburg als Sohn eines Schneiders geboren, richtete in Irsee ein weithin berühmtes *„Naturalien-Cabinett"* ein, das neben naturwissenschaftlichen Curiosa eine ganze Reihe von wissenschaftlichen, mathematischen und physikalischen Geräten enthielt. Das Ansehen, das P. Ulrich allenthalben zuteil wurde, beweist die Tatsache, daß die Baierische Akademie der Wissenschaften ihn 1759 zum Mitglied berief. Seit 1738 hatte er in Irsee Philosophie und Theologie unterrichtet, dann im Kloster Weingarten Mathematik. Ab 1744 lehrte er in Prag Mathematik und neuere Philosophie.

Der Österreichische Erbfolgekrieg zwang ihn 1745 zur Rückkehr nach Irsee. Hier vollendete er sein Hauptwerk, das 1747 in Kaufbeuren bei Christian Starck erschien. Schon der Titel ist bezeichnend für die Zeit der Aufklärung: „Liber de emendatione intellectus humani in duas partes digestus, veram operationem omnium intellectus theoriam, tum earundem directionem solide edisserens" - „Buch über die Verbesserung des menschlichen Verstandes, das in zwei Teilen die richtige Theorie aller Vorgänge des Verstandes darstellt und verläßlich zeigt, wie sie bestimmt werden können." In einem Nachruf wurde der am 4. Juni 1763 in Irsee mit knapp 50 Jahren verstorbene Pater Ulrich als „Universalgelehrter, geborener Dichter und großer Redner"[72] gerühmt.

Ebenfalls bei Christian Starck in der „deß Heil. Römis. Reichs-Statt Kauffbeyren" erschien 1731 auch die „Trauroder Leich-Predig" auf den am 16. September 1731 verstorbenen Abt Willibald Grindl mit einem Titel, der die Vorstellung vom Lebensschiff mit einer Abwandlung des Namens Irsee verknüpft: „Höchst-beglückte Schiff-Fahrt über das Meer oder Yrsee diser Welt". Verfasser der Predigt war ein Pater aus dem Kaufbeurer Jesuitenkolleg; nach Stil und Ausdrucksweise vielleicht P. Kaspar Mändl.

Auch im ausgehenden 18. Jahrhundert ließen Irseer Mönche ihre Arbeiten gerne in Kaufbeuren drucken: Von P. Ulrich Peutinger, der 1776 Philosophie in Irsee unterrichtete, dann Dogmatik in Salzburg und von 1804 bis 1806 im Stift Wiblingen lehrte, erschienen hier 1784 und 1791 Lehrsätze zur Moralphilosophie und Dogmatik sowie kleinere Abhandlungen.

Der letzte Abt von Irsee, Honorius Grieninger, veröffentlichte 1773 und 1775 in Kaufbeuren zwei bedeutende mathematisch-philosophische Arbeiten. Am 13. November 1805 verließ er Irsee und ließ sich in Kaufbeuren nieder. Dort starb er am 6. Februar 1809.

Nach umfangreichen und sehr geglückten Renovierungsarbeiten wurde 1981 in den Räumen des ehemaligen Klosters Irsee ein schwäbisches Tagungs- und Bildungszentrum

Honorius Grieninger

eingerichtet, dessen Tätigkeit auf wissenschaftlichem und kulturellem Gebiet sich anregend und bereichernd auf die benachbarte Stadt Kaufbeuren auswirkt.

Die Jesuitenresidenz

Im zweiten Stock der ehemaligen Kaufbeurer Jesuitenresidenz, im heutigen Pfarrhof von St. Martin in der Pfarrgasse, hängt eine Darstellung des Erzengels Michael mit einer Abbildung des Kaufbeurer Kollegs aus dem Jahre 1703.[73] Dargestellt ist eine vierflügelige Anlage, an die sich ein großer Garten und eine Wiese anschließen. Der gesamte Garten ist von einer Mauer umgeben.

Neben der Seelsorge gehörte es zu den Prinzipien der jesuitischen Tätigkeit, nach Möglichkeit fähige junge Menschen zu unterrichten und zugleich auch für den Glauben zu erziehen. Deshalb begannen die Patres 1629 mit dem Aufbau eines Gymnasiums in Kaufbeuren. Die Stadt lehnte die Bereitstellung von Unterrichtsräumen mit der Begründung ab, die katholischen Bürger „seien ohnehin arm und könnten daher ihre Kinder nicht studieren lassen". Im Schuljahr 1629/30 besuchten sieben Schüler das neue Gymnasium und wurden „nach Lehrart und Stundenplan der Gymnasien der Gesellschaft unterrichtet".[74] Die Patres verzichteten auf die Bezahlung von Schulgeld. Ihnen war wichtig, daß ihre Schule allen Schichten der Bevölkerung offenstand. Die Schüler sollten eine vorzügliche Schulbildung erhalten, im Berufsleben tüchtig sowie überzeugte Katholiken sein. Zur Ausbildung gehörten auch einwandfreies Betragen, Selbstdisziplin und gewandte Umgangsformen. Die Schülerzahl wuchs rasch, zumal auch vom umliegenden Land begabte Buben geschickt wurden, und 1631 führte das Gymnasium bereits drei Klassen. Selbst als die Auswirkungen des 30jährigen Krieges mit Pest und Einquartierungen durch die Schweden 1632 Kaufbeuren erreichten, setzten die Jesuiten den Unterricht fort, auch wenn das manchmal nur tageweise möglich war. Auf Rat der Jesuiten hatte Herzog Wilhelm V. schon 1590 für Baiern eine Verfügung erlassen, nach der das Studienjahr stets mit einer Theateraufführung, „ain nutzliche Commedi oder Dialogus" begonnen werden sollte. Die Studienordnung der Jesuiten aus dem folgenden Jahr bestärkte dies: „Friget enim poesis sine theatro" - „Ohne Theater verkümmert die Poesie."[75]

Das Schauspiel bot nicht nur Gelegenheit zur anregenden Unterhaltung der Zuschauer und zur lehrreichen Darstellung eines Menschenschicksals, sondern eröffnete auch pädagogische und didaktische Möglichkeiten: Schulung der Lateinkenntnisse durch das Auswendiglernen, Darstellung der Schule und ihrer hohen Qualität, gewandtes Auftreten in der Öffentlichkeit, überzeugendes, durch entsprechende Gesten unterstütztes Sprechen, dazu Festigung der eigenen Überzeugung. Außerdem blieb das Spiel stets ein hervorragendes Mittel für

250

eine wirkungsvolle Seelsorge. Im Mittelpunkt der Stücke standen stets die Einzelperson und die Rettung ihrer Seele.

Natürlich führten auch die Jesuiten in Kaufbeuren mit ihren Schülern Theaterstücke auf, mit Ausnahme des Jahres 1639, zwischen 1636 und 1642 jeweils im September in der Frauenkirche. Da selbst evangelische Bürger Kostüme, Möbel und Teppiche zur Verfügung stellten und die Stelle des Rektors an der evangelischen Lateinschule nicht besetzt war, läßt sich annehmen, daß damals auch evangelische Schüler das Jesuitengymnasium besuchten.

Die Tätigkeit der Jesuiten wurde durch den Frieden von 1648 unterbrochen. Die Regelung besagte, daß in *„allen religionssachen"* die Zustände von 1624 als *„Normaljahr"* wiederherzustellen seien. Nachdem die Jesuiten 1624 noch keine Niederlassung in Kaufbeuren gehabt hatten, mußten sie 1649 die Stadt verlassen. Erst nach vielen Rechtsstreitigkeiten gelang es ihnen dann am 18. Februar 1652, wieder nach Kaufbeuren zu kommen.

Die Wiedererrichtung der Residenz erstreckte sich jedoch nur auf das Wohngebäude, nicht auf die ursprünglichen Stiftungsgüter. Auch die Dotation der Honoldischen Predigerstiftung, die sie als Prediger in St. Martin in Anspruch nehmen wollten, blieb bei den evangelischen Pfarrern. Die beiden Patres, die zunächst nach Kaufbeuren kamen, litten große Not und konnten nur dank der Zuwendungen des Ordinariats überleben. Der Generalvikar dachte daran, den Jesuiten die Pfarrei St. Martin zu übertragen, doch waren die Mehrheit des Rates und auch der damalige Stadtpfarrer, Ulrich Wall, gegen diesen Plan.

An eine Fortführung des Gymnasiums war in diesen schwierigen Zeiten gar nicht zu denken, zumal die wenigen Patres dringend in der Seelsorge gebraucht wurden und alle ihre Kräfte dafür aufwandten.

Für Schüler bestand die Möglichkeit, die städtische katholische Lateinschule zu besuchen, in der jeweils der Organist oder Chorregent von St. Martin Latein unterrichtete. Die Jesuiten hatten hier die Schulaufsicht und waren um eine gute Zusammenarbeit bemüht, sahen aber rasch, daß eine Schule dieser Art nicht sinnvoll war. Der Organist besaß oft selbst nur geringe Lateinkenntnisse, die gerade zum Singen, nicht zum Verstehen lateinischer Texte ausreichten. Dazu verwandte er die meiste Zeit auf das Einstudieren der liturgischen Gesänge, die für den Gottesdienst gebraucht wurden.

Nach mehreren Jahren gab es schließlich Zustiftungen, welche zunächst wenigstens die Existenz des Kollegs sicherten. 1692 schenkten der Ulmer Reichspostmeister Bernardin von Bichelmayr und seine Gemahlin Maria Katharina ein Kapital von 3.000 fl., von dessen Zinsen der Lebensunterhalt eines Paters im Jesuitenkolleg bezahlt werden sollte, der dafür täglich in der Kirche der Franziskanerinnen die Messe lesen mußte.

Die Gelegenheit, das Gymnasium weiterzuführen, ergab sich erst dann, als sich Dr. Thomas Damian Kuile, ein gebürtiger Frankenrieder, der von 1703 bis 1734 als Stadtpfarrer in St. Martin wirkte, in seiner großzügigen Art um die Schule kümmerte. Am 26. Mai 1712 vermachte er in seinem Testament dem Jesuitenkolleg ein Kapital von 8.000 fl., durch dessen Zinsen von jährlich 400 fl. es möglich war, zwei weitere Patres nach Kaufbeuren zu holen, so daß nun die vier unteren Gymnasialklassen unterrichtet werden konnten.

Im Testament vermerkte er, daß er die Stiftung gemacht habe *„zue Fortpflanzung der Ehre Gottes in genere [im Allgemeinen], damit nemblich der Gottesdünst in der Statt und der Beichtstuel woll besetzet möchte seyn; beyneben auch der Religion und dem Nächsten besser aufgeholfen. In specie [im Besonderen] aber zum Docieren und ad studia literaria in diser Statt, damit nemblich Einer die Rudiment sambt der Grammatic: der Anderte den kleinen und großen Syntax hüerselbst docieren: zugleich die Residenz sufficient und desto stärker seyn kundte, yber ihrer täglichen Früehemeß, an denen Sonn- und Feyrtägen, nach der Predig, die so genannte Neiner [neun Uhr] Meß zue continuieren: sonderheitlich aber an erst berierten Sonn- und Feyrtägen weiter, nach dem Pfarr Ampt, beyläufig gegen 10 Uhrn, noch die spate Messe zue lesen, zum behülf der Reisenden und hereinlaufenden Landvolks."* [76]

Die oberdeutsche Jesuitenprovinz nahm die Stiftung am 19. September 1715 an. Als dann ein Pater, Christian Faber, von sich aus im Frühjahr 1714 mit 14 Buben ein lateinisches Theaterstück aufführte, war Kuile derart begeistert, daß er mit seiner Schenkung *„dem Tod zuvor zu kommen"* suchte und eine weitere Stiftung noch zu Lebzeiten verwirklichen wollte. Nach sorgfältigen Verhandlungen mit der süddeutschen Jesuitenprovinz trat im Juni 1714 ein Vertrag in Kraft, der die Erlaubnis zur Eröffnung des Gymnasiums vorsah, und zwar *„für das erste Jahr auf Zinsrechnung undt Costgeld"*[77] Kuiles.

Der Unterricht begann am 23. Mai, und am 30. Juni trat die Schule bei einer Prozession nach Irsee erstmals in der Öffentlichkeit auf. Am 4. November 1715 eröffnete Kuile das neue Gymnasium offiziell mit einem feierlichen Gottesdienst. 1717 war die Zahl der Schüler *„biß auf etlich 40 angewachsen"*, und 1722 gab es schon 60 Schüler. *„Damit die Jünglinge nun nicht mitten im Lernen das Studium aufzugeben gezwungen"* waren, um ihre Ausbildung an einem anderen Gymnasium abzuschließen, das die höheren Klassen führte, meist in Augsburg oder in Dillingen/Donau, übergab Kuile dem Kolleg 1722 zusätzlich den Zins von 4000 fl. zur Finanzierung einer weiteren Professorenstelle. Im Herbst 1723 zählte die Schule dann schließlich fünf Klassen, und im Sommer 1725 verließen erstmals Schüler mit dem Abschlußzeugnis das Kaufbeurer Jesuitengymnasium. Zusätzlich stiftete Kuile Gelder für den laufenden Unterrichtsbetrieb, zum Beispiel Bücher für die Klassenbesten (*„Jahrespraemia und was dergleichen seyn mag"*) oder Gelder für *„die Costen auf das Theatrum [und] auf die Comoedi-Klayder"*. Kein Wunder, daß die Kaufbeurer über diese Großzügigkeit *„erstaunt und verwundert"* waren.

Schließlich wollte Kuile auch das Geld für den Bau des Jesuitengymnasiums zur Verfügung stellen, doch gab es wegen der *„alhießigen ex omni parte sehr difficilen Umbstände"* erhebliche Schwierigkeiten. Die evangelische Seite zeigte sich *„verwunderlich stark beunruhigt"* und blickte, wie die Jesuiten vermutlich nur scheinbar überrascht feststellten, *„voller Neid"* auf diesen *„einzigartigen Eifer der Wohltätigkeit"*.[78]

Der Stadtpfarrer meldete seine Stiftungsabsicht ordnungsgemäß dem Rat an, dem er aus seinem Privatvermögen 30 000 fl. geliehen hatte. Er bat um Rückgabe seines Geldes, damit er für die Patres *„nach und nach ein formales Jesuiter-Collegium"* errichten lassen könne.

Klugerweise sprachen weder die Jesuiten noch Kuile von einer neuen Schule, sondern lediglich von einer *„Peltzschuel"*, also einer Ergänzungs- oder Aufbauschule. Sie wollten dadurch feststellen, daß es sich nicht um eine Neugründung handle, sondern nur um die Erweiterung der bisherigen katholischen Lateinschule, die bereits im Normaljahr 1624 bestanden hatte.

Die evangelischen Ratsherren sahen freilich mit Argwohn und Verdruß, daß die Jesuitenschule schon jetzt erheblich mehr Schüler zählte als die evangelische Schule, weil immer mehr evangelische Bürger wie auch in anderen Städten die Qualität des Unterrichts bei den Jesuiten schätzten und ihre Kinder zu ihnen schickten. Sie wandten sich deshalb 1724 mit einer Protestschrift an den Regensburger Reichstag und klagten gegen die Jesuiten, weil die *„sogenannte Peltzschul schnurgerad wider"*[79] viele Reichsgesetze verstoße. In ihrer Klage führten sie eine Reihe von Gründen an, die freilich meist wenig überzeugend wirkten, etwa wenn es hieß, daß wegen der vielen zuziehenden Studenten (mit diesen waren die Schüler des Gymnasiums gemeint) in der Stadt Wohnraumnot entstehe, so daß Bürgerssöhne unverheiratet bleiben müßten. Als besonders ungünstig betrachtete man die Tatsache, daß auch evangelische Schüler das Jesuitengymnasium kostenlos besuchen durften und diese Möglichkeit eben auch gerne nützten. Schließlich bedeute eine so große Zahl *„hitzig und unbändiger junger Leuthe"* gar eine beständige Bedrohung für das Bürgertum.[80]

Der katholische Rat Neth widersprach in einer ebenfalls gedruckten *„Beantwortung und Widerlegung"* allen diesen Anklagen, und der Regensburger Reichstag ging auf die Beschwerden nicht weiter ein.

Dem Rat verblieb allerdings eine entscheidende Maßnahme: er verbot den Neubau des geplanten Gymnasiums. Die katholische Seite suchte eine andere Möglichkeit und fand sie im Jesuitenkolleg selbst. Die Patres beriefen sich auf das gültige Recht und begannen trotz aller Proteste von Seiten des Rates mit dem Umbau der Jesuitenresidenz, deren Zimmer *„sehr klein, reichlich unfreundlich und invalid"* waren. Der Ostflügel wurde entkernt, und anstelle der kleinen Zimmer gab es nun drei größere Lehrsäle, in denen jeweils zwei Klassen bequem unterrichtet werden konnten. Damit war eine Lösung erreicht, die Kuile als Ausweg ansah, *„biß die Incomoda solten freundlicher werden"*.[81]

Allerdings fehlte jetzt noch eine Einrichtung, die ihm für die Schule wichtig erschien, nämlich eine Aula, die auch für Theateraufführungen geeignet war. Deshalb stiftete er 1732 wiederum die ansehnliche Summe von 3000 fl., damit *„ein bequemlicher Ort möchte erpauert werden zu gewohnlicher Comödie und Austeilung der Praemien; beedes zur größeren Ehr Gottes und Aufnahm deren H. Patrum Professorum."*

Trotz der Proteste des Rates brach man den Pfarrhof ab, der unmittelbar an die Residenz grenzte, und verwies darauf, daß die Maßnahme notwendig gewesen sei, denn er wäre in Kürze ohnehin zusammengefallen, weil das Fundament bereits verfault gewesen sei. Außerdem versicherten die katholischen Ratsmitglieder, daß das Gebäude auf dem bisherigen Grundriß errichtet und nicht *„in die Läng und Breite ausgefahren"* werde, sondern nur ein zusätzliches Stockwerk erhalte.

In die Aula wurde ein hufeisenförmig und amphitheatralisch angelegter Zuschauerraum mit einer *„sehr eleganten Bühne"* eingebaut, für die drei verschiedene Kulissenausstattungen zur Verfügung standen, nämlich Zimmer oder Saal, Garten und Wald.[82]

Schon 1722 schätzten die Jesuiten, daß die Gesamtsumme von Kuiles Schenkungen rund 30 000 fl. betrage. Er stellte dem Kolleg außerdem auch seine Bibliothek mit rund 2500 Bänden zur Verfügung, stiftete regelmäßig die Prämien für die besten Schüler bei der Zeugnisverteilung und half überhaupt überall, wo es nötig war. Kein Wunder, daß die Patres ihn als *„den durch die ganze [Jesuiten-] Provinz bekannten Wohltäter"*[83] rühmten.

Natürlich ging es Kuile vor allem um das Seelenheil seiner Pfarrkinder, und das Wirken der Jesuiten betrachtete er als wichtigen Teil seiner Seelsorge. Von Anfang an war ihm klar gewesen, daß der Bildungsstand des katholischen Teils der Bevölkerung entscheidend gehoben werden müsse, wenn man die gleichen Chancen und Rechte wie der evangelische Bevölkerungsteil erreichen wolle. Weitblickende katholische Stadträte unterstützten ihn bei seinen Bemühungen, weil die Katholiken durch das katholische Gymnasium „*nit nur lauter deutsche Michel und Handwerksleuth zu erziehen genötigt wären*".[84] Auch Kinder aus ärmeren Bevölkerungsschichten hatten nun die Möglichkeit, angesehene geistliche und weltliche Ämter zu erreichen.

Schulgeld wurde, wie bereits erwähnt, nicht verlangt. Die Jesuiten verließen sich auf Spenden wohlhabender Bürger. Wer konnte, sollte an Weihnachten dem Hausmeister 15 Kreuzer geben. Nicht zuletzt die Spenden Kuiles ermöglichten es den Patres sogar, an begabte arme Buben finanzielle Zuwendungen, Stipendien also, zu verteilen.

Die Jesuiten förderten ihre Schüler offensichtlich gezielter als die gewöhnlichen Schulmeister. Allerdings forderten sie auch viel. Am Schuljahresende wurden zum Beispiel alle Schüler geprüft, aber nicht von dem Lehrer, der sie während des Jahres unterrichtet hatte, damit die Ergebnisse möglichst gerecht ausfielen. Ungeeignete Schüler wurden rechtzeitig weggeschickt, weil man wußte, daß aus ihnen meist nichts Rechtes wurde, wenn sie keinen Abschluß erzielten, sondern „*liderliche und zu khainer arbeit mer taugliche tropfen*".[85]

Die Patres achteten streng auf die Einhaltung der Schulordnung sowie auf die Wahrung der guten Sitten. Verboten waren Glücksspiele ebenso wie das Kegeln um Geld, der Besuch des Tanzsaales oder des „*Dänzlhölzls*". Das Jesuitengymnasium hatte bald den Ruf einer Eliteschule, die beste Chancen für die zukünftige Berufswahl eröffnete. Einer ihrer Schüler war Josef Ignaz Meichelbeck, der 1784 Stadtpfarrer in Kaufbeuren wurde und weit über die Stadt hinaus Bedeutung erlangte. Kein Wunder, daß es rasch wuchs und im Durchschnitt 60 Schüler hatte, damit also ein Mehrfaches der Schülerzahl des evangelischen Gymnasiums.

Dies wirkte sich allerdings auch für die evangelische Schule günstig aus, denn bald ließen sich Rat und Bürger davon überzeugen, daß man sich um die Hebung des Niveaus bemühen mußte und dafür auch finanzielle Aufwendungen nicht scheuen durfte. 1721 besuchten nur zwölf Schüler die evangelische Lateinschule. Dr. Jakob Brucker, der ihr von 1724 bis 1744 vorstand, bezeichnete ihren Zustand bei seinem Amtsantritt als „*sehr seichte*".[86] Immerhin stieg die Schülerzahl unter ihm bis 1730 schon auf 32 an.

Als Konkurrenz empfanden die Jesuiten nur die evangelische Lateinschule. Mit den katholischen Gymnasien der Umgebung, etwa Irsee, Mindelheim, Landsberg, Ottobeuren, pflegten sie gute Kontakte.

Ansehen in der Bevölkerung Kaufbeurens gewann die Jesuitenschule auch im 18. Jahrhundert ganz besonders durch ihre Theateraufführungen. Die Schüler spielten sogar im Kaufbeurer Tanzhaus, wo ansonsten die „*Bürgerliche Agentengesellschaft A.C.*" auftrat. Daraus ergab sich geradezu ein Wettbewerb zwischen den Aufführungen der evangelischen und der katholischen Seite. Erfreulicherweise besuchte man gegenseitig die Aufführungen. Aus den Jahren 1716 bis 1770 haben sich die Theaterzettel von 57 Aufführungen erhalten.

Die sogenannten Schlußspiele am Ende des Schuljahres zogen bisweilen so viele Besucher an, daß sich die Patres um Einrichtung und Tragfähigkeit der Aula sorgten. Beliebt waren in der Stadt auch die Fastnachtsspiele einzelner Klassen. Gerne ließen die Patres erbauliche Lehrstücke spielen, meist vor dem Hintergrund von Legenden. 1727 wurden in einem Stück mit dem Titel „*Der in Teutschland kein Teutschland findende Tuisco*" Schwächen und Fehler der Deutschen gerügt, zum Beispiel „*Uneinigkeit, Aigennutz und Neyd under allerhand Ständen, neue Sitten und übermachte Kleyder-Pracht*" sowie die Verwelschung der deutschen Sprache und das Fehlen der alten, jetzt „*umb Geld failgebottenen Treu*".[87]

ITER IN NOVUM MUNDUM
Das ist
Der
In Teutschland kein Teutschland findende TUISCO.
Exhibebitur
Ludis Saturnalitijs
Ab utraque Syntaxeos Classe
Gymnasii S. J. Kauffburæ.
Mense Februario. 1727.

ARGUMENTUM.

Tuisconem ab inferis reducimus, Germaniæ veteris indolem in hac nostra pervestigantem: quam cùm nusquam reperit, Charontis cymbam repetit, fave spectator, & si splenem non movemus, bilem perversos in meros exonera.

Prologus.

Zu den Seelsorgebemühungen der Jesuiten gehörte auch die Wiederbelebung der Wallfahrt zu den Heiligen Cosmas und Damian. 1727 stellte die Marianische Kongregation am Weg von der Stadt zur Kirche 15 Bildsäulen mit Darstellungen der Rosenkranzgeheimnisse auf. Der Zulauf der Gläubigen war so stark, daß 1730 eine Erweiterung der Kirche nach Westen notwendig wurde. 1743 erhielt das Gotteshaus eine neue, elegante Stuckierung und Fresken des Kaufbeurer Malers Johann Anton Walch.

Das Verbot des Jesuitenordens durch Papst Clemens XIV. im Jahre 1773 empfanden nicht nur die Katholiken Kaufbeurens als Katastrophe, sondern viele Bürger bedauerten diese Maßnahme, nicht zuletzt auch deshalb, weil nun die beliebten Theateraufführungen wegfielen.

In Kaufbeuren wußte man größere finanzielle Einbußen im Zusammenhang mit der Auflösung des Jesuitenordens zu verhindern. Bevor man hier die Aufhebung des Ordens durchführte, übertrug man die Stiftungsgelder einer sogenannten *„Kuileschen Hilfspriesterstiftung"*, so daß die Patres zunächst als Weltgeistliche weiterhin im Kolleg wohnen und die Schule führen konnten. Allerdings ging nun die Schülerzahl immer mehr zurück; 1778 waren es nur noch 20. Unter Montgelas wurde das ehemalige Gymnasium 1804 zur bürgerlichen Elementarschule umgewandelt. Der Energie und dem Weitblick von Stadtpfarrer Dr. Meichelbeck gelang es, die Schule zu erhalten und damit dem Wunsche vieler Bürger nachzukommen. 1820 wurde sie auf der Grundlage der Kuileschen Stiftungen weitergeführt. 1829 hatte sie drei Klassen, 1832 vier und 1854 immerhin 54 Schüler. Da der Schulplan von 1829 für Städte von der Größe Kaufbeurens, das damals gut 4 000 Einwohner zählte, nur eine Lateinschule vorsah, wurde das Gymnasium auf der Grundlage der Kuileschen Stiftungen so geführt, daß es von katholischen und evangelischen Schülern besucht werden konnte.

Die katholische Restauration im 18. und 19. Jahrhundert

Wie sein Vorgänger, Dr. Georg Engelstorfer, stammte auch Dr. Thomas Damian Kuile aus Frankenried, wo er als Sohn der Bauersleute Hans und Agathe Kuile geboren wurde. Er besuchte das Kaufbeurer Jesuitengymnasium, studierte dann in Augsburg Philosophie und ging 1678 auf die Jesuitenuniversität nach Dillingen/Donau, wo er 1680 den Doktortitel in Philosophie und 1682 in Theologie erwarb. Im Dezember 1682 erhielt er in Augsburg die Priesterweihe, und bereits 1684 bekam er in Oberostendorf seine erste Pfarrstelle. 1690 wurde er als 33jähriger zum Dekan des Kapitels Kaufbeuren gewählt und zwar gegen bedeutende Mitbewerber wie den damaligen Stadtpfarrer von St. Martin, Dr. Leo Haim von Haimenhofen. 1700 erhielt er die Pfarrei Weißenhorn und am 9. November 1703 die Stadtpfarrei St. Martin in Kaufbeuren.

Die geistlichen Vorgesetzten lobten ihn bei jeder Visitation: *„Er ist ein ausgezeichneter Mann"*, hieß es da zum Beispiel, *„alle übertreffend, von bewunderungswürdiger Beredsamkeit und Liebenswürdigkeit, durch seinen Eifer und seine Gelehrtheit hervorragend, er ist zu Höherem geboren und auch würdig, auch geehrt bei den Andersgläubigen."*[88]

Kuile sorgte sich nicht nur, wie schon gezeigt, um das Jesuitenkolleg, sondern sorgte auch für das Franziskanerinnenkloster. Ihm ist es zu verdanken, daß die Jesuiten das Amt des Klosterbeichtvaters übernahmen. Die Patres wurden zu wichtigen Seelenführern Crescentias, die 1703 in das Frauenkloster eingetreten war. Nach ihrem Tod organisierten sie die Seelsorge im Zusammenhang mit der Wallfahrt zu ihrem Grab.

Thomas Kuile

Ein besonderes Anliegen blieb für Stadtpfarrer Kuile die Pfarrkirche St. Martin. Unter Stadtpfarrer Philipp Jakob Gäch hatte die Umgestaltung der Kirche im Stil des Barock bereits begonnen. Das hölzerne Scheingewölbe, mit dem Stadtpfarrer Dr. Haim 1681 die Flachdecke ersetzen ließ, wurde nun zu Beginn des 18. Jahrhunderts von Joseph Schmuzer stuckiert. Kuile beauftragte die Kaufbeurer Maler Arbogast Streitfelder und Anton Weber mit der Fassung der Kanzel und des Hochaltars. Der Hochaltar erhielt Holzplastiken des Schongauer Bildhauers Johann Pöllandt.[89] Für das Laiengestühl im Langhaus gab Kuile bald nach seinem Amtsantritt Eichenholzwangen in Auftrag. 1709 wurden zwei neue Altäre aufgestellt: einer von der Marianischen Bürgerkongregation, der Gottesmutter und dem Hl. Ignatius von Loyola geweiht, der zweite zu Ehren des Hl. Leonhard von der Kapitelsbruderschaft, die ihn als Patron verehrte. 1710 stiftete Kuile den Festtagskelch aus der Werkstatt des Augsburger Goldschmieds Johannes Zeckl. Nach eigenen Entwürfen ließ er von dem Goldschmied Wolfgang Vesenmayr, ebenfalls in Augsburg, für 1.184 fl. eine großartige Monstranz anfertigen. Dargestellt sind die

254

Geheimnisse der Hl. Dreifaltigkeit, des Altarsakraments und der Heilsgeschichte. Der Erzengel Michael besiegt das Böse und beschützt als Seelenwäger die Verstorbenen.

Im Wissen um die außerordentliche Bedeutung einer feierlichen Liturgie für die Gläubigen erwarb Kuile einen silbernen Ornat und große silberne Leuchter. Er plante auch die Anschaffung einer neuen Orgel. Sie wurde zwar erst 1740 für 3.500 fl. erworben, doch hatte Kuile bereits 3.000 fl. für sie angespart. Auch um die Pfarrkirche seiner Heimatpfarrei kümmerte er sich, ließ sie 1709 nach seinen Plänen umbauen und stiftete dafür den namhaften Betrag von 1.000 fl.

Ebenso wichtig wie die Baumaßnahmen war für Kuile die Tatsache, daß durch seine Bemühungen eine kaiserliche Kommission am 29. Juli 1721 das Recht des Kaufbeurer Stadtrats zur Präsentation des Pfarrers von St. Martin auf die katholischen Ratsmitglieder beschränkte.

Mit der gleichen Großzügigkeit, mit der Kuile die kirchlichen Einrichtungen unterstützte, sorgte er auch für die Bedürftigen der Stadt, half unermüdlich mit Geld und persönlichen Zuwendungen. In einem seiner drei Testamente, die er, wie er am 16. Februar 1734 schrieb, *„bei noch anhaltender gesunder Vernunft, aber herannahendem hohen Alter und nachlassenden Lebenskräften"*[90] verfügte, vermachte er unter dem Titel *„oleum et vinum"* - *„Öl und Wein"*[91] - ein Kapital von 30.000 fl., dessen Zinsen auf sieben Benefizien zu je rund 100 fl. jährlich aufgeteilt werden sollten. Nach seinem Tod kamen nochmals 18.000 fl. dazu, und bis zur Inflation von 1923 wurden die Zinsen stets nach Kuiles Verfügung aufgeteilt: Die Bezahlung des Studiums für einen armen, begabten Buben; die Aussteuer zum Klostereintritt für ein armes Mädchen - Kuile erinnerte sich wohl an Crescentia Höß, die 1703 nur mit großen Schwierigkeiten in das Franziskanerinnenkloster hatte eintreten können; das Lehrgeld für einen armen Buben; die Aussteuer für einen Handwerker, der sich selbständig machen wollte; das Schulgeld für bedürftige Kinder; Unterstützung von Bürgern, die ins Unglück geraten waren; Geldmittel für den jeweiligen Stadtpfarrer von St. Martin, damit er Kranken neben der geistlichen Tröstung auch die oft bitter nötige leibliche Hilfe leisten konnte.

Kuile hatte vermutlich einiges Vermögen von seinen Eltern geerbt. Seine Schenkungen stammen jedoch überwiegend von dem, was er gespart und von Geschenken, die er bekommen hatte. Seine Haushälterin, Christina Weinmüller aus Marktoberdorf, versorgte ihn 33 Jahre hindurch, ohne Lohn zu beanspruchen.

Gewissenhaft besorgte Kuile auch die Geschäfte des Dekanats Kaufbeuren. Er schrieb dessen umfangreiche Statuten von 1475 ab und zeichnete seine Geschichte auf.

Seine rund 2.500 Bände umfassende Bibliothek vermachte Kuile dem Dekanat.

Nach seinem Tod am 13. Juni 1734 um 2 Uhr früh im Alter von 76 Jahren wurde Kuile seinem Wunsch entsprechend in St. Martin begraben. Sein Epitaph an der Nordinnenseite unter der Empore würdigt ihn zurecht als *„Incomparabilis vir"*, als unvergleichlichen Mann. Sein Testamentsvollstrecker, der Geheime Rat Johann Baptist Neth, nannte ihn einen *„Mann, wie ihn Kaufbeuren niemals gehabt hat"*.[92]

Mittlerweile war die Pfarrstelle von St. Martin wieder höchst begehrt, und für die Nachfolge von Stadtpfarrer Kuile gab es zahlreiche Bewerber. Die drei wichtigsten waren: Johann Georg Betz, ein Kaufbeurer, der unter Kuile sechs Jahre Stadtkaplan gewesen war; er bewarb sich noch am 13. Juni, an Kuiles Todestag also, um vier Uhr früh; dann Dr. Joseph Ignaz Claus, Pfarrer in Marktoberdorf, sowie Dr. Philipp Jakob Meichelbeck, Dekan und Pfarrer in Untergermaringen.

Am 1. Oktober wurde Dr. Claus einstimmig berufen und trat am 27. Oktober sein Amt an. Betz war enttäuscht und agitierte mit Verleumdungen und Gehässigkeiten gegen Dr. Claus, den er als *„Brotdieb und Teufelspfaff"*[93] beschimpfte. Als Weberssohn gelang es ihm, die 160 katholischen Weber hinter sich zu scharen. Er griff auch den Geheimen Rat Johann Baptist Neth und die Jesuiten an und beschuldigte sie, ungerecht und falsch gehandelt zu haben.

Stadtpfarrer Dr. Claus bot Betz den Unterhalt im Pfarrhaus an oder eine jährlich Unterstützung von 100 fl., bis er eine eigene Pfarrei habe. Betz lehnte alles ab und führte in Kaufbeuren ein so ungutes Leben, daß er vom Generalvikar exkommuniziert wurde.

Bereits im Dezember 1734 erklärte Dr. Claus seinen Rücktritt: *„Durch die vielen Kränkungen sei seine Natur bis zur Krankheit irritiert, er könne solche nicht mehr länger ertragen."*[94] Am 11. Februar 1735 verzichtete er auf die Kaufbeurer Pfarrei. Er wurde Bischöflich-Geistlicher Rat und Domkapitular in Augsburg.

Wiederum bewarb sich Betz um die Kaufbeurer Pfarrstelle, doch erhielt nicht er sie, sondern der hochfürstlich Kemptische Geistliche Rat und Benefiziat in Obergünzburg, Dr. Joseph Anton Freiherr von Grentzing. Johann Baptist Neth, Sprecher der katholischen Räte, verlangte jedoch als *„expresse Bedingung"*,[95] daß Betz die Stelle in Obergünzburg erhalte.

Dr. von Grentzing wurde bei Visitationen als *„gelehrter, eifriger und exemplarischer Mann"* gelobt, der *„ein sehr guter Prediger sei, ein Sänger und Instrumentalist, ein guter Haushalter."*[96] 1741 gründete er in St. Martin die Bruderschaft zu Maria vom Guten Rat. Ein Anliegen war ihm auch die weitere Ausstattung der Pfarrkirche. 1744 lieferte der Münchner Hofmaler Georges Desmarées das Hochaltarblatt, eine Aufnahme Mariens in den Himmel. Die Pfarrgemeinde hatte das Gemälde zum 300. Jahrestag der Einweihung ihrer Kirche für 450 fl. gekauft. Heute hängt es über dem vorderen Ausgang des nördlichen Seitenschiffes.

1752 ließ Dr. von Grentzing je einen Seitenaltar zu Ehren des Hl. Johannes Nepomuk und des Jesuitenheiligen Franz Regis aufstellen. Die Blätter schuf der Augsburger Kunstmaler Johann Georg Wolcker. Bildhauer- und Faßmalerarbeiten führten die einheimischen Künstler Paulus Seitz und Joseph Bichelmayer aus. Das Altarblatt mit dem Hl. Franz Regis hängt heute an der Südwand des Langhauses unter der Empore.

Am 2. Januar 1758 wurde der Stadtpfarrer als Generalvikar nach Eichstätt berufen. Er teilte dem Rat mit, daß *„er 23 Jahre große Affektion genossen und verspührt"* und versicherte, er *„werde sein liebes Kaufbeuren, welches er jetzt mit Schmerz verlassen müsse, niemals vergessen."*[97] Dies traf auch zu, denn im April 1785 erhielt die Pfarrei St. Martin von ihm 300 fl. als Stiftung eines Jahrtags.

Kapelle des ehemaligen Jesuitenkollegs

Mit Johann Martin Mayer wurde 1758 wieder ein Kaufbeurer Bürgerssohn Stadtpfarrer. Er übte sein Amt gewissenhaft aus und er erwies sich nach seinem Tod als großer Wohltäter seiner Kirche und der Armen, denen er 2.430 fl. vererbte.

Zu seinem Leidwesen wurde in seiner Amtszeit, am 18. Juli 1774, das Jesuitenkolleg nach fast 150jährigem Bestehen zum Schaden für die Schulbildung und die Seelsorge in Kaufbeuren aufgehoben. Zwar lebten die Patres zunächst noch wie Weltpriester gemeinsam in ihrem Kolleg, aber sie bekamen keine Nachfolger mehr. Die Auflösung der Ordensgemeinschaft lockerte den Zusammenhalt der Patres und schadete überdies der Disziplin.

Unter Stadtpfarrer Mayer ließ die Gut-Tod-Bruderschaft einen Altar in der Pfarrkirche errichten, dessen Blatt Andreas Brugger von Langenargen 1772 malte. Von Brugger war bereits 1767 ein Bild mit den Jesuitenheiligen Aloysius und Stanislaus Kostka, den Patronen der studierenden Jugend, in die Kirche gekommen. Es hängt heute links unter der Empore. Die Marianische Bürgerkongregation erneuerte und verschönerte etwa zur gleichen Zeit, 1766, ihren Altar in der Pfarrkirche.

Als Stadtpfarrer Mayer am 27. März 1784 mit 77 Jahren starb, gab es lange Beratungen im Magistrat, und am 9. Juli 1784 wurde der gebürtige Kaufbeurer Dr. Joseph Ignaz Meichelbeck, Professor für Ethik und Regens am Bischöflichen Priesterseminar in Dillingen/Donau, Fürstbischof Clemens Wenzeslaus als Nachfolger präsentiert.

Meichelbeck war am 23. Dezember 1743 als Sohn eines Rotgerbers zur Welt gekommen. Wegen eines angeborenen Bruchleidens schrie er unentwegt und magerte völlig ab. Nach dem Tod der Franziskanerin M. Crescentia Höß am 5. April 1744 betete der Vater am Grab der Verstorbenen für seinen kranken Sohn. Zur gleichen Zeit hörte dieser zu schreien auf, von der Krankheit war nichts mehr festzustellen. Die Eltern erzählten ihrem Sohn später von dieser wunderbaren Heilung, und bei den Befragungen für die Seligsprechung Crescentias berichtete Meichelbeck der Kommission davon. Er war knapp ein Jahr Stadtpfarrer in Kaufbeuren, als der Papst am 4. Mai 1785 die Erlaubnis zur Eröffnung des Seligsprechungsprozesses erteilte.

Meichelbeck erwies sich als gewissenhafter und frommer Seelsorger. Er kümmerte sich ganz besonders um die jungen Menschen. Die Christenlehrpflichtigen teilte er in zwei Gruppen: die Jüngeren überließ er dem Stadtkaplan, die Älteren unterrichtete er selbst. Außerdem sorgte er für den Fortbestand der Kuileschen Stiftung, die er durch gute Geschäftsführung trotz der schwierigen Zeiten auf dem ursprünglichen Stand halten konnte. Meichelbecks Tätigkeit als Stadtpfarrer fiel in Zeiten gewaltiger Veränderungen. Nach dem Ausbruch der Revolution in Frankreich flohen viele französische Geistliche über den Rhein nach Deutschland, wo sie mitleidsvoll aufgenommen wurden. Nach Meichelbecks Aufzeichnungen kamen zwischen 1795 und 1799 63 französische Geistliche nach Kaufbeuren. Der Stadtrat war beunruhigt und wies den Pfarrer in Oberbeuren, wo sich die meisten Flüchtlinge aufhielten, an, die Franzosen möglichst bald weiterzuschicken.

Große Sorgen brachte die Säkularisation mit sich. Ohnmächtig mußte Meichelbeck mitansehen, wie das Franziskanerinnenkloster aufgehoben wurde. Dazu gab es von der Regierung die Anweisung, alle kirchlichen Bauwerke, die nicht dringend benötigt wurden, abzubrechen oder auf Abbruch zu verkaufen. Meichelbeck wandte sich 1808 an den Generalvikar und bat um Auskunft, wie man sich verhalten solle. Er bekam jedoch nur die wenig befriedigende Auskunft, daß auch der Bischof nichts dagegen unternehmen könne.

Am 6. März 1810 verlangte das Kreiskommissariat in Augsburg vom Landgericht Kempten nachdrücklich den Abbruch des *„ganz überflüssigen"*[98] Gotteshauses St. Cosmas und Damian. Nur dem energischen Widerstand der Kaufbeurer Bevölkerung ist es zu verdanken, daß diese Anweisung nicht durchgeführt wurde und die Kirche, die zu den Kostbarkeiten Kaufbeurens aus der Barockzeit gehört, erhalten blieb.

Abgebrochen wurden hingegen St. Michael im Feld, die St. Leonhardskapelle jenseits der Wertach, die Spitalkirche und die Friedhofskirche St. Sebastian. Die Kirche Unserer Lieben Frau wandelte man zur Markthalle um, und ein Mehlhändler kaufte die Kapelle des Hl. Michael als Lagerhalle. Überdies mußten die Pfarrgemeinde St. Martin und die Bruderschaften viele Gold- und Silbergeräte abliefern.

1807 kaufte die Pfarrei aus dem säkularisierten Benediktinerstift Irsee die 48 Zentner schwere Marienglocke, die Franz Anton Grieshaber aus Salem 1755 gegossen hatte. Eine Besonderheit dieser Glocke ist die Darstellung der Heiligsten Dreifaltigkeit in drei Personen auf dem Glockenmantel: Zwischen Gottvater und Gottsohn schwebt ein Heiliger Geist mit jugendlichem Aussehen, weder Mann noch Frau, mit sieben Feuerzungen um sein Haupt als Hinweis auf die sieben Gnadengaben und dem Symbol der Taube auf der Brust. Jede der drei göttlichen Personen hat ein Szepter in der Hand. Gottvater und Gottsohn halten ein brennendes Herz. Die Dreifaltigkeit schwebt über der Weltkugel mit Adam und Eva im Paradies. Vermutlich wurde diese Abbildung nach einem Kupferstich von Gottfried Bernhard Göz *„Festum SS: Trinitatis"* entworfen.

Diese Art der Darstellung geht zurück auf Visionen der seligen Crescentia Höß von Kaufbeuren, die ihrerseits beeinflußt wurde von früheren Abbildungen des Heiligen Geistes in Menschengestalt und Visionen der Hl. Theresia von Avila im 16. Jahrhundert.

Am 18. Dezember 1788 wurde der Stadtpfarrer von einer persönlichen Katastrophe betroffen. Nachts um zehn Uhr brach auf dem Dachboden des Pfarrhauses aus ungeklärter Ursache ein Feuer aus, *„welches so schnell überhand genommen, daß es durch vielen Fleiß nicht konnte gedämmt werden"*.[99] Neben der umfangreichen und wertvollen Bibliothek von Stadtpfarrer Dr. Kuile verbrannte auch die gesamte Pfarr-Registratur mit den alten Matrikelbüchern. (Dies ist auch der Grund, weshalb in Kaufbeuren die Pfarrmatrikel nur bis auf das Jahr 1789 zurückgehen.)

Meichelbeck traf dieser Verlust ganz besonders, weil er sich seit Jahren intensiv mit der Bearbeitung des Pfarrarchivs beschäftigt hatte. Sein Ziel war die Erforschung der Augsburger Diözesangeschichte auf der Grundlage einer sorgfältigen Aktenauswertung. Die vorhandenen unzuverlässigen historischen Darstellungen wollte er von ihren *„Fehlern säubern"*.[100] Aus seinem Privatvermögen wandte er Tausende von Gulden auf, um Akten, die sich auf die Diözese Augsburg oder unmittelbar auf Kaufbeuren bezogen, in auswärtigen Archiven kopieren zu lassen.

Am 6. Februar 1817 starb Meichelbeck mit 74 Jahren an Altersschwäche. Er war 33 Jahre lang Stadtpfarrer von St. Martin gewesen. Ein Raum im Haus St. Martin in Kaufbeuren trägt zurecht seinen Namen.

Nachfolger wurde wieder ein gebürtiger Kaufbeurer, Kosmas Damian Dopfer. 1781 hatte er in Kaufbeuren Primiz gefeiert, wurde dann Kaplan in Hindelang und Sonthofen, dann von 1784 bis 1799 Professor an der Lateinschule in Kaufbeuren und ab Januar 1800 Pfarrer in Oberbeuren. Im April 1817 erhielt er im Alter von 59 Jahren die Pfarrei St. Martin, die er 17 Jahre lang betreute.

In den Jahren 1825 bis 1826 ließ er im Anschluß an die Verlegung des Friedhofs nach Westen eine neue Friedhofskirche bauen und weihte sie am 11. Mai 1826 dem Hl. Kreuz. Ein eindrucksvolles Kreuz aus der 1. Hälfte des 17. Jahrhunderts, das als Lebensbaum gestaltet ist, bildet den Mittelpunkt der Kirche. An Christi Leiden, Tod und Auferstehung erinnern eine höchst lebendige Reliefgruppe der Beweinung Jesu aus dem Anfang des 16. Jahrhunderts, die jetzt vorne im Altartisch eingelassen ist, und ein Auferstehungschristus aus dem späten 15. Jahrhundert sowie ein Gemälde vom Tod des Hl. Josef, das der Kaufbeurer Georg Alois Gaibler gemalt hat. Nach dem Tod Dopfers am 30. Oktober 1834 erhielt Andreas Albert Fuchs aus Bernried die Pfarrei. Offensichtlich verstand er sich mit den Pfarrangehörigen nicht so gut, denn 1848 beklagten sich die Kaufbeurer im Ordinariat in Augsburg, daß Stadtpfarrer Fuchs wegen seines Fußleidens die Seelsorge vernachlässige, vor allem den Unterricht in der Schule und die Betreuung der Kranken. Hauptursache für den Konflikt scheint allerdings die „*herrschsüchtige und böse Haushälterin*"[101] gewesen zu sein. Fuchs starb am 5. November 1850 in Kaufbeuren.

Katholische Friedhofskirche zum Hl. Kreuz

Im Frühjahr 1851 wurde die Pfarrstelle bei St. Martin vom Rat Kosmas Damian Dopfer, einem Neffen des gleichnamigen, 1834 verstorbenen Stadtpfarrers, zugesprochen. Er war der Sohn eines Glasermeisters und wohnte ab 1817 bei seinem Onkel im ehemaligen Jesuitenkolleg. Nach Abschluß des Gymnasiums mit der Note „*vorzüglich würdig*"[102] studierte er in Landshut und feierte 1827 in Kaufbeuren Primiz. Er wurde Kaplan in Wald bei Marktoberdorf, in Schongau und Kaufbeuren. 1832 erhielt er die Pfarrei in Westendorf, 1839 berief man ihn als Pfarrer nach Oberbeuren und 1851 als Stadtpfarrer nach Kaufbeuren. Von 1871 bis 1874 war er auch Dekan. Dopfer wirkte als frommer und tüchtiger Seelsorger und als Wohltäter für seine Gemeinde. Die Stadt Kaufbeuren ernannte ihn in Dankbarkeit zum Ehrenbürger. Er starb am 12. Juni 1882 mit 78 Jahren. In seiner freien Zeit hatte er sich hauptsächlich mit historischen Studien befaßt.

In seiner Amtszeit, 1853, wurde auf Anregung von Johann Georg Weinhart,[103] der seit dem 3. Juli 1849 Stadtkaplan in Kaufbeuren und ab 1852 Lehrer an der privaten Lateinschule war, ein Gesellenverein gegründet und Weinhart zum ersten Präses gewählt. Unter großen persönlichen Opfern baute er 1857/58 in der Pfarrgasse Nr. 16 das erste Gesellenhaus in Kaufbeuren. „*Unverzagt wanderte er 1857 nach dem Unterrichte bei jedem Wetter in die Nachbarsgemeinden und erlangte von diesem Holz, von jenem Steine, Kalk und Sand und Fuhrwerk; oft kam er von diesen Gängen ganz durchnäßt nach Hause. Frisch gemut begann Weinhart den Bau; sein Bruder Jakob und ein Bekannter, der gerade ohne Stellung war, halfen unentgeltlich mit; aber es kam das Ende der Woche, und die anderen Arbeiter mußten bezahlt werden. Angesehene Bürger von Kaufbeuren halfen ihm aus der Not, so daß im Jahre 1858 das Haus vollendet wurde.*"[104] Als Adolf Kolping am 25. Juni 1858 den Kaufbeurer Gesellenverein besuchte, lobte er das Haus und erklärte „*Es ist gut.*"[105]

1857 erwarb Weinhart ein Haus in der Ledergasse (heute Nr. 14) für ledige Fabrikarbeiterinnen, das von den Schwestern des Franziskanerinnenklosters betreut wurde. Bischof Pankratius von Augsburg berief ihn zum 20. September als Direktor des neugegründeten Knabenseminars in Dillingen/Donau, und dieses Amt versah er 37 Jahre hindurch. Er starb am 19. Januar 1907.

Katholische Seelsorge im 20. Jahrhundert

Am 19. Oktober 1882 wählten die Stadträte den 41jährigen, aus Etting bei Weilheim stammenden Joseph Landes als Stadtpfarrer von St. Martin. Er war Kaplan in Murnau und Benediktbeuren gewesen, dann Präfekt am neugegründeten Bischöflichen Knabenseminar in Dillingen/Donau. 1870 zog er als Feldgeistlicher in den Krieg, blieb bis 1873 und wurde dann Kaplan in Kempten.

Bei seinem Einstandsmahl gaben ihm verschiedene Stadträte diskret zu verstehen, daß er mit Kaufbeuren eine äußerst komplizierte Pfarrei übernommen habe. Es sei ebenso schwierig wie wichtig, den Frieden mit den zahlreichen und einflußreichen evangelischen Bürgern der Stadt zu wahren. Landes machte sich diesbezüglich keine Sorgen. Er war ein ausgesprochen friedliebender und versöhnlicher Mensch und pflegte die Leute nicht nach Konfessionen einzuteilen. Allerdings hatte er auch seine Grundsätze und wußte seine Rechte zu wahren: „*Ich werfe meinem Nachbarn kein Steinchen in seinen Garten, dulde aber nicht, daß mir ein solches hereingeworfen wird.*"[106]

Stadtpfarrer Joseph Landes

Mit außerordentlicher Beharrlichkeit wußte er das durchzusetzen, was er für notwendig ansah, freilich nicht für sich, sondern für diejenigen, die es benötigten. *„Der Mensch ist nur das, was er für andere ist"*,[107] lautete sein Wahlspruch, und in seiner 36jährigen Tätigkeit für Kaufbeuren hat er ihn in jeder erdenklichen Weise verwirklicht. Er gehörte zu den Menschen, die mit der Nachfolge Christi ernst machten. Landes fühlte sich nicht als Pfarrherr, sondern in erster Linie als Seelsorger und Helfer für die einfachen und armen Menschen in seiner Pfarrei. Davon gab es in Kaufbeuren in der zweiten Hälfte des 19. Jahrhunderts viele. Nach der Gründung der mechanischen Spinnerei (1839) und der mechanischen Weberei (1852) in Kaufbeuren waren viele Landleute hereingezogen, weil sie hier Arbeit und Brot fanden. Meist mußten beide Elternteile arbeiten, damit das Einkommen bei den geringen Löhnen ausreiche. Die Kinder blieben deshalb tagsüber sich selbst überlassen.

Da die Zugezogenen in der Mehrzahl katholisch waren, wuchs die Pfarrei St. Martin innerhalb weniger Jahrzehnte stark an. Als Landes sie 1882 übernahm, zählte sie 4000 Seelen; als er 1918 mit 77 Jahren resignierte, waren es 7000. Die Zahl der Kinder hatte sich von 450 auf über 900 verdoppelt.

Angesichts dieser Entwicklung fehlte es Landes nicht an Arbeit. Er war allerdings auch Realist genug, um sich keine Illusionen über die Erfolge seiner Tätigkeit zu machen. Es bedrückte ihn oft, daß sein Wirken nicht meßbar war, und er soll wegen der Fehlschläge seiner priesterlichen Tätigkeit bisweilen deprimiert geweint haben. Trost und Freude fand er im Umgang mit jungen Menschen, die seine Zuneigung spürten und dankbar aufnahmen. Gerne und bis ins hohe Alter übernahm er den Religionsunterricht in der Schule, weil er der Überzeugung war, daß es wichtig sei, die jungen Menschen zum Glauben zu führen. Wenn ihn Kinder auf der Straße sahen, liefen sie gerne zu ihm hin. Er hatte für jedes ein gutes Wort, ein Bildchen, einen Scherz.

Im persönlichen Leben war er äußerst bedürfnislos. Einziger Urlaub waren die alljährlichen Exerzitien, seine *„geistliche Sommerfrische"*,[108] und zur Erholung machte er ausgedehnte Fußmärsche, am liebsten barfuß. Er sparte so weit wie möglich an seiner Kleidung, und am Abend genehmigte er sich zur Entspannung nur eine halbe Zigarre, denn jeden Pfennig, den er erübrigen konnte, sparte er für andere.

Seine Fürsorge schlug sich nicht in Denkschriften oder Anträgen an staatliche, kirchliche oder städtische Behörden nieder, sondern er suchte das, was er als richtig und notwendig erkannt hatte, selbst durchzuführen. Christentum bestand für ihn in der Verwirklichung der Nächstenliebe im Alltag.

Als er sah, wie viele Kinder sich selbst überlassen blieben, weil die Eltern beide in der Fabrik arbeiten mußten, war ihm das Ziel seiner Tätigkeit klar: *„Es ist mein Bestreben, den äußerst notwendigen und mit Gottes Hilfe hoffentlich nicht ganz vergeblichen Jugendschutz für die zahlreichen Arbeiterkinder meiner Pfarrgemeinde in ein System zu bringen und durch Stiftungsmittel für die Zukunft sicherzustellen."*[109]

Am 1. Juli 1884 eröffnete er ein sogenanntes *„Kinderkolleg"*, in dem er Schulkinder, deren Eltern außer Haus arbeiteten, vom Mittag bis zum Abend betreuen ließ, zunächst in den Räumen des ehemaligen Jesuitenkollegs, ab 1892 im *„Bruderhaus"* im Baumgarten. Er legte ein Kapital an, das jährlich 500 Mark Zinsen trug, damit eine Aufsicht bezahlt und den Kindern ein Vesperbrot gereicht werden konnte. Die gleiche Summe stellte er für arme Kommunionkinder bereit: Buben erhielten Rock, Hose und Weste, die Mädchen bekamen Schuhe, Kerze, Kränzlein und Gebetbuch. Damit die Eltern ihr Kommunionkind nicht nachmittags in ein Wirtshaus führten, lud Landes die Mädchen in das Kloster und die Buben in das Jesuitenkolleg zu Kaffee und Kuchen. Bezahlt wurde alles von ihm.

Landes hielt es für pädagogisch und psychologisch untragbar, daß die Waisenkinder im Spital untergebracht waren. Sein Antrag vom 29. Oktober 1883 zur Errichtung eines Waisenhauses für katholische Kinder wurde von der Stadt abgelehnt, weil der konfessionelle Friede gestört werden könne. Landes gab nicht nach und suchte großherzige Stifter. Der Kaufbeurer Schuhmachersohn Peter Johannes Schegg,[110] Professor für Neutestamentliche Exegese und Orientalische Sprachen in München, schenkte 1885 30.000 Goldmark als Grundstock für eine katholische Waisenhausstiftung, die noch im gleichen Jahr von der Bayerischen Regierung genehmigt wurde. Pfarrer Ignaz Schroff, ebenfalls ein gebürtiger Kaufbeurer, der seit 1885 als Pensionist bei der Gottesackerkirche lebte, stiftete die gleiche Summe. Im Dezember 1886 stellte Landes aus seinen Ersparnissen und seinem Erbe ebenfalls über 30.000 Goldmark zur

Verfügung. Er hatte damit sein letztes Geld weggegeben. „*Ich zieh mich zugunsten der Waisenkinder total aus, kam mich nicht leicht an! Der Heiland und göttliche Kinderfreund wird sein Wort halten!*"[111] notierte er damals.

Am 21. Dezember 1887 genehmigte der Stadtrat die Gründung des Waisenhauses, das von den Franziskanerinnen von Mallersdorf betreut wurde. 1898 lebten bereits 52 Buben und Mädchen im Waisenhaus, das im ehemaligen Jesuitenkolleg untergebracht war. Durch den Zukauf des Nachbargrundstücks konnte der Spielplatz vergrößert werden. 1905 erwarb Landes die Höfelmayersche Kapelle am Ostrand der Stadt und ließ dort ein Blockhaus erbauen, damit die Kinder in den Ferien einen Ausflugsort hatten. Bei Apfeltrang kaufte er insgesamt 23 Hektar Grund und ließ 25 000 Pflanzen setzen, damit im Jahre 2000 ein Wald zur Verfügung stünde, der sogenannte Waisenhauswald.

Das heutige Kinderheim „St. Joseph" in der Pfarrgasse

1892 gründete er einen Lehrlingsverein. Er wollte die jungen Menschen, die damals mit 13 oder 14 Jahren ihre Lehre begannen, in der Freizeit betreuen und fachlich, aber auch religiös weiterbilden. Die Jugendlichen holte er am Sonntag nachmittag zu Unterricht und Unterhaltung in den Baumgarten. Jeder Lehrling erhielt kostenlos einen Schoppen Bier, wer über 16 Jahre alt war, zwei Schoppen.

Im gleichen Jahr stiftete er 10.000 Goldmark und verfügte, daß von den Zinsen dieses Kapitals eine Kleinkinderbewahranstalt, der heutige Kindergarten, geführt werden sollte. Da die Stadt eine Konkurrenz zur bestehenden städtischen Bewahranstalt fürchtete, erhielt Landes erst im Juni 1896 die Genehmigung zur Eröffnung.

Verständnis brachte Landes nicht nur für die Kinder auf, sondern auch für die Eltern. Beichtende fragte er, ob sie Kinder hätten. Wenn sie bejahten, meinte er, ihre Arbeit und Mühe reichten schon als Buße. An arme Wöchnerinnen verteilte er ein Kostgeld, damit sie, wie er schrieb, „*ihre Kost aufbessern*" und besser stillen konnten.

Seine Gründungen stattete Landes großzügig aus: Die Katholische Waisenhausstiftung erhielt 140.000 Goldmark, die Jugendstiftung 130.000 Goldmark, die Wohltätigkeitsstiftung an Wöchnerinnen 10.000 Goldmark. Außerdem legte er 37.000 Goldmark fest, deren Zinserträge für Kinderhort, Lehrlinge, Arme und Kranke gedacht waren.

Landes sammelte über eine halbe Million Goldmark für seine Stiftungen. Den Grundstock bildete das Vermögen, das er und seine Schwester Maria, die ihm den Haushalt führte, von den Eltern geerbt hatten, außerdem das Erbe von einem vermögenden Bruder in München sowie sein Gehalt als Stadtpfarrer.

Die Leistung des Kaufbeurer Stadtpfarrers, der Kaufbeuren auch im Landrat (heute Bezirkstag) und im Reichstag vertrat, wurde vielfach gewürdigt. Die Stadt ernannte ihn am 13. November 1908 zum Ehrenbürger, der Staat gab ihm zahlreiche Auszeichnungen, die Kirche verlieh ihm die Titel eines Geistlichen Rats, Monsignore und Päpstlichen Ehrenkämmerers.

Ein Höhepunkt in seiner Tätigkeit war für Landes die Nachfeier der Seligsprechung von Crescentia Höß in der Woche vom 5. bis zum 12. Mai 1901. Eine Woche lang wurde in St. Martin täglich ein feierliches Pontifikalamt zelebriert. Etwa 60 000 Menschen besuchten die Gottesdienste. Die Pfarrei hatte hohe Auslagen, insgesamt 3.828 Goldmark, eine Summe, die vom Opfer der Gläubigen weit übertroffen wurde.

Bei den Feierlichkeiten war die große Umgestaltung der Pfarrkirche bereits abgeschlossen. Bald nach Amtsantritt (im Oktober 1882) hatte Landes geplant, der Pfarrkirche St. Martin ihren gotischen Charakter zurückzugeben und die Änderungen aus der Barockzeit zu beseitigen. Am 20. Mai 1883 rief er die Pfarrgemeinde dazu auf, für die Renovierung zu sparen. Zugleich begann er mit dem Münchner Architekten Johann Marggraf die detaillierte Planung. Er wollte die Entscheidung reifen lassen und die Kirche nicht möglichst rasch, sondern so gut wie möglich renovieren.

Im April 1893 begannen die Arbeiten. Der barocke Stuck in Chor und Langhaus wurde entfernt, außerdem stellte

man im Chorraum die Gewölberippen wieder her, und das Langhaus erhielt wie im 15. Jahrhundert eine Flachdecke. Die sieben Barockaltäre wurden aus der Kirche gebracht. Den kostbaren Altar der Marianischen Bürgerkongregation erwarb die Gemeinde Lengenfeld bei Waal für ihre Pfarrkirche St. Nikolaus.
Die neue Ausstattung für St. Martin entwarf Johann Marggraf, die Bildhauerarbeiten schuf der Münchner Bildhauer Peter Sprenger.
1896 konnte der über 12 Meter hohe Flügelaltar aufgerichtet werden. Die geöffneten Flügel zeigen von links nach rechts in fast lebensgroßen Figurengruppen die Anbetung der Könige, die wunderbare Brotvermehrung, die Hochzeit zu Kanaa und die Darstellung Jesu im Tempel. Im Gesprenge stehen Figuren des Kirchenpatrons St. Martin und der Diözesanpatrone Ulrich und Afra.
Zu beiden Seiten des Hochaltars wurden die beiden großen Plastiken des Michael Erhart, St. Martin und St. Ulrich, aufgestellt.
Bereits 1895 hatte die Steinmetzfamilie Schwarz einen Altar des Marienlebens mit vier spätgotischen Reliefs aus ihrer Sammlung für das nördliche Seitenschiff gestiftet. An der Stirnseite stellte die Gut-Tod-Bruderschaft einen Altar auf, den Emilie Hofmann, ehemalige Besitzerin des Goldenen Hirschen, bezahlte. Er wurde ebenso von Peter Sprenger angefertigt wie der 1898 aufgestellte rechte Seitenaltar der Marianischen Bürgerkongregation und der im gleichen Jahr errichtete Aloysiusaltar im rechten Seitenschiff.
1897 kam die Kanzel in die Kirche, eine Schenkung der Familie Probst. Die Familie Moosmang stiftete drei große Glasfenster im Chor: links die Geburt Jesu, rechts die Auferstehung, in der Mitte der Gnadenstuhl und die Ausgießung des Heiligen Geistes. Die gewaltigen Kosten der Renovierung, 218.600 Mark, konnten von den Spenden der Pfarrgemeinde beglichen werden. 48 Frauen aus der Pfarrei stickten in dreijähriger Arbeit einen fünf auf neun Meter großen roten Prunkteppich.
Am 1. Dezember 1918, mit 77 Jahren, resignierte Stadtpfarrer Landes aus Gesundheitsgründen. Bald darauf, am 10. Juli 1919, starb er, einer der größten Wohltäter der Stadt Kaufbeuren und der Pfarrei St. Martin.
Auf Stadtpfarrer Landes folgte Dr. Josef Hörmann, gebürtig aus Wettenhausen, der bereits Erfahrungen als Kaplan in Pfersee, als Seminarpräfekt in Dillingen/Donau und in mehreren Pfarreien gesammelt hatte, als er am 16. Januar 1919 mit 38 Jahren nach St. Martin berufen wurde. Hörmann achtete auf den konfessionellen Frieden und hatte ein ausgezeichnetes Verhältnis zu den evangelischen Pfarrern und Mitbürgern.
In der Stadtpfarrkirche ließ er die elektrische Beleuchtung installieren und an der Südseite außen zwischen den beiden Eingängen eine Ölberggruppe aus Treuchtlinger Marmor zum Gedenken an die Gefallenen des Ersten Weltkriegs aufstellen. Das von dem Münchner Bildhauer Carl Baur geschaffene Werk war eine Stiftung der Familie Probst zum Gedenken an ihren 1918 gefallenen Sohn.

Die Martinskirche verliert ihr Geläut. Abnahme der „Zwölferin" am 26. Juni 1917

Im Waisenhaus ließ er neue sanitäre Anlagen installieren und eine Hauskapelle einrichten. Stadtpfarrer Dr. Hörmann blieb nur gut zweieinhalb Jahre in Kaufbeuren, denn der Bischof berief ihn schon zum 17. Oktober 1921 als Regens des Dillinger Priesterseminars.
Auch sein Nachfolger, Josef Huber, der am 22. Dezember 1921 als 35jähriger die Pfarrstelle erhielt, wechselte bald auf eine andere Stelle. Bereits am 15. April 1926 ernannte ihn der Bischof zum Superior des Dominikus-Ringeisen-Werkes in Ursberg.
Am 5. Mai beschloß der Kaufbeurer Stadtrat einstimmig, dem Bischof den Kaufbeurer Katecheten Hermann Fink als neuen Stadtpfarrer vorzuschlagen, und am 16. Mai 1926 wurde dieser feierlich installiert. 1888 war er als Lehrersohn in Kreuzthal (Oberallgäu) geboren

worden. 1912 erhielt er die Priesterweihe, und nach zweijähriger Kaplanstätigkeit in Schwabmünchen kam er als Stadtkaplan nach Kaufbeuren. Hierher kehrte er nach der Entlassung aus dem Kriegsdienst zurück und übernahm die Stelle eines Katecheten der Kuileschen Stiftung.

Fink betreute die Pfarrei in einer schwierigen Zeit mit großen wirtschaftlichen und politischen Problemen. Er kümmerte sich intensiv um die jungen Menschen, ob es sich um das Waisenhaus handelte, das er fast täglich besuchte, oder um den Bau eines Jugendheims, das sein Kaplan Alfons Satzger bauen wollte. Satzger war 1899 in Unterauerbach bei Mindelheim geboren und 1925 in Dillingen/Donau zum Priester geweiht worden. Seine erste Stelle als Kaplan erhielt er in Kaufbeuren, und dort setzte er sich ganz besonders für die Jugendlichen ein. Bald erkannte er, wie notwendig ein Haus für Lehrlinge sowie für Schüler vom Land war, die eine weiterführende Schule besuchen wollten. Appelle an Behörden brachten zwar verständnisvolle Zustimmung, aber keine materielle Unterstützung. Als ihm das Crescentiakloster den früheren Obst- und Gemüsegarten zur Verfügung stellte, begann Satzger 1929 mit dem Bau. Unermüdlich fuhr er zu den Landpfarrern in der näheren und weiteren Umgebung und bat sie um Unterstützung. Er spendete seinen geringen Besitz, die Ersparnisse seiner beiden Schwestern und sein eigenes Einkommen. Die Schwestern übernahmen hauswirtschaftliche Arbeiten im Heim, der verwitwete Vater leistete Hausmeisterdienste.

Im Frühjahr 1930 konnte das katholische Jugendheim St. Martin eingeweiht werden; Alfons Satzger wurde der erste geistliche Leiter. Eigentümer war das Katholische Jugendwerk e.V., als dessen Vorsitzender Hermann Fink zeichnete, der das Unternehmen nach Kräften unterstützt hatte. 50 Schüler und 40 Lehrlinge fanden hier eine gute und preiswerte Unterkunft: Schüler bezahlten monatlich 55 Mark, Lehrlinge 45 Mark.

Zum 1. September 1935 ernannte der Bischof Satzger als ersten hauptamtlichen Jugendseelsorger der Diözese Augsburg, eine Stelle, die er mit Charisma und bewundernswertem Mut gegenüber den Nationalsozialisten ausübte. (Sein Nachfolger als Direktor des St. Martinsheimes wurde Benefiziat Josef Zindath.) 1939 erhielt Satzger von der Gestapo Aufenthaltsverbot in Bayern, Österreich und dem Sudetenland; er sollte möglichst weit von seinem Einflußgebiet entfernt werden. Um einer KZ-Haft zu entgehen, meldete er sich 1940 als Kriegspfarrer und wurde in Rußland bei der Bergung eines Verwundeten schwer verwundet. 1946 berief ihn der Bischof als Kustos der Wallfahrtskirche zum Geißelten Heiland in der Wies. Hier starb er 1978 nach höchst erfolgreicher Tätigkeit für die Jugend, die Wallfahrer und für den Erhalt der Kirche.

Stadtpfarrer Fink war Präses des Katholischen Männervereins Kaufbeuren und Vorstand des Katholischen Frauenbunds, mit dessen Hilfe er es ermöglichen konnte, im Notjahr 1932 66 000 Essen sowie Bekleidung und Geld an Bedürftige auszugeben.

Den Jugendlichen stellte er bis zum endgültigen Verbot durch die Nationalsozialisten eine Blockhütte am Hang südlich von Hirschzell zur Verfügung, das sogenannte „Finkenheim", in dem vor allem die Mitglieder des Quickborn aktiv waren. Ihr Anliegen war die Gestaltung des Lebens, vor allem in den Familien, auf christlicher Grundlage. Die zunehmende Verfolgung durch den NS-Staat festigte die Verbindung zur Kirche. Fink hielt mit den Jugendlichen geheime Gruppenstunden ab, zum Beispiel in der Sakristei der Friedhofskirche.

Die seelsorgerliche Tätigkeit Finks fiel in eine Zeit der Aufbruchstimmung und der religiösen Aufgeschlossenheit, die heute kaum mehr vorstellbar ist. Es gab neue Strömungen in der Liturgie mit aktiver Teilnahme der Gläubigen an Gottesdiensten bei Gemeinschafts- und Betsingmessen. Seit 1926 hatte sich das Schott-Meßbuch immer mehr durchgesetzt, und ab 1938 fand das „Kirchenlied" von Adolf Lohmann und Georg Thurmair rasche Verbreitung.

Man wollte nicht mehr bloß in der Messe beten, sondern die Messe selbst verstehen und mitbeten. Fink unterstützte alle diese Bestrebungen so sehr er nur konnte.

Zu seinen Eigenschaften gehörte auch die selbstverständlich gelebte Ökumene. Der evangelische Stadtpfarrer Hans Seifert erlebte ihn als verständnisvollen, uneigennützigen Mitbruder. Die Gemeinsamkeiten beider Konfessionen wurden vor allem in den Jahren des Dritten Reiches weit stärker empfunden als die trennenden Elemente.

Gottesdienste und die Kirche St. Martin lagen dem Stadtpfarrer besonders am Herzen. Er empfand es als Glücksfall, daß er 1929 den 24jährigen Oberpfälzer Ludwig Hahn als Chorregent einstellen konnte. Der Name der Chorvereinigung „Martinsfinken", hervorgegangen aus einer Schar von Chorknaben, besteht aus einer Verbindung von den Namen der Pfarrkirche und des Stadtpfarrers.

Schon 1949, unmittelbar nach der Währungsreform, erwarb die Pfarrei eine Martinsglocke mit 84 Zentnern und eine Crescentiaglocke mit 17 Zentnern. 1950 konnte das neue Kolpinghaus, das über 90 Betten verfügte, geweiht werden. Fink hatte beim Bau tatkräftig mitgeholfen. Bald darauf, 1953 und 1954, begann er die Restaurierung der Pfarrkirche. Mit Eifer und Geschick erbettelte er Spenden und Zuschüsse. Die Regotisierung der Pfarrkirche unter

Stadtpfarrer Landes wurde bei der Renovierung abgemildert und der Raum etwas aufgehellt. Im Chorraum entfernte man die Holzvertäfelung und ließ die dunkelbraun gefärbte Flachdecke im Langhaus ablaugen. Die bisher im Langhaus aufgestellten spätgotischen Figuren kamen über das Chorgestühl im Chorraum. Die zwölf Apostel erhielten anstelle der farbigen Fassung zurückhaltende Silbergewänder.

Güte, Bescheidenheit und Großzügigkeit gegenüber Bedürftigen blieben die bestimmenden Eigenschaften dieses Stadtpfarrers. Wegen seiner Verdienste um Stadt und Pfarrei verlieh ihm der Stadtrat am 20. Juli 1952 die Ehrenbürgerwürde. Fink bat darum, von einem Festakt abzusehen, damit nicht seinetwegen Stadträte und Behörden zusätzliche Mühe hätten.

Aufrichtung der St. Martins-Glocke am 16. Dezember 1949

Stadtpfarrer Hermann Fink (rechts) und sein Chorregent Ludwig Hahn

Der Glockenstuhl von St. Martin 1949

Als die Bevölkerungszahl Kaufbeurens nach dem Krieg stark anwuchs, stellte Fink vorausblickend die Weichen für die Ausgliederung der neuen oder sich ausdehnenden Stadtteile. Am 1. Dezember 1957 trat Geistlicher Rat Hermann Fink als Stadtpfarrer zurück und übernahm die Stelle eines Hausgeistlichen im Klostergut St. Anton des Crescentiaklosters. In seinem Rückblick schrieb er: *„Im ganzen habe ich hier 43 Jahre Seelsorgearbeit geleistet. 31 Jahre durfte ich als Pfarrer wirken. Es sind Tausende von Kindern, die während meiner Amtszeit in das Taufbuch der Pfarrei eingetragen wurden; es sind Zehntausende, die in vielen Jahren vor mir auf der Schulbank saßen und denen ich die christlichen Wahrheiten und die christlichen Lebensweisheiten beizubringen suchte. Es sind einige Tausende von Brautpaaren, die vor mir in meinem Amtszimmer gesessen sind, vor dem Hochzeitstag, und es sind Tausende, die ich in dieser Zeit in die Erde gebettet habe zum letzten Schlaf mit einem Nachruf auf ihr Leben. Täglich bin ich am Altare gestanden zum*

Gebet für die Gemeinde und unzählige Male auf der Kanzel zur Verkündigung der Frohbotschaft. Ich bin nun glücklich, daß ich einer großen Gemeinde dienen durfte. Nun danke ich Gott dem Herrn für alle gütige Führung und meinen Mitarbeitern für ihre unermüdliche Mithilfe."[112]

Hermann Fink starb am 2. März 1959 in der Universitätsklinik in München. Oberbürgermeister Dr. Wiebel sagte bei seiner Grabrede: *"Hier war ein Mann am Wirken, der die Seele eines Menschen schlechthin darstellte. Die aus der Seele kommende Güte war die Wurzel des erfolgreichen Wirkens unseres Dekans und Geistlichen Rats."*[113]

Am 20. März 1958 wurde die Pfarrei St. Martin dem aus Jengen gebürtigen und in Höchstädt/Donau tätigen Stadtpfarrer und Dekan Martin Lederle übertragen. Seine Tätigkeit war geprägt vom Bemühen, die Reformen des II. Vaticanums umzusetzen und die Gläubigen mit der veränderten Liturgie vertraut zu machen. Wichtig war ihm vor allem, die Laien zur verstärkten Mitverantwortung auch in den Gremien heranzuziehen. Martin Lederle gestaltete die Kirche in den Jahren 1977 bis 1981 den Vorgaben des Konzils entsprechend um. Wichtigste Neuerung war der Volksaltar in Tischform nach einem Entwurf von Reinhold Grübl. Die vorragenden Ecken erinnern an den alttestamentarischen Opferaltar. An der Vorderseite verweist ein stilisierter Lebensbaum auf die Auferstehung. Je nach dem Kirchenjahr werden zwei geschnitzte Darstellungen in die Vertiefung gestellt: die Anbetung der Hl. Drei Könige von Hans Kels oder die Ausgießung des Hl. Geistes, eine Kopie von Otto Kobel vom linken Flügel des Choraltars der Stadtpfarrkirche in Schwabach.

Außerdem wurden neue Kirchenbänke aufgestellt und eine elektrische Heizung eingebaut. Zu den Baumaßnahmen der Pfarrei gehörte auch die grundlegende Sanierung und Renovierung des Kinderheims St. Josef.

Der in Augsburg geborene Konrad Hölzl übernahm die Pfarrei St. Martin am 29. Oktober 1981. Hauptanliegen seiner Tätigkeit waren für ihn die Verkündigung des Evangeliums und die würdige Feier der Liturgie. Eng damit verbunden blieben seine sozialen Aktivitäten, zum Beispiel die Sanierung von Häusern im Baumgarten und ihre Bereitstellung für Mutter-und-Kind-Wohnungen sowie die Einrichtung einer Wärmestube für

Martin Lederle

Wohnungs- und Obdachlose. Er hatte entscheidenden Anteil am Aufbau der katholisch-evangelischen Sozialstation und an der Einrichtung eines Frauenhauses.

Auf seine Anregung hin wurde die Städte- und Pfarreien-Partnerschaft mit der ungarischen Stadt Szombathely, dem (vermuteten) Geburtsort des Hl. Martin, begründet. Ziel war, Christen in dem Ostblockstaat ideell und materiell zu helfen und ihnen ein Gefühl der Zusammengehörigkeit zu vermitteln.

In Stadtpfarrer Hölzls Amtszeit fielen wichtige Baumaßnahmen: 1987/88 erhielt die Friedhofskirche Heilig Kreuz durch eine geglückte Renovierung nach dem Plan von Adolf K. Zach ihr heutiges Aussehen, das die vorhandenen Kunstwerke in das Konzept einer Friedhofskirche einbezog. Er plante außerdem den Bau des Hauses St. Martin, wobei der dafür notwendige Abbruch des Spitalstadels erhebliche Widerstände hervorrief. Erst am 31. Juli 1992 konnte nach schwieriger Planung der Grundstein zur Verwirklichung des Entwurfs von Klaus Kehrbaum gelegt und das Haus am 7. November 1993 geweiht werden. Die ehemalige Jesuitenresidenz in der Pfarrgasse ließ er behutsam renovieren und zum Pfarrhof umbauen sowie den alten Pfarrhof am Kirchplatz für Zwecke der Caritas umgestalten.

Im Juli des Jahres 1995 berief der Augsburger Diözesanbischof Dr. Viktor Josef Dammertz Konrad Hölzl zum Dompfarrer und bald darauf ins Domkapitel.

Konrad Hölzl und Papst Paul II. 1991 in Szombathely

Nachfolger wurde zum 1. September 1995 der in Freudenthal/Sudetenland geborene Adolf Nießner. Er führt die Seelsorgearbeit seines Vorgängers weiter, davon überzeugt, daß für die Zukunft der Kirche in erster Linie das intensive Bemühen um junge Menschen von existentieller Bedeutung ist.

Installation von Stadtpfarrer Adolf Nießner am 24. September 1995

Die Notkirche in Kaufbeuren-Hart

Mit Geschick und Weitblick wandelte er das Kinderheim St. Josef auf Grund der veränderten Notwendigkeiten zur Heilpädagogischen Tagesstätte um.
Zusammen mit dem von Stadtpfarrer Konrad Hölzl 1987 gegründeten Orgelbauverein konnte er den Bau der neuen Orgel mit drei Manualen und 50 Registern durch Siegfried Schmid aus Knottenried bei Immenstadt durchführen. Am 26. Dezember 1999 erhielt sie ihre Weihe durch Msgr. Konrad Hölzl und den Namen Crescentia-Orgel.[114]

Die Pfarrgemeinde Herz Jesu in Neugablonz

Die Heimatvertriebenen, die 1945 und Anfang 1946 im Lager Riederloh und in Kaufbeuren-Hart untergekommen waren, fanden wegen der weiten Entfernungen kaum Kontakt zu den Nachbarpfarreien. Ihre seelsorgerliche Betreuung war deshalb ein großes Anliegen von Stadtpfarrer Fink. Im Juli 1946 kam der Reichenauer Kaplan Friedrich Runge nach Kaufbeuren. Er und Hermann Fink hielten die ersten Gottesdienste in der Wirtschaftsbaracke des Lagers Riederloh. Die erste Christnacht feierte der Kaplan mit seiner Gemeinde im Freien. Bald war der Gottesdienstraum zu klein. Durch Vermittlung von Stadtpfarrer Fink übernahm im Herbst 1948 der Schweizer Caritasverband die Kosten für die Holzkonstruktion einer Notkirche von 30 Meter Länge und 10 Meter Breite. Dipl.-Ing. Eduard Pietsch entwarf die Pläne für eine Kirche, die 500 bis 600 Personen faßte. Die Kosten betrugen 40.000 Mark, davon übernahm die Diözese 10.000 Mark, die Liga-Bank gewährte ein Darlehen von 20.000 Mark, den Rest mußte die Gemeinde aufbringen. Bei den Arbeiten halfen Alt- und Neubürger intensiv zusammen, so daß dieser erste Kirchenbau auch zum gegenseitigen Verstehen und Zusammenwachsen beitrug. Die Stadt Kaufbeuren stiftete die 90 kg schwere ehemalige Glocke aus dem Fünfknopfturm, die sich im Stadtmuseum befand. Mit dieser Maßnahme gedachte der Rat nicht nur *„Verständnis für die Sorgen der Siedlung der Heimatvertriebenen zu bekunden"*, sondern *„auf diese Weise gleichsam ein Versprechen abzugeben, daß die alte traditionsbewußte Stadt Kaufbeuren ihren neuen Söhnen die gleiche Liebe und Fürsorge angedeihen lassen will wie allen übrigen Einwohnern. Wenn die alte Glocke des Fünfknopfturms am neuen Turm der Notkirche von Neugablonz ihre Stimme erheben wird, dann soll sie aber auch als Mahnung verstanden werden, daß einer auf den anderen angewiesen ist."*[115]
Geistlicher Rat Fink legte am 19. Juni 1949 den Grundstein. Am 12. November weihte Bischof Dr. Josef Freundorfer die Kirche. In Erinnerung an die katholische Hauptkirche in Altgablonz erhielt sie das Patrozinium „Zum Hl. Herzen Jesu". Mit der neuen Kirche als Mittelpunkt entwickelte sich allmählich auch ein katholisches Gemeindeleben mit Vereinen und einem Kirchenchor.
Die Expositur-Gemeinde Neugablonz wuchs zusehends, und im Oktober 1950 wies ihr der Bischof einen ständigen Pfarrer zu. Auf Bitten von Geistl. Rat Fink wurde sie am 15. April 1955 zur selbständigen Pfarrei erhoben.

Heinrich Dörner, der erste Stadtpfarrer, 1906 in Oderberg (Mähren) geboren, beantragte bei der Diözese den Bau einer Pfarrkirche. Diese erwarb für DM 12.681 ein Grundstück. Am 30. September 1955 legte Bischof Dr. Josef Freundorfer den Grundstein für einen stattlichen Kirchenbau, den Thomas Wechs entworfen hatte: 56 Meter lang, 24 Meter breit, 16 Meter hoch, mit 800 Sitzplätzen. Eine Urkunde im Grundstein verweist darauf, daß *„ein schwer geprüftes, heimatvertriebenes, aber un-*

Die Herz-Jesu-Kirche

Innenraum der Herz-Jesu-Kirche

gebeugtes Volk hier eine neue Gottesburg sich gebaut hat, zu seinem Trost und Segen."[116]

Wechs wählte strenge, nüchterne Formen sowie Beton als Baumaterial. Die Kirche war Ausdruck einer nüchternen Lebenseinstellung, geprägt von erlittenem Leid und Ausdruck des Bemühens, mit den vorhandenen Gegebenheiten fertigzuwerden.

Der Rhythmus der schmalen, fast bis unter das Dach reichenden Fenster führt den Blick nach vorne zum fensterlosen Chorraum, der sein Licht von einer Kuppel mit 6,6 Meter Durchmesser erhält und bestimmt wird von dem überlebensgroßen Kruzifixus von Andreas Bindl und den Mosaiken von Georg Bernhard.

Am 27. April 1957 wurde die Kirche geweiht, und an Weihnachten 1957 läuteten erstmals die drei Glocken, deren Inschriften an die verlorene Heimat erinnern: *„Du Mutter der Vertriebenen, Dir war unsere Heimat geweiht, sei uns auch hier unsere Helferin und bitte für uns bei Gott!"*, lautet die Inschrift der größten Glocke. *„Hl. Johannes von Nepomuk, Du Schutzherr unserer Heimat, bitte für uns!"*, steht auf der zweiten, *„Ihr Gefallenen und Toten unserer Heimat, ihr bleibt uns unvergessen!"*[117] auf der dritten Glocke. Der 58 Meter hohe Kirchturm, den man abseits von der Kirche zur Straße hin errichtete, wurde bald zum Wahrzeichen von Neugablonz. An der Westseite erinnerten Mosaiken nach Entwürfen des Augsburger Kunstmalers Georg Bernhard an die Vertreibung aus dem Paradies und an die Flucht nach Ägypten, Ereignisse, die mit dem Schicksal der Heimatvertriebenen in Verbindung gebracht wurden. Wegen ungünstiger Witterungseinflüsse mußten die Mosaiken 1975 entfernt werden.

Im Jahre 1971 baute der Orgelbaumeister Josef Zeilhuber aus Altstätten die Orgel. 1975 wurde die eindrucksvolle Krippe der Neugablonzer Bildhauerin Hanne Wondrak aufgestellt, halb-lebensgroße Figuren der Heiligen Familie mit drei Hirtenknaben und einem alten Hirten in Betonguß. 1982 wurde zum 25jährigen Jubiläum der Kirche in Erinnerung an die Herz-Jesu-Kirche in Gablonz eine Herz-Jesu-Statue gestiftet und von Hanne Wondrak geschaffen.

Die Pfarrgemeinde St. Ulrich

Angesichts des raschen Wachstums der Stadt Kaufbeuren (Mitte 1953 zählte sie bereits 18 795 Katholiken) mußte für das große Wohnviertel östlich der Wertach an eine eigene Pfarrei gedacht werden. Dr. Josef Freundorfer, Bischof von Augsburg, verfügte deshalb am 15. April 1955 nach dem Vorschlag von Stadtpfarrer Hermann Fink: *„Die seelsorgerlichen Verhältnisse in Kaufbeuren verlangen immer dringender nach einer Neuregelung. Ein neuer*

Stadtteil ist im Osten der Stadt entstanden mit einer Bevölkerung von wenigstens 5 000 Personen. Die Errichtung einer Seelsorgstelle ist somit eine dringende Notwendigkeit geworden. Die Errichtung der Stadtpfarrei St. Ulrich geschieht mit Wirkung vom 15. April 1955."[118]

Bereits im Spätsommer 1953 konnten die Bauarbeiten beginnen. Der Augsburger Architekt Anton Wenzl entwarf den Plan für einen 50 Meter langen Saalbau mit eingezogenem Chorraum und einem freistehenden Turm von 39 Meter Höhe, der durch einen Gang mit der Kirche verbunden ist. Am 24. April 1955 konsekrierte Bischof Dr. Freundorfer die neue Kirche.

St. Ulrich

Die Kosten für den Bau von Kirche und Pfarrhof übernahm die Diözese. Für die Inneneinrichtung mußte die neue Pfarrgemeinde aufkommen. Stadtpfarrer Fink gründete deshalb einen Kirchenbauverein, der bis zu seiner Auflösung im Jahre 1962 über 200.000 Mark aufbrachte. 1956 schuf Otto Kobel den Tabernakel, und 1959 wurde das fünfzehn auf sechs Meter große Mosaikbild des Münchner Bildhauers Heinrich Faltermayer an der Stirnseite des Chorraums, eine Darstellung des auferstandenen Christus, vollendet. Wie in Herz Jesu baute Josef Zeilhuber aus Altstädten die Orgel.

Die Pfarrgemeinde Heilige Familie

Auch im Kaufbeurer Norden dehnte sich die Stadt aus. In dem Gebiet zwischen der Mindelheimer Straße und der Wertach setzte eine rege Bautätigkeit ein. Vor allem kinderreiche Familien ließen sich nieder, und bald lebten hier an die 3 000 Menschen. Stadt und Kirche sahen in Kaufbeuren Nord ein erhebliches Zuwachsgebiet. Stadtpfarrer Martin Lederle regte deshalb die Gründung einer eigenen Pfarrei an und förderte mit großem Engagement den Bau einer Pfarrkirche. Der Kaufbeurer Architekt Matthias Abele entwarf den Plan für einen Gebäudekomplex mit Kirche, Atrium und Gemeindezentrum. Das Gotteshaus mit 530 Sitzplätzen hat etwa die Form eines Quadrats und ist innen diagonal ausgerichtet, Altar und Empore liegen einander schräg gegenüber, so daß der Blick der Gläubigen in den vier Bankgruppen unmittelbar auf den Chorraum hin ausgerichtet ist. An der Nordseite der Kirche befindet sich in einem geschlossenen Vor-

Heilige Familie

hof das Atrium, an das sich nach Osten der Pfarrsaal anschließt. Er ist mit dem 50 Meter hohen Turm verbunden, dessen Satteldach in aparter Weise der Form des Kirchendachs angenähert ist.

Am 16. Oktober 1965 wurde der Grundstein gelegt, am 3. September 1967 weihte der Augsburger Bischof Dr. Josef Stimpfle die neue Pfarrkirche „Heilige Familie". Die Pfarrgemeinde hatte damals über 2 800 Mitglieder, die sich für die neue Kirche engagierten und durch den 1967 gegründeten Kirchenbauverein zur Ausstattung beitrugen. 1967 wurde an der Stirnseite des Altarraums die über sechs Meter hohe Plastik *„Menschen unter dem Kreuz"* des Südtiroler Bildhauers Siegfried Moroder aufgestellt. Das eindrucksvolle Kunstwerk war zunächst roh behauen und erhielt 1970 seine endgültige Fassung. Der Kaufbeurer Bildhauer Egon Stöckle schuf den Tabernakel, die Apostelleuchter, die Bronzegriffe an den Portalen, Kreuz und Hahn auf dem Turm sowie von 1986 bis 1989 den Kreuzweg. 1986 wurde die Orgel geweiht, die der Kaufbeurer Orgelbaumeister Leopold Gnedel gebaut hatte.[119]

In der jungen Pfarrei gab es ein reges, lebendiges Gemeindeleben mit zahlreichen Aktivitäten der einzelnen Gruppen und Kreise. Entgegen den Erwartungen entwickelte sich das Bevölkerungswachstum jedoch anders als erwartet. Das Wohngebiet, im Osten von der Wertach, im Süden von der Pfarrei St. Martin und im Westen vom Klosterwald eingegrenzt, wurde im Norden durch den Bau der Kläranlage eingeschränkt. Viele der in den 60er Jahren gebauten Häuser sind so klein, daß die Kinder später wegzogen. Die Zahl der Gemeindemitglieder ging ständig zurück, so daß zum 1. September 1999 eine Pfarreiengemeinschaft St. Peter und Paul/Heilige Familie errichtet wurde.

Die Pfarrgemeinde St. Peter und Paul

1962 wurde von der Stadt Kaufbeuren die Flur „Im Haken" zur Bebauung freigegeben, und im Frühjahr 1963 konnten die ersten Eigenheime bezogen werden. Die Siedlung wuchs rasch und wurde von der Pfarrei St. Ulrich betreut. Bald wünschten die Bewohner Gottesdienste im Haken, und im Juni 1968 wurde hier die erste Feldmesse gefeiert. Die Gottesdienste fanden abwechselnd im Haken und am Leinauer Hang statt. Ab Februar 1969 verlegte man die Messe am Samstag in die Pausenhalle der Konradinschule.

Im Oktober 1969 konstituierte sich ein „Pfarrverein" mit dem Ziel, ein Kirchenzentrum zu errichten.

Am 1. September 1973 wurde Benefiziat Günther Weber von St. Martin zum Kurat der neuen Pfarrei berufen, und Bischof Dr. Stimpfle erhob die Wohngebiete „Im Haken" und „Am Leinauer Hang" zur selbständigen Kuratie. Die Kirchengemeinde wählte die Apostel Petrus und Paulus zu ihren Patronen, weil ihre Polarität für den heutigen Menschen eine große Aussagekraft habe. Im November 1975 wurde zunächst eine Notkirche errichtet, zwei Jahre später, am 5. November 1977, der Grundstein für die Kirche gelegt, die Bischof Dr. Jo-

St. Peter und Paul

sef Stimpfle am 21. Oktober 1978 weihte. 1986 baute die Firma Hubert Sandtner aus Dillingen/Donau die Orgel. Die Augsburger Architekten Brockel und Müller haben einen großzügigen achteckigen Kirchenraum geschaffen, mit fünf Bankgruppen, die zur Altarinsel hin ausgerichtet sind. Zum Kirchenzentrum gehören Pfarrsaal, Jugendräume und ein Kindergarten.[120]

Pfarreien, die seit der Gebietsreform 1972 zu Kaufbeuren gehören

Hirschzell

Bis 1725 wurde die kleine Pfarrei Hirschzell von Nachbarpfarreien betreut. Erst das Kloster Rottenbuch, das 1699 mit dem Kauf der Herrschaft Osterzell auch die Patronatsrechte über Hirschzell besaß, setzte 1725 einen eigenen Pfarrer ein, der bis 1752 hier tätig war. Allerdings reichten die geringen Einkünfte auf Dauer nicht zum Unterhalt eines Pfarrers. Deshalb schlossen die Augustinerchorherren in Rottenbuch 1754 einen Vertrag mit dem Stadtpfarrer Dr. Joseph Anton Freiherrn von Grentzing bei St. Martin in Kaufbeuren, wonach der jeweilige Pfarrer gegen eine Bezahlung von 100 fl. jährlich sowie den Erhalt der anfallenden Stolgebühren die Seelsorge in Hirschzell übernahm.

Hirschzell, St. Thomas

1854 wurde die Seelsorgstelle in Hirschzell vom bayerischen Staat so weit aufgebessert, daß wieder ein eigener Pfarrer bestellt werden konnte. Heute wird die Pfarrei mit ihrer dem Apostel Thomas geweihten Kirche von St. Ulrich aus vikariert.

Oberbeuren

Kirche und Pfarrei in Oberbeuren gehören zu den frühen christlichen Gründungen dieses Gebietes. Eine genaue Jahreszahl ist nicht bekannt, doch läßt das Patrozinium des Hl. Dionysius Areopagita auf eine fränkische Missionierung im 7. oder 8. Jahrhundert schließen.

Oberbeuren, St. Dionysius Areopagita

1519 fiel das Patronatsrecht zusammen mit dem Herrschaftsrecht über den Ort an die Reichsstadt Kaufbeuren. Seit 1721 hatten ausschließlich die katholischen Stadträte in Kaufbeuren das Präsentationsrecht für die Pfarrei. Die Reformationsbemühungen in Kaufbeuren wirkten auch auf die Bevölkerung im nahen Oberbeuren. Anfang 1525 beschwerte sich die Gemeinde, ermuntert durch die Aktivitäten der Bauern, beim Kaufbeurer Rat über ihren Pfarrer Hans Haber und bat darum, ihn zu veranlassen, daß er *„das hl. Evangelium und das Wort Gottes recht verkünde"*.[121]

Die Nähe der Reichsstadt bot den Bewohnern von Oberbeuren die günstige Gelegenheit zum Besuch evangelischer Gottesdienste und Predigten in Kaufbeuren. Der Rat enthielt sich jedoch der direkten Einflußnahme und wies etwa den 1560 ernannten Pfarrer Georg Bitterlin an, es *„in versehung der Pfarrei Oberbeuren mit Verkündung des Wortes Gottes und anderm bis auf künftige Concordi der*

*Religion im hl. Reich"*¹²² wie seine Vorgänger zu halten. 1709/10 wurde die Pfarrkirche vermutlich nach einem Plan von Johann Jakob Herkomer neu gebaut und von Matthias Lotter stuckiert.

Kleinkemnat

Vermutlich war die Pfarrei Kleinkemnat ursprünglich eine Filiale von Kloster Irsee, mit dem sie bezeichnenderweise auch den Kirchenpatron St. Stephan gemeinsam hat. Vom Kloster aus wurden Kirche und Gemeinde bis zur Säkularisation betreut. 1726 ließ Abt Willibald Grindl die kleine Kirche vollständig erneuern und im Stil der Zeit ausstatten.

1812 beantragte der bayerische Staat wegen der geringen Zahl von gut 100 Einwohnern die Aufhebung der Pfarrei. Dem damaligen Dekan des Landkapitels Marktoberdorf gelang es jedoch, die Selbständigkeit der Pfarrei in Kleinkemnat zu erhalten.

1975 WURDEN DIE SEELSORGSAUFGABEN IN KLEINKEMNAT DER KAUFBEURER STADTPFARREI HEILIGE FAMILIE ÜBERTRAGEN. SEIT HERBST 1999 IST DIE STADTPFARREI ST. MARTIN FÜR KLEINKEMNAT ZUSTÄNDIG.

Kleinkemnat, St. Stephan

LITERATUR

ALT, K., Reformation und Gegenreformation in der freien Reichsstadt Kaufbeuren. Einzelarbeiten aus der Kirchengeschichte Bayerns Bd. 15. München 1932; BRENNER, A., Dr. Philipp Jakob Baudrexel (1627-1691). Vom Kaufbeurer Stadtpfarrer zum Mainzer Hofkapellmeister. In: KGBl Bd. 12, 1991, Heft 6, S. 279-291 und Heft 7, S. 318-330; ders., Französische Pfarrer als Emigranten in Kaufbeuren. In: KGBl Bd. 13, 1993, Heft 2, S. 47-49; ders., Dr. Joseph Ignaz Meichelbeck (1743-1817). Seelsorger-Universitätsprofessor-Geschichtsforscher. In: KGBl Bd. 13, 1993, Heft 4, S. 121-135; ders., St. Cosmas und Damian. In: KGBl Bd. 13, 1995, Heft 9, S. 338-343 und Heft 10, S. 382-388; ders., P. Rupert Höß (1695-1733), ein Kaufbeurer Musiker im Reichsstift Irsee. In: KGBl Bd. 14, 1996, Heft 1, S. 9-12; ders., Der Kirchturm von St. Martin. In: KGBl Bd. 14, 1998, Heft 11, S. 439f.; DERTSCH, R., Das Franziskanerinnenkloster in Kaufbeuren. Kurze Geschichte des Klosters. In: Bavaria Franciscana Antiqua Bd. V, München 1961, S. 5-80; GATZ, J. [Hrsg.], Briefe von, an und über Crescentia von Kaufbeuren aus der Zeit 1714-1750. Kaufbeuren 1961; GUGGEMOS, E., Inschriften im Stadtgebiet Kaufbeuren. In: KGBl, Sonderheft 4, 1989; HOEYNCK, A., Geschichte des Frauenklosters in Kaufbeuren mit besonderer Berücksichtigung der Zeit der Ehrw. Crescentia. Kaufbeuren 1881; LAUSSER, H., St. Martin in Kaufbeuren. KGBl, Sonderheft 6, 1994; LEDERMANN, R., Der Kampf um die Martinskirche. Ein Stück Kaufbeurer Kirchengeschichte. In: Monographien zur Geschichte der ehemaligen Reichsstadt Kaufbeuren, Kaufbeuren 1911, S. 67-76; MEGGLE, M., Das Kaufbeurer Jesuitentheater. In: KGBl Bd. 12, 1990, Heft 2, S. 55-64; PÖRNBACHER, K., Seelsorge in St. Martin. Zum 550. Jubiläum der Stadtpfarrkirche. In: KGBl Bd. 13, Heft 10, S. 388-401; ders., Crescentia Höß von Kaufbeuren 1692-1744. Weißenhorn 1993; ders., Crescentiakloster Kaufbeuren. Lindenberg 1996; ders., Kloster Irsee. Weißenhorn 1999; ders., Crescentia Höß von Kaufbeuren. Lindenberg 2000; RÖSSLER, S./STÜTZ, G., Neugablonz. Stadtteil der ehemals Freien Reichsstadt Kaufbeuren im Allgäu. Schwäbisch Gmünd 1986; SCHMAUCH, H. P., Die Kaufbeurer Jesuitenbibliothek. In: KGBl Bd. 10, 1985, Heft 6, S. 238-241; ders., Das Jesuitengymnasium in Kaufbeuren. Ein Beitrag zur Kaufbeurer Schulgeschichte. In: KGBl Bd. 12, 1991-1992, Heft 7, S. 331-334, Heft 8, S. 367-374, Heft 9, S. 414-421; SIEBER, J., Die Pfarrer von St. Martin in Kaufbeuren. Beiträge zu ihrer Lebensgeschichte. o.O. 1930; STEICHELE, A. von/SCHRÖDER, A./ZOEPFL, FR., Das Bistum Augsburg. Historisch und statistisch beschrieben. Bd. 6, Das Landkapitel Kaufbeuren, Bd. 7, Das Landkapitel Oberdorf. Augsburg 1896-1904; WEIGEL, M., Der erste Reformationsversuch in der Reichsstadt Kaufbeuren und seine Niederwerfung. In: Beiträge zur bayerischen Kirchengeschichte 21, 1915, S. 145-156, 193-202, 241-253; ZWICK, H., Hermann Fink (1888-1959). 31 Jahre Stadtpfarrer bei St. Martin. In: KGBl Bd. 11, 1988, Heft 5, S. 178-184.

ANMERKUNGEN

[1] Lausser, S. 13.
[2] Anton Brenner, Der Kirchturm von St. Martin. In: KGBl 14, 1998, S. 439f.
[3] Lausser, S. 14.
[4] Lausser, S. 15.
[5] Lausser, S. 17; die Hörmann-Chronik nennt den 23. Juni 1443 als Datum für die Weihe. Diese Angabe könnte bedeuten, daß man die Altäre der Vorgängerkirche in den Neubau gebracht und konsekriert hatte, damit in der Kirche wieder Gottesdienste gehalten werden konnten.
[6] BA-Schr 6, S. 367.
[7] Weigel, S. 150.
[8] Sieber, S. 7.
[9] Alt, S. 17.
[10] Alt, S. 17.

11 Alt, S. 17.
12 Alt, S. 26.
13 Alt, S. 27f.
14 Weigel, S. 247.
15 BA-Schr 6, S. 371.
16 BA-Schr 6, S. 375.
17 Sieber, S. 9.
18 Sieber, S. 9.
19 BA-Schr 6, S. 376.
20 Guggemos, S. 78.
21 Sieber, S. 11.
22 Sieber, S. 11.
23 Sieber, S. 11.
24 Sieber, S. 12.
25 Sieber, S. 12.
26 Sieber, S. 13.
27 Sieber, S. 15.
28 BA-Schr 6, S. 399.
29 BA-Schr 6, S. 399.
30 Sieber, S. 16.
31 BA-Schr 6, S. 401.
32 BA-Schr 6, S. 403.
33 BA-Schr 6, S. 404.
34 BA-Schr 6, S. 405f.
35 BA-Schr 6, S. 409.
36 Sieber, S. 18.
37 Sieber, S. 19.
38 Sieber, S. 20.
39 Sieber, S. 20.
40 Sieber, S. 21.
41 Sieber, S. 22.
42 Sieber, S. 22f.
43 Sieber, S. 24.
44 Sieber, S. 25.
45 Sieber, S. 25.
46 Sieber, S. 25.
47 Hoeynck, S. 17.
48 Hoeynck, S. 21.
49 Dertsch, S. 32.
50 Dertsch, S. 50.
51 Hoeynck, S. 91f.
52 Hoeynck, S. 92.
53 Hoeynck, S. 98.
54 Gatz, Briefe, S. 123.
55 Gatz, Briefe, S. 124.
56 P. Hildebrand Dussler, Experimentelle Glossen zum Siebwunder der sel. Crescentia Höß von Kaufbeuren (1682-1744). In: Zeitschrift für bayerische Kirchengeschichte 41, S. 13-52.
57 Max Heinrichsperger, Nachrichten aus Briefen vor 250 Jahren (1719-1743), Landshut 1971, S. 107.
58 Gatz, Briefe, S. 98.
59 Gatz, Briefe, S. 51.
60 Gatz, Briefe, S. 57.
61 Gatz, Briefe, S. 41.
62 P. Hildebrand Dussler [Hrsg.], Reisen und Reisende in Bayerisch-Schwaben. Reiseberichte aus sechs Jahrhunderten, Bd. 2, Weißenhorn 1974, S. 256.
63 Hoeynck, S. 152.
64 Hoeynck, S. 157.
65 M. Alfonsa Wanner, Das Marienheim in Kaufbeuren, das erste Fabrikarbeiterinnenwohnheim Deutschlands, gegründet 1858. In: KGBl 8, 1978, S. 37-47.
66 Leonhard Weißfloch, Als 1901 der klösterliche Bauernhof im Herzen der Altstadt vor die Stadt verlegt wurde. In: KGBl 8, 1979, S. 160-162.
67 Pörnbacher, Kloster Irsee, S. 96-98.
68 Alfred Goldmann, Meinrad Spieß. Der Musikprior von Irsee. Weißenhorn 1987, S. 7-14.
69 Taufeintrag in den Pfarrmatrikeln Honsolgen; vgl. Goldmann S. 9.
70 Pörnbacher, Kloster Irsee, S. 132.
71 Pörnbacher, Kloster Irsee, S. 9.
72 Pörnbacher, Kloster Irsee, S. 152.
73 Vgl. Die Stadt Kaufbeuren Bd. 1, Tafel IX, unten Mitte.
74 Schmauch, Das Jesuitengymnasium, S. 332.
75 Karl Pörnbacher, Jesuitentheater und Jesuitendichtung in München. In: St. Michael in München, München u.a. 1983, S. 202f.
76 BA-Schr 6, S. 422.
77 Schmauch, Das Jesuitengymnasium, S. 368.
78 Schmauch, Das Jesuitengymnasium, S. 368f.
79 Schmauch, Das Jesuitengymnasium, S. 369.
80 Schmauch, Das Jesuitengymnasium, S. 370.
81 Schmauch, Das Jesuitengymnasium, S. 371.
82 Schmauch, Das Jesuitengymnasium, S. 371.
83 Schmauch, Das Jesuitengymnasium, S. 372.
84 Schmauch, Das Jesuitengymnasium, S. 414.
85 Schmauch, Das Jesuitengymnasium, S. 419.
86 Schmauch, Das Jesuitengymnasium, S. 418.
87 Schmauch, Das Jesuitengymnasium, S. 417.
88 Sieber, S. 27.
89 Eva Christina Vollmer, Johann Pöllandt. Ein Barockbildhauer in Schongau. Lindenberg 1997, S. 58.
90 Pörnbacher, KGBl l3, 1995, S. 392.
91 Sieber, S. 28.
92 Sieber, S. 27.
93 Sieber, S. 30.
94 Sieber, S. 30.
95 Sieber S. 31.
96 Sieber, S. 31.
97 Sieber, S. 31.
98 Pörnbacher, KGBl 13, 1995, S. 394.
99 Anton Brenner, Dr. Joseph Ignaz Meichelbeck. In: KGBl 13, 1993, S. 126.
100 Brenner, S. 127.
101 Sieber, S. 37.
102 Sieber, S. 37.
103 Joseph Funk, Johann Georg Weinhart. Sein Leben und Wirken. Dillingen 1908.
104 Funk, S. 35.
105 Egon Guggemos, Johann Georg Weinhart. In: KGBl 11, 1989, S. 505.
106 Sieber, S. 41.
107 Sieber, S. 42.
108 Sieber, S. 41.
109 100 Jahre Kindergarten St. Josef, 1896-1996, S. 25.
110 Egon Guggemos, Professor Dr. Peter Johannes Schegg (1815-1885). In: KGBl 11, 1987, S. 94 - 98.
111 100 Jahre Kindergarten St. Josef, 1896-1996, S. 23.
112 Hans Zwick, Hermann Fink. In: KGBl 11, 1988, S. 182.
113 Zwick, Hermann Fink, S. 184.
114 Vgl. Festschrift zur Weihe der neuen Crescentia-Orgel in St. Martin, Kaufbeuren 1999.
115 Rössler/Stütz, Neugablonz, S. 376.
116 Manuskript Leopold Mladek, S. 25.
117 Rössler/Stütz, Neugablonz, S. 380.
118 Kirche und Gemeinde St. Ulrich, Kaufbeuren 1955-1980, S. 10.
119 Katholische Pfarrgemeinde „Heilige Familie" Kaufbeuren. Kaufbeuren o.J.
120 Festschrift St. Peter und Paul, Kaufbeuren 1978.
121 BA-Schr 6, S. 385.
122 BA-Schr 7, S. 397.

Thomas Pfundner
Die evangelische Gemeinde Kaufbeurens von der Reformationszeit bis zur Gegenwart

Die Bearbeitung des Themas „Religiöses Leben" legt Wert auf die Darstellung des jeweils besonderen Weges der beiden großen Konfessionen. Damit soll - ausgehend von den einschlägigen Quellen - die Basis für künftige Detailstudien mit vergleichendem Ansatz gelegt werden. Schwerpunkt des Beitrags über die evangelische Gemeinde bildet die Zeit von 1648 bis 1803, also die Zeit der selbständigen Kaufbeurer Landeskirche, in der die Gemeinde ihre eigene Ausprägung erfahren hat. Der Teil über die Reformation konzentriert sich wegen der Abhandlung des politischen Geschehens im 1. Band der Stadtgeschichte auf gemeindliche und individuelle Äußerungen.

Urteilen über den Glauben - das Jahr 1525

Im ganzen Hl. Römischen Reich gärte an der Wende vom 15. zum 16. Jahrhundert die Einstellung zu religiösen Fragen: Die Zustände des kirchlichen Lebens waren in einer verfahrenen Lage, die durch rechtliche und soziale Probleme zusätzlich verschärft wurde. Da für eine Lösung, die das gesamte Reich umgriffen hätte, die rechtlichen, politischen und administrativen Voraussetzungen fehlten, waren die einzelnen Reichsstände, zu denen auch die Reichsstädte zählten, gezwungen, nach eigenen Lösungen für die Mißstände in ihrem Bereich zu suchen. In der frühen Phase der Reformation muß den Reichsstädten eine Schrittmacherfunktion zur Klärung der Glaubens- und Kirchenfrage zuerkannt werden, nachdem Luther das Evangelium und damit die vergebende, nicht strafende Gerechtigkeit Gottes entdeckt hatte.

Die Folgen der religiösen Mißstände beleuchtet beispielsweise ein Dokument[1] der Oberbeurer Bauern, mit dem sie sich 1525 an den Kaufbeurer Rat als ihre zuständige Obrigkeit wandten und in dem sie folgende Forderungen und Klagepunkte gegen ihren Pfarrer zusammengestellt hatten: 1. Der Pfarrer soll das Wort Gottes ohne weltliche Zusätze verkündigen. 2. Die Oberbeurer möchten den kirchlichen Ordnungen, die die

Dr. Martin Luther, Hinterglasbild im Evangelischen Kirchenarchiv Kaufbeuren

Stadt Kaufbeuren errichtet hat, folgen. Darunter fallen insbesondere Toten- und Seelenmessen sowie Stiftungen zum Heil der Seele. 3. Der Pfarrer soll an allen Sonn- und

Feiertagen die Messe in der Ortschaft lesen (der große Pfarrbezirk, der sich bis nach Friesenried erstreckte, hatte die Seelsorge erschwert). 4. Der Zehnt soll nur von dem gegeben werden, was mit dem Pflug angebaut wird und was auf dem Halm wächst. Was Schaden erleidet, soll nicht unter den Zehnten fallen. - Die weiteren Punkte bezogen sich auf Amtsanmaßung, Machtmißbrauch und Seelsorge. Die Klagen schlossen mit der Bitte, der Rat möge diese Probleme beheben.

Dank zweier weiterer Quellen sind das Denken und Verhalten einzelner Personengruppen und Stände im Kaufbeuren jener Zeit zu erkennen: Es handelt sich dabei um eine Schilderung des Kirchentumults von 1525 und um das Protokoll des Kaufbeurer Religionsgesprächs im gleichen Jahr. In der Zeit unmittelbar vor der Reformation hatte die Intensität der Frömmigkeit allgemein zugenommen und, damit verbunden, auch das Verantwortungsgefühl der Laien und der weltlichen Obrigkeit für die kirchliche Ordnung: Am 5. März 1521 verbot der Rat bei schwerer Strafe, die Jungfrau Maria und die Heiligen zu lästern;[2] am 1. Juni 1523 untersagte er die Zusammenrottung sowie Schmähreden von weltlichen und geistlichen Personen. Auch auswärtige, in Kaufbeuren arbeitende Leute hielten mit ihrer Meinung nicht zurück: Am 18. August 1523, *„hat Matheiß Fischer, ein fremder Weberknecht, des Nachts bey dem Pfarrhof geschryen: der Teufel nimm die München [Mönche] und alle Pfaffen, ist deßwegen in die Gefängnis gelegt worden."*[3] Im folgenden Jahr häuften sich die Vorfälle: Zwischen Juli und September bezichtigte der Kannengießer Ulrich Winkler Pfarrer Georg Sigk mehrmals der Lüge, woraufhin Sigk den Bischof einschaltete, der sich an den Rat der Stadt mit Ermahnungen wandte. Am 1. November kam es zu einem Tumult in der St. Martins-Kirche, der von Winkler und einem Goldschmied ausging. Einen Höhepunkt erreichten die Störungen schließlich am 8. Januar 1525: Bei der Mittagspredigt des reformatorisch eingestellten Prädikanten Jakob Lutzenberger *„hat aber der kannengieser [Ulrich Winkler] mit lautem stim zum prediger hinauf gesagt: 'Herr Jacob herent auf! Ir habt genug gebrediget. Dann der pfaf, so heut morgen gebrediget und da stiende, sagte, es were erlogen.'"* Woraufhin Winkler handgreiflich wurde und sich mit der Unterstützung anderer Anwesender gegen Pfarrer Sigk wandte: *„Under annderm alls die weiber fast d[es] mord schrien und wolten für die man handlen, es weren iren etliche mit geßlen zugefaren, den pfafen mit ausschmehen."* Lutzenberger brach seine Predigt ab, stieg von der Kanzel, *„aber sie worden redtig, daß sy in wider auf die Cantzel schuben und besonder Steffa Scheffler, der in plossen hosen und wames nebent im, prediger, stund, sprach im zu, mannlich zu sein."* Nachdem der ebenfalls anwesende Bürgermeister Blasius Honold mit den Worten *„Ir heren von der gemaind, ir wißet, wie ir mir als Bürgermeister geschworen. Deshalb ich Euch und yedem in sonderheit bey derselben geschworen pflicht ermanen und Bitten bin, sich stillen zulasen, kain aufrur anheben, damit grösers vermieten"* die Wogen geglättet hatte, wurde Pfarrer Sigk in die St. Michaels-Kapelle geführt, wo ihm der Rat weiteren Bescheid erteilen wollte: *„Aber als sy kelten hatten in der Capel, nit muchten pleiben, haben sy in, den pfafen, und etwas mit grossem geschray in der Schefflerin hauß gegen dem Peter Luxenhofer hiniber fiert. Hat die Schefflerin gesagt und zu ainem bossen gegen die gemaind gerissen: 'Ich main, es sey Euch gleich wie den buben am auffartag, da sy ainen den teuffel bringen. Warumb bringend ir den mit?' etc."* Bemerkenswert an den namentlich genannten Personen erscheint, daß Ulrich Winkler nach der Unterdrückung der Reformation in Kempten auftauchte, wo er sich wohl vor Verfolgung sicherer fühlte. Stefan Scheffler und seine Frau dagegen erscheinen 1528 als Mitglieder der täuferischen Gemeinde in Kaufbeuren.

Die Bürgerschaft bestimmte im Anschluß an die Vorgänge einen Ausschuß von acht „Lutherischen" und sandte diesen zum Rathaus. Dort wurde ihnen gesagt, daß am folgenden Montag Rat und Gemeinde zusammenkämen. In aller Frühe wurden dann die Elfer, als Vertreter der Zünfte, zusammengerufen. Um dieselbe Zeit hatte sich eine auf 150 Menschen geschätzte Menge mit dem Prediger zum Weberzunfthaus begeben; aus dieser Gruppe wurden *„zu furtragern gewellt: Doctor Eyf [Stadtarzt Dr. Ivo Strigel], Pauly Funck, Ulrich Kantegieser [Ulrich Winkler], Jerg Geirhalder, Caspar Haltepeger, Caspar Bapeierer, Veit Rader, Christa Wagner und Jerg Schilling. Die haben begert, die pfaffen gegen einander zestellen, sy dispertiern zelassen und alßdann notturfticklich zuherrn und welher uberwunden, dem andern blibnen zefolgen, wan aber nit, ine der stat zuuerweisen etc."*[4] Entsprechend setzten der Rat und die Elfer ein Religionsgespräch auf Ende Januar an, bei dem die beiden Parteien ihre Meinung mit der Hl. Schrift belegen sollten.

Die Verantwortung der Organe der Bürgerschaft für kirchliche Belange war seit dem späten Mittelalter eine Selbstverständlichkeit, da sich die Kommunen gleichzeitig als Heilsgemeinschaften verstanden: Wenn Mißstände in der Kirche herrschten, so stand das Wohl der Stadt auf dem Spiel. Dem entsprechend sah sich der Kaufbeurer Rat in der Pflicht, die religiösen Streitfragen innerhalb der Bevölkerung zu klären, Lästerungen Einhalt zu gebieten und für Ordnung zu sorgen. In der Ausschreibung zur Abhaltung eines Religionsgesprächs vom 18. Januar stellten sich Rat und Bürger unter direkte Verantwortung vor Gott und hatten *„die tröstliche Hoffnung, der Almächtig got werde durch seinen hailigen*

Geist undter und in denen So in seinem Namen versamelt sein, also wirckhen damit wir gemeinlich der waren gotlichen erkentnis geweist und bey Ime nach disen zeit ewigklich Leben werden." Umstürzend neu daran war, daß die Bürger gegenüber dem kirchlichen System nicht mehr autoritätsblind waren, sondern sich in eigener Verantwortung vor Gott sahen. Dabei kam es bei dem Ruf nach Reformen zu einem Zusammenspiel von Rat und Bürgerschaft, was der Rat in die geordneten Bahnen eines von ihm beaufsichtigten Religionsgesprächs zu lenken versuchte. Hierin sind Vorstellungen vom kommunalen Gespräch des gemeinen Mannes und eine synodale Konzeption zu erkennen. Die Disputation hatte aber auch Entscheidungscharakter und trug Züge eines rechtlichen Verfahrens: Satzungen zu erlassen fiel nicht nur dem Rat zu, sondern erforderte den breiten Konsens - in den damals auch in anderen Städten veranstalteten Disputationen dehnte die politische Gemeinde ihre Befugnis, den Frieden zu sichern, auf den religiösen Bereich aus und inkorporierte auf diese Weise die Religion.

Zur Vorbereitung des Gesprächs entfaltete der Rat nach allen Seiten hin Tätigkeiten: Gesandtschaften mit Jörg Lederer und Ambros Spar gingen nach Augsburg, Kempten und Memmingen, um sich Ratschläge zu holen. Kempten betonte das Recht und die Pflicht der Obrigkeit zur Erhaltung des Friedens und verwies auf den Speyrer Städtetag; von Memmingen bekam man die Akten des dortigen Religionsgesprächs. Am 30. Januar 1525, einem Montag, wurde das Kaufbeurer Religionsgespräch um 7 Uhr durch den Bürgermeister eröffnet. *„Zuerst erschienen der Bürgermeister, die Ratsherren und die beiden Präsidenten Dr. Ivo Strigel und Dr. Sebastian Fuchssteiner auf der Ratsstube. Jeder erhielt seinem Stand gemäß vom Stadtschreiber Johann Ruef einen Platz zugewiesen. Erst danach betraten die Prediger und Pfarrer den Raum, denen die Kapläne folgten. Die Vertreter der Bürgerschaft kamen zuletzt. Deutlich versuchte die Obrigkeit durch das Ritual des Zusammenkommens, seine [ihre] übergeordnete Stellung über den Parteien und der Bürgerschaft zu dokumentieren. Auch wurde damit die abhängige Stellung der Gesprächspräsidenten herausgestellt. Hatten die Stadtbewohner durch Tumult und Empörung das Gespräch erzwungen, so ließen die Ratsherren doch keinen Zweifel daran, wer letztlich die Disputation veranstaltete und entschied."*[5] Bürgermeister Blasius Honold, der mit der reformatorischen Lehre sympathisierte, erinnerte bei der Eröffnung des Religionsgesprächs daran, daß alles zur Ehre Gottes und zum Erhalt von Frieden und Einigkeit geschehe. Die Leitung der Disputation oblag dem Stadtarzt Dr. Ivo Strigel und dem entschiedenen Lutheraner Dr. jur. Sebastian Fuchssteiner, der zuvor schon die Schriften des Wittenbergers auf einem eigens errichteten Predigtstuhl in der St. Martins-Kirche verlesen hatte.[6] Eine einflußreiche Stellung nahm auch der höchste Verwaltungsbeamte der Reichsstadt ein, Stadtschreiber Hans Ruf, der in seinen Äußerungen als entschiedener Gegner der Reformation hervortrat.[7]

Von den Geistlichen dieser Disputation tritt am deutlichsten der reformatorische Prediger Jakob Lutzenberger hervor. Er war Inhaber der Honoldischen Prädikatur und von seiner Ausbildung her - Prädikanten hatten im Gegensatz zu Priestern zumeist ein Studium absolviert - gewohnt, biblisch zu arbeiten, zu begründen und zu predigen. Damit nahm er eine Schlüsselstellung bei der Klärung der anstehenden Fragen ein und stellte dazu sieben Artikel auf. Sicherlich waren Lutzenberger einige Schriften Luthers und Zwinglis bekannt, gleichzeitig bleiben seine Artikel aber auch ein persönliches Bekenntnis. Der Vergleich mit der für die lutherische Kirche noch heute maßgeblichen Confessio Augustana von 1530 soll ihre theologische Richtung aufzeigen:[8] An die Spitze stellt der Prediger den entscheidenden Artikel über den Kirchenbegriff: *„Jesus Christus ist das Haupt der wahren christlichen Kirche"*, nicht etwa der Papst oder ein Bischof. Weiter heißt es: *„Die Kirche wird nach außen nicht sichtbar geführt."* Inhaltlich sehr ähnlich ist der entsprechende 7. Artikel der Confessio Augustana gehalten, wonach die christliche Kirche kein Selbstzweck ist, sondern das Mittel, daß die Botschaft Jesu Christi recht verkündigt und die Sakramente stiftungsgemäß gebraucht werden. In seinem zweiten Artikel geht Lutzenberger auf den Glauben und die guten Werke ein: *„Der Glaube bedeutet nichts anderes als Erkenntnis von Gottes Barmherzigkeit."* Darin spiegelt sich Melanchthons berühmter Satz: *„Christum cognoscere est beneficia eius cognoscere"* (Christus kennen, heißt, seine Wohltaten für uns zu kennen); und in der Confessio (Art. 5 und 20) heißt es dem entsprechend, daß keiner durch seine Verdienste das Heil erlangt, denn gute Werke entstehen allein aus der Dankbarkeit gegenüber Gott. In vier weiteren Artikeln behandelt

Philipp Melanchthon (1497-1560); nach einem Bildnis im evangelischen Kirchenarchiv Kaufbeuren

Lutzenberger die Bräuche und Äußerlichkeiten, die in der Kirche eingerissen waren (Artikel 3, 4, 6 und 7). So lehnt er das Anrufen der Heiligen und die Verehrung der Bilder in der Kirche ab; andere kritisierte Gebräuche, wie etwa Vigilien, sind dem heutigen Christen kaum noch ein Begriff. Die Confessio geht in dieser Hinsicht vorsichtiger vor: Demnach sind menschliche Bräuche erlaubt, soweit sie ohne Sünde geschehen. In diesem Unterschied ist der Einfluß der zwinglianischen Richtung auf den Kaufbeurer Prädikanten zu spüren. In seinem 5. Artikel handelt Lutzenberger von der Messe: *„Das Opfer für Lebende und gar Tote auch noch um Geldes willen ist entschieden als Sünde abzulehnen."* Die Confessio (Art. 24) formuliert fast wörtlich genauso. Weiter führt Lutzenberger aus: *„Die Kommunion ist der Empfang der Zeichen des wahren Leibs und des wahren Blutes Christi."* Hier wird nochmals der Einfluß der Schweizer Reformatoren deutlich, die Brot und Wein als bloße Zeichen für Christi Leib und Blut ansahen; demgegenüber lehrt die Confessio, daß unter Wein und Brot wahrer Leib und Blut Christi gegenwärtig sind und ausgeteilt werden (Art. 10). Die Übereinstimmungen zwischen Lutzenberger und der Confessio in den reformatorischen Kernanliegen, aber auch die Unterschiede zwischen beiden, die darin wurzeln, daß im oberdeutschen Raum zunächst der Zwinglianismus prägend war, sind evident.

Daß das Religionsgespräch einen deutlichen reformatorischen Impetus hatte, geht daraus hervor, daß dabei die Hl. Schrift als einzig verläßliche und legitime Grundlage angesehen wurde - und nicht etwa Konzilsbeschlüsse oder kirchenrechtliche Bestimmungen. Hauptvertreter der Gegenseite war Pfarrer Georg Sigk. Äußerungen in seinen Predigten zufolge vertrat er die spätmittelalterliche Theologie: Er befürwortete das Fegefeuer und den Brauch, Bitte für Verstorbene zu leisten; darüber hinaus behauptete er: *„Gott hab allen gewalt von Im den hailigen ubergeben"*, *„Maria, die Mutter gotz, sey im reich gotz die gewaltigiste"*, *„die Apostel haben all Ir hoffnung in Maria gesetzt"* - Aussagen, die er mit der Bemerkung unterstrich *„Das will ich verantworten und erhalten, wo man will, ob es auch gleich für den gelertesten doctorn diser welt wäre."*[9] Doch die Stimmung in der Stadt war zum Teil vehement gegen ihn gerichtet, so daß er und seine beiden Helfer es vorzogen, bei seinem Bruder Wolfgang, der als Pfarrer in Geißenried lebte, Zuflucht zu nehmen. Zum Religionsgespräch kam er mit einem Tag Verzögerung und unter Zusicherung des freien Geleits. Begleitet wurde er außer von seinem Bruder vom Verweser der Pfarrei Aitrang, Magister Nikolaus Schwicker. Sigk und die Seinen bestritten dem Rat die Zuständigkeit für sein Vorgehen und forderten, die strittigen Fragen dem Bischof vorzulegen; Neuerungen müßten von einem Konzil beschlossen werden. Außerdem behaupteten sie, ein Disputationsverbot des Bischofs zu kennen. Diese Einwände wurden jedoch durch Dr. Fuchssteiner mit dem Hinweis auf 1. Kor 14,29 (*„Auch von den Propheten sollen zwei oder drei reden, und die andern sollen die Rede prüfen."*) abgewiesen, worauf Sigk, Schwicker *„und andern iren Mitgewelt"* die Versammlung verließen.

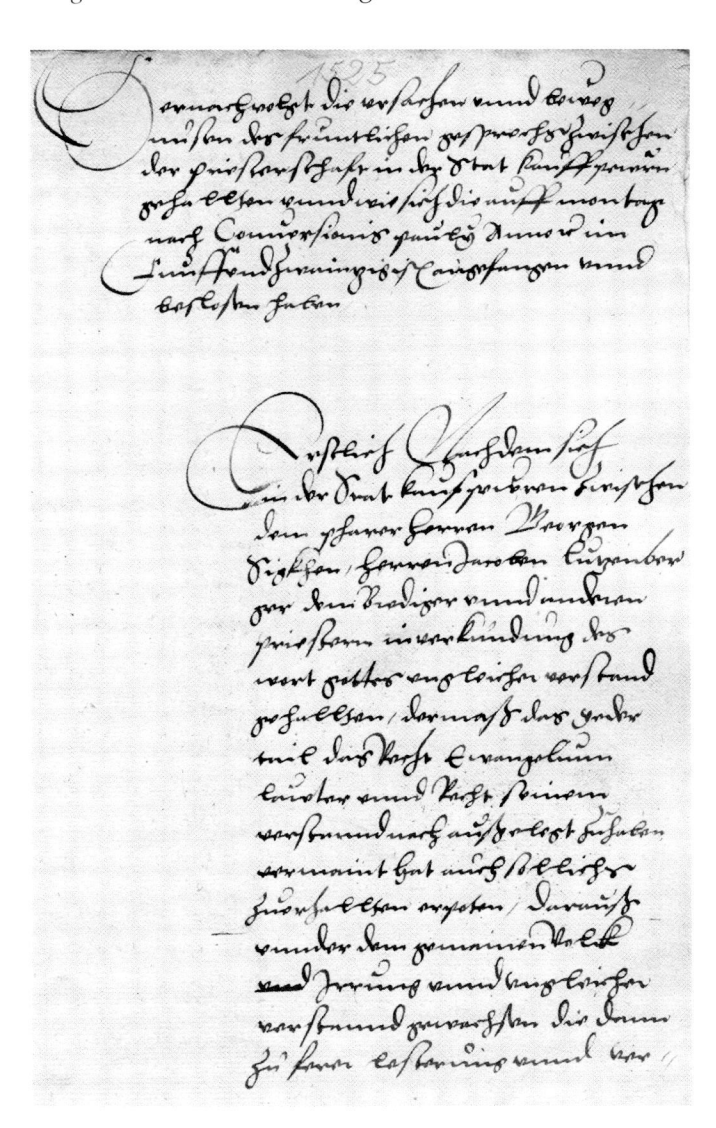

Erste Protokollseite des Kaufbeurer Religionsgespräches von 1525, EKA Kaufbeuren

Bei dem Kaufbeurer Religionsgespräch von 1525 waren elf Kapläne anwesend, die von Dr. Fuchssteiner einzeln nach ihrer Meinung zu Lutzenbergers Artikeln befragt wurden. Man sieht bei diesen noch keine eindeutige Trennung der theologischen Richtungen; drei Optionen lassen sich jedoch erkennen: Anhänger, die der Position Sigks nahestehen, Sympathisanten der Reformation und

Unentschiedene. Hans Wurm, Simprecht Funck und Hans Hauser sagten schon zu Beginn, *„daß Sy der hailigen geschrifft und wort Gottes so vil sy gnad erlangt geren anhangen und des underweist zewerden begeren wellen."* Auf den Vorwurf des Lorenz Kun gegenüber Hans Wurm, *„das derselb in seine predigt unser Lieben Frawen und alle heilig verwerff",* sagte der Betroffene, *„er hab gebredigt christus sey die warhait der weg das leben und die ganntz erlesung. Und mug sunst durch kain mitel zu Got dem Vatter dann durch seine aigen Sun komen denn christus hat fur unnser Sunnd mit seine bittern tod gnug gethann. Uns dardurch auch erlest wie dann die hailig geschrifft das an vil ortt anzeig sey und wenn Herr Laurenntz vor und nach an seiner Bredig geganngs und dieselb gehört, so war er des zweyffel erlest worden."* Zur reformationsgegnerischen Richtung neigte Hans Klee, der auch einen interessanten Beitrag zum Artikel über die Bilder lieferte, indem er feststellte: *„die Bauern haben sunst kain geschrifft dann der Zeichen in der Kirch das sein auch ir biecher."* Bilder seien nicht gegen die Schrift, man solle sie nur nicht anbeten, wobei er auf Num. 21 verwies. Geschickt fügte er die Frage nach dem Schriftprinzip hinzu, *„ob alle gebot in dem allte Testamet in dem Newen zehalten sein, denn man hab in dem alt Testamet einen gutten tail der gebot die man yetzo nit halt".* Darauf Lutzenberger: *„ettlich Capitl auß dem Testamet dem Klee angezeigt."*

Von den unentschiedenen Kaplänen wurde oft gesagt: *„Ich bin in der Schrift nicht gelernt, weiß nichts dazu zu sagen, ich laß es bleibn und befehl es der Obrigkeit und einem ehrsamen Rat."* Daraus ersieht man die unzureichende Ausbildung vieler Geistlicher. Das Generalvikariat zu Augsburg mußte des öfteren ermahnen, daß die Messen gemäß den Stiftungsbedingungen gelesen würden und die Pfründen ordentlich zu versehen seien. In welchen Zwiespalt und welche Nöte die Kapläne kommen konnten, zeigt die Reaktion des Kaplans Hans Kempter von Marktoberdorf, vom dem die Fundation seiner Pfründe das Abhalten der Messe forderte, während ihm sein Gewissen dies verbot.[10]

Obwohl die reformationsfreundliche Partei das Religionsgespräch als Plattform für ihre Ideen besser nutzen konnte, beließ es der Rat bei vorsichtigen Beschlüssen: Die Geistlichen wurden angewiesen, nichts zu tun oder zu predigen, was gegen die Hl. Schrift sei; hinsichtlich der weiteren Vorgehensweise wolle man den Rat der Nachbarstädte einholen und die allgemeinen Entwicklungen abwarten. Doch dazu sollte es nicht mehr kommen, da die Bauernerhebungen auch Kaufbeuren erreichten: Bürgermeister Honold hatte sich zwar mit den Bauern des Baldringer Haufens dahingehend verständigen können, daß sie nichts Gewaltsames gegen die Stadt unternahmen, doch wurde bei der Regimentswahl am 1. Mai 1525 unter der drohenden Niederlage der Bauern der reformationsfeindliche Matthias Klammer zum Bürgermeister gewählt. Klammer nutzte die Anwesenheit der Truppen des Schwäbischen Bundes in der Stadt, um die reformatorische Partei zu unterdrücken und ihre führenden Köpfe zu vertreiben: Honold, der bereits im Vorfeld dieser Vorgänge verklagt worden war, in der Fastenzeit zu schlachten, am Freitag oder Samstag Fleisch zu verzehren, aus einer bilderfeindlichen Haltung heraus eine *„tafel"* aus der Kirche entfernt zu haben, die deutsche Messe zu fördern, die Priesterehe zu begünstigen, für das Abendmahl in beiderlei Gestalt einzutreten und lutherische Bücher zu dulden,[11] siedelte nach Kempten über, wo er ab 1531 in der Bürgerliste genannt wird. Auch Dr. Fuchssteiner mußte nach dem Bauernkrieg und dem militärischen Eingreifen des Schwäbischen Bundes die Stadt verlassen.[12] Damit war die Reformation in Kaufbeuren vorerst gescheitert.

Fünf Bekenntnisse in einer Stadt - die Situation zwischen 1525 und 1555

Während sich die Stadt in den Jahren nach 1525 nach außen hin feindlich gegenüber der Reformation zeigte, machten sich im Inneren verschiedene religiöse Bewegungen bemerkbar, wie im Jahr 1543 der Stadtschreiber Hans Ruf in einem Brief feststellt: *„Es seind eine zeitlang allhie etliche Lutteraner, Schmackheldische, Zwinglischen und teufferischen secten zusamen gelaufen, und viel anschleg und practicen gemacht."*[13]

Eine relativ große Anhängerschaft konnten in jenen Jahren in Kaufbeuren die Täufer um sich sammeln, obwohl sie von der obrigkeitlichen Verfolgung am meisten betroffen waren. In Kaufbeuren wurden 1528 fünf von ihnen enthauptet, dreißig mit glühenden Eisen durch die Wangen gebrannt und aus der Stadt gepeitscht. Trotzdem existierte ihre Gemeinde in der Stadt weiter - in den 1540er Jahren umfaßte sie mindestens vierzig Personen. Neben den Beziehungen mehrerer Mitglieder zu Ratsherren und Zunftmeistern war eine große Bandbreite von Handwerkern vertreten. Im Zuge der Verfolgung durch den Rat wanderten viele Täufer aus, so im Jahr 1545 eine Gruppe nach Mähren, die aber an der Grenze zu Niederösterreich abgefangen wurde; zahlreiche Mitglieder dieser Auswanderergruppe wurden wenig später hingerichtet. Ebenfalls großer Zuhörerschaft erfreute sich der Spiritualist Kaspar Schwenckfeld. Vorwiegend Oberschichtsangehörige zählten zu seinen Anhängern, namentlich faßbar sind nur wenige, wie etwa die beiden Bürgermeister Anton Honold und Matthias Lauber, aber auch der Stadtschreiber Matthäus Windisch und der Prediger Matthias Espenmüller. Schwenckfeld vermittelte der Stadt 1544 ihren ersten evangelischen Pfarrer, seinen Anhänger Burckhardt Schilling, der von Bürgermeister und Rat als *„gelehrter gottseeliger Mann"*[14] verehrt wurde und bereits 1545 starb. Im Jahr 1545 besuchte Schwenckfeld selbst die Stadt.

Die zwinglische Seite trat hervor mit dem Prädikanten Michael Keller aus Augsburg, der hier auch eine Kirchenordnung, wohl nach Augsburger Vorbild, errichtete. Ein Hinweis darauf mag sein, daß der Sohn des Bürgermeisters Matthias Lauber erst dann in der St. Martins-Kirche heiraten wollte, nachdem sämtliche Bilder aus ihr entfernt worden waren.[15] 1546 kam in der Person des Pfarrers Thomas Kirchmair, der seinen Namen in Naogeorgus gräzisiert hatte, erneut ein Vertreter der zwinglischen Richtung nach Kaufbeuren. Kirchmair erlangte durch seine Tendenzdramen und sein humanistisches Schrifttum eine gewisse Berühmtheit. Die lutherische Richtung hatte letztendlich im Rat und in Stadtammann Johann Baptist Heel, der jedoch bereits Ende der 1530er Jahre verstarb, ihre Befürworter.

Aufgrund der Tatsache, daß die reformatorischen Kräfte in Bürgertum und Rat in zunehmendem Maße erstarkten, wurden ab 1543, als für kurze Zeit die schwenckfeldische Partei im Rat den Ton angeben konnte, entsprechende Maßnahmen durchgeführt: Das Abendmahl wurde fortan unter beiderlei Gestalt gereicht, die Schulmeisterstellen wurden 1543/44 neu besetzt. Ferner wurden das Frauenhaus geschlossen, das Almosenwesen neu geordnet und das Vermummen zur Fastnachtszeit verboten.[16] Mit der offiziellen Annahme der Confessio Augustana am 5. August 1545 für Kaufbeuren stellte sich der Rat schließlich auf die von auswärts empfohlene lutherische Grundlage. Auch das ius patronati et praesentandi über St. Martin ging 1545 an ihn über.[17] Ebenfalls zur Erkenntnis der Reformation hielt sich der bedeutende Kaufbeurer Patrizier Georg Hörmann, wie aus seinem Testament 1552 ersichtlich wird. Hörmann stand mit bedeutenden Reformatoren - etwa Philip Melanchthon - in Verbindung, blieb aber nach außen hin, unter anderem aus Rücksicht auf seine verwandtschaftlichen und geschäftlichen Beziehungen zu den Augsburger Fuggern, der Papstkirche verhaftet.[18] Von dieser wandten sich, wie aus einer Beschwerde Pfarrer Wessers aus dem Jahr 1544 hervorgeht, immer mehr Menschen in der Stadt ab: Wesser klagte, daß die Leute ihm gegenüber kein Vertrauen mehr zeigten und kaum mehr Verlangen nach den nach römischem Ritus gefeierten Kasualien hätten. Kurz darauf resignierte er; die in Kaufbeuren noch verbliebenen Katholiken waren wie *„irrende Schafe"*.[19]

Die Reorganisation der evangelischen Gemeinde ab 1557

Mit dem letzten großen und gewaltsamen Versuch Kaiser Karls V., die kirchliche Situation im Reich noch einmal nach seinen Vorstellungen - und damit in antireformatorischem Sinne - zu gestalten, brach für die Evangelischen in Kaufbeuren noch einmal eine schwere Zeit an. Nach seinem Sieg über den Schmalkaldischen Bund hatte der Kaiser auf dem „Geharnischten Reichstag" in Augsburg 1548 das sogenannte „Interim" erlas-

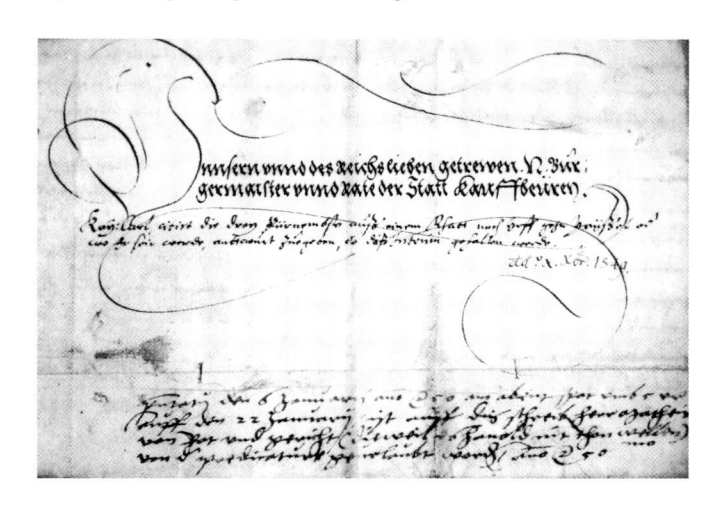

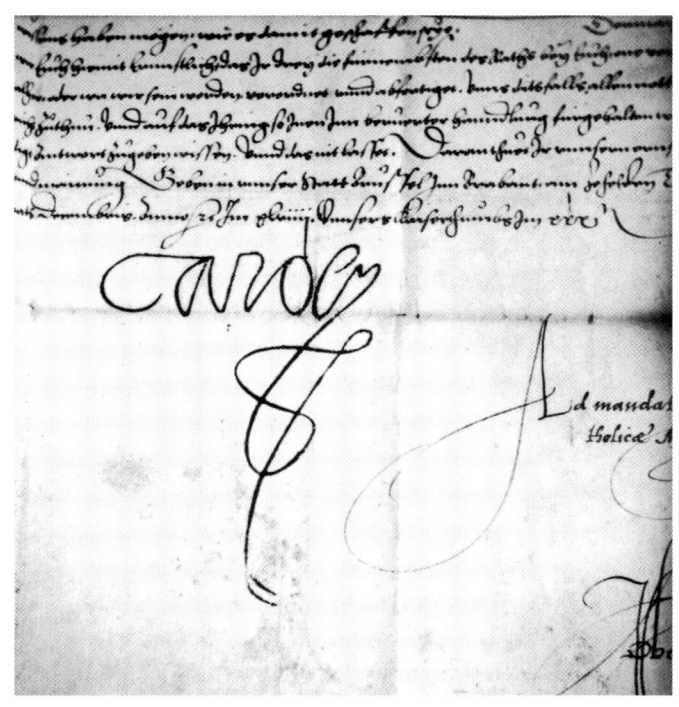

Brief Karls V. vom 10. Dezember 1549 an „Unsern unnd des Reichs lieben getreuen Hernn Bürgermaister unnd Rate der Statt Kauffbeuren" mit eigenhändiger Unterschrift (EKA Kaufbeuren)

sen, das der evangelischen Seite zwar die Priesterehe und den Laienkelch zugestand, alles andere jedoch in vorreformatorischem Zustand belassen wollte, bis ein allgemeines Konzil eine endgültige Entscheidung fällte. Gleichzeitig verhalf Karl V. durch eine neue Verfassung für die Reichsstädte, die „Carolinische Wahlordnung", dem Patriziat, von dem er annahm, daß es seine religiösen Vorstellungen teilte, auf Kosten der Handwerker zur Macht. Wie wichtig ihm seine Maßnahmen waren, zeigt sich daran, daß sich der Kaiser persönlich und detailgenau um ihre Umsetzung kümmerte. Auch die Verhältnisse im vergleichsweise unbedeutenden Kaufbeuren waren für ihn von Interesse, wie mehrere diesbezügliche Briefe belegen,[20] in denen die schwierige Situation der Menschen zwischen Glauben, Bekennen und Leben deutlich wird: Die Befolger des Interim gingen immer wieder Kompromisse ein und nutzten auch die kleinsten kaiserlichen Zugeständnisse. Nicht unproblematisch war die Umsetzung der Carolinischen Wahlordnung, da es in Kaufbeuren - anders als in Augsburg - kein reformationsfeindliches Patriziat mehr gab, so daß sich hier bereits nach wenigen Jahren die reformatorischen Kräfte wieder durchsetzen konnten. Nachdem die politische Lage durch den Passauer Vertrag von 1552 für die Evangelischen leichter geworden war, war es außerdem mitunter schwer, zwischen interimistischen und evangelisch eingestellten Personen zu unterscheiden.

Erst nach dem Augsburger Religionsfrieden von 1555 konnte die evangelische Lehre wieder öffentlich ausgeübt werden: In der St. Sebastians-Kapelle am Friedhof versammelte sich die singende Gemeinde (bis 1573), während in der Liebfrauen-Kapelle das Wort Gottes gepredigt wurde. Pfarrer Tilmann übernahm die parochialen Aufgaben, in deren Rahmen er neben Sakramentenspendung, Krankenbesuchen und Leichenansprachen zweimal wöchentlich zu predigen und am Sonntag den Gottesdienst zu feiern hatte. Aufgrund dieser vielfältigen Aufgaben bat Tilmann schon bald um einen Helfer, weswegen auf die Honoldische Prädikatur mit Zustimmung des Rats und des Collators Jakob Honold zu Augsburg statt eines Meßpriesters der evangelische Prediger Hieronymus Dorsch angestellt wurde. Mit dem kontinuierlichen Anwachsen der Gemeinde wurden bald schon auch die bisher von den Evangelischen benutzten Gotteshäuser zu klein. Die Forderung auf Benutzung der St. Martins-Kirche führte 1558 zur Einführung des Simultaneums in der Pfarrkirche:[21] Von 6 bis 8 Uhr und um 12 Uhr durften die Evangelischen fortan ihren Gottesdienst abhalten, die Sakramente empfangen und Hochzeiten feiern. Eine ähnliche Regelung wurde 1561 für das Gotteshaus des Heilig-Geist-Spitals gefunden: *„In der gemeinschaftlichen Spital Kirchen trugen fast gleiche Verdrießlichkeiten zu, wie in der S. Martin Pfarr Kirchen; bis an S. Martini Tag bey Rath, zwischen dem Cathol. Pfarrer, und dem Michael Hecht, der Spital Pfarr wegen, folgende Vergleichung gemacht worden, daß sie die Pfarr miteinander, mit Raichung der Sakramenten, Tröstung der Kranken, und in andere Weeg, iederzeit versehen, anbey der Catholische am Samstag in der Früh, unter der Zeit, weil der Evangelische Pfarrer in der Pfarr geprediget, unten in der Spital Kirchen sein Sach verrichten, der Evangelische Helfer aber am Freytag darinn predigen solle; es wäre denn, daß ein theil seinen Gottesdienst öfter, dann iezt gehört, darinn fürnehmen wollte, das soll ihm zugelassen seyn, doch daß keiner den andern hindern etc., dafür soll ieder jährlich 32 Gulden empfangen, weiter nichts."*[22]

Pfarrer Michael Hecht, gest. 1594

In den Jahren zwischen dem Augsburger Religionsfrieden und dem Dreißigjährigen Krieg formierte und konsolidierte sich das evangelische Kirchen- und Gottesdienstwesen in Kaufbeuren: Täglich wurden Gottesdienste oder Andachten gehalten und an Feiertagen nachmittags gepredigt; 1584 wurde eine regelmäßige Katechese eingeführt, im Jahr 1602 tauchen Chorschüler auf. Für die Siechen war alle vier bis fünf Wochen eine Predigt vorgesehen. Bei einer Krankheitswelle im Jahr 1563 wurde alle 14 Tage das Abendmahl in der Kirche gehalten, um die Hausabendmahle einzuschränken.[23] Inwiefern sich die Augsburger Kirchenordnung von 1537 auf das kirchliche und gottesdienstliche Leben Kaufbeurens auswirkte, läßt sich anhand der Überlieferung nicht eindeutig feststellen; Anklänge gibt es jedoch viele: Vespergottesdienste mit Psalmen, Katechismuspredigten, Marienfeste, Zwölf-Apostel-Feste, sonntägliche Gottesdienste früh, mittags und abends, bei Taufe und Abendmahl bis zum Schluß des Gottesdienstes zu bleiben, Bilderfrage. Überliefert ist jedenfalls, daß die Reichsstadt Ulm 1545 ihre Kirchenordnung an Kaufbeuren übersandte.[24] Der Bekenntnisstand der evangelischen Gemeinde wurde auf die lutherische Richtung festgelegt - dementsprechend gehörte die Reichsstadt zu den Unterzeichnern der Konkordienformel von 1577.[25] Nur vereinzelt tauchten noch Täufer und Schwenckfelder auf: Zwischen 1556 und 1597 werden neun Täufer genannt, von denen 1568 zwei zum Luthertum konvertierten. 1624 verließen mehrere Schwenkfelder die Stadt, nachdem der evangelische Pfarrer Löschenbrand vor dem Rat wegen ihrer Anwesenheit protestiert hatte.

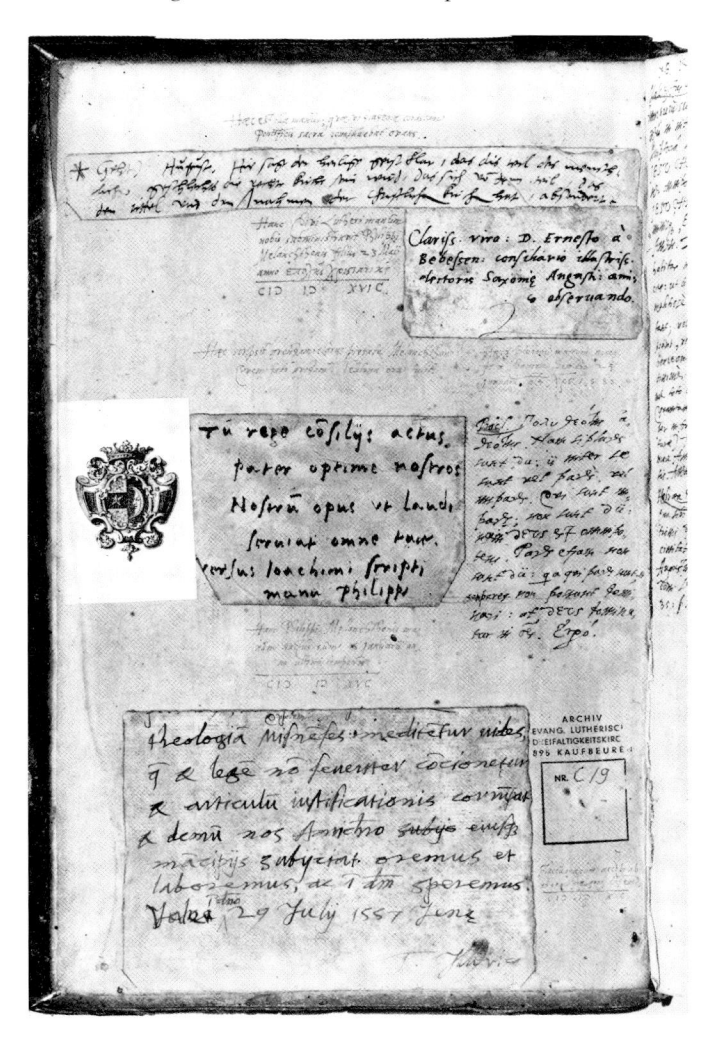

Die Kaufbeurer Schramm-Bibel von 1581 und ihre Autographen-Sammlung im Innendeckel; darunter auch die Handschriften Martin Luthers und Philipp Melanchthons (EKA Kaufbeuren)

Zu Schwierigkeiten mit der katholischen Gemeinde kam es durch die Einführung des Gregorianischen Kalenders im Jahre 1582:[26] Aufgrund der Ungenauigkeiten des alten Julianischen Kalenders hatte sich seit der Antike eine zeitliche Verschiebung ergeben, so daß der stark naturwissenschaftlich interessierte Papst Gregor XIII. eine Kommission zur Kalenderreform einsetzte und aufgrund ihrer Berechnungen verfügte, daß dem 4. Oktober der 15. Oktober 1582 folgen solle. Da sich die Evangelischen im Reich dieser „papistischen Anordnung" widersetzten, gab es nun zwei Kalender - mit der Folge, daß die beweglichen Feiertage, etwa das Osterfest, zu unterschiedlichen Zeiten begangen wurden. In Kaufbeuren kam es in der Folgezeit daher immer wieder zu Streitigkeiten zwischen den Konfessionen bei der Benutzung der St. Martins-Kirche. Einzelne Katholiken wandten sich daraufhin an den Kaiser, der 1588 und 1602/04 zwei bischöflich-augsburgische und herzoglich-bairische Kommissionen in die Reichsstadt schickte, die die kleine katholische Gemeinde stärkten und das Simultaneum in der Pfarrkirche in Frage stellten. Während der mehrheitlich evangelische Rat dem ohnmächtig zusah, versammelten sich 1602 rund 400 Personen auf dem Weberhaus, um gegen die Beschneidung ihrer Rechte und für die Ausübung des Gottesdienstes in der St. Martins-Kirche zu protestieren. Der Kaiser sah dies als Affront an und sprach das alleinige Nutzungsrecht über die Pfarrkirche den Katholiken zu; gleichzeitig versicherte er allerdings den Rat der noch übrigen Rechte und Freiheiten, „*insbesonderheit des freyen Religions exerciti, des Juris Patronatus über S. Martins Kirchen, und des freyen Zugangs zu der Uhr, Glocken und hohen Wacht.*"[27] Der evangelischen Gemeinde wurde als Ersatz für den verlorenen Gottesdienstraum das alte Kaiserhaus am Markt zugesprochen; da es sich dabei um ein profanes Gebäude handelte, das zuvor nicht zu Kultzwecken verwendet worden war, waren eventuelle Ansprüche der katholischen Gemeinde gegenstandslos, und der Rat konnte beschließen, dieses Haus „*zu einer Evangelischen Kirchen auf Gemeiner Stadt Kosten erbauen zu lassen*". Bis zur Vollendung des Umbaus feierte die Gemeinde ihre Gottesdienste sonntags in der Liebfrauen-Kapelle und mittwochs in der Spitalkirche.

Die evangelische Gemeinde in der ersten Hälfte des 17. Jahrhunderts

Im April des Jahres 1604 wurden die Umbaumaßnahmen des Kaiserhauses in Angriff genommen: „*Zu Bauherren wurden von E.E. Rath verordnet: Matthias Prechler, Inwohner, Christoph Lauber, Stadtammann, Johann Georg Bonrieder JVD, Martin Geyrhalter und Georg Mangold, beede des Raths, Hans Bonrieder des Gerichts, und Hans Heinlin, aus der Gemein.*" Werkmeister der Zimmerleute war Thomas Schweyer, Meister der Maurer Jörg Harrer. „*Der Bau wurde [...] von Johann Matthias, des Stadt Amanns Christoph Laubers - von Caspern, des Georg Mangolden - von Ulrichen, des Johann Heinlins - und von Johann Georg, des Pfarrer Georg Anwanders Söhnen, der erste Stein, und auf dieselbe vom ersten Knaben zwey Hungarische Ducaten, vom andern zwey königliche Thaler, vom dritten ein Hungarischer Ducaten, und vom vierten ein Königlicher Thaler gelegt; Zugleich hat sich die Evangelische Bürgerschaft, reich und arm, iung und alt, Manns und Weibs Personen mit Arbeiten, fer-*

ner der Spitalmeister Jacob Gropper und dessen Schreiber Johann Brommer, wie nicht weniger die Bauren bey gemeiner Stadt- und des Spitals Dörfern mit fahren und anderm so willfährig erzeiget, daß der Dachstuhl schon den 7/17 Julii aufgerichtet werden konnte; wobey man den Männern so dazu geholfen, 5 Aymer Wein zum Besten gegeben; und die Kirche mit ihrer noth Zugehör in kurzer zeit nemlich in 30 Wochen, erbauet worden."[28]

Am 2. Januar 1605 erfolgte die Einweihung der Kirche. Die beiden aus diesem Anlaß gehaltenen Predigten haben sich mit einem aufschlußreichen Bericht über den Ablauf der Feierlichkeiten erhalten: *"Dann erstlich hat man desselbigen morgens umb halb siebne anfahen in die Kirche zu leuten da sich dann alsbald ein grosse anzahl der Evangelischen Burgerschafft befunden welche ihre Stühl eingenommen wie sie durchs Los zuvor oder andere gelegenheit uberkommen haben, es ist auch ein zimblich langes gestul bey der Cantzel hinab für die Arme frey gelassen worden."* Im Wechsel von Gesang und Orgelspiel erklangen die Lieder „Nun freut euch liebe Christengemein", sowie „Komm Hl. Geist". Dann stieg Pfarrer Anwander auf die Kanzel, während Psalm 103 gesungen wurde. *„Auff diß hab ich zur Predigt ein Eingang gemacht, gebetet, den 122. Psalmen verlesen, ihn auch so viel zur tractierung für genommener Materien von nöten gewesen erklärt und in werender Predigt vier Puncten tractiert. Nach vollendeter Predigt ist die Kirchen eingeweyhet worden mit einem sonderbaren hierzu gesetzten Gebet. Item man hat gleich darauff das H. Abendmahl gehalten: und nach haltung des heiligen Abendmahls hab ich des Ehrnvesten weisen Herrn Stattamman Christoph Laubern sohn getaufft, welcher am Donnerstag zuvor geboren, aber zu diesem End (daß man*

Die Kaufbeurer Dreifaltigkeitskirche im ersten Bauzustand (kolorierte Zeichnung von unbekannter Hand im EKA Kaufbeuren)

nach gehaltener ersten Predigt die Kirchen gleich mit Tauffen weyhe) auffgehalten worden. Endtlich ist diese ganntze erste handlung mit Gesang und Klang beschlossen und nach gesprochenem Segen jederman heimgelassen und für arme Leut unnd Kirchen nach eines jeden gelegenheit Almusen gegeben worden." Mit dem Psalmwort: *„Ich freue mich über die, die mir sagten: lasset uns ziehen zum Hause des Herrn!"* legte Pfarrer Anwander in fundierter biblisch-evangelischer Begründung die Besonderheiten des eigenen Kirchenbaues dar. Bei allem gelte: *„Gott ist Geist, und die ihn anbeten, die müssen ihn im Geist und in der Wahrheit anbeten"* (Joh. 4,24). Da man Gott an allen Orten verehren solle und könne, so sei es gestattet, daß die Dreifaltigkeitskirche nicht nach Osten, sondern nach Süden ausgerichtet sei. Nach den Vorfällen der Vergangenheit wurde nicht mit dem Verlust der St. Martins-Kirche gehadert, sondern es überwog der Dank für die neuen Möglichkeiten. Durch Stiftungen konnte bald schon eine eigene Orgel errichtet und am 4. September 1605 erstmals öffentlich bespielt werden. Das Werk fertigte Orgelmacher Daniel Hayl von Irsee. Als Text der Einweihungspredigt wählte Pfarrer Anwander Eph. 5,19: *„Ermuntert einander mit Psalmen und Lobgesängen und geistlichen Liedern, singt und spielt dem Herrn in eurem Herzen."* Anwander erinnerte daran, daß die Gemeinde bisher ohne Orgel ausgekommen sei, ja, manchen Gemeindegliedern komme das Instrument „papistisch" vor. Doch könne man für die Unterstützung dankbar sein. In der St. Martins-Kirche habe die Zeit nicht ausgereicht, nach der Predigt Psalmen zu singen, nun sei das jedoch ohne Einschränkung möglich. Wenige Jahre nach der Errichtung der Dreifaltigkeitskirche erreichte der Dreißigjährige Krieg Kaufbeuren. Neben der unbeschreiblichen Not und dem unermeßlichen Leiden, die der Krieg für die Zivilbevölkerung beider Konfessionen brachte,[29] wurde in religiöser Hinsicht die evangelische Gemeinde der Stadt vom Restitutionsedikt von 1629 besonders schwer betroffen: Mit diesem Edikt wollte Kaiser Ferdinand II., der sich auf dem Höhepunkt seiner Macht befand, die Katholisierung weiter Teile des Hl. Römischen Reiches gewaltsam durchsetzen; im Jahr vor seinem Inkrafttreten wurde seine Praktikabilität an der Reichsstadt Kaufbeuren erprobt. Der Arzt Dr. Bonraus fertigte als Zeitgenosse Aufzeichnungen über die Unterdrückung der Evangelischen an:[30] Bei den Maßnahmen gegen die evangelische Gemeinde kam es zur Schließung und Demolierung der Dreifaltigkeitskirche, zur Ausweisung der Prediger sowie zur Auferlegung der Einquartierungslasten der kaiserlichen Soldaten und Kontributionen allein auf den evangelischen Bevölkerungsteil. Trotzdem ließen sich nur wenige beirren: *„Damalen [im November 1628 nach der Pest] waren bey 270 Evangelische Bürger allhier am Leben und nur 99 Catholische; unter welch Letzteren 17 gewesen, welche von der A.C. ab und zur Catholischen Religion getretten. Vor dem Sterben aber hat man an Burgern und Wittfrauen beeder Religion 760 Familien gezählt [...] Um diese Zeit sind denen vorhandenen Nachrichten zu folge bey 32 der vermöglichsten Haushaben [Familien] um der Religion willen emigrirt."*[31] Der Siegeszug des schwedischen Königs Gustav Adolf ab 1630 brachte der Gemeinde ihre Rettung: Im Jahre 1632 durften die Emigranten wieder in ihre Heimat zurückkehren, die zum Schein konvertierten Einwohner bekannten sich wieder zu ihrem evangelischen Glauben. Erst sechzehn Jahre später, im Jahr 1648, wurde zwischen den verfeindeten Parteien Frieden geschlossen. Kaufbeuren war nach den langen Kriegsjahren - ähnlich den benachbarten Reichsstädten - zu einem demographisch, ökonomisch und politisch völlig zerstörten Gemeinwesen herabgesunken. Protestanten und Katholiken mußten sich gemeinsam an den Wiederaufbau machen, sollte ihrer Stadt eine Zukunft beschieden sein.

Kirchenorganisation und religiöses Leben im 17. und 18. Jahrhundert

Die evangelische Gemeinde Kaufbeurens hat ihre spezifische Ausprägung nach dem Dreißigjährigen Krieg erfahren. Ein profiliertes und selbständiges Kirchenwesen war im Rahmen reichsstädtischer Freiheit und Selbstverantwortung möglich, befand sich aber auch im ständigen Gegenüber zur katholischen Konfession. „Oberbischöfe" der evangelischen Gemeinde waren in den Reichsstädten die protestantischen Ratsherren, die das Kirchenwesen nach außen vertraten. Daneben entschieden sie innergemeindliche Angelegenheiten wie die Besetzung der Mesnerstellen, die Einführung von Gesangbüchern oder die Ordnung des Klingelbeutels. Bei der Anstellung der Geistlichen und der Lehrer beider Konfessionen entschied in Kaufbeuren der ganze Rat, wobei jedoch die Evangelischen die Stimmenmehrheit besaßen. Über die katholische Pfarrkirche St. Martin besaß der Rat seit 1545 das Patronats- und Präsentationsrecht, was mitunter zu Problemen führen konnte: Bei der anstehenden Neubesetzung der katholischen Pfarrstelle im Jahr 1654 forderte der evangelische Ratsteil eine Probepredigt, was von der katholischen Seite vehement abgelehnt und mit einer Absonderung der katholischen Räte beantwortet wurde. Eine Einigung konnte erst erzielt werden, als von der Predigt abgesehen wurde.
Die Leitung der inneren Angelegenheiten des evangelischen Kirchenwesens und die diesbezügliche Entscheidungsbefugnis wurde von einem eigenen Gremium wahrgenommen, dem Konsistorium, dessen Vorläufer

organ der im Jahr 1628 genannte „Kirchenrat" gewesen sein dürfte.³² Als Aufgaben des Konsistoriums waren festgesetzt: 1. *„Ehesachen"* (Sittlichkeit, Scheidungen etc.; hier wurde häufig der Stadtsyndikus als Rechtsbeistand zugezogen, in komplizierten medizinischen Fällen sogar der Stadtphysikus); 2. *„Kirchen-Schulsachen"* (Singknaben, Vorsänger, Gottesdienstzeiten, besondere Gottesdienste, Wahl der Kirchenpfleger, auch Tänzelfest, das Examen Rigorosum der Diakone); 3. *„Geistliches Kirchengericht"* (Kirchenzucht).³³ Den Vorsitz in diesem kirchenleitenden Organ führte der Bürgermeister, in Einzelfällen auch der Stadtammann. Assessoren waren die beiden Geistlichen sowie jeweils eine Person aus dem Rat, dem Gericht und der Gemeinde, deren Wahl jeweils vom evangelischen Ratsteil bestätigt werden mußte. Betraf eine Angelegenheit eine Person, die mit einem Konsistorialen verwandt oder verschwägert war, war ein Ersatzmann hinzuzuziehen. Zum ersten Male trat das Konsistorium am 1. November 1649 zusammen. Als nichtgeistliche Assessoren waren dabei Caspar Bachschmid (zeitweise Kirchenpfleger, Geheimer Rat und Stadtrechner), Gottfried Brummer (Mitglied des Stadtgerichts) und Bartholomäus Schweyer (Geheimer Rat und Mitglied des Stadtgerichts) zugegen. Der Bürgermeister erinnerte sie *„bey ihrer Bürgerl. pflücht und Eyde, alles getreu und verschwiegen zuhalten und darauf das gelübd abzulegen."*³⁴ Tagungsort des Gremiums waren die Pfarrwohnung, die Wohnung des Bürgermeisters oder die Sakristei; seit 1670 versammelte es sich jeweils am ersten Sonntag eines Monats. Als in Kaufbeuren ab 1721 die Konfessionen die Wahl ihrer Kirchen- und Schuldiener eigenständig durchführen konnten, wurde neben dem Konsistorium das Scholarchat als eigenes Gremium geführt.³⁵

Der Stadtpfarrer kam zumeist als bereits ordinierter Geistlicher nach Kaufbeuren. Er leitete die Pfarramtsgeschäfte in Zusammenarbeit mit Rat und Konsistorium und führte die Aufsicht über die Kultushandlungen; er prüfte die Predigt- und Lehramtsanwärter und ordinierte sie. Schließlich oblagen ihm die Abhaltung der Gottesdienste, Kasualien, Andachten und Katechisationen sowie die Seelsorge für die Gemeinde. Der Prediger, seit 1558 Diakon genannt, war für Gottesdienst und Verkündigung an Sonn- und Wochentagen eingesetzt, für Seelsorge und Kasualien sowie für die Mitarbeit im Konsistorium. Oft rückte der Diakon nach Abtreten des Stadtpfarrers auf dessen Stelle vor. Aufgrund der starken Zunahme der evangelischen Gemeinde nach dem Augsburger Religionsfrieden erhielt der Pfarrer ab 1587 neben dem Diakon noch einen Helfer zur Unterstützung bei Predigten und bei der Austeilung des Abendmahls. Dieser Adjunkt war ein Theologe, der für den Schuldienst abgestellt war. Seit 1709 hielt der Adjunkt auch den Sonntagnachmittagsgottesdienst, außerdem die Mittagspredigt an bestimmten Feiertagen und die Dienstags-Kinderlehre. Mit den Schülern übte er Lobgesänge und Psalmmelodien ein.

Die Besoldung der Geistlichen erfolgte durch die Stadt. Dabei wurde die „Sieben vazierende Pfründestiftung" für evangelische und katholische Geistliche verwandt und die Honoldische Prädikatur für den Diakon. Spätere Stiftungen besserten die Besoldung insbesondere der Stelle des Adjunkten auf. Für die Verwaltung der Kasse zum Unterhalt der Dreifaltigkeitskirche wurden zwei Kirchenpröbste bestellt. Zu ihren Aufgaben gehörte nicht nur die Verwaltung gestifteter Liegenschaften, sondern auch die der Einnahmen aus den Kirchenstühlen.³⁶

Wie die Reformation durch die Predigt Kraft erhalten und ausgestrahlt hatte, so blieb auch die Verkündigung und Auslegung der Hl. Schrift zu allen Zeiten Mittelpunkt der Kirche. Sonntagmorgens um 7.30 Uhr predigte der Pfarrer, zur Mittagszeit um 12 Uhr der Diakon und seit 1709 um 15 Uhr der Adjunkt. Am Montag predigte der Diakon in der Spitalkirche um 6.30 Uhr (im Winter um 7 Uhr); auch die St. Dominikus-Kapelle wurde genutzt, etwa zur Christtagspredigt. Am Mittwoch predigte der Pfarrer in der Dreifaltigkeitskirche um 6.30 Uhr bzw. um 7 Uhr. Betstunden fanden am Dienstag und Freitagmorgen statt sowie am Samstagnachmittag, wechselweise von Pfarrer und Diakon gehalten.³⁷ Diese Gottesdienstzeiten griffen in harmonischer Weise den damaligen Rhythmus der Lebens- und Arbeitswelt auf, wie es beispielsweise eine Ordnung aus dem Jahr 1673 für Maurer- und Zimmermeister veranschaulicht: Sie sollten *„Morgens von 7 bis halb 8 Uhr, Mittags von 11 bis 12 Uhr und Abends von 3 bis halb 4 Uhr die Ruhe Zeit haben."*³⁸ Bei den Gottesdiensten diente als Grundlage die noch heute im Evangelischen Kirchenarchiv erhaltene und in Silber gebundene Kleine Württembergische Kirchenordnung in ihrer Ausgabe von 1678, die in ihren Ursprüngen auf das Jahr 1559 zurückgeht und mehrmals durch handschriftliche Kirchengebetsbücher ergänzt wurde. Man findet darin unter anderem Ordnungen zu Taufe, Trauung, Beerdigung, Beichte und Abendmahl sowie Gebete, Predigttexte und Kleiderordnungen. Bei einzelnen Teilen des Gottesdienstes wurde von den Kaufbeurer Pfarrern noch bis ins 19. Jahrhundert darauf Bezug genommen.³⁹

Von der Hochachtung der Predigt legen viele Stiftungen Zeugnis ab. Zu Beginn des 18. Jahrhunderts kam es zu einer bedeutenderen Stiftung: *„Anno 1707, den 22. Augusti starb allhier David von Heider I.V.D. Hochfürstl. Wür-*

tembergischer auch vormals hiesig gewesßter Syndicus, unter denen Vermächtnissen verschaffte er ein Capital von fl. 1000,- zur allhiesigen H. Dreyfaltigkeits Kirche mit dem Beding, daß von dem darabfallenden Zins alle Sonntage des Abends noch eine Predigt in solcher Kirche gehalten werden solle, Nun wurden biß daher an denen Sonntagen nur 2 Predigten, Eine Vormittags, und die Andere Mittags um 12. Uhr ordentlicher weise gehalten, dabey vor der Mittags Predigt von einigen Schulkindern iedesmal ein Hauptstük aus dem Catechismo offentlich gegen einander hergesagt worden; weil nun die gottesdienstliche Handlungen an solchem Tage zimlich früh geendiget waren und die Leute sonderlich das iunge Volk zumalen in der Sommer Zeit stark auf die Dörffer lieffen, oder auf freyer Strasse allerley Muthwillen verübten, so ist dieser gottseelige Herr dardurch bewogen worden, und Magistratus Euangelicus hat es auch mit vielem Dank angenommen, zu Beförderung eines mehrern Eifers in dem wahren Christenthum, diese Stiftung zu machen! worauf solche Predigt einem ieweiligen Adiuncto Reverendi Ministerii zu verrichten aufgetragen ihne der Zins von dem Capital zugesagt, und die Zeit hierzu Nachmittag biß 3 Uhr bestimmt, auch von dem damaligen Adiuncto Caspar die erste Predigt an dem Neuen Jahrs Tag 1708 gehalten. Hingegen die bißherige Sonntägliche Kinderlehre eingestellt, und solche auf die Apostel und andere dergleichen Feyertage, Nachmittags biß 2 Uhr verlegt worden, welches letztere man den 19. Merz 1709 einer Evangelischen Gemeinde allererst bekannt gemacht, indem erst alsdem diese Abänderung erfolgt ist."[40] Weitere Stiftungen folgten: Eine Abendpredigt am Gründonnerstag (1725 Kohler), eine Frühpredigt am Tag der unschuldigen Kindlein, dem 28. Dezember (1731 Loher), eine Dankpredigt am Altjahresabend (1733 Martin), eine Predigt an der letzten Schau der Weber Anfang September (1732/33 Weydox), eine Schulkinderpredigt am Tänzelfestsonntag (1751 Schweyer), eine Betstunde am Gründonnerstag (1752 Haag), eine Abendpredigt am Neujahrstag (1769 Schmid) und eine Stiftung, um in den Betstunden Artikel der Confessio Augustana zu erklären (1768 Kollmann).[41] Darüber hinaus wurden viele Stiftungen zum Schmuck der Kirche, insbesondere der Paramente, getätigt.

Die Stellung der Predigt für die Gemeinde wie für die ganze Stadt muß als bedeutend angesetzt werden. Ihr hoher Informations-, Weisungs- und Erbauungsgrad dürfte neben Traktaten und einigen Büchern fast konkurrenzlos gewesen sein. In konfessionellen Streitfällen wurde natürlich jedes Wort auf die Goldwaage gelegt und drang sofort an die Ohren auch der katholischen Bürger, wie z.B. der Fall des verstorbenen Philipp Loher 1686 zeigt (siehe unten). Auch eine Predigt, die 1695 die Ehelosigkeit katholischer Priester aufs Korn nahm, erregte Anstoß; sogar auswärtige Zeugen wurden dazu befragt.[42] Festpredigten waren beliebt und wurden zumeist in Druck gegeben. Beeindruckend und wegweisend bleiben beispielsweise die Kirchweihpredigten von 1605 zur Einweihung der Dreifaltigkeitskirche, die eine einmalige geschichtliche Stunde aufgriffen. Ergreifend, so daß es sich in Chroniken, die lange Zeit danach angefertigt wurden, erhalten hat, waren Predigten in der Not, etwa anläßlich der Durchführung des Restitutionsedikts im Jahr 1628, als die evangelischen Prediger unter Waffengewalt die Stadt verlassen mußten: Von der Commission wurde angezeigt, *„daß der Prediger Hecht sich habe verlauten lassen, er wolle noch eine Valet-Predigt auf dem Markt aus der Gutschen thun, und sollte man ihm darüber den Kopf abschlagen."* Beeindruckend müssen auch die Predigten beim Eintreffen der Salzburger Emigranten im 18. Jahrhundert gewesen sein: Nach der abendlichen Ankunft wurden diese am 28. Dezember 1731 durch eine *„sogleich veranstaltete ausserordentliche und von dem Adjunkt Brucker gehaltene Predigt, in den nöthigen Hauptstücken der christlichen Evangelischen Lehre unterwiesen und erbauet."* Auch bei einem zweiten Transport wurden nach der Aufnahme von 523 Personen die Salzburger *„mit Haltung ausserordentlichen Predigten und Gottesdienste getröstet und erquickt".* Doch auch Naturereignisse wie Unwetter oder Kometen gaben - wie etwa 1665 - Anlaß zu *„einer besondern Predigt".* Weniger gern sah der Rat, wenn auf der Kanzel politische Themen aufgegriffen wurden: Im Jahr 1641 fühlte er sich beispielsweise bewogen, *„die Berührung unnöthiger Sachen auf der Canzel"* abzuschaffen. Zum Tode des Kaisers Ferdinand III. im Jahr 1657 beschloß der Rat unter anderem, *„beynebens die Herren Geistlichen zu ermahnen, sich in ihren Predigten condolendo verfaßt zu machen."*[43]

Bis in die Verordnungen der Stadt war es eingedrungen, daß der Sonntag geheiligt und das 3. Gebot beachtet werden sollte. Aufgrund der Verwilderung der Sitten während des Dreißigjährigen Krieges wurde 1650 angemahnt, daß Montagspredigt und Mittwochsbetstunde zu beachten seien und daß zum Gottesdienst wenigstens zwei Personen pro Familie erwartet würden. 1651 heißt es: *„Damit das in denen Statuten verbotene Arbeiten an Sonntägen unter der Predigt in denen Häusern desto gewisser unterbliebe, so wurden Hieronymus Schmid des Raths und Tobias Schmid des Gerichts verordnet, unter der Predigt herum zu gehen und die Häuser zu visitieren, damit die Uebertrettern zur Strafe gezogen werden könnten."*[44] Im Stadtstatutenbuch von 1750 wurde festgehalten, daß während der Gottesdienstzeit das *„Spazieren vor dem Thor und Sitzens in dem Heimgärten, unter den Läden, vor den Thüren"* zu unterbleiben habe. Daneben bemühte man sich auch um Ruhe rund um das evangelische Gotteshaus: *„1723 im Julio hat man Evangelischer Seits unter*

283

währendem Gottesdienst das Kirchen Gässelen sperren wollen, damit kein Gefährte hindurch fahren könnte, es ist aber von Seiten der Catholischen sich stark darwider gesetzt, und durch des Propstes Knecht einstens gar das Mark Schloß mit Gewalt weggeschlagen worden, so daß man es widerum iedoch gegen Versicherung, daß man sich selbst der Bescheidenheit befleissigen wolle, hat nachgeben müssen."

Zu den Grundgegebenheiten des kirchlichen und familiären Lebens gehörte die Taufe. Im 18. Jahrhundert wurden in Kaufbeuren pro Jahr in der evangelischen Gemeinde durchschnittlich 100 Taufen vollzogen; damit standen in der Regel zwei Taufen pro Woche an. Die Taufe erfolgte kurz nach der Geburt und damit auch während der Wochentage, wenn möglich im Anschluß an Wochenandachten: *„Anno 1691, den 22. May ist in der Evangelischen Kirche verordnet worden, daß man bey denen Kinder Taufen und bei Einsegnung der Eheleute, ehender nicht aus der Kirche gehen solle, biß der Segen gegeben worden."* Daneben konnten Taufen Festlichkeiten eine besondere Note geben, so wie bei der Einweihung der Dreifaltigkeitskirche 1605. Die Taufe fand über dem Altar statt und war mit einer Taufschale leicht zu vollziehen. Eine zinnerne Schüssel dafür aus der Zeit um 1600 hat sich erhalten; die Vasa sacra des Jahres 1682 sind bis heute in Gebrauch: Es handelt sich um eine Taufschüssel und eine Kanne, beides Silberarbeiten aus Ulm, die von der Witwe des Wilhelm Schmid gestiftet wurden. Die Inschrift auf der Taufschüssel besagt: *„Die Tauff, das Wasserbad von Christo eingesezet / macht, das wir hier auf Erd recht eingepflanzet sein / des Heren Jesu Leib und seiner Kirchgemein / noch höher wird aldort ein fromer Christ geschäzet, / wan er durch dieses Bad einst in den Himmel geht / und als ein Jesus glied an seinem Leibe steht."* Ein Fall, der an die Möglichkeit der Konditionaltaufe erinnert, liegt 1768 vor: *„D. 16. Febr. Morgens vor 6 Uhr, ist H. Beggel, Weiß Rößl Wirth allhier, ein kleines Kind bey einem viertel Jahr alt, vor das Haus gelegt worden, mit einem Zettelein, daß es getaufft seye, weil man aber keinen Namen wußte, noch wie es mit der Tauffe hergegangen, so ward es aufs neue tauffmäßig eingeseegnet, u. ihme der Name Joseph Matthäus beygeleget, ist auch von H. Beggel u. deßen Frau an Kindes statt angenommen worden."* [45]

Der Wichtigkeit des Ereignisses entsprechend wurden bisweilen wertvolle Patengeschenke getätigt, wie ein Silberbecher aus dem Jahr 1712 zeigt, den Anna Maria Heinzelmann als *„Gevatterin"* ihrem *„lieben Dotlen"* Wilhelm Ludwig Heinzelmann schenkte.[46] Eine etwas einfachere Ausführung eines Patengeschenks ist ein herzförmiges Schmuckblatt mit der Inschrift: *„Johannes Geyrhalter! So eilst du wie ein Hirsch, nach Zions güldenen Auen / Verläßt, in zarter Blüth, der Erden eitelkeit. / Ob deine Eltern schon, mit Thränen nach dir schauen / So eilest du doch fort, zu einer Hochzeit-Freud, / Nicht zwar in deinem Hauß, nein droben in dem Himmel / Wo Jesus selbsten sich, mit deiner Seel vermählt / Du achtest demnach nicht, das eitle Weltgetümmel / Weil dir nun ewiglich, an keinem guten / fehlt / Joh. Thom. Schmid, Dodle / und Baase Ju-/ liana Sibill./ Schmidin."*

Die Taufbücher der evangelischen Gemeinde Kaufbeurens sind ab dem Jahr 1632 erhalten. Die in ihnen festgehaltenen Taufnamen lassen konfessionelle Eigenheiten und Vorlieben, aber auch alte Traditionen erkennen: Bei den männlichen Vornamen zwischen 1632 und 1800 überwiegen solche aus dem Neuen Testament, bei weitem aber Johannes, ein Name, der außerdem in einer Vielzahl von Kombinationen auftritt, beispielsweise Johann Christian. Im 17. Jahrhundert folgten in der Rangliste (als Einzelname bzw. an erster Stelle) Michael, Andreas, Mathäus, Matthias, Jacob, Joseph, Christian, Daniel, Tobias und Martin. Es tauchten auch einige spezifisch alttestamentliche Namen - Ezechiel, Hiob oder Isaak - sowie altdeutsche Namen - Sigismund, Ottmar oder Conrad - auf. Bei den weiblichen Vornamen führte die Rangliste Anna an, wiederum in verschiedenen Zusammensetzungen; beliebt war auch Maria. Zwischen 1632 und 1700 erschienen von den Einzel- oder Erststellennamen Euphrosina, Regina, Susanna, Barbara, Maria, Christina und Sabina am häufigsten; bei Nottaufen wurde häufig der Name Christina gewählt. Es waren also sowohl antik-griechische als auch biblische und Heiligennamen beliebt. Gegen Ende des 18. Jahrhunderts tauchten vereinzelt französische Vornamen auf, wie Charlotte oder Sophie. Untersuchungen zum 18. Jahrhundert haben ergeben, daß der Gebrauch von Doppelnamen kontinuierlich anstieg. Ein Drittel der Vornamen stammte von den Eltern, ein weiteres Drittel von den Paten, beim restlichen Drittel tauchten u.a. die Vornamen der Großeltern und der Vorfahren auf. Vor allem in der Mitte des 18. Jahrhunderts wurden die Vornamen der Eltern und Paten weitaus häufiger als Taufnamen verwendet als zu Beginn und Ende des Säkulums.[47]

Von den Gemeindegliedern geschätzt wurde die würdige Feier des Abendmahls, des zweiten Sakraments neben der Taufe. So stieg nach dem Dreißigjährigen Krieg die Zahl der Abendmahlsfeiern pro Jahr stetig an: 1679 *„den 8. September ist beym Consistorio wegen zunehmender Evangelischer Gemeind, auch um der alten, schwachen und kranken Personen willen, statt bißherigen Sieben, nunmehro Neunmal Communion zu halten, resolviert worden."* 1718 *„hat man in diesem Jahr wegen stark angewachsener Evangelischer Gemeinde die Communionen mit zwey neuen vermehrt, und die eine zwischen Weyhnachten und dem ersten Sonntag in der Fasten, die andere aber zwischen Jacobi und Michaeli eingeschaltet."* Auch im überregionalen Bereich läßt sich für diese Zeit eine Zunahme der Abendmahlsziffern feststellen, mitunter bedingt durch Jubelfeiern und Bußtage. Vielfach war jährlich viermaliger Abendmahlsgang üblich - damit liegt Kaufbeuren weit über dem Durchschnitt im deutschsprachigen Raum.

Anläßlich der Feiern zum 200jährigen Jubelfest der Confessio Augustana im Jahr 1730 wurde das Abendmahl an 400 Kommunikanten gespendet. Bei den Feierlichkeiten zur 200. Wiederkehr des Augsburger Religionsfriedens von 1755 war die Kirche mit schmuckvoll gemalten Schildern geziert, von denen eines die Hochschätzung der beiden Sakramente mit folgender Darstellung ausdrückte: *„Zwey kleine Altäre auf deren einten eine Tauf-Schüssel und Kanne mit darüber stehenden Heil. Geist, auf dem andern eine Patena und Kelch, hinter welchem ein Crucifix, die H.H. Sacramenta andeutend, mit der Aufschrift: Fontes Salutis. Durch diese kommt die Seeligkeit, zu uns schon in der Sterblichkeit."* Gezählt wurden 381 Kommunikanten.

Die Abendmahlkannen der Dreifaltigkeitskirche, um 1605 von dem Kaufbeurer Zinngießer Jörg Natterer gefertigt

Bei Errichtung der Dreifaltigkeitskirche 1605 wurden durch Johann Georg Bonrieder ein vergoldeter silberner Kelch und eine Patene gestiftet; erhalten haben sich aus dieser Zeit zwei Kannen aus Zinn von Jörg Natterer. Die stattlichen Kannen dürften bei den starken Kommunikantenzahlen nicht zu groß bemessen gewesen sein. Die heute noch in Gebrauch stehenden Abendmahlsgeräte sind Stiftungen des 18. Jahrhunderts und Augsburger Arbeiten: vier Kannen mit Inschriften, die Dankbarkeit gegenüber Gottes Gaben ausdrücken, und zwei Kelche. Daneben existiert noch eine hervorragend gearbeitete Oblatentruhe in Form einer Bundeslade von 1777, eventuell unter Verwendung älterer Teile. Als Inschrift ist neben den biblischen Versen Joh. 6,55f. der Name der Stifterin eingraviert: *„Maria Magdalena Isingerin / gebohrne Rüstin Ao 1777 / den 25. Decb".* Auch ein silbernes Becken von 1725 für die *„Altar gefes"* hat sich erhalten, das von Maria Elisabeth Mertz *„Pfarrerin"* (Pfarrfrau) gestiftet wurde. Zusammen mit zwei silbernen vergoldeten Blumenkrügen, dem Kruzifix (Stiftungen der Familie Heinzelmann) und der silbernen Agende war damit eine repräsentative Altarmensa zu sehen. Möglich war eine Wandelkommunion, bei der links das Brot und rechts der Wein gereicht werden konnte.[48]

Im kirchlichen Leben nimmt auch die Beichte eine wichtige Stelle ein. Die Reformatoren erkannten, daß kein Mensch alle seine Sünden einzeln aufzählen könne (CA 25), daher sei das Eingeständnis der Schuld überhaupt gegenüber Gott sinnvoll. Neben der Einzelbeichte mit Zuspruch bildete sich die allgemeine und gemeinsame Beichte heraus (vgl. Mt. 5,23), die dem Abendmahlsgang vorausgehen sollte. Die diesbezüglichen Ordnungen in Kaufbeuren mußten ganz praktische Erwägungen einbeziehen: 1676 wurde veranlaßt, daß nicht mehr wie bis dahin üblich vier bis fünf Personen vor den Beichtvater hintreten durften und nur einer stellvertretend die Beichtformel sprach; vielmehr sollte jedes Beichtkind seine Beichte selber sprechen, lediglich bei Ehepaaren wurde die Beichte eines Partners allein akzeptiert. Auch später ist von ähnlichen Verordnungen zu lesen: *„Anno 1741 im Monat Octobris ist eine neue Beicht Ordnung bey denen Evangelischen allhier, und verordnet worden, anstatt bißhero in die 10 u. 20 Personen zugleich erschienen, wovon eine oder die andere eine Beichte im Namen aller abgelegt, daß künftig hin ein iedes besonders seine Beichte hersagen, sofort widerum einen Abstand nehmen, und wenn ihrer 15 oder 20 also gebeichtet, Sie als dann widerum vorberuffen, und miteinander absolvirt werden sollen." „Anno 1754 den 25. Merz, hat man die in der Evangelischen Kirche seiter 1741 eingeführte neue Beicht Ordnung, weil sie gar zu viele Zeit hinweggenommen, und denen so lange warten mußten, sonderlich im Winter, beschwerlich worden, widerum abgestellt, und den alten modum beliebt."*[49] Einige Gläubige hatten drei bis vier Stunden warten müssen, bis sie zum Beichtstuhl gekommen waren. Ein in manchen Gegenden noch heute üblicher Beichtpfennig, eine Spende für Kirche oder den Pfarrer zur Beichte oder Beichtanmeldung, wurde in Kaufbeuren unter Diakon Gottfried Caspar (1710-1719) abgeschafft - vermutlich aus pietistischen Motiven, um Hürden für die Absolution gerade für ärmere Gemeindemitglieder abzubauen.[50]

Nach evangelischer Auffassung ist die Ehe ein weltlich Ding. Daher spricht man für den kirchlichen Trauakt besser von Einsegnung: Die Eheleute erbitten sich für ihren gemeinsamen Lebensweg den Zuspruch Gottes.

Hochzeiten fanden in Kaufbeuren zu Beginn des 18. Jahrhunderts zumeist am Montag, bis 1754 auch am Dienstag statt. Die Predigt hielt der Diakon, den Trauakt vollzog der Pfarrer; mitunter wurden auch Haustrauungen durchgeführt.[51] Wegen der rechtlichen Bedeutung der Ehe wurden die Trauungen in Hochzeitsregistern amtlich festgehalten. Dabei fanden nicht nur die beteiligten Brautleute und Geistlichen Erwähnung, sondern auch das Gasthaus, in dem die Festlichkeit weitergeführt wurde: Häufig werden in diesem Zusammenhang der „Goldene Engel" (Schmiedgasse 3), der „Goldene Pflug" (wohl Pfarrgasse 8) und der „Schwarze Hahn" (Ludwigstr. 23) genannt. In Kaufbeuren gab es am Ende des 18. Jahrhunderts durchschnittlich 23,5 evangelische Eheschließungen pro Jahr. Bei einem Drittel der Ehen kam einer der Brautleute von auswärts, zwischen 1632 und 1715 waren es 80 aus Augsburg, 58 aus Kempten, 26 aus Memmingen, zehn aus Lindau und jeweils neun aus Nördlingen, Ulm, Danzig und Schlesien; lediglich 13 Ehepartner entstammten den Dörfern um Kaufbeuren.[52] Ein einziges Mal im 18. Jahrhundert, im Jahr 1773, wird von der Feier einer Goldenen Hochzeit berichtet, ein Anlaß, der dem Chronisten besonders auffiel: *„Montags, d. 30. August begienge H. Hieronimus Schweyer, E.E. Schmidzunfft Obmann, mit seiner Ehefrauen, sein 50 jähriges Ehe Jubel Fest, mit einem ordentlichen Kirchgang, weßgleichen man hier nicht bewußt war."*[53]

Zu Hochzeiten wurden mitunter evangelische Hinterglasbilder angefertigt: Bekannt sind Exemplare aus dem Jahr 1751 für das Ehepaar Johannes Schweyer und Johanna, geb. Rupflin, das mit dem 176. Vers des 119. Psalms beschriftet ist, und aus dem Jahr 1776 mit der Inschrift *„Ich aber will zu Gott ruffen und der Herr wird mir helffen"* (Ps. 55,17).[54] Daneben wurden aufwendig gestaltete Drucke von Hochzeitspredigten und -gedichten mit Widmungen und Arien produziert, z.B. von der Trauung Christian Steck und Anna Catharina, geb. Berckmiller im Jahr 1725.[55]

Feierlichkeiten anläßlich des Ablebens eines Menschen fanden in der Kirche wie auch auf dem Gottesacker oder im Hause statt. Der Leichenzug wurde von den drei Geistlichen begleitet, wobei in der Regel auch die Singknaben mit ihren Liedern bei Beerdigungen beteiligt waren. Häufig wurde der Verstorbene von seinen Nachbarn oder sonstigen ihm nahestehenden Personen zu Grabe getragen, wie aus einem Bericht aus dem Jahr 1755 hervorgeht: *„Im Monat May ist denen allhiesig Evangel. Weber Meistern, ihre Entschlüssung, einander nach dem Tode, ohne Entgeld, bey denen Leichbegängnüßen, zu Singen u. zu tragen, oberherrl. gut geheißen und gebilligt worden."* Ende des 18. Jahrhunderts kamen immer mehr „Kutschenleichen" in Mode, wobei der Sarg in einer Kutsche zum Gottesacker gebracht wurde. Die beiden Leichensager, die bei gewöhnlichen Überführungen verdient hatten, sollten entsprechend entschädigt werden. Den Grabaushub besorgten die Totengräber, von denen jede Konfession einen stellte; für sie gab es zu Seuchenzeiten, wie sie etwa während des Dreißigjährigen Krieges herrschten, eigene Ordnungen.[56]

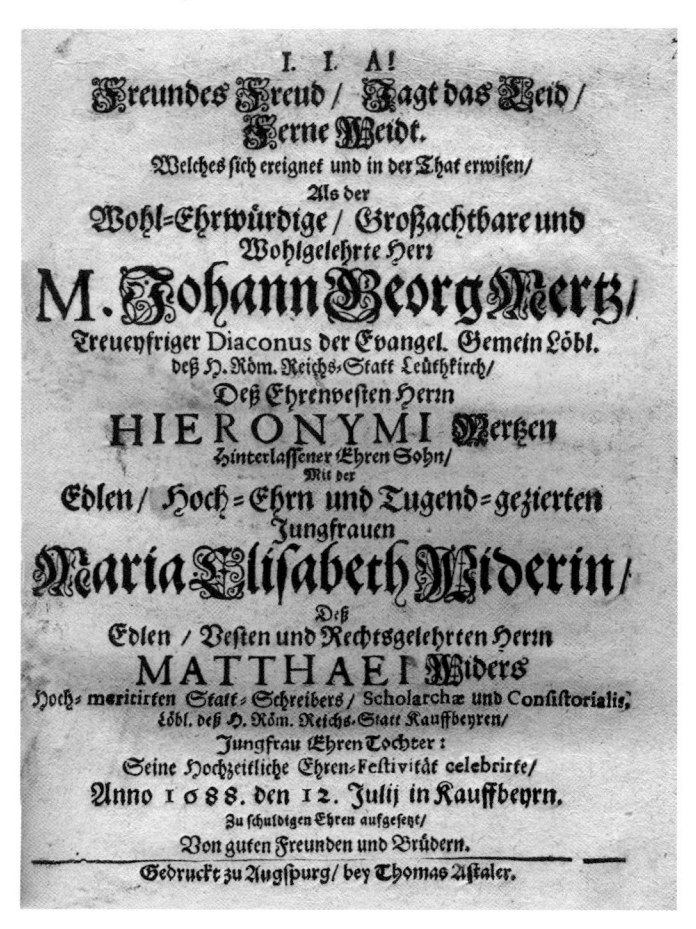

Hochzeitsgedicht aus dem Jahr 1688 für den Pfarrer Johann Georg Mertz (1660-1735)

Besondere Gepflogenheiten herrschten bei der Bestattung sozialer Außenseiter, wie ein Beispiel aus dem Jahr 1685 zeigt: *„Den 11ten May wurde bey Rath beschlossen, daß der vor 8 Tagen ohne Gesang und Klang in den Gottesacker begrabene Hans Brigel, weilen er in 15 Jahren weder gebeichtet noch communicirt, andern zum Abscheu und Exempel wiederum ausgegraben und außerhalb des Gottesackers in die Erde verscharrt werden solle, welches auch also gleich noch in derselben Nacht durch den Todtengräber also vollzogen worden."* Ähnlich verfuhr man bei einem durch Selbsttötung Dahingeschiedenen 1776: *„Samstags d. 23. Nov. Nachmittag nach 4 Uhr, stürzte sich Joh. Georg Sauter, Procurator, unterhalb der Espermühle, leyder selbst ins Was-*

ser, wurde bey der Pappier Mühle am Rechen herausgezogen, durch des Kalckbrenners Knecht, auf einen Karren ins Blatterhauß geführt, u. nachdem die Umstände erkundiget worden, ward er auf Obrigkeitliche Ordre Sonntags d. 24. abends gleich nach Thorsperr, ohngefähr halb 6 Uhr, von 4 Inwohnern, herunter in den Spital Gotts Acker, in einer Bahre getragen, u. allda bey einer Laternen ohne Gesang u. Klang begraben. Seinen Mantel u. Huth hatte er von sich gethan, welche ein vorbey reitender Knecht, an dortiger Gegend an einem Gesträuch gefunden."[57]

Kaufbeurer Grabdenkmäler vor 1800 gibt es nur noch wenige. Ein besonderer Grabstein mit schöner Inschrift für den im Jahr 1720 gestorbenen Kaufmann Johannes Heinzelmann hat sich glücklicherweise erhalten; er ist heute in die Mauer des Dreifaltigkeitskirchturms eingelassen. Bemerkenswert ist der Grabstein für Pfarrer Merz, der 1734 starb, auf dem städtischen Friedhof: Auf dem Stein, den Merz schon zu Lebzeiten hatte errichten lassen, ist (in lateinischer Sprache) zu lesen: *„Das Ziel des Lebens jederzeit war Christus, daß ich mich schon fürs Sterben stützen kann auf ihn. Drum Christenleute! lernt allein in Christus. Denn selig Leben kommt allein von ihm. Gedenke jeden Augenblick des Todes behend End."* Das läßt sich nachvollziehen angesichts der hohen Kindersterblichkeit - Pfarrer Merz hatte 13 Kinder, von denen vier überlebten, auch den Tod zweier Ehefrauen hatte er zu beklagen. Nur wenige Personen erreichten ein sehr hohes Alter. Sie fanden entsprechend Erwähnung, so Catharina Merk mit 103 Jahren oder 1722 Luzey Frank mit 105 Jahren.[58]

Eine gottesdienstliche Unterweisung der Kinder und Jugendlichen sollte in der Gemeinde nicht fehlen: Im Jahr 1696 wurde die Sonntags-Kinderlehre in der Sommerzeit angeordnet, *„vermög welcher, vor der gehaltenen Mittags Predigt, von ein paar Lateinischen Schul Knaben, iedesmalen ein Hauptstück aus Lutheri Catechismo offentlich in der Kirche auswendig hergesagt worden."*[59] Als weitere katechetische Schrift wurde der sogenannte „Himmelsweg" durchgenommen. Väter und Mütter sollten Kinder und Gesinde zum Besuch der Kinderlehre anhalten. 1709 wurde diese sonntägliche Kinderlehre allerdings eingestellt und *„solche auf die Apostel und andere dergleichen Feyertage, nachmittags biß 2 Uhr verlegt worden".* 1722 *„den 2. Octobris hat man beschlossen: zu mehrerm Unterricht der Evangelischen Jugend im Christentum, die wochentliche Nachmittägige Dienstags Kinderlehren einzuführen, welche anfänglich der Diaconus und Adjunctus wechselweise miteinander versehen; nachmals aber sind sie dem Adjuncto allein aufgetragen, und dafür ein Jährliches Salarium aus der Kirchen Cassa aus geschöpfet worden."* Adjunkt Christell prägte diesen Unterricht im Geist des Pietismus.[60] Aus dem Jahr 1756 hat sich ein gedrucktes Exemplar des Katechismus für die Kaufbeurer Jugend mit dem Titel *„Kurzer Begriff der Lehre Luthers"* erhalten. Darin wird in handlichem Kleinformat auf 142 Seiten unter 23 Lehrbegriffen die stattliche Anzahl von 516 Fragen, ähnlich wie in Katechismen der Reformationszeit, behandelt. Als Vorlage zum „Kurzen Begriff" müssen die Erklärungen des pietistischen Theologen Philipp Jakob Spener angesehen werden.[61]

Vorstufen zum Konfirmandenunterricht können einzelnen Hinweisen entnommen werden: Im Rahmen der Kinderlehre wurde 1696 angeordnet, daß die Personen, die inzwischen gerade das erste Mal zum Hl. Abendmahl gegangen seien, und diejenigen, die gehen möchten und zur *„Lehre fähig und zur Antwort geschickt"* seien, *„examiniert werden"* sollten. Pfarrer Brucker forderte 1737, die Kinder erst dann *„in die Information zum Heil. Abendmahl zu nehmen"*, wenn in der Schule *„die nöthigen Gründe erlernet, dass sie ausschulen wollen und düchtig befunden worden sind".* Das Mädchen Sabine Schropp beispielsweise ging 1740 im 14. Lebensjahr erstmals zum Hl. Abendmahl.[62] Die Konfirmation kam besonders durch die Bestrebungen des Pietismus in Verbreitung, der die Notwendigkeit einer persönlichen Entscheidung für den Glauben oder einer von Gott gelenkten Bekehrung betonte. Während in Memmingen schon vor 1750 Privatkonfirmationen bekannt sind, gibt es für Kaufbeuren keine entsprechenden Nachrichten. Immerhin ist für das 18. Jahrhundert bekannt, daß *„den Unterricht zur Vorbereitung auf den Genuß des H. Abendmahls [...] der Pfarrer u. Diacon das ganze Jahr wöchentlich 2 mal in ihren Häusern"* erteilten.[63] Spätestens 1782 scheint die Konfirmation üblich gewesen zu sein, da sich unter Wagenseils Kirchenliedern ein *„Lied für Kinder am Confirmations Tage"* findet; die Konfirmandenregister beginnen erst 1811.

Bei den Jubelfesten zogen die Kinder mit Kränzen zur Kirche, auch wurde eigene Kinderlehre gehalten, wie etwa am Nachmittag der Gedenkfeier zum Thesenanschlag im Jahr 1717, *„worein alle Kinder aus den 3 Schulen paarweis gezogen".* Anläßlich der 200. Jubelfeier der Confessio Augustana im Jahr 1730 wurde in der Dienstag-Kinderlehre anstatt des Katechismus die Augsburger Konfession Artikel für Artikel von der Kanzel erklärt, um *„solchen hernach mit denen erwachsenen Kindern vor dem Altar in Frag und Antwort durchzugehen."* Das Herz der Eltern (und des Chronisten) muß es ergriffen haben, als die Kinder *„aus ihren Schulen paarweis in schönen Kleidern, und die Mägdlen mit Haarbändern zogen, wie sie dann auch alle um den Altar herum gesetzet würden, damit sie beysammen waren. Man sang hiebey die Lieder ab: Wohl dem Menschen der wandelt nicht etc., Ein veste Burg ist unser Gott etc., Nun freut euch lieben Christen Gemeind etc. und*

Komm Heiliger Geist." Nach der Auslegung von Röm. 10,10 durch Diakon Brucker wurde jedes Kind mit Namen aufgerufen und bekam eine Jubelmedaille, dazu ein Schul- und Spruchbüchlein.[64]

In der evangelischen Kirche wurde in früheren Jahrhunderten der Gesang zunächst nicht von der Orgel geführt, sondern von eigenen Vorsängern. Auch in Kaufbeuren hatte der Pfarrer zu Beginn des 17. Jahrhunderts die Anschaffung einer Orgel für die neuerrichtete Dreifaltigkeitskirche eigens rechtfertigen müssen. Die Ausführungsbestimmungen zum Westfälischen Frieden für Kaufbeuren lassen rund 45 Jahre später erkennen, daß die musikalische Gestaltung der Gottesdienste nicht nur durch Vorsänger, sondern auch durch die Orgel selbstverständlich geworden war: Neben Chorsängern finden auch Organisten und Calcanten (Blasebalgtreter) Erwähnung. Im 18. Jahrhundert war der Orgeldienst die Domäne des deutschen Knabenschullehrers geworden, das Amt des Direktor Musici, des Chorleiters, bekleidete gewohnheitsmäßig der Mädchenschullehrer. Auch das Vorsängeramt blieb von einer Traditionsbildung nicht ausgenommen: Die Familie Christa bildete geradezu eine Vorsängerdynastie, beginnend mit Emanuel (bis 1749), dann Johann, 1776 Johann (II.) und ab 1804 Andreas. Zugleich gab diese Familie seit 1738 die jährlich erscheinenden Statistiken der Gemeinde mit Zahlen der Taufen, Hochzeiten, Sterbefälle und Kommunikanten heraus.[65] Zu den Tätigkeiten der evangelischen Singknaben haben sich aus dem Jahr 1737 Anweisungen erhalten: So wurde beschlossen, *„daß H. Schweyer die Singknaben alle Wochen mehrmals in dem Choralgesang exercire und ein Liedt, so sie auf der Gasse alle freytag singen sollen, singen lehren solle, wofür ihnen von Ev. Kirchen quatemberlich bezahlt."* Weiter wurde erwähnt, daß die Knaben in eigenem Habit mit dem Vorsinger den Choralgesang führen, das hiesige Gesangbuch einstudieren und sich keines liederlichen Gesangs befleißigen sollten. Ansonsten sollten sie in gewöhnlicher Kleidung in der Kirche bei allen Gottesdiensten erscheinen, auf die vorspielende Orgel fleißig acht geben, weder vorher anfangen noch die Orgel überschreien.[66]

Für das geordnete Sammlungswesen im Gottesdienst gab es für beide Konfessionen eine zunftmäßig organisierte Einrichtung, die „Säckelsämler", die bereits 1555 genannt werden. Diese Aufgabe wurde nur achtbaren Leuten anvertraut, war aber nicht immer begehrt. Eigene Artikel regelten den Dienst: Für die Dreifaltigkeitskirche wurden vier, für die St. Martins-Kirche zwei Personen aufgestellt; die St. Michaels-Pflege hatte ein eigenes Säcklein. Zum Amt gehörte aber auch das gesellige, zunftmäßige Beisammensein bei Speis und Trank. Anläßlich des Einstandes der neuen Sämler in der Pfingstzeit gab es üppige Gelage - eine Sitte, die einzuschränken die Obrigkeit sich vergeblich mühte. Bürger, die sich vom Dienst entschuldigen wollten, wurden vom Rat unnachgiebig für das Amt eingespannt. Mit den im Jahr 1741 erlassenen Statuten entfiel der simultane Charakter der Sämler-Bruderschaft. Neben der älteren, sogenannten schwarzen Sämlergesellschaft der Dreifaltigkeitskirche gab es seit 1680 noch ein zweites oder mittleres Säcklein: *„Auch ist dazumal, das grüne oder zweyte Säcklen von den Bürgern freywillig aufgerichtet worden, um das darin sammelnde Geld, für auswärtige Evangelische Kirchen und Schul Collecten zu verwenden, und hat der Jörg Hader, das erste Säklen auf seine Kosten machen lassen."* 1687 vermerkten die Ratsprotokolle wegen des neuen Säckleins einen *„Abgang"* in den Kirchenstöcken. Nach dem Sammeln sollte das Geld auf den Altar gelegt werden. Das grüne Säcklein wuchs von vier auf sechs und schließlich auf acht Mitglieder, sodaß das 100jährige Jubiläum mit einem eigenen Umzug zur Herberge des grünen Säckleins gefeiert werden konnte. Bald nach der Jubelfeier beschloß der Magistrat jedoch die Auflösung des grünen Säckleins, da es Streitigkeiten der Mitglieder untereinander gab. Von nun an wurden zwei Bürger kirchlicherseits zum Sammeln ausgewählt.[67]

Das Innere der Dreifaltigkeitskirche wurde mit Hilfe der Gemeindeglieder ausgestaltet und mehrmals erneuert. Eindrucksvoll sind die großen Apostelbilder des Künstlers Hans Ulrich Franck aus dem Jahr 1658. Später wurden bemalte Tafeln an der Empore angebracht und die vier großen Holzsäulen für die Deckenkonstruktion bemalt. 1717 fanden weitere Erneuerungen statt, 1735 wurde eine zusätzliche Empore an der Südseite eingezogen, worauf die Cronthaler-Orgel zur Aufstellung kam. 1765 wurde eine neue Kanzel mit Vorsängerstuhl gestiftet; das den Schalldeckel krönende Christkind stammt aus dem Jahr 1680.[68] Streng geregelt war die Sitzordnung in der Kirche: Aus den Kirchenstuhlbüchern geht hervor, daß die Gottesdienstbesucher nach Stellung und Geschlechtern getrennt saßen: An der Ostwand hatten die Geistlichkeit, der Organist (in der Regel der Lehrer) und der Vorsänger ihre Plätze, ferner Bürgermeister, Stadträte und andere Amtsträger; in Altarnähe saßen die Säckelsämler. Ebenfalls vor dem Altar waren Stühle für Hochzeitsfeierlichkeiten vorgesehen und für Leichenbegängnisse. In der Nähe der Kanzel, auf der Westseite, befanden sich ein *„Siechen-Posament"* und der Platz des Scharfrichters. In der Kirchenmitte waren 27 Frauenbänke aufgestellt. An der Ostseite war die lange und an der Nordseite die kurze Empore, „Borkirche" genannt, auf denen die Männer Platz nahmen. Aus den Beschreibungen und einem Plan läßt sich schließen, daß sich im Nordosteck noch eine höhere Empore, das

"Chörle", für die Orgel befand. Durch den Einbau der Südempore und die Verlegung der Orgel dorthin wurde die Zahl der Sitzplätze erweitert, so daß 1744 ein neues Kirchenstuhlbuch angelegt werden mußte. Nun gab es 347 durchnumerierte Plätze für Männer und 582 Plätze für Frauen; nicht mitgezählt warn die Plätze für Schüler und Jugendliche. Die Kirchenstühle wurden auf Lebenszeit verliehen und mit Namensschildern versehen. Beim Ableben des Besitzers hatten zuerst die Erben im Mannesstamm ein Anrecht auf Übernahme des Stuhles, ansonsten der Schwiegersohn. Das Bestandsgeld für einen Stuhl war ab dem Alter von 10 Jahren zu entrichten.[69]

"Kaufbeurer Kirchenfreude" - die evangelischen Gesangbücher

Für den gottesdienstlichen Gebrauch läßt sich in Kaufbeuren seit 1681 das württembergische Gesangbuch von 1664 nachweisen;[70] darüber hinaus wurde ein eigenes Gesangbuch für die Stadt von Diakon Georg Gottfried Caspar erstellt, das 1710 erstmals bei Johann Gottfried Pfanz in Ulm in Druck gegeben wurde und weitere Auflagen in den Jahren 1713, 1726, 1735 und 1748 erfuhr. Ein Exemplar aus dem Jahr 1733 hat sich im Evangelischen Kirchenarchiv erhalten:[71]

Auf dem Vorsatzblatt findet sich ein schöner Kupferstich mit einer Ansicht der Reichsstadt Kaufbeuren von Osten. Darüber schwebt ein Engel mit einem aufgeschlagenen Buch und der Inschrift: *"Kauffbeyrische Kirchenfreude"*, entsprechend dem Titel des Werks *"Christ-Evangelische Kirchen-Freude oder: Kauffbeurisches Gesang-Buch"*. Es enthält 335 Lieder, von denen 115 auch in der Auflage des Evangelischen Gesangbuches von 1994 zu finden sind.[72] Ihre Anordnung orientiert sich am Ablauf des Kirchenjahrs; weiter sind Lieder zu den Hauptstücken des Glaubens sowie Dank und Klagelieder, Trost- und Sterbelieder sowie Lieder zum Tages- und Wochenlauf enthalten. Dazu wurde von dem Kaufbeurer Lehrer und Musikdirektor Matthäus Schweyer um 1729 ein eigener Anhang geschaffen und 1735 dem Gesangbuch beigefügt. 1756 erschien die dritte Auflage *"Anhang zu dem Kauffbeurischen Gesang-Buch, In den auserlesensten und erbaulichsten Liedern bestehend"* mit 153 Liedern.[73]

Um diesen Anhang entspann sich 1736/37 ein Streit, der die Ratsgremien in Kaufbeuren und Kempten beschäftigen sollte: Schweyer beschuldigte nämlich den Kemptner Buchbinder Sigmund Daniel Niclas, einen Raubdruck seines Kaufbeurer Anhangs vertrieben zu haben. Dieser versuchte sich damit zu verteidigen, daß seine Ausgabe nicht ganz mit der Kaufbeurer übereinstimme; außerdem behauptete er, bei seinem Bücherstand am Kaufbeurer Maienmarkt des Jahres 1729 habe sich Schweyer bereits mißfällig über seinen Vertrieb geäußert. Schweyer fiel es nicht schwer, die Winkelzüge des Niclas nachzuweisen: Der Kemptner Anhang folge genau seinem und stelle nur zur Verwischung der Tatsachen einige Lieder der *"Kaufbeurer Kirchenfreude"* hintenan, ohne daß jemals der Magistrat um Erlaubnis gefragt worden sei. Da es in Kaufbeuren weder einen evangelischen Buchdrucker, noch einen Buchhändler oder Verleger dieser Konfession gebe, so habe er die Auflage auf seine Kosten übernommen. Immerhin sei ihm vom Konsistorium aufgetragen worden, *"eine solche Sammlung reiner und erbaulicher der A.C. [Augsburger Konfession] gemäßer Lieder zu unternehmen."* Die öffentlichen Rechte der Gesangbuchausgabe lägen beim Kaufbeurer Rat als selbständigem Reichsstand gemäß Art V. des Westfälischen Friedens. Schweyer betonte, er habe bald erfahren müssen, *"daß ein hiesiger gewinnsüchtiger catholischer Buchbinder"* sich unterstand, *"den Anhang schlecht und noch dazu voller zum Teil höchstärgerlicher Fehler nachzudrucken"* - dieses Mannes sowie der Jesuiten habe sich Niclas bedient. Daraufhin mußte dieser einlenken und mit Brief und Siegel versprechen, den Nachdruck zu unterlassen und nicht nach Kaufbeuren zu bringen oder je an Kaufbeurer zu verkaufen. Schweyer gestand Niclas jedoch zu, den Anhang außerhalb Kaufbeurens zu verkaufen.[74]

1747 erlosch der Verlag Schweyers und ging an Diakon Seyfried über, weil dieser „*den Verlag des neuen Drucks von dem hiesigen Gesangbuch, Anhang und Gebets Opffer zu übernehmen sich offeriert*". Bereits ein Jahr später erschien ein „*Gebethbuch, welches zu erweckung Gott wohlgefälliger Andacht und eifriger Übung wahrer Gottseeligkeit*" für die Kaufbeurer Gemeinde zusammengetragen und 1766 neu aufgelegt wurde.[75] Im Jahr 1766 erschien auch ein „*Geistreiches Gesangbuch*" der evangelischen Gemeinde

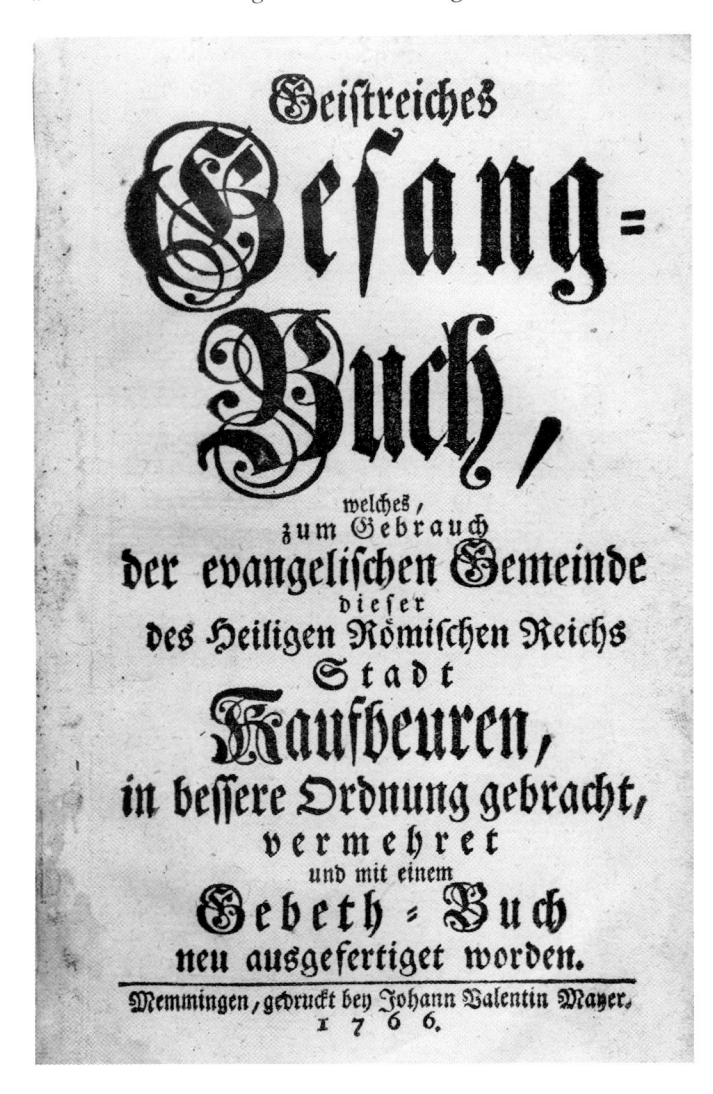

Das Kaufbeurer Gesangbuch von 1766

zu Kaufbeuren, gedruckt bei Valentin Mayer in Memmingen. In dieser Neuausgabe wurden die Lieder des ersten Kaufbeurer Gesangbuches von 1733 und des Anhanges vereinigt und neu geordnet. Eine Konkordanzbeigabe verglich die frühere mit der neuen Ausgabe, damit nicht „*jemand gezwungen werden möge, sich ein neues Gesang-Buch anzuschaffen, wenn er nicht selber Belieben darzu hat.*" Es wurde im Vorwort der Neuausgabe auch daran erinnert, „*daß die Lieder, die man vor und nach dem Gottes-Dienst singen will, in Zukunft, wie bisher üblich gewesen, an denen Kirchen-Tafeln, durch die Zahlen der Seiten des alten Gesang-Buches, sollen jedesmal angezeigt werden.*" An der alten Ausgabe war „*gar nichts anzustellen, als ihre zarte Schrift, welche alten und solchen Personen, die ein blödes Gesicht [schwaches Augenlicht] haben, den Gebrauch des Anhangs in denen Morgen- und Abend-Predigten, auch Bethstunden, besonders bey trübem Wetter, und in denen dunckeln Winter-Tagen, sehr beschwerlich machte.*"[76] Anläßlich einer geplanten Neuauflage dieser Ausgabe in den Jahren 1784/85 erklärte sich Christian Jakob Wagenseil bereit, die Gesang-, Gebet- und Schulbücher, Anhänge und Confessionen von Pfarrer Seyfrieds Erben zu übernehmen sowie den Verlag des neuen Gesangbuches zu besorgen. Wolfgang Ludwig Hörmann von und zu Gutenberg schätzte die alte Auflage auf 1.000 Stück, von denen noch 800 in Gebrauch stehen sollten und nannte einen Preis von 40 Kreuzern. 1786 erschien das „*Geistreiche Gesangbuch*" dann in derselben Gestaltung wie das vorhergehende, diesmal jedoch gedruckt bei Franz Joseph Dorn in Kaufbeuren. 1787 lieferte Johann Berkmüller dazu einen Anhang mit einigen neuen Liedern.[77]

Bereits wenige Jahre zuvor, 1782, war ein Anhang von Christian Jakob Wagenseil mit 115 Liedern unter dem Titel: „*Auswahl geistlicher Gesänge zur Erbauung und Andacht*" erschienen. Beigefügt war eine Liste mit 271 Subscribenten, die 346 Exemplare bestellten. Wagenseil brachte Lieder von Lavater, Klopstock, Schlegel, Schelhorn (Memmingen), Gellert, Schubart sowie dem Neuen Berlinischen Gesangbuch mit teilweise recht anspruchsvollen Texten. Auch fünf eigene Dichtungen fügte Wagenseil seiner Sammlung hinzu. Dieses Gesangbuch zeigte eine neue Lebensauffassung, die nicht mehr einem tiefen Sündengefühl verhaftet war: „*Wagenseil vertritt wie in seinem Leben auch in seinen Liedern das Ideal des Christen, der tapfer tätig im Leben steht und von dem guten Gott dafür den Siegespreis zuerkannt bekommt.*"[78]

Im Jahre 1803 erschien das letzte eigene Kaufbeurer Gesangbuch mit dem Titel „*Christliche Religionsgesänge für die öffentliche und häusliche Gottesverehrung*". Diese Ausgabe mit 579 Liedern wurde wiederum bei Franz Joseph Dorn in Kaufbeuren gedruckt. Die themenbezogene Anordnung ihrer Lieder verrät den Geist der Aufklärung: Sorge für den Leib, Sparsamkeit, Arbeitsamkeit, Wider den Aberglauben, Sprachvermögen u.a. Aus Wagenseils Gesangsanhang wurden dafür 30 Lieder übernommen. Trotz der bald einsetzenden Gesangbuchausgaben für den Bereich der evangelischen Kirche im Königreich

Bayern war das Kaufbeurer Gesangbuch von 1803 bis zum Jahr 1854 in Gebrauch. Pfarrer Christa äußerte sich bezüglich Inhalt und Geschmack nicht günstig über diese Kaufbeurer Sammlung, da nicht einmal das Lied *„Ein feste Burg"* darin enthalten sei. Als 1854 das neue bayerische Gesangbuch erschien und mit den klassischen Liedern Luthers, Heermanns und Gerhards die Lieder zurückbrachte, die auch in Kaufbeuren im 18. Jahrhundert gesungen wurden, benutzten viele Bürger allerdings noch lange die alte Kaufbeurer Ausgabe.[79]

Neben den offiziellen Gesangbüchern für die Gemeinde wurden auch private Liedersammlungen einzelner Gemeindeglieder gedruckt. In diesem Zusammenhang ist die Sammlung *„Zufällige Gedanken oder Dankbare Erinnerung genosener geist- und leiblicher wohltaten Gottes bey Beschluß des Gnaden Jahrs 1796"* von Daniel Schropp zu nennen.[80]

Diakonie und Fürsorge von der Reformation bis zum Ende der Reichsstadt

Während im Mittelalter die Bedürftigen auf die Freigebigkeit einzelner angewiesen waren, sofern sie nicht von Klöstern und Spitälern versorgt wurden, bot die Reformation den Obrigkeiten die Gelegenheit, die Armenfürsorge grundsätzlich neu zu regeln - mit dem Vorteil, daß die Organisation des Fürsorgewesens effizienter gestaltet und einer weitgehenden Kontrolle der gesamten Stadtgemeinde unterzogen wurde. Soweit diese Vorgänge die Reichsstädte betrafen, ordneten sie sich in die Entwicklungen ein, die bereits im ausgehenden Mittelalter die Spitäler erfaßt hatten und die mit dem Begriff „Kommunalisierung" umschrieben werden. Am 23. November 1543 errichtete der Kaufbeurer Rat als zentrale und konfessionsübergreifende Fürsorgeinstitution der Stadt das „wöchentliche Almosen", das die Bettelei auf der Straße abstellen sollte. Das wöchentliche Almosen wurde zunächst im Weberhaus ausgegeben, dann aber in die St. Michaels-Kapelle auf dem Kirchhof verlegt. Jeden Freitagnachmittag verteilten vier Ausspender, die von der Stadt und den Zünften bestellt waren, an die Armen und Kranken zumeist Brot, Schmalz und Fleisch. Finanziert wurde dies teils durch Abgaben von Bürgern, teils von zinspflichtigen Höfen. Weitere Naturalleistungen ergänzten das Almosen, das jede Woche von Mitgliedern der Zünfte in den einzelnen Stadtteilen bei den Bürgern eingesammelt wurde. Später wurden die Sammlungen durch die Bereitstellung von Kapitalsummen abgelöst.

Mit weiteren Stiftungen wurde in der Folgezeit immer wieder an die Armen gedacht, vor allem von den evangelischen Familien Bachschmid, Heinzelmann und von Colln. Bei der gut dotierten Heinzelmann'schen Aussteuerstiftung für junge evangelische Eheleute 1780 waren besondere Auflagen angeführt: Frömmigkeit und gute Sitten der zu Bedenkenden waren Grundvoraussetzungen, daneben sollten sie auf „überflüssigen Luxus" verzichten - seidene Strümpfe waren tabu, Handwerker sollten keinen Damast an ihrem Mantel haben, die Hausfrauen keine teure Spitze an Kleidung, *„Boggelhaube"* oder Goller tragen.[81] Zwei weitere gut dotierte Einrichtungen für Hausarme (Personen ohne eigene Behausung) sind erwähnenswert: 1756 stiftete Anna Barbara, Witwe des Tobias Wöhrl von Wörburg, den Zins von 1.000 Gulden Kapital, der an ihrem Namenstag auszuteilen war; 1798 führte das Vermächtnis des Seilermeisters Matthias Schönwetter und seiner Frau Susanna Sybilla in Höhe von 1.000 Gulden zur Gründung des Lokalarmenfonds.[82] Auch von der Kaufbeurer Freimaurerloge mit ihren vorwiegend evangelischen Mitgliedern wurde der Armen gedacht, wobei für sie Konfessionsgrenzen - ganz im Sinne der Aufklärung - keine Bedeutung hatten.[83]

Wie Dankbarkeit immer wieder zu Großzügigkeit und Hilfsaktionen gegen Hausarme führte, zeugen die gut organisierten Sammlungen und Austeilungsaktionen anläßlich der Jubelfeste der evangelischen Gemeinde in den Jahren 1730, 1748 und 1763: Bei den Feierlichkeiten von 1748 anläßlich des Westfälischen Friedens wurde die Absicht, für Arme zu sammeln, eigens angekündigt. *„Damit aber nicht aus Unwissenheit etwa die Unwürdigsten oder wenigst Bedürftige den besten Teil davon erschnappen, oder andere Unordnungen entstehen, so sollen diejenigen, welche an diesem Allmosen antheil haben wollen, künftigen freytag um 8 Uhr vormittag in der Kirche sich bei den Herren Kirchenpflegern sich melden, damit ihre Namen aufgeschrieben, ihre Umstände möglichst erforscht und die Austheilung nach Maasgab des gefallenen almosens nach Recht und Billigkeit eingerichtet werden könne."* Das nach der Frühpredigt am Sonntag gesammelte Almosen ergab die stattliche Summe von 221 Gulden, die an die in zwei Kategorien eingeteilten Bedürftigen verteilt wurden: Die 40 Angehörigen der ersten bekamen jeweils 2 Gulden 30 Kreuzer; in der zweiten Kategorie erhielten 98 Bedürftige 1 Gulden 15 Kreuzer. Bereits am Samstag zuvor waren für die Armen von Georg Jakob Heinzelmann 50 Gulden gespendet worden. Davon wurden den Armen der ersten Kategorie jeweils 30 Kreuzer ins Haus geschickt, den Bedürftigen der zweiten Kategorie je 15 Kreuzer. Am Montag nach der Frühpredigt in der Spitalkirche wurde für die evangelischen Waisenkinder und andere Arme im Spital gesammelt. Anläßlich des Dankfestes zum Frieden zu Hubertusburg 1763 war eine Kollekte für die Armen vorgesehen: Unter 150 Hausarmen, die sich meldeten, war ein großer Prozentsatz von Webern. Die Kollekte nach allen drei Predigten betrug 200 Gulden 25 Kreuzer, mit der die 26 evangelischen Waisenkinder und die armen Pfründner im Spital sowie vier Witwen bedacht wurden.[84]

Auch für auswärtige Not hatte die Gemeinde ein offenes Herz: Im Jahr 1718 gingen zur Erbauung einer evangelischen Kirche in Worms reichlich Spenden ein, und 1727 wurde für das große Brandunglück der Reichsstadt Reutlingen um Gaben gebeten. Die öffentlichen Mittel und Spenden der Pfleger wurden durch eine große Kollekte in der Kirche aufgestockt. Auf die großzügige Unterstützung der Salzburger Emigranten 1731 wird im entsprechenden Kapitel hingewiesen. 1774 traf ein Bittschreiben aus Reichenbach in Sachsen um eine milde Gabe ein, weil die dortige Kirche abgebrannt war. Mit obrigkeitlicher Genehmigung wurde durch den Pfarrer das Bittschreiben verkündigt, woraufhin - nach Ausweis von Zeitzeugen - *„ein namhaftes gefallen"* sei. Die evangelischen Bürger konnten auch großzügig gegen Bedürftige der anderen Konfession sein, wie ein Beispiel aus dem Jahr 1790 zeigt: *„Im Monat Junius hat Ueberlingen, eine Reichs-Stadt am Bodensee, eine große Waßers-Noth erlitten, weilen nun Kauffbeuren auch um eine milde Beysteur angesprochen worden, so sind nach Oberherrlicher Verordnung, in Beyden Pfarrkirchen die Schüßeln aufgestellt worden. Worein bey uns Evangelischen fl. 250, bey den Catholischen aber eine nix bedeutende Summa gefallen, unerracht sie, jener, Glaubensbrüder waren."*[85]

Es wurde schon erwähnt, daß man die Waisenkinder mit Sammlungen bedachte. Untergebracht waren die Waisen beider Konfessionen im Heilig-Geist-Spital; 1627 waren es 37 Kinder, 1736 deren 17, die von einem Waisenvater beaufsichtigt wurden. Ein Waisenrat überzeugte sich in regelmäßigen Abständen von dem Zustand der Einrichtung. Als zusätzliche Hilfe wurde in Kaufbeuren am 8. Oktober 1756 auf Anregung von Pfarrer Seyfried *„für arme Waisen, welche hier ansässig und der unveränderten Augsburger Konfession zugetan, auch eines christlichen, gottseligen Wandels eifrig beflissen, hingegen aber dem Gassenbettel nicht zugetan sind"*, ein evangelisches Waiseninstitut, eine sogenannte „Armenanstalt" gegründet. Den Grundstock dafür bildete eine Schenkung des Bürgers Martin Schropp in Höhe von 500 Gulden, der später durch das Bachschmid'sche Legat, das Heinzelmann'sche Fidei-Kommiß und andere Stiftungen aufgestockt wurde. Mit den Geldern wollte man den Kindern *„die Erlernung einer ehrlichen Profession ermöglichen, auch eine eheliche Aussteuer und Heiratsgut beschaffen. Sie hat über lange Zeit hin viel Gutes getan."* 1767 stiftete Barbara Bachschmid dem Waiseninstitut ein Haus bzw. dessen Wert. Es bestand dabei der Gedanke, ein Arbeitshaus einzurichten, in dem die Kinder Wolle für evangelische Weber spinnen könnten - letztere seien nämlich gegenüber katholischen Webern durch billige Zulieferung von der Landbevölkerung benachteiligt; außerdem seien die Kinder auf diese Weise dem Gassenbettel entzogen. Diese Idee wurde jedoch nicht umgesetzt.[86]

Besondere Gottesdienste und Jubiläen

Aus bescheidenen Anfängen entwickelte sich eine Reihe festlicher Gottesdienste. Im letzten Jahr des Dreißigjährigen Krieges waren die Kontributionen noch einmal so stark, daß man die *„Bürgerschaft gezwungen hat, sogar ihre Kleider zu verkaufen, so daß die meisten ohne Mantel und Hut in der Kirche und bey dem Gottesdienst erscheinen müssen."* Bei Mitteilung des Westfälischen Friedensschlusses Ende des Jahres 1648 durch Johann Matthias Lauber wurde von den Evangelischen das „Te Deum laudamus" angestimmt, zum Reformationsgedächtnis 1717 wurde es in deutscher und lateinischer Sprache gesungen.[87] Überhaupt nahmen im 18. Jahrhundert die vier Jubiläumsfeste von 1717, 1730, 1748 und 1755 einen besonderen Stellenwert ein und wurden mit besonderem Aufwand gefeiert. Diese Feste dienten der Selbstvergewisserung, der Rückschau auf einen besonderen geschichtlichen Weg sowie dem Dank für die Bewahrung. Sie waren auch ein gutes Stück Selbstdarstellung und boten den prächtigen Umzügen und Ausschmückungen der katholischen Seite ein Gegengewicht. Vergleiche bieten die aufwendigen Feiern zu Augsburg in der Barfüßerkirche an, die auf prächtigen Stichen dokumentiert sind. Auch in Kaufbeuren wurde von diesen vier Festen jeweils eine aufwendig kolorierte Zeichnung des großartig geschmückten Altarbereichs bzw. des Triumphbogens in Hörmanns Kirchenchronik überliefert (siehe Farbtafel XVIII).[88]

Üblich war es, daß die Gemeinde die Predigt mit einem Psalmlied beschloß. 1723 *„ist bey den Evangelischen das*

Matthias Lauber (1601-1649)

Aufstehen unter dem Gloria Singen, durch Veranlassung des Adiuncti Christells aufgekommen" und 1742, *"den 5. Decembris hat man das Absingen der Litaney [Gebet im Wechsel zwischen Liturg und Gemeinde] durch die Gemeinde so einige Zeit her alle Viertel Jahr, d.i. alle Sonntage nach der Quatember Wochen geschehen, widerum abgestellt, weil die Gemeinde mit der Melodie gar nicht zu recht kommen konnte und das Gesang mehr ärger- als erbaulich zu werden anfangen wollte."*[89]

Eine wichtige Rolle spielten Gottesdienste zum Jahreslauf, wie beispielsweise die Erntedankfeste: *"Obschon die, diesen Sommer über [1783], viele und ungewöhnliche starke Nebel, bey vielen, manche lange Furcht erweckt, so konnte man doch zum Preiße unsers Gottes Sonntag d. 5. October wegen gesegneter Erndte, ein freudiges Danck- u. Ernde Feste feyern, an welchem sich auch in der Kirchen, obgleich Herr Pfarrer Tod in seinem Haußse lag, Paucken u.Trommeten hören ließen."* Häufig waren Friedensfeste (aus aktuellem Anlaß oder als Jubiläum) sowie Bet-, Buß- und Fasttage, Jubiläen zu Ereignissen der Reformations- und Kirchengeschichte, Dankfeste und Feste zur Wahl eines neuen Kaisers oder anläßlich eines militärischen Sieges des Reiches.[90] Trauerfestlichkeiten zum Tode des Kaisers wurden zumeist mit drei Predigten bedacht, so zum Tode Kaiser Leopolds I. 1705 oder zum Tode Kaiser Karls VI. 1740. Die Feierlichkeit und Würde des Ablaufs kann man anhand der knappen Schilderungen des Chronisten erahnen: *"Das Evangelische Stadt Regiment, Rath, Gericht und Gemeinde nebst dem Syndico und Canzley Verwaltern, zogen sowohl in die Morgen- als in die Mittag- und Abend Predigt vom Rathaus in die Kirche paarweise, unter Vorantretung eines Leichensagers, allesamt mit kurzen Flören auf den Hüten, und langen Trauer Mänteln."* Die Kirche war rundum mit schwarzer Leinwand ausstaffiert. Zum Tode Kaiser Josephs II. hat sich ein prächtiges Hinterglasbild mit den drei Predigttexten aus Morgen-, Mittag- und Abendpredigt erhalten. Im Gegensatz dazu konnten in den Jahren 1742 und 1764 Dank- und Freudenfeste anläßlich der Kaiserwahl Karls VII. bzw. Josephs II. gefeiert werden: Eröffnung war jeweils am Samstag, es folgten Festpredigten am Sonntag, ein Feuerwerk am Montag und ein Scheibenschießen am Dienstag.[91]

Innergemeindliche Konfliktfelder

Im Zuge der in der frühen Neuzeit überall zu beobachtenden obrigkeitlichen Bestrebungen, alle Bereiche des Lebens administrativ zu durchdringen, wurde auch versucht, Feste und Feiern zu reglementieren: So gab es in Kaufbeuren bereits vor 1523 eine Hochzeitsordnung, die gegen das Ausufern der Feierlichkeiten angehen wollte. Gemäß späteren Bestimmungen von 1583 konnte eine sogenannte *"gemaine Hochzeit"* nicht an einem Wochentag, sondern nur an einem Sonn- oder Feiertag gehalten werden. Die Statutenordnungen für das 16. und 17. Jahrhundert wandten sich gegen Winkelheiraten, die heimlich geschlossen wurden. Die Heirat ohne obrigkeitlichen Konsens konnte den Verlust des Bürgerrechts nach sich ziehen, da der Rat unkontrollierten Zuzug von außerhalb unterbinden wollte - damit war die bürgerliche Heiratsbewilligung vor der kirchlichen Trauung in Kaufbeuren lange verordnet, bevor sie im 19. Jahrhundert in ganz Deutschland verankert wurde.

Für die Regelung von „Ehesachen" wurde in Kaufbeuren ein aus weltlichen und geistlichen Räten besetztes Ehegericht geschaffen, das Konsistorium. Diesem unterstand die Befugnis, Ehescheidungen auszusprechen und über Ehehindernisse zu befinden. Bereits in der Reformationszeit waren die 18 Ehehindernisse des kanonischen Rechts auf zwei eingeschränkt worden: Ehebruch und Unfruchtbarkeit. Im Evangelischen Kirchenarchiv haben sich zahlreiche Akten erhalten, die Einblick in die verschieden gelagerten Ehefälle und das Gerichtsverfahren gewähren: 1684 beispielsweise stellte das Konsistorium fest, daß Euphrosina W. Unzucht vor der Ehe begangen habe - bei einer Hochzeit wurde ihr verboten, das Haarband oder die Kleidung wie eine Jungfrau zu tragen.[92] Über die unterschiedliche Art und Weise der konfessionellen Strafen berichtet ein Fall aus dem Jahr 1722: Dabei *"ist der Johannes Mändle, Weber, Cathol. Religion, als ein Ehebrecher, und Maria Hindermayrin, so den Jacob Wölffle, Weber, zur Ehe hatte, Evangelischer Religion, jedes um fl. 60 gestraft worden, er wurde auch von der Bruderschaft excludirt, u. sein Name verbrannt, auch seine Wax Kertze zerbrochen, u. mit Füßen zertreten; über sie wurden auch 3 Buß Predigten gehalten, in welche sie die Statt Knecht ein- u. ausgeführt haben."*[93] Die Bußpredigt als Kirchenzucht war auch andernorts üblich. Außerdem war von weltlicher Seite für Ehebrecher zur Strafe ein eigener Rock bestimmt, wie für das Jahr 1702 überliefert wird. Auch Frauen in Not wurden angehört und mit Hilfe bedacht: Am 19. April 1784 *"wurde wegen Ursula Betschin ein Consistorium gehalten, u. ihr von demselben eine andere Verehlichung erlaubt."* 1792 ist von dem Magistratsbeschluß zu lesen, daß Frauen, die gegen das 6. Gebot verstoßen haben, nicht mehr wie bisher mit der Halsgeige *"herunter geführt"*, sondern für acht Wochen in das Spinnhaus verwiesen werden sollten.[94]

Immer wieder gab es Fälle unehelicher Schwangerschaften, da die Heiratserlaubnis wegen mangelnder finanzieller Sicherung häufig nicht gegeben wurde. Zwei Fälle von Verdacht auf Kindsmord geben einen Einblick in Nöte und Schicksale dieser Zeit und beleuchten gleichzeitig die ambivalente Doppelrolle des Pfarrers zwischen Untersucher und Seelsorger, wenn auch die Hauptlast der Urteilsfindung in den Händen des Stadtgerichts lag. Der Tod des im August 1771 geborenen Säuglings der Hutmacherstochter Katharina Wagenseil wurde im darauf folgenden Januar untersucht: *„Kam Pfarrer Seyfried, zu Catharina Wagenseilin, ins Gefängnis, sie zu ihrem Bekantnüs zu bewegen, aber umsonst, d. 17. wurde sie hierauf zur Tortur geführt, u. hierzu der Scharffrichter v. Statt Kempten beruffen, hier ließ sie es bis aufs äusserste ankommen, vor dem angriff aber brach sie mit dem Bekäntnüs heraus, daß sie neml. die Mörderin ihres Kindes gewesen. Hierauf besuchte sie H. Pfarrer wieder, welchen sie auch wehmüthig solle um Verzeyhung gebeten haben. Sie solle auch hernach bezeügt haben, daß sie schon, vor dem Bekäntnus, viele Anfechtungen erdultet habe, welche sie aber verbarg - nunmehro aber immer ärger wurden, so daß man sie, so tags als nachts, nicht mehr durffte allein lassen. D. 20. Jan ward sie von H Pfarrer wieder besucht, d. 23. diß d. letztmal verhört. d. 24. vor Rath referirt, hierauf verschickt. d. 22. d. wurde schon d. schwerdt, zu schleiffen u. baliren, nach Augsburg gesandt. d. 25. wider zurück."* Bei einem weiteren Fall von Kindstod 1794 gelang es der Mutter, einer Dienstmagd, glaubhaft zu machen, daß sie sich nie schwanger geglaubt habe. Sie könne nichts für die plötzliche, unglückliche Geburt. Die Dienstmagd mußte diese Angaben beeiden, nachdem Pfarrer und Diakon ihr die Bedeutung des Eides eingeschärft hatten, und die Stadt verlassen. [95]

Die für das Wohl der Stadt Verantwortlichen versuchten alles abzuwenden oder zu bestrafen, was den Zorn Gottes herausforden konnte. Schon in der Kaufbeurer Polizeiordnung von 1546 wurde gegen *„Gotslestern"* angegangen. Lästerung Gottes, Fluchen oder Schwören bei Handelschaften wurde darin mit einem *„Faustschlag in des Herrgotts Angesicht"* verglichen.[96] In welch hohem Maße anstößig das Fluchen empfunden wurde, zeigt ein Fall aus dem Jahr 1711: *„Im November aber mußte der Johann Martin Wagenseil Mezger, vermög Raths Conclusi wegen gräulichen Fluchens und ausgestossener Blasphemien, als wenn er nicht seinem Schwager Georg Schmid erschiessen würde, möchte er nicht Gottes seyn, wenn er ihn schon haben wolle, item die heilige Dreyfaltigkeit solle von ihm weichen etc., Kirchen Busse thun, und ist er durch 2 Stadtknechte geschlossen in die Kirche geführt auch auf einem besondern Stuhl wider Sie gesetzt worden, da dann die Prediger ihren Vortrag darnach eingerichtet haben."*[97] Den Zorn Gottes fürchtete die Obrigkeit auch im Falle von Atheismus, wie ein Fall aus dem Jahr 1684 verdeutlicht: Es ging um den Tuchscherer Matthias Wöhrle, Josua König und die Ehefrau des Lodwebers Jeremias Fuchs, *„welche in Jahr und tagen nicht allein niemalen in die Kirch kommen, noch das Hochwürdig Abendmahl empfangen."* Man entschloß sich zu einem schrittweisen Vorgehen: Zunächst sollte durch die Geistlichen *„denen selben deßwegen ernstlich zue gesprochen das gewißen gerühret und ihnen solches verwisen"* werden. Danach sollten sie vor das *„Consistorium gefordert und ihnen ihr Unrecht absonderlich hoch verwisen"* werden und, *„Wann dises nicht helffen wolte eine solche Persohn von der Canzl nahmbhafft gemacht, auch dieselbe nicht für einen Christen gehalten werden."* Ferner dürfe ihnen *„inn Krankheit, wofern keine herzliche rey [Reue] und leid gespürt würde, das Hochwürdige Abendtmahl nicht gereuchet werden"* und es müssen *„dieselbe nach dem todt, andern zum Exempel, ohne Gesang und Klang zu Grab getragen werden."*[98] Offenkundige Verfehlungen wurden normalerweise dem Licht der Öffentlichkeit ausgesetzt, jedoch waren auch Abmilderungen möglich: *„Im Monat September [1720] mußten Jacobina Hermännin und Ursula Schweyerin, mit ihren beeden Müttern, auch der Anna Maria Wagenseilin, wegen verübten Diebstahls, Kirchen Busse thun"* - doch wurden sie nicht mit Stadtknechten in die Kirche geführt, auch durften sie in ihren eigenen Stühlen sitzen.[99]

Nach schlechter Lebensführung wurde auch bei Beerdigungen nichts beschönigt, sondern nach 1. Petr. 3, 15 die Verantwortlichkeit der individuellen Lebensführung betont. Am Abend des 20. Dezember 1736 *„ist Johannes Guffer, Bürger u. Weber allhier, seines Alters 85 Jahr, weniger 1 Monat, durch einen Schlagfluß plötzlich gestorben, und weil nun sein übel geführter Lebenslauf, nicht konnte gerühmet werden, auch kurtz vor seinem Ende, mit seinem Weib ein Zorn Casus vorgieng, da er wie verlautet, mit derselben gerauft, u. also auch einen sehr harten Fall gethan, worauf auch in 2 stunden bemeldter Tod erfolget. Als wurde Sonntags Mittags darauf, durch Hr. Brucker Diaconus eine scharffe ermahn- u. erweckungs Predigt, an die Gemeinde gethan. Der Verstorbene aber wurde sowohl in der Predigt, als auch in dem gantz kurtz gestellten Lebenslauf, niemals christl. noch seelig gesprochen. Vielmehr waren des Hrn. Diaconi, erste Antritts Worte, Vor einem bösen schnellen Tod, behüt uns lieber Herre Gott! Der Text war genommen, aus Marci 13, V 23-37. Vor der Predigt ward gesungen, halt ein o Mensch in deinem Lauff, 7. Vers. Nach der Predigt aus dem Lied O Ewigkeit du Donnerwort, der 13. u. 14. Vers."*[100]

Die Salzburger Emigranten in den Jahren 1684 und 1731/32

Schon im 17. Jahrhundert wurden aus dem Territorium des Salzburger Erzbischofs Evangelische ausgewiesen, von denen einige auch Kaufbeuren erreichten.[101] Die Vorgänge erregten aber noch kein großes Aufsehen, obwohl den Exulanten katholischerseits sogar die Kinder

Die Ankunft der Salzburger Exulanten in Kaufbeuren, Kupferstich von Elias Bäck aus: Kurze Historie Der Evangelischen Emigranten [am 28. Dezember 1731, Nachmittags 2 Uhr], Memmingen 1738 (EKA Kaufbeuren)

weggenommen worden waren. Im 18. Jahrhundert kam es erneut und in größerem Stil zu einer Vertreibung der Salzburger Protestanten: Durch den Augsburger Religionsfrieden von 1555 und den Westfälischen Frieden von 1648 hatten Andersgläubige eines Territoriums das Abzugsrecht erhalten, das mit einem dreijährigen Schutz vor kurzfristiger Ausweisung verbunden war. Dem damaligen Ideal eines monokonfessionellen Staates folgend, ging der Salzburger Erzbischof gegen die Evangelischen vor, die bisher vor allem in Hauskreisen ihre Überzeugung gelebt hatten. Dazu verhängte er Geldstrafen, Gefängnis und Landesverweis. In ihrer Not und in Unkenntnis der Rechtslage wandten sich im Mai 1731 einunddreißig Abgesandte aus den sieben Pongauer Gerichten an das Corpus Evangelicorum des Reichstages und überreichten eine Bittschrift im Namen von 19 000 Evangelischen, in der sie um eigene Prediger und Verschonung vor Gewalttätigkeiten ersuchten; könne dies nicht zugesagt werden, erbaten sie ungehinderten Abzug. Doch der Salzburger Hofkanzler di Rallo interpretierte diese Bitte an auswärtige Mächte als Hochverrat, woraufhin die erzbischöflichen Behörden am 31. Oktober 1731 das Emigrationspatent erließen und für Unangesessene ein Abzugsfrist von acht Tagen festlegten; Bauern und Bürgern wurde eine Frist von ein bis drei Monaten zugestanden. Innerhalb von zwei Wochen, mitten im Winter, begann dann die Austreibung. Nicht nur das Corpus Evangelicorum, auch der Kaiserhof in Wien war empört über die Vorgehensweise und wegen des Bruchs der reichsrechtlichen Bestimmungen, da kein Beweis der Rebellion erbracht worden sei. Auch die betroffenen Salzburger waren überrascht und mußten ohne genügend Verpflegung, Geld und warme Kleidung aufbrechen. Die bairische Regierung gestattete den Durchzug durch ihr Gebiet erst nach wochenlangen Verhandlungen. Eine Mitleidswelle erfaßte das Reich, und große Geldspenden trafen für die Emigranten ein. Bereits am 2. Februar 1732 erließ der König von Preußen ein Patent, in dem er sich bereit erklärte, die Exulanten in seinem Land aufzunehmen; viele Salzburger fanden daraufhin in Nord- und Nordostdeutschland eine neue Heimat.

Die Reichsstadt Kaufbeuren war für viele Exulanten auf ihrem Weg nach Norden das erste evangelische Territorium. Die Stadt beherbergte nacheinander fünf Züge: Der erste, *„an die 800 Köpf stark"*, kam über Schongau ganz überraschend am 27. Dezember 1731 an, als die Tore bereits gesperrt waren. Im Verlauf einer Stunde wurden sie *„ohne den mindesten Rumor oder Unruhe allesamt in lauter Evangelische Bürgers Häuser biß zu ihrem weiteren transport zu 6, 8, 10 biß 15 Personen weiß, willig eingenommen und untergebracht, auch mit Speis und Trank reichlich und liebreich verpflegt."* Dazu bekamen sie warme Winterkleidung sowie vier Wagen für alte und kranke Personen. Am nächsten Tag wurde ein Gottesdienst für die Emigranten gefeiert, der von Jakob Brucker gehalten wurde:[102] *„Nachdem sie am Mittag des 30. Dezember in der Hl. Dreifaltigkeitskirche in Anwesenheit der ev. Obrigkeit eine Abschiedspredigt gehört, mit gröster Devotion unter vielen Thränen und hertzinniglicher Begierde zu dem Wort Gotte, sangen sie gemeinsam 'Ein feste Burg ist unser Gott'."* 63 Salzburger fanden in Kaufbeuren Arbeit, die anderen Emigranten kamen nach drei Tagen Aufenthalt mit reichlich gesammeltem Zehrgeld nach Augsburg und Memmingen. Am 28. März 1732 kam der zweite Zug nach Kaufbeuren; er umfaßte diesmal 523 Personen und wurde *„abermals liebreich aufgenommen und in die Evangelischen Würths auch Beken Häuser einquartiert, auch mit Haltung außerordentlicher Predigten und Gottesdienste getröstet und erquickt"*. Nach drei Tagen ging es weiter nach Memmingen, *„mit welchen verschiedene von den letzthier verbliebenen abmarchirt sind, weil sie die hiesige Dienste und Lebens Art sich nicht haben angewöhnen können."* Am 15. Mai kam der dritte Transport mit 867 Personen an, meist wohlhabende Leute. Mit der Einquartierung zu 50 oder 60 Personen in die evangelischen Wirtshäuser und in die Zunfthäuser war auch der katholische Ratsteil einverstanden. Wieder wurde auf die Weiterreise Geld mitgegeben, von auswärtigen Orten kamen Gelder aus Regensburg, London und Venedig. Ähnlich wurde mit dem vierten Transport am 11. Juni verfahren, der aus 860 Personen bestand. Der fünfte und letzte Transport, der Kaufbeuren erreichte, zählte 890 Köpfe, 50 Wagen und 82 Pferde. Auch diese wurden von den Gerichtsassessoren Johann Martin Heinzelmann und Johann Jakob Wagenseil nach Augsburg geleitet. Insgesamt wurden also rund 3 600 Personen (rund 19 % aller Emigranten) in Kaufbeuren beherbergt und von dort aus weitergeleitet. Neben anfänglichem Wohlwollen gab es in der Folge auch Proteste des katholischen Ratsteils, der sich durch die spontane Aufnahme übergangen fühlte. In den evangelischen Kirchenbüchern jener Zeit finden sich 24 Emigranten wieder, die hier ansässig wurden, wie die Familien Burgschwaiger, Hochbrugger, Baumgärtner oder Kumblänger.[103]

Religiöses Leben außerhalb des kirchlichen Rahmens

Nachrichten, aus denen hervorgeht, daß auch außerhalb des amtskirchlichen Rahmens religiöses Leben über den Kreis der Familie hinaus existierte, begegnen uns erstmals 1740: Bei Daniel Schropp hatten sich des Nachts an die 20 Personen beiderlei Geschlechts getroffen und bei H. Stierle am Sonntag und am Mittwoch Lieder gesungen. Auf dem Weg der Beichte erfuhr schließlich das Konsistorium davon, woraufhin dem Kreis nahegelegt wurde, sich nach Geschlechtern getrennt und mit nicht mehr als acht Personen zu treffen. Von der Universität Leipzig wurden Gutachten über dergleichen Zusammenkünfte angefordert. Drei Jahre später wurde festgestellt, daß bei den Treffen nichts *„wider die Evangel. Christl. Lehre"* geschehe. Schropp gab an, *„ihr einziger Endzweck sey, sich in dem Christenthum miteinander zu erbauen"*, aus pietistischen Erbauungsschriften zu lesen, *„worüber dann Ein und anderer Herr seine Gedanken hierüber entdecket"* und Lieder zu singen. Damit war die Geistlichkeit beruhigt.

Weitere Details stammen aus dem Jahr 1744: Diesmal war die Frage aufgetaucht, warum der Konventikel im Winter bis in die Nacht hinein Versammlungen abhalte. Die Antwort war, daß sich zu dieser Zeit andere Leute im Wirtshaus träfen, ohne daß daran Anstoß genommen werde; die Anrede mit Bruder und Schwester sei üblich (wie in Paulusbriefen). Die damals obrigkeitlich erfaßten Namen lauten Schropp, Simmele, Labhard, Neuhaus, Enderlin und Bratsche, in beruflicher Hinsicht waren damit drei Bortenmacher, zwei Weber, ein Spengler und ein Kammacher vertreten. Die Frauen trafen sich am Mittwoch im Hause Enderlin. Benutzt wurde das Hallische und Gothische Gesangbuch, vom Herrnhutischen der 12. Teil des Anhangs. Es gab keine überörtlichen Verbindungen als mit den Augsburgern. Daniel Schropps Tochter Sabine wurde später Herrnhuter Schwester. Desweiteren wurde Adjunkt Merz 1744 u.a. von Angehörigen der Familie Kuile, Eberle, Losch angegangen, ihnen *„Stunden geistlicher Erbauung zu gönnen und mit demselben etwas geistliches reden zu können"*. Auch führte der Adjunkt und spätere Diakon Jakob Brucker nach den sonntäglichen Abendgottesdiensten Bibelstunden durch.[104]

Konfessionelle Konflikte und Lösungsversuche im 17. und 18. Jahrhundert

Eines der Hauptanliegen der westfälischen Friedensverhandlungen am Ende des Dreißigjährigen Krieges war die Wiederherstellung einer möglichst gerechten und dauerhaften Ordnung für das politische und konfessionelle Miteinander im Reich und in Europa. Mit der Festsetzung der städtischen und kirchlichen Ämter nach der Verteilung auf die Konfessionen des Jahres 1624 (der sogenannte Normaljahresstand) sollte dies in Bezug auf Kaufbeuren auch im wesentlichen gelingen. Die Ämterbesetzung dieses Jahres für die Stadt entsprach der Größe der konfessionellen Anteile, wobei die evangelischen Einwohner die deutliche Mehrheit besaßen. Für diese bedeutete das bei der Insellage inmitten katholischer Gebiete eine Stärkung der Position, da beispielsweise Augsburg, bei ebenfalls überwiegend evangelischer Bevölkerung, nur die numerische Parität, also die Ämterbesetzung zu jeweils 50%, erhielt. Entscheidend war, daß der tatsächliche und aktuelle Stand von 1624 als Grundlage diente und nicht die Karolinische Wahlordnung von 1551, deren genauer Wortlaut umstritten war, die aber einen hauptsächlich katholischen Rat begünstigt hätte. Die Ermittlung des Normaljahresstandes in Kaufbeuren wurde erschwert, weil der durch die Kriegsereignisse noch katholische Rat die Akteneinsicht verweigerte. So mußten fürs erste aus dem Gedächtnis Beschreibungen erstellt werden. Um die Kosten für die ausführenden Kommissionen nicht zu sehr hochschnellen zu lassen, wurden die Verhandlungen bald beendet. Es lagen noch ungeheure Kriegslasten auf der Stadt, die neue Untersuchungen hervorgerufen hätten, wenn nicht vermögende evangelische Bürger, wie die Familie Lauber, mit dem freiwilligen Einsatz ihrer Finanzen und ihres Verhandlungsgeschicks der gesamten Bevölkerung geholfen hätten. Eine weitere Hilfs- und Schutzfunktion für die Selbstbehauptung der evangelischen Bürgerschaft übte das Herzogtum Württemberg aus.

Beeindruckend ist die Liste der neu besetzten Stadtämter für den 5./15. April 1649, die auch im Druck erschien und fortan das Rückgrat der konfessionellen Kräfteverteilung bis zum Ende des Alten Reiches bildete. Diese sah für Evangelische und Katholische folgendes Verhältnis vor: Bürgermeister und Räte 8 : 4, Mitglieder des Gerichts 10 : 2, Mitglieder der Gemeinde 12 : 2. Es folgten die Ämter, die durch den Magistrat zu bestellen waren: Ammann und Geheime Räte 3 : 1, daneben wurden 84 Ämter aufgeführt wie Baumeister, Lehenträger des Spitals, Beschauer der produzierten Produkte, Torwarte, Pfänder, Seelfrauen, Hebammen (für beide Konfessionen je eine). Darüberhinaus folgten noch 25 Posten wie beispielsweise Kirchen- und Stiftungspfleger, Spitalämter oder Mesner. Ein längerfristiges Problem dieser Regelung war, daß diese Ämterverteilung dem sich ändernden konfessionellen Proporz in der Stadt - im Laufe des 18. Jahrhunderts nahm die Zahl der Katholiken kontinuierlich zu - nicht folgen konnte. Trotzdem wurden nie bürgerkriegsähnliche Zustände hervorgerufen. Da durch den 1649 getroffenen Reichsbeschluß von Nürnberg drei Viertel des Kaufbeurer Regiments mit Evangelischen besetzt waren, wurden zu den Reichs-, Kreis- und Städtetagungen fast ausschließlich Angehörige der evangelischen Konfession entsandt. Das führte dazu, daß Kaufbeuren bei diesen Organisationen bis zum Ende des Alten Reiches als *„pur evangelische Stadt"* galt.[105]

Auch in den überregionalen Organisationen auf Reichs- und Kreisebene spielte die Konfessionszugehörigkeit der Stadt eine wichtige Rolle: Im Jahre 1663 wurde der Reichstag, das Mitwirkungsorgan der Reichsstände bei der Gesetzgebung, nach Regensburg einberufen und wurde nicht mehr entlassen, sondern blieb als sogenannter „Immerwährender Reichstag" bis zur Auflösung des Alten Reiches im Jahr 1806 beisammen. Die Reichsstädte bildeten neben Kurfürsten und Fürsten das dritte Kollegium; Kaufbeuren saß dabei auf der schwäbischen Bank. Die Selbstbeteiligung durch eigene Gesandte war äußerst kostspielig, weswegen sich Kaufbeuren durch benachbarte Städte vertreten ließ. Während die katholischen Bürger gerne die paritätische Reichsstadt Augsburg bestimmt hätten, entschied sich die von den Evangelischen gestellte Mehrheit für die evangelische Reichsstadt Ulm, die für die schwäbischen Reichsstädte auch in sonstiger Hinsicht politisch führend war. Zwischen dem Reich und den einzelnen Reichsständen standen die Reichskreise als Koordinierungsorgane, die sich mit der Aufbringung von Reichssteuern, der Aufstellung von militärischen Kontingenten, dem Münzwesen und polizeilichen Befugnissen beschäftigten. Direktor des Schwäbischen Kreises, zu dem Kaufbeuren gehörte, war der Herzog von Württemberg weltlicherseits, geistlicherseits war es der Fürstbischof von Konstanz. Bei Aufstellung der Kontingente des Schwäbischen Kreises kam es 1673 zu einer Trennung der katholischen und evangelischen Stände, wobei *„jeder Teil seine Leute besonders commandirt"*. Kaufbeuren hätte dabei seine Kontingente aufteilen sollen, was aber mehrheitlich abgelehnt wurde. So kam das ganze Kontingent zum evangelischen Teil.[106]

Nachdem sich die konfessionellen Verhältnisse in der Reichsstadt konsolidiert hatten, waren konfessionsverschiedene Ehen oder gar Übertritte sehr selten. Einzelne

Konversionen sorgten daher für erheblichen Verdruß bis in höchste politische Ebenen. Die evangelische Gemeinde in ihrer Insellage und auch die katholische Gemeinde als Minderheit in der Stadt werteten Übertritte als Verrat und als Angriff auf die eigenen, mühsam aufgebauten Rechte. Kompliziert wurde es, wenn der Inhaber eines der städtischen Ämter, die exakt auf die Konfessionen aufgeteilt waren, sein Bekenntnis wechselte und auf diese Weise die Kräfte aus dem Gleichgewicht brachte. Ähnlich wie in Augsburg werden gelegentlich auch in Kaufbeuren Religionsagenten erwähnt, die im Auftrag Baierns die katholische Bevölkerung überwachen und bei der Stange halten sollten.

Waren bei einer konfessionsverschiedenen Ehe die Rechte noch gewahrt, so begannen die Probleme bei der Kindererziehung, wie ein Fall aus dem Jahr 1636 zeigt: *„Am 13. octobris haben Martin Wangner, Peter Hölderich und Daniel Geiselmayr, alle dreye als Catholische Hochzeiter, weilen sie Lutherische weibs Personen geheurathet, dem Pfarrer und Decano Wall versprechen müssen Catholisch zu bleiben, kein kezerisches Buch zu lesen, und ihre Kinder, so männ- als weiblichen Geschlechts, bey Verlust des Burgerrechts, katholisch erziehen zu lassen; die 3 Bräut aber mußten gedachten Wall zusagen ihre Ehemänner wegen der Religion unangefochten, die Kinder catholisch taufen, erziehen, und nach des Manns Tod beym catholischen Glauben zu lassen, ia selbsten die Religion anzunehmen, wann sie solche für wahr befinden würden."* Trotz kanonischer Gebote und äußerem Druck kam es aber immer noch auf die Entscheidung der einzelnen Familien an. So klagte 1644 Pfarrer Wall vor dem Rat, daß Martin Wangner und Peter Hölderich ihre Kinder lutherisch erziehen würden, ebenso geschehe es bei dem Bürger Jörg Schratt, dessen Kind sogar lutherisch getauft wurde. Schwieriger gestaltete sich der Fall des Martin Wagenseil: Dieser war mit einer katholischen Frau verheiratet, die aus Leeder stammte. Aus der Ehe gingen drei Kinder hervor, die evangelisch getauft und erzogen wurden. Als Martin Wagenseil 1662 verstarb, war die jüngste Tochter noch minderjährig. Auf dem Sterbebett bat er seinen Sohn und seinen Schwiegersohn, seine jüngste Tochter der evangelischen Konfession zu erhalten. Tatsächlich versuchte die Mutter ihre Tochter nach Augsburg zu katholischen Konfessionsverwandten zu bringen. Sohn und Schwiegersohn verhinderten dies jedoch, waraufhin die Mutter und der katholische Pfarrer Baudrexel vor dem Rat Klage erhoben. Der katholische Ratsteil nahm sich zwar zunächst der Sache an, betrieb sie aber nicht weiter. Mit der Verfestigung der konfessionellen Verhältnisse wurden konfessionsverschiedene Ehen jedoch zur großen Ausnahme. So berichtet der Chronist zum Jahr 1684, es *„ist allhier üblich gewesen, daß wo Leute von zweyerley Religionen zusammen geheurathet, und in den Eheberedungen nichts ausdrücklich bedingt worden, die Söhne des Vaters, und die Töchter der Mutter Religion nachgefolgt haben. Weilen aber dieser Unterschied der Religionen, in einerley Ehe, und unter leiblichen Geschwistrigen, zu ainerley Mißhelligkeiten den Anlaß gegeben, so sind derley zusammen Verheurathungen nach dieser Zeit allhier gänzlich abgekommen."*[107]

Trotz der Repressionen im Dreißigjährigen Krieg war die evangelische Bevölkerung erstaunlich standhaft, sogar die Angesehensten emigrierten, nur wenige konvertierten und kehrten später wieder zum evangelischen Glauben zurück. Einige Einzelfälle heikler Konversionen sorgten nach 1648 für Aufsehen, insbesondere der Fall des evangelischen Metzgers Philipp Loher im Jahr 1686: Auf dem Sterbebett hatte ihn seine katholische Frau überredet, zu konvertieren. *„Als der [evangelische] Diaconus Beck, in einer seiner Predigten davon erwähnung gethan, und den Loher eben nicht gelobt haben mochte, so iniurirte [beleidigte] die Wittib den Diaconum, als er beym Kuttelbank vorbey gieng offentlich, ihn einen Schelmen und Dieb heissend."* Dieser Vorfall und die erfolgte Bestrafung der Loherin führten zu Zwistigkeiten zwischen dem katholischen und evangelischen Ratsteil; es kam sogar zur Dramatisierung dieses Falles: Ein unbekannter evangelischer Bürger spielte in einer der folgenden Nächte den der Verdammung anheimgefallenen Geist des verstorbenen Loher, während ein anderer - gleichfalls unbekannter - katholischer Bürger auf das höchst lebendige Gespenst eine Ladung Schrot schoß. Die diesbezüglichen Nachforschungen des Rats blieben allerdings ohne Ergebnis. Mehrere Schmähschriften, darunter *„Der blessierte aber wieder curirte kauffbeurer teufel"* gaben den Gefühlsausbrüchen ihre eigene Note.[108]

Daß Konvertiten allerhand erdulden mußten, ist aus Augsburg bekannt. Auch in Kaufbeuren wurde im Zusammenhang offizieller Beschwerdeeingaben von evangelischer Seite im Jahr 1692 beklagt, daß Konvertiten regelrecht verfolgt würden. Ein Beispiel für einen Konfessionswechsel aus wirtschaftlichen Gründen und zur vollkommenen Ausspielung der Ratsteile beider Konfessionen gegeneinander stellt der Fall des Säcklermeisters Jost Waldner 1699 dar: Von den Memminger und Mindelheimer Zunftgenossen war die Gültigkeit der Ausbildung seiner Gesellen angezweifelt worden. Dies wirkte sich derart geschäftsschädigend aus, daß Waldner sein Haus verkaufen mußte und bettelarm wurde. Ursprünglich evangelisch, konvertierte er, unterstellte dem evangelischen Ratsteil, ihn nicht genügend unterstützt zu haben, und erhielt die volle Unterstützung des katholischen Ratsteils. Die Angelegenheit gelangte bis zum kaiserlichen Reichshofrat, der Waldner 200 Gulden aus öffentlichen Mitteln zubilligte. Nach diesem Erfolg kehrte Waldner wieder zum evangelischen Glauben zurück. Konversionen von Männern in städtischen Diensten sind bekannt von dem Kanzleiverwalter Johannes Wider im Jahr 1715 und dem Stadtknecht Matthäus Wagenseil im Jahr 1732, beidemale zum Katholizismus. Da der evangelische Rat seine Rechte beim Ämterproporz nicht aufgeben wollte, bedeutete dies für beide die Entlassung aus dem Dienst. In der zweiten Hälfte des 18. Jahrhunderts ist noch von zwei Übertritten zum evangelischen Glauben zu erfahren: 1765 konvertierte der verwitwete Metzger Josef Espermüller, der dann von seiner Familie stark angefeindet wurde, und 1777 vollzog Margareth Franziska Erger aus Mindelheim, die als Dienstmädchen bei einer evangelischen Familie arbeitete und das religiöse Leben dort miterlebte, diesen Schritt. In beiden Fällen, betont der Chronist, sei der Übertritt aus *"freyer entschlüssung"* geschehen und *"Religions-Schutz"* erlangt worden, denn ein Wechsel bedeutete den Abbruch der sozialen Beziehungen zur bisherigen Umgebung und die Einordnung in ein neues Umfeld. Zum katholischen Glauben trat 1771 der Goldschmied Leonhard Lieb über, der in der St. Martins-Kirche vor einer großen Menge das Glaubensbekenntnis dieser Konfession sprach. 1772 ließ er sich mit einer Waschmagd in der St. Michaels-Kapelle trauen. Als er im Jahr 1777 wieder evangelisch werden wollte, gab ihm das Konsistorium aber zu verstehen, wenn es nur darum gehe, von seiner Frau fort zu kommen, so solle er doch lieber sein Glück beim Kreisdragonerregiment versuchen. Über die Stadt hinaus wurde das Schicksal der aus Kaufbeuren gebürtigen evangelischen Schriftstellerin Sophie la Roche, geborene Gutermann, bekannt: Als ihr Vater nach Augsburg berufen wurde, verliebte sie sich, noch keine 17 Jahre alt, in den katholischen Leibmedikus Johann Ludwig Bianconi. Gutermann wollte von der Verbindung wenig wissen, gab aber dann seine Zustimmung zu einer Hochzeit, verlangte jedoch, wenn die männlichen Nachkommen katholisch würden, sollten die weiblichen evangelisch werden. Doch Bianconi ging nicht darauf ein und so scheiterte die geplante Verbindung. Sophie Gutermann heiratete schließlich 1753 den der Aufklärung verpflichteten Katholiken Georg von La Roche und ließ ihre Kinder katholisch taufen; tatsächlich jedoch war sie Glaubensdingen gegenüber gleichgültig geworden, wie sie selbst erklärte.[109]

Einen für den gesamten Rat demütigenden Ausgang nahm wegen konfessioneller Uneinigkeit der Stadtväter die Klage einer einzelnen Frau: Maria Regina Schmölz, geb. Langbauer. Noch Jahrzehnte später hieß es: *"Sie war ein kekes bösmauliges Mensch."* 1688 hatte sie den Hutschmücker Daniel Schmölz geheiratet, *"aber in einer unfriedlichen Ehe mit ihm gelebt, und eine Tochter mit Ihm erzeugt, von welcher Sie ihm im Unwillen oft vorgeworfen, daß er nicht der Vater von ihr seye, ja sie ihm sogar mit Gift kochen gedroht, so daß er endlich um ander Unheil zu verhüten von ihr nach Oesterreich ging, wo sie nach einiger Zeit eine Desertions-Klage beym Lobw. Consistorio wider ihn angestellt, und da sie ihn zugleich der Sodomiterey beschuldiget, so glaubte sie damit, er werde, dieser Anklage auszuweichen, sich nicht mehr sehen lassen."* Der Ehemann erschien aber, konnte seine Abwesenheit erklären und die Sodomie-Klage lief *"auf eine Kalberey hinaus"*. Maria Regina Schmölz verhielt sich mit einquartierten Offizieren *"sehr familiair"* und wurde infolgedessen von einer Dienstmagd im Mai 1691 vor dem Rat des Ehebruchs verklagt. Aus dem Arrest gegen Kaution entlassen, beschuldigte sie den Rat der ungerechten Einkerkerung und belangte ihn sogar 1693 beim Kaiserlichen Reichshofrat, wo aber diese Angelegenheit an die hiesige kaiserliche Kommission zum Vergleich geleitet wurde. Nun verlegten sich die katholischen Stadträte auf die Strategie, mit dieser Sache nichts zu tun gehabt zu haben, da sie ja sowieso nicht die Mehrheit im Rat hätten. Maria Regina Schmölz erfaßte diese Schwäche genau, denn mit einer Klage gegen eine Konfessionspartei konnte sie äußere Schiedskräfte beschäftigen und die sonst selbständige Stadtgerichtsbarkeit blockieren. Sie verlangte nichts weniger als finanzielle Entschädigung. Die Akten sandte die kaiserliche Kommission an einen Untersuchungsausschuß zu Tübingen, wo sie bis 1710 ungeöffnet liegen blieben. *"Während der zeit als die Schmelzin nun in Wien zu Betreibung ihres Processes sich aufhielte, lief an ihren Mann die schriftliche und bescheinigte Nachricht ein, daß sie sich allda für eine Wittib ausgegeben, mit einem sichern Barbierers Gesellen würklich eine Eheverbindung getroffen, die aber widerum zurück gegangen, dann, daß sie von einem andern schwangern Leibs geworden und eines Kindes genesen, und endlich, daß sie mit einem Gold- und Seidensticker, Namens Julius Heinitschek, zu Breßlau um Johanni 1696 würklich habe copuliren lassen. Da sie von ihrem Mann Daniel Schmelz, der zwar eine Ehescheidungs Klage wider sie angestellt, auf welche sie aber ungeachtet des dreymaligen offentlichen Vorberufs, niemals sich eingelassen, noch erschienen, noch nicht geschieden ware, somit sich das criminis bigamiae schuldig gemacht, allermassen die Ehescheidungs Urthel bey allhiesigem Evangelischem Consistorio erst den 6. Novembris 1698 ergangen und publicirt worden; worauf der Schmelz sich nach Kempten begeben, und allda anderweit verheurathet, sie aber mit ihrem andern Mann sonst im Land herum gefahren. Mit diesem hatte sie 6 Kinder erzeugt, wovon aber nur 2 auferzogen worden."* Tatsächlich erkannte der Reichshofrat der Klägerin 1716 eine Entschädigung in Höhe von 700 Gulden aus dem *"aerario publico"*, dem Stadtsäckel, zu. 200 Gulden sollten ausgezahlt, der Rest bei der kaiserlichen Kommission hinterlegt werden, während sich Maria Regina Schmölz wegen der Anklage auf Bigamie vor dem Rat verantworten sollte. Da dies ein überaus gefährlicher Anklagepunkt war, wurde von der Klägerin nichts mehr gehört.[110]

Religiöse Empfindungen und konfessionelle Sichtweisen

Die Zeugnisse religiöser Äußerungen ergeben kein Gesamtbild hinsichtlich eines spezifischen religiösen Empfindens der evangelischen Bevölkerung in Kaufbeuren, da sie nur vereinzelt vorliegen und zumeist die Entgegnungen der anderen Konfession nötig haben, die das Denken und Argumentieren erst deutlich machen würden. Aus einigen Beispielen lassen sich jedoch zumindest Abgrenzungen zu katholischem Denken ersehen: Anläßlich der Einweihung der Dreifaltigkeitskirche im Jahr 1605 ließ Lateinschuldirektor Menhard seiner evangelischen Auffassung von Heiligen und Weihen freien Lauf: *„O dreimal göttliche Dreiheit, dir allein steht dieser verehrungswürdige Tempel: mach uns zu dir geweihten Tempeln. Mit Recht mag Kaufbeuren sagen, dieser Tempel gehöre dir, dem gnädigen, nicht dir Martinus, nicht dir, schmeichelnder Blasius. Warum weiht, ohne daß es die Heiligen wollen, der römisch gesinnte Herrscher dieses Ortes ihnen Kirchen? Er ist das Haupt, fällt er nicht? Irrtum verschwinde! Aus den Heiligtümern wird der Teufel vertrieben, freilich mit Weihwasser, ach, der furchtsame Daemon/ Ein Tempel aus altem Marmor ist auch ein Zeichen der Katholiken. O katholische Logik! Weil es geweihte Plätze gibt, wird Gott auch schneller hören. Die Plätze tun zu den Bitten nichts hinzu, um einen armseligen Gott zu täuschen. Die göttliche Gnade Gottes ist nicht in heiligen Häusern eingeschlossen. Das weiß ein vernünftiger Tempelwächter. Es ist eitler Aberglaube und widerspricht dem Wort und der Natur."* Menhard konkretisierte seine Ausführungen mit dem rechten Gebrauch der Hl. Schrift und ging auch auf das umstrittene Verhältnis zu Bräuchen und Traditionen ein.[111]

Die Kritik an biblisch nicht begründbaren Bräuchen wie der Heiligenverehrung wurde besonders in Krisensituationen oder Kriegszeiten virulent: *„1628 haben die Evangelischen bey der Eidesleistung am Schwörtag, die Worte, das helffe mir Gott u. alle liebe Heiligen, nachzusprechen sich geweigert, u. geschrien, nicht Heilige, sondern das Heilige Evangelium."* Über den Wahltag 1686 wird berichtet: *„Hierauf ist ein andächtiges Gebeth, wie allezeit gebräuchig von denen Herren Evangelischen stehend, denen Herren Catholischen aber knieend, verrichtet worden."*[112]

Aus dem Erlebnis- und Deutungshorizont katholischer wie evangelischer Christen wird die unterschiedliche Hervorhebung merkwürdiger Personen oder unerklärlicher Ereignisse verständlicher. Während beispielsweise der evangelische Chronist Wolfgang Ludwig Hörmann von und zu Gutenberg trotz seiner zeitlichen Nähe zu der katholischen Mystikerin Crescentia keine Notiz von ihr nahm, mußte sich später der evangelische Chronist Wiedeman mit dem Kult, der nach dem Tode der Nonne einsetzte, kritisch beschäftigen: Wiedemann distanzierte sich vehement von dem Wunderglauben aus dem Umland, von dem er einige Beispiele aufzeigte. Sehr sparsam gingen die evangelischen Chronisten auch sonst mit dem Wort Wunder um. So berichtete Hörmann zum Jahr 1698: *„Den 15. May ist ein fremder hier sich aufhaltender Unteroffizier Nahmens Johann Wilhelm Arnold in Inquisition gekommen, welcher bey der goldenen Gans [heute Traube], wegen eines auf dem Gesimß ersehenen Crucifixes, gegen die dasige Wirthin erstaunliche gottslästerliche Worte gebraucht, wobey die Wirthin und ihre Magd sonderlich bemerkt, daß als der Soldat auf dem Bank gestanden, und das oben neben dem Cruzifix stehende Friedens-Gemäld gelesen, da habe sich das Crucifix ganz tief geneiget, so daß die Wirthin angefangen zu schreyen: das Cruzifix fällt; wie Sie aber zugelauffen, und es habe heben wollen, damit es nicht herunter fallen könne, so seye dasselbe wieder ganz gerade gestanden etc. Aus welchem dann die Wirthin und die Magd ein Wunder gemacht."*[113]

Eine starke Verunsicherung über die Bewertung ungewöhnlicher Ereignisse fällt immer wieder auf: Allgemein betroffen schienen die Kaufbeurer im Jahr 1654 von einer Sonnenfinsternis, während der keine Freude aufkommen wollte und der Weberumzug unterblieb. Anläßlich einer Feuersbrunst von 1669 im Spital sprach der zeitgenössische Eintrag von einer Heimsuchung *„um unserer schweren Sünden willen"*. Daß in Notzeiten magische Praktiken Zulauf haben, ist bekannt: So beschäftigte sich das Konsistorium im Jahr 1653 mit einem Fall von Siebdrehen, einer Art Wahrsagerei. Trotz der Anfälligkeit der früheren Jahrhunderte für Verdächtigungen gegenüber Zauberei und angeblicher Hexen kann aber festgehalten werden, daß das Stadtgericht in Sachen Wunder eine unvoreingenommene Haltung zeigte.[114]

Konfessionelles Empfinden kam zugespitzt auch in Liedern zum Ausdruck. Hörmann berichtet von einem geistlichen „Gassenhauer", der bei den einfacheren evangelischen Einwohnern verbreitet war, die katholischen Christen jedoch sehr erregte, nämlich: *„Erhalt uns Herr bei deinem Wort"* - dieses Lied steht zwar heute noch im Evangelischen Gesangbuch, jedoch in geänderter Fassung. Ursprünglich ging es weiter: *„und schütz uns vor Türken und Papisten Mord."* Diese Sichtweise aus der Reformationszeit war sicher sehr eingängig, aber für die

Betroffenen sehr verletzend. In umgekehrter Richtung wurde ebenso provoziert: Im Jahr 1775 *"hatten 2 Catholische Färbers Knechte, ein boßhafftes Lied über Lutherum u. den Papst, des Nachts auf öffentlicher Gasse wechselweise gesungen, und gesprochen, sie wurden aber von einem paar Evangel. Bürgern hierüber derb abgebrügelt, den andern Tag kam es zur Klag, und mußte jeder der Knechte 1 ducaten Straff erlegen."* Einen tiefen religiösen Eindruck dagegen machten Lieder, die Kinder oder Singknaben auf der Gasse in der Passionszeit sangen, worin sie die Bedeutung des Leidens Christi darstellten. Konfessionelles Empfinden wirkte sich auch in Ansichten über das Abendmahl und in politischen Äußerungen aus: Im Siebenjährigen Krieg ergriffen die Katholiken Partei für Maria Theresia, die Evangelischen für die als Schutzmacht empfundenen Preußen, insbesondere für deren König Friedrich II., der bereits zu seinen Lebzeiten bewundernd „der Große" genannt wurde.[115]

Die Notzeit des Dreißigjährigen Krieges brachte jedoch auch manches schöne Zeugnis der Menschlichkeit und christlichen Einstellung zwischen den Konfessionen: 1633/34 wechselten schwedische und kaiserliche Besatzungen in Kaufbeuren des öftern. Im Februar 1633 hatte der evangelische Bäcker Hainlen die Nonnen des Franziskanerinnen-Klosters durch seine Tochter vorsorglich vor den Soldaten warnen lassen. Im August 1633 hatten sich die Evangelischen vor den kaiserlichen Truppen in das Kloster und in das Jesuitenkolleg geflüchtet, die auch von der schlimmen Soldateska verschont blieben. Bürgerstöchter suchten in Schwesterntracht Schutz bei den Nonnen. Prädikanten verwandten sich wiederum bei den Schweden für das Kloster, und evangelische Bürger setzten sich - so im Januar 1634 - unter erneuter schwedischer Besatzung für ihre katholischen Mitbürger und die Jesuiten ein.[116]

Kulturleistungen und Brauchtum

Eine in den letzten Jahren wiederentdeckte Kaufbeurer Besonderheit stellen die evangelischen Hinterglasbilder aus dem 18. Jahrhundert dar. Bisher waren vor allem Augsburg und angrenzende bairische Gebiete für diese Kunsttechnik bekannt. Kennzeichnend für die Kaufbeurer Werke sind eine spezifische Farbigkeit, vor allem ein mittlerer Blauton als Hintergrund, die häufige Hinterlegung von Gold und Silber, eine charakteristische Schrift und die Gestaltung des Rahmens als Rundstab. Außer 50 Bildern im Stadtmuseum Kaufbeuren sind in anderen Museen oder in Privatbesitz inzwischen weitere 45 Bilder bekannt, die sich dieser Gruppe zuordnen lassen. Damit nimmt Kaufbeuren als Herstellungszentrum von Hinterglasbildern einen nicht unbedeutenden Platz ein. Für einige Bilder lassen sich als Motivvorlagen Augsburger Stiche festmachen; beispielgebend war auch Bolswert Antwerpen, der auf den deutschen Pietismus insgesamt von großem Einfluß war (siehe Farbtafel XVIII und XIX).[117]

Die Lateinschule bestand zunächst für beide Konfessionen an der Schulerstieg (Kirchplatz 8) unter einem evangelischen Rektor. Auf Veranlassung einer Kommission wurde sie jedoch im Jahr 1602 getrennt, wobei die Evangelischen im alten Gebäude verbleiben durften. 1728 wurde das Gebäude repariert *„und im obern Stockwerk gegen das Hasenthal im Dachwerk erhöhet, und mit einem Wohnzimmer erweitert"*. Hier wohnte der berühmteste Rektor der Schule, Jakob Brucker. Neben den Lateinzügen gab es hier auch einen gehobenen deutschen Zweig, der nicht mit der deutschen Schule zu verwechseln ist: Die deutsche Schule befand sich im *„Capitelhaus"* an der Schmiedgasse (Nr. 10), ab 1602 *„in gemeiner Stadt ehevorigem Praedicatur Hauß, beym Stern genannt"* (Münzhalde 1).

Jakob Brucker (1696-1770)

Während des Dreißigjährigen Krieges konnte 1632 die evangelische Schule wieder eröffnet werden und befand sich dann ab 1659 in einem heute nicht mehr bestehenden Gebäude hinter der Sakristei der Dreifaltigkeitskirche, in der heutigen Ludwigstraße. 1706 verblieb hier mit gewachsener Schülerzahl die Mädchenschule, während die deutsche Knabenschule im Anwesen Innere Buchleute 2 eingerichtet wurde. Um bei der konfessionell angespannten Situation Kaufbeurens keinen Präzedenzfall zu schaffen, wurde nicht die Stadtkasse mit den damit entstandenen Schulkosten belastet, sondern man brachte es *„allein durch milden Beytrag von der Evangelischen Bürgerschaft, auch mittelst angestellt auswärtiger Collecte, wo man bey 5 in 600 Gulden erhalten"* auf. Erster Lehrer der neuen Schule wurde Matthäus Schweyer. Die Schülerzahlen an der deutschen Knabenschule stiegen weiter an, und so wurde dem „Praeceptor" genannten Lehrer im Jahr 1730 ein Collaborator, ein Mitarbeiter, an die Seite gestellt, der aus einer eigens errichteten Stiftung bezahlt wurde. Unterricht war zunächst im Haus des Pfarrers Merz und dann im Berkmillerhaus am Kappeneck.[118]

Die Ausrichtung des evangelischen Schulwesens läßt sich anhand der erhaltenen Ordnungen in folgende theologie- und geistesgeschichtliche Strömungen einordnen: Von Orthodoxie über Pietismus zum Rationalismus. Zu erwähnen wäre die Schulordnung des Jahres 1651, die dem Stadtsyndicus Rudolphi zuzuschreiben ist: In 13 Punkten wurde zunächst die Anleitung zu wahrer Gottesfurcht genannt, dann das Auswendiglernen von Luthers Katechismus und je nach Alter Veit Dietrichs Spruchbüchlein. Gewünscht wurde eine monatliche Sonntags-Kinderlehre, ferner Lobgesänge und Psalmmelodien. Eingegangen wurde auch auf ehrbares Betragen und Kirchenbesuch. Aus der Predigt sollten unter der Woche Stücke abgefragt werden. Die Ordnung sah auch die Erstellung eines Schülerkataloges vor. Trotz Weiterentwicklung griff die umfassende Schulordnung Jakob Bruckers, die 1737 angenommen wurde, viele Punkte der Ordnung Rudolphis auf: Von den Lehrern forderte Brucker, die ausbildungsmäßigen Voraussetzungen für den Beruf mitzubringen und sich von fremden Geschäften freizuhalten. Bei den Lernenden wurde zunächst auf die Lateinschüler eingegangen, für die der Katechismus grundlegender Lehrgegenstand blieb. Daneben wurde jedoch zwischen Schülern unterschieden, die Latein lernen wollten, und solchen, die eine höhere Ausbildung der Schule nutzten, ohne vertiefte Lateinkenntnisse zu erstreben. Auch auf die deutsche Knabenschule wurde eingegangen. Als Ziele wurden benannt: *„Gleich wie er [der Rektor] selbst, in der Kirche, wie in der Schule lehrt, also seinen ausgestellten Reversalien und doppelten Ambte gemäss, die Erkantniss des Heils und dessen Thätige Grundlegung den Haubt-Endtzweck seines docirens seyn lasse, und zu dem Ende den Cartechismum, den Hortulum Biblicum und das Unterricht Büchlein... fortsetze."* *„Bey Erlernung der Lateinischen Sprache, hat ein iederweiliger H. Rector Scholae Latinae sowohl im Memoriren es dahin zu dirigiren, dass dadurch auch dem Judicio auffgeholffen werde"*, dazu sollte alles ausreichend erklärt werden, der Gebrauch der Regeln sei wichtiger als sinnloses Memoriren. Es bleibt lesenswert, wie Brucker für die Knaben- und Mädchenschule die Methode des Lesenlernens erläuterte. Die Erklärung der Hl. Schrift sollte auf *„Erbauung und Aussübung"* gerichtet sein, *„damit in Zeiten ein thätiges Christenthum in die zarte Jugend Herzen eingepflanzet werde."* Die Jugend sollte zum Kirchgang, wöchentlicher Katechisation und zum Erlernen von Katechismus-Tabellen angehalten werden. In der deutschen Schule gehörten Choralgesang, Gottesfurcht und Gebet zu den Erziehungszielen. Während Pfarrer Christian Karl am Ende das Verhalten der Schüler im Bekenntnis des Pietismus regeln wollte, legte der Lehrer Simon Blank Wert auf die Ausbildung künftiger Kaufleute und Handwerker. Für den Geographieunterricht wurden eigens Landkarten verwendet. Hierin wurde der praktische Sinn der Bürgerschaft angesprochen. In der Folgezeit wurden Fächer gefördert, die auf angewandte Praxis zielten, wofür sich insbesondere der Aufklärer Christian Jakob Wagenseil einsetzte.[119]

Christian Karl Am Ende (1730-1799)

Die treibende Kraft für das Theater war seit der Gründung der „Agentengesellschaft Augsburger Konfession" im Jahre 1570 die Geistlichkeit, die die reformatorischen Gedanken durch konfessionelle Dramen weiterverbreiten wollte. Durch die Jesuitentätigkeit ab dem 17. Jahrhundert verstärkte sich in Kaufbeuren das Angebot auf kulturellem Gebiet. Beide Parteien spornten sich im 18. Jahrhundert zu Reformen und äußerster Kraftentfaltung an, was dem Kaufbeurer Theater sehr zustatten kam. Die Kontrahenten fußten auf derselben entscheidenden Grundidee, die das Theater dem Ziel der Religionsausbreitung und Festigung des Glaubens unterordnete; sie hatten im wesentlichen den gleichen Spielplan und konnten sich hierin kaum Anregungen geben. Dafür suchten sie sich in der Darstellungskunst und in der Bühnentechnik den Rang abzulaufen. Etwa seit 1660 nahmen weltliche Stücke mit volkstümlichen Nachspielen zu. Der evangelische Pfarrer erlangte das Recht der Zensur der Stücke im Namen des Rats, was zu einigen unterschiedlichen Urteilen von Pfarrer und Spielern führte. Der Ruf der Agentengesellschaft war so gut, daß es sogar zu Aufführungen in Augsburg kam.[120] Im Kirchenarchiv hat sich eine stattliche Anzahl von Notenhandschriften und -abschriften erhalten, darunter seltene Stücke von Georg Philipp Telemann. Es muß im 18. Jahrhundert noch umfangreicheres Material in Kaufbeuren existiert haben, wie ein Kantatenrepertoire von Martin Schweyer aus dem Jahr 1751 annehmen läßt, wobei Werke mittel- und norddeutscher Provenienz dominierten. In dem Katalog werden überdies gedruckte lateinische Musicalia aufgeführt, die bei Lotter in Augsburg verlegt wurden. Auch bei den Handschriften tauchen immer wieder Augsburger Komponisten auf. Von dort, so ist anzunehmen, wurden die meisten Musikalien vermittelt.

Bis ins Brauchtum hinein bildeten sich bei den beiden Konfessionen trotz vieler Ähnlichkeiten einzelne Unterscheidungsmerkmale heraus. Zu der schwierigen Frage der Feiertagstermine gab es verschiedene Lösungen: Im Jahr 1668 wurde von den Katholiken beantragt, den Markttag auf Mittwoch zu verlegen, wenn Donnerstag ein Feiertag anstand, was ab 1677 auch durchgeführt wurde. Während der Chronist zu 1723 vermerkte, daß Ostern, Pfingsten und die terminlich davon abhängigen Feste von beiden Konfessionen zu unterschiedlichen Zeiten gehalten wurden (von den Evangelischen acht Tage früher), so hielt er für 1744 fest, daß sich die katholischen und evangelischen Bürger auf einen Ostertermin einigten: *„Der Frühlingsmarkt wurde auf den 4. März verlegt und das übrige alles so regulirt, daß nirgends ein Zwiespalt entstehen können."* Wenn auch die besonders bedeutende Passionszeit von beiden Konfessionen begangen wurde, so waren die von der mittelalterlichen Kirche angeordneten Fastengebote für die Evangelischen seit der Reformationszeit obsolet. Im Dreißigjährigen Krieg erfährt man 1641 von einem Verbot des Fleisch-Essens in Gasthäusern und für Katholiken in der Fastenzeit sowie an Freitagen und Samstagen. Den evangelischen Bürgern wurde in ihren privaten Haushalten nichts vorgeschrieben. 1698 regte der katholische Pfarrer Georg Engelstorfer in einem Schreiben an den Magistrat eine Metzg- und Kuttelbanksperre während der Fastenzeit an. In einem Reisebericht von 1782 wurde festgehalten, daß auch Protestanten fasteten. Dagegen wurde während der Hungersnot von 1771 kirchlicherseits den Katholiken erlaubt, auch in der Fastenzeit Fleisch zu essen. Den Brauch der Fastnacht- und Fastenbrezeln kannte man auch in Kaufbeuren: Zum Jahr 1707 wird erwähnt, daß die Anzahl der Bäcker so zugenommen habe, *„daß sie in der Fasten bey dem Bachen derer Brezgen keinen sonderlichen abgang und Nutzen verspürt."* 1771 wechselten sich die Bäcker wöchentlich ab. Umstritten war auch, ob in der Fastenzeit Theater gespielt werden durfte: Gab es für Fastnachtstreiben und ähnliches Brauchtum keine biblische Begründung, so wandte sich der Rat vor allem aus sittlichen Erwägungen gegen Maskeraden, wie für das Jahr 1688 belegt ist. Erlaubnisse und Verbote wechselten sich im Laufe der Jahrzehnte ab. Zur Fastnacht 1651 soll sogar ein in Teufelskleidern Vermummter in der Martinskirche sein Unwesen getrieben haben; wie sich herausstellte, war es ein Angehöriger der katholischen Konfession. 1777 wurde der Brauch des frühen Torsperrens am Fastnachtdienstag abgeschafft.[121]

Bei aller Distanz waren die Umzüge der Katholiken an Karfreitag oder Fronleichnam auch für die Evangelischen beachtenswert. Aber andere betrachteten dieses spektakuläre kirchliche Brauchtum auch als Provokation. So beschwerten sich 1680 die Katholiken, *„daß sie sich von den Evangelischen jungen Leuten bey begehung des Frohnleichnamsfests hätten müssen auslachen lassen."* Der Bürgermeister bewilligte dann für den geordneten Ablauf des Festes die Stadtknechte, worauf verschiedene evangelische Bürger und Teile ihrer Geistlichkeit wiederum empfindlich reagierten, *„weil es dardurch das Ansehen hätte, als ob man ihre Ceremonien gut hiesse."* Um ein Gutachten ersucht, beschwichtigte der Augsburger Ratskonsulent Thoman jedoch die Kritiker, daß man die Stadtknechte *„ohne das Gewissen dabey zu beschweren, gar wohl herleyhen könne."*[122]

Welcher Nerv selbst durch ungünstige Witterung getroffen werden konnte, berichtet die Wiedemann-Chronik zu 1765: *„An dißjährigem Charfreytag, war denen Cathol. das Wetter sehr ungeneigt, obschon die Procession angestellt wurde, so triebe doch Wind u. Regen wieder alles auseinander, deßwegen der Creutztragende Christus, am samßtag mit der Procession umgeführt worden. Es muß aber* diese Verhinderung des wetters, bey vielen unter ihnen, besonders bey dem Bauers Volck, großen Verdruß erweckt haben. Dann es liessen sich am Charfreytag beym Pflug Wirth allhier, etl. Bauers Kerl unanständiger reden über die Lutheraner vernehmen, solche taumelten auch mit dergl. Reden zum Spitalthor hinaus, u. kräheten sogleich einen Evangel. Bürger, Michael Kohler, Metzger, an, bist du lutherisch, wir schlagen dich gleich tod mit deiner Gurr; sie kamen bey der langen bruck zu zween Knechten, ins Baad gehörig, so an einem Luß Zaun arbeiteten, mit der Anred, müßt ihr heut arbeiten? seyd gewiß Lutheraner, Ketzer: es kam endlich zum schlagen, u. der kleinere von diesen Knechten, wurde übel getroffen. Die Soldaten liefen vom Thor hinaus, Hülfe zu thun, brachten 4 Bauren Kerl mit herein, einer davon kam ins Gefängnis, die andern aber ließ man wieder lauffen."*[123]*

Eine alte Überlieferung berichtet, daß der Spitalbäcker von Kaufbeuren am Martinstag dem Mesner der St. Mang-Kirche zu Kempten zwei silberne *„Händleinspfennige nebst zwei Martinsgänsen"* abzuliefern hatte. In diesen Zusammenhang könnte sich eine Nachricht von 1650 bringen lassen, daß das Spital für ein Gelände an der Hirschzeller Steige eine Lehensschuld an das Stift Kempten zu entrichten hatte: Neben Naturalien wurden ein Frankfurter Pfennig und eine lebende Gans abgeliefert. Die Bringschuld erledigten der Spitalbäcker und der Spitalbaumeister bis zum Ende der Reichsstadtzeit zu Beginn des 19. Jahrhunderts. Ebenso ist von dem Brauch einer Tänzelwein-Gabe für den evangelischen Organisten in der Jakobiwoche nichts mehr übriggeblieben.[124]

Eingegangen sei auch auf einen liebenswerten evangelischen Brauch, der heute noch besteht: Am 1. Advent kommt - nicht nur in evangelischen Häusern - das sogenannte „Engele" und bringt eine Kleinigkeit für die Kinder, entweder an einem Korb im Treppenhaus oder es findet sich etwas im Garten. Dieser Brauch, der mit dem Thomastag in Verbindung stehen könnte, ist auch von den Evangelischen in Kempten und Isny bekannt. In letzterem Ort wird das Engele heute noch anläßlich des Weihnachtsmarktes begangen. Ob das Engele, das sich vom (katholischen) Nikolaus absetzt, im Pietismus aufgekommen ist, ließ sich bisher nicht feststellen. Eine interessante, wenn auch nur als Einzelbeleg erhaltene Nachricht unterrichtet für das Jahr 1760 über einen Christbaum: *„Am neuen Jahrstag, abends, kam durch unvorsichtigkeit, der Lechlens Kinder, so allein zu Hauß waren, in Ulrich Wangner, Metzgers Hauß der Christ Kindleins Baum in Brand, hätte können große Noth entstehen, ist aber zeitlich gelöscht, u. gedämmt worden."* [125]

Die Zugehörigkeit zu einer der beiden Konfessionen schlug sich auch in der Fassadengestaltung nieder. Dazu hält ein Reisebericht zweier Benediktinermönche 1779 für Kaufbeuren fest: *„Die katholischen Häuser unterscheiden sich hie und dort von den lutherischen an den Gemählden, mit denen sie außen gezieret sind. So sahen wir aus unserm Gasthofe gegenüber auf einem hause die drey heiligsten personen Jesus, Maria, Joseph gemahlet mit der Unterschrift 'Laudate Dominum in Sanctis eius'."* Einige wenige Hausmadonnen haben sich im Stadtgebiet erhalten, 1975 waren es noch fünf Exemplare. Von evangelischen Bürgern erfährt man anläßlich der großen Jubelfeiern des 18. Jahrhunderts von einer Illumination der herrschaftlichen Häuser. Beachtenswert sind auch Inschriften an Häusern wie der Stadtapotheke mit der Kräuterstube aus dem 18. Jahrhundert, hier aus Jesus Sirach 38,4. Weniger um die Bilder an sich als vielmehr ums Prinzip ging es bei dem Streit um das (ungefragte) Aufstellen einer Figur in der gemeinschaftlichen Spitalkirche durch die Katholiken im Jahre 1756, das einige Evangelische durch das Aufhängen eines Lutherbildes beantwortet wissen wollten, oder um das Aufstellen eines Bildes am Pfänderhaus im Jahr 1711.[126]

Die evangelische Gemeinde im Königreich Bayern (1803-1918)

Das Ende des Hl. Römischen Reiches deutscher Nation und der Übergang der Reichsstadt Kaufbeuren an das Königreich Bayern zu Beginn des 19. Jahrhunderts brachte in politischer wie in kirchlicher Hinsicht große Veränderungen. Mit der Reichsfreiheit der Stadt ging auch die Selbständigkeit des evangelischen Kirchenwesens in Kaufbeuren verloren. Letzteres wurde nun ein Teil der neu entstehenden evangelischen bayerischen Landeskirche. Das Religionsedikt vom 10. Januar 1803 sicherte allen im Reich anerkannten Konfessionen, den Katholiken, Lutheranern und Reformierten, freie Religionsausübung in Bayern zu. Das zahlenmäßige Verhältnis der Konfessionen in der ehemaligen Reichsstadt verschob sich nun, bedingt durch den Zuzug aus dem katholischen Umland, deutlich zugunsten des katholischen Bevölkerungsanteils.

Im Jahr 1818 erhielt Bayern eine neue Verfassung, die auch Belange der evangelischen Landeskirche regelte: An der Spitze der evangelischen Kirche stand der bayerische (katholische) König als summus episcopus, dem das Oberkonsistorium in München unterstand. Diesem wiederum waren die Konsistorien in Ansbach und Bayreuth sowie bis 1849 das Konsistorium zu Speyer für die Pfälzer Evangelischen nachgeordnet; seit 1847 stand das Oberkonsistorium unter der Aufsicht des neuen Kultusministeriums. Der König hatte sich aufgrund seines katholischen Glaubens in geistlichen Angelegenheiten der Kirche Zurückhaltung auferlegt und wirkte lediglich auf Personalangelegenheiten des Konsistoriums ein. Trotzdem hatte das evangelische Kirchenwesen durchaus mit Schwierigkeiten zu kämpfen, etwa als ihm die Errichtung neuer Seelsorgestellen verweigert wurde oder konfessionsverschiedene Ehen wesentlich erschwert wurden. Der Chronist Christa berichtet von der Häme der bayerischen Presse über die bedrängten Evangelischen.[127]

Die Kaufbeurer Gemeinde wurde am 22. Juni 1816 in das Dekanat Kempten eingegliedert, dieses wiederum kam am 6. März 1838 unter das Konsistorium Ansbach. Die Verwaltung des Kultusstiftungsvermögens oblag zunächst dem Stadtmagistrat. Durch das revidierte Gemeindeedikt vom 1. Juli 1834 kam es zur Errichtung eigener Kirchenstiftungsverwaltungen, die unter dem Vorsitz des Ortspfarrers standen und deren Mitglieder die Kirchengemeinde wählte; dazu kam ein Mitglied der Gemeindevertretung. Gemäß der Verordnung vom 7. Oktober 1850 kam es auch in Kaufbeuren zur Einrichtung eines Kirchenvorstandes, so daß die Kirchenverwaltung neben den Geistlichen aus fünf weltlichen Mitgliedern (darunter der Kirchenpfleger) und der Kirchenvorstand aus neun Mitgliedern bestand.[128]

Die Neugestaltung der Landesverwaltung im neuen Königreich wirkte sich auch auf die Struktur der Kirchengemeinden aus: Grundsätzlich wurde in Bayern jetzt die Gestaltung der bisher räumlich begrenzten Pfarrsprengel nach der Konfessionszugehörigkeit gefordert. Auch der evangelischen Gemeinde Kaufbeurens kam dies zugute, da ihr die vereinzelten evangelischen Christen des Umlandes zugeordnet wurden. An der Eisenbahnlinie und in Fabrikorten wuchs von Jahr zu Jahr die Zahl neuer Gemeindemitglieder, so daß den evangelischen Pfarrern im Laufe der Zeit ein großes Gebiet zur Betreuung oblag: Seit 1848 zählten dazu auch die Landgerichtsbezirke Oberdorf und Füssen, seit 1860/61 mehrere Gemeinden der Landgerichtsbezirke Buchloe, Türkheim und Obergünzburg und seit 1864 der ganze Landgerichtsbezirk Kaufbeuren sowie die Teile des Landgerichts Schongau diesseits des Lechs. Mit der Zunahme der Gemeindeglieder und der Vergrößerung des Zuständigkeitsbereichs wuchsen auch die Gottesdienstangebote: In Füssen konnten seit 1839 mit Genehmigung des Ministeriums evangelische Gottesdienste gehalten werden; die Betreuung der Gemeindeglieder übernahm Pfarrer Königsheim; 1864 waren es dort bereits 42 Kommunikanten, 1898 wurde für Füssen ein eigenes Vikariat errichtet. Die Seelsorge in der sogenannten „Kreis-Irrenanstalt" Irsee wurde durch den 2. Pfarrer von Kaufbeuren ausgeübt. Zunächst fand 14tägig, dann wöchentlich Gottesdienst statt. Am ersten Abendmahl 1850 nahmen 19 Personen, 1864 25 Personen teil. Die Hauskapelle des ehemaligen Benediktiner-Klosters durfte von beiden Konfessionen genutzt werden, der katholische Anstaltslehrer übernahm auch für die Evangelischen Mesner- und Organistendienst.[129]

Ein Erlaß der bayerischen Landesdirektion in Schwaben vom 14. Februar 1805 lautete: *„Da der veränderte Geist der Zeit auch eine Veränderung in den öffentlichen gottesdienstlichen Einrichtungen notwendig macht, wofern anders Religiosität u. Christentum auch durch äusserliche Veranstaltungen unterstützt u. befördert werden soll, u. da dieser Fall auch für die evangelische Gemeinde zu Kaufbeuren eintritt, so wird hiermit in Ansehung des öffentlichen Gottesdienstes folgendes verordnet: Des Sonntags werden ohne Unterschied zwo Predigten gehalten, die eine des Vormittags (8.30 im Winter u. 8.15 im Sommer), die Nachmittagspredigt aber wechselnd um 12 Uhr und um halb zwey Uhr. In der Woche wird eine Predigt gehalten und zwar am Dienstag in der Hospital-Kirche. Katechismuslehre ist alle Sonntage ohne Ausnahme zu halten. Diesen öffentlichen Gottesdienst haben sowohl die obersten Classen der Schulen, als auch alle Katechumenen, alle Lehrjungen ohne Ausnahme u. alle Mädchen bis in das 18te Jahr zu besuchen. Dabey ist von den Geistlichen darauf zu sehen, daß diesen Gottesdiensten jede zweckmäßige Feyerlichkeit gegeben werde, damit er auch von Erwachsenen mit froher Neigung besucht werde. In der Woche ist jedesmal eine Katechismus Lehre zu halten u. zwar wechselnd mit der Predigt am Mittwoch u. der Betstunde am Freytag. Diese Verordnung ist der ev. Gemeinde von der Kanzel bekannt zu machen."*[130]

Eine Verordnung des Generalkommissariats von 1813 präzisierte, die Wochenpredigt sei wechselweise von Stadtpfarrer und Diakon zu halten. Nur vor dem Abendmahlssonntag sei noch eine Vorbereitungspredigt zu halten. Der Adjunkt hatte an den zweiten Feiertagen und bei drei gestifteten Gottesdiensten zu predigen. Zweimal in der Woche war mit den Schulkindern Katechisation in der Kirche vorgesehen. Die Kasualhandlungen - einschließlich Trauungen - hatte jeder Geistliche bei seinen Beichtkindern zu halten.[131]

Außer der Dreifaltigkeitskirche nutzte die Gemeinde auch die paritätische St. Dominikus-Kapelle und die im Jahr 1860 eingeweihte Gottesacker-Kirche für Gottesdienste. Daneben existierte im 1859 neu errichteten Spitalgebäude ein Betsaal. Die Abhaltung eines Kindergottesdienstes wurde 1910 begonnen; ab 1918 in regelmäßiger Durchführung. Dem Wunsch nach Abendgottesdiensten entsprach der Kirchenvorstand 1910, nachdem die Dreifaltigkeitskirche elektrisches Licht erhalten hatte, so daß alle Gottesdienste an Sonn- und Festtagen im Winter um 17 Uhr stattfinden konnten und die Wochenpredigten, außer den Passionsgottesdiensten, um 19.30 Uhr.[132]

Um die Mitte des 19. Jahrhunderts kam es zu einer theologischen Umorientierung in der bayerischen Landeskirche weg von einem Protestantismus, der den Ideen der Aufklärung und des Liberalismus verhaftet war, und hin zu einem Luthertum, das sich auf seine bekenntnismäßigen Grundlagen neu besann. Diese Umorientierung hatte auch Auswirkungen auf den liturgischen Bereich: „*Nachdem im Jahresbericht von 1845 noch die Befürchtung ausgesprochen war, daß die damals schon von der Generalsynode beantragte Einführung des Rhythmischen Choralgesangs und die Abschaffung der oft so ausgedehnten und störenden Zwischenspiele auf gewaltigen Widerspruch in der Gemeinde stoßen werde, so wurde doch im Jahr 1847 zuerst in den Schulen und bei den von den Singknaben bei Leichenbegängnissen gesungenen Chorälen mit der rhythmischen Gesangsweise der Anfang gemacht, der auf günstigen Fortgang schließen ließ. Und als seit 1. Februar 1854 die Allerhöchste Genehmigung zur Einführung des neuen Gesangbuchs für die evangelisch-lutherische Kirche Bayerns ertheilt worden war, gehörte die Gemeinde Kaufbeurens zu den ersten, die das Gesangbuch bei sich einführte.*" 500 Exemplare für die ärmeren Gemeindeglieder wurden angeschafft. Damit wurde das rationalistische Gesangbuch von 1803 durch ein Werk, das traditionelle Lieder der Glaubensväter beinhaltete, ersetzt.[133]

Anders dagegen verlief der Versuch der Einführung einer neuen Gottesdienstordnung mit sogenannter Altarliturgie, also Responsorium (zwischen Geistlichen) und Chor, Kollekte und Epistellesung: Im Jahr 1837 wurden mit Zustimmung der Gemeinderepräsentanten Responsorien an hohen Festtagen eingeführt. Insbesondere in größeren Städten wie Nürnberg und Augsburg regte sich Widerstand gegen diese Neuerungen im sogenannten Agendensturm, ausgelöst auch durch andere Erlasse zum kirchlichen Leben. Das Oberkonsistorium mußte daraufhin der Einführung der neuen Agende unbeschränkte Frist gewähren. Auch in Kaufbeuren hatten sich die evangelischen Magistratsmitglieder und mehrere Mitglieder des Kirchenvorstandes in einer Eingabe vom 14. September 1856 an das Konsistorium gewandt und waren für die herkömmliche Ordnung eingetreten. Angesichts der Widerstände sah die Kirchenleitung ein, daß es offenbar noch nicht an der Zeit war, eine neue Liturgie einzuführen. Noch Anfang des 20. Jahrhunderts betonten die Pfarrer, daß die Kaufbeurer Gemeinde gegen alles Liturgische sei, wie dies auch im übrigen Oberschwaben üblich sei.[134] Die Skepsis gegenüber üppiger Liturgie ging so weit, daß es noch in den 1920er Jahren eine honorige Persönlichkeit sich leisten konnte, erst nach dem liturgischen Teil in den Gottesdienst und damit erst zur Predigt zu kommen.

Was die Aufgabenbereiche für den Gottesdienst betrifft, so wurde die Zahl der Singknaben im Jahr 1838 auf sechs festgesetzt; außerdem gab es einen Knabenaufse-

her und einen Mesner. Der Musikdirektor- und Organistendienst wurde nach dem Tode des langjährigen Amtsinhabers Steudle im Jahr 1842 getrennt – neuer Musikdirektor wurde der Stadttürmer Daniel Bächler, den Organistendienst versah der Lehrer Daniel Graf. Ferner gab es die Ämter des Kantors, des Vorsängers und des Calcanten, der den Blasebalg der Orgel bediente. Zum Einsammeln der Opfergelder standen dem Mesner zwei Bürger zur Seite. Hinsichtlich der Amtskleidung der Pfarrer wurden landesweit der weiße Chorrock durch den schwarzen Talar und die steife Halskrause durch das Bäffchen ersetzt. In Kaufbeuren und Augsburg konnte sich jedoch die Halskrause bis heute halten.

Die Pfarrer Königsheim und Christa konnten 1844 bzw. 1864 feststellen, daß der Gottesdienstbesuch zugenommen habe, die Wochengottesdienste regelmäßigere Teil-

Pfarrer Friedrich Königsheim *Pfarrer Emanuel Christa*
(1800-1863) *(1831-1909)*

nehmer aufwiesen und die Zahl der Kommunikanten sich ebenso wie die Krankenabendmahle gemehrt hätte. Die Leichenbegängnisse, bei denen ursprünglich nur nächste Verwandte mitgegangen waren, hatten inzwischen den Charakter öffentlicher Gottesdiensthandlungen bekommen, an denen eine große Zahl Gemeindeglieder teilnahm. Bei Trauungen wurde zwischen fünf Klassen unterschieden, die sich allerdings nur in feinen Nuancen unterschieden, etwa in der unterschiedlichen Anzahl von Altarkerzen. Die Konfirmationshandlung gliederte sich in Abfragsonntag (Prüfung) an Judika, Beichte und Einsegnung am Palmsonntag.[135]

Das 300jährige Jubiläum der Kirchenreformation 1817 muß besonders hervorgehoben werden: Die Pfarrer gingen in ihren Berichten nicht näher darauf ein, was im kirchlichen Leben darniederlag, betonten aber die Wende zum Besseren. Die begeisterte Anteilnahme an diesem Reformationsfest „*übertraf alle Erwartungen. Die Gemeinde wie die Geistlichen wetteiferten, um das Andenken an den Glaubenshelden würdig zu feyern, u. die dankbare Freude über die einstens errungene Gewissensfreyheit u. die den Protestanten verbürgten Glaubensrechte öffentlich auszudrücken. Zur Ausschmückung der Kirche u. Verherrlichung des Festes, zu milden Gaben an die Armen u. zur Austheilung der Jubiläumsmünze an die Schulkinder wurde vor dem Feste von der Gemeinde 897 fl. 50 kr gesammelt, von denen dem katholischen Stadtpfarrer 50 fl. für die Armen seiner Kirchengemeinde übersendet u. 31 fl. der alten armen Witwe des schon 1793 verstorbenen Adjunkten Serpilius verabreicht wurden. In vielen Beziehungen kann auch hierorts dieses Fest als Wendepunkt des kirchlichen Lebens betrachtet werden. Es ging vorüber, aber die Eindrücke erhielten sich u. empfingen durch die Festlichkeiten im Jahr 1830 neue Nahrung.*"[136]

Weitere festliche Anlässe für die Kaufbeurer Gemeinde waren in jener Zeit die Einbringung des Feldsegens 1817 nach schweren Mißernten und großer Teuerung, der Trauergottesdienst für den verstorbenen König Max I. Joseph am 4. November 1825, das Jubiläum zum Andenken der Übergabe der Augsburger Confession am 25. Juni 1830 und der Trauergottesdienst anläßlich des Hinscheidens der bayerischen Königin Caroline, die aus evangelischem Hause stammte, am 1. Dezember 1841. Am 2. August 1847 fand nach vorangegangener drückender Teuerung der festliche Empfang der Erstlinge des Erntesegens statt, wobei die Geistlichen beider Konfessionen und städtische Beamte dem geschmückten Getreidewagen entgegenzogen. Es folgten die Jubiläen des Augsburger Religionsfriedens 1855 und der 300. Todestag Philipp Melanchthons 1860. Besonders feierlich war das Leichenbegängnis für Pfarrer Königsheim am 20. Juni 1863 mit Beteiligung der Beamten und der Geistlichkeit beider Konfessionen, der evangelischen und katholischen Schuljugend sowie der Nonnen des Franziskanerinnenklosters. Große Teilnahme herrschte auch bei der kirchlichen Feier am 18. Oktober 1863 zur Erinnerung an den 50. Jahrestag der Völkerschlacht bei Leipzig. Am 21. März 1864 fand ein Trauergottesdienst zu Ehren König Maximilians II. statt, sechs Wochen blieben Altar und Kanzel schwarz gedeckt. In geschichtsträchtiger Weise wurde auch im Jahr 1894 des Geburtstags des Schwedenkönigs Gustav Adolphs gedacht, der Aufrichtung des Deutschen Reiches und des vierhundertsten Geburtstags von Philipp Melanchthon 1897.[137]

Das 19. Jahrhundert war ein Zeitalter der Vereine, von denen auch im kirchlichen Raum zahlreiche gegründet wurden, begonnen mit einem Kaufbeurer Bibelverein im Jahr 1826. Aus den Statuten ist zu vernehmen: „*Hauptzweck ist, die Bibel als die höchste Erkenntnisquelle des göttlichen Wortes in der evangelischen Kirche wieder ein-*

heimischer in den Familien zu machen, oder doch wenigstens bessere Bibelausgaben an die Stelle der vorhandenen, oft veralteten zu setzen." Der Lokalbibelverein bemühte sich auch darum, den Strafgefangenen im Zuchthaus Buchloe die Hl. Schrift zukommen zu lassen. Ein eigener Kinderbibelverein sollte ärmeren Kindern den Besitz einer Bibel ermöglichen und christliches Schrifttum verbreiten.[138] Desweiteren wurde 1843 ein Missionsverein gegründet, der geeignete Schriften über das Missionswesen verbreitete und zur Unterstützung der Mission Beiträge sammelte. Zehn Jahre später bildete sich in Kaufbeuren ein Zweig der Gustav-Adolph-Stiftung zugunsten der Diasporachristen rund um Kaufbeuren. 1854 kam es zur Gründung eines paritätischen St. Johannis-Vereins „*zur Unterstützung verschämter Armer unserer Stadt*", also derjenigen, die keine städtische Armenunterstützung genossen. Dazu waren Pfleger aufgestellt, die die Verhältnisse der Bedürftigen überprüften. Durch Stiftungen konnte auch eine Diakonissenhilfe für die freiwillige, unentgeltliche, private Krankenpflege entstehen; 1873 wurde dafür die erste Diakonisse von Augsburg gesandt.[139]

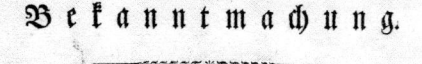

Gründungsaufruf des Bibelvereins am 4. März 1826

Der 1886 gegründete Evangelische Handwerkerverein hatte das Ziel, *"auf christlicher Grundlage unter dem Arbeiterstande anständige Erholung und Geselligkeit zu pflegen, geistige und sittliche Bildung zu fördern."* Dazu wurden regelmäßige Zusammenkünfte im Gasthaus „Gais" angeboten. Man konnte *"sich ungezwungen unterhalten, singen, lesen oder auch ein Spiel machen"*, jedoch kein Karten- oder Glücksspiel. Außerdem wurden Vorträge geistlichen und weltlichen Inhalts angeboten. Eine Bibliothek bot eine reiche Auswahl an Klassikern des 19. Jahrhunderts und Zeitschriften, wie „Deutscher Arbeiterfreund", oder „Neue illustrierte Zeitung". 1904 wurde die Vereinigung der Zeit angepaßt und nunmehr Evangelischer Verein genannt. In der Regel fanden jährlich vier besondere Veranstaltungsabende statt.[140]

Wenn es sich auch um keine kirchliche Gruppierung handelt, so muß doch wegen der konfessionellen Gliederung noch einer der drei Gesellschaftsvereine im Tänzelhölzchen hervorgehoben werden: Der evangelische Bürgerverein, der der mitgliederstärkste vor der Pavillon- und der Bauernhausgesellschaft war. 1820 als Leseverein gegründet, gab es 1877/78 insgesamt 126 ordentliche und 108 außerordentliche Mitglieder. Nach seinem Gründungslokal wurde als Name zunächst „Lesegesellschaft zur Blauen Ente" (spätere Gaisbrauerei) gewählt. Dort war auch ein eigenes Lesezimmer eingerichtet. Als Sommerlokal wurde 1826 im Tänzelhölzle das sogenannte Gesellschaftshaus errichtet. Im Jahr 1837 wurde die Gesellschaft in den Bürgerverein umgewandelt. Neben Bällen, heiteren Abenden, Jahrtagen, Neujahrsfeiern und Sommerfahrten wurden im Winter auch Schlittenfahrten veranstaltet. Ende des 19. Jahrhunderts und Anfang des 20. Jahrhunderts stand der Verein auf seinem Höhepunkt; mit dem Ende des Tänzelhölzchens 1937 und dem Ausbruch des Zweiten Weltkriegs löste sich der Verein jedoch auf. Das Gesellschaftshaus steht jedoch noch heute im Fliegerhorstgelände.[141]

1908 kam es zur Gründung einer Ortsgruppe des CVJM (Christlicher Verein junger Männer), der im Jahr darauf in Kaufbeuren sein Kreisfest hielt. An Mittwochen fanden bei dieser Gruppe Bibelabende statt, es erschien auch eine eigene Mitgliederzeitschrift.[142] Bedeutend wurde der im Jahre 1910 gegründete Verein für Innere Mission: Sein Zweck war die *"Förderung von Werken und Errichtung von Anstalten der christlichen Liebe"*, insbesondere die Aufnahme von Waisen. Eng verknüpft damit war die Gründung des Deutschen Evangelischen Frauenbundes im Jahr 1911. Als Ziele benannte Pfarrer Weigel damals die Förderung eines Waisen- und Erziehungsheims, die Verbindung mit der Diakonissenstation und den Ausbau der Fortbildungsschule. Aus dem reichhaltigen Veranstaltungsprogramm fällt eine Ausstellung von Büchern, Bildern und guten Jugendschriften im Jahr 1913 auf, bei der 950 Bände bestellt wurden. Im Ersten Weltkrieg leistete der Bund große Hilfe für Kriegsopfer, beispielsweise in Ostpreußen, und beteiligte sich 1915 an der *„Kaiserspende"*.[143]

Wie im 18. Jahrhundert, so flossen auch im 19. Jahrhundert immer wieder Stiftungsgelder und große Spenden von dankbaren Gemeindegliedern. Man kann in diesem Zusammenhang drei Hauptzwecke unterscheiden: Kultus-, Schul- und Wohltätigkeitsstiftungen. Neben vermehrten Zuwendungen für die geplante Gottesackerkirche gab es Geld für Gegenstände des Gottesdienstes, auch eine Abendpredigtstiftung am Reformationsfest 1843/48 wurde eingerichtet. Zwei Stiftungen müssen hervorgehoben werden: Die der Eheleute Stecher in der stattlichen Höhe von 15.000 Gulden für Arme beider Konfessionen, für Gesang und Kirchenmusik, für evangelische Waisen, das Kirchenarchiv und die Gottesackerkirche. Desweiteren die Heinzelmann'sche Fidei-Commiß-Stiftung (Aussteuerstiftung von 1780, seit 1844 mit jährlich bis zu 1.500 Gulden Ertrag), die vielen neuvermählten Ehepaaren bei der Gründung einer Existenz half. Nach einem Urteil des Chronisten ermunterte die Stiftung die jungen Menschen zu *"unbescholtenem Wandel"*.[144]

Beliebt unter Kindern und Erwachsenen war das Maifest. Maria Elisabeth Bachschmid, die Witwe des Webers Daniel Bachschmid, hatte es 1825 als Schulstiftung errichtet. Aufgestockt wurde diese 1863 durch eine Schenkung der Eheleute Thomas und Elisabeth Schmid sowie 1905 durch eine Zustiftung Ernst Wiedemanns. Neben festlichem Spiel sollten Schreibmaterialien, nützliche Bücher, ein Getränk und etwas zu Essen an die Schüler verteilt werden. Über die Anfänge schrieb Lehrer Rederer 1828: *"Heute wurde das von den beiden Eheleuten Daniel und Maria Elisabetha Bachschmid gestiftete jährliche Mayenfest zum drittenmale gefeiert. Die Schüler und Schülerinnen prot. Konfession zogen mit Tambours an der Spitze nachmittags von der Schule aus in das sogenannte Tänzelhölzchen. Beim Eintritt in dasselbe sangen sie das Lied an den May, bildeten sodann auf dem Rondell einen Kreis, wo sie unter Begleitung von Blas-Instrumenten einige Lieder sangen, sich dann klassenweise zerstreuten, mit Bier und Brod sich erquickten und durch allerlei Spiele unterhalten. Gegen Abend wurden die Geschenke verloost."* Eine besondere Attraktion stellte der sogenannte Wunderkreis dar, in den die Kinder in kunstvoller Linienführung einzogen. Gefeiert wurde das Maifest bis 1965/66.[145]

Große Opfer erbrachte die Gemeinde für notwendig gewordene Bauten und Umbauten. Zu nennen ist in diesem Zusammenhang in erster Linie die Errichtung eines Turmes für die Dreifaltigkeitskirche und die Neugestaltung ihrer Fassade 1820/21, wodurch das Stadtbild maßgeblich beeinflußt wurde: Die baufällig gewordene Dreifaltigkeitskirche mußte 1817 durch weitere Säulen im Inneren abgestützt werden. Eine umfassende Lösung war nötig, aber schwierig, da der Kirchenstiftungsetat durch die Umstellung auf die neuen Verhältnisse im Königreich Bayern zusammengeschmolzen war. Trotzdem beschloß die Gemeinde, *„im Vertrauen auf Gottes Hilfe, ihre eigene Kraft zu versuchen"*. Am 30. Januar 1820 wurden die alten Glöcklein vom Dachreiter genommen und am 5. April das alte Spritzenhaus neben der Kirche abgetragen, der Schutt in die Keller unter der Kirche gefüllt und der Grundstein für einen eigenen Turm gelegt. Danach folgte die Abtragung des Kirchendaches. Während der Arbeiten in und an der Kirche fanden die Frühgottesdienste in der St. Cosmas-Kapelle statt, Nachmittagsgottesdienst, Montagsbetstunde und Dienstagspredigt in der St. Dominikus-Kapelle, sonntags und donnerstags Kinderlehre im Schulhaus. Die Hauptmauern der Kirche wurden erhöht und mit einem Gewölbe überspannt. Am 12. November 1820 war die Kirche soweit hergestellt, daß man das Reformationsfest und die Altarweihe begehen konnte. Dann ging der Innenausbau weiter. Von Mai bis September 1821 erfolgte die Errichtung des Turmes, und zum Reformationsfest 1821 konnten Turmknopf und Kreuz festlich errichtet werden. Das Geläut bestand aus drei neuen Glocken. Die Einweihung der Kirche erfolgte 1822 mit der Feier des Reformationsfestes. Die Kirche stellte sich mit rundumlaufender Empore (bis auf Westseite mit Kanzel), den zwölf Apostelbildern mit Christus und Moses sowie dem Altar mit großem Kruzifix dar, ähnlich wie heutzutage. Sammlungen und Gemeindeumlagen erbrachten soviel, daß die aufzunehmenden Kapitalien in Höhe von 26.950 Gulden zu tragen waren. 1851 wurde der Altar neu errichtet, 1851/52 eine neue Orgel erstellt, die jedoch schon 1885 durch ein Werk der Firma Steinmeyer ersetzt wurde. Im Jahre 1901 begann man, die Kirche im Inneren durch den Architekten Albert Schmidt aus München im Stil der Spätrenaissance durchgehend zu renovieren. Drei Jahre später erhielt die Kirche Deckengemälde zu den Themen Himmelfahrt, Bekehrung des Paulus und Pfing-

Die Kaufbeurer Dreifaltigkeitskirche vor den Umbauarbeiten (links, etwa 1908) und nach den Umbauarbeiten (rechts) im Jahr 1911

sten. Die Arbeiten führte Kunstmaler Kunz Meier, ebenfalls aus München, aus; die Kosten übernahm der staatliche Kunstfonds, aus dem Prinzregent Luitpold 10.000 RM bewilligte. 1909 wurde das elektrische Licht installiert. 1911 erfolgte die Außenrenovierung mit Erhöhung des Giebels, der Pilastergliederung und der Fassadeninschrift *„Dein Wort ist die Wahrheit MDCCCCXI"* (aus Joh. 17,17) und Muschelkalkportalen. Damit bekam die Kirche ihr heutiges stilvolles Gesicht.[146]

Nach Abbruch der alten St. Sebastians-Kapelle am Friedhof 1805 waren die Beerdigungsteilnehmer jeder Witterung ausgesetzt. Die evangelische Kirchengemeinde errichtete daher 1805/06 eine Halle als Notbehelf. 1825 gingen die Katholiken daran, eine Gottesackerkirche zu bauen, an der sich die Evangelischen nicht beteiligen wollten, da sie noch von ihrem Kirchenbau große Schulden hatten. Die Halle war jedoch ungenügend, und daher regte Pfarrer Königsheim den Bau einer eigenen Kirche an. 1843 erhielt die Gemeinde die Genehmigung, dafür Gaben sammeln zu dürfen, und, nachdem genügend Spenden zusammengekommen waren, schließlich auch die Genehmigung zu einem Bau. Die Grundsteinlegung erfolgte am 17. Juli 1859 durch Dekan Linde aus Kempten; am 28. Oktober 1860 konnte die Einweihung erfolgen. Der Plan stammte von dem angesehenen Münchner Architekten und Baurat August von Voit, Altar und Kanzel aus der Werkstatt des Architekten und Bildhauers Anselm Sickinger in München, einem weiteren angesehenen Künstler jener Zeit. Kirchengebäude und Inneneinrichtung waren im Stil der Neugotik gestaltet: Der Altar mit großem Kruzifix wurde flankiert von den Apostelfiguren Petrus und Paulus, die Kanzel war verziert mit den Evangelisten. In die Fenster waren Buntglas-Wappen der wichtigsten Stifter eingelassen. Auch diese Kirche war ein Denkmal der Opferwilligkeit der Gemeinde. Ein eigenes Wappenbuch hält die vielen Stifter und Spender fest. Nachdem die Kirche über lange Jahre baulich vernachlässigt worden war, wurde sie 1970 abgebrochen; Altar und Kanzel fanden Aufstellung in der Dorfkirche von Hechlingen.[147]

Die evangelischen Waisenkinder waren bis 1887 im Spital untergebracht, dann bei Pflegefamilien, was aber mitunter Schwierigkeiten bereitete. Außerdem sollten die Kinder der Diaspora eine Unterkunft haben, um in Kaufbeuren die Schulen besuchen zu können. Daher erachtete die Gemeinde ein eigenes Heim als notwendig, als dessen Träger der Verein für Innere Mission fungieren sollte. Da die Mittel dazu durch frühere Stiftungen der Bürger Bachschmid und Heinzelmann vorhanden

Rechts: Die evangelische Gottesackerkirche; Choransicht und Innenraum im Jahr 1960

waren, griff Stadtpfarrer Weigel 1911 dieses Vorhaben auf: Nachdem er in zwei Gemeindeveranstaltungen darüber gesprochen hatte, legte er erste Pläne vor, mit denen die Architekten Erdmannsdorfer und Linpert aus Lindau beauftragt waren; das nötige Grundstück an der heutigen Heinzelmannstraße bekam die Gemeinde von Baumeister Hans Haag geschenkt. Am 3. März 1914 konnte mit den Arbeiten begonnen werden, und trotz Kriegsausbruch wurde das Heim am 28. Februar 1915 eröffnet. Es beherbergte unter der Leitung der Diakonisse Luise Bischof aus dem Augsburger Mutterhaus zwölf Waisenkinder, außerdem zwei Dienstmädchen. Dazu kam ein Kinderhort für 30 bis 40 Mädchen und Buben, betreut von Betty Hermann. Im Untergeschoß gab es einen Raum für Gemeindegruppen.[148]

Die Zeit der Weimarer Republik und des Nationalsozialismus

Mit dem Ende des Ersten Weltkrieges, dem damit verbundenen Ende der Monarchie und der Ausrufung der Republik in Bayern kam es auch zu einer völligen Neugestaltung der Kirchenorganisation: Die bayerische Verfassung sah vor, daß die Kirchen ihre Angelegenheiten selbst verwalten sollten. Mit dem Wegfall des staatlichen Bischofsanspruches verband die Generalsynode Elemente des konsistorialen Systems mit solchen des synodalen und schuf zugleich noch eine einflußreiche persönliche Spitze. Oberste Behörde wurde der Landeskirchenrat. Entsprechend dem Konkordat zwischen dem Freistaat und der katholischen Kirche wurde mit der evangelisch-lutherischen Kirche am 15. November 1924 ein Staatsvertrag abgeschlossen. Darin wurde unter anderem geregelt, daß die geistliche Schulaufsicht für die Volksschulen abgeschafft wurde, sie jedoch als Bekenntnisschulen weitergeführt wurden.[149]

Ein gutes Zeichen der Annäherung der Konfessionen in Kaufbeuren dürften die wöchentlichen Frühschoppen von den Pfarrern Hörmann (katholisch) und Stählin (evangelisch) gewesen sein, die von ihren Nachfolgern Wiebel bzw. Alt fortgesetzt wurden. Auch bestanden gute Kontakte zwischen dem evangelischen Pfarrer Schmid und seinem katholischen Kollegen Fink.[150]

Ein umfangreiches Programm für die Gemeindeglieder der Dreifaltigkeitskirche bot der Evangelische Verein, der über aktuelle und zeitgeschichtlich bewegende Fragen informierte, etwa über die Revolution 1918, über den Sozialismus, über Erziehungsfragen und soziale Not, wobei 1923 die Handwerker zu kostenlosen Reparaturen in sozialen Notfällen angehalten wurden. Daneben wurde über Luther und die Lutherstätten berichtet, ebenso über christliche Künstler der Gegenwart. Rund 300 Mitglieder gehörten damals dem Verein an, die Familienabende fanden in der Gastwirtschaft „Gais" statt. Einen Höhepunkt des Vereinslebens bildete der 2. Allgäuer Protestantentag im Jahr 1926, der in Kaufbeuren stattfand und vom Evangelischen Verein nachhaltig unterstützt wurde: Pfarrer Alt ließ im Stadtsaal die Geschichte des Vereins Revue passieren, sein Kollege Schieder sprach über „Gottes Gaben und unsere Aufgaben", der Kemptner Dekan Erhard referierte über die Stellung des Luthertums zu anderen Konfessionen und Studiendirektor Albrecht Schmid über den Menschen inmitten seiner Kirche. Neben auswärtigen Persönlichkeiten bemühten sich auch die Kaufbeurer Pfarrer sehr um die Vereinsabende: Pfarrer Schmid gab eine Einführung ins neue Gesangbuch (1927) und berichtete über K. Schönherrs *Glaube und Heimat* (1930), Karl Bopp bot einen Überblick über die Geschichte der Kaufbeurer Häuser (1928), Anstaltsdirektor Dr. Prinzing gestaltete einen Justinus Kerner-Abend und unterrichtete über das Verhältnis zwischen Arzt und Seelsorger. Anläßlich des Confessio-Jubiläums von 1930 wurden im Gasthaus „Stachus" Filme wie *„Die Botschaft der Reformation"* oder *„Sprechende Hände"*, ein Filmwerk über Taubstummblinde, gezeigt. Auch über Mahatma Gandhi wurde berichtet.[151] Parallel dazu fand der Deutsche Evangelische Frauenbund in den 1920er Jahren eine Zeit großer Entfaltung und besten Zuspruchs: 1927 zählte der Bund 254 Mitglieder. Mit der „Gemeindehilfe" wurden in vielfältiger Weise soziale Hilfen für Mütter, Senioren, Bedürftige geleistet.

Die Jugendarbeit und die Innere Mission erfuhren nach dem Ersten Weltkrieg im landeskirchlichen Bereich ebenfalls eine Blütezeit: In Kaufbeuren führte dies 1924 zur Gründung eines Christlichen Pfadfindertrupps für Knaben ab dem 17. Lebensjahr, der unter dem Motto *„Treu zu Gott, treu dem Vaterland, hilfreich dem Nächsten"* stand. Die noch vorhandenen Fahrtenbücher vermitteln interessante Eindrücke von romantischen Wandervogelerlebnissen. Daneben standen biblische Unterweisung und Sport auf dem Programm - der Pfadfindertrupp kann als die erste Eishockeymannschaft Kaufbeurens gelten. Auch Theaterstücke wurden einstudiert und im „Stachus" aufgeführt. Für die Mädchen gab es die deutsch-evangelisch-soziale Jugendgruppe: Zu ihren Aufgaben hatte sie sich neben Vorträgen gemeinsames Singen, Freizeiten, Kindergottesdiensthilfe, Besuch einsamer Leute sowie Hilfen im Waisenhaus gemacht. Daneben wurden für inflationsgeschädigte Kleinrentner Pakete hergerichtet. Zusammen mit den Pfadfindern fanden Krippenspiele statt, etwa im Saal der Heil- und Pflegeanstalt.[152]

Hinsichtlich seiner Bevölkerung erfuhr Kaufbeuren eine weitere Verschiebung zugunsten der Katholiken, so daß um das Jahr 1930 die Zahl der evangelischen Gemeindeglieder unter die Grenze von 2 000 gesunken war. Beigetragen hatte dazu in manchen Fällen die katholische Mischehenbestimmung, die vom katholischen Partner die Erziehung der Kinder in seiner Konfession verlangte. Vor allem aber gehörten die Angehörigen der evangelischen Bevölkerung fast durchwegs der sozial gehobenen Schicht an, deren Kinder vornehmlich das Gymnasium besuchten und als Angehörige akademischer Berufe meist die Stadt verließen.

Die Gottesdienste in der Dreifaltigkeitskirche wurden wechselweise von den beiden Pfarrern gehalten und fanden im Winter um 9 Uhr und um 14 Uhr statt, im Sommer dagegen um 7 Uhr und 9 Uhr. Daneben gab es Gottesdienste für Kinder und in der Anstalt; monatliche Gottesdienste fanden in Markoberdorf und - nach der Errichtung des Fliegerhorstes - auch auf dem dortigen Gelände statt. Der Kirchenchor unter Leitung von Hauptlehrer Auer sang im Gottesdienst, an hohen Festtagen und bei fast allen Beerdigungen. Die beiden Sprengel der Gemeinde waren durch eine Linie geteilt, die durch die Kaiser-Max-Straße bis hinaus in die Augsburger Straße verlief. Für den nördlichen Teil war der erste Pfarrer, für den südlichen Teil der zweite Pfarrer zuständig. Die Gemeinde hatte nur wenige Familien zu betreuen, *„die man zu den Bedürftigen zählen konnte, diese wurden bei Weihnachtsbescherungen und Konfirmationen reichlich bedacht. Man war in der Lage, Hilferufe aus Steyr in Österreich, aus Bethel, aus dem Frankenwald und Bayerischen Wald mit Geld- und Sachspenden zu beantworten [...] Während des Baues des Fliegerhorstes ab 1935, wobei die Handwerker viel neue Arbeit fanden, hatte sich die allgemeine Vermögenslage noch erheblich verbessert. Um die gleiche Zeit wuchs die Zahl der evangelischen Gemeindeglieder besonders dadurch, daß Soldatenfamilien zuzogen; Eheschließungen und Taufen nahmen merklich zu. Der Tiefpunkt im zahlenmäßigen Rückgang der Gemeinde war durchschritten."*[153] In der Umgebung Kaufbeurens konnten in dieser Zeit mehrere neue evangelische Kirchengebäude eingeweiht werden: 1935 in Buchloe, 1937 in Obergünzburg und 1938 in Wörishofen.

Der im Januar 1933 an die politische Macht in Deutschland gelangte Nationalsozialismus übte auch auf kirchliche Kreise eine große Anziehungskraft aus: In mehreren deutschen Landeskirchen fand die nationalsozialistisch orientierte „Glaubensbewegung Deutsche Christen" bei den anstehenden Synodalwahlen eine Mehrheit und versuchte, das evangelische kirchliche Leben nach den Vorgaben des NS-Staates „gleichzuschalten".

Demgegenüber zählte die bayerische Landeskirche unter ihrem Bischof Hans Meiser zu den sogenannten „intakten Kirchen", innerhalb derer die „Deutschen Christen" und ihre Sympathisanten keine Mehrheit erringen konnten. In Kaufbeuren konstituierte sich 1936 ein Ableger der „Deutschen Volkskirche" des völkischen Sektierers A. Dinter. Sie umfaßte etwa 15 Personen, die den beiden Konfessionen angehörten und eine eigene Ortsgemeinde bildeten. Doch war ihr kein dauerhafter Erfolg beschieden, was nicht zuletzt der entschiedenen Haltung der ansässigen Pfarrer zu verdanken war.[154] Mit Evangelisationswochen wurde versucht, gegen die nationalsozialistisch orientierten Christen und ihre Weltanschauung vorzugehen. Darüber hinaus startete im Zuge der harten politischen Maßnahmen gegen Landesbischof Meiser, der von den neuen Machthabern mit Hausarrest belegt wurde, in Kaufbeuren eine Unterschriftenaktion, bei der sich binnen kurzem rund 500 Unterzeichner hinter *„den unerschrockenen Bekenner des reinen Evangeliums"*, Bischof Meiser,[155] stellten. In einem Bekenntnisgottesdienst in der Dreifaltigkeitskirche am 7. Oktober 1934 wurde dann eine deutliche Stellung zum evangelischen Bekenntnis genommen. Weitere gemeindliche Maßnahmen gegen den Nationalsozialismus bestanden in Bibelabenden oder Vorträgen, bei denen über brennende Zeitfragen diskutiert wurde, beispielsweise über „artgemäßes Christentum", den Wert des Alten Testamentes oder das Verhältnis zwischen Christen und dem Staat. Nach dem Bezirkskirchentag vom März 1937, der in Kaufbeuren stattfand, waren in den drei darauffolgenden Wochen Vorträge über die Zukunft der Kirche zu hören; im Juni dieses Jahres leistete die Gemeinde öffentliche Fürbitte für 18 von der Staatspolizei mit Redeverbot belegte und für 24 aus ihrem Wohnort ausgewiesene Pfarrer.

Neben Gemeindegruppen versuchten auch einzelne Gemeindeglieder und insbesondere die beiden Pfarrer, dem Vordringen der NS-Machthaber und ihrer Ideologie in alle Bereich des öffentlichen und privaten Lebens sowie in innerkirchliche Angelegenheiten Einhalt zu gebieten - selbst wenn sie dadurch immer wieder Schikanen ausgesetzt waren, die von den Staatsorganen initiiert oder geduldet wurden: Als beispielsweise im Jahr 1933 der nationalliberale Bürgermeister Dr. Volkhardt Kaufbeuren verlassen mußte, war Pfarrer Seifert der einzige, der ihn zum Bahnhof begleitete und später in der Zeitung einen Nachruf auf ihn veröffentlichte. Einige Wochen später erhielt er von der NSDAP eine Zuschrift, in der ihm vorgeworfen wurde, besagter Artikel stelle bewußt oder unbewußt eine Kritik an einer Maßnahme des Reichsstatthalters dar. Im selben Jahr referierte Seifert vor Mitgliedern des Frauenbundes über *„Emigranten guter und schlechter Sorte"* und ging dabei auch auf Politiker ein. Er scheute sich ferner nicht, dem aus Kaufbeuren stammenden NS-Reichsredner Emil Maier-Dorn nach einem Vortrag Irrtümer vorzuwerfen oder über den wichtigsten Ideologen der NSDAP, Alfred Rosenberg, in Kaufbeuren und Umgebung Aufklärungsvorträge zu halten. Als im Jahr 1937 bei einer Freizeit für die weibliche Kaufbeurer Gemeindejugend die Geheime Staatspolizei (Gestapo) den begleitenden Pfarrer unter dem Vorwand zu verhaften versuchte, daß bei einem Ausflug auf den Grünten - trotz sorgfältigster Beobachtung der Vorschriften - das sogenannte „Wanderverbot" übertreten worden sei, mußte auf dem Rathaus genauestens über den Verlauf der Freizeit und über Kleinigkeiten, wie etwa die Kleidung des Pfarrers, berichtet werden: *„Dieser Versuch, den Pfr. in der Meinung seiner Gemeindeglieder zu verunglimpfen, schlug allerdings fehl. Der Zusammenhalt der Jugend und deren Treue zu Pfarrer u. Gemeinde wurde durch solche Beargwöhnung nur gestärkt."*

Angesichts der sonst in Deutschland herrschenden Zustände war es für die Kaufbeurer Kirchen ein verhältnismäßig günstiger Umstand, daß der Ortsgruppenleiter der NSDAP und (seit 1933) erste Bürgermeister der Stadt, Hans Wildung, wenig Neigung zeigte, in ihre Belange einzugreifen: *„Es ist ihm vielmehr zu danken, daß der Gemeinde und ihren Pfarrern von seiten der Partei keine Schwierigkeiten gemacht wurden."* Anders sah es mit der HJ (Hitlerjugend) und dem BDM (Bund deutscher Mädel) aus, die immer wieder Gemeindejugendabende störten. Die offiziellen evangelischen Jugendverbände - Pfadfindertrupp und weibliche Jugend - mußten im Februar 1934 in die HJ bzw. den BDM eingegliedert werden, wobei sich die Mitglieder zunächst noch für eine Doppelmitgliedschaft entscheiden konnten. Immerhin

Die heute noch vorhandene Pfadfinderhütte südlich Hirschzell (in der „Hornau"; Aufnahme aus den 20er Jahren)

konnte die Pfadfinderhütte oberhalb des heutigen Bärensees durch einen Geschäftstrick vor der Beschlagnahmung gerettet werden: Man ließ sie rechtzeitig auf Privateigentum umschreiben. Kirchlicherseits machte man sich große Hoffnung auf die volksmissionarische Durchdringung der nationalsozialistischen Jugendverbände, da im Eingliederungsvertrag Jugendgottesdienste vorgesehen waren und die Mitglieder angehalten wurden, zumindest monatlich im Gottesdienst zu erscheinen. Bald schon stellte sich jedoch heraus, daß diese Hoffnung vergebens war - kirchliche Jugendarbeit war von nun an bis zum Ende des sogenannten „Dritten Reiches" nur noch in den strengen Grenzen der Gemeindearbeit möglich.

Doch nicht nur auf dem Gebiet der Jugendarbeit zeigten die staatlichen Repressionen gegenüber den Kirchen Wirkung: In der Generalversammlung des Evangelischen Vereins vom 14. Januar 1934 bedauerte Pfarrer Seifert, daß insbesondere *„die politische Strömung und die Wahlen"* ein weiteres Zusammenkommen unmöglich gemacht hätten. Bedingt durch starke Überschneidungen mit nichtkirchlichen Veranstaltungen konnten 1938 keine Familienabende mehr gehalten werden. Die Maßnahmen des NS-Staates gingen soweit, daß sogar die Bücherei des Evangelischen Vereins 1938 überprüft wurde und einige Exemplare ausgesondert werden mußten. Auch der Frauenbund mußte seine Gemeindehilfe einschränken, da alle Kräfte dem NS-Winterhilfswerk zugute kommen sollten. Die Zusammenkünfte des Frauenbundes wurden durch die Vorschriften des Versammlungsverbotes so erschwert, daß diese nur stattfinden konnten, wenn die Wirtin des Stammlokals als Veranstalterin auftrat. Ab 1937 pausierte der Frauenbund. Im Fliegerhorst wurden vom zweiten evangelischen Pfarrer neben Militärgottesdiensten auch regelmäßig Kasernenstunden über religiöse und ethische Themen gehalten, die von nationalsozialistisch gesinnten Offizieren zu verhindern versucht wurden. Es gab aber auch positive Förderung durch christlich eingestellte Offiziere, die jeden Gottesdienst besuchten.[156]

Was die Seelsorge an den evangelischen Insassen der Heil- und Pflegeanstalt betrifft, so gehörte diese zu den Aufgaben des zweiten Pfarrers. Mit dem Zweiten Weltkrieg und der äußerst dünnen Personaldecke bei der Pfarrerschaft wurde er jedoch ab 15. August 1940 für ein Jahr als Aushilfe nach Hof versetzt. Besonders in dieser Zeit erfolgten die ersten umfangreichen Euthanasiemaßnahmen in Kaufbeuren. Bei seinen Besuchen in den Heilanstalten klagten eines Tages Patienten in Irsee gegenüber Pfarrer Seifert, sie würden mit dem zunehmend härter werdenden Krieg nur fettlose Hungerkost bekommen. Der Geistliche überzeugte sich davon und beschwerte sich beim zuständigen Inspektor mit dem Hinweis, wenn dies nicht aufhöre, so werde er diese Nachricht in der Bevölkerung verbreiten. Daraufhin wurden diese Zustände abgestellt.[157]

Im Krieg waren die Kräfte der Geistlichen aufs äußerste beansprucht: Nach dem Tode von Pfarrer Schmid am

16. Juli 1941 versah Pfarrer Seifert allein die beiden Pfarrstellen. Er hatte auch die Evangelischen in den beiden Landkreisen Kaufbeuren und Marktoberdorf zu betreuen und zumeist nur ein Fahrrad zur Verfügung. Ganze Schulklassen aus Großstadtgebieten, die unter Bombenangriffen zu leiden hatten, waren im Umkreis untergebracht und sollten wenigstens eine Wochenstunde Religionsunterricht bekommen. Eine Gemeindeschwester konnte hier mithelfen, obwohl der nationalsozialistisch eingestellte Schulrat in Marktoberdorf lange Zeit keine Erlaubnis geben wollte. Mit der zunehmenden Härte und Dauer des Krieges wurde der kirchliche Dienst von den Machthabern jedoch wieder dringend gewünscht - insbesondere, als gegen Kriegsende immer mehr Evangelische als Evakuierte ins Kreisgebiet kamen. Die aller Hoffnung auf Rückkehr Beraubten waren äußerst dankbar für einen Gottesdienst ihrer Konfession: *„An der Meeresküste aufgewachsen, waren sie nun unter Menschen mit einem kaum verständlichen Dialekt, deren katholische Konfession ihnen so gut wie unbekannt war. Die Bereitschaft der bisher vom Krieg verschonten Bevölkerung, die Flüchtlinge bei sich aufzunehmen, war sehr unterschiedlich."*[158] In dieser Zeit errichtete Pfarrer Seifert 30 Predigtstationen zwischen Stötten, Görisried, Weicht und Beckstetten.

Die evangelische Gemeinde in der zweiten Hälfte des 20. Jahrhunderts

Nach dem Ende des Zweiten Weltkrieges rief Landesbischof Meiser am 11. August 1945 zu Spenden für ein Evangelisches Hilfswerk auf. Noch in der gleichen Woche begann der später als Rechtsanwalt tätige Gerhard Deesen dieses Hilfswerk für Kaufbeuren und Umgebung zu organisieren, wobei eine eigene Nähstube zur Ausbesserung von Kleidungsstücken eingerichtet wurde; die dafür nötigen Stoffe stellte die Firma „Momm" zur Verfügung. Darüber hinaus wurde zusammen mit der katholischen Caritas eine Volksküche aufgebaut.[159] Erst 1946 kam wieder ein zweiter evangelischer Pfarrer nach Kaufbeuren, zusätzlich gab es gelegentlich - angesichts der Betreuung der großen Diaspora - Amtsaushilfen. Dennoch war deren Betreuung nicht mühelos: Zwar konnte man nach Oberostendorf den Bus benutzen, nach Marktoberdorf verkehrte die Bahn und mitunter ließen sich Mitfahrgelegenheiten im Milchauto nutzen - der Großteil der Strecken mußte jedoch mit dem Fahrrad zurückgelegt werden.[160] In dieser Situation bedeutete die Errichtung eines Vikariates für Marktoberdorf am 1. März 1949 eine große Entlastung. Im Jahr 1954 entstand schließlich die selbständige Kirchengemeinde Marktoberdorf mit einem eigenem Kirchengebäude.[161]

In jener Zeit zählte die Dreifaltigkeitsgemeinde rund 7 000 Glieder in und um Kaufbeuren. 1957 wurde aufgrund des starken Wachstums der Gemeinde eine Stadtvikarstelle eingerichtet, die zwei Jahre später zu einer eigenen Pfarrstelle aufgewertet wurde. Ferner wurde 1957 die Stelle eines Militärpfarrers für die Fliegerhorstgemeinde eingerichtet, die bis 1996 bestand, im Jahr 1958 folgte eine Planstelle für einen hauptamtlichen Religionslehrer an höheren Schulen, 1964 eine Planstelle für einen Gemeindediakon und eine Katechetenstelle. Ab 1971 gab es Amtsaushilfe und Teildienst für die Anstaltsseelsorge, was 1997 schließlich in die Errichtung einer Pfarrstelle für alle Kaufbeurer Krankenhäuser mündete, die das Engagement des Besuchsdienstes für kranke und ältere Gemeindeglieder ergänzt. Schließlich soll nicht unerwähnt bleiben, daß 1977 zum ersten Male in Kaufbeuren eine Frau zur Pfarrerin ordiniert werden konnte.[162]

Seit dem 1. Dezember 1963 sind Kindergottesdienst und Hauptgottesdienst in der Dreifaltigkeitskirche nicht mehr zeitlich voneinander getrennt, sondern finden parallel zueinander statt. In die 1960er Jahre fiel auch die Einführung eines neuen Gesangbuches, mit dem die Landeskirche versuchte, die liturgisch reiche Form der sogenannten „Agende I" zu verbreiten - bisher wurden die evangelischen Gottesdienste in Kaufbeuren traditionell eher liturgisch schlicht gehalten. Der Kirchenvorstand ließ sich schließlich dazu bewegen, diese Form zunächst für ein Probejahr einzuführen. Ein landeskirchlicher Referent, die Kantorin und die Pfarrer machten die Gemeinde mit der neuen Form vertraut, und im April 1966 entschied sich der Kirchenvorstand dafür, die neue Form im Spätgottesdienst zu belassen und den Frühgottesdienst in der schlichten Form wie bisher zu halten. Außer in der Dreifaltigkeitskirche finden auch im Espachstift, im Jakob-Brucker-Haus und in den zur Diaspora zählenden Ortschaften um Kaufbeuren Gottesdienste statt.[163]

Eine besondere Entwicklung nahm das evangelische Gemeindeleben in Neugablonz: Im Jahr 1954 bekam die dortige Kaufbeurer Tochtergemeinde vom „Wooden Church Crusade" eine stattliche Summe für einen eigenen Kirchenbau, der von dem Architekten H. Schunk entworfen und am 17. Juli 1955 mit dem Namen „Christuskirche" eingeweiht wurde, wobei auch der sudetendeutsche Alt-Kirchenpräsident Wehrenfennig teilnahm. 1961 wurde die Neugablonzer evangelische Gemeinde schließlich zu einer eigenen Pfarrei erhoben und erhielt ein Pfarrhaus; 1972 folgte der Bau eines Gemeindezentrums. 1984 kam es zur Errichtung einer Seelsorgestelle

Die 1952 eingeweihte Christus-Kirche

für das Bezirkskrankenhaus, deren Inhaber einen Teil seines Dienstes der Kirchengemeinde Neugablonz zur Verfügung stellt. Eine wesentliche Verbesserung brachte die Errichtung einer Pfarrvikariatsstelle im Jahr 1985, zu der ein Dekanats-Jugendpfarrerauftrag gehört. Von der Kinder- bis zur Seniorenarbeit gestalten verschiedene Gruppen das Gemeindeleben, dazu gehören auch Kirchenmusik und ökumenische Kontakte. Zu Neugablonz zählt die Diaspora des nordöstlichen Altlandkreises Kaufbeuren mit eigenen Gottesdienststellen.[164]

Das gemeindliche Angebot der Dreifaltigkeitskirche in der Nachkriegszeit differenzierte sich sehr bald schon in einer breiten Palette alters- und interessenspezifischer Bereiche: In der Jugendarbeit wirkten in den 1950er und 1960er Jahren neben der Gemeindejugend die „Christlichen Pfadfinder" für die Knaben (CP, ab 1949) und der „Bund christlicher Pfadfinderinnen" (BCP, ab 1951). Von diesen Gruppen gingen zahlreiche weitere Gründungen im Umkreis aus. Im Zuge der Koedukationsbewegung entstand 1969/72 aus CP und BCP der „Verband Christlicher Pfadfinderinnen und Pfadfinder" (VCP), der in Kaufbeuren bis 1985 Bestand hatte. Dazu kamen Gruppen, die sich aus Konfirmandenjahrgängen bildeten und in ihren Unternehmungen unterschiedliche Schwerpunkte setzten, etwa die „J(ugend) 70" oder „Maranatha". Durch Jugenddiakone gab es wichtige Impulse auch für Kinderarbeit oder für Veranstaltungen und Freizeiten.

Eine sehr günstige Entwicklung zeigte der Kirchenchor, der 1965 zur Kantorei aufstieg und in kirchenmusikalischer Hinsicht mit Konzerten vielbeachtete Akzente - auch über Kaufbeuren hinaus - setzte. Daneben entstand

ein Posaunenchor. Als eine der ältesten Gruppen der Gemeinde setzt der Deutsche Evangelische Frauenbund mit Vorträgen, Ausflügen, Freizeiten oder Adventsfeiern für Senioren seine Tradition fort. Zu nennen sind auch der Mütterkreis, verschiedene Ehepaartreffen, die Arbeit mit Aussiedlern oder der Bazar zugunsten der Christen im Partnerdekanat Arusha in Tansania.[165] Besonderer Erwähnung bedürfen die Ausstellungen „Evangelisches Kaufbeuren" (1973), „Luther" (1983), „Gelehrte Kaufbeurer" (1987) und „Kaufbeuren und die Confessio" (1995), bei denen die Schätze aus dem reichhaltigen Kirchenarchiv einem breiten Publikum zugänglich gemacht wurden. Wichtige Beiträge zu gesellschaftlich bedeutsamen Themen bietet seit 1953 der „Tutzinger Freundeskreis".[166]

Am 8. Juli 1951 wurde der Grundstein für das vom Verein für Innere Mission mit großen Anstrengungen errichtete Jugendwohnheim gelegt, das auch Platz für Gemeinderäume bieten sollte. Mit dieser Einrichtung konnte den Diasporakindern geholfen werden, die in Kaufbeuren zur Schule gehen mußten und denen die täglichen Fahrmöglichkeiten fehlten. Anfang Dezember 1952 konnte die Gesamtbelegung des Heims 114 Personen anführen, davon 30 Grundförderungsschülerinnen. Das Schüler- und Jugendheim „Heinzelmannstift" wurde zwischen 1958 und 1970 von eigenen Hauseltern betreut. Die abnehmenden Zahlen der Kinder führten je-

Das Heinzelmann-Stift im Jahr 1952

doch dazu, daß 1965 insgesamt 18 Altenwohnplätze geschaffen wurden; seit 1982 wird der gesamte Komplex als Altenheim genutzt. Bereits seit 1957 bestand das Feierabendheim „Espachstift", das nach dem Ehepaar Adolf und Wilhelmine Espermüller benannt ist, die ein großzügiges Stiftungslegat zur Inbetriebnahme dieser

Der Valentin-Heider-Kindergarten der evangelischen Gemeinde Kaufbeurens im Jahr 1996/97

Einweihung des Matthias-Lauber-Hauses in der Bismarckstraße im Jahr 1982 mit Landesbischof Hanselmann

Einrichtung zur Verfügung stellten. 1968/69 erhielt das Haus eine Pflegestation und einen großer Saal, seit 1992 wird es Schritt für Schritt erweitert und den Anfordernissen der Zeit angepaßt. Seit Februar 2000 bietet die Einrichtung auch „betreutes Wohnen" an. Auf karitativem Gebiet ist ferner die Mitte der 1960er Jahre eingerichtete Diakoniestation mit Kleidersammelstelle und -ausgabe zu nennen, die später auch ambulante Betreuungsdienste übernahm. Rund zehn Jahre später traten an ihre Seite die evangelisch-katholische Sozialstation und eine psychosoziale Beratungsstelle.[167]

Die Pflege und Instandhaltung der vorhandenen Bausubstanz sowie die Errichtung zahlreicher Neubauten angesichts der Bedürfnisse der Zeit machten die Gemeinde immer wieder zu einer das Stadtbild prägenden Bauherrin: Neben den bereits erwähnten Maßnahmen sind die Errichtung des - seit 1982 so benannten - Matthias-Lauber-Kindergartens in der Bismarckstraße 1951/53, des Valentin-Heider-Kindergartens in der Wagenseilstraße 1961 (dem 1996/97 ein Gemeinderaum hinzugefügt wurde), die Innenrenovierung der Dreifaltigkeitskirche mit ihrer Orgel 1963/64, das Jakob-Brucker-Gemeindehaus im Haken 1974, das Jugendheim in der Bismarckstraße 1977, die Außenrenovierung der Kirchenfassade 1979 sowie das Gemeindezentrum Matthias-Lauber-Haus mit Kindergarten 1982 zu nennen.[168]

Schon seit den 1930er Jahren bahnte sich mit dem freundschaftlichen Verhältnis zwischen dem evangelischen und katholischen Stadtpfarrer auch weiteres Verständnis der Konfessionen an. Dazu kamen nach dem Zweiten Weltkrieg Kontakte zur altkatholischen Gemeinde im Lager „Riederloh", die der evangelischen Gemeinde ihre gottesdienstlichen Räume von 1953 an bis zum Bau der Christuskirche zur Verfügung stellte.

Die Flüchtlinge der ukrainisch-orthodoxen Pfarrei Kaufbeuren konnten zwischen 1945 und 1948 unter Erzpriester Cyganjuk ihre Gottesdienste in der Gottesackerkirche abhalten.

Das 1974 erbaute Jakob-Brucker-Haus im Haken

Mitglieder der ukrainischen Gemeinde 1945 bis 1948 vor der ehemaligen evangelischen Friedhofskirche

In der Diaspora des Landgebietes bekamen die Evangelischen zum größten Teil die katholischen Kirchen zur Verfügung gestellt. Schon vor dem Zweiten Vatikanischen Konzil der katholischen Kirche in den 1960er Jahren gab es gemeinsame Veranstaltungen, wie beispielsweise einen Vortragsabend am 9. Januar 1951 in der Gaststätte „Rosenau": Pfarrer Seifert sprach über „Glaubensverschiedenheiten und deren Überwindung", wovon es in der Lokalpresse hieß: *„In der längeren Aussprache, an der sich in feiner Weise auch der Stadtpfarrer Fink beteiligte, kam zum Ausdruck, daß beide Gemeinden Vorurteile abbauen und in gegenseitiger Achtung die bleibenden Verschiedenheiten verständnisvoll hinnehmen wollen."*

1950 hatte sich Pfarrer Seifert bei einem Vortrag von Pfarrer Laws über das Dogma der leiblichen Aufnahme Mariens in den Himmel beteiligen können, und 1958/59 wurde ein eigener Arbeitskreis für ökumenische Fragen für das Allgäu begründet. Neben einem ökumenischen Gebetsgottesdienst am 7. Juni 1962 in der St. Dominikus-Kapelle zusammen mit der altkatholischen Gemeinde und einer ökumenischen Bittandacht an der Gedächtnisstätte beim Stadtsaal am 17. Juni 1963 ist auch die ökumenische Abhaltung des Weltgebetstages der Frauen zu erwähnen. Ein besonderes Ereignis war die Gestaltung des Reformationstages 1969 mit der Predigt eines katholischen Kaplans auf der Kanzel der Dreifaltigkeitskirche. Weitere ökumenische Begegnungen fanden als Vorträge und Gesprächsrunden in den Stadtteilen statt - in diesem Zusammenhang ist insbesondere der ökumenische Seniorenkreis im Haken zu nennen -, desweiteren mit dem gegenseitigen Entzünden der Osterkerzen beider Konfessionen in der Osternacht auf dem Kirchplatz. Auch gemeinsame Veranstaltungen der Kantorei der Dreifaltigkeitskirche und des Chores der St. Martins-Kirche förderten die Zusammenarbeit.[169]

Die evangelische Gemeinde Kaufbeurens hat im Laufe ihrer langen und reichen Geschichte schwere und frohe Zeiten durchlebt, bedeutende Wandlungen erfahren und sich stets den Erfordernissen der Zeit zu stellen versucht. Auch in die Zukunft trägt die Hoffnung: *„Des Herrn Wort bleibt in Ewigkeit"* (1. Petr. 1,25).

Bildanhang:
Kaufbeurer Konfirmanden im 20. Jahrhundert

1918 mit den Pfarrern Stählin und Ostertag

1940 mit Pfarrer Karl Friedrich Schmid (1880-1941)

1954 mit den Pfarrern Seifert, Kohler und Lurtz

1962 mit Pfarrer Eckardt

1970 mit Pfarrer Götzger

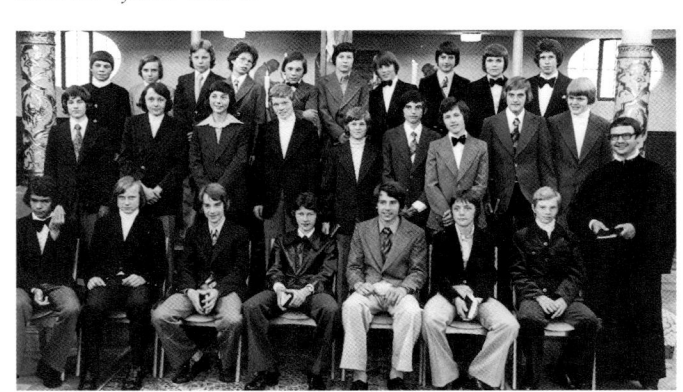

1975 mit Pfarrer Götzger

1992 mit Pfarrer Henrich

LITERATUR

ALT, K., Reformation und Gegenreformation in der freien Reichsstadt Kaufbeuren, München 1932; ALT, K., Reichsstadt Kaufbeuren. In: Quellen zur Geschichte der Täufer, hrsg. von Karl Schornbaum, Bd. 5 Abt. 2, Gütersloh 1951, S. 131-159; ALT, K., Kaufbeurer Kaiserbriefe aus den Jahren 1545 bis 1551. Ein Beitrag zur Interimspolitik Karls V., o.O. 1927; ALT, K., Die Lateinschule der freien Reichsstadt Kaufbeuren und ihr berühmtester Rektor Magister Dr. Jakob Brucker, Kaufbeuren 1929; BERGER, J., Die Auswirkungen des Westfälischen Friedens auf die Reichsstadt Kaufbeuren. In: KGBl 13 (1993/95), S. 255-275, 293-303 u. 343-351; BLICKLE, P., Urteilen über den Glauben. Die Religionsgespräche in Kaufbeuren und Memmingen 1525. In: Außenseiter zwischen Mittelalter und Neuzeit, hrsg. von N. Fischer, Leiden 1997; CHRISTA, E., Kaufbeurer Pfarrbuch, Autograph, Kaufbeuren 1864, EKA, Pfarramtsakten 128; DIETER, St., Die Reichsstadt Kaufbeuren in der frühen Neuzeit. Studien zur Wirtschafts-, Sozial-, Kirchen- und Bevölkerungsgeschichte (= KSR, Bd. 2), Thalhofen 2000; ECKARDT, A. (Hrsg.), Die neue Orgel in der Dreifaltigkeitskirche zu Kaufbeuren, o.O. 1964; ECKARDT, A., Evangelisch-Lutherische Kirchengemeinde Kaufbeuren. Pfarrbeschreibung und Chronik der Jahre 1957-1972, MS, 1973, EKA, H/527; EVANGELISCHE RATSPROTOKOLLE mit Beilagen (ERP), 1652-1801, EKA Anlage 067-076 (= ehem Schubl 14, I-III u. 33,

I-II); FRITZSCHE, M., Die Entwicklung der Evangelisch-Lutherischen Gemeinde von Neugablonz. In: Neugablonz, Stadtteil der ehemals Freien Reichsstadt Kaufbeuren. Entstehung und Entwicklung, hrsg. von der Leutelt-Gesellschaft, Schwäbisch Gmünd, 1986; FUCHS, T., Konfession und Gespräch, Typologie und Funktion der Religionsgespräche in der Reformationszeit, Regensburg 1993; GEMEINDEBRIEF der Evangelischen Dreifaltigkeitskirche Kaufbeuren und Umgebung, Nr. 1 (September 1976) bis 91 (Februar 2000), EKA GEM 31-35; HÖRMANN VON UND ZU GUTENBERG, W.L., Sammlung derer fürnehmsten Merckwürdigkeiten und Geschichten der H.R. Reichsfreyen Statt Kauffbeuren. I. Teil 842-1599, II. Teil 1600-1699, III. Teil 1700-1737 und Ergänzungen, EKA, Anlage 128-130. (= HörmChr); HÖRMANN VON UND ZU GUTENBERG, W.L., Sammlung der merckwürdigsten Geschichten das Kirchen- und Religions Wesen in der H.R. Reichsfreyen Statt Kauffbeuren betreffend von den ältesten Zeiten biß auf das Jahr 1756, EKA, Anlage 133. (= HörmChr); HÖRMANN VON UND ZU GUTENBERG, W.L., Gelehrte Kaufbeurer. Gebundenes Autograph mit Nachträgen, EKA, Anlage 134 u. 135; JUNGINGER, F., Geschichte der Reichsstadt Kaufbeuren im 17. und 18. Jahrhundert, Neustadt a.d. Aisch 1965; KNAPPE, W., Entwicklung der Taufnamen im evangelischen Kaufbeuren des 18. Jahrhunderts, MS, 1976, EKA, H/425; KONSISTORIALPROTOKOLLE (= Kons) mit Beilagen, 1650-1803, EKA, SC 117-121, 135-136, Anlage 077-084 (= ehem. Schubl. 1 u. 2); KÖNIGSHEIM, J.Fr., Kaufbeurer Pfarrbuch, MS, Kaufbeuren 1844, EKA, Pfarramten 127; KRAUS, J. (Hrsg.), Die Christa-Chronik 1801-1875 (= KSR, Bd. 1), Thalhofen 1999; LEDERMANN, R., Eine originelle Zunft. In: ders., Monographien zur Geschichte der ehemaligen Reichsstadt Kaufbeuren, Augsburg 1911, S. 46-55; LEDERMANN, R., Die evangelische Geistlichkeit Kaufbeurens 1523-1958, MS, EKA H/486; MOELLER, B., Reichsstadt und Reformation, Gütersloh 1962; PFARRAMTSAKTEN 1803-1946 im EKA; PFUNDNER, K., Gelehrte Kaufbeurer, Kaufbeuren 1987; PFUNDNER, T., Das Memminger und Kaufbeurer Religionsgespräch von 1525. Eine Quellenveröffentlichung mit einem Überblick. In: Memminger Geschichtsblätter, Jahresheft 1991/92, S. 23-66; PFUNDNER, T., Drei Kaiserbriefe Karls V. an die Reichsstadt Kaufbeuren. In: ZBKG 63 (1994), S. 218-225; PFUNDNER, T., Kaufbeurer Kirchweihpredigt anno 1605. Die Einweihung der Dreifaltigkeitskirche. In: KGBl 15 (1999/2001), S. 39-48; PFUNDNER, T., Die Beschwerde der Oberbeurer Bauern gegen ihren Pfarrer 1525. In: ZBKG 68 (1999), S. 178-183; PFUNDNER, T., Die evangelischen Einwohner Kaufbeurens nach dem Kirchenstuhlbuch von 1605. In: Genealogie 46 (1997), S. 744-753 und 47 (1998), S. 43-52; PFUNDNER, T., Die Einwohner Kaufbeurens 1588/1605, MS, 1998, EKA, H/1216; PFUNDNER, T., Wie's früher war: Erinnerungen an das Leben in Kaufbeuren vor 80 Jahren. In: KGBl 13 (1993/95), S. 50-58; PFUNDNER, T., Die Rederer-Chronik 1809-1846. In: KGBl 9 (1981/83), S. 166-175, 197-209, 245-251, 267-270, 299-303, 347-349, 374-378; ROEPKE, C.-J., Die Protestanten in Bayern, München 1972; SAILER, X., Namensgebung 1632-1875, MS, Kaufbeuren 1971, EKA, H/482; SAILER, X., Das erste evangelische Taufregister 1632-71, Zahl der Trauungen 1632-1715, Herkunft fremder Brautleute, MS, EKA, H/494; SALM, H., Zur Geschichte der Waisenpflege in der Stadt Kaufbeuren bis heute. In: KGBl 8 (1978/80), S. 94-104; SCHMID, H., Vom evangelische Waisenhaus zum Heinzelmannstift, In: KGBl 11 (1987/89), S. 311-318; SEIFERT, H., Ein Vierteljahrhundert evangelische Kirchengeschichte von 1930 bis 1956. In: KGBl 11 (1987/89), S. 98-106; SEIFERT, H., Die Evangelische Lutherische Kirchengemeinde Kaufbeuren in den Jahren 1930-1956, MS, 1977, EKA, Pfarramtsakten 139; SEHLING, E., (Hrsg.), Freie Reichsstadt Kaufbeuren. In: Die evangelischen Kirchenordnungen des 16. Jahrhunderts. Band 12: Bayern, Teil 2: Schwaben, Tübingen 1963, S. 162-166; SIEBER, J., Die evangelisch-lutherischen Schullehrer der ehemaligen Reichsstadt Kaufbeuren, Kaufbeuren 1939; SIMON, Evangelische Kirchengeschichte Bayerns, Nürnberg 1952; STADTARCHIV KAUFBEUREN, (Hrsg.), Hinterglasbilder aus dem Stadtmuseum Kaufbeuren, Schriftenreihe von Stadtarchiv und Stadtmuseum Kaufbeuren, Kaufbeuren 1990; TREUSCH, W., Feste und Feierlichkeiten der evangelischen Kirchengemeinde in Kaufbeuren von 1748-1764 u. Erg., MS, München 1966, EKA, H/460; WEIGEL, M., Stählin, August Alexander, Pfarrbeschreibung, Teile I-VII, MS, Kaufbeuren 1916, EKA, Pfarramtsakten 129-136; WEIGEL, M., Der erste Reformationsversuch in der Reichsstadt Kaufbeuren. In: Beiträge zur bayerischen Kirchengeschichte 21 (1915), S. 145-156, 193-202, 241-253; WEISSFLOCH, L., Die evangelische Gottesackerkirche. In: KGBl 5 (1966/70), S.225-231; WEISSFLOCH, L., Aus der Geschichte des Feierabendheims „Espachstift" in Kaufbeuren. In: KGBl 11 (1987/89), S. 130-137; WIEDEMANN, H., Die Geschichte der Evangelischen im Raum Marktoberdorf-Kaufbeuren, MS, Sonthofen 1979, EKA. H/469; WIEDEMANN, H., Wirkungen des evangelischen Kaufbeuren in die Welt. In: KGBl 10 (1984/86), S. 471-475 u. 505-508; WIEDEMANN, J., Rumpelt, Johann Jakob, Kauffbeurische Chronica 804 bis 1796, StadtA KF, B 108; ZASCHE, G., Die Salzburger Emigranten in Kaufbeuren. In: KGBl 6 (1971/74), S. 89-102, 145-150, 169-176.

ANMERKUNGEN

[1] Text s. Pfundner, Beschwerde.
[2] StadtA KF, B 14, fol. 29f. und HÖK zu 1521.
[3] EKA, Anlage 141, unfoliiert.
[4] EKA, Anlage 059 (= Acta Comp. Q), fol. 39-42.
[5] Fuchs, Konfession, S. 318 und 328. Blickle, Urteilen, S. 79f. Zu BA-Schr 6, S. 371, Rat/Zünfte Mai 1525 s. EKA, Anlage 102.4. Pfundner, T., Korrespondenz der Reichsstadt Kempten aus der Reformationszeit. In: Allgäuer Geschichtsfreund 95 (1995), S. 61-68; zum geplanten Überfall auf Schappeler s. Alt, Reformation, S. 19.
[6] Weigel, Reformationsversuch, S. 53.
[7] Alt, Reformation, S. 17f; UK II 1303 und 1304.
[8] Vgl. zum folgenden Pfundner, T., Kaufbeuren und die Confessio Augustana. In: KGBl 13 (1993/95), S. 440-445.
[9] EKA, Anlage 102, Nr. 1.2. (= ehem. Schubl. 31, IV); Fuchs, Konfession, S. 316.
[10] Zu den Zitaten: Pfundner, Religionsgespräch, S. 59.
[11] EKA, Anlage 059 (= Acta Comp. Q), fol. 49.
[12] Vogt, W., Correspondenz h: ZHVS X (1883), S. 24ff.
[13] EKA, Anlage 065, fol. 63. Vgl. zur täuferischen und schwenckfeldischen Gemeindebildung in Kaufbeuren: Dieter, Reichsstadt Kaufbeuren, S. 57-100.
[14] Alt, Reformation, S. 63, HÖK zu 1545. Vgl. auch EKA, Anlage 065, fol. 71f.
[15] PfA, V 127, s.a. HÖK zu 1545.
[16] StadtA KF, RP 1543. Sieber, Evangelisch-lutherische Schullehrer, S. 5 und 32, HörmChr I zu 1543 bis 1545.
[17] Brief der Reichsstadt Ulm vom 17. August 1545: EKA, Anlage 059 (= Acta Comp. Q), fol. 90. Zum Präsentationsrecht s. UK II 1349 und 1363.
[18] Weiß, G., Jörg Hörmann (1491-1552). In: KGBl 10 (1984/86) S. 266-269 und 310-314; Stadtarchiv Augsburg, Abt. Hörmannarchiv 108/44: darin Briefwechsel mit Brenz, Oekolampad; vgl. auch Hampe, T., Allgäuer Studien zur Kunst und Kultur der Renaissance, Nürnberg 1918, S. 32 und 35.
[19] HÖK zu 1544; später interimistische Ordnung für Wesser, EKA, Anlage 044 (= Acta Comp. A), fol. 26.
[20] Alt, Kaiserbriefe; Pfundner, Drei Kaiserbriefe.
[21] S.a. den Vergleich von 1557: EKA, Anlage 044 (= Acta Comp. A), fol. 96f. und fol. 133f.; HÖK zu 1557.
[22] HÖK zu 1561.
[23] HÖK zu 1602; HörmChr I zu 1563.
[24] Seebaß, G., Die Augsburger Kirchenordnung von 1537 in ihrem historischen und theologischen Zusammenhang. In: Die Augsburger Kirchenordnung von 1537 und ihr Umfeld, hrsg. v. R. Schwarz, Gütersloh 1988; Sehling, Reichsstadt Kaufbeuren, S. 165; Brecht, M., Ulm

1530-1547. Entstehung, Ordnung, Leben und Probleme einer Reformationskirche. In: Die Einführung der Reformation in Ulm. Geschichte eines Bürgerentscheids, hrsg. v. H.E. Specker und G. Weig, Ulm 1981.

25 S. EKA, Anlage 105 (= ehem. Schubl. 11, IX).

26 Ledermann, R., Der Kampf um die Martinskirche. In: Monographien zur Geschichte der ehemaligen Reichsstadt Kaufbeuren, Augsburg 1911, S. 67-76.

27 HÖK zu 1604.

28 HÖK zu 1604.

29 Siehe dazu das entsprechende Kapitel in Band 1.

30 EKA, Anlage 110; s.a. Dieter, St., Bemerkungen zum Einfluß Adam Contzens SJ auf die bairische Religionspolitik zu Beginn des 17. Jahrhunderts. In: ZBKG 65 (1996), S. 14-31.

31 HÖK zu 1629. S.a. StadtA KF, B 14, fol. 112 Totenlisten. Konversionen: HÖK zu 1699; Sieber, Evangelisch-lutherische Schullehrer, S. 41; Nebinger G., Auszüge, insbesondere Geburtsbriefe und Abschiede 1628-1656 aus den Kanzleiprotokollen der Reichsstadt Kaufbeuren. In: Blätter des Bayerischen Landesvereins für Familienkunde, 58 (1995), S. 88-97.

32 ERP, Beilagen 1741 April 9. HÖK zu 1649. HörmChr II zu 1654 und EKA, SC 67 (= ehem. Schubl. 18, VIII).HörmChr II zu 1628. HÖK zu 1656.

33 Kons 1650 Juni 8.

34 EKA, Anlage 084; Coll zu ERP und Kons 1649 November 1.

35 HÖK zu 1721.

36 HÖK zu 1604; Kirchen-Rechnungen ab 1636: EKA, SC 351, zu 1604 auch EKA, SC 6. HÖK zu 1626 und 1643. S.a. HÖK zu 1632 und HörmChr II zu 1628; Kons 1691 April 12.

37 Kons 1681 September 8: auch im Winter 7.30 Uhr; Abweichung Kons 1674 September 10. Alt, Lateinschule, S. 54. Wohl „alter Christtag", also Epiphanias gemeint. Pfarramtsakten 127, S. 59ff., seit 1714 nicht mehr abends, 1799 an Samstag- und Feierabenden weggefallen: Pfarramtsakten 34.

38 HörmChr II zu 1673.

39 EKA, Anlage 180, Ausg. Stuttgart 1678; EKA, SC 25, Ausg. Stuttgart 1615, ebenfalls mit handschriftlichen Zusätzen. Z.B. 1703: Pfarramtsakten 57 zur Absolution und Pfarramtsakten 134.

40 HÖK zu 1707/08.

41 HÖK zu den genannten Jahren sowie Wiedemann-Chr zu 1781, 1775, 1768 und 1786. S.a. Simon, Kirchengeschichte, S. 441.

42 HÖK zu 1695.

43 HÖK zu 1628 und 1641, HörmChr II zu 1633 und 1657.

44 EKA, SC 16 (= ehem. Schubl. 9, III), s.a. Anlage 046 (= Acta Comp. C) zu 1623. HörmChr II zu 1651.

45 Wiedemann-Chr zu 1768.

46 HÖK zu 1682, 1691 und 1730. Pfundner, Kirchweihpredigt, S. 47. Vgl. auch Scheffler, W., Goldschmiede des Ostallgäus (zwischen Iller und Lech). Daten, Werke, Zeichen, Hannover 1981.

47 Sailer, Namensgebung; Dertsch, R., Namensgebung und Namensmoden in zehn Jahrhunderten. In: KGBl 4 (1962/65), S. 75-80 und 97-102.

48 HÖK zu 1605. Rechnungsbelege Natterer: EKA, SC 6 (= ehem. Schubl. 17, XII) und Dertsch, Familiengeschichtliches Schrifttum. In: KGBl 5 (1966/70), S. 128; zu 1670 Inschrift auf Kanne v. 1749. HörmChr III im StadtA KF, Ergänzung 1777, S. 298; Jahn W. u.a. (Hrsg.), Geld und Glaube - Leben in evangelischen Reichsstädten, Augsburg 1998, S. 130-133; StadtA KF, B 15, fol. 287; ERP, 1778 Februar 23.

49 Kons 1676 September 8. HÖK zu 1741 und 1754. EKA, SC 16 (= ehem. Schubl. 9, III) Int. ERP, 1741 Mai 20 und 1753 Mai 8.

50 Wiedemann-Chr zu 1780; Pfarramtsakten 127; Kons 1780 Juni 27; HÖK zu 1719.

51 ERP, 1754 Dezember 6. Pfarramtsakten 127, S. 61; Kons 1687 April 8.

52 Sailer, Taufregister; Gemeinnütziges Wochenblatt 1782, S. 317, 323 und 333.

53 Wiedemann-Chr zu 1773.

54 Pfundner, T., Ein Kaufbeurer Hinterglasbild in Oettingen. In: KGBl 12 (1990/92), S. 266. Desweitere im Stadtmuseum Kaufbeuren, bekannt sind auch Exemplare in Lindau und Straßburg.

55 Gedruckt in Augsburg bei Samuel Funcke u.a.: EKA, Sammelband Anlage 138.

56 Pfarramtsakten 127, S. 61; Dertsch, R., Aufzeichnungen des Kaufbeurer Bürgers Martin Geirhalder. In: KGBl 5 (1966/77), S. 161-169, hier S. 165. HörmChr I zu 1550, 1635, 1668; s.a. EKA, Anlage 194: Grundriß 1789; StadtA KF, B 63 Grabstein 1748; HÖK zu 1710; Wiedemann-Chr zu 1755; ERP, 1755 Mai 25, 1778 September 10 und 1785 Februar 4.

57 HörmChr II zu 1685; Wiedemann-Chr zu 1776.

58 Weißfloch, L., Der Heinzelmann'sche Grabstein. In: KGBl 6 (1971/74), S. 61-63; Weißfloch, L., Der Barockgrabstein von Pastor Magister Joh. Georg Merzius aus dem Jahr 1719. In: KGBl 6 (1971/74), S. 183-187; Pfundner, T., Die Epitaphien an der Dreifaltigkeitskirche. In: KGBl 8 (1978/80), S. 80-89; HörmChr II, Anm. 78 und HörmChr III, Anm. 26.

59 HÖK zu 1696; Alt, Lateinschule, S. 17f.

60 HÖK zu 1709 und 1722, s.a Kons 1722 September 10 und 24, ERP, 1722 Oktober 24. Alt, Lateinschule, S. 24.

61 Pfarramtsakten 127, S. 67; EKA, Bibliothek A/299, als Vorlage anzusehen ist das Manuskript EKA, SC/302 mit 507 Fragen. Zum Unterricht über die hiesigen Reformation s. EKA, Bibliothek A/262.

62 Pfarramtsakten 34; Alt, Lateinschule, S. 120; Heidrich, L., Lebenslauf einer Kaufbeurerin im 18. Jahrhundert. In: KGBl 10 (1984/86), S. 144-147, hier S. 145.

63 Simon, Kirchengeschichte, S. 493 und 528. Pfarramtsakten 127, S. 60.

64 HÖK zu 1679, 1698, 1717 und 1730.

65 Kons 1656 März 14 und 1672 Oktober 8; Anwander, G., Christliche Predigt von der Vocal und Instrumentalischen Musik, Tübingen 1606; EKA, SC 39, S. 31; Simon, Kirchengeschichte, S. 443f.; HÖK zu 1626; Kons 1705 Juli 16; EKA, Anlage 156: Aufzeichnungen Christa 1776; EKA, GEM 1-4.

66 EKA, SC 104 (= ehem. Schubl. 7, III).

67 StadtA KF, B 79: Brüderbuch von 1666/86; vgl. auch Ledermann, Originelle Zunft; ERP, 1741 April 9, Statuten; HÖK zu 1680; ERP, 1687 August 18; Kons 1785 April 7. S.a. Zunftbuch EKA, Anlage 148, 1708-1788/89; Kons 1787 Januar 12; Wiedemann-Chr zu 1785 und 1789; Kons 1789 Januar 12. Protest des Kirchenvorstandes 1863/64: bis zu dreimaliges Einsammeln im Gottesdienst.

68 Familie Hörmann von und zu Gutenberg, Stiftung 1680, StadtA KF, B 112; Weidenbach-Chr, S. 239 und HÖK zu 1680. Plan: EKA, SC 5 (= ehem. Schubl. 12, XV); Vorsängerstuhl unter die Kanzel verlegt: HÖK zu 1736; Schmitt, F., Die Kanzel in der Dreifaltigkeitskirche Kaufbeuren. In: KGBl 2 (1955/58), S. 7 und Pfundner, T., Das Kaufbeurer Christkind. In: KGBl 15 (1999), S. 85-88. Kronleuchter 1742: Pfarramtsakten 304.

69 EKA, SC 290-295. Erhaltenes Schild von Barbara Schmelz 1767, Kons 1659 August 7.

70 EKA, Bibliothek C/15 und Anlage 087.

71 Vorwort in der Ausgabe von 1766, Andere Ausgaben auch bei Gutmann (Kempten) und Lotter (Augsburg), Pfarramtsakten 127. EKA, G 1a, 4. Auflage (Ulm); eine 5. Auflage wurde 1735 in Augsburg gedruckt: Staatsbibliothek Augsburg, Th Lt E 100.

72 U.a. von Martin Luther: Ein feste Burg (1524), Aus tiefer Not (1529); von Paul Gerhardt: O Haupt voll Blut und Wunden (1656), Wie soll ich dich empfangen? (1653), Befiehl du deine Wege (1653); von Paul Speratus: Es ist das Heil (1523).

73 EKA, G 1a im Anhang Editio III 1756; Editio II 1737 in der Staatsbibliothek Augsburg Th Lt E 100.

74 EKA, S. 23 b (= ehem. Schubl. 17, IX).

75 ERP, Beilage Nr. 25, 1747 Januar 9. EKA, in G 2.

76 EKA, G 2, Vorwort.

77 EPR, Beilagen Nr. 24, 1785 Februar Juni. EKA, G 5. Pfarramtsakten 127, S. 64.

78 Schmid, H., Christian Jakob Wagenseil 1756-1839. Ein Beitrag zur Literatur und Geistesgeschichte Süddeutschlands, Kempten 1959, S. 57.

79 EKA, G 7, dazu Kraus, Christa-Chronik zu 1804, S. 25; Pfarramtsakten 128; Roepke, Protestanten, S. 363f.

[80] EKA, Bibliothek A 279 und 280.
[81] Salm, H., Von der Armenpflege in Kaufbeuren bis zur Sozialversicherung. In: KGBl 6 (1971/74), S. 49-58, hier S. 51. Egelhofer, L., Geschichte der St. Michaelskapelle auf dem Friedhof. In: KGBl 2 (1955/58), S. 89-92, hier S. 90. S.a. zu Dorn 1617 und Aussteuer 1619: HörmChr II; Pfarramtsakten 127, S. 44; Pfarramtsakten 132, S. 101.
[82] HÖK zu 1756.
[83] Weißfloch, L., Die Freimaurerloge „Charlotte zu den 3 Sternen" von 1786-1792 in der Reichsstadt Kaufbeuren. In: KGBl 8 (1978/80), S. 330-348, hier S. 342f.
[84] Salm, Armenpflege, S. 51. HÖK zu 1730, StadtA KF, B 15, fol. 413f.
[85] HÖK zu 1710, 1718 und 1727; Wiedemann-Chr zu den genannten Jahren.
[86] Salm, Waisenpflege, S. 95ff.; s.a. StadtA KF, B 66: Verzeichnis der Waisen 1742; zu 1761 s. Wiedemann-Chr.
[87] HörmChr II zu 1648; HÖK zu 1717; s.a. Kons 1723 Mai 13.
[88] S.a. Treusch, Feste; EKA, SC 17 (= ehem. Schubl. 17, II), EKA, SC 24a (= ehem. Schubl. 10, IV) und EKA, SC 24b (= ehem. Schubl. 17, III); Alt, K., Kaufbeuren und die Augsburgische Konfession. In: ZBKG 5 (1930), S. 117-124; HÖK zu 1748; Druck: s. EKA, SC 19 (= ehem. Schubl. 17, V) und EKA, SC 20a (= ehem. Schubl. 17, IV).
[89] Anwander, Christliche Predigt, S. 32. HÖK zu 1723 und 1742; s.a. Anhang zum Kaufbeurer Gesangbuch von 1756, S. 812ff.
[90] Wiedemann-Chr zu 1783 und 1788; HÖK zu 1660, 1673, 1679, 1698, 1699, 1702, 1704, 1706, 1714 und 1734.
[91] HÖK zu 1740. EKA, SC 22 (= ehem. Schubl. 17, XI). Wiedemann-Chr zu den Jahren, 1790 mit eigener Bemerkung zu evangelischen und katholischen Texten der Ausschmückung in den Kirchen.
[92] Hochzeitsordnungen: HörmChr I zu 1559 und 1564; HörmChr II 1668 und 1672; s.a. zu 1671. Schuhmann, H., Kaufbeurer Hochzeitsordnungen. In: KGBl 5 (1966/70), S. 125-128, s.a. Schmitt, F., Kaufbeurer Polizeiordnung von 1546. In: KGBl 4 (1962/65), S.26-29 und Schuhmann, H., Das Bürgerrecht der Stadt Kaufbeuren. In: KGBl 6 (1971/74), S. 5-11, hier S. 6. Simon, Kirchengeschichte, S. 288; HÖK zu 1649; Kons 1684 April 19, auch 1771 September 19.
[93] Wiedemann-Chr zu 1722.
[94] Tulaszewski, W., Mittelalterliche Ahndung sittlicher Verfehlungen. In: KGBl 2 (1955/58), S. 24-27, hier S. 26; Simon, Kirchengeschichte, S. 531; Wiedemann-Chr zu 1771, 1784 und 1792.
[95] Wiedemann-Chr zu 1771/72 und 1794.
[96] Schmitt, Polizeiordnung, S. 27; s.a. StadtA KF, B 14, fol. 29.
[97] HÖK zu 1711.
[98] Kons 1684 April 19.
[99] HÖK zu 1720.
[100] Wiedemann-Chr zu 1732 und 1736.
[101] HÖK zu 1684.
[102] Kenkel, H., Die Salzburger in Ostpreußen. In: Reformation. Emigration. Protestanten in Salzburg, Salzburg 1981, S. 123-128, Florey, G., Die große Emigration. In: Ebd., S. 101-108. Druck der Predigt Jakob Bruckers in HÖK.
[103] Zasche, Salzburger Emigranten, S. 96, 147 und 170. S.a. Putzer, P., Spuren der ersten Opfer des Rechtsbruchs von 1731/32 im deutschen Südwesten. In: Jahrbuch für die Geschichte des Protestantismus in Österreich 110/111, (1994/95), Pfundner, T., Nochmals die Salzburger Emigranten in Kaufbeuren. In: KGBl 9 (1981/83), S. 121-123.
[104] Kons 1740 November 4, 1743 Juli 19 und 1744 Februar 7; ERP, 1744 Februar 7; Alt, Lateinschule, S. 84. Vgl. auch: David v. Heider, ein Verwandter A.H. Franckes. In: Hörmann, Gelehrte Kaufbeurer.
[105] HörmChr II zu 1649; EKA, Anlage 119-121; EKA, SC 66 und 67; StadtA KF, B 15. Hauptstaatsarchiv Stuttgart, Schwäbischer Kreis, Specialia, Büschel 804 (Kfb). S.a. Berger, Auswirkungen, S. 258 und 261.
[106] HörmChr II zu 1656, 1663, 1673 u.a.; HÖK zu 1663, 1673 u.a.; StadtA KF, B 15.
[107] Zitate nach HÖK zu 1636, 1644, 1662, 1684.
[108] HÖK zu 1686.
[109] HÖK zu 1692, 1699 und 1732; HörmChr III zu 1708; Wiedemann-Chr zu 1715, 1765, 1771 und 1777, s.a. 1773 und 1767; Kons 1777 April 4. S.a. Kons 1748 September 6 und 1749 April 24; Gebele, E., Sophie von la Roche 1730-1807. In: Lebensbilder aus dem Bayerischen Schwaben, Bd. 7, München 1959, S. 276- 300.
[110] Vorgang und Zitate nach HÖK zu den Jahren.
[111] In Concionem De Christianorum Templis, Epigramma, Übersetzung aus dem Lat., EKA, SC 39.
[112] HÖK zu 1628. Weißfloch, L., Bürgermeisterwahl am Tag Simonis und Judae 1686 in der Reichsstadt Kaufbeuren. In: KGBl 8 (1978/80), S. 90-92, hier S. 91.
[113] HörmChr II zu 1698.
[114] Wiedemann-Chr zu 1636; HörmChr II zu 1636, Quelle: Heinlin Chronik. HörmChr II zu 1654; Kons 1653 Januar 11.
[115] HÖK zu 1686; Wiedemann-Chr zu 1775; Heidrich, Lebenslauf, S. 145; Weißfloch, L., Aus der Hauschronik eines Kaufbeurer Gerbers im 18. Jahrhundert. In: KGBl 9 (1981/83) S. 48 und 53.
[116] Dertsch, R., Kriegschronik des Klosters Kaufbeuren 1631-1634. In: KGBl 5 (1966/70), S. 2-9.
[117] Vgl. Dewiel, L., Hinterglasmalerei in Bayern. 18. und 19. Jahrhundert, München 1986, S. 52.
[118] HörmChr II zu 1602 und 1659; HörmChr III zu 1728; HÖK 1706 und 1730; Sieber, Evangelisch-lutherische Schullehrer, S. 50.
[119] Alt, Lateinschule, S. 17, 113 und 116; EKA, SC 104 (= ehem. Schubl. 7, II, 6). Zu Brucker siehe Wenz, G., Johann Jakob Brucker als Theologe. In: ZBKG 64 (1995), S. 20-42, S. 31: pietistisch geneigter orthodoxer Lutheraner, auch ein Frühaufklärer. Sieber, Evangelisch-lutherische Schullehrer, S. 31; Junginger, Geschichte, S. 174; Stiftungen zum Schulwesen: Pfarramtsakten 127, S. 71.
[120] Junginger, Geschichte, S. 181, 186, 193 und 196. S.a. Kons 1680 Juli 22: Bitte um Bestimmung der Zeiten; vgl. auch: Vasterling, H., Das Theater der freien Reichsstadt Kaufbeuren, Braunschweig 1934.
[121] HörmChr III zu 1723; HÖK zu 1668, 1677 und 1744; HörmChr II zu 1641; HÖK zu 1698; Weißfloch, L., Bericht über einen Besuch im April 1782 in der Reichsstadt Kaufbeuren. In: KGBl 9 (1981/83), S. 194-197; Wiedemann-Chr zu 1771; HörmChr II zu 1651; HörmChr III zu 1707; Reiser, K., Sagen, Gebräuche, Sprichwörter des Allgäus, Bd. 2, Kempten 1894ff., S. 86; Wiedemann-Chr zu 1771; Werz, W., Fastnacht in früher Zeit. In: KGBl 13 (1993/95), S. 7-14; HÖK zu 1651; Wiedemann-Chr zu 1777.
[122] HÖK zu 1680.
[123] Wiedemann-Chr zu 1765; Bildstöcke s. HÖK zu 1727.
[124] Reiser, Sagen, S. 172; HörmChr II zu 1650; Egelhofer, L., Kaufbeuren und Kempten, durch Sage und Geschichte verbunden. In: KGBl 10 (1984/86), S. 9-13; ERP, 1741 März 21 und 1744 Mai 20.
[125] Reiser, Sagen, S. 12; Klopsch, A., Das Engele. In: KGBl 3 (1959/61), S. 32f.; Weißfloch, L., 's Engele. In: KGBl 10 (1984/86), S. 350-352, ein ähnlicher Brauch existiert im Nürnberger Raum; Irl, P.P., Engele und Bengele. In: Ders: Schwäbische Erzählungen, Kaufbeuren 1976, S. 35-39; Wiedemann-Chr zu 1760; s.a. Kraus, Christa-Chronik zu 1804, S. 28.
[126] Weißfloch, L., Zwei Benediktinermönche aus Kremsmünster kamen 1779 nach Kaufbeuren, um das Kloster der berühmten M. Crescentia Höß kennenzulernen. In: KGBl 9 (1981/83), S. 162-166, hier S. 165; Weißfloch, L., Hausmadonnen in der Kaufbeurer Altstadt. In: KGBl 7 (1975/77), S. 787; HÖK 1730: Illumination; Reste von Bemalung Renaissance und Barock am Haus Kaiser-Max Str. 3; Pfundner, T., Die Spitalkirche zum Hl. Geist. In: KGBl 10 (1984/86), S. 28-32; Salm, H., Von den Pfändern und dem Pfänderhaus, insbesondere von einem „Bilderstreit" am Pfänderhaus im Jahre 1711. In: KGBl 9 (1981/83), S. 112-121.
[127] Simon, Kirchengeschichte, S. 555 und 567; Roepke, Protestanten, S. 356; Kraus, Christa-Chronik zu 1844, S. 177f.
[128] Pfarramtsakten 127, S. 77; Simon, Kirchengeschichte, S. 570; Pfarramtsakten 324 und 320; Pfarramtsakten 128, S. 37 und 41, Druck: Pfarramtsakten 14; Pfarramtsakten 133.

[129] Pfarramtsakten 183. Pfarramtsakten 128, S. 65 und S. 7. Pfarramtsakten 314. Pfarramtsakten 128, S. 6f. Pfarramtsakten 127, S. 88f. (1843 wohnte die Kronprinzessin dem Gottesdienst bei); Zauner, P., Geschichte der evangelischen Diasporakirche in Füssen und Umgebung. Zum 80. Geburtstag der Christuskirche in Füssen. In: Alt-Füssen 1986, S. 76-85, hier: S. 82.

[130] Pfarramtsakten 128, S. 85.

[131] 1908: Wochenpredigt am Freitag um 16.00 Uhr, von Pfingsten bis November in der Gottesackerkirche (Pfarramtsakten 128, S. 85).

[132] Pfarramtsakten 128, S. 89; Pfarramtsakten 128, S. 44; Pfarramtsakten 128, S. 85; Pfarramtsakten 134.

[133] Roepke, Protestanten, S. 365; Pfarramtsakten 128, S. 37f.; StadtA KF, MR 1918 zu 1856.

[134] Pfarramtsakten 128, S. 39; Pfarramtsakten 127, S. 88; Pfarramtsakten 134.

[135] Pfarramtsakten 127, S. 89 und 140; Pfarramtsakten 127, S. 80; s.a. Pfarramtsakten 159; Pfarramtsakten 127, S. 130f.; Pfarramtsakten 134 und Pfundner T., Ein Kaufbeurer Konfirmandenbild vom März 1918. In: KGBl 11 (1987/89), S. 226-229.

[136] Pfarramtsakten 127, S. 82; Kraus, Christa-Chronik zu 1817, S. 72-74; zum Schmuck Pfundner, Rederer-Chronik, S. 170; Pfarramtsakten 127, S. 81; Kraus, Christa-Chronik zu 1830, S. 121; Pfarramtsakten 128, S. 44; Pfarramtsakten 129.

[137] Pfarramtsakten 129.

[138] Krykorka, U., Das Vereinsleben der Stadt Kaufbeuren im 19. Jahrhundert, MS, 1967, S. 44; EKA, Bibliothek A 276; Pfarramtsakten 242; s.a. Pfarramtsakten 243-245.

[139] Pfarramtsakten 127, S. 87; Pfarramtsakten 247; Krykorka, Vereinsleben, S. 45f.; Pfarramtsakten 246; Pfarramtsakten 128, S. 48f.; Pfarramtsakten 132.

[140] Krykorka, Vereinsleben, S. 66f.; Stammel, J., Vor 100 Jahren in Kaufbeuren. In: KGBl 12 (1990/92), S. 166-173, hier: S. 168; Pfarramtsakten 249; Bücherverzeichnis von 1907 mit einem Nachtrag von 1919: EKA, H/698; EKA, H/209 (2. Aufl. 1914: EKA, H/597); Pfarramtsakten 251.

[141] Krykorka, Vereinsleben, S. 31, Kraus, Christa-Chronik zu 1810, S. 52 und zu 1820, S. 83; StadtA KF, A 4018; s.a. Pfundner, Rederer-Chronik, S. 269; Weißfloch, L., Das Hölzle und die drei Gesellschaftshäuser, einst ein Paradies der Erholung vor den Toren der Stadt. In: KGBl 7 (1975/77), S. 199-208.

[142] Pfarramtsakten 134 (Zeitungsausschnitte von 1909); Mitgliederzeitschrift: Pfarramtsakten 701.

[143] Notizen 1910: EKA, H/755; Pfarramtsakten 690; Pfarramtsakten 698.

[144] Übersicht von 1838: EKA, H/111; Pfarramtsakten 128, S. 60 und Pfarramtsakten 132.

[145] Pfundner, Rederer-Chronik, S. 198; Pfarramtsakten 693; Stifterlied: EKA, H/803 (Druck um 1900).

[146] Kraus, Christa-Chronik zu 1804, S. 25; Pfarramtsakten 127, S. 83; Pfundner, T., Zu dem Turmknopfdokument der Dreifaltigkeitskirche Kaufbeuren von 1820/21. In: KGBl 8 (1978/80), S. 242-245; Pfarramtsakten 374; StadtA KF, MR A 2368; s.a. EKA, H/574; Heft EKA, H/424 zu 1852; Predigt Christa von 1902: EKA, H/088; Pfarramtsakten 410-414; Pfarramtsakten 128, S. 67; Pfarramtsakten 415-418.

[147] Pfarramtsakten 310; Abbildung: Baur, C., Neugotik, München 1981, S. 227; Weißfloch, Gottesackerkirche, S. 226 und Pfarramtsakten 128, S. 17-19; s.a. Pfarramtsakten 311 und 388-394; EKA, Anlage 178; Weißfloch, L., Zu neuer Verwendung bestellt. In: KGBl 10 (1984/86), S. 163f.

[148] Pfarramtsakten 132; Pfarramtsakten 257-274; Schmid, Waisenhaus, S. 311.

[149] Simon, Kirchengeschichte, S. 655 und 659.

[150] Zum Problem s.a. Ostertag, H., Volkskirche und Bekenntnis, Kaufbeuren 1919, EKA, H/212. S.a. Allgäuer Gemeindebote (Beilage zum Sonntagsblatt für den Kirchenbezirk Kempten) 1. Jg., Nr. 423 (April 1950).

[151] Stählin, A.A., Luther auf dem Reichstag in Worms. 400 Jahrfeier der Gemeinde St. Mang zu Kempten 1921, EKA, H/ 431. Verwahrung gegen einseitige Berichterstattung in der Kaufbeurer Volkszeitung über Bibelübersetzung 11. September 1924; Statuten von 1923, EKA, H/697; Pfarramtsakten 103 und EKA, H/536; Pfarramtsakten 249; Pfarramtsakten 251.

[152] Pfarramtsakten 703; Pfarramtsakten 138/2; 1921: 50 Mitglieder, Pfarramtsakten 698; s.a. EKA, H/534.

[153] Pfarramtsakten 139, S. 2; Pfarramtsakten 139, S. 15.

[154] Pfarramtsakten 137/3; Ankündigung eines Vortrags von Gauleiter Karl Mayer: Warum Deutsche Volkskirche? Kaufbeurer Nationalzeitung vom 4. Februar 1936. Dinter, A., Hrsg., Die Religiöse Revolution, Mai 1936 (Art.: Die Erhöhten von Kaufbeuren) s. dazu Pfarramtsakten 137/5 und Pfarramtsakten 139, S. 14.

[155] 3. Januar 1934: Pfarramtsakten 137/3, Pfarramtsakten 137/4 und Pfarramtsakten 698.

[156] Männerabende 6.12. 1933, 3.1.1934, 15.2.1934, Pfarramtsakten 137/4. S.a. Pfarramtsakten 249. Pfarramtsakten 139, S. 26-28. Pfarramtsakten 76; Pfarramtsakten 139, S. 11 und 14; Brief Volkhardts: Pfarramtsakten 137/2; Pfarramtsakten 249; Generalversammlungen fanden bis 1944 statt; Pfarramtsakten 698; Pfarramtsakten 139, S. 32.

[157] S.a. Heiligensetzer, A., Euthanasie im Nationalsozialismus 1939-45 am Beispiel der Heil- und Pflegeanstalt Kaufbeuren, MS, 1983; Mader, E.T., Das erzwungene Sterben von Patienten der Heil- und Pflegeanstalt Kaufbeuren-Irsee von 1940 bis 1945, Blöcktach 1982, S. 42; Karkoschka, K., Kirchlicher Widerstand im 3. Reich, Ortskirchliche Initiativen (Teil 2). In: KGBl 14 (1996-99), S.178-187, hier: S. 181.

[158] Pfarramtsakten 139, S. 34.

[159] Pfarramtsakten 139, S. 35 und 39; Pfarramtsakten 139/1, Flüchtlingsfürsorge Gabriele Momm; Deesen, G., Vertriebenenhilfe in Kaufbeuren nach Kriegsende 1945. In: KGBl 6 (1971/74), S. 115-120; Pfarramtsakten 694 und 695.

[160] Pfarramtsakten 139, S. 35, Seifert, H.; Weißfloch L., Kriegsende in Kaufbeuren am 27. April 1945. In: KGBl 11 (1987/89), S. 198-200; Pfarramtsakten 139, S. 38; Gottesdienst-Blatt 1946 in Pfarramtsakten 138/2; zeitweise war eine Pfarrstelle für Friesenried geplant, deswegen gab es Siedlungspläne für Aitrang.

[161] Grundsteinlegung: Zeitungsbericht vom 22. August 1954; Pfarramtsakten 139, S. 52 und 83.

[162] Gemeindebriefe Fliegerhorstgemeinde: EKA, GEM 44 und 45 (1982-96); Pfarramtsakten 139/3; EKA, H/527, S. 9 und 58; EKA, H/527, S. 35.

[163] EKA, H/527, S. 29; Gemeindebrief April 1987, EKA, H/527, S. 10-12; Gemeindebrief April 1993.

[164] Grundsteinlegung: Zeitungsbericht vom 6. Juni 1954 als Beilage zu den Pfarramtsakten 139/2; Fritzsche, S. 386f.; Wagner, H., 40 Jahre Evang.-Luth. Christuskirche Neugablonz, FS, 1995; s.a. den aufschlußreichen Artikel über die Geschichte der Evangelischen in Alt-Gablonz in der „Allgäuer Zeitung" vom 13. August 1973.

[165] EKA, GEM Nr. 22-25, 27-29; EKA, GEM Nr. 15-18 und 30.

[166] GEM Nr. 49-51 mit einer Zeittafel; der Beginn der Zusammenkünfte des Tutzinger Freundeskreises in Kaufbeuren fällt in das Jahr 1953.

[167] Zeitungsbericht vom 22. März 1975; Gemeindebrief vom Dezember 1978; Festschrift 1995 im EKA, GEM Nr. 19; vgl. auch Weißfloch, Espachstift.

[168] EKA, H/527, GEM Nr. 19, 20, 21, GEM Nr. 36, 37, 38.

[169] Pfarramtsakten 139, S. 63f.; Pfarramtsakten 139, S. 64; Pfarramtsakten 138/4; Zwick, H., Hermann Fink (1888-1959). 31 Jahre Stadtpfarrer bei St. Martin. In: KGBl 11 (1987/89), S. 178-185, hier: S.183; s.a. Zeitungsbericht vom 14. Dezember 1950; EKA, H/527; s.a. Pfarrbrief von St. Martin, Herbst 1996, mit einem Überblick über die ökumenische Zusammenarbeit in Kaufbeuren.

Anhang

Abkürzungsverzeichnis, Index und Tafeln

Abkürzungsverzeichnis

1. Archive

ABA	Archiv des Bistums Augsburg (Augsburg)
ATV	Archiv des Tänzelfestvereins (Kaufbeuren)
BayHStA	Bayerisches Hauptstaatsarchiv (München)
EKA	Evangelisches Kirchenarchiv (Kaufbeuren)
KlA	Klosterarchiv (Kaufbeuren)
PfA	Katholisches Pfarrarchiv St. Martin (Kaufbeuren)
StAA	Staatsarchiv Augsburg
StadtA KF	Stadtarchiv Kaufbeuren
StAN	Staatsarchiv Neuburg (Neuburg/Donau)

2. Quellen

ERP	Evangelische Ratsprotokolle
HörmChr ..., S ...	Hörmann-Chronik [Bandzahl (arabisch), Seitenzahl]
HörmKirchenchr, S ... (auch altes Kürzel: HÖK)	Hörmann-Kirchenchronik
Kons	Konsistorialprotokolle EKA
MR	Magistratsregistratur StadtA KF
RP	Ratsprotokolle (Kaufbeuren)

3. Literatur

AGF	Allgäuer Geschichtsfreund
BA-Schr 6, S	Antonius von Steichele, Alfred Schröder: Das Landkapitel Kaufbeuren. (Das Bistum Augsburg, historisch und statistisch. Bd. 6.) Augsburg 1896/1904. [... = Seitenzahl]
HONB	Richard Dertsch (Bearb.): Stadt- und Landkreis Kaufbeuren. (Historisches Ortsnamenbuch von Bayern. Hrsg. von der Bayerischen Akademie der Wissenschaften. Teil Schwaben. Bd. 3.) München 1960.
KGBl	Kaufbeurer Geschichtsblätter
KSR	Kaufbeurer Schriftenreihe
UK	Richard Dertsch (Bearb.): Die Urkunden der Stadt Kaufbeuren 1240 bis 1500. Stadt, Spital, Pfarrei, Kloster. Augsburg 1955. [unmittelbar an die Abkürzung die Regestennummer; z.B. UK 1372].
UK II	Stefan Dieter, Günther Pietsch (Berab.), Die Urkunden der Stadt Kaufbeuren 1501-1555. Stadt, Spital, Kirchgemeinden, Kloster, Bd. 1 und 2, Thalhofen 2000.
ZBKG	Zeitschrift für bayerische Kirchengeschichte
ZBLG	Zeitschrift für bayerische Landesgeschichte

Index

Personenverzeichnis

A

Abel (Geschlecht) 216
Abele, Johann Martin 133
Abt, Kaspar Tafel VIII
Aibl, Joseph 187
Ailly, Pierre de 234
Alber, Hieronymus 96
Albrecht II. (dt. König) 89
Albrecht IV. (Hz. von Baiern) Tafel XXIV
Albrecht v. Halberstadt 121
Albrecht v. Kemnat 121
Albrecht v. Ronsberg 121
Alexander IV. (Papst) 221
Allgäu, Peter 230
Alpart, Johannes 240
Alt, Karl 311
Amberger, Christoph 91
Ammunsun, Johannes 122
Anger, Anastasia 102, Tafel XXII
Angerer, Eugen 29
Angerer, Joseph 102, Tafel XXII
Anwander, Georg 279-281
Anwander, Johann Georg 279
Arnim, Bettina v. 135
Arnold, Johann Wilhelm 300
August II. (Kurfürst von Sachsen) 244

B

Baader, Johann (genannt „Lechhansel") 100
Bach, Johann Sebastian 180, 183, 249
Bächler sen., Kantor 190
Bächler, Daniel 306
Bächler, Emil 205
Bächler, Jonas Daniel 190f
Bächler, Karl Eduard 191
Bachmann, Endres 95
Bachschmid, Barbara 292
Bachschmid, Caspar 282
Bachschmid, Christan Tafel XIX
Bachschmid, Daniel 308, 310
Bachschmid, Georg 15
Bachschmid, Maria Elisabeth 308, 310
Badelkircher, Bastian Tafel IV
Badelkircher, Georg Tafel IV
Baisweiler, Johannes 122
Ballof, Johannes 122
Bapeirer, Caspar 273
Bassi, Johann Baptist 245
Baudrexel, Philipp Jakob 180-182, 208, 238, 298
Bauhoff, Matthäus Tafel XIX
Baumeister, Hans Jörg 234
Baumeister, Joseph 182
Baumgärtner (Geschlecht) 296
Baur, Karl 22, 261
Becker, Jakob 107
Becker, Rudolph Zacharias 132
Beggel, Joseph Matthäus 284
Beierlein, Hans 95
Bendel, Ehrgott Bernhard 54
Bentelin, Jakob 85
Bergmüller Johann Georg 100
Berkmiller, Anna Catharina 286
Berkmiller, Barbara Agatha 102
Berkmüller, Johann 290, Tafel XXVIII
Bernabei, Giuseppe Antonio 249
Bernhard, Georg 266
Betz, Johann Georg 255
Betz, Martin 234
Bez, Anton 248
Bianconi, Gian Lodovico 135
Biber, Johann Michael 182
Bichelmayer, Joseph 256
Bichelmayr, Bernardin v. 241, 251
Bichelmayr, Maria Katharina v. 241, 251
Bièfve, Edouard de 107
Biester, Johann Erich 131, 245
Binder, Othmar (Abt von Irsee) 247f
Bindl, Andreas 266
Birnmeyer, Arthur 114
Birnmeyer, Erwin 114
Bischof, Luise 311
Bitterlin, Georg 269
Blank, Simon 302
Böck, Elias 295
Boie, Heinrich Christian 133
Bonraus, Bartholomäus 242
Bonrieder, Euphrosyna 127
Bonrieder, Hans 279
Bonrieder, Johann Georg 279, 285
Bopp, Karl 311
Bosch, Florian 110, 113f, Tafel XV
Brander, Hans 39
Brenner, Ludwig 190
Brentano, Clemens 135, 244
Breu, Jörg Tafel VIII
Brigel, Hans 286
Brockes, Heinrich 183
Brommer, Johann 280
Bronnennmüller, Johannes 198
Brosick, Dominik 117
Brucker, Johann Jakob 120, 253, 283, 287f, 294, 296, 301
Brugger, Andreas 24, 256
Brummer, Gottfried 282
Bürger, Gottfried August 133
Burgkmair, Hans Tafel VIII
Burgschwaiger (Geschlecht) 296
Buttersack, Bernhard 115
Buxtehude, Dietrich 183

C

Carissimi, Giacomo 180f, 238
Caroline (Königin von Bayern) 307
Caspar, Georg Gottfried 289
Charpentier, Marc-Antoine 181
Christa, Andreas 288, 290
Christa, Emanuel d.Ä. 288
Christa, Emanuel d.J. 201, 306
Christa, Johann d.Ä. 288
Christa, Johann d.J. 288, 291, 305
Claudius, Matthias 133
Claus, Joseph Ignaz 255

Clemen, Paul 112
Clemens Wenzeslaus (Bischof von Augsburg) 256
Clemens XIV. (Papst) 254
Cornelius, Peter 103
Corregio, Antonio 35
Cramer, Claus 95
Crescentia s. Höß, Anna
Cronthaler, Baptist 183

D

Dammertz, Viktor Josef (Bischof von Augsburg) 247, 264
Deesen, Gerhard 314
Defregger, Franz v. 105
Demel, Wolfgang 210
Desmarées, Georges 24, 256, Tafel XII
Dietrich, Veit 302
Dietz, Wilhelm 104
Diez, Julius 112
Dobler, Peter 18
Dopfer, Cosmas Damian d.Ä. 257
Dopfer, Cosmas Damian d.J. 202f, 258
Dorn, Franz Joseph 290
Dörner, Heinrich 266
Dorsch, Hieronymus 278
Drobisch, Karl Ludwig 186
Dürer, Albrecht 87, Tafel XI

E

Eiband, Genoveva 193
Eisenbarth, Michael 235
Elisabeth (Kaiserin von Österreich) 110
Ellenhofen, Margareta v. 82
Engelsdörfer, Georg 239, 254, 303
Enzensberger, Eleonore 143
Enzensberger, Hans Magnus 143
Erasmus v. Rotterdam 123
Erb, Daniel (genannt Franckh) 97
Erdt, Ferdinand 206
Erger, Margareth Franziska 299
Erhart, Michael 24, 28, 83, 85, 90, 97, 229, 261, Tafeln III, VII, XII
Espenmüller, Matthias 233, 277
Espenmüller, Sigmund 248
Espermüller, Adolf 315f
Espermüller, Jakob 205
Espermüller, Josef 299
Espermüller, Wilhelmine 315f
Esseler, Heinrich (Abt von Irsee) 248

F

Faber, Christian 251
Falkenstörfer, Maria 193
Falkenstörfer, Mimi 193
Faltermayer, Heinrich 267
Fend, Magnus 233
Fend, Peter (Abt von Irsee) 248
Ferdinand I. (röm.-dt. Kaiser) 88f
Ferdinand II. (röm.-dt. Kaiser) 236f, 281
Ferdinand III. (röm.-dt. Kaiser) 283
Ferdinand V. (Kg. von Spanien) 89
Feuchter, Sebold 95
Filser, David Ignaz 103, 200, 220, Tafel XXX
Filser, Michael 60
Fink, Hermann 150, 261, 264, 311
Fischer, Joseph (Pseudonym Hyazinth Wäckerle, Quintus Fixlein) 139
Fischer, Johann Georg 101
Fischer, Franz Karl 101
Fischer, Matheiß 273
Fixlein, Quintus s. Fischer, Joseph
Flechslin, Johannes 236
Franck, Christoph 28
Franck, Hans Ulrich 29, 33, 97, 236, 288, Tafel IX
Franckh, Daniel s. Erb, Daniel
Frank, Christian 151, 206, 208
Frank, Hanns 191f
Frank, Lucey 287
Freund, Elisabeth 110
Freundorfer, Josef (Bischof von Augsburg) 266
Friedrich II. (Kg. von Preußen) 301, Tafel XIX
Friedrich III. (röm.-dt. Kaiser) 89
Fröhlich, Georg (genannt Letus) 123
Fröhlich, Nikodemus 29
Frohnmeyer, Sophie Paula 115
Fuchs, A. 190
Fuchs, Andreas Albert 202, 257
Fuchs, Jeremias 294
Fuchssteiner, Sebastian 231, 233, 274-276
Fugger, Jakob v. 123, 277
Funck, Pauly 273
Funck, Simprecht 276

G

Gabriel, Max 104
Gäch, Philipp Jakob 239, 254
Gaibler, Anna Jakobe 102
Gaibler, Georg Alois 24, 35, 100, 102, 257, Tafel XXII
Gaibler, Jakob Franz Xaver 60, 102f
Gallait, Louis 107
Ganghofer, Ludwig 48, 139f, 205, Tafel XXVI
Gaudi, Hans 99
Gedike, Friedrich 131, 245
Geiselmayr, Daniel 298
Gellert, Christian Traugott 130
Geyrhalder, Jörg 273
Geyrhalter, Johannes 284
Geyrhalter, Martin 279
Ghandhi, Mahatma 312
Gnedel-Hahn, Mimi 194

Goldmann, Alfred 186
Götti, Georg 28
Götz, Gottfried Bernhard 257
Graf, Daniel 306
Gregor I. (Papst) Tafel XXI
Gregor XIII. (Papst) 234, 279
Grentzing, Joseph Anton v. 255f, 269
Grieninger, Honorius (Abt von Irsee) 36, 250
Grieshaber, Franz Anton 257
Grindl, Willibald (Abt von Irsee) 250
Gropper, Jacob 280
Groß, Arthur 180
Gros, Johann Michael Tafel XIII
Gross, Michael 32
Groth, Klaus 139
Grübl, Reinhold 20, 264
Grundler, Andreas 123
Grützner, Eduard 104
Gsöll (Gsell), Jakob 99, 236, 237
Guffer, Johannes 294
Günther, Mathäus 100
Gustav Adolf (Kg. von Schweden) 108, 281, 307
Gutermann, Georg Friedrich 128
Gutermann, Sophie s. La Roche, Sophie v.
Gysis, Nikolaus 104

H

Haag, Andreas 41
Haag, Daniel 23
Haag, Hans 17, 311
Haag, Mini 113, Tafel XV
Haas, Hans 230
Haas, Veit 235
Haber, Hans 269
Habermann, Hugo v. 105
Hader, Jörg 288
Haffner, Carl 203
Hagnower, Niklas 90
Hahn, Gottfried 194
Hahn, Kaspar 193
Hahn, Mimi s. Falkenstörfer, Mimi
Hahn, Ludwig 180, 192f, 262
Haim von Haimenhofen, Leo 239, 254
Hainrich der Liutpriester 214
Haltepeger, Caspar 273
Hampp, Anni 113, Tafel XV
Händel, Georg Friedrich 180, 183, 249
Harrer, Georg 97, 279
Hartmann (Bischof von Augsburg) 221, 224f
Has, Hans 94, Tafel VIII
Hauberrisser, Georg 40, 48
Hauser, Hans 276
Hayl, Daniel 183, 281
Hecht, Michael 278, 283
Heel, Johann Baptist 277
Heidelberger, Michael 234
Heider, David 282f
Heinitschek, Julius 299

Heinlin, Hans 279
Heinlin, Ulrich 279
Heinrich v. Leinau 121
Heinrich v. Pforzen 121
Heinritz, Joachim 248
Heinz, Deusdedit 233
Heinzelmann (Geschlecht) 14f, 285, 310
Heinzelmann, Anna Maria 284
Heinzelmann, Christoph Friedrich 202
Heinzelmann, Georg Jakob 15, 291
Heinzelmann, Johann Georg 15, 47
Heinzelmann, Johann Martin 296
Heinzelmann, Johannes 287
Heinzelmann, Wilhelm Ludwig 284
Hering, Loy 95
Hering, Michael 95
Herkommer, Johann Jakob 60, 270
Hermann der Pfaffe 214
Hermann, Betty 311
Hermännin, Jacobina 294
Herterich, Franz Xaver 109
Herterich, Johann Caspar 109
Herterich, Ludwig 106, 109
Heß, Heinrich Maria 104
Heuß, Theodor Tafel XXVI
Heydecker, Leonhard 16
Heyprecht, Hans 95
Hiller, Johann Adam 184
Hilpert, Wilhelm 114, Tafel XXVIII
Hindermayrin, Maria 293
Hobach, Ferdinand 104
Hochschlitz, Walter v. (Bischof v. Augsburg) 215
Hof, Anna vom 239
Hofmann, Emilie 261
Hölderich, Peter 298
Hölty, Christian Friedrich 133
Hölzl, Konrad 264
Honold, Anton 276
Honold, Barbara 122, 216
Honold, Blasius 231f, 273f, 276
Honold, Jakob 278
Honold, Lorenz 122, 216
Honold, Ulrich 20, 22, 218, 221, 229
Honold, Völk 216
Hopfer, Bartholomäus 84f
Hopfer, Daniel 84, 106
Hopfer, Hieronymus 84
Hopfer, Leonhard 84
Hopfer, Peter 84
Hörmann von und zu Gutenberg, Christoph 96
Hörmann von und zu Gutenberg, Ernst Tobias 198, 218f
Hörmann von und zu Gutenberg, Georg 82, 91, 94f, 123, 218, 277
Hörmann von und zu Gutenberg, Ludwig 96
Hörmann von und zu Gutenberg, Martha 97f
Hörmann von und zu Gutenberg, Regina 96
Hörmann von und zu Gutenberg, Wolfgang Ludwig 147, 197f, 290, 300, Tafel XIX

Hörmann, Josef 261, 311
Höß, Anna (genannt Crescentia) 52, 101, 128, 239, 241- 243, 248, 256f, 300, Tafel XVI
Höß, Ignatius Josephus 182
Höß, Luzia 239
Höß, Maria 242
Höß, Maria Johanna 100
Höß, Mathias 239
Höß, Rupert 248
Höss, German 29f
Huber, Andreas 183
Huber, Josef 261
Hummelberger, Gabriel 123
Hurler, Pius 192
Hutter, Hermann Emil 187, 189, 203
Hutter, Johann Georg 187

I

Immler, Theodor 110
Isingerin, Maria Magdalena 285

J

Jank, Angelo 110
Jele, Johann 241
Jele, Maria Cäzilia 241
Joseph I. (röm.-dt. Kaiser) 246
Joseph II. (röm.-dt. Kaiser) 293

K

Karl der Kühne (Hz. von Burgund) 89
Karl IV. (röm.-dt. Kaiser) 214
Karl V. (röm.-dt. Kaiser) 89, 216, 231, 233, 277f, Tafel XIX
Karl VI. (röm.-dt. Kaiser) 293
Karl VII. (röm.-dt. Kaiser) 293
Karl, Christian 302
Kaulbach, Wilhelm v. 104f
Kauzmann, Harald 115
Kauzmann, Paul 100, 115f, Tafel XXVII
Kauzmann, Ulrich 115
Keller, Franz 140
Keller, Michael 277
Kels, Hans d.Ä. 23, 46, 88f, 91, 93, 95, 229, 264
Kels, Hans d.J. 88
Kels, Veit 88
Kemnat, Marquart v. 80
Kemnat, Volkmar v. 80, 120
Kempter, Hans 276
Kerll, Johann Kaspar 181
Kerner Justinus 312
Keuslin, Maurus (Abt von Irsee) 34, 236, 241
Kilwanger, Joachim 233
Kirchmair, Thomas (genannt Naogeorgus) 123, 277
Klammer, Elisabeth 92, 232

Klammer, Matthias 230, 232, 276
Knie, Andreas 209
Knöringen, Heinrich v. (Bischof von Augsburg) 234, 236f
Kobel, Otto 58f, 229, 264, 267
Kohler, Michael 304
Kohler, Raymund 47
Kolping, Adolf 258
König, Josua 294
Königsheim, Friedrich 305, 310
Konradin (dt. König) 80
Kopp, Georg 150
Köppel, Konrad 85f
Kraus, Maria 111
Kreling, August v. 105
Kuile, Agathe 254
Kuile, Hans 254
Kuile, Thomas Damian 239, 251, 257
Kumblänger (Geschlecht) 296
Kun, Lorenz 216, 276
Kuppelmayr, Maximilian 105f
Kuppelmayr, Rudolf Michael 103-106, Tafeln XXIII, XXIV
Kurz, Leonhard 99

L

La Roche, Georg Michael Frank v. 135
La Roche, Maximiliane v. 135
La Roche, Sophie v. 42, 134f, 244, 299
Labhard, Ottmar Tafel XIX
Lachner, Franz 186
Lacombe, Fabien 145
Ladislaus V. (Kg. von Böhmen und Ungarn) 89
Landes, Joseph 258f, 261, Tafel XII
Landes, Maria 260
Lankmayr, Gabriel 147
Lansberger, Völk 122
Lauber, Christoph 126, 279f
Lauber, Johann Mathias 279, 292
Lauber, Matthias 276
Lautenbacher, Josef 193
Lederer, Jörg 23, 26, 52, 81, 85- 88, 91, 93, 95, 229, 274, Tafeln IV, V, X, XI
Lederle, Martin 264
Ledermann, Richard 139, 142, 197f, 203-206, 210
Ledermann, Therese 143
Leinberger, Hans 91
Leminger, Jörg 84
Lenbach, Franz v. 105, 109
Leo XIII. (Papst) 247
Leopold I. (röm.-dt.Kaiser) 293
Ler, Anna 92
Ler, Christoph 24, 33, 46, 91-93, 95, Tafeln V, VI
Ler, Franz 95
Letus, Georg s. Fröhlich, Georg
Leutner, Simon 197
Lieb, Leonhard 299

Lindenmayr, Anna Maria 128
Lindenschmit, Ludwig 107
Lindenschmit, Wilhelm 40, 104, 106-108
Lißmann, Johann Baptist 127
Löffler, Johann Georg 185
Loher, Philipp 283, 298
Lori, Johann Georg v. 249
Löschenbrand, Gotthard 279
Lotter, Mathäus 61, 270
Ludwig der Baier (röm. -dt. Kaiser) 109
Ludwig I. (Kg. von Bayern) 103, 110
Ludwig II. (Kg. von Bayern) 108, 110
Ludwig II. (Kg. von Böhmen und Ungarn) 89
Luitpold (Prinzregent von Bayern) 310
Luther, Martin 230, 272, 278
Luttenwang, Augustin 230
Lutzenberger, Jakob 221, 230f, 273-275
Lutzenberger, Wolfgang 275

M

Mack, Hans 95, 216
Mack, Jörg 26f, 93f, Tafel XI
Mack, Thomas 99
Magg, Joseph 182
Mahler, Hans Georg Tafel XXIX
Maier-Dorn, Emil 313
Mair, Paulus 83
Mair, Stephan 96
Makart, Hans 104
Mändl, Kaspar 248, 250
Mändle, Johannes 293
Mangold, Caspar 279
Mangold, Georg 279
Marazzi, Francesco 31
Marggraf, Johann 20, 23, 161
Maria Amalia (Kurfürstin von Baiern) 244-246
Maria Theresia (Kaiserin von Österreich) 244, 246, 301
Maximilian I. (Hz. von Baiern) 236-238
Maximilian I. (röm.-dt. Kaiser) 88f, 97, 109, 197, 235
Maximilian I. Joseph (Kg. von Bayern) 307
Maximilian II. Joseph (Kg. von Bayern) 103, 202, 307
Mayer, Johann Martin 256
Mayer, Joseph 190
Mayer, Michael 235
Meichelbeck, Josef Ignaz 253, 256f
Meichelbeck, Philipp Jakob 255
Meier, Kunz 310
Meiser, Hans (evang. Landesbischof von Bayern) 312, 314
Meister des Fischener Vesperbildes 83, Tafel I
Meister des Hirschzeller Altars 93
Meister des Kaufbeurer Sakristeischranks 27, 84
Meister des Klammerepitaphs 91
Meister des Riedener Altars 85, 240
Meister von Wald (bei Marktoberdorf) 24, 85, 229, Tafeln I, II

Melanchthon, Philipp 123, 274, 277, 279
Mendelssohn, Felix 189f
Merk, Catharina 287
Mertz, Johann Georg 286f, 296
Mertz, Maria Elisabeth 285
Merz, Hieronymus 127
Merz, Leonhard 233
Metz, Anton Wilhelm 201
Metzner, Franz 19
Meyer, Friedrich Wilhelm 186
Meyer, Kaspar 189
Meyer, Theobald 202
Miller, Arthur Maximilian 210
Miller, Johann Martin 133
Montgelas, Maximilian Joseph v. 254
Moosmang (Geschlecht) 261
Morata, Olympia Fulvia 123
Moratus, Fulvius Peregrinus 123
Mozart (Geschlecht) 246
Müller, Anna 88
Multscher, Hans, 81, 83
Murer, Leonhard 20, 81, 228
Murer, Ulrich 20, 81, 228

N

Naogeorgus, Thomas s. Kirchmair, Thomas
Natterer, Jörg 285
Necker, Paulus (Abt von Irsee) 248
Neth, Johann Baptist 134., 147, 241, 253, 255
Neth, Maria Anna 245
Neth, Maria Sophia 241
Niclas, Sigmund Daniel 289
Nicolai, Friedrich 130
Nießner, Adolf 264

O

Oecolampadius, Johannes 123
Öpfenhauser, Hans 95
Ostermayr, Peter 141
Oswald, Hans 17
Ott, Ernst 19

P

Parisius, Stephanus 248
Paul, Jean 139
Pedionaeus, Johannes 124
Pentenrieder, Franz Xaver 186f
Pentenrieder, Maria Anna 186
Pentenrieder, Michael 186
Peutinger, Konrad 123
Peutinger, Ulrich 250
Pfanz, Johann Gottfried 289
Pfeiffer, Mauritius 17
Pfleger, Hans Ulrich 182
Philipp I. (Kg. von Spanien) 89

Pietsch, Eduard 265
Piloty, Carl Theodor 104
Pius VI. (Papst) 245
Pölland, Johann 254
Pracht, Joseph 43, Tafel XXI
Pracht, Maria Johanna 102
Prechler, Matthias 279
Prinzing, Andreas 41
Probst (Geschlecht) 261

R

Raczynski, Athanasius v. 104
Rader, Veit 273
Randegg, Marquard v. (Bischof von Augsburg) 214f
Ranzinger, Anton 107
Rechberg, Johann Rudolf v. 180
Rederer, Johann Jakob 188, 308
Rehlinger, Dorothea v. 58f
Rehlinger, Thimotheus 62
Reichlin, Hans 96
Reichlin, Paul 95
Reihing, Barbara 91, 94
Reinhard, Ludwig 208
Reinhart, Ambrosius 84
Reiter, Johann Sebastian 99
Rembold, Daniel 94
Rembold, Jakob 24, 97
Remy, Magnus 35, 249
Reuter, Fritz 139
Richter, Adrian Ludwig 105
Ried, Johannes 225
Ring, Jakob Tafel XXIX
Rosenberg, Alfred 313
Rößler, Georg 230, 233
Rost, Berhard 141
Rotenstein, Elisabeth v. 94
Rotenstein, Heinrich v. 94
Rudolf I. (röm.-dt. Kaiser) 217
Rudolf II. (röm.-dt. Kaiser) 234f
Rudolf v. Ems 121
Ruef, Johann 274, 276
Ruf, Hans 230, 233
Rumelant v. Schwaben 120
Rumpelt, Johann Jakob Tafel XIX
Runge, Friedrich 265
Rupflin, Johanna 286

S

Sachs, Hans 122
Sander, Heinrich 246
Sandtner, Hubert 268
Satzger, Alfons 262
Sauter, Johann Georg 286
Schaumburg, Peter v. (Bischof v. Augsburg) 229
Scheffler, Steffa 273

Schefflerin 273
Schegg, Peter Johannes 259
Schenk, Johannes 234
Scherrich, Anna 240
Scherrich, Gordian 182
Scherrich, Konrad 216
Scherrich, Margaretha 216
Schiffmann, Max 209f
Schilling, Burkhardt 277
Schilling, Jörg 273
Schindel, Johann Wolfgang 56
Schindele, Carl 183
Schlecht, Christina 236
Schlecht, Johann Jakob 236
Schlecht, Karl Andreas v. 238
Schmid Albrecht 311
Schmid, Anna Philomena 139
Schmid, Balthasar 128
Schmid, Barbara Hedwig 128
Schmid, Elisabeth 308
Schmid, Georg 294
Schmid, Hieronymus 283
Schmid, Johann Thomas 284
Schmid, Juliana Sibill 284
Schmid, Karl 311, 314
Schmid, Maria Theresia 241
Schmid, Thomas 308
Schmid, Tobias 283
Schmid, Wilhelm 284
Schmidt, Albert 309
Schmitt, Fritz 222
Schmölz, Daniel 299
Schmölz, Maria Regina 299f
Schmuzer, Joseph 23, 62, 254
Schmuzer, Matthias d. J 34, 241
Schnabl, Roderich 241
Schnitzer, Hans 232
Schnorr von Carolsfeld, Julius 104
Scholz, Maria Magdalena Clara 100
Schönfeld, Johann Heinrich 24
Schongauer, Martin 83
Schönwetter, Matthias 291
Schönwetter, Susanna 291
Schorer, Albert 233
Schrader, Christoph Friedrich 17
Schramm (Geschlecht) 279
Schratt, Jörg 298
Schratt, Kaspar 181
Schröder, Alfred 222
Schropp, Andreas 137, 220, 225, Tafel XII
Schropp, Daniel 296
Schropp, Martin 292
Schropp, Sabine 287, 296
Schütze, Wilhelm August 103-106, Tafel XXIV
Schwangau, Georg v. 91
Schwangau, Konrad v. 82
Schwarz (Geschlecht) 261
Schwarz, Joseph 35, 244
Schweikhler, Nikolaus 231

Schwenckfeld, Kaspar 233, 276f
Schweyer, Bartholomäus 282
Schweyer, Gabriel 138f
Schweyer, Hieronymus 286
Schweyer, Johanna 286, 288, Tafel XXIX
Schweyer, Johannes 286, 288, Tafel XXIX
Schweyer, Martin 183, 184, 303
Schweyer, Matthäus 183, 289
Schweyer, Thomas 97
Schweyer, Ursula 294
Schwicker, Nikolaus 275
Seibrandt, Ludwig 97, Tafel VI
Seidl, Emanuel v. 18
Seifert, Hans 262, 313, 317
Seitz, Erwin 209
Seitz, Paul 29
Seitz, Paulus 256
Sickinger, Anselm 310
Sigk, Georg 230f, 273, 275
Sigk, Wolfgang 231
Spalt, Michael 235
Spar, Ambros 274
Spät von Faimingen, Friedrich 240
Spener, Philipp Jakob 287
Spengler, Konrad 229
Spiess, Melchior 99
Spieß, Meinrad 244, 249
Spieß, Thomas 249
Spitzweg, Carl 105
Sprenger, Peter 23, 261, Tafel XII
Stadion, Christoph v. (Bischof v. Augsburg) 231
Stadler, Klemens 110
Stange, Alfred 84
Stark, Christian 250
Staudach, Hans 124f
Staudach, Ursula 124
Staufer (Geschlecht) 214, 222, 239
Stecher, Karl Jakob 41
Steck, Anna Catharina 286
Steck, Christian 286
Steinhauser, Maria Agatha 102
Steinle, Bartholomäus 37
Steinle, Eduard v. 107
Stelzer, Hans 98
Stengel, Georg v. 35
Steudle, Johann Georg 184, 196, 198-200, 306
Stimpfle, Josef (Bischof von Augsburg) 268
Stolberg, Christian v. 133
Stolberg, Friedrich Leopold v. 133
Strauss, Balthasar 99
Streitfelder, Arbogast 254
Strigel, Ivo 24, 85f, 231, 273f
Strigel, Victorin 120
Strölin, Konrad 224
Struntz, Josef Hartmann 186
Stuck, Franz v. 109
Stumpf Carl 110, 203
Sturm, Anton 36
Süberlin, Wendel 84

Sutor, Othmar 190
Syrlin, Jörg d.Ä. 83

T

Telemann, Georg Philipp 149, 303
Thomson, James 135
Tilman, Thomas 233, 278
Treitz-Sauerwein, Marx 198

U

Unoldin, Regina Barbara 128

V

Vesenmayr, Wolfgang 254
Viola, Nikolaus 182
Voit, August v. 35, 310
Völk, Maurus 248
Völkel, Oswald 61
Volkhardt, Georg 105f, 205, 208, 210, 313
Volkmar v. Kemnat s. Kemnat, Volkmar v.
Voß, Johann Heinrich 133

W

Wäckerle, Hyazinth s. Fischer, Joseph
Wagenseil, Anna Maria 294
Wagenseil, Christian Jakob 130, 146f, 184, 287, 290, 302
Wagenseil, Georg Christoph 184
Wagenseil, Johann Jakob 296
Wagenseil, Johann Martin 294
Wagenseil, Katharina 294
Wagenseil, Martin 298
Wagenseil, Matthäus 299
Wagenseil, Rudolph Matthias 184
Wagner, Anna 216
Wagner, Christa 273
Wagner, Hans 149, 216
Wahl, Johann Peter 113, Tafel XV
Walch, David Ignaz 203
Walch, Johann Anton 254
Walch, Josef Anton 29, 43, 100f, Tafel XIV
Waldburg, Otto v. 230
Waldner, Jobst 298f
Wall, Ulrich 181, 237f, 251, 298
Waller, Christina 102
Waller, Johannes 236
Wangner, Martin 298
Wangner, Ulrich 304
Wankmüller, Franziska 183
Wanner, Johannes 216, 221, 231
Weber, Anton 254
Weber, Günther 268
Weber, Michael v. 184, 199-201
Weber, Paul 99

Wechs, Thomas 19, 266
Weinhart, Johann Georg 258
Weinmüller, Christina 255
Weiß, Ulrich 249
Weitnauer, Alfred 209
Welfen (Geschlecht) 222
Welsch, Anna 216
Welsch, Konrad 216, 223
Wenzl, Anton 267
Werle, Candidus 249
Werner, Georg 19
Wernher der Zeringer 214
Werz, Emil 110f, Tafel XXVI
Werz, Rudolf 205f, 208f
Werz, Walter 208-210
Wesser, Adam 233, 277
Wichera, Ernst 18
Widenmann, Leonhard 95
Wider, Johannes 299
Widmann, Wilhelm 193
Wiebel, Karl 110, 151, 207, 264
Wiebel, Richard 311
Wiedemann, Bernhart Tafel XXIX
Wiedemann, Ernst 308
Wiedemann, Fritz 206
Wiedemann, Johann Georg 137, Tafel XXIX
Wiedemann, Johann Jakob 197
Wiedemann, Johannes Tafel XIII
Wieland, Christoph Martin 135
Wildung, Eduard 100, 115- 117, Tafel XXVIII
Wildung, Hans 192, 208, 313
Wilhelm I. (dt. Kaiser) 109
Wilhelm IV. (Hz. von Baiern) 232
Wilhelm V. (Hz. von Baiern) 234, 250
Wilm, Hubert 110, 112f, Tafel XXVI
Windisch, Mathäus 276
Winkler, Ulrich 230f, 273
Wirsberg, Johannes v. 230
Witsch, Lorenz 23, 239
Wöhrle von Wörburg, Andreas 242
Wöhrle von Wörburg, Anna Barbara 291
Wöhrle, Matthias 294
Wöhrle von Wörburg, Joseph Tobias 48
Wolcker, Johann Georg 24, 256
Wolf, August 116
Wolf, Johann Andreas 249
Wolff, Franz Seraph 202, 211
Wolf-Ferrari, Erman 116
Wolfgang (Bischof von Regensburg) 85f
Wölfle, Franz Xaver 110f, Tafel XXV
Wölfle, Johann 293
Wondrak, Hanne 100, 117, 266, Tafel XXVIII
Wondrak, Oswald 117
Wörnhör, Christoph 99
Wurm, Hans 276
Wychburger, Hans d.Ä. 95
Wychburger, Hans d.J. 95
Wychburger, Siegmund 95

Z

Zabuesnig, Christoph v. 134
Zach, Adolf 264
Zasche, Gertrud. 144
Zasche, Richard 144
Zaupser, Andreas 130f, 134, 147
Zech, Johann Jakob 203
Zech, Peter 93f
Zeckl, Johannes 254
Zeiler, Kaspar 237f
Zeilhuber, Josef 266f
Zeiser, Josef 145
Zendath, Anni 113, Tafel XV
Zettel, Rudolf 234f
Zindath, Josef 262
Zollern, Friedrich v. (Bischof v. Augsburg) 248
Zwingli, Ulrich 274

Sachverzeichnis

A

Aaerario publico 299
Abendgottesdienste 305
Abendmahl in beiderlei Gestalt 276-278, 282, 284f, 287, 294, 301
Abendmahlkannen 285
Abendpredigtstiftung 308
Ablaßregelungen für Gotteshäuser 218
Ablaßtage 221
Ablaßwesen 220
Abonnement-Konzerte 185
Absolution, gemeinsame 285
Adalbert-Stifter-Schule 117
Adjunkt 282, 287
Adlerschießen 206, 210
Adoptionen 284
Afra-Patrozinium 218
Agathakapelle 60
Agendensturm 306
Agentengesellschaft A.C. s. Kaufbeurer Agentengesellschaft A.C.
Agneskapelle 215
Akademie der Bildenden Künste 110
Aktienbrauerei 18
Alleestraße 17
Allgäuer Protestantentag (1926) 311
Allmende 215
Almosen, wöchentliches 291
Almosenwesen, Neuordnung 277
Aloysiusaltar 261
Altar des Marienlebens 229, 261
Altar von St. Koloman (bei Schwangau) 91
Altarblatt der Cosmas- und Damiankirche Tafel IX
Altardekorationen der Dreifaltigkeitskirche Tafel XIX
Altarfiguren der Martinskirche 229
Altaristen 217
Alte Kaserne 45
Alte Weberei 16
Altkatholische Gemeinde im Lager Riederloh 316
Altstadthäuser 13f
Am Breiten Bach 15, 100, Tafel XX
Am Graben 10
Ambraser Spielbrett 88f
Ambulanter Betreuungsdienst 316
Ämterproporz 299
Amtsgerichtsgebäude 18
Amtskleidung der Pfarrer 306
Andachten 282
Annakapelle 219, 248
Annakapelle (Füssen) 83
Annales Kaufburanae 197
Anstaltslehrer 305
Anstellung der Geistlichen 281
Antepedium 229
Apostelbilder 288
Aquamanile (Gießgefäß) 77, Tafel XX
Arbeiter- und Angestellten-Wohnungen 16
Arbeitsgemeinschaft der Kaufbeurer Gesangvereine 193
Arbeitshaus 292
Arbeitskreis für ökumenische Fragen 317
Armenanstalt (evangelisches Waiseninstitut) 292
Aufklärungspädagogik 132
Augsburger Confession s. Confessio Augustana
Augsburger Domkapitel 233
Augsburger Interim 241
Augsburger Kirchenordnung (1537) 278,
Augsburger Religionsfriede (1555) 278, 282, 285, 295, 307
Augsburger Straße 16
Augustiner-Chorherren im Spital 222, 225
Ausfallstraßen 16f
Auswanderer 276
Ausweisung der Prediger 281
Ausweisung von Protestanten 294

B

Bachschmid'sches Gartenhaus 45
Bahnhof 16f
Baldringer Haufen 276
Barfüßerkirche (Augsburg) 292
Barock in Kaufbeuren Tafel VIII
Bauerntrachten 209
Bauernaufstand (1525) 231, 248, 276
Bauernhaus (1821) Tafel XXX
Baumgarten Tafel XX
Bayerisches Landesamt für Denkmalspflege Tafel XI
Bayerische Landeskirche (evang.-luth.) 306

Bayerischer Verein für Landespflege 208
Bayerisches Denkmalschutzgesetz 10
Bayerisches Nationalmuseum 229
Becherkacheln 73, Tafel XX
Beckenknechtsbruderschaft 216, 219
Beerdigung 282, 286, 294
Befestigung 10, 13f
Befreiung von der Bußleistung 220
Beginen 223
Beichtanmeldung 285
Beichte, gemeinsame 282, 285
Beichtordnung, Kaufbeurer 285
Beichtpfennig 285
Beichtstuhl 285
Bekenntnisgottesdienst zum evangelischen Glauben (1934) 313
Bekenntnislied Hans Staudachers 125
Belagerungen 13
Beleuchtungsgerät 74, Tafel XX
Benediktinerkloster St. Mang, Füssen 236
Benediktinerstift Irsee 232, 247
Benefizien 215, 219
Berlinische Monatsschrift 131, 245
Besoldung der Geistlichen und Lehrer 235, 238, 282
Bestandsgeld für Kirchenstühle 290
Besuchsdienst 314
Bet-, Buß- und Fastenfeste 293
Betstunden 282
Bevölkerung, katholische 233
Bewahranstalt 260
Beweinung Christi in der Friedhofskirche 91f, 94, 257
Bezirkskirchentag (1937) 313
Bezirkskrankenhaus 16
Bibelabende und -stunden 296, 313
Bibelverein (1826) 307
Bibliothek der Deutschen Arbeitsfront 150f
Bibliothek des Neugablonzer Archiv- und Museumsvereins 151
Bichelmayrsche Stiftung 241
Biedermeier-Gruppe 205
Bigamie 299f
Bilder- und Figurenfrage 231, 278
Bildersturm (1545) 233
Bilderverehrung 82, 275-277
Bildstöcke 63
Blasiusberg Tafel XX
Blasiuskirche 25f, 80f, 83f, 86, 93f, 104, 108, 110, 217, 220-222, Tafel X
Blatternhaus 287
Blattkacheln 73, Tafel XX
Blaubeurer Altar 90
Bleichanger 14-16
Bleichen der Textilien 14
Bleiruten Tafel XX
Borkirche 288
Branntwein 76
Bräuche und Brauchtum 275, 303f

Brauer und Gerber 208, 210
Brettsteine 89f
Breverl (schwäb. „Brevle") Tafel XVI, XVII
Briefroman 134f
Brückenarchitektur 102
Bruderschaften 215f, 218-220, 254-256, 261, 288
Brunnen 76-78
Buchdrucker, evangelische 289
Bügelkanne 78
Bund christlicher Pfadfinderinnen (BCP) 315
Burg Kemnat 57
Bürgerbewußtsein 228
Bürgermeister-Haffner-Straße 17
Bürgerrecht 234, 248
Bürgerverein 148, 308
Bürgerwehr-Artillerie 209
Buronia und Buroniawagen 206
Bußpredigten 293
Bußsakrament 220
Butzenscheiben 73f, Tafel XX

C

Caritas 314
Chor- und Orchesterverein 191, 193
Chorleiter 288
Chorschüler 278
Christlicher Pfadfindertrupp 312
Christlicher Verein Junger Männer (CVJM) 308
Christus am Ölberg Tafel XVI, XVII
Christuskirche (Neugablonz) 315
Chronologica 137f
Collaborator (Hilfslehrer) 302
Collegium Germanicum 180
Confessio Augustana 274f, 277, 287, 312, Tafel XIX
Corpus Evangelicorum 295
Cosmas und Damian Tafeln VII, XIV
Cosmas- und Damiankirche 28-30, 220, 230, 236, 254, 257, Tafeln XIV, XVI
Crescentiaglocke 262
Cronthaler-Orgel 288

D

Daniel-Hopfer-Gruppe 209
Dankfest zum Frieden von Hubertusburg (1763) 291
Darlehens- und Rentengeschäfte 223
Deichel (Wasserleitung) 78
Denkmal-Inventare 10
Denkmalschutzgesetz 10
Desertions-Klage 299
Deutsche Christen 312
Deutsche Ganghofer-Gesellschaft 141f
Deutsche Schule 122
Deutscher Evangelischer Frauenbund 308, 312, 315

Deutsch-evangelisch-soziale Jugendgruppe für Mädchen 312
Diakoniestation 316
Diakonissenhilfe 307
Diaspora 310, 315, 317
Dionysuskirche (Oberbeuren) 60, 269
Disentiser Altar 85
Disputation 274
Disputation (von 1525) 231f
Dominikaner im Siechenhaus 222, 225
Dominikuskirche 30f-32, 109, 113, 224f, 282, 305, 309, Tafel XV
Dreifaltigkeitskirche 32f, 97, 127, 137, 183, 235, 237, 280-282, 288, 300, 305, 309f, 312, 314-316, Tafel XIII
Dreißigjähriger Krieg 125, 198, 229, 237, 241, 250, 281, 283f, 286, 297, 301
Drudenstein Tafel XVI, XVII

E

Ehebruch 293, 299
Ehegericht 293
Ehehindernisse 293
Ehelosigkeit katholischer Priester 283
Ehen, konfessionsverschiedene 298
Ehesachen (Sittlichkeit, Scheidungen etc.) 282, 293
Ehescheidungen 293
Eheschließungszahlen 286
Ehrenpforten Tafel XIX
Eichenholzschrank (Sakristei von St. Martin) 99
EingerichtflaschenTafel XVI, XVII
Einkünfte der Pfarrer 215
Einsammler der Opfergelder 306
Einsegnung 285
Einwohner 215
Einzelbeichte 285
Eisenbahnbrücke 56
Eisenbahnstrecke Augsburg-Kaufbeuren 16
Eisstadion 209
Elfer der Zünfte 273
Emigrantenfamilien 237
Emigration 237, 281, 298
Emigrationspatent 295
Empfang der Erstlinge des Feldsegens (1817) 137
Engele (Brauchtum) 304
Epicedien 127
Erbfolgekrieg (1503-1505) Tafel XXIV
Ernährung im Mittelalter 75f
Erntedankfeste 293
Erster Weltkrieg 17f, 308, 311f
Espachmühle 15
Espachstift 315f
Eßbesteck 76, Tafel XX
Eßgeschirr 76, Tafel XX
Esslinger Künstlergilde 118
Eustachiusaltar 219f

331

Evangelische Gemeinde Neugablonz 315
Evangelische Lateinschule 251
Evangelische Mädchenschule 302
Evangelische Orthodoxie 302
Evangelische Schule 301
Evangelische Schulkommission 199
Evangelische Stände 234
Evangelische weibliche Gemeindejugend 313
Evangelischer Betsaal im Spitalgebäude 305
Evangelischer Handwerkerverein 308
Evangelischer Verein 311, 313
Evangelisches Hilfswerk 314
Evangelisches Kirchenarchiv Kaufbeuren 272, 274f, 277, 279f, 282, 289, 315
Evangelisches Kirchenwesen 304f
Evangelisch-katholische Sozialstation 316
Ewiger Kalender Tafel XIX
Ewigmessen 215
Expositur-Gemeinde Neugablonz 265

F

Fahnenschwingen 203
Fähnrichshütte auf dem Tänzelhölzle 200
Färbereien 15
Fasten der Protestanten 303
Fastengebote 276, 303
Fastnachts- und Fastenbrezeln 303
Feiertagstermine 303
Fernhandel 122, 215
Festplätze 208f
Festpredigten 283
Feuer, offenes 75
Figurengedicht 126
Filserstraße 19
Finkenheim 262
Flachsverarbeitung 72, 74, Tafel XX
Fliegerhorst 19, 308, 312
Fliegerschule 208
Flugplatz 208
Flurdenkmäler 56
Fortbildungsschule, dreiklassige 247
Fortuna (Lindenholzstatuette) 90
Franziskanerinnen 221-224
Franziskanerinnenkloster 11, 33f, 80, 217, 240, 242, 247, 254, 257, 301, Tafel XVI
Franziskaner-Tertiarinnen 222
Frauenbänke 288
Frauenhaus 277
Frauenkirche 235f, 238
Freimaurer 131f, 291
Freinächte 211
Frevelbuch der Gefangenen 197
Friedensfeste 293
Friedensstraße 17
Friedhof 17, 56, 220, 222, 230
Friedhofskirche 35f, 103, 220, 262, 305, 308, 310
Fuggerscher Berg- und Schmelzhandel 123
Fünfknopfturm 81, 108, 110

Fürsorgewesen 291
Füssener Hochaltar 85
Füssener Straße 18

G

Ganghoferstraße 17f
Gartenvorstadt 16
Gassenbettel 292
Gebetbuch (1748) 290
Gefängnis 40-42
Geharnischter Reichstag (1548) 277f
Geislinger Chronik 199
Geistliche Ämter 230
Geistliche Gesänge 290
Geläut der Dreifaltigkeitskirche 309
Gelegenheitsdichtung 137
Gelübde 242f
Gemeindeedikt 305
Gemeindeschwestern 314
Gemeinnütziges Wochenblatt 133f
Generalsynode 311
Generalvikariat Augsburg 276
Genossenschaften 225
Georgskirche (Auerberg) 87
Geräte-Stadel 210
Gerichtsbarkeit 214
Gesangbuch 130, 281, 289-291, 296, 306
Gesellenhaus (in der Pfarrgasse 16) 258
Gesellschaft „Harmonie" 190
Gesellschaftshaus 148, Tafel XXX
Gesellschaftsvereine 308
Getreidemühle 15
Getreidepreise 229
Gewerbe-, dann Realschule 17
Gewerbegebiet 15
Gewerbeschau 110
Gipsmühle 15
Glasfenster 73f, Tafel XX
Glasgefäße 76, Tafel XX
Glockenstuhl des Martinsturmes 263
Glückwunschgedichte 127f
Glutschaufel 75
Goldemar (strophisches Epos) 121
Goldschmiedehandwerk 99
Gottesdienste, besondere 292
Gottesdienstordnung 305
Grabenzone 17
Gregorianischer Kalender 234, 279
Großer Zapfenstreich 209
Großzehnt 215
Guldigs Kaufbeure 206
Gustav-Adolph-Stiftung 307
Gutenbergstraße 16
Gut-Tod-Bruderschaft 261
Gymnasium, katholisches 254
Gymnasium, evangelisches 253

H

Hadergasse 17f
Hafenmarkt 13, 210
Hainbund 132
Halsgeige 293
Halskrause 306
Handmühle für Nüsse und Samen Tafel XX
Hauberrisserstraße 17
Hausabendmahle 278
Hausarme 291f
Haushaltsschule 247
Haustrauungen 286
Heil- und Pflegeanstalt 314
Heilige Familie (Kirche) 268
Heiligenbilder Tafel XIX
Heiligenpfleger 235
Heiligenverehrung 230, 275, 300
Heiliggeistkirche 13, 101, 220, 221, 278
Heilig-Geist-Spital 41, 215, 220f, 224, 292
Heilsgemeinschaften der Kommunen 273
Heimatkunstbewegung 140
Heimatvertriebene 19, 265, 266
Heinzelmannsche Aussteuerstiftung 1780 291
Heinzelmannstift 315
Heinzelmannstraße 17f, 311
Heiratsbewilligung 293
Heizung 72f
Heliozentrische Lehre 122
Herrnhutisches Gesangbuch 296
Herz-Jesu-Kirche 19, 265f
Hexenturm 108, 110, 218
Hilfsgeistliche 215, 230
Himmelsweg 287
Hindelanger Altar 87, 91
Hintere Gasse 12f, 15, 110, 219
Hinterglasbilder 286, 293, 301, Tafel XIX
Hinterladerofen 73
Hirschkeller 45
Hl. Kreuzkirche 257
Hochaltarblatt St. Cosmas und Damian 97, 229, Tafel IX
Hochstadtweg 19
Hochzeitsbilder Tafel XIX
Hochzeitsordnung 293
Hochzeitspredigten und -gedichte 286
Höfelmayerkapelle 260
Hofstattzinsen 215
Honoldsche Prädikatur 216, 218, 221, 225, 251, 278, 282
Hörmannhaus 45
Hörmannschule 17
Hungersnot 303

I

Ignatianische Frömmigkeit 241
Industriestandorte 14
Inflation 206

Innere Buchleuthenstraße 17
Innere Mission 312
Innergemeindliche Konflikte 293
Inquisition 300
Interim (1548) 123, 233, 277f
Irseer Klosterhaus 38, 247f
Irseer Klosterschule 249

J

Jagdzug 209
Jakobiwoche 199, 200
Jahrtage 216
Jahrzeitbuch des Spitals 222
Jakob-Brucker-Haus 315f
Jesuiten 134, 146, 180-184, 230, 236-239, 245, 250-254, 256, 301, 303
Jesuitenbibliothek 146f
Jesuitengymnasium 146, 239, 250f, 252f
Jesuitenkolleg 36f, 97, 239, 256, 301
Jesuitenorden 254
Jesuitenprovinz 251
Jesuitentheater 183
Jesuitenuniversität Dillingen 235
Jesuskind 229
Josef-Landes-Straße 10
Josefs-Seiler Tafel XXVI
Jubelfeste 183, 287, 291, Tafeln XIX
Jugendarbeit 312, 315
Jugenddiakonie 315
Jugendheim St. Martin 262
Jugendstil 109
Jugendwohnheim 315
Julianischer Kalender 279

K

Kacheln s. Ofenkacheln
Kachelofen 72-74
Kaisergäßchen 15
Kaiserhaus am Markt 279
Kaiserliche Kommissionen 235, 239, 255, 299f
Kaiser-Max-Straße 11-15, 219, Tafel XX
Kaiserwahl 293
Kalenderreform 234, 279
Kanäle 15
Kanonische Gebote 298
Kapitel Kaufbeuren 230
Kapitelbruderschaft 219, 254
Kapitelbruderschaft für den Leonhardaltar 216
Kapitelhaus 55
Kapläne 275
Kaplaneien 215-219, 224
Kaplaneistiftung zu Ehren der Hl. Maria 219
Karfreitagsleiden Tafel XVI, XVII
Karolinische Wahlordnung (1551) 278
Kasualdichtung, -gedichte s. Kasuallyrik
Kasualien 277, 282

Kasuallyrik 125f, 128, 137
Katechese 278
Katechisationen 282
Katechismus 287
Katechismuspredigten 278
Katholische Jugend- und Volksbibliothek 149f
Katholische Knabenschule 17
Katholische Lokalschulinspektion 201f
Katholische Mädchenschule 17
Katholische Waisenhausstiftung 259
Katholischer Preßverein 150
Katholisierung 281
Kattunfabrik 15
Kaufbeurer Agentengesellschaft A.C. 184, 302f, Tafel XXIX
Kaufbeurer Heimatlied 140, 191f
Kaufbeurer Liederkranz 185, 188f
Kemnater Tor 11-13, 16, 108, 215
Kemptener Straße 16
Kempter Tor s. Kemnater Tor
Kerkerchristus 249
Kerzen 73f
Kinderbibelverein 307
Kindergärten 247
Kindergärtnerinnenseminar 247
Kindergottesdienste 305, 314
Kinderheim St. Josef 260, 265
Kinderkolleg 259
Kinderlehre 282, 287
Kinderspielzeug 74, Tafel XX
Kirchenbuße 294
Kirchendiener und Schulmeister, katholische 238
Kirchengebetsbücher 282
Kirchengericht 282
Kirchengüter, katholische 236
Kirchenjahr 289
Kirchenpfleger 217, 282, 291
Kirchenpröbste 282
Kirchenrat, evangelischer 282
Kirchenstuhlbücher 288f
Kirchenstühle 282, 289
Kirchentumult (1525) 273
Kirchenzucht 293
Kirchweihpredigten 283
Klappaltärchen Tafel XVI, XVII
Kleiderordnungen 282
Kleinkinderbewahranstalt 260
Klingelbeutel 281
Klosterarbeiten Tafel XVI
Klosterkirche 221, 241
Knabenkapelle 203, 206, 210
Knabenschule, evangelische 302
Knabenschullehrer 288
Kollermühle 15
Kolpingshaus 262
Kommunikanten 238, 284f
Konfessionelle Büchereien 150

Konfessionelle Konflikte und Lösungsversuche 297
Konfirmanden im 20. Jahrhundert 317f
Konfirmandenregister 287
Konfirmandenunterricht 287
Konfirmationshandlung 306
Königshof 10-12
Konkordat 311
Konkordienformel (1577) 278
Konradingruppe 205f
Konradinschule 268
Konradinspiele 208
Konradinstraße 19
Konsistorium, evangelisches 281f, 289, 293f, 296, 299f, 305
Kontributionen 281
Konventikel 296
Konversionen zum Katholizismus 299
Konversionen zum Luthertum 278, 299
Konversionen, einzelne 298
Konvertiten 237
Konzertring 191
Konzil von Vienne (1312) 223, 240
Konzilsbeschlüsse 275
Krankenbesuche 278
Krankenpflege 244
Krankheiten und Seuchen 220, 225, 278
Krautstrunk (Glasbecher) 76, Tafel XX
Kreuzweg mit neun Stationen 240, 244
Kriegerdenkmal 17
Kriegslasten 297
Krippenspiele 312
Küchengerät 75, Tafel XX
Kuile-Epitaph 255
Kuile'sche Hilfspriesterstiftung 254
Kulturring 191
Kultushandlungen 282
Kultusstiftsvermögen 305
Kultusstiftungen, alle Kaufbeurer... 236
Kunstanstalt 116
Kunsthandwerk Tafel XXI
Künstlerverband Schwaben-Süd 118
Kunstschule für Mädchen 107
Kupferhammer 15
Kutschenleichen 286
Kuttrolf (Glasflasche) 76, Tafel XX

L

Lacher-Villa 18
Lager Riederloh 265
Lagerberichte im Dritten Reich 152
Lagerleben 211
Laienkelch 278
Landeskirchenrat 311
Landgericht 18
Lateinschule 50, 122, 301
Latrine 77f
Ledergasse 13, 15, 105

Lehr-, Bekenntnis- und Märtyrerlieder 124
Lehrerinnenbildungsanstalt 247
Lehrerschaft, evangelische 203
Lehrlingsverein 260
Leichenansprachen und -predigten 127, 278, 294
Leichensager 286, 293
Leichenzug 286
Leihbibliotheken 147
Leinenweberei 13
Leonhardskapelle 221, 225, 257
Lesegesellschaften 147f, 308
Lesevereine 145-149
Leuchter 74, Tafel XX
Liebfrauenbruderschaft 219f
Liebfrauen-Kapelle 216, 218f, 221, 257, 278f
Lieddichtung 124
Liederkranz 191
Literatur der Heimatvertriebenen 143f, 152
Lohmühle 15
Lokalarmenfonds 291
Ludwig-Nord-Süd-Bahn 16
Lutherbild 304

M

Mädchenmittelschule 247
Mädchenschulleiter 288
Mägdlein-Schule 200
Maifest 308
Maillinger-Sammlung 106
Marianische Bürgerkongregation 101f, 236, 238, 241, 254, 256, 261, XIV
Marienfeste 278
Marienfrömmigkeit 219
Marienglocke 257
Marienheim am Obstmarkt 247
Marienheim in der Kemnaterstraße 247
Markt (heute Kaiser-Max-Straße) 12f, 103, 137
Markt- und Münzrecht 209
Martin und Ulrich, Bischöfe Tafel VII
Martinsfinken 193f, 262
Martinsglocke 262f
Martinskirche 13, 20-22, 80-83, 85f, 97, 103, 108f, 182, 214-221, 225, 229f, 232, 235, 238-240, 254, 256, 260f, 263, 273f, 278f, 281, 299, Tafel VII, XII
Martinsturm 228
Matthias-Lauber-Haus 316
Mayr'sches Gartenhaus 45
Mechanische Baumwollspinnerei und -weberei 15f
Mesnerstellen 281
Meßkapläne 215
Meßlesung 219
Meßpfründe 221
Meßstiftungen 215f, 219
Metzg- und Kuttelbanksperre 303

Michaels-Kapelle 37, 219f, 221, 234, 257, 273, 299
Michaels-Pflege 288
Militärgottesdienste 313
Militärpfarrer 314
Militärregierung 208
Mindelheimer Straße 16
Minne-Lyrik 121
Mischehen 298
Missionsverein 307
Mühlbach 15f
Mühle (handbetrieben) 75, Tafel XX
Mühlen 14f
Münchener Malerschule 103, 109, Tafel XXIV
Mundart, paurische 144
Mundartgedichte 139
Munitionsfabrik 19
Münzhalde 13
Münzstätte 210
Münzturm 42
Murmelspiel 75, Tafel XX
Musenalmanach 133
Musikalischer Verein 185

N

Nachttopf 77
Nackter Mann 17
Nähstube 314
Napfkacheln 73, Tafel XX
Neptunbrunnen 56
Neue Gasse 13f, Tafel XXVII
Nibelungenbrunnen 19
Nikolausaltar 219
Normaljahr 1624 251, 297
Notkirche Kaufbeuren-Hart 265
Nuppengläser 76, Tafel XX
Nürnberger Rechenpfennig (16. Jhd.) Tafel XX

O

Oberbischöfe, evangelische 281
Obere Stadt 13
Oberkonsistorium 304, 306
Observantenbewegung 223
Obstmarkt 12
Ofen s. Kachelofen
Ofenkacheln 73f, Tafel XX
Öffentliche Fürbitte 313
Ökumene 317
Ölberggruppe (1919) 261
Ölmühle 15
Oratoriumschor 191
Ordination der Lehramtsanwärter 282
Orgel der Dreifaltigkeitskirche 281, 288f, 309, 316
Orgelbauverein 265
Orgeldienst 288

Osterkerzen 317
Österreichischer Erbfolgekrieg 250

P

Palmesel 240
Papierherstellung 122
Papiermühle 15f, 44, 63, 122
Papistenmord 300
Paramentensticker 241
Passauer Vertrag (1552) 236, 278
Passionsgeschehen Tafel XVI, XVII
Passionszeit 301
Patengeschenke 284
Patronats- und Präsentationsrecht St. Martin 277, 279, 281
Pavillon im Tänzelhölzle Tafel XXX
Pavillongesellschaft 148f
Pelzschule (Ergänzungsschule zur katholischen Lateinschule) 252
Pest 230, 236, 281
Peter und Paul-Kirche 268
Pfadfinder für Knaben (CP) 315
Pfadfinderhütte 313
Pfarrbücherei St. Martin 150
Pfarreiorganisation 214
Pfarrgasse 13
Pfarrhausbrand (1788) 257
Pfarrhof von St. Martin 215, 250, 264
Pfarrmatrikel 257
Pfarrvikariatsstelle 315
Pferderennspiel 203, 205
Pfründen 215, 276
Pfründestiftungen 238
Pfründewesen 230
Pfründner 292
Pietismus 287, 301f
Polizeiordnung (1546) 294
Polnischer Thronfolgestreit 246
Pomona für Teutschlands Töchter 136
Postbauschule 19
Prädestinationslehre 124
Pragmatische Sanktion 246
Predigerbibliothek 122
Predigermönche 225
Predigten 278, 282
Predigtstiftungen 283
Priesterehe 276, 278
Prinzregentenstraße 17-19
Progymnasium 18f
Promenadenstraße 17
Prozessionen zu St. Cosmas Tafel XIV
Pulverturm 108

R

Rader'sches Gartenhaus 52
Rathaus 13f, 40, 103, 106, 108

Rathausbrand (1960) 107
Ratsbibliothek 147
Ratsmitglieder, katholische 235
Ratsmitglieder, protestantische 281
Realschule 247
Rechenpfennig 74, Tafel XX
Reformationsbilder Tafel XIX
Reformationsfest 307, 309
Reformationsjubiläum (1717) Tafel XIX
Regotisierung der Martinskirche 263
Reichnisse 215
Reichshof 80,
Reichshofrat, kaiserlicher 299
Reichsstände und Reichsstädte 272f, 278, 291
Reichstag in Augsburg (1530) Tafel XIX
Reliefkacheln 74, Tafel XX
Religionsedikte 138, 304
Religionsfriede von Augsburg (1555) 233
Religionsgespräch (1525) 221, 231, 273-276
Reliquien/-verehrung 236, 248
Rennweger Tor 12, 16, 215, 220
Rentamt 18
Rentengeschäfte 217
Responsorien an hohen Festtagen 306
Restauration, katholische 254
Restaurierung der Martinskirche 239, 262
Restitution 235f
Restitutionsedikt (1629) 281
Riehl-Frank'sche Gedächtnisstiftung 151
Ringweg 12f, 17, 112
Römerstraße 11
Rosenkranzgebet 219
Rosental 11f
Rüdiger-Brunnen 19
Rudolfinisches Privileg (1286) 217, 223

S

Säckelsämler 288
Sakramente 124
Säkularisation 240, 246, 257
Salarium, jährliches 287
Salvator und Afra-Kapelle 218, 221
Salzburger Exulanten 208, 283, 292, 294-296
Salzmarkt 11f
Salzstadel 54
Sämgerbund 191
Sämler 274, 278
Sängerhalle im Tänzelhölzle 190f
Schäferstraße 18
Schankkrug Tafel XX
Scharfrichterhaus 56
Scheidlinger Bad 45
Schelmenhofstraße 15, 19
Schiffbrauerei 18
Schildheim (Roman) 131
Schlesische Dichterschule 120
Schmalkaldischer Bund 277
Schmalkaldischer Krieg 123f

Schmiedgasse 11-13
Schorersche Stiftung 233
Schraderhaus 151
Schraderstraße 16-18
Schramm-Bibel 279
Schranne 13
Schraudolphschule 17
Schul- und Armenspeisung 137f
Schulaufsicht, geistliche 311
Schulordnungen 251, 302
Schulspiel der Jesuiten 248
Schulstiftung 308
Schulwesen, evangelisches 302
Schützenhaus 43
Schwäbisch-bayerisches Sängerbundfest (1905) 190
Schwäbischer Bund 232, 276
Schwäbisches Museum (Zeitschrift) 133
Schwäbisches Tagungs- und Bildungszentrum Irsee 250
Schwangerschaften, uneheliche 293
Schwedeneinfälle (1632 bis 1634) 241
Schweizer Reformation 275
Schwenckfelder 278f
Schwesternbuch 241
Schwesterngemeinschaft „Maria Stern" (Augsburg) 240
Schwören bei Handelschaften 294
Schwörtag 300
Sebastiankapelle 229f, 257, 278, 310
Sedanstraße 17
Seelhausschwesternschaft 222, 225
Seelsorgestelle für das Bezirkskrankenhaus 315
Sektiererische Bewegungen 233
Seligsprechung Crescentia Höß 260
Seligsprechungsprozeß 247
Seuchen und Epidemien 220
Seuchenhäuser 14
Seuchenzeiten 286
Sieben vazierende Pfründestiftung 282
Siebenjähriger Krieg (1756-1763) 301
Siechenkirche 238
Simultaneum 278f
Singknaben 288
Singkreis 296
Singspiel, deutsches 184
Sitzordnung in der Kirche 288
Sondersiechenhaus 224
Sonnenfinsternis (1654) 300
Sonntagsheiligung 283
Sonntags-Kinderlehre 287, 302
Spätaufklärung 134
Spätgotik, Kaufbeurer Tafel VII, VIII
Spenden für auswärtige ev. Kirchen 292
Spendung der Sakramente 221
Spinnhaus 293
Spinnwirtel 74, Tafel XIV
Spital 13, 15, 42, 304, 310
Spitalbrand (1669) 300

Spital-Gottesacker 287
Spitalkaplan 222
Spitalkirche 101, 224, 235, 238, 257, 279, 282, 291, 304
Spitalmühle 15
Spitalpfründe 237
Spitalschreiberhaus 42
Spitalstadel 42
Spitaltor 11, 13, 16
Sprengeleinteilung 312
Spruchbilder Tafel XIX
Spruchdichter 120
St. Johannisverein, paritätischer 307
St. Michaelsbund 150
Stadmauer, stauferzeitliche 81
Stadtarchiv 151
Stadtbäche 15
Stadtbefestigung 13, 17, 39f
Stadtbrand (1325) 80, 223f
Stadtbücherei 149, 151
Stadterweiterung 16
Stadtgericht 294
Stadtgrundriß 12
Städtische Singschule 191f
Städtische Volksbücherei 149f
Städtisches Kommissariat 200
Städtisches Krankenhaus 17
Stadtkanzlei 48
Stadtknechte 294
Stadtmauer 12-14, 110
Stadtmuseum 102, 104, 141, 301, Tafeln VIII, XII, XVI, XVII, XXI, XXV, XXVI
Stadtsaal 16, 190
Stadttheater 54
Stadttore 14, s. Kemnater Tor, Rennweger Tor, Spitaltor
Stadtverweis 233, 238, 276, 294
Stadtvikarstelle 314
Stadtwaage 45
Statuten für die Sämler-Bruderschaft 288
Statutenordnung für das 16. und 17. Jahrhundert 293
Steinzeug 77
Stift St. Ulrich und Afra (Augsburg) 221
Stiftungen 230, 235, 239, 272, 276, 282f, 308, 315f
Stolgebühren 230
Sturm und Drang 134
Sturmläuten 235

T

Tafelgeschirr 76f, Tafel XX
Tänzelfest-Knabenkapelle s. Knabenkapelle
Tänzelhölzle 135, 199-201, 203, 207f, 253, 308, Tafel XXX
Taufe 281f, 231, 284
Täufer 273, 276, 278
Täufergemeinden 125, 276
Tertiarenregeln der Franziskaner 223

335

Textilhandel 15
Textilhandwerk 15
Thesenanschlag 287
Thomas-Kuile-Haus 45
Thronender Christus als Weltenrichter 86
Totengräber 286
Totenmesse 230
Totenschild (1536) 91
Totenschild des Christoph Hörmann 96
Tranfunzeln Tafel XX
Trinkgefäße 76, Tafel XX
Turm der Dreifaltigkeitskirche 308f
Turnhalle 18
Turnierspiel 75, Tafel XX
Tutzinger Freundeskreis 315

U

Ukrainisch-orthodoxe Flüchtlinge (1945 und 1948) 316
Ulrichskirche 36, 267
Unrat 15
Unter dem Berg 13, 15
Unzucht vor der Ehe 293
Urbar (1482) 215

V

Valentin-Heider-Kindergarten 316
Verband christlicher Pfadfinder und Pfadfinderinnen (VCP) 315
Verein für Innere Mission 308, 310
Verein zur Hebung des Tänzelfestes 208
Verfassung, bayerische (1818) 298
Vermummungsverbot zur Fastenzeit 277
Vertriebenen-Mahnmal 117
Vesperbild der Pfarrkirche Weicht 92
Vesperbild von Honsolgen 88
Vespergottesdienste mit Psalmen 278
Vigilien 275
Völkerschlacht bei Leipzig (1813) 307
Volksbücherei 151
Volksküche 314
Vorderladerofen 73
Vormärz 138
Vornamensgebung 284
Vorratshaltung 77, Tafel XX
Vorsänger/-amt 288, 306

W

Waaler Kruzifixus 91
Wagenseil'sche Kattunfabrik 18
Waisenhaus 260f, 312f
Waisenhauswald 260
Waisenkinder 259, 291f, 310
Walch'sches Gartenhaus 45
Walkmühle 15

Wallfahrer 262
Wallfahrten Tafel XVI
Wandelkommunion 285
Wasserkraft 14f
Wasserläufe, künstliche 14
Wasserleitung 78
Wasserversorgung 77f
Webereck 16
Weberhaus 279
Weberumzug 300
Weberzunft 240
Webstühle 15
Wegkapelle 58
Wein 72, 76f
Wertachbrücke 16
Westfälischer Friede (1648) 181, 238, 251, 281, 288f, 291f, 295, 297
Winkelheiraten 292
Wochenmarkt an Christi Himmelfahrt und Fronleichnamstag 234
Wohnheim für Fabrikarbeiterinnen in der Ledergasse 247
Wooden Church Crusade 315
Wörishofer Haus 49
Wunderkreis 201, 308
Württembergische Kirchenordnung (1678) 282

Z

Zehnt 272
Zensur 303
Ziegelstadel 69
Zinsschlüssel der Martinskirche 216
Zitronengäßchen Tafel XXVII
Zünfte 205, 232, 273
Zunfttafel der Weber 102
Zwangsarbeiterlager 19
Zweiter Weltkrieg 14, 16, 18
Zwinglianismus 275, 277
Zwölf-Apostel-Feste 278

Ortsverzeichnis

A

Aichach 302
Aitrang 231, 275
Altort/Neustadt 12f
Altstädten 267
Ansbach 305
Antwerpen 123, 301
Apfeltrang 83
Arbon am Bodensee 80
Auerberg 87

Aufkirch 234
Augsburg 15f, 100f, 109, 117, 122, 130, 135, 143,180, 183, 187, 199, 214f, 221, 230, 237, 240, 245, 254-256, 264, 268, 274, 277f, 286, 292, 296, 301, 303, 307, 311
Augsburg-Pfersee 261

B

Bad Faulenbach 197
Bad Oberdorf 87
Bainders (bei Wolfegg) 113
Benediktbeuern 258
Berlin 88, 90f
Bernried 257
Bertoldshofen 234
Beuerberg 102
Biberach an der Riß 82
Blaubeuren 83, 90
Bobingen 236
Böblingen 115
Brigels 85f
Buchloe 305
Budapest 87

D

Danzig 286
Dillingen/Donau 101, 230, 235, 242, 254, 256, 258, 261, 268
Dinkelsbühl 114, 202
Dirlewang 235
Disentis 85f
Dürhaupten 245

E

Ebenhofen 84
Eichstätt 114, 180, 193, 256
Engetried 101

F

Frankenhofen (bei Schlingen) 83
Frankenried 239, 251, 254f
Frankfurt am Main 107, 238
Freiberg-Eisenberg 110
Freising 182
Friesenried 272
Fuchstal 100
Fulda 182
Fürstenfeldbruck 119
Füssen 80, 84, 86-88, 97, 101, 236, 238, 245, 305

G

Geisenried 231
Geislingen an der Steige 115, 199

Geißenried 275
Gotha 130
Göttingen 130
Großkemnat 57
Gutenberg 102, 237

H

Hagenau 242
Haimhausen 115
Hechlingen 310
Heidelberg 114
Helmishofen 80
Hindelang 87, 257
Hinterkirch (am Reschenpaß) 87
Hirschzell 58
Höchstädt an der Donau 264
Hof 202
Honsolgen 88
Huttenwang 86f

I

Immenhofen 101
Interlaken 203
Irsee 232, 244f, 247f, 250, 253
Isny 304

J

Jachenau 102
Jengen 264

K

Kemnat 11, 59, 80, 110
Kemnat 120
Kempten 80-82, 117, 181, 202, 231, 239, 273f, 276, 286, 289, 294, 299, 304f
Köln 106, 112
Konstanz 231
Kraftisried 110
Kreuzthal 261

L

Landsberg am Lech 202, 253
Landshut 258
Langenargen 256
Latsch 87, Tafel XI
Lauchdorf 85
Lechbruck 110
Leeder 236
Leipzig 19, 296
Lengenfeld 261
Lindau im Bodensee 202, 286
London 296

M

Mainz 182,
Marktoberdorf 80, 239, 255, 276, 305, 312
Märzisried 60, 103
Mauerstetten 11
Memmingen 11, 81f, 109, 130, 237, 274, 286f, 295f
Meran 88
Mindelheim 253
München 103-107, 109-113, 117, 241, 244, 256, 267
München-Schleißheim 206
Murnau 258

N

Neumarkt/Opf. 193
Niederrieden 182
Nördlingen 114, 286
Nürnberg 105, 114, 188

O

Oberbeuren 60, 115, 214, 257f, 272
Obergermaringen 110
Obergünzburg 234, 255, 305
Oberostendorf 254
Oberzell 86
Osterzell 100
Ottobeuren 182, 245, 253

P

Passau 236, 278
Pforzen 110, 121
Pfronten 110
Pongau 295
Prag 249

R

Regensburg 114, 238, 296
Reichenbach 292
Reutlingen 115, 292
Rieden (bei Füssen) 88
Rom 190
Roßhaupten 110
Rothenburg ob der Tauber 114

S

Salem 257
Salzburg 182, 250, 292, 294f
Schackwitz (Mähren) 124
Schlesien 286
Schlingen 85

Schmalkalden 276
Schongau 11, 258, 295, 305
Schröcken (Vorarlberg) 100
Schwabach 264
Schwäbisch Hall 206, 218
Schwabmünchen 262
Schwaz/Tirol 123
Schweinfurt 123
Serfaus 88
Sonthofen 257
Speyer 114
Steyer 274
Stuben 86

T

Tübingen 123
Türkheim 305

U

Überlingen 237, 292
Ulm 82f, 115, 200, 237, 241, 278, 284, 286, 289
Untergermaringen 255

V

Venedig 296
Vintschgau 87f

W

Wald 85, 258
Waldsee 113
Weimar 184
Weißenbronn 245
Weißenhorn 254
Wessobrunn Tafel VIII
Westendorf 234, 258
Wettenhausen 261
Wiblingen 250
Wien 124, 184f, 198
Wittenberg 274
Worms 292
Würzburg 114, 193

Z

Zankenhausen 110
Zürich 276

Die Tafeln

Glossar kunsthistorischer Fachbegriffe: Seite 63

Tafel I - VI	Kaufbeurer Kunstwerke der Spätgotik und Renaissance
Tafel VII	Die Kaufbeurer Spätgotik: Michael Erhart
Tafel VIII	Die Kaufbeurer Spätgotik: Hans Has
Tafel IX	Der Kaufbeurer Barock: Hans Ulrich Franck
Tafel X	St. Blasius - der Jörg-Lederer-Altar
Tafel XI	St. Blasius - der Jörg-Lederer-Altar
Tafel XII	Die Kirchen der Stadt Kaufbeuren: St. Martin
Tafel XIII	Die Kirchen der Stadt Kaufbeuren: Dreifaltigkeitskirche
Tafel XIV	Die Kirchen der Stadt Kaufbeuren: St. Cosmas und Damian
Tafel XV	Die Kirchen der Stadt Kaufbeuren: St. Dominikus
Tafel XVI	Zeugnisse katholischer Andacht
Tafel XVII	Zeugnisse katholischer Andacht
Tafel XVIII	Religiöse Volkskunst der evangelischen Bürger
Tafel XIX	Religiöse Volkskunst der evangelischen Bürger
Tafel XX	Kaufbeurer Bürgerkultur im Spiegel archäologischer Funde
Tafel XXI	Kaufbeurer Kunsthandwerk
Tafel XXII	Die bildende Kunst: Alois Gaibler
Tafel XXIII	Die bildende Kunst: Rudolf Michael Kuppelmayr
Tafel XXIV	Die bildende Kunst Kaufbeurens im 19. und 20. Jahrhundert
Tafel XXV	Die bildende Kunst Kaufbeurens im 19. und 20. Jahrhundert
Tafel XXVI	Die bildende Kunst Kaufbeurens im 19. und 20. Jahrhundert
Tafel XXVII	Die bildende Kunst: Paul Kauzmann
Tafel XXVIII	Die bildende Kunst Kaufbeurens im 20. Jahrhundert
Tafel XXIX	Die Tafel der Kaufbeurer Agentengesellschaft A.C.
Tafel XXX	Die Gesellschaftshäuser im Tänzelhölzle

Kaufbeurer Kunstwerke der Spätgotik und Renaissance — Tafel I

Meister des Fischener Vesperbildes, hl. Christophorus (im Kunsthandel), Muttergottes und hl. Sebastian im Stadtmuseum Kaufbeuren

Meister von Wald, St. Wolfgang, Kaufbeuren, Martinskirche

Meister von Wald, Pieta, Kaufbeuren, Martinskirche

Meister von Wald, hl. Ottilie, Ottilienkapelle Rott a. Lech

Tafel II   Kaufbeurer Kunstwerke der Spätgotik und Renaissance

*Meister von Wald, Reliquienaltärchen,
Kaufbeuren, St. Blasius*

*Meister von Wald, hl. Petrus und
hl. Johannes in St. Martin (links)
Meister von Wald, hl. Wolfgang und
hl. Ulrich in der Pfarrkirche Wald (rechts)*

Kaufbeurer Kunstwerke der Spätgotik und Renaissance — Tafel III

Michael Erhart, Muttergottes aus dem Hochaltar der Martinskirche, München, Bayerisches Nationalmuseum (s. auch Tafel VII)

Tafel IV   Kaufbeurer Kunstwerke der Spätgotik und Renaissance

Bastian und Jörg Badelkircher „von beiren" (Kaufbeuren); Zeichnungen im Kupferstichkabinett Berlin und Stadtmuseum Danzig

Jörg Lederer, Marientod, Köln, Diözesanmuseum   *Jörg Lederer, Marienkrönung, Berlin, Staatliche Museen*

Kaufbeurer Kunstwerke der Spätgotik und Renaissance — Tafel V

Jörg Lederer, hl. Johannes Baptist, Füssen, Hohes Schloß, Staatsgalerie

Jörg Lederer, Muttergottes, Privatbesitz

Jörg Lederer, hl. Afra, Füssen, Hohes Schloß, Staatsgalerie

Christoph Ler, Wappenstein in der Gruftkapelle Gutenberg

Christoph Ler, Totenschild des Georg von Schwangau, Pfarrhof St. Martin

Tafel VI   Kaufbeurer Kunstwerke der Spätgotik und Renaissance

Christoph Ler, die Hl. Magnus, Johannes Ev. und Theodul, Heimen, Kapelle

Bildnis der Marthe Hörmann, Stadtmuseum Kaufbeuren

Ludwig Seibrand, Rundscheibe mit Darstellung des Evangelisten Markus, Stadtmuseum Kaufbeuren

Die Kaufbeurer Spätgotik: Michael Erhart — Tafel VII

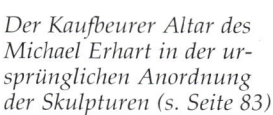

Der Kaufbeurer Altar des Michael Erhart in der ursprünglichen Anordnung der Skulpturen (s. Seite 83)

Die Muttergottes als Zentralfigur wurde begleitet vom Kirchenpatron St. Martin zu ihrer Rechten und dem Diözesanpatron St. Ulrich zur Linken. Darauf folgten außen die Heiligen Cosmas und Damian. Die anläßlich der Ausstellung „Bayern Kunst und Kultur" 1972 im Münchner Stadtmuseum angefertigte Aufnahme vermag einen, wenn auch abgeschwächten Eindruck von der Großartigkeit dieses Altarschreins zu vermitteln. Leider wurden damals Cosmas und Damian vertauscht, weshalb der Rhythmus der Körperbiegungen empfindlich gestört ist. Die Muttergottes gehört zu den hervorragendsten Leistungen der schwäbischen Skulptur der Spätgotik. Daß ihr künstlerischer Rang von einigen Forschern nicht erkannt wurde, liegt wohl in erster Linie an ihrem Erhaltungszustand. Die 183 Zentimeter hohe Figur hat durch Witterungseinflüsse etwas gelitten. Angegriffen sind vor allem herausragende Teile wie der Halbmond und die teilweise nachträglich ergänzten und überarbeiteten Gliedmaßen des Kindes. Darüber hinaus verunklärt die bei einer älteren Restaurierung stark übergangene Fassung die Prägnanz des Schnitzstils. Maria ist als Frau von königlicher Würde gegeben. Ihre großzügige, straff komponierte Gestalt gipfelt in dem aufrechten Kopf mit dem fest in die Ferne gerichteten Blick. Vor sich hält sie mit lockerem, aber sicherem Griff den strampelnden Jesusknaben. Die stark die Vertikale betonende Figur schwingt in der rechten Hüfte leicht aus, wobei das linke Bein vorgesetzt ist. Dieser Bewegung antwortet der Oberkörper durch eine schwache Drehung. Eine originelle, gut motivierte Gewandkomposition überlagert die klar herausgearbeiteten Bewegungsmotive. Der Mantel liegt lose über der linken Schulter, umhüllt den linken Arm und wird von ihm emporgerafft. Rechts ist er dagegen rückwärts über die Schulter hinabgeglitten und fällt seitlich in zwei mächtigen Bahnen vertikal zu Boden. Diesen Bewegungsfluß variiert das über den rechten Oberarm gleitende Kopftuch. Beides sind Motive, die in vergröberter Form bei späteren Figuren der Erhart-Werkstatt und ihres Umkreises wiederkehren. Daß bei der Kaufbeurer Muttergottes die Feinheit der Oberflächenbehandlung ehedem der großartigen Komposition adäquat gewesen sein muß, zeigen die relativ unbeschadet gebliebenen Hände, deren zarte Beweglichkeit und äußere Sensibilität von keinem anderen Werk Erharts erreicht wird.

Die etwa zwei Meter hohen Figuren der Bischöfe Martin und Ulrich aus dem Kaufbeurer Schrein haben wie die Muttergottes die Jahrhunderte nicht ganz unversehrt überdauert. Bei einer Verkleinerung der polygonalen Sockel, die wohl 1896 zur Aufstellung auf Konsolen seitlich des neugotischen Hochaltars erfolgte, wurden die Gewandpartien in Sockelnähe in Mitleidenschaft gezogen. Aus der gleichen Zeit stammen die Stäbe und anscheinend auch die unvorteilhaften Fassungen.

Die Zusammenhänge zwischen dem hl. Ulrich und der Marienfigur sind evident. Bei ihm wiederholen sich nicht nur die Grundzüge des Aufbaus und der Faltenorganisation, auch der Ausdrucksgehalt deckt sind. Das Gesicht ist von innerer Spannung und Aktivität erfüllt, Stirn und Brauen sind zusammengezogen, die Lippen aufeinander gepreßt, die weit geöffneten Augen fest in die Ferne gerichtet. Unterstrichen wird die Intensität des Ausdrucks noch durch die Straffheit und klare Überschaubarkeit der Gestalt. Der Hl. Martin verkörpert das entgegengesetzte Temperament: Das jugendliche Gesicht mit den halbgeschlossenen Augen und den geöffneten Lippen ist in seiner Modellierung von außerordentlicher Sensibilität. Auch durch die breitere, nicht mit einem Blick erfaßbare Komposition hebt sich die Figur von ihrem Gegenüber ab. Innerhalb der komplizierten Faltenorganisation bildet das raumschaffende Motiv des über den unteren Teil des Stabes gleitenden Mantels einen besonderen Akzent.

Auch die zugehörigen, etwa 178 Zentimeter hohen Figuren der Heiligen Cosmas und Damian sind nicht ganz unverändert geblieben. Beim hl. Cosmas wurden beide Hände und der Sockel, beim hl. Damian die Linke und der Sockel ergänzt. Außerdem sind die Fassungen mehrfach restauriert worden, zuletzt vor ungefähr 80 Jahren. Stilistisch schließen sich beide eng an die Muttergottes und den hl. Ulrich an. Klarheit und Überschaubarkeit der die Vertikale betonenden Kompositionen gehen zusammen mit feinen Körperbiegungen und Drehungen, welche die Räumlichkeit erhöhen. Qualitativ bleibt der ein wenig unsicher dastehende hl. Damian etwas zurück. Der Kopftypus der jugendlichen Heiligen entspricht jenem, den wir bereits von der Ulrichsfigur her kennen, bei der allerdings das Gesicht dem vorgerückten Lebensalter gemäß schlaffer und faltiger modelliert ist.

Archivalische Nachrichten über Errichtung und Weihe des Kaufbeurer Hochaltars waren bis jetzt nicht zu finden. Wir wissen nur, daß der 11 Meter breite und 21 Meter lange Chor der Martinskirche 1438-1443 neu errichtet wurde, was für die Datierung nur einen terminus post quem ergibt.

Tafel VIII   Die Kaufbeurer Spätgotik: Hans Has

Dieses von Hans Has signierte, 149 x 131,5 Zentimeter messende Tafelbild befindet sich seit einigen Jahren im Kaufbeurer Stadtmuseum. Es ist mit großem Aufwand gestaltet. Die drei symmetrisch angeordneten Kreuze ragen in eine weite Hügellandschaft, in die eingebettet die mittelalterliche Stadt Jerusalem liegt, zu der stark bevölkerte Wege führen. Rechts erkennt man in der Ferne eine zweite Richtstätte. Die untere Hälfte des Bildes ist dicht gefüllt mit in Bewegung befindlichen Menschen, wobei zwischen einer guten und einer bösen Seite unterschieden wird. Links unter dem Kreuz des erlösten Schächers, dem sich zwei Engel nähern, gruppieren sich die in Schmerz niedergesunkene Maria mit Johannes und weiteren Frauen, dazu die das Kreuzholz umfassende Magdalena. Unter ihr kniet am vorderen Bildrand der Auftraggeber, Abt Kaspar, im schwarzen Benediktinerhabit mit dem Abtsstab, zu seinen Füßen das Wappen des Klosters Wessobrunn. Unter dem von drei Teufeln heimgesuchten bösen Schächer halten sich die berittenen, durch feiste, häßliche Physiognomien charakterisierten Pharisäer in dichtem Knäuel auf, zu deren Füßen wüste Kriegsknechte um die Kleider Christi würfeln. Hans Has arbeitet mit einer breiten Palette leuchtender Farben. Die Landschaft erscheint in klarem Licht bei tiefblauem Himmel, jedoch mit einer feinen Luftperspektive. Seine Augsburger Schulung bei Jörg Breu, aber auch die Kenntnis der Malerei Hans Burgkmairs wird hier spürbar. Auch versteht er es, Faltenpartien wie den blauen Mantel Marias großzügig und gleichzeitig dekorativ auszubreiten und durch starkes Helldunkel zu gestalten. Die plastische Modellierung der nackten Körper erreicht der Maler mehr durch weiches, malerisches Helldunkel denn durch graphische Mittel. Einen heftigen Kontrast dazu bildet das hart und präzise gezeichnete flatternde Lendentuch Christi.

Der Kaufbeurer Barock: Hans Ulrich Franck — Tafel IX

Das Altarblatt der Kirche St. Cosmas und Damian mit der Darstellung der beiden Heiligen: Das mit „Hippocapho" bezeichnete Buch weist auf den Arzt St. Cosmas hin, während Arzneibehältnis und Messer dem Wundarzt und Chirurgen St. Damian zugehören. Die Szene vor dem Hintergrund einer Alpenlandschaft zeigt den Märtyrertod der beiden Heiligen. Die quer verlaufende Signatur lautet: „HANS VLRICH FRANCK MAHLER VND ORGANIST IN KAVFBEVREN HAT DIES GEMAHLEN AN(N)O 1630." Der geschweifte Rahmen des Bildes ist eine Zufügung aus dem Jahr 1722.

Tafel X St. Blasius: Der Jörg-Lederer-Altar

Jörg Lederer schuf den Altar in den Jahren 1517-18. Die Datierung 1518 ist in zwei kleinen geschnitzten Laubwerkfüllungen im Schrein versteckt: links eine 1 und eine 5, rechts eine 1 und eine 8. Die Acht ist aber aus vergoldeter Pappe gefertigt und verdeckt eine Sieben, die halb abgeschnitzt ist. Vermutlich verzögerte sich die Fertigstellung des Altares um ein Jahr, so daß die bereits geschnitzte Jahreszahl korrigiert werden mußte.

Die drei Hauptfiguren, die heiligen Bischöfe Blasius, Ulrich und Erasmus, stammen offenbar vom Vorgängeraltar der Kirche, stilistisch werden sie um 1430 datiert, also zeitgleich mit dem Bau des Chores. Da es sich um den Kirchenpatron und zwei andere für Kaufbeuren wichtige Schutzheilige handelt, könnte Jörg Lederer verpflichtet gewesen sein, die Skulpturen zu übernehmen und in seinen Altaraufbau zu integrieren.

Das Retabel steht auf einer Predella mit geschwungenen Seitenwangen, die vorderseitig drei Gemälde aufweist, die durch kleine Fialen voneinander getrennt sind: in der überhöhten Mitte ist das Pfingstwunder dargestellt, links davon die Heiligen Katharina und Barbara, rechts Margaretha und Dorothea. Die Rückseite zeigt die Kreuztragung Christi, in einer Fahne mit den Initialen I.M. für Jörg Mack signiert.

Der Altarschrein übernimmt die Dreiteilung der Predella, das Gemälde des Pfingstwunders ragt in ihn hinein und bildet so den erhöhten Sockel für die mittlere Figur, den Kirchenpatron Blasius. Rechts neben ihm steht der heilige Erasmus, links Ulrich. Die Heiligen tragen bischöfliche Tracht

St. Blasius: Der Jörg-Lederer-Altar

und sind mit ihren Attributen versehen: Blasius trägt ein Buch und eine gedrehte Kerze, Erasmus sind als Zeichen seines Martyriums Pfrieme in die Fingerspitzen seiner erhobenen Hände gesteckt, an seinem linken Arm lehnt ein - vermutlich nicht ursprünglicher - Bischofsstab, Ulrich hält einen Fisch und einen Bischofsstab. Zwischen den Schreinskulpturen stehen auf schmalen Konsolen vier kleine Skulpturen: der Evangelist Johannes und ein Heiliger mit schwarzem Birett, Buch, Tintenfaß und Lederköcher, in der Tracht eines Gelehrten des frühen 16. Jahrhunderts, im 19. Jahrhundert als Lukas interpretiert, beides Arbeiten Jörg Lederers, daneben an den Schreinwänden Matthäus und Markus, im 19. Jahrhundert hinzugefügt.

Das obere Drittel des Schreins ist von vielgliedrigem Maßwerk bedeckt: über den Bischofsfiguren wölbt sich je ein Baldachin, der mittlere dreiseitig, der äußere zweiseitig vorkragend und mit architektonischem Maßwerk verkleidet. Den unteren Abschluß der Baldachine bilden von Kielbögen überspannte Rankenornamente mit seitlich gebogenen Fialen und Kreuzblumen. Über den Baldachinen, und diese zum Teil verdeckend, ist ein die ganze Breite des Schreins einnehmendes Schleierbrett angebracht. Es besteht aus zwei mit Rankenwerk ausgefüllten Rundbögen, die von zwei Kielbögen überfangen werden, und einem diese zusammenfassenden höheren Kielbogen. Alle drei Spitzen sind von einer Kreuzblume bekrönt.

Auf der Rückseite des Schreins ist die Kreuzigung Christi dargestellt. Das Gemälde trägt die Inschrift „die taffel ist gesetzet worden an unser liebe fraven abatt als der engel den gruß brachtt da man zallt 1518 und ist pfleger gewesen burgmaiste hans weser und blese honnold".

Zu beiden Seiten des Schreins stehen auf erhöhten Säulenpodesten Johannes der Täufer und Anna Selbdritt, und damit diese vorzüglichen Skulpturen sowohl bei offenen, als auch bei geschlossenen Altarflügeln sichtbar sind, wurden die Flügel mittels ungewöhnlich eleganter, 30 cm langer Drehscharniere am Schrein befestigt. Jörg Lederer hat diese Form des spätmittelalterlichen Wandelaltars bei seinen Altären mehrfach verwendet, vielleicht sogar entwickelt, jedenfalls zu höchster Vollendung gebracht. Diese spezielle Art der Aufhängung beweglicher Flügel findet sich auch an dem Hochaltarretabel in Latsch im Vintschgau, welches ebenfalls aus der Werkstatt Jörg Lederers stammt.

Die beiden Skulpturen, links Johannes der Täufer, bekleidet mit einem Pelzgewand und mit der Linken auf das auf seinem Buch ruhende Lamm weisend, und rechts die heilige Anna Selbdritt mit Maria an ihrer Seite und dem Christuskind auf dem linken Arm, stehen leicht dem Schrein zugewandt. Über ihnen, in Höhe der oberen Schreinkante, ist je ein Baldachin mit trapezförmigem Grundriß angebracht, der mit sich überschneidenden, mit Krabben besetzten Kielbögen und kleinen geschwungenen Fialen verziert ist und mit einer hohen Fiale mit Kreuzblume bekrönt ist. Unter den Baldachinen schweben zwei kleine Engelsfiguren, die rechte hält ein Weihrauchfäßchen, die linke einen Kelch aus Zinn in der Hand.

Die Altarflügel haben einen kielbogenförmigen, in einer Kreuzblume endenden oberen Abschluß und verdecken bei geschlossenen Flügeln genau den entsprechenden Bogen des Schleierbretts. Die inneren (im geschlossenen Zustand) unteren Ecken haben eine viertelkreisförmige Aussparung und bilden zusammen einen das mittlere Predellenbild überspannenden Rundbogen. Beide Flügel sind in je zwei Tafeln unterteilt und durch profilierte Rahmen eingefaßt. Die Gemälde der Außenseiten zeigen jeweils zwei Heilige: Stephanus und Laurentius, Martin und Nikolaus, Valentin und Castulus, Antonius und Magnus. Die Innenseiten haben Szenen aus der Kindheit Christi zum Thema: Geburt Christi, Anbetung der heiligen drei Könige, Flucht nach Ägypten, Bethlehemitischer Kindermord.

Auf dem Schrein baut sich ein wiederum die dreiteilige Gliederung von Predella und Schrein übernehmendes Gesprenge auf. Darin stehen auf Säulenpodesten in der Mitte leicht erhöht Maria auf der Mondsichel, vom Strahlenkranz umgeben, links der heilige Sebastian und rechts der heilige Christophorus. Zwischen diesen Skulpturen befinden sich auf hohen, schlanken Podesten zwei Engel, jüngere Ergänzungen wohl des 19. Jahrhunderts. Auf ihren Podesten standen vor der Restaurierung 1897 die kleinen Skulpturen des Johannes Evangelist und des Heiligen mit schwarzem Birett, die jetzt als Evangelistenfiguren im Schrein zu sehen sind, gemeinsam mit den im 19. Jahrhundert ergänzten Matthäus und Markus.

Sebastian und Christophorus haben auf hohen Stützpfeilern ruhende Baldachine mit quadratischem Grundriß, ähnlich denen von Johannes d. Täufer und Anna Selbdritt. Der Baldachin der Maria ist sechsseitig, wird von Stützpfeilern und schlanken Säulen getragen. Er ist ebenfalls mit Kielbögen und gebogenen Fialen verziert und schließt das Retabel mit einer hohen, in einer Kreuzblume endenden Fiale ab.

Jörg Lederer, der eine florierende Werkstatt führte und seine Altäre bis nach Südtirol exportierte, beschäftigte neben Bildhauern und Kistlern auch eine große Zahl von Künstlern, die in seinem Auftrag Gemälde für die Altäre anfertigten. An dem Retabel in der St. Blasiuskapelle waren allein drei Maler beteiligt, sie schufen die acht Tafelbilder der Altarflügel, die Bemalung der Predella und der Rückseite des Schreins. Die Predella ist auf der Rückseite mit den Initialen I.M. für Jörg Mack signiert, der Autor der Kreuzigung auf der Schreinrückseite ist unbekannt, und die Zuschreibung der sehr qualitätvollen Flügelgemälde wird seit mehr als hundert Jahren diskutiert. Gesichert ist, daß sich die Maler bei der Komposition und bei der Ausgestaltung von Details konkreter Vorlagen aus Albrecht Dürers Holzschnittzyklen bedienten, die 1511 erschienen waren und eine weite Verbreitung erlangten. Jörg Macks Predellengemälde sind Blättern aus der „Kleinen Holzschnitt - Passion" nachempfunden: das Motiv des Pfingstwunders ähnelt dem Holzschnitt B 51 „Ausgießung des Heiligen Geistes" bis in Details der Faltenwürfe, erlangt aber nicht dessen große räumliche Tiefe. Für die Kreuztragung der Predellenrückseite übernahm Mack eine ganze Gruppe und einzelne Personen aus den Holzschnitten B 28, B 31 und B 37. Der Autor der Flügelgemälde ließ sich von Dürers „Marienleben" inspirieren. Vor allem bei der „Flucht nach Ägypten" sind bemerkenswerte Parallelen zum Holzschnitt B 89 festzustellen. Die Palme und die rechte Baumgruppe sind direkt übernommen, die Hauptgruppe ist spiegelverkehrt und leicht abgewandelt dargestellt. Das Geschehen ist im Gegensatz zu Dürer in die freie Landschaft verlegt. Für Details bei der „Anbetung der Könige" wurden die Holzschnitte B 86 und B 87 herangezogen. So diente für das Gewand des knienden Königs das Priestergewand aus der „Beschneidung" zum Vorbild. Die Zierglöckchen am Gürtel des mittleren Königs des Kaufbeurer Bildes sind bei Dürers Dreikönigsdarstellung am Gürtel des rechten Königs abgebildet. Anlehnungen an druckgraphische Vorlagen und die Übernahme einzelner Elemente in die eigene Komposition waren in der Werkstattpraxis des 16. Jahrhunderts durchaus üblich.

Gravierende Schäden an diesen Tafelbildern und an anderen Teilen des Altares gaben 1995 den Anlaß für eine umfassende Restaurierung des Retabels, die dank großzügiger Unterstützung der privaten Messerschmitt - Stiftung durchgeführt werden konnte. Neben der holztechnischen Stabilisierung des Altaraufbaus, der Konservierung und Reinigung der Farbfassungen und Vergoldungen, standen umfangreiche Konsolidierungsarbeiten an den Gemälden der Retabelflügel im Mittelpunkt der Maßnahmen.

Grundlage dieser Arbeiten war die Suche und Auswertung aller verfügbaren Archivalien mit Informationen, die Aufschluß über die Ursachen bestimmter Schadensphänomene geben konnten. Die Akten des Bayerischen Landesamtes für Denkmalpflege erwiesen sich dabei als besonders aufschlußreich und enthüllten eine bewegte Geschichte.

Der Verlauf der bisherigen Restaurierungsgeschichte hatte gezeigt, daß offenbar das Einbringen unterschiedlicher Festigungs-, Kitt- und Retuschiermaterialien das sensible Gefüge von Holz und Malschicht immer wieder aus dem Gleichgewicht bringen würde. Es war nunmehr unumgänglich, diese gealterten, teils versprödeten Kittungen und Retuschen weitgehend zu entfernen. Die Freilegung erfolgte ausschließlich unter dem Mikroskop, es wurden nur traditionelle Bindemittel und Füllstoffe verwendet, wie sie auch in der Malschicht schon vorhanden waren. Die Retusche wurde mit Aquarellfarben in feiner Strichtechnik ausgeführt, so daß sie ablesbar und reversibel ist. Es bleibt zu wünschen, daß der Zustand des Altarretabels sich nun soweit stabilisiert hat, daß in Zukunft keine so eingreifenden Maßnahmen mehr nötig sind.

Anke Rothe

Tafel XII Die Kirchen der Stadt Kaufbeuren: St. Martin

St. Martin ist seit dem Mittelalter die zentrale Pfarrkirche der Stadt Kaufbeuren (hier in einer Südansicht nach einer Guache von der Hand des Konditormeisters Andreas Schropp im Kaufbeurer Stadtmuseum). Die im Äußeren weitgehend unverändert gebliebene Basilika wurde zwischen 1438 und 1444 errichtet. Ihr gingen ein gotischer und mindestens drei romanische Vorgängerbauten voraus. Am Haupteingang erhielt sich der Rest des stauferzeitlichen Portales. Das von sieben Säulenpaaren getragene Mittelschiff ist 44 Meter lang und überragt die beiden Seitenschiffe mehr als 10 Meter. Um 1480 vollendete ein qualitätvoller Schreinaltar des Ulmer Meisters Michael Erhart die spätgotische Ausstattung der Kirche. Diese geschlossene Ausgestaltung der Basilika wurde aber schon 1545 ein Opfer der Reformation und ist nur noch in Fragmenten erhalten.

Von diesem Altar stammen die vier größeren geschnitzten Heiligenfiguren im Chor. 1681 setzte mit dem Einzug eines stuckierten Scheingewölbes die Umgestaltung St. Martins im Stile des Barock ein (vgl. Abbildung oben links). Im Laufe des 18. Jahrhunderts erhielt das Gotteshaus vier barocke Seitenaltäre. Anläßlich der 300-Jahrfeier der Kirche wurde dem Hochaltar 1744 das große Ölgemälde des Münchner Hofmalers Georges Desmareés eingefügt, das heute über dem Nordeingang hängt. 1893 bis 1896 ließ Stadtpfarrer Joseph Landes die gesamte barocke Innenausstattung von St. Martin entfernen und gegen eine neugotische ersetzen. Aus diesen Jahren stammen die flache Holzdecke des Mittelschiffes und die Schnitzaltäre von Peter Sprenger (vgl. Abbildung unten links). Seitdem wurde die Kirche noch zweimal durch restaurative Eingriffe leicht verändert.

Die Kirchen der Stadt Kaufbeuren: Dreifaltigkeitskirche   Tafel XIII

Ansicht der heiligen Dreyfaltigkeits Pfarrkirche der evangelischen Gemeinde in der Königl. Baierisch. Stadt Kaufbeuren

Oben: Ansicht der Dreifaltigkeitskirche nach einer kolorierten Zeichnung von Bachschmied (1823). Johannes Wiedemann stiftete der Dreifaltigkeitskirche für 1.100 fl. eine Kanzel. Sie wurde bei dem Augsburger Kistlermeister Johann Michael Groß nach diesem Modell in Auftrag gegeben.

Tafel XIV   Die Kirchen der Stadt Kaufbeuren: St. Cosmas und Damian

Der Kaufbeurer Maler und Freskant Josef Anton Walch (1712-1773), ein ungemein produktiver und gefragter Meister seiner Zeit, gestaltete 1743 die Deckengemälde der Kongregations- und Wallfahrtskirche St. Cosmas und Damian in Oberbeuren. Das Hauptbild ist den heiligen Ärztebrüdern Cosmas und Damian geweiht. Unter den beiden Titelheiligen in der himmlischen Glorie tragen drei Putten, gleichsam als Votivgabe, ein Bild der Stadt Kaufbeuren. Auf einer Brückenarchitektur huldigen den Heiligen links der Rat und Bürger der Freien Reichsstadt, rechts die Vertreter der Marianischen Kongregation.

Aus der Tiefe schicken die hoffenden und geheilten Kranken ihr Gebet zu den Heiligen. Unter der Rampe findet sich die Signatur: „A. Walch Kauffburae Inv. Pinx. 1743."

Im Freskoausschnitt (unten) ist eine der jährlichen Prozessionen zu St. Cosmas festgehalten.

Die Kirchen der Stadt Kaufbeuren: St. Dominikus   Tafel XV

Für seine Kriegs- und Friedensbilder in der Kaufbeurer St. Dominikus-Kirche nahm der Münchner Maler Florian Bosch (1900-1972) Kaufbeurer Kinder und Persönlichkeiten als Vorbilder. Das Gemälde über der Empore (unten links) zeigt als Selbstbildnis den Künstler auf dem Pferd, als Landwehrmann mit einem Kind auf dem Arm den Schiffwirt und Kunstmäzen Johann Peter Wahl. Bei den Kaufbeurer Mädchen handelt es sich um Anni Zendath, mit einem gefallenen Krieger im Arm, auf dem mittleren Gemälde um Minni Haag, auf dem Bild vor dem Chorraum mit dem pflügenden Bauern um Anni Hampp mit Feldfrüchten in der Schürze (unten rechts). Dieses Deckengemälde trägt die Signatur „Florian Bosch 23". Der Schüler von Becker-Gundahl hatte 1920 für seine Entwürfe zur Ausgestaltung der St. Dominikuskirche den von der Gesellschaft für Christliche Kunst ausgeschriebenen Akademiepreis gewonnen.

Tafel XVI   Zeugnisse katholischer Andacht aus dem Stadtmuseum Kaufbeuren

Die Sammlung des Stadtmuseums Kaufbeuren umfaßt viele Gegenstände, die von der Volksfrömmigkeit im 18. und 19. Jahrhundert zeugen. Alle diese Exponate sind vielsagender Ausdruck des umfassenden Schutzbedürfnisses der Menschen, die in ihrem täglichen Überleben in hohem Maß von vielen Einflüssen der Natur abhängig waren. Die meisten Gegenstände sollten ihre Besitzer bei der Andacht (devotio) unterstützen, der zentralen Frömmigkeitsübung. Sie kann ebenso wie das Gebet sowohl allein, im häuslichen Bereich als auch in der Öffentlichkeit der religiösen Gemeinschaft vollzogen werden. Ein handgeschriebenes, mit Aquarellbildern geschmücktes Gebetbuch eines Kaufbeurer Bürgers aus dem Jahr 1770 zeugt von dieser verehrenden Zuwendung an Gott (Bild 1). Zu den Gegenständen der häuslichen Andacht gehören Rosenkränze und Kruzifixe, Breverl und Wachsstöcke, Klosterarbeiten und Reliquienkapseln, Hinterglasbilder und Eingerichte. Beliebte Mitbringsel von Wallfahrten waren insbesondere die sogenannten Devotionalien, die in fast allen katholischen Haushalten Süddeutschlands zu finden waren. Für Kaufbeuren sind drei Wallfahrten bekannt: Neben der Verehrung der Heiligen Cosmas und Damian in der gleichnamigen Kapelle in Oberbeuren gingen Pilger im 19. Jahrhundert auch in die Gottesackerkirche zum dortigen Hl. Kreuz. Eine einfach gearbeitete Reliquienkapsel, die „echtes holz von dem heil. kreuz" enthält, ist eine der wenigen Hinterlassenschaften dieser lokalen Wallfahrt (Bild 2). Weit über Kaufbeuren hinaus wurde die 1900 seliggesprochene Klosterfrau Crescentia Höß verehrt. 1682 als Tochter eines Webers in Kaufbeuren geboren, erlangte die Franziskanerin bereits zu Lebzeiten den Ruf einer heiligmäßigen Person. Schon bald nach ihrem Tod 1744 strömten viele Pilger mit ihren Anliegen zum Grab Crescentias. Entsprechend viele Andachtsbilder mit Darstellungen Crescentias aus der zweiten Hälfte des 18. Jahrhunderts sind in Kaufbeuren erhalten geblieben. Zu den reich verzierten Bildern dieser Art zählen die beiden Klosterarbeiten (Bild 3 und 4). Die Abbildung Crescentias ist jeweils mit Stickereien aus Gold- und Silberdraht ausgeschmückt, in die Ecken sind verschiedene Reliquien Crescentias wie Blut, ein Stück vom Schleier, ein Stück Gewand und ein Stück vom Sarg eingearbeitet. Diese vor allem im 18. Jahrhundert beliebten Objekte wurden im Volksmund „Schöne Arbeiten" genannt. Auch das Kaufbeurer Franziskanerinnenkloster zählte damals in Schwaben zu den besonders geschätzten Werkstätten, in denen diese aufwendigen Arbeiten gefertigt wurden. Umfassenden Schutz vor Krankheit, Unwetter und bösem Zauber sollten sogenannte Breverl (schwäbisch: Brevle) bieten (Bild 6, Tafel XVII). Der Name leitet sich vom lateinischen „breve" für Brief ab, und tatsächlich erinnern die kleinen Kuverts voller Schutz- und Heilmittel an kleine Brieflein. In einem von Seidendamast umhüllten Karton stecken ein Gebetszettel, verschiedene Drucke mit Bildnissen Heiliger oder biblischer Szenen sowie mehrere Amulette. Der Besitzer erfuhr gewöhnlich nicht, was sich in seinem Breverl tatsächlich

Zeugnisse katholischer Andacht aus dem Stadtmuseum Kaufbeuren   Tafel XVII

befand, denn öffnen durfte er es nur, wenn er die Kraft der darin enthaltenen Substanzen auch wirklich benötigte. Im Stadtmuseum Kaufbeuren hat sich auch ein geschlossenes Breverl erhalten, an dem ein Talisman in Form eines Drudensteins hängt (Bild 6, rechts unten). Ebenso wie die Breverl nahm man auch Klappaltärchen (Bild 8) auf Reisen mit.

Besondere Verehrung galt den Leiden Christi. Entsprechend häufig finden sich Szenen aus dem Passionsgeschehen. So zeigt eine Figur, die vermutlich im 19. Jahrhundert in Berchtesgaden gefertigt wurde, in einer Glaskugel, die sie auf dem Kopf balanciert, Christus am Ölberg (Bild 5). Beliebt waren vor allem sogenannte Eingerichte, also Flaschen unterschiedlicher Größe, die ein Kreuz enthalten (Bild 7). Der gekreuzigte Heiland wurde meist vor einem kleinen altarähnlichen Aufbau gezeigt. Oft sind anstelle des Gekreuzigten nur die Leidenswerkzeuge Jesu (Arma Christi) wie ein Hahn, eine Dornenkrone, eine Lanze mit Essigschwamm oder Würfel zu sehen (Bild 9). Alle diese Zeichen stehen symbolisch für den Kreuzweg und die Karfreitagsleiden Jesu.

Astrid Pellengahr

Tafel XVIII   Religiöse Volkskunst der evangelischen Bürger

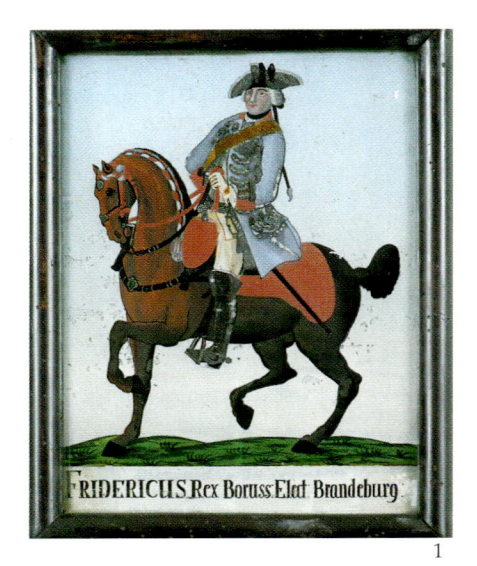

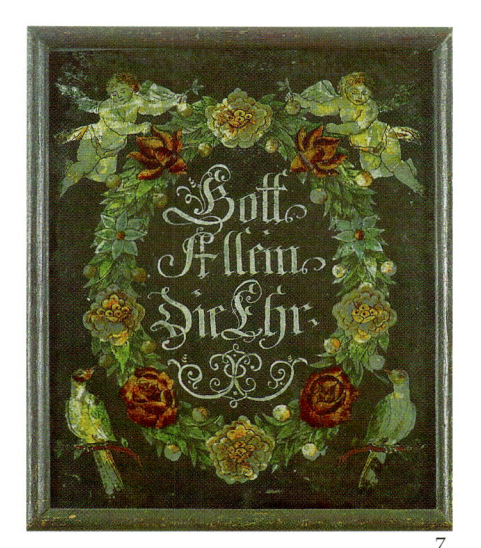

Religiöse Volkskunst der evangelischen Bürger   Tafel XIX

Zeugnisse protestantischer Volkskultur vergangener Zeiten sind äußerst rar. Innerhalb der stolzen Sammlung von Hinterglasbildern des Kaufbeurer Stadtmuseums nehmen protestantische Darstellungen den größten Teil ein. Neben den weit verbreiteten überwiegend katholischen Heiligenbildern, Allegorien oder Szenen aus dem Leben Jesu, wie etwa die 1786 datierte „Anbetung der Hirten" (Abb. 2) von Christian Bachschmid (1753-1792) aus Kaufbeuren, bilden die protestantischen Darstellungen eine eigenständige Gruppe. Häufig zeigen sie Darstellungen Friedrichs des Großen (Abb. 1), der bei seinem Regierungsantritt in Preußen die Religionsfreiheit ausrief oder die Szene der Augsburger Konfession, der grundlegenden Bekenntnisschrift der lutherischen Kirche, die auf dem Reichstag in Augsburg 1530 Kaiser Karl V. überreicht wurde (Abb. 3, Datierung nach 1730).

Auch die sog. „Spruchbilder" mit biblischen Versen auf schwarzem Grund kennzeichnen deutlich ihre Auftraggeber (Abb. 7). Solche Bilder dienten der Erbauung oder wurden zu einem bestimmten Anlaß, wie etwa anläßlich einer Hochzeit, gefertigt (Abb. 8, Hochzeitsbild der Familie Widemann, datiert 19. Juli 1779).

Vier Kaufbeurer Hinterglasmaler sind namentlich bekannt: Johann Jakob Rumpelt (1706-1782), Johann Matthäus Bauhoff (1716-1788), Christian Bachschmid (1753-1792) und Ottmar Labhard (1732-1772). In den Ratsprotokollen des Kaufbeurer Stadtarchivs werden ihre Berufe als Formschneider, Weber und Wächter der Stadttore aufgeführt. Sonst erscheinen keinerlei Hinweise auf ihre bildnerischen Tätigkeiten. Ob sie ihre Hinterglasbilder sozusagen als Nebenerwerb fertigten, möchte man bei der Anzahl der bisher bekannten Bilder und der aufwendigen Maltechnik in Frage stellen.

Die erhaltenen Stücke belegen zum einen, daß es sich um spezielle Auftragswerke handelt, wie die erwähnten Spruch- und Hochzeitsbilder, zum anderen um eine offensichtlich serielle Herstellung von zusammengehörigen Themenbildern, wie etwa der Darstellung der vier Evangelisten oder der Allegorien der drei Kardinaltugenden „Glaube", „Liebe" und „Hoffnung" (Abb. 9). Zu ihrem Repertoire gehörten sicher auch der „Ewige Kalender", hier ein besonders schönes Exemplar von Johann Jakob Rumpelt, datiert um 1768 (Abb. 10), sowie Reformationsbilder, wie jenes, das man Johann Matthäus Bauhoff zuschreibt und das wohl um 1762 entstanden ist (Abb. 11). Besonders reizvoll sind drei Aquarelle aus der Kirchenchronik (EKA, Anlage 131) des Kaufbeurer Stadtschreibers Wolfgang Ludwig Hörmann von und zu Guttenberg, die drei verschiedene Altardekorationen der evangelischen Dreifaltigkeitskirche in Kaufbeuren aufzeigen. Diese sogenannten „Ehrenpforten" wurden zu speziellen Festtagen errichtet: anläßlich des Jubelfestes zur Übergabe der Confessio Augustana am 25. Juni 1730 (Abb. 5), zur Jubelfeier des Westfälischen Friedens 1748 (Abb. 4) und zur Erinnerung an das 200-jährige Reformationsjubiläum im Jahr 1717 (Abb. 6).

Hannelore Kunz-Ott

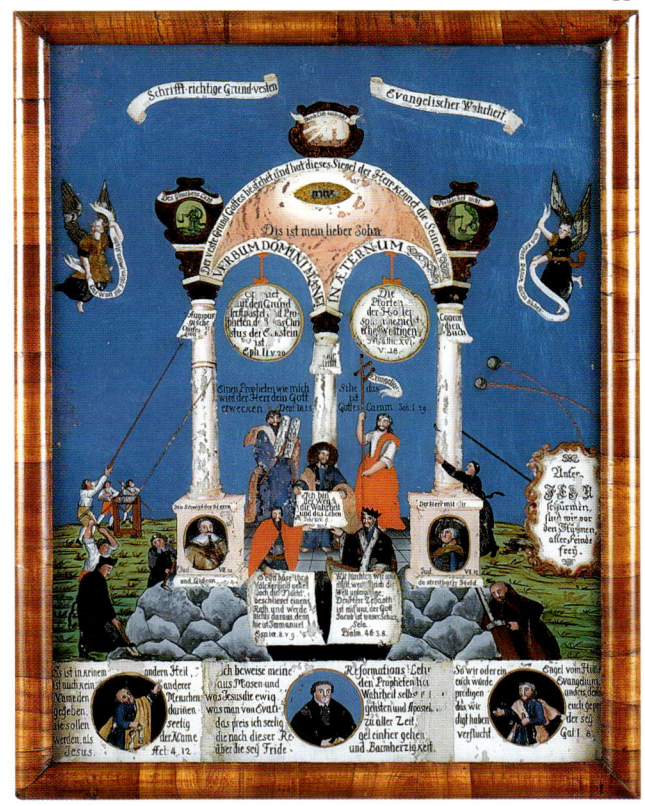

Tafel XX   Kaufbeurer Bürgerkultur im Spiegel archäologischer Funde

1 Wichtiges Utensil bei der Erzeugung von Flachsfäden: Spinnwirtel aus gebranntem Ton (Baumgarten, Kaiser-Max-Straße und Blasiusberg).
2 Nürnberger Rechenpfennig des 16. Jahrhunderts aus Kupfer (Baumgarten).
3 Tönernes Kinderspielzeug: Pferdchen und Edeldame mit wallendem Haar und Mantel als Teile eines „Turnierspiels", darunter drei Murmeln (Kaiser-Max-Straße und Am Breiten Bach).
4 - 7 Renaissancezeitliche Ofenkacheln mit Relief-Dekor und grüner Bleiglasur: Pokal, Allegorie der Hoffnung, Edeldame, Kaiser Karl V.
8 Fragmente von Becher- und Napfkacheln. Die becherförmige Kachel stellt die älteste Form der Ofenkachel dar, aus ihr entwickelte sich die Napfkachel. (Baumgarten, Kaiser-Max-Straße).
9 Bruchstücke von Glasfenstern: Butzenscheiben aus grünlichem Waldglas und Bleiruten, mit deren Hilfe die einzelnen Scheibchen verbunden wurden.
10 Besonders beliebte Quelle künstlichen Lichts waren die kleinen „Tranfunzeln" - Öllämpchen aus Keramik mit ausgezogener Schnauze für den Docht.
11 Leuchter aus Sandstein in Säulenform (Baumgarten).
12 Enghalsige Keramikflasche mit Henkel.
13 Bruchstücke von Trinkgläsern aus grünem Waldglas: Krautstrünke, Römer und konische Becher mit glatter Wandung (Alleeweg, Baumgarten, Kaiser-Max-Straße).
14 Fragmente eines Kuttrolfs. Der Kuttrolf ist eine für das ausgehende Mittelalter typische Schankflasche mit kugeligem Körper, langem, engem und geschwungenem Hals und weiter, trichterförmiger Mündung (Baumgarten).
15 Nachbildung eines Kuttrolfs.
16 Messergriff (Baumgarten).
17 Großer konischer Henkeltopf und Schüssel (Am Breiten Bach, Baumgarten).
18 Aquamanile in Tiergestalt aus Keramik. Gießgefäße dieser Art wurden ursprünglich an der ritterlichen Tafel oder in der kirchlichen Liturgie zum Händewaschen benutzt und bestanden aus Bronze oder Silber.
19 Renaissancezeitlicher Schankkrug mit Bleiglasur und tordiertem Henkel (Kaiser-Max-Straße).
20 Großer Vorratstopf ohne Glasur, der sich für trockene Nahrungsmittel eignete (Am Breiten Bach).
21 Fragmente einer großen konischen Glasflasche, die für die Bevorratung von Spirituosen oder Öl in Frage kam (Baumgarten).
22 Bodenstück eines Holzfäßchens (Baumgarten).
23 Zwei gehenkelte Kochtöpfe mit deutlich erkennbaren Rußspuren (Baumgarten).
24 Konische Topfdeckel mit Handhabe (Baumgarten, Am Breiten Bach).
25 Handmühle, mit der man Nüsse und Samen zur Ölgewinnung zerreiben konnte (Kaiser-Max-Straße).

Kaufbeurer Kunsthandwerk　　Tafel XXI

Aus vielerlei Gründen mußte in diesem Band der Stadtgeschichte auf eine umfassende Darstellung des Kaufbeurer Kunsthandwerks verzichtet werden.

Am Beispiel des Uhrmachers Joseph Pracht (1719-1798) soll aber hier exemplarisch gezeigt werden, zu welchen bedeutenden Leistungen Kaufbeurer Handwerker fähig waren.

Die „Prachtuhr" von Joseph Pracht (oberes Bild) hat eine bewegte Geschichte. Eigentlich dürfte es diese Uhr gar nicht geben. Denn Joseph Pracht war vom Magistrat der Stadt Kaufbeuren nur die Tätigkeit als Kleinuhrmacher erlaubt.

Ein Ulmer Sammler hat diese Uhr anfang der 70er Jahre gekauft. Er bezeichnet sie als eine der schönsten deutschen Rokoko-Uhren, mit der sich Joseph Pracht einen Platz in der Geschichte der deutschen Uhrmacherkunst geschaffen hat. Leider gibt es dieses kostbare Stück nicht mehr im ursprünglichen geschnitzten Gehäuse mit seinem Blüten- und Blätterwerk. Im feuervergoldeten Messing-Zifferblatt mit reich getriebenen Ornamenten und vier Medaillons mit gravierten Jahreszeiten-Allegorien war abzulesen: Datum, Mondphase, Monats- und Wochentag.

Die Uhr hatte auch ein vorn sichtbares Pendel-Spindelwerk. Auch das Spielwerk mit neun Glocken ist verschwunden. Das Aussehen dieser prachtvollen Uhr ist leider nur noch als Abbildung in einem Versteigerungskatalog des Germanischen Nationalmuseums Nürnberg zu bewundern.

Diese Uhr wurde 1904 im Auktionshaus de Somzée in Brüssel versteigert. 1966 landet sie dann in Ochsenhausen. Sie wird als „Ruine" in einer Art Kuckucksgehäuse an einen Ulmer Antiquitätenhändler um 20 DM verkauft, der sie aber nur einige Tage später an einen Kollegen für 600.- DM veräußert. Von diesem erwirbt sie dann um 2.100.- DM der Sammler aus Ulm. Er läßt die Uhr in mühevoller Arbeit instandsetzen und gibt ihr vernünftigerweise als Gehäuse eine an das 18. Jh. angelehnte Mahagoniverkleidung und nicht eine letztlich unzulängliche Kopie der Urfassung.

Die Uhren von Joseph Pracht im Kaufbeurer Stadtmuseum:

Drei Tischuhren von Joseph Pracht sind im Besitz des Kaufbeurer Stadtmuseums. Die größte der Uhren (B = 70 cm/H = 41,5 cm/T = 25 cm) hat ein geschnitztes, weißgoldenes Rokokogehäuse (unteres Bild). Zwei Figuren zeigen sich dem Betrachter als Besonderheit. Links Aaron mit seinem Kennzeichen, dem Ast eines blühenden Mandelbaumes (s. 4. Buch Mose, 17, 16-26). Rechts Papst Gregor d. Gr. mit seinen Symbolen des Buches und der Taube; die Brust ziert das Christusmonogramm XP (griech.). Der versilberte Ziffernring mit 16 cm Ø hat römische Stunden- und arabische Minutenzahlen. Das Ziffernblatt besteht aus getriebenen Messingappliken (spricht für die hiesige Gegend). Das oberseitige kleine Ziffernblatt trägt die Umschrift: Joseph Pracht Kauffbeyren (bearb. Nachdruck aus KGBl, Bd. 14, 4, S. 126).

Anton Brenner

Tafel XXII   Die bildende Kunst: Alois Gaibler

Die von Georg Alois Gaibler (1751-1813) mit „leichter Hand" gemalten Portraits zeigen den Pfarrer Josef Angerer (links) und seine Mutter Anastasia etwa im Alter von fünfzig Jahren (rechts). Die „Angerin" ist als eine Bürgersfrau der gehobenen Stände ihrer Zeit dargestellt. Sie trägt ein Brokathäubchen, um die Schultern ein Seidentuch, ihr Kleid ist aus hellblauem Seidendamast. Das Bild des Pfarrherrn zeigt in der linken Ecke ein schwarzgelbes Wappen, als dessen Helmzier ein schwarzer Bock mit roten Hörnern aufsteigt, der über drei Grashügel springt.

Das Aquarell „Der Markt", auf dem die Marktstraße (Kaiser-Max-Straße) mit dem alten Rathaus dargestellt ist, datiert aus dem Jahr 1780.

Die bildende Kunst: Rudolf Michael Kuppelmayr   Tafel XXIII

Tafel XXIV Die bildende Kunst Kaufbeurens im 19. und 20. Jahrhundert

Das Prachtgemälde „Abschied Herzog Albrechts IV. von Bayern" aus dem Jahr 1874 (Städtische Gemäldesammlung Kaufbeuren – s. vorhergehende Seite, Tafel XXIII) ist eines der Hauptwerke des gebürtigen Kaufbeurers Rudolf Michael Kuppelmayr (1843-1918). Es zeigt den Abschied des Herzogs von seiner Gemahlin Kunigunde von Österreich, einer Schwester Kaiser Maximilians, mit der er sich 1487 in Innsbruck vermählt hatte. Albrecht bricht nach Landshut auf, um dort in den Erbfolgekrieg (1503-1505) einzugreifen. Das junge Fürstenpaar mit seinem weinenden Kind ist umgeben von Rittern, Knappen und Dienern. Ein Mönch spricht den sich umarmenden Eheleuten Trost zu, während ein Fähnrich die Wappenstandarte über dem Paar schwingt.

Das Ölgemälde „Kopf eines Landsknechts" (linkes Bild, Städtische Gemäldesammlung Kaufbeuren) ist vermutlich ein Selbstbildnis Kuppelmayrs.

Wilhelm August Schütze (1840-1898), einer der „besten Vertreter" der Münchner Malerschule, hat eine Vielzahl meisterlicher Tierstücke und Genrebilder geschaffen. In verschiedenen Varianten beschäftigte er sich mit Kätzchen und ihrer wohlmeinenden Pflege. Sein Gemälde „Vor dem Schulgang" (oben rechts, Städtische Gemäldesammlung Kaufbeuren) gehört zu der Reihe seiner Werke, die sich auf das Alter der frühen Schulzeit beziehen. Warme leuchtende Farben und weiche Zeichnung verleihen diesen Bildern ein herzliches, gefühlsbetontes Kolorit.

Auch das Bild „Gemeinsamkeiten" (signiert „Wilhelm Schütze, München") der im Suppenteller des Kindes naschenden Katze, stimmt in seiner Possierlichkeit heiter, ohne daß der Künstler in eine salonhafte Süßigkeit abgleitet (unten, Kaufbeurer Privatbesitz).

Die bildende Kunst Kaufbeurens im 19. und 20. Jahrhundert   Tafel XXV

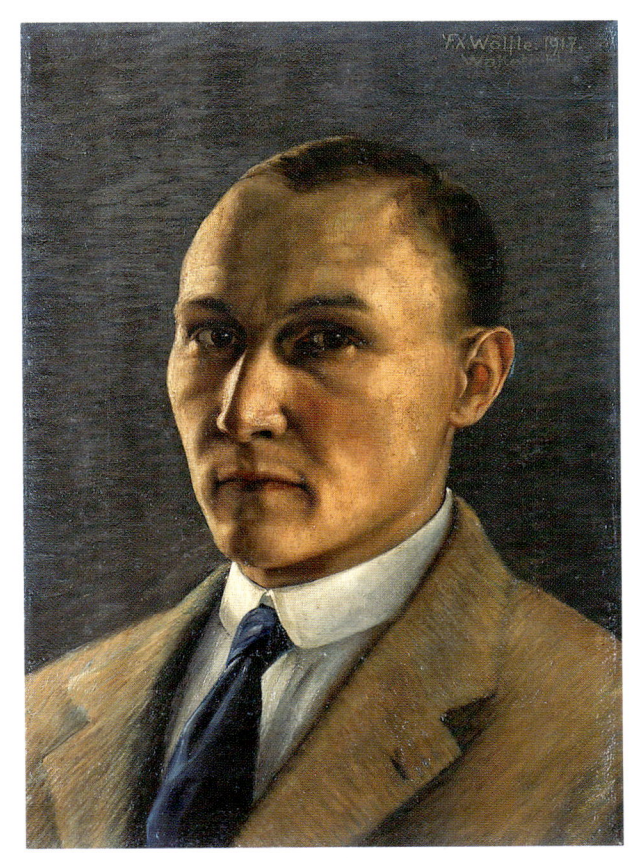

Die Malkunst des gebürtigen Kaufbeurers Franz Xaver Wölfle (1887-1972) zeichnet sich durch einen perfekten Naturalismus aus, der nichts schönt oder kaschiert, nichts wegläßt oder hinzufügt. Bereits Werke aus seiner frühen Schaffensperiode wie ein Selbstportrait („Selbstbildnis des Malers Wölfle", 1910, Stadtmuseum Kaufbeuren) und ein Portrait von Konrad Adenauer (1917, Stadtmuseum Kaufbeuren) zeigen, ohne photographischen Effekten zu verfallen, klaren Blick, Ausdruckskraft und realistische Wiedergabe.

Mit größter Sorgfalt und Genauigkeit gestaltet ist sein Bild „Der Kassenverwalter", das durch seine prägnante und einfühlsame Darstellung beeindruckt.

Tafel XXVI   Die bildende Kunst Kaufbeurens im 19. und 20. Jahrhundert

Immer wieder zog es den Maler Emil Werz (1887-1957) aus seinem Münchner Atelier in seine Vaterstadt Kaufbeuren und ins Allgäu. Hier portraitierte er und hielt die romantischen Stadtwinkel und Landschaftsszenen in Öl, als Aquarell oder Radierung fest. Seine teils kolorierten Radierungen und Gemälde mit Ansichten der Blasiuskirche, des Fünfknopfturms, Hexenturms und der Stadtmauer oder anderer Motive hängen in vielen Kaufbeurer Wohnungen. Das hier abgebildete Ölgemälde „Der Josefs-Seiler Schropp auf dem Wehrgang der Blasius-Stadtmauer" (1908) befindet sich im Stadtmuseum Kaufbeuren.

Die Gemälde des gebürtigen Kaufbeurers Hubert Wilm (1887-1953) zeigen unterschiedliche Einflüsse. Der Pinselstrich verrät die Nähe zum Impressionismus, auf dem Gemälde „Blick in den Apfelbaum" (1926, Privatbesitz) setzt er eine in der Malweise der Gotik begründet liegende Technik ein, die das Bild „wie krakeliert" erscheinen läßt.

Als Zeichner und Maler ungewöhnlich: Professor Theodor Heuß, der erste Präsident der Bundesrepublik Deutschland, zeichnete 1938 anläßlich einer Schwabenreise diese Ansicht des Fünfknopfturmes.

Als Zeichner und Maler ungewöhnlich: Talentiert als Maler war auch der Kaufbeurer Ludwig Ganghofer.
Hier ein Aquarell nach einem italienischen Motiv im Stadtmuseum Kaufbeuren.

Die bildende Kunst: Paul Kauzmann Tafel XXVII

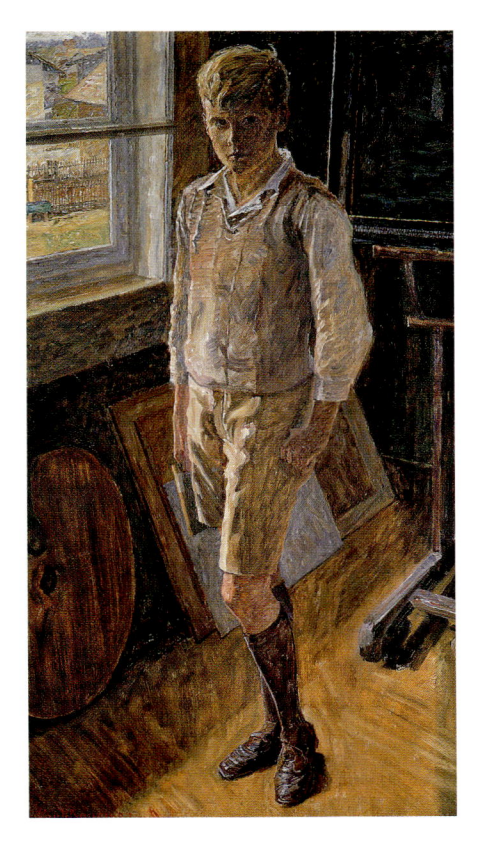

Die Abbildungen auf der Farbtafel XXVII zeigen typische Beispiele der verschiedenen Themenkreise der Bilder von Paul Kauzmann, bei denen das Licht wesentlicher Bestandteil der Bildgestaltung ist. Eines der wenigen Bilder mit einer Personendarstellung: der 14-jährige Sohn Ulrich im Jahr 1933 (links oben). Das Innenraumbild rechts oben von 1931 gibt den Blick aus einer heimeligen Schlafstube auf die Neue Gasse in Kaufbeuren wieder. Das Bild rechts unten aus dem Jahr 1931 entstand im Zitronengäßchen in Kaufbeuren. Das Spiel des Lichtes ist in diesem Bild besonders eindrucksvoll. Ein Bild von 1937 zeigt den Blick von St. Blasius auf Kaufbeuren und ist ein gutes Beispiel für ein Landschaftsbild mit Stadtarchitektur.

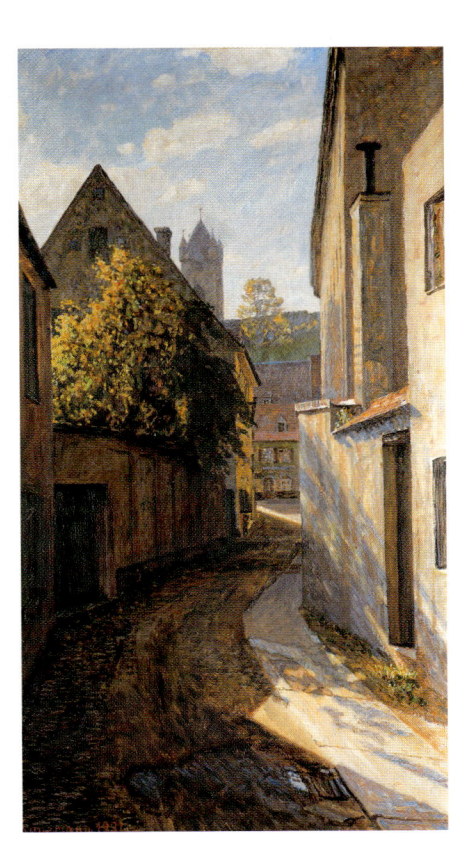

Tafel XXVIII Die bildende Kunst Kaufbeurens im 20. Jahrhundert

Eduard Wildung, Wochenmarkt in der Kaiser-Max-Straße vom Dachfenster des Rathauses (Aquarell von 1936, Kaufbeurer Privatbesitz)
Links: Wilhelm Hilpert, Stadtmauer und St. Blasius von Westen (etwa 1950, Kaufbeurer Privatbesitz)
Rechts: das Vertriebenen-Denkmal von Hanne Wondrak aus dem Jahr 1963

Die Tafel der Kaufbeurer Agentengesellschaft A.C.   Tafel XXIX

Über den Bildern befinden sich kleine Spruchbänder, deren Text verrät, worum es sich bei der Szene handelt, etwa: „Sesostri Schau in wenig Tagen / sich viel verkert, wies Rad am Wagen." Jakob Ring spielte den ägyptischen Pharao Sesostris, der, umgeben von seinen Soldaten, seinen Triumphwagen von besiegten Königen ziehen läßt. Der Maler hat den Augenblick festgehalten, in welchem einer der unterworfenen Fürsten sich umdreht und die Räder des Siegerwagens betrachtet. Auf die Frage des Pharao, warum er das tue, bekommt dieser den warnenden Hinweis auf die Wechselhaftigkeit des Glücks. Das 8. Bild dieser Reihe zeigt die bekannte biblische Szene, in welcher Mose von der Pharaonentochter aus dem Nil gezogen wird. Der Text dazu lautet: „Weil Mosen Gott wunderlich wollte erhöhen / So solt er im Wasser zu grunde nicht gehen." Das Bild nimmt offenbar auf die Aufführung des Stückes „Von Geburt und Kindheit Mosis" im Jahre 1685 Bezug und ist Hans Georg Mahler gewidmet, dem Darsteller der Königstochter. Noch immer wurden die Frauenrollen von bartlosen jungen Männern gespielt. Daß diese „Damen" auf dem Kaufbeurer Theater aber nicht unbedingt auch zartgliedrige Wesen waren, verrät ein anderes Szenenbild auf der rechten Türe, das Johann Georg Widemann zugeeignet ist: „Timoclea Keuschheidt Liebt / Gailheidt aber ward betrübt." Timoclea, die Schwester eines hochgestellten Thebaners, war von einem Feldherrn Alexanders des Großen vergewaltigt worden; außerdem hatte er sie gezwungen, ihm das Versteck ihrer Juwelen - den Brunnen - mitzuteilen. Als er gierig hinabstieg, löste sie aus dem Brunnenrand Steine und tötete ihren Peiniger. Soweit die Vorgabe des Stückes. Die Kaufbeurer spielten das wesentlich dramatischer: In ihrer Inszenierung packte die geschändete, doch recht starke „männliche" Jungfrau ihren Peiniger bei den Waden und schleuderte ihn eigenhändig in den Brunnen hinein. Das war Saft- und Krafttheater des Barock, wie es das Publikum liebte: Üppige Kostüme, prachtvolle Bühnenbilder und viel Aktion. Es gab genaue Anweisungen, wie ein Darsteller zu agieren hatte - eine bestimmte Körperhaltung und kunstvolle Gestik signalisierte vom ersten Augenblick des Auftritts dem Zuschauer, ob er einen guten oder bösen Menschentypus vor sich hatte.

Große Gefühle wurden mit weit in der Luft rudernden Armen ausgedrückt; Pathos und Lautstärke zeichneten einen guten Schauspieler aus. In den Zwischen- und Nachspielen war man schon freier in der Gestaltung, obwohl auch hier die Rollen im Stil der Comedia dell' Arte typisiert waren. Im Gegensatz zu den großen Stücken stand bei ihnen jedoch nicht die kunstvoll stilisierte und idealisierte Welt der Heiligen und Könige im Vordergrund, sondern die niedere Welt der Alltäglichkeit, der Laster und Obszönitäten. Der Hanswurst war der Liebling dieser Spiele, dieser boshafte, zotenreißende, akrobatisch begabte Tölpel, über dessen Mißgeschick und Boshaftigkeit man herzlich lachen konnte. Natürlich wurde die hehre Theaterwelt nicht immer streng von der abgründigen getrennt. Der Hanswurst tauchte oft in ganz seriösen Stücken auf - ein Überbleibsel des mittelalterlichen Theaters, in welchem der Teufel sein Vorgänger gewesen ist.

Daß Hanswurst den Agenten viel bedeutet hat, bezeugt das große Mittelbild des Kaufbeurer Triptychons, das die Schlußszene zu „Esther" zeigt, welche im Frühjahr 1691 über die Tanzhausbühne ging: Zwischen den Darstellern hüpft auf der rechten Seite Hanswurst ins Bild. Er spielte in diesem Stück sicherlich die Rolle des Henkers und konnte dabei seinen Unfug auf der Bühne treiben. Johann Berckmüller, einer der Vorsteher, sitzt als König Ahasverus in der Bildmitte auf seinem Thron - ein prachtvoller, orientalisch gekleideter Fürst, umgeben von den anderen Darstellern dieser Aufführung. Johann Schweyer spielte die Esther; elegant, die Hüfte leicht nach vorn geschoben, steht er links neben dem König. In der Mitte der Tafel ist am unteren Rand noch zusätzlich ein kleines Bild eingefügt, eine Widmung an den Herbergsvater Bernhart Widemann: Man erkennt deutlich sein Wirtshausschild „Zum schwarzen Hahn". Der Gastwirt erwartet zusammen mit seiner Frau den barmherzigen Samariter, der auf seinen Esel den Mann geladen hat, welcher unter die Räuber gefallen war. Der Text dazu lautet: „Wol denen, welche so ein Würt und Würtin haben, / Die einen in der Not mit Dranckh und Speise laben, / Wie dieser Samarit am frembden hat gethan, / Daß kann man finden auch beim Bernhart Widemann."

Die Bilder verraten aber nicht nur eine Menge über die gespielten Stücke und deren Hauptdarsteller, es läßt sich daraus auch die ungefähre Beschaffenheit der damaligen Tanzhausbühne und ihrer technischen Einrichtungen rekonstruieren. Leider wurden auf den oberen Teil der Mitteltafel im 18. Jahrhundert einige zusätzliche Wappen von Vorstehern dazugemalt, so daß schwer festzustellen ist, welche Art des Bühnenaufbaus verwendet wurde: Hängekulissen auf Winkelrahmen, Telarisäulen[17] (s. S. 179) oder eine normale Kulissenbühne, die in Form von Stellwänden auf- und abgebaut werden mußte. Den Abschluß im Hintergrund bildet ein gemalter Prospekt. Auch den Hauptvorhang aus senkrecht grün-rot gestreiftem Stoff kann man gut erkennen. Die kleinen Bilder verraten etwas mehr von der Bühnentechnik: Einige zeigen hintereinander mehrere Telari. Offensichtlich bestand auch die Möglichkeit, in der Bühnenmitte einen gemalten Prospekt aufzuhängen und so den Raum zu verkleinern. Selbstverständlich hatten die Komödianten auch eine Innenraumdekoration, die sich - soweit das zu erkennen ist - aus Telari und Stellwänden zusammensetzte. Mit all diesen technischen Möglichkeiten zu spielen, konnte recht beachtliche Wirkungen erbringen und funktionierte reibungslos. Probleme gab es dagegen mit der Beleuchtung: Die wegen der Brandgefahr gefürchteten Kerzen waren die einzigen künstlichen Lichtquellen - immer wieder verbot man den Agenten deshalb, bei Dunkelheit zu spielen. Die Tanzhausbühne lag nach Westen, der Saal hatte auf der Südseite mehrere Fenster, durch welche in der Mittagszeit helles Licht einfallen konnte. Der Spielleiter mußte daher von rechts nach links inszenieren, damit die Hauptdarsteller immer volles Licht hatten. Deutlich wird dies auf einigen Bildern des Triptychons, bei denen die gemalten Schatten tatsächlich alle nach rechts fallen. Besonders augenfällig ist das auf dem kleinen Szenenbild in der linken oberen Ecke der Haupttafel: Der Philosoph Diogenes sitzt am rechten Bildrand in seiner Tonne und kann zu dem vor ihm stehenden Alexander im wahrsten Sinn des Wortes sagen: „Geh mir aus der Sonne!"

Tafel XXX   Die Gesellschaftshäuser im Tänzelhölzle

Die Gesellschaftshäuser im Tänzelhölzle in drei Ansichten (um 1825) von David Ignatz Filser (1787-1831)
(Stadtmuseum Kaufbeuren)

In den Kaufbeurer Ratsprotokollen wird ein Vergnügungsplatz auf der „buchleuthen" erstmals am 15. August 1558 erwähnt, für den sich ab 1689 der Begriff „Tänzelhölzle" einbürgerte.
Im Jahr 1820 war die aufwendige, durch Spenden finanzierte Umgestaltung des Tänzelhölzchens im wesentlichen beendet. Kurz darauf entschlossen sich drei Gruppen Kaufbeurer Bürger, sogenannte Gesellschaftshäuser zu errichten, die des Sommers zu beliebten Treffpunkten wurden.

Gesellschaftshaus 1821 (oben)
Die 1820 unter dem Namen „Lesegesellschaft Zur blauen Ente" gegründete und 1837 in „Bürgerverein" umbenannte Vereinigung widmete sich dem Bildungsgedanken. Der Bürgerverein erwarb bis 1866 über 3.700 Bände, die allen Mitgliedern zur Verfügung standen. Gleichzeitig besaß er seit 1821 ein als Sommerlokal genutztes eigenes „Gesellschaftshaus" im Tänzelhölzle. Der Verein fand seine Blütezeit im Kaiserreich und in der Weimarer Republik, als seine Mitgliederzahl auf 254 anwuchs und er ein reges gesellschaftliches Leben entfaltete.

Pavillon 1822 (Mitte)
Die Pavillon-Gesellschaft wurde 1821/22 als Leseverein der gesellschaftlichen Oberschicht gegründet und errichtete 1822 ihr „Pavillon" genanntes Gesellschaftshaus. Die konfessionelle Zugehörigkeit der Mitglieder spielte keine Rolle. Bereits im Laufe der 1870er Jahre legte der Verein jedoch den Charakter einer Lesegesellschaft ab und widmete sich ausschließlich der geselligen Unterhaltung. 1851 erfolgte die Gründung des „Lesevereins In der Rose", Vereinslokal war zunächst die „Sonne", ab 1873 das Gasthaus „Rose", nach dem sich der Verein schließlich benannte, dem alle Bürger, ungeachtet ihrer sozialen Stellung oder Konfessionszugehörigkeit, beitreten konnten. Laut Satzung wurde der Zweck verfolgt, „durch Haltung von Tagesliteraturen, Zeitschriften, Anschaffung von Werken der Literatur in reich wissenschaftlichen und belletristischen Inhaltes den Mitgliedern die Gelegenheit zu geben, sowohl die Zeitereignisse zu verfolgen, als sich stets weiter auszubilden."

Bauernhaus 1821 (unten)
1821 etablierte sich die „Bauernhausgesellschaft", der nach kurzer Zeit 212 ausschließlich katholische Bürger angehörten. Sie erbauten im gleichen Jahr ihr Gesellschaftshaus im Fachwerkstil. Das „Bauernhaus" eröffnete stets am 19. März (Josefstag) die Sommerbewirtschaftung. Als einziges Vereinsprinzip galt die Pflege der Geselligkeit.
Mit dem Beginn der Bauarbeiten für den Fliegerhorst am 2. August 1937 wurden Pavillon und Bauernhaus beseitigt. Das „Gesellschaftshaus" blieb erhalten und ist nun ein Verwaltungsgebäude des Fliegerhorstes (heute „Haus 34" der Kaufbeurer Bundeswehr, s.a. S. 148).